KB068708

권순일 대법관 판결 100선

공화국과
법치주의

권순일 지음

박영사

머 리 말

1.

올해 9월 대법관 임기를 마치면서 35년간의 법관 생활을 마무리 짓게 되었다. 젊은 나이에 판사로 출발하여 환갑을 지나도록 공직생활을 하였으니 개인적으로 인생의 전환점을 맞았다고 할 수 있다. 그동안 우리 사회와 나라가 정치적, 경제적, 사회적으로 급변하는 것을 지켜보았고 그 와중에 법관생활을 하였으니 감회가 적지는 않지만, 법조인으로서 한 길을 꾸준히 걸었을 뿐이어서 회고록을 쓸 만큼 풍부한 인생 경험을 쌓았다고 보기도 어렵다. 그래서 법관으로서 재판실무에 종사하면서 기억에 남는 판결들을 정리하여 보기로 하였다.

2.

1987년 9월 서울민사지방법원 합의부에서 판사생활을 할 때였다. 지금처럼 판례가 많이 축적되어 있지도 않았고 디지털화되어 있지도 않았기 때문에 도서관에서 법원공보와 하급심판결집을 검색하여 유사하거나 선례가 될 만한 사건을 찾아보는 것이 일과였다. 문제가 된 사건의 사실관계를 살펴보고 이에 대한 상급심의 법적 판단이나 결론을 지금 처리하려는 분쟁의 해결에 적용할 수 있는지 검토해 보는 식이다. 그렇지만 사건의 쟁점을 도출하여 여기에 적용할 법리를 제시하고 그 근거와 법적 정당성에 대한 논증 과정을 기재한 판결은 찾기가 힘들었다. 이른바 '법학방법론의 빈곤'에 대해서 통감하던 시절이다.

1999년 3월 대구지방법원 부장판사로 부임하고 나서 며칠 뒤에 서울대학교 법과대학의 최기원 교수님으로부터 전화를 받았다. 교수 임용 서류를 제출하라는 것이다. 대학원 박사과정을 마치고 몇 편의 논문을 쓴 적은 있지만 아직은 상법학자로서 학문적 토대가 부족하다는 말씀을 드리고 완곡히 사양하였다. 하지만 합의부 재판장으로 첫발을 내딛은 시점이어서 재판 일선에서 뜻을 펼쳐보는 것도 좋겠다는 생각이 앞선 것이 사실이다. 그 후에도 몇 번 기회가 없었던 것은 아니지만 결국 법관을 퇴임할 때까지 은사님들의 기대에 부응하지 못하고 실무가로서의 길을 걷게 되었다.

2000년부터는 박세일 교수님이 창립한 법경제학연구회(한국법경제학회의 전신이다) 월례회에 참석하여 공부를 시작하였다. 새롭게 학제간 연구를 한다는 보람과 즐거움도 컸지만 한국법경제학회 회원들과의 교유는 이후 법관생활을 하면서 법적 분쟁을 보다 넓은 시각에서 균형감을 가지고 보는 데 크게 도움이 되었다. 2001년 가을부터는 연구 휴직을 하고 버클리 대학에서 방문학자로 있으면서 서울대학교 박사학위 논문인 '증권투자권유자의 책임에 관한 연구 ― 한국·미국·일본의 판례를 중심으로 ― '를 작성하였다. 그 무렵 법학도로서 가졌던 의문은 '법학공부를 왜 쉽고 즐겁게 할 수 없는가?', '판례를 전문가의 영역으로부터 시민 누구나 함께 읽고 토론하는 광장으로 가져올 수 없을까?' 하는 것이었다. 그래서 법학입문이나 법학방법론을 써보겠다는 꿈을 가지게 되었다. 그렇지만 아직은 때가 이르지 않았다는 생각에 우선은 학위논문과 그 전에 발표하였던 '증권회사 담보유가증권 보관·처분의 법률관계', '공동불법행위책임의 법경제학적 분석' 등 두 편의 글을 묶어 2002년 「증권투자권유자책임론」을 출간하였다.

3.

법원에 근무하면서 나름 법조 실무와 학계 사이에 가교가 되어야겠다는 생각은 해보았지만 법관으로서 장차 무슨 일을 하겠다는 생각을 가져본 적은 없었다. 법원에 있으면 혹시 사법연수원 교수나 민사부(기업부) 재판장을 경험하지 않을까 생각해 본 것이 전부였다. 사법(私法)을 전공한 것도 권위주의 시대에 공법에 대해 막연히 거부감을 가졌던 것과 무관하지 않았다. 그런데 2004년 서울행정법원에 부임한 것을 계기로 남은 법관생활을 공법 관련 재판에 주력하게 되었으니 아이러니가 아닐 수 없다. 서울행정법원에서 매월 열리는 행정판례연구회에서 행정법 이론과 판례를 다시 공부하기 시작했다. 서울대학교 은사인 최송화, 김동희 교수님을 비롯한 탁월한 행정법 교수님들과 강도 높은 토론을 할 수 있었던 것은 행운이었다. 개인적으로 '공법의 재발견'이라고 할만한 시기였다.

행정재판은 사법심사를 통해 법치행정을 확보하는 데 목적이 있다. 그렇지만 행정쟁송의 대부분은 그 실질이 시장과 정부의 역할과 한계, 다시 말하면 개인과 기업의 경제활동에 대한 정부규제의 필요성과 적정성 문제에 관한 것이다. 법경제학의 관심분야가 되는 것은 당연하고, 그런 관점에서 사건을 파악하고 음미해 보려고 노력했다.

법치행정의 문제를 다루다보니 자연스럽게 '법치주의란 무엇인가?'라는 근본적 질문에 부닥치게 된다. "대한민국은 민주공화국이다."라는 헌법 제1조 제1항이 던지는 질문이기도 하다. 대한민국임시헌장 제1조에서 "대한민국은 민주공화제로 함"이라고 선언한 선현들은 공화정을 어떻게 이해하고 있었을까? 나선 김에 공화국을 주제 삼아 공부해 보려고 했지만 그에 대한 문헌은 의외로 많지 않았고 찾기가 어려웠다. 그 때 고명섭 기자의 "키케로를 읽어 보시죠."라고 한 말이 크게 도움이 되었다. 키케로의 「공화국과 법」(The Republic and the Laws), 마키아벨리의 「강의」(The Discourses) 등 공화주의(civic republicanism)에 관한 책들을 구해 읽었다. 공화국은 다양한 형태로 실재하였고 정치사상으로서의 공화주의에 대해서도 다양한 견해가 있지만, 권력은 분립되어야 하고 법의 지배를 통해 시민의 자유를 확보할 수 있다는 믿음에 크게 감동을 받았다. 대법관의 일이 쉽지도 않았고 대법관 생활이 순탄한 것도 아니었지만, 어려움에 처할 때마다 그 때 느꼈던 감동을 되새기면서 흔들리는 마음을 다잡아 그 정신을 판결에 담아보려고 하였다.

4.

이 책은 법관생활을 하면서 주심으로 관여하였거나 의견형성이나 집필과정에서 특히 기억에 남는 판결들을 모아 정리한 것이다.

제1편 '공화국과 법의 지배'에서는 '시민사회의 법질서', '정부와 법치국가원리', '시장과 법'이라는 주제로 그와 관련된 대법원 판례를 정리하였다. 공화국에서 시민사회는 개인의 자유와 공동체의 도덕률에 근거하여 자율적으로 법질서를 형성해 나가고, 정부는 법치주의원리에 따라 운용되어야 하며, 시장에서 경제력의 남용은 정부규제의 대상이 되는 것이지만, 각각의 영역이 가지는 독자적인 가치와 논리는 마땅히 존중하여야 한다는 믿음에 따른 것이다. 일반인들이 판례를 쉽게 이해할 수 있도록 언론에 보도되었거나 시민들이 관심을 가질 만한 사건들에 대한 판결을 고르려고 하였고 전문분야에 관한 사건은 가급적 제외하였다.

제2편 '법학이론과 판례'에서는 법학방법론이나 법률해석론이 재판실무에서 어떠한 의미를 가지는지 살펴보고, 판례가 실제로 형성되는 과정을 이해할 수 있도록 실체법 분야별로 대법원 판결들을 골라보았다. 법학을 공부하고 있거나 법학에 관심이 있는 사람들에게 도움이 되기를 바라는 뜻에서이다.

제3편 '판사와 사실심'에서는 하급심에서 재판을 맡아 처리한 사건 중에서 당시의 시대상을 반영하거나 훗날 대법원 판례로 남은 판결들을 모았다. 급변하는 사회경제적

상황에서 새롭게 나타나는 법적 분쟁에 대하여 해결방안을 제시하는 것은 '살아있는 법'을 발견하는 일이다. 판례나 문헌을 찾아보아도 마땅한 답을 찾을 수 없을 때 비로소 법적 사유가 시작되는 것이다. 제1심법원이야말로 법학방법론을 가장 필요로 하는 까닭이다.

우리나라 사법제도는 판사로 임용되어 끊임없이 공부하고 성장하는 법관상을 토대로 한다. 직업법관의 길을 택한 이상 사회적 논란이나 오판 시비에서 자유로울 수는 없다. 전에 썼던 판결서의 논리전개나 문체를 되돌아보면서 부끄러움을 느낀 적이 적지 않다. 사실을 있는 그대로 보여주는 데는 용기가 필요하다. 후배 법관들에게 성원을 보내면서 이 책이 조금이나마 도움이 되었으면 한다.

5.
판례는 집단지성의 결과물이다. 법관의 길은 홀로 걷는 것이 아니다. 법관으로 재직하는 동안 열띤 토론과 비판을 함께 한 선후배·동료 법관들에게 경의를 표한다. 판례를 정리하고 귀중한 조언을 준 김경훈, 박재형 두 분 부장판사께 감사드린다. 그리고 긴 여정을 마칠 때까지 함께 해주시고 후원해 주신 부모님과 장인 장모님, 사랑하는 가족 안윤주, 권용욱, 권정민, 김진우, 김정율에게 고마운 마음을 표시하고 싶다. 이번에도 격려와 수고를 아끼지 않으신 박영사 조성호 이사님과 편집부 김선민 이사님 그 외 관계자 여러분께 감사드린다.

2020년 7월 20일
권 순 일

차   례

제 1 편   공화국과 법의 지배

제 2 편 법학이론과 판례

제 3 편 판사와 사실심

부 록

제 1 편

공화국과 법의 지배

제1장

시민사회의 법질서

[1] 경합된 집회신고 사건

— 대법원 2014. 12. 11. 선고 2011도13299 판결 —

【판시사항】

집회 및 시위에 관한 법률상 먼저 신고된 집회가 있더라도 뒤에 신고된 집회에 대하여 집회 자체를 금지하는 통고를 할 수 없는 경우 및 이러한 금지통고에 위반한 집회 개최행위를 같은 법 위반으로 처벌할 수 있는지 여부(소극)

【판결요지】

집회의 신고가 경합할 경우 특별한 사정이 없는 한 관할경찰관서장은 집회 및 시위에 관한 법률(이하 '집시법'이라 한다) 제8조 제2항의 규정에 의하여 신고 순서에 따라 뒤에 신고된 집회에 대하여 금지통고를 할 수 있지만, 먼저 신고된 집회의 참여예정인원, 집회의 목적, 집회개최장소 및 시간, 집회 신고인이 기존에 신고한 집회 건수와 실제로 집회를 개최한 비율 등 먼저 신고된 집회의 실제 개최 가능성 여부와 양 집회의 상반 또는 방해가능성 등 제반 사정을 확인하여 먼저 신고된 집회가 다른 집회의 개최를 봉쇄하기 위한 허위 또는 가장 집회신고에 해당함이 객관적으로 분명해 보이는 경우에는, 뒤에 신고된 집회에 다른 집회금지 사유가 있는 경우가 아닌 한, 관할경찰관서장이 단지 먼저 신고가 있었다는 이유만으로 뒤에 신고된 집회에 대하여 집회 자체를 금지하는 통고를 하여서는 아니 되고, 설령 이러한 금지통고에 위반하여 집회를 개최하였다고 하더라도 그러한 행위를 집시법상 금지통고에 위반한 집회개최행위에 해당한다고 보아서는 아니 된다.

— 2 —

【상 고 인】 피고인
【원심판결】 서울중앙지법 2011. 9. 29. 선고 2011노2748 판결

【주   문】

원심판결을 파기하고, 사건을 서울중앙지방법원 합의부에 환송한다.

【이   유】

상고이유를 판단한다.

1. 집회 및 시위에 관한 법률(이하 '집시법'이라 한다) 제8조 제2항은 "관할경찰관서장은 집회 또는 시위의 시간과 장소가 중복되는 2개 이상의 신고가 있는 경우 그 목적으로 보아 서로 상반되거나 방해가 된다고 인정되면 뒤에 접수된 집회 또는 시위에 대하여 제1항에 준하여 그 집회 또는 시위의 금지를 통고할 수 있다"고 규정하고 있고, 그 제22조 제2항은 제8조 제2항에 따라 금지를 통고한 집회 또는 시위를 주최한 자를 처벌하도록 규정하고 있다.

따라서 집회의 신고가 경합할 경우 특별한 사정이 없는 한 관할경찰관서장은 집시법 제8조 제2항의 규정에 의하여 신고 순서에 따라 뒤에 신고된 집회에 대하여 금지통고를 할 수 있을 것이지만, 먼저 신고된 집회의 참여예정인원, 집회의 목적, 집회개최장소 및 시간, 집회 신고인이 기존에 신고한 집회 건수와 실제로 집회를 개최한 비율 등 먼저 신고된 집회의 실제 개최 가능성 여부와 양 집회의 상반 또는 방해가능성 등 제반 사정을 확인하여 먼저 신고된 집회가 다른 집회의 개최를 봉쇄하기 위한 허위 또는 가장 집회신고에 해당함이 객관적으로 분명해 보이는 경우에는, 뒤에 신고된 집회에 다른 집회금지 사유가 있는 경우가 아닌 한, 관할경찰관서장이 단지 먼저 신고가 있었다는 이유만으로 뒤에 신고된 집회에 대하여 집회 자체를 금지하는 통고를 하여서는 아니되고, 설령 이러한 금지통고에 위반하여 집회를 개최하였다고 하더라도 그러한 행위를 집시법상 금지통고에 위반한 집회개최행위에 해당한다고 보아서는 아니 될 것이다.

2. 원심은 그 판시와 같이 집회의 경합을 이유로 뒤에 신고된 이 사건 집회에 대한 금지통고가 적법하고, 가사 위법하다고 하더라도 유효하므로, 피고인이 그 금지통고에 위반하여 집회를 개최한 것은 집시법 제22조 제2항 위반죄에 해당한다는 이유로 이

사건 공소사실을 유죄로 인정하였다.

그러나 원심의 이러한 판단은 다음과 같은 이유에서 그대로 수긍하기 어렵다.

금지통고가 취소되거나 먼저 접수된 집회신고가 취하되지 아니하더라도 금지통고 자체에 위법이 있다면 이에 위반하여 집회를 개최하였다고 하여 이러한 집회개최행위를 위법하다고 볼 수는 없다.

기록에 의하면, 이 사건에서 피고인에 앞서 먼저 신고된 집회는 '집회명칭: 기초질서지키기운동 및 새서울 거리청결운동 전개 캠페인', '개최목적: 시민 질서의식 개도', '개최일시: 2009. 6. 27. 일출~일몰', '개최장소: 서울광장, 시청후정, 지하철 시청역 4번 출입구', '주최자: ○○○○○○○서울시협의회', '참가예정인원: 1,000명 이상'으로 하여 신고된 사실, ○○○○○○○서울시협의회는 2009. 6.에만 같은 내용으로 총 8회의 집회를 개최하겠다는 신고를 하였으나 실제로 개최된 집회는 단 한 차례도 없었던 사실을 알 수 있다.

이를 앞서 본 법리에 비추어 살펴보면, 먼저 신고된 집회의 목적에 비추어 굳이 1,000명 이상이 참여하여 서울광장 전체 공간에서 일출시로부터 일몰시까지 집회를 계속할 필요가 있었던 것인지 상당한 의심이 들고, 특히 ○○○○○○○서울시협의회가 2009. 6.에 8회의 집회신고를 하였으나 실제로는 단 한 차례도 집회를 개최한 바 없다는 점에서 먼저 신고된 집회가 다른 집회의 개최를 봉쇄하기 위한 허위 또는 가장 집회신고에 해당할 가능성이 매우 커 보인다. 사정이 이러하다면 관할 남대문경찰서장은 먼저 집회를 신고한 자에 대하여 집회의 실제 개최 가능성 여부와 양 집회의 상반 또는 방해가능성 등 먼저 신고된 집회가 다른 집회의 개최를 봉쇄하기 위한 허위 또는 가장 집회신고에 해당하는지 여부를 확인하여 뒤에 신고된 집회에 대하여 금지통고 여부를 결정하였어야 함에도, 단지 시간상 뒤에 신고되었다는 이유만으로 이 사건 집회에 대하여 금지통고를 한 것은 위법하다고 볼 여지가 크고, 피고인이 이러한 금지통고에 위반하여 집회를 개최하였다고 하더라도 이를 집시법상 금지통고에 위반한 집회개최행위에 해당한다고 섣불리 단정하여서는 아니 될 것이다.

따라서 원심으로서는 피고인보다 앞서 신고된 집회가 다른 집회의 개최를 봉쇄하기 위한 허위 또는 가장 집회신고에 해당하는지 여부 및 관할 남대문경찰서장의 금지통고가 적법한지 여부에 대하여 면밀한 심리를 거친 다음, 피고인의 행위가 집시법상 금지통고 위반 집회개최에 해당하는지 여부를 판단하였어야 할 것임에도, 이에 이르지 아니한 채 단지 그 판시와 같은 이유만으로 이 사건 공소사실을 유죄로 단정하였으니,

이러한 원심의 판단에는 집시법상 금지통고 위반 집회개최행위에 관한 법리를 오해하여 필요한 심리를 다하지 아니한 위법이 있다.

3. 그러므로 나머지 상고이유에 대한 판단을 생략한 채 원심판결을 파기하고, 사건을 다시 심리·판단하도록 원심법원에 환송하기로 하여, 관여 대법관의 일치된 의견으로 주문과 같이 판결한다.

[2] 불법체류 외국인 노동조합 설립 신고 사건

— 대법원 2015. 6. 25. 선고 2007두4995 전원합의체 판결 —

【판시사항】

출입국관리 법령에 따라 취업활동을 할 수 있는 체류자격을 받지 않은 외국인이 타인과의 사용종속관계하에서 근로를 제공하고 그 대가로 임금 등을 받아 생활하는 경우, 노동조합 및 노동관계조정법상 근로자의 범위에 포함되는지 여부(적극)

【판결요지】

[다수의견] 노동조합 및 노동관계조정법(이하 '노동조합법'이라고 한다) 제2조 제1호, 제5조, 제9조, 구 출입국관리법(2010. 5. 14. 법률 제10282호로 개정되기 전의 것)의 내용이나 체계, 취지 등을 종합하면, 노동조합법상 근로자란 타인과의 사용종속관계하에서 근로를 제공하고 그 대가로 임금 등을 받아 생활하는 사람을 의미하며, 특정한 사용자에게 고용되어 현실적으로 취업하고 있는 사람뿐만 아니라 일시적으로 실업 상태에 있는 사람이나 구직 중인 사람을 포함하여 노동3권을 보장할 필요성이 있는 사람도 여기에 포함되는 것으로 보아야 한다. 그리고 출입국관리 법령에서 외국인고용제한규정을 두고 있는 것은 취업활동을 할 수 있는 체류자격(이하 '취업자격'이라고 한다) 없는 외국인의 고용이라는 사실적 행위 자체를 금지하고자 하는 것뿐이지, 나아가 취업자격 없는 외국인이 사실상 제공한 근로에 따른 권리나 이미 형성된 근로관계에서 근로자로서의 신분에 따른 노동관계법상의 제반 권리 등의 법률효과까지 금지하려는 것으로 보기는 어렵다. 따라서 타인과의 사용종속관계 하에서 근로를 제공하고 그 대가로 임금 등을 받아 생활하는 사람은 노동조합법상 근로자에 해당하고, 노동조합법상의 근로자성이 인정되는 한, 그러한 근로자가 외국인인지 여부나 취업자격의 유무에 따라 노동조합법상 근로자의 범위에 포함되지 아니한다고 볼 수는 없다.

【원고, 피상고인】 서울경기인천이주노동자노동조합
【피고, 상고인】 서울지방노동청장
【원심판결】 서울고법 2007. 2. 1. 선고 2006누6774 판결

【주   문】

상고를 기각한다.

【이   유】

상고이유를 판단한다.

2. 상고이유 제2점에 관하여

노동조합법상 근로자라 함은 '직업의 종류를 불문하고 임금·급료 기타 이에 준하는 수입에 의하여 생활하는 사람'을 말하고(제2조 제1호), 그러한 근로자는 자유로이 노동조합을 조직하거나 이에 가입할 수 있으며(제5조), 노동조합의 조합원은 어떠한 경우에도 인종, 성별, 연령, 신체적 조건, 고용형태, 정당 또는 신분에 의하여 차별대우를 받지 아니한다(제9조).

한편 구 출입국관리법(2010. 5. 14. 법률 제10282호로 개정되기 전의 것) 관련 규정에 의하면, 외국인이 대한민국에서 취업하고자 할 때에는 대통령령이 정하는 바에 따라 취업활동을 할 수 있는 체류자격(이하 '취업자격'이라고 한다)을 받아야 하고, 취업자격 없이 취업한 외국인은 강제퇴거 및 처벌의 대상이 된다.

위 각 규정의 내용이나 체계, 그 취지 등을 종합하여 살펴보면, 노동조합법상 근로자란 타인과의 사용종속관계하에서 근로를 제공하고 그 대가로 임금 등을 받아 생활하는 사람을 의미하며, 특정한 사용자에게 고용되어 현실적으로 취업하고 있는 사람뿐만 아니라 일시적으로 실업 상태에 있는 사람이나 구직 중인 사람을 포함하여 노동3권을 보장할 필요성이 있는 사람도 여기에 포함되는 것으로 보아야 한다(대법원 2004. 2. 27. 선고 2001두8568 판결, 대법원 2014. 2. 13. 선고 2011다78804 판결, 대법원 2015. 1. 29. 선고 2012두28247 판결 등 참조). 그리고 출입국관리 법령에서 외국인고용제한규정을 두고 있는 것은 취업자격 없는 외국인의 고용이라는 사실적 행위 자체를 금지하고자 하는 것뿐이지, 나아가 취업자격 없는 외국인이 사실상 제공한 근로에 따른 권리나 이미 형성된 근로관계에 있어서 근로자로서의 신분에 따른 노동관계법상의 제반 권리 등의 법률효과까지 금지하려는 것으로 보기는 어렵다(대법원 1995. 9. 15. 선고 94누12067 판결 등 참조).

따라서 타인과의 사용종속관계하에서 근로를 제공하고 그 대가로 임금 등을 받아 생활하는 사람은 노동조합법상 근로자에 해당하고, 노동조합법상의 근로자성이 인정되는 한, 그러한 근로자가 외국인인지 여부나 취업자격의 유무에 따라 노동조합법상 근로자의 범위에 포함되지 아니한다고 볼 수는 없다.

취업자격 없는 외국인이 노동조합법상 근로자의 개념에 포함된다고 하여 노동조합의 조합원 지위에 있는 외국인이 출입국관리 법령상 취업자격을 취득하게 된다든가 또는 그 체류가 합법화되는 효과가 발생하는 것은 아니다. 취업자격 없는 외국인근로자들이 조직하려는 단체가 '주로 정치운동을 목적으로 하는 경우'와 같이 노동조합법 제2조 제4호 각 목의 해당 여부가 문제 된다고 볼 만한 객관적인 사정이 있는 경우에는 행정관청은 실질적인 심사를 거쳐 노동조합법 제12조 제3항 제1호 규정에 의하여 설립신고서를 반려할 수 있을 뿐만 아니라(대법원 2014. 4. 10. 선고 2011두6998 판결 참조), 설령 노동조합의 설립신고를 마치고 신고증을 교부받았다고 하더라도, 그러한 단체는 적법한 노동조합으로 인정받지 못할 수 있음은 물론이다.

같은 취지에서 원심은 취업자격 없는 외국인도 노동조합 결성 및 가입이 허용되는 근로자에 해당한다고 보고, 피고가 이와 다른 전제에서 단지 외국인근로자의 취업자격 유무만을 확인할 목적으로 조합원 명부의 제출을 요구하고 이에 대하여 원고가 그 보완 요구를 거절하였다는 이유로 원고의 설립신고서를 반려한 이 사건 처분은 위법하다고 판단하였다.

원심의 이러한 판단은 정당하고, 거기에 상고이유 주장과 같이 취업자격 없는 외국인의 노동조합법상 근로자 지위 인정 여부에 관한 법리를 오해하는 등의 잘못이 없다.

3. 결론

그러므로 상고를 기각하고 상고비용은 패소자가 부담하기로 하여, 주문과 같이 판결한다. 이 판결에는 상고이유 제2점(취업자격 없는 외국인의 노동조합 설립신고)에 관하여 대법관 민일영의 반대의견이 있는 외에는 관여 법관의 의견이 일치하였다.

[3] 상지대 관선이사선임처분 취소 사건

― 대법원 2015. 7. 23. 선고 2012두19496, 19502 판결 ―

【판시사항】

　　교육부장관이 사학분쟁조정위원회의 심의를 거쳐 甲 대학교를 설치·운영하는 乙 학교법인의 이사 8인과 임시이사 1인을 선임한 데 대하여 甲 대학교 교수협의회와 총학생회 등이 이사선임처분의 취소를 구하는 소송을 제기한 사안에서, 甲 대학교 교수협의회와 총학생회는 이사선임처분을 다툴 법률상 이익을 가지지만, 전국대학노동조합 甲 대학교지부는 법률상 이익이 없다고 한 사례

【판결요지】

　　임시이사제도의 취지, 교직원·학생 등의 학교운영에 참여할 기회를 부여하기 위한 개방이사 제도에 관한 법령의 규정 내용과 입법 취지 등을 종합하여 보면, 구 사립학교법과 구 사립학교법 시행령 및 乙 법인 정관 규정은 헌법 제31조 제4항에 정한 교육의 자주성과 대학의 자율성에 근거한 甲 대학교 교수협의회와 총학생회의 학교운영 참여권을 구체화하여 이를 보호하고 있다고 해석되므로, 甲 대학교 교수협의회와 총학생회는 이사선임처분을 다툴 법률상 이익을 가진다.

　　그러나 고등교육법령은 교육받을 권리나 학문의 자유를 실현하는 수단으로서 학생회와 교수회와는 달리 학교의 직원으로 구성된 노동조합의 성립을 예정하고 있지 아니하고, 노동조합은 근로자가 주체가 되어 자주적으로 단결하여 근로조건의 유지·개선 기타 근로자의 경제적·사회적 지위의 향상을 도모하기 위하여 조직된 단체인 점 등을 고려할 때, 학교의 직원으로 구성된 노동조합이 교육받을 권리나 학문의 자유를 실현하는 수단으로서 직접 기능한다고 볼 수는 없으므로, 개방이사에 관한 구 사립학교법과 구 사립학교법 시행령 및 乙 법인 정관 규정이 학교직원들로 구성된 전국대학노동조합 乙 대학교지부의 법률상 이익까지 보호하고 있는 것으로 해석할 수는 없다.

【원고, 상고인】 1. 학교법인 상지학원 개방이사추천위원회, 2. 상지대학교 교수협의회,
　　　　　　　　3. 전국대학노동조합 상지대학교 지부, 4. 상지대학교 총학생회

【피고, 피상고인】 교육부장관
【원심판결】 서울고법 2012. 7. 11. 선고 2011누40402, 40419 판결

【주   문】

원심판결의 원고 상지대학교 교수협의회, 원고 상지대학교 총학생회 패소 부분 중 피고보조참가인들, 소외 1, 소외 2, 소외 3, 소외 4에 대한 이사선임처분 취소 청구 부분을 파기하고, 이 부분 사건을 서울고등법원에 환송한다.

원고 상지대학교 교수협의회, 원고 상지대학교 총학생회의 나머지 상고 및 원고 학교법인 상지학원 개방이사추천위원회, 원고 전국대학노동조합 상지대학교지부의 상고를 모두 기각한다.

【이   유】

2. 원고 교수협의회, 원고 총학생회의 상고이유를 판단한다.

가. 행정처분의 직접 상대방이 아닌 제3자라 하더라도 당해 행정처분으로 인하여 법률상 보호되는 이익을 침해당한 경우에는 취소소송을 제기하여 그 당부의 판단을 받을 자격이 있다. 여기에서 말하는 법률상 보호되는 이익은 당해 처분의 근거 법규 및 관련 법규에 의하여 보호되는 개별적 · 직접적 · 구체적 이익이 있는 경우를 말하고, 공익보호의 결과로 국민 일반이 공통적으로 가지는 일반적 · 간접적 · 추상적 이익과 같이 사실적 · 경제적 이해관계를 갖는 데 불과한 경우는 여기에 포함되지 아니한다. 또 당해 처분의 근거 법규 및 관련 법규에 의하여 보호되는 법률상 이익은 당해 처분의 근거 법규의 명문 규정에 의하여 보호받는 법률상 이익, 당해 처분의 근거 법규에 의하여 보호되지는 아니하나 당해 처분의 행정목적을 달성하기 위한 일련의 단계적인 관련 처분들의 근거 법규에 의하여 명시적으로 보호받는 법률상 이익, 당해 처분의 근거 법규 또는 관련 법규에서 명시적으로 당해 이익을 보호하는 명문의 규정이 없더라도 근거 법규 및 관련 법규의 합리적 해석상 그 법규에서 행정청을 제약하는 이유가 순수한 공익의 보호만이 아닌 개별적 · 직접적 · 구체적 이익을 보호하는 취지가 포함되어 있다고 해석되는 경우까지를 말한다(대법원 2013. 9. 12. 선고 2011두33044 판결 등 참조).

나. (1) 구 사립학교법(2011. 4. 12. 법률 제10580호로 개정되기 전의 것, 이하 같다) 제25조 제1항은 관할청은 다음 각 호의 어느 하나에 해당되는 경우에는 이해관계인의 청

구 또는 직권으로 사학분쟁조정위원회(이하 '조정위원회'라고 한다)의 심의를 거쳐 임시이
사를 선임하여야 한다고 규정하면서, 각 호에서 학교법인이 이사의 결원보충을 하지 아
니하여 학교법인의 정상적인 운영이 어렵다고 판단될 때(제1호), 제20조의2에 따라 학
교법인의 임원취임 승인을 취소하여 제18조에 따른 이사회 의결정족수를 초과하는 이
사에 대하여 임원취임 승인이 취소된 때(제2호), 제25조의2의 규정에 의하여 임시이사
를 해임한 때(제3호)를 들고 있다. 그리고 구 사립학교법 제25조의3은 임시이사가 선임
된 학교법인의 정상화절차에 관하여, 임시이사가 선임된 학교법인은 매년 1회 이상 조
정위원회에 정상화 추진실적을 보고하고(제2항), 조정위원회는 그 추진실적을 평가하여
해당 학교법인의 임시이사 해임 및 정상화 여부에 관한 사항을 관할청에 통보하며(제3
항), 관할청이 임시이사의 선임사유가 해소되었다고 인정한 때에는 조정위원회의 심의
를 거쳐 지체 없이 임시이사를 해임하고 이사(이하 '정식이사'라고 한다)를 선임하도록(제
1항) 규정하고 있다.

(2) 학교법인의 이사회가 수행하는 기능과 업무의 내용은 교육을 제공하는 물적·
인적 기반을 형성·유지하는 데 있어 가장 중요한 사항들로서(구 사립학교법 제16조 제1
항), 이사의 결원 등으로 이러한 사항들에 대하여 이사회가 제 기능을 수행하지 못하게
되는 경우에도 본질적으로 재단법인의 일종인 학교법인으로서는 구성원이 존재하지 않
는다는 법적인 특성상 스스로 기능을 회복하는 것을 기대하기 어려운 반면, 그로 인한
피해는 학교법인 내부의 영역에 머무르지 않고 학생, 교직원, 학부모 등 학교의 구성원
모두에게 돌아가게 되고 궁극적으로는 학생들의 교육받을 권리를 침해하는 결과가 된
다. 임시이사제도는 이와 같이 위기사태에 빠진 학교법인을 조속한 시일 내에 정상화시
킴으로써 학생들의 교육받을 권리가 침해되는 것을 방지하려는 데 그 제도적 취지가
있다(헌법재판소 2009. 4. 30. 선고 2005헌바101 전원재판부 결정 참조).

(3) 헌법 제31조 제4항은 교육의 자주성은 법률이 정하는 바에 의하여 보장된다고
천명하고 있고, 이러한 헌법정신을 구현하기 위하여 교육기본법 제5조 제2항은 학교운
영의 자율성은 존중되며, 교직원·학생·학부모 및 지역주민 등은 법령으로 정하는 바
에 따라 학교운영에 참여할 수 있다고 규정하고 있다.

그런데 구 사립학교법 제14조에 따르면, 학교법인은 이사 정수의 4분의 1에 해당
하는 이사를 개방이사추천위원회(이하 '추천위원회'라고 한다)에서 추천한 인사 중에서 선
임하여야 하고(제3항), 추천위원회는 대학평의원회 또는 학교운영위원회에서 그 위원의
2분의 1을 추천하며(제4항 본문), 추천위원회의 조직과 운영 및 구성은 학교법인의 정관

으로 정하도록 되어 있다(제3항, 제6항). 그리고 구 사립학교법 제26조의2 제2항의 위임에 의한 구 사립학교법 시행령(2011. 6. 9. 대통령령 제22971호로 개정되기 전의 것, 이하 같다) 제10조의6 제1항, 제3항에 따르면, 대학평의원회는 교원·직원 및 학생 중에서 각각의 구성단위를 대표할 수 있는 자로 구성하고, 대학평의원회의 구성·운영 등에 관하여 필요한 사항은 정관으로 정하도록 되어 있다. 한편 기록에 의하면, 상지학원 정관은, 9인의 이사 중 3인을 개방이사로 하며(정관 제22조), 추천위원회는 대학평의원회 등에서 추천하는 5인을 포함한 9인의 위원으로 구성하고(정관 제24조의3 제2항), 대학평의원회는 교원 5명, 직원 2명, 학생 2명, 동문 및 대학 발전에 도움이 될 수 있는 자 2명으로 구성하도록 정하고 있는 사실을 알 수 있다(정관 제35조의3 제1항).

　　이와 같이 학교법인은 민법상의 재단법인의 일종으로서 사적 자치의 자유를 누리는데도, 구 사립학교법 및 그 시행령과 그에 따른 상지학원 정관이 개방이사의 선임에 관한 규정을 둠으로써 학교법인의 이사선임권한을 제약하고 있는 것은, 학교운영이라는 공적 기능을 수행하는 학교법인의 의사결정에 투명성과 공정성을 제고하고, 교직원·학생 등이 갖는 학교운영에 참여할 권리를 보장하려는 데 그 취지가 있다(헌법재판소 2013. 11. 28. 선고 2007헌마1189 전원재판부 결정 참조). 그리고 구 사립학교법령이 개방이사 제도를 통하여 교직원·학생 등의 학교운영참여권을 보장한 취지는 학교법인이 위 기사태에 빠져 임시이사가 선임되었다가 정상화되는 과정에서도 훼손되어서는 아니 될 것이다.

　　(4) 헌법 제31조 제4항이 대학의 자율성은 법률이 정하는 바에 의하여 보장된다고 규정하고 있는 취지는, 대학에 대한 공권력 등 외부세력의 간섭을 배제하고 대학구성원 자신이 대학을 자주적으로 운영할 수 있도록 함으로써 대학인으로 하여금 연구와 교육을 자유롭게 하여 진리탐구와 지도적 인격의 도야라는 대학의 기능을 충분히 발휘할 수 있도록 하려는 데 있으므로(헌법재판소 2006. 4. 27. 선고 2005헌마1047 전원재판부 결정 참조), 학문의 자유의 주체인 교원들이 그 중심이 되는 것이지만, 공권력 등 외부세력의 간섭을 배제하고 대학을 자주적으로 운영한다는 측면에서는 교원뿐만 아니라 역시 대학의 구성원인 직원, 학생 등도 원칙적으로 대학자치의 주체가 될 수 있다고 보아야 한다. 이와 같은 사정을 고려하여 구 사립학교법도 학교법인이 운영하는 학교가 대학인 경우에 해당 대학의 교원뿐만 아니라 직원, 학생으로 하여금 대학평의원회를 구성하도록 규정하고(구 사립학교법 제26조의2 제2항, 구 사립학교법 시행령 제10조의6 제1항), 대학평의원회로 하여금 추천위원회 위원의 2분의 1을 추천하도록 규정하고 있는 것이다(구

사립학교법 제14조 제4항 본문).

그리고 구 고등교육법(2011. 7. 21. 법률 제10866호로 개정되기 전의 것)에 따르면, 학교의 장은 법령의 범위 안에서 학교규칙(이하 '학칙'이라고 한다)을 제정 또는 개정할 수 있고, 학칙의 기재사항, 제정 및 개정 절차 등 필요한 사항은 대통령령으로 정하며(제6조), 학교는 그 설립목적을 달성하기 위하여 대통령령이 정하는 범위 안에서 필요한 조직을 갖추어야 하고, 사립학교의 조직에 관한 기본적 사항은 당해 학교법인의 정관과 학칙으로 정하도록 되어 있다(제19조). 이러한 위임에 따라 구 고등교육법 시행령(2012. 1. 6. 대통령령 제23485호로 개정되기 전의 것) 제4조 제1항은 학칙에 기재하여야 할 사항으로, 학생회 등 학생자치활동(제10호), 대학평의원회 및 교수회가 있는 경우에는 그에 관한 사항(제16호)을 들고 있다. 이와 같이 고등교육법령은 교육받을 권리의 주체인 학생들이 자치활동을 위하여 구성한 학생회와 학문의 자유의 주체인 교수들로 구성된 교수회의 성립을 예정하고 있으므로, 학생이나 교원의 법률상 이익을 보호하기 위한 법령의 규정은 대학 자치나 학문의 자유를 실현하기 위한 수단으로서 기능하는 학생회나 교수회의 법률상 이익을 보호하는 역할도 함께 한다고 보아야 한다.

(5) 이상과 같은 임시이사제도의 취지, 교직원·학생 등의 학교운영에 참여할 기회를 부여하기 위한 개방이사 제도에 관한 법령의 규정 내용과 그 입법 취지 등 여러 사정들을 종합하여 보면, 구 사립학교법령 및 상지학원 정관 규정은 헌법 제31조 제4항에 정한 교육의 자주성과 대학의 자율성에 근거한 원고 교수협의회와 원고 총학생회의 학교운영참여권을 구체화하여 이를 보호하고 있다고 해석되므로, 위 원고들은 피고의 이 사건 각 이사선임처분을 다툴 법률상 이익을 가진다고 할 수 있다.

다. 그럼에도 원심은 이와 달리, 위 원고들에게 이 사건 각 이사선임처분을 다툴 법률상 보호되는 이익이 없다고 보아 이 부분 소가 부적법하다고 판단하였으니, 이러한 원심판결에는 학교법인 정상화 과정에서의 이사선임처분을 다툴 법률상 이익에 관한 법리를 오해한 잘못이 있다.

3. 원고 노동조합의 상고이유를 판단한다.

앞서 본 것처럼 개방이사에 관한 구 사립학교법 및 상지학원 정관 규정은 헌법 제31조 제4항에 정한 교육의 자주성과 대학의 자율성에 근거한 규정이고, 교육의 자주성이나 대학의 자율성은 궁극적으로 교육받을 권리나 학문의 자유를 보장하기 위한 수단으로서 기능한다.

그런데 고등교육법령은 교육받을 권리나 학문의 자유를 실현하는 수단으로서 학생회와 교수회와는 달리 학교의 직원으로 구성된 노동조합의 성립을 예정하고 있지 아니하고, 노동조합은 근로자가 주체가 되어 자주적으로 단결하여 근로조건의 유지·개선 기타 근로자의 경제적·사회적 지위의 향상을 도모하기 위하여 조직된 단체인 점(노동조합 및 노동관계조정법 제2조 제4호) 등을 고려할 때, 학교의 직원으로 구성된 노동조합이 교육받을 권리나 학문의 자유를 실현하는 수단으로서 직접 기능한다고 볼 수는 없다. 그렇다면 개방이사에 관한 구 사립학교법령 및 상지학원 정관 규정이 학교직원의 법률상 이익을 보호하고 있다고 보더라도, 학교직원들로 구성된 원고 노동조합의 법률상 이익까지 보호하고 있는 것으로 해석할 수는 없다.

따라서 원고 노동조합의 소는 부적법하여 각하되어야 하고, 원심이 그 이유를 달리하였지만 이 부분 소가 부적법하다고 판단한 결론은 정당하다. 따라서 원심의 판단에 취소소송에 있어서의 법률상 이익에 관한 법리를 오해하여 판결에 영향을 미친 잘못이 있다는 위 원고의 상고이유 주장은 받아들이지 아니한다.

4. 그러므로 원심판결의 원고 교수협의회, 원고 총학생회 패소 부분 중 참가인들, 소외 1, 소외 2, 소외 3, 소외 4에 대한 이사선임처분 취소 청구 부분을 파기하고, 이 부분 사건을 다시 심리·판단하도록 원심법원에 환송하며, 원고 교수협의회, 총학생회의 나머지 상고 및 원고 추천위원회, 노동조합의 상고를 모두 기각하고, (중략) 관여 대법관의 일치된 의견으로 주문과 같이 판결한다.

[4] 형사 성공보수약정 무효 판결

― 대법원 2015. 7. 23. 선고 2015다200111 전원합의체 판결 ―

【판시사항】

[1] 형사사건에 관한 성공보수약정이 선량한 풍속 기타 사회질서에 위배되는 것으로 평가할 수 있는지 여부(적극) 및 어느 법률행위가 선량한 풍속 기타 사회질서에 위반되어 무효인지 판단하는 기준 시점(＝법률행위가 이루어진 때)과 판단 기준

[2] 종래 이루어진 보수약정이 성공보수 명목으로 되어 있는 경우, 민법 제103조에 의하여 무효라고 단정할 수 있는지 여부(소극) 및 이 판결 선고 후 체결된 성공보수약정의 효력(무효)

【판결요지】

형사사건에 관하여 체결된 성공보수약정이 가져오는 여러 가지 사회적 폐단과 부작용 등을 고려하면, 구속영장청구 기각, 보석 석방, 집행유예나 무죄 판결 등과 같이 의뢰인에게 유리한 결과를 얻어내기 위한 변호사의 변론활동이나 직무수행 그 자체는 정당하다 하더라도, 형사사건에서의 성공보수약정은 수사·재판의 결과를 금전적인 대가와 결부시킴으로써, 기본적 인권의 옹호와 사회정의의 실현을 사명으로 하는 변호사 직무의 공공성을 저해하고, 의뢰인과 일반 국민의 사법제도에 대한 신뢰를 현저히 떨어뜨릴 위험이 있으므로, 선량한 풍속 기타 사회질서에 위배되는 것으로 평가할 수 있다.

다만 선량한 풍속 기타 사회질서는 부단히 변천하는 가치관념으로서 어느 법률행위가 이에 위반되어 민법 제103조에 의하여 무효인지는 법률행위가 이루어진 때를 기준으로 판단하여야 하고, 또한 그 법률행위가 유효로 인정될 경우의 부작용, 거래자유의 보장 및 규제의 필요성, 사회적 비난의 정도, 당사자 사이의 이익균형 등 제반 사정을 종합적으로 고려하여 사회통념에 따라 합리적으로 판단하여야 한다.

그런데 그동안 대법원은 수임한 사건의 종류나 특성에 관한 구별 없이 성공보수약정이 원칙적으로 유효하다는 입장을 취해 왔고, 대한변호사협회도 1983년에 제정한 '변호사보수기준에 관한 규칙'에서 형사사건의 수임료를 착수금과 성공보수금으로 나누어 규정하였으며, 위 규칙이 폐지된 후에 권고양식으로 만들어 제공한 형사사건의 수임약

정서에도 성과보수에 관한 규정을 마련하여 놓고 있었다. 이에 따라 변호사나 의뢰인은 형사사건에서의 성공보수약정이 안고 있는 문제점 내지 그 문제점이 약정의 효력에 미칠 수 있는 영향을 제대로 인식하지 못한 것이 현실이고, 그 결과 당사자 사이에 당연히 지급되어야 할 정상적인 보수까지도 성공보수의 방식으로 약정하는 경우가 많았던 것으로 보인다.

　　이러한 사정들을 종합하여 보면, 종래 이루어진 보수약정의 경우에는 보수약정이 성공보수라는 명목으로 되어 있다는 이유만으로 민법 제103조에 의하여 무효라고 단정하기는 어렵다. 그러나 대법원이 이 판결을 통하여 형사사건에 관한 성공보수약정이 선량한 풍속 기타 사회질서에 위배되는 것으로 평가할 수 있음을 명확히 밝혔음에도 불구하고 향후에도 성공보수약정이 체결된다면 이는 민법 제103조에 의하여 무효로 보아야 한다.

【원고, 피상고인】　허○○
【피고, 상고인】　조○○
【원심판결】　대구고법 2014. 12. 10. 선고 2013나21568 판결

【주　　문】

　　상고를 기각한다.

【이　　유】

　　상고이유를 판단한다.

　　1. 가. 형사사법은 국민의 기본적 인권의 보장과 국가형벌권의 공정한 실현을 그 이상으로 한다. 수사와 재판을 포함한 형사절차는 국민의 자유, 재산, 명예는 물론 사회의 안녕 및 질서 유지와 직결되어 법치주의의 근간을 이루기 때문에, 엄정하고 공정하게 운용되어야 할 뿐 아니라 그에 대한 국민의 신뢰를 확보하지 않으면 안 된다. 만약 국가형벌권의 행사를 둘러싸고 국민들 사이에 불신과 불만이 존재한다면 국민들의 준법의식과 정의 관념에 혼란을 가져오고 사법제도 전반에 대한 신뢰의 위기를 초래함으로써 국가기능에 중대한 장애를 초래할 수 있기 때문이다.

　　나. 공정한 형사절차가 실현되기 위해서는 범죄혐의를 받고 있는 피의자나 피고인

에게 변명하고 자기방어를 할 수 있는 충분한 기회가 주어져야 한다. 우리 헌법은 신체의 자유를 제한하게 되는 체포·구속이나 처벌·보안처분에 관하여 적법절차와 영장주의 원칙에 따라 여러 절차적 권리를 보장하면서, 이를 실질적으로 구현하기 위한 중요한 수단으로서 변호인의 조력을 받을 권리를 명시하고 있다. 이처럼 그 조력을 받을 권리가 직접 헌법에 규정될 정도로 변호인은 형사절차에서 중요한 공익적 역할을 담당하고 있는데, 헌법과 형사소송법에 보장된 피의자·피고인의 방어권과 각종 절차적 권리를 실질적·효과적으로 행사할 수 있게 해 주는 법적 장치가 바로 변호사제도이다. 따라서 재판을 담당하는 법관이나 수사와 공소 제기 및 유지를 담당하는 검사와 마찬가지로 변호사도 형사절차를 통한 정의의 실현이라는 중요한 공적 이익을 위하여 협력하고 노력할 의무를 부담한다. 그렇기 때문에 변호사는 개인적 이익이나 영리를 추구하는 단순한 직업인이 아니라, 우리 사회의 법치주의 실현의 한 축으로서 정의와 인권을 수호하여야 하는 공적인 지위에 있다.

　다. 변호사법은 법률사무 전반을 변호사에게 독점시키는 한편, 변호사는 기본적 인권을 옹호하고 사회정의를 실현함을 그 사명으로 하고, 공공성을 지닌 법률 전문직으로서 독립하여 자유롭게 그 직무를 수행한다고 선언하면서(제1조, 제2조), 변호사의 자격과 등록을 엄격히 제한하고(제4조 내지 제20조), 변호사에게 품위유지의무, 비밀유지의무 등의 각종 의무를 부과하며(제24조 내지 제27조 등), 광고 제한, 변호인선임서 등의 지방변호사회 경유, 연고 관계 등의 선전금지, 수임 제한, 겸직 제한 등의 규제를 하는 등(제23조, 제29조 내지 제35조, 제38조 등) 변호사 직무에 관하여 고도의 공공성과 윤리성을 강조하고 있다. 특히 변호사법은 변호사가 판사·검사, 그 밖에 재판·수사기관의 공무원에게 제공하거나 그 공무원과 교제한다는 명목으로 금품이나 그 밖의 이익을 받거나 받기로 한 행위와 위와 같은 공무원에게 제공하거나 그 공무원과 교제한다는 명목의 비용을 변호사 선임료·성공사례금에 명시적으로 포함시키는 행위를 한 경우에는 실제 그와 같은 용도로 금품이 사용되었는지 여부를 묻지 않고 형사처벌하는 규정(제110조)까지 두고 있다. 국가가 지난 수십 년 동안 사법연수원제도를 통해 사법연수생을 국가공무원으로 임명하여 일정한 보수를 지급하는 등 변호사 양성비용을 부담한 것도 이러한 변호사의 공공성과 사회적 책임을 잘 보여 주는 사례이다.

　라. 변호사가 위임사무의 처리에 대한 대가로 받는 보수는 수임인인 변호사와 위임인인 의뢰인 사이의 자유로운 합의에 의하여 결정되는 것이 원칙이다. 하지만 형사소송은 국가형벌권을 실현하는 절차로서 당사자의 생명, 신체의 자유, 명예 등과 밀접한

관련성을 가지고 있으므로 변호사 직무의 공공성과 윤리성이 다른 사건에서보다 더욱 절실히 요구된다. 따라서 형사사건에 관한 변호사의 보수는 단순히 사적 자치의 원칙에 입각한 변호사와 의뢰인 사이의 대가 수수관계로 맡겨둘 수만은 없다.

형사사건에 관한 변호사의 보수 중에서도 의뢰인이 위임사무의 처리결과에 따라 또는 사건해결의 성공 정도에 따라 변호사에게 특별한 보수를 지급하기로 약속하는 이른바 '성공보수약정'은 여러 가지 부작용과 문제점을 안고 있고, 형사절차나 법조 직역 전반에 대한 신뢰성이나 공정성의 문제와도 밀접하게 연관되어 있기 때문에 그 법적 효력에 관하여 면밀한 검토가 필요하다.

(1) 우리 민법 제103조는 선량한 풍속 기타 사회질서에 위반한 사항을 내용으로 하는 법률행위는 무효로 한다고 규정하고 있고, 이때 민법 제103조에 의하여 무효로 되는 반사회질서 행위는 법률행위의 목적인 권리의무의 내용이 선량한 풍속 기타 사회질서에 위반되는 경우뿐만 아니라, 그 내용 자체는 반사회질서적인 것이 아니라고 하여도 법률적으로 이를 강제하거나 법률행위에 반사회질서적인 조건 또는 금전적인 대가가 결부됨으로써 반사회질서적 성질을 띠게 되는 경우 및 표시되거나 상대방에게 알려진 법률행위의 동기가 반사회질서적인 경우 등을 포함한다(대법원 2000. 2. 11. 선고 99다56833 판결 등 참조).

(2) 형사사건의 경우 성공보수약정에서 말하는 '성공'의 기준은 개별사건에서 변호사와 의뢰인 간의 합의에 따라 정해질 것이지만, 일반적으로 수사 단계에서는 불기소, 약식명령청구, 불구속 기소, 재판 단계에서는 구속영장청구의 기각 또는 구속된 피의자·피고인의 석방이나 무죄·벌금·집행유예 등과 같은 유리한 본안 판결인 경우가 거의 대부분이다. 그렇기 때문에 성공보수약정에서 정한 조건의 성취 여부는 형사절차의 요체이자 본질에 해당하는 인신구속이나 형벌의 문제와 밀접하게 관련된다. 만약 형사사건에서 특정한 수사방향이나 재판의 결과를 '성공'으로 정하여 그 대가로 금전을 주고받기로 한 변호사와 의뢰인 간의 합의가, 형사사법의 생명이라 할 수 있는 공정성·염결성이나 변호사에게 요구되는 공적 역할과 고도의 직업윤리를 기준으로 볼 때 우리 사회의 일반적인 도덕관념에 어긋나는 것이라면 국민들이 보편타당하다고 여기는 선량한 풍속 내지 건전한 사회질서에 위반되는 것으로 보아야 한다.

(3) 우선 성공보수의 개입으로 말미암아 변호사가 의뢰인에게 양질의 법률서비스를 제공하는 수준을 넘어 의뢰인과 전적으로 이해관계를 같이 하게 되면, 변호사 직무의 독립성이나 공공성이 훼손될 위험이 있고, 이는 국가형벌권의 적정한 실현에도 장애

가 될 수 있다. 간과해서는 안 되는 것은 형사사건의 통상적인 성공보수약정에서 정한 '성공'에 해당하는 결과인 불기소, 불구속, 구속된 피의자·피고인의 석방, 무죄판결 등은 변호사의 노력만으로 항상 이루어낼 수 있는 성격의 것은 아니라는 점이다. 우리나라의 형사소송절차는 기소편의주의를 채택하고 있고, 공판절차에서 직권증거조사 등 직권주의적 요소가 적지 않으며, 형벌의 종류와 형량의 결정에서도 재량의 범위가 상대적으로 넓게 규정되어 있는 등 수사나 재판의 결과가 상당한 권한을 가진 법관이나 검사의 판단 영역에 속하여 있다. 이에 따라 변호사로서는 성공보수를 받을 수 있는 '성공'이란 결과를 얻어내기 위하여 수사나 재판의 담당자에게 직·간접적으로 영향을 행사하려는 유혹에 빠질 위험이 있고, 변호사의 노력만으로 '성공'이란 결과가 당연히 달성되는 것은 아니라는 점을 알고 있는 의뢰인으로서도 성공보수를 약정함으로써 변호사가 부적절한 방법을 사용하여서라도 사건의 처리결과를 바꿀 수 있을 것이라는 그릇된 기대를 할 가능성이 없지 않다. 이로 인하여 형사사법 업무에 종사하는 공직자들의 염결성을 의심받거나 심지어는 정당하고 자연스러운 수사·재판의 결과마저도 마치 부당한 영향력의 행사에 따른 왜곡된 성과인 것처럼 잘못 인식하게 만들어 형사사법체계 전반에 대한 신뢰가 실추될 위험이 있다. 더구나 변호사가 구속적부심사청구, 보석신청 등을 하여 그에 대한 재판을 앞둔 상태에서 석방결정을 조건으로 의뢰인으로부터 미리 거액의 성공보수를 받는 경우라면 이러한 의혹과 불신은 더욱 증폭될 것이다. 이처럼 수사와 재판절차가 공정하고 투명한 과정을 통한 정의의 실현이 아니라 어떤 외부의 부당한 영향력이나 연고와 정실, 극단적으로는 '돈의 유혹이나 검은 거래'에 의해 좌우된다고 국민들이 의심한다면, 그러한 의심의 존재 자체만으로도 법치주의는 뿌리부터 흔들리게 되고, 형사절차의 공정성과 염결성은 치명적인 손상을 입게 된다. 어떤 행위가 이와 같은 사회적 폐단을 초래할 요인이 될 수 있다면 이는 형사사법에 관한 선량하고 건전한 사회질서에 어긋난다고 평가되어야 한다.

　(4) 아울러 형사사건에서 일정한 수사·재판결과를 '성공'과 연결짓는 것 자체가 적절하지 않다. 국가형벌권의 공적 실현이라 할 수 있는 수사와 재판의 결과를 놓고 단지 의뢰인에게 유리한 결과라고 하여 이를 임의로 '성공'이라고 정하고 그에 대한 대가로 상당한 금액을 수수하는 것은 사회적 타당성을 갖추고 있다고 볼 수 없고, 이는 기본적 인권의 옹호와 사회정의의 실현을 그 사명으로 하는 변호사 직무의 공공성 및 윤리성과도 부합하지 않는다. 만약 '성공'에 해당하는 수사·재판결과가 부적절한 방법으로 마땅히 받아야 할 처벌을 모면한 것이라면 사법정의를 심각하게 훼손한 것이다. 반

대로 그것이 당연한 결과라면 의뢰인은 형사절차 때문에 어쩔 수 없이 성공보수를 지급하게 되었다는 억울함과 원망의 마음을 갖게 될 것이다. 피해자·고소인을 대리하면서 피의자·피고인의 구속을 성공의 조건으로 내세운 약정의 경우에는 국가형벌권을 빌려 '남을 구속시켜 주는 대가'로 상당한 금액을 수수하는 것이어서 이러한 불합리함이 더더욱 드러나게 된다.

물론 변호사는 형사절차에서 의뢰인을 위하여 적절한 변명과 반박, 유리한 사실적·법률적 주장과 증거의 제출 등 성실한 변론활동을 함으로써 피의자·피고인의 기본적 인권과 이익을 옹호하여야 하고, 이를 통하여 형사사법의 목적인 실체적 진실발견에도 도움을 주어 결과적으로 의뢰인에게 유리한 수사·재판결과가 도출될 수 있다. 또한 변호사가 사건의 성질과 난이도나 변론활동에 들인 시간·노력·비용에 상응하여 합당한 보수를 지급받는 것은 너무나도 당연한 일이다. 하지만 성공보수약정이 따로 없더라도 변호사는 성실하게 의뢰인의 권리를 옹호하고 선량한 관리자의 주의로써 위임사무를 처리할 의무를 부담하는 것이다. 따라서 변호사가 형사절차에서 변호인으로서 마땅히 해야 할 변론활동을 놓고 특정한 결과와 연계시켜 성공보수를 요구하는 것은 그 타당성을 인정하기 어렵다.

(5) 또한 형사사건에서 성공보수약정의 한쪽 당사자인 의뢰인은 주로 인신구속이나 형벌이라는 매우 급박하고 중대한 불이익을 눈앞에 두고 있는 시기에 이와 같은 약정을 맺는 경우가 많다. 법률 지식이 부족하고 소송절차에 대한 경험과 정보도 없는 다수의 의뢰인은 당장 눈앞의 곤경을 면하기 위하여 자신의 처지에 비추어 과다한 성공보수를 약속할 수밖에 없는 상황에 처할 수 있다. 이런 사정들로 인하여 의뢰인들의 성공보수약정에 대한 불신과 불만이 누적됨으로써 변호사는 '인신구속이나 형벌을 수단으로 이용하여 쉽게 돈을 버는 사람들'이라는 부정적 인식이 우리 사회에 널리 퍼지게 된다면 변호사제도의 정당성 자체가 위협받게 되고, 이는 형사재판에 대한 신뢰와 승복을 가로막는 커다란 걸림돌이 될 것이다.

(6) 민사사건은 대립하는 당사자 사이의 사법상 권리 또는 법률관계에 관한 쟁송으로서 형사사건과 달리 그 결과가 승소와 패소 등으로 나누어지므로 사적 자치의 원칙이나 계약자유의 원칙에 비추어 보더라도 성공보수약정이 허용됨에 아무런 문제가 없고, 의뢰인이 승소하면 변호사보수를 지급할 수 있는 경제적 이익을 얻을 수 있으므로, 당장 가진 돈이 없어 변호사보수를 지급할 형편이 되지 않는 사람도 성공보수를 지급하는 조건으로 변호사의 조력을 받을 수 있게 된다는 점에서 제도의 존재 이유를 찾

을 수 있다. 그러나 형사사건의 경우에는 재판결과에 따라 변호사와 나눌 수 있는 경제적 이익을 얻게 되는 것이 아닐 뿐 아니라 법원은 피고인이 빈곤 그 밖의 사유로 변호인을 선임할 수 없는 경우에는 국선변호인을 선정하여야 하므로(형사소송법 제33조), 형사사건에서의 성공보수약정을 민사사건의 경우와 같이 볼 수 없다.

마. 결국 형사사건에 관하여 체결된 성공보수약정이 가져오는 이상과 같은 여러 가지 사회적 폐단과 부작용 등을 고려하면, 비록 구속영장청구 기각, 보석 석방, 집행유예나 무죄 판결 등과 같이 의뢰인에게 유리한 결과를 얻어내기 위한 변호사의 변론활동이나 직무수행 그 자체는 정당하다 하더라도, 형사사건에서의 성공보수약정은 수사·재판의 결과를 금전적인 대가와 결부시킴으로써, 기본적 인권의 옹호와 사회정의의 실현을 그 사명으로 하는 변호사 직무의 공공성을 저해하고, 의뢰인과 일반 국민의 사법제도에 대한 신뢰를 현저히 떨어뜨릴 위험이 있으므로, 선량한 풍속 기타 사회질서에 위반되는 것으로 평가할 수 있다.

다만 선량한 풍속 기타 사회질서는 부단히 변천하는 가치관념으로서 어느 법률행위가 이에 위반되어 민법 제103조에 의하여 무효인지 여부는 그 법률행위가 이루어진 때를 기준으로 판단하여야 하고, 또한 그 법률행위가 유효로 인정될 경우의 부작용, 거래자유의 보장 및 규제의 필요성, 사회적 비난의 정도, 당사자 사이의 이익균형 등 제반 사정을 종합적으로 고려하여 사회통념에 따라 합리적으로 판단하여야 한다.

그런데 그동안 대법원은 수임한 사건의 종류나 그 특성에 관한 구별 없이 성공보수약정이 원칙적으로 유효하다는 입장을 취해 왔고, 대한변호사협회도 1983년에 제정한 '변호사보수기준에 관한 규칙'에서 형사사건의 수임료를 착수금과 성공보수금으로 나누어 규정하였으며, 위 규칙이 폐지된 후에 권고양식으로 만들어 제공한 형사사건의 수임약정서에도 성과보수에 관한 규정을 마련하여 놓고 있었다. 이에 따라 변호사나 의뢰인은 형사사건에서의 성공보수약정이 안고 있는 문제점 내지 그 문제점이 약정의 효력에 미칠 수 있는 영향을 제대로 인식하지 못한 것이 현실이고, 그 결과 당사자 사이에 당연히 지급되어야 할 정상적인 보수까지도 성공보수의 방식으로 약정하는 경우가 많았던 것으로 보인다.

이러한 사정들을 종합하여 보면, 종래 이루어진 보수약정의 경우에는 보수약정이 성공보수라는 명목으로 되어 있다는 이유만으로 민법 제103조에 의하여 무효라고 단정하기는 어렵다. 그러나 대법원이 이 판결을 통하여 형사사건에 관한 성공보수약정이 선량한 풍속 기타 사회질서에 위반되는 것으로 평가할 수 있음을 명확히 밝혔음에도 불구하고 향후에도 성공보수약정이 체결된다면 이는 민법 제103조에 의하여 무효로 보아야 한다.

이와 달리 종래 대법원은 형사사건에서의 성공보수약정이 선량한 풍속 기타 사회질서에 어긋나는지를 고려하지 아니한 채 위임사무를 완료한 변호사는 특별한 사정이 없는 한 약정된 보수액을 전부 청구할 수 있는 것이 원칙이고, 다만 약정된 보수액이 부당하게 과다하여 신의성실의 원칙이나 형평의 원칙에 반한다고 볼 만한 특별한 사정이 있는 경우에는 예외적으로 상당하다고 인정되는 범위 내의 보수액만을 청구할 수 있다고 판시하여 왔는바, 대법원 2009. 7. 9. 선고 2009다21249 판결을 비롯하여 그와 같은 취지의 판결들은 이 판결의 견해에 배치되는 범위 내에서 모두 변경하기로 한다.

2. 원심판결 이유와 기록에 의하면, ① 원고는 아버지인 소외인이 특정범죄 가중처벌 등에 관한 법률위반(절도) 사건으로 구속되자, 2009. 10. 12. 변호사인 피고를 소외인의 변호인으로 선임하면서 착수금으로 1,000만 원을 지급하고, 소외인이 석방되면 사례금을 지급하기로 약정한 사실, ② 피고는 2009. 12. 8. 소외인에 대한 보석허가신청을 하였고, 같은 달 11일 원고는 피고에게 1억 원을 지급하였으며, 같은 달 17일 소외인에 대하여 보석허가결정이 내려진 사실, ③ 소외인은 제1심에서 징역 3년에 집행유예 5년을 선고받았고, 항소심에서 일부 공소사실이 철회된 후 같은 형이 선고되어 그대로 확정된 사실, ④ 원고는 피고를 상대로 위 1억 원의 반환을 구하는 이 사건 소를 제기하여, 위 1억 원은 담당 판사 등에 대한 청탁 활동비 명목으로 지급한 것으로 수익자인 피고의 불법성이 원고의 불법성보다 훨씬 큰 경우에 해당하고, 설령 성공보수금을 지급한 것이라고 하더라도 사건의 경중, 사건 처리의 경과 및 난이도, 노력의 정도 등을 고려하면 이는 지나치게 과다하여 신의성실의 원칙에 반하여 무효라고 주장하였으며, 이에 대하여 피고는 위 1억 원이 석방에 대한 사례금을 먼저 받은 것이고, 부당하게 과다한 것도 아니어서 반환할 의무가 없다고 주장한 사실 등을 알 수 있다.

원심은 이러한 사실관계를 토대로 위 1억 원을 변호사 성공보수약정에 기하여 지급된 것으로 인정하면서 그중 6,000만 원을 초과하는 4,000만 원 부분은 신의성실의 원칙이나 형평의 원칙에 반하여 부당하게 과다하므로 무효라고 하여, 피고는 원고에게 위 4,000만 원을 반환할 의무가 있다고 판단하였다.

3. 위와 같은 사실관계를 앞서 본 법리에 비추어 보면, 원고와 피고 사이에 소외

인의 석방을 조건으로 체결된 약정은 형사사건에 관한 성공보수약정으로서 선량한 풍속 기타 사회질서에 반한다고 평가할 수 있는 측면이 있다. 다만 위 성공보수약정은 앞서 본 대법원의 견해 표명 전에 이루어진 것으로서 그 약정사실만을 가지고 민법 제103조에 의하여 무효라고 단정할 수는 없으나, 원심이 1억 원의 성공보수약정 중 6,000만 원을 초과하는 4,000만 원 부분에 대하여 신의성실의 원칙이나 형평의 원칙에 반하여 부당하게 과다하므로 무효라고 판단한 것은 수긍할 수 있고, 거기에 상고이유의 주장과 같이 보수금약정에 관한 법리를 오해한 잘못은 없다.

4. 그러므로 상고를 기각하고, 상고비용은 패소자가 부담하기로 하여 관여 법관의 일치된 의견으로 주문과 같이 판결하되, 이 판결에는 대법관 민일영, 대법관 고영한, 대법관 김소영, 대법관 권순일의 보충의견이 있다.

5. 대법관 민일영, 대법관 고영한, 대법관 김소영, 대법관 권순일의 보충의견은 다음과 같다.

형사사건에 관한 성공보수약정을 민법 제103조에 의하여 무효라고 평가하는 것은 오랜 기간 지속되어온 착수금과 성공보수라는 이원적인 변호사 보수 체계에 근본적인 변화를 요구하는 것이어서 적지 않은 혼란이 예상되고, 변호사의 직업수행의 자유와 계약체결의 자유를 지나치게 제한하는 것이라는 반론도 있을 수 있다. 그러나 이를 통하여 변호사 개개인의 윤리의식이 고취되고, 변호사 직무의 공공성과 독립성이 확보되며, 전체 변호사 집단이 국민의 신뢰를 회복하여 기본적 인권을 옹호하고 사회정의를 실현하는 본연의 사명을 잘 감당할 수 있게 된다면 이러한 제한은 합리적이고 균형에 맞는 것이라고 보아야 한다.

안타깝게도 사실 여부를 떠나 적지 않은 국민들이 유전무죄·무전유죄 현상이 여전히 존재한다고 믿고 있는 사회적 풍토 아래에서 형사사건에 관한 성공보수약정은 그동안 형사사법의 공정성·염결성에 대한 오해와 불신을 증폭시키는 부정적 역할을 해왔음을 부인할 수 없다.

유명한 법언(法諺)처럼 우리가 정의를 실현하는 것만큼이나 사회구성원들이 정의가 실현되고 있다고 믿을 수 있게 하는 것이 중요하다. 어떤 사법제도나 국가기관도 주권자인 국민의 신뢰와 공감이라는 기반 위에 서지 않는다면 존립의 근거를 상실하게 되기 때문이다. 그런데 앞서 본 것처럼 형사사건의 수사나 재판 결과에 따라 성공보수를 수수하는 변호사의 행위 자체가 우리 사회가 변호사에게 요구하는 공공성이나 고도의 윤리성과 배치되고 형사사법에 관한 불신을 초래할 위험이 있으므로 사회적 타당성을 갖추지 못하고 있다고 생각하는 것이 일반 국민의 법의식이다. 많은 국민이 어떤 사법제도나 실무관행이 잘못되었다고 지적한다면 이제라도 바로잡는 것이 옳다.

다른 나라의 사례를 보더라도, 미국, 영국, 독일, 프랑스 등 대부분의 법률 선진국에서는 일찍부터 형사사건에서의 성공보수약정이 변호사 직무의 독립성과 공공성을 침해하거나 사법정의를 훼손할 우려가 있어 공익에 반한다는 이유로 금지하고 있다.

이번 대법원판결을 계기로 형사사건에서 변호사의 변론활동에 대한 보수결정방식이 국민의 눈높이에 맞게 합리적으로 개선됨으로써 형사사법제도의 운용과 변호사의 공적 역할에 대한 국민의 신뢰도와 만족도가 한층 높아질 수 있을 것이다. 나아가 공정하고 투명한 형사사법을 구현하고 선진적인 법률문화를 정착시키는 데에도 밑거름이 될 것으로 기대한다.

위와 같은 이유로 보충의견을 밝혀 둔다.

[5] 일반 국민의 군사법원 재판을 받지 않을 권리

― 대법원 2016. 6. 16.자 2016초기318 전원합의체 결정 ―

【판시사항】

　　[1] 군사법원이 군사법원법 제2조 제1항 제1호에 의하여 군형법 제1조 제4항 각 호에 정한 죄를 범한 일반 국민에 대하여 신분적 재판권을 가지는 경우, 이전 또는 이후에 범한 다른 일반 범죄에 대해서도 재판권을 가지는지 여부(소극)

　　[2] 일반 국민이 범한 수 개의 죄 가운데 군형법 제1조 제4항 각 호에 정한 죄와 그 밖의 일반 범죄가 형법 제37조 전단의 경합범 관계에 있다고 보아 하나의 사건으로 기소된 경우, 재판권의 소재(= 군형법 제1조 제4항 각 호에 정한 죄에 대하여는 군사법원, 일반 범죄에 대하여는 일반 법원) 및 이때 일반 법원이나 군사법원이 사건 전부를 심판할 수 있는지 여부(소극)

【결정요지】

　　[다수의견] 군사법원법 제2조가 '신분적 재판권'이라는 제목 아래 제1항에서 '군형법 제1조 제1항부터 제4항까지에 규정된 사람'이 '범한 죄'에 대하여 군사법원이 재판권을 가진다고 규정하고 있으므로, 위 조항의 문언해석상 군인 또는 군무원이 아닌 국민(이하 '일반 국민'이라 한다)이 군형법 제1조 제4항 각 호에 정한 죄(이하 '특정 군사범죄'라 하고, 그 외의 범죄 등을 '일반 범죄'라 한다)를 범함으로써 군사법원의 신분적 재판권에 속하게 되면 그 후에 범한 일반 범죄에 대하여도 군사법원에 재판권이 발생한다고 볼 여지가 있다. 그러나 헌법 제27조 제2항은 어디까지나 '중대한 군사상 기밀·초병·초소·유독음식물공급·포로·군용물에 관한 죄 중 법률이 정한 경우'를 제외하고는 일반 국민은 군사법원의 재판을 받지 아니한다고 규정하고 있으므로, 이러한 경우에까지 군사법원의 신분적 재판권을 확장할 것은 아니다. 즉, 특정 군사범죄를 범한 일반 국민에게 군사법원에서 재판을 받아야 할 '신분'이 생겼더라도, 이는 군형법이 원칙적으로 군인에게 적용되는 것임에도 특정 군사범죄에 한하여 예외적으로 일반 국민에게 군인에 준하는 신분을 인정하여 군형법을 적용한다는 의미일 뿐, 그 '신분' 취득 후에 범한 다른 모든 죄에 대해서까지 군사법원에서 재판을 받아야 한다고 새기는 것은 헌법 제27조 제2

항의 정신에 배치된다.

군사법원법 제2조 제2항은 예컨대 군에 입대하기 전에 어떠한 죄를 범한 사람이 군인이 되었다면 군사법원이 그 죄를 범한 군인에 대하여 재판을 할 수 있도록 하려는 취지임이 명백하다. 군사법체계의 특수성에 비추어 볼 때 이러한 경우에는 군사법원이 재판권을 행사하여야 할 필요성과 합목적성이 충분히 인정된다. 그러나 일반 국민이 특정 군사범죄를 범하였다 하여 그 전에 범한 다른 일반 범죄에 대해서까지 군사법원이 재판권을 가진다고 볼 것은 아니다. 군인 등은 전역 등으로 그 신분을 상실하게 되면 특별한 경우를 제외하고는 군 재직 중에 범한 죄에 대하여 일반 법원에서 재판을 받게 된다. 그러나 일반 국민은 특정 군사범죄를 범하여 일단 군사법원의 신분적 재판권에 속하게 되면 그 신분에서 벗어날 수 있는 방법이 없다. 즉, 일반 국민이 군형법 제1조 제4항 각 호의 죄를 범한 경우에 그 전에 범한 어떠한 죄라도 아무런 제한 없이 군사법원에서 재판을 받게 한다면 군인보다 오히려 불리한 처지에 놓이게 된다. 위와 같은 해석은 헌법 제27조의 정신에 부합하지 아니한다.

결론적으로, 군사법원이 군사법원법 제2조 제1항 제1호에 의하여 특정 군사범죄를 범한 일반 국민에 대하여 신분적 재판권을 가지더라도 이는 어디까지나 해당 특정 군사범죄에 한하는 것이지 이전 또는 이후에 범한 다른 일반 범죄에 대해서까지 재판권을 가지는 것은 아니다.

따라서 일반 국민이 범한 수 개의 죄 가운데 특정 군사범죄와 그 밖의 일반 범죄가 형법 제37조 전단의 경합범 관계에 있다고 보아 하나의 사건으로 기소된 경우, 특정 군사범죄에 대하여는 군사법원이 전속적인 재판권을 가지므로 일반 법원은 이에 대하여 재판권을 행사할 수 없다. 반대로 그 밖의 일반 범죄에 대하여 군사법원이 재판권을 행사하는 것도 허용될 수 없다. 이 경우 어느 한 법원에서 기소된 모든 범죄에 대해 재판권을 행사한다면 재판권이 없는 법원이 아무런 법적 근거 없이 임의로 재판권을 창설하여 재판권이 없는 범죄에 대한 재판을 하는 것이 되므로, 결국 기소된 사건 전부에 대하여 재판권을 가지지 아니한 일반 법원이나 군사법원은 사건 전부를 심판할 수 없다.

【신 청 인】 피고인의 변호인
【재정대상사건】 서울중앙지법 2016고합215 허위공문서작성 등

【주   문】

서울중앙지방법원은 이 사건 중 각 군용물절도 부분을 제외한 나머지 부분에 대하여 재판권이 있다.

【이   유】

재정신청이유를 판단한다.

1. 헌법 제27조는 모든 국민은 헌법과 법률이 정한 법관에 의하여 법률에 의한 재판을 받을 권리를 가지고(제1항), 군인 또는 군무원이 아닌 국민은 대한민국의 영역 안에서는 중대한 군사상 기밀·초병·초소·유독음식물공급·포로·군용물에 관한 죄 중 법률이 정한 경우와 비상계엄이 선포된 경우를 제외하고는 군사법원의 재판을 받지 아니한다고 규정하고 있다(제2항). 이는 모든 국민이 헌법과 법률이 정한 자격과 절차에 따라 임명된 법관에 의하여 합헌적인 법률이 정한 내용과 절차에 따라 재판을 받을 수 있는 권리가 있고, 나아가 군인 또는 군무원이 아닌 국민(이하 '일반 국민'이라 한다)은 헌법과 법률이 정한 경우 외에는 군사법원의 재판을 받지 아니할 권리가 있음을 국민의 기본권으로서 선언한 것이다.

한편 헌법 제110조는 군사재판을 관할하기 위하여 특별법원으로서 군사법원을 둘 수 있고(제1항), 군사법원의 상고심은 대법원에서 관할하며(제2항), 군사법원의 조직·권한 및 재판관의 자격은 법률로 정한다고 규정하고 있다(제3항). 이와 같이 헌법에 직접 군사법원의 설치 근거를 둔 것은 국군이 국가의 안전보장과 국토방위의 신성한 의무를 수행함을 사명으로 하는 조직으로서(헌법 제5조 제2항) 평시에도 항상 전시를 대비하여 집단적 병영생활을 하는 군 임무의 특성상 언제 어디서나 신속한 재판이 이루어져야 할 필요성이 있으며 군사법원 체제가 전시에 제대로 기능하기 위해서는 평시에 미리 조직·운영될 필요성이 있다는 점 및 우리나라가 남북으로 분단되어 군사적으로 첨예하게 대치하고 있는 상황까지 고려한 주권자인 국민의 결단에 의한 것이다.

2. 헌법 제110조의 위임에 따라 군사법원법 제2조 제1항 제1호는 군형법의 적용대상자에 대한 군사법원의 '신분적 재판권'을 규정하고, 군형법 제1조는 '군인'에게 군형법을 적용하며(제1항, 제2항), 군무원, 군적을 가진 군의 학교의 학생·생도, 사관후보생

등과 소집되어 실역에 복무하고 있는 예비역·보충역 등에 대해서도 군인에 준하여 군형법을 적용하도록 하는 한편(제3항), 군형법 제1조 제4항 각 호에 해당하는 죄를 범한 내국인·외국인에 대해서도 군인에 준하여 군형법을 적용하도록 규정하고 있다(제4항). 나아가 군사법원법 제2조 제2항은 '제1항 제1호에 해당하는 사람'이 그 신분 취득 전에 범한 죄에 대해서도 군사법원이 재판권을 가진다고 규정한다.

먼저 군사법원법 제2조 제1항 제1호 및 군형법 제1조 제4항에 의하면, 군사법원은 군형법 제1조 제4항 각 호에 정한 죄(이하 '특정 군사범죄'라 하고, 그 외의 범죄 등을 '일반범죄'라 한다)를 범한 내국인·외국인에 대하여 신분적 재판권을 가지는바, 일반 국민이 특정 군사범죄를 범한 이후에 일반 범죄를 범한 경우 그 일반 범죄에 대하여도 군사법원이 재판권을 가지는지 여부에 관하여 본다.

군사법원법 제2조가 '신분적 재판권'이라는 제목 아래 제1항에서 '군형법 제1조 제1항부터 제4항까지에 규정된 사람'이 '범한 죄'에 대하여 군사법원이 재판권을 가진다고 규정하고 있으므로, 위 조항의 문언해석상 일반 국민이 특정 군사범죄를 범함으로써 군사법원의 신분적 재판권에 속하게 되면 그 후에 범한 일반 범죄에 대하여도 군사법원에 재판권이 발생한다고 볼 여지가 있는 것도 사실이다. 그러나 헌법 제27조 제2항은 어디까지나 '중대한 군사상 기밀·초병·초소·유독음식물공급·포로·군용물에 관한 죄 중 법률이 정한 경우'를 제외하고는 일반 국민은 군사법원의 재판을 받지 아니한다고 규정하고 있으므로, 이러한 경우에까지 군사법원의 신분적 재판권을 확장할 것은 아니다. 즉, 특정 군사범죄를 범한 일반 국민에게 군사법원에서 재판을 받아야 할 '신분'이 생겼다 하더라도, 이는 군형법이 원칙적으로 군인에게 적용되는 것임에도 특정 군사범죄에 한하여 예외적으로 일반 국민에게 군인에 준하는 신분을 인정하여 군형법을 적용한다는 의미일 뿐, 그 '신분' 취득 후에 범한 다른 모든 죄에 대해서까지 군사법원에서 재판을 받아야 한다고 새기는 것은 헌법 제27조 제2항의 정신에 배치된다.

더욱이 헌법 제27조 제1항에 규정된 국민의 재판청구권은 그 자체가 기본권임과 동시에 헌법에 규정된 다른 기본권들을 보장하기 위한 장치로서 법치국가 원리를 실현하는 초석이라는 특성을 가진다. 따라서 헌법 제27조 제2항, 군형법 제1조 제4항, 군사법원법 제2조 제1항 제1호에 의하여 군사법원이 일반 국민에 대하여 특정 군사범죄에 관한 재판권을 가지는 경우에도 이는 어디까지나 헌법 제27조 제1항이 보장하는 '헌법과 법률이 정한 법관'에 의하여 재판을 받을 권리의 예외로서 군의 조직과 기능을 보존하는 데에 구체적이고 중대한 위험을 야기하는 특정 군사범죄에 한하여 인정될 따름이라고 보아야 한다. 특히 군사법원에서의 재판은 군판사와 심판관에 의해서 이루어지고, 관할관의 확인 제도가 있는 등 일반 법원의 재판과는 다른 점에서 만약 이와는 달리 위 조항을 확장해석하거나 유추적용한다면 이는 국민의 재판청구권의 본질적인 내용을 침해하는 것이고 법치국가의 원리에 배치되는 것으로서 허용되지 아니한다고 할 것이다.

다음으로 군사법원법 제2조 제2항은 제1항 제1호에 해당하는 사람이 그 신분 취득 전에 범한 죄에 대하여 재판권을 가진다고 규정하고 있는바, 특정 군사범죄를 범한 일반 국민의 경우 그 전에 범한 다른 죄에 대해서도 군사법원에 재판권이 있는지 여부에 관하여 본다.

군사법원법 제2조 제2항은 예컨대 군에 입대하기 전에 어떠한 죄를 범한 사람이 군인이 되었다면 군사법원이 그 죄를 범한 군인에 대하여 재판을 할 수 있도록 하려는 취지임이 명백하다. 앞서 본 군사법체계의 특수성에 비추어 볼 때 이러한 경우에는 군사법원이 재판권을 행사하여야 할 필요성과 합목적성이 충분히 인정된다. 그러나 일반 국민이 특정 군사범죄를 범하였다 하여 그 전에 범한 다른 일반 범죄에 대해서까지 군사법원이 재판권을 가진다고 볼 것은 아니다.

군인 등은 전역 등으로 그 신분을 상실하게 되면 특별한 경우를 제외하고는 군 재직 중에 범한 죄에 대하여 일반 법원에서 재판을 받게 된다. 그러나 일반 국민은 특정 군사범죄를 범하여 일단 군사법원의 신분적 재판권에 속하게 되면 그 신분에서 벗어날 수 있는 방법이 없다. 즉, 일반 국민이 군형법 제1조 제4항 각 호의 죄를 범한 경우에 그 전에 범한 어떠한 죄라도 아무런 제한 없이 군사법원에서 재판을 받게 한다면 군인보다 오히려 불리한 처지에 놓이게 된다. 위와 같은 해석이 헌법 제27조의 정신에 부합하지 아니함은 다언을 요하지 아니한다.

3. 결론적으로, 군사법원이 군사법원법 제2조 제1항 제1호에 의하여 특정 군사범죄를 범한 일반 국민에 대하여 신분적 재판권을 가진다 하더라도 이는 어디까지나 해당 특정 군사범죄에 한하는 것이지 그 이전 또는 그 이후에 범한 다른 일반 범죄에 대해서까지 재판권을 가지는 것은 아니다.

따라서 일반 국민이 범한 수 개의 죄 가운데 특정 군사범죄와 그 밖의 일반 범죄가 형법 제37조 전단의 경합범 관계에 있다고 보아 하나의 사건으로 기소된 경우, 특정 군사범죄에 대하여는 군사법원이 전속적인 재판권을 가진다고 보아야 하므로 일반 법원은 이에 대하여 재판권을 행사할 수 없다. 반대로 그 밖의 일반 범죄에 대하여 군사법원이 재판권을 행사하는 것도 허용될 수 없다. 이 경우 어느 한 법원에서 기소된 모든 범죄에 대해 재판권을 행사한다면 재판권이 없는 법원이 아무런 법적 근거 없이 임의로 재판권을 창설하여 재판권이 없는 범죄에 대한 재판을 하는 것이 되므로, 결국 기소된 사건 전부에 대하여 재판권을 가지지 아니한 일반 법원이나 군사법원은 그 사건 전부를 심판할 수 없는 것이다.

더욱이 2005. 7. 29. 법률 제7623호로 형법 제39조 제1항이 개정되기 전에는 일반 법원이나 군사법원 중 어느 하나가 경합범 관계에 있는 죄 전부를 심판하는 것이 경합범 가중에 관한 형법 제38조를 적용할 수 있다는 점에서 피고인에게 유리한 면이 있었다. 그러나 위 형법 조항의 개정으로 사후적 경합범에 대하여 이미 확정된 죄와 동시에 판결할 경우와의 형평을 고려하여 형을 선고하되, 필요한 경우 형을 감경 또는 면제할 수 있는 입법적 근거가 마련됨으로써 일반 법원과 군사법원이 각각 재판권을 행사하여 따로 재판을 진행하더라도 양형상 반드시 피고인에게 불리하다고 할 수 없게 되었다. 그리고 다수의 범죄에 대하여 하나의 재판에서 재판을 받는 것이 소송경제상 피고인에게 유리한 면이 있다고 하더라도 형사피고인이 적법한 재판권을 가진 법원에서 재판을 받을 권리야말로 적법절차원칙의 기본이므로 소송경제를 위하여 이를 포기할 수 있는 성질의 것도 아니다.

이와는 달리, 군사법원에 기소된 일반 국민에 대한 공소사실 중 군형법에서 정한 군사법원에 재판권이 있는 범죄에 대하여 군사법원에서 신분적 재판권을 가진다는 이유로 그 범죄와 경합범으로 기소된 다른 범죄에 대하여도 군사법원에 재판권이 있다고 본 종전 대법원의 견해(대법원 2004. 3. 25. 선고 2003도8253 판결 등)는 위 견해와 배치되는 범위 내에서 이를 변경하기로 한다.

4. 기록에 의하면, 피고인은 "예비역 육군 대령으로서, ① 육군사관학교 교수로 재직 중이던 2009. 12. 17.경 외부 업체의 부탁을 받고 다른 업체에 대한 실험데이터를 도용하여 실험결과를 허위로 기재한 육군사관학교장 명의의 시험평가서 36장을 작성한 다음, 전역 후인 2010. 3. 19.경부터 2012. 5. 21.경까지 9회에 걸쳐 위 업체의 사내이사로서 위 허위 시험평가서 11장을 공사 입찰 담당자에게 제출하여 행사하고(허위공문서작성 및 허위작성공문서행사), ② 2009. 10. 7.경 및 2009. 11. 18.경 육군사관학교에서 사용하고 있는 합계 300발의 탄환을 2회에 걸쳐 불출하여 외부업체 직원에게 전달함으로써 군용물을 절취하였으며(군용물절도), ③ 2011. 1. 13.경 허위 내용을 기재한 수입허

가신청서를 방위사업청 직원에게 제출하고 그 허가를 받아 탄환을 수입함으로써 사위 또는 부정한 방법으로 화약류 수입에 대한 방위사업청의 허가를 받았다(방위사업법 위반).”라는 공소사실로 2016. 3. 21. 서울중앙지방법원 2016고합215호로 기소되었다가, 제1심 계속 중 군사법원법 제3조의2에 따라 이 법원에 재판권쟁의에 대한 재정신청을 한 사실을 알 수 있다.

피고인에 대한 공소사실과 소송기록을 앞에서 본 법리에 비추어 살펴보면, 피고인은 군인 또는 군무원이 아닌 일반 국민으로서 그 공소사실 중 일반 범죄인 허위공문서작성죄 및 허위작성공문서행사죄와 방위사업법위반죄에 대하여는 이를 관할하는 일반 법원에 재판권이 있을 뿐 군사법원법에 의한 신분적 재판권이 인정될 여지가 없으나, 특정 군사범죄인 각 군용물절도죄는 군형법 제1조 제4항 제5호에서 정한 죄로서 군사법원법 제2조 제1항 제1호에 따라 관할 보통군사법원이 전속적인 재판권을 가진다 할 것이고, 위 각 범죄들이 서울중앙지방법원에 경합범으로 함께 기소되었다고 하더라도 일반 법원인 서울중앙지방법원에서 그에 관한 재판권을 함께 가진다고 볼 수는 없다.

따라서 서울중앙지방법원은 이 사건 중 각 군용물절도 부분을 제외한 나머지 부분에 대하여 재판권이 있다.

5. 그러므로 군사법원법 제3조의2 제1항, 제3조의3 제1항에 의하여 주문과 같이 결정한다. 이 결정에는 대법관 김용덕, 대법관 박상옥의 별개의견, 대법관 박병대, 대법관 김창석, 대법관 김신의 반대의견과 대법관 이기택의 별도의 반대의견이 있는 외에는 관여 법관의 의견이 일치되었다.

[6] 기간제 근로자의 정규직 전환 기대권

— 대법원 2016. 11. 10. 선고 2014두45765 판결 —

【판시사항】

[1] 기간을 정하여 근로계약을 체결한 근로자에게 근로계약이 갱신될 수 있으리라는 정당한 기대권이 인정되는 경우, 기대권에 반하는 사용자의 부당한 근로계약 갱신 거절의 효력(무효) 및 이 경우 기간만료 후의 근로관계는 근로계약이 갱신된 것과 동일한지 여부(적극)

[2] 기간제 및 단시간근로자 보호 등에 관한 법률의 시행만으로 시행 전에 이미 형성된 기간제근로자의 갱신에 대한 정당한 기대권이 배제 또는 제한되는지 여부(소극) 및 같은 법 제4조에 의하여 기간제근로자의 갱신에 대한 정당한 기대권 형성이 제한되는지 여부(소극)

[3] 기간제근로자에게 기간의 정함이 없는 근로자로 전환될 수 있으리라는 정당한 기대권이 인정되는 경우, 합리적 이유 없는 사용자의 근로계약 종료 통보의 효력(무효) 및 이 경우 그 이후의 근로관계는 기간의 정함이 없는 근로자로 전환된 것과 동일한지 여부(적극)

【판결요지】

[1] 기간을 정하여 근로계약을 체결한 근로자의 경우 기간이 만료됨으로써 근로자로서의 신분관계는 당연히 종료되는 것이 원칙이다. 그러나 근로계약, 취업규칙, 단체협약 등에서 기간만료에도 불구하고 일정한 요건이 충족되면 근로계약이 갱신된다는 취지의 규정을 두고 있거나, 그러한 규정이 없더라도 근로관계를 둘러싼 여러 사정을 종합하여 볼 때 근로계약 당사자 사이에 일정한 요건이 충족되면 근로계약이 갱신된다는 신뢰관계가 형성되어 있어 근로자에게 그에 따라 근로계약이 갱신될 수 있으리라는 정당한 기대권이 인정되는 경우에는 사용자가 이에 위반하여 부당하게 근로계약의 갱신을 거절하는 것은 부당해고와 마찬가지로 아무런 효력이 없고, 이 경우 기간만료 후의 근로관계는 종전의 근로계약이 갱신된 것과 동일하다.

[2] 기간제 및 단시간근로자 보호 등에 관한 법률(이하 '기간제법'이라고 한다)의 시

행으로 사용자가 2년의 기간 내에서 기간제근로자를 사용할 수 있고, 기간제근로자의 총 사용기간이 2년을 초과할 경우 기간제근로자가 기간의 정함이 없는 근로자로 간주되더라도, 기간제법 제4조의 입법 취지가 기본적으로 기간제 근로계약의 남용을 방지함으로써 근로자의 지위를 보장하려는 데에 있는 점을 고려하면, 기간제법의 시행만으로 시행 전에 이미 형성된 기간제근로자의 갱신에 대한 정당한 기대권이 배제 또는 제한된다고 볼 수는 없다. 나아가 위 규정에 의하여 기간제근로자의 갱신에 대한 정당한 기대권 형성이 제한되는 것도 아니다.

[3] 기간제 및 단시간근로자 보호 등에 관한 법률 제5조, 제8조 제1항, 제9조 제1항의 내용 및 입법 취지에 기간제근로자의 기대권에 관한 법리를 더하여 살펴보면, 근로계약, 취업규칙, 단체협약 등에서 기간제근로자의 계약기간이 만료될 무렵 인사평가 등을 거쳐 일정한 요건이 충족되면 기간의 정함이 없는 근로자로 전환된다는 취지의 규정을 두고 있거나, 그러한 규정이 없더라도 근로계약의 내용과 근로계약이 이루어지게 된 동기와 경위, 기간의 정함이 없는 근로자로의 전환에 관한 기준 등 그에 관한 요건이나 절차의 설정 여부 및 그 실태, 근로자가 수행하는 업무의 내용 등 근로관계를 둘러싼 여러 사정을 종합하여 볼 때, 근로계약 당사자 사이에 일정한 요건이 충족되면 기간의 정함이 없는 근로자로 전환된다는 신뢰관계가 형성되어 있어 근로자에게 기간의 정함이 없는 근로자로 전환될 수 있으리라는 정당한 기대권이 인정되는 경우에는 사용자가 이를 위반하여 합리적 이유 없이 기간의 정함이 없는 근로자로의 전환을 거절하며 근로계약의 종료를 통보하더라도 부당해고와 마찬가지로 효력이 없고, 그 이후의 근로관계는 기간의 정함이 없는 근로자로 전환된 것과 동일하다.

【원고, 상고인】 재단법인 ○○○○○재단
【피고, 피상고인】 중앙노동위원회위원장
【원심판결】 서울고법 2014. 11. 6. 선고 2013누53679 판결

【주   문】

상고를 기각한다.

【이   유】

1. 사건의 경위

가. 원고는 실업자의 사회적 일자리 지원 사업 등을 운영하는 재단법인이고, 피고 보조참가인(이하 '참가인'이라고 한다)은 원고 법인에서 사회적 기업 설립지원팀장 등으로 근무하던 사람이다. 원고는 2012. 9. 24. 참가인에게 같은 해 10. 25.자로 그 근로계약 기간이 종료된다고 통보하였다. 참가인은 같은 해 11. 21. 서울지방노동위원회에 이 사건 통보가 부당해고에 해당한다고 주장하며 부당해고 구제신청을 하였다. 서울지방노동위원회는 2013. 1. 24. 이 사건 통보가 정당한 계약기간 만료 통보라고 보아 참가인의 신청을 받아들이지 아니하였다. 그러나 중앙노동위원회는 2013. 5. 22. 참가인에게 근로계약 갱신에 대한 정당한 기대권이 인정됨에도 원고가 부당하게 근로관계를 종료하였다고 보아 참가인의 재심신청을 받아들였다.

나. 원심은 다음과 같이 판단하였다.

(1) 먼저 원심은 그 채택 증거를 종합하여, 원고와 참가인은 2010. 10. 26. 계약기간을 2010. 10. 26.부터 2012. 10. 25.까지로 하여 근로계약을 체결하였는데, 그 근로계약서에는 근로계약 만료 1개월 전에 재계약할 수 있다는 내용이 기재되어 있는 사실, 참가인은 채용 당시 기부자관리팀장 직책을 수행하다가, 2011. 3. 14. 운영지원홍보팀장으로, 2012. 3. 9. 사회적 기업 설립지원팀장으로 전보되었던 사실, 원고는 2012. 9. 19.경 기간제근로자로서 계약기간 만료가 임박한 참가인과 소외 1에 대하여 인사평가(이하 '이 사건 인사평가'라고 한다)를 실시하였는데, 이 사건 인사평가는 정규직 승격의 기회를 제공하기 위한 것으로 1차 평가는 총괄팀장(60%)이, 2차 평가는 사무국장(40%)이, 최종 평가는 상임이사가 하는 것으로 정해져 있었던 사실, 이 사건 인사평가에서 참가인의 직근 상급자인 총괄팀장 소외 2는 참가인에 대하여 거의 대부분의 평가 항목에 가장 우수한 평점인 S등급을 부여하였고, 사무국장 소외 3은 참가인에 대하여 모든 평가 항목에 B 내지 D등급을 부여한 사실, 참가인은 2011년 인사평가에서는 역량평가에서 전체팀장 10명 중 6위에, 근태평가에서 하위 8위에 해당하였고, 2012. 9.경 실시된 2012년 상반기 인사평가에서는 1차 평가에서 전체 팀장 8명 중 1위에, 2차 평가에서 전체 팀장 8명 중 8위에 해당하였던 사실, 원고는 이 사건 통보 전까지 기간이 만료된 기간제근로자 4명 중 본인 의사에 따라 퇴사를 원했던 1명을 제외하고는 모두 정규직으로 전환하여 주었고, 이 사건 통보 이후에도 기간만료 예정인 기간제근로자 12명

전원에 대하여 정규직 전환을 위해 인사평가를 실시하고 인사위원회를 개최한 사실 등을 인정하였다.

(2) 이어서 원심은 위 사실관계 및 그 채택 증거들에 의하여 알 수 있는 사정들, 즉 ① 원고의 기간제근로자 고용형태 중 일반직 기간제근로자는 정규직 채용 전 검증 기간이 필요하다는 인사위원회의 요청에 따라 우선 기간을 정하여 채용한 후 계약기간 만료 무렵 인사평가 등을 거쳐 기간의 정함이 없는 정규직 근로자로 전환하기 위해 마련된 것인 점, ② 원고의 일반직 기간제근로자들은 정규직과 동일한 업무를 수행하였고, 원고 측에서도 참가인을 비롯한 일반직 기간제근로자들에게 특별한 사정이 없는 한 정규직으로 채용될 것이라고 지속적으로 말해 온 점, ③ 실제로 참가인 이전에 정규직 전환을 원했던 일반직 기간제근로자들은 모두 정규직으로 전환되었고, 이후에도 기간이 만료된 일반직 기간제근로자 전원에게 정규직 전환의 기회가 제공된 점, ④ 원고는 참가인에게도 정규직 승격의 기회를 부여하기 위해 계약만료일 1개월 전에 인사평가를 실시하였던 점 등을 종합하여 볼 때, 참가인에게는 정당한 인사평가를 거쳐 정규직으로 전환될 수 있으리라는 기대권이 인정된다고 판단하였다.

(3) 또한 원심은 아래와 같은 사정 등에 비추어 원고가 참가인에 대하여 합리적이고 공정한 평가를 거쳐 이 사건 통보를 하였다고 볼 수 없으므로, 이 사건 통보는 정당한 이유가 없어 효력이 없고, 따라서 중앙노동위원회의 재심판정은 적법하다고 판단하였다.

(가) 원고는 참가인에 대하여 인사위원회의 심의 없이 이 사건 통보를 하였다. 그러나 참가인과 함께 이 사건 인사평가 대상자였던 소외 1의 경우 인사위원회를 거쳐 2012. 11. 1.경 정규직으로 전환되었는데, 정규직 전환 당시 소외 1이 소속되어 있던 기획팀 팀장과 기획전략 총괄팀장 모두 소외 1에 대한 인사평가를 실시한 적 없다고 진술하고 있어, 이 사건 인사평가 절차가 과연 공정하게 이루어진 것인지 의심이 든다.

(나) 참가인에게 고지된 이 사건 인사평가 방법에 의하더라도 정규직 승급 대상의 기준이 어떠한지 구체적으로 정하여져 있지 아니하다. 실제로 이 사건 인사평가에서 1차 평가권자인 총괄팀장과 2차 평가권자인 사무국장은 참가인에 대하여 상반되는 평가를 하였는데 그 평가가 어떠한 기준에서 이루어졌는지 알 수 없다.

(다) 사무국장 소외 3은 참가인의 근태평가에 D등급을 부여하였는데, 그 근거로 든 사유에 의하더라도 평가기준에 따르면 D등급이 아닌 B등급이 부여되었어야 하는 것으로 보이는 점 등에 비추어 이 사건 인사평가가 객관적인 기준에 따라 이루어진 것

인지 의구심이 든다.

(라) 참가인은 2011년 역량평가에서 전체 팀장 10명 중 6위, 2012년 상반기 1차 평가에서 전체 팀장 중 종합평가 1위에 해당하였으며(2차 평가에서는 참가인이 전체 팀장 중 가장 낮은 점수를 받았지만 2차 평가는 이 사건 인사평가와 동일한 시기에 사무국장 소외 3에 의하여 이루어졌다), 참가인이 담당 업무를 성실하게 수행하였음을 인정할 수 있는 자료도 있다.

다. 원고의 상고이유는 다음과 같다.

(1) 기간제근로자에게 근로계약에 대한 갱신기대권이 인정된다고 하여 해당 기간제근로자가 정규직 근로자의 지위를 인정받을 수 있는 것은 아니다. 정규직 전환에 대한 기대권은 갱신기대권보다 더욱 엄격한 요건에 따라 인정되어야 한다. 참가인에게는 근로계약의 갱신에 대한 기대권이 인정된다고 볼 수 없다.

(2) 이 사건 통보는 참가인의 갱신기대권을 부당하게 침해한 것이 아니다.

2. 대법원의 판단

가. 기간을 정하여 근로계약을 체결한 근로자의 경우 그 기간이 만료됨으로써 근로자로서의 신분관계는 당연히 종료되는 것이 원칙이다. 그러나 근로계약, 취업규칙, 단체협약 등에서 기간만료에도 불구하고 일정한 요건이 충족되면 당해 근로계약이 갱신된다는 취지의 규정을 두고 있거나, 그러한 규정이 없더라도 당해 근로관계를 둘러싼 여러 사정을 종합하여 볼 때 근로계약 당사자 사이에 일정한 요건이 충족되면 근로계약이 갱신된다는 신뢰관계가 형성되어 있어 근로자에게 그에 따라 근로계약이 갱신될 수 있으리라는 정당한 기대권이 인정되는 경우에는 사용자가 이에 위반하여 부당하게 근로계약의 갱신을 거절하는 것은 부당해고와 마찬가지로 아무런 효력이 없고, 이 경우 기간만료 후의 근로관계는 종전의 근로계약이 갱신된 것과 동일하다고 보아야 한다(대법원 2011. 4. 14. 선고 2007두1729 판결 등 참조).

한편 2006. 12. 21. 제정되어 2007. 7. 1.부터 시행된 「기간제 및 단시간근로자 보호 등에 관한 법률」(이하 '기간제법'이라고 한다) 제4조는 제1항에서 "사용자는 2년을 초과하지 아니하는 범위 안에서(기간제 근로계약의 반복갱신 등의 경우에는 그 계속 근로한 총 기간이 2년을 초과하지 아니하는 범위 안에서) 기간제근로자를 사용할 수 있다."라고 규정하면서, 제1항 단서에서 2년을 초과하여 기간제근로자를 사용할 수 있는 예외를 규정하고 있고, 제2항에서 "사용자가 제1항 단서의 사유가 없거나 소멸되었음에도 불구하고 2년을 초과하여 기간제근로자로 사용하는 경우에는 그 기간제근로자는 기간의 정함이 없는 근로계약을 체결한 근로자로 본다."라고 규정하고 있다.

위와 같이 기간제법의 시행으로 사용자가 2년의 기간 내에서 기간제근로자를 사용할 수 있고, 기간제근로자의 총 사용기간이 2년을 초과할 경우 그 기간제근로자가 기간의 정함이 없는 근로자로 간주되더라도, 위 규정들의 입법 취지가 기본적으로 기간제근로계약의 남용을 방지함으로써 근로자의 지위를 보장하려는 데에 있는 점을 고려하면, 기간제법의 시행만으로 그 시행 전에 이미 형성된 기간제근로자의 갱신에 대한 정당한 기대권이 배제 또는 제한된다고 볼 수는 없다(대법원 2014. 2. 13. 선고 2011두12528 판결 참조). 나아가 위 규정들에 의하여 기간제근로자의 갱신에 대한 정당한 기대권 형성이 제한되는 것도 아니다.

나. 기간제법은 제5조에서 "사용자는 기간의 정함이 없는 근로계약을 체결하고자 하는 경우에는 당해 사업 또는 사업장의 동종 또는 유사한 업무에 종사하는 기간제근로자를 우선적으로 고용하도록 노력하여야 한다."라고 규정하고, 제8조 제1항에서 "사용자는 기간제근로자임을 이유로 당해 사업 또는 사업장에서 동종 또는 유사한 업무에 종사하는 기간의 정함이 없는 근로계약을 체결한 근로자에 비하여 차별적 처우를 하여서는 아니 된다."라고 규정하고, 제9조 제1항에서 "기간제근로자 또는 단시간근로자는 차별적 처우를 받은 경우 노동위원회법 제1조의 규정에 따른 노동위원회에 그 시정을 신청할 수 있다."라고 규정하고 있다.

위 각 규정의 내용 및 입법 취지에 앞서 본 기간제근로자의 기대권에 관한 법리를 더하여 살펴보면, 근로계약, 취업규칙, 단체협약 등에서 기간제근로자의 계약기간이 만료될 무렵 인사평가 등을 거쳐 일정한 요건이 충족되면 기간의 정함이 없는 근로자로 전환된다는 취지의 규정을 두고 있거나, 그러한 규정이 없더라도 근로계약의 내용과 근로계약이 이루어지게 된 동기와 경위, 기간의 정함이 없는 근로자로의 전환에 관한 기준 등 그에 관한 요건이나 절차의 설정 여부 및 그 실태, 근로자가 수행하는 업무의 내용 등 당해 근로관계를 둘러싼 여러 사정을 종합하여 볼 때, 근로계약 당사자 사이에 일정한 요건이 충족되면 기간의 정함이 없는 근로자로 전환된다는 신뢰관계가 형성되어 있어 근로자에게 기간의 정함이 없는 근로자로 전환될 수 있으리라는 정당한 기대권이 인정되는 경우에는 사용자가 이를 위반하여 합리적 이유 없이 기간의 정함이 없는 근로자로의 전환을 거절하며 근로계약의 종료를 통보하더라도 부당해고와 마찬가지로 효력이 없고, 그 이후의 근로관계는 기간의 정함이 없는 근로자로 전환된 것과 동일하다고 보아야 한다.

다. 위와 같은 법리에 비추어 원심판결을 살펴보면, 원심이 같은 취지에서 참가인에게 정당한 인사평가를 거쳐 정규직으로 전환될 수 있으리라는 기대권이 인정되고, 원고가 합리적이고 공정한 평가를 거쳐 이 사건 통보를 하였다고 볼 수 없어 이 사건 통보는 정당한 이유가 없어 아무런 효력이 없다고 판단한 것은 그 이유설시가 일부 부적절한 점이 있으나 그 결론은 수긍할 수 있다. 거기에 상고이유의 주장과 같이 기간제근로자의 갱신기대권 또는 정규직 전환에 대한 기대권 등에 관한 법리를 오해한 잘못이 없다.

3. 결론

그러므로 상고를 기각하고, 상고비용은 보조참가로 인한 부분을 포함하여 패소자가 부담하도록 하여, 관여 대법관의 일치된 의견으로 주문과 같이 판결한다.

[7] 한센인 피해 국가배상사건

— 대법원 2017. 2. 15. 선고 2014다230535 판결 —

【판시사항】

[1] 수술과 같이 신체를 침해하는 의료행위를 하는 경우, 환자로부터 의료행위에 대한 동의 내지 승낙을 받아야 하는지 여부(적극) 및 동의 등의 전제로서 환자에게 설명하여야 할 사항 / 의료행위 주체가 설명의무를 소홀히 하여 환자로 하여금 자기결정권을 실질적으로 행사할 수 없게 한 경우, 불법행위가 성립할 수 있는지 여부(적극)

[2] 국가가 한센병 환자의 치료 및 격리수용을 위하여 운영·통제해 온 국립 소록도병원 등에 소속된 의사 등이 한센인들에게 시행한 정관절제수술과 임신중절수술을 정당한 공권력의 행사라고 인정하기 위한 요건 및 국가가 요건을 갖추지 아니한 채 한센인들을 상대로 정관절제수술이나 임신중절수술을 시행한 경우, 민사상 불법행위가 성립하는지 여부(적극)

[3] 채무자가 소멸시효의 완성을 주장하는 것이 신의성실의 원칙에 반하여 권리남용으로서 허용될 수 없는 경우

【판결요지】

[1] 환자는 헌법 제10조에서 규정한 개인의 인격권과 행복추구권에 의하여 생명과 신체의 기능을 어떻게 유지할 것인지에 대하여 스스로 결정하고 의료행위를 선택할 권리를 보유한다. 따라서 수술과 같이 신체를 침해하는 의료행위를 하는 경우 환자로부터 의료행위에 대한 동의 내지 승낙을 받아야 하고, 동의 등의 전제로서 질병의 증상, 치료방법의 내용 및 필요성, 발생이 예상되는 위험 등에 관하여 당시의 의료수준에 비추어 상당하다고 생각되는 사항을 설명하여 환자가 필요성이나 위험성을 충분히 비교해 보고 의료행위를 받을 것인지를 선택할 수 있도록 하여야 한다. 만일 의료행위 주체가 위와 같은 설명의무를 소홀히 하여 환자로 하여금 자기결정권을 실질적으로 행사할 수 없게 하였다면 그 자체만으로도 불법행위가 성립할 수 있다.

[2] 국가가 한센병 환자의 치료 및 격리수용을 위하여 운영·통제해 온 국립 소록도병원 등에 소속된 의사나 간호사 또는 의료보조원 등이 한센인들에게 시행한 정관절

제수술과 임신중절수술은 신체에 대한 직접적인 침해행위로서 그에 관한 동의 내지 승낙을 받지 아니하였다면 헌법상 신체를 훼손당하지 아니할 권리와 태아의 생명권 등을 침해하는 행위이다. 또한 한센인들의 임신과 출산을 사실상 금지함으로써 자손을 낳고 단란한 가정을 이루어 행복을 추구할 권리는 물론이거니와 인간으로서의 존엄과 가치, 인격권 및 자기결정권, 내밀한 사생활의 비밀 등을 침해하거나 제한하는 행위임이 분명하다. 더욱이 위와 같은 침해행위가 정부의 정책에 따른 정당한 공권력의 행사라고 인정받으려면 법률에 그에 관한 명시적인 근거가 있어야 하고, 과잉금지의 원칙에 위배되지 아니하여야 하며, 침해행위의 상대방인 한센인들로부터 '사전에 이루어진 설명에 기한 동의(prior informed consent)'가 있어야 한다. 만일 국가가 위와 같은 요건을 갖추지 아니한 채 한센인들을 상대로 정관절제수술이나 임신중절수술을 시행하였다면 설령 이러한 조치가 정부의 보건정책이나 산아제한정책을 수행하기 위한 것이었다고 하더라도 이는 위법한 공권력의 행사로서 민사상 불법행위가 성립한다.

　　[3] 소멸시효를 이유로 한 항변권의 행사도 민법의 대원칙인 신의성실의 원칙과 권리남용금지의 원칙의 지배를 받는 것이어서, 채무자가 시효완성 전에 채권자의 권리행사나 시효중단을 불가능 또는 현저히 곤란하게 하였거나, 그러한 조치가 불필요하다고 믿게 하는 행동을 하였거나, 객관적으로 채권자가 권리를 행사할 수 없는 장애사유가 있었거나, 또는 일단 시효완성 후에 채무자가 시효를 원용하지 아니할 것 같은 태도를 보여 권리자로 하여금 그와 같이 신뢰하게 하였거나, 채권자보호의 필요성이 크고 같은 조건의 다른 채권자가 채무의 변제를 수령하는 등의 사정이 있어 채무이행의 거절을 인정함이 현저히 부당하거나 불공평하게 되는 등의 특별한 사정이 있는 경우에는 채무자가 소멸시효의 완성을 주장하는 것이 신의성실의 원칙에 반하여 권리남용으로서 허용될 수 없다.

【원고, 피상고인】 강○○ 외 18명
【피고, 상고인】 대한민국
【원심판결】 광주고법 2014. 10. 22. 선고 2014나11542 판결

【주　　문】

　　상고를 모두 기각한다.

【이   유】

상고이유를 판단한다.

1. 상고이유 제1점에 관하여

가. 원심은 제1심판결 이유를 인용하여 다음과 같은 사실을 인정하였다.

(1) 1873년경 한센균이 발견된 이래 1900년대 초반에 이미 한센병은 유전병이 아니라 전염병이라는 사실이 보편적으로 알려졌다. 한센병은 1941년 특효약 답손(DDS)이 발명된 이후 완치가 가능한 질병으로 분류되었고, 국내에 답손(DDS) 치료기법이 본격적으로 도입된 1950년대 초반부터 한센병은 완치가 가능한 질병으로 인식되기 시작하였으며, 1970년~1980년대부터는 2~3종의 약을 복합적으로 단기간 내에 강력하게 투여하는 MDT(multidrug therapy, 답손, 크로파지민, 리팜피신 등의 약을 병용하여 치료하는 복합화합요법)를 사용하여 대부분 완치되고 있다. 그리고 1950년대부터는 각종 국제회의에서 한센인들에 대한 강제격리정책을 철폐할 것을 요구하고 있었다.

피고도 1954년에 전염병예방법을 제정하면서 한센병을 비교적 전염력이 낮은 제3종 전염병으로 분류하면서도 다른 제3종 전염병인 결핵이나 성병 등과 달리 한센병에 대하여는 강제격리정책을 유지해 왔다. 이는 한센병이 다른 전염병과 달리 외모에 변형이 생기고 사회적 차별과 편견이 심하다는 이유에 기인한 것이다.

(2) 한센병은 대부분 젊은 나이에 발병하고, 한센병 환자들의 교육수준은 낮은 편으로 대부분 무학이거나 초등학교 졸업자였으며, 직업도 대부분 무직이거나 농업, 수산업 종사자들이었다. 따라서 한센인들 스스로 한센병에 대한 정보를 취득하거나 인권 관련 교육을 받을 기회는 사실상 없었고, 정보나 교육의 제공이 있었다 하더라도 이는 대부분 수용시설에서 피고에 의하여 이루어진 것일 뿐이다.

(3) 피고는 한센인들에게 막연히 한센병은 치유된다고만 교육하였을 뿐 한센인들을 사실상 강제적으로 격리하는 정책을 시행하였다. 1954. 2. 2. 법률 제308호로 제정되어 1957. 2. 28. 시행된 구 전염병예방법 제29조는 한센병 환자에 대한 강제격리수용을 명시하고 있었고, 이후 개정된 구 전염병예방법(1963. 2. 9. 법률 제1274호로 개정되어 1963. 3. 12. 시행된 것)은 이를 완화하여 한센병 환자 중 주무부령이 정하는 자에 한하여 격리수용하는 것으로 규정하였으나(제2조 제1항, 제29조 제2항), 주무부령인 구 전염병예방법 시행규칙(1977. 8. 19. 보건사회부령 제570호로 제정된 것)은 제16조에서 한센병

환자 중 '자가치료를 함으로써 타인에게 전염시킬 우려가 있는 자' 또는 '부랑·걸식 등
으로 타인에게 전염시킬 우려가 있는 자'를 강제격리수용의 대상이 된다고 규정함으로
써 한센병 환자는 대부분 강제적인 격리수용의 대상이 되었다.

이러한 피고의 정책 등으로 인하여 한센인 스스로도 한센병은 전염성이 강한 질환
으로서 특히 자식에게 전염될 가능성이 매우 크고 심지어는 유전될 수 있다고 오해하
기도 하였다. 나아가 이러한 정책은 일반인으로 하여금 한센인에 대한 편견과 차별을
조장함과 아울러 한센인들에게는 열등감과 외부 사회에 대한 두려움을 심어 주었다.

(4) 피고는, 피고가 한센병 환자의 치료 및 격리수용을 위하여 운영·통제해 온 국
립 소록도병원, 익산병원(소생원), 부산용호병원(상애원), 안동성좌원, 칠곡병원(애생원)
등(이하 '피고 산하 병원 등'이라고 한다)에서 남녀를 엄격히 구분하여 수용하는 정책을 유
지하는 한편, 1949년 무렵부터 일제강점기에 시행하던 것과 같이 정관절제수술을 받을
것을 조건으로 부부동거를 허용하였는데, 한센병 환자에 대하여 정관절제수술을 받을
것을 조건으로 부부사(夫婦舍)를 제공하는 정책은 1990년대까지도 유지되었기 때문에
부부동거를 원하는 남성은 정관절제수술을 받지 않을 수 없었다.

(5) 피고 산하 병원 등에서 임신과 출산을 엄격하게 금지하는 정책 역시 1990년대
까지 유지되어 임신한 여성이 굳이 출산을 원한다면 퇴원하여야 했다. 그러나 교육 수
준이 낮고 장기간 수용생활을 한 한센인들로서는 갑작스럽게 퇴원하여 정착촌이나 일
반사회로 진출하기 위한 자립능력이 부족했고, 사회적 편견과 차별이 상존하는 외부 세
상에 대한 두려움이 큰 데다 기존의 생활터전을 잃는다는 상실감도 있었기 때문에 퇴
원을 선택하기 힘들었고, 퇴원을 원하지 않는 임신 여성은 결국 임신중절수술을 할 수
밖에 없었다.

(6) 원고들은 모두 한센병을 앓은 적이 있는 사람들로서, 피고 산하 병원 등에 입
원해 있다가 1950년경부터 1978년경까지 사이에 피고 산하 병원 등에 소속된 의사나
간호사 또는 의료보조원 등(이하 '피고 소속 의사 등'이라고 한다)으로부터 정관절제수술
또는 임신중절수술을 받았다.

(7) 2007. 10. 17. 법률 제8644호로 제정된 「한센인피해사건의 진상규명 및 피해
자생활지원 등에 관한 법률」(이하 '한센인피해사건법'이라고 한다)에 따라 설치된 한센인피
해사건 진상규명위원회는 원고들이 피고 산하 병원 등에서 격리수용되어 있는 기간 동
안 피고 소속 의사 등으로부터 강제로 정관절제수술이나 임신중절수술을 받았다는 등
의 이유로 원고들을 같은 법에서 정한 한센인피해사건의 피해자로 결정하였다.

나. 원심은 위와 같은 사실관계를 토대로, 1973. 2. 8. 법률 제2514호로 제정된 구 모자보건법이 시행된 이후에는 한센인 본인과 배우자의 동의가 있으면 임신중절수술을 시행할 수 있게 되었으나 위 법 시행 전에는 피고가 한센인에 대하여 임신중절수술을 시행할 법률상 근거가 없었고, 한편 위 법에는 특정 질환자에 대하여 불임수술 명령을 내릴 수 있는 근거조항이 있었으나 위 조항에 따라 정관절제수술이 시행되었다는 점에 관해서는 아무런 주장·증명이 없다고 전제한 다음, 나아가 피고 소속 의사 등이 원고들의 명시적인 의사에 반해서까지 강제적으로 정관절제수술이나 임신중절수술을 하였다고 인정하기는 어려우나, 설령 피고 소속 의사 등이 원고들의 명시적 혹은 묵시적 동의 또는 승낙하에 정관절제수술이나 임신중절수술을 시행하였다고 하더라도, 그 동의나 승낙이 위와 같은 한센인들에 대한 사회적 편견과 차별, 한센인들이 처해있던 열악한 사회·교육·경제적 환경, 한센병에 관한 한정된 정보 등에 기한 것이라면 이를 한센인들의 자유롭고 진정한 의사에 의한 것이라고 볼 수 없으므로, 결국 피고가 원고들을 대상으로 시행한 이 사건 정관절제수술과 임신중절수술은 표면적인 동의에도 불구하고 정당화되기 어렵다고 판단하였다.

이어서 원심은, 피고 소속 의사 등이 원고들에 대하여 정관절제수술이나 임신중절수술을 한 것은 헌법상 보장된 신체를 훼손당하지 않을 권리, 태아의 생명권, 행복추구권, 사생활의 자유 등을 침해하고, 궁극적으로 인간으로서의 존엄과 가치를 훼손한 것으로서 불법행위를 구성한다고 판단하였다.

다. (1) 환자는 헌법 제10조에서 규정한 개인의 인격권과 행복추구권에 의하여 생명과 신체의 기능을 어떻게 유지할 것인지에 대하여 스스로 결정하고 의료행위를 선택할 권리를 보유한다. 따라서 수술과 같이 신체를 침해하는 의료행위를 하는 경우 환자로부터 그 의료행위에 대한 동의 내지 승낙을 받아야 하고, 그 동의 등의 전제로서 질병의 증상, 치료방법의 내용 및 필요성, 발생이 예상되는 위험 등에 관하여 당시의 의료수준에 비추어 상당하다고 생각되는 사항을 설명하여 당해 환자가 그 필요성이나 위험성을 충분히 비교해 보고 그 의료행위를 받을 것인지의 여부를 선택할 수 있도록 하여야 한다(대법원 2009. 5. 21. 선고 2009다17417 전원합의체 판결 등 참조). 만일 의료행위 주체가 위와 같은 설명의무를 소홀히 하여 환자로 하여금 자기결정권을 실질적으로 행사할 수 없게 하였다면 그 자체만으로도 불법행위가 성립할 수 있다.

피고 소속 의사 등이 한센인들에게 시행한 정관절제수술과 임신중절수술은 신체에 대한 직접적인 침해행위로서 그에 관한 동의 내지 승낙을 받지 아니하였다면 헌법상 신체를 훼손당하지 아니할 권리와 태아의 생명권 등을 침해하는 행위이다. 또한 한 센인들의 임신과 출산을 사실상 금지함으로써 자손을 낳고 단란한 가정을 이루어 행복 을 추구할 권리는 물론이거니와 인간으로서의 존엄과 가치, 인격권 및 자기결정권, 내 밀한 사생활의 비밀 등을 침해하거나 제한하는 행위임이 분명하다. 더욱이 위와 같은 침해행위가 정부의 정책에 따른 정당한 공권력의 행사라고 인정받으려면 법률에 그에 관한 명시적인 근거가 있어야 하고, 과잉금지의 원칙에 위배되지 아니하여야 하며, 침 해행위의 상대방인 한센인들로부터 '사전에 이루어진 설명에 기한 동의(prior informed consent)'가 있어야 한다. 만일 피고가 위와 같은 요건을 갖추지 아니한 채 한센인들을 상대로 정관절제수술이나 임신중절수술을 시행하였다면 설령 이러한 조치가 정부의 보 건정책이나 산아제한정책을 수행하기 위한 것이었다고 하더라도 이는 위법한 공권력의 행사로서 민사상 불법행위가 성립한다고 보아야 한다.

　(2) 위와 같은 법리에 비추어 이 사건에 관하여 보건대, 원심이 설시한 바와 같이 피고 소속 의사 등이 한센인인 원고들에 대하여 시행한 정관절제수술과 임신중절수술 등은 법률상의 근거가 없거나 그 적법 요건을 갖추었다고 볼 수 없는 점, 이 사건 수술 이 행해진 시점에서 의학적으로 밝혀진 한센병의 유전위험성과 전염위험성, 치료가능 성 등을 고려해 볼 때 한센병 예방이라는 보건정책 목적을 고려하더라도 그 수단의 적 정성이나 피해의 최소성 등을 인정하기 어려운 점, 설령 원고들이 위와 같은 수술에 동 의 내지 승낙하였다 할지라도, 원고들은 한센병이 유전되는지, 자녀에게 감염될 가능성 이 어느 정도인지, 치료가 가능한지 등에 관하여 충분히 설명을 받지 못한 상태에서 한 센인에 대한 사회적 편견과 차별, 열악한 사회·교육·경제적 여건 등으로 인하여 어쩔 수 없이 동의 내지 승낙한 것으로 보일 뿐 그들의 자유롭고 진정한 의사에 기한 것으로 볼 수 없는 점 등을 종합해 보면, 피고는 그 소속 의사 등이 행한 위와 같은 행위로 인 하여 원고들이 입은 손해에 대하여 국가배상책임을 부담하는 것이 옳다.

　같은 취지의 원심판단은 정당하고, 거기에 상고이유 주장과 같이 국가배상책임의 성립요건에 관한 법리를 오해하고 필요한 심리를 다하지 아니하는 등의 잘못이 없다.

2. 상고이유 제2점에 관하여

　가. 소멸시효를 이유로 한 항변권의 행사도 민법의 대원칙인 신의성실의 원칙과 권리남용금지의 원칙의 지배를 받는 것이어서, 채무자가 시효완성 전에 채권자의 권리 행사나 시효중단을 불가능 또는 현저히 곤란하게 하였거나, 그러한 조치가 불필요하다

고 믿게 하는 행동을 하였거나, 객관적으로 채권자가 권리를 행사할 수 없는 장애사유
가 있었거나, 또는 일단 시효완성 후에 채무자가 시효를 원용하지 아니할 것 같은 태도
를 보여 권리자로 하여금 그와 같이 신뢰하게 하였거나, 채권자보호의 필요성이 크고
같은 조건의 다른 채권자가 채무의 변제를 수령하는 등의 사정이 있어 채무이행의 거
절을 인정함이 현저히 부당하거나 불공평하게 되는 등의 특별한 사정이 있는 경우에는
채무자가 소멸시효의 완성을 주장하는 것이 신의성실의 원칙에 반하여 권리남용으로서
허용될 수 없다(대법원 2011. 6. 30. 선고 2009다72599 판결 등 참조).

한편 채권자에게 위와 같은 장애사유가 있었던 경우에도 채권자는 그러한 장애사
유가 소멸한 때로부터 상당한 기간 내에 권리를 행사하여야만 채무자의 소멸시효의 항
변을 저지할 수 있다. 여기에서 '상당한 기간' 내에 권리행사가 있었는지 여부는 채권자
와 채무자 사이의 관계, 손해배상청구권의 발생원인, 채권자의 권리행사가 지연된 사유
및 손해배상청구의 소를 제기하기까지의 경과 등 여러 사정을 종합적으로 고려하여 판
단하여야 하나, 소멸시효 제도는 법적 안정성의 달성 및 증명 곤란의 구제 등을 이념으
로 하는 것이므로 그 적용요건에 해당함에도 불구하고 신의성실의 원칙을 들어 시효
완성의 효력을 부정하는 것은 매우 예외적인 제한에 그쳐야 한다. 따라서 위 권리행사
의 '상당한 기간'은 특별한 사정이 없는 한 민법상 시효정지의 경우에 준하여 단기간으
로 제한되어야 하고, 특히 불법행위로 인한 손해배상청구 사건에서는 매우 특수한 개별
사정이 있어 그 기간을 연장하여 인정하는 것이 부득이한 경우에도 민법 제766조 제1
항이 규정한 단기소멸시효기간인 3년을 넘을 수는 없다고 보아야 한다(대법원 2013. 5.
16. 선고 2012다202819 전원합의체 판결 등 참조).

나. 원심은 제1심판결 이유를 인용하여, 한센인피해사건법에 따라 2010. 6. 24.부
터 2012. 6. 27.까지 사이에 원고들에 대한 피해자 결정이 이루어진 사실, 그런데 원고
들에 대한 피해자 결정이 이루어지기 전인 2009. 8. 6. 이미 한센인피해사건법에 보상
금 지급규정 등을 포함시키는 내용의 개정 법률안이 발의되어 국회에 계류되어 있다가
제18대 국회 임기만료로 폐기된 사실, 위 법률에 따라 설치된 한센인피해사건 진상규
명위원회도 2013년경에 발행한 보고서에서 한센인피해사건법의 개정 등을 통한 한센인
피해사건 피해자들에 대한 실질적인 보상을 촉구한 사실 등을 인정하였다.

이를 기초로 하여 원심은, 한센인피해사건법에 의한 피해자 결정을 받은 원고들에
게는 그 결정 시까지 객관적으로 권리를 행사할 수 없는 장애사유가 있었다고 판단한
다음, 나아가 원고들이 피고의 입법적 조치를 통한 피해보상 등을 기대하였으나 피고가

아무런 적극적 조치를 취하지 아니하자 비로소 피고를 상대로 개별적으로 손해배상청구 소송을 제기하기에 이른 것으로 보이는 특수한 사정이 있으므로, 한센인피해사건 피해자 결정일로부터 3년이 경과하기 전에 이 사건 소를 제기한 원고들은 피고의 소멸시효 항변을 배제할 만한 상당한 기간 내에 권리행사를 한 것으로 보는 것이 타당하다고 판단하였다.

앞서 본 법리와 기록에 비추어 살펴보면, 원심의 위와 같은 판단은 정당하고, 거기에 상고이유 주장과 같이 소멸시효 완성에 관한 법리를 오해하는 등의 잘못이 없다.

3. 결론

그러므로 상고를 모두 기각하고 상고비용은 패소자가 부담하도록 하여, 관여 대법관의 일치된 의견으로 주문과 같이 판결한다.

[8] 홈플러스 1㎜ 글씨 경품응모권에 기한 개인정보수집 사건

— 대법원 2017. 4. 7. 선고 2016도13263 판결 —

【판시사항】

[1] 개인정보 보호법 제72조 제2호에 규정된 '거짓이나 그 밖의 부정한 수단이나 방법'의 의미 및 거짓이나 그 밖의 부정한 수단이나 방법으로 개인정보를 취득하거나 그 처리에 관한 동의를 받았는지 판단하는 방법

[2] 개인정보 보호법 제17조와 정보통신망 이용촉진 및 정보보호 등에 관한 법률 제24조의2에서 말하는 개인정보의 '제3자 제공'의 의미 및 개인정보 보호법 제26조와 정보통신망 이용촉진 및 정보보호 등에 관한 법률 제25조에서 말하는 개인정보의 '처리위탁'의 의미 / 개인정보 처리위탁에 있어 수탁자가 개인정보 보호법 제17조와 정보통신망 이용촉진 및 정보보호 등에 관한 법률 제24조의2에 정한 '제3자'에 해당하는지 여부(소극) / 어떠한 행위가 개인정보의 제공인지 아니면 처리위탁인지 판단하는 기준

【판결요지】

[1] 개인정보자기결정권의 법적 성질, 개인정보 보호법의 입법 목적, 개인정보 보호법상 개인정보 보호 원칙 및 개인정보처리자가 개인정보를 처리함에 있어서 준수하여야 할 의무의 내용 등을 고려하여 볼 때, 개인정보 보호법 제72조 제2호에 규정된 '거짓이나 그 밖의 부정한 수단이나 방법'이란 개인정보를 취득하거나 또는 그 처리에 관한 동의를 받기 위하여 사용하는 위계 기타 사회통념상 부정한 방법이라고 인정되는 것으로서 개인정보 취득 또는 그 처리에 동의할지에 관한 정보주체의 의사결정에 영향을 미칠 수 있는 적극적 또는 소극적 행위를 뜻한다. 그리고 거짓이나 그 밖의 부정한 수단이나 방법으로 개인정보를 취득하거나 그 처리에 관한 동의를 받았는지를 판단할 때에는 개인정보처리자가 그에 관한 동의를 받는 행위 자체만을 분리하여 개별적으로 판단하여서는 안 되고, 개인정보처리자가 개인정보를 취득하거나 처리에 관한 동의를 받게 된 전 과정을 살펴보아 거기에서 드러난 개인정보 수집 등의 동기와 목적, 수집 목적과 수집 대상인 개인정보의 관련성, 수집 등을 위하여 사용한 구체적인 방법, 개인정보 보호법 등 관련 법령을 준수하였는지 및 취득한 개인정보의 내용과 규모, 특히 민감정보·고유식별정보 등의 포

함 여부 등을 종합적으로 고려하여 사회통념에 따라 판단하여야 한다.

[2] 개인정보 보호법 제17조 제1항 제1호, 제26조, 제71조 제1호, 정보통신망 이용촉진 및 정보보호 등에 관한 법률(이하 '정보통신망법'이라고 한다) 제24조의2 제1항, 제25조, 제71조 제3호의 문언 및 취지에 비추어 보면, 개인정보 보호법 제17조와 정보통신망법 제24조의2에서 말하는 개인정보의 '제3자 제공'은 본래의 개인정보 수집·이용 목적의 범위를 넘어 정보를 제공받는 자의 업무처리와 이익을 위하여 개인정보가 이전되는 경우인 반면, 개인정보 보호법 제26조와 정보통신망법 제25조에서 말하는 개인정보의 '처리위탁'은 본래의 개인정보 수집·이용 목적과 관련된 위탁자 본인의 업무 처리와 이익을 위하여 개인정보가 이전되는 경우를 의미한다. 개인정보 처리위탁에 있어 수탁자는 위탁자로부터 위탁사무 처리에 따른 대가를 지급받는 것 외에는 개인정보 처리에 관하여 독자적인 이익을 가지지 않고, 정보제공자의 관리·감독 아래 위탁받은 범위 내에서만 개인정보를 처리하게 되므로, 개인정보 보호법 제17조와 정보통신망법 제24조의2에 정한 '제3자'에 해당하지 않는다. 한편 어떠한 행위가 개인정보의 제공인지 아니면 처리위탁인지는 개인정보의 취득 목적과 방법, 대가 수수 여부, 수탁자에 대한 실질적인 관리·감독 여부, 정보주체 또는 이용자의 개인정보 보호 필요성에 미치는 영향 및 이러한 개인정보를 이용할 필요가 있는 자가 실질적으로 누구인지 등을 종합하여 판단하여야 한다.

【상 고 인】 검사
【원심판결】 서울중앙지법 2016. 8. 12. 선고 2016노223 판결

【주   문】

원심판결을 파기하고, 사건을 서울중앙지방법원에 환송한다.

【이   유】

1. 이 사건 공소사실의 요지

가. 개인정보 취득 등으로 인한 개인정보 보호법 위반의 점

(1) 피고인 1~6(이하 '피고인 1 등'이라고 한다)은 피고인 9 주식회사(이하 '피고인 9 회사'라고 한다)의 임직원들로서, 공소외 1 주식회사 및 공소외 2 주식회사(이하 각 '공소

외 1 회사', '공소외 2 회사'라고 한다)와 피고인 9 회사가 경품행사를 통해 취득하는 개인 정보를 1건당 1,980원에 판매한다는 업무제휴약정을 각 체결하고, 경품행사를 가장하여 경품 당첨을 기대하고 응모하는 고객들의 개인정보를 수집하여 보험회사에 대가를 받고 팔아넘길 목적으로 경품행사를 기획·시행하기로 하였다. 피고인 1 등은 피고인 9 회사의 회원정보만으로는 보험회사에 판매할 충분한 개인정보를 확보할 수 없어 경품 행사를 하게 되었다는 사실, 경품행사를 하는 목적이 경품행사를 가장하여 보험회사에 판매할 개인정보를 취득하는 것이라는 사실을 알면서도, 위와 같은 목적을 달성하기 위하여 각자의 직위에 따라 역할을 분담하여 경품행사를 통해 개인정보를 취득하기로 하였다.

피고인 1 등은 이에 따라 응모권 용지에 개인정보 수집 및 제3자 제공에 관한 내용을 약 1mm 크기로 인쇄하여 사실상 읽을 수 없도록 하여 응모자들로 하여금 어수선한 경품행사 현장에서 응모권에 있는 고가의 경품 사진에 현혹되어 무심코 동의를 하도록 하였다. 또 피고인 1 등은 경품행사에 필요한 범위를 넘어 개인정보를 수집하고, 그에 동의하지 않으면 경품 추첨에서 배제하였으며, 당첨자에게 연락하려는 노력을 게을리하거나 경품을 준비 또는 지급하지 않았고, 적법한 보험모집자가 아님에도 보험계약 체결 가능성이 있는 대량의 개인정보를 알선해 주고 그 대가를 받았다.

결국 피고인 1 등은 피고인 9 회사의 임직원으로서 2011. 12.경부터 2014. 6.경 사이에 아래 ①~④항 기재와 같이 공모하여 거짓이나 그 밖의 부정한 수단이나 방법으로 경품행사 응모 고객들의 개인정보(성명·생년월일·휴대전화번호·자녀 수)를 취득하고 그 처리(제3자 제공)에 관한 동의를 받았다.

① 피고인 2, 3, 4: 3개 경품행사, 개인정보 2,986,247건
② 피고인 3, 4: 3개 경품행사, 개인정보 1,290,125건
③ 피고인 1, 3, 5: 3개 경품행사, 개인정보 1,698,457건
④ 피고인 1, 3, 6: 2개 경품행사, 개인정보 1,146,311건

(2) 피고인 9 회사는 위 (1)항 기재와 같이 그 대표자나 종업원인 피고인 1 등이 법인의 업무에 관하여 거짓이나 그 밖의 부정한 수단이나 방법으로 개인정보를 취득하고 그 처리에 관한 동의를 받았다.

나. 개인정보 제공으로 인한 개인정보 보호법 위반 또는 '정보통신망 이용촉진 및 정보보호 등에 관한 법률'(이하 '정보통신망법'이라고 한다) 위반(개인정보 누설 등)의 점
(1) 개인정보처리자는 정보주체의 동의를 받지 아니하고 개인정보를 제3자에게 제

공하여서는 아니 되고, 정보통신서비스 제공자는 이용자의 동의를 받지 아니하고 개인정보를 제3자에게 제공하여서는 아니 된다(사후동의 금지).

피고인 4, 5, 6 등은 피고인 9 회사의 영업방침에 따라 점포 또는 인터넷을 통해 가입한 피고인 9 회사 패밀리카드 회원들의 동의 없이 그 개인정보를 보험회사에 임의로 제공하여 판매하되, 해당 보험회사에서 그중 보험모집에 적당한 대상자를 선별하여 다시 건네주면 제3자 제공의 불법성을 희석시키기 위해 공소외 3 주식회사 등과 같은 콜센터를 통해 선별된 회원들에게 전화를 걸어 사후동의를 받는 편법을 동원하기로 하였다.

이에 따라 위 피고인들은 보험서비스팀 생명 파트장 및 생명 파트원 등에게 지시하여 제3자 정보제공 동의가 되어 있지 않은 피고인 9 회사 패밀리카드 회원들 중 공소외 1 회사 및 공소외 2 회사에 제공할 대상자를 피고인 9 회사에서 운용하는 웹하드에 업로드하여 공소외 1 회사 및 공소외 2 회사에서 다운로드할 수 있도록 하는 방법으로 제공하기로 공모하여, 2011년 12월경부터 2014년 8월경까지 정보주체 또는 정보통신서비스 이용자인 피고인 9 회사 패밀리카드 회원들의 동의를 받지 아니하고 회원들의 성명·주민등록번호·연락처 등 개인정보 합계 4,195,321건(온라인 가입 개인정보 253건)을 피고인 7, 8 등에게 제공하였다.

(2) 피고인 9 회사는 위 (1)항 기재와 같이 그 종업원인 피고인 4, 5, 6 등이 법인의 업무에 관하여 2011년 12월경부터 2014년 8월경까지 정보주체 또는 정보통신서비스 이용자의 동의를 받지 아니하고 성명·주민등록번호·연락처 등 개인정보 합계 4,438,632건(온라인 가입 개인정보 348건)을 피고인 7, 8 등에게 제공하였다.

(3) 피고인 7, 8 등은 피고인 9 회사가 정보주체 또는 정보통신서비스 이용자의 동의를 받지 아니하고 위와 같이 개인정보를 제공한다는 사정을 알면서도, 피고인 7은 2013년 2월경부터 2014년 8월경까지 피고인 9 회사 고객의 개인정보 1,841,585건(온라인 가입 개인정보 90건)을, 피고인 8은 2011년 12월경부터 2012년 8월경 및 2013년 6월경부터 2014년 8월경까지 피고인 9 회사 고객의 개인정보 1,543,452건(온라인 가입 개인정보 330건)을 각 제공받았다.

2. 개인정보 취득 등으로 인한 개인정보 보호법 위반의 점에 관하여

가. 원심의 판단

원심은 다음과 같은 이유로 이 부분 공소사실을 무죄로 판단한 제1심판결을 그대로 유지하였다.

(1) 피고인 1 등과 피고인 9 회사는 개인정보 보호법상 개인정보 수집 및 그 처리에 관한 동의를 받을 때 정보주체에게 알려야 하는 사항을 응모권에 모두 기재하였다.

(2) 피고인 9 회사가 개인정보를 '유상으로' 제3자에게 제공한다는 사실까지 알려야 할 의무를 부담한다고 볼 수 없고, 그와 같은 사항은 응모자들의 동의 여부 결정에 영향을 미치는 핵심적인 사항으로 보이지도 않는다.

(3) 응모권에 기재된 약 1mm 크기의 글씨는 복권, 의약품 사용설명서 등 다양한 곳에서 통용되는 것으로 경품행사 응모자들도 읽을 수 있었던 것으로 보이고, 응모함 옆에 응모권 확대 사진을 부착한 점 등에 비추어 볼 때 피고인 9 회사가 의도적으로 글씨 크기를 작게 하여 그 내용을 읽을 수 없도록 방해하였다고 보기도 어려우며, 응모자들은 자신들의 개인정보가 보험회사에 마케팅 목적으로 제공된다는 사실을 충분히 인식할 수 있는 상태에서 그에 관한 동의를 하였다고 봄이 상당하다.

(4) 검사가 제출한 증거만으로는 피고인 9 회사가 경품을 지급할 의사가 없음에도 응모자들을 기망하여 개인정보 수집 등에 관한 동의를 받은 사실을 인정하기에 부족하고, 그 밖의 검사 주장도 모두 받아들이기 어렵다.

나. 대법원의 판단

(1) 인간의 존엄과 가치, 행복추구권을 규정한 헌법 제10조 제1문에서 도출되는 일반적 인격권 및 헌법 제17조의 사생활의 비밀과 자유에 의하여 보장되는 개인정보자기결정권은 자신에 관한 정보가 언제 누구에게 어느 범위까지 알려지고 또 이용되도록 할 것인지를 그 정보주체가 스스로 결정할 수 있는 권리이다. 그러한 개인정보를 대상으로 한 조사·수집·보관·처리·이용 등의 행위는 모두 원칙적으로 개인정보자기결정권에 대한 제한에 해당한다(대법원 2014. 7. 24. 선고 2012다49933 판결, 대법원 2016. 8. 17. 선고 2014다235080 판결 등 참조).

개인정보의 처리 및 보호에 관한 사항을 정함으로써 개인의 자유와 권리를 보호하고, 나아가 개인의 존엄과 가치를 구현함을 목적으로 2011. 3. 29. 법률 제10465호로 제정되어 2011. 9. 30.부터 시행된 개인정보 보호법은 개인정보처리자가 업무를 목적으로 개인정보파일을 운용하기 위하여 개인정보를 수집·보유·이용·제공 등의 처리를 하는 경우에 준수하여야 할 의무에 관하여 규정하고 있다. 즉 개인정보처리자는 개인정보를 수집하는 경우에 그 목적에 필요한 최소한의 개인정보를 수집하여야 하고, 정보주체가 필요한 최소한의 정보 외의 개인정보 수집에 동의하지 아니한다는 이유로 정보주체에게 재화 또는 서비스의 제공을 거부하여서는 아니 된다(제16조 제1항, 제2항). 그리고 개인정보처리자가 정보주체의 개인정보를 제3자에게 제공하는 경우에는 개인정보를 제공받는 자, 개인정보를 제공받는 자의 개인정보 이용 목적, 제공하는 개인정보의 항목 등을 정보주체에게 알리고 동의를 받아야 하는데(제17조 제1항, 제2항), 이때에 개인정보처리자는 각각의 동의 사항을 구분하여 정보주체가 이를 명확하게 인지할 수 있도록 알려야 한다(제22조 제1항).

또한 개인정보 보호법은 '개인정보를 처리하거나 처리하였던 자가 거짓이나 그 밖의 부정한 수단이나 방법으로 개인정보를 취득하거나 그 처리에 관한 동의를 받는 행위'를 금지하고(제59조 제1호), 이를 위반하여 '거짓이나 그 밖의 부정한 수단이나 방법으로 개인정보를 취득하거나 개인정보 처리에 관한 동의를 받는 행위를 한 자 및 그 사정을 알면서도 영리 또는 부정한 목적으로 개인정보를 제공받은 자'를 3년 이하의 징역 또는 3천만 원 이하의 벌금에 처하도록 규정하고 있다(제72조 제2호).

이와 같은 개인정보자기결정권의 법적 성질, 개인정보 보호법의 입법 목적, 개인정보 보호법상 개인정보 보호 원칙 및 개인정보처리자가 개인정보를 처리함에 있어서 준수하여야 할 의무의 내용 등을 고려하여 볼 때, 개인정보 보호법 제72조 제2호에 규정된 '거짓이나 그 밖의 부정한 수단이나 방법'이라 함은 개인정보를 취득하거나 또는 그 처리에 관한 동의를 받기 위하여 사용하는 위계 기타 사회통념상 부정한 방법이라고 인정되는 것으로서 개인정보 취득 또는 그 처리에 동의할지 여부에 관한 정보주체의 의사결정에 영향을 미칠 수 있는 적극적 또는 소극적 행위를 뜻한다고 봄이 타당하다. 그리고 거짓이나 그 밖의 부정한 수단이나 방법으로 개인정보를 취득하거나 그 처리에 관한 동의를 받았는지 여부를 판단함에 있어서는 개인정보처리자가 그에 관한 동의를 받는 행위 그 자체만을 분리하여 개별적으로 판단하여서는 안 되고, 개인정보처리자가 개인정보를 취득하거나 처리에 관한 동의를 받게 된 전 과정을 살펴보아 거기에서 드러난 개인정보 수집 등의 동기와 목적, 수집 목적과 수집 대상인 개인정보의 관련성, 수집 등을 위하여 사용한 구체적인 방법, 개인정보 보호법 등 관련 법령을 준수하였는지 여부 및 취득한 개인정보의 내용과 규모, 특히 민감정보·고유식별정보 등의 포함 여부 등을 종합적으로 고려하여 사회통념에 따라 판단하여야 한다.

(2) 원심판결 이유와 원심이 적법하게 채택한 증거에 의하면 다음과 같은 사실을 알 수 있다.

① 피고인 9 회사는 2000년경부터 피고인 9 회사 패밀리카드 회원을 모집하면서

회원정보를 수집하였고, 2003년경부터 개인정보의 제3자 제공에 동의한 고객들에 대한 정보를 제휴카드사업자에게 제공하기 시작하였으며, 2007년경부터는 보험회사에 고객들의 개인정보를 판매하였다.

② 피고인 9 회사는 피고인 9 회사 패밀리카드 회원 가입신청서의 양식이 변경되는 등으로 인하여 보험회사들에 판매할 개인정보가 부족해지자, 신유통서비스본부 산하 보험서비스팀 주관으로 경품행사를 통해 개인정보를 수집하여 이를 판매하는 사업을 기획하였고, 이에 따라 2009년경부터 고객들에 대한 경품행사를 시작하였다.

③ 피고인 9 회사는 2011. 10. 27.경 공소외 1 회사, 2010. 6. 17.경 공소외 2 회사와 피고인 9 회사 고객들의 개인정보를 1건당 1,980원에 판매하기로 하는 업무제휴약정을 체결하였다. 이어서 피고인 9 회사는 2011년 12월경부터 2014년 6월경까지 11회에 걸쳐 경품행사(이하 '이 사건 경품행사'라고 한다)를 실시하였는데, 이를 통하여 경품행사에 응모한 고객들의 개인정보(성명, 생년월일 또는 주민등록번호, 휴대전화번호, 자녀 수, 부모님과 동거 여부 등) 합계 약 712만 건을 수집하고 그 처리(제3자 제공)에 관한 동의를 받았으며, 그중 약 600만 건을 공소외 2 회사와 공소외 1 회사 등에 판매함으로써 약 119억 원을 지급받았다.

④ 이 사건 경품행사는 벤츠 승용차, 다이아몬드 반지 등을 경품으로 내걸었고, 피고인 9 회사 매장을 방문하거나 물건을 구매하지 않는 사람도 응모할 수 있도록 되어 있다. 피고인 9 회사는 전단지, 인터넷 홈페이지, 물품구매 영수증 등을 통해 경품행사를 광고하였는데(이하 '이 사건 광고'라고 한다), 위와 같은 광고와 응모권(15cm×7cm크기) 앞면에는 경품 사진과 함께 커다란 글씨로 '창립 14주년 고객감사 대축제', '그룹 탄생 5주년 기념', '브라질 월드컵 승리 기원', '피고인 9 회사가 올해도 10대를 쏩니다' 등의 문구가 기재되어 있고, 응모권 뒷면과 인터넷 응모 화면에는 [개인정보 수집, 취급위탁, 이용동의]라는 제목하에 '수집/이용목적'은 '경품 추첨 및 발송, 보험마케팅을 위한 정보 제공, 피고인 9 회사 제휴상품 소개 및 제휴사에 대한 정보 제공 동의 업무' 등이, [개인정보 제3자 제공]이라는 제목하에 '개인정보를 제공받는 자'는 '공소외 1 회사, 공소외 2 회사 등'이, '이용목적'은 "보험상품 등의 안내를 위한 전화 등 마케팅자료로 활용됩니다."라는 내용 등이 약 1mm 크기의 글씨로 기재되어 있으며, 말미에는 "기재/동의 사항 일부 미기재, 미동의, 서명 누락 시 경품추첨에서 제외됩니다."라는 사항이 붉은 글씨로 인쇄되어 있다.

(3) 위와 같은 사실관계를 앞서 본 법리에 비추어 살펴본다.

① 이 사건 경품행사의 기획 및 실시 경위 등을 살펴보면, 이 사건 경품행사의 목적은 피고인 9 회사 고객들의 매장 방문을 유도하여 매출을 증대하는 데 있다기보다 처음부터 고객들의 개인정보를 수집하여 이를 보험회사에 대가를 받고 판매하는 데 있었음을 알 수 있다. 그럼에도 이 사건 경품행사를 광고하기 위한 수단인 전단지, 인터넷 홈페이지 등에는 '창립 14주년 고객감사 대축제', '그룹 탄생 5주년 기념', '브라질 월드컵 승리 기원', '피고인 9 회사가 올해도 10대를 쏩니다' 등의 문구를 경품사진과 함께 큰 글씨로 전면에 배치하여 경품행사를 광고하고 있을 뿐이고, 피고인 9 회사가 소비자의 개인정보를 수집하고 이를 제3자에게 제공한다는 점에 관한 기재가 누락되어 있다. 따라서 일반적인 소비자가 이 사건 광고를 접하게 되는 경우 소비자들은 오로지 고객에 대한 사은행사의 일환으로 경품행사를 실시하는 것으로 받아들일 가능성이 크다. 그런데 소비자의 입장에서는 이 사건 경품행사가 아무런 대가 없이 이루어지는 단순 사은행사인지 아니면 자신의 개인정보를 수집하여 보험회사 등 제3자에게 제공하는 대가로 경품을 제공하는 행사인지 여부가 이 사건 경품행사에 응모할지 여부에 영향을 미치는 중대한 요소라고 보인다. 따라서 피고인 9 회사가 이 사건 경품행사를 진행하면서 위와 같은 목적을 은폐하고 광고한 것은 '표시ㆍ광고의 공정화에 관한 법률' 제3조 제1항 제2호에서 말하는 '소비자를 속이거나 소비자로 하여금 잘못 알게 할 우려가 있는 광고 행위'에 해당한다.

② 이 사건 경품행사에 응모한 고객들은 응모권 뒷면과 인터넷 응모화면에 기재되어 있는 '개인정보 수집 및 제3자 제공 동의' 등 사항이 경품행사 진행을 위하여 필요한 것으로 받아들일 가능성이 크다. 그런데 응모권에 따라서는 경품추첨 사실을 알리는 데 필요한 개인정보와 관련 없는 '응모자의 성별, 자녀 수, 동거 여부' 등 사생활의 비밀에 관한 정보와 심지어는 주민등록번호와 같은 고유식별정보까지 수집하면서 이에 관한 동의를 하지 않을 때에는 응모가 되지 아니하거나 경품 추첨에서 제외된다고 고지하고 있다. 이는 개인정보처리자가 정당한 목적으로 개인정보를 수집하는 경우라 하더라도 그 목적에 필요한 최소한의 개인정보 수집에 그쳐야 하고 이에 동의하지 아니한다는 이유로 정보주체에게 재화 또는 서비스의 제공을 거부하여서는 안 된다는 개인정보 보호 원칙(개인정보 보호법 제3조 제1항)과 개인정보 보호법 규정에 위반되는 것이다.

③ 더욱이 이 사건 경품행사를 위하여 사용된 응모권에 기재된 동의 관련 사항은 약 1mm 크기의 글씨로 기재되어 있어 소비자의 입장에서 보아 그 내용을 읽기가 쉽지 않다. 여기에 더하여 이 사건 광고를 통하여 단순 사은행사로 오인하고 경품행사에 응

모하게 된 고객들의 입장에서는 짧은 시간 동안 응모권을 작성하거나 응모화면에 입력을 하면서 그 내용을 정확히 파악하여 잘못된 인식을 바로잡기가 어려울 것으로 보인다. 이러한 조치는 개인정보처리자가 정보주체의 동의를 받을 때에는 각각의 동의 사항을 구분하여 정보주체가 이를 명확하게 인지할 수 있도록 하여야 한다는 개인정보 보호법상의 의무를 위반한 것이다.

이상에서 살펴본 것처럼, 피고인들이 이 사건 광고 및 경품행사의 주된 목적을 숨긴 채 사은행사를 하는 것처럼 소비자들을 오인하게 한 다음 경품행사와는 무관한 고객들의 개인정보까지 수집하여 이를 제3자에게 제공한 점, 피고인들이 이와 같은 행위를 하면서 개인정보 보호법상의 개인정보 보호 원칙 및 제반 의무를 위반한 점, 피고인들이 수집한 개인정보에는 사생활의 비밀에 관한 정보나 심지어는 고유식별정보 등도 포함되어 있는 점 및 피고인들이 수집한 개인정보의 규모 및 이를 제3자에게 판매함으로써 얻은 이익 등을 종합적으로 고려하여 보면, 피고인들은 개인정보 보호법 제72조 제2호에 규정된 '거짓이나 그 밖의 부정한 수단이나 방법으로 개인정보를 취득하거나 개인정보 처리에 관한 동의를 받는 행위를 한 자'에 해당한다고 보는 것이 옳다.

(4) 그럼에도 원심은 그 판시와 같은 이유만으로 이 부분 공소사실을 무죄로 판단하였으니, 원심판결에는 개인정보 보호법 제59조 제1호, 제72조 제2호에 정한 '거짓이나 그 밖의 부정한 수단이나 방법으로 개인정보를 취득하거나 그 처리에 관한 동의를 받는 행위'에 관한 법리를 오해하고 필요한 심리를 다하지 아니하여 판결에 영향을 미친 잘못이 있고, 이 점을 지적하는 검사의 상고이유 주장은 이유 있다.

3. 개인정보 제공으로 인한 개인정보 보호법 위반, 정보통신망법 위반(개인정보 누설 등)의 점에 관하여

가. 원심의 판단

피고인들은, 피고인 9 회사가 이 부분 공소사실 기재와 같이 개인정보 데이터베이스를 공소외 1 회사와 공소외 2 회사에 제공한 것은, 정보주체의 동의가 필요한 개인정보의 제3자 제공에 해당하는 것이 아니라, 개인정보 데이터베이스 중 이른바 퍼미션 콜에 필요한 대상자를 미리 선별하는 피고인 9 회사의 업무를 위 보험회사들에 처리위탁한 것에 불과하므로 정보주체의 동의가 필요 없다고 주장하였다. 원심은 다음과 같은 이유로 피고인들의 위와 같은 주장을 받아들여 이 부분 공소사실을 무죄로 판단한 제1심판결을 그대로 유지하였다.

이른바 퍼미션 콜 업무나 그에 부수하여 퍼미션 콜 대상자를 선별하는 업무인 사전필터링은 피고인 9 회사의 업무이고, 사전필터링에 따른 경제적 이익은 퍼미션 콜에 드는 시간과 비용을 절약할 수 있는 피고인 9 회사에 귀속되었을 뿐 사전필터링을 통해 공소외 1 회사와 공소외 2 회사가 유의미한 경제적 이익을 얻었다고 볼 수 없다. 그 밖에 위 보험회사들이 단순히 사전필터링을 해주기 위한 용도로 이전받은 개인정보 데이터베이스를 그 목적 범위 내에서 기계적으로 필터링한 후 위 데이터베이스를 자신들의 시스템에서 삭제하고 다른 용도로 사용하지 않은 점 등에 비추어 볼 때, 사전필터링에 있어 공소외 1 회사와 공소외 2 회사는 피고인 9 회사를 위하여 피고인 9 회사의 퍼미션 콜 업무 일부를 수행한 수탁자로서의 지위를 가질 뿐, 개인정보 보호법 제17조와 정보통신망법 제24조의2에 정한 '제3자'로서의 지위를 가진다고 볼 수 없다.

나. 대법원의 판단

(1) 원심이 유지한 제1심판결 이유와 원심이 적법하게 채택한 증거에 의하면 다음과 같은 사실을 알 수 있다.

① 피고인 9 회사는 경품행사를 통해 수집한 개인정보와 피고인 9 회사 패밀리카드 회원에 가입하면서 개인정보 제3자 제공에 동의한 고객들의 개인정보를 보험회사에 제공해 오다가, 패밀리카드 회원 중 아직 개인정보 제3자 제공에 동의하지 않은 고객에 대하여도 피고인 9 회사와 위탁계약이 체결된 공소외 3 주식회사(이하 '공소외 3 회사'라고 한다)의 상담원들이 전화를 걸어 제3자 제공 동의를 얻은 후(이른바 퍼미션 콜) 이를 공소외 1 회사와 공소외 2 회사 등 보험회사에 제공하기 시작하였다(이른바 퍼미션 DB). 이후 위 보험회사들은 피고인 9 회사로부터 제공받은 개인정보 데이터베이스를 자신들이 보유한 개인정보 데이터베이스와 비교·분석하여, 그중 ㉮ 위 각 보험회사에 보험 안내 전화를 받지 않겠다는 의사를 밝힌 사람, ㉯ 위 각 보험회사와 이미 보험계약을 체결하였거나 3~6개월 내에 보험 텔레마케팅 통화를 한 적이 있는 사람, ㉰ 위 각 보험회사의 블랙리스트에 등록된 사람(경우에 따라 보험계약이 해지·실효된 사람, 보험료 미납자, 특정 질병 등으로 인해 보험가입이 부적절한 사람 등이 포함됨) 등을 걸러내는 작업(이른바 필터링 작업)을 수행하고, 남은 고객들에 대해서만 피고인 9 회사에 수수료를 지급하고 그들을 대상으로 보험 텔레마케팅 영업을 하였다.

② 피고인 9 회사는 퍼미션 콜 업무를 공소외 3 회사에 위탁하고, 개인정보 제3자 제공에 관한 동의를 받은 고객 1인당 1,700원을 수수료로 지급하기로 하였으나, 보험회사의 필터링을 통해 걸러진 개인정보에 대해서는 수수료를 지급하지 않았다.

③ 피고인 9 회사는 공소외 1 회사와 2009. 2. 27.자 업무제휴계약, 2009. 10. 1. 자 업무제휴 부속계약, 2010. 6. 11.자 업무제휴 부속계약을 체결하였고, 공소외 2 회사와 2011. 6. 20.자 업무제휴계약 부속약정을 체결하였다. 위 각 계약 또는 약정에는 퍼미션 콜 업무가 보험회사의 텔레마케팅을 위하여 필요한 '보험 텔레마케팅 지원 업무'로 규정되어 있었다. 그 구체적인 내용은, 공소외 1 회사와 공소외 2 회사가 피고인 9 회사 고객들을 상대로 보험 텔레마케팅을 할 수 있도록, 피고인 9 회사가 자신의 고객들에게 위 보험회사들로부터 보험 관련 상담을 받을 의사가 있는지 여부와 개인정보 제3자 제공에 동의하는지 여부를 확인하여 그에 동의한 고객의 개인정보를 건당 2,800원에 위 보험회사들에 제공하는 것이다. 다만 이미 위 보험회사들과 보험계약이 체결되어 있거나 3~6개월 내에 보험 텔레마케팅 통화를 한 적이 있는 고객 등은 수수료 산정에서 제외하였다.

④ 위와 같은 수수료 산정 방식으로 인하여 피고인 9 회사는 보험회사에 제공한 퍼미션 DB 중 보험회사가 필터링을 통해 걸러내는 개인정보 비율을 줄이기 위하여 보험회사에 필터링 조건을 완화해 달라고 요구하는 등 노력을 하였으나, 필터링을 거치고 남은 유효 데이터베이스의 비율이 점차 줄어드는 등 수익성이 악화되었다. 이에 피고인 9 회사가 공소외 2 회사와 공소외 1 회사에 이른바 사전필터링을 제안하게 되었는데, 그 내용은 피고인 9 회사의 입장에서는 종전에 보험회사가 제3자 제공 동의를 받은 개인정보 데이터베이스를 건네받은 이후에 시행하던 필터링 절차를 고객들로부터 제3자 제공 동의를 받기 전에 시행하게 되면 불필요한 퍼미션 콜 절차를 줄일 수 있는 이점이 있고, 보험회사로서도 어차피 거쳐야 할 필터링 절차를 미리 시행하는 불편밖에 없으니 필터링을 사전에 시행하도록 해 달라는 것이었고, 공소외 1 회사와 공소외 2 회사가 위와 같은 요청을 받아들였다.

⑤ 이에 따라 피고인 4, 피고인 5, 피고인 6 등은 사전필터링을 위해 2011. 12.경부터 2014. 8.경까지 피고인 7, 피고인 8 등에게 이 부분 공소사실 기재와 같이 개인정보를 제공하였다. 공소외 1 회사와 공소외 2 회사는 피고인 9 회사의 웹하드를 통해 제공받은 개인정보 데이터베이스를 필터링하여(사전필터링) 다시 위 웹하드에 업로드하였고, 피고인 9 회사는 그 데이터베이스를 가지고 퍼미션 콜 작업을 수행한 후 동의를 받은 고객들의 개인정보를 다시 위 보험회사들에 제공하였다. 한편 공소외 1 회사와 공소외 2 회사는 사전필터링을 마친 개인정보 데이터베이스를 피고인 9 회사 웹하드에 업로드한 후 자신들의 시스템에서는 이를 모두 삭제하였다.

(2) 개인정보 보호법 제71조 제1호는 제17조 제1항 제1호를 위반하여 정보주체의 동의를 받지 아니하고 개인정보를 제3자에게 제공한 자 및 그 사정을 알고 개인정보를 제공받은 자를 5년 이하의 징역 또는 5천만 원 이하의 벌금에 처한다고 규정하고 있다. 그리고 정보통신망법 제71조 제3호는 제24조의2 제1항을 위반하여 이용자의 동의를 받지 아니하고 개인정보를 제3자에게 제공한 자 및 그 사정을 알면서도 영리 또는 부정한 목적으로 개인정보를 제공받은 자를 5년 이하의 징역 또는 5천만 원 이하의 벌금에 처한다고 규정하고 있다. 한편 개인정보 보호법 제26조와 정보통신망법 제25조는 개인정보처리자와 정보통신서비스 제공자의 개인정보 처리업무 위탁에 관한 내용을 정하고 있다.

위 각 법률 조항의 문언 및 취지에 비추어 보면, 개인정보 보호법 제17조와 정보통신망법 제24조의2에서 말하는 개인정보의 '제3자 제공'은 본래의 개인정보 수집·이용 목적의 범위를 넘어 그 정보를 제공받는 자의 업무처리와 이익을 위하여 개인정보가 이전되는 경우인 반면, 개인정보 보호법 제26조와 정보통신망법 제25조에서 말하는 개인정보의 '처리위탁'은 본래의 개인정보 수집·이용 목적과 관련된 위탁자 본인의 업무 처리와 이익을 위하여 개인정보가 이전되는 경우를 의미한다. 개인정보 처리위탁에 있어 수탁자는 위탁자로부터 위탁사무 처리에 따른 대가를 지급받는 것 외에는 개인정보 처리에 관하여 독자적인 이익을 가지지 않고, 정보제공자의 관리·감독 아래 위탁받은 범위 내에서만 개인정보를 처리하게 되므로, 개인정보 보호법 제17조와 정보통신망법 제24조의2에 정한 '제3자'에 해당하지 않는다.

한편 어떠한 행위가 개인정보의 제공인지 아니면 처리위탁인지는 개인정보의 취득 목적과 방법, 대가 수수 여부, 수탁자에 대한 실질적인 관리·감독 여부, 정보주체 또는 이용자의 개인정보 보호 필요성에 미치는 영향 및 이러한 개인정보를 이용할 필요가 있는 자가 실질적으로 누구인지 등을 종합하여 판단하여야 한다.

(3) 앞서 본 사실관계 및 기록에 나타난 다음과 같은 사정을 위와 같은 법리에 비추어 살펴보면, 공소외 1 회사와 공소외 2 회사는 단순한 수탁자로서가 아니라 자신들의 독자적인 이익과 업무 처리를 위하여 피고인 9 회사로부터 개인정보를 제공받은 '제3자'에 해당하고, 피고인 4, 피고인 5, 피고인 6이 피고인 7, 피고인 8에게 사전필터링을 위해 개인정보를 이전해준 행위는 개인정보 보호법 및 정보통신망법에서 말하는 개인정보 제3자 제공에 해당한다고 보는 것이 옳다.

① 이 부분 공소사실에 기재된 피고인 9 회사 패밀리카드 회원들의 성명·주민등

록번호·연락처 등 개인정보는 실질적으로 보험회사들인 공소외 1 회사와 공소외 2 회사가 보험마케팅 영업을 하는 데 필요한 것이다.

② 공소외 1 회사와 공소외 2 회사가 한 필터링은 위 각 보험회사의 보험가입자나 블랙리스트에 올라 있는 사람 등을 걸러냄으로써, 즉 보험상품 판매에 적합한 대상자를 선정함으로써 보험 텔레마케팅의 효율을 높이기 위한 것이므로 위 보험회사들의 업무에 해당하고, 사전필터링의 경우에도 위와 같은 필터링 업무의 목적이나 성격 자체가 변한다고 보기 어렵다. 또한 앞서 본 퍼미션 콜의 구체적인 내용 등에 비추어 볼 때 퍼미션 콜 업무도 위 보험회사들의 보험 텔레마케팅 업무를 분담·지원하는 성격을 가지므로, 설령 사전필터링을 퍼미션 콜 업무의 부수업무로 보더라도 이를 온전히 피고인 9 회사의 업무라고 보기는 어렵다. 그렇다면 사전필터링 업무는 피고인 9 회사의 업무임과 동시에 위 보험회사들의 업무로서의 성격을 가지고, 위 보험회사들은 위와 같은 업무 처리에 관하여 독자적인 이익을 가진다고 볼 수 있다.

③ 공소외 1 회사와 공소외 2 회사 담당 직원들은 일단 사전필터링에 필요한 개인정보 데이터베이스를 각자의 업무용 컴퓨터에 다운로드 받은 후에는 이를 자유롭게 복사, 편집, 이용, 전송할 수 있었고, 피고인 9 회사는 그에 관하여 아무런 관리·감독을 하지 않았던 것으로 보이며, 피고인 9 회사가 위 보험회사들에 명확한 필터링 기준을 정해준 것으로 보이지도 않는다.

(4) 그럼에도 원심은 그 판시와 같은 이유만으로 이 부분 공소사실을 무죄로 판단하였으니, 원심판결에는 개인정보 보호법과 정보통신망법에 정한 개인정보의 '제3자 제공'과 그 '처리위탁'의 구별에 관한 법리 등을 오해하고 필요한 심리를 다하지 아니하여 판결에 영향을 미친 잘못이 있다. 이 점을 지적하는 검사의 상고이유 주장은 이유 있다.

5. 결론

원심판결 중 공소사실이 특정되지 않은 부분에 관해서는 직권파기 사유가 있고, 그 나머지 부분에 관해서는 개인정보 보호법 또는 정보통신망법에 관한 법리를 오해하는 등의 잘못이 있다.

그러므로 원심판결을 파기하고 사건을 다시 심리·판단하도록 원심법원에 환송하기로 하되, 원심판결에 잘못된 기재가 있음이 분명하므로 형사소송규칙 제25조에 따라 이를 경정하기로 하여, 관여 대법관의 일치된 의견으로 주문과 같이 판결한다.

[9] 소방공무원의 소뇌위축증과 공무상 질병

― 대법원 2017. 9. 21. 선고 2017두47878 판결 ―

【판시사항】

[1] 공무원연금법 제35조 제1항에 정한 공무상요양비의 지급요건인 '공무상 질병'에서 공무와 질병 사이의 인과관계 유무에 관한 증명책임의 소재 및 증명의 정도 / 공무원이 공무집행과 관련하여 유해물질에 장기간 노출됨으로 인하여 질병에 걸렸다고 주장하는 경우, 법원이 공무와 질병 사이의 인과관계 유무를 판단하는 방법

[2] 화재현장에서 화재진압 업무를 주로 수행하였던 소방공무원 甲이 어지럼증과 구음장애, 왼쪽 얼굴 감각손실, 보행장애 등이 발생하여 소뇌위축증 진단을 받았다가, 그 후 당직실에서 어지럼증을 호소하며 쓰러진 뒤 다시 소뇌위축증을 진단받고 공무상 요양 승인신청을 하였으나 공무원연금공단이 불승인 처분을 한 사안에서, 甲의 공무수행과 질병 사이에 상당인과관계가 있다고 추단할 수 있음에도 이와 달리 본 원심판단에 법리를 오해하여 심리를 다하지 않은 잘못이 있다고 한 사례

【판결요지】

[1] 공무원연금법 제35조 제1항에 정한 공무상요양비의 지급요건이 되는 '공무상 질병'은 공무수행 중 공무로 인하여 발생한 질병을 뜻하는 것이므로, 공무와 질병 발생 사이에 인과관계가 있어야 하고, 인과관계는 이를 주장하는 측에서 증명하여야 한다. 다만 인과관계는 반드시 의학적, 자연과학적으로 명백히 증명되어야 하는 것은 아니고, 규범적 관점에서 상당인과관계가 인정되는 경우에는 증명이 있다고 보아야 한다. 공무원이 공무집행과 관련하여 유해물질에 장기간 노출됨으로 인하여 질병에 걸렸다고 주장하는 경우 법원은 공무원으로 채용될 당시의 건강상태, 질병의 원인, 근무장소에 발병원인 물질이 있었는지, 발병원인 물질이 있는 근무장소에서의 근무시간, 질병이 직무수행 환경 등의 공무상 원인이 아닌 다른 사유로 유발되었다고 볼 만한 사정이 있는지 등 제반 사정을 고려할 때 공무와 질병 사이에 상당인과관계가 있다고 추단할 수 있다면 증명이 있다고 보아야 한다.

[2] 화재현장에서 화재진압 업무를 주로 수행하였던 소방공무원 甲이 어지럼증과

구음장애, 왼쪽 얼굴 감각손실, 보행장애 등이 발생하여 소뇌위축증 진단을 받았다가, 그 후 당직실에서 어지럼증을 호소하며 쓰러진 뒤 다시 소뇌위축증을 진단받고 공무상 요양 승인신청을 하였으나 공무원연금공단이 불승인 처분을 한 사안에서, 甲이 소방공무원으로 채용될 당시 소뇌위축증에 걸릴 유전적 소인이나 가족력이 없는 점, 甲이 수행한 화재진압 직무의 특성으로 인하여 장기간 지속적으로 유해화학물질에 노출되었던 점, 현대의학에서 소뇌위축증의 발병원인을 명확하게 찾고 있지는 못하지만 유해화학물질의 흡입 등과 같은 환경적 요인을 발병원인의 하나로 추정하고 있는 점 등을 종합할 때, 甲의 공무수행과 질병 사이에 상당인과관계가 있다고 추단할 수 있음에도 이와 달리 본 원심판단에 법리를 오해하여 심리를 다하지 않은 잘못이 있다.

【원고, 상고인】 이○○
【피고, 피상고인】 공무원연금공단
【원심판결】 서울고법 2017. 5. 25. 선고 2016누60364 판결

【주　　문】

원심판결을 파기하고, 사건을 서울고등법원에 환송한다.

【이　　유】

상고이유를 판단한다.

1. 공무원연금법 제35조 제1항에 정한 공무상요양비의 지급요건이 되는 '공무상질병'은 공무수행 중 그 공무로 인하여 발생한 질병을 뜻하는 것이므로, 공무와 질병발생 사이에 인과관계가 있어야 하고, 그 인과관계는 이를 주장하는 측에서 증명하여야한다. 다만 그 인과관계는 반드시 의학적, 자연과학적으로 명백히 증명되어야 하는 것은 아니고, 규범적 관점에서 상당인과관계가 인정되는 경우에는 그 증명이 있다고 보아야 한다. 공무원이 공무집행과 관련하여 유해물질에 장기간 노출됨으로 인하여 질병에 걸렸다고 주장하는 경우 법원은 공무원으로 채용될 당시의 건강상태, 질병의 원인, 그 근무장소에 발병원인 물질이 있었는지 여부, 발병원인 물질이 있는 근무장소에서의 근무시간, 그 질병이 직무수행 환경 등의 공무상 원인이 아닌 다른 사유로 유발되었다고 볼 만한 사정이 있는지 여부 등 제반 사정을 고려할 때 공무와 질병 사이에 상당인과관

계가 있다고 추단할 수 있다면 그 증명이 있다고 보아야 한다(대법원 1994. 9. 13. 선고 94누6819 판결, 대법원 2004. 4. 9. 선고 2003두12530 판결 등 참조).

2. 가. 원심판결 이유와 원심이 적법하게 채택한 증거들에 의하면, 다음과 같은 사실을 알 수 있다.

(1) 원고는 1977. 4. 1. ○○시 지방소방사로 임용되어 2014. 9. 30.까지 소방관으로 재직하였다. 원고는 임용 당시부터 2003. 9. 20. 지방소방위로 승진할 때까지 주로 화재현장에 출동하여 화재를 진압하는 경방 업무를 수행하였다.

(2) 소방관들이 화재진압 직무를 수행할 때에는 화재현장에서 발생하는 유해물질에 장시간 노출되는 일이 많다. 화재 시 발생하는 유해물질로서 대표적인 것은 일산화탄소, 시안화수소, 이산화탄소, 염화수소, 아크롤레인, 이산화질소, 벤젠 등이 있다. 그 중에서도 일산화탄소는 가장 흔하게 발생하는 물질로서 인체 내부에서 강한 결합력으로 헤모글로빈과 결합함으로써 신체조직의 산소공급을 방해하여 허혈성 손상을 야기할 수 있고, 그 과정에서 산소공급에 예민한 뇌 부위에 손상을 야기할 수 있다.

(3) 소방공무원들은 화재현장에서 방화복, 공기호흡기, 안전모, 안전화 및 안전장갑 등의 보호장구를 착용하도록 되어 있다. 그러나 2000년 이전까지만 하더라도 소방관들에게 지급된 보호장구의 보급률이나 성능 등이 열악하여, 공기호흡기 중에는 이용가능시간이 20분 정도로 짧은 것이 대부분이었고, 방화복도 화염이나 고온으로부터 신체를 방어할 뿐 유해 화학물질로부터 신체를 보호하기에는 매우 미흡한 실정이었다. 원고가 근무한 ○○시의 경우에도 2011년 공기호흡기 보급률은 48.7%로 전국 최하위이고, 방화복 확보율도 34.9%에 불과하였다.

(4) 원고는 2004. 8. 어지럼증과 구음장애, 왼쪽 얼굴 감각손실, 보행장애 등이 발생하여 △△대학교병원에서 '소뇌위축증' 진단을 받았다. 원고는 2006. 2. 유전자검사를 받았으나 정상판정을 받아 유전적 요인으로 발병하는 '2형 척수소뇌실조증'에는 해당되지 않는 것으로 밝혀졌다. 그 후에도 원고는 치료를 받는 중에도 소방서 파출소장, 119 안전센터장 등으로 근무하였는데, 2014. 2. 11. 저녁 무렵 ○○ㅁㅁ소방서 당직실에서 어지럼증을 호소하며 쓰러진 뒤 다시 소뇌위축증 진단을 받았다.

(5) '소뇌위축증'은 소뇌에 위치한 신경핵과 신경전달 경로에 변성이 초래되어 소뇌가 위축되는 질환으로서, 어지럼증, 보행 및 중심이동 장애, 구음장애, 안구운동장애 등 증상을 동반한다. 소뇌위축증의 원인은 아직 명확하게 밝혀지지는 않았으나, 유전이

나 대사질환, 독성물질과 같은 환경적 요인에 의해 발병하는 것으로 추정되고 있다(유전자의 돌연변이로 인하여 발병하는 경우는 이를 '척수소뇌실조증'이라고 한다).

(6) 원고는 2004. 8. 소뇌위축증으로 진단받기 이전에 관련 증상으로 치료를 받거나 진단을 받은 사실이 없고, 가족 중에도 같은 질환을 앓은 사람은 없다.

나. 위에서 살펴본 것처럼, 원고가 소방공무원으로 채용될 당시 소뇌위축증에 걸릴 유전적 소인이나 가족력이 없는 점, 원고가 수행한 화재진압 직무의 특성으로 인하여 장기간 지속적으로 유해화학물질에 노출되었던 점, 현대의학에서 소뇌위축증의 발병원인을 명확하게 찾고 있지는 못하지만 유해화학물질의 흡입 등과 같은 환경적 요인을 그 발병원인의 하나로 추정하고 있는 점 등을 종합하여 볼 때, 원고의 공무수행과 질병 발생 사이에 상당인과관계가 있다고 추단할 수 있다.

그럼에도 원심은 그 판시와 같은 이유로 원고의 공무수행과 이 사건 질병 사이에 상당인과관계를 인정할 수 없다고 판단하였다. 이러한 원심의 판단에는 공무와 질병 사이의 상당인과관계 등에 관한 법리를 오해하여 필요한 심리를 다하지 아니함으로써 판결에 영향을 미친 잘못이 있다. 이를 지적하는 상고이유 주장은 이유 있다.

3. 그러므로 원심판결을 파기하고, 사건을 다시 심리·판단하게 하기 위하여 원심법원에 환송하기로 하여, 관여 대법관의 일치된 의견으로 주문과 같이 판결한다.

[10] 김천시립교향악단원 재위촉 거부의 합리성 유무

― 대법원 2017. 10. 12. 선고 2015두44493 판결 ―

【판시사항】

기간제 근로계약을 체결한 근로자에게 근로계약 갱신에 대한 정당한 기대권이 있음에도 사용자가 이를 배제하고 근로계약 갱신을 거절한 데에 합리적인 이유가 있는지 판단하는 기준 및 그러한 사정에 관한 증명책임의 소재(＝사용자) / 사용자가 근로계약 갱신에 대한 정당한 기대권을 보유한 기간제근로자들에 대하여 사전 동의 절차를 거치거나 구체적인 기준도 마련하지 않은 채 신규채용절차를 통하여 선발되어야만 계약 갱신을 해주겠다고 주장하면서 대규모로 갱신 거절을 한 경우, 사용자 주장의 당부를 판단하는 방법

【판결요지】

기간제 근로계약을 체결한 근로자에게 근로계약 갱신에 대한 정당한 기대권을 인정하는 취지는 기간제 근로계약의 남용을 방지함으로써 기간제근로자에 대한 불합리한 차별을 시정하고 기간제근로자의 근로조건 보호를 강화하려는 데에 있다. 그러므로 근로자에게 이미 형성된 갱신에 대한 정당한 기대권이 있음에도 사용자가 이를 배제하고 근로계약의 갱신을 거절한 데에 합리적 이유가 있는지가 문제 될 때에는 사용자의 사업 목적과 성격, 사업장 여건, 근로자의 지위 및 담당 직무의 내용, 근로계약 체결 경위, 근로계약의 갱신에 관한 요건이나 절차의 설정 여부와 운용 실태, 근로자에게 책임 있는 사유가 있는지 등 당해 근로관계를 둘러싼 여러 사정을 종합하여 갱신 거부의 사유와 절차가 사회통념에 비추어 볼 때 객관적이고 합리적이며 공정한지를 기준으로 판단하여야 하고, 그러한 사정에 관한 증명책임은 사용자가 부담한다.

특히 사용자가 갱신에 대한 정당한 기대권을 보유한 기간제근로자들에 대하여 사전 동의 절차를 거치거나 가점 부여 등의 구체적인 기준도 마련하지 않은 채 재계약 절차가 아닌 신규채용절차를 통하여 선발되어야만 계약 갱신을 해주겠다고 주장하면서 대규모로 갱신 거절을 한 경우, 이는 근로자의 갱신에 대한 정당한 기대권을 전면적으로 배제하는 것이므로, 사용자로서 그와 같은 조치를 취하지 않으면 안 될 경영상 또는

운영상의 필요가 있는지, 그에 관한 근거 규정이 있는지, 이를 회피하거나 갱신 거절의 범위를 최소화하기 위한 노력을 하였는지, 그 대상자를 합리적이고 공정한 기준에 따라 선정하기 위한 절차를 밟았는지, 그 과정에서 차별적 대우가 있었는지 등을 종합적으로 살펴보아 그 주장의 당부를 판단하여야 한다.

【원고, 상고인】 이○○ 외 25명
【피고, 피상고인】 김천시
【원심판결】 서울고법 2015. 5. 15. 선고 2015누30533 판결

【주   문】

원심판결을 파기하고, 사건을 서울고등법원에 환송한다.

【이   유】

1. 사건의 경위

가. 피고는 '김천시립예술단 설치 및 운영조례'(이하 '이 사건 조례'라고 한다)에 따라 김천시립교향악단(이하 '이 사건 교향악단'이라고 한다) 등으로 구성된 김천시립예술단(이하 '이 사건 예술단'이라고 한다)을 설치·운영하고 있다.

나. 원고들은 이 사건 교향악단이 설립된 2004. 12. 1. 이후 피고 시장으로부터 단무장 또는 단원으로 위촉된 사람들이다. 원고들은 피고와 2년 단위로 위촉계약을 체결하고 이 사건 교향악단에 비상임 단원으로 근무하여 그 기간이 만료될 때마다 정기평정을 거쳐 단원으로 재위촉되어 왔고, 최종적으로는 위촉기간을 2009. 2. 1.부터 2011. 1. 31.까지로 정하여 재위촉되었으나, 피고 시장은 2011. 1. 31. 원고들의 위촉기간이 만료되자 원고들을 재위촉하지 않았다(이하 '이 사건 재위촉 거부'라고 한다). 이 사건 재위촉 거부 이전까지 기존 단원에 대한 재위촉을 거부한 적은 없었다.

다. (1) 피고는 2010. 11. 8. 이 사건 예술단의 운영위원회를 개최하여 '2011년 단원 모집과 관련하여 위촉기간이 만료되는 기존 단원들에 대해 재위촉전형을 하지 않고, 일제히 신규전형을 통해 단원을 선발하자'라는 취지로 의결하였고, 2010. 11. 23. 실기(또는 서류심사) 및 면접 전형을 통해 이 사건 예술단의 비상임 단원을 공개모집하기로 하는 계획을 수립하였다.

(2) 피고는 2010. 12. 30. '2011년 김천시립예술단원(비상임) 모집공고'(이하 '이 사건 공고'라고 한다)를 하면서 2011. 1. 31.자로 위촉기간이 만료되는 이 사건 교향악단의 기존 비상임 단원 59명에게 이 사건 공고에 따라 실시될 2011년도 단원위촉을 위한 공개전형(이하 '이 사건 공개전형'이라고 한다)에 응시하도록 하였다.

(3) 이 사건 공고는 공통응시자격으로 '공고일 현재 주소가 대구·경북으로 되어 있는 자'를 요구하였다. 피고는 재정상의 이유로 이 사건 교향악단의 튜바 파트를 폐지하며 이 사건 공고 당시 튜바를 응시분야에서 제외하였다.

(4) 피고는 2011. 1. 17.부터 1. 18.까지 이 사건 공개전형을 실시하였다. 이 사건 공개전형에는 127명(이 사건 교향악단의 기존 단원 59명 중 54명 + 신규 응시자 73명)이 응시하였고, 총 47명(기존 단원 중 26명 + 신규 응시자 중 21명)이 합격하였다.

(5) 이 사건 교향악단의 기존 단원 중 튜바를 담당하던 원고 2, 이 사건 공고일 현재 주민등록상 주소지가 각 밀양, 서울, 부산이던 원고 4, 원고 14, 원고 21은 각 응시자격을 구비하지 못하여 이 사건 공개전형에 응시하지 못하였고, 원고 5는 이 사건 공개전형에 응시하지 아니하였다. 나머지 원고들은 2011. 1.경 응시원서를 제출하고 이 사건 공개전형에 응시하였으나, 점수가 각 분야별 모집인원 내 순위에 미치지 못하여 불합격하였다.

(6) 피고는 2011. 2. 1. 기존 단원 중 합격자에 대한 재위촉 및 신규 응시자 중 합격자에 대한 신규위촉을 하였다(위촉기간: 2011. 2. 1.~2013. 1. 31., 2년).

라. (1) 이 사건 조례 중 재위촉 관련 부분은 다음과 같다. ① 자격과 전형방법: 지휘자를 포함한 모든 단원은 해당 분야에 대한 전문지식과 경험이 풍부한 자로서 공개전형과 위원회의 심의를 거쳐 시장이 위촉한다(제6조 제1항). ② 위촉연령과 기간: 단원의 위촉기간은 2년으로 한다(제9조 제2항). 위촉기간이 만료된 단원은 전형위원의 전형을 거쳐 재위촉할 수 있다(제9조 제3항).

(2) 이 사건 조례 시행규칙은 단원 실기평정에 관하여 "각 단원의 자질 향상을 도모하기 위하여 정기 실기평정을 실시한다. 실기평정 결과에 따라 기량이 현저하게 저하된 단원은 해촉할 수 있다."라고 규정하고 있다(제8조).

2. 원심판단

가. 원심은 제1심판결을 인용하여, ① 이 사건 조례는 제9조 제2항에서 이 사건 교향악단 단원의 위촉기간을 2년으로 규정하고 있으나, 제9조 제3항에서 "위촉기간이 만

료된 단원은 전형위원의 전형을 거쳐 재위촉할 수 있다.”라고 규정하여 재위촉의 가능성을 인정하고 재위촉을 위한 요건 및 절차를 마련하고 있는 점, ② 피고는 정기 실기평정 결과에 따라 원고들을 매 2년마다 재위촉하여 온 점, ③ 이 사건 이전까지 이 사건 교향악단의 기존 단원 중 재위촉을 거부당한 사람은 없었던 점, ④ 이 사건 조례 시행규칙 제8조는 실기평정 결과에 따라 단원 간의 기량이 현저하게 저하된 단원을 직책 강등 또는 해촉의 대상으로 규정하고 있는 점 등을 종합하여 보면, 원고들로서는 정기 실기평정 결과 기량이 현저하게 저하된 것으로 밝혀지는 등 특별한 사정이 없는 이상 이 사건 교향악단의 단원으로 재위촉되리라는 신뢰관계가 형성되어 있다고 할 것이므로, 원고들에게 재위촉에 대한 기대권이 인정된다고 판단하였다.

나. 그러나 원심은 다음과 같은 사정을 들어 피고가 이 사건 재위촉을 거부한 데에는 사회통념상 상당하다고 인정될 만한 합리적인 이유가 있다고 할 것이어서, 이 사건 재위촉 거부에 의한 원고들의 위촉계약의 종료가 부당해고에 해당하는 것으로서 무효라고 볼 수는 없다고 판단하였다.

(1) 이 사건 조례 제9조 제3항은 위촉기간이 만료된 기존 단원의 재위촉에 관하여 “전형위원의 전형을 거쳐 재위촉할 수 있다.”라고 규정하고 있을 뿐, 피고에게 위촉기간이 만료된 자를 재위촉하여야 할 의무를 부과하거나 ‘전형위원의 전형’의 구체적인 실시 방법에 대하여 아무런 제한을 두고 있지 않다. 그러므로 기존 단원에 대한 재위촉 가능성을 규정한 위 조항이 재위촉에 대한 기대권을 넘어 전형방법까지 규정하는 것으로 해석할 아무런 근거가 없다. 따라서 위촉기간이 만료된 기존 단원을 다시 위촉할 것인지 여부 및 그 심사를 위한 전형을 어떻게 할 것인지의 여부는, 그 전형방법이 불합리하다고 볼 만한 특별한 사정이 없는 한, 이 사건 교향악단의 설치·운영의 주체로서 위촉권자인 피고 시장의 판단에 따른다고 할 것이다.

(2) 이 사건 조례 제6조는 지휘자 및 신규 단원의 전형방법에 관하여 “공개전형과 위원회의 심의를 거쳐 시장이 위촉한다.”라고 규정하고 있으나, 위 규정을 가지고 원고들의 주장과 같이 기존 단원과 신규 단원의 위촉 절차가 분리되어 기존 단원의 재위촉의 경우에는 공개전형이 애당초 배제되는 것으로 해석할 수는 없다.

(3) 이 사건 조례 시행규칙 제8조 제3항은 “실기평정 결과에 따라 기량이 현저하게 저하된 단원은 해촉할 수 있다.”라고 규정하고 있는데, 위 문언을 반대해석하여도 원고들의 주장과 같이 기량이 현저하게 저하되지 않으면 해촉되지 아니하는 것으로 볼 수는 없다. 그리고 정기평정절차를 둔 기본적인 취지와 재위촉 관련 규정 등에 비추어

보아도 위 조항은 기량이 현저하게 저하된 단원들을 해촉할 수 있다는 규정에 불과하고, 이를 기존 단원들에 대한 재위촉 여부와 재위촉 방식에 관한 규정으로 파악하기는 어렵다.

(4) 이 사건 교향악단의 설립목적, 단원들의 위촉과정, 단원들 업무의 특성이나 그 전문성 등에 비추어 보면, 피고로서는 이 사건 교향악단을 구성·운영함에 있어 기존 단원만을 재위촉할 것이 아니라 지역의 연주자들에게 공정한 경쟁의 기회를 제공함으로써 연주 기량 및 열의가 뛰어난 단원을 새로이 선발하여 이 사건 교향악단의 수준을 유지·향상시킬 필요가 있다. 기존 단원을 포함한 응시자 전부에 대하여 실기 심사 및 면접을 통해 단원을 공개모집하도록 한 이 사건 공개전형은 위와 같은 취지에 부합하는 합리적인 방법으로 보이며, 달리 피고가 공개모집 방법의 채택 과정에 있어 재량권을 남용하였다거나 그 기준이나 평가방법의 설정에 있어 불합리한 점이 있다고 볼 만한 사정도 없다.

(5) 피고는 이 사건 교향악단의 모집계획을 수립하고 이 사건 공개전형을 마련하여 기존 단원을 포함한 응시자들에 대한 실기 심사 및 면접을 실시하였는데, 제반 사정에 비추어 보더라도 피고가 공정성과 합리성이 결여된 심사과정을 거쳐 부당하게 원고들의 재위촉을 거절하였다고 보기 어렵다.

(6) 시민의 정서함양 및 지역문화창달을 목적으로 피고의 예산을 재원으로 운영되는 이 사건 교향악단의 특성을 고려하면, 피고가 이 사건 공개전형 응시자격을 대구·경북지역에 거주하는 연주자로 제한하고 예산 사정에 따라 교향악단의 구성을 조정한 것을 부당하다고 볼 수 없다.

3. 대법원의 판단

가. 기간을 정하여 근로계약을 체결한 근로자의 경우 그 기간이 만료됨으로써 근로자로서의 신분관계는 당연히 종료되는 것이 원칙이다. 그러나 근로계약, 취업규칙, 단체협약 등에서 기간만료에도 불구하고 일정한 요건이 충족되면 당해 근로계약이 갱신된다는 취지의 규정을 두고 있거나, 그러한 규정이 없더라도 당해 근로관계를 둘러싼 여러 사정을 종합하여 볼 때 근로계약 당사자 사이에 일정한 요건이 충족되면 근로계약이 갱신된다는 신뢰관계가 형성되어 있어 근로자에게 그에 따라 근로계약이 갱신될 수 있으리라는 정당한 기대권이 인정되는 경우에는 사용자가 이에 위반하여 부당하게 근로계약의 갱신을 거절하는 것은 부당해고와 마찬가지로 아무런 효력이 없고, 이 경우 기간만

료 후의 근로관계는 종전의 근로계약이 갱신된 것과 동일하다고 보아야 한다(대법원 2011. 4. 14. 선고 2007두1729 판결, 대법원 2016. 11. 10. 선고 2014두45765 판결 등 참조).

　기간제 근로계약을 체결한 근로자에게 이와 같이 근로계약 갱신에 대한 정당한 기대권을 인정하는 취지는 기간제 근로계약의 남용을 방지함으로써 기간제근로자에 대한 불합리한 차별을 시정하고 기간제근로자의 근로조건 보호를 강화하려는 데에 있다. 그러므로 근로자에게 이미 형성된 갱신에 대한 정당한 기대권이 있음에도 불구하고 사용자가 이를 배제하고 근로계약의 갱신을 거절한 데에 합리적 이유가 있는지가 문제 될 때에는 사용자의 사업 목적과 성격, 사업장 여건, 근로자의 지위 및 담당 직무의 내용, 근로계약 체결 경위, 근로계약의 갱신에 관한 요건이나 절차의 설정 여부와 그 운용 실태, 근로자에게 책임 있는 사유가 있는지 여부 등 당해 근로관계를 둘러싼 여러 사정을 종합하여 갱신 거부의 사유와 그 절차가 사회통념에 비추어 볼 때 객관적이고 합리적이며 공정한지를 기준으로 판단하여야 하고, 그러한 사정에 대한 증명책임은 사용자가 부담한다. 특히 사용자가 갱신에 대한 정당한 기대권을 보유한 기간제근로자들에 대하여 사전 동의 절차를 거치거나 가점 부여 등의 구체적인 기준도 마련하지 않은 채 재계약 절차가 아닌 신규채용절차를 통하여 선발되어야만 계약 갱신을 해주겠다고 주장하면서 대규모로 갱신 거절을 한 경우, 이는 근로자의 갱신에 대한 정당한 기대권을 전면적으로 배제하는 것이므로, 사용자로서 그와 같은 조치를 취하지 않으면 안 될 경영상 또는 운영상의 필요가 있는지, 그에 관한 근거 규정이 있는지, 이를 회피하거나 갱신 거절의 범위를 최소화하기 위한 노력을 하였는지, 그 대상자를 합리적이고 공정한 기준에 따라 선정하기 위한 절차를 밟았는지, 그 과정에서 차별적 대우가 있었는지 여부 등을 종합적으로 살펴보아 그 주장의 당부를 판단하여야 한다(대법원 2012. 6. 14. 선고 2010두8225 판결, 대법원 2014. 12. 24. 선고 2012다17035 판결 등 참조).

　나. 이러한 법리에 비추어 원심판결을 살펴본다.

　우선 원심판결 이유를 앞서 본 법리에 비추어 살펴보면, 원심이 그 판시와 같은 이유를 들어, 정기 실기평정 결과 기량이 현저하게 저하된 것으로 평가되는 등의 특별한 사정이 없는 한 원고들에게 이 사건 교향악단의 단원으로 재위촉될 수 있다는 정당한 기대권이 있다고 판단한 것은 정당하다.

　그러나 피고가 이 사건 재위촉을 거부한 데에 사회통념상 상당하다고 인정될 만한 합리적인 이유가 있다고 본 원심의 판단은 다음과 같은 이유로 수긍하기 어렵다.

　첫째로, 이 사건 재위촉 거부를 하여야 할 경영상 또는 운영상의 필요가 있었음을 뒷받침하기에 충분한 사정을 찾아보기 어렵다. 피고에게는 이 사건 교향악단을 구성·운영함에 있어 연주 기량 등이 뛰어난 단원을 새로이 선발하여 그 수준을 유지·향상시킬 필요가 있다고 인정될 때에는 이를 위하여 적절한 방안을 마련하고 시행할 수 있는 재량이 있음은 물론이다. 그러나 앞에서 살펴본 것처럼, 이 사건 교향악단은 전형위원의 전형 등과 같이 재위촉을 위한 요건과 절차를 두고 있고, 정기 실기평정을 실시하여 그 평정 결과에 따라 기량이 미달하는 단원을 해촉할 수 있는 절차 등을 갖추고 있어서 그 적절한 운영을 통하여 교향악단의 수준을 유지·향상시킬 수 있음을 알 수 있는 반면에, 기존의 방식 때문에 교향악단의 수준이 하락하였다거나 또는 그러한 방식만 가지고는 그 수준을 유지·향상시키기 어렵다는 점을 추단할 만한 사정에 대한 아무런 주장·증명이 없다. 그런데도 원심이 이 사건 교향악단의 설립목적, 단원들의 위촉과정, 단원들 업무의 특성이나 그 전문성 등을 막연히 거시하면서 이 사건 공개전형이 이 사건 교향악단의 수준을 유지·향상시키기 위한 합리적인 방법이라고 단정한 것은 받아들이기 어렵다.

둘째로, 피고가 위촉기간이 만료되는 기존 단원들에 대해 재위촉 전형을 하지 않고 일제히 신규전형을 통해 단원을 선발할 목적으로 사전 동의 또는 협의 등의 절차를 거치지 않은 채 이 사건 공개전형을 실시한 것은 근로계약 갱신에 대한 원고들의 정당한 기대권을 전면적으로 배제하는 조치이다. 그런데 재위촉 절차와 관련한 이 사건 조례의 내용과 그 취지, 그간 재위촉 제도가 운영되어 온 실태, 원고들이 재위촉에 대하여 가지는 갱신 기대의 내용 및 2010. 11. 8. 개최된 예술단운영위원회 의결 내용 등을 살펴보더라도, 이 사건 조례나 시행규칙 등에 피고가 갱신기대권을 가지는 기존 단원에 대하여 일제 신규전형을 실시할 수 있다는 근거를 찾아볼 수 없다. 그러므로 피고로서는 그와 같은 조치를 취할 필요가 있다 하더라도 이 사건 조례나 시행규칙 등을 개정하는 등의 방법으로 그 근거를 마련하거나 또는 단원들과 사전 협의를 하는 등의 절차를 거침으로써 재위촉에 대한 원고들의 정당한 기대권을 존중하는 것이 옳다.

셋째로, 피고가 이 사건 공개전형 응시자격을 대구·경북지역에 거주하는 연주자로 제한한 것이 부당하다고 볼 수 없다는 원심판단 역시 받아들이기 어렵다. 기록에 의하면, 이 사건 예술단의 설치 목적은 시민의 정서함양 및 지역문화창달에 있다는 것이고(이 사건 조례 제1조), 단원들은 매주 월요일 오전 10시부터 오후 1시까지 1주 평균 3시간의 의무근무(연습) 시간이 부과되며, 이 사건 교향악단은 연 2회 정기공연 및 필요시 특별공연을 한다는 것이다. 사정이 그와 같다면, 단원들의 주민등록상 주소지가 대

구·경북지역 외의 지역으로 되어 있다고 하여 이 사건 교향악단의 단원으로 활동하는
데 어떠한 장애가 있다거나 그 설치 목적인 시민의 정서함양 및 지역문화창달에 어떠
한 어려움이 있다고 보기 어렵다. 만약 이 사건 교향악단의 설립 취지가 김천시민들 중
에서 단원을 선발하는 등의 방법으로 시민들의 예술활동을 지원·장려하는 데 있다면
이 사건 조례에 그 근거 규정을 두어 그와 같이 운영할 수 있을 것이다. 그러나 이 사
건 교향악단의 설립 취지가 그와 같지 않음에도 불구하고 피고가 이 사건 공개전형을
실시하면서 그 응시자격을 주민등록상 특정 지역 거주자로 제한한 것은 국민의 거주이
전의 자유 및 직업선택의 자유를 보장하여야 한다는 측면에서 보아도 합리적이고 공정
한 절차라고 보기 어렵다.

　　다. 그럼에도 원심은 그 판시와 같은 이유만으로 이 사건 공개전형 실시를 통하여
원고들을 재위촉하지 아니한 데에 합리적인 이유가 있다고 판단하였으니, 이러한 원심
판단에는 기간제 근로계약 갱신 거절의 합리적 이유에 관한 법리를 오해하여 필요한
심리를 다하지 아니함으로써 판결에 영향을 미친 잘못이 있다. 이를 지적하는 상고이유
주장은 이유 있다.

4. 결론

　　그러므로 원심판결을 파기하고, 이 사건을 다시 심리·판단하도록 원심법원에 환
송하도록 하여, 관여 대법관의 일치된 의견으로 주문과 같이 판결한다.

[11] 전국건설노조의 건설현장 영업활동방해 사건

— 대법원 2017. 10. 26. 선고 2015도16696 판결 —

【판시사항】

강요죄의 수단으로서 '협박'의 의미와 내용 및 협박이 정당한 권리의 실현 수단으로 사용된 경우 강요죄가 성립하는지 여부(한정 적극)와 정당한 권리 실현 수단을 초과하여 타인의 적법한 경제활동의 자유를 방해하는 강요 행위에 해당하는지 여부에 대한 판단기준

【판결요지】

[1] 강요죄는 폭행 또는 협박으로 사람의 권리행사를 방해하거나 의무 없는 일을 하게 하는 범죄이다(형법 제324조). 강요죄의 수단으로서 협박은 사람의 의사결정의 자유를 제한하거나 의사실행의 자유를 방해할 정도로 겁을 먹게 할 만한 해악을 고지하는 것을 말하고, 해악의 고지는 반드시 명시적인 방법이 아니더라도 말이나 행동을 통해서 상대방으로 하여금 어떠한 해악에 이르게 할 것이라는 인식을 갖게 하는 것이면 족하다. 이러한 해악의 고지가 비록 정당한 권리의 실현 수단으로 사용된 경우라고 하여도 권리실현의 수단 방법이 사회통념상 허용되는 정도나 범위를 넘는다면 강요죄가 성립하고, 여기서 어떠한 행위가 구체적으로 사회통념상 허용되는 정도나 범위를 넘는 것인지는 그 행위의 주관적인 측면과 객관적인 측면, 즉 추구된 목적과 선택된 수단을 전체적으로 종합하여 판단하여야 한다.

[2] 적법한 경제활동은 헌법에 보장된 개인과 기업의 경제상의 자유를 실현하는 행위로서 국가는 물론 다른 시민들로부터도 존중받아야 마땅하고, 법률에 근거 없이 직업선택 및 수행의 자유가 침해되는 일이 없도록 하여야 한다.

[3] 현장소장인 피해자 甲이 노조원이 아닌 피해자 乙의 건설장비를 투입하여 수해상습지 개선사업 공사를 진행하자, 민주노총 전국건설노조 건설기계지부 소속 노조원인 피고인들이 공사현장에서 장비를 뺄 것을 요구하면서 그렇지 않을 경우 발주처에 민원을 넣어 공사를 못하게 하겠다고 말하고, 실제로 요구가 받아들여지지 않자 발주처에 부실시공 여부를 철저하게 조사하여 처벌하여 달라는 취지의 진정을 제기한 다음

이를 이용하여 피해자들로 하여금 장비를 철수하게 하고, 공사현장의 모든 건설장비를 피고인들 쪽에서 배차하는 장비만을 사용하도록 하는 취지의 협약서를 작성하도록 하였는데, 이와 같은 피고인들의 행위는 피해자들의 정당한 영업활동을 방해함으로써 피해자들로 하여금 장비를 철수시키고 자신들이 속한 노조 지회의 장비만을 사용하도록 하기 위하여 발주처에 대한 진정이라는 수단을 동원한 것으로 그 의도나 목적이 정당하다고 보기 어렵고, 나아가 피해자들의 정당한 영업활동의 자유를 침해하는 것이며, 피고인들이 피해자들에게 위와 같은 내용의 언사를 사용하고 부실공사가 아님에도 공사 발주처에 부실공사를 조사해 달라는 진정을 하였다면 이는 사회통념상 허용되는 정도나 범위를 넘는 것으로서 강요죄의 수단인 협박에 해당한다.

【상 고 인】 검사
【원심판결】 청주지법 2015. 10. 2. 선고 2015노304 판결

【주   문】

원심판결을 파기하고, 사건을 청주지방법원에 환송한다.

【이   유】

상고이유를 판단한다.

1. 이 사건 공소사실의 요지는 다음과 같다.
가. 피고인들은 민주노총 전국건설노조 충북건설기계지부 ○○지회(이하 '○○지회'라고 한다) 소속의 노조원들로, 피고인 3은 지회장, 피고인 2는 법규차장, 피고인 1은 정책차장, 피고인 4는 사무차장으로 일하는 사람들이다. 피해자 공소외 1은 충북(주소 1 생략)에 있는 △△천 일원에서 진행되는 '△△천 ㅁㅁ제 수해상습지 개선사업' 공사의 현장소장이고, 피해자 공소외 2는 2012년경 ○○지회에 가입하였다가 2014. 2.경 탈퇴를 한 사람으로, 피해자들은 구두 합의에 따라 피해자 공소외 2의 장비를 피해자 공소외 1의 공사현장에 투입하여 공사를 진행하고 있었다.
나. 피고인들은 2014. 3. 초순경 같은 노조원인 공소외 3으로부터 다른 지역 장비를 운영하고 있고 자신들의 노조에도 가입하였다가 탈퇴한 피해자 공소외 2가 ○○에서 진행되고 있는 위 △△천 공사현장에 장비를 투입하여 공사를 진행하고 있다는 사

실을 전해 듣고는, 피해자들에게 압력을 넣어 공사현장에서 장비를 철수하게 하고, 대신 소속 노조원의 장비를 투입하게 하기로 의견을 모았다.

다. (1) 이에 피고인들은 2014. 3. 5. 10:00경 충북(주소 2 생략)에 있는 피해자 공소외 1이 현장소장으로 있는 공소외 4 합자회사 현장 사무실에 찾아가 위 피해자에게 "민주노총이 어떤 곳인지 아느냐. 공소외 2의 장비는 민주노총 소속 장비가 아니다. 당장 장비를 빼라. 어디 계속 사용할 테면 해봐라. 계속 사용을 하면 공사를 못하게 하겠다. 발주처(충청북도)에 진정을 넣겠다."라고 함께 말하고, 피해자 공소외 2에게 "민주노총이 어떤 곳인지 아느냐. 현장에서 장비를 빼라."라고 함께 말하고, 피고인 1은 "토요일(2014. 3. 8.)까지 장비를 빼라."라고 말하여 피해자들에게 겁을 주었다. 또한 피고인 2는 2014. 3.말경 위 공사현장에서 부실공사가 진행되고 있다는 내용의 ○○지회장 피고인 3 명의의 진정서를 작성하고, 위 공사현장에서 촬영한 사진을 첨부하여 위 공사 발주처인 충청북도에 제출하여 진정을 제기하였다.

(2) 피해자들은 위와 같은 피고인들의 협박을 견디지 못하여, 피해자 공소외 1은 2014. 4. 7.경 피해자 공소외 2에게 현장에서 장비를 철수해 줄 것을 요청하고, 피해자 공소외 2는 결국 2014. 4. 11.경 위 공사현장에서 장비를 철수하였고, 피해자 공소외 1은 2014. 4. 12.경 위 현장 사무실에서 약속한 내용을 문서로 남기지 않으면 충청북도에 제기한 위 진정을 철회하지 않겠다는 피고인 4의 요구에 따라 그가 미리 작성하여 온 '공사현장에서 사용하는 모든 건설장비는 ○○지회와 합의하여 결정한다.'는 내용의 협약서에 서명을 하여 이를 작성하였다.

라. 이로써 피고인들은 공동하여 피해자들을 협박함으로써 피해자 공소외 1로 하여금 자신이 관리하는 공사현장에서 사용되던 장비를 철수하게 하고, 피고인들이 요구하는 대로 협약서를 작성하고, 피해자 공소외 2로 하여금 자신의 장비를 현장에서 철수하게 하여 피해자들로 하여금 의무 없는 일을 하게 하였다.

2. 원심은 이 사건 쟁점은 피고인들이 피해자들로 하여금 이 사건 공사현장에서 피해자 공소외 2의 장비를 철수하도록 한 행위가, 피고인들 및 피해자들이 이 사건 공사현장의 관계인으로서 상호 충돌하는 이해관계를 조정하기 위한 협상을 진행하면서 피고인들의 요구사항을 관철시키기 위해 사회통념상 허용되는 범위 내에서 여러 수단을 동원한 것에 그치는 것인지, 아니면 그 허용 범위를 넘어 형법상 금지되는 강요죄의 수단인 '협박'에 해당하는 정도에 이르렀는지 여부에 대한 문제로 귀결된다고 전제한

다음, 다음과 같은 사정에 비추어 볼 때 피고인들의 위와 같은 행위는 피고인들이 달성하려는 목적을 실현하기 위한 수단으로 사회통념상 받아들일 수 없을 정도로 부적당하여 전체적으로 위법하다고는 보기 어렵다고 판단하였다.

첫째로, 피고인들이 피해자들로 하여금 이 사건 공사현장에서 피해자 공소외 2의 장비를 철수하도록 한 행위의 목적이 명백히 위법하다거나 이를 통해 추구하고자 하는 이익이 부당하다고 보기 어렵다.

둘째로, 피고인들이 2014. 3. 5.경 피해자들을 만나 피해자 공소외 2의 장비철수를 요구한 것이나 또는 피고인들이 2014. 3. 5.경부터 2014. 3. 하순경까지 발주처인 충청북도청에 "이 사건 공사현장에서 부실시공이 벌어지고 있으니 철저하게 조사해 달라"는 취지로 전화를 하고 진정을 제기한 것이나, 이러한 사실을 두고 피고인들이 사회통념상 허용되지 않는 수단을 동원하였다고 보기 어렵다.

3. 가. 강요죄는 폭행 또는 협박으로 사람의 권리행사를 방해하거나 의무 없는 일을 하게 하는 범죄이다(형법 제324조). 강요죄의 수단으로서 협박은 사람의 의사결정의 자유를 제한하거나 의사실행의 자유를 방해할 정도로 겁을 먹게 할 만한 해악을 고지하는 것을 말하고, 해악의 고지는 반드시 명시적인 방법이 아니더라도 말이나 행동을 통해서 상대방으로 하여금 어떠한 해악에 이르게 할 것이라는 인식을 갖게 하는 것이면 족하다. 이러한 해악의 고지가 비록 정당한 권리의 실현 수단으로 사용된 경우라고 하여도 그 권리실현의 수단 방법이 사회통념상 허용되는 정도나 범위를 넘는다면 강요죄가 성립한다고 보아야 할 것이고, 여기서 어떠한 행위가 구체적으로 사회통념상 허용되는 정도나 범위를 넘는 것인지는 그 행위의 주관적인 측면과 객관적인 측면, 즉 추구된 목적과 선택된 수단을 전체적으로 종합하여 판단하여야 한다(대법원 1995. 3. 10. 선고 94도2422 판결, 대법원 2013. 4. 11. 선고 2010도13774 판결 등 참조).

나. 이러한 법리에 비추어 원심의 판단을 살펴본다.

첫째로, 피해자들이 건설장비를 투입하여 수해상습지 개선사업 공사를 진행한 것은 적법한 영업활동이다. 적법한 경제활동은 헌법에 보장된 개인과 기업의 경제상의 자유를 실현하는 행위로서 국가는 물론 다른 시민들로부터도 존중받아야 마땅하고, 법률에 근거 없이 직업선택 및 수행의 자유가 침해되는 일이 없도록 하여야 한다.

기록에 의하면, 피고인들은 공사현장에서 피해자 공소외 2의 장비를 뺄 것을 요구하면서 그렇지 않을 경우 발주처에 민원을 넣어 공사를 못하게 하겠다고 말하고, 실제로 피고인들의 요구가 받아들여지지 않자 발주처에 부실시공 여부를 철저하게 조사하여 처벌하여 달라는 취지의 진정을 제기한 다음 이를 이용하여 피해자들로 하여금 장비를 철수하게 하고, 공사현장의 모든 건설장비를 피고인들 쪽에서 배차하는 장비만을 사용하도록 하는 취지의 협약서를 작성하도록 하였음을 알 수 있다. 이와 같은 피고인들의 행위는 피해자들의 정당한 영업활동을 방해함으로써 피해자들로 하여금 피해자 공소외 2의 장비를 철수시키고 자신들이 속한 ○○지회의 장비만을 사용하도록 하기 위하여 발주처에 대한 진정이라는 수단을 동원한 것으로, 그 의도나 목적이 정당한 것이라고 보기 어렵고, 나아가 피해자들의 정당한 영업활동의 자유를 침해하는 것이다. 이러한 점에서 원심이 건설장비근로자들이 민주노총 소속의 '지역지회' 또는 '건설기계연합회'에 가입되어 있는 상태에서 해당 지역의 공사현장에서만 작업을 진행하고 다른 지역의 공사현장에 투입될 경우에는 '지역지회' 및 '지역연합회' 상호 간 사전에 그 투입사실을 통지하고 그에 대한 양해를 구하는 등의 관행이 있다는 점 등을 들어 피고인들이 달성하려고 하는 목적이 위법한 것이 아니라거나 부당한 경제적 이익을 얻으려한 것이라고 보기 어렵다고 판단한 것은 수긍할 수 없다.

둘째로, 원심은 피고인들이 피해자들에게 "민주노총이 어떤 곳인지 아느냐"라는 말을 하여 민주노총이라는 집단의 위력을 이용하려는 취지의 말을 한 사실은 인정하기 어렵다고 판단하였다. 그러나 피해자들에게 위와 같은 취지의 언사를 사용하여 협박하였다는 점에 대하여는 피해자 공소외 2가 수사기관 및 법정에서 비교적 일관된 진술로써 뒷받침하고 있을 뿐만 아니라 그 진술내용에 있어서도 특별히 합리성을 결하거나 이치에 맞지 않는 면을 찾아볼 수 없음에도 불구하고 이를 함부로 배척한 것 역시 수긍하기 어렵다. 원심 판단에 의하더라도 피고인들은 민주노총 산하 ○○지회 소속의 노조원들로서, 피해자 공소외 1을 찾아가 피해자 공소외 2가 ○○지회에 장비 사용에 관한 통지를 하였는지 여부를 확인해 줄 것을 요청하고, 피해자 공소외 2가 ◇◇지회를 탈퇴하고 연합회에 가입하였다는 사실을 알게 되자 피해자들에게 장비의 철수를 요구하였다는 것인데, 위와 같은 피고인들의 언동에 비추어 보면, 설령 피고인들이 위와 같은 내용의 말을 명시적으로 하지 않았다 하더라도 피해자들로 하여금 피고인들의 요구에 응하지 아니하면 민주노총 소속 노조원들인 피고인들에 의하여 공사 진행 등에 불이익을 받을 위험이 있다는 점에 관한 인식을 갖게 하기에 충분하였던 것으로 판단된다.

셋째로, 피고인들이 피해자들에게 공소사실 기재와 같은 내용의 언사를 사용하였고 원심도 인정하듯이 이 사건 공사가 부실공사가 아님에도 불구하고 공사 발주처에 부실공사를 조사해 달라는 진정을 하였다면 이는 사회통념상 허용되는 정도나 범위를 넘는 것으로서 강요죄의 수단인 협박에 해당한다. 원심으로서는 피고인들이 이러한 행위로써 달성하려는 목적이 타인의 정당한 영업활동을 방해하려는 것인 이상 그 추구된 목적과 선택된 수단을 전체적으로 종합하여 판단하였어야 옳았다.

그럼에도 원심은 앞서 본 이유만으로 이 사건 공소사실에 대하여 무죄로 판단하였으니, 이러한 원심의 판단에는 심리를 다하지 아니하였거나 강요죄의 수단인 협박에 관한 법리를 오해하여 판결에 영향을 미친 잘못이 있다. 이 점을 지적하는 상고이유의 주장은 이유 있다.

4. 그러므로 원심판결을 파기하고, 사건을 다시 심리·판단하게 하기 위하여 원심법원에 환송하기로 하여 관여 대법관의 일치된 의견으로 주문과 같이 판결한다.

[12] '성인지 감수성' 판결

— 대법원 2018. 4. 12. 선고 2017두74702 판결 —

【판시사항】

[1] 성희롱이 성립하기 위한 요건

[2] 법원이 성희롱 관련 소송의 심리를 할 때 유념할 점 및 성희롱 피해자 진술의 증명력을 판단하는 방법

【판결요지】

[1] 성희롱이 성립하기 위해서는 행위자에게 반드시 성적 동기나 의도가 있어야 하는 것은 아니지만, 당사자의 관계, 행위가 행해진 장소 및 상황, 행위에 대한 상대방의 명시적 또는 추정적인 반응의 내용, 행위의 내용 및 정도, 행위가 일회적 또는 단기간의 것인지 아니면 계속적인 것인지 등의 구체적 사정을 참작하여 볼 때, 객관적으로 상대방과 같은 처지에 있는 일반적이고도 평균적인 사람으로 하여금 성적 굴욕감이나 혐오감을 느낄 수 있게 하는 행위가 있고, 그로 인하여 행위의 상대방이 성적 굴욕감이나 혐오감을 느꼈음이 인정되어야 한다.

[2] 법원이 성희롱 관련 소송의 심리를 할 때에는 그 사건이 발생한 맥락에서 성차별 문제를 이해하고 양성평등을 실현할 수 있도록 '성인지 감수성'을 잃지 않아야 한다(양성평등기본법 제5조 제1항 참조). 그리하여 우리 사회의 가해자 중심적인 문화와 인식, 구조 등으로 인하여 피해자가 성희롱 사실을 알리고 문제를 삼는 과정에서 오히려 부정적 반응이나 여론, 불이익한 처우 또는 그로 인한 정신적 피해 등에 노출되는 이른바 '2차 피해'를 입을 수 있다는 점을 유념하여야 한다. 피해자는 이러한 2차 피해에 대한 불안감이나 두려움으로 인하여 피해를 당한 후에도 가해자와 종전의 관계를 계속 유지하는 경우도 있고, 피해사실을 즉시 신고하지 못하다가 다른 피해자 등 제3자가 문제를 제기하거나 신고를 권유한 것을 계기로 비로소 신고를 하는 경우도 있으며, 피해사실을 신고한 후에도 수사기관이나 법원에서 그에 관한 진술에 소극적인 태도를 보이는 경우도 적지 않다. 이와 같은 성희롱 피해자가 처하여 있는 특별한 사정을 충분히 고려하지 않은 채 피해자 진술의 증명력을 가볍게 배척하는 것은 정의와 형평의 이념

에 입각하여 논리와 경험의 법칙에 따른 증거판단이라고 볼 수 없다.

【원고, 피상고인】 장○○
【피   고】 교원소청심사위원회
【피고보조참가인, 상고인】 ○○△△대학교 총장
【원심판결】 서울고법 2017. 11. 10. 선고 2017누34836 판결

【주   문】

원심판결을 파기하고, 사건을 서울고등법원으로 환송한다.

【이   유】

상고이유를 판단한다.

1. 사건의 경위

가. 원고는 학교법인 ○○학원이 설립·운영하는 ○○△△대학교의 ㅁㅁㅁ계열 교수이고, 피해자 소외 1, 2는 소속 학과 학생들이다.

나. 피고보조참가인은 2015. 4. 10. 원고가 소속 학과 여학생들에게 다음과 같은 행위 등을 포함하여 수차례 성희롱 및 성추행 행위를 하였고 이는 사립학교법 제61조 제1항 각호의 징계사유에 해당한다는 사유로 원고를 해임하였다.

(1) 피해자 소외 1 관련 징계사유

① 소외 1이 봉사활동을 위한 추천서를 받기 위해 친구들과 함께 원고의 연구실을 방문했을 때, 뽀뽀해 주면 추천서를 만들어 주겠다고 하였다(제1-2 징계사유).

② 수업 중 질문을 하면 소외 1을 뒤에서 안는 듯한 포즈로 지도하였다(제1-3 징계사유).

③ 소외 1이 원고의 연구실을 찾아가면 "남자친구와 왜 사귀냐, 나랑 사귀자", "나랑 손잡고 밥 먹으러 가고 데이트 가자", "엄마를 소개시켜 달라"고 하는 등 불쾌한 말을 하였다(제1-4 징계사유).

(2) 피해자 소외 2 관련 징계사유

① 수업시간에 소외 2를 뒤에서 안는 식으로 지도하고 불필요하게 소외 2와 한 의자에 앉아 가르쳐 주며 신체적 접촉을 많이 하였다(제3-1 징계사유).

② 복도에서 소외 2와 마주칠 때 얼굴에 손대기, 어깨동무, 허리에 손 두르기와 함께 손으로 엉덩이를 툭툭 치는 행위를 하였다(제3-2 징계사유).

③ 소외 2와 단 둘이 있을 때 팔을 벌려 안았다(제3-3 징계사유).

④ 학과 MT에서 아침에 자고 있던 소외 2의 볼에 뽀뽀를 2차례 하여 정신적 충격을 주었다(제3-4 징계사유).

⑤ 장애인 교육 신청서를 제출하러 간 소외 2에게 자신의 볼에 뽀뽀를 하면 신청서를 받아 주겠다고 하여 소외 2가 어쩔 수 없이 원고의 볼에 뽀뽀를 하였다(제3-5 징계사유).

다. 원고는 징계에 불복하여 2015. 5. 7. 피고에 대하여 소청심사를 청구하였고, 피고가 원고 청구를 모두 기각하는 결정을 하자, 그 취소를 구하는 이 사건 소송을 제기하였다.

2. 원심의 판단

가. 피해자 소외 1 관련 징계사유에 관하여

(1) 제1-3 징계사유 가운데 소위 '백허그'를 하였다는 것은, 교수인 원고가 많은 학생들이 수업을 받는 실습실에서 그러한 행위를 시도하였다는 것을 상상하기 어려울 뿐만 아니라, 위 피해자가 익명으로 이루어진 강의평가에서 이에 대한 언급 없이 원고의 교육방식을 긍정적으로 평가한 점 등에 비추어 볼 때 발생사실 자체를 인정하기 어렵다. 다만 원고가 위 피해자의 손 위로 마우스를 잡거나 어깨동무를 하는 등의 불필요한 신체적 접촉을 한 사실은 인정할 수 있지만, 이는 원고의 적극적인 교수방법에서 비롯된 것이고 위 피해자가 그 후에도 계속하여 원고의 수업을 수강한 점 등에 비추어 볼 때 일반적이고 평균적인 사람의 입장에서 성적 굴욕감이나 혐오감을 느낄 수 있는 정도에 이른 것이라고 보기 어렵다.

(2) 제1-2, 제1-4 징계사유와 같은 말을 한 사실은 인정할 수 있고 이는 부적절한 면이 없지 않지만, 원고는 평소 위 피해자를 비롯한 소속 학과 학생들과 격의 없고 친한 관계를 유지하면서 자주 농담을 하거나 가족 이야기, 연애상담을 나누기도 한 점, 원고와 위 피해자의 대화 가운데 극히 일부분을 전체적인 맥락을 고려하지 않은 채 문제 삼는 것은 부적절하다는 점 등을 고려하여 보면 이는 피해자인 여학생의 입장에서 성적 굴욕감이나 혐오감을 느꼈다고 보기 어렵다.

나. 피해자 소외 2 관련 징계사유에 관하여

제3-1 내지 5 징계사유에 관한 피해자 소외 2의 진술은 다음과 같은 이유로 신빙성을 인정하기 곤란하다. 그리고 그 진술 내용에 의하더라도 원고의 강의에 대한 학생들의 평가가 매우 좋았던 점, 원고가 평소 친밀감의 표현으로 다수의 제자들을 향하여 팔을 벌려 안으려는 듯한 자세를 취한 것을 과장한 것이 아닌가 의심이 드는 점, 위 피해자가 원고에게 뽀뽀를 한 것은 그녀의 친구들이 벌인 장난 가운데 일어난 일로서 원고가 이를 강요하였다고 볼 수 없는 점 등에 비추어 볼 때 그 징계사유를 모두 인정할 수 없다.

첫째로, 피해자 소외 2는 최초 소외 1의 부탁을 받고 자신의 성희롱 사건도 함께 신고하게 된 것인데, 자신의 피해사실에 대하여는 형사고소 이후 수사기관이나 법원에서 진술을 거부하면서도 소외 1의 피해사실에 대하여는 증인으로 출석하여 자유롭게 진술하고 있는데, 이를 성희롱 내지 성추행 피해자로서의 대응이라고 볼 수 있을지 의문이다.

둘째, 위 피해자가 자신의 진술서를 작성한 것은 2014. 12. 17. 무렵인데, 그 기재 내용은 2013년부터 2014년 전반기까지 일어난 일들이어서 소외 1의 권유 또는 부탁이 없었더라면 과연 한참 전의 원고 행위를 비난하거나 신고하려는 의사가 있었는지 의심스럽다.

셋째, 위 피해자는 이전에는 원고와 격의 없이 지내다가 이 사건 해임처분이 있은 이후로는 원고를 만나는 것을 피하고 있는 것으로 보이는데, 이로 미루어 볼 때 위 피해자가 자신의 피해사실에 대하여 수사기관 등에서 진술을 거부한 이유는 자신의 신고로 인한 책임추궁이 두렵기 때문으로 의심된다.

넷째, 위 피해자는 원고에 대한 형사고소를 하지 않을 것을 약속하는 각서를 작성하여 주는 대신 원고에게도 자신에 대한 법적 대응을 하지 않도록 요구하여 그러한 내용의 원고 명의 각서를 공증사무소에서 인증받기까지 하였는데, 이는 통상 피해자가 단순히 가해자를 용서하는 합의를 하여주는 행동이라고 보기에는 이례적이다.

다. 징계양정에 관하여

가사 위 징계사유가 모두 인정된다고 하더라도, 원고의 언동은 좁은 실습실에서 소위 맨투맨식 강의방법으로 적극적인 수업을 하고 학생들과 격의 없이 대화하고 농담도 하며 친밀하게 지내던 중에 아무런 고의 없이 이루어진 일이라는 점, 여학생들도 대부분 당시에는 별다른 문제점을 느끼지 못하고 심각하게 받아들이지 아니하였다가 짧게는 3개월 길게는 1년 이상의 세월이 흐른 후에 피해자 소외 1의 문제 제기로 인하여 신고하게 된 것이라는 점 및 이 사건 발생 경위와 피해 정도에 비추어 볼 때, 이 사건 해임처분은 원고 행위의 비위 정도에 비추어 지나치게 무거워 징계 재량권의 범위를 일탈·남용한 것으로서 위법하다.

3. 대법원의 판단

가. 성희롱의 판단 기준 및 증명책임에 관하여

(1) 성희롱이란 업무, 고용, 그 밖의 관계에서 국가기관·지방자치단체, 각급 학교, 공직유관단체 등 공공단체의 종사자, 직장의 사업주·상급자 또는 근로자가 ① 지위를 이용하거나 업무 등과 관련하여 성적 언동 또는 성적 요구 등으로 상대방에게 성적 굴욕감이나 혐오감을 느끼게 하는 행위, ② 상대방이 성적 언동 또는 요구 등에 따르지 아니한다는 이유로 불이익을 주거나 그에 따르는 것을 조건으로 이익 공여의 의사표시를 하는 행위를 하는 것을 말한다[양성평등기본법 제3조 제2호, 남녀고용평등과 일·가정 양립 지원에 관한 법률 제2조 제2호, 국가인권위원회법 제2조 제3호 (라)목 등 참조]. 여기에서 '성적 언동'이란, 남녀 간의 육체적 관계나 남성 또는 여성의 신체적 특징과 관련된 육체적, 언어적, 시각적 행위로서 사회공동체의 건전한 상식과 관행에 비추어 볼 때, 객관적으로 상대방과 같은 처지에 있는 일반적이고도 평균적인 사람으로 하여금 성적 굴욕감이나 혐오감을 느끼게 할 수 있는 행위를 의미한다.

성희롱이 성립하기 위해서는 행위자에게 반드시 성적 동기나 의도가 있어야 하는 것은 아니지만, 당사자의 관계, 행위가 행해진 장소 및 상황, 행위에 대한 상대방의 명시적 또는 추정적인 반응의 내용, 행위의 내용 및 정도, 행위가 일회적 또는 단기간의 것인지 아니면 계속적인 것인지 여부 등의 구체적 사정을 참작하여 볼 때, 객관적으로 상대방과 같은 처지에 있는 일반적이고도 평균적인 사람으로 하여금 성적 굴욕감이나 혐오감을 느낄 수 있게 하는 행위가 있고, 그로 인하여 행위의 상대방이 성적 굴욕감이나 혐오감을 느꼈음이 인정되어야 한다(대법원 2007. 6. 14. 선고 2005두6461 판결 등 참조).

(2) 성희롱을 사유로 한 징계처분의 당부를 다투는 행정소송에서 징계사유에 대한 증명책임은 그 처분의 적법성을 주장하는 피고에게 증명책임이 있다. 다만 민사소송이나 행정소송에서 사실의 증명은 추호의 의혹도 없어야 한다는 자연과학적 증명이 아니고, 특별한 사정이 없는 한 경험칙에 비추어 모든 증거를 종합적으로 검토하여 볼 때 어떤 사실이 있었다는 점을 시인할 수 있는 고도의 개연성을 증명하는 것이면 충분하

다(대법원 2010. 10. 28. 선고 2008다6755 판결 등 참조). 민사책임과 형사책임은 그 지도이념과 증명책임, 증명의 정도 등에서 서로 다른 원리가 적용되므로, 징계사유인 성희롱 관련 형사재판에서 성희롱 행위가 있었다는 점을 합리적 의심을 배제할 정도로 확신하기 어렵다는 이유로 공소사실에 관하여 무죄가 선고되었다고 하여 그러한 사정만으로 행정소송에서 징계사유의 존재를 부정할 것은 아니다(대법원 2015. 3. 12. 선고 2012다117492 판결 등 참조).

법원이 성희롱 관련 소송의 심리를 할 때에는 그 사건이 발생한 맥락에서 성차별 문제를 이해하고 양성평등을 실현할 수 있도록 '성인지 감수성'을 잃지 않아야 한다(양성평등기본법 제5조 제1항 참조). 그리하여 우리 사회의 가해자 중심적인 문화와 인식, 구조 등으로 인하여 피해자가 성희롱 사실을 알리고 문제를 삼는 과정에서 오히려 부정적 반응이나 여론, 불이익한 처우 또는 그로 인한 정신적 피해 등에 노출되는 이른바 '2차 피해'를 입을 수 있다는 점을 유념하여야 한다. 피해자는 이러한 2차 피해에 대한 불안감이나 두려움으로 인하여 피해를 당한 후에도 가해자와 종전의 관계를 계속 유지하는 경우도 있고, 피해사실을 즉시 신고하지 못하다가 다른 피해자 등 제3자가 문제를 제기하거나 신고를 권유한 것을 계기로 비로소 신고를 하는 경우도 있으며, 피해사실을 신고한 후에도 수사기관이나 법원에서 그에 관한 진술에 소극적인 태도를 보이는 경우도 적지 않다. 이와 같은 성희롱 피해자가 처하여 있는 특별한 사정을 충분히 고려하지 않은 채 피해자 진술의 증명력을 가볍게 배척하는 것은 정의와 형평의 이념에 입각하여 논리와 경험의 법칙에 따른 증거판단이라고 볼 수 없다.

나. 징계사유의 존부에 관하여

(1) 위 법리에 비추어 원심이 제1−3, 제3−1 내지 5 징계사유인 성희롱 사실 발생 자체를 인정할 수 없다고 판단한 부분을 살펴본다.

먼저 원심은 제1−3 징계사유와 관련하여 원고가 수업 중에 실습실에서 소위 '백허그'를 하였다는 것은 상상하기 어렵다고 판단하였다. 원심은 위 행위 외의 다른 부분에 대해서는 원고가 피해자 소외 1에 대하여 불필요한 신체 접촉을 한 사실을 인정하면서도, 위 행위 부분에 대해서는 위 피해자가 익명으로 이루어진 강의평가에서 이에 대한 언급 없이 원고의 교육방식을 긍정적으로 평가하였다든가 또는 그 후에도 계속하여 원고의 수업을 수강한 점 등을 근거로 피해자 진술의 증명력을 가볍게 배척하였다. 그러나 이는 앞서 본 법리에 비추어 볼 때 법원이 충분히 심리를 한 끝에 상반되는 증거를 비교·대조하여 증명력을 평가하여 내린 결론이라고 보기 어렵다.

다음으로 제3−1 내지 5 징계사유에 관한 피해자 소외 2의 진술을 배척한 이유들 역시 선뜻 받아들이기 어렵다. 피해자가 자신의 성희롱 피해 진술에 소극적이었다거나 성희롱 사실 발생 후 일정 시간이 경과한 후에 문제를 제기했다는 등의 사정이 피해자 진술을 가볍게 배척할 사유가 아님은 이미 살펴본 바와 같다. 특히 원심이 소외 1의 권유 또는 부탁이 없었더라면 과연 피해자에게 한참 전의 원고 행위를 비난하거나 신고하려는 의사가 있었는지 의심스럽다고 한 부분은 성희롱 사실 발생 자체를 배척하는 근거로 삼기에 적절하지 않다.

(2) 제1−2, 제1−3, 제1−4 징계사유에 관한 원심판단을 살펴본다.

원심이, 제1−2, 제1−4 징계사유와 관련하여 원고와 피해자의 대화 가운데 극히 일부분을 전체적인 맥락을 고려하지 않은 채 문제 삼는 것은 적절하지 않다고 판단한 것 자체는 옳다. 그러나 원심이 이에 관하여 원고가 평소 학생들과 격의 없고 친한 관계를 유지하면서 자주 농담을 하거나 가족 이야기, 연애상담을 나누기도 한 점 등을 이유로 들고, 제1−3 징계사유와 관련하여 원고가 피해자에 대하여 불필요한 신체 접촉을 한 사실이 인정되더라도 이는 원고의 적극적인 교수방법에서 비롯된 것이고 피해자가 성희롱 사실 이후에도 계속하여 원고의 수업을 수강한 점 등을 이유로 들어 원고의 행위가 일반적이고 평균적인 사람의 입장에서 성적 굴욕감이나 혐오감을 느낄 수 있는 정도에 이른 것이라고 보기 어렵다고 판단한 부분은 수긍할 수 없다. 이와 같은 이유 설시는 자칫 법원이 성희롱 피해자들이 처한 특별한 사정을 고려하지 않은 채 은연중에 가해자 중심적인 사고와 인식을 토대로 평가를 내렸다는 오해를 불러일으킬 수 있어 적절하지 않다.

원고의 행위가 성희롱에 해당하는지 여부는 가해자가 교수이고 피해자가 학생이라는 점, 성희롱 행위가 학교 수업이 이루어지는 실습실이나 교수의 연구실 등에서 발생하였고, 학생들의 취업 등에 중요한 교수의 추천서 작성 등을 빌미로 성적 언동이 이루어지기도 한 점, 이러한 행위가 일회적인 것이 아니라 계속적으로 이루어져 온 정황이 있는 점 등을 충분히 고려하여 우리 사회 전체의 일반적이고 평균적인 사람이 아니라 피해자들과 같은 처지에 있는 평균적인 사람의 입장에서 성적 굴욕감이나 혐오감을 느낄 수 있는 정도였는지를 기준으로 심리·판단하였어야 옳았다.

다. 소결

그런데도 원심은 이와 달리 앞서 본 이유만을 들어 피해자들의 진술을 배척하거나 원고의 언동이 성희롱에 해당하지 않는다고 보아 이 사건 징계사유들이 인정되지 않는다고 단정하였다. 이러한 원심판단에는 논리와 경험의 법칙에 반하여 자유심증주의의 한계를 벗어나거나 성희롱의 성립 요건 및 증명책임에 관한 법리를 오해하여 심리를 다하지 않는 등으로 판결에 영향을 미친 잘못이 있다.

4. 결론

그러므로 나머지 상고이유에 대한 판단을 생략한 채 원심판결을 파기하고, 사건을 다시 심리·판단하도록 원심법원에 환송하기로 하여, 관여 대법관의 일치된 의견으로 주문과 같이 판결한다.

[13] 비전업 시간강사 강사료 차등지급 사건

— 대법원 2019. 3. 14. 선고 2015두46321 판결 —

【판시사항】

[1] 근로기준법 제6조에서 사용자에게 금지하는 '차별적 처우'의 의미 및 이때 '합리적인 이유가 없는 경우'의 의미

[2] 남녀고용평등과 일·가정 양립 지원에 관한 법률 제8조 제1항에서 정한 '동일 가치 노동'의 의미 및 동일 가치의 노동인지 판단하는 기준

【판결요지】

[1] 사용자는 근로자에 대하여 성별·국적·신앙 또는 사회적 신분을 이유로 근로조건에 대한 차별적 처우를 하지 못한다(근로기준법 제6조). 여기에서 '차별적 처우'란 사용자가 근로자를 임금 및 그 밖의 근로조건 등에서 합리적인 이유 없이 불리하게 처우하는 것을 의미하고, '합리적인 이유가 없는 경우'란 당해 근로자가 제공하는 근로의 내용을 종합적으로 고려하여 달리 처우할 필요성이 인정되지 아니하거나 달리 처우하는 경우에도 그 방법·정도 등이 적정하지 아니한 경우를 말한다.

[2] 사업주는 동일한 사업 내의 동일 가치 노동에 대하여는 동일한 임금을 지급하여야 한다(남녀고용평등과 일·가정 양립 지원에 관한 법률 제8조 제1항). 여기에서 '동일 가치의 노동'이란 당해 사업장 내의 서로 비교되는 노동이 동일하거나 실질적으로 거의 같은 성질의 노동 또는 직무가 다소 다르더라도 객관적인 직무평가 등에 의하여 본질적으로 동일한 가치가 있다고 인정되는 노동에 해당하는 것을 말하고, 동일 가치의 노동인지는 직무 수행에서 요구되는 기술, 노력, 책임 및 작업조건을 비롯하여 근로자의 학력·경력·근속연수 등의 기준을 종합적으로 고려하여 판단하여야 한다.

[3] 甲이 국립대학인 乙 대학과 시간강사를 전업과 비전업으로 구분하여 시간당 강의료를 차등지급하는 내용의 근로계약을 체결한 사안에서, 전업·비전업 기준이 乙 대학에 전속되어 일하여야 한다는 것인지, 출강은 어느 대학이든 자유로 할 수 있으나 시간강사 외의 일은 하지 않아야 한다는 것인지, 강사료 외에는 다른 소득이 없어야 한다는 것인지 분명하지 않고, 이를 어떻게 이해하더라도 시간제 근로자인 시간강사에 대

하여 근로제공에 대한 대가로서 기본급 성격의 임금인 강사료를 근로의 내용과 무관한 사정에 따라 차등을 두는 것은 합리적이지 않은 점, 시간강사에 대한 열악한 처우를 개선할 의도로 강사료 단가를 인상하고자 하였으나 예산 사정으로 부득이 전업 여부에 따라 강사료 단가에 차등을 둔 것이라는 사용자 측의 재정 상황은 시간강사의 근로 내용과는 무관한 것으로서 동일한 가치의 노동을 차별적으로 처우하는 데 대한 합리적인 이유가 될 수 없는 점 등을 고려하면, 시간강사를 전업과 비전업으로 구분하여 시간당 강의료를 차등지급하는 것이 부당한 차별적 대우에 해당한다고 판단한 사례

【원고, 상고인】 한○○
【피고, 피상고인】 ○○대학교총장
【원심판결】 대구고법 2015. 6. 19. 선고 2015누4144 판결

【주   문】

원심판결을 파기하고, 사건을 대구고등법원에 환송한다.

【이   유】

1. 사안의 경위

가. 원고는 국립대학교인 ○○대학교의 예술체육대학 음악과 시간강사로서, 2014. 2.경 피고와 시간강사 근로계약(이하 '이 사건 근로계약'이라고 한다)을 체결하고 2014학년도 1학기에 매주 2시간, 매월 8시간의 강의를 담당하였다. 이 사건 근로계약에 의하면, 강의료는 직위와 강의시수에 따라 지급하는데, 2014학년도 1학기 강의료의 단가는 전업 시간강사의 경우 시간당 80,000원, 비전업 시간강사의 경우 시간당 30,000원의 기준에 의하였다.

나. 기획예산처는 2002년 및 2003년 세출예산집행지침을 통해 시간강사를 다른 직업이 있는지 여부를 기준으로 전업강사와 비전업강사로 구분하여 강사료를 차등지급하도록 정하였고, 이에 피고는 시간강사들에게 '전업/비전업 확인서'를 제출하게 하여 전업·비전업 여부를 확인한 다음 강사료를 지급하였다. 2005년 기획예산처가 강의료 지급단가를 대학에서 자율적으로 결정하도록 변경한 후에도, 피고는 종전과 같은 기준으로 강의료 지급단가를 결정하였다. 한편 원고는 피고에게 자신이 전업강사에 해당한

다고 고지하였고, 이에 따라 피고는 원고에게 전업 시간강사 단가를 기준으로 2014. 3.분 강사료로 640,000원을 지급하였다.

다. 그런데 피고는 2014. 4.경 국민연금공단으로부터 '원고는 부동산임대사업자로서 국민건강보험 지역사업자로 등록되어 있어 별도의 수입이 있는 사람에 해당한다'는 통보를 받았다. 이에 피고는 원고에게, ① 2014. 4. 28. 이미 지급한 2014. 3.분 전업 시간강사료 640,000원 중 비전업 시간강사료와의 차액 400,000원을 반환하라는 통보를 하였고, ② 전업 시간강사료보다 400,000원을 감액하여, 2014. 5. 2. 2014. 4.분 비전업 시간강사료로 232,460원, 2014. 6. 5. 2014. 5.분 비전업 시간강사료로 236,100원을 지급하였다(이하 피고의 위 차액 반환통보 및 감액지급을 통칭하여 '이 사건 각 처분'이라고 한다).

2. 원심의 판단

가. 원고는 주위적으로 이 사건 각 처분의 무효확인을 구하고, 예비적으로 그 취소를 구하는 이 사건 소를 제기하였다. 이에 대하여 원심은 이 사건 각 처분은 위법하다고 볼 수 없다는 이유로 원고의 청구를 모두 기각한 제1심판결을 그대로 유지하였다.

나. 원심이, 피고가 시간강사를 전업과 비전업으로 구분하여 강사료를 차등지급하는 것이 비전업강사에 대한 부당한 차별적 처우라고 볼 수 없다고 판단한 근거는 다음과 같다.

(1) 피고가, 시간강사의 전업·비전업 구분을 다른 직업(자영업 포함) 소득이 있는지 여부를 기준으로 결정하고, 세무서나 국민연금공단 등에 확인을 거치거나 또는 시간강사들로부터 건강보험 자격득실확인서나 사업자등록증을 제출받아 다른 직업 소득의 유무를 확인함으로써 전업과 비전업을 구별하는 것이 불명확한 기준이라고 볼 수 없다.

(2) 대학 시간강사에 대한 열악한 처우의 개선을 위하여 시간당 강의료 단가를 인상할 필요성이 있었으나 예산상 문제로 인하여 전업강사와 비전업강사로 구별하여 시간당 강의료 단가에 차등을 두되, 그 취지에 맞추어 전업강사의 강의료 단가를 대폭 인상하여 시간당 80,000원으로 정한 것이므로, 시간강사의 경우에만 전업강사와 비전업강사로 구별하는 것이 평등의 원칙에 반하여 위법하다거나 시간당 강의료의 지급차가 지나치게 과다하여 부당한 차별적 대우에 해당한다고 볼 수 없다.

(3) 원고가 피고와 사이에 전업 시간강사료는 시간당 80,000원, 비전업 시간강사료는 시간당 30,000원으로 하는 내용의 이 사건 근로계약을 체결하였으므로, 피고가 비전업 시간강사로 확인된 원고에 대하여 이 사건 각 처분을 한 것이 위법하다고 할 수 없다.

3. 대법원의 판단

가. 종래 대학의 시간강사는 총장 등에 의하여 위촉되어 학교 측이 개설한 교과목의 강의를 담당하면서 그에 수반되는 학사관리업무를 수행하고, 그와 같은 업무수행의 대가로 시간당 일정액에 실제 강의시간 수를 곱한 금액(강사료)을 보수로 지급받았다. 시간강사는 이와 같이 학교의 교육 업무를 담당하고 있음에도 불구하고 고등교육법상 교원으로 인정받지는 못하였다. 이에 대하여 대법원은, 대학의 시간강사는 임금을 목적으로 종속적인 관계에서 근로를 제공하는 근로자에 해당한다는 입장을 취하여 왔다(대법원 2007. 3. 26. 선고 2005두13018, 13025 판결 참조). 즉 시간강사의 경우, 다른 교원들과 같이 정해진 기본급이나 고정급 또는 제반 수당 등을 지급받지 아니하고, 근로제공 관계가 단속적인 경우가 많으며, 특정 사용자에게 전속되어 있지도 않는 등의 특징을 가지고 있더라도 이는 시간강사뿐만 아니라 시간제 근로자에게 일반적으로 나타나는 현상으로, 이러한 사정을 들어 근로자성을 부정할 수 없다는 것이다(다만 2012. 1. 26. 법률 제11212호로 개정되어 2019. 8. 1. 시행되는 고등교육법 제14조, 제14조의2의 각 규정에 의하면, 강사는 학교의 교원으로서 계약으로 임용하며, 임용기간은 1년 이상으로 하여야 한다).

나. 사용자는 근로자에 대하여 성별·국적·신앙 또는 사회적 신분을 이유로 근로조건에 대한 차별적 처우를 하지 못한다(근로기준법 제6조). 여기에서 '차별적 처우'란 사용자가 근로자를 임금 및 그 밖의 근로조건 등에서 합리적인 이유 없이 불리하게 처우하는 것을 의미하고, '합리적인 이유가 없는 경우'라 함은 당해 근로자가 제공하는 근로의 내용을 종합적으로 고려하여 달리 처우할 필요성이 인정되지 아니하거나 달리 처우하는 경우에도 그 방법·정도 등이 적정하지 아니한 경우를 말한다.

또한 사업주는 동일한 사업 내의 동일 가치 노동에 대하여는 동일한 임금을 지급하여야 한다[「남녀고용평등과 일·가정 양립 지원에 관한 법률」(이하 '남녀고용평등법'이라고 한다) 제8조 제1항]. 여기에서 '동일 가치의 노동'이라 함은 당해 사업장 내의 서로 비교되는 노동이 동일하거나 실질적으로 거의 같은 성질의 노동 또는 그 직무가 다소 다르더라도 객관적인 직무평가 등에 의하여 본질적으로 동일한 가치가 있다고 인정되는 노동에 해당하는 것을 말하고, 동일 가치의 노동인지 여부는 직무 수행에서 요구되는 기술, 노력, 책임 및 작업조건을 비롯하여 근로자의 학력·경력·근속연수 등의 기준을 종합적으로 고려하여 판단하여야 한다(대법원 2013. 3. 14. 선고 2010다101011 판결 등 참조). 근로기준법 제6조에서 정하고 있는 균등대우원칙이나 남녀고용평등법 제8조에서 정하고 있는 동일가치노동 동일임금 원칙 등은 어느 것이나 헌법 제11조 제1항의 평등 원칙을 근로관계에서 실질적으로 실현하기 위한 것이다. 그러므로 국립대학의 장으로 서 행정청의 지위에 있는 피고로서는 근로계약을 체결할 때에 사회적 신분이나 성별에 따른 임금 차별을 하여서는 아니 됨은 물론 그 밖에 근로계약상의 근로 내용과는 무관 한 다른 사정을 이유로 근로자에 대하여 불합리한 차별 대우를 해서는 아니 된다.

다. 위와 같은 법리에 기초하여, 피고가 국립대학의 장의 지위에서 원고에 대하여 한 이 사건 각 처분이 적법한지 여부에 대하여 살펴본다.

(1) 먼저 '전업(專業)'의 의미와 관련하여 그 사전적인 뜻은 여러 가지가 있지만, 여기에서는 '한 가지 일이나 직업에 전념하여 일함 또는 그 일이나 직업'을 의미하는 것 으로 사용된 것으로 보인다. 그런데 이 사건 근로계약서상의 전업·비전업 기준이 ① 국립대학교인 ○○대학교에 전속되어 일하여야 한다는 것인지, ② 출강은 어느 대학이 든 자유로 할 수 있으나 시간강사 외의 일은 하지 않아야 한다는 것인지, ③ 강사료 외 에는 다른 소득이 없어야 한다는 것인지 분명하지 않다. 나아가 이를 어떻게 이해하더 라도, 시간제 근로자인 시간강사에 대하여 근로제공에 대한 대가로서 기본급 성격의 임 금인 강사료를 근로의 내용과 무관한 사정에 따라 차등을 두는 것은 합리적이지 않다.

(2) 그리고 대학 측이 시간강사에 대한 열악한 처우를 개선할 의도로 강사료 단가 를 인상하고자 하였으나 예산 사정으로 부득이 전업 여부에 따라 강사료 단가에 차등 을 둔 것이라고 하더라도, 그와 같은 사용자 측의 재정 상황은 시간제 근로자인 시간강 사의 근로 내용과는 무관한 것으로서 동일한 가치의 노동을 차별적으로 처우하는 데 대한 합리적인 이유가 될 수 없다.

(3) 피고는 원고가 부동산임대사업자로서 별도의 수입이 있는 사람에 해당한다는 이유만으로 원고를 비전업강사로 보아 이 사건 각 처분을 하였다. 그러나 국내에 거주 하는 국민은 누구든지 건강보험가입자 또는 피부양자가 되고, 임대수입이 있어 사업자 등록을 한 경우 국민건강보험법상 피부양자가 아닌 지역가입자로 구분되는 점에 비추 어 보더라도, 원고에게 임대수입이 있다고 하여 시간강사 직업에 전념하여 일할 수 없 는 사람이라고 단정할 수는 없다. 그러므로 원심이 위와 같은 이유로 원고를 비전업강 사에 해당한다고 보아 이 사건 각 처분이 적법하다고 판단한 것은 잘못이다. 이는 임대 수입이 있는 근로자나 주부는 전업 근로자나 전업주부로 볼 수 없다는 주장이나 마찬 가지여서 받아들일 수 없다.

(4) 한편 원심은, 원고가 피고와 사이에 전업·비전업에 따라 강사료를 차등지급하

는 이 사건 근로계약을 체결한 이상 이 사건 각 처분은 위법하다고 할 수 없다고 판단하였다. 그러나 이 사건 근로계약은 근로기준법 제6조에서 정하고 있는 균등대우원칙 및 남녀고용평등법 제8조에서 정하고 있는 동일가치노동 동일임금 원칙 등에 위배되므로 근로자에게 불리한 부분은 무효로 보아야 한다. 피고는 국립대학교의 장으로서 헌법상의 평등원칙에 위배되는 위법한 공권력의 행사를 하여서는 안 되는 지위에 있다. 그러한 지위에 있는 피고가 이 사건 근로계약이 전부 유효함을 전제로 한 이 사건 각 처분 역시 위법하다.

라. 그런데도 원심은 이와 다른 전제에서 피고가 시간강사를 전업과 비전업으로 구분하여 시간당 강의료를 차등지급하는 것이 부당한 차별적 처우에 해당하지 않는다고 판단하였으니, 이러한 원심의 판단에는 헌법 제11조 제1항, 근로기준법 제6조, 남녀고용평등법 제8조 등의 해석에 관한 법리를 오해하여 판결에 영향을 미친 잘못이 있다. 이 점을 지적하는 원고의 상고이유 주장은 이유 있다.

4. 결론

그러므로 원심판결을 파기하고, 사건을 다시 심리·판단하게 하기 위하여 원심법원에 환송하기로 하여, 관여 대법관의 일치된 의견으로 주문과 같이 판결한다.

[14] 미성년 피해자의 성적 자기결정권 침해 사건

― 대법원 2019. 6. 13. 선고 2019도3341 판결 ―

【판시사항】

형법 제32장에 규정된 '강간과 추행의 죄'의 보호법익인 '성적 자유', '성적 자기결정권'의 의미 / 성매매에 관한 사전 동의에도 불구하고 성적 자기결정권을 침해하는 위력에 의한 추행으로 판단될 수 있는 경우

【판결요지】

[1] 형법 제302조는 "미성년자 또는 심신미약자에 대하여 위계 또는 위력으로써 간음 또는 추행을 한 자는 5년 이하의 징역에 처한다."라고 규정하고 있다. 형법은 제2편 제32장에서 '강간과 추행의 죄'를 규정하고 있는데, 이 장에 규정된 죄는 모두 개인의 성적 자유 또는 성적 자기결정권을 침해하는 것을 내용으로 한다. 여기에서 '성적 자유'는 적극적으로 성행위를 할 수 있는 자유가 아니라 소극적으로 원치 않는 성행위를 하지 않을 자유를 말하고, '성적 자기결정권'은 성행위를 할 것인가 여부, 성행위를 할 때 상대방을 누구로 할 것인가 여부, 성행위의 방법 등을 스스로 결정할 수 있는 권리를 의미한다. 성폭력 범죄에서 피해자의 동의가 있다는 이유로 범죄의 성립을 부정하는 이유는 그러한 행위는 피해자의 성적 자유 또는 성적 자기결정권을 침해한 것으로 보지 않기 때문이다. 그런데 피해자가 사전에 성매매에 동의하였다 하더라도 피해자는 여전히 그 동의를 번복할 자유가 있을 뿐만 아니라 자신이 예상하지 않았던 성적 접촉이나 성적 행위에 대해서는 이를 거부할 자유를 가진다. 그러므로 피해자에 대하여 이루어진 행위에 대하여 피해자의 동의가 있었는지 여부는 그 행위의 경위 및 태양, 피해자의 연령, 범행 당시의 정황 등 여러 사정을 종합적으로 고려하여 볼 때 그 행위로 인하여 피해자의 성적 자유 또는 성적 자기결정권이 침해되었는지를 기준으로 삼아 구체적·개별적으로 판단하여야 한다.

[2] 성매매 합의를 한 미성년 피해자에게 필로폰을 투약하게끔 유도해서 심신미약의 상태에 이르자 그와 같은 저항할 수 없는 상태를 이용하여 가학적인 성행위를 한 사안에서, 피해자에게 필로폰 투약을 유도한 행태, 성적 학대에 가까운 피고인 행위의 가

학적이고 예견불가능한 태양, 16세의 미성년자인 피해자의 연령 등을 종합적으로 고려할 때, 성매매에 관한 사전 동의에도 불구하고 피고인의 행위는 피해자의 성적 자유 또는 성적 자기결정권을 침해하는 위력에 의한 추행에 해당한다고 판단한 사례

【상 고 인】 검사
【원심판결】 수원지법 2019. 2. 12. 선고 2018노6057 판결

【주   문】

원심판결 중 무죄 부분을 파기하고, 이 부분 사건을 수원지방법원에 환송한다.

【이   유】

1. 이 부분 공소사실의 요지

피고인은 2018. 3. 11. 01:35경부터 같은 날 03:50경까지 사이에 광명시 소재 '○○호텔' △△호실에서 피해자에게 필로폰을 제공하여, 약물로 인해 사물을 변별하거나 의사를 결정할 능력이 미약한 상태에 빠진 피해자가 제대로 저항하거나 거부하지 못한다는 사정을 이용하여 피해자를 추행하기로 마음먹고, 화장실에서 샤워를 하고 있던 피해자에게 다가가 피해자에게 자신의 성기를 입으로 빨게 하고, 피해자의 항문에 성기를 넣기 위해 피해자를 뒤로 돌아 엎드리게 한 다음, 피해자의 항문에 손가락을 넣고, 샤워기 호스의 헤드를 분리하여 그 호스를 피해자의 항문에 꽂아 넣은 후 물을 주입하였다. 이로써 피고인은 약물로 인하여 사물을 변별하거나 의사를 결정할 능력이 미약한 심신미약자를 위력으로 추행하였다.

2. 원심의 판단

원심은 기록에 의하면 다음과 같은 사정들을 인정할 수 있다고 한 다음, 검사가 제출한 증거들만으로는 피고인이 심신미약자를 위력으로 추행한 사실을 인정하기에 부족하다고 보아 무죄를 선고하였다.

(1) 피해자는 법정에서 "이 사건 당일은 피고인과의 세 번째 만남이었고, 성매매를 하기로 하고 만났다. 피고인과 그 이전의 만남에서도 돈을 받고 스타킹을 팔거나, 성매매를 했다."라고 진술하였는데, 이 사건 당일 피해자와 피고인의 만남은 애초에 성매매

대가를 지불하고 합의하에 성관계를 하기 위한 것이었다. 피해자는 모텔에서 나온 후 피고인으로부터 실제로 30만 원을 지급받았다.

(2) 필로폰 투약과 관련하여, 피해자는 수사기관에서 "이 사건 당일 피고인을 만났을 때 피고인이 자꾸 술을 같이 마시자고 해서, 혹시 내가 생각하고 있는 그 술이냐라고 물었더니 맞다고 하였다. 처음에는 싫다고 했는데 피고인이 한 번만 해보자고 설득하였고, 저도 연예인들도 하니까 큰일이 날 거라고 생각하지 않고 호기심에 해보기로 하였다. 피고인에게 저의 팔에 주사를 하게 한 후 고개를 돌리고 있었다."라고 진술하였고, 법정에서도 같은 취지로 진술하였다. 피해자는 피고인과 모텔에 들어가기 전부터 '술을 마신다.'는 표현이 필로폰 투약행위를 의미하는 은어라는 것을 알고 있었을 뿐만 아니라, 필로폰 투약을 묵시적으로 승낙 내지 동의하였다고 할 것이다.

(3) 피고인은 피해자의 팔 혈관에 필로폰을 주사하였는데, 이 사건 당일 촬영된 피해자의 오른팔 주사바늘 자국 사진에 의하면, 주사 부위를 여러 차례 찌른 흔적 또는 혈관이 터져서 멍이 들어 있는 모습이 없다. 만약 피해자가 팔을 빼거나 조금이라도 움직이는 등으로 협조하지 않았다면 위와 같은 혈관 주사 방식의 투약은 어려웠을 것이다.

3. 대법원의 판단

가. 형법 제302조는 "미성년자 또는 심신미약자에 대하여 위계 또는 위력으로써 간음 또는 추행을 한 자는 5년 이하의 징역에 처한다."라고 규정하고 있다. 형법은 제2편 제32장에서 '강간과 추행의 죄'를 규정하고 있는데, 이 장에 규정된 죄는 모두 개인의 성적 자유 또는 성적 자기결정권을 침해하는 것을 내용으로 한다. 여기에서 '성적 자유'는 적극적으로 성행위를 할 수 있는 자유가 아니라 소극적으로 원치 않는 성행위를 하지 않을 자유를 말하고, '성적 자기결정권'은 성행위를 할 것인가 여부, 성행위를 할 때 그 상대방을 누구로 할 것인가 여부, 성행위의 방법 등을 스스로 결정할 수 있는 권리를 의미한다. 형법 제32장의 죄의 기본적 구성요건은 강간죄(제297조)나 강제추행죄(제298조)인데, 이 죄는 미성년자나 심신미약자와 같이 판단능력이나 대처능력이 일반인에 비하여 낮은 사람은 낮은 정도의 유·무형력의 행사에 의해서도 저항을 제대로 하지 못하고 피해를 입을 가능성이 있기 때문에 그 범죄의 성립요건을 보다 완화된 형태로 규정한 것이다.

이 죄에서 '미성년자'는 형법 제305조 및 성폭력범죄의 처벌 등에 관한 특례법 제7조 제5항의 관계를 살펴볼 때 '13세 이상 19세 미만의 사람'을 가리키는 것으로 보아야 하고, '심신미약자'라 함은 정신기능의 장애로 인하여 사물을 변별하거나 의사를 결정할 능력이 미약한 사람을 말한다. 그리고 '추행'이란 객관적으로 피해자와 같은 처지에 있는 일반적·평균적인 사람으로 하여금 성적 수치심이나 혐오감을 일으키게 하고 선량한 성적 도덕관념에 반하는 행위로서 구체적인 피해자를 대상으로 하여 피해자의 성적 자유를 침해하는 것을 의미하는데, 이에 해당하는지 여부는 피해자의 의사, 성별, 연령, 행위자와 피해자의 관계, 그 행위에 이르게 된 경위, 피해자에 대하여 이루어진 구체적 행위태양, 주위의 객관적 상황과 그 시대의 성적 도덕관념 등을 종합적으로 고려하여 판단하여야 한다(대법원 2010. 2. 25. 선고 2009도13716 판결 등 참조). 다음으로 '위력'이란 피해자의 성적 자유의사를 제압하기에 충분한 세력으로서 유형적이든 무형적이든 묻지 않으며, 폭행·협박뿐 아니라 행위자의 사회적·경제적·정치적인 지위나 권세를 이용하는 것도 가능하다. 위력으로써 추행한 것인지 여부는 피해자에 대하여 이루어진 구체적인 행위의 경위 및 태양, 행사한 세력의 내용과 정도, 이용한 행위자의 지위나 권세의 종류, 피해자의 연령, 행위자와 피해자의 이전부터의 관계, 피해자에게 주는 위압감 및 성적 자유의사에 대한 침해의 정도, 범행 당시의 정황 등 여러 사정을 종합적으로 고려하여 판단하여야 한다(대법원 2008. 7. 24. 선고 2008도4069 판결, 대법원 2013. 1. 16. 선고 2011도7164, 2011전도124 판결 등 참조).

　　나. (1) 이 사건이 문제가 된 것은 피해자의 어머니가 경찰에 112신고를 하면서부터이다. 피해자가 범행 전날 밤 11시경 친구를 만난다고 나갔다가 새벽 4시에 귀가하였는데, 성인 남자를 만난 것 같고 술에 취하지 않았음에도 횡설수설하고 팔에 주사 자국이 있는 것으로 보아 마약을 한 것 같다는 내용이었다. 당시 피해자는 고등학교에 재학 중인 16세의 학생으로 「아동·청소년의 성보호에 관한 법률」(이하 '청소년성보호법'이라 한다)상의 '아동·청소년'이자 아동복지법상의 아동에 해당하였다. 검사는 피고인을 마약류 관리에 관한 법률 위반(향정), 심신미약자추행, 절도, 도로교통법 위반 등 죄로 기소하였다. 이 부분 공소사실에 대하여 아동·청소년의 성을 사는 행위를 처벌하도록 규정한 청소년성보호법 제13조를 적용하지 않고 이 죄를 적용한 것은 당시 피해자가 아동·청소년이라는 사실을 몰랐다는 피고인의 변소를 받아들였기 때문으로 보인다. 제1심 제2회 공판기일에 피고인과 변호인은 공소사실을 전부 인정하지만 피고인에게는 우울증 등의 심신장애 사유가 있었다고 주장하면서, 검사가 제출한 증거들에 대하여도 전부 동의하였다. 제1심은 공소사실 전부를 유죄로 인정하였다. 제1심판결에 대하여 변호인은 항소이유를 제출하여 이 부분 공소사실은 사실오인과 법리오해의 위법이 있다고

주장하였다. 원심은 앞에서 본 것처럼 피해자가 성매매에 합의하였고 필로폰 투약에도 묵시적으로 승낙 내지 동의한 사정 등에 비추어 보면 피고인이 심신미약자를 위력으로 추행하였다고 인정하기 어렵다고 판단하였다.

　　(2) 원심의 판단이, 검사가 상고이유에서 지적하고 있는 것처럼 ① '피해자가 스스로 본인의 항문에 샤워기를 꽂는 등 공소사실 기재 행위를 하였다'는 변호인의 주장을 받아들인 것인지, ② 피해자가 성매매 및 필로폰 투약에 동의하였으므로 그 후에 있었던 피고인의 공소사실과 같은 행위에 대해서도 동의한 것으로 보아야 한다는 것인지 반드시 분명하지는 않다. 만약 위 ①의 취지라고 한다면 원심판결은 증거법칙을 위반하여 판결에 영향을 미친 위법을 저질렀다고 보아야 한다. 즉, 피고인은 제1심에서 공소사실을 인정하였다. 피해자도 원심에서 증인으로 출석하여 공소사실에 부합하는 취지의 진술을 하였고 제1심판결이 들고 있는 그 밖의 증거들 역시 피고인의 자백을 진실한 것이라고 인정하기에 충분함을 알 수 있다. 그럼에도 불구하고 원심이 피해자가 성매매 및 필로폰 투약에 동의하였다는 사정만을 근거로 피고인이 공소사실 기재 행위를 하였음을 인정할 증거가 없다고 단정하였다면 이는 도저히 받아들일 수 없다.

　　(3) 다음으로 원심의 판단이 위 ②의 취지라고 한다면 그 판단에 위법이 있는지를 본다. 성폭력 범죄에서 피해자의 동의가 있었다고 할 때에는 보통 그 의미를 '다른 사람의 행위를 승인하거나 시인'한다는 뜻으로 사용한다. 피해자에게 이루어진 행위에 대하여 피해자의 동의가 있다는 이유로 범죄의 성립을 부정하는 이유는 그러한 행위는 피해자의 성적 자유 또는 성적 자기결정권을 침해한 것으로 보지 않기 때문이다. 그런데 피해자가 사전에 성매매에 동의하였다 하더라도 피해자는 여전히 그 동의를 번복할 자유가 있을 뿐만 아니라 자신이 예상하지 않았던 성적 접촉이나 성적 행위에 대해서는 이를 거부할 자유를 가지는 것이다. 그러므로 피해자에 대하여 이루어진 행위에 대하여 피해자의 동의가 있었는지 여부는 그 행위의 경위 및 태양, 피해자의 연령, 범행 당시의 정황 등 여러 사정을 종합적으로 고려하여 볼 때 그 행위로 인하여 피해자의 성적 자유 또는 성적 자기결정권이 침해되었는지를 기준으로 삼아 구체적·개별적으로 판단하여야 한다.

　　이러한 법리에 따라 살펴보면, 이 부분 공소사실과 같은 피고인의 행위는 피해자에 대하여 위력으로써 추행을 한 경우에 해당한다고 볼 여지가 충분하다. 그 이유는 다음과 같다. 무엇보다도 피고인의 행위는 그 경위 및 태양, 피해자의 연령 등에 비추어 볼 때 피해자와 같은 처지에 있는 일반적·평균적 사람이 예견하기 어려운 가학적인 행위로서 성적 수치심이나 혐오감을 일으키는 데에서 더 나아가 성적 학대라고 볼 수 있다. 피해자가 성매매에 합의하였다 하더라도 이와 같은 행위가 있을 것으로 예상하였다거나 또는 이에 대하여 사전 동의를 하였다고 보기 어렵다. 또한 피해자가 필로폰 투약에 동의하였다 하여 이를 들어 피해자에게 어떠한 성적 행위를 하여도 좋다는 승인을 하였다고 볼 수도 없다. 피해자는 수사기관 및 원심법정에서 필로폰 투약을 한 상태에서 피고인의 행위에 적극적으로 저항할 수 없었다고 진술하고 있다. 심신미약의 상태에 있는 피해자가 원치 않는 성적 접촉 또는 성적 행위에 대하여 거부의사를 명확히 밝히지 않았다 하여 동의를 한 것으로 쉽게 단정해서는 안 됨은 물론이다.

　　다. 그런데도 원심은 그 판시와 같은 이유로 이 부분 공소사실에 대하여 무죄를 선고하였다. 이러한 원심판결에는 논리와 경험의 법칙에 반하여 자유심증주의의 한계를 벗어나거나, 형사재판에서 유죄를 인정하기 위한 증거의 증명력의 정도에 관한 법리 및 심신미약자추행죄에 관한 법리를 오해하여 판결에 영향을 미친 잘못이 있다.

4. 결론

　　그러므로 원심판결 중 무죄 부분을 파기하고, 이 부분 사건을 다시 심리·판단하도록 원심법원에 환송하기로 하여, 관여 대법관의 일치된 의견으로 주문과 같이 판결한다.

[15] 아동의 '출생등록될 권리'

― 대법원 2020. 6. 8.자 2020스575 결정 ―

【판시사항】

　　아동의 '출생등록될 권리'를 최초로 인정한 사례

【판결요지】

　　[1] 출생 당시에 부 또는 모가 대한민국의 국민인 자(子)는 출생과 동시에 대한민 국 국적을 취득한다(국적법 제2조 제1항). 대한민국 국민으로 태어난 아동에 대하여 국가 가 출생신고를 받아주지 않거나 그 절차가 복잡하고 시간도 오래 걸려 출생신고를 받 아주지 않는 것과 마찬가지 결과가 발생한다면 이는 그 아동으로부터 사회적 신분을 취득할 기회를 박탈함으로써 인간으로서의 존엄과 가치, 행복추구권 및 아동의 인격권 을 침해하는 것이다(헌법 제10조). 현대사회에서 개인이 국가가 운영하는 제도를 이용하 려면 주민등록과 같은 사회적 신분을 갖추어야 하고, 사회적 신분의 취득은 개인에 대 한 출생신고에서부터 시작한다. 대한민국 국민으로 태어난 아동은 태어난 즉시 '출생등 록될 권리'를 가진다. 이러한 권리는 '법 앞에 인간으로 인정받을 권리'로서 모든 기본 권 보장의 전제가 되는 기본권이므로 법률로써도 이를 제한하거나 침해할 수 없다(헌법 제37조 제2항).

　　[2] 가족관계등록법 제57조 제1항은 '부가 혼인 외의 자녀에 대하여 친생자출생의 신고를 한 때에는 그 신고는 인지의 효력이 있다.'라고 규정하고, 제2항(이하 '이 사건 조 항'이라고 한다)은 '모의 성명·등록기준지 및 주민등록번호를 알 수 없는 경우에는 부의 등록기준지 또는 주소지를 관할하는 가정법원의 확인을 받아 제1항에 따른 신고를 할 수 있다.'라고 규정하고 있다. 이 사건 조항의 취지, 입법연혁, 관련 법령의 체계 및 아 동의 출생등록될 권리의 중요성을 함께 살펴보면, 이 사건 조항은 가족관계등록법 제57 조 제1항에서 생부가 단독으로 출생자신고를 할 수 있게 하였음에도 불구하고 가족관계 등록법 제44조 제2항에 규정된 신고서의 기재내용인 모의 인적사항을 알 수 없는 경우 에 부의 등록기준지 또는 주소지를 관할하는 가정법원의 확인을 받아 그 신고를 할 수 있게 하기 위한 것으로, 그 문언에 기재된 '모의 성명·등록기준지 및 주민등록번호를

알 수 없는 경우'는 예시적인 것이므로, 이 사건과 같이 외국인인 모의 인적 사항은 알지만 자신이 책임질 수 없는 사유로 출생신고에 필요한 서류를 갖출 수 없는 경우 또는 모의 소재불명이나 모가 정당한 사유 없이 출생신고에 필요한 서류 발급에 협조하지 않는 경우 등과 같이 그에 준하는 사정이 있는 때에도 적용된다고 해석하는 것이 옳다.

【신청인, 재항고인】 박○○
【원심결정】 청주지방법원 2020. 3. 3.자 2019브24 결정

【주   문】

　원심결정을 파기하고, 사건을 청주지방법원으로 환송한다.

【이   유】

　재항고이유를 판단한다.

1. 사건의 경위

　가. 신청인은 대한민국 국민이다(2013. 6. 5. 귀화허가를 받아 대한민국 국적을 취득하였다). 신청인은 2013. 8.경부터 중화인민공화국(이하 '중국'이라고 한다) 국적의 티안○○[TIAN ○○○, 한자이름: 田○○(전○○)]와 사실혼 관계에 있었고, 그들 사이에서 2018. 9. 8. 청주시 소재 모태안여성병원에서 여자 아이인 사건본인(박○○)이 출생하였다.

　나. 신청인과 티안○○는 곧바로 사건본인의 출생증명서를 첨부하여 관할 주민센터에 출생신고를 하였다. 그러나 관할 주민센터는 사건본인은 혼인 외 출생자이므로 모(母)가 출생신고를 하여야 하고, 모가 외국인인 경우에는 그 국적국 재외공관에 출생신고를 하거나, 부(父)가 출생신고를 하려면 모의 혼인관계증명서, 자녀의 출생 당시 유부녀가 아니었음을 공증하는 서면, 2명 이상의 인우보증서 중 하나를 첨부하여야 하는데(제정 2010. 2. 3. 가족관계등록선례 제201002-1호), 이러한 서류가 제출되지 않았다는 이유로 출생신고를 반려하였다. 관할 주민센터에 의하면, 모가 2009년경 중국 당국으로부터 여권갱신이 불허되었고, 그 후 일본 정부로부터 난민 지위를 인정받아 중국 여권이 아닌 일본 정부가 발행한 여행증명서를 이용하여 대한민국에 출입하였기 때문에 혼인신고에 필요한 서류 등을 발급받을 수 없다고 하더라도, 모가 난민임을 증명하는 서류는 위에 정한 서류에 해당하지 않는다는 것이다.

다. 이에 신청인은 「가족관계의 등록 등에 관한 법률」(이하 '가족관계등록법'이라고 한다) 제57조 제2항에 의하여 관할 가정법원의 확인을 받아 친생자출생의 신고를 하려고 제1심 법원에 그 확인을 구하였으나 2019. 4. 16. 기각 결정을 받았다. 이에 신청인은 원심법원에 항고하였다.

2. 원심의 판단

가족관계등록법 제57조 제1항은 '부가 혼인 외의 자녀에 대하여 친생자출생의 신고를 한 때에는 그 신고는 인지의 효력이 있다.'라고 규정하고, 제2항(이하 '이 사건 조항'이라고 한다)은 '모의 성명·등록기준지 및 주민등록번호를 알 수 없는 경우에는 부의 등록기준지 또는 주소지를 관할하는 가정법원의 확인을 받아 제1항에 따른 신고를 할 수 있다.'라고 규정하고 있다.

이 사건 조항의 취지는, 부가 가족관계등록법 제57조 제1항에 따라 친생자출생의 신고를 하기 위해서는 출생신고서에 모의 성명·등록기준지 및 주민등록번호를 기재하여야 하는데 그와 같은 모의 인적사항을 알 수 없는 경우 또는 출생증명서 등 출생사실을 증명하는 서류를 제출하기 어려운 경우에 가정법원의 확인을 받아 위 신고를 용이하게 하려는 데에 있다.

그런데 이 사건은 사건본인의 모가 외국인이지만 출생증명서에 모의 성명, 출생연월일, 국적이 기재되어 있고 그 내용이 출생증명서의 '출생아의 모'란의 기재내용과 일치하기 때문에 이 사건 조항에 규정된 '모의 성명·등록기준지 및 주민등록번호를 알 수 없는 경우'에 해당하지 않는다. 「출생신고에 관한 사무처리지침」(제정 2015. 1. 8. 가족관계등록예규 제412호, 이하 '이 사건 예규'라고 한다) 제8조에 의하면, 부가 혼인 외 출생자에 대한 출생신고를 할 때에는 모의 혼인관계증명서를 제출하여야 하고, 그 모가 가족관계등록부에 등록되어 있는지가 분명하지 아니하거나 등록되어 있지 아니한 경우에는 모에게 배우자가 없음을 증명하는 공증서면 또는 2명 이상의 인우인의 보증서를 제출하여야 출생신고가 가능한데, 사건본인의 출생신고는 위와 같은 서류를 제출하지 못하였기 때문에 그 수리가 거부된 것이다. 그러므로 신청인의 주장은 이유 없다.

3. 대법원의 판단

가. 출생 당시에 부 또는 모가 대한민국의 국민인 자(子)는 출생과 동시에 대한민국 국적을 취득한다(국적법 제2조 제1항). 대한민국 국민으로 태어난 아동에 대하여 국가

가 출생신고를 받아주지 않거나 그 절차가 복잡하고 시간도 오래 걸려 출생신고를 받아주지 않는 것과 마찬가지 결과가 발생한다면 이는 그 아동으로부터 사회적 신분을 취득할 기회를 박탈함으로써 인간으로서의 존엄과 가치, 행복추구권 및 아동의 인격권을 침해하는 것이다(헌법 제10조). 현대사회에서 개인이 국가가 운영하는 제도를 이용하려면 주민등록과 같은 사회적 신분을 갖추어야 하고, 사회적 신분의 취득은 개인에 대한 출생신고에서부터 시작한다. 대한민국 국민으로 태어난 아동은 태어난 즉시 '출생등록될 권리'를 가진다. 이러한 권리는 '법 앞에 인간으로 인정받을 권리'로서 모든 기본권 보장의 전제가 되는 기본권이므로 법률로써도 이를 제한하거나 침해할 수 없다(헌법 제37조 제2항).

헌법 제36조 제1항은 '혼인과 가족생활은 개인의 존엄과 양성의 평등을 기초로 성립되고 유지되어야 하며, 국가는 이를 보장한다.'고 천명하고 있다. 혼인과 가족생활에서 개인이 독립적 인격체로서 존중되어야 하고, 혼인과 가족생활을 어떻게 꾸려나갈 것인지에 관한 개인과 가족의 자율적 결정권은 존중되어야 하며, 혼인과 가족관계가 다른 사람의 기본권이나 공공의 이익을 침해하지 않는 한 혼인과 가족생활에 대한 국가기관의 개입은 자제하여야 한다(대법원 2019. 10. 23. 선고 2016므2510 전원합의체 판결 참조). 또한 「유엔아동권리협약」 제7조 제1항은 '아동은 태어난 즉시 출생등록되어야 하며, 출생시부터 이름을 갖고, 국적을 취득하며, 가능한 한 부모를 알고, 부모에게 양육받을 권리가 있다.'고 선언하고 있다. 이러한 가족생활에 관한 개인과 가족의 자율권 및 아동의 권리는 가족생활의 법률관계 및 그 발생·변동사항에 관한 등록을 규정하는 민법과 가족관계등록법을 해석·적용할 때에도 존중되어야 한다.

나. 민법은 친생자관계를 혼인 중의 자녀와 혼인 외의 자녀로 나누어 규율한다. 혼인 중의 출생자는 출생이라는 사실에 의하여 바로 부모와 자녀의 관계가 성립하는 데 반하여, 혼인 외의 출생자는 어머니와의 관계에서는 출생이라는 사실만으로 바로 모자관계가 성립하지만, 아버지와의 관계에서는 인지라는 절차를 거쳐야 한다. 인지란 혼인 외에 출생한 자녀를 그 생부 또는 생모가 자기의 자녀로 인정하는 것이다(민법 제855조 제1항). 인지는 가족관계등록법이 정한 바에 의하여 신고함으로써 그 효력이 생기는데(민법 제859조 제1항), 부가 인지할 때에는 '모의 성명·등록기준지 및 주민등록번호'를 기재하여야 한다(가족관계등록법 제55조 제1항 제3호). 한편 가족관계등록법은 '혼인 외 출생자의 신고는 모가 하여야 한다'고 하면서도(가족관계등록법 제46조 제2항), '부가 혼인 외의 자녀에 대하여 친생자출생의 신고를 한 때에는 그 신고는 인지의 효력이 있다.'

고 규정하여(구 가족관계등록법 제57조), 인지신고 이외에 별도의 인지방법을 마련하였다. 이때에는 다른 사람의 자녀로 친생추정되는 것이 아님을 밝히기 위하여 원칙적으로 모의 혼인관계증명서를 제출하여야 한다(이 사건 예규 제8조).

    종래의 가족관계등록 실무에 의하면, 출생신고서에는 부모의 성명·본·등록기준지 및 주민등록번호(부 또는 모가 외국인인 때에는 그 성명·출생연월일·국적 및 외국인등록번호) 등을 기재하여야 하기 때문에(가족관계등록법 제44조 제2항 제4호), 가족관계등록법에 생부가 단독으로 친생자출생신고를 할 수 있는 방법을 규정하고 있더라도 생모가 자녀의 출산 후 잠적하여 행방을 알 수 없는 등으로 모의 인적사항을 알 수 없는 경우에는 부가 단독으로 출생신고를 할 수 없었고, 후견인 지정 신청, 가족관계등록 창설 및 성본 창설, 인지 등의 복잡한 절차를 거쳐야 부자관계가 확정될 수 있었다. 그 결과 아이들이 태어나자마자 출생신고를 못하고 양육하기가 어려운 나머지 버려지는 사태마저 발생하기에 이르렀다. 즉, 출생신고가 되지 않은 아이들은 필수적인 예방접종을 받지 못하고, 건강보험 혜택을 받지 못해 질병 또는 상해로 치료가 필요한 때에도 적절한 의료조치를 받기 어려울 뿐만 아니라 아동수당 등의 복지혜택도 받지 못하며, 취학연령에 이르러도 학교에 다닐 수 없게 된다. 출생기록이 없다 보니 유기, 불법입양, 인신매매 등의 범죄에 노출될 위험도 있다. 이러한 아이들은 세상에는 존재하지만, 서류상으로는 존재하지 않음으로써 법의 보호의 사각지대에 있을 수밖에 없다.

    다. 이러한 사태를 방지하기 위하여 2015. 5. 18. 가족관계등록법 일부개정(법률 제13285호)으로 이 사건 조항이 신설되었다(이른바 '사랑이법'). 이로써 '모의 성명·등록기준지 및 주민등록번호를 알 수 없는 경우'에는 부의 등록기준지 또는 주소지를 관할하는 가정법원의 확인을 받아 출생신고를 할 수 있게 되었다. 개정법률안에 따르면, '모의 인적사항을 알 수 없는 경우에는 가정법원의 확인을 받아 친생부가 출생신고를 할 수 있도록 함으로써 태어나자마자 버려지는 아이들의 생명권이 보장될 수 있도록 하려는 것'이 그 개정이유이다. 즉, 의학기술의 발달로 출생한 아동의 모를 알 수 없는 경우에도 부자관계를 확정할 수 있는 방법이 있으므로, 생부가 간소한 방법으로 단독으로 인지를 할 수 있게 하려는 데 이 사건 조항의 취지가 있다. 대신에 가족관계등록법은 가정법원으로 하여금 그 확인을 위하여 필요한 사항을 직권으로 조사하거나 지방자치단체, 국가경찰관서 및 행정기관이나 그 밖의 단체 또는 개인에게 필요한 사항을 보고하게 하거나 자료의 제출을 요구할 수 있게 하였고(가족관계등록법 제57조 제3항), 출생자가 제3자로부터 민법 제844조의 친생자 추정을 받고 있음이 밝혀진 경우 등에는 신고의무자가 1개월 이내에 출생의 신고를 하고 등록부의 정정을 신청하게 하는 등 출생신고가 객관적인 진실에 부합되도록 그 보완 장치를 마련하였다(가족관계등록법 제57조 제4항).

이상에서 살펴본 바와 같이, 이 사건 조항의 취지, 입법연혁, 관련 법령의 체계 및 아동의 출생등록될 권리의 중요성을 함께 살펴보면, 이 사건 조항은 가족관계등록법 제57조 제1항에서 생부가 단독으로 출생자신고를 할 수 있게 하였음에도 불구하고 가족관계등록법 제44조 제2항에 규정된 신고서의 기재내용인 모의 인적사항을 알 수 없는 경우에 부의 등록기준지 또는 주소지를 관할하는 가정법원의 확인을 받아 그 신고를 할 수 있게 하기 위한 것으로, 그 문언에 기재된 '모의 성명·등록기준지 및 주민등록번호를 알 수 없는 경우'는 예시적인 것이므로, 이 사건과 같이 외국인인 모의 인적 사항은 알지만 자신이 책임질 수 없는 사유로 출생신고에 필요한 서류를 갖출 수 없는 경우 또는 모의 소재불명이나 모가 정당한 사유 없이 출생신고에 필요한 서류 발급에 협조하지 않는 경우 등과 같이 그에 준하는 사정이 있는 때에도 적용된다고 해석하는 것이 옳다.

다. 이러한 법리에 비추어 살펴본다.

기록에 첨부된 사건본인과 신청인에 대한 유전자검사결과 등에 의하면, 사건본인은 신청인의 친딸임을 인정할 수 있다. 사건본인의 모는 중국 당국으로부터 여권의 효력을 정지 당하는 바람에 이 사건 예규 제8조에서 정한 출생신고에 필요한 서류를 구비하지 못하였다. 이는 모가 외국인으로 자신이 책임질 수 없는 사유로 출생신고에 필요한 서류를 갖출 수 없는 경우로서 이 사건 조항의 적용범위에 포함된다. 따라서 신청인은 가족관계등록법 제57조 제2항에 규정된 가정법원의 확인을 받아 사건본인의 출생신고를 할 수 있음에도 불구하고, 이와 달리 판단한 원심결정은 이 사건 조항의 적용범위에 관한 법리를 오해하여 판단을 그르친 잘못이 있다. 이 점을 지적하는 재항고이유는 이유 있다.

4. 결론

그러므로 원심결정을 파기하고, 사건을 다시 심리·판단하도록 원심법원에 환송하기로 하여, 관여 대법관의 일치된 의견으로 주문과 같이 결정한다.

[16] 미술작품의 가치 평가와 사법자제 원칙

― 대법원 2020. 6. 25. 선고 2018도13696 판결 ―

【판시사항】

[1] 미술작품 창작 과정에 복수의 사람이 관여되어 있는 경우 저작자에 대한 사법 심사 기준

[2] 미술작품 거래 과정에서 조수가 작품 제작에 관여한 사정을 구매자에게 알리지 않은 것이 '부작위에 의한 기망행위'에 해당하지 않는다고 판단한 사례

【판결요지】

[1] 창작과정에서 어떤 형태로든 복수의 사람이 관여되어 있는 경우에 어느 과정에 어느 정도 관여하여야 창작적인 표현형식에 기여한 자로서 저작자로 인정되는지는 법적 평가의 문제이다. 이는 미술저작물의 작성에 관여한 복수의 사람이 공동저작자인지 또는 작가와 조수의 관계에 있는지 아니면 저작명의인과 대작(代作)화가의 관계에 있는지의 문제이기도 하다. 그런데 미술저작물을 창작하는 여러 단계의 과정에서 작가의 사상이나 감정이 어느 단계에서 어떤 형태와 방법으로 외부에 나타났다고 볼 것인지는 용이한 일이 아니다. 본래 이를 따지는 일은 비평과 담론으로 다루어야 할 미학적 문제이기 때문이다. 그러므로 이에 관한 논란은 미학적인 평가 또는 작가에 대한 윤리적 평가에 관한 문제로 보아 예술 영역에서의 비평과 담론을 통해 자율적으로 해결하는 것이 사회적으로 바람직하고, 이에 대한 사법 판단은 그 논란이 법적 분쟁으로 비화하여 저작권 문제가 정면으로 쟁점이 된 경우로 제한되어야 한다.

[2] 미술작품의 창작과정, 특히 조수 등 다른 사람이 관여한 사정을 알리지 않은 것이 신의칙상 고지의무위반으로서 사기죄에서의 기망행위에 해당하고 그 그림을 판매한 것이 판매대금의 편취행위에 해당한다고 인정되려면, 다음의 두 가지가 전제되어야 한다. 하나는 미술작품의 거래에서 창작과정을 알려주는 것, 특히 작가가 조수의 도움을 받았는지 등 다른 관여자가 있음을 알려주는 것이 관행이라는 것이고, 다른 하나는 미술작품을 구매한 사람이 이러한 사정에 관한 고지를 받았더라면 그 거래에 임하지 아니하였을 것이라는 관계가 인정되어야 한다. 그리고 미술작품의 거래에서 기망 여부

를 판단할 때에는 그 미술작품에 위작 여부나 저작권에 관한 다툼이 있는 등의 특별한 사정이 없는 한 법원은 미술작품의 가치 평가 등은 전문가의 의견을 존중하는 사법자제 원칙을 지켜야 한다. 법률에만 숙련된 사람들이 회화의 가치를 최종적으로 판단하는 것은 위험한 일이 아닐 수 없고, 미술작품의 가치를 인정하여 구매한 사람에게 법률가가 속았다고 말하는 것은 더욱 그러하기 때문이다.

【상 고 인】 검사

【원심판결】 서울중앙지방법원 2018. 8. 17. 선고 2017노3965 판결

【주   문】

상고를 모두 기각한다.

【이   유】

1. 사건의 경위

가. 이 사건 공소사실의 요지는, 피고인 조영남은 2009년 송○○을 만나기 전에는 주로 화투 등을 직접 잘라서 붙이는 콜라주 기법의 작품을 제작하였고, 화투를 세밀하게 회화로 표현하는 등의 능력은 갖추고 있지 못하였으나, 화랑 관계자들이나 작품 구매를 원하는 사람들이 콜라주 작품보다는 회화를 선호하고, 작품의 예술성이 높아져 그림 가격이 올라가자, 2009년경 평소 알고 지내던 화가인 송○○에게 1점당 10만 원 상당의 돈을 주고 자신의 기존 콜라주 작품을 회화로 그려오게 하거나, 자신이 추상적인 아이디어만 제공하고 이를 송○○이 임의대로 회화로 표현하게 하거나, 기존 자신의 그림을 그대로 그려달라고 하는 등의 작업을 지시하고, 그때부터 2016. 3.경까지 송○○으로부터 약 200점 이상의 완성된 그림을 건네받아 배경색을 일부 덧칠하는 등의 경미한 작업만 추가하고 자신의 서명을 하였음에도, 위와 같은 방법으로 그림을 완성한다는 사실을 누구에게도 알리지 아니하고, 사실상 송○○ 등이 그린 그림을 마치 자신이 직접 그린 그림인 것처럼 전시하여 호당 30~50만 원에 판매하기로 마음먹고 위와 같은 사실을 고지하지 아니하고 피해자들에게 그림(이하 '이 사건 미술작품'이라고 한다)을 판매하여 그 대금 상당의 돈을 편취하였다는 것이다.

나. 1) 제1심은, 이 사건 미술작품의 창작적 표현작업이 주로 송○○ 등에 의하여 이루어졌다는 사실은 이 사건 미술작품 거래에 있어서 설명가치 있는 정보에 해당되고, 피고인들은 신의칙상 사전에 구매자들에게 그와 같은 사실을 고지할 의무가 있으며, 이를 고지하지 않고 판매한 것은 그 사실을 알지 못한 구매자들을 부작위에 의하여 기망한 것이라고 보아야 한다는 이유로, 유죄를 인정하였다.

2) 원심은, 피고인 조영남의 작품활동과 이 사건 미술작품의 제작과정 등에 관하여 그 판시와 같은 사실을 확정하고, 이를 토대로 송○○과 오□□ 등은 보수를 받고 피고인 조영남의 아이디어를 작품으로 구현하기 위하여 작품 제작에 도움을 준 기술적인 보조자일 뿐 그들 각자의 고유한 예술적 관념이나 화풍 또는 기법을 이 사건 미술작품에 구현한 이 사건 미술작품의 작가라고 평가할 수 없다고 보았다. 또한 원심은 이 사건 미술작품에서와 같이 보조자를 사용한 제작방식이 미술계에 존재하고 있는 이상, 이 사건 미술작품이 미술 분야의 특정한 장르(회화)에 해당함을 전제로 위와 같은 제작방식이 적합한지 여부나 그러한 제작방식이 미술계의 관행에 해당하는지 여부 혹은 일반인이 이를 용인할 수 있는지 여부 등은 창작활동의 자유 혹은 작가의 자율성 보장 등의 측면에서 원칙적으로 예술계에서 논의되어야 할 성질의 것이고 법률적 판단의 범주에 속하지 아니한다고 하였다. 그리하여 원심은 피고인 조영남이 보조자들을 활용하여 작품을 제작하였음에도 이러한 사실을 위 피고인이 '직접' 그린 친작(親作)으로 오인한 구매자들에게 고지하지 아니하고 이 사건 미술작품을 판매함으로써 기망행위를 하였고 이로 인하여 착오에 빠진 피해자들의 재물을 편취한 것으로 인정할 수 없다는 이유로 무죄를 선고하였다.

2. 상고이유를 판단한다.

가. 상고이유 제1점에 관하여

1) 검사는 원심이 확정한 사실에 의하더라도 이 사건 미술작품의 저작권은 대작화가인 송○○ 등에게 귀속되고 피고인 조영남은 저작자로 볼 수 없으므로, 원심판결에는 저작물·저작자 등에 관한 법리를 오해함으로써 판결에 영향을 미친 잘못이 있다고 한다.

2) 저작권법상 '저작물'은 인간의 사상 또는 감정을 표현한 창작물을 말하고, '저작자'는 저작물을 창작한 자를 말한다(저작권법 제2조 제1호, 제2호). 저작권은 구체적으로 외부에 표현한 창작적인 표현형식만을 보호대상으로 하므로, 2인 이상이 저작물의 작

성에 관여한 경우 그 중에서 창작적인 표현형식 자체에 기여한 자만이 그 저작물의 저작자가 되고, 창작적인 표현형식에 기여하지 아니한 자는 비록 저작물의 작성 과정에서 아이디어나 소재 또는 필요한 자료를 제공하는 등의 관여를 하였다고 하더라도 그 저작물의 저작자가 되는 것은 아니다(대법원 1999. 10. 22. 선고 98도112 판결, 대법원 2009. 12. 10. 선고 2007도7181 판결 등 참조). 여기에서 사상이나 감정이 '표현'되었다고 하려면 머리 속에서 구상된 것만으로는 부족하고 어떤 형태나 방법으로든 외부에 나타나야 한다. 그 나타나는 방법이나 형태에 대하여는 아무런 제한이 없다.

저작물 중에서도 미술저작물은 인간의 사상이나 감정이 시각적 형상이나 색채 또는 이들의 조합에 의하여 미적(美的)으로 표현되어 있는 저작물이다(저작권법 제4조 제1항). 미술저작물은 다른 일반 저작물과 달리 그것이 화체된 유체물이 주된 거래의 대상이 되며, 그 유체물을 공중이 볼 수 있도록 공개하는 '전시'라는 이용형태가 특별히 중요한 의미를 가진다. 미술저작물의 창작행위는 공개적으로 이루어지지 않는 경우가 많으므로 실제 누가 저작자인지 다투어지는 경우가 많이 있다. 저작물을 창작한 사람을 저작자라고 할 때 그 창작행위는 '사실행위'이므로 누가 저작물을 창작하였는지는 기본적으로 사실인정의 문제이다. 그러나 창작과정에서 어떤 형태로든 복수의 사람이 관여되어 있는 경우에 어느 과정에 어느 정도 관여하여야 창작적인 표현형식에 기여한 자로서 저작자로 인정되는지는 법적 평가의 문제이다. 이는 미술저작물의 작성에 관여한 복수의 사람이 공동저작자인지 또는 작가와 조수의 관계에 있는지 아니면 저작명의인과 대작(代作)화가의 관계에 있는지의 문제이기도 하다. 그런데 미술저작물을 창작하는 여러 단계의 과정에서 작가의 사상이나 감정이 어느 단계에서 어떤 형태와 방법으로 외부에 나타났다고 볼 것인지는 용이한 일이 아니다. 본래 이를 따지는 일은 비평과 담론으로 다루어야 할 미학적 문제이기 때문이다. 그러므로 이에 관한 논란은 미학적인 평가 또는 작가에 대한 윤리적 평가에 관한 문제로 보아 예술 영역에서의 비평과 담론을 통해 자율적으로 해결하는 것이 사회적으로 바람직하고, 이에 대한 사법 판단은 그 논란이 법적 분쟁으로 비화하여 저작권 문제가 정면으로 쟁점이 된 경우로 제한되어야 한다.

3) 저작권법은 저작자 아닌 자를 저작자로 하여 실명·이명을 표시하여 저작물을 공표한 자를 형사처벌한다(저작권법 제137조 제1항 제1호). 그런데 검사는 이 사건을 사기죄로 기소하였을 뿐 저작권법위반으로 기소하지 않았을 뿐 아니라, 이 사건 공소사실에서 누가 이 사건 미술작품의 저작자라는 것인지 표시하지도 않았다. 이 사건 미술작

품은 '사실상 송○○이 그린 것인데 피고인 조영남이 마치 위 그림을 직접 그린 것처럼 행세하면서 위와 같은 사실을 고지하지 않은 것'이 범죄라고 한다. 그렇다고 하여 이 사건 미술작품을 '사실상' 그렸다고 지목한 송○○가 저작자라고 하는 것도 아니다. 물론 미술저작물의 저작자 아닌 자가 마치 저작자인 것처럼 행세하여 그 미술품을 판매하였다면 이는 형법상 사기죄에 해당할 수 있다. 그렇지만 이 사건 공소사실의 기재내용을 위와 같은 사정에 비추어 자세히 살펴보면, 검사는 피고인 조영남이 이 사건 미술작품의 창작과정, 특히 조수 등 다른 사람이 관여한 사정을 알리지 않은 것이 사기죄에서의 기망행위에 해당한다고 보아 이 사건 공소제기를 하였음을 알 수 있다. 그렇다면 이 사건 형사재판에서 이 사건 미술작품의 저작자가 누구인지가 정면으로 문제되었다고 볼 수 없다. 원심이 이 사건 미술작품의 저작자가 피고인 조영남이라고 본 것이나 그와 같은 창작방식이 미술계에 존재한다고 기술한 데에 논란이 있을 수는 있지만 이제 와서 검사가 원심에 저작물·저작자 등에 관한 법리를 오해한 위법이 있다고 주장하는 것은 형사소송법상 심판의 대상에 관한 불고불리 원칙에 반하는 것이다. 이와 다른 견해에 선 상고이유 주장은 받아들일 수 없다.

나. 상고이유 제2, 4점에 관하여

1) 검사는 미술작품의 양식인 회화의 거래에서 그 작품이 작가가 창작적 표현작업에까지 전적으로 관여한 '친작'과 그렇지 않은 작품 사이에는 구매자의 입장에서 그 선호도에 차이가 있을 수 있음은 물론이고 구매 여부의 판단이나 가격의 결정에까지 영향을 미치므로 그와 관련된 내용은 미술작품 거래에서 중요한 정보라고 보는 것이 일반적인 거래관념에 부합함에도 불구하고 원심이 이러한 사실에 대하여 고지의무를 인정하지 않은 것은 잘못이고, 이 사건 공소사실 중에는 고지의무위반 외에도 이른바 묵시적 기망행위에 관한 부분도 있는데 이에 대하여 판단을 유탈한 것은 위법하다고 주장한다.

2) 사기죄의 요건으로서의 기망은 널리 재산상의 거래관계에서 서로 지켜야 할 신의와 성실의 의무를 저버리는 모든 적극적 또는 소극적 행위를 말하는 것이고, 이러한 소극적 행위로서의 부작위에 의한 기망은 법률상 고지의무 있는 자가 일정한 사실에 관하여 상대방이 착오에 빠져 있음을 알면서도 이를 고지하지 않는 것을 말한다(대법원 2000. 1. 28. 선고 99도2884 판결 등 참조). 여기에서 법률상 고지의무는 법령, 계약, 관습, 조리 등에 의하여 인정되는 것으로서 문제가 되는 구체적인 사례에 즉응하여 거래실정과 신의성실의 원칙에 의하여 결정되어야 한다. 그리고 법률상 고지의무를 인정할 것인

지는 법률문제로서 상고심의 심판대상이 되지만 그 근거가 되는 거래의 내용이나 거래 관행 등 거래실정에 관한 사실을 주장·증명할 책임은 검사에게 있다.

　　3) 앞에서 본 것처럼, 검사는 피고인 조영남이 이 사건 미술작품의 창작과정, 특히 조수 등 다른 사람이 관여한 사정을 알리지 않은 것은 신의칙상 고지의무위반으로서 사기죄에서의 기망행위에 해당하고 그 그림을 판매한 것은 판매대금의 편취행위라고 한다. 그와 같이 보려면 다음의 두 가지가 전제되어야 한다. 하나는 미술작품의 거래에서 창작과정을 알려주는 것, 특히 작가가 조수의 도움을 받았는지 등 다른 관여자가 있음을 알려주는 것이 관행이라는 것이고, 다른 하나는 이 사건 미술작품을 구매한 사람이 이러한 사정에 관한 고지를 받았더라면 그 거래에 임하지 아니하였을 것이라는 관계가 인정되어야 한다. 그리고 미술작품의 거래에서 기망 여부를 판단할 때에는 그 미술작품에 위작 여부나 저작권에 관한 다툼이 있는 등의 특별한 사정이 없는 한 법원은 미술작품의 가치 평가 등은 전문가의 의견을 존중하는 사법자제 원칙을 지켜야 한다. 법률에만 숙련된 사람들이 회화의 가치를 최종적으로 판단하는 것은 위험한 일이 아닐 수 없고, 미술작품의 가치를 인정하여 구매한 사람에게 법률가가 속았다고 말하는 것은 더욱 그러하기 때문이다.

　　먼저 원심은, 미술작품의 거래에서 그 작품이 친작인지 혹은 보조자를 사용하여 제작되었는지 여부는, 작가나 작품의 인지도, 아이디어의 독창성이나 창의성, 작품의 예술적 완성도 등을 포함하는 작품의 수준, 희소성, 가격 등과 함께 구매자들이 작품 구매 여부를 결정하는 제반 요소 중의 하나가 될 수는 있지만, 구매자들마다 작품을 구매하는 동기나 목적, 용도 등이 다양하여 위의 요소들이 제각기 다른 중요도를 가지거나 어느 요소는 전혀 고려되지 않을 수도 있는 사정 등을 감안하면, 이는 일반적으로 작품 구매자들에게 반드시 필요하거나 중요한 정보라고 단정할 수는 없다고 보았다.

　　나아가 원심은 이 사건에서 피해자들은 이 사건 미술작품이 '조영남의 작품'으로 인정받고 유통되는 상황에서 이를 구입한 것이었고, 피고인 조영남이 다른 사람의 작품에 자신의 성명을 표시하여 판매하였다는 등 이 사건 미술작품이 위작 시비 또는 저작권 시비에 휘말린 것이 아닌 이상, 이 사건 미술작품의 제작과정이 피해자들의 개인적이고 주관적인 기대와 다르다는 이유로 피해자들이 이 사건 미술작품에 관하여 착오에 빠져 있었다거나 위 피고인에게 기망당하였다고 볼 수 없다고 하였다. 그리하여 원심은 이러한 사정과 기록에 나타난 피해자들의 구매 동기 등 제반 사정에 비추어 보면, 검사가 제출한 증거만으로는 피해자들이 이 사건 미술작품을 피고인 조영남의 친작으로 착오한 상태에서 구매한 것이라고 단정하기 어렵다고 판단하였다.

검사가 제출한 증거를 기록에 비추어 살펴보면, 원심의 위와 같은 판단은 앞서 본 법리에 비추어 수긍이 가고, 거기에 사기죄에서 법률상 고지의무에 관한 법리를 오해한 잘못이 없다. 또한 원심의 판단에는 피고인 조영남이 자신이 이 사건 미술작품의 저자인 것처럼 행세한 것이 묵시적 기망행위라는 주장을 배척하는 취지를 포함하고 있으므로, 거기에 판단유탈의 위법이 없다.

3. 결론

그러므로 상고를 모두 기각하기로 하여, 관여 대법관의 일치된 의견으로 주문과 같이 판결한다.

제2장

정부와 법치국가원리

[17] 공직선거법상 '선거운동'의 의미

— 대법원 2016. 8. 26. 선고 2015도11812 전원합의체 판결 —

【판시사항】

구 공직선거법상 선거운동의 의미와 금지되는 선거운동의 범위를 판단하는 기준

【판결요지】

[다수의견] 선거운동의 자유와 공정 및 기회균등을 꾀하고, 정치인의 통상적인 정치활동을 보장할 필요성, 죄형법정주의 원칙에서 파생되는 형벌법규의 엄격해석의 원칙, 구 공직선거법(2014. 1. 17. 법률 제12267호로 개정되기 전의 것, 이하 '공직선거법'이라고 한다)의 전체적인 체계에서 선거운동이 차지하는 위치 및 다른 개별적 금지규정의 내용 등에 비추어 볼 때, 공직선거법상 선거운동의 의미와 금지되는 선거운동의 범위는 다음과 같은 구체적인 기준에 따라 판단하는 것이 타당하다.

'선거운동'은 특정 선거에서 특정 후보자의 당선 또는 낙선을 도모한다는 목적의사가 객관적으로 인정될 수 있는 행위를 말하는데, 이에 해당하는지는 행위를 하는 주체 내부의 의사가 아니라 외부에 표시된 행위를 대상으로 객관적으로 판단하여야 한다. 따라서 행위가 당시의 상황에서 객관적으로 보아 그와 같은 목적의사를 실현하려는 행위로 인정되지 않음에도 행위자가 주관적으로 선거를 염두에 두고 있었다거나, 결과적으로 행위가 단순히 선거에 영향을 미친다거나 또는 당선이나 낙선을 도모하는 데 필요하거나 유리하다고 하여 선거운동에 해당한다고 할 수 없다. 또 선거 관련 국가기관이나 법률전문가의 관점에서 사후적·회고적인 방법이 아니라 일반인, 특히 선거인의 관

점에서 행위 당시의 구체적인 상황에 기초하여 판단하여야 하므로, 개별적 행위들의 유기적 관계를 치밀하게 분석하거나 법률적 의미와 효과에 치중하기보다는 문제 된 행위를 경험한 선거인이 행위 당시의 상황에서 그러한 목적의사가 있음을 알 수 있는지를 살펴보아야 한다.

위와 같은 목적의사는 특정한 선거에 출마할 의사를 밝히면서 그에 대한 지지를 부탁하는 등의 명시적인 방법뿐만 아니라 당시의 객관적 사정에 비추어 선거인의 관점에서 특정 선거에서 당선이나 낙선을 도모하려는 목적의사를 쉽게 추단할 수 있을 정도에 이른 경우에도 인정할 수 있다. 위와 같은 목적의사가 있었다고 추단하려면, 단순히 선거와의 관련성을 추측할 수 있다거나 선거에 관한 사항을 동기로 하였다는 사정만으로는 부족하고 특정 선거에서의 당락을 도모하는 행위임을 선거인이 명백히 인식할 만한 객관적인 사정에 근거하여야 한다. 그러한 목적의사를 가지고 하는 행위인지는 단순히 행위의 명목뿐만 아니라 행위의 태양, 즉 행위가 행하여지는 시기·장소·방법 등을 종합적으로 관찰하여 판단하여야 한다. 특히, 공직선거법이 선거일과의 시간적 간격에 따라 특정한 행위에 대한 규율을 달리하고 있는 점과 문제가 된 행위가 이루어진 시기에 따라 동일한 행위라도 선거인의 관점에서는 선거와의 관련성이 달리 인식될 수 있는 점 등에 비추어, 행위를 한 시기가 선거일에 가까우면 가까울수록 명시적인 표현 없이도 다른 객관적 사정을 통하여 당해 선거에서의 당선 또는 낙선을 도모하는 의사가 있다고 인정할 수 있으나, 선거가 실시되기 오래전에 행해져서 시간적으로 멀리 떨어진 행위라면 단순히 선거와의 관련성을 추측할 수 있다는 것만으로 당해 선거에서의 당락을 도모하는 의사가 표시된 것으로 인정될 수는 없다.

선거운동은 대상인 선거가 특정되는 것이 중요한 개념표지이므로 문제 된 행위가 특정 선거를 위한 것임이 인정되어야만 선거운동에 해당하는데, 행위 당시의 상황에서 특정 선거의 실시에 대한 예측이나 확정 여부, 행위의 시기와 특정 선거일 간의 시간적 간격, 행위의 내용과 당시의 상황, 행위자와 후보자의 관계 등 여러 객관적 사정을 종합하여 선거인의 관점에서 문제 된 행위가 특정 선거를 대상으로 하였는지를 합리적으로 판단하여야 한다. 한편 정치인은 누구나 기회가 오면 장래의 적절한 선거에 출마하여 당선될 것을 목표로 삼고 있는 사람이고, 선거운동은 특정한 선거에서 당락을 목표로 하는 행위이므로, 문제 된 행위가 특정 선거를 위한 것이라고 인정하려면, 단순히 어떤 사람이 향후 언젠가 어떤 선거에 나설 것이라는 예측을 할 수 있는 정도로는 부족하고, 특정 선거를 전제로 선거에서 당락을 도모하는 행위임을 선거인이 명백히 인식할 수 있는 객관적 사정이 있어야 한다.

정치인이 일상적인 사회활동과 통상적인 정치활동의 일환으로 선거인과 접촉하여 자신의 인격에 대한 공감과 정치적 식견에 대한 찬성과 동의를 구하는 한편, 그들의 의견을 청취·수용하여 지지를 받을 수 있는 정책을 구상·수립하는 과정을 통하여 이른바 인지도와 긍정적 이미지를 제고하여 정치적 기반을 다지는 행위에도 위와 같은 판단 기준이 그대로 적용되어야 한다. 따라서 그와 같은 일상적인 사회활동과 통상적인 정치활동에 인지도와 긍정적 이미지를 높이려는 목적이 있다 하여도 행위가 특정한 선거를 목표로 하여 선거에서 특정인의 당선 또는 낙선을 도모하는 목적의사가 표시된 것으로 인정되지 않는 한 선거운동이라고 볼 것은 아니다.

문제 된 행위가 단체 등을 통한 활동의 모습으로 나타나는 경우에는 단체 등의 설립 목적과 경위, 인적 구성, 활동의 시기, 방법, 내용과 규모 등을 추가적으로 고려하여 활동이 특정 선거에서 특정인의 당선 또는 낙선을 도모하는 목적의사에 따라 행해진 것이라는 점이 당해 선거인의 관점에서 객관적으로 인정되는지를 살펴보아야 한다. 단체 등의 목적 범위 내에서 통상적으로 행해지는 한도에서는 특별한 사정이 없는 한 그러한 활동이 특정인의 당선 또는 낙선을 목적으로 한 선거운동이라고 보아서는 아니 되고, 단체의 목적이나 활동 내용이 정치 이외의 다른 전형적인 사회활동을 하는 단체가 갖는 특성에 딱 들어맞지 않는다는 이유만으로 단체의 활동을 선거운동에 해당한다고 단정하여서도 아니 된다.

【피 고 인】 피고인 1~6
【상 고 인】 피고인 1~5 및 검사
【원심판결】 대전고법 2015. 7. 20. 선고 2015노201 판결

【주   문】

원심판결 중 피고인 1~5에 대한 부분을 모두 파기하고, 이 부분 사건을 대전고등법원에 환송한다.

검사의 피고인 6에 대한 상고를 기각한다.

【이   유】

상고이유를 판단한다.

1. 피고인 2, 피고인 3, 피고인 4의 유사기관설치로 인한 공직선거법위반죄 및 피고인 1, 피고인 2, 피고인 3, 피고인 4, 피고인 5의 사전선거운동으로 인한 공직선거법위반죄에 관한 상고이유에 대한 판단

가. (1) 원심은 피고인 2, 피고인 3, 피고인 4의 유사기관설치로 인한 공직선거법 위반의 점에 대하여 구 공직선거법(2014. 1. 17. 법률 제12267호로 개정되기 전의 것, 이하 '공직선거법'이라고만 한다) 제255조 제1항 제13호, 제89조 제1항 본문, 형법 제30조를 적용하고, 피고인 1, 피고인 2, 피고인 3, 피고인 4, 피고인 5의 사전선거운동으로 인한 공직선거법 위반의 점에 대하여 공직선거법 제254조 제2항, 형법 제30조를 적용하여 모두 유죄로 처벌하였다.

(2) 공직선거법 제59조는 '선거운동은 선거기간 개시일부터 선거일 전일까지에 한하여 할 수 있다'고 규정하고, 제254조 제2항은 선거운동기간 전에 법에 규정된 이외의 방법으로 선거운동을 한 자를 처벌하도록 하고 있다. 또한 공직선거법 제61조는 선거운동기구인 선거사무소와 선거연락소 및 선거대책기구의 설치 주체와 그 설치 숫자 및 장소 등을 엄격히 규제하는 한편, 제89조 제1항 본문에서 누구든지 제61조의 규정에 따른 선거사무소 등 외에는 후보자 또는 후보자가 되려는 사람을 위하여 명칭의 여하를 불문하고 이와 유사한 기관을 설립 또는 설치하거나 이용할 수 없다고 하여 이를 금지하고 있으며, 제255조 제1항 제13호는 그 위반행위자를 처벌하도록 하고 있다. 여기서 어떠한 기관·단체·조직 또는 시설이 위의 유사기관설치 금지규정에 위반된다고 하려면 적법한 선거사무소 등과 유사한 활동이나 기능을 하는 것에 해당하여야 한다는 요건 이외에 그것이 '선거운동'을 목적으로 설치되었음이 인정되어야 한다(대법원 2013. 12. 26. 선고 2013도10896 판결 참조).

공직선거법 제255조 제1항 제13호, 제89조 제1항 본문과 제254조 제2항은 모두 '선거운동'을 목적으로 하거나 당해 행위 자체가 '선거운동'으로 인정될 것을 전제로 하고 있고, 양쪽에서 말하는 '선거운동'은 같은 의미이다. 따라서 선거운동의 의미와 그 범위를 정하는 것이 이 부분의 핵심 쟁점이다.

나. (1) 공직선거법 제58조 제1항 본문은 '선거운동이라 함은 당선되거나 되게 하거나 되지 못하게 하기 위한 행위를 말한다'고 규정하면서 그 단서 각 호에서 선거운동으로 보지 않는 몇 가지 행위들을 예시하고 있다.

그동안 대법원은 '선거운동'이란 특정 선거에서 특정 후보자의 당선 또는 낙선을 위하여 필요하고도 유리한 모든 행위로서 당선 또는 낙선을 도모한다는 목적의사가 객관적으로 인정될 수 있는 능동적·계획적인 행위를 말한다고 판시하여 왔다(대법원 2005. 9. 9. 선고 2005도2014 판결, 대법원 2007. 10. 11. 선고 2007도3468 판결, 대법원 2010. 12. 9. 선고 2010도10451 판결 등 참조).

그런데 종전의 대법원판결들 가운데에는 문제가 된 구체적 사실관계 하에서 당선이나 낙선에 필요하고도 유리한 행위라면 폭넓게 선거운동에 해당한다는 취지로 보이거나, 문제 된 행위가 정치인의 인지도를 높인다거나 선거인에게 영향을 미칠 목적이 있다는 이유만으로 선거운동의 범위에 포함시켜야 한다는 취지의 판결례도 있는 것이 사실이다. 사람은 본래 사회적이고 정치적인 존재로서 자연스럽게 사회활동과 정치활동을 하게 마련이고, 특히 정치인은 선거에서 당선되는 것을 목표로 삼는 사람이므로 정치인의 사회활동이나 정치활동은 직접 또는 간접으로 선거와 연결될 수밖에 없다. 그리고 다양한 형태의 정치활동들은 대부분 선거와 밀접하게 관련되어 있음을 부인하기 어렵다. 그럼에도 불구하고 선거에 영향을 줄 수 있다는 등의 이유만으로 광범위하게 선거운동으로 규제하는 판결들은 대의민주주의에서 당연히 허용되어야 할 국민의 정치활동을 위축시키고, 공직선거법상 금지되는 선거운동과 허용되는 정치활동의 경계를 모호하게 하여 선별적·자의적인 법 적용을 초래할 우려가 있는 등의 문제점이 있다.

그러므로 선거제도에 관한 헌법과 공직선거법의 해당 규정과 근본취지에 입각하여 '선거운동'의 의미에 관한 종래 대법원판례의 취지를 분명히 하고, 아울러 정치인의 사회활동과 정치활동을 어느 범위에서 공직선거법이 금지하는 선거운동으로 보아 처벌의 대상으로 삼아야 하는지에 관하여 보다 구체적인 기준을 제시할 필요가 있다.

(2) 헌법은 국민이 주권을 행사하기 위하여 국민의 선거에 의하여 선출된 대표자를 통해서 간접적으로 정책결정에 참여하는 이른바 대의민주주의를 채택하고(제1조, 제24조, 제25조, 제40조, 제41조, 제66조, 제67조), 지방자치단체에 자치권을 부여하면서 법률에 따라 지방의회의원선거와 지방자치단체의 장의 선임방법 등을 정하도록 규정하고 있다(제117조, 제118조). 공직선거법은 헌법 제41조, 제67조와 지방자치법 제31조, 제94조에 의한 대통령선거, 국회의원선거, 지방의회의원 및 지방자치단체의 장의 선거를 통합하여 그 선거와 관련된 사항을 규정한다(제1조, 제2조).

대의민주주의 체제에서 선거는 국민주권과 주민자치의 원리 및 국민의 선거권과 공무담임권을 실질적으로 구현하는 요체이다. 선거결과의 민주적 정당성을 뒷받침하려면 선거인의 자유로운 선택이 전제되어야 하므로, 유권자는 공직후보자의 인격, 능력,

정책 등에 관하여 정확하고 충분한 정보를 알 수 있어야 하고, 정치인은 유권자에게 자신의 정치철학, 공직 수행에 필요한 능력, 각종 정책의 수립과 집행능력 등을 제대로 알릴 수 있어야 한다. 따라서 선거인과 정치인 사이의 원활한 접촉과 소통을 통하여 공직후보자에 대한 풍부한 정보를 알 수 있고 알릴 수 있는 기회가 폭넓게 제공될 필요가 있다.

한편 선거는 그 과정과 절차가 자유롭고 공정하여야 한다. 대의민주주의의 실현을 위하여 선거운동의 자유가 충분히 보장될 것이 요청되지만 선거의 공정을 확보하려면 어느 정도 선거운동에 대한 규제를 하지 않을 수 없다. 선거운동이나 정치활동에 대한 규제의 방법과 범위는 그 시대의 정치문화, 선거풍토, 민주주의와 시민의식의 성숙 정도와 밀접한 관련이 있다. 과거에는 관권선거와 금권선거의 폐해가 선거의 공정성을 심히 해하여 국민의 정치적 의사가 왜곡되는 것을 방지하는 데 국민의 관심이 집중되어 있었지만, 최근에는 방송, 신문, 통신, 인터넷 등을 통한 여론 형성이 선거운동과 정치활동의 중요한 부분을 차지하게 되었다. 또한 정당정치가 선거에 미치는 현실적 영향력이 점점 커짐에 따라 정당의 후보자 추천을 위한 당내 경선이 공직선거법의 규제대상이 되었으며(공직선거법 제6장의2), 실제 선거 과정에서도 대부분의 정당이 당내 경선을 위한 여론조사를 실시하거나 여론수렴에 적극 나서고 있는 것이 현실이다. 이에 따라 공직후보자가 되려는 사람들에게는 평소에 자신의 인지도를 높여 정치적 지지기반을 형성·확대·강화하는 행위가 절실히 필요하므로 그에 관한 정치활동의 자유가 충분히 보장되어야 한다. 국민의 일상적인 정치적 의사표현이나 정치인의 평소 정치활동을 과도하게, 그것도 형사처벌의 방법으로 규제하면 국가권력의 간섭과 통제를 받지 아니하고 정치적 의사를 자유롭게 표현하고 자유롭게 선거운동을 할 수 있는 정치적 자유권과 참정권, 알 권리 등 헌법상 기본권의 본질적인 내용을 침해하게 될 위험이 있다.

헌법 제116조 제1항은 선거운동에서 균등한 기회가 보장되어야 함을 명문으로 규정하고 있다. 현재 공직에 있는 정치인은 그 직위를 이용하여 다양한 정치적 활동을 할 수 있는데, 정치인의 정치활동을 선거운동의 범위에 광범위하게 포함시켜 금지하게 되면 정계에 처음 입문하려거나 공직에 있지 않은 정치인은 매우 제한적인 활동 외에는 사실상 자신을 알릴 수 있는 기회를 갖지 못하게 된다. 또한 앞서 본 정치와 선거 문화의 변화에 따라 정치 신인 등은 여론조사, 정당공천, 선거운동 등 모든 과정에서 불리한 처지에 놓일 수밖에 없다. 따라서 선거에서 실질적 기회균등을 보장하기 위해서 정치인이 평소 정치적 기반을 다지는 행위는 폭넓게 허용되어야 한다.

아울러 공직선거법이 선거운동의 개념을 추상적·포괄적으로 설정하고 있는 관계로 정치인이나 일반 국민이 개개의 문제 되는 사안에서 선거운동과 그에 해당하지 아니하는 정치활동을 명백하게 구분하는 것이 현실적으로 쉽지 않은 사정을 감안하여, 사전선거운동 금지규정으로 인해 정치활동의 자유가 제약받지 않고 충분히 보장될 수 있도록 죄형법정주의의 원칙에서 파생되는 명확성의 원칙에 따라 형사처벌의 전제가 되는 선거운동의 의미를 명확하고 제한적으로 해석할 것이 요청된다.

(3) 공직선거법은 사전선거운동만을 금지할 뿐 그에 해당하지 않는 통상적인 정치활동까지 규제하고 있지 않으므로 공직선거법 제58조 제1항의 선거운동 정의 규정은 정치활동의 한계를 설정함과 동시에 공직선거법상 금지되는 사전선거운동에 관한 처벌조항인 공직선거법 제254조 제2항의 구성요건을 이룬다. 한편 공직선거법 제58조 제2항 본문은 '누구든지 자유롭게 선거운동을 할 수 있다'고 규정하여 원칙적으로 선거운동의 자유를 보장하고 있다. 그러나 다른 한편으로 공직선거법 제59조 본문은 '선거운동은 선거기간 개시일부터 선거일 전일까지에 한하여 할 수 있다'고 하면서 단서에서 예비후보자의 선거운동이나 인터넷을 통한 선거운동 등 일부 예외를 인정하고 있을 뿐인데, 공직선거법상 선거운동을 할 수 있는 선거기간은 대통령선거 이외에는 14일에 불과하다(제33조 제1항 제2호). 이러한 선거운동 허용과 제한 방식하에서 선거운동의 정의에 관한 공직선거법 제58조 제1항의 의미를 엄격하게 해석하지 아니한다면, 선거운동의 자유를 원칙으로 규정한 공직선거법 제58조 제2항 본문의 취지에도 반할뿐더러 죄형법정주의의 원칙에서 파생되는 명확성의 원칙에도 어긋나는 결과를 초래할 위험이 있다.

공직선거법은 선거일을 기준으로 선거에 영향을 미칠 수 있는 정도에 따라 '선거운동'에 해당하는 경우 외에도, '선거에 영향을 미치는 행위'(제89조 제2항 본문 전단 등) 또는 '선거에 관한 행위'(제114조 등) 등을 개별적으로 특정하여 금지하는 규정을 두고 있다. 또한 공직선거법은 선거에 미치는 영향이나 관련성과 무관하게 추가로 '선거의 공정을 해할 염려가 있다고 보이는 행위'들을 별도로 금지하고 있기도 하다(제103조 제5항 등). 이러한 규정들은 선거운동에 이르지 아니하여 사전선거운동 금지규정으로 규제할 수 없는 행위라 하더라도 특별히 선거의 공정을 해할 가능성이 있다고 보아 그 행위유형을 정형화하여 개별적으로 규제하려는 공직선거법의 취지를 담고 있다. 이와 같은 공직선거법의 각 규정 내용과 체계 및 취지에다가 규제기간이 광범위하고 행위유형마저 한정되어 있지 않은 사전선거운동 금지조항의 특성을 보태어 보면, 사전선거운동에 해당하는지는 엄격 해석의 관점에서 판단하여야 한다.

한편 시기적 관점에서 보면 선거일이 다가옴에 따라 정당의 공천 등을 통해 후보자의 윤곽이 드러나고 예비후보자·후보자 등록 이후 선거운동이 시작되어 선거인들의 관심이 점차 고조되어 가서 선거일에 하는 투표 결과에 따라 당락이 결정되는 선거의 특성상, 선거운동은 선거일과 밀접한 관계에 있고, 같은 내용의 활동이라도 선거일에 가까운 시기에 하게 될수록 선거인의 관점에서 객관적으로 파악할 때 선거운동으로 인식될 가능성이 높아진다. 공직선거법은 선거일을 기준으로 특정한 행위가 이루어진 시기와의 시간적 간격에 따라 금지되거나 제한되는 행위를 달리 정하고 있다. 선거일 전 180일부터 선거일까지(제89조 제2항, 제90조 제1항, 제93조 제1항), 90일부터 선거일까지(제93조 제2항, 제103조 제5항), 60일부터 선거일까지(제108조 제2항) 등으로 구분하여 그 전에는 허용되는 행위라도 위 기간에는 금지하고 있고, 또한 당선된 국회의원이나 지방자치단체의 장이 공무수행의 일환으로 할 수 있는 행위들도 선거일 전 180일부터 선거일까지(제86조 제5항, 제6항), 90일부터 선거일까지(제111조 제1항 단서), 60일부터 선거일까지(제86조 제2항) 등으로 구분하여 그 기간에는 금지하거나 제한하고 있는데, 이는 동일한 행위이더라도 그 행위가 행하여진 시기가 선거일에서 얼마나 떨어져 있느냐에 따라 선거에 미치는 영향력이 다르기 때문이다. 공직선거법은 선거운동에 이르지 아니하더라도 선거에 영향을 미치는 행위의 규제가 가능한 시간적 간격에 관한 기준을 최장 선거일 전 180일로 삼아, 선거일에 근접할수록 의례적인 행위나 직무상 행위로 허용되던 행위를 추가로 금지하는 입법 태도를 보이고 있다. 이에 비추어 보면, 선거일 전 180일보다 전에 이루어진 일상적인 사회활동이나 통상적인 정치활동은 선거와 관련된 것처럼 보이더라도 특별한 금지유형에 해당하는 행위가 아니라면 원칙적으로 이를 처벌이나 규제의 대상으로 삼지 않으려는 취지가 간접적으로 드러나 있다고 볼 수 있다.

다. 이상에서 논의한 대로 선거운동의 자유와 공정 및 기회균등을 꾀하고, 정치인의 통상적인 정치활동을 보장할 필요성, 죄형법정주의 원칙에서 파생되는 형벌법규의 엄격해석의 원칙, 공직선거법의 전체적인 체계에서 선거운동이 차지하는 위치 및 다른 개별적 금지규정의 내용 등에 비추어 볼 때, 공직선거법상 선거운동의 의미와 금지되는 선거운동의 범위는 다음과 같은 구체적인 기준에 따라 판단하는 것이 타당하다.

(1) '선거운동'은 특정 선거에서 특정 후보자의 당선 또는 낙선을 도모한다는 목적의사가 객관적으로 인정될 수 있는 행위를 말하는데, 이에 해당하는지는 당해 행위를 하는 주체 내부의 의사가 아니라 외부에 표시된 행위를 대상으로 객관적으로 판단하여

야 한다. 따라서 그 행위가 당시의 상황에서 객관적으로 보아 그와 같은 목적의사를 실현하려는 행위로 인정되지 않음에도 그 행위자가 주관적으로 선거를 염두에 두고 있었다거나, 결과적으로 그 행위가 단순히 선거에 영향을 미친다거나 또는 당선이나 낙선을 도모하는 데 필요하거나 유리하다고 하여 선거운동에 해당한다고 할 수 없다. 또 선거 관련 국가기관이나 법률전문가의 관점에서 사후적·회고적인 방법이 아니라 일반인, 특히 선거인의 관점에서 그 행위 당시의 구체적인 상황에 기초하여 판단하여야 하므로, 개별적 행위들의 유기적 관계를 치밀하게 분석하거나 법률적 의미와 효과에 치중하기보다는 문제 된 행위를 경험한 선거인이 그 행위 당시의 상황에서 그러한 목적의사가 있음을 알 수 있는지를 살펴보아야 한다.

  (2) 위와 같은 목적의사는 특정한 선거에 출마할 의사를 밝히면서 그에 대한 지지를 부탁하는 등의 명시적인 방법뿐만 아니라 당시의 객관적 사정에 비추어 선거인의 관점에서 특정 선거에서 당선이나 낙선을 도모하려는 목적의사를 쉽게 추단할 수 있을 정도에 이른 경우에도 이를 인정할 수 있을 것이다. 위와 같은 목적의사가 있었다고 추단하려면, 단순히 선거와의 관련성을 추측할 수 있다거나 선거에 관한 사항을 동기로 하였다는 사정만으로는 부족하고 특정 선거에서의 당락을 도모하는 행위임을 선거인이 명백히 인식할 만한 객관적인 사정에 근거하여야 한다. 그러한 목적의사를 가지고 하는 행위인지는 단순히 그 행위의 명목뿐만 아니라 그 행위의 태양, 즉 그 행위가 행하여지는 시기·장소·방법 등을 종합적으로 관찰하여 판단하여야 할 것이다(대법원 2012. 11. 29. 선고 2010도9007 판결 참조). 특히, 공직선거법이 선거일과의 시간적 간격에 따라 특정한 행위에 대한 규율을 달리하고 있는 점과 문제가 된 행위가 이루어진 시기에 따라 동일한 행위라도 선거인의 관점에서는 선거와의 관련성이 달리 인식될 수 있는 점 등에 비추어, 그 행위를 한 시기가 선거일에 가까우면 가까울수록 명시적인 표현 없이도 다른 객관적 사정을 통하여 당해 선거에서의 당선 또는 낙선을 도모하는 의사가 있다고 인정할 수 있겠으나, 선거가 실시되기 오래전에 행해져서 시간적으로 멀리 떨어진 행위라면 단순히 선거와의 관련성을 추측할 수 있다는 것만으로 당해 선거에서의 당락을 도모하는 의사가 표시된 것으로 인정될 수는 없다.

  (3) 선거운동은 그 대상인 선거가 특정되는 것이 중요한 개념표지이므로 문제 된 행위가 특정 선거를 위한 것임이 인정되어야만 선거운동에 해당한다고 볼 수 있는데, 행위 당시의 상황에서 특정 선거의 실시에 대한 예측이나 확정 여부, 당해 행위의 시기와 특정 선거일 간의 시간적 간격, 그 행위의 내용과 당시의 상황, 행위자와 후보자의

관계 등 여러 객관적 사정을 종합하여 선거인의 관점에서 문제 된 행위가 특정 선거를 대상으로 하였는지를 합리적으로 판단하여야 한다. 한편 정치인은 누구나 기회가 오면 장래의 적절한 선거에 출마하여 당선될 것을 목표로 삼고 있는 사람이고, 선거운동은 특정한 선거에서 당락을 목표로 하는 행위이므로, 문제 된 행위가 특정 선거를 위한 것이라고 인정하려면, 단순히 어떤 사람이 향후 언젠가 어떤 선거에 나설 것이라는 예측을 할 수 있는 정도로는 부족하고, 특정 선거를 전제로 그 선거에서 당락을 도모하는 행위임을 선거인이 명백히 인식할 수 있는 객관적 사정이 있어야 한다. 이것 역시 그 행위를 한 시기가 선거일에 가까우면 가까울수록 명시적인 표현 없이도 다른 객관적 사정을 통하여 특정 선거를 목표로 하는 선거운동임을 쉽게 인정할 수 있을 것이다.

(4) 정치인이 일상적인 사회활동과 통상적인 정치활동의 일환으로 선거인과 접촉하여 자신의 인격에 대한 공감과 정치적 식견에 대한 찬성과 동의를 구하는 한편, 그들의 의견을 청취·수용하여 지지를 받을 수 있는 정책을 구상·수립하는 과정을 통하여 이른바 인지도와 긍정적 이미지를 제고하여 정치적 기반을 다지는 행위에도 위와 같은 판단기준이 그대로 적용되어야 한다. 따라서 그와 같은 일상적인 사회활동과 통상적인 정치활동에 인지도와 긍정적 이미지를 높이려는 목적이 있다 하여도 그 행위가 특정한 선거를 목표로 하여 그 선거에서 특정인의 당선 또는 낙선을 도모하는 목적의사가 표시된 것으로 인정되지 않는 한 선거운동이라고 볼 것은 아니다.

(5) 문제 된 행위가 단체 등을 통한 활동의 모습으로 나타나는 경우에는 그 단체 등의 설립 목적과 경위, 인적 구성, 그 활동의 시기, 방법, 내용과 규모 등을 추가적으로 고려하여 그 활동이 특정 선거에서 특정인의 당선 또는 낙선을 도모하는 목적의사에 따라 행해진 것이라는 점이 당해 선거인의 관점에서 객관적으로 인정되는지를 살펴보아야 한다. 단체 등의 목적 범위 내에서 통상적으로 행해지는 한도에서는 특별한 사정이 없는 한, 그러한 활동이 특정인의 당선 또는 낙선을 목적으로 한 선거운동이라고 보아서는 아니 되고, 그 단체의 목적이나 활동 내용이 정치 이외의 다른 전형적인 사회활동을 하는 단체가 갖는 특성에 딱 들어맞지 않는다는 이유만으로 그 단체의 활동을 선거운동에 해당한다고 단정하여서도 아니 된다.

(6) 위와 같은 선거운동에 관한 판단기준과 달리, 출판기념회 개최를 빙자하여 피고인의 인지도를 높였다는 이유만으로 사전선거운동에 해당한다는 취지의 대법원 2007. 8. 23. 선고 2007도3940 판결, 후보자가 되고자 하는 자가 선거인에게 영향을 미칠 목적으로 단체 등을 설립하였다면 선거운동의 목적이 있는 것으로 보아 공직선거법

제89조 제1항 본문의 유사기관에 해당한다고 판시한 대법원 2006. 6. 27. 선고 2005도303 판결 등은 이 판결의 견해에 배치되는 범위에서 이를 변경하기로 한다.

　라. 원심이 적법하게 채택하여 조사한 증거에 의하여 인정되는 사실관계에 앞서 본 법리를 적용하여 원심판단의 당부를 살펴본다.

　(1) 이 사건 포럼의 설립 시기는 2014. 6. 4. 실시된 제6회 전국동시지방선거일부터 약 1년 6개월 전이었다. 이 사건 포럼이 설립된 이후 행한 전통시장 방문, 지역기업 탐방, 시민토론회, 농촌 일손 돕기, 헌혈운동, 'ㅇㅇ경제투어 – 시민 속으로', 대학생을 대상으로 한 토론회 및 특강 등 주요한 활동들은 대부분 위 선거가 실시되기 오래 전인 약 1년 4개월 전에 시작되어 아무리 늦어도 위 선거일 약 5개월 전에 끝났다.

　(2) 수사기관이 확보한 각종 선거기획 문건 등을 통하여 이 사건 포럼의 설립 전후로 피고인 3을 위한 ㅇㅇ광역시장 선거기획안이 작성되고 그에 관한 내부회의가 있었음이 밝혀져 그것들이 피고인 3의 선거출마를 염두에 두고 작성된 것임을 알 수 있기는 하다. 그러나 내부회의는 이 사건 포럼의 설립을 주도한 피고인 3의 핵심 지지자들 몇 사람 사이의 내부적 회합에 불과할 뿐만 아니라 그것이 외부로 표시된 바가 없어 선거인의 관점에서 ㅇㅇ광역시장 선거에서의 당락을 도모하는 목적의사가 있음을 알 수 없었다. 위 선거기획 문건 자체의 내용에 의하더라도 지역경제발전을 위한 연구단체를 설립한 뒤 이 사건 포럼의 설립목적 범위 내에서 여러 활동을 하는 데 피고인 3이 참여함으로써 그의 인지도와 우호적 이미지를 높이고자 하는 여러 활동을 기획한 것에 불과하고 위 선거에서 당선을 도모하는 목적의사를 인정할 만한 것들이 포함되어 있지 않다. 따라서 위 문건과 내부회의는 이를 통하여 이 사건 포럼의 설립과 운영에 피고인 3의 인지도 제고를 위한 활동을 하려는 의도가 있었음을 인정할 수 있을지언정, 이 사건 포럼의 설립과 활동을 통해 선거운동을 계획하였다는 근거가 될 수 없다.

　(3) 이 사건 포럼의 설립목적과 경위, 정관내용, 활동현황 및 ㅇㅇ광역시의 감독상황 등을 종합하여 볼 때, 이 사건 포럼의 활동들은 ㅇㅇ지역 경제와 관련된 현안을 발굴하고 이를 각계 전문가 및 시민들과 함께 논의하여 그 대안을 제시하는 등의 활동을 통해 지역경제 활성화에 기여한다는 정관상의 목적에서 벗어난다고 할 수 없고, 이 사건 포럼과 같은 비영리법인의 수행사업으로 적합한 것들로서 감독관청인 ㅇㅇ광역시의 검토의견도 설립목적에 맞게 계획·추진되었다는 것이다.

　(4) 이 사건 포럼이 설립된 이후 행한 각종 활동들을 살펴보면, 피고인 3이 이 사건 포럼의 일원으로서 그 회원들과 함께 이 사건 포럼의 명칭이 기재된 옷을 맞춰 입고

전통시장이나 행정동을 방문하고, 피고인 3이 패널로 참여한 각종 토론회와 여러 봉사활동 등을 하였는데, 위 피고인들은 그와 같은 활동을 통하여 피고인 3의 ○○광역시장 선거출마를 예상하여 그 인지도와 긍정적 이미지를 높일 목적으로 그에 도움이 되는 여러 활동을 수행하였음은 인정된다. 그러나 원심이 적법하게 채택하여 조사한 증거들에 의하더라도 이 사건 포럼이 주최한 행사들을 피고인 3의 선거출마를 위한 행사로 삼거나 그 기회에 피고인 3의 ○○광역시장 출마계획을 밝히면서 ○○광역시장 선거에서 그를 지지해 줄 것을 부탁하는 등의 행위가 있었다고 보이지 아니하고, 또 이 사건 포럼의 활동이 ○○지역을 중심으로 이루어지기는 하였으나 이 사건 포럼의 목적 자체가 ○○지역 경제 활성화라는 점을 감안하면 그 활동지역으로 인하여 선거운동의 성격이 인정될 수 있는 것도 아니며, 그 밖에 피고인 3의 당선을 도모하는 목적의사가 선거인이 인식할 수 있을 정도로 객관적으로 표시되었다고 볼 만한 특별한 사정을 찾아볼 수 없다.

(5) 피고인 3이 개최한 출판기념회는 ○○광역시장 선거일부터 7개월 전에 개최되었으므로 선거일 전 90일부터 선거일까지 후보자 등과 관련 있는 저서의 출판기념회를 개최할 수 없다고 규정한 공직선거법 제103조 제5항에 위반되지도 아니한다. 당시 이 사건 포럼의 직원 등이 참석하여 안내와 질서유지 활동을 하였으나 다른 특별한 관여행위가 드러나지 않으므로 그것만으로 출판기념회를 이 사건 포럼의 행사라고 할 수 없다. 피고인 4가 출판기념회 초대메일을 보내면서 피고인 3의 출마에 관하여 간략히 언급하였다고 하더라도 개인적 친분이 있는 몇 사람에게 개인 메일을 보낸 것에 불과하고, 출판기념회에서 위 메일 내용이 공개되었거나 다른 방법으로 피고인 3의 출마계획을 알리거나 선거에서 지지해 줄 것을 부탁하는 등 명시적으로 당선을 도모한다는 목적의사가 인정될 수 있는 언동이나 이를 추단할 수 있는 사정이 보이지 아니하므로 위 출판기념회가 선거운동에 해당한다고 볼 수 없다.

(6) 이상에서 살펴본 바와 같이, 이 사건 포럼을 통하여 위 피고인들이 계획한 내용이나 실제로 한 주요 활동들은 선거일에서 멀리 떨어진 시기에 이루어진 일이므로 피고인 3이 향후 어떤 선거에 나설지도 모른다는 예측을 주는 정도에 불과하고, 위 피고인들이 그 계획 및 활동 과정을 통하여 명시적으로 ○○광역시장 선거에서의 피고인 3에 대한 지지를 부탁하는 행위가 있었음이 인정되지 않을 뿐만 아니라, 선거인의 관점에서 위 선거에서 피고인 3의 당선을 도모하려는 목적의사를 쉽게 추단할 수 있을 만한 객관적 사정도 부족하다. 따라서 위 피고인들이 이 사건 포럼의 정관 목적에 따른

활동을 하면서 피고인 3의 인지도와 긍정적 이미지를 높이는 결과를 가져왔다고 하더라도 이를 사전선거운동에 해당한다고 볼 수 없고, 위 피고인들이 선거운동을 목적으로 이 사건 포럼을 설립하였다고 보기 어렵다.

(7) 그럼에도 불구하고 원심이 그 판시와 같은 이유만으로 피고인 2, 피고인 3, 피고인 4가 이 사건 포럼을 설립함으로써 유사기관설치 금지규정을 위반하였다거나, 피고인 1, 피고인 2, 피고인 3, 피고인 4, 피고인 5가 이 사건 포럼의 활동을 통해 사전선거운동을 하였다고 판단한 데에는 공직선거법 제255조 제1항 제13호, 제89조 제1항 본문의 적용요건인 '선거운동의 목적'과 제254조 제2항이 정한 '선거운동'의 의미에 관한 법리를 오해한 잘못이 있다.

2. 결론

그러므로 나머지 상고이유에 대한 판단을 생략한 채, 원심판결 중 피고인 1, 피고인 2, 피고인 3, 피고인 4, 피고인 5에 대한 부분을 모두 파기하고, 이 부분 사건을 다시 심리·판단하도록 원심법원에 환송하며, 검사의 피고인 6에 대한 상고를 기각하기로 하여 주문과 같이 판결한다. 이 판결에는 피고인 2, 피고인 3, 피고인 4의 유사기관설치로 인한 공직선거법위반죄 및 정치자금법위반죄, 위 피고인들과 피고인 1, 피고인 5의 사전선거운동으로 인한 공직선거법위반죄에 관한 대법관 김용덕, 대법관 박상옥, 대법관 이기택의 반대의견이 있는 외에는 관여 법관의 의견이 일치되었다.

[18] 행정자치부장관의 군의회 조례안재의결무효확인 사건

― 대법원 2016. 9. 22. 선고 2014추521 전원합의체 판결 ―

【판시사항】

지방자치법 제172조 제4항, 제6항에서 지방의회 재의결에 대하여 제소를 지시하거나 직접 제소할 수 있는 주체로 규정된 '주무부장관이나 시·도지사'가 시·도에 대하여는 주무부장관을, 시·군 및 자치구에 대하여는 시·도지사를 각 의미하는지 여부

【판결요지】

[다수의견] 지방의회 의결의 재의와 제소에 관한 지방자치법 제172조 제4항, 제6항의 문언과 입법 취지, 제·개정 연혁 및 지방자치법령의 체계 등을 종합적으로 고려하여 보면, 아래에서 보는 바와 같이 지방자치법 제172조 제4항, 제6항에서 지방의회 재의결에 대하여 제소를 지시하거나 직접 제소할 수 있는 주체로 규정된 '주무부장관이나 시·도지사'는 시·도에 대하여는 주무부장관을, 시·군 및 자치구에 대하여는 시·도지사를 각 의미한다.

[대법관 김창석, 대법관 권순일의 반대의견] 지방자치법 제172조 제4항, 제6항의 문언상 지방자치단체의 조례가 법령에 위반된다고 판단됨에도 지방자치단체의 장이 소를 제기하지 아니함을 이유로 대법원에 제소를 하는 경우에 제소권자를 주무부장관 또는 시·도지사로 병렬적으로 규정하고 있는 점, 위 법률조항의 취지가 국가가 지방자치행정의 합법성을 감독하고 국가법질서의 통일성을 유지하려는 데 있다는 점 등에 비추어 보면, 주무부장관은 지방자치단체가 '시·도' 또는 '시·군 및 자치구'인지 관계없이 제소권을 가진다고 보아야 하고, 다수의견과 같이 '시·도'에 대하여는 주무부장관에게, '시·군 및 자치구'에 대하여는 시·도지사에게만 있다고 해석할 것은 아니다. 만약 이와 달리 주무부장관에게 '시·군 및 자치구' 의회의 조례안 재의결에 대하여 제소할 권한이 없다고 해석한다면, 주무부장관은 조례안 재의결이 법령에 위반된다고 판단하는 경우에도 시·도지사가 제소하지 아니하면 위법한 상태를 용인할 수밖에 없게 되고, 그 결과 법령 위반 여부가 문제 되는 동일한 내용의 조례안이 시·도지사의 제소 여부에 따라 효력을 달리하는 결과가 발생할 우려가 있다.

또한 상위법령에 위배된다고 판단되는 경우에도 형식적 요건만 갖추면 일정한 절차를 거쳐 조례로 제정될 수 있도록 하고, 사후적으로 사법심사를 거쳐 무효화되도록 하는 것은 지방행정의 낭비를 초래하고, 자치입법에 대한 주민의 신뢰를 실추시키는 결과를 야기하며, 회복하기 어려운 법질서의 혼란을 가져올 수 있다는 점 등에 비추어 볼 때, 위 법률조항은 이를 사전에 시정하기 위한 제도적 장치로서 지방자치제도의 본질적 내용을 침해한다고 볼 수 없으므로, 이 점에서도 위 법률조항의 적용 범위를 축소하여 해석할 것은 아니다.

【원   고】 행정자치부장관
【피   고】 강화군의회

【주   문】

이 사건 소를 각하한다.

【이   유】

1. 이 사건 조례안의 재의결 경위

가. 피고는 2013. 12. 20. 「강화군 도서 주민 정주생활지원금 지원 조례안」(이하 '이 사건 조례안'이라 한다)을 의결하여 강화군수에게 이송하였다.

나. 강화군수는 이 사건 조례안에 대한 인천광역시장의 재의요구 지시에 따라 피고에게 이 사건 조례안에 대한 재의를 요구하였고, 피고는 2014. 2. 10. 이 사건 조례안을 원안대로 재의결하였다.

다. 원고는 2014. 3. 7. 강화군수에게 재의결된 이 사건 조례안에 대한 제소를 지시하였으나 강화군수가 이에 응하지 아니하자, 2014. 3. 21. 이 사건 소를 제기하였다.

2. 이 사건 소의 적법 여부에 관한 판단

가. 관련 법률의 내용

지방자치법 제172조는 지방의회의 의결이 법령에 위반되거나 공익을 현저히 해친다고 판단되면 시·도에 대하여는 주무부장관이, 시·군 및 자치구에 대하여는 시·도지사가 해당 지방자치단체의 장에게 재의를 요구하게 할 수 있고(제1항), 주무부장관이나 시·도지사는 제1항의 재의요구에 대하여 지방의회에서 재의한 결과 전과 같이 재의결된 사항이 법령에 위반된다고 판단됨에도 불구하고 해당 지방자치단체의 장이 소를 제기하지 아니하면, 그 지방자치단체의 장에게 제소를 지시하거나 직접 제소할 수 있다고 규정하고 있다(제4항, 제6항).

나. 지방자치법 제172조 제4항, 제6항의 해석

1) 이와 같은 지방의회 의결의 재의와 제소에 관한 지방자치법 제172조 제4항, 제6항의 문언과 입법 취지, 제·개정 연혁 및 지방자치법령의 체계 등을 종합적으로 고려하여 보면, 아래에서 보는 바와 같이 지방자치법 제172조 제4항, 제6항에서 지방의회 재의결에 대하여 제소를 지시하거나 직접 제소할 수 있는 주체로 규정된 '주무부장관이나 시·도지사'는 시·도에 대하여는 주무부장관을, 시·군 및 자치구에 대하여는 시·도지사를 각 의미한다고 해석하는 것이 타당하다.

가) 지방의회의 재의결에 대한 주무부장관이나 시·도지사의 제소 지시 또는 직접 제소는 해당 지방자치단체의 장의 재의요구에 대하여 지방의회가 전과 같은 내용으로 재의결을 한 경우 비로소 할 수 있는 것이므로, 지방의회의 재의결에 대한 제소 지시 또는 직접 제소 권한(이하 '제소 등 권한'이라고 한다)은 관련 의결에 관하여 해당 지방자치단체의 장을 상대로 재의요구를 지시할 권한이 있는 기관에게만 있다고 해석하는 것이 지방자치법 제172조의 체계에 부합한다.

나) 이와 달리 주무부장관의 경우 재의요구 지시 권한과 상관없이 모든 지방의회의 재의결에 대한 제소 등 권한이 있다고 본다면 시·군 및 자치구의회의 재의결에 관하여는 주무부장관과 시·도지사의 제소 등 권한이 중복됨에도 지방자치법은 그 상호관계를 규율하는 규정을 두고 있지 아니하다. 이는 주무부장관과 시·도지사의 지도·감독 권한이 중복되는 경우에 관한 지방자치법 제163조 제1항 및 제167조 제1항이 '1차로 시·도지사의, 2차로 행정자치부장관 또는 주무부장관의 지도·감독을 받는다'는 명시적인 규정을 두어 중복되는 권한 사이의 상호관계를 규율하고 있는 입법태도와 명백하게 다르다.

다) 지방자치법은 1949년 제정된 이래 장관이 시·군·자치구의회의 재의결에 대하여 직접 통제·감독 권한을 행사할 수 있도록 하는 규정을 두고 있지 아니하다가, 1994. 3. 16. 법률 제4741호로 개정되면서 현행 지방자치법 제172조 제4항과 유사한 규정을 제159조 제4항으로 신설하였으나, 그 개정이유에서 장관의 감독 권한을 시·군·자치구에 대해서까지 확대하는 것인지에 대하여는 전혀 언급이 없는데, 국가와 지방자

치단체 사이의 권한 통제라는 중요한 사항에 관하여 입법자가 아무런 설명 없이 권한
의 중복관계에 대한 명확한 규정도 두지 아니한 채로 통제 및 감독 권한을 확장하였다
고 보기는 어렵다.

　라) 그 밖에 지방자치법은 제16조 제3항 내지 제7항, 제170조 제2항, 제172조 제7
항 등에서 주민 감사청구에 따른 감사 절차, 직무이행명령의 대집행, 지방의회 의결에
대한 재의요구 지시의 불이행에 따른 제소 지시 또는 직접 제소에 대하여 '주무부장관
이나 시·도지사'의 권한과 후속조치를 규정하고 있는데, 관련 규정의 체계와 형식, 내
용에 비추어 보면 위 각 조항들은 각 조의 제1항에 따라 주무부장관은 시·도에 대하
여, 시·도지사는 시·군 및 자치구에 대하여 각각 일정한 권한을 가지고 있는 것이 전
제되어 있음을 알 수 있다.

　마) 헌법 제107조 제2항은 "명령·규칙 또는 처분이 헌법이나 법률에 위반되는 여
부가 재판의 전제가 된 경우에는 대법원은 이를 최종적으로 심사할 권한을 가진다."라
고 규정함으로써 명령·규칙에 대한 추상적 규범통제가 아닌 구체적 규범통제를 원칙
으로 하고 있으므로, 위법 여부가 문제 되는 조례는 사후적으로도 법원에 의한 심사의
대상이 될 수 있다고 할 것이어서, 반드시 주무부장관의 제소 지시 또는 직접 제소 방
식에 의하여 조례안에 대한 사전 통제를 해야 할 필요성이 크다고 보기도 어렵다.

　2) 이와 같이 지방자치법령의 문언과 체계, 제·개정 연혁, 지방자치단체의 조례에
대한 사후통제 가능성 등을 종합적으로 고려하여 보면, 피고의 이 사건 조례안 재의결
에 대하여는 인천광역시장이 강화군수에게 제소를 지시하거나 직접 제소할 수 있을 뿐,
원고가 강화군수에게 제소를 지시하거나 직접 제소할 수는 없다고 할 것이므로, 이 사
건 소는 법률상 근거가 없는 소로서 부적법하다.

3. 결론

　그러므로 이 사건 소를 각하하고 소송비용은 패소자가 부담하도록 하여, 주문과
같이 판결한다. 이 판결에 대하여는 대법관 김창석, 대법관 권순일의 반대의견이 있는
외에는 관여 법관의 의견이 일치하였다.

4. 대법관 김창석, 대법관 권순일의 반대의견은 다음과 같다.

　법치국가원리는 모든 국가권력의 행사가 법의 지배 원칙에 따라 법적으로 구속을
받는 것을 뜻한다. 국민이 선출하는 대통령과 국회의원을 포함하여 모든 국가기관은 헌

법과 법률에 위배되는 행위를 하여서는 아니 된다. 지방자치단체라고 하여 여기에서 예외일 수는 없다. 지방자치단체는 주민의 복리에 관한 사무를 처리하고 재산을 관리하며 법령의 범위 안에서 자치에 관한 규정을 제정할 수 있으나(헌법 제117조 제1항), 그 조례 제정권은 어디까지나 '법령의 범위 안에서' 이루어져야 한다(지방자치법 제22조). 그리고 여기에서 말하는 '법령의 범위 안에서'란 '법령에 위반되지 않는 범위 내에서'를 가리키므로 지방자치단체가 제정한 조례가 법령에 위반되는 경우에는 효력이 없다(대법원 2002. 4. 26. 선고 2002추23 판결, 대법원 2007. 2. 9. 선고 2006추45 판결 등 참조).

　지방자치단체의 자주성·자율성은 최대한 존중되어야 하므로 이에 대한 국가의 관여는 가능한 한 배제하는 것이 바람직하다. 그러나 지방자치도 헌법과 법률에 의하여 국가법질서의 테두리 안에서 인정되는 것이고, 지방자치행정도 중앙행정과 마찬가지로 국가행정의 일부이므로, 지방자치단체는 지방자치의 본질을 해하지 아니하는 범위 내에서 어느 정도 국가의 지도·감독을 받지 아니할 수 없다(대법원 1998. 5. 8. 선고 97누15432 판결 참조).

　지방자치법 제172조 제1항은 "지방의회의 의결이 법령에 위반되거나 공익을 현저히 해친다고 판단되면 시·도에 대하여는 주무부장관이, 시·군 및 자치구에 대하여는 시·도지사가 재의를 요구하게 할 수 있고, 재의요구를 받은 지방자치단체의 장은 의결사항을 이송받은 날부터 20일 이내에 지방의회에 이유를 붙여 재의를 요구하여야 한다.", 제2항은 "제1항의 요구에 대하여 재의의 결과 재적의원 과반수의 출석과 출석의원 3분의 2 이상의 찬성으로 전과 같은 의결을 하면 그 의결사항은 확정된다.", 제3항은 "지방자치단체의 장은 제2항에 따라 재의결된 사항이 법령에 위반된다고 판단되면 재의결된 날부터 20일 이내에 대법원에 소를 제기할 수 있다.", 제4항은 "주무부장관이나 시·도지사는 재의결된 사항이 법령에 위반된다고 판단됨에도 불구하고 해당 지방자치단체의 장이 소를 제기하지 아니하면 그 지방자치단체의 장에게 제소를 지시하거나 직접 제소 및 집행정지결정을 신청할 수 있다.", 제8항은 "제1항에 따른 지방의회의 의결이나 제2항에 따라 재의결된 사항이 둘 이상의 부처와 관련되거나 주무부장관이 불분명하면 행정자치부장관이 재의요구 또는 제소를 지시하거나 직접 제소 및 집행정지결정을 신청할 수 있다."라고 각 규정하고 있다.

　<u>이 사건 법률조항의 문언상 지방자치단체의 조례가 법령에 위반된다고 판단됨에도 불구하고 해당 지방자치단체의 장이 소를 제기하지 아니함을 이유로 대법원에 제소를 하는 경우에 그 제소권자를 주무부장관 또는 시·도지사로 병렬적으로 규정하고 있</u>

는 점, 이 사건 법률조항의 취지가 국가가 지방자치행정의 합법성을 감독하고 국가법질서의 통일성을 유지하려는 데 있다는 점 등에 비추어 보면, 주무부장관은 해당 지방자치단체가 '시·도' 또는 '시·군 및 자치구'인지 관계없이 그 제소권을 가진다고 보아야 하고, 다수의견과 같이 '시·도'에 대하여는 주무부장관에게, '시·군 및 자치구'에 대하여는 시·도지사에게만 있다고 해석할 것은 아니다. 만약 이와 달리 주무부장관에게 '시·군 및 자치구' 의회의 조례안 재의결에 대하여 제소할 권한이 없다고 해석한다면, 주무부장관은 조례안 재의결이 법령에 위반된다고 판단하는 경우에도 시·도지사가 제소하지 아니하면 그 위법한 상태를 용인할 수밖에 없게 되고, 그 결과 법령 위반 여부가 문제 되는 동일한 내용의 조례안이 시·도지사의 제소 여부에 따라 그 효력을 달리하는 결과가 발생할 우려가 있다.

또한 상위법령에 위반된다고 판단되는 경우에도 형식적 요건만 갖추면 일정한 절차를 거쳐 조례로 제정될 수 있도록 하고, 사후적으로 사법심사를 거쳐 무효화되도록 하는 것은 지방행정의 낭비를 초래하고, 자치입법에 대한 주민의 신뢰를 실추시키는 결과를 야기하며, 회복하기 어려운 법질서의 혼란을 가져올 수 있다는 점 등에 비추어 볼 때, 이 사건 법률조항은 이를 사전에 시정하기 위한 제도적 장치로서 지방자치제도의 본질적 내용을 침해한다고 볼 수 없으므로(헌법재판소 2009. 7. 30. 선고 2007헌바75 전원재판부 결정 참조), 이 점에서도 이 사건 법률조항의 적용 범위를 축소하여 해석할 것은 아니다.

나아가 위법 여부가 문제 되는 조례가 이 사건과 같이 지방자치단체가 개인 등에 대한 기부·보조 등을 하는 내용의 것이어서 지방재정법 위반 여부가 문제 되는 경우라면 다수의견처럼 사후적·구체적 규범통제가 그 위법성 시정을 위한 적절한 수단이 될 수 있는지도 의문이다. 예를 들어, 지방재정법 제17조 제1항은 지방자치단체의 개인 또는 법인·단체에 대한 기부·보조, 그 밖의 공금 지출을 법률에 규정이 있는 경우 등으로 제한하고 있는데, 만약 이에 위반되는 내용의 조례안이 재의결된 경우에 그로 인하여 수혜를 받은 주민이 그 조례의 효력을 다투어 제소하는 예는 상정하기 어려울 것이다. 당해 시·군 및 자치구 주민 이외의 사람은 조례의 적용대상이 아니므로 그 효력을 다툴 법률상 이익을 인정받기도 어렵다. 이러한 조례는 일단 시행되고 나면 그 효력 여부가 법원의 심사대상이 될 가능성이 크지 아니하다. 지방의회가 위법한 조례를 제정하였다면 법치국가원리상 그 조례의 효력은 부정함이 마땅하다. 그런데 사후적·구체적 규범통제가 이를 위한 적절한 수단이 되지 못한다면 이 사건 법률조항이 그 제소권자를 주무부장관 또는 시·도지사로 병렬적으로 규정한 문언대로 시·군 및 자치구의 조례안에 대하여도 주무부장관이 직접 제소할 수 있다고 보는 것이 옳다.

　　이상과 같은 이유로 다수의견에 찬성할 수 없음을 밝힌다.

[19] 세무공무원의 세무조사 권한 남용 사건

― 대법원 2016. 12. 15. 선고 2016두47659 판결 ―

【판시사항】

세무조사가 과세자료의 수집 또는 신고내용의 정확성 검증이라는 본연의 목적이 아니라 부정한 목적을 위하여 행하여진 경우, 세무조사에 의하여 수집된 과세자료를 기초로 한 과세처분이 위법한지 여부(적극)

【판결요지】

국세기본법은 제81조의4 제1항에서 "세무공무원은 적정하고 공평한 과세를 실현하기 위하여 필요한 최소한의 범위에서 세무조사를 하여야 하며, 다른 목적 등을 위하여 조사권을 남용해서는 아니 된다."라고 규정하고 있다. 이 조항은 세무조사의 적법요건으로 객관적 필요성, 최소성, 권한 남용의 금지 등을 규정하고 있는데, 이는 법치국가원리를 조세절차법의 영역에서도 관철하기 위한 것으로서 그 자체로서 구체적인 법규적 효력을 가진다. 따라서 세무조사가 과세자료의 수집 또는 신고내용의 정확성 검증이라는 본연의 목적이 아니라 부정한 목적을 위하여 행하여진 것이라면 이는 세무조사에 중대한 위법사유가 있는 경우에 해당하고 이러한 세무조사에 의하여 수집된 과세자료를 기초로 한 과세처분 역시 위법하다. 세무조사가 국가의 과세권을 실현하기 위한 행정조사의 일종으로서 과세자료의 수집 또는 신고내용의 정확성 검증 등을 위하여 필요불가결하며, 종국적으로는 조세의 탈루를 막고 납세자의 성실한 신고를 담보하는 중요한 기능을 수행하더라도 만약 남용이나 오용을 막지 못한다면 납세자의 영업활동 및 사생활의 평온이나 재산권을 침해하고 나아가 과세권의 중립성과 공공성 및 윤리성을 의심받는 결과가 발생할 것이기 때문이다.

【원고, 피상고인】　정○○
【피고, 상고인】　서초세무서장
【원심판결】　서울고법 2016. 7. 13. 선고 2015누57408 판결

【주   문】

상고를 기각한다.

【이   유】

1. 사건의 경위

가. 서울지방국세청장은 2012. 9. 6.부터 같은 해 12. 4.까지 □□화학 주식회사(이하 '이 사건 회사'라고 한다)에 대한 법인세통합조사를 실시하여 소외 1이 2004. 12. 31. 그 소유의 이 사건 회사 주식 1,009주를 원고에게 명의신탁한 사실을 확인하고, 피고에게 과세자료를 통보하였다. 이에 피고는 2013. 11. 7. 구 상속세 및 증여세법(2007. 12. 31. 법률 제8828호로 개정되기 전의 것, 이하 '구 상증세법'이라고 한다) 제45조의2 명의신탁 재산의 증여의제 규정에 따라 원고에게 2004년 귀속 증여세 46,845,290원(가산세 포함)을 결정·고지하였다(이하 '이 사건 처분'이라고 한다). 원고는 이에 불복하여 2014. 1. 29. 조세심판원에 심판청구를 제기하였고, 조세심판원은 2014. 10. 20. 원고의 청구를 기각하였다. 원고는 서울행정법원에 이 사건 처분의 취소를 구하는 소를 제기하였으나 2015. 8. 28. 패소판결을 받고, 원심법원인 서울고등법원에 항소를 하였다.

나. (1) 원심은 그 채택 증거를 종합하여 다음과 같은 사실을 인정하였다.

(가) 소외 2는 2009년 8월부터 2012년까지 국세청 재산세국 부동산거래관리과에서 계장 및 서기관으로 근무하였는데, 2011년 10월경 소외 3으로부터 소외 1과 사이의 토지 매매 관련 분쟁을 해결해 달라는 부탁을 받았다. 그는 세무조사를 통하여 압박하는 방법으로 소외 1로 하여금 토지 소유권을 반환하게 하기 위하여 2012년 1월경 소외 1 및 소외 4에 대한 부동산 탈세제보서를 직접 작성한 후 자신의 사실혼 배우자인 소외 5에게 주어 소외 5로 하여금 2012. 1. 30. 위 탈세제보서를 국세청에 접수하도록 하였다(이하 '이 사건 탈세제보서'라고 한다). 이 사건 탈세제보서의 내용은, 소외 1 등이 대전 서구 (주소 1 생략) 외 30필지 토지 및 지상물 일체를 소외 3 등으로부터 시가보다 현저히 낮은 가액으로 매수하여 121억 원의 증여세를 포탈하였다는 것이다.

(나) 이 사건 탈세제보서를 접수한 국세청 재산세국 부동산거래관리과는 2012년 1월경 이를 소외 1과 소외 4의 각 주민등록상 주소지를 관할하는 대구지방국세청과 서울지방국세청으로 이송하였다. 소외 2는 2012년 8월경 서울지방국세청 조사3국 조사관

리과 분석팀장에게 전화하여 이 사건 탈세제보서의 처리 경과를 묻던 중, 그로부터 소외 1의 주민등록상 주소지가 경주이어서 서울지방국세청에 세무조사 관할이 없다는 이야기를 듣자, "소외 1의 실거주지가 '서울 강남구 (주소 2 생략)'이므로 서울지방국세청에도 관할이 있다. 관할 조정을 신청하라."는 취지로 말하였다. 위 분석팀장은 소외 1이 위 주소지에서 실제로 거주하는지 확인하는 절차를 거치지 아니한 채 소외 2의 말만 믿고 세무조사 관할 조정신청을 하였고, 소외 2는 그 중간결재자로서 결재를 하였으며, 2012. 8. 24. 국세청장의 조정신청 승인이 이루어졌다.

(다) 서울지방국세청 조사3국 조사관리과는 이 사건 탈세제보서 및 세무조사 관할 조정승인에 근거하여 소외 1 및 이 사건 회사를 비롯하여 소외 1과 관련이 있는 회사들을 세무조사 대상자로 선정하고, 2012. 8. 31. 소외 1의 증여세 탈세 혐의 및 이 사건 회사에 대한 법인세통합조사에 관한 세무조사 계획을 수립하였다. 서울지방국세청 조사3국 조사3과 소속 조사관들은 2012. 9. 6.경 울산에 위치한 이 사건 회사의 사무실에서 관련 문서, 통장 내역 등을 압수한 것을 시작으로 약 3개월간 소외 1과 이 사건 회사에 대한 세무조사를 실시하였다(이하 '이 사건 세무조사'라고 한다). 소외 2는 이 사건 세무조사가 진행 중이던 2012년 11월경 조사팀장 소외 6에게 전화하여 이 사건 탈세제보서의 처리 경과를 묻던 중, 소외 6이 '이 사건 탈세제보서에 기재된 거래 내용은 부동산의 양수로 볼 수 없으므로 양수가 이루어진 다음에 저가 양수 여부를 판단하여야 한다'고 하자, 그는 장기할부매매 이론을 적용하면 부동산 양수가 이루어진 것으로 볼 수 있으므로 소외 1의 부동산 저가 양수로 인한 증여세 포탈 혐의를 인정할 수 있다는 취지의 말을 하였다. 한편 소외 6은 이 사건 세무조사 중에 소외 1 등에게 '대전시 서구 (주소 1 생략) 외 30필지 토지에 관하여 소외 3과 원만히 합의하면 이와 같은 포괄적인 세무조사를 받지 않았을 것이다'는 취지의 말을 하였다. 그는 또한 수사기관에서 '대전시 서구 ○○동 소재 부동산 사건만 해결되었으면 이 사건 세무조사가 시작되지도 않았을 것이다. 관할도 없는 서울지방국세청에서 그런 작은 회사에 세무조사를 나간다는 것은 특이한 경우이다. 부동산 저가 양수로 인한 증여세 탈세 제보에 대한 조사만 이루어지면 되는데, 소외 1과 관련된 회사들까지 세무조사가 이유 없이 확대되었다고 생각하였다.'는 취지의 진술을 하였다.

(라) 한편 소외 2 등은 '위 부동산을 찾을 경우 소외 3으로부터 12억 원의 뇌물을 받기로 약속하였다'는 공소사실을 비롯하여 특정범죄가중처벌등에관한법률위반(뇌물), 변호사법위반 등의 죄명으로 서울중앙지방법원 2015고합1091호로 공소가 제기되었다.

그중 위 뇌물 공소사실에 대하여 소외 2 등은 '검사가 제출하는 증거들만으로는 소외 3이 12억 원이 소외 2에게 전달되리라고 인식하고 대리권 위임 및 지불각서를 작성함으로써 소외 2, 소외 3 사이에 뇌물을 주고받겠다는 의사표시가 확정적으로 합치하였다는 점이 합리적 의심을 할 여지가 없이 증명되었다고 보기 어렵다.'는 이유로 2016. 5. 19. 무죄판결을 선고받았으나, 검사가 항소하여 그 형사사건이 서울고등법원에 계속 중이다.

　　(2) 원심은 위 사실관계를 아래와 같은 사정들에 비추어 살펴보면, 이 사건 세무조사는 구 국세기본법(2013. 1. 1. 법률 제11604호로 개정되기 전의 것, 이하 같다) 제81조의6에서 정한 세무조사 대상 선정사유에 해당하지 아니함에도 세무조사권을 남용하여 이루어진 것으로 위법하고, 이 사건 처분도 위법한 세무조사를 통하여 수집한 과세자료에 기초하여 이루어진 것으로서 적법절차의 원칙에 위반되어 위법하므로 취소되어야 한다고 판단하였다.

　　(가) 서울지방국세청 조사3국 조사관리과는 이 사건 탈세제보서를 근거로 소외 1 및 이 사건 회사를 세무조사 대상자로 선정하였는데, 이 사건 탈세제보서에는 소외 1의 부동산 저가 양수로 인한 증여세 포탈 혐의에 관한 내용만이 기재되어 있었을 뿐, 소외 1의 다른 조세 포탈 혐의 및 이 사건 회사의 법인세 포탈 혐의에 관한 내용은 기재되어 있지 않았고, 이 사건 탈세제보서에 대한 조사를 시작한 직후 소외 1의 부동산 거래내용이 부동산의 양수에 해당하지 않아 그에게 부동산 저가 양수로 인한 증여세 포탈 혐의를 인정할 수 없다는 결론을 내린 것으로 보이므로, 위 탈세제보서만으로는 구 국세기본법 제81조의6 제2항 제3호의 '납세자에 대한 구체적인 탈세 제보가 있는 경우' 또는 제4호의 '신고 내용에 탈루나 오류의 혐의를 인정할 만한 명백한 자료가 있는 경우'에 해당한다고 볼 수 없고, 서울지방국세청 조사3국 조사관리과에서 배분한 세무조사 착수통지서나 세무조사 계획서 등 역시 이 사건 탈세제보서에 기초하여 세무조사의 범위를 넓히는 내용으로 작성된 내부 문건에 불과하므로 마찬가지로 위 경우에 해당한다고 볼 수 없다.

　　(나) 서울지방국세청 조사3국 조사관리과는 이 사건 탈세제보서에 관한 조사를 시작한 직후 소외 1에게 부동산 저가 양수로 인한 증여세 포탈 혐의를 인정할 수 없다는 결론을 내렸음에도 소외 1의 부동산 매수대금의 출처를 확인한다는 명목으로 이 사건 탈세제보서의 기재 내용과 관련이 없는 이 사건 회사의 법인결산서 등을 조회하고, 그 결과 소외 1과 관련된 회사들에 가수금이 많고 위 회사들의 주주 변동이 빈번하다는

이유로 이 사건 회사에 대한 포괄적인 법인통합조사로 조사의 범위를 넓혔는바, 이는 적정하고 공평한 과세를 실현하기 위한 필요 최소한의 범위를 벗어나 세무조사의 범위를 확대한 것으로서 구 국세기본법 제81조의4 제1항 위반에 해당한다.

(다) 구 조사사무처리규정(2015. 6. 30. 국세청훈령 제2105호로 개정되기 전의 것, 이하 같다)은 제5조 제1항에서 "세무조사사무는 그 세목의 납세지를 관할하는 세무서장 또는 지방국세청장이 수행한다. 다만, 국세청장이 중요하다고 인정하는 세무조사사무는 국세청장이 수행할 수 있다."라고 정하고 있다. 이에 따르면, 소외 1 및 이 사건 회사에 대한 세무조사의 관할은 소외 1의 주민등록상 주소지 또는 이 사건 회사의 본점소재지 관할 지방국세청(대구, 부산)에 있음에도, 서울지방국세청 조사3국 조사관리과는 소외 1의 실거주지가 서울이라는 소외 2의 진술만을 근거로 확인 절차도 거치지 않은 채 이 사건 세무조사의 관할을 서울지방국세청으로 조정하였는바, 이는 위 규정 제5조 제2항에 정한 세무조사 관할 조정사유에 해당한다고 볼 수 없으므로, 이 사건 세무조사는 구 조사사무처리규정 제5조, 제11조에서 정하는 세무조사의 관할에도 벗어난 것이다.

(라) 이 사건 세무조사는 당초 국세청 공무원인 소외 2가 소외 3으로 하여금 분쟁 토지의 소유권을 반환받을 수 있도록 소외 1을 압박하려는 목적으로 탈세제보를 함으로써 시작된 것이다. 세무조사 과정에도 소외 2가 개입하여 세무조사 관할이 없는 서울지방국세청에서 세무조사를 실시하게 하였으며, 탈세제보서에 기재된 내용의 조세포탈 혐의가 인정되지 않음을 알면서도 세무공무원이 세무조사범위를 부당하게 확대하여 오랜 기간 세무조사를 실시하면서 소외 1 등에게 소외 3과의 합의를 종용하는 것으로 보여지는 언행을 한 점 등을 종합하면, 이 사건 세무조사는 소외 3이나 소외 2의 개인적 이익을 위하여 세무조사권이 남용된 것이다.

2. 대법원의 판단

가. 법치국가원리는 국가권력의 행사가 법의 지배 원칙에 따라 법적으로 구속을 받는 것을 뜻한다. 법치주의는 원래 국가권력의 자의적 행사를 막기 위한 데서 출발한 것이다. 국가권력의 행사가 공동선의 실현을 위하여서가 아니라 특정 개인이나 집단의 이익 또는 정파적 이해관계에 의하여 좌우된다면 권력의 남용과 오용이 발생하고 국민의 자유와 권리는 쉽사리 침해되어 힘에 의한 지배가 되고 만다. 법치주의는 국가권력의 중립성과 공공성 및 윤리성을 확보하기 위한 것이므로, 모든 국가기관과 공무원은 헌법과 법률에 위배되는 행위를 하여서는 아니 됨은 물론 헌법과 법률에 의하여 부여

된 권한을 행사할 때에도 그 권한을 남용하여서는 아니 된다.

조세법의 영역에서 법치국가원리는 조세법률주의로 나타난다(헌법 제59조). 조세법률주의는 조세의 종목과 세율 그 밖의 과세요건과 조세의 부과·징수절차를 법률로 정하여야 한다는 것을 그 기본내용으로 한다. 조세채무는 법률이 정하는 과세요건이 충족되는 때에는 당연히 자동적으로 성립한다(대법원 1985. 1. 22. 선고 83누279 판결 참조). 그러나 법률의 규정에 의하여 조세채무가 성립한다고 하더라도 그 내용을 적법하게 확정하여 납부 및 징수 등의 후속절차가 이루어지도록 하려면 과세관청이 과세요건이 되는 사실관계를 정확하게 파악할 수 있어야 한다. 이러한 취지에서 세법은 세무공무원에게 납세의무자 또는 관계인에게 필요에 따라 질문을 하고, 관계서류, 장부 그 밖의 물건을 검사할 수 있는 권한을 부여하고 있다(소득세법 제170조, 법인세법 제122조, 부가가치세법 제74조 등). 질문검사권의 행사를 통해 과세요건사실을 조사·확인하고 과세에 필요한 직접·간접의 자료를 수집하는 일련의 행위가 세무조사이다(국세기본법 제81조의2 제2항 제1호).

국세기본법은 제81조의4 제1항에서 "세무공무원은 적정하고 공평한 과세를 실현하기 위하여 필요한 최소한의 범위에서 세무조사를 하여야 하며, 다른 목적 등을 위하여 조사권을 남용해서는 아니 된다."라고 규정하고 있다(이하 '이 사건 조항'이라고 한다). 이 사건 조항은 세무조사의 적법 요건으로 객관적 필요성, 최소성, 권한 남용의 금지 등을 규정하고 있는데, 이는 법치국가원리를 조세절차법의 영역에서도 관철하기 위한 것으로서 그 자체로서 구체적인 법규적 효력을 가진다. 따라서 세무조사가 과세자료의 수집 또는 신고내용의 정확성 검증이라는 그 본연의 목적이 아니라 부정한 목적을 위하여 행하여진 것이라면 이는 세무조사에 중대한 위법사유가 있는 경우에 해당하고 이러한 세무조사에 의하여 수집된 과세자료를 기초로 한 과세처분 역시 위법하다고 보아야 한다. 세무조사가 국가의 과세권을 실현하기 위한 행정조사의 일종으로서 과세자료의 수집 또는 신고내용의 정확성 검증 등을 위하여 필요불가결하며, 종국적으로는 조세의 탈루를 막고 납세자의 성실한 신고를 담보하는 중요한 기능을 수행한다 하더라도 만약 그 남용이나 오용을 막지 못한다면 납세자의 영업활동 및 사생활의 평온이나 재산권을 침해하고 나아가 과세권의 중립성과 공공성 및 윤리성을 의심받는 결과가 발생할 것이기 때문이다.

나. 위와 같은 법리에 비추어 원심판결을 살펴본다. 원심이 인정한 사실관계에 의하면, 이 사건 세무조사는 세무공무원인 소외 2가 소외 1과 토지 관련 분쟁관계에 있던

소외 3의 부탁을 받고 세무조사라는 이름으로 소외 1을 압박하여 분쟁 토지의 소유권을 반환하게 하기 위한 방편으로 행하여진 것으로서 세무조사의 객관적 필요성이 결여된 것이다. 또한 이 사건 세무조사를 담당한 서울지방국세청 조사3국 조사관리과로서는 조사 개시 직후 소외 1에게 부동산 저가 양수로 인한 증여세 포탈 혐의를 인정할 수 없다는 결론을 내렸음에도 불구하고 합리적인 이유 없이 이 사건 회사에 대한 포괄적인 법인세 통합조사로 조사의 범위를 확대하였는데 이는 최소성의 원칙에도 위반된 것이다. 끝으로 이 사건 세무조사는 외관상으로는 세무조사의 형식을 취하고 있으나 그 실질은 세무공무원이 개인적 이익을 위하여 그 권한을 남용한 전형적 사례에 해당하고 그 위법의 정도가 매우 중대하다. 결국 이 사건 세무조사는 위법하므로 그에 근거하여 수집된 과세자료를 기초로 이루어진 이 사건 처분 역시 위법하다.

원심이 이 사건 처분이 위법하여 취소되어야 한다고 판단한 것은 이러한 법리에 따른 것으로서 정당하고, 거기에 상고이유의 주장과 같이 세무조사 대상자 선정에 관한 법리를 오해하거나 채증법칙을 위반하여 사실을 오인한 잘못이 없다.

3. 결론

그러므로 상고를 기각하고, 상고비용은 패소자가 부담하도록 하여, 관여 대법관의 일치된 의견으로 주문과 같이 판결한다.

[20] 조세감면조례의 불완전입법과 조세평등의 원칙

― 대법원 2016. 12. 29. 선고 2010두3138 판결 ―

【판시사항】

조세감면조례의 불완전입법으로 인한 형평에 반하는 과세처분이 국세기본법 제18 조 제1항이 정한 조세평등의 원칙에 위반된다고 본 사례

【판결요지】

행정자치부장관이 문화재 지정 상업용 부동산을 조세감면 대상에 포함시킬 것을 내용으로 하는 '지방세감면조례 표준안' 시달함에 따라 전국 대부분의 지방자치단체가 조세감면 조례를 두었음에도 이 사건 지방자치단체만이 그와 같은 조례를 두지 않음에 따라 종합부동산세 감액경정 거부처분이 이루어진 사안에서, 그와 같은 처분은 종합부 동산세의 과세대상인 부동산의 소재지에 따라 그 감면 여부를 달리 하여 과세형평에 반하므로 국세기본법 제18조 제1항이 정한 조세평등의 원칙을 위반한 위법한 것이라고 판단한 사례

【원고, 상고인】 ○○ 주식회사
【피고, 피상고인】 서부세무서장
【원심판결】 부산고법 2010. 1. 13. 선고 2009누5336 판결

【주 문】

원심판결을 파기하고, 사건을 부산고등법원에 환송한다.

【이 유】

상고이유를 판단한다.

1. 원심은 그 채택 증거를 종합하여, ① 원고는 문화재보호법에 따라 문화재로 지정된 부산 강서구 명지동 607−640 잡종지 36,767㎡ 외 47필지 토지(이하 '이 사건 토지'

라고 한다)를 포함한 종합부동산세 과세대상 부동산에 대하여 2005년 및 2006년 귀속 종합부동산세 및 그에 관한 농어촌특별세(이하 이를 합하여 '종합부동산세 등'이라고 한다)를 신고·납부한 사실, ② 원고는, 전국 대부분의 지방자치단체는 관할구역 내의 문화재로 지정된 토지에 대하여 재산세를 면제하는 내용의 조례(이하 '재산세감면조례'라고 한다)를 두고 있어서 구 종합부동산세법 제6조 제2항에 의한 재산세감면조례의 준용으로 종합부동산세 등이 면제되는 반면, 부산광역시 강서구는 위와 같은 조례를 두지 않고 있다는 이유로 그에 대하여 종합부동산세 등이 과세되는 것은 조세평등의 원칙에 반하므로 당초 신고·납부한 종합부동산세 등을 감액해 달라는 취지의 경정청구를 하였으나, 피고가 이를 거부하는 이 사건 처분을 한 사실 등을 인정하였다.

이어서 원심은, 종합부동산세는 지방교부세법에 따라 지방자치단체에 전액 교부되므로 지방세적 성격이 없다고 할 수 없는데, 구 지방세법 제7조 및 제9조에 의하여 지방세를 면제할 것인지는 각 지방자치단체가 재정사정 등을 고려하여 각각의 필요에 따라 결정할 사항이고 지방세 면제에 관한 조례를 제정할 것인지 및 그러한 조례를 어떠한 내용으로 제정할 것인지 등은 지방자치단체의 자치권에 속한다는 등의 이유로, 부산광역시 강서구가 다른 지방자치단체와 달리 문화재로 지정된 토지에 대한 재산세감면조례를 두지 아니함으로 인하여 이 사건 토지에 대하여 종합부동산세 등이 과세되더라도 이를 두고 조세평등의 원칙에 반한다고 할 수 없다고 판단하였다.

2. 구 종합부동산세법(2010. 3. 31. 법률 제10220호로 개정되기 전의 것, 이하 '종부세법'이라고 한다)은 제1조에서 "이 법은 고액의 부동산 보유자에 대하여 종합부동산세를 부과하여 부동산보유에 대한 조세부담의 형평성을 제고하고, 부동산의 가격안정을 도모함으로써 지방재정의 균형발전과 국민경제의 건전한 발전에 이바지함을 목적으로 한다."고 정하고, 제6조 제2항에서 "지방세법 제7조 내지 제9조의 규정에 의한 시·군의 감면조례에 의한 재산세의 감면규정은 종합부동산세를 부과함에 있어서 이를 준용한다."고 정하고 있다. 그리고 구 지방세법(2008. 2. 29. 법률 제8864호로 개정되기 전의 것, 이하 '지방세법'이라고 한다)은 제7조 제1항에서 "지방자치단체는 공익상 기타의 사유로 인하여 과세를 부적당하다고 인정할 때에는 과세하지 아니할 수 있다."고 정하고, 제9조에서 "제7조 및 제8조의 규정에 의하여 지방자치단체가 과세면제·불균일과세 또는 일부과세를 하고자 할 때에는 행정자치부장관의 허가를 얻어 당해 지방자치단체의 조례로써 정하여야 한다."고 정하고 있다.

한편 구 국세기본법(2007. 12. 31. 법률 제8830호로 개정되기 전의 것, 이하 '국세기본법'이라고 한다)은 제1조에서 "이 법은 국세에 관한 기본적인 사항 및 공통적인 사항과 위법 또는 부당한 국세처분에 대한 불복절차를 규정함으로써 국세에 관한 법률관계를 확실하게 하고, 과세의 공정을 도모하며, 국민의 납세의무의 원활한 이행에 기여함을 목적으로 한다."고 정하고, 제3조 제1항에서 "이 법은 세법에 우선하여 적용한다."고 정하며, 제18조 제1항에서 "세법의 해석·적용에 있어서는 과세의 형평과 당해 조항의 합목적성에 비추어 납세자의 재산권이 부당히 침해되지 아니하도록 하여야 한다."고 정하고 있다.

위 각 규정의 내용과 체계 및 ① 종합부동산세는 과세기준일을 지방세법에 규정된 재산세의 과세기준일로, 납세의무자를 과세기준일 현재 주택분 재산세 및 토지분 재산세의 납세의무자로 각기 정하고 있는 등 그 과세요건에서 지방세인 재산세와 공통되는 측면이 있으나, 국세로서 국세기본법이 우선하여 적용되는 이상 종합부동산세의 과세표준과 세율 및 감면 여부를 적용함에 있어서는 그 납세의무자들 사이에 과세의 형평이 이루어져야 하는 점, ② 이와 같은 취지에서 종합부동산세법 제6조 제4항, 구 종합부동산세법 시행령(2008. 2. 29. 대통령령 제20720호로 개정되기 전의 것) 제2조는 시·군의 감면조례에 의한 재산세의 감면규정이 전국적인 과세형평을 저해하는 것으로 인정되는 경우에는 종합부동산세를 부과할 때 재산세감면조례를 준용하지 아니한다고 규정하고 있는 점, ③ 행정자치부장관이 2003. 10. 16. 시달한 지방세감면조례 표준안에 의하면 문화재로 지정된 모든 부동산에 대하여 재산세 등을 면제하도록 규정되어 있고, 이에 따라 관할구역 내에 문화재로 지정된 토지가 있는 전국의 지방자치단체들은 부산광역시 강서구를 제외하고는 모두 위 표준안과 같은 내용의 조례 규정을 두고 있었던 점, ④ 부산광역시 강서구 또한 2010. 10. 31. 부산광역시 강서구세 감면조례를 개정하여 문화재로 지정된 토지에 대하여 재산세를 면제하는 규정을 신설하였는데, 이는 종전의 감면조례에서 문화재로 지정된 토지에 대하여 재산세를 면제하지 아니한 것은 잘못이라는 반성적 고려에서 이루어진 것인 점 등을 종합하여 보면, 이 사건 처분은 국세기본법 제18조 제1항 등에 위반하여 종합부동산세의 과세대상인 부동산의 소재지에 따라 그 감면 여부를 달리 한 경우에 해당하여 위법한 처분이라고 보아야 할 것이다.

그런데도 원심은 이와 달리 이 사건 토지에 대하여도 2005년 및 2006년분 종합부동산세 등이 과세되어야 한다고 보아 이 사건 처분이 적법하다고 판단하였으니, 이러한 원심 판단에는 종합부동산세의 감면 여부에 관한 법리를 오해하여 판결 결과에 영향을 미친 잘못이 있다.

3. 그러므로 원심판결을 파기하고, 사건을 다시 심리·판단하게 하기 위하여 원심 법원에 환송하기로 하여 관여 대법관의 일치된 의견으로 주문과 같이 판결한다.

[21] 육군3사관학교 금주조항 학칙의 위헌 여부

－ 대법원 2018. 8. 30. 선고 2016두60591 판결 －

【판시사항】

　　[1] 육군3사관학교 사관생도의 경우 일반 국민보다 기본권이 더 제한될 수 있는지 여부(적극) 및 그 경우 기본권 제한의 한계

　　[2] 육군3사관학교 사관생도인 甲이 4회에 걸쳐 학교 밖에서 음주를 하여 '사관생도 행정예규' 제12조에서 정한 품위유지의무를 위반하였다는 이유로 육군3사관학교장이 교육운영위원회의 의결에 따라 甲에게 퇴학처분을 한 사안에서, 위 금주조항은 사관생도의 일반적 행동자유권, 사생활의 비밀과 자유 등 기본권을 과도하게 제한하는 것으로서 무효인데도 위 금주조항을 적용하여 내린 퇴학처분이 적법하다고 본 원심판결에 법리를 오해한 잘못이 있다고 한 사례

【판결요지】

　　[1] 사관생도는 군 장교를 배출하기 위하여 국가가 모든 재정을 부담하는 특수교육기관인 육군3사관학교의 구성원으로서, 학교에 입학한 날에 육군 사관생도의 병적에 편입하고 준사관에 준하는 대우를 받는 특수한 신분관계에 있다(육군3사관학교 설치법 시행령 제3조). 따라서 그 존립 목적을 달성하기 위하여 필요한 한도 내에서 일반 국민보다 상대적으로 기본권이 더 제한될 수 있으나, 그러한 경우에도 법률유보원칙, 과잉금지원칙 등 기본권 제한의 헌법상 원칙들을 지켜야 한다.

　　[2] 육군3사관학교 사관생도인 甲이 4회에 걸쳐 학교 밖에서 음주를 하여 '사관생도 행정예규'(이하 2015. 5. 19. 개정되기 전의 것을 '구 예규', 2016. 3. 3. 개정되기 전의 것을 '예규'라 한다) 제12조(이하 '금주조항'이라 한다)에서 정한 품위유지의무를 위반하였다는 이유로 육군3사관학교장이 교육운영위원회의 의결에 따라 甲에게 퇴학처분을 한 사안에서, 첫째 사관학교의 설치 목적과 교육 목표를 달성하기 위하여 사관학교는 사관생도에게 교내 음주 행위, 교육·훈련 및 공무 수행 중의 음주 행위, 사적 활동이더라도 신분을 나타내는 생도 복장을 착용한 상태에서 음주하는 행위, 생도 복장을 착용하지 않은 상태에서 사적 활동을 하는 때에도 이로 인하여 사회적 물의를 일으킴으로써 품위

를 손상한 경우 등에는 이러한 행위들을 금지하거나 제한할 필요가 있으나 여기에 그
치지 않고 나아가 사관생도의 모든 사적 생활에서까지 예외 없이 금주의무를 이행할
것을 요구하는 것은 사관생도의 일반적 행동자유권은 물론 사생활의 비밀과 자유를 지
나치게 제한하는 것이고, 둘째 구 예규 및 예규 제12조에서 사관생도의 모든 사적 생활
에서까지 예외 없이 금주의무를 이행할 것을 요구하면서 제61조에서 사관생도의 음주
가 교육 및 훈련 중에 이루어졌는지 여부나 음주량, 음주 장소, 음주 행위에 이르게 된
경위 등을 묻지 않고 일률적으로 2회 위반 시 원칙으로 퇴학 조치하도록 정한 것은 사
관학교가 금주제도를 시행하는 취지에 비추어 보더라도 사관생도의 기본권을 지나치게
침해하는 것이므로, 위 금주조항은 사관생도의 일반적 행동자유권, 사생활의 비밀과 자
유 등 기본권을 과도하게 제한하는 것으로서 무효인데도 위 금주조항을 적용하여 내린
퇴학처분이 적법하다고 본 원심판결에 법리를 오해한 잘못이 있다고 한 사례.

【원고, 상고인】 김○○
【피고, 피상고인】 육군3사관학교장
【원심판결】 대구고법 2016. 11. 11. 선고 2016누4806 판결

【주 문】

원심판결을 파기하고, 사건을 대구고등법원에 환송한다.

【이 유】

상고이유를 판단한다.

1. 사건의 경위

가. 원고는 2014. 1. 10. 육군3사관학교에 입교한 사관생도로서 학사과정을 이수하
여 2016. 2. 24. 졸업을 하였다.

나. 원고는 2014. 11. 중순 외박 중 소외 1과 함께 소주 1병을 나누어 마셨고,
2015. 4.경 가족과 함께 저녁 식사를 하면서 부모의 권유로 소주 2~4잔 정도를 마셨으
며, 2015. 8. 하계휴가기간 중 친구인 소외 2와 함께 소주 4~5잔 정도를 마셨고, 2015.
9.경 추석 연휴에 집에서 차례를 지내고 정종 2잔을 음복하였다.

다. 육군3사관학교 교육운영위원회는 2015. 11. 23. 생도대 위원회가 회부한 원고

에 대한 품위유지의무 위반(음주)에 대하여 심의한 결과 원고에 대하여 퇴학을 의결하였다. 이에 따라 피고는 2015. 11. 24. 원고를 퇴학에 처하는 이 사건 처분을 하였다.

라. 육군3사관학교는 육군3사관학교 설치법에 의하여 설치된 군사교육기관이다. 교장은 품행이 매우 불량한 생도, 군기를 문란하게 하는 등 사관생도로서 지켜야 할 규칙을 준수하지 아니한 생도, 학업성적이 불량하여 졸업할 가능성이 없는 생도, 질병이나 그 밖의 심신의 장애로 인하여 정해진 과정을 이수할 수 없는 생도, 학칙을 위반한 생도에 해당하는 사관생도를 퇴학시킬 수 있다(육군3사관학교 설치법 시행령 제18조 제1항). 육군3사관학교 학칙의 하위문서인 「사관생도 행정예규」(이하 2015. 5. 19. 개정되기 전의 것을 '구 예규'라고 하고, 2015. 5. 19. 개정되고 2016. 3. 3. 개정되기 전의 것을 '예규'라고 한다)에 의하면, "생도는 음주를 할 수 없다."라거나(구 예규 제12조, 품위유지의무) "생도는 음주를 할 수 없다. 단, 부득이한 부모님 상/기일 등으로 본인이 음주를 하여야 할 경우 훈육대장의 승인을 받아야 한다."라고 규정하고 있다(예규 제12조, 이하 구 예규의 해당 규정까지 통틀어 '이 사건 금주조항'이라고 한다). 품위유지의무 위반은 '1급 사고'로서 이를 2회 이상 반복하여 범한 경우 원칙으로 퇴학 조치하도록 되어 있다[구 예규 및 예규 제61조 제1호 (가)목].

2. 원심 판단

원심은 다음과 같은 이유로 이 사건 퇴학처분이 적법하다고 판단하였다.

가. 육군3사관학교는 올바른 가치관 및 도덕적 품성을 바탕으로 한 리더십을 갖추고 군사전문가로서의 기초 자질을 겸비한 정예장교 양성을 목표로 설립된 교육기관이다. 육군3사관학교는 올바른 가치관 및 도덕적 품성과 극기, 절제의 자세를 갖춘 장교로서의 자질을 겸비할 것을 무엇보다도 중요시하여 이를 위하여 사관학교에 특유한 3금제도(금주, 금연, 금혼)를 유지하고 있다. 이 사건 금주조항은 사관학교의 설립 목적이나 교육 목적, 기타 법령의 위임 취지 등에 비추어 헌법이나 법률에 합치되지 아니하거나 현저히 부당한 것으로는 보이지 않으므로, 사관생도가 품위유지의무를 위반한 때에는 이 사건 금주조항에 따라 원고를 퇴학시킬 수 있다.

나. 원고는 사관학교 특유의 3금제도가 있음을 인식하고 이로 인하여 원고의 기본권이 일부 제한된다는 사실을 잘 알면서도 이를 모두 수용하기로 하고 육군3사관학교에 입학하였다. 그럼에도 원고는 앞서 본 것처럼 이 사건 금주조항을 명백하게 위반하였다.

다. 사관생도 행정예규에서 정한 각 사고 유형과 징계처분기준이 그 자체로 헌법
이나 법률에 합치되지 아니하거나 위 처분기준에 따른 징계처분이 그 처분사유가 된
위반행위의 내용 및 관계 법령의 규정 내용과 취지에 비추어 현저히 부당하다고 인정
할 만한 합리적인 이유가 없는 한 기준에 따른 징계처분은 원칙적으로 재량권의 범위
내에서 이루어졌다고 보는 것이 타당하다. 원고가 이 사건 금주조항을 위반한 사정에
더하여, 육군3사관학교에서 퇴학처분을 받은 사람도 본인이 원하면 현역의 부사관으로
임용될 수 있는 점, 현역병으로 복무할 경우에는 퇴학 전에 받은 군사훈련기간이 복무
기간에 포함되도록 하여 사관생도가 퇴학처분으로 인하여 입게 되는 불이익을 완화하
고 있는 점 등을 종합하면, 원고가 이 사건 퇴학처분으로 인하여 받게 될 불이익이 피
고가 달성하고자 하는 공공목적보다 현저하게 크다고 할 수 없으므로 이 사건 퇴학처
분이 재량권을 일탈·남용하였다고 볼 수 없다.

3. 대법원의 판단

가. 헌법 제10조는 행복추구권과 여기서 파생된 일반적 행동자유권을 보장하고 있
고, 헌법 제17조는 사생활의 비밀과 자유를 기본권으로 보장하고 있다. 이들 기본권은
헌법 제37조 제2항에 따라 국가안전보장·질서유지 또는 공공복리를 위하여 필요한 경
우에 한하여 법률로써 제한할 수 있으나, 제한하는 경우에도 자유와 권리의 본질적인
내용을 침해할 수 없다.

한편 사관생도는 군 장교를 배출하기 위하여 국가가 모든 재정을 부담하는 특수교
육기관인 육군3사관학교의 구성원으로서, 학교에 입학한 날에 육군 사관생도의 병적에
편입하고 준사관에 준하는 대우를 받는 특수한 신분관계에 있다(육군3사관학교 설치법
시행령 제3조). 따라서 그 존립 목적을 달성하기 위하여 필요한 한도 내에서 일반 국민
보다 상대적으로 기본권이 더 제한될 수 있으나, 그러한 경우에도 법률유보원칙, 과잉
금지원칙 등 기본권 제한의 헌법상 원칙들을 지켜야 한다(대법원 2018. 3. 22. 선고 2012
두26401 전원합의체 판결 참조).

나. 육군3사관학교 설치법 및 시행령, 그 위임에 따른 육군3사관학교 학칙 및 사관
생도 행정예규 등에서 육군3사관학교의 설치 목적과 교육 목표를 달성하기 위하여 사
관생도가 준수하여야 할 사항을 정하고 이를 위반한 행위에 대하여는 징계를 규정할
수 있고 이러한 규율은 가능한 한 존중되어야 한다. 이러한 전제에서 이 사건 금주조항
이 기본권 제한의 헌법상 원칙인 과잉금지원칙에 위반되는지 살펴보기로 한다.

첫째, 구 예규 제12조 제1호는 "생도는 음주를 할 수 없다."라고 규정함으로써 사관생도에게 예외 없는 금주의무를 부과하고 있고, 예규 제12조 제1호는 "생도는 음주를 할 수 없다. 단, 부득이한 부모님 상/기일 등으로 본인이 음주를 하여야 할 경우 훈육대장의 승인을 받아야 한다."라고 규정함으로써 사관생도에게 원칙적으로 금주의무를 부과하면서 부모님 상/기일과 같은 부득이한 사정이 있는 경우에만 훈육대장의 승인을 얻어 음주를 허용하고 있다. 사관학교의 설치 목적과 교육 목표를 달성하기 위하여 사관학교는 사관생도에게 교내 음주 행위, 교육·훈련 및 공무 수행 중의 음주 행위, 사적 활동이라 하더라도 신분을 나타내는 생도 복장을 착용한 상태에서 음주하는 행위, 생도 복장을 착용하지 않은 상태에서 사적 활동을 하는 때에도 이로 인하여 사회적 물의를 일으킴으로써 품위를 손상한 경우 등에는 이러한 행위들을 금지하거나 제한할 필요가 있음은 물론이다. 그러나 여기에 그치지 않고 나아가 사관생도의 모든 사적 생활에서까지 예외 없이 금주의무를 이행할 것을 요구하는 것은 사관생도의 일반적 행동자유권은 물론 사생활의 비밀과 자유를 지나치게 제한하는 것이다.

둘째, 퇴학은 학적을 박탈하여 사관생도의 신분 관계를 소멸시킨다는 점에서 징계 중 가장 가혹한 처분에 해당하므로, 적어도 교육상 필요 또는 학내 질서유지라는 징계 목적에 비추어 중한 징계 사유가 있는 경우에 예외적으로 행해져야 한다. 그런데 사관생도 행정예규 제61조에 의하면, 음주는 품위유지의무 위반으로 1급 사고이고, 이를 2회 이상 반복하여 범한 경우에는 퇴학 조치가 원칙이다. 그런데 구 예규 및 예규 제12조에서 사관생도의 모든 사적 생활에서까지 예외 없이 금주의무를 이행할 것을 요구하면서, 그 제61조에서 사관생도의 음주가 교육 및 훈련 중에 이루어졌는지 여부나 음주량, 음주 장소, 음주 행위에 이르게 된 경위 등을 묻지 않고 일률적으로 2회 위반 시 원칙으로 퇴학조치하도록 정한 것은 사관학교가 금주제도를 시행하는 취지에 비추어 보더라도 사관생도의 기본권을 지나치게 침해하는 것이다.

결국 이 사건 금주조항은 사관생도 교육의 특수성을 고려하더라도 기본권 제한을 최소화하는 방안을 전혀 강구하지 아니함으로써 사관생도의 일반적 행동자유권, 사생활의 비밀과 자유 등 기본권을 과도하게 제한하는 것으로서 무효라고 보아야 한다.

그런데도 원심은 이와 달리, 원고에 대하여 이 사건 금주조항을 적용하여 한 이 사건 퇴학처분이 적법하다고 판단하였다. 이러한 원심판결에는 이 사건 금주조항의 위헌성 및 해석·적용 등에 관한 법리를 오해하여 판결에 영향을 미친 잘못이 있다. 이 점을 지적하는 상고이유 주장은 이유 있다.

4. 결론

그러므로 나머지 상고이유에 대한 판단을 생략한 채 원심판결을 파기하고, 사건을
다시 심리·판단하게 하기 위하여 원심법원에 환송하기로 하여, 관여 대법관의 일치된
의견으로 주문과 같이 판결한다.

[22] 일제강점기 강제징용 판결

― 대법원 2018. 10. 30. 선고 2013다61381 전원합의체 판결 ―

【판시사항】

　　일제강점기에 강제동원되어 기간 군수사업체인 일본제철 주식회사에서 강제노동에 종사한 甲 등이 위 회사가 해산된 후 새로이 설립된 신일철주금 주식회사를 상대로 위자료 지급을 구한 사안에서, 甲 등이 주장하는 손해배상청구권이 '대한민국과 일본국 간의 재산 및 청구권에 관한 문제의 해결과 경제협력에 관한 협정'의 적용대상에 포함되는지 여부

【판결요지】

　　[다수의견] 일제강점기에 강제동원되어 기간 군수사업체인 일본제철 주식회사에서 강제노동에 종사한 甲 등이 위 회사가 해산된 후 새로이 설립된 신일철주금 주식회사(이하 '신일철주금'이라 한다)를 상대로 위자료 지급을 구한 사안에서, 甲 등의 손해배상청구권은, 일본 정부의 한반도에 대한 불법적인 식민지배 및 침략전쟁의 수행과 직결된 일본 기업의 반인도적인 불법행위를 전제로 하는 강제동원 피해자의 일본 기업에 대한 위자료청구권(이하 '강제동원 위자료청구권'이라 한다)인 점, '대한민국과 일본국 간의 재산 및 청구권에 관한 문제의 해결과 경제협력에 관한 협정'(조약 제172호, 이하 '청구권협정'이라 한다)의 체결 경과와 전후 사정들에 의하면, 청구권협정은 일본의 불법적 식민지배에 대한 배상을 청구하기 위한 협상이 아니라 기본적으로 샌프란시스코 조약 제4조에 근거하여 한일 양국 간의 재정적·민사적 채권·채무관계를 정치적 합의에 의하여 해결하기 위한 것이었다고 보이는 점, 청구권협정 제1조에 따라 일본 정부가 대한민국 정부에 지급한 경제협력자금이 제2조에 의한 권리문제의 해결과 법적인 대가관계가 있다고 볼 수 있는지도 분명하지 아니한 점, 청구권협정의 협상 과정에서 일본 정부는 식민지배의 불법성을 인정하지 않은 채 강제동원 피해의 법적 배상을 원천적으로 부인하였고, 이에 따라 한일 양국의 정부는 일제의 한반도 지배의 성격에 관하여 합의에 이르지 못하였는데, 이러한 상황에서 강제동원 위자료청구권이 청구권협정의 적용대상에 포함되었다고 보기는 어려운 점 등에 비추어, 甲 등이 주장하는 신일철주금에 대한 손해배상

청구권은 청구권협정의 적용대상에 포함되지 않는다고 한 사례.

[대법관 김소영, 대법관 이동원, 대법관 노정희의 별개의견] 청구권협정 및 그에 관한 양해문서 등의 문언, 청구권협정의 체결 경위나 체결 당시 추단되는 당사자의 의사, 청구권협정의 체결에 따른 후속 조치 등의 여러 사정들을 종합하여 보면, 강제동원 피해자의 손해배상청구권은 청구권협정의 적용대상에 포함된다고 봄이 타당하다.

그러나 청구권협정에는 개인청구권 소멸에 관하여 한일 양국 정부의 의사합치가 있었다고 볼 만큼 충분하고 명확한 근거가 없는 점 등에 비추어 甲 등의 개인청구권 자체는 청구권협정으로 당연히 소멸한다고 볼 수 없고, 청구권협정으로 그 청구권에 관한 대한민국의 외교적 보호권만이 포기된 것에 불과하다. 따라서 甲 등은 여전히 대한민국에서 신일철주금을 상대로 소로써 권리를 행사할 수 있다.

[**대법관 권순일**, 대법관 조재연의 **반대의견**] 청구권협정 제2조는 대한민국 국민과 일본 국민의 상대방 국가 및 그 국민에 대한 청구권까지 대상으로 하고 있음이 분명하므로 청구권협정을 국민 개인의 청구권과는 관계없이 양 체약국이 서로에 대한 외교적 보호권만을 포기하는 내용의 조약이라고 해석하기 어렵다.

청구권협정 제2조에서 규정하고 있는 '완전하고도 최종적인 해결'이나 '어떠한 주장도 할 수 없는 것으로 한다'라는 문언의 의미는 개인청구권의 완전한 소멸까지는 아니더라도 '대한민국 국민이 일본이나 일본 국민을 상대로 소로써 권리를 행사하는 것은 제한된다'는 뜻으로 해석하는 것이 타당하다.

결국, 대한민국 국민이 일본 또는 일본 국민에 대하여 가지는 개인청구권은 청구권협정에 의하여 바로 소멸되거나 포기되었다고 할 수는 없지만 소송으로 이를 행사하는 것은 제한되게 되었으므로, 甲 등이 일본 국민인 신일철주금을 상대로 국내에서 강제동원으로 인한 손해배상청구권을 소로써 행사하는 것 역시 제한된다고 보는 것이 옳다.

【원고, 피상고인】 정○○ 외 8인
【피고, 상고인】 신일철주금 주식회사
【환송판결】 대법원 2012. 5. 24. 선고 2009다68620 판결
【원심판결】 서울고법 2013. 7. 10. 선고 2012나44947 판결

【주   문】

상고를 모두 기각한다.

【이   유】

상고이유를 판단한다.

1. 기본적 사실관계

환송 전후의 각 원심판결 및 환송판결의 이유와 환송 전후의 원심이 적법하게 채택한 증거들에 의하면 다음과 같은 사실을 알 수 있다.

가. 일본의 한반도 침탈과 강제동원 등

일본은 1910. 8. 22. 한일합병조약 이후 조선총독부를 통하여 한반도를 지배하였다. 일본은 1931년 만주사변, 1937년 중일전쟁을 일으킴으로써 점차 전시체제에 들어가게 되었고, 1941년에는 태평양전쟁까지 일으켰다. 일본은 전쟁을 치르면서 군수물자 생산을 위한 노동력이 부족하게 되자 이를 해결하기 위하여 1938. 4. 1. '국가총동원법'을 제정·공포하고, 1942년 '조선인 내지이입 알선 요강'을 제정·실시하여 한반도 각 지역에서 관(官) 알선을 통하여 인력을 모집하였으며, 1944. 10.경부터는 '국민징용령'에 의하여 일반 한국인에 대한 징용을 실시하였다. 태평양전쟁은 1945. 8. 6. 일본 히로시마에 원자폭탄이 투하된 다음, 같은 달 15일 일본 국왕이 미국을 비롯한 연합국에 무조건 항복을 선언함으로써 끝이 났다.

나. 망 소외인과 원고 2, 원고 3, 원고 4(이하 '원고들'이라 한다)의 동원과 강제노동 피해 및 귀국 경위

(생략)

다. 샌프란시스코 조약 체결 등

태평양전쟁이 끝난 후 미군정 당국은 1945. 12. 6. 공포한 군정법령 제33호로 재한국 일본재산을 그 국유·사유를 막론하고 미군정청에 귀속시켰고, 이러한 구 일본재산은 대한민국 정부 수립 직후인 1948. 9. 20.에 발효한 「대한민국 정부 및 미국 정부 간의 재정 및 재산에 관한 최초협정」에 의하여 대한민국 정부에 이양되었다.

미국 등을 포함한 연합국 48개국과 일본은 1951. 9. 8. 전후 배상문제를 해결하기 위하여 샌프란시스코에서 평화조약(이하 '샌프란시스코 조약'이라 한다)을 체결하였고, 위 조약은 1952. 4. 28. 발효되었다. 샌프란시스코 조약 제4조(a)는 일본의 통치로부터 이탈된 지역의 시정 당국 및 그 국민과 일본 및 그 국민 간의 재산상 채권·채무관계는 위 당국과 일본 간의 특별약정으로써 처리한다는 내용을, 제4조(b)는 일본은 위 지역에서 미군정 당국이 일본 및 그 국민의 재산을 처분한 것을 유효하다고 인정한다는 내용을 정하였다.

라. 청구권협정 체결 경위와 내용 등

(1) 대한민국 정부와 일본 정부는 1951년 말경부터 국교정상화와 전후 보상문제를 논의하였다. 1952. 2. 15. 제1차 한일회담 본회의가 열려 관련 논의가 본격적으로 시작되었는데, 대한민국은 제1차 한일회담 당시 '한·일 간 재산 및 청구권 협정 요강 8개항'(이하 '8개 항목'이라 한다)을 제시하였다. 8개 항목 중 제5항은 '한국법인 또는 한국자연인의 일본은행권, 피징용한국인의 미수금, 보상금 및 기타 청구권의 변제청구'이다. 그 후 7차례의 본회의와 이를 위한 수십 차례의 예비회담, 정치회담 및 각 분과위원회별 회의 등을 거쳐 1965. 6. 22. 「대한민국과 일본국 간의 기본관계에 관한 조약」과 그 부속협정인 「대한민국과 일본국 간의 재산 및 청구권에 관한 문제의 해결과 경제협력에 관한 협정」(조약 제172호, 이하 '청구권협정'이라 한다) 등이 체결되었다.

(2) 청구권협정은 전문(前文)에서 "대한민국과 일본국은, 양국 및 양국 국민의 재산과 양국 및 양국 국민 간의 청구권에 관한 문제를 해결할 것을 희망하고, 양국 간의 경제협력을 증진할 것을 희망하여, 다음과 같이 합의하였다."라고 정하였다. 제1조에서 '일본국이 대한민국에 10년간에 걸쳐 3억 달러를 무상으로 제공하고 2억 달러의 차관을 행하기로 한다'고 정하였고, 이어서 제2조에서 다음과 같이 규정하였다.

> 1. 양 체약국은 양 체약국 및 그 국민(법인을 포함함)의 재산, 권리 및 이익과 양 체약국 및 그 국민 간의 청구권에 관한 문제가 1951년 9월 8일에 샌프란시스코시에서 서명된 일본국과의 평화조약 제4조(a)에 규정된 것을 포함하여 완전히 그리고 최종적으로 해결된 것이 된다는 것을 확인한다.
> 2. 본조의 규정은 다음의 것(본 협정의 서명일까지 각기 체약국이 취한 특별조치의 대상이 된 것을 제외한다)에 영향을 미치는 것이 아니다.
> (a) 일방 체약국의 국민으로서 1947년 8월 15일부터 본 협정의 서명일까지 사이에 타방 체약국에 거주한 일이 있는 사람의 재산, 권리 및 이익
> (b) 일방 체약국 및 그 국민의 재산, 권리 및 이익으로서 1945년 8월 15일 이후에 있어서의 통상의 접촉의 과정에 있어 취득되었고 또는 타방 체약국의 관할하에 들어오게 된 것
> 3. 2.의 규정에 따르는 것을 조건으로 하여 일방 체약국 및 그 국민의 재산, 권리 및 이익으로서 본 협정의 서명일에 타방 체약국의 관할하에 있는 것에 대한 조치와 일방

체약국 및 그 국민의 타방 체약국 및 그 국민에 대한 모든 청구권으로서 동일자 이전에
발생한 사유에 기인하는 것에 관하여는 어떠한 주장도 할 수 없는 것으로 한다.

(3) 청구권협정과 같은 날 체결되어 1965. 12. 18. 발효된「대한민국과 일본국 간
의 재산 및 청구권에 관한 문제의 해결과 경제협력에 관한 협정에 대한 합의의사록(Ⅰ)」
[조약 제173호, 이하 '청구권협정에 대한 합의의사록(Ⅰ)'이라 한다]은 청구권협정 제2조에 관
하여 다음과 같이 정하였다.

(a) "재산, 권리 및 이익"이라 함은 법률상의 근거에 의거하여 재산적 가치가 인정되
는 모든 종류의 실체적 권리를 말하는 것으로 양해되었다.
(e) 동조 3.에 의하여 취하여질 조치는 동조 1.에서 말하는 양국 및 그 국민의 재산,
권리 및 이익과 양국 및 그 국민 간의 청구권에 관한 문제를 해결하기 위하여 취하여질
각국의 국내조치를 말하는 것으로 의견의 일치를 보았다.
(g) 동조 1.에서 말하는 완전히 그리고 최종적으로 해결된 것으로 되는 양국 및 그
국민의 재산, 권리 및 이익과 양국 및 그 국민 간의 청구권에 관한 문제에는 한일회담
에서 한국 측으로부터 제출된 "한국의 대일청구요강"(소위 8개 항목)의 범위에 속하는
모든 청구가 포함되어 있고, 따라서 동 대일청구요강에 관하여는 어떠한 주장도 할 수
없게 됨을 확인하였다.

마. 청구권협정 체결에 따른 양국의 조치

(1) 청구권협정은 1965. 8. 14. 대한민국 국회에서 비준 동의되고 1965. 11. 12. 일
본 중의원 및 1965. 12. 11. 일본 참의원에서 비준 동의된 후 그 무렵 양국에서 공포되
었고, 양국이 1965. 12. 18. 비준서를 교환함으로써 발효되었다.

(2) 대한민국은 청구권협정에 의해 지급되는 자금을 사용하기 위한 기본적 사항을
정하기 위하여 1966. 2. 19.「청구권자금의 운용 및 관리에 관한 법률」(이하 '청구권자금
법'이라 한다)을 제정하였고, 이어서 보상대상이 되는 대일 민간청구권의 정확한 증거와
자료를 수집함에 필요한 사항을 규정하기 위하여, 1971. 1. 19.「대일 민간청구권 신고
에 관한 법률」(이하 '청구권신고법'이라 한다)을 제정하였다. 그런데 청구권신고법에서 강
제동원 관련 피해자의 청구권에 관하여는 '일본국에 의하여 군인·군속 또는 노무자로
소집 또는 징용되어 1945. 8. 15. 이전에 사망한 자'만을 신고대상으로 한정하였다. 이
후 대한민국은 청구권신고법에 따라 국민들로부터 대일청구권 신고를 접수받은 후 실

제 보상을 집행하기 위하여 1974. 12. 21.「대일 민간청구권 보상에 관한 법률」(이하 '청구권보상법'이라 한다)을 제정하여 1977. 6. 30.까지 총 83,519건에 대하여 총 91억 8,769만 3,000원의 보상금(무상 제공된 청구권자금 3억 달러의 약 9.7%에 해당한다)을 지급하였는데, 그중 피징용사망자에 대한 청구권 보상금으로 총 8,552건에 대하여 1인당 30만 원씩 총 25억 6,560만 원을 지급하였다.

(3) 일본은 1965. 12. 18.「재산 및 청구권에 관한 문제의 해결과 경제협력에 관한 일본국과 대한민국 간의 협정 제2조의 실시에 따른 대한민국 등의 재산권에 대한 조치에 관한 법률」(이하 '재산권조치법'이라 한다)을 제정하였다. 그 주된 내용은 대한민국 또는 그 국민의 일본 또는 그 국민에 대한 채권 또는 담보권으로서 청구권협정 제2조의 재산, 이익에 해당하는 것을 청구권협정일인 1965. 6. 22. 소멸하게 한다는 것이다.

바. 대한민국의 추가 조치

(1) 대한민국은 2004. 3. 5. 일제강점하 강제동원 피해의 진상을 규명하여 역사의 진실을 밝히는 것을 목적으로 「일제강점하 강제동원피해 진상규명 등에 관한 특별법」 (이하 '진상규명법'이라 한다)을 제정하였다. 위 법률과 그 시행령에 따라 일제강점하강제동원피해진상규명위원회가 설치되어 '일제강점하강제동원 피해'에 대한 조사가 전면적으로 이루어졌다.

(2) 대한민국은 2005. 1.경 청구권협정과 관련한 일부 문서를 공개하였다. 그 후 구성된 '한일회담 문서공개 후속대책 관련 민관공동위원회'(이하 '민관공동위원회'라 한다) 에서는 2005. 8. 26. '청구권협정은 일본의 식민지배 배상을 청구하기 위한 협상이 아니라 샌프란시스코 조약 제4조에 근거하여 한일 양국 간 재정적 · 민사적 채권 · 채무관계를 해결하기 위한 것이었으며, 일본군 위안부 문제 등 일본 정부와 군대 등 일본 국가권력이 관여한 반인도적 불법행위에 대해서는 청구권협정으로 해결된 것으로 볼 수 없고 일본 정부의 법적 책임이 남아 있으며, 사할린동포 문제와 원폭피해자 문제도 청구권협정 대상에 포함되지 않았다'는 취지의 공식의견을 표명하였는데, 위 공식의견에는 아래 내용이 포함되어 있다.

○ 한일협상 당시 한국 정부는 일본 정부가 강제동원의 법적 배상 · 보상을 인정하지 않음에 따라, "고통 받은 역사적 피해사실"에 근거하여 정치적 보상을 요구하였으며, 이러한 요구가 양국 간 무상자금산정에 반영되었다고 보아야 함

○ 청구권협정을 통하여 일본으로부터 받은 무상 3억불은 개인재산권(보험, 예금 등), 조선총독부의 대일채권 등 한국 정부가 국가로서 갖는 청구권, 강제동원

피해보상 문제 해결 성격의 자금 등이 포괄적으로 감안되었다고 보아야 할 것임
○ 청구권협정은 청구권 각 항목별 금액결정이 아니라 정치협상을 통해 총액결정 방식으로 타결되었기 때문에 각 항목별 수령금액을 추정하기 곤란하지만, 정부는 수령한 무상자금 중 상당 금액을 강제동원 피해자의 구제에 사용하여야 할 도의적 책임이 있다고 판단됨
○ 그러나 75년 우리 정부의 보상 당시 강제동원 부상자를 보호대상에서 제외하는 등 도의적 차원에서 볼 때 피해자 보상이 불충분하였다고 볼 측면이 있음

(3) 대한민국은 2006. 3. 9. 청구권보상법에 근거한 강제동원 피해자에 대한 보상이 불충분함을 인정하고 추가보상 방침을 밝힌 후, 2007. 12. 10.「태평양전쟁 전후 국외 강제동원희생자 등 지원에 관한 법률」(이하 '2007년 희생자지원법'이라 한다)을 제정하였다. 위 법률과 그 시행령은, ① 1938. 4. 1.부터 1945. 8. 15. 사이에 일제에 의하여 군인·군무원·노무자 등으로 국외로 강제동원되어 그 기간 중 또는 국내로 돌아오는 과정에서 사망하거나 행방불명된 '강제동원희생자'의 경우 1인당 2,000만 원의 위로금을 유족에게 지급하고, ② 국외로 강제동원되어 부상으로 장해를 입은 '강제동원희생자'의 경우 1인당 2,000만 원 이하의 범위 안에서 장해의 정도를 고려하여 대통령령으로 정하는 금액을 위로금으로 지급하며, ③ 강제동원희생자 중 생존자 또는 위 기간 중 국외로 강제동원되었다가 국내로 돌아온 사람 중 강제동원희생자에 해당하지 못한 '강제동원생환자' 중 생존자가 치료나 보조장구 사용이 필요한 경우에 그 비용의 일부로서 연간 의료지원금 80만 원을 지급하고, ④ 위 기간 중 국외로 강제동원되어 노무제공 등을 한 대가로 일본국 또는 일본 기업 등으로부터 지급받을 수 있었던 급료 등을 지급받지 못한 '미수금피해자' 또는 그 유족에게 미수금피해자가 지급받을 수 있었던 미수금을 당시 일본 통화 1엔에 대하여 대한민국 통화 2,000원으로 환산하여 미수금지원금을 지급하도록 규정하였다.

(4) 한편 진상규명법과 2007년 희생자지원법이 폐지되는 대신 2010. 3. 22.부터 제정되어 시행되고 있는「대일항쟁기 강제동원 피해조사 및 국외강제동원 희생자 등 지원에 관한 특별법」(이하 '2010년 희생자지원법'이라 한다)은 사할린지역 강제동원피해자 등을 보상대상에 추가하여 규정하고 있다. (중략)

4. 상고이유 제3점에 관하여

가. 조약은 전문·부속서를 포함하는 조약문의 문맥 및 조약의 대상과 목적에 비추

어 그 조약의 문언에 부여되는 통상적인 의미에 따라 성실하게 해석되어야 한다. 여기서 문맥은 조약문(전문 및 부속서를 포함한다) 외에 조약의 체결과 관련하여 당사국 사이에 이루어진 그 조약에 관한 합의 등을 포함하며, 조약 문언의 의미가 모호하거나 애매한 경우 등에는 조약의 교섭 기록 및 체결 시의 사정 등을 보충적으로 고려하여 그 의미를 밝혀야 한다.

나. 이러한 법리에 따라, 앞서 본 사실관계 및 채택된 증거에 의하여 알 수 있는 다음과 같은 사정을 종합하여 보면, 원고들이 주장하는 피고에 대한 손해배상청구권은 청구권협정의 적용대상에 포함된다고 볼 수 없다. 그 이유는 다음과 같다.

(1) 우선 이 사건에서 문제 되는 원고들의 손해배상청구권은, 일본 정부의 한반도에 대한 불법적인 식민지배 및 침략전쟁의 수행과 직결된 일본 기업의 반인도적인 불법행위를 전제로 하는 강제동원 피해자의 일본 기업에 대한 위자료청구권(이하 '강제동원 위자료청구권'이라 한다)이라는 점을 분명히 해두어야 한다. 원고들은 피고를 상대로 미지급 임금이나 보상금을 청구하고 있는 것이 아니고, 위와 같은 위자료를 청구하고 있는 것이다. (중략)

(2) 앞서 본 청구권협정의 체결 경과와 그 전후 사정, 특히 아래와 같은 사정들에 의하면, 청구권협정은 일본의 불법적 식민지배에 대한 배상을 청구하기 위한 협상이 아니라 기본적으로 샌프란시스코 조약 제4조에 근거하여 한일 양국 간의 재정적·민사적 채권·채무관계를 정치적 합의에 의하여 해결하기 위한 것이었다고 보인다.

① 앞서 본 것처럼, 전후 배상문제를 해결하기 위하여 1951. 9. 8. 미국 등 연합국 48개국과 일본 사이에 체결된 샌프란시스코 조약 제4조(a)는 '일본의 통치로부터 이탈된 지역(대한민국도 이에 해당)의 시정 당국 및 그 국민과 일본 및 일본 국민 간의 재산상 채권·채무관계는 이러한 당국과 일본 간의 특별약정으로써 처리한다'고 규정하였다.

② 샌프란시스코 조약이 체결된 이후 곧이어 제1차 한일회담(1952. 2. 15.부터 같은 해 4. 25.까지)이 열렸는데, 그때 한국 측이 제시한 8개 항목도 기본적으로 한·일 양국 간의 재정적·민사적 채무관계에 관한 것이었다. 위 8개 항목 중 제5항에 '피징용한국인의 미수금, 보상금 및 기타 청구권의 변제청구'라는 문구가 있지만, 8개 항목의 다른 부분 어디에도 일본 식민지배의 불법성을 전제로 하는 내용은 없으므로, 위 제5항 부분도 일본 측의 불법행위를 전제로 하는 것은 아니었다고 보인다. 따라서 위 '피징용한국인의 미수금, 보상금 및 기타 청구권의 변제청구'에 강제동원 위자료청구권까지 포함된다고 보기는 어렵다.

③ 1965. 3. 20. 대한민국 정부가 발간한 '한일회담백서'(을 제18호증)에 의하면, 샌프란시스코 조약 제4조가 한·일 간 청구권 문제의 기초가 되었다고 명시하고 있고, 나아가 "위 제4조의 대일청구권은 승전국의 배상청구권과 구별된다. 한국은 샌프란시스코 조약의 조인당사국이 아니어서 제14조 규정에 의한 승전국이 향유하는 '손해 및 고통'에 대한 배상청구권을 인정받지 못하였다. 이러한 한·일 간 청구권 문제에는 배상청구를 포함시킬 수 없다."는 설명까지 하고 있다.

④ 이후 실제로 체결된 청구권협정문이나 그 부속서 어디에도 일본 식민지배의 불법성을 언급하는 내용은 전혀 없다. 청구권협정 제2조 1.에서는 '청구권에 관한 문제가 샌프란시스코 조약 제4조(a)에 규정된 것을 포함하여 완전히 그리고 최종적으로 해결된 것'이라고 하여, 위 제4조(a)에 규정된 것 이외의 청구권도 청구권협정의 적용대상이 될 수 있다고 해석될 여지가 있기는 하다. 그러나 위와 같이 일본 식민지배의 불법성이 전혀 언급되어 있지 않은 이상, 위 제4조(a)의 범주를 벗어나는 청구권, 즉 식민지배의 불법성과 직결되는 청구권까지도 위 대상에 포함된다고 보기는 어렵다. 청구권협정에 대한 합의의사록(Ⅰ) 2.(g)에서도 '완전히 그리고 최종적으로 해결되는 것'에 위 8개 항목의 범위에 속하는 청구가 포함되어 있다고 규정하였을 뿐이다.

⑤ 2005년 민관공동위원회도 '청구권협정은 기본적으로 일본의 식민지배 배상을 청구하기 위한 것이 아니라 샌프란시스코 조약 제4조에 근거하여 한일 양국 간 재정적·민사적 채권·채무관계를 해결하기 위한 것이다'라고 공식의견을 밝혔다.

(3) 청구권협정 제1조에 따라 일본 정부가 대한민국 정부에 지급한 경제협력자금이 제2조에 의한 권리문제의 해결과 법적인 대가관계가 있다고 볼 수 있는지도 분명하지 아니하다.

청구권협정 제1조에서는 '3억 달러 무상 제공, 2억 달러 차관(유상) 실행'을 규정하고 있으나, 그 구체적인 명목에 대해서는 아무런 내용이 없다. 차관의 경우 일본의 해외경제협력기금에 의하여 행하여지는 것으로 하고, 위 무상 제공 및 차관이 대한민국의 경제발전에 유익한 것이어야 한다는 제한을 두고 있을 뿐이다. 청구권협정 전문에서 '청구권 문제 해결'을 언급하고 있기는 하나, 위 5억 달러(무상 3억 달러와 유상 2억 달러)와 구체적으로 연결되는 내용은 없다. 이는 청구권협정에 대한 합의의사록(Ⅰ) 2.(g)에서 언급된 '8개 항목'의 경우도 마찬가지이다. 당시 일본 측의 입장도 청구권협정 제1조의 돈이 기본적으로 경제협력의 성격이라는 것이었고, 청구권협정 제1조와 제2조 사이에 법률적인 상호관계가 존재하지 않는다는 입장이었다.

2005년 민관공동위원회는, 청구권협정 당시 정부가 수령한 무상자금 중 상당 금액을 강제동원 피해자의 구제에 사용하여야 할 '도의적 책임'이 있었다고 하면서, 1975년 청구권보상법 등에 의한 보상이 '도의적 차원'에서 볼 때 불충분하였다고 평가하였다. 그리고 그 이후 제정된 2007년 희생자지원법 및 2010년 희생자지원법 모두 강제동원 관련 피해자에 대한 위로금이나 지원금의 성격이 '인도적 차원'의 것임을 명시하였다.

(4) 청구권협정의 협상 과정에서 일본 정부는 식민지배의 불법성을 인정하지 않은 채, 강제동원 피해의 법적 배상을 원천적으로 부인하였고, 이에 따라 한일 양국의 정부는 일제의 한반도 지배의 성격에 관하여 합의에 이르지 못하였다. 이러한 상황에서 강제동원 위자료청구권이 청구권협정의 적용대상에 포함되었다고 보기는 어렵다.

청구권협정의 일방 당사자인 일본 정부가 불법행위의 존재 및 그에 대한 배상책임의 존재를 부인하는 마당에, 피해자 측인 대한민국 정부가 스스로 강제동원 위자료청구권까지도 포함된 내용으로 청구권협정을 체결하였다고 보이지는 않기 때문이다.

(5) 환송 후 원심에서 피고가 추가로 제출한 증거들도, 강제동원 위자료청구권이 청구권협정의 적용대상에 포함되지 않는다는 위와 같은 판단에 지장을 준다고 보이지 않는다.

위 증거들에 의하면, 1961. 5. 10. 제5차 한일회담 예비회담 과정에서 대한민국 측이 '다른 국민을 강제적으로 동원함으로써 입힌 피징용자의 정신적, 육체적 고통에 대한 보상'을 언급한 사실, 1961. 12. 15. 제6차 한일회담 예비회담 과정에서 대한민국 측이 '8개 항목에 대한 보상으로 총 12억 2,000만 달러를 요구하면서, 그중 3억 6,400만 달러(약 30%)를 강제동원 피해보상에 대한 것으로 산정(생존자 1인당 200달러, 사망자 1인당 1,650달러, 부상자 1인당 2,000달러 기준)'한 사실 등을 알 수 있기는 하다.

그러나 위와 같은 발언 내용은 대한민국이나 일본의 공식 견해가 아니라 구체적인 교섭 과정에서 교섭 담당자가 한 말에 불과하고, 13년에 걸친 교섭 과정에서 일관되게 주장되었던 내용도 아니다. '피징용자의 정신적, 육체적 고통'을 언급한 것은 협상에서 유리한 지위를 점하려는 목적에서 비롯된 발언에 불과한 것으로 볼 여지가 크고, 실제로 당시 일본 측의 반발로 제5차 한일회담 협상은 타결되지도 않았다. 또한 위와 같이 협상 과정에서 총 12억 2,000만 달러를 요구하였음에도 불구하고 정작 청구권협정은 3억 달러(무상)로 타결되었다. 이처럼 요구액에 훨씬 미치지 못하는 3억 달러만 받은 상황에서 강제동원 위자료청구권도 청구권협정의 적용대상에 포함된 것이라고는 도저히 보기 어렵다.

다. 환송 후 원심이 이와 같은 취지에서, 강제동원 위자료청구권은 청구권협정의 적용대상에 포함되지 않는다고 판단한 것은 정당하다. 거기에 상고이유 주장과 같이 청구권협정의 적용대상과 효력에 관한 법리를 오해하는 등의 위법이 없다.

한편 피고는 이 부분 상고이유에서, 강제동원 위자료청구권이 청구권협정의 적용대상에 포함된다는 전제하에, 청구권협정으로 포기된 권리가 국가의 외교적 보호권에 한정되어서만 포기된 것이 아니라 개인청구권 자체가 포기(소멸)된 것이라는 취지의 주장도 하고 있으나, 이 부분은 환송 후 원심의 가정적 판단에 관한 것으로서 더 나아가 살펴볼 필요 없이 받아들일 수 없다. (중략)

7. 결론

그러므로 상고를 모두 기각하고, 상고비용은 패소자가 부담하도록 하여, 주문과 같이 판결한다. 이 판결에는 상고이유 제3점에 관한 판단에 대하여 대법관 이기택의 별개의견, 대법관 김소영, 대법관 이동원, 대법관 노정희의 별개의견이 각 있고, 대법관 권순일, 대법관 조재연의 반대의견이 있는 외에는 관여 법관의 의견이 일치되었으며, 대법관 김재형, 대법관 김선수의 다수의견에 대한 보충의견이 있다.

9. 상고이유 제3점에 관한 판단에 대한 대법관 김소영, 대법관 이동원, 대법관 노정희의 별개의견

가. 청구권협정에도 불구하고 원고들이 피고를 상대로 강제동원 피해에 대한 위자료청구권을 행사할 수 있다는 점에 관해서는 다수의견과 결론을 같이한다. 다만 그 구체적인 이유에서는 다수의견과 견해를 달리한다.

다수의견은 '원고들이 주장하는 피고에 대한 손해배상청구권은 청구권협정의 적용대상에 포함된다고 볼 수 없다'는 입장을 취하고 있다. 그러나 청구권협정의 해석상 원고들의 손해배상청구권은 청구권협정의 적용대상에 포함된다고 보아야 한다. 다만 원고들 개인의 청구권 자체는 청구권협정으로 당연히 소멸한다고 볼 수 없고, 청구권협정으로 그 청구권에 관한 대한민국의 외교적 보호권만이 포기된 것에 불과하다. 따라서 원고들은 여전히 대한민국에서 피고를 상대로 소로써 권리를 행사할 수 있다.

이렇게 보아야 하는 구체적인 이유는 다음과 같다.

나. 우선 조약의 해석 방법에 관하여 다수의견이 밝힌 법리에 관하여는 견해를 달리하지 않는다. 이러한 법리에 따라, 환송 후 원심에서 비로소 제출된 증거들까지 포함

하여 원심이 적법하게 채택·조사한 증거들에 의하여 알 수 있는 사실관계를 살펴보면, 다수의견과 달리, 원고들의 피고에 대한 손해배상청구권은 청구권협정의 적용대상에 포함된다고 보는 것이 타당하다.

(1) 환송 후 원심에서 제출된 증거들을 비롯한 채택 증거들에 의하여 알 수 있는 청구권협정의 구체적인 체결 과정은 다음과 같다.

(가) 앞서 보았듯이, 1952. 2. 15. 개최된 제1차 한일회담 당시 대한민국은 8개 항목을 제시하였는데, 이후 일본의 역청구권 주장, 독도 및 평화선 문제에 대한 이견, 양국의 정치적 상황 등으로 제4차 한일회담까지는 8개 항목에 관한 논의가 제대로 이루어지지 못하였다.

(나) 제5차 한일회담에서부터 8개 항목에 대한 실질적인 토의가 이루어졌는데, 제5차 한일회담에서는 아래와 같은 논의가 있었다.

① 1961. 5. 10. 제5차 한일회담 예비회담 일반청구권소위원회 제13차 회의에서 대한민국 측은 8개 항목 중 위 제5항(한국법인 또는 한국자연인의 일본은행권, 피징용한국인의 미수금, 보상금 및 기타 청구권의 변제청구)과 관련하여 '강제징용으로 피해를 입은 개인에 대한 보상'을 일본 측에 요구하였다. 구체적으로 '생존자, 부상자, 사망자, 행방불명자 그리고 군인·군속을 포함한 피징용자 전반에 대하여 보상을 요구하는 것'이라면서 '이는 다른 국민을 강제적으로 동원함으로써 입힌 피징용자의 정신적·육체적 고통에 대한 보상을 의미한다'는 취지로 설명하였다. 이에 일본 측이 개인의 피해에 대한 보상을 요구하는 것인지, 대한민국에서 한국인 피해자에 대한 구체적인 조사를 할 용의가 있는지 등에 대하여 묻자, 대한민국 측은 '나라로서 청구하는 것이며, 피해자 개인에 대한 보상은 국내에서 조치할 성질의 것'이라는 입장을 밝히기도 하였다.

② 일본 측은 대한민국 측의 위와 같은 개인 피해 보상요구에 반발하면서 구체적인 징용·징병의 인원수나 증거자료를 요구하거나 양국 국교가 회복된 뒤에 개별적으로 해결하는 방안 등을 제시하는 등 대한민국 측의 요구에 그대로 응할 수 없다는 입장을 피력하였다.

③ 제5차 한일회담의 청구권위원회에서는 1961. 5. 16. 군사정변에 의해 회담이 중단되기까지 8개 항목의 제1항부터 제5항까지 토의가 진행되었으나, 근본적인 인식의 차이를 확인하였을 뿐 실질적인 의견 접근을 이루는 데는 실패하였다.

(다) 제6차 한일회담이 1961. 10. 20. 개시된 후에는 청구권에 대한 세부적 논의가 시일만 소요될 뿐 해결이 요원하다는 판단에서 정치적 측면의 접근이 모색되었는데, 아

래와 같은 협상 과정을 거쳐 제7차 한일회담 중 1965. 6. 22. 마침내 청구권협정이 체결되었다.

① 1961. 12. 15. 제6차 한일회담 예비회담 일반청구권소위원회 제7차 회의에서 대한민국 측은 일본 측에 8개 항목에 대한 보상으로 총 12억 2,000만 달러를 요구하면서, 강제동원에 대한 피해보상으로 생존자 1인당 200달러, 사망자 1인당 1,650달러, 부상자 1인당 2,000달러를 기준으로 계산한 3억 6,400만 달러(약 30%)를 산정하였다.

② 1962. 3.경 외상회담에서는 대한민국 측의 지불요구액과 일본 측의 지불용의액을 비공식적으로 제시하기로 하였는데, 그 결과 대한민국 측의 지불요구액인 순변제 7억 달러와 일본 측의 지불용의액인 순변제 7,000만 달러 및 차관 2억 달러 사이에 현저한 차이가 있음이 확인되었다.

③ 이러한 상황에서, 일본 측은 당초부터 청구권에 대한 순변제로 하면 법률관계와 사실관계를 엄격히 따져야 될 뿐 아니라 그 금액도 적어져서 대한민국이 수락할 수 없게 될 터이니, 유상과 무상의 경제협력의 형식을 취하여서 금액을 상당한 정도로 올리고 그 대신 청구권을 포기하도록 하자고 제안하였다. 이에 대하여 대한민국 측은 청구권에 대한 순변제로 받아야 하는 입장이나 문제를 대국적 견지에서 해결하기 위하여 청구권 해결의 테두리 안에서 순변제와 무상조 지불의 2개 명목으로 해결할 것을 주장하다가, 후에 다시 양보하여 청구권 해결의 테두리 안에서 순변제 및 무상조 지불의 2개 명목으로 하되 그 금액을 각각 구분하여 표시하지 않고 총액만을 표시하는 방법으로 해결할 것을 제의하였다.

④ 이후 김종필 당시 중앙정보부장은 일본에서 이케다 일본 수상과 1차, 오히라 일본 외상과 2차에 걸쳐서 회담을 하였는데, 오히라 외상과 한 1962. 11. 12. 제2차 회담 시 청구권 문제의 금액, 지불세목 및 조건 등에 관하여 양측 정부에 건의할 타결안에 관한 원칙적인 합의를 하였다. 그 후 구체적 조정 과정을 거쳐 제7차 한일회담이 진행 중이던 1965. 4. 3. 당시 외무부 장관이던 이동원과 일본의 외무부 대신이었던 시이나 에쓰사부로오 사이에 '한·일 간의 청구권 문제 해결 및 경제협력에 관한 합의'가 이루어졌다.

(2) 앞에서 본 것처럼, 청구권협정 전문은 "대한민국과 일본국은, 양국 및 양국 국민의 재산과 양국 및 양국 국민 간의 청구권(이하 '청구권협정상 청구권'이라 한다)에 관한 문제를 해결할 것을 희망하고, 양국 간의 경제협력을 증진할 것을 희망하여, 다음과 같이 합의하였다."라고 전제하고, 제2조 1.은 "양 체약국은 양 체약국 및 그 국민(법인을

포함함)의 재산, 권리 및 이익과 양 체약국 및 그 국민 간의 청구권에 관한 문제가 1951. 9. 8.에 샌프란시스코시에서 서명된 일본국과의 평화조약 제4조(a)에 규정된 것을 포함하여 완전히 그리고 최종적으로 해결된 것이 된다는 것을 확인한다.”라고 정하였다.

또한 청구권협정과 같은 날 체결된 청구권협정에 대한 합의의사록(Ⅰ)은 위 제2조에 관하여 “동조 1.에서 말하는 완전히 그리고 최종적으로 해결된 것으로 되는 청구권협정상 청구권에 관한 문제에는 한일회담에서 한국 측으로부터 제출된 ‘한국의 대일청구요강’(소위 8개 항목)의 범위에 속하는 모든 청구가 포함되어 있고, 따라서 동 대일청구요강에 관하여는 어떠한 주장도 할 수 없게 됨을 확인하였다.”라고 정하였는데, 8개 항목 중 제5항에는 ‘피징용한국인의 미수금, 보상금 및 기타 청구권(이하 ‘피징용 청구권’이라 한다)의 변제청구’가 포함되어 있다.

이러한 청구권협정 등의 문언에 의하면, 대한민국과 일본 양국은 국가와 국가 사이의 청구권에 대해서뿐만 아니라 일방 국민의 상대국 및 그 국민에 대한 청구권까지도 협정의 대상으로 삼았음이 명백하고, 청구권협정에 대한 합의의사록(Ⅰ)은 청구권협정상 청구권의 대상에 피징용 청구권도 포함됨을 분명히 하고 있다.

(3) 청구권협정 자체의 문언은 제1조에 따라 일본이 대한민국에 지급하기로 한 경제협력자금이 제2조에 의한 권리문제의 해결에 대한 대가인지에 관하여 명확하게 규정하고 있지는 아니하다.

그러나 앞에서 본 것처럼, ① 대한민국은 1961. 5. 10. 제5차 한일회담 예비회담 일반청구권소위원회 제13차 회의에서 피징용 청구권 관련하여 ‘생존자, 부상자, 사망자, 행방불명자 그리고 군인·군속을 포함한 피징용자 전반에 대한 보상’을 요구하며 ‘다른 국민을 강제적으로 동원함으로써 입힌 피징용자의 정신적·육체적 고통에 대한 보상’까지도 적극적으로 요청하였을 뿐만 아니라, 1961. 12. 15. 제6차 한일회담 예비회담 일반청구권소위원회 제7차 회의에서 강제동원으로 인한 피해보상금을 구체적으로 3억 6,400만 달러로 산정하고 이를 포함하여 8개 항목에 대한 총 보상금 12억 2,000만 달러를 요구하였고, ② 제5차 한일회담 당시 대한민국이 위 요구액은 국가로서 청구하는 것이고 피해자 개인에 대한 보상은 국내에서 조치할 것이라고 주장하였으나 일본은 구체적인 징용·징병의 인원수나 증거자료를 요구하여 협상에 난항을 겪었으며, ③ 이에 일본은 증명의 곤란함 등을 이유로 유상과 무상의 경제협력의 형식을 취하여 금액을 상당한 정도로 올리고 그 대신 청구권을 포기하도록 하는 방안을 제안하였고, 대한민국은 순변제 및 무상조 등 2개 명목으로 금원을 수령하되 구체적인 금액은 항목별로 구분하지 않고 총액만을 표시하는 방법을 다시 제안함에 따라, ④ 이후 구체적인 조정 과정을 거쳐 1965. 6. 22. 제1조에서는 경제협력자금의 지원에 관하여 정하고 아울러 제2조에서는 권리관계의 해결에 관하여 정하는 청구권협정이 체결되었다.

이러한 청구권협정의 체결에 이르기까지의 경위 등에 비추어 보면, 청구권협정상 청구권의 대상에 포함된 피징용 청구권은 강제동원 피해자의 손해배상청구권까지도 포함한 것으로서, 청구권협정 제1조에서 정한 경제협력자금은 실질적으로 이러한 손해배상청구권까지 포함한 제2조에서 정한 권리관계의 해결에 대한 대가 내지 보상으로서의 성질을 그 안에 포함하고 있다고 보이고, 양국도 청구권협정 체결 당시 그와 같이 인식하였다고 봄이 타당하다.

(4) 8개 항목 중 제5항은 피징용 청구권과 관련하여 '보상금'이라는 용어만 사용하고 '배상금'이란 용어는 사용하고 있지 않다. 그러나 그 '보상'이 '식민지배의 적법성을 전제로 하는 보상'만을 의미한다고 보기는 어렵다. 위와 같이 협상 과정에서 양측이 보인 태도만 보더라도 양국 정부가 엄밀한 의미에서의 '보상'과 '배상'을 구분하고 있었다고는 보이지 않는다. 오히려 양국은 '식민지배의 불법성을 전제로 한 배상'도 당연히 청구권협정의 대상에 포함시키는 것으로 상호 인식하고 있었다고 보인다.

(5) 그뿐 아니라 대한민국은 청구권협정에 의해 지급되는 자금을 사용하기 위한 기본적 사항을 정하기 위하여 청구권자금법 및 청구권신고법 등을 제정·시행하여, 일본에 의하여 노무자로 징용되었다가 1945. 8. 15. 이전에 사망한 자의 청구권을 청구권협정에 따라 보상하는 민간청구권에 포함시켜 그 피징용사망자에 대한 신고 및 보상 절차를 마쳤다. 이는 강제동원 피해자의 손해배상청구권이 청구권협정의 적용대상에 포함되어 있음을 전제로 한 것으로 보인다.

그리고 청구권협정 관련 일부 문서가 공개된 후 구성된 민관공동위원회도 2005. 8. 26. 청구권협정의 법적 효력에 관하여 공식의견을 표명하였는데, 일본국 위안부 문제 등 일본 정부와 군대 등 일본 국가권력이 관여한 반인도적 불법행위에 대해서는 청구권협정으로 해결되었다고 볼 수 없다고 하면서도, 강제동원 피해자의 손해배상청구권에 관하여는 '청구권협정을 통하여 일본으로부터 받은 무상 3억 달러에는 강제동원 피해보상 문제 해결 성격의 자금 등이 포괄적으로 감안되었다'고 보았다.

나아가 대한민국은 2007. 12. 10. 청구권자금법 등에 의하여 이루어진 강제동원 피해자에 대한 보상이 불충분하였다는 반성적인 고려에서 2007년 희생자지원법을 제정·

시행하여, 1938. 4. 1.부터 1945. 8. 15.까지 사이에 일제에 의하여 노무자 등으로 국외로 강제동원된 희생자·부상자·생환자 등에 대하여 위로금을 지급하고, 강제동원되어 노무를 제공하였으나 일본 기업 등으로부터 지급받지 못한 미수금을 대한민국 통화로 환산하여 지급하였다.

이와 같이 대한민국은 청구권협정에 강제동원 피해자의 손해배상청구권이 포함되어 있음을 전제로 하여, 청구권협정 체결 이래 장기간 그에 따른 보상 등의 후속 조치를 취하였음을 알 수 있다.

(6) 이상의 내용, 즉 청구권협정 및 그에 관한 양해문서 등의 문언, 청구권협정의 체결 경위나 체결 당시 추단되는 당사자의 의사, 청구권협정의 체결에 따른 후속 조치 등의 여러 사정들을 종합하여 보면, 강제동원 피해자의 손해배상청구권은 청구권협정의 적용대상에 포함된다고 봄이 타당하다.

그럼에도 이와 달리, 원고들의 피고에 대한 손해배상청구권이 청구권협정의 적용대상에 포함되었다고 보기 어렵다고 본 환송 후 원심의 이 부분 판단에는, 조약의 해석에 관한 법리 등을 오해한 잘못이 있다.

다. 그러나 위와 같은 잘못에도 불구하고, '원고들의 개인청구권 자체는 청구권협정만으로 당연히 소멸한다고 볼 수 없고, 다만 청구권협정으로 그 청구권에 관한 대한민국의 외교적 보호권이 포기됨으로써 일본의 국내 조치로 해당 청구권이 일본 내에서 소멸하여도 대한민국이 이를 외교적으로 보호할 수단을 상실하게 될 뿐이다'라는 환송 후 원심의 가정적 판단은 아래와 같은 이유에서 이를 수긍할 수 있다.

(1) 청구권협정에는 개인청구권 소멸에 관하여 한일 양국 정부의 의사합치가 있었다고 볼 만큼 충분하고 명확한 근거가 없다.

과거 주권국가가 외국과 교섭을 하여 자국국민의 재산이나 이익에 관한 사항을 일괄적으로 해결하는 이른바 일괄처리협정(lump sum agreements)이 국제분쟁의 해결·예방을 위한 방식의 하나로 채택되어 왔던 것으로 보이기는 한다. 그런데 이러한 협정을 통해 국가가 '외교적 보호권(diplomatic protection)', 즉 '자국민이 외국에서 위법·부당한 취급을 받은 경우 그의 국적국이 외교절차 등을 통하여 외국 정부를 상대로 자국민에 대한 적당한 보호 또는 구제를 요구할 수 있는 국제법상의 권리'를 포기하는 것에서 더 나아가, 개인의 청구권까지도 완전히 소멸시킬 수 있다고 보려면, 적어도 해당 조약에 이에 관한 명확한 근거가 필요하다고 보아야 한다. 국가와 개인이 별개의 법적 주체라는 근대법의 원리는 국제법상으로도 받아들여지고 있는데, 권리의 '포기'를 인정하려면 그 권리자의 의사를 엄격히 해석하여야 한다는 법률행위 해석의 일반원칙에 의할 때, 개인의 권리를 국가가 나서서 대신 포기하려는 경우에는 이를 더욱 엄격하게 보아야 하기 때문이다.

그런데 청구권협정은 그 문언상 개인청구권 자체의 포기나 소멸에 관하여는 아무런 규정도 두고 있지 않다. 이 점에서 연합국과 일본 사이에 1951. 9. 8. 체결된 샌프란시스코 조약 제14조(b)에서 "연합국은 모든 보상청구, 연합국과 그 국민의 배상청구 및 군의 점령비용에 관한 청구를 모두 포기한다."라고 정하여 명시적으로 청구권의 포기(waive)라는 표현을 사용한 것과 구별된다. 물론 청구권에 관한 문제가 '완전히 그리고 최종적으로 해결된 것이 된다'는 표현이 사용되기는 하였으나, 위와 같은 엄격해석의 필요성에 비추어 이를 개인청구권의 '포기'나 '소멸'과 같은 의미로 보기는 어렵다.

앞서 든 증거들에 의하면, 청구권협정 체결을 위한 협상 과정에서 일본은 청구권협정에 따라 제공될 자금과 청구권 간의 법률적 대가관계를 일관되게 부인하였고, 청구권협정을 통해 개인청구권이 소멸되는 것이 아니라 국가의 외교적 보호권만이 소멸된다는 입장을 견지하였다. 이에 대한민국과 일본 양국은 청구권협정 체결 당시 향후 제공될 자금의 성격에 대하여 합의에 이르지 못한 채 청구권협정을 체결한 것으로 보인다. 따라서 청구권협정에서 사용된 '해결된 것이 된다'거나 주체 등을 분명히 하지 아니한 채 '어떠한 주장도 할 수 없는 것으로 한다'는 등의 문언은 의도적으로 사용된 것으로 보아야 하고, 이를 개인청구권의 포기나 소멸, 권리행사제한이 포함된 것으로 쉽게 판단하여서는 아니 된다.

이러한 사정 등에 비추어 보면, 청구권협정에서 양국 정부의 의사는 개인청구권은 포기되지 아니함을 전제로 정부 간에만 청구권 문제가 해결된 것으로 하자는 것, 즉 외교적 보호권에 한정하여 포기하자는 것이었다고 봄이 타당하다.

(2) 앞서 본 것처럼, 일본은 청구권협정 직후 일본국 내에서 대한민국 국민의 일본국 및 그 국민에 대한 권리를 소멸시키는 내용의 재산권조치법을 제정·시행하였다. 이러한 조치는 청구권협정만으로는 대한민국 국민 개인의 청구권이 소멸하지 않음을 전제로 할 때 비로소 이해될 수 있다. 즉 앞서 본 바와 같이 청구권협정 당시 일본은 청구권협정을 통해 개인청구권이 소멸하는 것이 아니라 국가의 외교적 보호권만 포기된다고 보는 입장이었음이 분명하고, 협정의 상대방인 대한민국도 이러한 사정을 잘 알고 있었다고 보인다. 따라서 양국의 진정한 의사 역시도 외교적 보호권만 포기된다는 점에서 일치하고 있었다고 보는 것이 합리적이다.

대한민국이 1965. 7. 5. 발간한 '대한민국과 일본국 간의 조약 및 협정 해설'에는 청구권협정 제2조에 관하여 "재산 및 청구권 문제의 해결에 관한 조항으로 소멸되는 우리의 재산 및 청구권의 내용을 보면, 우리 측이 최초에 제시한 바 있는 8개 항목의 대일청구 요강에서 요구한 것은 모두 소멸케 되는바, 따라서 피징용자의 미수금 및 보상금, 한국인의 대일본 정부 및 일본 국민에 대한 각종 청구 등이 모두 완전히 그리고 최종적으로 소멸케 되는 것이다."라고 되어 있다. 이에 따르면, 당시 대한민국의 입장이 개인청구권까지도 소멸되는 것이었다고 볼 여지도 없는 것은 아니다. 그러나 위와 같이 당시 일본의 입장이 '외교적 보호권 한정 포기'임이 명백하였던 상황에서 대한민국의 내심의 의사가 위와 같았다고 하여 청구권협정에서 개인청구권까지 포기되는 것에 대한 의사의 합치가 있었다고 볼 수는 없다. 더욱이 이후 대한민국에서 청구권자금법 등 보상입법을 통하여 강제동원 피해자에 대하여 이루어진 보상 내역이 실제 피해에 대비하여 극히 미미하였던 점에 비추어 보더라도, 대한민국의 의사가 청구권협정을 통해 개인청구권까지도 완전히 포기시키겠다는 것이었다고 단정하기도 어렵다.

(3) 일괄처리협정의 효력 및 해석과 관련하여 국제사법재판소(ICJ)가 2012. 2. 3. 선고한 독일 대 이탈리아 주권면제 사건(Jurisdictional Immunities of the State, Germany v. Italy: Greece intervening)이 국제법적인 관점에서 논의되고 있다. 그러나 다른 많은 쟁점은 차치하더라도, 1961. 6. 2. 이탈리아와 서독 사이에 체결된 「특정 재산 관련, 경제적·재정적 문제의 해결에 관한 협정(Treaty on the Settlement of certain prop-erty-related, economic and financial questions)」 및 「나치의 박해를 받은 이탈리아 국민들에 대한 보상에 관한 협정(Agreement on Compensation for Italian Nationals Subjected to National-Socialist Measures of Persecution)」이 체결된 경위, 그 내용이나 문언이 청구권협정의 그것과 같지 아니하므로 청구권협정을 이탈리아와 서독 사이의 위 조약과 단순 비교하는 것은 타당하지 아니하다.

라. 결국, 원고들의 피고에 대한 손해배상청구권이 청구권협정의 적용대상에 포함되지 않는다고 한 다수의견의 입장에는 동의할 수 없지만, 청구권협정에도 불구하고 원고들이 피고를 상대로 강제동원 피해에 대한 손해배상청구권을 행사할 수 있다고 본 환송 후 원심의 결론은 타당하다. 거기에 이 부분 상고이유 주장과 같이 청구권협정의 효력, 대한민국 국민의 일본 국민에 대한 개인청구권의 행사가능성에 관한 법리 등을 오해한 잘못이 없다.

10. 대법관 권순일, 대법관 조재연의 반대의견

가. 대법관 김소영, 대법관 이동원, 대법관 노정희의 별개의견(이하 '별개의견2'라고 한다)이 상고이유 제3점에 관하여, 청구권협정의 해석상 원고들의 손해배상청구권이 청구권협정의 적용대상에 포함된다는 입장을 취한 데 대해서는 견해를 같이한다.

그러나 별개의견2가 청구권협정으로 대한민국의 외교적 보호권만이 포기된 것에 불과하다고 보아 원고들이 대한민국에서 피고를 상대로 소로써 권리를 행사할 수 있다고 판단한 것은 동의하기 어렵다. 그 이유는 다음과 같다.

나. 청구권협정 제2조 1.은 "… 양 체약국 및 그 국민 간의 청구권에 관한 문제가 … 완전히 그리고 최종적으로 해결된 것이 된다는 것을 확인한다."라고 규정하고 있다. 여기서 '완전히 그리고 최종적으로 해결된 것이 된다'라는 문언의 의미가 무엇인지, 즉 청구권협정으로 양 체약국이 그 국민의 개인청구권에 관한 외교적 보호권만을 포기한다는 의미인지 또는 그 청구권 자체가 소멸한다는 의미인지, 아니면 양 체약국 국민이 더 이상 소로써 청구권을 행사할 수 없다는 의미인지는 기본적으로 청구권협정의 해석에 관한 문제이다.

(1) 헌법에 의하여 체결·공포된 조약과 일반적으로 승인된 국제법규는 국내법과 같은 효력을 가진다(헌법 제6조 제1항). 그리고 구체적 사건에서 당해 법률 또는 법률조항의 의미·내용과 적용 범위를 정하는 권한, 곧 법령의 해석·적용 권한은 사법권의 본질적 내용을 이루는 것으로서, 이는 대법원을 최고법원으로 하는 법원에 전속한다(대법원 2009. 2. 12. 선고 2004두10289 판결 참조).

청구권협정은 1965. 8. 14. 대한민국 국회에서 비준 동의되어 1965. 12. 18. 조약 제172호로 공포되었으므로 국내법과 같은 효력을 가진다. 그러므로 청구권협정의 의미·내용과 적용 범위는 법령을 최종적으로 해석할 권한을 가진 최고법원인 대법원에 의하여 최종적으로 정하여질 수밖에 없다.

(2) 조약의 해석은 1969년 체결된 '조약법에 관한 비엔나협약(Vienna Convention on the Law of Treaties, 이하 '비엔나협약'이라 한다)'을 기준으로 한다. 비엔나협약은 대한민국에 대하여는 1980. 1. 27., 일본에 대하여는 1981. 8. 1. 각각 발효된 것이기는 하나, 그 발효 이전에 이미 형성되어 있던 국제관습법을 규정한 것이므로 청구권협정을 해석할 때 비엔나협약을 적용하더라도 시제법상 문제는 없다.

비엔나협약 제31조(해석의 일반규칙)에 의하면, 조약은 전문 및 부속서를 포함한 조약문의 문맥 및 조약의 대상과 목적에 비추어 그 조약의 문언에 부여되는 통상적 의미에 따라 성실하게 해석하여야 한다. 여기에서 조약의 해석상 문맥이라고 할 때에는 조약문 외에 조약의 체결과 관련하여 당사국 사이에 이루어진 그 조약에 관한 합의 등을 포함한다. 그리고 비엔나협약 제32조(해석의 보충적 수단)에 의하면, 제31조의 적용으로부터 도출되는 의미를 확인하기 위해 또는 제31조에 따라 해석하면 의미가 모호해지거나 또는 애매하게 되는 경우, 명확하게 불합리하거나 또는 부당한 결과를 초래하는 경우에는 그 의미를 결정하기 위해 조약의 준비작업 또는 조약 체결 시의 사정을 포함한 해석의 보충적 수단에 의존할 수 있다.

(3) 청구권협정 전문은 "양국 및 양국 국민의 재산과 양국 및 양국 국민 간의 청구권에 관한 문제를 해결할 것을 희망하고"라고 전제하고, 제2조 1.은 "양 체약국은 양 체약국 및 그 국민(법인을 포함함)의 재산, 권리 및 이익과 양 체약국 및 그 국민 간의 청구권에 관한 문제가 … 평화조약 제4조(a)에 규정된 것을 포함하여 완전히 그리고 최종적으로 해결된 것이 된다는 것을 확인한다."라고 규정하고 있으며, 제2조 3.은 "… 일방 체약국 및 그 국민의 타방 체약국 및 그 국민에 대한 모든 청구권으로서 … 어떠한 주장도 할 수 없는 것으로 한다."라고 규정하였다. 또한 청구권협정에 대한 합의의사록(Ⅰ)은 청구권협정 제2조에 관하여 "동조 1.에서 말하는 완전히 그리고 최종적으로 해결된 것으로 되는 양국 및 그 국민의 재산, 권리 및 이익과 양국 및 그 국민 간의 청구권에 관한 문제에는 한일회담에서 한국 측으로부터 제출된 '한국의 대일청구요강'(소위 8개 항목)의 범위에 속하는 모든 청구가 포함되어 있고, 따라서 동 대일청구요강에 관하여는 어떠한 주장도 할 수 없게 됨을 확인하였다."라고 정하였고, 대일청구요강 8개 항목 중에는 '피징용한국인의 미수금, 보상금 및 기타 청구권의 변제청구'가 포함되어 있다.

위와 같은 청구권협정 제2조, 청구권협정에 대한 합의의사록(Ⅰ) 등의 문언, 문맥 및 청구권협정의 대상과 목적 등에 비추어 청구권협정 제2조를 그 문언에 부여되는 통상적 의미에 따라 해석하면, 제2조 1.에서 '완전히 그리고 최종적으로 해결된 것'은 대한민국 및 대한민국 국민의 일본 및 일본 국민에 대한 모든 청구권과 일본 및 일본 국민의 대한민국 및 대한민국 국민에 대한 모든 청구권에 관한 문제임이 분명하고, 제2조 3.에서 모든 청구권에 관하여 '어떠한 주장도 할 수 없는 것으로 한다'라고 규정하고 있는 이상, '완전히 그리고 최종적으로 해결된 것이 된다'라는 문언의 의미는 양 체약국은 물론 그 국민도 더 이상 청구권을 행사할 수 없게 되었다는 뜻으로 보아야 한다.

(4) 국제법상 국가의 외교적 보호권(diplomatic protection)이란, 외국에서 자국민이 위법·부당한 취급을 받았으나 현지 기관을 통한 적절한 권리구제가 이루어지지 않을 경우에 최종적으로 그의 국적국이 외교절차나 국제적 사법절차를 통하여 외국 정부를 상대로 자국민에 대한 적당한 보호 또는 구제를 요구할 수 있는 권리이다. 외교적 보호권의 행사 주체는 피해자 개인이 아니라 그의 국적국이며, 외교적 보호권은 국가 사이의 권리의무에 관한 문제일 뿐 국민 개인의 청구권 유무에 직접 영향을 미치지 아니한다.

그런데 앞서 살펴본 것처럼, 청구권협정 제2조는 대한민국 국민과 일본 국민의 상대방 국가 및 그 국민에 대한 청구권까지 대상으로 하고 있음이 분명하므로 청구권협정을 국민 개인의 청구권과는 관계없이 양 체약국이 서로에 대한 외교적 보호권만을 포기하는 내용의 조약이라고 해석하기 어렵다. 또한 청구권협정 제2조 1.에서 규정한 '완전히 그리고 최종적으로 해결된 것'이라는 문언은 청구권에 관한 문제가 체약국 사이에서는 물론 그 국민들 사이에서도 완전하고도 최종적으로 해결되었다는 뜻으로 해석하는 것이 그 문언의 통상적 의미에 부합하고, 단지 체약국 사이에서 서로 외교적 보호권을 행사하지 않기로 한다는 의미로 읽히지 않는다.

(5) 일본은 청구권협정 체결 이후 청구권협정으로 양 체약국 국민의 개인청구권이 소멸하는 것이 아니라 양 체약국이 외교적 보호권만을 포기한 것이라는 입장을 취해왔다. 이는 일본 정부가 자국 국민에 대한 보상의무를 회피하기 위하여 '재한청구권에 대하여 외교적 보호권을 포기하였다'는 입장을 취한 데에서 비롯된 것이다. 그러나 아래에서 보는 바와 같이 대한민국은 처음부터 대일청구요강 8개 항목을 제시하면서 강제징용 피해자에 대한 보상을 요구하였고, 청구권자금의 분배는 전적으로 국내법상의 문제라는 입장을 취하였으며, 이러한 입장은 청구권협정 체결 당시까지 유지되었다.

앞서 본 사실관계 및 기록에 의하면 다음과 같은 사실을 알 수 있다. 즉, ① 대한민국 측은 1952. 2. 15. 제1차 한일회담에서부터 8개 항목을 일본 측에 제시하였고, 1961. 5. 10. 제5차 한일회담 예비회담 일반청구권소위원회 제13차 회의에서 8개 항목 중 제5항과 관련하여 '강제징용으로 피해를 입은 개인에 대한 보상'을 일본 측에 요구하였으며, 개인의 피해에 대한 보상을 요구하는 것인지에 대한 일본 측의 질의에 대하여 '나라로서 청구하는 것이며 피해자 개인에 대한 보상은 국내에서 조치할 성질의 것'이라는 입장을 밝혔다. ② 1961. 12. 15. 제6차 한일회담 예비회담 일반청구권소위원회 제7차 회의에서 대한민국 측은 일본 측에 8개 항목에 대한 보상으로 총 12억 2,000만 달러를 요구하면서 그중 강제동원에 대한 피해보상금을 3억 6,400만 달러로 산정하여 제시하였다. ③ 청구권협정 체결 직후인 1965. 7. 5. 대한민국 정부가 발간한 '대한민국과 일본국 간의 조약 및 협정 해설'에는 "재산 및 청구권 문제의 해결에 관한 조항으로 소멸되는 우리의 재산 및 청구권의 내용을 보면, 우리 측이 최초에 제시한 바 있는 8개 항목의 대일청구요강에서 요구한 것은 모두 소멸케 되는바, 따라서 … 피징용자의 미수금 및 보상금, … 한국인의 대일본 정부 및 일본 국민에 대한 각종 청구 등이 모두 완전히 그리고 최종적으로 소멸케 되는 것이다."라고 기재되어 있다. ④ 1965. 8. 장기영 경제기획원장관은 청구권협정 제1조의 무상 3억 달러는 실질적으로 피해국민에 대한 배상적인 성격을 가진 것이라는 취지의 발언을 하였다. ⑤ 청구권협정 체결 후 대한민국은 청구권자금법, 청구권신고법, 청구권보상법, 2007년 및 2010년 희생자지원법 등을 제정하여 강제징용 피해자에 대한 보상금을 지급하였다. 2010년 희생자지원법에 따라 설치된 '대일항쟁기 강제동원 피해조사 및 국외강제동원희생자 등 지원위원회'의 결정(전신인 '태평양전쟁 전후 국외 강제동원희생자 지원위원회'의 결정을 포함한다)을 통하여 2016. 9.경까지 지급된 위로금 등의 내역을 살펴보면, 사망·행방불명 위로금 3,601억 원, 부상장해 위로금 1,022억 원, 미수금지원금 522억 원, 의료지원금 1인당 연 80만 원 등 5,500억 원가량이 된다.

이러한 사실을 종합하여 보면, 청구권협정 당시 대한민국은 청구권협정으로 강제징용 피해자의 개인청구권도 소멸되거나 적어도 그 행사가 제한된다는 입장을 취하였음을 알 수 있다. 그러므로 청구권협정 당시 양국의 진정한 의사가 외교적 보호권만을 포기한다는 데에 일치하고 있었던 것도 아니다.

(6) 한편 국제법상 전후 배상문제 등과 관련하여 주권국가가 외국과 교섭을 하여 자국국민의 재산이나 이익에 관한 사항을 국가 간 조약을 통하여 일괄적으로 해결하는 이른바 '일괄처리협정(lump sum agreements)'은 국제분쟁의 해결·예방을 위한 방식의 하나로서, 청구권협정 체결 당시 국제관습법상 일반적으로 인정되던 조약 형식이다.

일괄처리협정은 국가가 개인의 청구권 등을 포함한 보상 문제를 일괄 타결하는 방식이므로, 그 당연한 전제로 일괄처리협정에 의하여 국가가 상대국으로부터 보상이나 배상을 받았다면 그에 따라 자국민 개인의 청구권은 소멸되는 것으로 처리되고, 이때 그 자금이 실제로 피해국민에 대한 보상 용도로 사용되지 아니하였다고 하더라도 마찬가지이다[국제사법재판소(ICJ)가 2012. 2. 3. 선고한 독일 대 이탈리아 주권면제 사건(Jurisdictional Immunities of the State, Germany v. Italy: Greece intervening), 이른바 '페리니(Ferrini) 사건' 판결 참조].

청구권협정에 관하여도 대한민국은 일본으로부터 강제동원 피해자의 손해배상청구권을 포함한 대일청구요강 8개 항목에 관하여 일괄보상을 받고, 청구권자금을 피해자 개인에게 보상의 방법으로 직접 분배하거나 또는 국민경제의 발전을 위한 기반시설 재건 등에 사용함으로써 이른바 '간접적으로' 보상하는 방식을 채택하였다. 이러한 사정에 비추어 볼 때, 청구권협정은 대한민국 및 그 국민의 청구권 등에 대한 보상을 일괄적으로 해결하기 위한 조약으로서 청구권협정 당시 국제적으로 통용되던 일괄처리협정에 해당한다고 볼 수 있다. 이 점에서도 청구권협정이 국민 개인의 청구권과는 관계없이 단지 양 체약국이 국가의 외교적 보호권만을 포기하기로 하는 합의를 담은 조약이라고 해석하기는 어렵다.

다. 청구권협정 제2조에서 규정하고 있는 '완전하고도 최종적인 해결'이나 '어떠한 주장도 할 수 없는 것으로 한다.'라는 문언의 의미는 개인청구권의 완전한 소멸까지는 아니더라도 '대한민국 국민이 일본이나 일본 국민을 상대로 소로써 권리를 행사하는 것은 제한된다'는 뜻으로 해석하는 것이 타당하다.

(1) 청구권협정은 그 문언상 개인청구권 자체의 포기나 소멸에 관하여는 직접 정하고 있지 않다. 이 점에서 샌프란시스코 조약 제14조(b)에서 "연합국은 모든 보상청구, 연합국과 그 국민의 배상청구 및 군의 점령비용에 관한 청구를 모두 포기한다."라고 정하여 명시적으로 청구권의 포기(waive)라는 표현을 사용한 것과 구별된다. 그러므로 청구권협정에 따라 개인청구권이 실체법적으로 완전히 소멸되거나 포기되었다고 보기 어렵다는 데에는 별개의견2와 견해를 같이한다.

(2) 청구권협정 제2조 1.은 청구권에 관한 문제가 '완전히 그리고 최종적으로 해결된 것이 된다는 것을 확인한다.'라고 규정하고 있고, '완전하고도 최종적인 해결'에 이르는 방식은 제2조 3.에서 규정하고 있는 '어떠한 주장도 할 수 없는 것으로 한다.'라는 문언에 의하여 실현된다. 즉 '어떠한 주장도 할 수 없는 것'이라는 방법을 통하여 청구권 문제의 '완전하고도 최종적인 해결'을 기하고 있다. 그런데 '어떠한 주장도 할 수 없는 것으로 한다.'라는 문언의 의미는 앞서 살펴본 것처럼 청구권에 관한 대한민국의 외교적 보호권만을 포기한다는 뜻으로 해석할 수 없고, 그렇다고 청구권 자체가 실체법적으로 소멸되었다는 의미라고 단정하기도 어렵다. 그렇다면 '어떠한 주장도 할 수 없는 것으로 한다.'라는 문언의 의미는 결국 '대한민국 국민이 일본이나 일본 국민을 상대로 소로써 권리를 행사하는 것이 제한된다'는 뜻으로 해석할 수밖에 없다.

(3) 앞서 본 것처럼 대한민국은 청구권협정 체결 후 청구권보상법, 2007년 및

2010년 희생자지원법 등을 제정하여 강제징용 피해자들에게 보상금을 지급하였다. 이는 청구권협정에 따라 대한민국 국민이 소송으로 청구권을 행사하는 것이 제한된 결과 대한민국이 이를 보상할 목적으로 입법조치를 한 것이다. '외교적 보호권 한정 포기설'에 따르면 대한민국이 위와 같은 보상 조치를 취할 이유를 찾기 어렵다.

　　라. (1) 별개의견2가 대한민국에서 청구권자금법 등 보상입법을 통하여 강제동원 피해자에 대하여 이루어진 보상 내역이 실제 피해에 대비하여 매우 미흡하였다는 점을 들어 청구권협정의 효력을 해석하는 근거로 삼는 것도 받아들이기 어렵다. 앞서 본 것처럼 '일괄처리협정(lump sum agreements)'에 따라 국가가 보상이나 배상을 받았다면 그 국민은 상대국 또는 그 국민에 대하여 개인청구권을 행사할 수 없는 것이고, 이는 지급받은 자금이 실제로는 피해국민에 대한 보상 용도로 사용되지 않았더라도 달리 볼 수 없기 때문이다.

　　(2) 일제강점기에 일본이 불법적인 식민지배와 침략전쟁 수행을 위해 강제징용 피해자들에게 가한 고통에 비추어 볼 때, 대한민국이 피해자들에게 한 보상이 매우 미흡한 것은 사실이다. 대한민국은 2006. 3. 9. 청구권보상법에 근거한 강제동원 피해자 보상이 불충분함을 인정하고 추가보상 방침을 밝힌 후 2007년 희생자지원법을 제정하였고, 이후 2010년 희생자지원법을 추가 제정하였다. 그러나 이러한 추가적인 보상조치에 의하더라도 국내강제동원 피해자는 당초부터 위로금 지급대상에 포함되지 않았고, 국외강제동원 생환자에 대하여는 2007년 희생자지원법 제정 당시 국회에서 1인당 500만 원의 위로금을 지급하는 내용의 법안이 의결되었으나, 추가적인 재정부담 등을 이유로 대통령이 거부권을 행사하여 결국 그들에 대한 위로금 지급은 이루어지지 않았다.

　　(3) 일본 정부가 청구권협정의 협상 과정에서 식민지배의 불법성을 인정하지 않고 있던 상황에서 대한민국 정부가 청구권협정을 체결한 것이 과연 옳았는지 등을 포함하여 청구권협정의 역사적 평가에 관하여 아직도 논란이 있는 것은 사실이다. 그러나 청구권협정이 헌법이나 국제법을 위반하여 무효라고 볼 것이 아니라면 그 내용이 좋든 싫든 그 문언과 내용에 따라 지켜야 하는 것이다. 청구권협정으로 개인청구권을 더 이상 행사할 수 없게 됨으로써 피해를 입은 국민에게 지금이라도 국가는 정당한 보상을 하여야 한다. 대한민국이 이러한 피해국민에 대하여 지는 책임은 법적 책임이지 이를 단순히 인도적·시혜적 조치로 볼 수는 없다. 대한민국은 피해국민의 소송 제기 여부와 관계없이 정당한 보상이 이루어지도록 할 책무가 있으며 이러한 피해국민에 대하여 대한민국이 소송에서 그 소멸시효 완성 여부를 다툴 것도 아니라고 본다.

마. 결국, 대한민국 국민이 일본 또는 일본 국민에 대하여 가지는 개인청구권은 청구권협정에 의하여 바로 소멸되거나 포기되었다고 할 수는 없지만 소송으로 이를 행사하는 것은 제한되게 되었으므로, 원고들이 일본 국민인 피고를 상대로 국내에서 강제동원으로 인한 손해배상청구권을 소로써 행사하는 것 역시 제한된다고 보는 것이 옳다.

이와 다른 취지로 판시한 원심의 판단에는 청구권협정의 적용 범위 및 효력 등에 관한 법리를 오해한 잘못이 있고, 원심이 근거로 삼은 환송판결의 청구권협정에 관한 견해 역시 이에 배치되는 범위 내에서 변경되어야 한다.

이상과 같은 이유로 다수의견에 반대한다.

[23] 조세법률주의와 위임입법의 한계

— 대법원 2020. 6. 18. 선고 2016두43411 전원합의체 판결 —

【판시사항】

특수관계인 사이의 상장주식 양도로 인한 양도소득세 산정과 관련하여 양도대상 상장주식의 시가를 상속세 및 증여세법을 준용하여 산정하도록 한 소득세법 시행령 규정이 법률의 위임 범위를 벗어나거나 조세법률주의에 위배되는 등으로 위헌·위법하여 무효인지 여부

【판결요지】

[다수의견] (가) 구 소득세법(2012. 1. 1. 법률 제11146호로 개정되기 전의 것, 이하 같다)은 부당행위계산 부인의 기준이 되어야 할 양도자산의 '시가'에 관하여 그 의미나 평가방법을 스스로 구체화하여 규율하고 있지는 않다. 다만 양도소득의 부당행위계산에 관한 제101조 제5항에서 '부당행위계산에 필요한 사항은 대통령령으로 정한다'라고 규정하였고, 구 소득세법 시행령(2012. 2. 2. 대통령령 제23588호로 개정되기 전의 것, 이하 같다) 제167조 제5항(이하 '이 사건 시행령 조항'이라 한다)은 바로 위 제101조 제5항의 위임에 따라 입법된 것이다.

이 사건 시행령 조항은 "구 소득세법 시행령 제167조 제3항의 규정을 적용함에 있어 '시가'는 구 상속세 및 증여세법(2011. 12. 31. 법률 제11130호로 개정되기 전의 것, 이하 '구 상증세법'이라 한다) 제60조 내지 제64조의 규정을 준용하여 평가한 가액에 의한다."라고 정하고 있는데, 이 사건 시행령 조항이 준용하는 상장주식의 시가평가에 관한 구 상증세법의 규정들(이하 '상장주식 시가평가 조항'이라 한다)을 적용하면, 양도소득의 부당행위계산 대상 여부를 판단할 때에 양도대상 상장주식의 '시가'는 특별한 사정이 없는 한 구 상증세법 제60조 제1항 후문에 의하여 제63조 제1항 제1호 가목의 평가방법에 따라 산정한 양도일 이전·이후 각 2월간에 공표된 매일의 종가 평균액을 '시가'로 보아야 하고, 상장주식의 양도가 최대주주 등 사이에서 이루어진 경우 그 '시가'는 위 평균액에 구 상증세법 제63조 제3항에 의한 할증률을 가산한 금액으로 평가하여야 한다.

(나) 이와 같이 이 사건 시행령 조항이 구 상증세법의 상장주식 시가평가 조항을

준용한 것을 두고 법률의 위임 범위를 벗어남으로써 조세법률주의에 위배되었다고 평가하기는 어렵고, 이 사건 시행령 조항의 내용도 헌법상 재산권을 침해하였다거나 평등의 원칙에 반한다고 볼 수 없으므로, 이 사건 시행령 조항을 위헌·위법하여 무효라고 볼 수는 없다.

[**대법관 권순일**, 대법관 박상옥, 대법관 김재형, 대법관 안철상, 대법관 이동원, 대법관 노태악의 **반대의견**] (가) 이 사건 시행령 조항은 헌법상 위임입법의 한계를 일탈한 것으로서 조세법률주의 원칙에 위배되어 무효라고 보는 것이 옳다. 그 이유는 다음과 같다.

첫째로, 이 사건 시행령 조항 중 이 사건 준용 규정에 의하면 이 사건 상장주식의 양도가액은 구 소득세법 제95조 제1항에 정한 실지거래가액이 아니라 구 상증세법 제60조 제3항에 따라 양도일 이전·이후 각 2개월 동안 공표된 종가의 평균액에 할증률 30%를 가산한 금액으로 보게 된다. 이는 명백히 국민의 납세의무에 관한 기본적, 본질적 사항인 과세요건이므로 조세법률주의 원칙에 따라 마땅히 국회가 법률로써 정하여야 할 사항이다. 상증세법에서 이를 법률로 규정한 것도 바로 이러한 이유 때문이다. 이 사건 시행령 조항처럼 하위 법령에서 상위 법령을 준용하는 것도 이례적이다. 가히 '위임입법으로의 도피'라고 할만하다. 정부가 이러한 내용의 법률안을 제출하지 않은 것은 입법과정에서 위헌 여부가 논란될 것을 우려한 것이고 가사 법률로 확정되더라도 헌법재판소의 위헌 심사를 피할 수 없기 때문일 것이다. 국회가 법률로 직접 규율하여야 할 사항을 행정입법으로 규율하는 것은 입법권의 침해이고, 이를 바로잡는 것은 법원의 책무이다. 법원이 이러한 책무를 다하지 못하면 시민의 자유와 재산권이 위태롭게 된다.

둘째로, 이 사건 모법 조항은 '부당행위계산에 필요한 사항은 대통령령으로 정한다'고 규정하고 있다. 이는 법률의 시행에 필요한 집행명령을 발할 수 있다는 의미일 뿐, 그것이 양도가액이나 양도차액 등과 같은 과세요건에 관한 법규의 제정까지도 포괄적으로 대통령령에 위임한 규정이라고 볼 수 없다. 이와 같이 해석하지 않는다면 이는 법률에 규정된 내용을 함부로 유추·확장하는 내용의 해석을 하는 것이어서 조세법률주의 원칙에 위배된다. 이 사건의 경우 이 사건 상장주식의 양도가액을 그 실지거래가액이 아니라 양도 당시 예측하기 어려운 양도일 이전·이후 각 2개월 동안 공표된 종가의 평균액에 할증률 30%를 가산한 금액으로 의제하여 이를 기준으로 저가양도인지 여부를 판단하라는 것인데, 이는 '부당행위계산에 필요한 사항'이라고 볼 수 없다.

(나) 이 사건 시행령 조항에 의하여 준용되는 구 상증세법 제60조 제1항 후문, 제

63조 제1항 제1호 가목 및 나목, 제63조 제3항(이하 이와 같이 준용되어 이 사건 시행령 조항의 일부가 된 위 규정을 '이 사건 준용 규정'이라고 한다)은 다음과 같은 점에서 상위 법령에 위배된다고 보아야 한다.

첫째로, 이 사건 준용 규정에 의하면, 양도한 자산이 상장주식인 경우 그 '시가'는 양도일 현재 종가가 아니라 양도일 이전·이후 각 2개월 동안 공표된 종가의 평균액에 의하여야 한다. 이는 자산의 양도가액은 양도 당시를 기준으로 하여야 한다는 구 소득세법 제96조 제1항에 위배될 뿐만 아니라, 구 소득세법 제101조 제1항에 정한 부당행위계산 대상 여부의 판단 기준시점은 거래 당시라는 원칙에도 반한다. 이러한 점을 감안하여 구 법인세법 시행령 제89조 제1항 역시 상장주식을 한국거래소에서 거래한 경우 해당 주식의 시가는 그 거래일의 종가에 따른다고 규정하고 있다. 소득세법과 상증세법은 각기 그 입법목적과 과세요건이 상이함에도 불구하고 상증세법에서 상속재산 및 증여재산의 평가에 관한 규정을 둔 취지를 고려하지 않은 채 법률에 근거 없이 이 사건 시행령 조항으로 위 규정을 양도소득금액을 계산하는 데 준용하였기 때문에 이러한 결과가 발생하는 것이다.

둘째로, 이 사건 준용 규정 중 최대주주 등이 보유하는 주식의 평가에 관한 할증률 규정을 본다. 상장회사 최대주주 등의 보유 주식이라 하더라도 당해 회사의 재무구조, 경영여건 등에 따라서는 회사의 경영권에 별도의 가치가 형성되지 않은 경우나 당해 상장주식의 양도가 이른바 '경영권 프리미엄'의 이전을 수반하지 않는 경우도 있다. 그럼에도 불구하고 이러한 경우까지 일률적으로 위와 같이 할증하여 평가한 가액을 '시가'로 보아 양도차익을 의제하는 것은 소득세법상 부당행위계산 제도의 취지에 반한다. 그리고 이는 특정의 납세의무자를 합리적인 이유 없이 불리하게 차별하는 것이고, 그 재산권을 부당하게 침해하는 것으로서 헌법상 조세평등원칙 및 국세기본법 제18조 제1항에 위배된다고 보아야 한다.

(다) 이 사건 시행령 조항이 상장주식의 양도로 인한 양도소득세의 과세요건인 양도차익을 계산하는 데 상증세법상 재산의 평가에 관한 규정을 준용하도록 한 부분은 헌법 제40조, 제75조에 규정된 위임입법의 한계, 헌법 제38조, 제59조에 규정된 조세법률주의 원칙에 위배되고, 헌법 제11조 제1항, 국세기본법 제18조 제1항에 규정된 조세평등원칙, 납세자 재산권보장 원칙에 위배되며, 모법인 구 소득세법 제96조 제1항 등의 규정에도 위배되므로, 이는 결국 무효라고 볼 수밖에 없다.

【원고, 상고인】 이○○
【피고, 피상고인】 반포세무서장
【원심판결】 서울고등법원 2016. 6. 1. 선고 2015누45863 판결

【주　　문】

상고를 기각한다.

【이　　유】

상고이유(상고이유서 제출기간이 지난 다음 제출된 상고이유보충서 기재는 상고이유를 보충하는 범위에서)를 판단한다.

1. 사안의 개요와 쟁점

가. 원고의 양도소득세 경정청구와 피고의 거부처분

1) 원고는 2011. 10. 18. 형인 이○○에게 주권상장법인 조선○○ 주식회사(이하 '조선○○'라 한다)의 발행 주식 116,022주(이하 '이 사건 상장주식'이라 한다)를 시간외대량매매 방식으로 매도하면서 그 매매대금을 당일 한국거래소 최종 시세가액(이하 '한국거래소 최종 시세가액'을 줄여서 '종가'라 한다)인 1주당 65,500원 합계 7,599,441,000원(이하 '이 사건 매매대금'이라 한다)으로 정하였다. 이○○은 이 사건 상장주식을 매수함으로써 조선○○의 총 발행 주식 4,000,000주 중 702,549주를 보유한 조선○○의 최대주주가 되었다.

2) 원고는 2012. 2. 29. 이 사건 매매대금을 양도가액으로 하여 이 사건 상장주식의 양도와 관련된 양도소득세 등을 신고·납부하였다.

3) 광주지방국세청장은 2013. 6. 10. ① 구 소득세법 시행령(2012. 2. 2. 대통령령 제23588호로 개정되기 전의 것, 이하 같다) 제167조 제5항(이하 '이 사건 시행령 조항'이라 한다)에 의하여 준용되는 구 「상속세 및 증여세법」(2011. 12. 31. 법률 제11130호로 개정되기 전의 것, 이하 '구 상증세법'이라 한다) 제63조 제1항 제1호 가목 및 제3항을 적용하면, 조선○○는 원고를 포함한 '최대주주 등'(최대주주 및 그와 특수관계에 있는 주주를 말한다. 이하 같다)이 발행주식총수의 50%를 초과하여 보유하고 있으므로 평가기준일인 2011. 10. 18. 이전·이후 각 2개월 동안 공표된 매일의 종가 평균액 64,178원에 최대주주 등 할증률 30%를 가산한 1주당 83,431원(64,178원×130/100)을 이 사건 상장주식의 1주당 '시가'로 보아야 하는데, ② 그럴 경우 원고는 특수관계에 있는 형 이○○에게 이 사건 상장주식

을 '시가'보다 낮은 가격인 1주당 65,500원으로 계산하여 이 사건 매매대금에 양도함으로 써 양도소득에 대한 조세부담을 부당하게 감소시켰다고 봄이 타당하므로, ③ 결국 원고 가 양도가액으로 신고한 이 사건 매매대금은 부인되어야 하고 위 '시가'에 따라 양도가액 을 산정하여야 할 것을 전제로 원고에게 양도소득세 등을 수정신고할 것을 안내하였다.

4) 위와 같은 안내에 따라 원고는 2013. 6. 12. 피고에게 이 사건 상장주식의 '시 가'를 1주당 83,396원으로 산정하여 양도소득세 등을 수정신고하면서 양도소득세(가산 세 포함) 512,644,352원을 추가로 납부하였다. 그런 다음 원고는 2013. 7. 26. 위 '시가' 가 아니라 이 사건 매매대금을 양도가액으로 보아야 한다는 등의 이유를 들어 피고에 게 양도소득세의 경정청구를 하였으나, 피고는 2013. 9. 10. 거부처분을 하였다.

나. 쟁점

원고의 상고이유 주장에 따른 이 사건의 쟁점은 ① 피고의 거부처분의 핵심 근거 인 이 사건 시행령 조항이 법률의 위임 범위를 벗어나거나 그 내용이 헌법상 재산권을 침해하는 등으로 위헌·위법하여 무효인지 여부(상고이유 제2점)와 ② 이 사건 시행령 조항이 무효가 아니라고 하더라도, 이 사건 상장주식에 관한 원고와 이○○ 사이의 매 매는 통상적인 상관행에 따른 것으로 경제적 합리성이 있는 등 조세의 부담을 부당하 게 감소시킨 거래로는 볼 수 없어 부당행위계산 부인의 대상이 될 수 없는지 여부(상고 이유 제1, 3점)이다.

5. 대법관 권순일, 대법관 박상옥, 대법관 김재형, 대법관 안철상, 대법관 이동원, 대법관 노태악의 반대의견

이 사건의 결론은 상장주식 양도로 인한 양도소득세의 과세요건 중 부당행위계산 부인으로 인한 양도차익의 기준이 되는 '시가'에 관하여 구 소득세법에서 직접 규정하 지 않고 이 사건 시행령 조항에서 구 상증세법의 상장주식 시가평가 조항을 적용하도 록 한 부분이 모법의 위임 범위를 벗어나는 등으로 헌법과 법률에 위배되는지 여부에 달려있다. 이 사건 시행령 조항을 적법한 것으로 보는 다수의견에 대하여는 위임입법의 한계, 헌법에 규정된 조세법률주의와 조세평등주의 원칙 등에 비추어 찬성할 수 없다.

가. 양도소득에 관한 부당행위계산과 이 사건의 쟁점

1) 양도소득에 관한 부당행위계산 규정

가) 양도소득 금액은 양도가액에서 필요경비 등을 공제한 금액으로 하고(구 소득세 법 제95조 제1항), 자산의 양도가액은 양도 당시의 양도자와 양수자 간에 실제로 거래한

가액(이하 '실지거래가액'이라고 한다)에 따른다(구 소득세법 제96조 제1항). 이처럼 양도소득세의 과세표준인 양도차익을 산정할 때에 기준이 되는 실지거래가액이란 객관적인 교환가치를 반영하는 일반적인 시가가 아니라 실지의 거래대금 그 자체 또는 거래 당시 급부의 대가로 실제로 약정된 금액을 말한다(대법원 1999. 2. 9. 선고 97누6629 판결, 대법원 2011. 2. 10. 선고 2009두19465 판결 등 참조).

　　나) 양도소득에 관한 구 소득세법 제101조 제1항에 정한 부당행위계산이란, 거주자가 특수관계에 있는 자와의 거래에서 정상적인 경제인의 합리적인 방법에 의하지 않고 구 소득세법 시행령 제167조 제3항 각 호에 열거된 거래형태를 빙자하여 남용함으로써 조세부담을 부당하게 회피하거나 경감시켰다고 하는 경우에 과세권자가 이를 부인하고 법령에 정한 방법에 의하여 객관적으로 타당해 보이는 양도소득이 있는 것으로 의제하는 제도로서(대법원 2017. 1. 25. 선고 2016두50686 판결 등 참조), 실질과세 원칙을 구체화하여 공평 과세를 실현하고자 하는 데에 그 입법 취지가 있다(대법원 1997. 2. 14. 선고 95누13296 판결 등 참조). 이 사건에서 구 소득세법 시행령 제167조 제3항 제1호에서 정하고 있는 '특수관계 있는 자에게 시가보다 낮은 가격으로 자산을 양도한 때'에 해당하는지 여부가 문제된다. 그런데 이때의 '시가'에 관하여 구 소득세법은 직접 규정하지 않고 있고, 부당행위계산에 관한 구 소득세법 제101조 제5항(이하 '이 사건 모법 조항'이라고 한다)에서 '부당행위계산에 필요한 사항은 대통령령으로 정한다'고 규정하고 있을 뿐이다.

　　다) 이에 따라 구 소득세법 시행령 제167조 제5항(이하 '이 사건 시행령 조항'이라고 한다)은 '제3항의 규정을 적용함에 있어서 시가는 상증세법 제60조 내지 제64조의 규정을 준용하여 평가한 가액에 의한다'고 규정하고 있다.

　　2) 재산의 평가에 관한 구 상증세법 규정

　　가) 상증세법은 상속세나 증여세가 부과되는 재산의 평가를 상속개시일 또는 증여일(이하 '평가기준일'이라 한다) 현재의 시가(時價)에 의하도록 하고, '시가'란 불특정 다수인 사이에 자유롭게 거래가 이루어지는 경우에 통상적으로 성립된다고 인정되는 가액이라고 규정하고 있다(구 상증세법 제60조 제1항 전문, 제2항 전단).

　　나) 그런데 상증세법은 '상장주식'의 평가에 관하여 다음과 같은 두 가지 특칙을 두고 있다. 첫째, 상장주식은 평가기준일 이전·이후 각 2개월 동안 공표된 종가의 평균액을 '시가'로 본다는 것이고(구 상증세법 제60조 제1항 후문, 제63조 제1항 제1호 가목), 둘째, 최대주주 등이 보유하는 주식에 대해서는 그 보유비율에 따라 20% 또는 30%의

비율로 할증하여 평가한 금액을 '시가'로 본다는 것이다(구 상증세법 제63조 제3항).

　　이러한 상증세법의 규정은 법인세법의 관련 규정과 다음과 같은 점에서 대비된다. 즉, 구 법인세법은 제52조 제1항에서 부당행위계산의 부인 제도를 규정하여 내국법인의 행위 또는 소득금액의 계산이 특수관계인과의 거래로 인하여 그 법인의 소득에 대한 조세의 부담을 부당하게 감소시킨 것으로 인정되는 경우에 과세권자가 이를 부인하고 그 법인의 각 사업연도의 소득금액을 계산하도록 하고, 제2항에서 이를 적용할 때에는 건전한 사회 통념 및 상거래 관행과 특수관계인이 아닌 자 간의 정상적인 거래에서 적용되거나 적용될 것으로 판단되는 가격(이하 이 조에서 '시가'라 한다)을 기준으로 한다고 규정하고 있다. 그리고 이때의 '시가'에 관하여 구 법인세법 시행령 제89조 제1항은 상장주식을 한국거래소에서 거래한 경우 해당 주식의 '시가'는 그 거래일의 종가에 따른다고 규정하고 있다.

　　3) 이 사건의 쟁점과 종전 대법원 판례

　　가) 이 사건의 쟁점은, 조선○○의 최대주주 등인 원고와 그의 형인 이○○이 이 사건 상장주식을 매매 당일의 한국거래소 최종 시세가액인 종가를 기준으로 매매대금을 정하여 거래한 행위가 구 소득세법 제101조 제1항에서 규정하는 '양도소득에 대한 조세의 부담을 부당하게 감소시킨 것으로 인정되는 경우'에 해당하는지 여부이고, 구체적으로는 이러한 행위가 구 소득세법 시행령 제167조 제3항 제1호에서 규정하는 '시가보다 낮은 가격으로 자산을 양도할 때'에 해당하는지 여부이다.

　　나) 그런데 이 사건 시행령 조항에 의하여 준용되는 구 상증세법 제60조 제1항 후문, 제63조 제1항 제1호 가목 및 나목, 제63조 제3항(이하 이와 같이 준용되어 이 사건 시행령 조항의 일부가 된 위 규정을 '이 사건 준용 규정'이라고 한다)을 적용하면, 양도소득의 부당행위계산 대상 여부를 판단할 때에 양도하는 상장주식의 시가는 특별한 사정이 없는 한 구 상증세법 제60조 제1항 후문에 의하여 제63조 제1항 제1호 가목의 평가방법에 따라 산정한 양도일 이전·이후 각 2월간에 공표된 매일의 종가 평균액을 시가로 보아야 하고, 상장주식의 양도가 최대주주 등 사이에서 이루어진 경우 그 시가는 위 평균액에 구 상증세법 제63조 제3항에 의한 할증률을 가산한 금액으로 평가하여야 한다는 결론에 이르게 된다. 종래 대법원은 이 사건 시행령 조항이 유효하다는 전제에서 위 결론과 같은 취지로 판단하였다(대법원 2011. 1. 13. 선고 2008두4770 판결, 대법원 2011. 1. 13. 선고 2008두9140 판결, 대법원 2011. 1. 27. 선고 2009두13061 판결, 대법원 2011. 1. 27. 선고 2010두4421 판결 등 참조).

다) 원심은 종전 대법원 판례의 법리를 따라, 이 사건 준용 규정에 의하여 원고가 수정신고 당시 적용한 시가가 타당하고, 이 사건 상장주식 양도는 시가에 의한 정상적인 거래라고 할 수 없다는 등의 이유로, 구 소득세법 제101조의 양도소득에 관한 부당행위계산 규정을 적용한 피고의 경정청구 거부처분이 적법하다고 판단하여, 위 거부처분의 취소를 구하는 원고의 청구를 기각하였다.

나. 이 사건 시행령 조항의 위헌 · 위법 여부에 관한 판단

1) 조세법률주의 원칙 위반 및 위임입법의 한계 일탈의 점에 관하여

가) 입법권은 국회에 속하고(헌법 제40조), 대통령은 법률에서 구체적으로 범위를 정하여 위임받은 사항과 법률을 집행하기 위하여 필요한 사항에 관하여 대통령령을 발할 수 있으므로(헌법 제75조), 법률의 시행령은 모법인 법률에 의하여 위임받은 사항이나 법률이 규정한 범위 내에서 법률을 현실적으로 집행하는 데 필요한 세부적인 사항만을 규정할 수 있을 뿐이고, 법률에 의한 위임이 없는 한 법률이 규정한 개인의 권리 · 의무에 관한 내용을 변경 · 보충하거나 법률에 규정되지 아니한 새로운 내용을 규정할 수는 없다(대법원 1995. 1. 24. 선고 93다37342 전원합의체 판결, 대법원 2009. 5. 21. 선고 2005두1237 전원합의체 판결 등 참조).

특정 사안과 관련하여 법률에서 하위 법령에 위임을 한 경우에 모법의 위임 범위를 확정하거나 하위 법령이 위임의 한계를 준수하고 있는지 여부를 판단할 때에는, 하위 법령이 규정한 내용이 입법자가 형식적 법률로 스스로 규율하여야 하는 본질적 사항으로서 의회유보의 원칙이 지켜져야 할 영역인지 여부, 당해 법률 규정의 입법 목적과 규정 내용, 규정의 체계, 다른 규정과의 관계 등을 종합적으로 고려하여야 하고, 위임 규정 자체에서 그 의미 내용을 정확하게 알 수 있는 용어를 사용하여 위임의 한계를 분명히 하고 있는데도 그 문언적 의미의 한계를 벗어났는지 여부나, 하위 법령의 내용이 모법 자체로부터 그 위임된 내용의 대강을 예측할 수 있는 범위 내에 속한 것인지 여부, 수권 규정에서 사용하고 있는 용어의 의미를 넘어 그 범위를 확장하거나 축소하여서 위임 내용을 구체화하는 단계를 벗어나 새로운 입법을 한 것으로 평가할 수 있는지 여부 등을 구체적으로 따져 보아야 한다(대법원 2012. 12. 20. 선고 2011두30878 전원합의체 판결, 대법원 2015. 8. 20. 선고 2012두23808 전원합의체 판결 등 참조).

그런데 헌법 제38조는 '모든 국민은 법률이 정하는 바에 의하여 납세의 의무를 진다'고 규정하고, 제59조는 '조세의 종목과 세율은 법률로 정한다'고 규정함으로써 조세법률주의를 채택하고 있다. 이러한 조세법률주의 원칙은 국민에게 납세의무를 부과하기 위해서는 조세의 종목과 세율 등 납세의무에 관한 기본적, 본질적 사항은 국민의 대표기관인 국회가 제정한 법률로써 규정하여야 하고, 법률의 위임 없이 명령 또는 규칙 등의 행정입법으로 과세요건 등 납세의무에 관한 기본적, 본질적 사항을 규정하는 것은 허용되지 않음을 의미한다. 그러므로 법률의 위임이 없이 명령 또는 규칙 등의 행정입법으로 과세요건 등에 관한 사항을 규정하거나 법률에 규정된 내용을 함부로 유추·확장하는 내용의 해석규정을 마련하는 것은 조세법률주의 원칙에 위배된다(대법원 1982. 11. 23. 선고 82누221 전원합의체 판결, 대법원 1987. 9. 22. 선고 86누694 전원합의체 판결, 대법원 2000. 3. 16. 선고 98두11731 전원합의체 판결, 대법원 2009. 3. 19. 선고 2006두19693 전원합의체 판결, 대법원 2017. 4. 20. 선고 2015두45700 전원합의체 판결 등 참조).

나) 소득세법은 양도소득세의 과세대상이 되는 양도소득금액을 계산할 때에 자산의 양도가액은 그 자산의 양도 당시의 실지거래가액에 따르도록 하면서도(구 소득세법 제96조 제1항), 부당행위계산 제도를 통하여 그 실지거래가액이 구 소득세법 제101조 제1항에서 규정하는 '특수관계에 있는 자와의 거래로 인하여 그 소득에 대한 조세의 부담을 부당하게 감소시킨 것으로 인정되는 경우'에는 과세관청은 그 거래자의 행위 또는 계산과 관계없이 소득금액을 계산할 수 있도록 하고 있다. 이러한 부당행위계산 제도의 취지에 비추어 볼 때, 부당행위계산의 대상이 되는 저가양도에 해당하는지는 자산 양도 당시의 실지거래가액이 만약 그 자산의 양도가 특수관계에 있는 자와의 거래가 아닌 정상적인 거래에서 이루어졌거나 이루어졌을 가격으로 볼 수 있는지 여부를 기준으로 판단하여야 한다. 대법원 판례 역시 구 소득세법 시행령 제167조 제3항에서 저가양도의 기준으로 규정하고 있는 '시가'는 정상적인 거래에 의하여 형성된 객관적인 교환가격을 의미한다는 입장을 취하여 왔다(대법원 2010. 9. 30. 선고 2010두8751 판결, 대법원 2012. 6. 14. 2010두28328 판결 등 참조).

이 사건 시행령 조항은 '구 소득세법 시행령 제167조 제3항의 규정을 적용함에 있어서 시가는 구 상증세법 제60조 내지 제64조의 규정을 준용하여 평가한 가액에 의한다'고 규정하고 있다. 이는 소득세법상 부당행위계산의 대상인 저가양도의 기준이 되는 '시가'를 상증세법상 상속세나 증여세가 부과되는 재산가액의 평가방법에 의한다는 의미다. 그런데 상증세법 역시 재산가액의 평가를 평가기준일 현재의 '시가', 즉 불특정 다수인 사이에 자유롭게 거래가 이루어지는 경우에 통상적으로 성립된다고 인정되는 가액으로 한다고 규정하고 있고(구 상증세법 제60조 제1항 전문, 제2항 전단), 여기에서 '시가'의 의미는 구 소득세법 시행령 제167조 제3항 제1호에서 규정하는 '시가'의 의미와 다르지 않다.

그러나 이 사건 시행령 조항 중 이 사건 준용 규정에 의하면 이러한 '시가' 개념과는 달리 상증세법이 별도로 규정한 평가방법에 따라 평가한 가액을 법령에 의하여 의제된 '시가'로서 소득세법상 부당행위계산을 할 때에도 판단기준으로 삼아야 한다. 즉, 상장주식은 평가기준일 이전·이후 각 2개월 동안 공표된 종가의 평균액을 '시가'로 보아야 하고, 최대주주 등이 보유하는 주식인 경우에는 그 보유비율에 따라 20% 또는 30%의 비율로 할증하여 평가한 금액이 '시가'라는 것이다.

상증세법이 이 사건 준용 규정을 둔 것은 무엇보다 상속세나 증여세의 공정한 과세라는 상증세법의 목적을 실현하기 위한 것이다(상증세법 제1조). 이에 대해서는 상속세나 증여세의 공정한 과세라는 상증세법의 목적을 감안하더라도 헌법이 보장하는 재산권을 침해한다거나 조세평등주의에 반한다는 비판이 제기되고 있다. 그러나 상속세나 증여세는 국가의 재정수입 확보라는 일차적인 목적 이외에도 부의 세습과 집중을 완화하여 국민의 경제적 균등을 도모하고자 하는 목적도 있음을 고려할 필요가 있다(헌법재판소 1997. 12. 24. 선고 96헌가19 결정 참조). 그리하여 헌법재판소는 상속재산이나 증여재산의 가액은 상속개시일 또는 증여일을 기준으로 평가하는 것이 원칙이라고 하더라도 상장주식은 증권시장의 동향에 따라 시세 변동의 폭이 매우 크므로 평가기준일 이전이나 평가기준일 이후의 시세가액까지 고려하도록 한 것이 합리성을 결한 것이라고 보기 어려우므로 헌법에 위배되지 않는다는 입장을 취하고 있다[헌법재판소 2016. 2. 25. 선고 2014헌바363, 364(병합) 결정 참조]. 또한 헌법재판소는 상속세나 증여세가 부과되는 재산이 최대주주 등의 보유주식이라 하더라도 당해 회사의 재무구조, 경영여건 등에 따라서 회사의 경영권에 별도의 가치가 형성되지 않은 경우가 있을 수 있음을 인정하면서도, 다른 한편 개별 회사의 주식 등이 포함하는 지배권의 가치를 정확하게 증명하는 것은 당사자나 과세관청 어느 편의 입장에서도 용이한 일이 아닌 점을 고려할 때 그 가치를 구체적으로 평가하여 과세하는 입법을 택하지 않았다고 해서 자의적인 입법이라고 할 수 없고, 그 상장주식의 양도가 경영권 프리미엄의 이전을 수반하지 않은 경우라고 하더라도 이를 일일이 파악하는 것이 용이하지 않은 점 등을 고려할 때 이러한 주식을 다른 주주의 보유주식 등과 달리 취급하면서 그 예외를 인정하지 않는 일률적인 규율방식을 취하였다고 하더라도 이를 자의적이거나 임의적인 입법이어서 헌법에 위배된다고 할 수 없다고 결정하였다(헌법재판소 2003. 1. 30. 선고 2002헌바65 결정 참조).

그러나 소득세법은 개인의 소득에 대하여 소득의 성격과 납세자의 부담능력 등에 따라 적정하게 과세함으로써 조세부담의 형평을 도모하는 것을 목적으로 한다는 점에서 상증세법과 차이가 있다(소득세법 제1조). 즉, 소득세법은 거주자의 소득을 종합소득·퇴직소득·양도소득 등으로 구분하고 그중에서 양도소득세는 자산의 유상거래로 발생한 소득을 과세표준으로 규정하고 있는 데 반하여, 상증세법은 상속이나 증여와 같은 재산의 무상이전을 세원으로 포착하여 그 재산의 평가액을 과세표준으로 삼는다. 이 때문에 소득세법은 자산의 양도가액은 양도 당시의 양도자와 양수자 간에 실지거래가액에 따르도록 정하는 등 과세요건인 양도소득금액의 계산에 관하여 상세한 규정을 두고 있는 데 반하여(소득세법 제96조 등 참조), 상증세법은 상속재산과 증여재산의 평가에 관하여 별도 항목을 마련하고('제4장 재산의 평가') 여기에서 일반적으로 사용되는 '시가' 개념과 달리 법령에 정한 일정한 경우에는 상증세법이 별도로 규정하고 있는 평가방법에 따라 평가한 가액을 '시가'로 의제하는 규정을 두고 있다(구 상증세법 제60조 제1항 후문, 제2항 후단, 제3항 참조). 이와 같이 양도소득세와 상속세 및 증여세는 그 조세의 성격과 과세요건이 상이하기 때문에 상증세법상의 시가 규정은 그 취지에 맞게 상속재산 및 증여재산의 가액 평가에 한하여 적용되어야 하고, 만약 이를 소득세법상 양도소득금액을 계산하는 데 적용한다면 '발생하지 않은 소득'에 대하여 소득세를 부과하는 결과를 초래하여 소득세법상 응능부담(應能負擔) 원칙이나 납세자의 재산권보장 원칙에 위배될 우려가 있다.

다) 결론적으로, 이 사건 시행령 조항은 헌법상 위임입법의 한계를 일탈한 것으로서 조세법률주의 원칙에 위배되어 무효라고 보는 것이 옳다. 그 이유는 다음과 같다.

첫째로, 이 사건 시행령 조항 중 이 사건 준용 규정에 의하면 이 사건 상장주식의 양도가액은 구 소득세법 제95조 제1항에 정한 실지거래가액이 아니라 구 상증세법 제60조 제3항에 따라 양도일 이전·이후 각 2개월 동안 공표된 종가의 평균액에 할증률 30%를 가산한 금액으로 보게 된다. 이는 명백히 국민의 납세의무에 관한 기본적, 본질적 사항인 과세요건이므로 조세법률주의 원칙에 따라 마땅히 국회가 법률로써 정하여야 할 사항이다. 상증세법에서 이를 법률로 규정한 것도 바로 이러한 이유 때문이다. 이 사건 시행령 조항처럼 하위 법령에서 상위 법령을 준용하는 것도 이례적이다. 가히 '위임입법으로의 도피'라고 할만하다. 정부가 이러한 내용의 법률안을 제출하지 않은 것은 입법과정에서 위헌 여부가 논란될 것을 우려한 것이고 가사 법률로 확정되더라도 헌법재판소의 위헌 심사를 피할 수 없기 때문일 것이다. 국회가 법률로 직접 규율하여야 할 사항을 행정입법으로 규율하는 것은 입법권의 침해이고, 이를 바로잡는 것은 법원의 책무이다.

법원이 이러한 책무를 다하지 못하면 시민의 자유와 재산권이 위태롭게 된다.

둘째로, 이 사건 모법 조항은 '부당행위계산에 필요한 사항은 대통령령으로 정한다'고 규정하고 있다. 이는 법률의 시행에 필요한 집행명령을 발할 수 있다는 의미일 뿐, 그것이 양도가액이나 양도차액 등과 같은 과세요건에 관한 법규의 제정까지도 포괄적으로 대통령령에 위임한 규정이라고 볼 수 없다(대법원 1995. 4. 25. 선고 94재다260 전원합의체 판결, 대법원 2000. 3. 16. 선고 98두11731 전원합의체 판결 등 참조). 이와 같이 해석하지 않는다면 이는 법률에 규정된 내용을 함부로 유추·확장하는 내용의 해석을 하는 것이어서 조세법률주의 원칙에 위배된다. 이 사건의 경우 이 사건 상장주식의 양도가액을 그 실지거래가액이 아니라 양도 당시 예측하기 어려운 양도일 이전·이후 각 2개월 동안 공표된 종가의 평균액에 할증률 30%를 가산한 금액으로 의제하여 이를 기준으로 저가양도인지 여부를 판단하라는 것인데, 이는 '부당행위계산에 필요한 사항'이라고 볼 수 없다.

2) 상위 법령 위반의 점에 관하여

가) 헌법 제11조 제1항은 모든 국민은 법 앞에 평등하고 누구든지 합리적 이유 없이는 생활의 모든 영역에서 차별을 받지 아니한다는 평등원칙을 선언하고 있다. 이와 같은 평등원칙이 세법 영역에서 구현된 것이 조세평등주의로서, 조세의 부과와 징수는 납세자의 담세능력에 상응하여 공정하고 평등하게 이루어져야 하고, 합리적인 이유 없이 특정의 납세의무자를 불리하게 차별하거나 우대하는 것은 허용되지 않는다(대법원 2004. 10. 27. 선고 2003두1165 판결 참조). 또한 국세기본법 제18조 제1항은 "세법을 해석·적용할 때에는 과세의 형평과 해당 조항의 합목적성에 비추어 납세자의 재산권이 부당하게 침해되지 아니하도록 하여야 한다."라고 규정함으로써 조세평등주의 원칙과 납세자 재산권 보장의 원칙을 규정하고 있다(대법원 2016. 12. 29. 선고 2010두3138 판결 참조).

나) 이러한 원칙에 비추어 볼 때, 이 사건 준용 규정이 상위 법령에 위배되는지 여부를 살펴본다.

첫째로, 이 사건 준용 규정에 의하면, 양도한 자산이 상장주식인 경우 그 '시가'는 양도일 현재 종가가 아니라 양도일 이전·이후 각 2개월 동안 공표된 종가의 평균액에 의하여야 한다. 이는 자산의 양도가액은 양도 당시를 기준으로 하여야 한다는 구 소득세법 제96조 제1항에 위배될 뿐만 아니라, 구 소득세법 제101조 제1항에 정한 부당행위계산 대상 여부의 판단 기준시점은 거래 당시라는 원칙에도 반한다(대법원 1989. 6. 13. 선고 88누5273 판결, 대법원 1999. 1. 29. 선고 97누15821 판결, 대법원 2001. 6. 15. 선고

99두1731 판결, 대법원 2010. 5. 13. 선고 2007두14978 판결 등 참조). 이러한 점을 감안하여 구 법인세법 시행령 제89조 제1항 역시 상장주식을 한국거래소에서 거래한 경우 해당 주식의 시가는 그 거래일의 종가에 따른다고 규정하고 있음은 앞에서 살펴본 바와 같다. 소득세법과 상증세법은 각기 그 입법목적과 과세요건이 상이함에도 불구하고 상증세법에서 상속재산 및 증여재산의 평가에 관한 규정을 둔 취지를 고려하지 않은 채 법률에 근거 없이 이 사건 시행령 조항으로 위 규정을 양도소득금액을 계산하는 데 준용하였기 때문에 이러한 결과가 발생하는 것이다.

둘째로, 이 사건 준용 규정 중 최대주주 등이 보유하는 주식의 평가에 관한 할증률 규정을 본다. 상장회사 최대주주 등의 보유 주식이라 하더라도 당해 회사의 재무구조, 경영여건 등에 따라서는 회사의 경영권에 별도의 가치가 형성되지 않은 경우나 당해 상장주식의 양도가 이른바 '경영권 프리미엄'의 이전을 수반하지 않는 경우도 있음은 이미 살펴보았다. 그럼에도 불구하고 이러한 경우까지 일률적으로 위와 같이 할증하여 평가한 가액을 '시가'로 보아 양도차익을 의제하는 것은 소득세법상 부당행위계산 제도의 취지에 반한다. 그리고 이는 특정의 납세의무자를 합리적인 이유 없이 불리하게 차별하는 것이고, 그 재산권을 부당하게 침해하는 것으로서 헌법상 조세평등원칙 및 국세기본법 제18조 제1항에 위배된다고 보아야 한다(대법원 1992. 7. 14. 선고 92누4048 판결, 대법원 1998. 6. 23. 선고 97누20366 판결, 헌법재판소 2003. 1. 30. 2002헌바65 결정 등 참조).

3) 이 사건 시행령 조항에서 이 사건 준용 규정을 제외하면 부당행위계산 규정을 적용하는 데 어려움은 없는지 살펴본다.

부당행위계산은 특수관계에 있는 자 사이의 일정한 거래가 사회통념이나 관습에 비추어 볼 때 합리적인 경제인이 취할 정상적인 거래로 볼 수 없어 조세의 부담을 부당하게 감소시킨 것으로 인정되는 때에 할 수 있는 것이다(대법원 1992. 1. 21. 선고 91누7637 판결 참조). 대법원은 종래 부당행위계산의 대상이 되는 저가양도의 기준으로 규정되어 있는 '시가'는 원칙적으로 정상적인 거래에 의하여 형성된 객관적인 교환가격을 의미하는 것이지만 이는 객관적이고 합리적인 방법으로 평가한 가액도 포함하는 개념으로서 사업자와 특수관계 없는 자와의 정상적인 거래에서 형성되는 가격 또는 제3자 간에 일반적으로 거래된 가격이 여기에 해당하고 그와 같은 거래 실례가 없는 경우에는 제반 사정을 참작하여 산정한 가격(대법원 2009. 9. 24. 선고 2007두7505 판결, 대법원 2001. 6. 15. 선고 99두1731 판결 등 참조), 공신력 있는 감정기관의 감정가격(대법원 2012.

6. 14. 선고 2010두28328 판결 등 참조) 등도 여기에 포함된다고 판단하여 왔다.

이러한 판례 법리에 따르면, 상장회사 최대주주 등이 보유하는 상장주식이 양도된 경우 그 상장주식이 그 법인의 경영권이나 지배권과 관계가 있거나 경영권이나 지배권 프리미엄이 함께 이전되었다는 등의 특별한 사정이 있는 때에는 그 거래일의 종가는 그 회사의 주식만을 양도하는 경우의 객관적 교환가치를 반영하는 것으로서 양도된 상장주식의 시가로 볼 수 없다. 이 경우 과세관청으로서는 해당 상장주식이 특수관계 없는 자 사이의 정상적인 거래에서 형성되는 가격 또는 제3자 간에 일반적으로 거래된 가격을 시가로 보아 과세할 수 있고, 그와 같은 거래 실례가 없는 경우에는 공신력 있는 감정기관의 감정가격이나 제반 사정을 참작하여 객관적이고 합리적인 방법으로 평가한 금액 등을 시가로 인정하여 그에 따라 부당행위계산을 할 수 있다. 이러한 특별한 사정과 시가에 대한 증명책임은 과세관청에 있다.

4) 소결

가) 이상에서 살펴본 바와 같이, 이 사건 시행령 조항이 상장주식의 양도로 인한 양도소득세의 과세요건인 양도차익을 계산하는 데 상증세법상 재산의 평가에 관한 규정을 준용하도록 한 부분은 헌법 제40조, 제75조에 규정된 위임입법의 한계, 헌법 제38조, 제59조에 규정된 조세법률주의 원칙에 위배되고, 헌법 제11조 제1항, 국세기본법 제18조 제1항에 규정된 조세평등원칙, 납세자 재산권보장 원칙에 위배되며, 모법인 구 소득세법 제96조 제1항 등의 규정에도 위배되므로, 이는 결국 무효라고 볼 수밖에 없다.

이를 정리하면 다음과 같다. 이 사건 시행령 조항 중 구 상증세법 제60조 제1항 후문 즉, '이 경우 제63조 제1항 제1호 가목 및 나목에 규정된 평가방법으로 평가한 가액을 시가로 본다.'는 부분과 구 상증세법 제63조 제3항 가운데 '구 상증세법 제60조 제2항을 적용할 때에도 구 상증세법 제63조 제3항을 적용하도록 규정한 부분'을 준용하는 부분은 무효이다.

나) 이와 달리 이 사건 시행령 조항 중 상증세법 제60조 제1항 후문을 준용하는 부분이 유효하다는 전제에서, 양도소득의 부당행위계산 대상 여부를 판단할 때에 양도하는 상장주식의 시가는 특별한 사정이 없는 한 구 상증세법 제60조 제1항 후문에 의하여 제63조 제1항 제1호 가목의 평가방법에 따라 산정한 양도일 이전·이후 각 2월간에 공표된 매일의 종가 평균액만이 시가로 간주되고, 양도하는 주식을 최대주주 등이 보유하는 경우 그 시가는 위 평균액에 구 상증세법 제63조 제3항에 의한 할증률을 가산한 금액이라는 취지로 판시한 대법원 2011. 1. 13. 선고 2008두4770 판결, 대법원

2011. 1. 13. 선고 2008두9140 판결, 대법원 2011. 1. 27. 선고 2009두13061 판결, 대법원 2011. 1. 27. 선고 2010두4421 판결 등은 위 견해에 저촉되는 범위에서 이를 변경하여야 한다.

다. 원심 판단의 당부

이러한 법리에 비추어 원심의 판단을 살펴본다.

원심은 이 사건 상장주식의 매매는 불특정 다수인 사이의 거래가 아니라 쌍방이 합의한 거래이므로 그 거래가격을 거래일 종가로 정하였다 하더라도 이를 '시가'에 의한 정상적인 거래로 볼 수 없고, 매매당사자가 조선○○의 최대주주 등이므로 30%의 최대주주 할증액을 가산하지 않은 금액을 원고에게 적용되는 '시가'라고 할 수 없으며, 과세관청으로서는 양도가격과 '시가' 사이에 차이가 있다는 점만 증명하면 되고 양도가격을 '시가'로 보아야 하는 특수사정은 납세의무자가 증명하여야 한다고 판단하였다.

그러나 이 사건에서 원고가 그와 특수관계에 있는 자인 이○○에게 양도한 이 사건 상장주식이 조선○○의 경영권이나 지배권과 관계가 있다거나 경영권 프리미엄이 함께 이전되었다는 등의 특별한 사정에 관하여 아무런 주장·증명이 없으므로, 이 사건 상장주식의 '시가'는 그 양도일의 종가로 보는 것이 원칙이다. 그리고 이러한 특별한 사정에 대한 증명책임은 과세관청에게 있다고 보아야 한다.

그럼에도 원심은 이 사건 시행령 조항이 유효하다고 단정하고, 이 사건 상장주식의 '시가'는 구 상증세법의 상장주식 시가평가 조항을 적용하여 이 사건 상장주식의 양도일 이전·이후 각 2개월 동안 공표된 매일의 종가 평균액에 최대주주 등 할증률을 가산한 금액이라는 잘못된 전제에서, 피고의 경정청구 거부처분이 적법하다고 판단하고 이에 대한 원고의 주장을 배척하였다.

원심의 판단에는 소득세법상 양도소득에 관한 부당행위계산 규정에서 말하는 '시가'에 관한 법리와 이 사건 시행령 조항의 효력에 관한 법리를 오해하여 판결에 영향을 미친 잘못이 있다. 이 점을 지적하는 원고의 상고이유 주장은 정당하다. 그러므로 원심 판결을 파기하고 이 부분을 다시 심리·판단하도록 원심법원에 환송하여야 한다.

라. 결론

이상과 같이 반대의견을 표시한다.

[24] 후보자 토론회에서의 발언과 공직선거법상 허위사실공표죄

— 대법원 2020. 7. 16. 선고 2019도13328 전원합의체 판결 —

【판시사항】

상대 후보자가 후보자 토론회에서 한 질문에 대해 피고인이 이를 부인하면서 일부 사실을 진술하지 않은 답변을 공직선거법 제250조 제1항에서 정한 허위사실공표죄로 처벌할 수 있는지 여부

【판결요지】

[다수의견] [1] 후보자등이 후보자 토론회에 참여하여 질문·답변을 하거나 주장·반론을 하는 것은, 그것이 토론회의 주제나 맥락과 관련 없이 일방적으로 허위의 사실을 드러내어 알리려는 의도에서 적극적으로 허위사실을 표명한 것이라는 등의 특별한 사정이 없는 한 공직선거법 제250조 제1항에 의하여 허위사실공표죄로 처벌할 수 없다. 그리고 이를 판단할 때에는 사후적으로 개별 발언들의 관계를 치밀하게 분석·추론하는 데에 치중하기 보다는 질문과 답변이 이루어진 당시의 상황과 토론의 전체적 맥락에 기초하여 유권자의 관점에서 어떠한 사실이 분명하게 발표되었는지를 살펴보아야 한다.

[2] 후보자 토론회에서 후보자등이 선거인의 정확한 판단을 그르치게 할 수 있을 정도로 다른 후보자의 견해나 발언을 의도적으로 왜곡한 것이 아니라, 합리적으로 보아 가능한 범위 내에서 다른 후보자의 견해나 발언의 의미를 해석하고 이에 대하여 비판하거나 질문하는 행위는 진실에 반하는 사실을 공표한다는 인식을 가지고 행하는 허위사실 공표행위로 평가할 수 없다고 보아야 하고(대법원 2007. 7. 13. 선고 2007도2879 판결 참조), 이러한 법리는 다른 후보자의 질문이나 비판에 대해 답변하거나 반론하는 경우에도 마찬가지로 적용되어야 한다.

【상 고 인】 피고인 및 검사
【원심판결】 서울고등법원 2019. 9. 6. 선고 2019노119 판결

【주　　문】

원심판결 중 유죄 부분(이유무죄 부분 포함)을 파기하고, 이 부분 사건을 수원고등
법원에 환송한다.

검사의 나머지 상고를 기각한다.

【이　　유】

상고이유를 판단한다.

2. 피고인의 상고이유에 대하여

나. 강제입원 절차 관여 관련 허위사실 공표에 의한 공직선거법 위반죄의 성립 여부

1) 관련 법리

가) 공직선거법 제250조 제1항(이하 '이 사건 조항'이라고 한다)은 '당선되거나 되게
할 목적으로 연설·방송·신문·통신·잡지·벽보·선전문서 기타의 방법으로 후보자에
게 유리하도록 후보자, 후보자의 배우자 또는 직계존비속이나 형제자매의 출생지·가족
관계·신분·직업·경력등·재산·행위·소속단체, 특정인 또는 특정단체로부터의 지지
여부 등에 관하여 허위의 사실을 공표하거나 공표하게 한 자'를 처벌한다. 그 규정 취
지는 선거인의 공정한 판단에 영향을 미치는 허위사실을 공표하는 행위 등을 처벌함으
로써 선거운동의 자유를 해치지 않으면서 선거의 공정을 보장하기 위한 것이다(대법원
2007. 2. 23. 선고 2006도8098 판결, 대법원 2007. 3. 15. 선고 2006도8368 판결 등 참조). 선거
과정에서 유권자에게 허위사실이 공표되는 경우 유권자가 올바른 선택을 할 수 없게
되어 민의가 왜곡되고 선거제도의 기능과 대의민주주의의 본질이 훼손될 염려가 있기
때문이다(헌법재판소 2014. 4. 24. 선고 2011헌바17 등 결정 참조).

나) 대의민주주의 체제에서 국민은 선거과정에서 제공되는 정치적 정보와 의견의
교환, 토론을 통하여 형성된 의사를 선거에 반영하여 국민주권과 주민자치의 원리를 실
현한다. 선거가 금권, 관권, 폭력 등에 의한 타락선거로 전락하는 것을 방지하고, 선거
운동의 기회균등을 담보하기 위하여는 선거의 공정성이 확보되어야 하며, 이를 위해서
는 어느 정도 선거운동에 대한 규제가 행하여지지 않을 수 없다. 그러나 선거의 궁극적
인 목적은 국민의 자유로운 의사를 대의기관의 구성에 정확하게 반영하는 데 있다. 자
유선거의 원칙은 비록 우리 헌법에 명시되지는 않았지만 민주국가의 선거제도에 내재

하는 법원리이고(헌법재판소 1994. 7. 29. 선고 93헌가4 등 결정 등 참조), 이를 실현하기 위해서는 선거과정에서 충분한 정보의 전달과 자유로운 의견의 소통이 이루어져야 한다. 선거의 공정성은 이러한 자유선거의 원칙을 실현하는 수단으로서 기능하는 것이므로, 선거의 공정성을 크게 해치지 않는 한 선거운동의 자유를 최대한 보장하여야 하고, 선거의 공정성을 위하여 선거운동의 자유를 제한하는 경우에도 필요한 최소한도에 그쳐야 하며, 그 본질적 내용을 침해해서는 안 된다(헌법재판소 1999. 9. 16. 선고 99헌바5 결정 등 참조). 공직선거법도 모든 국민은 누구든지 법률의 규정에 의하여 금지 또는 제한되는 경우를 제외하고는 자유롭게 선거운동을 할 수 있다고 규정하고 있다(제1조, 제58조 제2항). 또한 헌법상 모든 국민은 국가권력의 간섭이나 통제를 받지 아니하고 자유롭게 정치적 의사를 형성·발표할 수 있는 정치적 자유권을 가지고, 선거운동의 자유는 정치적 자유권의 주된 내용의 하나로서 널리 선거과정에서 의사를 표현할 자유의 일환이므로 표현의 자유의 한 태양이기도 하다(헌법재판소 1994. 7. 29. 선고 93헌가4 등 결정, 헌법재판소 2004. 3. 25. 선고 2001헌마710 결정 등 참조). 자유로운 의사 표현과 활발한 토론이 보장되지 않고서는 민주주의가 존재할 수 없으므로 표현의 자유, 특히 공적·정치적 관심사에 대한 정치적 표현의 자유는 중요한 헌법상 권리로서 최대한 보장되어야 한다(대법원 2018. 10. 30. 선고 2014다61654 전원합의체 판결 참조).

　　다) 공직선거법은 선거운동의 방법으로 선거벽보의 작성·첩부(제64조), 선거공보의 작성·발송(제65조), 선거공약서의 배부(제66조), 신문·방송 광고(제69조, 제70조), 후보자 등의 방송연설(제71조), 공개장소에서의 연설·대담(제79조), 단체·언론기관의 후보자등 초청 대담·토론회(제81조, 제82조), 선거방송토론위원회 주관 대담·토론회 및 정책토론회(제82조의2, 제82조의3), 인터넷광고(제82조의7) 등을 규정하고 있다. 이 중 단체·언론기관의 후보자등 초청 토론회나 선거방송토론위원회 주관 토론회는 헌법상 선거공영제에 기초하여 고비용 정치구조의 개선과 선거운동의 공정성 확대를 위하여 도입된 선거운동방법의 하나로서, 후보자에게는 별다른 비용 없이 효율적으로 유권자에게 다가설 수 있게 하고, 유권자에게는 토론과정을 통하여 후보자의 정책, 정치이념, 통치철학, 중요한 선거쟁점 등을 파악하고 각 후보자를 적절히 비교·평가하여 올바른 선택을 할 수 있도록 도와주는 중요한 기능을 하고 있다(헌법재판소 1998. 8. 27. 선고 97헌마372 등 결정 등 참조). 이러한 후보자 토론회에 참여한 후보자등은 토론을 할 때 다른 선거운동과 마찬가지로, 자신에 관한 것이든 다른 후보자에 관한 것이든 진실에 부합하는 주장만을 제시하고, 자신의 의견을 밝히고 다른 후보자에게 질문하거나 다른 후보자의 질문에 답

변할 때에는 분명하고도 정확한 표현을 사용함으로써 유권자가 각 후보자의 자질, 식견과 견해를 명확하게 파악할 수 있도록 하는 것이 원칙이다.

한편 후보자 토론회는 선거의 공정과 후보자간 균형을 위하여 참여기회의 부여나 참여한 후보자등의 발언순서, 발언시간 등 토론의 형식이 엄격하게 규제되고 있으므로 (공직선거법 제82조 제3항, 제82조의2 제7항, 제14항, 공직선거관리규칙 제45조, 선거방송토론위원회의 구성 및 운영에 관한 규칙 제23조 등 참조), 이러한 공정과 균형을 위한 기본 조건이 준수되는 한 후보자등은 토론과정에서 최대한 자유롭고 활발하게 의사를 표현하고 실질적인 공방을 주고받을 수 있어야 한다. 후보자 토론회는 후보자등이 직접 한 자리에 모여 치열하게 질문과 답변, 공격과 방어, 의혹 제기와 해명 등을 할 수 있는 공론의 장이고, 후보자등 상호간의 토론이 실질적으로 활성화되어야만 유권자는 보다 명확하게 각 후보자의 자질, 식견과 견해를 비교·평가할 수 있기 때문이다. 그리고 이와 같은 토론의 경우에는 미리 준비한 자료에 의하여 일방적으로 자신의 의견을 표현하는 연설 등의 경우와 달리, 후보자 사이에서 질문과 답변, 주장과 반론에 의한 공방이 제한된 시간 내에서 즉흥적·계속적으로 이루어지게 되므로 그 표현의 명확성에 한계가 있을 수밖에 없다. 특히 토론회에서 후보자등은 다른 후보자의 질문이나 견해에 대하여 즉석에서 답변하거나 비판하여야 하는 입장에 있으므로, 다른 후보자의 발언을 의도적으로 왜곡하지 않는 한 자신이 처한 입장과 관점에서 다른 후보자의 발언의 의미를 해석하고 대응하며, 이에 대하여 다른 후보자도 즉시 반론하거나 재질문 등을 함으로써 그 진실 여부를 밝히고 견해의 차이를 분명히 하여 유권자가 그 공방과 논쟁을 보면서 어느 후보자가 공직 적격성을 갖추고 있는지 검증할 수 있게 하는 것이 선거과정에서의 일반적인 절차이다(대법원 2007. 7. 13. 선고 2007도2879 판결 등 참조). 설령 후보자등이 부분적으로 잘못되거나 일부 허위의 표현을 하더라도, 토론과정에서의 경쟁과 사후 검증을 통하여 도태되도록 하는 것이 민주적이고, 국가기관이 아닌 일반 국민이 그 토론과 후속 검증과정을 지켜보면서 누가 옳고 그른지 판단하는 것이 바람직하다.

물론 일정한 한계를 넘는 표현에 대해서는 엄정한 조치를 취할 필요가 있지만, 그에 앞서 자유로운 토론과 성숙한 민주주의를 위하여 표현의 자유를 더욱 넓게 보장하는 것이 보다 중요하다. 표현의 자유가 제 기능을 발휘하기 위하여는 그 생존에 필요한 숨 쉴 공간, 즉 법적 판단으로부터 자유로운 중립적인 공간이 있어야 하기 때문이다(대법원 2018. 10. 30. 선고 2014다61654 전원합의체 판결 등 참조). 선거의 공정을 위하여 필요하다는 이유로 부정확하거나 바람직하지 못한 표현들 모두에 대하여 무거운 법적 책임

을 묻는 것이 해결책이 될 수는 없다. 선거운동방법으로서 후보자 토론회가 가지는 중
요성에도 불구하고, 후보자간 균형을 위한 엄격한 토론 형식과 시간적 제약, 토론기술
의 한계 등으로 인하여 토론이 형식적·피상적인 데에 그치는 경우도 적지 않다. 이러
한 현실적 한계에 더하여 국가기관이 토론과정의 모든 정치적 표현에 대하여 그 발언
이 이루어진 배경이나 맥락을 보지 않고 일률적으로 엄격한 법적 책임을 부과한다면,
후보자등은 자신의 발언에 대해 사후적으로 법적 책임을 부담하게 될지도 모른다는
두려움 때문에 더더욱 활발한 토론을 하기 어렵게 된다. 이는 우리 사회의 중요한 공
적·정치적 관심사에 대한 치열한 공방과 후보자 검증 등을 심각하게 위축시킴으로써
공개되고 공정한 토론의 장에서 후보자 사이의 상호 공방을 통하여 후보자의 자질 등
을 검증하고자 하는 토론회의 의미가 몰각될 위험이 있다. 또한 선거를 전후하여 후보
자 토론회에서 한 발언을 문제삼아 고소·고발이 이어지고, 이로 인하여 수사권의 개입
이 초래된다면 필연적으로 수사권 행사의 중립성에 대한 논란을 피할 수 없을 뿐만 아
니라, 선거결과가 최종적으로 검찰과 법원의 사법적 판단에 좌우될 위험에 처해짐으로
써 국민의 자유로운 의사로 대표자를 선출한다는 민주주의 이념이 훼손될 우려도 있다.

　　라) 이 사건 조항은 형벌법규이다. 형벌법규는 문언에 따라 엄격하게 해석·적용하
여야 하고 피고인에게 불리한 방향으로 지나치게 확장해석하거나 유추해석하여서는 안
된다. 그리고 법률에 사용된 문언의 의미는 문언의 통상적인 의미를 살피는 외에도 해
당 규정의 입법취지와 목적 등을 고려하여 그 문언의 논리적 의미를 분명히 밝히는 체
계적·논리적 해석방법에 따라 그 규정의 본질적 내용에 가장 접근한 해석을 하여야 한
다(대법원 2017. 12. 7. 선고 2017도10122 판결 등 참조). 이러한 형벌법규 해석의 원칙을
토대로 앞서 살펴 본 정치적 표현의 자유와 선거운동의 자유의 헌법적 의의와 중요성,
공직선거법상 후보자 토론회를 비롯한 선거운동에 관한 제반 규정의 내용과 취지, 후보
자 토론회의 기능과 특성 등을 함께 고려하면, 공직선거 후보자등이 후보자 토론회의
토론과정 중에 한 발언을 이유로 이 사건 조항에서 정한 허위사실공표죄로 처벌하는
것에는 신중을 기하여야 하고, 이 사건 조항에 의하여 형사처벌의 대상이 되는 행위의
범위에 관하여 보다 구체적이고 분명한 기준을 제시할 필요가 있다.

　　이 사건 조항은 당선될 목적으로 후보자에게 유리하도록 일정한 사항에 관하여 허
위의 사실을 공표하는 행위를 처벌한다. 이 사건 조항의 행위태양인 '공표(公表)'란 사
전적 의미대로 '여러 사람에게 널리 드러내어 알림', 즉 '공개발표'를 뜻한다. 그러나 수
단이나 방법의 여하를 불문하고 의사소통이 공연하게 행하여지는 모든 경우를 이 사건

조항에서 정한 허위사실공표죄로 처벌한다면, 헌법상 정치적 표현의 자유 및 선거운동의 자유가 지나치게 제한되는 결과가 발생하고, 결국 공직선거법이 선거의 공정성 확보라는 수단을 통하여 달성하고자 하는 목적인 '국민의 자유로운 의사와 민주적인 절차에 의한 선거'를 실현하는 데 장해를 초래할 위험이 있다. 그러므로 후보자등이 후보자 토론회에 참여하여 질문·답변을 하거나 주장·반론을 하는 것은, 그것이 토론회의 주제나 맥락과 관련 없이 일방적으로 허위의 사실을 드러내어 알리려는 의도에서 적극적으로 허위사실을 표명한 것이라는 등의 특별한 사정이 없는 한 이 사건 조항에 의하여 허위사실공표죄로 처벌할 수 없다고 보아야 한다. 그리고 이를 판단할 때에는 사후적으로 개별 발언들의 관계를 치밀하게 분석·추론하는 데에 치중하기 보다는 질문과 답변이 이루어진 당시의 상황과 토론의 전체적 맥락에 기초하여 유권자의 관점에서 어떠한 사실이 분명하게 발표되었는지를 살펴보아야 한다.

나아가 형사처벌 여부가 문제되는 표현이 사실을 드러낸 것인지 아니면 의견이나 추상적 판단을 표명한 것인지를 구별할 때에는 언어의 통상적 의미와 용법, 증명가능성, 문제된 말이 사용된 문맥과 표현의 전체적인 취지, 표현의 경위와 사회적 맥락 등을 고려하여 판단하되, 헌법상 표현의 자유의 우월적 지위, 형벌법규 해석의 원칙에 비추어 어느 범주에 속한다고 단정하기 어려운 표현인 경우에는 원칙적으로 의견이나 추상적 판단을 표명한 것으로 파악하여야 한다. 또한 어떠한 표현이 공표된 사실의 내용 전체의 취지를 살펴볼 때 중요한 부분에서 객관적 사실과 합치되는 경우에는 세부적으로 진실과 약간 차이가 나거나 다소 과장된 표현이 있더라도 이를 허위사실의 공표라고 볼 수 없다(대법원 2009. 3. 12. 선고 2009도26 판결 등 참조). 특히 앞서 본 후보자 토론회의 기능과 특성을 고려할 때, 토론회에서 후보자등이 선거인의 정확한 판단을 그르치게 할 수 있을 정도로 다른 후보자의 견해나 발언을 의도적으로 왜곡한 것이 아니라, 합리적으로 보아 가능한 범위 내에서 다른 후보자의 견해나 발언의 의미를 해석하고 이에 대하여 비판하거나 질문하는 행위는 진실에 반하는 사실을 공표한다는 인식을 가지고 행하는 허위사실 공표행위로 평가할 수 없다고 보아야 하고(대법원 2007. 7. 13. 선고 2007도2879 판결 참조), 이러한 법리는 다른 후보자의 질문이나 비판에 대해 답변하거나 반론하는 경우에도 마찬가지로 적용되어야 한다.

공직선거법은 '허위의 사실'과 '사실의 왜곡'을 구분하여 규정하고 있으므로(제8조의4 제1항, 제8조의6 제4항, 제96조 제1항, 제2항 제1호, 제108조 제5항 제2호 등 참조), 적극적으로 표현된 내용에 허위가 없다면 법적으로 공개의무를 부담하지 않는 사항에 관하여 일부 사실을 묵비하였다는 이유만으로 전체 진술을 곧바로 허위로 평가하는 데에는 신중하여야 하고, 토론 중 질문·답변이나 주장·반론하는 과정에서 한 표현이 선거인의 정확한 판단을 그르칠 정도로 의도적으로 사실을 왜곡한 것이 아닌 한, 일부 부정확 또는 다소 과장되었거나 다의적으로 해석될 여지가 있는 경우에도 허위사실 공표행위로 평가하여서는 안 된다.

2) 이 사건에 대한 판단

가) 원심은, 피고인이 사실은 2012. 4.경부터 8.경까지 수회에 걸쳐 분당구보건소장 등에게 이○○에 대하여 구 정신보건법 제25조에 따른 강제입원 절차를 진행하도록 지시하였음에도, 이 사건 토론회에서 이○○을 정신병원에 입원시키려고 한 적이 전혀 없다는 취지로 발언한 것은 선거인의 공정한 판단을 그르치게 할 정도로 사실을 왜곡한 것으로서 허위사실의 공표에 해당하고, 피고인에게 허위사실 공표의 고의 및 당선의 목적도 있었다고 보아, 이 사건 공소사실 중 이○○에 대한 강제입원 절차 관여 관련 허위사실 공표에 의한 공직선거법 위반의 점에 대하여 무죄로 판단한 제1심판결을 파기하고 유죄로 판단하였다.

나) 그러나 원심판결 이유와 적법하게 채택된 증거들에 의하여 인정되는 사실관계를 앞서 본 법리에 비추어 살펴보면, 원심의 판단을 그대로 받아들이기 어렵다.

(1) 먼저 KBS 토론회에서의 피고인의 공소사실 기재 발언에 대하여 본다.

(가) 피고인은 위 토론회에서 상대 후보자인 김○○이 "형님을 정신병원에 입원시키려고 하셨죠? 그 보건소장을 통해서 하지 않았습니까?"라고 질문한 데 대하여 "그런일 없습니다."라고 답변하였다. 피고인의 위 발언은 의혹을 제기하는 김○○의 질문에 대하여 이를 부인하는 취지의 답변을 한 것으로 평가할 수 있을 뿐 이를 넘어서 어떤 사실을 적극적이고 일방적으로 널리 드러내어 알리려는 의도에서 한 공표행위라고 볼 수는 없다.

김○○은 피고인의 위 부인 취지의 답변에 이어 "그러면 성남시청 8층에 위치한 분당서울대병원에서 위탁한 성남시 정신보건센터에서 이○○ 씨에 대해 아무런 문진이나 검진도 없이 정신병자라고 판명했습니까?"라고 질문하였고, 피고인은 이에 대해 "그거는 어머니를 때리고, 어머니한테 차마 표현할 수 없는 폭언도 하고, 이상한 행동을 많이 했고, 실제로 정신치료를 받은 적도 있는데 계속 심하게 하기 때문에 어머니, 저희 큰형님, 저희 누님, 저희 형님, 제 여동생, 제 남동생, 여기서 진단을 의뢰했던 겁니다. 그런데 저는 그걸 직접 요청할 수 없는 입장이고, 제 관할 하에 있기 때문에 제가 최종적으로 못하게 했습니다."라고 답변하였다.

원심은, 위 토론회에서 피고인이 '이○○에 대한 강제입원 절차 개시에 전혀 관여하지 않았다'는 표현을 직접적으로 사용하지는 않았다고 인정하면서도, 피고인이 이○○에 대한 강제입원 절차 진행을 지시하고 이에 따라 위 절차 일부가 진행된 사실을 숨긴 채 위 발언들을 함으로써 전체적으로 보아 적극적으로 반대사실을 진술한 것과 마찬가지로 사실을 왜곡하는 정도에 이르렀으므로 허위사실의 공표에 해당한다고 판단하였다. 그러나 원심판결 이유에 의하더라도, 위 발언들은 토론과정에서 상대 후보자의 공격적인 질문이나 의혹의 제기에 대하여 답변하거나 해명하는 과정에서 나온 것으로, 상대 후보자의 재질문이나 반론이 충분히 가능하고 예상되는 상황이었으며, 실제 김○○은 후속 질문을 통하여 피고인의 직권남용 의혹 등을 추궁하였음을 알 수 있다. 앞서 본 법리에 비추어 이러한 피고인과 김○○ 사이에 공방이 이루어진 경위, 토론의 주요 쟁점과 전체적 맥락 등을 살펴보면, 피고인의 위 발언들이 토론회의 주제나 맥락과 관련 없이 일방적으로 허위의 사실을 드러내어 알리려는 의도에서 적극적으로 반대사실을 공표한 것이라고 보기 어렵다.

(나) 원심이 적법하게 채택한 증거들에 의하면, 김○○은 이 사건 토론회를 전후하여 기자회견을 하거나 성명서를 발표하는 등의 방법으로 '피고인이 성남시장으로서의 직권을 남용하여 이○○과 가족을 강압해 이○○을 정신병원에 강제로 입원시키려고 하였다'는 취지로 주장하였고, 이 사건 토론회를 모두 마친 직후인 2018. 6. 7.에는 자신의 페이스북에 "자기 형을 정신병자로 몰고 정신병원에 입원시키려 하는 사람을 뽑아서는 안 됩니다."라는 글을 게시하기도 하였다. 토론회를 전후한 위와 같은 사정에 비추어 볼 때, 결국 김○○이 이 사건 토론회를 비롯한 선거 과정에서 의혹을 제기하고 검증하고자 하였던 것은 '피고인이 직권을 남용해 불법으로 이○○을 정신병원에 강제 입원시키려고 하였는지 여부'였다고 볼 수 있다. 김○○도 제1심 법정에서 피고인이 이○○에 대한 불법적인 입원을 시키려고 하였느냐는 취지에서 질문을 한 것이라고 진술하였다.

이러한 사정에다가 위 토론회에서의 김○○과 피고인 사이의 질문과 답변 내용, 그 발언의 경위와 전후 문맥까지를 종합하면, 김○○이 위 토론회에서 아무런 전제사실이나 일시·장소 등의 특정도 없이 "형님을 정신병원에 입원시키려고 하셨죠?"라고 질문한 데에는 위와 같은 의혹을 제기하는 취지가 포함되어 있었다고 볼 여지가 있다. 그렇다면 피고인으로서도 김○○이 위 토론회에서 한 질문이나 이 사건 토론회를 전후하여 제기한 주장의 취지나 의도를 '직권을 남용해 불법으로 이○○을 정신병원에 강제입원시키려고 한 사실이 있느냐'는 것으로 해석한 다음, 그러한 평가를 부인하는 의미로 "그런 일 없습니다."라고 답변하였다고 볼 수 있고, 상대 후보자의 질문의 의미를 의도적으로 왜곡한 것이라고 단정하기는 어렵다. 또한 원심이 인정한 사실관계에 의하면, 피고인이 위 토론회에서 한 나머지 공소사실 기재 발언들에 그 표현의 적극적인 측면에서 허위로 단정할 만한 내용이 없다. 사정이 이와 같다면, 비록 피고인이 이○○에 대한 정신병원 강제입원 절차 진행에 관여한 사실을 언급하지 않은 채 위와 같은 발언들을 하였다고 하더라도, 피고인이 그와 같은 사실을 공개할 법적 의무를 부담하고 있었다고 볼 근거가 없는 이 사건에서 상대 후보자의 공격적인 질문에 대하여 소극적으로 회피하거나 방어하는 취지의 답변 또는 일부 부정확하거나 다의적으로 해석될 여지가 있는 표현을 넘어서서 곧바로 적극적으로 반대사실을 공표하였다거나 전체 진술을 허위라고 평가할 수는 없다고 보아야 한다. 이러한 피고인의 발언들을 사후적인 분석과 추론을 통하여 적극적으로 허위의 반대사실을 공표한 것과 마찬가지라고 평가하는 것은 표현의 외연을 확장함으로써 형벌법규에 따른 책임의 명확성, 예측가능성을 저해할 우려가 있다.

　(2) 다음으로 MBC 토론회에서의 피고인의 공소사실 기재 발언에 대하여 본다.

　피고인은 위 토론회에서 "우리 김○○ 후보께서는 저보고 정신병원에 형님을 입원시키려 했다 이런 주장을 하고 싶으신 것 같은데 사실이 아닙니다. 정신병원에 입원시킨 것은 형님의 부인 그러니까 제 형수와 조카들이었고, 어머니가 보건소에다가 정신질환이 있는 것 같으니 확인을 해보자라고 해서 진단을 요청한 일이 있습니다. 그 권한은 제가 가지고 있었기 때문에 제가 어머니한테 설득을 해서 이거 정치적으로 너무 시끄러우니 하지 말자 못하게 막아서 결국은 안 됐다는 말씀을 또 드립니다."라고 발언하였다. 그 내용은 KBS 토론회에서 한 발언과 대동소이하고, 다만 위 토론회는 기조연설과 정책발표, 후보자간 1:1 정책검증, 사회자 공통질문, 각 후보자가 3분간 주도권을 가지고 하는 토론 등의 순서로 진행되었는데, 피고인의 위 발언은 피고인에게 주어진 주도권 토론시간에 이루어진 것으로서 상대 후보자의 공격적 질문에 대하여 곧바로 반박하는 형식은 아니었다. 그러나 이 부분 발언의 내용과 맥락이 상대 후보자가 위 토론회에서 다시 제기할 것으로 예상되는 의혹이나 질문에 대한 선제적인 답변의 실질을 가진 점, 실제로 피고인의 위 발언에 이어 김○○도 '피고인의 어머니가 아들을 정신병원에 넣으라고 요청했다는 것이 완전히 허구라는 게 밝혀졌다'는 취지로 의혹을 제기한 점 등을 고려하면, 피고인의 이 부분 발언 또한 허위의 반대사실을 적극적·일방적으로 공표한 것으로 보기는 어렵다.

　다) 결국 이 부분 공소사실 기재 피고인의 발언은 이 사건 조항에서 정한 허위사실의 공표에 해당한다고 볼 수 없다. 그런데도 이 사건 공소사실 중 이○○에 대한 강제입원 절차 관여 관련 허위사실 공표에 의한 공직선거법 위반의 점을 유죄로 인정한 원심의 판단에는 이 사건 조항에서 정한 허위사실의 공표에 관한 법리를 오해하여 판결에 영향을 미친 잘못이 있다. 따라서 이를 지적하는 피고인의 상고이유 주장은 이유 있다.

4. 결론

　그러므로 피고인의 나머지 상고이유에 대한 판단을 생략한 채, 원심판결 중 유죄 부분(이유무죄 부분 포함)을 파기하고, 이 부분 사건을 다시 심리·판단하도록 원심법원에 환송하며, 검사의 나머지 상고를 기각하기로 하여, 주문과 같이 판결한다. 이 판결에는 이○○에 대한 강제입원 절차 관여 관련 허위사실 공표에 의한 공직선거법 위반의 점에 대하여 대법관 박상옥, 대법관 이기택, 대법관 안철상, 대법관 이동원, 대법관 노태악의 반대의견이 있는 외에는 관여 법관의 의견이 일치하였다.

[25] 용인경전철 민간투자사업에 관한 주민소송

— 대법원 2020. 7. 29. 선고 2017두63467 판결 —

【판시사항】

지방자치법 제17조 제2항 제4호 주민소송의 대상 판단기준(주민감사청구 사항과의 관계 등) / 제4호 주민소송에서 청구인이 특정하여야 할 사항 / 지방자치단체와 계약한 계약당사자를 상대방으로 하는 제4호 주민소송의 가부 및 요건 / 제4호 주민소송에서 요구되는 지방자치단체의 장이나 공무원의 과실의 정도(경과실 배제 여부)

【판결요지】

[1] 주민감사청구가 '지방자치단체와 그 장의 권한에 속하는 사무의 처리'를 대상으로 데 반하여, 주민소송은 '그 감사청구한 사항과 관련이 있는 위법한 행위나 업무를 게을리한 사실'에 대하여 제기할 수 있는 것이다. 그러므로 주민소송의 대상은 주민감사를 청구한 사항과 관련이 있는 것으로 충분하고, 주민감사를 청구한 사항과 반드시 동일할 필요는 없다. 주민감사를 청구한 사항과 관련성이 있는지 여부는 주민감사청구 사항의 기초인 사회적 사실관계와 기본적인 점에서 동일한지 여부에 따라 결정되는 것이며 그로부터 파생되거나 후속하여 발생하는 행위나 사실은 주민감사청구사항과 관련이 있다고 보아야 한다.

[2] 지방자치법 제17조 제2항 제1호부터 제3호까지의 주민소송은 해당 지방자치단체의 장을 상대방으로 하여 위법한 재무회계행위의 방지, 시정 또는 확인 등을 직접적으로 구하는 것인데 반하여, 제4호 주민소송은 감사청구한 사항과 관련이 있는 위법한 행위나 업무를 게을리 한 사실에 대하여 지방자치단체의 장 및 직원, 지방의회의원, 해당 행위와 관련이 있는 상대방(이하 '상대방'이라고 통칭한다)에게 손해배상청구, 부당이득반환청구, 변상명령 등을 할 것을 요구하는 소송이다. 따라서 제4호 주민소송 판결이 확정되면 지방자치단체의 장인 피고는 상대방에 대하여 그 판결에 따라 결정된 손해배상금이나 부당이득반환금의 지불 등을 청구할 의무가 있으므로, 제4호 주민소송을 제기하는 자는 상대방, 재무회계행위의 내용, 감사청구와의 관련성, 상대방에게 요구할 손해배상금 내지 부당이득금 등을 특정하여야 한다.

[3] 이 사건 용역계약은 한국교통연구원이 용인시에 용인경전철의 수요예측 등을 내용으로 하는 용역보고서를 작성하고 이에 대하여 용인시가 한국교통연구원에 용역대금을 지급하는 내용의 계약으로서, 이를 체결하고 그에 따라 수요예측 등의 내용을 담은 용역결과물을 제출받는 행위는 지방자치법 제17조 제1항에 정한 계약의 체결·이행에 관한 사항으로서 재무회계행위에 해당한다. 그리고 연구원들로부터 오류가 있는 용역보고서를 제출받은 것은 재무회계행위와 관련이 있는 위법한 행위이거나 업무를 게을리 한 사실이고, 이러한 용역업무의 수행이 민사상 채무불이행이나 불법행위에 해당할 때에는 용인시는 그 상대방인 한국교통연구원이나 그 연구원들에게 손해배상청구 등을 하여야 한다.

[4] 지방자치단체의 장은 제4호 주민소송에 따라 손해배상청구나 부당이득반환청구를 명하는 판결 또는 회계직원책임법에 따른 변상명령을 명하는 판결이 확정되면 위법한 재무회계행위와 관련이 있는 상대방에게 손해배상금이나 부당이득반환금을 청구하여야 하거나 변상명령을 할 수 있다(지방자치법 제17조 제2항 제4호, 제18조 제1항, 회계직원책임법 제6조 제1항). 그리고 이에 더 나아가 상대방이 손해배상금 등의 지급을 이행하지 않으면 지방자치단체의 장은 손해배상금 등을 청구하는 소송을 제기하여야 한다(지방자치법 제18조 제2항). 이때 상대방인 지방자치단체의 장이나 공무원은 국가배상법 제2조 제2항, 회계직원책임법 제4조 제1항의 각 규정 내용 및 취지 등에 비추어 볼 때, 그 위법행위에 대하여 고의 또는 중대한 과실이 있는 경우에 제4호 주민소송의 손해배상책임을 부담한다.

【원고, 상고인】 안○○ 외 7인
【피고, 피상고인】 용인시장
【피고보조참가인】 박○○
【원심판결】 서울고법 2017. 9. 14. 선고 2017누35082 판결

【주   문】

원심판결 중 이○○에 대한 부분, 서○○에 대한 추가사업비 부담협약 부분, 김○○에 대한 사업방식변경, 재가동 업무대금 부분, 박○○에 대한 위법한 공무원 임용 부분, 한국교통연구원 및 연구원들에 대한 부분을 각 파기하고, 이 부분 사건을 서울고등법원에 환송한다.

원고들의 나머지 상고를 각 기각한다.

【이　　유】

상고이유를 판단한다.

1. 사건의 개요

가. 용인경전철 민간투자사업(이하 '이 사건 사업'이라고 한다)은 구 「사회간접자본시설에 대한 민간투자법」(2005. 1. 27. 법률 제7386호 「사회기반시설에 대한 민간투자법」으로 개정되기 전의 것, 이하 '구 민간투자법'이라고 한다) 제4조 제1호의 '사회간접자본시설의 준공과 동시에 당해 시설의 소유권이 국가 또는 지방자치단체에 귀속되며 사업시행자에게 일정기간의 시설관리운영권을 인정하는 방식'(BTO 방식)으로 기흥역에서 전대·에버랜드역까지 15개역 약 18㎞ 구간에 경량 도시철도를 건설하여 운영하는 사업이고, 피고가 주무관청이다.

나. 기획예산처장관은 1999. 12. 31. 이 사건 사업을 민간투자사업으로 지정·고시하였다. 피고는 2000. 9. 6. 구 교통개발연구원(2005. 8. 17. '한국교통연구원'으로 명칭이 변경되었다. 이하 명칭 변경 전·후를 불문하고 '한국교통연구원'이라고 한다)에 이 사건 사업의 '건설 타당성 분석 및 실행플랜 수립'에 관한 용역을 의뢰하였다(이하 용인시와 한국교통연구원 사이에 체결된 용역계약을 '이 사건 용역계약'이라고 한다). 교통연구원은 2001. 9. 5. 피고에게 용역보고서를 제출하였다(이하 '2001년 한국교통연구원 용역보고서'라고 한다).

다. 피고는 2001. 12. 31. 이 사건 사업의 '민간투자시설사업기본계획'을 고시하였고(용인시 고시 제2001-295호), 2002. 9. 3. 캐나다 건설회사인 '봄바디어'(Bombardier Inc.) 등으로 구성된 컨소시엄을 우선협상대상자로 지정하였다. 그 후 2004. 4. 22. 위 컨소시엄이 설립한 특수목적법인인 '용인경전철 주식회사'가 우선협상대상자의 지위를 승계하였다(이하 설립 전·후를 불문하고 '용인경전철'이라고 한다).

라. 피고는 2004. 7. 27. 용인경전철과 이 사건 사업의 실시협약을 체결하였다(이하 '이 사건 실시협약'이라고 한다). 그에 따르면, 이 사건 사업의 총사업비는 2001. 12. 31. 불변가격기준으로 6,970억 원이고, 그 중 주무관청 보조금은 2,997억 원, 민간투자금은 3,973억 원이며(제12조), 민간투자금의 사업수익률은 8.86%이다(제54조). 사업시행자는 경전철을 건설하는 공사를 시행하여 그 소유권을 용인시에 귀속시킨 후 30년간 운영·관리하면서 운임수입을 징수하고 그 밖에 부대사업과 경미한 수익사업을 시행하

여 투자원리금을 회수한다(제6조 제1항). 운영개시일로부터 30년간 그 해 실제운임수입이 예상운임수입의 90%보다 적을 경우 주무관청은 사업시행자에게 운임수입보조금을 지급한다(제63조 제1항, 이하 '최소운영수입보장 약정'이라고 한다). 주무관청은 분당선 연장 전 구간이 2011. 12. 31.까지 준공·운영되도록 최선의 노력을 하여야 하고, 이 사건 사업의 운영개시일까지 준공·운영되지 않는 경우 주무관청이 사업시행자에게 분당선 연장구간 개통 지연에 따른 운임수입감소 손실금을 2012. 1. 1.부터 지급하여야 한다(제75조, 제63조 제6항, 이하 '분당선 연장구간 개통지연 손실보상 약정'이라고 한다).

이 사건 실시협약서 부록 4. 예상운임수입(11~15쪽) 및 참고자료(59쪽)에 의하면, 피고와 용인경전철은 ① 2001년 한국교통연구원 용역보고서의 이용수요 예측 결과와 ② 용인경전철이 별도로 미래교통연구원에 용역을 의뢰하여 제출받은 교통수요보고서를 기초로 2002. 7.경 작성한 사업계획서의 이용수요 예측 결과를 기초자료로 삼아 협상을 하여, 아래 표 기재와 같이 이 사건 사업의 1일 평균 추정 이용수요를 확정하고, 이를 기초로 운영개시 예정일인 2009. 2. 1.부터 30년간의 연도별 예상운임수입과 세부적인 계약내용을 확정하였다.

구분	2008년	2009년	2010년	2011년	2017년	2027년	2037년
① 한국교통연구원 용역보고서	164천명	171천명	177천명	183천명	198천명	214천명	228천명
② 용인경전철 사업계획서	148천명	156천명	163천명	171천명	193천명	207천명	218천명
최종 협상 수요	139천명	146천명	153천명	161천명	182천명	195천명	205천명

마. 피고는 2005. 11. 15. 이 사건 사업의 실시계획을 승인·고시하였고(용인시 고시 제2005-378호), 용인경전철은 2005. 12. 16. 건설공사에 착수하였다. 피고와 용인경전철은 2009. 7. 8. 변경특약을 통해 최소운영수입보장 약정의 보장비율을 예상운영수입의 90%에서 79.9%로 하향 조정하고, 분당선 연장구간 개통지연에 따른 손실보상 약정 조항을 삭제하였다.

바. 용인경전철은 건설공사를 완료한 뒤 2010. 7. 5., 2010. 11. 10. 및 2010. 12. 10. 3회에 걸쳐 용인시에 준공보고서를 제출하였으나, 피고는 서류 미비 등의 사유로 위 준공보고서를 모두 반려하였다. 이에 용인경전철은 2011. 1. 11. 이 사건 실시협약을 해지한 뒤, 2011. 2. 18. 국제상업회의소(ICC) 산하 국제중재법원(ICA)에 국제중재를

신청하였고, 국제중재법원은 2011. 9. 26.(1차)과 2012. 6. 11.(2차)에 '용인시는 용인경전철에게 미지급 공사비 5,158억 9,100만 원과 기회비용 명목 2,627억 7,200만 원을 지급하라'는 내용의 중재판정을 하였다.

  사. 피고와 용인경전철은 2차 중재판정 직전인 2012. 4. 19. '이 사건 실시협약 해지를 철회하고, 최소운영수입보장 방식에서 연간사업운영비 보전방식으로 사업구조를 변경하며, 주무관청이 재가동 업무비용 350억 원을 부담한다'는 내용의 양해계약 및 재가동약정을 체결하고, 2013. 7. 25. 이를 구체화하는 내용의 실시협약 변경계약을 체결하였다. 용인경전철은 2013. 4. 26.부터 경전철 운행을 개시하였는데, 운영 첫 해인 2013년의 실제 이용수요는 1일 평균 약 9천 명에 불과하였고, 2017년의 실제 이용수요는 1일 평균 2만 7천 명이었다.

  아. 원고들을 비롯한 용인시 주민들은 지방자치법 제16조에 따라 2013. 4. 11. 경기도지사에게 이 사건 사업과 관련하여 '추진과정의 문제점', '이 사건 실시협약의 문제점', '이 사건 실시협약 체결 이후의 문제점', '공사완료 이후의 문제점' 등에 관하여 주민감사를 청구하였다(이하 '이 사건 감사청구'라고 한다).

  자. 경기도지사는 2013. 6. 5.부터 2013. 7. 22.까지 48일간 용인시에 대한 감사를 실시한 후, 2013. 7. 30. ① 경전철 운영 활성화 프로젝트팀 설치·운영의 부적정, ② 계약직 임용 부적정, ③ 상업광고 협약체결 당시 경제성 분석 소홀, ④ 출자자 지분변경에 관한 업무처리 소홀을 지적하고, 위 지적사항에 관한 '주의 촉구' 등 4건의 행정조치 및 관련 공무원 9명에 대한 '훈계'처리를 하였다는 내용의 감사결과를 공고하였다.

  차. 이에 원고들은 2013. 10. 10. 피고를 상대로 지방자치법 제17조 제1항 제2호, 제2항 제4호에 의하여 '해당 지방자치단체의 장 및 직원, 지방의회의원, 해당 행위와 관련이 있는 상대방에게 손해배상청구를 할 것을 요구하는 소송'(이하 '제4호 주민소송'이라고 한다)을 제기하였다.

2. 상고이유 제1점, 제4점에 관하여

가. 주민소송의 대상 판단 기준

  (1) 지방자치법에 의하면, 지방자치단체의 19세 이상 주민은 시·도는 500명, 인구 50만 이상 대도시는 300명, 그 밖의 시·군 및 자치구는 200명을 초과하지 않는 범위 안에서 해당 지방자치단체의 조례가 정하는 19세 이상 주민 수 이상의 연서(連署)로 시·도에서는 주무부장관에게, 시·군 및 자치구에서는 시·도지사에게 그 지방자치단

체와 그 장의 권한에 속하는 사무의 처리가 법령에 위반되거나 공익을 현저히 해치는
지에 관하여 감사를 청구할 수 있다(제16조 제1항 본문). 제16조 제1항에 따라 공금의
지출에 관한 사항, 재산의 취득·관리·처분에 관한 사항, 해당 지방자치단체를 당사자
로 하는 매매·임차·도급 계약이나 그 밖의 계약의 체결·이행에 관한 사항 또는 지
방세·사용료·수수료·과태료 등 공금의 부과·징수의 해태에 관한 사항을 감사청구
한 주민은 주무부장관이나 시·도지사의 감사결과 또는 해당 지방자치단체의 장에 대
한 조치요구에 불복하는 경우 등에는 그 감사청구한 사항과 관련 있는 위법한 행위나
업무를 게을리 한 사실에 대하여 해당 지방자치단체의 장(해당 사항의 사무처리에 관한
권한을 소속 기관의 장에게 위임한 경우에는 그 소속 기관의 장을 말한다)을 상대방으로 하여
소송을 제기할 수 있다(제17조 제1항 제2호).

이에 따라 주민이 제기할 수 있는 소송에는 해당 행위를 계속하면 회복하기 곤란
한 손해를 발생시킬 우려가 있는 경우에는 그 행위의 전부나 일부를 중지할 것을 요구
하는 소송(제1호), 행정처분인 해당 행위의 취소 또는 변경을 요구하거나 그 행위의 효
력 유무 또는 존재 여부의 확인을 요구하는 소송(제2호), 게을리한 사실의 위법 확인을
요구하는 소송(제3호), 해당 지방자치단체의 장 및 직원, 지방의회 의원, 해당 행위와
관련이 있는 상대방에게 손해배상청구 또는 부당이득반환청구를 할 것을 요구하는 소
송(제4호) 등이 있다(제17조 제2항).

주민소송 제도는 지방자치단체 주민이 지방자치단체의 위법한 재무회계행위의 방
지 또는 시정을 구하거나 그로 인한 손해의 회복 청구를 요구할 수 있도록 함으로써 지
방자치단체의 재무행정의 적법성, 지방재정의 건전하고 적정한 운영을 확보하려는 데
그 목적이 있다. 그러므로 주민소송은 원칙적으로 지방자치단체의 재무회계에 관한 사
항의 처리를 직접 목적으로 하는 행위에 대하여 제기할 수 있고, 지방자치법 제17조 제
1항에서 주민소송의 대상으로 규정한 '재산의 취득·관리·처분에 관한 사항', '해당 지
방자치단체를 당사자로 하는 계약의 체결·이행에 관한 사항' 등에 해당하는지 여부도
그 기준에 의하여 판단하여야 한다(대법원 2016. 5. 27. 선고 2014두8490 판결 참조).

(2) 이처럼 주민감사청구가 '지방자치단체와 그 장의 권한에 속하는 사무의 처리'
를 대상으로 하는 데 반하여, 주민소송은 '그 감사청구한 사항과 관련이 있는 위법한
행위나 업무를 게을리한 사실'에 대하여 제기할 수 있는 것이므로, 주민소송의 대상은
주민감사를 청구한 사항과 관련이 있는 것으로 충분하고, 주민감사를 청구한 사항과 반
드시 동일할 필요는 없다. 주민감사를 청구한 사항과 관련성이 있는지 여부는 주민감사

청구사항의 기초인 사회적 사실관계와 기본적인 점에서 동일한지 여부에 따라 결정되는 것이며 그로부터 파생되거나 후속하여 발생하는 행위나 사실은 주민감사청구사항과 관련이 있다고 보아야 한다.

(3) 지방자치법 제17조 제2항 제1호부터 제3호까지의 주민소송은 해당 지방자치단체의 장을 상대방으로 하여 위법한 재무회계행위의 방지, 시정 또는 확인 등을 직접적으로 구하는 것인데 반하여, 제4호 주민소송은 감사청구한 사항과 관련이 있는 위법한 행위나 업무를 게을리 한 사실에 대하여 지방자치단체의 장 및 직원, 지방의회의원, 해당 행위와 관련이 있는 상대방(이하 '상대방'이라고 통칭한다)에게 손해배상청구, 부당이득반환청구, 변상명령 등을 할 것을 요구하는 소송이다. 따라서 제4호 주민소송 판결이 확정되면 지방자치단체의 장인 피고는 상대방에 대하여 그 판결에 따라 결정된 손해배상금이나 부당이득반환금의 지불 등을 청구할 의무가 있으므로, 제4호 주민소송을 제기하는 자는 상대방, 재무회계행위의 내용, 감사청구와의 관련성, 상대방에게 요구할 손해배상금 내지 부당이득금 등을 특정하여야 한다.

나. 이○○ 부분에 대한 판단

(1) 원고들은 아래와 같은 이○○ 전 시장의 위법행위가 있다고 주장하며 피고에게 그를 상대로 하여 이 사건 사업비 1조 32억 원 상당의 손해배상금 청구를 요구할 것을 구한다.

(가) 이 사건 사업 관련 우선협상자를 1개 업체만 선정하여 구 민간투자법을 위반하였을 뿐만 아니라 협상과정에서 용인경전철 측에 끌려가게 되었다.

(나) 1조 원대의 사업을 추진하면서 이 사건 실시협약 체결 등에 관하여 시의회의 동의 절차를 받지 않아 지방자치법을 위반하였다.

(다) 이 사건 실시협약 중 가장 독소조항은 최소운영수입보장이었는데 이는 구 민간투자법에 근거가 없다.

(라) 용인시가 고시한 기본계획에 반하여 2003년 민간투자사업 기본계획이 아닌 용인경전철에 유리한 2002년 민간투자사업 기본계획을 적용하였다.

(마) 용인경전철의 지분 양도·축소를 방치하고 아무런 조치도 취하지 않았다.

(바) 용인경전철과 건설사에 대한 관리·감독을 소홀히 하여 건설사 임직원들이 공사비를 횡령하고 적정한 하도급 비율을 준수하지 않는 등의 문제가 발생하였다.

이에 대하여 원심은 제1심 판결을 인용하며 다음과 같이 판단하였다.

(가) 용인경전철만이 사업계획서를 제출하여 용인경전철 1개 업체만을 우선협상대

상자로 선정하였다는 사정만으로 이○○의 우선협상대상자 선정행위가 위법하다고 볼 수는 없다.

(나) 이 사건 실시협약을 체결하면서 용인시의회의 의결을 거치지 아니하였고 또 그러한 절차 위반은 위법하지만, 이○○에게 이에 대한 고의 또는 과실이 있었다거나, 이로 인하여 용인시에 어떠한 손해가 발생하였다고 보기는 어렵다.

(다) 원고들은 이 사건 실시협약 중 최소운영수입보장 약정 부분이 구 민간투자법에 근거가 없어 위법하다고 주장하였으나, 그와 같은 사정은 주민소송의 대상이 되는 용인시의 재무회계행위라 볼 수 없어 감사대상에서 제외되었으므로, 이 부분 청구는 부적법하다.

(라) 이 사건 실시협약은 2002년 민간투자사업기본계획을 적용하여 최소운영수입보장을 30년간 90%로 정하여 체결된 사실은 인정되지만, 그러한 사실만으로 이○○의 실시협약 체결행위가 위법하다고 볼 수는 없다.

(마) 용인경전철의 지분양도·축소가 용인경량전철건설 민간투자시설사업기본계획에 반하는 점은 인정되나, 이○○이 이와 같은 출자자의 내부 지분변경을 알았거나 알수 있었음에도 이를 방치하였다고 볼 만한 아무런 증거가 없고, 이로 인하여 용인시에 손해가 발생하였다고 보기 어렵다.

(바) 사업자와 건설사에 대한 관리감독을 소홀히 하였다는 사정은 이로 인하여 사업비가 변경되지도 않았던 점 등에 비추어 용인시에 어떠한 손해가 발생하였다고 보기 어렵다.

(2) 그러나 원심의 판단은 다음과 같은 이유로 수긍하기 어렵다.

(가) 이 사건 제4호 주민소송은 원고들이 지방자치단체의 장인 피고에게 이○○을 상대로 하여 위 주장과 같은 위법행위로 인하여 용인시가 입은 1조 32억 원의 손해배상청구를 할 것을 요구하는 소송이다.

(나) 이 사건 소송의 심판대상은 원고들이 주장하는 이○○의 위와 같은 행위가 이 사건 감사청구사항과 관련 있는 행위인지, 그러한 행위가 위법한 재무회계행위로서 민사상 불법행위책임이나 부당이득반환책임 또는 「회계관계직원 등의 책임에 관한 법률」(이하 '회계직원책임법'이라고 한다)에 의한 변상책임 등을 지는 행위인지 여부 및 요구대상 손해배상액 등을 확정하는 것이다.

먼저, 이 사건 감사청구는 원심이 인용한 제1심판결 이유 기재와 같이 이 사건 실시협약 체결을 비롯하여 이 사건 사업과 관련하여 그 추진과정으로부터 공사완료 이후에 이르기까지 제반 문제점을 대상으로 하고 있고, 여기에 원고들이 주장하는 위와 같은 행위들이 모두 적시되어 있음을 알 수 있다. 따라서 이러한 행위들은 모두 이 사건 감사청구사항의 기초인 사회적 사실관계와 기본적인 점에서 동일한 것으로서, 이 사건 감사청구한 사항과 관련 있는 행위들로 봄이 타당하다. 이 점에서 원심이 원고들이 주장하는 행위들 가운데 최소운영수입보장으로 인한 손해배상청구 부분에 대하여 본안에서 그 위법 여부를 판단하지 않고 원고들이 감사청구 당시 최소운영수입보장 약정이 구 민간투자법 시행령을 위반하였다는 내용을 직접적·명시적 감사청구대상으로 삼지 않았다는 이유로 제4호 주민소송의 대상에 해당하지 않는다고 보아 부적법하다고 판단한 것은 잘못이고, 이를 지적하는 상고이유는 정당하다.

다음으로, 원고들이 주장하는 위와 같은 행위들은 용인시에게 이 사건 사업비를 지출하게 한 이 사건 실시협약 체결행위가 위법한 재무회계행위라고 평가할 수 있는 구체적 사정들임을 알 수 있다. 즉 위와 같은 행위들이 하나씩 분리되어 위법한 재무회계행위를 개별적으로 구성한다는 취지가 아니고, 위와 같은 일련의 행위들이 전체적으로 포괄하여 하나의 위법한 재무회계행위로서 민사상 불법행위책임 등을 지는 행위라는 취지이다. 따라서 법원으로서는 이 사건 실시협약 체결행위와 관련이 있는 모든 적극적·소극적 행위들을 확정하고 거기에 법령 위반 등의 잘못이 있는지 여부를 구체적으로 따져본 다음 전체적으로 보아 그 위법 여부를 판단하여야 한다. 그런데도 원심은 이○○의 위와 같은 행위들을 개별적으로 나누어 각각 민사상 불법행위에 해당하는지 여부와 그로 인하여 손해가 발생하였는지 여부 등을 판단하였으니, 이러한 원심의 판단에는 주민소송의 대상에 관한 법리를 오해한 잘못이 있다. 이를 지적하는 상고이유는 정당하다.

또한 원고들 주장 가운데 이 사건 실시협약 중 최소운영수입보장 약정은 구 민간투자법에 근거가 없다는 부분은 이 사건 감사청구사항, 특히 "2 - 가. 잘못된 수요예측에 근거함" 부분 및 "2 - 다. 최소운영수입보장(MRG) 제도" 부분 등에 비추어 보면, 이는 한국교통연구원이 이 사건 용역계약에 따라 실시한 교통수요 예측결과가 과도함에도 이○○이 이에 대하여 실질적 검토를 하는 등의 절차를 거치지 않은 채 만연히 그 결과를 이 사건 실시협약에 따른 최소운영수입보장 산정기준으로 삼은 것은 잘못이라는 취지로 볼 여지가 있다. 원심으로서는 위 최소운영수입보장 약정과 관련된 주장의 취지가 무엇인지 석명권을 적절히 행사하여 이를 명확하게 한 다음 이 사건 실시협약 체결행위의 위법성을 판단하는 데 주된 요소 중 하나로 검토하였어야 함에도 이에 대한 아무런 심리·판단을 하지 않았다. 따라서 원심판결에는 석명권을 제대로 행사하지 않은 잘못이 있음을 지적하여 둔다.

　(다) 한편 원고들이 위와 같이 1조 32억 원 상당의 손해배상청구를 요구하는 것과 별도로, 위 액수의 범위 내에서 철제차량 선정 및 그에 따른 공사비 과다 지출로 인한 952억 원의 손해, 용인경전철 수요를 이론수요에서 실제수요로 낮추기 위한 조정[이른 바 '램프업(Ramp-up)'] 협상을 거치지 않음에 따른 300억 원의 손해, 분당선 연장지연으로 인한 손실보상 책정액 상당인 196억 원의 손해, 용인경전철 시공업체의 하도급업체 선정에 관여함에 따른 18억 9,080만 원의 손해 등에 대하여도 배상청구를 할 것을 요구하고 있다. 그런데 위 각 부분은 특정 재무회계행위 단계의 고유한 잘못을 이유로 한 것으로서 1조 32억 원의 손해배상청구를 요구하는 부분과 그 청구 금액의 범위에서 서로 선택적 병합 관계에 있다. 따라서 원심판결 중 이○○에 대한 부분은 1조 32억 원의 손해배상청구 요구 부분은 물론 나머지 각각의 손해배상청구 요구 부분 모두 파기되어야 한다(대법원 1993. 12. 21. 선고 92다46226 판결 참조).

　사. 한국교통연구원 및 연구원들 부분에 대한 판단

　(1) 원고들은, 수요예측 및 용인경전철 측과 협상을 담당하였던 한국교통연구원과 소속 연구원들이 이 사건 용역계약에 따라 실시한 용인경전철의 수요예측에는 명백한 오류가 있었고, 이에 대한 그들의 중대한 과실도 인정되므로, 피고에게 그들을 상대방으로 하여 이 사건 사업비 1조 32억 원 또는 용역계약대금 3억 1,450만 원 상당의 손해배상금 청구를 요구할 것을 주장한다.

　이에 대하여 원심은 한국교통연구원과 소속 연구원들이 위 용역보고서를 작성하면서 용인경전철의 실제 수요를 예측하지 못하였더라도 이를 재무회계행위에 해당한다고 볼 수 없어 주민소송의 대상이 되지 않는다고 판단하였다.

　(2) 그러나 원심의 판단은 다음과 같은 이유로 수긍하기 어렵다.

　이 사건 용역계약은 한국교통연구원이 용인시에 용인경전철의 수요예측 등을 내용으로 하는 용역보고서를 작성하고 이에 대하여 용인시가 한국교통연구원에 용역대금을 지급하는 내용의 계약으로서, 이를 체결하고 그에 따라 수요예측 등의 내용을 담은 용역결과물을 제출받는 행위는 지방자치법 제17조 제1항에 정한 계약의 체결·이행에 관한 사항으로서 재무회계행위에 해당한다. 그리고 연구원들로부터 오류가 있는 용역보고서를 제출받은 것은 재무회계행위와 관련이 있는 위법한 행위이거나 업무를 게을리한 사실이고, 이러한 용역업무의 수행이 민사상 채무불이행이나 불법행위에 해당할 때에는 용인시는 그 상대방인 한국교통연구원이나 그 연구원들에게 손해배상청구 등을 하여야 한다.

그럼에도 원심은 한국교통연구원 등의 수요예측행위 자체는 지방자치단체의 재무회계행위에 해당하지 않는다는 이유로 이 부분 청구는 부적법하다고 판단하였다. 따라서 원심판결 중 한국교통연구원 및 연구원들에 대한 부분은 지방자치법 제17조 제1항의 주민소송의 대상 등에 관한 법리를 오해한 잘못이 있다. 이를 지적하는 상고이유 주장은 정당하다.

3. 상고이유 제2점에 관하여

지방자치단체의 장은 제4호 주민소송에 따라 손해배상청구나 부당이득반환청구를 명하는 판결 또는 회계직원책임법에 따른 변상명령을 명하는 판결이 확정되면 위법한 재무회계행위와 관련이 있는 상대방에게 손해배상금이나 부당이득반환금을 청구하여야 하거나 변상명령을 할 수 있다(지방자치법 제17조 제2항 제4호, 제18조 제1항, 회계직원책임법 제6조 제1항). 그리고 이에 더 나아가 상대방이 손해배상금 등의 지급을 이행하지 않으면 지방자치단체의 장은 손해배상금 등을 청구하는 소송을 제기하여야 한다(지방자치법 제18조 제2항). 이때 상대방인 지방자치단체의 장이나 공무원은 국가배상법 제2조 제2항, 회계직원책임법 제4조 제1항의 각 규정 내용 및 취지 등에 비추어 볼 때, 그 위법행위에 대하여 고의 또는 중대한 과실이 있는 경우에 제4호 주민소송의 손해배상책임을 부담하는 것으로 보아야 한다.

이 점에 관한 원심 판단은 정당하고, 거기에 원고들의 상고이유 주장과 같이 지방자치법 제17조 제2항 제4호 주민소송에 관한 법리를 오해한 잘못은 없다.

6. 결론

그러므로 원심판결 중 이○○에 대한 부분, 서○○에 대한 추가사업비 부담협약 부분, 김○○에 대한 사업방식변경, 재가동 업무대금 부분, 박○○에 대한 위법한 공무원 임용 부분, 한국교통연구원 및 연구원들에 대한 부분을 각 파기하고, 이 부분 사건을 다시 심리·판단하게 하기 위하여 원심법원에 환송하며, 원고들의 나머지 상고를 각 기각하기로 하여, 관여 대법관의 일치된 의견으로 주문과 같이 판결한다.

제3장

시장과 법

[26] 네이버 동영상광고 제한 사건

— 대법원 2014. 11. 13. 선고 2009두20366 판결 —

【판시사항】

　[1] 특정 사업자가 시장지배적 지위에 있는지 여부를 판단하기 위한 전제 조건 및 관련시장 중 관련상품시장의 의미와 그 시장의 범위를 판단하는 방법

　[2] 독점규제 및 공정거래에 관한 법률 제3조의2 제1항 제3호에서 정한 시장지배적 사업자의 지위남용행위로서 불이익 강제행위의 부당성 여부의 판단 방법

【판결요지】

　[1] 특정 사업자가 시장지배적 지위에 있는지를 판단하기 위해서는, 우선 경쟁관계가 문제 될 수 있는 일정한 거래 분야에 관하여 관련시장이 구체적으로 정해져야 하고, 그 다음에 그 시장에서 지배가능성이 인정되어야 한다. 관련시장 중 관련상품시장은 일반적으로 시장지배적 사업자가 시장지배력을 행사하는 것을 억제하여 줄 경쟁관계에 있는 상품들의 범위를 말하는 것으로서, 구체적으로는 거래되는 상품의 가격이 상당기간 어느 정도 의미 있는 수준으로 인상 또는 인하될 경우 그 상품의 대표적 구매자 또는 판매자가 이에 대응하여 구매 또는 판매를 전환할 수 있는 상품의 집합을 의미하고, 그 시장의 범위는 거래에 관련된 상품의 가격, 기능 및 효용의 유사성, 구매자들의 대체가능성에 대한 인식 및 그와 관련한 구매행태는 물론, 판매자들의 대체가능성에 대한 인식 및 그와 관련한 경영의사의 결정행태, 사회적·경제적으로 인정되는 업종의 동질성 및 유사성 등을 종합적으로 고려하여 판단하여야 하며, 그 외에도 기술발전의 속

도, 그 상품의 생산을 위하여 필요한 다른 상품 및 그 상품을 기초로 생산되는 다른 상품에 관한 시장의 상황, 시간적·경제적·법적 측면에서의 대체의 용이성 등도 함께 고려하여야 한다.

　　[2] 독점규제 및 공정거래에 관한 법률 제3조의2 제1항 제3호의 시장지배적 사업자의 지위남용행위로서 불이익 강제행위의 부당성은 '독과점 시장에서의 경쟁촉진'이라는 입법 목적에 맞추어 해석해야 하므로, 시장지배적 사업자가 개별 거래의 상대방인 특정 사업자에 대한 부당한 의도나 목적을 가지고 불이익 강제행위를 한 모든 경우 또는 불이익 강제행위로 특정 사업자가 사업활동에 곤란을 겪게 되었다거나 곤란을 겪게 될 우려가 발생하였다는 것과 같이 특정 사업자가 불이익을 입게 되었다는 사정만으로는 부당성을 인정하기에 부족하고, 그중에서도 특히 시장에서의 독점을 유지·강화할 의도나 목적, 즉 시장에서의 자유로운 경쟁을 제한함으로써 인위적으로 시장질서에 영향을 가하려는 의도나 목적을 갖고, 객관적으로도 그러한 경쟁제한의 효과가 생길 만한 우려가 있는 행위로 평가될 수 있는 불이익 강제행위를 하였을 때에 부당성이 인정될 수 있다. 그러므로 시장지배적 사업자의 불이익 강제행위가 지위남용행위에 해당한다고 주장하는 공정거래위원회로서는 불이익 강제행위가 경쟁제한의 효과가 생길 만한 우려가 있는 행위로서 그에 대한 의도와 목적이 있었다는 점을 입증하여야 하고, 불이익 강제행위로 인하여 현실적으로 위와 같은 효과가 나타났음이 입증된 경우에는 그 행위 당시에 경쟁제한을 초래할 우려가 있었고 또한 그에 대한 의도나 목적이 있었음을 사실상 추정할 수 있다 할 것이지만, 그렇지 않은 경우에는 불이익 강제행위의 경위 및 동기, 불이익 강제행위의 태양, 관련시장의 특성, 불이익 강제행위로 인하여 거래상 대방이 입은 불이익의 정도, 관련시장에서의 가격 및 산출량의 변화 여부, 혁신 저해 및 다양성 감소 여부 등 여러 사정을 종합적으로 고려하여 불이익 강제행위가 위에서 본 경쟁제한의 효과가 생길 만한 우려가 있는 행위로서 그에 대한 의도나 목적이 있었는지를 판단하여야 한다.

【원고, 피상고인】　엔에이치엔 주식회사
【피고, 상고인】　공정거래위원회
【원심판결】　서울고법 2009. 10. 8. 선고 2008누27102 판결

【주   문】

상고를 기각한다.

【이   유】

상고이유를 판단한다.

1. 상고이유 제1점, 제2점에 대하여

독점규제 및 공정거래에 관한 법률(이하 '공정거래법') 제3조의2 제1항은 시장지배
적 사업자의 지위남용행위를 금지하고 있고, 같은 항 제3호는 그 지위남용행위의 하나
로 다른 사업자의 사업활동을 부당하게 방해하는 행위를 규정하고 있다. 그리고 공정거
래법 제3조의2 제2항이 남용행위의 유형 또는 기준을 대통령령에 위임함에 따라 독점
규제 및 공정거래에 관한 법률 시행령(이하 '공정거래법 시행령') 제5조 제3항 제4호는
'다른 사업자의 사업활동을 부당하게 방해하는 행위'의 하나로 '제1호 내지 제3호 외의
부당한 방법으로 다른 사업자의 사업활동을 어렵게 하는 행위로서 공정거래위원회가
고시하는 행위'를 규정하고 있고, 이에 따라 공정거래위원회가 고시한 시장지배적 지위
남용행위 심사기준(2009. 8. 20. 공정거래위원회 고시 제2009-26호 '시장지배적 지위남용 행
위의 심사기준'으로 개정되기 전의 것) Ⅳ. 3. 라. (3)항은 공정거래법 시행령 제5조 제3항
제4호의 한 경우로서 "부당하게 거래상대방에게 불이익이 되는 거래 또는 행위를 강제
하는 행위"(이하 '불이익 강제행위')를 규정하고 있다. 결국 위 관련 법령 등의 규정에 의
하면, 시장지배적 사업자의 지위남용행위로서의 불이익 강제행위는 '시장지배적 사업자
가 부당하게 거래상대방에게 불이익이 되는 거래 또는 행위를 강제함으로써 그 사업자
의 사업활동을 어렵게 하는 행위'라 할 것이다(대법원 2008. 12. 11. 선고 2007두25183 판
결 등 참조).

한편 특정 사업자가 시장지배적 지위에 있는지 여부를 판단하기 위해서는, 우선
경쟁관계가 문제 될 수 있는 일정한 거래 분야에 관하여 관련시장이 구체적으로 정하
여져야 하고, 그 다음에 그 시장에서 지배가능성이 인정되어야 한다. 관련시장 중 관련
상품시장은 일반적으로 시장지배적 사업자가 시장지배력을 행사하는 것을 억제하여 줄
경쟁관계에 있는 상품들의 범위를 말하는 것으로서, 구체적으로는 거래되는 상품의 가
격이 상당기간 어느 정도 의미 있는 수준으로 인상 또는 인하될 경우 그 상품의 대표적

구매자 또는 판매자가 이에 대응하여 구매 또는 판매를 전환할 수 있는 상품의 집합을 의미하고, 그 시장의 범위는 거래에 관련된 상품의 가격, 기능 및 효용의 유사성, 구매자들의 대체가능성에 대한 인식 및 그와 관련한 구매행태는 물론, 판매자들의 대체가능성에 대한 인식 및 그와 관련한 경영의사의 결정행태, 사회적·경제적으로 인정되는 업종의 동질성 및 유사성 등을 종합적으로 고려하여 판단하여야 할 것이며, 그 외에도 기술발전의 속도, 그 상품의 생산을 위하여 필요한 다른 상품 및 그 상품을 기초로 생산되는 다른 상품에 관한 시장의 상황, 시간적·경제적·법적 측면에서의 대체의 용이성 등도 함께 고려하여야 한다(대법원 2007. 11. 22. 선고 2002두8626 전원합의체 판결, 대법원 2008. 12. 11. 선고 2007두25183 판결 등 참조).

　　원심판결 이유에 의하면, 원심은 그 채택 증거들을 종합하여 판시와 같은 사실을 인정한 다음, 피고가 이 사건 처분의 전제가 되는 관련상품시장에 관하여 인터넷 포털이 대부분 검색(Search) 서비스, 이메일·메신저 등 커뮤니케이션(Communication) 서비스, 홈페이지·온라인카페 등 커뮤니티(Community) 서비스, 스포츠·금융·뉴스·게임 등 각종 콘텐츠(Contents) 서비스, 온라인 쇼핑 등 전자상거래(Commerce) 서비스(이하 위 각 서비스를 통틀어 '1S-4C 서비스')를 기반으로 유사한 서비스를 제공하고 있는 점 등에 근거하여 이 사건 관련시장을 '인터넷 포털서비스 이용자시장'으로 획정한 것에 대하여, ① 이 사건 광고제한행위는 동영상 콘텐츠 공급업체(contents provider)의 동영상 콘텐츠에 대한 색인 데이터베이스 제공계약을 체결하면서 원고의 검색결과로 보이는 동영상 플레이어 내 동영상 시청에 방해가 되는 선광고(先廣告)만을 원고와 협의 없이 게재할 수 없도록 한 것으로 원고의 검색서비스를 통하여 동영상 콘텐츠 공급업체와 이용자를 중개해 주는 과정에서 이루어진 점, ② 원고가 관련상품시장에서 시장지배력을 가지고 이를 남용하는 행위를 하였는지 여부를 판단함에 있어서는 원고가 동영상 콘텐츠 공급업체와 자신의 이용자들을 중개하는 시장에서 시장지배력을 가지는지 여부와 그 지위를 남용하는 행위를 하였는지 여부를 판단하여야 할 것이고, 이는 동영상 콘텐츠 공급업체들이 이용자들을 자신의 사이트로 유인함에 있어 원고와 같은 인터넷 포털사업자에게 얼마나 의존하고 있는지 여부와 직결되는 문제인 점, ③ 동영상 콘텐츠의 이용은 원고와 같이 1S-4C 서비스를 모두 제공하는 인터넷 포털사업자뿐만 아니라 그 중 검색서비스만을 제공하는 인터넷 사업자의 인터넷 검색서비스를 통해서도 충분히 가능하고, 그 서비스의 효용이나 성능, 소요되는 비용은 1S-4C 서비스를 제공하는 인터넷 포털사업자와 별다른 차이가 있을 수 없는 점 등을 종합하여 보면, 결국 피고가 이 사건 관련시장을 인터넷 포털서비스 이용자시장으로 확정한 것은 부당하다고 판단하였다.

또한 원심은, 공정거래법 시행령 제4조 제2항은 시장점유율을 공급 또는 구매한 상품 또는 용역의 금액기준으로 산정하기 어려운 경우에는 물량기준 또는 생산능력기준으로 이를 산정할 수 있다고 규정하고 있고, 이때 매출액이나 물량 또는 생산능력은 일정한 거래분야 즉 관련시장에서 발생한 매출 등을 의미하는데, 피고는 인터넷 포털서비스 이용자시장을 관련시장으로 확정하면서도 아무런 근거 없이 인터넷 포털사업자의 인터넷 광고시장에서의 매출액을 포함한 전체 매출액을 기준으로 시장점유율을 산정하고 있는 점, 인터넷 광고시장에서의 매출액을 인터넷 이용자시장에서의 지배력이 그대로 반영되어 나타난 결과로 보더라도 전체 매출액에는 인터넷 광고시장에서의 매출과 관련이 없는 게임 관련 매출액, 전자상거래 매출액 등이 포함되어 있어 이를 시장지배적 사업자를 추정하는 시장점유율의 기준으로 삼기에는 시장과의 관련성이 희박한 점, 최근 신규 사업자의 시장진입이 없었더라도 기존 사업자의 신규 서비스분야로의 진출과 서비스경쟁은 매우 치열한 양상으로 계속되어 왔고 과거 인터넷 포털사업자들의 성장과정을 보더라도 최근의 매출액만을 기준으로 인터넷 포털서비스 시장이 원고를 포함한 일부 사업자들의 과점시장으로 고착화되었다고 단정하기는 어려운 점 등을 종합하여 보면, 피고가 이 사건 관련상품시장에서의 시장지배력의 추정 기준으로 인터넷 포털사업자의 전체 매출액을 삼은 것은 부당하다고 판단하였다.

위 법리와 기록에 비추어 보면, 원심의 위와 같은 판단은 정당하다. 거기에 이 부분 상고이유와 같은 관련상품시장의 확정 및 시장지배적 사업자의 인정 여부 등에 관한 법리오해의 위법이 없다.

2. 상고이유 제3점에 대하여

공정거래법 제3조의2 제1항 제3호의 시장지배적 사업자의 지위남용행위로서 불이익 강제행위의 부당성은 '독과점 시장에서의 경쟁촉진'이라는 입법 목적에 맞추어 해석하여야 할 것이므로, 시장지배적 사업자가 개별 거래의 상대방인 특정 사업자에 대한 부당한 의도나 목적을 가지고 불이익 강제행위를 한 모든 경우 또는 그 불이익 강제행위로 인하여 특정 사업자가 사업활동에 곤란을 겪게 되었다거나 곤란을 겪게 될 우려가 발생하였다는 것과 같이 특정 사업자가 불이익을 입게 되었다는 사정만으로는 그 부당성을 인정하기에 부족하고, 그중에서도 특히 시장에서의 독점을 유지·강화할 의도나 목적, 즉 시장에서의 자유로운 경쟁을 제한함으로써 인위적으로 시장질서에 영향을 가하려는 의도나 목적을 갖고, 객관적으로도 그러한 경쟁제한의 효과가 생길 만한 우려가 있는 행위로 평가될 수 있는 불이익 강제행위를 하였을 때에 그 부당성이 인정될 수 있다.

그러므로 시장지배적 사업자의 불이익 강제행위가 그 지위남용행위에 해당한다고 주장하는 피고로서는 그 불이익 강제행위가 경쟁제한의 효과가 생길 만한 우려가 있는 행위로서 그에 대한 의도와 목적이 있었다는 점을 입증하여야 할 것이고, 불이익 강제행위로 인하여 현실적으로 위와 같은 효과가 나타났음이 입증된 경우에는 그 행위 당시에 경쟁제한을 초래할 우려가 있었고 또한 그에 대한 의도나 목적이 있었음을 사실상 추정할 수 있다 할 것이지만, 그렇지 않은 경우에는 불이익 강제행위의 경위 및 동기, 불이익 강제행위의 태양, 관련시장의 특성, 불이익 강제행위로 인하여 그 거래상대방이 입은 불이익의 정도, 관련시장에서의 가격 및 산출량의 변화 여부, 혁신 저해 및 다양성 감소 여부 등 여러 사정을 종합적으로 고려하여 불이익 강제행위가 위에서 본 경쟁제한의 효과가 생길 만한 우려가 있는 행위로서 그에 대한 의도나 목적이 있었는지를 판단하여야 한다(대법원 2007. 11. 22. 선고 2002두8626 전원합의체 판결, 대법원 2008. 12. 11. 선고 2007두25183 판결 등 참조).

원심판결 이유에 의하면, 원심은 그 채택 증거들을 종합하여 판시와 같은 사실을 인정한 다음, 설령 이 사건 관련시장에서 원고에게 시장지배적 사업자의 지위가 인정된다고 하더라도, 원고의 이 사건 광고제한행위로 인하여 동영상 콘텐츠 공급업체의 광고수익이 줄어들 가능성이 있다는 사정은 원고의 이 사건 광고제한행위로 인하여 동영상 콘텐츠 공급업체가 입게 되는 구체적인 불이익에 불과하여 현실적으로 경쟁제한의 결과가 나타났다고 인정할 만한 사정에 이르지 못하고 경쟁제한의 의도나 목적이 있었던 것으로 보기도 어렵다고 판단하였다. 또한 원심은, 오히려 원고와 동영상 콘텐츠 공급업체 사이의 색인 데이터베이스 제공계약과 관련하여 아무런 대가가 수수된 바 없고, 이 사건 광고제한행위에도 불구하고 동영상 콘텐츠 공급업체인 ○○○티비는 위 제공계약 후 얼마 지나지 않아 선광고를 게재하였으며 원고 역시 2007. 5.부터 동영상 콘텐츠 공급업체의 선광고를 허용한 점, 당시 원고가 자체 제공하던 동영상 콘텐츠에도 선광고를 게재하지 않아 동영상 콘텐츠 공급업체를 특별히 차별한 것도 아니었고, 동영상 콘텐츠의 선광고를 무조건 금지한 것이 아니라 사전 협의하도록 약정한 점, 동영상 콘텐츠 공급업체로서도 선광고가 자신에게 불이익하다면 다른 인터넷 포털 사업자를 선택할 수 있고, 이러한 불이익을 감수하더라도 이용자의 편익을 고려한 동영상 콘텐츠를 제공함으로써 이용자 유입을 늘려 광고수익을 증대시키는 방안도 선택 가능한 정책으로 보이는 점 등을 종합하여 보면, 원고가 시장에서의 독점을 유지·강화할 의도나 목적, 즉 시장에서의 자유로운 경쟁을 제한함으로써 인위적으로 시장질서에 영향을 가하려는 의도나 목적을 갖고, 객관적으로도 그러한 경쟁제한의 효과가 생길 만한 우려가 있는 행위로 평가될 수 있는 불이익 강제행위를 했다고 보기 어렵다고 판단하였다.

위 법리와 기록에 비추어 보면, 원심의 위와 같은 판단은 정당하다. 거기에 이 부분 상고이유와 같은 시장지배적 사업자의 불이익 강제행위의 부당성에 관한 법리오해의 위법이 없다.

5. 결론

그러므로 상고를 기각하고 상고비용은 패소자가 부담하기로 하여, 관여 대법관의 일치된 의견으로 주문과 같이 판결한다.

[27] 유류할증료 국제카르텔 사건

― 대법원 2014. 12. 14. 선고 2012두6216 판결 ―

【판시사항】

독점규제 및 공정거래에 관한 법률 제2조의2에서 정한 '국내시장에 영향을 미치는 경우'의 의미 및 그에 해당하는지 판단하는 기준 / 국외에서 사업자들이 공동으로 한 경쟁을 제한하는 합의의 대상에 국내시장이 포함된 경우, 같은 법 제19조 제1항을 적용할 수 있는지 여부(원칙적 적극)

【판결요지】

구 '독점규제 및 공정거래에 관한 법률'(2007. 8. 3. 법률 제8631호로 개정되기 전의 것, 이하 '공정거래법'이라고 한다) 제2조의2가 국외행위에 관하여 공정거래법을 적용하기 위한 요건으로 '국내시장에 영향을 미치는 경우'라고만 규정하고 있으나, 국가 간의 교역이 활발하게 이루어지는 현대 사회에서는 국외에서의 행위라도 그 행위가 이루어진 국가와 직·간접적인 교역이 있는 이상 국내시장에 어떠한 형태로든 어느 정도의 영향을 미치게 되고, 국외에서의 행위로 인하여 국내시장에 영향이 미친다고 하여 그러한 모든 국외행위에 대하여 국내의 공정거래법을 적용할 수 있다고 해석할 경우 국외행위에 대한 공정거래법의 적용범위를 지나치게 확장시켜 부당한 결과를 가져올 수 있는 점 등을 고려하면, 공정거래법 제2조의2에서 말하는 '국내시장에 영향을 미치는 경우'는 문제 된 국외행위로 인하여 국내시장에 직접적이고 상당하며 합리적으로 예측 가능한 영향을 미치는 경우로 제한 해석해야 하고, 그 해당 여부는 문제 된 행위의 내용·의도, 행위의 대상인 재화 또는 용역의 특성, 거래 구조 및 그로 인하여 국내시장에 미치는 영향의 내용과 정도 등을 종합적으로 고려하여 구체적·개별적으로 판단하여야 한다. 다만 국외에서 사업자들이 공동으로 한 경쟁을 제한하는 합의의 대상에 국내시장이 포함되어 있다면, 특별한 사정이 없는 한 그 합의가 국내시장에 영향을 미친다고 할 것이어서 이러한 국외행위에 대하여는 공정거래법 제19조 제1항 등을 적용할 수 있다.

【원고, 상고인】 에어프랑스 대시 케이엘엠 외 2인

【피고, 피상고인】 공정거래위원회
【원심판결】 서울고법 2012. 2. 2. 선고 2010누45868 판결

【주   문】

원심판결 중 원고 에어프랑스 대시 케이엘엠에 대한 부분을 파기하고, 이 부분 사건을 서울고등법원에 환송한다.

나머지 원고들의 상고를 모두 기각한다.

【이   유】

상고이유를 판단한다.

1. 국외행위에 대한 '독점규제 및 공정거래에 관한 법률'의 적용에 관한 원고들의 상고이유에 대하여

가. 구 '독점규제 및 공정거래에 관한 법률'(2007. 8. 3. 법률 제8631호로 개정되기 전의 것, 이하 '공정거래법'이라고 한다) 제19조 제1항, 제21조, 제22조는 사업자가 다른 사업자와 공동으로 부당하게 경쟁을 제한하는 가격 결정 등의 행위를 할 것을 합의하는 행위 등을 금지하고, 이를 위반한 사업자에 대하여 위반행위의 중지 등 시정조치를 하거나 과징금을 부과할 수 있도록 규정하고 있다. 그리고 공정거래법 제2조의2는 국외에서 이루어진 행위라도 국내시장에 영향을 미치는 경우에는 그 법을 적용하도록 규정하고 있다.

이와 같이 공정거래법 제2조의2가 국외행위에 관하여 공정거래법을 적용하기 위한 요건으로 '국내시장에 영향을 미치는 경우'라고만 규정하고 있으나, 국가 간의 교역이 활발하게 이루어지는 현대 사회에서는 국외에서의 행위라도 그 행위가 이루어진 국가와 직·간접적인 교역이 있는 이상 국내시장에 어떠한 형태로든 어느 정도의 영향을 미치게 되고, 국외에서의 행위로 인하여 국내시장에 영향이 미친다고 하여 그러한 모든 국외행위에 대하여 국내의 공정거래법을 적용할 수 있다고 해석할 경우 국외행위에 대한 공정거래법의 적용범위를 지나치게 확장시켜 부당한 결과를 초래할 수 있는 점 등을 고려하면, 공정거래법 제2조의2에서 말하는 '국내시장에 영향을 미치는 경우'는 문제 된 국외행위로 인하여 국내시장에 직접적이고 상당하며 합리적으로 예측 가능한 영향을 미치는 경우로 제한 해석해야 하고, 그 해당 여부는 문제 된 행위의 내용·의도,

행위의 대상인 재화 또는 용역의 특성, 거래 구조 및 그로 인하여 국내시장에 미치는 영향의 내용과 정도 등을 종합적으로 고려하여 구체적·개별적으로 판단하여야 할 것이다. 다만 국외에서 사업자들이 공동으로 한 경쟁을 제한하는 합의의 대상에 국내시장이 포함되어 있다면, 특별한 사정이 없는 한 그 합의가 국내시장에 영향을 미친다고 할 것이어서 이러한 국외행위에 대하여는 공정거래법 제19조 제1항 등을 적용할 수 있다 (대법원 2006. 3. 24. 선고 2004두11275 판결 등 참조).

　　나. 원심판결 이유와 원심이 적법하게 채택한 증거 등에 의하면, 원고들이 다른 항공사들과 국제항공화물운임에 유류할증료를 도입하기로 하고 그 인상 폭도 동일하게 유지하는 내용의 가격 결정에 관한 합의(이하 '이 사건 합의'라고 한다)를 하였고, 그 대상에 유럽발 국내행 항공화물노선도 포함된 사실, 항공화물운송계약은 출발지 운송주선인이 항공사와 체결하고 운임도 그 운송주선인이 지급하나, 운송주선인은 화주인 송하인 또는 수하인의 의뢰에 따라 항공사와 운송계약을 체결하고 그 대가로 수수료를 받을 뿐이어서 그 운임은 실질적으로 화주인 송하인 또는 수하인이 부담하는 것인 사실, 유럽에서 국내로 물품 등을 공급하는 내용의 국제거래에서 운임 부담은 유럽의 송하인과 국내 수하인 사이의 약정에 따라 정해지는데, 출발지불 거래에 의할 경우 유럽의 송하인이 운송계약 체결 및 운송비용 지급의무를 부담하게 되나 도착지불 거래에서는 국내 수하인이 이와 같은 의무를 부담하는 사실 등을 알 수 있다.

　　다. 이러한 사실관계에 의하여 알 수 있는 다음과 같은 사정, 즉 ① 유럽발 국내행 항공화물운송계약이 출발지인 유럽에서 운송주선인과 항공사 사이에 체결된다고 하더라도, 운송주선인은 화주의 의뢰에 따라 그 계약을 체결한 것에 불과하므로 항공화물운송에서 운임의 부담자는 화주인 유럽의 송하인 또는 국내 수하인으로 보아야 하고, 송하인과 수하인 중 누가 운임의 부담자로 될 것인지는 이들 사이의 약정에 따라 정해지는 점, ② 국내 수하인이 도착지불 거래에 의하여 스스로 항공화물운송에 관한 운임을 부담할 것인지 또는 출발지불 거래에 의하여 송하인을 통하여 전가된 운임을 부담할 것인지는 거래 형태에 따라 선택하는 것에 불과하므로, 출발지불 거래에서도 국내 수하인을 항공화물운송의 수요자로 볼 수 있는 점, ③ 유럽발 국내행 항공화물운송은 출발지인 유럽으로부터 도착지인 국내에 이르기까지 제공되는 일련의 역무의 총합으로서, 도착지인 국내에서도 화물의 하역이나 추적 등 그 역무의 일부가 이루어지는 점 등에 비추어 보면, 유럽발 국내행 항공화물운송 중 운임의 지급방식이 도착지불 거래인 경우는 물론 출발지불 거래인 경우에도 이에 대한 국내시장이 존재한다고 볼 것이다.

따라서 유럽발 국내행 항공화물운송에 유류할증료를 도입·변경하기로 하는 이 사건 합의의 대상에 국내시장이 포함되어 있다고 할 것이어서 이 사건 합의가 국내시장에 영향을 미치는 경우에 해당하므로, 이에 대하여는 공정거래법 제19조 제1항 등을 적용할 수 있다.

라. 원심이 같은 취지로 판단한 것은 정당하고, 거기에 상고이유에서 주장하는 바와 같이 국외행위에 대한 공정거래법 적용에 관한 법리 등을 오해한 잘못이 없다.

2. 처분시효 도과에 관한 원고 에어프랑스 대시 케이엘엠의 상고이유에 대하여

공정거래법 제49조 제4항은 "공정거래위원회는 이 법의 규정에 위반하는 행위가 종료한 날부터 5년을 경과한 경우에는 당해 위반행위에 대하여 이 법에 의한 시정조치를 명하지 아니하거나 과징금 등을 부과하지 아니한다"라고 규정하고 있다.

<u>위 규정의 적용에서 공정거래법이 금지하는 부당한 공동행위가 종료한 날이라 함은 가격 결정 등의 합의 및 그에 터 잡은 실행행위가 있었던 경우 그 합의에 터 잡은 실행행위가 종료한 날이라 할 것이다. 따라서 합의에 참가한 일부 사업자가 당해 영업을 제3자에게 양도하여 더 이상 그 영업을 영위하지 아니하였다면, 양수인이 영업을 양수한 이후 그 합의에 가담하여 이에 따른 실행행위를 하였다 하더라도, 양도인이 양수인의 위반행위를 교사하였다거나 또는 양수인의 행위를 양도인의 행위와 동일시할 수 있는 등 특별한 사정이 없는 한 양도인의 실행행위는 영업양도 시점에 종료되었다고 할 것이고, 양도인에 대한 처분시효도 그때로부터 진행된다고 보아야 한다.</u>

원심은, ① 원고 에어프랑스 대시 케이엘엠(이하 '원고 AF−KLM'이라고 한다)은 1999. 12.경부터 다른 항공화물운송 사업자들과 이 사건 공동행위를 계속하여 오다가 원고 케이엘엠 엔브이(이하 '원고 케이엘엠'이라고 한다)를 인수하게 되자 2004. 9. 15.경 그 영업을 원고 소시에떼 에어프랑스(이하 '원고 에어프랑스'라고 한다)에 양도하고 자신은 지주회사로 전환하였는데, 이후 원고 에어프랑스가 이를 이어받아 계속하여 이 사건 공동행위를 실행한 점, ② 원고 AF−KLM은 원고 에어프랑스의 주식 100%를 소유하고 있고 원고 AF−KLM의 대표이사가 원고 에어프랑스의 대표이사직을 겸하고 있는 등 원고 에어프랑스에 대한 완전하고 실질적인 지배가 인정되는 점, ③ 원고 AF−KLM은 영업양도 이후에도 자신과 원고 에어프랑스의 주요 임원을 겸하는 자들이 참여하여 원고 케이엘엠의 임원과 동수로 그 재정·투자·신규노선의 추가·주요 임원의 지명 등을 총괄하는 협의체를 만들어 이 사건 공동행위 기간 내내 운영하였는데, 원고 에어프랑스

와 원고 케이엘엠은 위 협의체로부터 권고받은 내용을 채택할 의무가 있는 점 등을 들어, 원고 AF−KLM에 대하여 영업양도 시점에 처분시효의 기산점이 되는 실행행위의 종료가 있었다고 볼 수 없다고 판단하였다.

그러나 앞서 든 법리에 비추어 보면, 원고 AF−KLM과 원고 에어프랑스 간의 주식 소유관계, 임원 겸임 등 인적·자본적 결합관계가 있다는 사정만으로 원고 에어프랑스의 행위를 원고 AF−KLM의 행위와 동일시할 수 없고, 달리 원고 AF−KLM이 원고 에어프랑스의 위반행위를 교사했다고 볼 수도 없으므로, 원고 AF−KLM의 위반행위는 원고 AF−KLM이 원고 에어프랑스에게 항공화물운송 관련 영업을 양도한 2004. 9. 15.경 종료되었다고 보아야 한다. 그렇다면 피고의 이 사건 처분은 원고 AF−KLM의 위반행위가 종료된 날로부터 5년이 경과하였음이 역수상 명백한 2010. 11. 29. 이루어졌으므로, 공정거래법 제49조 제4항이 정한 처분시효가 도과된 이후에 이루어진 것으로서 위법하다.

그럼에도 원심은 원고 AF−KLM이 원고 에어프랑스에게 항공화물운송 관련 영업을 양도한 이후에도 처분시효가 진행하지 아니한다고 보아 이 사건 처분의 처분시효가 완성되지 아니하였다고 판단하였으니, 이러한 원심판결에는 부당한 공동행위의 종료시점에 대한 법리를 오해하여 판결에 영향을 미친 위법이 있다.

5. 결론

그러므로 원심판결 중 원고 AF−KLM에 대한 부분을 파기하고 이 부분 사건을 다시 심리·판단하게 하기 위하여 원심법원에 환송하며, 나머지 원고들의 상고를 모두 기각하고 그들의 상고로 인한 비용은 패소자들이 부담하도록 하여, 관여 대법관의 일치된 의견으로 주문과 같이 판결한다.

[28] 공공건설임대주택 표준임대료와 전환임대료 사건

― 대법원 2016. 11. 18. 선고 2013다42236 전원합의체 판결 ―

【판시사항】

공공건설임대주택의 임대사업자가 임차인의 동의 절차를 거치지 않고 일방적으로 임대보증금과 임대료의 상호전환 조건을 제시하여 체결한 임대차계약의 효력 / 이때 임대차계약이 민법 제138조에 따라 표준임대보증금과 표준임대료를 임대 조건으로 하는 임대차계약으로 전환되어 유효하게 존속하는지 여부

【판결요지】

[다수의견] 구 임대주택법(2008. 2. 29. 법률 제8852호로 개정되기 전의 것, 이하 같다) 제14조 제1항, 구 임대주택법 시행령(2008. 2. 29. 대통령령 제20722호로 개정되기 전의 것, 이하 같다) 제12조 제1항, 건설교통부장관의 「임대주택의 표준임대보증금 및 표준임대료」 고시(2004. 4. 2. 건설교통부 고시 제2004−70호로 전부 개정된 것) 등 공공건설임대주택의 임대보증금과 임대료의 상한을 정한 규정은 법령 제정의 목적과 입법 취지 등에 비추어 그에 위반되는 약정의 사법적 효력을 제한하는 효력규정으로 보아야 한다. 그리고 건설교통부 고시에서 말하는 '임차인의 동의'란 임대주택을 공급받으려고 하는 사람이 표준임대보증금과 표준임대료로 임대차계약을 체결할 수 있는 상황에서 스스로 금액의 상호전환 여부를 선택하는 것을 의미한다. 가령 임대사업자가 임대보증금과 임대료를 임의로 상호전환하여 정한 임대차계약 조건을 제시하고 이를 그대로 받아들이거나 아니면 임대주택 청약을 포기하는 것 중에서만 선택할 수 있도록 한 경우에는 임차인에게 동의권이 부여되었다고 볼 수 없다. 따라서 임대사업자가 임대료의 일부를 임대보증금으로 상호전환함으로써 표준임대보증금보다 고액인 임대보증금으로 임차인을 모집하고자 하는 경우에는 표준금액과 전환금액을 모두 공고하거나 고지하여 임차인을 모집한 후 전환금액에 동의하는 임차인에 한하여 그 조건으로 임대차계약을 체결하여야 한다. 그러므로 임차인의 동의 절차를 올바르게 거쳤으면 유효한 임대차계약으로 성립될 수 있는 경우에도, 그러한 절차를 거치지 않고 일방적으로 상호전환의 조건을 제시하여 임대차계약을 체결하였다면 이는 효력규정인 임대주택법령에 위반된 약정으로

서 무효가 된다.

건설교통부 고시에 의하여 산출되는 임대보증금과 임대료의 상한액인 표준임대보증금과 표준임대료를 기준으로 계약상 임대보증금과 임대료를 산정하여 임대보증금과 임대료 사이에 상호전환을 하였으나 절차상 위법이 있어 강행법규 위반으로 무효가 되는 경우에는 특별한 사정이 없는 한 임대사업자와 임차인이 임대보증금과 임대료의 상호전환을 하지 않은 원래의 임대 조건, 즉 표준임대보증금과 표준임대료에 의한 임대 조건으로 임대차계약을 체결할 것을 의욕하였으리라고 봄이 타당하다. 그러므로 임대차계약은 민법 제138조에 따라 표준임대보증금과 표준임대료를 임대 조건으로 하는 임대차계약으로서 유효하게 존속한다.

[대법관 김신, 대법관 김소영, **대법관 권순일**, 대법관 박상옥의 **별개의견**] 공공건설임대주택의 임대차계약에서 임대인이 임대주택법령에 정한 방식에 의한 임차인의 동의 없이 일방적으로 임대보증금과 임대료를 상호전환하여 임대보증금은 표준임대보증금을 초과하는 금액으로, 월 임대료는 표준임대료에 미달하는 금액으로 정함으로써 효력규정인 임대주택법령을 위반한 경우, 임대차계약상의 임대보증금은 표준임대보증금을 초과하는 한도 내에서 무효이나 임대차계약의 나머지 부분까지 무효가 되는 것은 아니므로 임대차계약상의 임대료 부분은 유효하게 존속한다.

【원고, 상고인】 ○○건설 주식회사
【피고, 피상고인】 정○○
【원심판결】 수원지법 2013. 5. 3. 선고 2012나43710 판결

【주   문】

원심판결을 파기하고, 사건을 수원지방법원 합의부에 환송한다.

【이   유】

상고이유를 판단한다.

1. 임대주택의 건설을 촉진하고 국민주거생활의 안정을 도모하기 위하여 제정된 구 임대주택법(2008. 2. 29. 법률 제8852호로 개정되기 전의 것. 이하 같다. 현재는 「민간임대주택에 관한 특별법」 등으로 승계되었다)은 임대사업자가 자의적으로 임대보증금과 임대료

를 정하는 것을 방지하기 위하여 임대주택의 임차인의 자격, 선정 방법, 임대보증금, 임대료 등 임대 조건에 관한 기준을 대통령령으로 정하도록 하였다(제14조 제1항). 그 위임에 따라 제정된 구 임대주택법 시행령(2008. 2. 29. 대통령령 제20722호로 개정되기 전의 것. 이하 같다)은 주택법 제16조에 따른 공공건설임대주택의 최초 임대보증금과 임대료는 건설교통부장관이 정하여 고시하는 표준임대보증금 및 표준임대료를 초과할 수 없다고 규정하고(제12조 제1항), 건설교통부장관의 「임대주택의 표준임대보증금 및 표준임대료」 고시(2004. 4. 2. 건설교통부 고시 제2004-70호로 전부 개정된 것)는 임대차계약 시 임차인의 동의가 있는 경우에는 일정한 기준에 따라 표준임대보증금과 표준임대료의 어느 한쪽을 높이고 다른 쪽 금액을 낮추는 '상호전환'이 가능하도록 규정하였다.

이처럼 공공건설임대주택의 임대보증금과 임대료의 상한을 정한 규정은 그 법령 제정의 목적과 입법 취지 등에 비추어 그에 위반되는 약정의 사법적 효력을 제한하는 효력규정으로 보아야 한다. 그리고 위 건설교통부 고시에서 말하는 '임차인의 동의'라고 함은 임대주택을 공급받으려고 하는 사람이 표준임대보증금과 표준임대료로 임대차계약을 체결할 수 있는 상황에서 스스로 그 금액의 상호전환 여부를 선택하는 것을 의미한다. 가령 임대사업자가 임대보증금과 임대료를 임의로 상호전환하여 정한 임대차계약 조건을 제시하고 이를 그대로 받아들이거나 아니면 임대주택 청약을 포기하는 것 중에서만 선택할 수 있도록 한 경우에는 임차인에게 동의권이 부여되었다고 볼 수 없다. 따라서 임대사업자가 임대료의 일부를 임대보증금으로 상호전환함으로써 표준임대보증금보다 고액인 임대보증금으로 임차인을 모집하고자 하는 경우에는 표준금액과 전환금액을 모두 공고하거나 고지하여 임차인을 모집한 후 전환금액에 동의하는 임차인에 한하여 그 조건으로 임대차계약을 체결하여야 한다(대법원 2010. 7. 22. 선고 2010다23425 판결 참조). 그러므로 위와 같은 임차인의 동의 절차를 올바르게 거쳤으면 유효한 임대차계약으로 성립될 수 있는 경우에도, 그러한 절차를 거치지 않고 일방적으로 상호전환의 조건을 제시하여 임대차계약을 체결하였다면 이는 효력규정인 위 임대주택법령에 위반된 약정으로서 무효가 된다.

2. 한편 법률행위가 강행법규에 위반되어 무효가 되는 경우에 그 법률행위가 다른 법률행위의 요건을 구비하고 당사자 쌍방이 위와 같은 무효를 알았더라면 다른 법률행위를 하는 것을 의욕하였으리라고 인정될 때에는 민법 제138조에 따라 다른 법률행위로서 효력을 가진다. 이때 다른 법률행위를 하였을 것인지에 관한 당사자의 의사는 법

률행위 당시에 무효임을 알았다면 의욕하였을 가정적 효과의사로서, 당사자가 법률행위 당시와 같은 구체적 사정 아래 있다고 상정하는 경우에 거래관행을 고려하여 신의성실의 원칙에 비추어 결단하였을 바를 의미한다(대법원 2010. 7. 15. 선고 2009다50308 판결 등 참조). 이는 그 법률행위의 경위, 목적과 내용, 무효의 사유 및 강행법규의 입법 취지 등을 두루 고려하여 판단할 것이나, 그 결과가 한쪽 당사자에게 일방적인 불이익을 주거나 거래관념과 형평에 반하는 것이어서는 안 된다.

공공건설임대주택의 임대차계약에서 표준임대보증금과 표준임대료를 기준으로 그 금액의 상호전환을 하여, 임대보증금은 표준임대보증금을 초과하는 금액으로 하고 월임대료는 임대보증금 차액에 소정의 이율을 적용한 금액만큼 차감하여 표준임대료에 미달하는 금액으로 정하였으나 법정 방식에 의한 임차인의 동의 절차를 거치지 않은 경우에 그 임대차계약을 무효라고 한다면, 임차인은 그 임대주택에 더 이상 거주할 수 없게 되므로 임대주택의 공급을 통해 국민주거생활의 안정을 도모하고자 하는 입법 목적을 달성할 수 없게 된다. 그렇다고 하여 강행법규에 위반되는 표준임대보증금 초과 부분을 제외한 나머지의 임대 조건, 즉 '임대보증금은 표준임대보증금으로 하고 임대료는 표준임대료에서 차감하여 정한 계약상 임대료로 하는 임대 조건'으로 임대차계약이 체결되었다고 보는 것은 임대사업자에게 일방적으로 불리하여 형평에 어긋난다. 그러므로 계약 체결 당시 임대사업자가 위와 같은 무효의 사정을 알았다면 그러한 임대 조건으로 임대차계약을 체결하였으리라고 보기는 어렵다.

결국 위 건설교통부 고시에 의하여 산출되는 임대보증금과 임대료의 상한액인 표준임대보증금과 표준임대료를 기준으로 계약상 임대보증금과 임대료를 산정하여 임대보증금과 임대료 사이에 상호전환을 하였으나 절차상 위법이 있어 강행법규 위반으로 무효가 되는 경우에는 특별한 사정이 없는 한 임대사업자와 임차인이 임대보증금과 임대료의 상호전환을 하지 않은 원래의 임대 조건, 즉 표준임대보증금과 표준임대료에 의한 임대 조건으로 임대차계약을 체결할 것을 의욕하였으리라고 봄이 상당하다. 그러므로 그 임대차계약은 민법 제138조에 따라 표준임대보증금과 표준임대료를 임대 조건으로 하는 임대차계약으로서 유효하게 존속한다고 보아야 할 것이다.

그리고 이와 같이 당사자 사이에 체결된 임대차계약이 표준임대보증금과 표준임대료 조건에 의한 임대차계약으로 전환되어 유효하게 존속하게 되는 이상, 임대사업자는 임차인에게 표준임대보증금을 초과하여 지급받은 임대보증금을 부당이득으로 반환할 의무가 있고, 임차인은 임대사업자에게 그 임대차계약에 따른 임대료로 표준임대료

금액을 지급할 의무가 있다.

4. 원심판결 이유와 기록에 의하면 다음과 같은 사실을 알 수 있다.

가. 원고는 2006. 5. 23. 피고와 주택법 제16조에 따른 공공건설임대주택인 이 사건 주택에 관하여 임대보증금을 246,940,000원으로 하고, 임대료를 월 593,000원으로 하되, 임대료는 매월 말일에 납부받기로 하는 이 사건 임대차계약을 체결하였다.

나. 이는 표준임대보증금과 표준임대료 조건을 기준으로 하되, 임대보증금은 표준임대보증금 137,191,000원보다 증액하는 대신 월 임대료를 표준임대료 909,000원에서 임대보증금의 차액에 당시의 정기예금 이율을 곱한 금액을 공제한 593,000원으로 구성하여 임대보증금과 임대료의 상호전환을 한 임대 조건에 의한 것으로서, 원고가 일방적으로 제시한 계약 조건에 임차인인 피고가 승낙하여 계약이 체결된 것이고, 임대주택법령에 정한 방식에 따른 임차인의 동의를 받은 바는 없다.

다. 그 후 피고는 원고를 상대로 위 계약상 임대보증금 중 표준임대보증금을 초과하는 부분은 무효라고 주장하여 수원지방법원 성남지원 2009가합5663호로 그 차액의 반환을 청구하는 소송을 제기하였다. 이에 대하여 원고는 그 항소심(서울고등법원 2010나14461, 60525, 121109 부당이득금 등)에서 임대료 차액의 지급을 청구하는 예비적 반소를 제기하였다.

라. 위 사건에서 항소심법원이 2011. 2. 23. 원고는 피고에게 임대보증금 차액 상당 부당이득금 109,749,000원 및 그 지연손해금을 지급하고, 피고는 원고에게 2010. 12. 25.부터 이 사건 주택을 인도할 때까지 임대료 차액 상당인 월 316,000원의 비율로 계산한 차임, 즉 임대료를 지급하라는 판결을 선고하였고, 그 판결은 2011. 6. 29. 상고기각으로 확정되었다.

마. 원고는 위 판결에 따라 2011. 2. 25. 피고를 피공탁자로 하여 임대보증금 차액 및 그 지연손해금을 변제공탁하였다. 그러나 피고는 위 판결이 확정된 후에도 2011. 11.까지 매월 말일에 월 임대료로 당초 계약상의 임대료인 593,000원만을 납부하고 표준임대료와의 차액인 316,000원을 납부하지 않았다. 이에 원고는 2011. 12. 23. 피고의 임대료 연체를 이유로 이 사건 임대차계약을 해지하였다.

5. 위와 같은 사실관계를 앞에서 본 법리에 비추어 본다.

원고와 피고는 이 사건 임대차계약에서 표준임대보증금과 표준임대료를 상호전환한 금액으로 임대보증금과 임대료를 정하였으나, 법령에 따른 임차인의 동의를 받지 않아 효력규정인 임대주택법령을 위반하였으므로, 이 사건 임대차계약은 무효가 된다.

그런데 기록에 의하여 알 수 있는 이 사건 임대차계약의 체결 경위나 그 전체적인 계약 내용 등을 감안하면, 원고와 피고가 그 계약 당시의 상황에서 상호전환에 의한 임대차계약이 무효라는 것을 알았다면 상호전환을 하지 아니한 임대 조건, 즉 법령상 최고한도액인 표준임대보증금과 표준임대료를 적용하는 임대차계약을 체결하였으리라고 봄이 상당하므로, 이 사건 임대차계약은 그러한 임대 조건에 의한 임대차계약으로 유효하게 존속한다고 보아야 한다.

따라서 피고는 당초의 이 사건 임대차계약이 무효행위의 전환에 의하여 효력을 유지하게 된 계약 내용에 따라 월 임대료로 표준임대료 금액인 월 909,000원을 지급할 의무가 있다 할 것이다. 그럼에도 그중 매월 316,000원을 납부하지 않은 것은 월 임대료를 연체한 경우에 해당한다. 그리고 그 연체가 위 판결이 확정된 후인 2011. 6.부터 2011. 11.까지 매월 말일 임대료를 미납한 것을 비롯하여 적어도 6회 이상 연속되었고, 원고가 2011. 12. 23. 이 사건 임대차계약을 해지할 당시 그 연체액의 합계가 3개월분의 임대료를 넘는 것은 계산상 명백하다. 그러므로 원고는 다른 특별한 사정이 없는 한, 위 표준임대차계약서 제10조 제1항 제4호가 정한 바에 따라 이 사건 임대차계약을 해지할 수 있다고 보아야 한다.

그럼에도 원심은 이 사건 임대차계약은 일부무효의 법리에 따라 '표준임대보증금과 계약상 임대료'의 임대 조건으로 유효하게 존속하고, 표준임대료와 계약상 임대료의 차액에 대한 피고의 지급의무는 임대차계약에 기한 차임지급채무가 아니라 부당이득반환의무일 뿐이라고 보아야 하므로 피고가 위 차액을 납부하지 않았더라도 원고는 이 사건 임대차계약을 해지할 수 없다고 보아야 한다는 등 그 판시와 같은 이유로 이 사건 임대차계약에 대한 원고의 해지의 의사표시는 효력이 없다고 판단하였다. 이러한 원심의 판단에는 무효행위의 전환, 임대주택에 관한 임대차계약의 해지사유에 관한 법리를 오해하여 판결에 영향을 미친 잘못이 있다. 이 점을 지적하는 취지의 상고이유 주장은 이유 있다.

아울러 원심의 위와 같은 판단은, 피고에 대하여 2010. 12. 25.부터 이 사건 주택을 인도할 때까지 월 316,000원의 비율로 계산한 금액을 임대료로 지급할 것을 명한 판결이 확정된 이상 그 확정판결의 기판력에도 저촉됨을 지적하여 둔다.

6. 그러므로 나머지 상고이유에 대한 판단을 생략한 채 원심판결을 파기하고, 사건을 다시 심리·판단하도록 원심법원에 환송하기로 하여, 주문과 같이 판결한다. 이 판결에는 대법관 김신, 대법관 김소영, 대법관 권순일, 대법관 박상옥의 별개의견이 있는 외에는 관여 법관의 의견이 일치하였고, 다수의견에 대한 대법관 박병대, 대법관 박보영, 대법관 김재형의 보충의견이 있다.

7. 대법관 김신, 대법관 김소영, 대법관 권순일, 대법관 박상옥의 별개의견은 다음과 같다.

가. 별개의견의 요지는, <u>공공건설임대주택의 임대차계약에서 임대인이 임대주택법령에 정한 방식에 의한 임차인의 동의 없이 일방적으로 임대보증금과 임대료를 상호전환하여 임대보증금은 표준임대보증금을 초과하는 금액으로, 월 임대료는 표준임대료에 미달하는 금액으로 정함으로써 효력규정인 임대주택법령을 위반한 경우, 그 임대차계약상의 임대보증금은 표준임대보증금을 초과하는 한도 내에서 무효라고 할 것이나 임대차계약의 나머지 부분까지 무효가 되는 것은 아니므로 그 임대차계약상의 임대료 부분은 유효하게 존속한다는 것이다.</u> 그 이유는 다음과 같다.

(1) 민법 제137조는 "법률행위의 일부분이 무효인 때에는 그 전부를 무효로 한다. 그러나 그 무효부분이 없더라도 법률행위를 하였을 것이라고 인정될 때에는 나머지 부분은 무효가 되지 아니한다."라고 규정하고 있다. 위 조항은 임의규정으로서 의사자치의 원칙이 지배하는 영역에서 적용된다고 할 것이므로, 법률행위의 일부가 강행법규에 위반되어 무효가 되는 경우 그 부분의 무효가 나머지 부분의 유효·무효에 영향을 미치는지 여부를 판단함에 있어서는 개별 법령이 일부무효의 효력에 관한 규정을 두고 있는 경우에는 그에 따라야 하고, 그러한 규정이 없다면 원칙적으로 민법 제137조가 적용될 것이나 당해 강행법규 및 그 규정을 둔 법의 입법 취지를 고려하여 볼 때 나머지 부분을 무효로 한다면 당해 강행법규 및 그 법의 취지에 명백히 반하는 결과가 초래되는 경우에는 나머지 부분까지 무효가 된다고 할 수는 없는 것이다(대법원 2004. 6. 11. 선고 2003다1601 판결, 대법원 2008. 9. 11. 선고 2008다32501 판결 등 참조).

공공건설임대주택의 임대차계약에서 그 일부분이 강행법규에 위반되어 무효인 때에 만약 그 임대차계약 전부를 무효로 한다면, 다수의견도 지적하는 바와 같이, 무주택자들 중에서 일정한 절차를 거쳐 당첨된 임차인들을 그 임대아파트에서 퇴출시키는 결과를 초래하게 되어, 무주택 서민들에게 합리적인 가격에 임대주택을 공급하려는 관련 법령의 입법 취지를 몰각하게 되고, 표준임대보증금에 관한 규정을 무용화할 것이며, 사회경제적 약자인 무주택 임차인들을 보호한다는 관련 법령의 입법 목적을 달성할 수 없게 된다(위 대법원 2010다23425 판결 참조). 그러므로 이 사건 임대차계약에서 임대인이 법령을 위반하여 일방적으로 정한 임대보증금은 표준임대보증금을 초과하는 한도 내에서 무효이고, 나머지 임대차계약 부분은 유효라고 보아야 할 것이고, 이러한 해석이 임대주택법령의 입법 취지에도 부합한다.

(2) 민법 제618조는 "임대차는 당사자 일방이 상대방에게 목적물을 사용, 수익하게 할 것을 약정하고 상대방이 이에 대하여 차임을 지급할 것을 약정함으로써 그 효력이 생긴다."라고 규정하고 있다. 임대차계약의 핵심적인 내용은 임차인의 목적물에 대한 사용·수익과 그 대가로서의 차임의 지급이다. 그런데 부동산임대차의 경우 그 중요성으로 인하여 임차인의 임차권을 보호하여야 하는 문제가 있는 반면, 그 존속기간이 장기간에 걸치는 경우가 통상적이므로 임대인의 차임채권을 확보함과 아울러 목적물의 훼손으로 인한 손해배상채권을 확보할 필요가 있게 된다. 이러한 필요에서 부동산임대차에는 일정한 보증금의 수수가 수반되는 것이 통례이지만, 이에 관하여는 민법에 아무런 규정을 두고 있지 아니하다.

대법원판례에 의하면, 건물임대차에서 보증금은 임대차기간 동안의 차임채권은 물론 임차인이 건물인도의무를 이행할 때까지 발생한 손해배상채권 등과 같이 임대차계약에 의하여 임대인이 임차인에 대하여 가지는 일체의 채권을 담보하기 위한 금전 기타 유가물이다(대법원 1987. 6. 9. 선고 87다68 판결, 대법원 1999. 12. 7. 선고 99다50729 판결, 대법원 2016. 7. 27. 선고 2015다230020 판결 등 참조). 이와 같이, 건물임대차에서 보증금계약은 임차인의 차임, 손해배상 등 채무를 담보하기 위하여 금전 기타 유가물을 교부하기로 하는 약정으로서 임대차계약의 종된 계약이기는 하나 임대차계약 자체와는 별개이므로 양자가 불가분의 관계에 있는 것은 아니다. 그러므로 보증금계약에서 정한 임대보증금이 법령에서 정한 상한을 초과하여 그 부분이 무효가 되었다고 하여 나머지 법률행위인 임대차계약 자체가 무효로 된다거나 또는 그 임대차계약에서 정한 차임이 무효가 되는 임대보증금 부분에 상응하여 그만큼 증액된다고 보아야 할 아무런 이유가 없다.

외국의 입법례를 보더라도, 독일 민법은 "주택의 임대차에서 임차인이 그 의무이행을 위하여 보증금을 지급하여야 할 때에는 일정한 경우를 제외하고는 월 차임의 3배를 초과하지 못한다. 주택의 임대차에 있어 임차인이 임대인에게 보증금을 지급한 때에는 임대인은 수수한 보증금을 자기의 일반 재산과는 분리하여 별도로 이자가 발생하는 은행예금에 들어야 한다. 이자는 임차인에게 귀속한다. 이자가 발생함으로써 보증금이 증가한다."라고 규정하고 있다. 프랑스의 「임대차관계 개선을 위한 법률」은 "주거용 건물 등의 보증금에 관하여 임차인의 임대차상의 의무이행을 보증하기 위하여 보증금을 정하는 경우 그 금액은 1개월의 차임액을 초과할 수 없다. 보증금에는 임차인을 위한 이자가 발생하지 아니하며 갱신된 임대차계약의 기간 동안 어떠한 변경도 하여서는 아니 된다."라고 규정하고 있다. 이러한 법제에서, 임대인이 법률에 정한 보증금 상한을 초과하여 보증금을 수수한 경우에 그 초과 부분이 무효가 되더라도 이를 사유로 나머지 임대차계약이 무효로 된다거나 또는 그 무효로 된 초과 보증금 부분에 상응하는 만큼 임대인이 차임의 증액을 요구할 수 없음은 물론이다.

(3) 임대주택법령상 공공건설임대주택의 임대차계약에서 건설교통부장관이 고시하는 표준임대보증금과 표준임대료의 법적 성질은 그 '용어'에도 불구하고 임대인이 정할 수 있는 임대보증금과 임대료의 '상한'을 의미할 뿐 임대인과 임차인이 표준임대보증금과 표준임대료에 의한 임대 조건으로 임대차계약을 체결할 것을 예정하는 취지는 아니다.

임대주택법령상 공공건설임대주택이란 ① 국가 또는 지방자치단체의 재정으로 건설하는 임대주택, ② 주택도시기금법에 따른 주택도시기금의 자금을 지원받아 건설하는 임대주택, ③ 공공사업으로 조성된 택지에 주택법 제16조에 따라 사업계획승인을 받아 건설하는 임대주택 등을 말한다. 그런데 구 임대주택법 시행령 제12조는, ① 주택법 제16조에 따른 공공건설임대주택의 최초 임대보증금 및 임대료는 건설교통부장관이 정하여 고시하는 표준임대보증금 및 표준임대료를 초과할 수 없고, ② 건설교통부장관은 표준임대보증금과 표준임대료를 산정함에 있어서 임대주택과 그 부대시설에 대한 건설원가, 재정 및 국민주택기금 지원비율, 당해 임대주택 주변지역의 임대보증금 및 임대료 수준, 임대보증금 보증수수료(임차인 부담분에 한한다), 감가상각비, 수선유지비, 화재보험료, 국민주택기금융자금에 대한 지급이자, 대손충당금 및 제세공과금 등을 고려하여야 하며, ③ 공공건설임대주택에 대한 최초의 임대보증금은 국가·지방자치단체·대한주택공사 또는 지방공사가 건설한 임대주택은 당해 임대주택과 그 부대시설에 대한 건설원가에서 국민주택기금에 의한 융자금을 차감한 금액(이하 '임대보증금상한선'이라 한다), 그 외의 임대사업자가 건설한 임대주택은 임대보증금상한선의 일정 비율에 해당하는 금액을 초과할 수 없다고 규정하고 있다.

위 규정에 의하면, 임대주택법령은 건설교통부장관이 정하여 고시하는 표준임대보증금과 표준임대료를 상한으로 하여 그 한도 내에서 공공건설임대주택의 임대인과 임차인이 임대주택시장에서의 수요와 공급에 따라 임대 조건을 결정할 것을 예정하고 있는 것이지, 이와 달리 임대 조건이 임대주택법령에 정한 상한에 의하여 결정될 것을 예정하고 있다고 볼 것은 아니다.

(4) 민법 제138조는 "무효인 법률행위가 다른 법률행위의 요건을 구비하고 당사자가 그 무효를 알았더라면 다른 법률행위를 하는 것을 의욕하였으리라고 인정될 때에는 다른 법률행위로서 효력을 가진다."라고 규정하고 있다. 위 조항이 '무효행위의 전환'을 인정하는 근거는 '그 무효를 알았더라면 다른 법률행위를 하는 것을 의욕하였으리라는 당사자의 의사'에 있다. 이러한 당사자의 의사는 가정적 효과의사로서, 당사자가 법률행위 당시와 같은 구체적 사정 아래 있다고 상정하는 경우에 거래관행을 고려하여 신의성실의 원칙에 비추어 판단할 수밖에 없으나, 법원으로서는 그 가정적 의사를 함부로 추단하여 당사자가 의욕하지 아니하는 법률효과를 계약의 이름으로 불합리하게 강요하는 것이 되지 아니하도록 신중을 기하여야 한다(위 대법원 2009다50308 판결 참조).

다수의견은, 공공건설임대주택의 임대차계약에서 임대인이 위법하게 표준임대보증금과 표준임대료를 상호전환하여 임대보증금이 표준임대보증금을 초과하는 경우에 그 임대차계약은 효력규정인 임대주택법령에 위반한 것으로서 무효가 되지만, 당사자의 가정적 의사에 비추어 볼 때 무효행위 전환의 법리에 의하여 상호전환을 하지 않은 원래의 임대 조건, 즉 표준임대보증금과 표준임대료에 의한 임대 조건에 따른 임대차계약으로 유효하게 존속하는 것으로 보아야 한다고 한다.

그러나 앞에서 살펴본 바와 같이, 이 사건 임대차에서 보증금계약에 일부무효 사유가 있다 하더라도 그 보증금계약은 표준임대보증금을 초과하는 한도 내에서 무효이고 이 사건 임대차계약의 나머지 부분까지 무효가 된다고 볼 것은 아니다. 나아가 공공건설임대주택의 임대차계약에서 임대인과 임차인이 임대 조건의 상한에 의한 임대차계약을 체결할 것을 의욕하였으리라고 단정하기도 어렵다.

공공건설임대주택의 임대차계약에서 임차인은 임대사업자가 제시하는 표준임대차계약서에 따라 계약을 체결할 것인지 여부만을 선택할 수 있을 뿐 계약의 내용을 결정할 자유는 없는 것이 현실이다. 이 사건에서 임차인은 임대사업자로부터 계약 체결 당시 표준임대보증금과 표준임대료 또는 상호전환 등에 관하여 설명을 듣거나 표준임대보증금과 표준임대료에 의한 조건으로 임대차계약을 체결할 것을 제시받은 적이 없는 점 등에 비추어 보아도 임차인에게 위와 같은 가정적 의사가 있다고 보기 어렵다. 임대사업자가 '자의적으로' 임대보증금과 임대료를 정하는 것을 방지함으로써 국민주거생활의 안정을 도모한다는 임대주택법령의 입법 취지에 비추어 보아도 무주택 서민인 임차인에게 불리한 방향으로 당사자의 가정적 의사를 추단하여서는 아니 된다.

(5) 별개의견과 같이, 강행법규에 위반되는 표준임대보증금 초과 부분은 무효로 하고 표준임대보증금과 이 사건 임대차계약에서 정한 임대료를 임대 조건으로 한 임대차계약이 체결된 것으로 본다고 하여, 다수의견이 우려하는 것처럼 이는 임대사업자에게 '일방적으로' 불리하여 형평에 어긋난다는 주장 역시 이를 선뜻 받아들이기 어렵다.

이 사건에서 공공건설임대주택의 임대차계약에 관한 법령에 따른 보증금 상한인 표준임대보증금과 당사자가 정한 임대료에 의한 임대차계약이 체결된 것으로 보는 것은 임대사업자가 '자의적으로' 법령을 위반하여 표준임대보증금을 초과하는 임대보증금을 정한 데 기인하는 것일 뿐이다. 별개의견과 같이 해석하더라도, 임대사업자는 구 임대주택법 제14조 제2항이나 주택임대차보호법 제7조 등에 의하여 임차인에 대하여 차임 등의 증감청구권을 행사함으로써 임대 조건을 새로이 정할 수 있는 이상, 이러한 해석이 임대사업자에게 일방적으로 불리한 것으로 형평에 반한다고 볼 수는 없다.

오히려 다수의견과 같이, 이 사건 임대차계약이 당초부터 표준임대보증금과 표준임대료를 임대 조건으로 하는 임대차계약으로서 유효하게 존속하게 되고 그 결과 임차인은 임대사업자에게 그 임대차계약에 따른 임대료를 표준임대료만큼 지급할 의무가 있다고 해석한다면, 임차인으로서는 이 사건 임대차계약에서 약정하였던 임대료를 지금까지 성실하게 납부하여 왔음에도, 위법한 상호전환이라는 임대인 측의 사정으로 인하여 이제 와서 임차인이 임대료 지급의무를 완전하게 이행하지 아니한 것으로 소급하여 보게 된다. 이것이야말로 당사자가 예상하거나 의욕하지 아니하였던 결과를 사후적으로 의제하는 것이어서 법률관계의 안정을 해칠뿐더러 임차인 보호라는 임대주택법령의 입법 취지에도 반하는 결과가 되지는 않을까 우려가 된다.

나. 원심은, 피고가 2006. 5. 23. 임대사업자인 원고와 주택법 제16조에 따른 공공건설임대주택인 이 사건 주택에 관하여 임대보증금은 표준임대보증금을 초과하는 246,940,000원으로 하고 임대료는 표준임대료에 미달하는 월 593,000원으로 하는 이 사건 임대차계약을 체결한 사실, 피고가 원고에게 그에 따른 임대료로 매월 593,000원을 납부하고, 표준임대료와 계약상 임대료의 차액인 월 316,000원은 납부하지 않은 사실을 인정한 다음, 표준임대료와 계약상 임대료의 차액은 임대료에 해당하지 않으므로,

피고가 이를 납부하지 않았더라도 원고는 임대료 연체를 이유로 이 사건 임대차계약을 해지할 수 없다고 판단하였다.

원심의 위와 같은 판단은 앞서 본 법리에 따른 것으로서 정당하다고 보아야 한다. 원심판결은 다수의견이 지적하는 것처럼, 직권조사사항인 확정판결의 기판력 저촉 여부에 관한 심리 및 판단을 누락하였으므로 파기될 수밖에 없으나, 사건을 환송받은 원심법원으로서는 이 사건 임대차계약의 체결 및 해지 경위는 물론 이 사건 건물인도소송을 둘러싼 제반 사정을 심리하여 이 사건에서 직권조사사항인 신의성실의 원칙이나 권리남용금지의 원칙 위반 여부가 문제 되는지 아울러 살펴볼 필요가 있음을 지적하여 둔다.

다. 원심판결이 파기되어야 한다는 결론에서는 다수의견과 의견을 같이 하지만, 위에서 본 바와 같이 그 파기의 이유를 달리하므로 별개의견으로 이를 밝힌다.

[29] 계열회사 사이의 지원행위와 경영판단

— 대법원 2017. 11. 9. 선고 2015도12633 판결 —

【판시사항】

동일한 기업집단에 속한 계열회사 사이의 지원행위가 합리적인 경영판단의 재량 범위 내에서 행하여진 것인지를 판단할 때 고려하여야 할 사항

【판결요지】

기업집단의 공동목표에 따른 공동이익의 추구가 사실적, 경제적으로 중요한 의미를 갖는 경우라도 기업집단을 구성하는 개별 계열회사는 별도의 독립된 법인격을 가지고 있는 주체로서 각자의 채권자나 주주 등 다수의 이해관계인이 관여되어 있고, 사안에 따라서는 기업집단의 공동이익과 상반되는 계열회사의 고유이익이 있을 수 있다. 이와 같이 동일한 기업집단에 속한 계열회사 사이의 지원행위가 기업집단의 차원에서 계열회사들의 공동이익을 위한 것이라 하더라도 지원 계열회사의 재산상 손해의 위험을 수반하는 경우가 있으므로, 기업집단 내 계열회사 사이의 지원행위가 합리적인 경영판단의 재량 범위 내에서 행하여졌는지는 신중하게 판단하여야 한다.

따라서 동일한 기업집단에 속한 계열회사 사이의 지원행위가 합리적인 경영판단의 재량 범위 내에서 행하여진 것인지를 판단하기 위해서는 지원을 주고받는 계열회사들이 자본과 영업 등 실체적인 측면에서 결합되어 공동이익과 시너지 효과를 추구하는 관계에 있는지, 이러한 계열회사들 사이의 지원행위가 지원하는 계열회사를 포함하여 기업집단에 속한 계열회사들의 공동이익을 도모하기 위한 것으로서 특정인 또는 특정 회사만의 이익을 위한 것은 아닌지, 지원 계열회사의 선정 및 지원 규모 등이 당해 계열회사의 의사나 지원 능력 등을 충분히 고려하여 객관적이고 합리적으로 결정된 것인지, 구체적인 지원행위가 정상적이고 합법적인 방법으로 시행된 것인지, 지원을 하는 계열회사에 지원행위로 인한 부담이나 위험에 상응하는 적절한 보상을 객관적으로 기대할 수 있는 상황이었는지 등까지 충분히 고려하여야 한다. 위와 같은 사정들을 종합하여 볼 때 문제 된 계열회사 사이의 지원행위가 합리적인 경영판단의 재량 범위 내에서 행하여진 것이라고 인정된다면 이러한 행위는 본인에게 손해를 가한다는 인식하의

의도적 행위라고 인정하기 어렵다.

【상 고 인】 피고인들 및 검사
【원심판결】 부산고법 2015. 7. 27. 선고 (창원)2015노74 판결

【주   문】

원심판결 중 유죄 부분을 파기하고, 이 부분 사건을 부산고등법원에 환송한다. 검사의 상고를 기각한다.

【이   유】

상고이유를 판단한다.

1. 피고인들의 상고이유에 대한 판단

나. 피고인 1의 공소외 3 주식회사의 통합구매 관련 업무상배임 부분에 관하여

1) 배임죄는 타인의 사무를 처리하는 자가 그 임무에 위배하는 행위로써 재산상 이익을 취득하거나 제3자로 하여금 이를 취득하게 하여 본인에게 손해를 가함으로써 성립한다. 여기서 그 '임무에 위배하는 행위'는 사무의 내용, 성질 등 구체적 상황에 비추어 법률의 규정, 계약의 내용 혹은 신의칙상 당연히 할 것으로 기대되는 행위를 하지 않거나 당연히 하지 않아야 할 것으로 기대되는 행위를 함으로써 본인과 사이의 신임 관계를 저버리는 일체의 행위를 포함한다(대법원 2014. 7. 10. 선고 2013도10516 판결 등 참조).

회사의 이사 등이 타인에게 회사자금을 대여함에 있어 그 타인이 이미 채무변제능력을 상실하여 그에게 자금을 대여할 경우 회사에 손해가 발생하리라는 정을 충분히 알면서 이에 나아갔거나, 충분한 담보를 제공받는 등 상당하고도 합리적인 채권회수조치를 취하지 아니한 채 만연히 대여해 주었다면, 그와 같은 자금대여는 타인에게 이익을 얻게 하고 회사에 손해를 가하는 행위로서 회사에 대하여 배임행위가 되고, 회사의 이사는 단순히 그것이 경영상의 판단이라는 이유만으로 배임죄의 죄책을 면할 수 없으며, 이러한 이치는 그 타인이 자금지원 회사의 계열회사라 하여 달라지지 않는다(대법원 2000. 3. 14. 선고 99도4923 판결, 대법원 2004. 7. 8. 선고 2002도661 판결 등 참조).

다만 기업의 경영에는 원천적으로 위험이 내재하여 있어서 경영자가 개인적인 이

익을 취할 의도 없이 가능한 범위 내에서 수집된 정보를 바탕으로 기업의 이익을 위한 다는 생각으로 신중하게 결정을 내렸다고 하더라도 그 예측이 빗나가 기업에 손해가 발생하는 경우가 있으므로, 이러한 경우에까지 고의에 관한 해석기준을 완화하여 업무상배임죄의 형사책임을 물을 수 없다(대법원 2007. 3. 15. 선고 2004도5742 판결 참조). 여기서 경영상의 판단을 이유로 배임죄의 고의를 인정할 수 있는지는 문제 된 경영상의 판단에 이르게 된 경위와 동기, 판단대상인 사업의 내용, 기업이 처한 경제적 상황, 손실발생의 개연성과 이익획득의 개연성 등 제반 사정에 비추어 자기 또는 제3자가 재산상 이익을 취득한다는 인식과 본인에게 손해를 가한다는 인식하의 의도적 행위임이 인정되는 경우인지에 따라 개별적으로 판단하여야 한다(대법원 2010. 10. 28. 선고 2009도1149 판결 등 참조).

한편 기업집단의 공동목표에 따른 공동이익의 추구가 사실적, 경제적으로 중요한 의미를 갖는 경우라도 그 기업집단을 구성하는 개별 계열회사는 별도의 독립된 법인격을 가지고 있는 주체로서 각자의 채권자나 주주 등 다수의 이해관계인이 관여되어 있고, 사안에 따라서는 기업집단의 공동이익과 상반되는 계열회사의 고유이익이 있을 수 있다(대법원 2013. 9. 26. 선고 2013도5214 판결 참조). 이와 같이 동일한 기업집단에 속한 계열회사 사이의 지원행위가 기업집단의 차원에서 계열회사들의 공동이익을 위한 것이라 하더라도 지원 계열회사의 재산상 손해의 위험을 수반하는 경우가 있으므로, 기업집단 내 계열회사 사이의 지원행위가 합리적인 경영판단의 재량 범위 내에서 행하여졌는지 여부는 신중하게 판단하여야 한다.

따라서 동일한 기업집단에 속한 계열회사 사이의 지원행위가 합리적인 경영판단의 재량 범위 내에서 행하여진 것인지 여부를 판단하기 위해서는 앞서 본 여러 사정들과 아울러, 지원을 주고받는 계열회사들이 자본과 영업 등 실체적인 측면에서 결합되어 공동이익과 시너지 효과를 추구하는 관계에 있는지 여부, 이러한 계열회사들 사이의 지원행위가 지원하는 계열회사를 포함하여 기업집단에 속한 계열회사들의 공동이익을 도모하기 위한 것으로서 특정인 또는 특정회사만의 이익을 위한 것은 아닌지 여부, 지원 계열회사의 선정 및 지원 규모 등이 당해 계열회사의 의사나 지원 능력 등을 충분히 고려하여 객관적이고 합리적으로 결정된 것인지 여부, 구체적인 지원행위가 정상적이고 합법적인 방법으로 시행된 것인지 여부, 지원을 하는 계열회사에 지원행위로 인한 부담이나 위험에 상응하는 적절한 보상을 객관적으로 기대할 수 있는 상황이었는지 여부 등까지 충분히 고려하여야 한다. 위와 같은 사정들을 종합하여 볼 때 문제 된 계열회사

사이의 지원행위가 합리적인 경영판단의 재량 범위 내에서 행하여진 것이라고 인정된다면 이러한 행위는 본인에게 손해를 가한다는 인식하의 의도적 행위라고 인정하기 어려울 것이다.

2) 원심은 …(중략)… 등의 사정을 종합하면, 피고인 1의 위와 같은 행위는 합리적 경영판단의 범주를 벗어난 것이라고 보아 이 부분 특정경제범죄법 위반(배임)의 공소사실에 관하여 무죄로 인정한 제1심판결을 파기하고 유죄로 인정하였다.

3) 그러나 원심의 판단은 다음과 같은 이유에서 수긍할 수 없다.

가) 원심판결 및 기록에 의하면 다음과 같은 사실 및 사정들을 알 수 있다.

① ○○○그룹은 2009. 4.경 향후 계열회사들의 공장 신축 등으로 철강재 수요가 증가할 것으로 예상되고, 각각의 계열사가 개별적으로 철강재를 구매할 경우 단가 등 구매조건이 불리할 것으로 판단되자, 구매력 집중을 통한 원가절감을 위해 ○○○그룹 차원에서 철강재를 통합구매 하는 방안을 검토하였다. 이에 따라 공소외 3 회사는 2009. 12. 1.경 공소외 4 주식회사(이하 '공소외 4 회사'라고 한다), 공소외 5 주식회사(이하 '공소외 5 회사'라고 한다), 공소외 6 주식회사(이하 '공소외 6 회사'라고 한다) 및 공소외 7 주식회사(이하 '공소외 7 회사'라고 한다)와 각 통합구매 약정을 체결하였다.

② 통합구매 약정 체결 무렵 공소외 4 회사, 공소외 6 회사 및 공소외 7 회사는 공장을 신축하고 있었고, 공소외 4 회사는 2010. 11.경부터, 공소외 6 회사는 2010. 7.경부터, 공소외 7 회사는 2010. 8.경부터 각 신축된 공장에서 상업생산을 시작하였다.

③ 공소외 4 회사, 공소외 6 회사, 공소외 7 회사는 본격적인 상업생산에 앞서 시험생산이 필요하였고, 상업생산을 위한 원자재도 2~3개월 전에 미리 구매할 필요가 있었다. 당초 통합구매 계열회사들은 공소외 3 회사에 통합구매 대금을 현금으로 결제하였는데, 위와 같은 공장 신축 등으로 자금소요가 증가하자 2010. 2.부터 순차적으로 어음 결제를 이용하게 되었다.

④ 자율협약에 따라 공소외 3 회사에 파견되어 있던 자금관리단은 2011. 4.경 공소외 3 회사의 통합구매 사실을 알게 되자 피고인 3에게 그 경위 등을 확인한 다음 자금회수 방안을 강구하도록 지시하는 한편, 2011. 5. 4. 통합구매 계열회사들에 공문을 보내 통합구매 대금의 결제 상황과 변제계획 등을 자금관리단에 보고할 것을 요청하였고, 2011. 5. 16.과 2011. 7. 13. 각 자금관리단 회의를 개최하여 통합구매 대금 회수방안을 검토하기도 하였다.

⑤ 다만 자금관리단은 통합구매 사실을 알고도 그 직후 채권단에 이를 보고하지

않은 채 통합구매 방식을 당분간 유지하였다. 그 이유는 당시 공소외 3 회사는 선수금으로 받은 현금을 3개월치 이상 보유하고 있어 현금 흐름에 큰 문제가 없었고, 통합구매가 즉시 중단될 경우 공소외 3 회사의 선박건조에 필수적인 원자재를 납품하는 계열회사들에 부도가 발생할 수도 있다고 생각했기 때문으로 보인다. 그 후 채권단은 2011. 8. 22. 회의를 개최한 뒤 통합구매를 중지하도록 하였다.

⑥ 2008년 말경 시작된 세계적 금융위기와 경기침체에 따른 선박수요 감소, 발주 취소, 완성 선박의 인도·인수 지연, 저가 수주, 선수금 지급비율 축소, 환차손 및 이에 따른 유동성 유입 부족 등 악화된 경영 상황에서 공소외 3 회사는 2009년 말 기준으로 약 218억 원의 영업이익을 실현하였으나, 환율급등에 따른 거액의 파생상품 손실로 인해 약 1,491억 원의 누적결손금이 발생하여 자본금 약 525억 원이 잠식되었다. 2010년 말에도 약 297억 원의 영업이익을 실현하였으나 위와 같은 이유로 회계상 약 4,270억 원의 누적결손금이 발생하여 2,501억 원 상당의 자본잠식이 발생하였다.

나) 앞서 본 법리에 비추어 위와 같은 사실관계 및 다음과 같은 사정들을 살펴보면, 피고인 1이 공소외 3 회사로 하여금 통합구매 방식으로 ○○○그룹의 계열회사들에 대한 지원을 한 것은 ○○○그룹 내 계열회사들의 공동이익을 위한 합리적인 경영판단의 재량 범위 내에서 행한 것으로 봄이 타당하고, 이를 가리켜 공소외 3 회사에게 손해를 가한다는 인식하의 의도적 행위라고 단정하기 어렵다.

① 공소외 3 회사가 ○○○그룹 계열회사들의 생산활동에 필요한 철강재 등 원자재를 통합구매하여 어음 결제 방식으로 위 계열회사들에게 공급한 것은 그 지원행위의 성격에 비추어 특정인 또는 특정회사의 사익을 위한 것으로 보기 어렵고 그 자체로 동종·유사 영업에 종사하는 ○○○그룹 내 계열회사들의 공동이익을 위한 것으로 볼 여지가 크다.

② 특히 통합구매는 공소외 3 회사에 자재를 공급하는 계열회사들의 원자재를 구매력 집중을 위한 원가절감의 목적으로 채권단과의 자율협약 체결 이전부터 계획·시행되던 것이었고, 2010. 2.경부터 통합구매 대금 결제 방식을 점차 현금에서 어음으로 변경하게 된 것은 위 계열회사들의 공장 건설 등 신규 투자에 따른 자금부족 때문으로 보인다. 따라서 공소외 3 회사가 통합구매 및 어음 결제 방식으로 계열회사를 지원한 것이 지원행위의 대상 및 규모의 결정에 있어 객관적·합리적 기준을 벗어나거나 공소외 3 회사의 의사에 반한 것으로 보기 어렵다.

③ 당시 공소외 3 회사가 회계상 자본잠식의 상태에 있기는 하였으나 2009년 218

억 원 상당의 영업이익을, 2010년에는 297억 원 상당의 영업이익을 올렸고, 회계상 대규모 손실의 원인이 되었던 환차손 부분도 자율협약 등을 통하여 파생상품 결제기를 2012. 12. 31.까지 연장받았다. 이에 비추어 보면, 단지 회계상 자본잠식 상태에 있었다는 이유만으로 공소외 3 회사가 통합구매 방식을 통해 계열회사들을 지원할 여력이 없었다고 단정하기 어려우므로, 이 부분 통합구매를 통한 공소외 3 회사의 계열회사들에 대한 지원행위가 그 부담 능력을 초과한 것이라고 보기 어렵다.

④ 자금관리단이 통합구매 및 어음 결제 방식을 알고도 즉시 중단하지 아니하고 한동안 이를 사실상 묵인하였던 사실이나 아래에서 살펴보는 바와 같이 금융기관이나 기업평가기관의 공소외 4 회사, 공소외 7 회사 등에 대한 사업전망이 긍정적이었던 사실 등에 비추어 볼 때, 공소외 3 회사의 입장에서도 원자재 구매를 지원받은 계열회사들이 제품 생산 및 판매를 통해 장차 통합구매 대금을 결제할 것은 물론 그들의 사업성장을 통해 ○○○그룹 차원의 사업영역 확장과 이를 통한 시너지 효과 등을 객관적으로 기대할 수 있었던 상황으로 보인다.

4) 그럼에도 원심은 그 판시와 같은 이유만으로 이 부분 공소사실을 유죄로 인정하였으니, 이러한 원심의 판단에는 업무상배임죄의 고의와 경영상 판단에 관한 법리를 오해하여 판결에 영향을 미친 잘못이 있다. 이를 지적하는 피고인 1의 상고이유 주장은 이유 있다.

라. 피고인들의 공소외 5 회사의 공소외 4 회사에 대한 자금대여 관련 업무상배임 부분에 관하여

1) 원심은 ⋯(중략)⋯ 등을 종합하면, 피고인들의 위와 같은 행위는 합리적 경영판단의 범주를 벗어난 것이라고 보아 이 부분 공소사실에 관하여 일부무죄, 일부유죄로 인정한 제1심판결을 파기하고 이 부분 특정경제범죄법 위반(배임)의 공소사실 모두에 대해 유죄로 인정하였다.

2) 그러나 원심의 판단은 다음과 같은 이유에서 받아들일 수 없다.

가) 원심판결 및 기록에 의하면 다음과 같은 사실 및 사정들을 알 수 있다.

① 공소외 5 회사는 공소외 3 회사의 지분 62.9%를 보유한 모회사이고, 공소외 3 회사는 공소외 1 회사의 지분 100%를 보유한 모회사이며, 공소외 1 회사는 공소외 4 회사의 지분 100%를 보유한 모회사이다.

② 공소외 4 회사는 ○○○그룹의 신성장동력 개발 전략에 기초하여 조선업과 원자력·풍력 발전소 등에 소요되는 단조제품을 생산하기 위해 2008. 1.경 설립되었다.

설립 당시 제강·단조 일관생산체제를 구축하기 위해 약 4,000억 원의 자금을 들여 3단계 단조공장과 가공·제강·연조 공장 등을 건설할 계획이 있었다.

③ 공소외 4 회사는 공소외 1 회사로부터 투자받은 1,000억 원의 자본금과 공소외 3 회사, 공소외 5 회사 등 계열회사들로부터 차입한 320억 원 등을 재원삼아 2010. 11.경 1단계 단조공장과 가공공장을 완공하고 그 무렵부터 단조제품 생산에 들어갔다.

④ 공소외 4 회사는 2단계 단조공장 등을 설립하기 위해 필요한 재원 마련을 위해 ㅁㅁ은행에 대출신청을 하여 2011. 3.경 ㅁㅁ은행 등으로부터 신디케이트론의 형식으로 1,700억 원을 대출받았다.

⑤ 위 대출과 관련하여, 2011. 1.경 △△△△평가는 공소외 4 회사가 추진하던 단조사업의 전망에 관하여 '국내 주요 단조회사들은 2010년 조선, 풍력발전 등에서 수주가 증가하고 있어 최악의 상황은 벗어나고 있는 것으로 판단되고, 세계적인 저탄소 녹색성장 정책에 따라 앞으로 풍력, 원자력발전소가 증설될 것으로 기대되어 단조제품의 수요가 증가할 것으로 예상된다.'는 의견을 제시하였다. 또한 ㅁㅁ은행 투자금융부는 2011. 2. 21.경 공소외 4 회사에 대한 대출의 긍정적인 요인과 부정적인 요인을 평가한 뒤 이를 모두 종합하여 '공소외 4 회사는 자기자본 투자비율이 높고, 제강·단조 일관생산체제 구축으로 기존업체 대비 원가경쟁력을 확보하여 수익성 및 기업가치가 양호할 것으로 예상되며, 모회사인 공소외 3 회사가 자율협약을 체결한 상태이나 본건 시설투자를 통해 공소외 4 회사의 영업이 활성화되면 공소외 3 회사의 기업가치의 상승에도 기여하게 되는 점 등'을 근거로 신디케이트론 여신승인을 신청하여 2011. 3. 11.경 승인을 받았다.

⑥ 한편 공소외 4 회사는 위 2단계 공장 설립을 위한 대출과는 별개로 3단계 공장 설립을 위해 필요한 1,000억 원을 외자 유치를 통해 조달하기로 계획하고, 2010. 12.경부터 ◇◇◇◇과 투자협상을 시작하였으나, 자율협약 중인 모회사 공소외 3 회사의 연대보증이라는 ◇◇◇◇의 요구를 ㅁㅁ은행이 거절하여 2011. 5.경 투자협상이 최종 결렬되었고, 이후 새로운 투자자를 찾지 못해 3단계 공장 설립계획은 무산되었다.

⑦ 공소외 4 회사는 1단계 단조공장 준공 후 본격적인 상업생산에 돌입하였는데 생산 초기 불량품 발생비율이 높아 생산원가가 과다하게 책정되는 등의 문제가 발생하였고, 주요 수요처로 예상하였던 원자력 발전소의 경우 2011년 상반기 일본 원전사고 여파로 신규 투자가 대부분 무산되었으며, 2011년 하반기 유럽의 재정위기로 풍력발전소의 수요마저 급감하게 되었다. 위와 같은 사정으로 공소외 4 회사의 재무상황은 급격

히 악화되었다.

⑧ 공소외 5 회사는 자회사인 공소외 3 회사의 환차손에 의한 파생상품 손실을 지분법상 평가손실로 반영하는 등의 이유로 2009년 말 기준 약 561억 원의 자본잠식이, 2010년 말 기준 약 469억 원의 자본잠식이, 2011년 말 기준 약 469억 원의 자본잠식이 발생하긴 하였으나, 한편 2008년부터 꾸준히 영업이익을 실현하고 있었다. 구체적으로 2008년에는 약 643억 원의 매출을 올려 약 71억 원의 영업이익을, 2009년에는 약 591억 원의 매출을 올려 약 80억 원의 영업이익을, 2010년에는 994억 원의 매출을 올려 72억 원의 영업이익을, 2011년에는 1,369억 원의 매출을 올려 101억 원의 영업이익을 실현하였다.

⑨ 공소외 4 회사는 설립 첫해인 2008년 11억 원의 영업손실을, 2009년에는 19억 원의 영업손실을 보았고, 2010년에는 약 100억 원의 매출을 올렸으나 57억 원의 영업손실을 보는 등으로 인해 93억 원의 당기순손실을 냈다. 2011년에도 약 715억 원의 매출을 올렸으나 574억 원의 영업손실을 보는 등으로 812억 원의 당기순손실을 냈고, 유동부채가 유동자산을 1,539억 원 초과하는 등 재무상황이 악화되었다. 이후 ○○○그룹은 2012. 3.경 공소외 4 회사를 매각하기로 결정하고 2012. 4. 20.경 ㅁㅁ은행으로부터 매각을 전제로 운전자금 약 263억 원의 대출을 승인받았으나, 결국 2012. 5. 29. 회생절차개시신청을 한 후 2013. 4. 16. 회생절차폐지결정을 거쳐, 2013. 7. 8. 파산선고 결정이 내려졌다.

나) 앞서 본 법리에 위와 같은 사실관계 및 다음과 같은 사정들을 살펴보면, 피고인들이 2010. 7.경부터 2012. 4.경까지 공소외 5 회사의 자금 약 758억 원을 공소외 4 회사에 대여한 행위 일체를 공소외 5 회사에 손해를 가한다는 인식하의 의도적 행위라고 단정하기 어려우므로, 원심으로서는 원심판결 별지1 범죄일람표 기재 자금대여 행위들 중 업무상배임의 고의가 인정되는 것과 그렇지 않은 것을 나누어 업무상배임죄 성립 여부에 관하여 판단하여야 했을 것이다.

① 공소외 5 회사, 공소외 3 회사, 공소외 1 회사, 공소외 4 회사는 순차적인 출자를 통해 모자회사 관계에 있었고, ○○○그룹 차원에서 차세대 성장동력으로 육성하는 공소외 4 회사에 대한 공소외 5 회사의 자금대여는 모회사의 자회사에 대한 지원으로서 자본적으로 연결된 ○○○그룹에 속한 계열회사들의 공동이익을 위한 것으로 보기에 충분하다.

② 공소외 5 회사가 2009년 말부터 자본잠식이 발생한 것은 자회사인 공소외 3

회사의 환차손에 의한 파생상품 손실이 지분법상 평가손실로 반영되었기 때문인데, 채권단과의 자율협약으로 파생상품의 결제기가 2012년 말까지 유예되었고, 2008년부터 상당한 규모의 매출과 영업이익을 꾸준히 실현하고 있었던 사정 등을 고려하면, 공소외 5 회사가 원심판결 첨부 별지1 범죄일람표 기재와 같이 2010. 7. 5.경부터 2012. 4. 5.경까지 사이에 37회에 걸쳐 행한 758억 원 상당의 무담보 자금대여 일체를 부담할 능력이 없었다고 단정하기 어렵다. 즉, 위 37회에 걸친 자금대여 행위 중 공소외 5 회사의 부담 능력을 초과하지 아니한 범위 내에서 이루어진 계열회사 사이의 지원행위로 볼 수 있는 부분이 존재한다는 점은 분명해 보인다.

③ 기업평가기관은 공소외 4 회사의 사업전망을 긍정적으로 평가하였고, 금융기관도 공소외 4 회사에 대해 2011. 3.경 1,700억 원, 2012. 4.경 263억 원의 대출을 결정하는 등 공소외 4 회사에 대한 자금대여의 필요성 및 그 회수가능성을 어느 정도 긍정적으로 평가하고 있었다고 볼 수 있다. 이러한 사정에 비추어 볼 때 공소외 4 회사가 사업 초기 단계에서 적자가 누적되고 있었다는 사정만으로 2010. 7.경부터 2012. 4.경까지 이루어진 공소외 5 회사의 공소외 4 회사에 대한 자금지원 행위 일체를 그에 대한 변제나 적절한 보상을 기대하기 어려운 비합리적인 지원행위라고 보기 어렵다.

3) 그럼에도 원심은 그 판시와 같은 이유만으로 이 부분 공소사실 모두를 유죄로 인정하였으니, 이러한 원심의 판단에는 업무상배임죄의 고의와 경영상 판단에 관한 법리를 오해한 나머지 필요한 심리를 다하지 아니하여 판결에 영향을 미친 잘못이 있다. 이를 지적하는 피고인들의 상고이유 주장은 이유 있다.

4. 결론

그러므로 원심판결 중 유죄 부분을 파기하고, 이 부분 사건을 다시 심리·판단하도록 원심법원에 환송하며, 검사의 상고를 기각하기로 하여, 관여 대법관의 일치된 의견으로 주문과 같이 판결한다.

[30] 골프장 공매와 회원계약의 승계

— 대법원 2018. 10. 18. 선고 2016다220143 전원합의체 판결 —

【판시사항】

체육필수시설에 관하여 담보신탁계약이 체결되었다가 그 계약에서 정한 공개경쟁입찰방식의 매각 절차나 수의계약으로 위 시설이 일괄하여 이전되는 경우, 인수인이 체육시설업자와 회원 간에 약정한 사항을 포함하여 체육시설업의 등록 또는 신고에 따른 권리·의무를 승계하는지 여부

【판결요지】

[다수의견] 체육시설업자가 담보 목적으로 체육필수시설을 신탁법에 따라 담보신탁을 하였다가 채무를 갚지 못하여 체육필수시설이 공개경쟁입찰방식에 의한 매각(이하 '공매'라 한다) 절차에 따라 처분되거나 공매 절차에서 정해진 공매 조건에 따라 수의계약으로 처분되는 경우가 있다. 이와 같이 체육필수시설에 관한 담보신탁계약이 체결된 다음 그 계약에서 정한 공매나 수의계약으로 체육필수시설이 일괄하여 이전되는 경우에 회원에 대한 권리·의무도 승계되는지 여부가 문제이다. 이러한 경우에도 체육시설법 제27조의 문언과 체계, 입법 연혁과 그 목적, 담보신탁의 실질적인 기능 등에 비추어 체육필수시설의 인수인은 체육시설업자와 회원 간에 약정한 사항을 포함하여 그 체육시설업의 등록 또는 신고에 따른 권리·의무를 승계한다고 보아야 한다.

[대법관 조희대, **대법관 권순일**, 대법관 이기택, 대법관 민유숙, 대법관 이동원의 **반대의견**] 담보신탁계약에서 정한 공개경쟁입찰방식이나 수의계약 방식에 의한 매매(이하 '담보신탁을 근거로 한 매매'라 한다)에 따라 체육필수시설을 인수한 자는 그 체육시설업의 등록 또는 신고에 따른 권리·의무를 승계하지 않고, 이와 같은 매매 절차는 체육시설법 제27조 제2항 제4호에서 정하는 "그 밖에 제1호부터 제3호까지의 규정에 준하는 절차"에도 해당하지 않는다고 보아야 한다.

담보신탁을 근거로 한 매매는 법적 성격이 체육시설법 제27조 제1항에서 규정하는 영업양도나 합병과는 전혀 다르다. 또한 체육시설법 제27조 제2항 제1호 내지 제3호에서 규정하는 민사집행법에 따른 경매 절차 등과도 그 시행 주체, 절차, 매매대금의

배분 방식 등에서 성격을 달리한다.

　채무자의 재산이 어떤 사유로 제3자에게 처분된다고 하더라도, 채무자가 부담하던 의무는 그 재산의 소유권을 취득한 제3자에게 승계되지 않는 것이 일반적인 법 원칙이다. 체육시설법 제27조가 체육시설업자의 의무를 승계하는 근거 규정을 둔 것은 이와 같은 법 원칙에 대한 예외를 정한 것이므로, 그 예외 규정의 해석이 명확하지 않은 경우에는 일반적인 법 원칙으로 돌아가야 하는 것이지 예외 규정을 확장해석해서는 아니 된다.

　체육시설법 제27조 제2항 제4호는 같은 항 제1호부터 제3호까지 정한 절차와 본질적으로 유사한 절차를 염두에 둔 규정이므로, 적어도 그 절차 자체에 관하여 법률에 구체적 규정을 두고 있고, 법원, 공적 기관 또는 공적 수탁자가 그 절차를 주관하는 등의 근거를 갖추었을 때 적용된다고 보는 것이 문리해석상으로도 자연스럽다.

【원고, 상고인】 강○○ 외 10인
【피고, 피상고인】 주식회사 ○○ 외 2인
【원심판결】 대구고법 2016. 4. 21. 선고 2015나22107 판결

【주　　문】

　원심판결을 파기하고, 사건을 대구고등법원에 환송한다.

【이　　유】

　상고이유를 판단한다.

　1. 체육시설의 설치·이용에 관한 법률(이하 '체육시설법'이라 한다) 제27조 제1항은 "체육시설업자가 사망하거나 그 영업을 양도한 때 또는 법인인 체육시설업자가 합병한 때에는 그 상속인, 영업을 양수한 자 또는 합병 후 존속하는 법인이나 합병에 따라 설립되는 법인은 그 체육시설업의 등록 또는 신고에 따른 권리·의무(제17조에 따라 회원을 모집한 경우에는 그 체육시설업자와 회원 간에 약정한 사항을 포함한다)를 승계한다."라고 정하고 있다. 그리고 같은 조 제2항은 "다음 각호의 어느 하나에 해당하는 절차에 따라 문화체육관광부령으로 정하는 체육시설업의 시설 기준에 따른 필수시설을 인수한 자에게는 제1항을 준용한다."라고 정하면서, 제1호로 "「민사집행법」에 따른 경매", 제2호로

"「채무자 회생 및 파산에 관한 법률(이하 '채무자회생법'이라 한다)」에 의한 환가", 제3호로 "「국세징수법」·「관세법」 또는 「지방세징수법」에 따른 압류 재산의 매각"을 열거하고 그 다음 항목인 제4호에서 "그 밖에 제1호부터 제3호까지의 규정에 준하는 절차"를 명시하고 있다.

이처럼 체육시설법 제27조 제1항은 상속과 합병 외에 영업양도의 경우에도 체육시설업의 등록 또는 신고에 따른 권리·의무를 승계한다고 정하고, 제2항은 경매를 비롯하여 이와 유사한 절차로 체육시설업의 시설 기준에 따른 필수시설(이하 '체육필수시설'이라 한다)을 인수한 자에 대해서도 제1항을 준용하고 있다. 위와 같은 방법으로 체육시설업자의 영업이나 체육필수시설이 타인에게 이전된 경우 영업양수인 또는 체육필수시설의 인수인 등은 체육시설업과 관련하여 형성된 공법상의 권리·의무뿐만 아니라 체육시설업자와 회원 간의 사법상 약정에 따른 권리·의무도 승계한다.

2. 체육시설업자가 담보 목적으로 체육필수시설을 신탁법에 따라 담보신탁을 하였다가 채무를 갚지 못하여 체육필수시설이 공개경쟁입찰방식에 의한 매각(이하 '공매'라 한다) 절차에 따라 처분되거나 공매 절차에서 정해진 공매 조건에 따라 수의계약으로 처분되는 경우가 있다. 이와 같이 체육필수시설에 관한 담보신탁계약이 체결된 다음 그 계약에서 정한 공매나 수의계약으로 체육필수시설이 일괄하여 이전되는 경우에 회원에 대한 권리·의무도 승계되는지 여부가 이 사건의 쟁점이다.

이러한 경우에도 체육시설법 제27조의 문언과 체계, 입법 연혁과 그 목적, 담보신탁의 실질적인 기능 등에 비추어 체육필수시설의 인수인은 체육시설업자와 회원 간에 약정한 사항을 포함하여 그 체육시설업의 등록 또는 신고에 따른 권리·의무를 승계한다고 보아야 한다. 그 상세한 이유는 다음과 같다.

가. 체육필수시설이 일괄하여 인수인에게 이전되는 경우 회원에 대한 권리·의무도 승계된다고 보는 것이 법률의 목적에 부합한다. (중략)

나. 위와 같이 담보신탁에 따른 공매나 수의계약으로 체육필수시설이 이전된 경우에도 회원에 대한 권리·의무의 승계를 인정하는 것이 문언해석에 부합한다. (중략)

다. 이러한 해석은 입법 연혁과 경위에서 알 수 있는 입법자의 의사에도 부합한다. (중략)

라. 담보신탁의 기능 등에 비추어 그에 따른 공매 등은 저당권 등 담보권 실행을 위한 경매 절차 등과 구별하여 다루어야 할 만큼 실질적인 차이가 없다. (중략)

마. 담보신탁을 근거로 한 공매 절차에서 도산격리 효과를 일부 제한하여 체육필

수시설의 인수인에 대해 입회금반환채무를 포함한 권리·의무의 승계를 인정하는 것이 이익형량의 관점에서도 타당하다. (중략)

바. 요컨대, 체육시설법 제27조는 체육필수시설을 이전하는 경우 인수인 등이 회원에 대한 권리·의무를 승계함으로써 회원의 권익을 보호하려는 목적을 가지고 있고, 위 규정의 문언이 포괄적이어서 담보신탁에 따른 공매나 수의계약을 포함하는 데 문제가 없다. 위와 같은 해석이 입법 연혁에서 드러나는 입법자의 의사에 부합할 뿐만 아니라 담보신탁의 실질에 비추어 공평한 해결방안이라고 볼 수 있다.

3. 원심판결 이유와 적법하게 채택된 증거에 따르면 다음 사실을 알 수 있다.

가. 베네치아코리아 주식회사(이하 '베네치아코리아'라 한다)는 원심판결 별지 부동산목록 기재 각 토지(이하 '이 사건 사업부지'라 한다)에 베네치아코리아 컨트리클럽(이하 '이 사건 골프장'이라 한다)을 건설하여 운영하는 사업을 진행하는 과정에서 주식회사 하나은행(이하 '하나은행'이라 한다)을 비롯한 금융기관들에 대한 대출금채무를 담보하기 위하여 2007. 11. 30. 수탁자인 하나은행과 사이에 위 금융기관들을 우선수익자로 하여 이 사건 사업부지에 관한 신탁계약을 체결하고, 같은 날 하나은행에 이 사건 사업부지에 관하여 신탁을 원인으로 소유권이전등기를 마쳤다.

나. 이후 이 사건 사업부지에 골프장 클럽하우스 등의 건물이 신축되었고, 베네치아코리아는 2012. 7. 12. 이 사건 골프장의 건물 5동에 관하여도 담보신탁계약을 체결하고, 같은 날 하나은행에 신탁을 원인으로 소유권이전등기를 마쳤다(이하 이 사건 사업부지와 골프장 건물 5동을 합하여 '이 사건 신탁부동산'이라 한다).

다. 그 후 베네치아코리아가 위 대출금채무의 이행을 지체하자, 하나은행은 이 사건 신탁부동산에 관한 공매 절차(이하 '이 사건 공매 절차'라 한다)를 진행하였다.

라. 하나은행은 2014. 5. 22. 이 사건 공매 절차에서 1,410,000,000원으로 입찰에 참가하여 낙찰자로 선정된 소외인과 이 사건 신탁부동산에 관한 매매계약을 체결하였으나 소외인은 그 매매계약을 제대로 이행하지 않았다. 그 직후인 2014. 5. 27.경 하나은행은 이 사건 골프장을 운영하고자 하는 피고 주식회사 다옴(이하 '피고 다옴'이라 한다)과 매매대금을 위와 같이 1,410,000,000원으로 하여 수의계약 방식으로 이 사건 신탁부동산에 관한 매매계약(이하 '이 사건 매매계약'이라 한다)을 체결한 다음, 2014. 5. 30. 피고 다옴에 이 사건 신탁부동산에 관한 소유권이전등기를 마쳤다.

마. 그 후 피고 다옴은 2014. 6. 26. 피고 국제자산신탁 주식회사(이하 '피고 국제자

산신탁'이라 한다) 등과 피고 3을 우선수익자로 하여 이 사건 사업부지에 관하여 담보신탁계약을 체결하고, 2014. 6. 27. 피고 국제자산신탁에 이 사건 사업부지에 관하여 신탁을 원인으로 소유권이전등기를 마쳤다.

　바. 한편 베네치아코리아는 2008. 1. 21. 김천시장으로부터 이 사건 골프장 설치사업의 시행자로 지정되어 그 사업의 실시계획 인가를 받고 2013. 12. 5. 경상북도지사에게 체육시설업(골프장업)의 조건부등록을 하였다. 원고들은 베네치아코리아에 회원보증금을 내고 이 사건 골프장의 회원으로 가입하였다.

　4. 이러한 사실관계를 앞에서 본 법리에 비추어 살펴보면, 피고 다음이 담보신탁재산으로서 이 사건 골프장의 필수시설이 모두 포함된 이 사건 신탁부동산을 공매 절차에서 수의계약 방식으로 매수한 것은 체육시설법 제27조 제2항 제4호에서 정하는 "그 밖에 제1호부터 제3호까지의 규정에 준하는 절차"에 따라 체육필수시설을 인수한 경우에 해당한다. 따라서 피고 다음은 이 사건 골프장의 기존 체육시설업자인 베네치아코리아의 원고들에 대한 입회금반환채무를 승계하였다고 보아야 한다.

　그런데도 원심은 '이 사건 매매계약이 체육시설법 제27조 제2항 제4호에서 정하는 절차에 해당하지 않아 피고 다음이 베네치아코리아의 원고들에 대한 입회금반환채무를 승계하지 않는다.'는 이유로, 원고들의 피고 다음에 대한 입회금반환청구를 기각하고, 피고 다음이 입회금반환채무를 승계하지 않아 사해행위의 피보전채권이 인정되지 않는다는 이유로 원고들의 피고 국제자산신탁, 피고 3에 대한 사해행위취소와 원상회복청구도 기각하였다. 이러한 원심판단에는 체육시설법 제27조에 관한 법리 등을 오해하여 판결에 영향을 미친 잘못이 있다. 이를 지적하는 상고이유 주장은 정당하다.

　5. 그러므로 나머지 상고이유에 관한 판단을 생략한 채 원심판결을 파기하고, 사건을 다시 심리·판단하도록 원심법원에 환송하기로 하여, 주문과 같이 판결한다. 이 판결에는 대법관 조희대, 대법관 권순일, 대법관 이기택, 대법관 민유숙, 대법관 이동원의 반대의견이 있는 외에는 관여 법관의 의견이 일치하였고, 다수의견에 대한 대법관 김소영, 대법관 김재형의 보충의견과 대법관 조재연의 보충의견이 있다.

6. 대법관 조희대, 대법관 권순일, 대법관 이기택, 대법관 민유숙, 대법관 이동원의 반대의견

가. 다수의견은, 담보신탁된 체육필수시설이 공개경쟁입찰방식이나 수의계약 방식에 의한 매매에 따라 처분된 때에 그 체육필수시설을 인수한 자는 그 체육시설업의 등록 또는 신고에 따른 권리·의무를 승계하고, 이러한 매매 절차는 체육시설법 제27조 제2항 제4호에서 정하는 "그 밖에 제1호부터 제3호까지의 규정에 준하는 절차"에 해당한다는 것이다.

그러나 이처럼 담보신탁계약에서 정한 공개경쟁입찰방식이나 수의계약 방식에 의한 매매(이하 '담보신탁을 근거로 한 매매'라 한다)에 따라 체육필수시설을 인수한 자는 그 체육시설업의 등록 또는 신고에 따른 권리·의무를 승계하지 않고, 이와 같은 매매 절차는 체육시설법 제27조 제2항 제4호에서 정하는 "그 밖에 제1호부터 제3호까지의 규정에 준하는 절차"에도 해당하지 않는다고 보아야 한다. 그 이유는 다음과 같다.

(1) 체육시설법 제27조 제2항 제1호부터 제3호까지 정한 절차는 법령에 의해 매각되는 절차이고 그 매각조건을 당사자의 협의로 정할 수 없고 법령에서 정하거나 법령에 근거한 법원 또는 관계기관이 정하도록 규정한 절차이다. 그런데 다수의견은 담보신탁을 근거로 한 매매가 법률행위에 의한 특정승계에 해당하는데도 그 매각조건을 법률로 정한다는 태도이다. 이는 입법 없이는 불가능한 해석이고 사적 거래의 계약관계에 대한 해석으로는 쉽사리 상정하기 어렵다.

(2) 담보신탁을 근거로 한 매매는 체육시설법 제27조 제1항, 제2항에서 열거한 법률행위나 절차와 그 법적 성격이 다르므로 이들 법률행위나 절차와 구별되어야 한다.

우선 담보신탁을 근거로 한 매매는 그 법적 성격이 체육시설법 제27조 제1항에서 규정하는 영업양도나 합병과는 전혀 다르다.

또한 체육시설법 제27조 제2항 제1호 내지 제3호에서 규정하는 민사집행법에 따른 경매 절차 등과도, 그 시행 주체, 절차, 매매대금의 배분 방식 등에서 그 성격을 달리한다. 즉, 담보신탁을 근거로 한 매매는 신탁계약에서 정하는 절차이고, 법원과 같은 공적 기관이 아닌 수탁자가 그 절차를 주관한다. 담보신탁을 근거로 한 매매는 신탁계약에서 '공매'에 의한다고 정하고 있을 뿐이고 '공매'의 개념과 절차를 정하는 특별한 법률 규정도 없으나, 민사집행법에 따른 경매 절차 등은 법률에서 정하는 절차에 따라 진행된다. 담보신탁을 근거로 한 매매는 수탁자가 매각대금을 받아서 처리하나, 민사집행법에 따른 경매 절차 등은 법원과 같은 공적 기관이 담당하여 배당까지 마무리한다.

다수의견은 '신탁사무를 법원이 감독한다는 것과 담보신탁을 근거로 한 매매가 파산관재인에 의한 환가와 유사하다는 점 등을 근거로 담보신탁을 근거로 한 매매에 대하여 체육시설법 제27조 제2항 제4호를 적용해야 한다'고 주장하기도 한다. 그러나 담보신탁의 인수를 업으로 하는 신탁회사의 신탁사무는 신탁법 제105조 제1항 단서에 따라 법원의 감독을 받지 않게 되어 있고, 파산관재인은 공적 수탁자로서 법원의 허가를 받아 매각 절차를 진행한다. 따라서 담보신탁을 근거로 한 매매가 파산관재인에 의한 환가와 유사하다고도 볼 수 없다.

(3) 명확한 법률상 근거 없이 의무를 부과할 수 없다.

채무자의 재산이 어떤 사유로 제3자에게 처분된다고 하더라도, 채무자가 부담하던 의무는 그 재산의 소유권을 취득한 제3자에게 승계되지 않는 것이 일반적인 법 원칙이다. 체육시설법 제27조가 체육시설업자의 의무를 승계하는 근거 규정을 둔 것은 이와 같은 법 원칙에 대한 예외를 정한 것이므로, 그 예외 규정의 해석이 명확하지 않은 경우에는 일반적인 법 원칙으로 돌아가야 하는 것이지 예외 규정을 확장해석해서는 아니 된다.

담보신탁을 근거로 한 매매는 일반 매매와 같은 사적 영역에서 체결되는 것이고, 앞서 본 바와 같이 민사집행법에 따른 경매 절차 등과도 다르다. 다수의견은 명확한 근거도 없이 체육시설법 제27조를 담보신탁을 근거로 한 매매에 확장하여 적용하는 우를 범함으로써 위와 같은 일반적인 법 원칙에 반하는 결과를 초래하고 있다.

(4) 담보신탁을 근거로 한 매매에 체육시설법 제27조를 적용하여 권리·의무의 승계를 인정할 수 없는 것은 문리해석상 당연한 결과이다.

담보신탁된 부동산을 공개경쟁입찰방식으로 매매하는 것을 거래계에서 흔히 '공매'라고 호칭하고 있기도 하나, 이러한 공매는 법률상 일반 매매와 전혀 다를 바 없는 매매 그 자체일 뿐이다. 체육시설법 제27조가 법률상 매매의 경우에 적용되지 않는다는 점에 대해서는 아무런 의문이 없다. 다수의견은 매매 중 유독 신탁재산의 처분과 관련된 매매에만 권리·의무의 승계를 인정하는 것이어서 부당하다.

체육시설법 제27조 제2항 제4호에서 정하는 "그 밖에 제1호부터 제3호까지의 규정에 준하는 절차"의 문언상 의미는 다음과 같다. 즉, 다른 법령에서 체육시설법 제27조 제2항 제1호부터 제3호까지 정한 절차를 인용하거나 위 제1호부터 제3호까지 정한 절차의 규정을 명시적으로 준용하는 경우에, 그러한 매각 절차를 체육시설법 제27조

제2항의 적용 범위에서 빠뜨리지 않기 위해 규정한 것이다. 또한 위 제4호는 같은 항 제1호부터 제3호까지 정한 절차와 본질적으로 유사한 절차를 염두에 둔 규정이므로, 적어도 그 절차 자체에 관하여 법률에 구체적 규정을 두고 있고, 법원, 공적 기관 또는 공적 수탁자가 그 절차를 주관하는 등의 근거를 갖추었을 때 적용된다고 보는 것이 문리해석상으로도 자연스럽다.

(5) 담보신탁된 재산의 매매에는 체육시설법 제27조 제2항을 적용하지 않는 것이 입법자의 의사에 부합한다.

입법 과정에서 논의가 있었다 하더라도 법률 조항으로 규정하지 않았다면, 그 논의의 타당성 유무에도 불구하고 결국 법률 조항으로 규정하지 않은 영역의 문제는 법률의 적용대상에서 배제한다는 입법자의 의사가 표현된 것으로 보아야 한다. 그런데도 다수의견은 체육필수시설의 매매에 대하여 위 법률 조항에서 규정하고 있지 않음에도 담보신탁된 재산의 처분과 관련된 매매에 대하여만 굳이 법률 조항에 규정된 개념에 속하는 것으로 취급하여 체육시설법 제27조 제2항을 적용하는 결과에 이르고 있다. 이러한 다수의견은 법률해석의 한계를 뛰어넘어 법원이 법원의 권한에 속하지 않는 입법 작용에 이르는 우를 범하는 것이다.

(6) 체육시설법 제27조 제2항의 입법 취지에는 '거래 안전의 도모'도 포함되므로, 위 조항은 문언 그 자체로 엄격하게 해석하여야 한다.

체육시설법 제27조 제2항이 체육필수시설이 타인에게 이전되는 모든 거래 절차를 규정하고 있는 것이 아니라 민사집행법에 따른 경매 등의 절차와 이에 준하는 절차로 제한하고 있는 점 등에 비추어 보면, 위 조항의 규정 취지에는 체육시설업자와 회원들 사이에 체결된 사법상 약정의 승계를 제한적으로 인정함으로써 체육필수시설의 인수를 둘러싼 거래의 안전을 도모하려는 것도 포함된다고 보아야 한다.

이처럼 체육시설법 제27조 제2항은 회원의 법적 지위를 보호하고 거래의 안전을 도모하기 위한 규정이므로 이에 대한 엄격한 해석이 요청된다. 다수의견과 같이 체육시설법 제27조 제2항 제4호를 넓게 해석하면, 당해 부동산 거래에 큰 부담을 주게 되고 거래가격이 낮아져서 담보채권자 등이 채권의 만족을 제대로 얻을 수 없는 문제가 발생한다. 나아가 이 판결선고 전에는 의무 승계 여부가 명확하지 않았기 때문에 향후 매매에 관하여 중요 부분에 착오가 있어 이를 취소한다고 주장하는 경우 그 주장이 받아들여질 여지가 있어 매매를 둘러싼 새로운 분쟁을 일으키게 될 우려가 있고, 이렇게 되면 매매를 둘러싼 법률관계가 쉽게 안정되지 않게 된다.

(7) 다수의견은 '담보신탁을 근거로 한 매매와 체육시설법 제27조 제2항 제1호부터 제3호까지 정한 절차가 실질적인 차이가 없다'는 점을 근거로 한다. 그런데 이러한 절차 간 유사성을 기초로 하는 다수의견은 체육필수시설의 매각 절차에 임하는 당사자에게 입회금반환채무의 승계 여부에 관해 명확한 예측 가능성을 부여해 주지 못한다. 즉, 당사자가 선택한 어떠한 매각 절차가 위 제1호부터 제3호까지 정한 절차와 어느 정도로 얼마만큼이나 유사해야 하는지, 그래서 같은 항 제4호에 해당하여 그 매각 절차로 입회금반환채무가 승계되는지를 전혀 예측할 수 없게 한다. 다수의견은 법률행위에 의한 특정승계의 매각조건을 법률로 정하려고 시도하였다가 결국 거래 당사자에게는 불명확함을 남기는 결론에 이르고 만다.

(8) 담보신탁의 특성 등을 고려하면, 다수의견은 신탁재산의 매매를 통해 체육필수시설을 취득한 제3자에게 신탁재산과 절연된 위탁자의 부담을 곧바로 전가해 버리는 결과를 낳으므로 부당하다.

담보신탁을 근거로 한 매매 절차에서 수탁자 명의의 체육필수시설을 인수하였음에도, 위탁자인 기존 체육시설업자의 공법상 지위나 회원에 관한 권리·의무가 체육필수시설의 법률상 소유자인 수탁자를 거치지 않고 당연히 체육필수시설의 인수인에게 승계된다고 보아야 할 법적 근거를 찾기 어렵다.

신탁재산은 위탁자의 재산과 분리되고 그 소유자인 수탁자의 고유재산과도 독립되어, 위탁자에 대하여 회생절차나 파산절차가 개시되는 때에도 수익자의 지위 또는 신탁재산에 대한 담보권은 영향을 받지 않는다. 따라서 독립한 신탁재산에 대해 담보물권을 설정하거나 수익권을 취득한 채권자는 담보제공자의 도산위험으로부터 절연된 강력한 담보를 취득할 수 있다. 그런데도 우선수익권의 가치를 평가하면서 위탁자가 회원들에 대하여 부담하는 입회금반환채무까지 당연히 고려하여야 한다면, 위탁자의 신용상 위험으로부터 신탁재산을 분리하고자 하는 신탁제도의 취지에 정면으로 반할 수 있다.

또한 일반적으로 신탁재산의 매매 절차에서 체육시설업의 등록 등에 따른 권리·의무가 당연승계되는 것을 전제로 하여 적절한 가치평가가 이루어진다거나 그와 같은 부담이 공고된다고 보기도 어렵다.

(9) 그 밖에 다수의견은 '담보신탁을 근거로 한 매매 절차에서 회원에 대한 입회금반환채무의 승계를 부정한다면, 체육시설업자 등이 체육시설법 제27조 제2항의 적용을 회피하는 길을 열어 주고, 입회금으로써 경제적 가치가 증가된 체육시설을 취득한 자가 그 입회금반환채무를 인수하지 않는다는 불합리한 결과가 초래된다'고 주장한다. 그러

나 담보신탁계약의 체결이 회원들을 비롯한 이해관계인을 해하는 사해신탁에 해당하는 때에는 신탁법 제8조에 따라 사해신탁을 이유로 취소와 원상회복을 구할 방법이 따로 마련되어 있다. 따라서 다수의견이 주장하는 것처럼 불합리한 결과가 초래된다는 점이 담보신탁을 근거로 한 매매 절차에 대하여 체육시설법 제27조 제2항 제4호를 적용할 근거가 될 수는 없다.

또한 다수의견은 '체육필수시설에 양도담보나 가등기담보를 설정한 다음 귀속정산이나 처분정산의 방식으로 이들 담보권을 실행할 수 있는데, 이러한 절차가 체육시설법 제27조 제2항에 열거된 절차에 포함된다'고 주장한다. 그러나 양도담보나 가등기담보의 실행이 체육시설법 제27조 제2항에 열거된 절차에 포함된다는 근거를 찾기 어렵다.

(10) 끝으로 다수의견을 따른다면 사회경제적으로 바람직하지 못한 결과가 발생한다.

다수의견을 따른다면, 골프장 체육필수시설에 대한 담보신탁을 근거로 한 매매 절차에서 매수 의사를 가진 자들로서는 입회금반환채무의 승계를 고려하여 위 골프장의 자산 가치를 평가하게 되는데, 통상 그 자산 가치가 떨어지게 되고 경우에 따라 '0'에 수렴하는 경우도 발생할 수 있다.

다수의견을 따라 회원들의 이익만을 도모하는 결과, 골프장 체육필수시설에 대한 매각 자체가 어려워지고, 매각이 이루어지지 아니한 채 시간만 경과하게 되어 해당 골프장을 둘러싸고 얽혀 있는 채권자들의 경제적 이해관계가 사적 영역에서는 해결할 방법이 없게 됨으로써 회생이나 파산절차를 통한 해결 외에 대안을 찾기 어렵게 될 것이다.

나. 결국 원심이 '피고 다음이 담보신탁을 근거로 한 매매 절차에서 수의계약 방식에 따라 체육필수시설인 이 사건 사업부지를 매수한 것은 체육시설법 제27조 제2항 제4호에서 정하는 절차에 따라 위 사업부지를 인수한 경우에 해당할 수 없으므로, 피고 다음이 베네치아코리아의 원고들에 대한 입회보증금반환채무를 승계하였다고 볼 수 없다'고 판단한 것은 정당하다. 나아가 원심이 '피고 다음이 체육시설법 제27조 제1항에서 규정한 영업양수인에 해당한다고 볼 수 없다'고 판단한 것도 정당하다.

이러한 원심의 판단에 상고이유 주장과 같은 체육시설법 제27조 제2항에 관한 법리, 같은 조 제1항의 영업양도에 관한 법리 등을 오해한 잘못이 없으므로, 상고를 기각하여야 한다.

이상과 같은 이유로 다수의견에 찬성할 수 없음을 밝힌다.

[31] 교과용 도서에 대한 가격조정명령 사건

— 대법원 2019. 1. 13. 선고 2016두64975 판결 —

【판시사항】

교과용도서에 관한 규정 제33조 제2항에서 정한 '각호의 사유로 검정도서와 인정도서의 가격이 부당하게 결정될 우려가 있다'는 이유로 가격 조정 명령을 하기 위한 요건 및 가격 조정 명령 대상 교과용 도서에 대하여 위 조항 각호의 사유가 인정되는 경우 곧바로 '그 교과용 도서의 가격이 부당하게 결정될 우려'가 추정되는지 여부(소극)

【판결요지】

교과용도서에 관한 규정 제33조 제2항의 문언 내용과 개정 연혁, 입법 취지 등에 비추어 보면, 위 조항에서 정한 '각호의 사유로 검정도서와 인정도서의 가격이 부당하게 결정될 우려가 있다'는 이유로 가격 조정 명령을 하기 위해서는, 해당 교과용 도서가 위 조항 각호의 사유에 해당함은 물론 그와 같은 사정 등으로 인하여 '가격이 부당하게 결정될 우려'가 있음이 별개로 인정되어야 한다. 이때 가격 조정 명령 대상 교과용 도서에 대하여 위 조항 각호의 사유가 인정된다고 하여, 곧바로 '그 교과용 도서의 가격이 부당하게 결정될 우려'가 추정되는 관계로 볼 수는 없다. 그 이유는 다음과 같다.

① 가격이 부당하게 결정될 우려가 있는지 여부는 검·인정도서 출판사의 과다한 이득과 이로 인한 수요자의 경제적 부담 증가 등을 종합적으로 고려하여 판단하여야 한다. 위 조항 각호가 정한 사유가 있다고 하여 항상 출판사가 과다한 이득을 얻는다거나 그로 인하여 수요자의 경제적 부담이 증가한다고 단정하기 어렵다.

② 위 조항 각호의 사유와 출판사가 실제로 결정한 가격 또는 희망하는 가격 사이의 상관관계가 명확하다고 보기 어렵다. 위 조항 각호의 사유가 있음에도 불구하고 출판사가 결정한 가격 또는 희망하는 가격 자체는 객관적으로 보아 부당한 가격이 아닐 수 있다.

【원고, 피상고인】 주식회사 ○○교과서 외 4인
【피고, 상고인】 1. 교육부장관, 2. 인천광역시 교육감

【원심판결】 서울고법 2016. 11. 24. 선고 2015누40080 판결

【주   문】

상고를 모두 기각한다.

【이   유】

상고이유를 판단한다.

1. 상고이유 제1점에 관하여

가. 초·중등교육법 제29조 제2항은 "교과용 도서의 범위·저작·검정·인정·발행·공급·선정 및 가격 사정(査定) 등에 필요한 사항은 대통령령으로 정한다."라고 규정하고 있다. 이에 따라 대통령령인 「교과용도서에 관한 규정」(이하 '교과용 도서규정'이라고 한다) 제33조는 제1항에서 "검정도서와 인정도서의 가격은 저작자와 약정한 출판사가 정한다."라고 규정하고, 제2항에서 "제1항에도 불구하고 교육부장관은 다음 각호의 사유로 검정도서와 인정도서의 가격이 부당하게 결정될 우려가 있거나 그 가격이 결정된 이후 도서개발에 투입된 비용(이하 '고정비'라고 한다)을 출판사가 전부 회수하였음에도 이를 가격에 반영하지 아니하는 경우에는 심의회(교과용 도서규정 제18조에 따른 교과용 도서 심의회를 의미한다)를 거쳐 그 가격의 조정을 명할 수 있다."라고 규정하면서, 각호의 사유로 "1. 제조원가 중 도서의 개발 및 제조 과정에서 실제 발생하지 아니한 제조원가가 차지하는 비율이 1,000분의 15 이상인 경우, 2. 가격결정 항목 또는 비목(費目) 구분에 잘못이 있는 경우, 3. 예상 발행부수보다 실제 발행부수가 1천 부 이상 많은 경우'를 들고 있다(이하 교과용 도서규정 제33조 제2항을 '이 사건 조항'이라고 한다).

나. 이 사건 조항의 문언 내용과 개정 연혁, 입법 취지 등에 비추어 보면, 이 사건 조항에서 정한 '각호의 사유로 검정도서와 인정도서의 가격이 부당하게 결정될 우려가 있다'는 이유로 가격 조정 명령을 하기 위해서는, 해당 교과용 도서가 이 사건 조항 각호의 사유에 해당함은 물론 그와 같은 사정 등으로 인하여 '가격이 부당하게 결정될 우려'가 있음이 별개로 인정되어야 한다. 이때 가격 조정 명령 대상 교과용 도서에 대하여 이 사건 조항 각호의 사유가 인정된다고 하여, 곧바로 '그 교과용 도서의 가격이 부당하게 결정될 우려'가 추정되는 관계로 볼 수는 없다. 그 이유는 다음과 같다.

① 가격이 부당하게 결정될 우려가 있는지 여부는 검·인정도서 출판사의 과다한

이득과 이로 인한 수요자의 경제적 부담 증가 등을 종합적으로 고려하여 판단하여야 한다. 이 사건 조항 각호가 정한 사유가 있다고 하여 항상 출판사가 과다한 이득을 얻는다거나 그로 인하여 수요자의 경제적 부담이 증가한다고 단정하기 어렵다.

② 이 사건 조항 각호의 사유와 출판사가 실제로 결정한 가격 또는 희망하는 가격 사이의 상관관계가 명확하다고 보기 어렵다. 이 사건 조항 각호의 사유가 있음에도 불구하고 출판사가 결정한 가격 또는 희망하는 가격 자체는 객관적으로 보아 부당한 가격이 아닐 수 있다.

③ 이처럼 이 사건 조항 각호의 사유와 가격이 부당하게 결정될 우려는 개념적으로 구별되고 그 상관관계가 곧바로 인정되지 않을 수도 있으므로, 위 각호의 사유가 인정된다고 하여 위 부당성이 당연히 추정된다고 볼 수는 없다.

다. 원심판결 이유에 의하면, 다음과 같은 사정을 알 수 있다.

(1) 원고들은 원심 판시 별지 1 처분목록(이하 '별지 1 처분목록'이라고 한다) 기재와 같이 초등학교 및 고등학교에서 사용되는 2014학년도 검·인정 교과서를 출판하였다.

(2) 별지 1 처분목록 기재 교과서 중 처분청이 피고 교육부장관인 교과서가 검정도서이고, 피고 교육부장관을 제외한 나머지 피고들이 처분청인 교과서가 인정도서이다(이하 원고들이 출판한 교과서 중 검정도서를 '이 사건 검정도서', 인정도서를 '이 사건 인정도서'라고 하고, 이 사건 검정도서 및 인정도서를 합하여 '이 사건 교과서'라고 한다).

(3) 원고들은 이 사건 교과서의 가격을 별지 1 처분목록 '희망가격'란 기재 금액으로 결정하였다.

(4) 피고들은 별지 1 처분목록 '처분일'란 기재 각 일자에 원고들에게 이 사건 교과서의 가격을 별지 1 처분목록 '조정가격'란 기재 가격과 같이 조정할 것을 명하였다(이하 '이 사건 처분'이라고 한다). 이 사건 처분서에는 근거 법령으로 별지 1 처분목록 '처분근거'란 기재와 같이 이 사건 조항 제1호 또는 제3호가 기재되어 있다.

라. 원심은, 위와 같은 사실관계를 전제로, 이 사건 조항에 따라 가격 조정 명령을 하기 위해서는 이 사건 조항 각호의 사유가 인정되는 외에 추가로 '가격이 부당하게 결정될 우려'가 있음이 증명되어야 하는데, 피고 장관의 이 사건 검정도서에 대한 가격 조정 명령 중 이 사건 조항 제3호를 사유로 한 별지 1 처분목록 중 순번 2 내지 10, 12, 17, 22, 29, 30, 36, 37 기재 검정도서에 대한 가격 조정 명령에 대하여는 피고 장관이 제출한 증거만으로는 위 각 교과용 도서의 가격이 부당하게 결정될 우려가 있다고 인정할 수 없어 그 처분사유가 인정되지 않는다고 판단하였다.

마. 기록에 비추어 살펴보면, 원심의 이러한 판단은 앞서 본 법리에 따른 것으로서 정당하고, 거기에 상고이유 주장과 같이 가격 조정 명령의 요건 및 증명책임 등에 관한 법리를 오해한 잘못이 없다.

6. 결론

그러므로 상고를 모두 기각하고, 상고비용은 패소자들이 부담하기로 하여, 관여 대법관의 일치된 의견으로 주문과 같이 판결한다.

[32] 상가임대차 권리금 사건

— 대법원 2019. 5. 16. 선고 2017다225312, 225329 판결 —

【판시사항】

　구 상가건물 임대차보호법 제10조 제2항에 따라 최초의 임대차기간을 포함한 전체 임대차기간이 5년을 초과하여 임차인이 계약갱신요구권을 행사할 수 없는 경우에도 임대인이 같은 법 제10조의4 제1항에 따른 권리금 회수기회 보호의무를 부담하는지 여부(적극)

【판결요지】

　[1] 구 상가건물 임대차보호법(2018. 10. 16. 법률 제15791호로 개정되기 전의 것, 이하 '구 상가임대차법'이라 한다) 제10조의4의 문언과 내용, 입법 취지에 비추어 보면, 구 상가임대차법 제10조 제2항에 따라 최초의 임대차기간을 포함한 전체 임대차기간이 5년을 초과하여 임차인이 계약갱신요구권을 행사할 수 없는 경우에도 임대인은 같은 법 제10조의4 제1항에 따른 권리금 회수기회 보호의무를 부담한다고 보아야 한다.

　[2] 甲이 乙과 상가 임대차계약을 체결한 다음 상가를 인도받아 음식점을 운영하면서 2회에 걸쳐 계약을 갱신하였고, 최종 임대차기간이 만료되기 전 丙과 권리금 계약을 체결한 후 乙에게 丙과 새로운 임대차계약을 체결하여 줄 것을 요청하였으나, 乙이 노후화된 건물을 재건축하거나 대수선할 계획을 가지고 있다는 등의 이유로 丙과의 임대차계약 체결에 응하지 아니한 사안에서, 甲이 구 상가건물 구 임대차보호법 제10조의4 제1항에 따라 임대차기간이 끝나기 3개월 전부터 임대차 종료 시까지 신규임차인을 주선하였으므로, 乙은 정당한 사유 없이 신규임차인과 임대차계약 체결을 거절해서는 안 되고, 이는 甲과 乙 사이의 전체 임대차기간이 5년을 지난 경우에도 마찬가지인데도, 甲이 丙과 권리금 계약을 체결할 당시 더 이상 임대차계약의 갱신을 요구할 수 없었던 상황이었으므로 乙이 권리금 회수기회 보호의무를 부담하지 않는다고 본 원심 판단에 법리오해의 잘못이 있다고 한 사례.

【원고(반소피고), 상고인】 김○○

【피고(반소원고), 피상고인】 공○○

【원심판결】 서울고법 2017. 4. 12. 선고 2016나2074621, 2074638 판결

【주   문】

　　원심판결 중 본소에 관한 권리금 회수 방해로 인한 손해배상청구 부분을 파기하고, 이 부분 사건을 서울고등법원에 환송한다.

【이   유】

　　상고이유를 판단한다.

1. 사건의 개요

　　원고(반소피고, 이하 '원고'라 한다)는 피고(반소원고, 이하 '피고'라 한다)를 상대로 임대차보증금의 반환을 구하는 외에 구 상가건물 임대차보호법(2018. 10. 16. 법률 제15791호로 개정되기 전의 것, 이하 '구 상가임대차법'이라 한다) 제10조의4 제1항, 제3항에 따라 권리금 회수 방해로 인한 손해배상을 구하였다. 이에 대해 피고는 반소로 차임 상당 부당이득금 등을 구하였다. 원심은 본소 중 임대차보증금 반환 청구를 일부 받아들이는 외에는 나머지 본소 청구를 모두 배척하였다. 원고는 상고이유로 권리금 회수 방해로 인한 손해배상청구 부분을 다투고 있다.

　　이 사건의 쟁점은 구 상가임대차법 제10조 제2항에 따라 최초의 임대차기간을 포함한 전체 임대차기간이 5년을 초과하여 임차인이 계약갱신요구권을 행사할 수 없는 경우에도 임대인이 같은 법 제10조의4에서 정한 권리금 회수기회 보호의무를 부담하는지 여부이다.

2. 계약갱신요구권 행사기간이 지난 경우에도 임대인이 임차인에 대하여 권리금 회수기회 보호의무를 부담하는지 여부

　　가. 구 상가임대차법 제10조의3 제1항은 "권리금이란 임대차 목적물인 상가건물에서 영업을 하는 자 또는 영업을 하려는 자가 영업시설·비품, 거래처, 신용, 영업상의 노하우, 상가건물의 위치에 따른 영업상의 이점 등 유형·무형의 재산적 가치의 양도 또는 이용대가로서 임대인, 임차인에게 보증금과 차임 이외에 지급하는 금전 등의 대가

를 말한다.”라고 정하고 있다. 제10조의4 제1항 본문은 “임대인은 임대차기간이 끝나기 3개월 전부터 임대차 종료 시까지 다음 각호의 어느 하나에 해당하는 행위를 함으로써 권리금 계약에 따라 임차인이 주선한 신규임차인이 되려는 자로부터 권리금을 지급받는 것을 방해하여서는 아니 된다.”라고 정하면서, 제4호에서 “그 밖에 정당한 사유 없이 임대인이 임차인이 주선한 신규임차인이 되려는 자와 임대차계약의 체결을 거절하는 행위”를 들고 있다. 한편 제1항 단서는 “다만 제10조 제1항 각호의 어느 하나에 해당하는 사유가 있는 경우에는 그러하지 아니하다.”라고 하여 제10조 제1항 각호에서 정한 계약갱신거절사유가 있는 경우에는 임대인이 권리금 회수기회 보호의무를 부담하지 않는다고 하고 있다.

나. 구 상가임대차법 제10조의4의 문언과 내용, 입법 취지에 비추어 보면, 구 상가임대차법 제10조 제2항에 따라 최초의 임대차기간을 포함한 전체 임대차기간이 5년을 초과하여 임차인이 계약갱신요구권을 행사할 수 없는 경우에도 임대인은 같은 법 제10조의4 제1항에 따른 권리금 회수기회 보호의무를 부담한다고 보아야 한다. 그 이유는 다음과 같다.

(1) 구 상가임대차법 제10조의4는 임차인의 계약갱신요구권 행사기간의 만료를 권리금 회수기회 보호의무의 예외사유로 정하고 있지 않다. 구 상가임대차법 제10조 제2항은 “임차인의 계약갱신요구권은 최초의 임대차기간을 포함한 전체 임대차기간이 5년을 초과하지 아니하는 범위에서만 행사할 수 있다.”라고 하여 계약갱신요구권 행사기간을 제한하고 있는데, 제10조의4는 제10조 제2항을 권리금 회수기회 보호의무의 예외사유로 정하지 않고, 계약갱신거절에 관한 제10조 제1항 각호 또는 제10조의4 제2항 각호에서 정한 ‘정당한 사유’가 있는 경우를 그 예외사유로 정하고 있다. 따라서 전체 임대차기간이 5년을 초과하는지 여부와 무관하게 제10조의4에서 정한 요건을 충족하면 임대인이 권리금 회수기회 보호의무를 부담한다고 보는 것이 법 문언에 충실한 해석이다.

(2) 구 상가임대차법은 2015. 5. 13. 개정되어 권리금 관련 조항(제10조의3 내지 제10조의7)이 신설되었다. 종래 규정만으로는 임차인이 투자한 비용이나 영업활동으로 형성된 지명도나 신용 등 경제적 이익이 임대인의 갱신거절에 의해 침해되는 것을 충분히 방지할 수 없었기 때문이다. 즉, 임대인은 새로운 임대차계약을 체결하면서 직접 권리금을 받는 등 임차인이 형성한 영업적 가치를 아무런 대가나 제한 없이 이용할 수 있게 되지만 임차인은 다시 시설비를 투자하고 신용확보와 지명도 형성을 위하여 상당기간 영업손실을 감당하여야 하는 문제점을 해결하기 위한 것이다.

그런데 임대인이 같은 법 제10조 제1항 각호의 갱신거절사유가 있어 계약갱신을 거절하는 경우에는 임대인에게 권리금 회수기회 보호의무가 없으므로, 법 개정을 통하여 보호하려는 '임대인의 갱신거절에 의해 임차인의 이익이 침해되는 경우'란 결국 같은 법 제10조 제2항에 따라 전체 임대차기간이 5년을 경과하여 임차인이 더 이상 계약갱신요구권을 행사할 수 없는 경우가 가장 전형적이다.

신설 조항의 입법과정에서 임대인의 권리금 회수기회 보호의무를 계약갱신요구권의 행사기간 범위로 제한하고자 하였다고 볼 만한 사정이 없는 점, 오히려 상가임차인이 같은 법 제10조 제2항에 따라 상가임대차계약의 갱신을 요구하지 못하더라도 권리금 회수를 보장할 필요가 있는 점 등에 비추어 보더라도 이러한 경우를 권리금 회수기회 보호의무의 예외사유로 인정할 필요성을 찾기 어렵다.

(3) 구 상가임대차법 제10조 제1항에서 정한 임차인의 계약갱신요구권은 임차인이 임대차기간이 만료되기 6개월 전부터 1개월 전까지 사이에 계약의 갱신을 요구하면 그 단서에서 정하는 사유가 없는 한 임대인이 그 갱신을 거절할 수 없도록 하여 상가임차인에게 최소한의 영업기간을 보장하기 위해서 임차인의 주도로 임대차계약의 갱신을 달성하려는 것이다(대법원 2010. 6. 10. 선고 2009다64307 판결 등 참조). 반면, 같은 법 제10조의4는 임대차계약이 종료된 경우에도 상가임차인이 일정한 범위 내에서 영업상 유·무형의 재산적 가치를 회수할 수 있도록 보장하기 위해 임대인에게 권리금 회수기회 보호의무를 부과하는 것으로서, 두 조항의 입법 취지와 내용이 다르다.

(4) 구 상가임대차법 제10조 제1항 단서 각호에서 정한 갱신거절사유는, 임차인의 차임 연체(제1호), 부정한 방법에 의한 임차(제2호), 무단 전대(제4호), 고의·중과실에 의한 임차목적물 파손(제5호), 현저한 의무 위반(제8호) 등 전형적인 임차인의 채무불이행 또는 신뢰파괴 사유에 관한 것이거나 임대인이 임차인에게 상당한 보상을 제공하여(제3호) 권리금 회수를 보장할 필요가 없는 경우이다. 그 외에는 임차건물의 멸실로 임대차 목적 달성이 불가능하거나(제6호), 임대인이 임대차계약 시 미리 임차인에게 철거·재건축계획을 고지하였거나 안전사고의 우려나 법령에 의하여 상가건물의 철거·재건축이 이루어지는 경우(제7호)로서 상가건물의 멸실 등으로 임차인이 형성한 영업의 재산적 가치가 사라지게 되어 임차인이 권리금 회수를 기대하기 어려운 경우 등이다.

위와 같은 갱신거절사유의 내용을 살펴볼 때 상가건물의 전체 임대차기간이 5년이 지난 경우를 그와 같이 보기는 어렵다. 전체 임대차기간이 5년이 지나도 임차인이 형성한 고객, 거래처, 신용 등 재산적 가치는 여전히 유지되어 임차인의 권리금 회수를 보장할 필요성이 있기 때문이다.

(5) 이러한 해석이 임대인의 상가건물에 대한 사용수익권을 과도하게 제한한다고 볼 수도 없다. 구 상가임대차법 제10조의4 제2항은, 임차인이 주선한 신규임차인이 되려는 자가 보증금이나 차임을 지급할 자력이 없는 경우(제1호), 신규임차인이 되려는 자가 임차인의 의무를 위반할 우려가 있거나 그 밖에 임대차를 유지하기 어려운 상당한 이유가 있는 경우(제2호), 상가건물을 1년 6개월 이상 영리목적으로 사용하지 아니한 경우(제3호) 등 임대인으로 하여금 임차인이 주선한 신규임차인과 임대차계약을 체결하도록 강제하는 것이 부당한 경우에는 임대인이 그 계약 체결을 거절할 수 있도록 하여 임대인의 재산권 행사를 보호하기 위한 규정을 마련하여 두고 있다. 또한 임대인은 신규임차인에게 시세에 비추어 현저히 고액의 차임과 보증금이 아니라면 새로운 조건을 내용으로 하는 임대차계약의 체결을 요구할 수 있고, 신규임차인이 3기의 차임액 이상 차임을 연체하는 등 같은 법 제10조 제1항 각호의 사유가 발생한 경우에는 언제든지 임대차계약을 해지하거나 계약갱신을 거절할 수 있고 이러한 경우 권리금 회수기회 보호의무를 부담하지 않기 때문이다.

3. 이 사건에 대한 판단

가. 원심판결 이유에 따르면 다음 사실을 알 수 있다.

(1) 원고는 2010. 10. 1. 피고와 사이에 이 사건 상가를 보증금 7,000만 원, 차임 월 235만 원, 임대차기간 2010. 10. 8.부터 2012. 10. 7.로 정하여 임차하는 임대차계약을 체결한 다음 위 상가를 인도받아 음식점을 운영하였다.

(2) 원고는 2012. 10. 7. 피고와 차임을 월 255만 원, 계약기간을 2014. 10. 7.까지로 임대차계약을 갱신하였고, 2014. 10.경 다시 동일한 조건으로 1년간 위 임대차계약을 갱신하였다.

(3) 원고는 임대차기간이 만료되기 전인 2015. 7. 16. 소외인에게 이 사건 상가의 영업시설, 비품, 거래처 등 유·무형의 재산적 가치를 권리금 1억 4,500만 원에 양도하기로 하는 권리금 계약을 체결하고, 피고에게 소외인과 새로운 임대차계약을 체결하여 줄 것을 요청하였다.

(4) 그러나 피고는 노후화된 건물을 재건축하거나 대수선할 계획을 가지고 있다는 등의 이유로 소외인과의 임대차계약 체결에 응하지 않았다.

나. 이러한 사실관계를 앞서 본 법리에 비추어 살펴보면, 원고가 구 상가임대차법

제10조의4 제1항에 따라 임대차기간이 끝나기 3개월 전부터 임대차 종료 시까지 신규 임차인을 주선하였으므로, 피고는 정당한 사유 없이 신규임차인과 임대차계약 체결을 거절해서는 안 되고, 이는 원고와 피고 사이의 전체 임대차기간이 5년을 지난 경우에도 마찬가지이다.

다. 그럼에도 원심은, 구 상가임대차법 제10조의4 제1항은 전체 임대차기간이 5년이 지나 임차인이 임대인에게 계약갱신요구를 할 수 없는 경우에는 적용되지 않는다고 한 다음, 원고가 2010. 10. 8. 피고와 임대차계약을 체결하고 2회의 갱신을 거쳐 2015. 10. 7. 임대차계약기간의 만료를 앞두고 있어 소외인과 권리금 계약을 체결한 2015. 7. 16. 당시에는 더 이상 임대차계약의 갱신을 요구할 수 없었던 상황이었으므로 피고가 권리금 회수기회 보호의무를 부담하지 않는다고 판단하였다.

이러한 원심의 판단에는 구 상가임대차법 제10조의4 제1항에서 정한 임대인의 권리금 회수기회 보호의무의 발생요건에 관한 법리를 오해하여 판결에 영향을 미친 잘못이 있다. 이를 지적하는 상고이유 주장은 이유 있다.

4. 결론

그러므로 나머지 상고이유에 대한 판단을 생략한 채, 원심판결 중 본소에 관한 권리금 회수 방해로 인한 손해배상청구 부분을 파기하고, 이 부분 사건을 다시 심리·판단하도록 원심법원에 환송하기로 하여, 관여 대법관의 일치된 의견으로 주문과 같이 판결한다.

[33] 증권상장규정 무효 판단기준

— 대법원 2019. 12. 12. 선고 2016다243405 판결 —

【판시사항】

[1] 자본시장과 금융투자업에 관한 법률에 따라 거래소허가를 받아 설립된 거래소가 제정한 증권상장규정의 법적 성질 및 증권상장규정의 특정 조항이 위법하여 무효라고 볼 수 있는 경우 / 같은 법 제390조 제2항 제2호에서 증권상장규정에 상장폐지기준과 상장폐지에 관한 사항 등을 포함하도록 규정한 취지 및 상장폐지 여부에 대한 심사 과정에서 상장폐지 대상 기업의 절차참여권이 충분히 보장되어야 하는지 여부(적극)

[2] 자본시장과 금융투자업에 관한 법률에 따라 설립된 甲 거래소의 '코스닥시장 상장규정'에서 일정 규모 이상의 횡령·배임혐의가 공시 등을 통해 확인되는 경우 기업의 계속성, 경영의 투명성 그 밖에 코스닥시장의 건전성 등을 종합적으로 고려하여 상장적격성 실질심사 대상 기업을 정하도록 하고 있는데, 위 규정에 따른 상장적격성 실질심사 결과 상장폐지 결정을 받은 乙 주식회사가 위 규정의 심사항목이 구체적이지 않고 대상 법인의 절차참여권을 충분하게 보장하지 않았다고 주장하며 상장폐지 결정의 무효확인을 구한 사안에서, 위 규정에 이를 무효로 삼아야 할 정도의 위법이 있다고 보기 어려울 뿐만 아니라, 상장적격성 실질심사 대상 법인을 선정하는 단계에서 대상 법인의 의견진술권 등 절차참여권을 보장하지 않은 것을 절차적 위법이라고 볼 수 없다고 한 원심판단을 수긍한 사례

【판결요지】

[1] 자본시장과 금융투자업에 관한 법률(이하 '자본시장법'이라고 한다)에 따라 거래소허가를 받아 설립된 거래소가 제정한 증권상장규정은, 자본시장법이 거래소로 하여금 자치적인 사항을 스스로 정하도록 위임하여 제정된 자치 규정으로서, 상장계약과 관련하여서는 계약의 일방 당사자인 거래소가 다수의 상장신청법인과 상장계약을 체결하기 위하여 일정한 형식에 의하여 미리 마련한 계약의 내용, 즉 약관의 성질을 가진다.

다만 증권 및 장내파생상품의 공정한 가격 형성과 그 매매, 그 밖의 거래의 안정성 및 효율성의 도모가 거래소의 존립 목적이라는 데에서 알 수 있듯이 거래소는 고도

의 공익적 성격을 가지고 있고, 또한 증권상장규정은 자본시장법의 규정에 근거를 두고 상장법인 내지 상장신청법인 모두에게 당연히 적용되는 규정으로서 실질적으로 규범적인 성격을 가지고 있음을 부인할 수 없다. 이러한 특수성에 비추어 증권상장규정의 특정 조항이 비례의 원칙이나 형평의 원칙에 현저히 어긋나서 정의관념에 반한다거나 다른 법률이 보장하는 상장법인의 권리를 지나치게 제약함으로써 그 법률의 입법 목적이나 취지에 반하는 내용을 담고 있다면 그 조항은 위법하여 무효이다.

특히 증권상장규정에서는 증권의 상장기준 및 상장심사에 관한 사항과 함께 상장폐지기준과 상장폐지에 관한 사항 등도 포함하도록 되어 있는데(자본시장법 제390조 제2항 제2호), 이는 상장법인의 영업, 재무상황이나 기업지배구조 등 기업투명성이 부실하게 된 경우 그 기업의 상장을 폐지하여 시장건전성을 제고하고 잠재적인 다수의 투자자를 보호하기 위한 조치를 취하기 위한 것이다. 그러나 상장폐지로 인하여 대상 법인의 평판이 저해되고 투자자들도 증권의 유통성 상실 등으로 피해를 입을 수 있으므로, 상장폐지 여부에 대한 심사는 투명하고 공정하게 이루어져야 하고, 그 과정에서 상장폐지 대상 기업의 절차참여권은 충분히 보장되어야 한다.

[2] 자본시장과 금융투자업에 관한 법률에 따라 설립된 甲 거래소의 '코스닥시장 상장규정'에서 일정 규모 이상의 횡령·배임혐의가 공시 등을 통해 확인되는 경우 기업의 계속성, 경영의 투명성 그 밖에 코스닥시장의 건전성 등을 종합적으로 고려하여 상장적격성 실질심사 대상 기업을 정하도록 하고 있는데, 위 규정에 따른 상장적격성 실질심사 결과 상장폐지 결정을 받은 乙 주식회사가 위 규정의 심사항목이 구체적이지 않고 대상 법인의 절차참여권을 충분하게 보장하지 않았다고 주장하며 상장폐지 결정의 무효확인을 구한 사안에서, 모든 상장법인에 대한 상장적격성 실질심사를 실시할 수 없는 현실에서 일정 규모 이상의 횡령·배임혐의가 공시 등을 통해 확인되는 경우를 실질심사 개시의 단초로 삼아 추가적으로 기업의 계속성, 경영의 투명성, 코스닥시장의 건전성 등을 참작하여 실질심사의 대상으로 삼도록 규정할 정책적 필요성이 인정되고, 상장적격성 실질심사의 구체적인 세부심사항목을 제공하는 '코스닥시장 상장적격성 실질심사지침'에 따르면 상장법인으로서는 상장적격성 실질심사에서 어떤 측면을 평가대상으로 삼을 것인지 충분히 짐작할 수 있으며, 상장적격성 실질심사지침에서 각 심사항목에 배점을 부여하지 않은 것은 실질심사에서 평가하는 항목의 특성상 계량화가 용이하지 않고 배점이 부여되지 않았다고 하여 객관성이 결여되었거나 심사항목을 예측하기 어렵다고 볼 수 없기 때문이므로, 각 심사항목이 더 구체화되지 아니하였다고 하여

위 규정에 이를 무효로 삼아야 할 정도의 위법이 있다고 보기 어려울 뿐만 아니라, 위 상장규정에서 상장적격성 실질심사의 전 과정에 대상 법인의 절차참여권을 충분히 보장하고 있는 데다가 상장적격성 실질심사 개시 여부에 관한 판단이 신속하게 이루어질 필요가 있는 사정 등을 참작하면, 상장적격성 실질심사 대상 법인을 선정하는 단계에서 대상 법인의 의견진술권 등 절차참여권을 보장하지 않은 것을 절차적 위법이라고 볼 수 없다고 한 원심판단을 수긍한 사례.

【원고, 상고인】 주식회사 ○○인터내셔널
【피고, 피상고인】 주식회사 한국거래소
【원심판결】 서울고법 2016. 7. 15. 선고 2016나2002473 판결

【주   문】

　　상고를 기각한다.

【이   유】

　　상고이유를 판단한다.

　　1. 자본시장과 금융투자업에 관한 법률(이하 '자본시장법'이라고 한다)에 따라 거래소 허가를 받아 설립된 거래소가 제정한 증권상장규정은, 자본시장법이 거래소로 하여금 자치적인 사항을 스스로 정하도록 위임하여 제정된 자치 규정으로서, 상장계약과 관련하여서는 계약의 일방 당사자인 거래소가 다수의 상장신청법인과 상장계약을 체결하기 위하여 일정한 형식에 의하여 미리 마련한 계약의 내용, 즉 약관의 성질을 가진다.

　　다만 증권 및 장내파생상품의 공정한 가격 형성과 그 매매, 그 밖의 거래의 안정성 및 효율성의 도모가 거래소의 존립 목적이라는 데에서 알 수 있듯이 거래소는 고도의 공익적 성격을 가지고 있고, 또한 증권상장규정은 자본시장법의 규정에 근거를 두고 상장법인 내지 상장신청법인 모두에게 당연히 적용되는 규정으로서 실질적으로 규범적인 성격을 가지고 있음을 부인할 수 없다. 이러한 특수성에 비추어 증권상장규정의 특정 조항이 비례의 원칙이나 형평의 원칙에 현저히 어긋나서 정의관념에 반한다거나 다른 법률이 보장하는 상장법인의 권리를 지나치게 제약함으로써 그 법률의 입법 목적이나 취지에 반하는 내용을 담고 있다면 그 조항은 위법하여 무효이다(대법원 2007. 11.

15. 선고 2007다1753 판결, 대법원 2017. 2. 9. 선고 2015다8797 판결 등 참조).

특히 증권상장규정에서는 증권의 상장기준 및 상장심사에 관한 사항과 함께 상장
폐지기준과 상장폐지에 관한 사항 등도 포함하도록 되어 있는데(자본시장법 제390조 제2
항 제2호), 이는 상장법인의 영업, 재무상황이나 기업지배구조 등 기업투명성이 부실하
게 된 경우 그 기업의 상장을 폐지하여 시장건전성을 제고하고 잠재적인 다수의 투자
자를 보호하기 위한 조치를 취하기 위한 것이다. 그러나 상장폐지로 인하여 대상 법인
의 평판이 저해되고 투자자들도 증권의 유통성 상실 등으로 피해를 입을 수 있으므로,
상장폐지 여부에 대한 심사는 투명하고 공정하게 이루어져야 하고, 그 과정에서 상장폐
지 대상 기업의 절차참여권은 충분히 보장되어야 한다.

2. 상고이유 제1, 3점에 관하여

가. 원심은 판시와 같은 이유를 들어 아래와 같은 취지로 판단하였다.

1) 피고는 코스닥시장 상장규정(이하 '이 사건 상장규정'이라고 한다) 제38조 제2항
제5호 각 목의 사유가 발생하는 경우, '기업의 계속성, 경영의 투명성 그 밖에 코스닥시
장의 건전성' 등을 종합적으로 고려하여 상장적격성 실질심사 대상 기업을 정하도록 하
고 있다. 모든 상장법인에 대한 상장적격성 실질심사를 실시할 수 없는 현실에서 이 사
건 상장규정 제38조 제2항 제5호 (나)목에서 정하는 일정 규모 이상의 횡령·배임혐의
가 공시 등을 통해 확인되는 경우를 실질심사 개시의 단초로 삼아, 추가적으로 기업의
계속성, 경영의 투명성, 코스닥시장의 건전성 등을 참작하여 실질심사의 대상으로 삼도
록 규정할 정책적 필요성이 인정된다.

2) 상장적격성 실질심사의 구체적인 세부심사항목을 제공하는 코스닥시장 상장적
격성 실질심사지침의 '[별표 2] 코스닥시장 상장적격성 실질심사 기준표'에 따르면 상
장법인으로서는 상장적격성 실질심사에서 어떤 측면을 평가대상으로 삼을 것인지 충분
히 짐작할 수 있다. 상장적격성 실질심사지침에서 각 심사항목에 배점을 부여하지 않은
것은 실질심사에서 평가하는 항목의 특성상 계량화가 용이하지 않고 배점이 부여되지
않았다고 하여 객관성이 결여되었거나 심사항목을 예측하기 어렵다고 볼 수 없기 때문
이다. 따라서 이처럼 각 심사항목이 더 구체화되지 아니하였다고 하여 이 사건 상장규
정 제38조 제2항 제5호 (나)목에 이를 무효로 삼아야 할 정도의 위법이 있다고 보기 어
렵다.

나. 앞서 본 법리에 비추어 살펴보면, 원심이 이 사건 상장규정 제38조 제2항 제5

호 (나)목과 그 실질심사의 구체적인 세부심사항목을 제공하는 위 실질심사 기준표의 내용이 모두 유효하다고 판단한 데에, 증권상장규정의 효력에 관한 법리를 오해하여 판결에 영향을 미친 잘못이 없다.

3. 상고이유 제2점에 관하여

원심은 제1심판결의 이유를 인용하여, 피고가 상장적격성 실질심사 대상 여부를 선정하는 절차가 상장법인에게 불이익을 부과하는 행위에 해당한다고 보기 어려운 점, 이 사건 상장규정의 시행세칙에서 상장적격성 실질심사가 개시된 이후 법인 대표자의 출석권 및 의견진술권을 규정하고 있는 점, 상장폐지결정에 대한 이의신청 절차를 정하고 있는 점 등을 근거로 피고가 상장적격성 실질심사 대상 법인을 선정하는 단계에서 의견제출권 등 절차적 권리를 보장하지 않은 것이 정의관념에 반하거나 상장법인의 권리를 지나치게 제약하는 정도에 이르렀다고 보기 어렵다는 취지로 판단하였다.

이 사건 상장규정에서 상장적격성 실질심사의 전 과정에 대상 법인의 절차참여권을 충분히 보장하고 있을 뿐만 아니라 상장적격성 실질심사 개시 여부에 관한 피고의 판단이 신속하게 이루어질 필요가 있는 사정 등을 참작하면, 상장적격성 실질심사 대상 법인을 선정하는 단계에서 대상 법인의 의견진술권 등 절차참여권을 보장하지 않은 것을 절차적 위법이라고 보지 않은 원심의 판단에 증권상장규정의 효력에 관한 법리를 오해하여 판결에 영향을 미친 잘못이 없다.

4. 결론

그러므로 상고를 기각하고, 상고비용은 패소자가 부담하기로 하여, 관여 대법관의 일치된 의견으로 주문과 같이 판결한다.

[34] 자본시장법상 인수인의 지위

― 대법원 2020. 2. 27. 선고 2016두30750 판결 ―

【판시사항】

구 자본시장과 금융투자업에 관한 법률 시행령 제135조 제2항에 정한 '증권의 발행인으로부터 직접 증권의 인수를 의뢰받아 인수조건 등을 결정하는 인수인'이 고의 또는 중대한 과실로 발행인이 작성, 제출한 증권신고서나 투자설명서 중 중요사항에 관하여 거짓의 기재 또는 표시를 하거나 중요사항을 기재 또는 표시하지 아니한 행위를 방지하지 못한 경우, 과징금 부과대상이 되는지 여부(적극)

【판결요지】

구 자본시장과 금융투자업에 관한 법률(2013. 5. 28. 법률 제11845호로 개정되기 전의 것, 이하 '구 자본시장법'이라 한다)은 자본시장의 공정성·신뢰성 및 효율성을 높이고 투자자를 보호하기 위하여 증권의 발행인으로 하여금 증권의 내용이나 발행회사의 재산, 경영상태 등 투자자의 투자판단에 필요한 기업 내용을 신속·정확하게 공시하게 하는 제도를 두고 있다. 발행시장은 최초로 시장에 증권이 등장하는 공모발행이라는 점에서 그 증권의 가치평가가 어렵고, 투자판단에 필요한 정보가 부족한 경우가 많으며, 그 결과 투자자들이 증권시장에 대한 신뢰와 투자에 대한 확신을 가지기 어려운 특징이 있다. 이 때문에 증권의 모집·매출은 발행회사가 직접 공모하기보다는 인수인을 통하여 간접공모를 하는 것이 통상인데, 그 이유는 발행회사로서는 인수인이 가지는 공신력에 의하여 공모가 성공할 가능성이 높아질 뿐만 아니라 공모 차질로 인한 위험을 부담하게 되는 보험자의 역할을 기대할 수 있고, 투자자들은 시장의 '문지기(Gatekeeper)' 기능을 하는 인수인의 평판을 신뢰하여 그로부터 투자판단에 필요한 정보의 취득·확인·인증 등을 용이하게 제공받을 수 있기 때문이다. 이러한 이유로 구 자본시장법은 인수인이 증권신고서 등의 직접적인 작성주체는 아니지만 증권신고서나 투자설명서 중 중요사항에 관하여 거짓 기재 또는 기재 누락을 방지하는 데 필요한 적절한 주의를 기울여야 할 의무를 부과하고[구 자본시장법 제71조 제7호, 구 자본시장과 금융투자업에 관한 법률 시행령(2013. 8. 27. 대통령령 제24697호로 개정되기 전의 것, 이하 '구 자본시장법 시행령'이라 한다) 제68조 제5항 제4호], 거짓 기재 또는 기재 누락으로 증권의 취득자가 손해를 입은 때에는 손해배상책임을 지우는 한편(구 자본시장법 제125조 제1항 제5호), 그 위반행위에 대하여 고의 또는 중대한 과실이 있는 때에는 과징금을 부과하도록 규정하고 있다 (구 자본시장법 제429조 제1항 제1호, 제430조 제1항).

위에서 살펴본 구 자본시장법상 인수인의 지위, 발행시장에서의 공시규제의 내용에 더하여 공시위반에 대한 과징금 조항의 문언 및 취지 등을 종합하여 살펴보면, 구 자본시장법 시행령 제135조 제2항에 정한 '증권의 발행인으로부터 직접 증권의 인수를 의뢰받아 인수조건 등을 결정하는 인수인'이 고의 또는 중대한 과실로 말미암아 발행인이 작성, 제출한 증권신고서나 투자설명서 중 중요사항에 관하여 거짓의 기재 또는 표시를 하거나 중요사항을 기재 또는 표시하지 아니한 행위를 방지하지 못한 때에는 과징금 부과대상이 된다.

【원고, 피상고인】 ○○투자증권 주식회사
【피고, 상고인】 금융위원회
【원심판결】 서울고법 2015. 12. 9. 선고 2015누36623 판결

【주   문】

원심판결을 파기하고, 사건을 서울고등법원에 환송한다.

【이   유】

상고이유를 판단한다.

1. 가. 원심이 인용한 제1심판결 이유 및 기록에 의하면, 이 사건의 경위는 다음과 같다.

(1) 중국고섬공고유한공사(이하 '중국고섬'이라고 한다)는 2009. 9. 18. 싱가포르 증권거래소에 주식을 상장하였고, 2010. 5. 31. 주식회사 한국거래소(이하 '한국거래소'라한다)가 운영하는 유가증권시장에 싱가포르 증권거래소 상장 주식을 원주로 하는 증권예탁증권(이하 '이 사건 증권'이라고 한다)을 상장하기 위하여 대우증권 주식회사(이하 '대우증권'이라 한다)와 대표주관계약을 체결하였다. 중국고섬은 2010. 10. 15. 한국거래소에 이 사건 증권의 상장예비심사를 신청하였고, 한국거래소는 2010. 12. 9. 이를 승인

하였다.

(2) 중국고섬은 2010. 12. 14. 대우증권 및 원고와 한국거래소 2차 상장을 위한 공동주관계약(이하 '이 사건 공동주관계약'이라고 한다)을 체결하였다. 이 사건 공동주관계약에 의하면, 대우증권과 원고는 ① 중국고섬의 대표주관회사로서 「자본시장과 금융투자업에 관한 법률」(이하 '자본시장법'이라고 한다)과 관련 법률에 의하여 성실히 대표주관업무를 이행하고(제6조 제2항), ② 총액인수형식으로 중국고섬의 주식을 인수하며(제4조 제2항), ③ 금융감독원에 증권신고서에 기재된 자료(경영실적, 기업관리, 회계보고서, 세무 등)를 제출한다(제7조 제1항)는 것이다(대우증권은 같은 날 금융투자협회에 위 대표주관계약을 '대표주관회사: 대우증권, 공동주관회사: 원고'로 변경하는 내용의 신고서를 제출하였다). 그리고 중국고섬은 2010. 12. 15. 대우증권, 원고, 아이비케이투자증권 주식회사, 에이치엠씨투자증권 주식회사와 중국고섬 주식예탁증권 총액인수 및 모집계약(이하 '이 사건 인수계약'이라고 한다)을 체결하였다. 이 사건 인수계약에 의하면, ① 대우증권은 대표주관회사로서 이 사건 증권의 인수 및 모집에 따른 제반 사무를 주관하고, 대우증권과 공동주관회사인 원고는 이 사건 증권에 대한 분석업무를 수행하며(제12조), ② 이 사건 인수계약에서 사용하는 용어는 특별한 정함이 없으면 자본시장법을 비롯한 관계 법률 및 그 하위 법규와 인수규정에서 정하는 바에 따른다(제1조)는 것이다. 이 사건 인수계약에 따라 대우증권과 원고 등은 같은 날 이 사건 증권을 총액인수하였다.

(3) 중국고섬은 피고에게 2010. 12. 15. 증권신고서를, 2011. 1. 11.까지 3차례에 걸쳐 정정신고서를 제출하였다(이하 위 각 정정신고서를 포함한 증권신고서 전부를 '이 사건 증권신고서'라고 한다). 이에 의하면, ① 이 사건 증권의 평가는 대우증권 7명, 원고 5명이 기업실사에 참여하였고, ② 중국고섬의 2010년 3분기 기준 재무제표상 현금 및 현금성자산은 '593,387,000위안'이라는 것이다.

(4) 이 사건 증권은 2011. 1. 25. 상장되었으나, 싱가포르 증권거래소는 2011. 3. 21. 중국고섬 원주 가격이 약 24% 하락하자 중국고섬의 요청에 따라 2011. 3. 22.부터 원주의 거래를 일시정지하였고, 같은 날 한국거래소도 이 사건 증권의 거래를 정지하였다. 특별감사인인 프라이스워터하우스쿠퍼스 엘엘피(PricewaterhouseCoopers LLP)는 2012. 5. 3.자 특별감사보고서에서 '중국고섬의 2010. 12. 31. 기준 은행 잔고가 약 9,700만 위안에 불과하다'는 감사결과를 보고하였다. 금융감독원은 중국증권감독관리위원회로부터 송부받은 중국고섬 핵심 2개 은행계좌(2010. 6. 말 중국고섬의 전체 현금 및 현금성자산의 약 87.4%가 예치되어 있던 계좌)의 2010. 9. 말 조회서의 예금잔고액을 토대로

2010. 9. 말 현금 및 현금성자산의 부족액을 1,016억 원으로 추정하였다. 이 사건 증권은 2013. 10. 4. 감사인의 감사의견 거절을 이유로 상장폐지되었다.

　(5) 피고는 2013. 10. 10. 원고에 대하여 자본시장법 제429조 제1항 제1호, 자본시장조사업무규정 제25조에 따라 20억 원의 과징금을 부과하였다(이하 '이 사건 처분'이라고 한다). 피고의 과징금 부과처분사유는 ① 원고가 중국고섬에 대한 실사의무를 대표주관회사인 대우증권에 의존하여 중국고섬의 현금 및 현금성자산에 대한 확인절차(예금통장, 예금조회서 등 증빙서류 확인)를 수행하지 않는 등 공동주관회사로서 현저히 부실한 실사를 함으로써 중국고섬이 제출한 이 사건 증권신고서상 중요사항의 거짓 기재를 '방지'하지 못한 중대한 과실이 있고, ② 중국고섬이 이 사건 증권신고서에 화상프로젝트 등 관련 주요 계약내역, 소요예산 및 자금조달방안 등 중요 투자위험요소의 기재 누락을 '방지'하지 못한 중대한 과실이 있다는 것이다.

　나. 원심은 다음과 같은 이유로 이 사건 처분은 위법하다고 판단하였다.

　(1) 구 자본시장과 금융투자업에 관한 법률(2013. 5. 28. 법률 제11845호로 개정되기 전의 것, 이하 '구 자본시장법'이라 한다) 제429조 제1항 제1호, 제125조 제1항 제5호, 구 자본시장과 금융투자업에 관한 법률 시행령(2013. 8. 27. 대통령령 제24697호로 개정되기 전의 것, 이하 '구 자본시장법 시행령'이라 한다) 제135조 제2항에 의하여 공시위반에 대한 과징금 부과대상이 되는 '발행인 또는 매출인으로부터 직접 증권의 인수를 의뢰받아 인수조건 등을 정하는 인수인'이라 함은 '대표주관회사', '공동주관회사', '인수인' 등의 명칭과는 상관없이 '증권의 발행인으로부터 직접 증권의 인수를 의뢰받아 인수조건 등을 결정하는 인수인'을 의미한다고 해석하여야 하는데, 이 사건 공동주관계약 및 이 사건 인수계약에서 원고가 '공동주관회사'로서의 지위에 있다고 하더라도, 이 사건 증권의 상장을 위한 증권의 평가, 인수조건의 결정 등은 대표주관회사인 대우증권이 수행하였고 원고는 위 각 계약서에 기재된 내용과 달리 실제로는 이러한 업무에 참여하지 않았으며, 대표주관회사인 대우증권으로부터 이 사건 증권을 배정받은 인수인에 불과하므로 위 법령에 규정된 과징금 부과대상자에 해당하지 않는다.

　(2) 구 자본시장법 제429조 제1항 제1호, 제125조 제1항은 '증권신고서의 중요사항에 관하여 거짓의 기재 또는 표시를 하거나 중요사항을 기재 또는 표시하지 아니한 때'를 과징금 부과사유로 규정하고 있으므로, 발행인이 증권신고서의 중요사항에 관하여 거짓의 기재 또는 표시를 한 때에는 발행인이 과징금 부과대상이 되어야 하고, 이 사건 증권의 인수인인 원고는 증권신고서 중 '인수인 의견'란의 중요사항에 관하여 직

접 거짓의 기재 또는 표시를 하거나 중요사항을 기재 또는 표시하지 아니한 때에만 과징금 부과의 상대방이 될 뿐 이를 고의 또는 중대한 과실로 방지하지 못하였다고 하더라도 이는 과징금 부과사유에 해당하지 않는다.

2. 가. 구 자본시장법 제429조 제1항 제1호에 의하면, "금융위원회는 제125조 제1항 각호의 어느 하나에 해당하는 자가 '제119조, 제122조 또는 제123조에 따른 신고서, 설명서, 그 밖의 제출서류 중 중요사항에 관하여 거짓의 기재 또는 표시를 하거나 중요사항을 기재 또는 표시하지 아니한 때'에 해당하는 경우에는 증권신고서상의 모집가액 또는 매출가액의 100분의 3(20억 원을 초과하는 경우에는 20억 원)을 초과하지 아니하는 범위에서 과징금을 부과할 수 있다."라고 규정하고, 제125조 제1항 제5호는 "그 증권의 인수계약을 체결한 자(인수계약을 체결한 자가 2인 이상인 경우에는 대통령령으로 정하는 자를 말한다)"를 규정하고 있다. 이에 따라 구 자본시장법 시행령 제135조 제2항은 "법 제125조 제1항 제5호에서 '대통령령으로 정하는 자'란 발행인 또는 매출인으로부터 직접 증권의 인수를 의뢰받아 인수조건 등을 정하는 인수인을 말한다."라고 규정하고 있다.

한편 「증권의 발행 및 공시 등에 관한 규정」(금융위원회 고시 제2010-37호, 2010. 11. 8. 일부 개정) 제2-12조 제1항에 의하면, '주관회사'라 함은 '모집 또는 매출하는 증권의 발행인 또는 매출인으로부터 해당 증권의 인수를 의뢰받아 인수조건 등을 결정하고 해당 모집 또는 매출과 관련된 업무를 통할하는 자'를 의미한다. 그리고 「증권인수업무에 관한 규정」(한국금융투자협회, 2010. 8. 20. 개정된 것) 제2조 제5호에 의하면, '주관회사'란 증권을 인수함에 있어서 인수회사를 대표하여 발행회사와 인수조건 등을 결정하고 인수 및 청약업무를 통할하며, 기타 이 규정에서 정하는 업무를 영위하는 금융투자회사를 말하며, '대표주관회사'란 발행회사로부터 증권의 인수를 의뢰받은 자로서 주관회사를 대표하는 금융투자회사를 말하고, 「금융투자회사의 기업실사(Due diligence) 모범규준」(금융감독원, 2011. 12. 6. 제정) 제2조 제2호에 의하면, '주관회사'라 함은 증권의 인수 또는 모집·매출의 주선업무를 수행함에 있어서 인수 및 주선회사를 대표하여 발행회사와 인수·주선 조건 등을 결정하고 인수·주선 및 청약업무를 통할하며, 기타 이 규준에서 정하는 업무를 영위하는 금융투자회사를 말하고, '대표주관회사'라 함은 주관회사가 다수인 경우 주관회사를 대표하는 금융투자회사를 말한다.

나. 자본시장법은 자본시장의 공정성·신뢰성 및 효율성을 높이고 투자자를 보호하기 위하여 증권의 발행인으로 하여금 증권의 내용이나 발행회사의 재산, 경영상태 등

투자자의 투자판단에 필요한 기업 내용을 신속·정확하게 공시하게 하는 제도를 두고 있다. 발행시장은 최초로 시장에 증권이 등장하는 공모발행이라는 점에서 그 증권의 가치평가가 어렵고, 투자판단에 필요한 정보가 부족한 경우가 많으며, 그 결과 투자자들이 증권시장에 대한 신뢰와 투자에 대한 확신을 가지기 어려운 특징이 있다. 이 때문에 증권의 모집·매출은 발행회사가 직접 공모하기보다는 인수인을 통하여 간접공모를 하는 것이 통상인데, 그 이유는 발행회사로서는 인수인이 가지는 공신력에 의하여 공모가 성공할 가능성이 높아질 뿐만 아니라 공모 차질로 인한 위험을 부담하게 되는 보험자의 역할을 기대할 수 있고, 투자자들은 시장의 '문지기(Gatekeeper)' 기능을 하는 인수인의 평판을 신뢰하여 그로부터 투자판단에 필요한 정보의 취득·확인·인증 등을 용이하게 제공받을 수 있기 때문이다. 이러한 이유로 자본시장법은 인수인이 증권신고서 등의 직접적인 작성주체는 아니지만 증권신고서나 투자설명서 중 중요사항에 관하여 거짓 기재 또는 기재 누락을 방지하는 데 필요한 적절한 주의를 기울여야 할 의무를 부과하고(자본시장법 제71조 제7호, 자본시장법 시행령 제68조 제5항 제4호), 거짓 기재 또는 기재 누락으로 증권의 취득자가 손해를 입은 때에는 그 손해배상책임을 지우는 한편(자본시장법 제125조 제1항 제5호), 그 위반행위에 대하여 고의 또는 중대한 과실이 있는 때에는 과징금을 부과하도록 규정하고 있다(자본시장법 제429조 제1항 제1호, 제430조 제1항).

위에서 살펴본 자본시장법상 인수인의 지위, 발행시장에서의 공시규제의 내용에 더하여 공시위반에 대한 과징금 조항의 문언 및 취지 등을 종합하여 살펴보면, 구 자본시장법 시행령 제135조 제2항에 정한 '증권의 발행인으로부터 직접 증권의 인수를 의뢰받아 인수조건 등을 결정하는 인수인'이 고의 또는 중대한 과실로 말미암아 발행인이 작성, 제출한 증권신고서나 투자설명서 중 중요사항에 관하여 거짓의 기재 또는 표시를 하거나 중요사항을 기재 또는 표시하지 아니한 행위를 방지하지 못한 때에는 과징금 부과대상이 된다고 보아야 한다.

이러한 법리를 기초로 원심의 판단을 살펴본다. 원심은 구 자본시장법 제429조 제1항 제1호의 규정은 이 사건 증권의 발행인이 아니고 인수인에 불과한 원고에 대하여는 그 증권신고서 중 '인수인 의견'란의 중요사항에 관하여 직접 거짓의 기재 또는 표시를 하거나 중요사항을 기재 또는 표시하지 아니한 때에만 적용된다고 전제한 다음, 이 사건에서 원고는 '주관회사'라는 명칭에도 불구하고 실제로는 그 업무를 수행하지 않았고 또한 이 사건 증권신고서 중 중요사항에 관하여 거짓 기재가 있었다 하더라도 이는 인수인의 의견에 관한 것이 아니기 때문에 위 규정은 적용되지 않는다고 판단하였다.

그러나 원심이 인용한 제1심판결 이유에 의하더라도, 원고는 이 사건 공동주관계약 및 이 사건 인수계약에 의하여 이 사건 증권의 발행을 위한 '주관회사'로서의 지위를 취득하였고, 여기에서 주관회사라 함은 구 자본시장법 시행령 제135조 제2항에 정한 '증권의 발행인으로부터 직접 증권의 인수를 의뢰받아 인수조건 등을 결정하는 인수인'에 해당함이 분명하다. 자본시장 법령의 규제 내용에 상관없이 원고가 실제로 주관회사로서의 업무를 수행하지 않았기 때문에 과징금 부과대상이 되지 않는다는 원심판단은 잘못된 것이다. 또한 원고가 이 사건 증권신고서 중 '인수인 의견'란에 대해 거짓 기재를 한 경우에만 과징금을 부과할 수 있다는 판단 역시 위 법리에 배치되는 것으로서 위법하다. 이를 지적하는 피고의 상고이유 제1점, 제2점은 모두 이유 있다.

3. 그러므로 원심판결을 파기하고 사건을 다시 심리·판단하게 하기 위하여 원심법원에 환송하기로 하여, 관여 대법관의 일치된 의견으로 주문과 같이 판결한다.

제 2 편

법학이론과 판례

라드브루흐

러니드 핸드

김병로

제1장

법학 방법론과 법률해석

[35] 조세법규의 해석방법

― 주상복합건축물의 주택 부분 부속토지에 대한 종합부동산세 부과처분 ―

― 대법원 2015. 4. 16. 선고 2011두5551 전원합의체 판결 ―

【판시사항】

구 지방세법 시행령 제132조 제4항 제8호가 분리과세대상 토지의 한 요건으로 정한 '동법에 의한 사업계획의 승인'이 '주택법에 의한 사업계획의 승인'을 의미하는지 여부 및 구 주택법상 사업계획승인 대상이 아닌 토지가 주택건설사업에 공여되고 있는 경우, 위 규정에서 정한 분리과세대상 토지에 포함되는지 여부 / 구 도시 및 주거환경정비법에 의한 사업시행인가를 받았지만 구 주택법상 사업계획승인 대상인 주택건설사업이 아니어서 관계 서류의 제출 및 관계 행정기관장과의 협의를 거치지 않은 경우, 주택건설사업에 공여되는 토지가 위 규정에서 정한 '주택법에 의한 사업계획의 승인을 받은 토지'에 해당하는지 여부

【판결요지】

[다수의견] (가) 구 지방세법 시행령(2007. 9. 28. 대통령령 제20299호로 개정되기 전의 것, 이하 같다) 제132조 제4항 제8호의 괄호 안에 있는 규정은 '도시 및 주거환경정비법 제7조 내지 제9조에 의한 사업시행자'를 구 주택법(2007. 4. 20. 법률 제8383호로 개정되기 전의 것, 이하 '주택법'이라고 한다)에 의하여 주택건설사업자 등록을 한 주택건설사업자에 포함하도록 정하고 있을 뿐이고, 주택법에서 정한 사업계획의 승인과 도시 및 주거환경정비법에서 정한 사업시행인가는 승인·인가권자와 법적 성격 및 목적이 다르다. 이러

한 점에 비추어 보면, 구 지방세법 시행령 제132조 제4항 제8호가 분리과세대상 토지의 한 요건으로 정한 '동법에 의한 사업계획의 승인'은 '주택법에 의한 사업계획의 승인'을 의미한다.

주택법 제16조 제1항 본문에 따른 사업계획승인 대상인 주택건설사업과 거기에 해당하지 않는 주택건설사업은 규모나 대지의 용도지역 등에 차이가 있어 국민의 주거생활에 미치는 영향이 다르기 때문에 주택법 제16조 제1항 단서는 상업지역 등에서 일정한 규모 이하의 주택과 주택 외의 시설을 동일건축물로 건축하는 주택건설사업만을 사업계획승인 대상에서 제외한 것으로 보이는 점, 주택법상 사업계획승인 대상인 주택건설사업의 경우에는 부대시설 및 복리시설의 설치나 주택건설기준의 준수 등과 같은 각종 규율이 뒤따르나, 주택법상 사업계획승인 대상에서 제외되는 주택건설사업의 경우에는 그러한 규율을 받지 않는 점 등을 종합하여 보면, 구 지방세법 시행령 제132조 제4항 제8호는 주택건설사업에 공여되고 있는 토지 중 주택건설사업자가 국민 다수의 주거생활에 필요한 주택의 건설과 공급을 위하여 투기적 목적 없이 일시적으로 보유하는 토지로서 공익성이 클 뿐만 아니라 용도지역에 따라 일정한 규모 이상에 이른 경우에 주택법상 사업계획승인 대상으로 삼아 엄격한 규율을 받도록 한 정책적 결단을 반영하여 그와 같은 규모 이상의 사업이 시행되는 토지에 대하여만 분리과세의 혜택을 부여하고자 한 것으로 보인다. 따라서 주택법상 사업계획승인 대상이 아닌 토지는 그것이 주택건설사업에 공여되고 있는 토지라고 하더라도 구 지방세법 시행령 제132조 제4항 제8호에서 정한 분리과세대상 토지에 포함되지 아니한다.

(나) 구 도시 및 주거환경정비법(2006. 9. 27. 법률 제8014호로 개정되기 전의 것, 이하 '도시정비법'이라고 한다)에 의한 사업시행인가를 받았다고 하더라도 주택법상 사업계획승인 대상인 주택건설사업이 아니어서 관계 서류의 제출 및 관계 행정기관장과의 협의를 거치지 않은 경우에는 주택법상 사업계획승인을 받은 것으로 의제되지 않으므로, 그러한 주택건설사업에 공여되는 토지는 구 지방세법 시행령 제132조 제4항 제8호가 분리과세대상 토지의 한 요건으로 정한 '주택법에 의한 사업계획의 승인을 받은 토지'에 해당한다고 할 수 없다.

[대법관 민일영, 대법관 이상훈, **대법관 권순일의 반대의견**] (가) 건축에 관한 행정절차의 간소화를 위하여 주택법상 사업계획승인 대상에서 제외하였음에도 구 지방세법 시행령 제132조 제4항 제8호의 해석, 즉 분리과세의 혜택 문제에서는 바로 이러한 사유로 분리과세대상 토지에 해당할 수 없다고 본다면 오히려 주택법상 사업계획승인을

면제하지 아니하였을 때보다 세제상 불리한 취급을 받는 불합리한 결과가 생긴다.

주택법상 사업계획승인 대상에서 제외되어 있는 경우에도 주택공급의 촉진이라는 주택정책 목표의 달성에 기여한다는 점에서는 주택법상 사업계획승인 대상인 경우와 별다른 차이가 없으므로, 이에 대하여 분리과세의 혜택을 부여하는 것이 분리과세제도의 취지와 목적에 부합한다.

주택법상 사업계획승인 대상이 아닌 주택건설사업의 경우에도 공익의 견지에서 그에 상응하는 행정규제를 받고 있는 만큼, 분리과세의 혜택을 부여할 때 주택법상 사업계획의 승인절차를 거쳐야 하는지 아니면 그러한 승인절차를 거치지 아니하여도 되는지에 따라 달리 취급하는 것은 합리적이라고 할 수 없다.

(나) 도시정비법 제32조 제1항 제1호에 의하면, 도시환경정비사업의 사업시행자가 사업시행인가를 받은 때에는 주택법상 사업계획의 승인이 있은 것으로 의제되므로, 도시환경정비사업으로서 주택건설사업에 공여되고 있는 토지는 분리과세대상 토지에 해당한다.

상업지역 등에서 일정한 규모 이하의 300세대 미만인 주택과 주택 외의 시설을 동일건축물로 건축하는 경우를 주택법상 사업계획승인 대상에서 제외한 주택법 제16조 제1항 단서의 취지는 건축에 관한 행정절차를 간소화하고자 한 것이므로 도시정비법상 사업시행자가 사업시행인가를 받음으로써 주택법에 의한 사업계획의 승인이 있은 것으로 보는 경우에도 주택법상 사업계획승인 대상인 경우와 마찬가지로 취급하는 것이 타당하다.

【원고, 상고인】 ○○ 주식회사
【피고, 피상고인】 천안세무서장
【원심판결】 대전고법 2011. 1. 27. 선고 2010누1963 판결

【주   문】

상고를 기각한다.

【이   유】

상고이유를 판단한다.

1. 가. 구 종합부동산세법(2010. 3. 31. 법률 제10221호로 개정되기 전의 것) 제11조는 "토지에 대한 종합부동산세는 국내에 소재하는 토지에 대하여 지방세법 제182조 제1항 제1호의 규정에 의한 종합합산과세대상과 동법 제182조 제1항 제2호의 규정에 의한 별도합산과세대상으로 구분하여 과세한다."고 규정함으로써 분리과세대상 토지를 종합부동산세의 과세대상에서 제외하고 있다.

한편 구 지방세법(2008. 2. 29. 법률 제8864호로 개정되기 전의 것) 제182조 제1항 제3호 (라)목의 위임에 따른 구 지방세법 시행령(2007. 9. 28. 대통령령 제20299호로 개정되기 전의 것, 이하 같다) 제132조 제4항 제8호는 '주택법에 의하여 주택건설사업자 등록을 한 주택건설사업자(주택법 제32조의 규정에 의한 주택조합 및 고용자인 사업주체와 도시 및 주거환경정비법 제7조 내지 제9조의 규정에 의한 사업시행자를 포함한다)가 주택을 건설하기 위하여 동법에 의한 사업계획의 승인을 받은 토지로서 주택건설사업에 공여되고 있는 토지'를 분리과세대상 토지의 하나로 들고 있다.

그런데 구 주택법(2007. 4. 20. 법률 제8383호로 개정되기 전의 것, 이하 '주택법'이라고 한다) 제16조 제1항은 '대통령령이 정하는 호수 이상의 주택건설사업을 시행하고자 하는 자는 사업계획승인신청서에 주택과 부대시설 및 복리시설의 배치도, 대지조성공사 설계도서 등 대통령령이 정하는 서류를 첨부하여 시·도지사에게 제출하고 그 사업계획승인을 얻어야 한다. 다만 주택 외의 시설과 주택을 동일건축물로 건축하는 경우 등 대통령령이 정하는 경우에는 그러하지 아니하다'고 하면서, 구 주택법 시행령(2009. 4. 21. 대통령령 제21444호로 개정되기 전의 것, 이하 '주택법 시행령'이라고 한다) 제15조 제1항에서 주택법 제16조 제1항 본문에 따라 원칙적으로 사업계획승인 대상이 되는 경우를 '단독주택의 경우에는 20호, 공동주택의 경우에는 20세대 이상의 주택건설사업'으로 규정하고, 제15조 제2항 등에서 주택법 제16조 제1항 단서에 따라 예외적으로 사업계획 승인 대상에서 제외되는 경우를 '국토의 계획 및 이용에 관한 법률에 의한 도시지역 중 상업지역(유통상업지역은 제외한다) 또는 준주거지역 안에서 300세대 미만의 주택과 주택 외의 시설을 동일건축물로 건축하는 경우로서 공동주택 1세대당 주택의 규모가 297㎡ 이하이고 당해 건축물의 연면적에 대한 주택 연면적 합계의 비율이 90% 미만인 경우'로 규정하고 있다.

나. 구 지방세법 시행령 제132조 제4항 제8호의 괄호 안에 있는 규정은 '도시 및 주거환경정비법 제7조 내지 제9조에 의한 사업시행자'를 주택법에 의하여 주택건설사업자 등록을 한 주택건설사업자에 포함하도록 정하고 있을 뿐이고, 주택법에서 정한 사

업계획의 승인과 도시 및 주거환경정비법에서 정한 사업시행인가는 그 승인·인가권자와 법적 성격 및 목적이 다르다. 이러한 점에 비추어 보면, 구 지방세법 시행령 제132조 제4항 제8호가 분리과세대상 토지의 한 요건으로 정한 '동법에 의한 사업계획의 승인'은 '주택법에 의한 사업계획의 승인'을 의미한다고 보아야 한다.

주택법 제16조 제1항 본문에 따른 사업계획승인 대상인 주택건설사업과 거기에 해당하지 않는 주택건설사업은 그 규모나 대지의 용도지역 등에 차이가 있어 국민의 주거생활에 미치는 영향이 다르기 때문에 주택법 제16조 제1항 단서는 상업지역 등에서 일정한 규모 이하의 주택과 주택 외의 시설을 동일건축물로 건축하는 주택건설사업만을 사업계획승인 대상에서 제외한 것으로 보이는 점, 주택법상 사업계획승인 대상인 주택건설사업의 경우에는 부대시설 및 복리시설의 설치나 주택건설기준의 준수 등과 같은 각종 규율이 뒤따르나, 주택법상 사업계획승인 대상에서 제외되는 주택건설사업의 경우에는 그러한 규율을 받지 않는 점 등을 종합하여 보면, 구 지방세법 시행령 제132조 제4항 제8호는 주택건설사업에 공여되고 있는 토지 중 주택건설사업자가 국민 다수의 주거생활에 필요한 주택의 건설과 공급을 위하여 투기적 목적 없이 일시적으로 보유하는 토지로서 공익성이 클 뿐만 아니라 용도지역에 따라 일정한 규모 이상에 이른 경우에 주택법상 사업계획승인 대상으로 삼아 엄격한 규율을 받도록 한 정책적 결단을 반영하여 그와 같은 규모 이상의 사업이 시행되는 토지에 대하여만 분리과세의 혜택을 부여하고자 한 것으로 보인다. 따라서 주택법상 사업계획승인 대상이 아닌 토지는 그것이 주택건설사업에 공여되고 있는 토지라고 하더라도 구 지방세법 시행령 제132조 제4항 제8호에서 정한 분리과세대상 토지에 포함되지 아니한다고 할 것이다.

한편 구 도시 및 주거환경정비법(2006. 9. 27. 법률 제8014호로 개정되기 전의 것, 이하 '도시정비법'이라고 한다) 제32조 제1항은 '사업시행자가 사업시행인가를 받은 때에는 다음 각 호의 인·허가 등이 있은 것으로 본다'고 규정하면서, 제1호에서 '주택법 제16조의 규정에 의한 사업계획의 승인'을 들고 있다. 그런데 도시정비법은 사업시행자가 도시정비법 제32조 제1항 각 호에 규정된 인·허가 등의 의제를 받고자 하는 경우에는 사업시행인가를 신청하는 때에 해당 법률이 정하는 관계 서류를 함께 제출하도록 함과 아울러(제32조 제3항), 사업시행인가권자인 시장·군수로 하여금 미리 관계 행정기관의 장과 협의하도록 규정하고 있다(제32조 제4항). 따라서 도시정비법에 의한 사업시행인가를 받았다고 하더라도 주택법상 사업계획승인 대상인 주택건설사업이 아니어서 관계 서류의 제출 및 관계 행정기관장과의 협의를 거치지 않은 경우에는 주택법상 사업계획

승인을 받은 것으로 의제되지 않으므로, 그러한 주택건설사업에 공여되는 토지는 구 지방세법 시행령 제132조 제4항 제8호가 분리과세대상 토지의 한 요건으로 정한 '주택법에 의한 사업계획의 승인을 받은 토지'에 해당한다고 할 수 없다.

2. 원심은 제1심판결 이유를 인용하여, 주택건설사업자인 원고가 도시정비법에 따른 사업시행인가와 건축법에 따른 건축허가를 받았을 뿐 주택법에 따른 사업계획승인을 받지 않았고, 원고가 계획한 도시환경정비사업은 상업지역에 위치한 이 사건 토지 위에 공동주택 112세대와 주택 외의 시설을 동일건축물로 건설하려는 것으로서 그 주택건설사업이 주택법상 사업계획승인 대상에서 제외되는 이상 도시정비법 제32조 제1항 제1호에 따라 주택법상 사업계획승인을 받은 것으로 의제될 수도 없어 이 사건 토지를 분리과세대상 토지로 볼 수 없다는 이유로, 피고가 2008. 5. 13. 원고에게 2006년도 종합합산과세대상 토지분 종합부동산세와 농어촌특별세를 부과한 이 사건 처분은 적법하다고 판단하였다.

원심의 이러한 판단은 앞서 본 규정과 법리에 따른 것으로서, 거기에 상고이유로 주장하는 바와 같이 구 지방세법 시행령 제132조 제4항 제8호에서 정한 분리과세대상 토지의 범위나 도시정비법 제32조 제1항 제1호에서 정한 인·허가 의제의 적용범위 등에 관한 법리를 오해한 위법이 없다.

3. 그러므로 상고를 기각하고, 상고비용은 패소자가 부담하도록 하여 관여 법관의 일치된 의견으로 주문과 같이 판결한다.

이 판결에는 대법관 민일영, 대법관 이상훈, 대법관 권순일의 반대의견이 있는 외에는 관여 법관들의 의견이 일치되었다.

4. 대법관 민일영, 대법관 이상훈, 대법관 권순일의 반대의견

가. 조세법률주의 원칙상 조세법규는 특별한 사정이 없는 한 법문대로 해석하여야 하고 합리적 이유 없이 확장해석하거나 유추해석하는 것은 허용되지 아니한다. 그러나 조세법규의 문언 자체에 의하더라도 그 의미가 분명하지 아니하거나 외견상 법규 상호 간에 배치되거나 충돌하는 것처럼 보이는 경우 법원으로서는 당연히 법규 상호 간의 조화로운 해석을 통하여 문제가 되고 있는 문언의 진정한 의미를 밝혀내야 한다. 이 경우 법관은 조세법률주의가 지향하는 법적 안정성 및 예측가능성을 해치지 아니하는 범

위 내에서 입법 취지 및 목적 등을 고려한 법규의 합목적적 해석을 할 수 있음은 물론이다(대법원 2008. 2. 15. 선고 2007두4438 판결 등 참조).

　　대법원 2008. 6. 26. 선고 2006두2626 판결은 판례가 바로 이러한 견해를 갖고 있음을 보여주는 좋은 예이다. 이 사건과 마찬가지로, 구 지방세법(2005. 1. 5. 법률 제7332호로 개정되기 전의 것) 제234조의15 제2항에 규정된 종합토지세의 종합합산과세표준에서 제외되는 분리과세대상 토지에 해당하는지 여부, 즉 구 지방세법 시행령(2003. 12. 30. 대통령령 제18194호로 개정되기 전의 것) 제194조의15 제4항 제5호에 규정된 '전기사업법에 의한 전기사업자가 전원개발에 관한 특례법에 의하여 산업자원부장관의 승인을 얻어 취득한 토지 중 발전시설 또는 송전·변전시설에 직접 사용하고 있는 토지'에 해당하는지 여부가 문제 된 사건에서, 위 대법원 판결은 한국전력공사가 구 전원개발에 관한 특례법(2003. 12. 30. 법률 제7016호로 법률의 제명이 전원개발촉진법으로 개정되기 전의 것) 제5조 제1항에 의하여 주무장관의 승인을 얻지 아니하고 취득한 토지이더라도 공법인이 공익적인 목적을 수행하기 위하여 사용하거나 소유하고 있는 토지에 저율의 분리과세를 하도록 한 구 지방세법상 분리과세제도의 취지, 전원개발사업자로 하여금 전원개발사업 실시에 관한 각종 인·허가 등의 절차를 간소화하여 전원개발사업을 보다 효율적으로 추진할 수 있도록 하기 위하여 제정된 전원개발에 관한 특례법의 입법 취지 등에 비추어 볼 때, 주무장관의 승인을 얻어 취득한 토지와 위 토지를 달리 취급할 이유가 없으므로 위 토지는 분리과세대상 토지에 해당하는 것으로 보아야 한다고 판시하였다.

　　나. (1) 구 지방세법 시행령 제132조 제4항 제8호는 종합부동산세의 과세대상에서 제외되는 분리과세대상 토지로서 '주택법에 의하여 주택건설사업자 등록을 한 주택건설사업자(도시 및 주거환경정비법 제7조 내지 제9조의 규정에 의한 사업시행자를 포함한다)가 주택을 건설하기 위하여 동법에 의한 사업계획의 승인을 받은 토지로서 주택건설사업에 공여되고 있는 토지'를 들고 있다. 한편 주택법 시행령 제15조 제1항은 주택법상 시·도지사 등의 사업계획승인 대상이 되는 경우를 '단독주택의 경우에는 20호, 공동주택의 경우에는 20세대 이상의 주택건설사업'으로 규정하고 있다.

　　구 지방세법 시행령 규정이 주택법 시행령에 정한 주택건설사업에 공여되고 있는 토지를 분리과세대상 토지로 규정하고 있는 기본적인 취지는 국민 다수의 주거생활에 필요한 주택의 건설과 공급을 촉진하기 위하여 투기적 목적 없이 일시적으로 보유하는 토지에 대하여 정책적으로 조세혜택을 부여하고자 함에 있다고 보는 것은 다수의견이 지적하는 바와 같다. 그럼에도 불구하고 다수의견은, 첫째로 상업지역 안에서 300세대 미만의 주택과 주택 외의 시설을 동일건축물로 건축하는 경우에는 주택법상 원칙적으로 시·도지사 등의 사업계획승인 대상이 되는 '20세대 이상의 공동주택 건설사업'에 해당하더라도 주택법 제16조 제1항 단서에 의하여 사업계획승인 대상에서 제외된다는 이유로, 둘째로 도시정비법에 의하여 도시환경정비사업의 사업시행자가 사업시행인가를 받은 때에는 주택법상 사업계획승인을 받은 것으로 의제된다고 규정하고 있더라도 주택법상 사업계획승인 대상인 주택건설사업이 아니어서 관계 서류의 제출 및 관계 행정기관장과의 협의를 거치지 아니한 경우에는 주택법상 사업계획승인을 받은 것으로 의제되지 않는다는 이유를 들어, 결국 이 사건 토지는 분리과세대상 토지에 해당하지 아니한다고 보고 있다. 이러한 해석론이 과연 조세법규의 해석에 관한 지금까지의 판례와 부합하는지 여부가 바로 이 사건의 쟁점이다.

　(2) 주택법 제16조 제1항 단서가 상업지역 등에서 일정한 규모 이하의 300세대 미만인 주택과 주택 외의 시설을 동일건축물로 건축하는 경우에 주택법상 사업계획승인 대상에서 제외하고 있는 취지는, 그 용도지역이나 건축물의 특성 등을 감안할 때 건축에 관한 행정절차를 간소화하여 주택건설사업자로 하여금 신속히 주택을 공급하게 함으로써 국민의 주거생활 안정을 도모하고자 하는 데 있다. 건축에 관한 행정절차의 간소화를 위하여 주택법상 사업계획승인 대상에서 제외하였음에도 구 지방세법 시행령 제132조 제4항 제8호의 해석, 즉 분리과세의 혜택 문제에서는 바로 이러한 사유로 분리과세대상 토지에 해당할 수 없다고 본다면 오히려 주택법상 사업계획승인을 면제하지 아니하였을 때보다 세제상 불리한 취급을 받는 불합리한 결과가 생긴다. 만약 주택건설사업자가 20세대 이상 주택과 주택 외의 시설을 동일건축물로 건설함으로써 해당 토지를 주택건설사업에 제공하는 경우에 이를 종합합산과세대상 또는 별도합산과세대상으로 본다면, 주택건설사업자에 대한 추가적인 조세부담은 고스란히 그 주택을 공급받는 대다수의 수요자에게 전가될 것인데, 이러한 결과는 구 지방세법 시행령 제132조 제4항 제8호가 주택건설사업에 공여되고 있는 토지를 분리과세대상 토지로 규정하고 있는 취지에 배치된다.

　한편 주택법상 사업계획승인 대상인 주택건설사업의 경우에는 그렇지 아니한 주택건설사업에 비하여 보다 엄격한 행정규제를 받고 있기는 하다. 그러나 이러한 행정규제는 건축행정의 필요에 의한 것일 뿐이므로 분리과세대상 토지인지는 행정규제의 많고 적음을 고려하여 판단할 것이 아니라 세제혜택을 부여하는 취지에 부합하는지에 따라 판단하여야 한다. 주택법상 사업계획승인 대상에서 제외되어 있는 경우에도 주택공급의 촉진이라는 주택정책 목표의 달성에 기여한다는 점에서는 주택법상 사업계획승인 대상인 경우와 별다른 차이가 없으므로, 이에 대하여 분리과세의 혜택을 부여하는 것이 분리과세제도의 취지와 목적에 부합한다.

　그리고 주택법상 사업계획승인 대상에서 제외되어 있는 경우이더라도 그 주택공급에 관하여는 주택법 제38조 제1항에 따라 일정한 주택법상 규제가 이루어지고 있으며, 공동주택 관리에 관하여도 2007. 4. 20. 법률 제8383호로 개정된 주택법 제42조, 제43조 제1항에 따라 주택법상 규제가 적용되게 되었다. 이와 같이 주택법상 사업계획승인 대상이 아닌 주택건설사업의 경우에도 공익의 견지에서 그에 상응하는 행정규제를 받고 있는 만큼, 분리과세의 혜택을 부여할 때 주택법상 사업계획의 승인절차를 거쳐야 하는지 아니면 그러한 승인절차를 거치지 아니하여도 되는지에 따라 달리 취급하는 것은 합리적이라고 할 수 없다.

　(3) 도시정비법 제32조 제1항 제1호에 의하면, 도시환경정비사업의 사업시행자가 사업시행인가를 받은 때에는 주택법상 사업계획의 승인이 있은 것으로 의제되므로, 도시환경정비사업으로서 주택건설사업에 공여되고 있는 토지는 분리과세대상 토지에 해당한다고 해석하여야 한다.

　구 지방세법 시행령 제132조 제4항 제8호는 주택건설사업에 공여되고 있는 토지로서 주택건설사업자가 주택법상 사업계획의 승인을 받은 토지 또는 도시정비법상 사업시행자가 사업시행인가를 받음으로써 주택법에 의한 사업계획의 승인이 있은 것으로 보는 토지를 분리과세대상 토지로 규정하고 있을 뿐, 문언상 어디에도 주택법이나 그 시행령에 의하여 사업계획승인의 대상이 되는 토지는 여기에 해당하고 그 대상에서 제외되는 토지는 여기에 해당하지 아니한다고 규정하고 있지 아니하다. 그리고 주택법상 사업계획승인은 주택의 건설에 필요한 사항이므로 사업계획승인의 대상에서 제외되어 그 승인을 받을 필요가 없다면 당연히 그에 대한 심사도 요구되지 않는다. 그런데도 도시환경정비사업의 사업시행자가 관계서류를 제출하여 사업시행인가권자인 시장·군수가 관계 행정기관장과 협의를 거친 경우에만 주택법상 사업계획승인이 의제되어 분리과세의 혜택을 부여받을 수 있다고 보아야 하는지는 의문이다. 상업지역 등에서 일정한 규모 이하의 300세대 미만인 주택과 주택 외의 시설을 동일건축물로 건축하는 경우를 주택법상 사업계획승인 대상에서 제외한 주택법 제16조 제1항 단서의 취지는 건축에 관한 행정절차를 간소화하고자 한 것이므로 도시정비법상 사업시행자가 사업시행인가를 받음으로써 주택법에 의한 사업계획의 승인이 있은 것으로 보는 경우에도 주택법상 사업계획승인 대상인 경우와 마찬가지로 취급하는 것이 타당하다.

다. 이 사건 토지에 관한 도시환경정비사업은 주택법 제16조 제1항 단서에 따라 사업계획승인의 대상에서 제외되어 있지만 주택건설사업자인 원고가 도시정비법에 따른 사업시행인가를 받은 이상 주택건설사업에 공여되는 이 사건 토지 중 주택 부분의 부속토지는 분리과세대상 토지에 해당한다고 보아야 한다. 따라서 이 부분 토지는 종합부동산세의 과세대상이 될 수 없고, 이 사건 토지 전부에 관하여 종합부동산세 등을 부과한 이 사건 처분은 위법하다.

이상과 같은 이유로 다수의견에 찬성할 수 없음을 밝혀 둔다.

[36] 손해배상책임의 법경제학적 분석

― 임차건물 화재로 연소된 임차 외 건물에 관한 임차인의 책임 ―

― 대법원 2017. 5. 18. 선고 2012다86895, 86901 전원합의체 판결 ―

【판시사항】

임차인이 임대인 소유 건물의 일부를 임차하여 사용·수익하던 중 임차 건물 부분에서 화재가 발생하여 임차 건물 부분이 아닌 건물 부분까지 불에 타 그로 인해 임대인에게 재산상 손해가 발생한 경우, 임차 외 건물 부분에 발생한 손해에 대하여 임대인이 임차인을 상대로 배상을 구하기 위하여 주장·증명하여야 할 사항

【판결요지】

[다수의견] 임차인이 임대인 소유 건물의 일부를 임차하여 사용·수익하던 중 임차 건물 부분에서 화재가 발생하여 임차 건물 부분이 아닌 건물 부분(이하 '임차 외 건물 부분'이라 한다)까지 불에 타 그로 인해 임대인에게 재산상 손해가 발생한 경우에, 임차인이 보존·관리의무를 위반하여 화재가 발생한 원인을 제공하는 등 화재 발생과 관련된 임차인의 계약상 의무 위반이 있었음이 증명되고, 그러한 의무 위반과 임차 외 건물 부분의 손해 사이에 상당인과관계가 있으며, 임차 외 건물 부분의 손해가 그러한 의무 위반에 따른 통상의 손해에 해당하거나, 임차인이 그 사정을 알았거나 알 수 있었을 특별한 사정으로 인한 손해에 해당한다고 볼 수 있는 경우라면, 임차인은 임차 외 건물 부분의 손해에 대해서도 민법 제390조, 제393조에 따라 임대인에게 손해배상책임을 부담하게 된다.

종래 대법원은 임차인이 임대인 소유 건물의 일부를 임차하여 사용·수익하던 중 임차 건물 부분에서 화재가 발생하여 임차 외 건물 부분까지 불에 타 그로 인해 임대인에게 재산상 손해가 발생한 경우에, 건물의 규모와 구조로 볼 때 건물 중 임차 건물 부분과 그 밖의 부분이 상호 유지·존립함에 있어서 구조상 불가분의 일체를 이루는 관계에 있다면, 임차인은 임차 건물의 보존에 관하여 선량한 관리자의 주의의무를 다하였음을 증명하지 못하는 이상 임차 건물 부분에 한하지 아니하고 건물의 유지·존립과 불가분의 일체 관계에 있는 임차 외 건물 부분이 소훼되어 임대인이 입게 된 손해도 채무불

이행으로 인한 손해로 배상할 의무가 있다고 판단하여 왔다.

그러나 임차 외 건물 부분이 구조상 불가분의 일체를 이루는 관계에 있는 부분이라 하더라도, 그 부분에 발생한 손해에 대하여 임대인이 임차인을 상대로 채무불이행을 원인으로 하는 배상을 구하려면, 임차인이 보존·관리의무를 위반하여 화재가 발생한 원인을 제공하는 등 화재 발생과 관련된 임차인의 계약상 의무 위반이 있었고, 그러한 의무 위반과 임차 외 건물 부분의 손해 사이에 상당인과관계가 있으며, 임차 외 건물 부분의 손해가 의무 위반에 따라 민법 제393조에 의하여 배상하여야 할 손해의 범위 내에 있다는 점에 대하여 임대인이 주장·증명하여야 한다.

이와 달리 위와 같은 임대인의 주장·증명이 없는 경우에도 임차인이 임차 건물의 보존에 관하여 선량한 관리자의 주의의무를 다하였음을 증명하지 못하는 이상 임차 외 건물 부분에 대해서까지 채무불이행에 따른 손해배상책임을 지게 된다고 판단한 종래의 대법원판결들은 이 판결의 견해에 배치되는 범위 내에서 이를 모두 변경하기로 한다.

[대법관 김신, 대법관 권순일의 별개의견] 임차인이 임대인 소유 건물의 일부를 임차하여 사용·수익하던 중 임차한 부분에서 화재가 발생하여 임차 외 건물 부분까지 불에 타 그로 인해 임대인에게 재산상 손해가 발생한 경우에, 다른 특별한 사정이 없는 한 임차 외 건물 부분에 발생한 재산상 손해에 관하여는 불법행위책임만이 성립한다고 보아야 한다. 그러므로 임대인이 임차인을 상대로 임차 외 건물 부분에 발생한 손해의 배상을 구하는 경우에는 불법행위에 있어서의 증명책임의 일반원칙에 따라 손해 발생에 관하여 임차인에게 귀책사유가 있다는 점에 관한 증명책임은 피해자인 임대인에게 있다고 보아야 한다. 그리고 이는 '건물의 규모와 구조로 볼 때 건물 중 임차한 부분과 그 밖의 부분이 상호 유지·존립에 있어 불가분의 일체를 이루는 관계'라 하더라도 달리 볼 것은 아니다.

【원고(반소피고), 피상고인】 김○○

【피고(반소원고), 상고인】 박○○

【피고, 상고인】 삼성화재해상보험 주식회사

【원심판결】 서울고법 2012. 9. 5. 선고 2011나3529, 3536 판결

【주   문】

원심판결의 본소에 관한 부분 중 피고(반소원고) 및 피고 삼성화재해상보험 주식회사의 패소 부분을 파기하고, 이 부분 사건을 서울고등법원에 환송한다.

【이   유】

상고이유를 판단한다.

2. 피고(반소원고)의 상고이유 중 화재로 인한 손해배상책임에 관한 법리오해 주장과 피고 삼성화재해상보험 주식회사(이하 '피고 삼성화재'라고 한다)의 상고이유 제2점에 대하여

가. (1) 임차인은 선량한 관리자의 주의를 다하여 임대차 목적물을 보존하고, 임대차 종료 시에 임대차 목적물을 원상에 회복하여 반환할 의무를 부담한다(민법 제374조, 제654조, 제615조). 그리고 채무자가 채무의 내용에 좇은 이행을 하지 아니한 때에는 채권자는 손해배상을 청구할 수 있고, 다만 채무자의 고의나 과실 없이 이행할 수 없게 된 때에는 그러하지 아니하다(민법 제390조).

따라서 임대차 목적물이 화재 등으로 인하여 소멸됨으로써 임차인의 목적물 반환의무가 이행불능이 된 경우에, 임차인은 그 이행불능이 자기가 책임질 수 없는 사유로 인한 것이라는 증명을 다하지 못하면 그 목적물 반환의무의 이행불능으로 인한 손해를 배상할 책임을 지며, 그 화재 등의 구체적인 발생 원인이 밝혀지지 아니한 때에도 마찬가지이다(대법원 1994. 10. 14. 선고 94다38182 판결, 대법원 1999. 9. 21. 선고 99다36273 판결 등 참조). 또한 이러한 법리는 임대차 종료 당시 임대차 목적물 반환의무가 이행불능 상태는 아니지만 반환된 임차 건물이 화재로 인하여 훼손되었음을 이유로 손해배상을 구하는 경우에도 동일하게 적용된다(대법원 2010. 4. 29. 선고 2009다96984 판결 등 참조).

(2) 한편 임대인은 목적물을 임차인에게 인도하고 임대차계약 존속 중에 그 사용, 수익에 필요한 상태를 유지하게 할 의무를 부담하므로(민법 제623조), 임대차계약 존속 중에 발생한 화재가 임대인이 지배·관리하는 영역에 존재하는 하자로 인하여 발생한 것으로 추단된다면, 그 하자를 보수·제거하는 것은 임대차 목적물을 사용·수익하기에 필요한 상태로 유지하여야 하는 임대인의 의무에 속하며, 임차인이 그 하자를 미리 알았거나 알 수 있었다는 등의 특별한 사정이 없는 한, 임대인은 그 화재로 인한 목적물

반환의무의 이행불능 등에 관한 손해배상책임을 임차인에게 물을 수 없다(대법원 2000. 7. 4. 선고 99다64384 판결, 대법원 2006. 2. 10. 선고 2005다65623 판결, 대법원 2009. 5. 28. 선고 2009다13170 판결 등 참조).

나. (1) <u>임차인이 임대인 소유 건물의 일부를 임차하여 사용·수익하던 중 임차 건물 부분에서 화재가 발생하여 임차 건물 부분이 아닌 건물 부분</u>(이하 '임차 외 건물 부분'이라 한다)<u>까지 불에 타 그로 인해 임대인에게 재산상 손해가 발생한 경우에, 임차인이 보존·관리의무를 위반하여 화재가 발생한 원인을 제공하는 등 화재 발생과 관련된 임차인의 계약상 의무 위반이 있었음이 증명되고, 그러한 의무 위반과 임차 외 건물 부분의 손해 사이에 상당인과관계가 있으며, 임차 외 건물 부분의 손해가 그러한 의무 위반에 따른 통상의 손해에 해당하거나, 임차인이 그 사정을 알았거나 알 수 있었을 특별한 사정으로 인한 손해에 해당한다고 볼 수 있는 경우라면, 임차인은 임차 외 건물 부분의 손해에 대해서도 민법 제390조, 제393조에 따라 임대인에게 손해배상책임을 부담하게 된다.</u>

(2) 종래 대법원은 임차인이 임대인 소유 건물의 일부를 임차하여 사용·수익하던 중 임차 건물 부분에서 화재가 발생하여 임차 외 건물 부분까지 불에 타 그로 인해 임대인에게 재산상 손해가 발생한 경우에, 건물의 규모와 구조로 볼 때 그 건물 중 임차 건물 부분과 그 밖의 부분이 상호 유지·존립함에 있어서 구조상 불가분의 일체를 이루는 관계에 있다면, 임차인은 임차 건물의 보존에 관하여 선량한 관리자의 주의의무를 다하였음을 증명하지 못하는 이상 임차 건물 부분에 한하지 아니하고 그 건물의 유지·존립과 불가분의 일체 관계에 있는 임차 외 건물 부분이 소훼되어 임대인이 입게 된 손해도 채무불이행으로 인한 손해로 배상할 의무가 있다고 판단하여 왔다(대법원 1986. 10. 28. 선고 86다카1066 판결, 대법원 1992. 9. 22. 선고 92다16652 판결, 대법원 1997. 12. 23. 선고 97다41509 판결, 대법원 2003. 8. 22. 선고 2003다15082 판결, 대법원 2004. 2. 27. 선고 2002다39456 판결, 대법원 2010. 4. 29. 선고 2009다96984 판결 등 참조, 이하 '대법원 86다카 1066 판결 등'이라 한다).

그러나 임차 외 건물 부분이 대법원 86다카1066 판결 등에서 말하는 구조상 불가분의 일체를 이루는 관계에 있는 부분이라 하더라도, 그 부분에 발생한 손해에 대하여 임대인이 임차인을 상대로 채무불이행을 원인으로 하는 배상을 구하려면, 임차인이 보존·관리의무를 위반하여 화재가 발생한 원인을 제공하는 등 화재 발생과 관련된 임차인의 계약상 의무 위반이 있었고, 그러한 의무 위반과 임차 외 건물 부분의 손해 사이에 상당인과관계가 있으며, 임차 외 건물 부분의 손해가 그 의무 위반에 따라 민법 제 393조에 의하여 배상하여야 할 손해의 범위 내에 있다는 점에 대하여 임대인이 주장·증명하여야 한다.

이와 달리 위와 같은 임대인의 주장·증명이 없는 경우에도 임차인이 임차 건물의 보존에 관하여 선량한 관리자의 주의의무를 다하였음을 증명하지 못하는 이상 임차 외 건물 부분에 대해서까지 채무불이행에 따른 손해배상책임을 지게 된다고 판단한 대법 원 86다카1066 판결 등을 비롯하여 그와 같은 취지의 판결들은 이 판결의 견해에 배치 되는 범위 내에서 이를 모두 변경하기로 한다.

다. (1) 이 사건 임대차 목적물 자체의 반환의무 이행불능을 원인으로 한 손해배상 청구에 관하여 본다.

원심은 그 판시와 같은 이유로, 이 사건 임대차 목적물은 이 사건 화재로 인하여 더 이상 임차 목적으로 사용·수익할 수 없는 상태에 이르렀으므로 이 사건 임대차계약 은 사회통념상 임대차 목적을 달성하는 것이 불가능하게 되어 종료하였고, 피고(반소원 고)가 원고(반소피고, 이하 '원고'라고 한다)에게 이 사건 임대차 목적물을 온전한 상태로 반환하는 것 역시 불가능하게 되어 이 사건 임대차 목적물 반환의무가 이행불능이 되었 다고 판단하였다. 나아가 원심은, 이 사건 화재가 발생한 지점인 이 사건 건물의 '1층 전 면 주출입구 내부 우측 부분'은 피고(반소원고)가 이 사건 임대차계약에 따라 임차한 부 분으로 실질적으로 사용·수익해 오던 부분에 해당하는 반면, 그 부분에 대하여 임대인 인 원고가 지배·관리하였다고 볼 수 없는데, 비록 그 발화원인이 밝혀지지 아니하였으 나 피고(반소원고)가 이 사건 임대차 목적물의 보존에 관하여 선량한 관리자의 주의의무 를 다하였음이 증명되지 아니하였으므로, 피고(반소원고)는 이 사건 임대차 목적물 반환 의무의 이행불능으로 인하여 원고가 입게 된 손해를 배상할 책임이 있다고 판단하였다.

원심판결 이유를 적법하게 채택된 증거들에 의하여 살펴보면, 이 부분 원심의 판 단은 앞에서 본 법리에 기초한 것으로서 정당하다. 거기에 화재로 인한 임대차 목적물 반환의무의 이행불능에 따른 손해배상책임에 관한 법리를 오해한 잘못이 없다.

(2) 이 사건 임대차 목적물이 아닌 건물 부분에 발생한 손해에 대한 배상청구에 관하여 본다.

원심은 그 판시와 같은 이유로, 이 사건 임대차계약의 목적물인 이 사건 건물의 1 층 중 150평 부분은 이 사건 건물의 다른 부분과 상호 유지·존립에 있어 구조상 불가 분의 일체를 이루고 있는데, 이 사건 화재로 인하여 이 사건 임대차 목적물뿐만 아니라 건물의 다른 부분인 1층의 나머지 부분, 2층 및 옥상 부분(이하 '이 사건 임차 외 건물 부분'이라 한다)이 소훼되었고, 피고(반소원고)가 이 사건 임대차 목적물을 보존할 의무를 다하였음을 인정할 증거가 부족하므로, 피고(반소원고)는 채무불이행책임에 따라 이 사건 임대차 목적물에 발생한 손해뿐만 아니라 이 사건 임차 외 건물 부분이 소훼되어 원고가 입게 된 손해까지도 배상할 의무가 있고, 나아가 피고 삼성화재도 피고(반소원고)의 보험자로서 이 부분에 관한 손해를 배상할 의무가 있다는 취지로 판단하였다.

그러나 원심판결 이유와 적법하게 채택된 증거들에 의하면, 이 사건 화재 발생 이후 국립과학수사연구소가 소방관 현장조사 및 자체 현장조사, 수사자료, 목격자 진술, 이 사건 화재 발생 당시의 현장과 그 주변이 촬영된 휴대전화 및 동영상을 종합하여 이 사건 화재가 발생한 지점이 이 사건 건물의 1층 전면 주출입구 내부 우측 부분이라고 판정하였으나, 방화가능성 및 전기적·기계적 요인과 인위적 요인(담뱃불 내지 그 불티 등)을 비롯하여 모든 발화원인을 조사하였음에도 구체적으로 어떠한 원인에 의하여 이 사건 화재가 발생하였는지 밝혀지지 않은 사실을 알 수 있다.

이러한 사실관계를 앞에서 본 법리에 따라 살펴보면, 임차인인 피고(반소원고)가 보존·관리의무를 위반하여 이 사건 화재가 발생한 원인을 제공하는 등 이 사건 화재 발생과 관련된 피고(반소원고)의 계약상 의무 위반이 있었다고 보기 어려우므로, 이 사건 임차 외 건물 부분의 손해에 대하여는 피고(반소원고)에게 채무불이행에 따른 배상책임이 있다고 할 수 없다.

그럼에도 원심은 그 판시와 같은 사정들만을 이유로 들어 이 사건 임차 외 건물 부분에 발생한 손해에 대해서도 피고(반소원고)에게 채무불이행에 따른 배상책임이 있다고 단정하고, 이를 전제로 피고 삼성화재에게도 같은 책임이 있다고 판단하였다. 이러한 원심판결에는 임차 건물 부분에서 발생한 화재로 인하여 임차 외 건물 부분까지 불에 탄 경우의 임차 외 건물 부분 손해에 대한 임차인의 배상책임에 관한 법리를 오해하여 필요한 심리를 다하지 아니함으로써 판결에 영향을 미친 잘못이 있다.

5. 결론

그러므로 피고(반소원고)의 나머지 상고이유에 대한 판단을 생략하고 원심판결의 본소에 관한 부분 중 피고들 패소 부분을 파기하며, 이 부분 사건을 다시 심리·판단하도록 원심법원에 환송하기로 하여, 주문과 같이 판결한다. 이 판결에는 피고(반소원고)의 상고이유 중 화재로 인한 손해배상책임에 관한 법리오해 주장과 피고 삼성화재의

상고이유 제2점에 대한 대법관 김신, 대법관 권순일의 별개의견, 대법관 김재형의 반대
의견, 피고들의 위 상고이유 및 피고(반소원고)의 상고이유 중 책임제한에 관한 주장에
대한 대법관 이기택의 별개의견이 있는 외에는 관여 법관의 의견이 일치하였다.

6. 피고(반소원고)의 상고이유 중 화재로 인한 손해배상책임에 관한 법리오해 주장과 피고 삼성화재의 상고이유 제2점에 대한 대법관 김신, 대법관 권순일의 별개의견

가. 별개의견의 요지는, 임차인이 임대인 소유 건물의 일부를 임차하여 사용·수익
하던 중 그 임차한 부분에서 화재가 발생하여 임차 외 건물 부분까지 불에 타 그로 인
해 임대인에게 재산상 손해가 발생한 경우에, 다른 특별한 사정이 없는 한 임차 외 건
물 부분에 발생한 재산상 손해에 관하여는 불법행위책임만이 성립한다고 보아야 하므
로, 이와 달리 판단한 대법원 86다카1066 판결 등을 비롯하여 그와 같은 취지의 판결
들은 이 견해에 배치되는 범위 내에서 모두 변경되어야 한다는 것이다. 그 이유는 다음
과 같다.

(1) 임대차계약의 내용이 임차인에게 임차 외 건물 부분에 대한 손해를 방지할 의
무가 있는 것으로 해석된다면, 임차인의 그러한 의무 위반으로 인하여 임차 외 건물 부
분에 발생한 손해에 관하여 채무불이행책임이 성립하지 않을 이유가 없다. 그러나 특별
한 사정이 없는 한 임차인은 임차 외 건물 부분에 대한 계약상 의무를 부담하지 않고,
그러한 계약상 의무가 인정되지 않는 한 화재로 인하여 임차 외 건물 부분이 소훼된 손
해를 배상하는 것은 임차인의 의무를 법률상 근거 없이 부당하게 확대하는 것이고, 채
무불이행책임에서의 손해배상의 목적인 이행이익의 배상과는 무관하다.

첫째로, 당사자 사이에 특별한 약정이 있다는 등의 사정이 없는 한 임차인은 임차
외 건물 부분에 대하여는 임대차계약상 아무런 의무를 부담하지 않는다. 다만 임차인
역시 법공동체 구성원의 일원인 이상 다른 사람의 법익을 해하여서는 아니 된다는 일
반적인 의무를 부담하는데, 그러한 의무를 위반하여 계약의 목적물이 아닌 물건에 손해
를 가한 경우에는 불법행위로 인한 손해배상책임을 지는 것으로 충분하다. 그러한 물건
이 임대인의 소유라는 우연한 사정만으로 달리 볼 이유가 없고, 화재의 원인이 불분명
하여 불법행위책임에 관하여 임대인과 임차인의 귀책사유를 판단할 수 없는 예외적인
사안에서 계약상 아무런 근거 없이 임차인에게 채무불이행책임을 인정할 이유도 없다.
대법원판례가, 계약 당사자가 계약상 인정되는 급부의무 외에 일정한 신의칙상 의무를

부담하는 것을 전면적으로 부정하고 있지는 않으나, 숙박계약, 입원계약, 근로계약, 여행계약 등 일정한 유형의 계약에 한하여 채권자의 신체, 재산에 대한 보호의무 또는 안전배려의무를 인정하고 있을 뿐이다(대법원 1999. 2. 23. 선고 97다12082 판결, 대법원 2000. 11. 24. 선고 2000다38718 판결, 대법원 2003. 4. 11. 선고 2002다63275 판결, 대법원 2014. 9. 25. 선고 2014다213387 판결 등 참조). 그러한 특별한 경우가 아님에도 앞에서 본 바와 같은 법공동체 구성원의 일반적인 의무를 당사자 간의 특별한 약정 없이 계약상 의무의 영역으로 끌어들이는 것은 채무불이행책임과 불법행위책임을 엄격히 구별하고 있는 우리 민법의 체계에 부합하지 않는다(통상의 임대차관계에서 임대인이 임차인의 안전을 배려하여 주거나 도난을 방지하는 등의 보호의무까지 부담한다고 볼 수 없다고 한 대법원 1999. 7. 9. 선고 99다10004 판결도 같은 맥락이라고 볼 수 있다).

임대차계약을 체결할 때 당사자들의 주된 관심사는 임대차 목적물 그 자체의 제공과 반환, 차임의 수수에 관한 것이고, 임대인이 임차 외 건물 부분을 소유하고 있는지 여부를 고려하여 임대차계약을 체결하는 것은 이례적이다. 이러한 이례적 사정을 내세워 임차인에게 임차 외 건물 부분에 대한 의무가 있다고 인정하려면, 그와 같은 의무의 구체적인 내용을 임대인이 주장·증명해야 한다.

둘째로, 채무불이행책임에서 손해배상의 목적은 채무가 제대로 이행되었더라면 채권자가 있었을 상태를 회복시키는 것이므로, 계약을 위반한 채무자는 이행이익, 즉 계약이 완전히 이행된 것과 동일한 경제적 이익을 배상하여야 하는데(대법원 2008. 12. 24. 선고 2006다25745 판결 등 참조), 임차 외 건물 부분에 대한 임차인의 계약상 의무의 존재가 증명되지 않는 이상, 임대인 소유의 임차 외 건물 부분의 소훼로 인한 손해를 배상하는 것은 이러한 이행이익의 배상과는 관련이 없다. 임차인이 임대차계약에 따라 부담하는 반환의무는 임대차 목적물 그 자체에 대한 것이고, 그 전제가 되는 보존의무도 임대차 목적물 그 자체의 반환을 떠나서는 생각할 수 없다. 이러한 임차인의 임대차 목적물 반환의무 및 그 전제가 되는 보존의무가 제대로 이행되었더라면 채권자인 임대인이 얻었을 이익의 배상이란 임대차 목적물이 '반환될' 것을 전제로 채권자인 임대인이 향유할 수 있었던 이익의 배상을 의미하는 것이다. 따라서 임차 건물 부분에서 발생한 화재가 우연히 임대인 소유인 임차 외 건물 부분까지 확대된 경우 임차 외 건물 부분의 손해는, 임차인의 임대차 목적물 반환의무 및 보존의무의 이행이익과는 무관한 별개의 손해라고 보아야 한다.

(2) 대법원 86다카1066 판결 등에 의하면, 임대차 목적물에서 발생한 화재가 확대

되어 소훼된 부분이 임대차 목적물과 불가분의 일체를 이루는 관계에 있고 그 부분 또한 임대인의 소유라면, 그 화재의 원인이 밝혀지지 않았음에도 임차인이 임대차 목적물의 보존에 관하여 선량한 관리자의 주의의무를 다하였음을 증명하지 않는 한 임차물 반환의무의 이행불능으로 인한 손해배상으로 그 부분 손해에 대한 배상책임까지 부담한다는 것이다. 그러나 화재로 인하여 임대인에게 발생한 손해 중 임대차 목적물 자체의 멸실·훼손으로 인한 손해는 화재의 결과 발생한 채무불이행(목적물 반환의무 불이행)으로 인한 손해인 반면, 임차 외 건물 부분의 멸실·훼손으로 인한 손해는 화재의 원인이 된 채무자의 불법행위 또는 채무불이행으로 인한 손해일 수는 있어도 목적물 반환의무 불이행 그 자체로 인한 손해로 볼 수는 없다. 따라서 임차인이 임대차 목적물인 건물과 임차 외 건물 부분에 대하여 부담하는 의무의 내용을 동일한 것으로 보거나, 전자의 채무불이행 사실만으로 임차인이 후자의 손해에 대해서까지 채무불이행책임을 져야 한다고 볼 것은 아니다.

또한 임차 외 건물 부분에 발생한 손해에 대한 배상책임에 관하여 그 소유자가 임대인인지 제3자인지 하는 우연한 사정에 따라 손해배상책임의 발생근거를 달리 보아 그 증명책임의 귀속까지 달리 판단할 특별한 이유를 찾기 어렵다.

임대인은 임대차계약의 당사자로서 임대차계약에 따라 수선의무를 부담하고, 임차인의 임차 건물 부분의 사용·수익 상태에 대하여 잘 알고 있거나 잘 알고 있을 개연성이 큰 사람이므로 화재라는 결과발생에 대하여 양적·질적으로 일부 책임이 있을 수 있는 반면, 제3자는 화재의 발생 지점인 임대차 목적물에 대하여 아무런 주의의무도 부담하지 않는다. 그럼에도 대법원 86다카1066 판결 등은 제3자가 임차 외 건물 부분의 소유자인 경우에는 불법행위에서의 증명책임 구조에 따라 제3자가 임차인의 귀책사유를 증명하지 못하는 한 임차인의 손해배상책임이 없다고 보면서, 화재의 발생에 양적·질적으로 일부 책임이 있거나 화재의 원인에 대해 더 잘 증명할 수 있는 지위에 있는 임대인이 임차 외 건물 부분의 소유자인 경우에는 임차인이 자신에게 귀책사유 없음을 증명하지 못하는 한 손해배상책임을 져야 한다는 것이다. 이러한 해석은 형평에 어긋난다.

화재로 인해 임대차 목적물 자체에 발생한 손해에 대한 배상책임이 문제 되는 경우에 임대차 목적물의 보존에 관하여 선량한 관리자의 주의의무를 다하였다는 점에 대한 증명책임이 임차인에게 있다고 해석하는 것은 바로 그러한 손해가 임차인이 임대차계약에 의하여 보존·관리의무를 부담하는 영역에 발생한 손해라는 데에 그 이유가 있다. 그러나 임차인이 보존·관리의무를 부담하는 영역에 속하지 아니하는 임차 외 건물 부분에 발생한 손해에 대해서까지 자신의 귀책사유 없음을 증명하지 못하면 배상책임을 져야 한다는 견해는 민사법의 기본원칙인 자기책임의 원칙에 맞지 않고, 증명책임의 합리적인 분배원칙과도 부합하지 아니한다.

(3) 대법원 86다카1066 판결 등이 제시하는 '불가분의 일체'라는 불확정개념은 화재의 속성에 비추어 그로 인한 피해가 어디까지 확대될지 불명확한 실화 사건에서 임차인의 책임범위에 관한 분명하고 일관된 기준이 되지 못하므로, 임차인의 손해배상책임이 어디까지 확대될지 예측하기 어렵다.

더욱이 「실화책임에 관한 법률」(2009. 5. 8. 법률 제9648호로 전부 개정된 것, 이하 '실화책임법'이라고 한다)은 실화의 특수성을 고려하여 실화자에게 중대한 과실이 없는 경우 민법 제765조의 특례로서 손해의 배상의무자에게 실화로 인한 손해배상액 경감을 청구할 수 있도록 하고 있다. 그런데 실화로 인한 손해배상의무의 성립 자체를 제한하였던 구 실화책임법(2009. 5. 8. 법률 제9648호로 전부 개정되기 전의 것)에 관한 것이기는 하나, 대법원 1987. 12. 8. 선고 87다카898 판결 등은 채무불이행으로 인한 손해배상청구에 관해서는 위 법률이 적용되지 않는다고 판시하였으므로, 현행 실화책임법하에서도 위와 같은 해석이 유지된다면 다수의견이나 반대의견처럼 임대인이 실화자를 상대로 채무불이행책임을 구할 경우 실화책임법의 입법 취지를 몰각하게 될 우려가 있다.

(4) 법경제학적 관점에서 보더라도, 임대차계약의 목적물이 아닌 임차 외 건물 부분에 발생한 손해에 관하여는 계약책임이 아니라 불법행위 제도에 의하여 해결하는 것이 타당하다. 그 이유는 아래와 같다.

① 계약법은 계약의 이행을 담보함으로써 시장경제 체제에서 자원의 효율적 배분을 달성하는 기능을 수행한다. 민법이 정하는 계약 위반에 대한 구제수단 중 현실적으로 가장 중요한 의미를 가지는 것은 손해배상이다. 민법 제390조는 계약 위반에 대하여 일반적으로 손해배상을 인정하고 있는데, 이때의 손해배상은 채무자가 이행을 하였더라면 채권자가 얻을 수 있었던 이익, 즉 이행이익의 배상을 의미한다. 그리고 민법 제390조 단서는 채무불이행에 대하여 채무자의 귀책사유가 없다는 점에 대한 증명책임을 채무자에게 지우는데, 이는 채권자와 채무자 사이에 존재하는 특별결합관계에 의하여 채무자는 약속된 급부의 실현을 인수한 것이고, 통상 채무의 이행이 이루어지지 아니한 경우에는 그 이유가 채무자의 지배영역에 있다고 추정되기 때문인 것이다(이는 계약이행이 불능이 될 위험은 최소비용회피자가 부담하는 것이 효율적이라는 원칙에도 부합한다). 이렇게 함으로써 채무자는 계약 위반 여부에 관한 결정을 사회적으로 효율적인 방법으로

296 제 2 편　법학이론과 판례

할 수 있고, 채무불이행이 되지 아니하도록 최적 수준의 주의를 기울이게 된다.

　　손해배상책임의 근거를 계약 위반에서 찾는 것은 채권자와 채무자 사이에 법공동체의 구성원이라는 일반적 지위를 넘어서는 계약이라고 하는 법적 특별결합관계가 존재하고, 그렇기 때문에 채무불이행에 대한 귀책사유의 부존재에 대한 증명책임을 채무자에게 부담시켜 가급적 계약이 이행된 것과 같은 상태를 실현시키기 위한 것인데, 그러하지 아니한 사안에서 다수의견이나 반대의견과 같이 손해배상책임의 근거를 굳이 계약책임으로 구성할 필요를 찾기 어렵다.

　　② 거래비용의 절감이라는 계약법의 또 다른 기능에 비추어 보더라도, 임대차계약의 이행불능에 따른 손해배상책임은 임대차계약의 목적물에 관한 것에 한하여 논의하는 것이 타당하다.

　　건물 임대차계약의 경우, 임대인은 보통 건물 유지·관리에 필요한 건축물의 구조, 설비, 용도 등에 관한 정보를 보유하고 있고, 임차인들에 관한 정보 역시 쉽게 수집할 수 있는 지위에 있다. 또한 임대인은 그 거래비용을 차임 또는 관리비의 형태로 분산하여 임차인에게 전가시킬 수도 있다. 반면에 원인 불명의 화재임에도 임차 외 건물 부분에 대해서까지 임차인이 채무불이행으로 인한 손해배상책임을 부담한다고 보게 되면, 임차인은 대법원 86다카1066 판결 등에서 말하는 '구조상 불가분의 일체를 이루는 관계'가 어디까지인지, 나아가 자신이 손해배상책임을 면하려면 어느 정도의 주의의무를 기울여야 하고 손해배상책임의 범위는 어디까지가 될 것인지 예측하기 어려운 처지에 놓이게 되므로, 임차 목적물 외에 건물 전체에 관한 정보를 조사·수집할 필요가 있게 되는데, 이는 현실적으로 곤란할 뿐만 아니라, 설령 가능하다 하더라도 그 비용을 감당하기 어려울 것이다. 결국 건물 전체의 위험요소는 임대인이 상대적으로 적은 비용으로 파악하여 각각의 임대차계약에서 반영시킬 수 있는 반면, 건물 일부의 임차인은 정보의 비대칭 상태에서 계약을 체결하게 되고, 이러한 상황이 효율적이지도 공정하지도 않음은 물론이다.

　　③ 민법 제750조는 불법행위책임에 관하여 과실책임의 원칙을 규정하고 있다. 과실책임원칙 아래에서, 가해자의 상당한 주의의 정도가 사회적으로 최적인 수준으로 설정되어 있을 경우, 가해자는 배상책임을 면하기 위해 상당한 주의를 기울일 유인을 가지게 되고, 피해자도 자신이 부담하게 될 손해를 줄이기 위한 주의를 기울일 유인을 가지게 된다.

　　그런데 보험의 이용이 보편화된 오늘날에는 손해의 사후적 배분 기능은 불법행위에 관한 법원칙을 적용하는 방식을 통하기보다는 보험제도를 적절히 활용하는 것이 사회 전체적으로 더욱 효율적이다. 보험제도를 활용하는 경우에도 잠재적 가해자와 피해자 중 누가 보험에 가입하는 것이 적절한지를 결정하는 데에는 당연히 손해배상에 관한 법원칙을 고려하게 된다. 임대인이 1동의 건물을 여러 개의 건물 부분으로 구분하여 각각 임대차계약을 체결하는 경우, 원인 불명의 화재로 인하여 건물 전체가 멸실될 위험에 대비하여 임대인은 건물 전체를 보험목적으로 하여 화재보험에 가입한 다음 그 보험료를 차임 등의 형태로 분산시키고, 임차인은 임대차 목적물 반환의무의 이행불능에 대비하여 그 부분에 대하여 보험에 가입하는 것이 통상적일 뿐만 아니라 합리적이다. 이것이 별개의견이 제시하는 손해배상의 법원칙에도 부합함은 물론이다.

그러나 대법원 86다카1066 판결 등에 따르게 되면, '구조상 불가분의 일체를 이루는 관계'가 1동의 건물 전부에 해당할 때에는 임차인으로서는 자신에게 귀책사유가 없는 경우에도 건물 전부를 대상으로 그 반환의무 이행불능에 대비하여 보험에 가입할 필요가 발생하는데, 이것은 거래의 현실에도 맞지 않을뿐더러 사회 전체적으로 보아도 비효율적임을 쉽게 알 수 있다.

(5) 결국 임차인이 임대인 소유 건물의 일부를 임차하여 사용·수익하던 중 그 임차한 부분에서 화재가 발생하여 임차 외 건물 부분까지 불에 타 그로 인해 임대인에게 재산상 손해가 발생한 경우에, 다른 특별한 사정이 없는 한 임차 외 건물 부분에 발생한 재산상 손해에 관하여는 불법행위책임만이 성립한다고 보아야 한다. 그러므로 임대인이 임차인을 상대로 임차 외 건물 부분에 발생한 손해의 배상을 구하는 경우에는 불법행위에 있어서의 증명책임의 일반원칙에 따라 그 손해 발생에 관하여 임차인에게 귀책사유가 있다는 점에 관한 증명책임은 피해자인 임대인에게 있다고 보아야 한다. 그리고 이는 대법원 86다카1066 판결 등이 설시한 바와 같은 "그 건물의 규모와 구조로 볼 때 건물 중 임차한 부분과 그 밖의 부분이 상호 유지·존립에 있어 불가분의 일체를 이루는 관계"라 하더라도 달리 볼 것은 아니다.

나. 원심판결 중 임대차 목적물이 아닌 건물 부분에 발생한 손해 부분에 관하여 본다.

원심은, 이 사건 건물의 1층에 위치한 이 사건 임대차 목적물은 이 사건 건물의 다른 부분과 상호 유지·존립에 있어 구조상 불가분의 일체를 이루고 있는데, 이 사건 화재로 인하여 이 사건 임대차 목적물뿐만 아니라 건물의 다른 부분인 1층 나머지 부분, 2층 및 옥상 부분이 소훼되었으므로, 피고(반소원고)는 채무불이행책임에 따라 이 사건 임대차 목적물에 발생한 손해뿐만 아니라 이 사건 임차 외 건물 부분이 소훼되어 원고가 입게 된 손해까지도 배상할 의무가 있고, 나아가 피고 삼성화재도 피고(반소원고)의 보험자로서 위와 같은 손해를 배상할 의무가 있다고 판단하는 한편, 이 사건 화재 발생 이후 관련 소방당국과 수사기관에서 화재 현장 및 목격자 등을 통하여 방화가능성, 전기적·기계적 요인과 인위적 요인(담뱃불 내지 그 불티 등) 등 모든 발화원인을 조사하였으나, 이 사건 화재의 발화원인은 결국 밝혀지지 않은 사실을 인정하였다.

이러한 사실관계를 앞서 본 법리에 비추어 살펴보면, 임차인인 피고(반소원고)가 이 사건 임대차 목적물 반환의무를 불이행하였으나, 이와 별도로 이 사건 임차 외 건물 부분이 소훼되는 데에 관하여는 고의 또는 과실이 있다고 단정할 수 없다.

그럼에도 원심은 임대차 목적물과 상호 유지·존립에 있어 구조상 불가분의 일체 관계에 있는 다른 부분이 소훼되어 임대인이 입게 된 손해에 대하여 임차인이 자신의 귀책사유 없음을 증명하지 못하는 한 채무불이행으로 인한 손해배상책임을 지게 된다는 잘못된 전제 아래, 피고(반소원고)가 이 사건 임대차 목적물을 보존할 의무를 다하였음을 인정할 증거가 부족하다는 이유로 이 사건 임차 외 건물 부분에 발생한 손해에 대해서도 피고(반소원고)에게 배상책임이 있고, 피고 삼성화재에게도 같은 책임이 있다고 판단하였다. 이러한 원심판결에는 임대차 목적물에서 발생한 화재가 확대되어 임차 외 건물 부분에 발생한 손해의 배상책임에 관한 법리를 오해하여 판결에 영향을 미친 잘못이 있다.

다. 원심의 위와 같은 법리오해의 잘못은 피고(반소원고)가 배상하여야 할 전체 손해액 산정에 관한 판단에 영향을 미쳤고, 이는 피고 삼성화재가 원고에게 지급할 전체 보험금의 액수에 관한 판단에도 영향을 미쳤다고 보아야 한다. 따라서 원심판결의 본소에 관한 부분 중 피고들 패소 부분은 전부 파기되어야 한다.

이상과 같이 다수의견의 결론에는 찬성하지만 그 파기의 이유는 달리하므로, 별개의견으로 이를 밝혀 둔다.

[37] 형벌조항의 해석방법 – 국민건강보험법위반사건

— 대법원 2018. 6. 15. 선고 2018도2615 판결 —

【판시사항】

[1] 법률에 사용된 문언의 의미를 해석하는 방법

[2] 구 국민건강보험법 제115조 제2항 제5호에서 정한 '보험급여'를 의료기관 등이 보험급여를 실시한 대가에 대하여 국민건강보험공단이 지급하는 비용, 즉 '보험급여비용'까지 포괄하는 의미로 해석할 수 있는지 여부(소극)

【판결요지】

[1] 법률에 사용된 문언의 의미는 해당 법률에 정의규정이 있다면 그에 따를 것이나, 그렇지 않은 경우라도 문언의 통상적인 의미를 살피는 외에 그것이 해당 법률에서 어떠한 의미로 어떻게 사용되고 있는지 체계적, 논리적으로 파악하여야 한다.

[2] 구 국민건강보험법은 '보험급여'와 '보험급여비용'을 명확히 구분하여 사용하고 있고, 처벌규정이 건강보험증 등을 부정 사용하여 보험급여를 수급하는 행위에 대한 처벌을 강화하기 위해 신설된 규정인 점 등을 종합하여 보면, 처벌규정에서 정한 '보험급여'는 건강보험 가입자 등 환자의 질병, 부상, 출산 등에 대하여 제공되는 치료행위 등 각종 의료서비스를 의미하는 것일 뿐, 의료기관 등이 보험급여를 실시한 대가에 대하여 국민건강보험공단이 지급하는 비용, 즉 '보험급여비용'까지 포괄하는 의미로 해석할 수는 없다.

【상 고 인】 피고인들
【원심판결】 서울고법 2018. 1. 30. 선고 2017노2786 판결

【주 문】

원심판결 중 피고인들에 대한 부분을 파기하고, 이 부분 사건을 서울고등법원에 환송한다.

【이 유】

상고이유를 판단하기에 앞서 직권으로 본다.

1. 피고인 1에 대한 이 사건 공소사실 중 국민건강보험법위반의 점의 요지는, 피고인 1은 의사가 아니면서 제1심 공동피고인들과 공모하여 속칭 '사무장 병원'인 ○○○ 병원(이하 '이 사건 병원'이라고 한다)을 개설·운영하면서 마치 이 사건 병원이 의료법에 따라 적법하게 개설된 것처럼 국민건강보험공단에 요양급여를 청구하여 부정한 방법으로 보험급여를 받았다는 것이고, 피고인 2에 대한 예비적 공소사실 중 국민건강보험법위반방조의 점의 요지는, 피고인 2는 이 사건 병원이 비의료인이 개설·운영하는 병원이라는 것을 알면서도 피고인 1 등의 국민건강보험법위반 범행을 용이하게 하여 이를 방조하였다는 것이다.

원심은 위 각 공소사실에 대하여 구 국민건강보험법(2016. 3. 22. 법률 제14084호로 개정되기 전의 것, 이하 같다) 제115조 제2항 제5호(거짓이나 그 밖의 부정한 방법으로 보험급여를 받거나 타인으로 하여금 보험급여를 받게 한 자, 이하 '이 사건 처벌규정'이라고 한다)를 적용하여 유죄를 인정하였다.

2. 그러나 원심이 위 각 공소사실에 대하여 이 사건 처벌규정을 적용하여 처벌한 것은 다음과 같은 이유로 받아들이기 어렵다.

가. 법률에 사용된 문언의 의미는 해당 법률에 정의규정이 있다면 그에 따를 것이나, 그렇지 않은 경우라도 문언의 통상적인 의미를 살피는 외에 그것이 해당 법률에서 어떠한 의미로 어떻게 사용되고 있는지 체계적, 논리적으로 파악하여야 한다(대법원 2016. 8. 24. 선고 2013도841 판결 참조).

나. 구 국민건강보험법은 제1조에서 "이 법은 국민의 질병·부상에 대한 예방·진단·치료·재활과 출산·사망 및 건강증진에 대하여 보험급여를 실시함으로써 국민보건 향상과 사회보장 증진에 이바지함을 목적으로 한다."라고 규정하고, 제41조 제1항에서 "가입자와 피부양자의 질병, 부상, 출산 등에 대하여 다음 각호의 요양급여를 실시한다."라고 규정하면서 그 각호에서 요양급여의 내용으로 "1. 진찰·검사, 2. 약제·치료재료의 지급, 3. 처치·수술 및 그 밖의 치료, 4. 예방·재활, 5. 입원, 6. 간호, 7. 이송"을 열거하고 있다. 그리고 구 국민건강보험법 제47조 제1항은 "요양기관은 공단에 요

양급여비용의 지급을 청구할 수 있다.”라고 규정하고, 같은 조 제3항에서 “제2항에 따라 심사 내용을 통보받은 공단은 지체 없이 그 내용에 따라 요양급여비용을 요양기관에 지급한다.”라고 규정하고 있다. 또한 구 국민건강보험법은 제57조 제1항에서 “공단은 속임수나 그 밖의 부당한 방법으로 보험급여를 받은 사람이나 보험급여 비용을 받은 요양기관에 대하여 그 보험급여나 보험급여 비용에 상당하는 금액의 전부 또는 일부를 징수한다.”라고 규정하고, 제87조 제1항에서 “가입자 및 피부양자의 자격, 보험료 등, 보험급여, 보험급여 비용에 관한 공단의 처분에 이의가 있는 자는 공단에 이의신청을 할 수 있다.”라고 규정하고 있다.

위와 같은 구 국민건강보험법 관련 규정들에 의하면, 국민건강보험법은 ‘건강보험 가입자 등 환자의 질병과 부상, 출산 등에 대하여 예방, 진단, 치료, 재활 등 각종 형태로 제공되는 의료서비스’에 관하여는 ‘보험급여’(이 중 요양기관이 제공하는 것을 ‘요양급여’라고 한다)라는 용어를 사용하고, ‘국민건강보험공단이 의료기관 등이 제공한 보험급여의 대가로 지급하는 비용’에 관하여는 ‘보험급여비용’(이 중 요양기관이 제공한 요양급여의 대가로 지급되는 비용을 ‘요양급여비용’이라고 한다)이라는 용어를 사용하여 양자를 명확히 구별하고 있다.

한편 구 국민건강보험법(2013. 5. 22. 법률 제11787호로 개정되기 전의 것)은 제119조 제1항에서 “가입자·피부양자 또는 가입자·피부양자이었던 사람이 자격을 잃은 후 자격을 증명하던 서류를 사용하여 보험급여를 받은 경우에는 그가 받은 보험급여에 상당하는 금액 이하의 과태료를 부과한다.”라고 규정하고, 같은 조 제2항에서 ‘건강보험증 또는 신분증명서의 양도·대여나 그 밖의 부정한 사용을 통하여 보험급여를 받은 자에게는 그 보험급여에 상당하는 금액 이하의 과태료를 부과한다.’라고 규정하였다. 그런데 2013. 5. 22. 법률 제11787호로 개정된 국민건강보험법은 건강보험증 부정사용 등을 통한 부정수급 행위에 대한 처벌을 강화하기 위하여 과태료 처벌규정인 위 제119조 제1항, 제2항을 삭제하는 대신 이 사건 처벌규정을 신설하여 “거짓이나 그 밖의 부정한 방법으로 보험급여를 받거나 타인으로 하여금 보험급여를 받게 한 자”에 대하여 1년 이하의 징역 또는 1천만 원 이하의 벌금에 처할 수 있도록 하였다.

다. 위와 같이 구 국민건강보험법은 ‘보험급여’와 ‘보험급여비용’을 명확히 구분하여 사용하고 있고, 이 사건 처벌규정이 건강보험증 등을 부정 사용하여 보험급여를 수급하는 행위에 대한 처벌을 강화하기 위해 신설된 규정인 점 등을 종합하여 보면, 이 사건 처벌규정에서 정한 ‘보험급여’는 건강보험 가입자 등 환자의 질병, 부상, 출산 등에 대하여 제공되는 치료행위 등 각종 의료서비스를 의미하는 것일 뿐, 의료기관 등이 보험급여를 실시한 대가에 대하여 국민건강보험공단이 지급하는 비용 즉 '보험급여비용'까지 포괄하는 의미로 해석할 수는 없다.

따라서 이 부분 각 공소사실과 같이 의료법을 위반하여 이 사건 병원을 개설·운영하면서 마치 이 사건 병원이 적법하게 개설된 병원인 것처럼 국민건강보험공단으로부터 보험급여비용을 받은 행위는 이 사건 처벌규정에서 처벌대상으로 삼고 있는 '보험급여'를 받은 행위에 해당하지 않으므로 이 부분 각 공소사실에 이 사건 처벌규정을 적용할 수 없다.

그럼에도 원심은 이 사건 처벌규정에서 정한 '보험급여'에 보험급여비용이 포함됨을 전제로 이 부분 각 공소사실을 유죄로 판단하였으니, 이러한 원심판단에는 구 국민건강보험법 제115조 제2항 제5호에서 정한 '보험급여'의 해석에 관한 법리를 오해하여 판결에 영향을 미친 잘못이 있다.

4. 그러므로 상고이유에 대한 판단을 생략한 채 원심판결 중 피고인들에 대한 부분을 파기하고 사건을 다시 심리·판단하도록 원심법원에 환송하기로 하여, 관여 대법관의 일치된 의견으로 주문과 같이 판결한다.

[38] 형벌법규 확장해석금지 원칙 – 스포츠도박 중계사이트 사건

― 대법원 2018. 10. 30. 선고 2018도7172 전원합의체 판결 ―

【판시사항】

정보통신망을 이용하여 체육진흥투표권 등을 발행하는 시스템에서 경기의 승부에 걸기 위하여 체육진흥투표권 등의 구매에 없어서는 안 되는 게임머니를 그 시스템 운영자를 통하여 미리 확보해 두었다가 이용자들에게서 돈을 받고 이를 충전시켜 주는 행위가 국민체육진흥법 제26조 제2항 제1호 행위 중 위 발행 시스템을 공중이 이용할 수 있도록 제공하는 행위에 해당하는지 여부 및 위 발행 시스템의 관리 권한을 가진 운영자만이 이를 공중의 이용에 제공할 수 있는지 여부

【판결요지】

[다수의견] 관련 규정의 입법 취지, 내용, 불법 스포츠 도박 사업을 규제하는 법의 체계 및 형벌법규 해석의 원칙 등을 종합하면, 정보통신망을 이용하여 체육진흥투표권 등을 발행하는 시스템에서 경기의 승부에 걸기 위하여 체육진흥투표권 등의 구매에 없어서는 안 되는 게임머니를 그 시스템 운영자를 통하여 미리 확보해 두었다가 이용자들에게서 돈을 받고 이를 충전시켜 주는 행위는, 제1호 행위 중 위 발행 시스템을 공중이 이용할 수 있도록 제공하는 행위로 볼 수 있다. 위와 같은 방법으로 게임머니를 충전시켜 주는 행위는 위 발행 시스템에 대한 공중의 이용에 필수적인 기능을 하는 것으로 평가할 수 있기 때문이다.

[**대법관 권순일**, 대법관 이기택, 대법관 김재형, 대법관 이동원, 대법관 노정희의 **반대의견**] 다수의견은 법 제26조 제2항 제1호의 문언에 반하거나 문언의 의미를 피고인들에게 불리하게 확장 또는 유추하는 것이다.

법 제26조 제2항은 "누구든지 다음 각호의 어느 하나에 해당하는 행위를 하여서는 아니 된다."라고 규정하면서, 그 제1호로 '정보통신망을 이용하여 체육진흥투표권 등을 발행하는 시스템을 설계·제작·유통 또는 공중이 이용할 수 있도록 제공하는 행위'를 들고 있다. 위 조항의 문언에 의하면, 설계·제작·유통 또는 '공중이 이용할 수 있도록 제공하는 행위'의 목적물은 '정보통신망을 이용하여 체육진흥투표권 등을 발행하는 시

스템'이다. 즉, 위 조항은 위와 같은 시스템을 설계·제작·유통 또는 공중의 이용에 제공하는 행위를 금지하고 있다. 따라서 체육진흥투표권 등을 발행하는 시스템 그 자체가 아니라 별도의 중계사이트를 통하여 체육진흥투표권 등을 발행하는 시스템에 접속이 용이하도록 링크를 제공하는 행위는 법 제26조 제2항 제3호에 규정한 '중개 또는 알선하는 행위'에 해당할 뿐 위 조항의 구성요건에 해당한다고 볼 수 없다. 이는 위 조항이 금지하는 다른 행위유형인 '설계·제작·유통'이 체육진흥투표권 등을 발행하는 시스템 그 자체를 대상으로 한다는 점에 비추어 보아도 분명하다. 다시 말하지만, 위 조항은 정보통신망을 이용하여 체육진흥투표권 등을 발행하는 시스템을 설계 또는 제작하거나, 설계·제작된 시스템을 유통시키거나 공중의 이용에 제공하는 행위를 금지·처벌하는 법규인 것이다.

【상 고 인】 피고인들
【환송판결】 대법원 2017. 11. 14. 선고 2017도13140 판결
【원심판결】 서울중앙지법 2018. 4. 27. 선고 2017노4280, 4085 판결

【주　　문】

상고를 모두 기각한다.

【이　　유】

상고이유를 판단한다.

1. 국민체육진흥법 위반(도박개장등) 및 도박공간개설 부분 공소사실의 요지와 소송의 경과

가. 공소사실의 요지

피고인들은 공소외인 등과 공모하여 국내에서는 접속이 불가능한 해외 유명 스포츠토토 베팅사이트인 '○○○(영문표기 1 생략)', '△△△(영문표기 2 생략)', '□□□□□(영문표기 3 생략)', '◇◇(영문표기 4 생략)' 등(이하 통틀어 '해외 베팅사이트'라고 한다) 운영업체와 중계계약을 체결한 뒤, 필리핀 마닐라에 컴퓨터와 인터넷 통신기기 등을 갖추어 놓고 '☆☆☆☆☆.com', '▽▽▽▽－▽▽▽.net' 등 도메인을 사용하여 16개가량의 중계사이트(이하 통틀어 '이 사건 중계사이트'라고 한다)를 개설·운영하면서 불특정 다수의

내국인들을 회원으로 모집하고 회원들로 하여금 이 사건 중계사이트를 통해 해외 베팅사이트에서 제공하는 야구, 축구, 농구 등 국내외 각종 스포츠 경기의 승부에 베팅을 하게 하여 베팅이 적중할 경우 미리 정해진 비율에 따라 환전을 해주고, 적중하지 못하면 그 베팅금을 자신들이 취득하는 방법으로 이 사건 중계사이트를 운영하였다.

이로써 피고인들은 공소외인 등과 공모하여 정보통신망을 이용하여 체육진흥투표권이나 이와 비슷한 것(이하 '체육진흥투표권 등'이라고 한다)을 발행하는 시스템을 공중이 이용할 수 있도록 제공하는 행위를 하는 동시에 영리를 목적으로 도박을 하는 공간을 개설하였다.

나. 소송의 경과

(1) 검사는 피고인들의 국민체육진흥법 위반(도박개장등) 행위가 국민체육진흥법 제26조 제1항에서 규정하는 '유사행위'에 해당하는 것으로 기소하였고, 제1심 및 환송 전 원심은 그 판시와 같은 이유를 들어 이 부분 공소사실을 유죄로 인정하였다.

(2) 피고인들은 환송 전 원심판결에 대하여 불복하여 상고하였는데, 대법원은, 이 사건 중계사이트 자체에서는 체육진흥투표권 등이 발행되지 않았고, 이를 발행하였다고 볼 수 있는 해외 베팅사이트 운영자들과의 공모관계가 적시되지 않은 공소사실만으로는 국민체육진흥법 제26조 제1항의 '유사행위'에 해당하지 아니한다고 판시하면서, 환송 전 원심판결 전부를 파기환송하였다.

(3) 환송 후 원심(이하 '원심'이라고만 한다)에서, 검사는 국민체육진흥법 제26조 제1항 위반의 공소사실을 앞서 본 공소사실의 요지와 같이 국민체육진흥법 제26조 제2항 제1호 위반의 공소사실로 변경하는 내용의 공소장변경허가신청을 하였고, 원심은 이를 허가한 후 그 판시와 같은 이유를 들어 변경된 공소사실을 유죄로 인정하였다.

2. 국민체육진흥법 위반(도박개장등) 부분에 대한 법령 적용에 관하여

가. 관련 규정의 입법 경위와 취지

구 국민체육진흥법(2012. 2. 17. 법률 제11309호로 개정되기 전의 것) 제26조는 "서울올림픽기념국민체육진흥공단과 수탁사업자 외에는 체육진흥투표권 발행이나 이와 비슷한 행위를 할 수 없다."라고 규정하고, 제53조는 "제26조를 위반한 자는 3년 이하의 징역이나 1천 500만 원 이하의 벌금에 처한다."라고 규정하고 있었는데, 2012. 2. 17. 법률 제11309호로 개정되면서 유사행위의 요건이 엄격해지며 처벌이 강화되었고, 유사행위와 관련된 행위들을 금지하는 조항이 신설되었다.

구체적으로 현행 국민체육진흥법(이하 '법'이라고 한다) 제26조는 제1항에서 "서울올림픽기념국민체육진흥공단과 수탁사업자가 아닌 자는 체육진흥투표권 또는 이와 비슷한 것을 발행(정보통신망에 의한 발행을 포함한다)하여 결과를 적중시킨 자에게 재물이나 재산상의 이익을 제공하는 행위(이하 '유사행위'라고 한다)를 하여서는 아니 된다."라고 규정하고 있다(이하 위 유사행위를 '제1항 행위'라고 한다). 또한 법 제26조 제2항에서 "누구든지 다음 각호의 어느 하나에 해당하는 행위를 하여서는 아니 된다."라고 규정하면서, "정보통신망 이용촉진 및 정보보호 등에 관한 법률 제2조 제1항 제1호에 따른 정보통신망을 이용하여 체육진흥투표권이나 이와 비슷한 것을 발행하는 시스템을 설계·제작·유통 또는 공중이 이용할 수 있도록 제공하는 행위"(제1호, 이하 '제1호 행위'라고 한다)를, "유사행위를 위하여 해당 운동경기 관련 정보를 제공하는 행위"(제2호, 이하 '제2호 행위'라고 한다)를, "유사행위를 홍보하거나 체육진흥투표권 또는 이와 비슷한 것의 구매를 중개 또는 알선하는 행위"(제3호, 이하 '제3호 행위'라고 한다)를 규정하고 있다. 나아가 법 제47조 내지 제49조에서 제1항 행위자에 대해서는 7년 이하의 징역이나 7천만 원 이하의 벌금으로, 제1호 행위자에 대해서는 5년 이하의 징역이나 5천만 원 이하의 벌금으로, 제2호 또는 제3호 행위자에 대해서는 3년 이하의 징역이나 3천만 원 이하의 벌금으로 처벌하도록 법정형을 달리 규정하고 있다.

이와 같이 개정된 법 제26조가 제1항 행위를 금지하는 외에, 제2항에 제1항 행위와 관련한 제1, 2, 3호 각 행위를 금지하는 조항을 신설한 취지는 다음과 같다.

오늘날 정보통신기술이 나날이 비약적으로 발전하여 어제의 신기술이 오늘의 더 새로운 기술로 대체되는 상황을 쉽게 목격할 수 있고, 이러한 현상은 불법 스포츠 도박 사업에서도 마찬가지이다. 종이 형태의 체육진흥투표권 발행 사업이 장소적 제약하에서 운용되는 것과 비교하여 정보통신망을 이용하는 현재 스포츠 도박 사업은 장소적 제약을 뛰어넘어 규제 정도가 낮은 국가에서의 정보통신망과 연동함으로써 쉽게 자국의 규제를 회피할 수 있다. 또한 가상공간에서 운용되는 특성상 제작부터 운영에 이르는 과정에서 복수의 시스템이 결합되고 이에 많은 사람들이 개별적인 행위로 관여하게 된다.

개정 입법 취지는 위와 같은 현실에서 불법 스포츠 도박 사업이 기존의 규제를 피하기 위해 교묘하고 세련되게 발전하는 상황을 규율하여, 제1항 행위에까지 이르지 않았지만 이와 밀접한 관련이 있는 제1, 2, 3호 각 행위도 금지하고 이를 위반한 자를 처벌하도록 함으로써 불법적인 스포츠 도박 사업 운영을 근원적이고 효과적으로 방지하고자 하는 데에 있다.

특히 그중에서도 제1호 행위를 금지하고 그 위반행위자를 처벌하도록 하는 것은, 제1항 행위가 이루어질 수 있는 불법 스포츠 도박 사이트를 설계·제작·유통 또는 공중이 이용할 수 있도록 제공하는 행위까지도 차단하여 제1항 행위를 근절하기 위함이다.

나. 형벌법규의 해석원칙

형벌법규는 문언에 따라 엄격하게 해석·적용하여야 하고 피고인에게 불리한 방향으로 지나치게 확장해석하거나 유추해석하여서는 안 된다. 그러나 형벌법규를 해석할 때에도 가능한 문언의 의미 내에서 해당 규정의 입법 취지와 목적 등을 고려한 법률체계적 연관성에 따라 그 문언의 논리적 의미를 분명히 밝히는 체계적·논리적 해석방법은 그 규정의 본질적 내용에 가장 접근한 해석을 위한 것으로서 죄형법정주의의 원칙에 부합한다(대법원 2007. 6. 14. 선고 2007도2162 판결 등 참조).

위의 해석방법은 특히 이 사건과 같이 구체적인 처벌조항이 뚜렷한 입법목적을 달성하기 위하여 추상적·포괄적으로 규정되어 있는 경우 해석의 원칙으로 타당하다. 즉, 이 사건에서 해당 여부가 문제 되는 제1호 행위 중 '정보통신망을 이용하여 체육진흥투표권 등을 발행하는 시스템을 공중이 이용할 수 있도록 제공하는 행위'를 포함하여 제1, 2, 3호 각 행위는 다소 추상적이고 포괄적인 개념으로 구성되어 있다. 그 이유는 제1항 행위와 밀접한 관련이 있는 행위로서 정보통신기술의 발전 등에 따라 변화하는 다양한 내용의 범죄에 대하여도 대처하기 위해서이다. 이러한 점을 고려하여 제1, 2, 3호 각 행위의 폭을 규범적으로 해석하여야 한다.

다. 제1항 행위 및 제1호 행위의 각 해석

(1) 제1항 행위의 해석

제1항 행위의 금지규정인 법 제26조 제1항 및 그 위반행위자에 대한 처벌규정인 법 제47조 제2호에 의한 처벌 대상은, 체육진흥투표권 등을 발행하는 시스템이 갖추어져 있는 불법 스포츠 도박 사이트의 운영자 및 그 운영자의 공범(대법원 2017. 1. 12. 선고 2016도18119 판결 참조)이 해당된다.

제1항 행위에는 '체육진흥투표권 등을 발행'하는 것과 '결과를 적중시킨 자에게 재물이나 재산상의 이익을 제공'하는 것을 모두 구성요건적 요소로 삼고 있어 체육진흥투표권 등을 발행하기만 하고 결과를 적중시킨 자에게 재물이나 재산상의 이익을 제공하지 않는 경우 또는 체육진흥투표권 등을 발행하지 않은 채 결과를 적중시킨 자에게 재물이나 재산상의 이익을 제공하기만 하는 경우에는 제1항 행위자로 처벌할 수 없다(이

사건 환송판결 참조). 결국 위 두 구성요건 모두에 대하여 각기 기능적 행위지배를 하는 경우에만 제1항 행위의 공동정범으로 처벌할 수 있다.

(2) 제1호 행위의 해석

제1항 행위의 공범에 해당하는 사람이 그 실행행위로서 제1, 2, 3호 각 행위를 한 경우에는 공범에 관한 형법 총칙 규정에 따라 제1항 행위의 공범이 성립하고, 제1, 2, 3호 각 행위에 해당하는 범죄는 이에 흡수된다(대법원 2017. 1. 12. 선고 2016도18119 판결 참조). 결국 제1, 2, 3호 각 행위에 관한 금지규정과 처벌규정은, 제1항 행위의 공범으로는 처벌할 수 없더라도 제1항 행위가 이루어지도록 하거나 이를 돕는 개별 행위를 한 자를 처벌할 수 있도록 하는 규정이다.

제1항 행위와 비교하면, 제1호 행위는 제1항 행위의 구성요건인 체육진흥투표권 등을 발행하는 행위 및 결과를 적중시킨 자에게 재물이나 재산상의 이익을 제공하는 행위라는 두 가지 요소에 대하여 각기 정범의 기능적 행위지배에는 이르지 못하였지만 이와 밀접한 관련이 있는 행위를 규제하기 위한 것으로 해석하여야 한다. 이러한 해석은 제1호 행위 유형으로 규정된 '설계·제작·유통'을 '체육진흥투표권 등을 발행하기만 하는 행위'를 구체화하면서 범위를 확장하여 별도의 구성요건으로 규정한 것으로 볼 수 있다는 점에서도 타당하다. 그렇다면 제1호의 나머지 행위 유형인 '공중이 이용할 수 있도록 제공하는 행위' 역시 같은 범주에서 해석하여야 한다.

이러한 관련 규정의 입법 취지, 내용, 불법 스포츠 도박 사업을 규제하는 법의 체계 및 형벌법규 해석의 원칙 등을 종합하면, 정보통신망을 이용하여 체육진흥투표권 등을 발행하는 시스템에서 경기의 승부에 걸기 위하여 체육진흥투표권 등의 구매에 없어서는 안 되는 게임머니를 그 시스템 운영자를 통하여 미리 확보해 두었다가 이용자들에게서 돈을 받고 이를 충전시켜 주는 행위는, 제1호 행위 중 위 발행 시스템을 공중이 이용할 수 있도록 제공하는 행위로 볼 수 있다. 위와 같은 방법으로 게임머니를 충전시켜 주는 행위는 위 발행 시스템에 대한 공중의 이용에 필수적인 기능을 하는 것으로 평가할 수 있기 때문이다.

또한 위 발행 시스템의 관리 권한을 가진 운영자만이 이를 공중의 이용에 제공할 수 있다고 볼 수는 없고, 위 발행 시스템의 관리 권한을 가진 운영자가 아니더라도 위와 같이 발행 시스템 이용에 필수적인 게임머니를 확보하여 이를 충전시켜 줌으로써 위 발행 시스템을 이용에 제공할 수 있다.

이처럼 제1호 행위 등의 해석에 있어서, 정보통신망을 이용한 체육진흥투표권 등의 발행 시스템은 정보통신기술의 발달과 더불어 장소적 제약과 규제를 피하여 국가 간 여러 시스템이 연동되어 하나의 발행 시스템으로서의 완전한 기능을 수행할 수 있게 되었다는 점도 충분히 고려해야 한다.

3. 이 사건에 관한 검토

가. 기록에 의하면 다음과 같은 사실 또는 사정을 알 수 있다.

(1) 내국인이 해외 베팅사이트에 직접 접속하여 이용하는 것이 불가능하지는 않지만, 아래와 같은 어려움이 있다.

① 국내에서는 해외 베팅사이트의 주요 도메인을 통한 접속이 차단되어 내국인이 해외 베팅사이트에 접속하기 위해서는 우회 도메인을 사용해야만 한다.

② 해외 베팅사이트에서 베팅을 하기 위해서는 게임머니 충전이 필요하고, 게임머니 충전을 위해서는 해외 베팅사이트 계정에 달러 등 외화가 입금되어야 하는데, 내국인이 직접 해외 베팅사이트로 외화를 입금할 수는 없고 온라인 전자결제 사이트를 경유해야 한다. 그런데 통상 위와 같은 온라인 전자결제 사이트는 모두 영문으로 되어 있고, 여권을 촬영해서 보내야 하는 등 절차가 까다로우며, 인증절차나 송금, 충전 및 환전 과정에서 짧게는 며칠, 길게는 몇 주씩 많은 시간이 소요되어 도박을 하고자 하는 내국인이 직접 가입하기는 쉽지 않다.

③ 내국인이 해외 베팅사이트에 직접 접속하여 도박을 하려면 달러를 외국으로 송금해야 하는데, 외환 수수료도 부담해야 하고, 자주 송금을 하다 보면 외국환거래법에도 저촉될 우려가 있기 때문에 직접적인 이용을 꺼리게 된다.

(2) 피고인들은 내국인의 해외 베팅사이트에 대한 직접적인 접근·이용이 곤란한 점을 이용하여 해외 베팅사이트 운영자들과 계약을 체결한 후 아래와 같은 방식으로 이 사건 중계사이트를 개설·운영하였다.

① 이 사건 중계사이트에는 여러 해외 베팅사이트가 링크되어 있어, 내국인은 이 사건 중계사이트에 회원으로 가입하여 접속하기만 하면 우회 도메인을 찾아 사용할 필요 없이 링크를 통해 여러 해외 베팅사이트에 손쉽게 접속할 수 있다.

② 피고인들은 해외 베팅사이트 운영자들에게 일정 금액을 지급하여 게임머니를 확보해 놓는다. 이 사건 중계사이트의 회원이 공지된 국내 계좌에 한화(韓貨)를 입금하면, 피고인들은 이 사건 중계사이트에 사이버머니를 충전해 주고, 회원의 요청에 따라 각각의 해외 베팅사이트에서 사용 가능한 게임머니로 전환해 준다(이하 사이버머니를 충전하고 게임머니로 전환하는 일련의 과정을 '게임머니 충전'이라고 한다).

③ 회원은 위와 같이 충전한 게임머니로 베팅을 하고, 베팅에 성공하면 배당률에 따라 게임머니를 취득하며, 환전을 원할 경우 피고인들이 회원의 계좌로 게임머니에 상응하는 한화를 입금해 준다.

(3) 피고인들과 해외 베팅사이트 운영자들은 아래와 같은 방식으로 사전 약정에 따라 수익금 분배를 하였다.

① 이 사건 중계사이트의 회원이 게임머니 충전을 위해 입금한 돈은 피고인들에게 귀속된다.

② 회원이 해외 베팅사이트에서 베팅에 성공하면 배당률에 따라 게임머니를 취득하고, 회원이 원할 경우 피고인들의 부담으로 게임머니를 돈으로 환전해 준다.

③ 회원이 베팅에 실패하면 게임머니를 잃게 되고, 그 게임머니 상당의 수익은 이 사건 중계사이트 측과 해외 베팅사이트 측이 일정 비율로 나누어 갖는다.

④ 원심의 인정 사실에 의하면 피고인들이 위 범죄행위로 인하여 얻은 수익금은, 피고인 1의 범행가담기간 동안에는 646억여 원, 피고인 2의 범행가담기간 동안에는 1,739억여 원에 이른다.

나. 피고인들은 해외 베팅사이트 운영자들과 계약을 체결한 후 링크를 통한 해외 베팅사이트에의 연결, 해외 베팅사이트에서 사용하는 데 필요한 게임머니 충전 및 게임머니의 한화로의 환전 등을 할 수 있는 이 사건 중계사이트를 운영하였다. 특히 해외 베팅사이트에서 발행하는 체육진흥투표권 등을 구매하기 위해 필요한 게임머니 충전은 해외 베팅사이트 이용에 없어서는 안 되는 필수적인 기능이고, 환전은 해외 베팅사이트를 이용하는 데 결정적인 동기나 유인이 된다. 아울러 피고인들은 이 사건 중계사이트를 통해 해외 베팅사이트를 이용한 회원들의 도박 결과에 따른 이익과 손실의 귀속주체였다. 이러한 관점에서 보면 피고인들의 위와 같은 행위는 전체적으로 보아 제1호 행위 중 '정보통신망을 이용하여 체육진흥투표권 등을 발행하는 시스템을 공중이 이용할 수 있도록 제공하는 행위'로 보기에 충분하다.

또한 해외 베팅사이트를 이용하는 데 필요한 게임머니 충전이 피고인들의 이 사건 중계사이트를 통하지 않고도 다른 방법으로 가능하였다는 사정이 위와 같은 평가에 방해가 된다고 할 수 없다.

다. 제1호 행위 중 다른 유형의 행위와 비교해 보아도, 피고인들이 해외 베팅사이트에의 연결, 게임머니 충전 및 환전이 가능한 별도의 사이트(이 사건 중계사이트)를 운영한 행위는 그 불법성의 정도에서 '정보통신망을 이용하여 체육진흥투표권 등을 발행하는 시스템을 설계·제작·유통하는 행위'와 차이가 없거나 오히려 더 크다.

또한 피고인들의 행위는 제1호 행위에 비해 불법성의 정도와 법정형이 훨씬 가벼운 제3호 행위 중 '체육진흥투표권 등의 구매를 중개 또는 알선하는 행위'에 불과하다고 볼 수 없다. 예컨대 내국인에게 해외 베팅사이트에의 접속이 용이하도록 링크를 제공하는 행위 또는 단순히 해외 베팅사이트를 소개하는 행위만으로도 '체육진흥투표권 등의 구매를 중개 또는 알선하는 행위'에 해당할 수는 있다. 그런데 이러한 제3호 행위는 체육진흥투표권 등의 구매를 중개 또는 알선하고 소정의 중개료 또는 알선료를 받는 경우라고 보아야 하지, 피고인들처럼 이 사건 중계사이트를 통해 해외 베팅사이트를 이용한 자들의 도박 결과에 따른 손실 위험도 부담하면서 막대한 이익을 가져갈 수 있는 경우에는 제3호 행위라고 보기 어렵다.

라. 결국 피고인들의 행위는 법 제26조 제2항 제1호가 규정하는 '정보통신망을 이용하여 체육진흥투표권 등을 발행하는 시스템을 공중이 이용할 수 있도록 제공하는 행위'에 해당한다. 원심의 판단은 앞서 본 법리에 기초한 것으로 받아들일 수 있고, 거기에 상고이유 주장과 같은 법령 적용의 잘못이 없다.

5. 결론

상고를 모두 기각하기로 하여, 주문과 같이 판결한다. 이 판결에는 국민체육진흥법 위반(도박개장등) 부분에 대한 대법관 권순일, 대법관 이기택, 대법관 김재형, 대법관 이동원, 대법관 노정희의 반대의견이 있는 외에는 관여 법관의 의견이 일치하였다.

6. 대법관 권순일, 대법관 이기택, 대법관 김재형, 대법관 이동원, 대법관 노정희의 국민체육진흥법 위반(도박개장등) 부분에 대한 반대의견

가. 원심은, 피고인들이 이 사건 중계사이트를 개설·운영하면서 불특정 다수의 회원들로 하여금 위 중계사이트를 통해 해외 베팅사이트에서 제공하는 각종 스포츠 경기의 승부에 베팅을 하게 하여 베팅의 적중 여하에 따라 환전을 해주는 등의 행위를 함으로써 정보통신망을 이용하여 체육진흥투표권 등을 발행하는 시스템을 공중이 이용할 수 있도록 제공하는 행위를 하였다는 이 부분 공소사실을 인정하고, 피고인들의 이러한 행위가 법 제26조 제2항 제1호에 해당한다고 판단하였다. 다수의견은 원심의 이러한 판단이 정당하다고 하고 있으나, 이와 같은 다수의견의 해석은 법 제26조 제2항 제1호의 문언에 반하거나 문언의 의미를 피고인들에게 불리하게 확장 또는 유추하여 형사법

의 대원칙인 죄형법정주의에 반하는 것일 뿐 아니라, 관련 규정의 입법 취지나 법체계와도 맞지 않고, 그와 같이 해석할 필요성도 크지 않아 찬성하기 어렵다. 그 이유는 다음과 같다.

　나. 죄형법정주의는 국가형벌권의 자의적인 행사로부터 개인의 자유와 권리를 보호하기 위하여 범죄와 형벌을 법률로 정할 것을 요구한다. 그러한 취지에 비추어 보면 형벌법규의 해석은 엄격하여야 하고, 문언의 가능한 의미를 벗어나 피고인에게 불리한 방향으로 해석하는 것은 죄형법정주의의 내용인 확장해석금지에 따라 허용되지 아니한다(대법원 2016. 3. 10. 선고 2015도17847 판결 등 참조). 법률을 해석할 때 입법 취지와 목적, 제·개정 연혁, 법질서 전체와의 조화, 다른 법령과의 관계 등을 고려하는 체계적·논리적 해석방법을 사용할 수 있으나, 문언 자체가 비교적 명확한 개념으로 구성되어 있다면 원칙적으로 이러한 해석방법은 활용할 필요가 없거나 제한될 수밖에 없다. 죄형법정주의 원칙이 적용되는 형벌법규의 해석에서는 더욱 그러하다(대법원 2009. 4. 23. 선고 2006다81035 판결, 대법원 2017. 12. 21. 선고 2015도8335 전원합의체 판결 등 참조).

　다. 다수의견은 법 제26조 제2항 제1호의 문언에 반하거나 문언의 의미를 피고인들에게 불리하게 확장 또는 유추하는 것이다.

　(1) 법 제26조 제2항은 "누구든지 다음 각호의 어느 하나에 해당하는 행위를 하여서는 아니 된다."라고 규정하면서, 그 제1호로 '정보통신망을 이용하여 체육진흥투표권 등을 발행하는 시스템을 설계·제작·유통 또는 공중이 이용할 수 있도록 제공하는 행위'를 들고 있다. 위 조항의 문언에 의하면, 설계·제작·유통 또는 '공중이 이용할 수 있도록 제공하는 행위'의 목적물은 '정보통신망을 이용하여 체육진흥투표권 등을 발행하는 시스템'이다. 즉, 위 조항은 위와 같은 시스템을 설계·제작·유통 또는 공중의 이용에 제공하는 행위를 금지하고 있다. 따라서 체육진흥투표권 등을 발행하는 시스템 그 자체가 아니라 별도의 중계사이트를 통하여 체육진흥투표권 등을 발행하는 시스템에 접속이 용이하도록 링크를 제공하는 행위는 법 제26조 제2항 제3호에 규정한 '중개 또는 알선하는 행위'에 해당할 뿐 위 조항의 구성요건에 해당한다고 볼 수 없다. 이는 위 조항이 금지하는 다른 행위유형인 '설계·제작·유통'이 체육진흥투표권 등을 발행하는 시스템 그 자체를 대상으로 한다는 점에 비추어 보아도 분명하다. 다시 말하지만, 위 조항은 정보통신망을 이용하여 체육진흥투표권 등을 발행하는 시스템을 설계 또는 제작하거나, 설계·제작된 시스템을 유통시키거나 공중의 이용에 제공하는 행위를 금지·처벌하는 법규인 것이다.

(2) 이 사건에서 '체육진흥투표권 등을 발행하는 시스템'은 이 사건 중계사이트가 아닌 해외 베팅사이트만 갖추고 있으므로, 법 제26조 제2항 제1호에서 규정하는 '체육진흥투표권 등을 발행하는 시스템'은 해외 베팅사이트를 지칭하는 것으로 볼 수밖에 없다. 따라서 피고인들의 행위가 '체육진흥투표권 등을 발행하는 시스템을 공중이 이용할 수 있도록 제공하는 행위'에 해당한다고 하기 위해서는 피고인들이 해외 베팅사이트를 공중이 이용할 수 있도록 제공한다고 볼 수 있어야 한다.

법에 '제공'이 무엇인지에 관한 정의규정은 없다. 법령에서 쓰인 용어에 관하여 정의규정이 없는 경우에는 원칙적으로 사전적인 정의 등 일반적으로 받아들여진 의미에 따라야 한다(대법원 2017. 12. 21. 선고 2015도8335 전원합의체 판결 등 참조). 사전적인 의미에서 '제공'이라 함은 '쓰라고 주는 것'을 뜻하고, 일반적으로 물건 등을 상대방에게 건네주어 이를 사용 내지 처분할 수 있게 하는 것을 말한다. 피고인들이 해외 베팅사이트 운영자들과 계약을 체결한 후 링크, 게임머니 충전 및 환전 등을 통해 해외 베팅사이트를 일반인이 접근·이용하는 데 상당한 정도 기여한 것은 사실이나, 이는 해외 베팅사이트를 이용하는 데 편의를 제공한 행위일 뿐 해외 베팅사이트를 이용자에게 쓰라고 준 것, 즉 제공한 것으로 평가할 수 없다.

(3) 다수의견은 정보통신망을 이용하여 체육진흥투표권 등을 발행하는 시스템에서 경기의 승부에 걸기 위하여 체육진흥투표권 등의 구매에 없어서는 아니 되는 게임머니를 그 시스템 운영자를 통하여 미리 확보해 두었다가 이용자들에게서 돈을 받고 이를 충전시켜 주는 행위는 위 발행 시스템에 대한 공중의 이용에 필수적인 기능을 하는 것으로 평가할 수 있다는 이유로 법 제26조 제2항 제1호 행위 중 위 발행 시스템을 공중이 이용할 수 있도록 제공하는 행위로 볼 수 있다고 한다. 그러나 다수의견에 의하더라도 게임머니를 충전시켜 주는 행위가 위 발행 시스템에 대한 공중의 이용에 필수적인 기능을 하는 것으로 평가할 수 있는지는 의문이다.

다수의견에서 말하는 '필수적 기능'이라는 용어가 과연 무슨 의미인지 분명하지 않다. 형벌법규를 해석할 때에 법 규정에도 없는 불분명한 개념을 도입하여 이를 가지고 그 구성요건 해당 여부를 판단하는 일은 삼가야 한다. 다수의견도 인정하듯이 해외 베팅사이트 그 자체는 이미 공중이 이용할 수 있도록 제공되어 있는 상태이다. 국내 이용자들 역시 이 사건 중계사이트를 통하지 않더라도 해외 베팅사이트에 직접 접속하여 이용하는 것이 가능하며, 피고인들을 통하지 않더라도 자신들이 게임머니를 충전할 수도 있다는 것이다. 이러한 점에서도 피고인들이 국내 이용자들의 요청에 따라 국내 계좌에 입금된 돈을 게임머니로 바꾸어준 행위가 발행 시스템에 대한 공중의 이용에 '필수적 기능'을 하는 것으로 평가한다는 것은 아무리 보아도 자연스럽지 않다. 이러한 행위는 해외 베팅사이트 운영업체가 공중이 이용할 수 있도록 제공한 체육진흥투표권 등 발행 시스템을 국내 이용자들이 손쉽게 이용할 수 있도록 편의를 제공하는 행위라고 보는 것이 옳고, 이를 들어 발행 시스템 자체를 국내 이용자들에게 제공한 것이라고 보기는 어렵다. 이것이 형벌법규 문언의 통상적 의미에 따른 해석이기도 하다.

(4) 나아가 다수의견은 피고인들의 행위가 그 '불법성의 정도'에서 시스템을 설계·제작·유통하는 행위와 차이가 없다고 하면서 그 근거로 피고인들이 해외 베팅사이트에의 연결, 게임머니 충전 및 환전이 가능한 별도의 이 사건 중계사이트를 운영하고 도박 결과에 따른 이익과 손실의 귀속주체였다는 점을 들고 있다.

이 사건의 쟁점은 피고인들의 행위가 법 제26조 제2항 제1호에 해당하는지 여부이다. 형법법규를 해석할 때에 불법성의 정도를 구성요건 해당 여부를 판단하는 기준으로 삼을 수는 없다. 피고인들의 행위와 같이 중계사이트를 개설·운영하면서 이를 통해 발행 시스템에 접근하여 이용할 수 있도록 돕는 행위는 법 제26조 제2항 제3호가 규정한 체육진흥투표권 등의 구매를 중개하는 행위의 전형적인 모습이다. 피고인들이 게임머니 충전, 환전 서비스를 제공하고, 수익금도 해외 베팅사이트 측과 일정 비율로 나누어 가지는 등 그 불법성이 중한 것도 사실이다. 그렇다고 하여 피고인들이 도박 결과에 따른 이익과 손실의 귀속주체였다고 볼 수는 없다. 피고인들의 이러한 행위는 체육진흥투표권 등을 발행하는 시스템의 제공행위 자체와는 구별되는 것이다. 다수의견처럼 법 제26조 제2항 제1호를 적용한다면 수범자인 국민으로서는 위 조항의 적용 범위가 어디까지인지 예측하기 어렵다. 피고인들의 행위가 '체육진흥투표권 등의 구매를 중개 또는 알선하는 행위'에 해당한다면 그 조항을 적용하여 처벌하면 충분하지, 굳이 같은 항 제1호를 무리해서 적용할 필요가 없다.

라. 결국 피고인들의 행위는 법 제26조 제2항 제3호에서 규정하는 '유사행위를 홍보하거나 체육진흥투표권 등의 구매를 중개 또는 알선하는 행위'에 해당할 뿐, 같은 항 제1호에서 규정하는 '정보통신망을 이용하여 체육진흥투표권 등을 발행하는 시스템을 공중이 이용할 수 있도록 제공하는 행위'에는 해당하지 않는다고 보아야 한다. 후자에 해당한다고 해석하는 것은 무엇보다도 죄형법정주의 원칙상 금지되는 확장해석 또는 유추해석에 해당하여 허용될 수 없다.

그런데도 원심은 이와 달리 피고인들의 행위를 법 제26조 제2항 제1호에서 정한

'정보통신망을 이용하여 체육진흥투표권 등을 발행하는 시스템을 공중이 이용할 수 있도록 제공하는 행위'에 해당한다고 보아, 이 부분 변경된 공소사실을 유죄로 인정하였다.

이러한 원심의 판단에는 법 제26조 제2항 제1호에서 정한 '정보통신망을 이용하여 체육진흥투표권 등을 발행하는 시스템을 공중이 이용할 수 있도록 제공하는 행위'의 해석에 관한 법리를 오해하여 판결에 영향을 미친 잘못이 있다.

이상과 같은 이유로 다수의견에 반대하는 취지를 밝힌다.

[39] '법의 공백'과 '법관의 법형성' − 인공수정과 친생자관계

− 대법원 2019. 10. 23. 선고 2016므2510 전원합의체 판결 −

【판시사항】

[1] 아내가 혼인 중 남편이 아닌 제3자의 정자를 제공받아 인공수정으로 임신한 자녀를 출산한 경우, 출생한 자녀가 남편의 자녀로 추정되는지 여부 / 인공수정에 동의한 남편이 나중에 이를 번복하고 친생부인의 소를 제기할 수 있는지 여부 및 남편이 인공수정 자녀에 대해서 친자관계를 공시·용인해 왔다고 볼 수 있는 경우, 동의가 있는 경우와 마찬가지로 취급하여야 하는지 여부

[2] 혼인 중 아내가 임신하여 출산한 자녀가 남편과 혈연관계가 없다는 점이 밝혀진 경우에도 친생추정이 미치는지 여부

【판결요지】

[1] [다수의견] (가) 친생자와 관련된 민법 규정, 특히 민법 제844조 제1항(이하 '친생추정 규정'이라 한다)의 문언과 체계, 민법이 혼인 중 출생한 자녀의 법적 지위에 관하여 친생추정 규정을 두고 있는 기본적인 입법 취지와 연혁, 헌법이 보장하고 있는 혼인과 가족제도 등에 비추어 보면, 아내가 혼인 중 남편이 아닌 제3자의 정자를 제공받아 인공수정으로 자녀를 출산한 경우에도 친생추정 규정을 적용하여 인공수정으로 출생한 자녀가 남편의 자녀로 추정된다고 보는 것이 타당하다.

(나) 정상적으로 혼인생활을 하고 있는 부부 사이에서 인공수정 자녀가 출생하는 경우 남편은 동의의 방법으로 자녀의 임신과 출산에 참여하게 되는데, 이것이 친생추정 규정이 적용되는 근거라고 할 수 있다. 남편이 인공수정에 동의하였다가 나중에 이를 번복하고 친생부인의 소를 제기하는 것은 허용되지 않는다. 나아가 인공수정 동의와 관련된 현행법상 제도의 미비, 인공수정이 이루어지는 의료 현실, 민법 제852조에서 친생자임을 승인한 자의 친생부인을 제한하고 있는 취지 등에 비추어 이러한 동의가 명백히 밝혀지지 않았던 사정이 있다고 해서 곧바로 친자관계가 부정된다거나 친생부인의 소를 제기할 수 있다고 볼 것은 아니다. 부부가 정상적인 혼인생활을 하고 있는 경우 출생한 인공수정 자녀에 대해서는 남편의 동의가 있었을 개연성이 높다. 따라서 혼인

중 출생한 인공수정 자녀에 대해서는 다른 명확한 사정에 관한 증명이 없는 한 남편의 동의가 있었던 것으로 볼 수 있다. 동의서 작성이나 그 보존 여부가 명백하지 않더라도 인공수정 자녀의 출생 이후 남편이 인공수정 자녀라는 사실을 알면서 출생신고를 하는 등 인공수정 자녀를 자신의 친자로 공시하는 행위를 하거나, 인공수정 자녀의 출생 이후 상당 기간 동안 실질적인 친자관계를 유지하면서 인공수정 자녀를 자신의 자녀로 알리는 등 사회적으로 보아 친자관계를 공시·용인해 왔다고 볼 수 있는 경우에는 동의가 있는 경우와 마찬가지로 취급하여야 한다.

[대법관 권순일, 대법관 노정희, 대법관 김상환의 **별개의견**] 혼인 중인 남편과 아내가 인공수정 자녀의 출생에 관하여 의사가 합치되어 이를 토대로 제3자의 정자를 제공받아 인공수정이라는 보조생식 시술에 동의함으로써 자녀가 출생하였다면 그 자녀는 그 부부의 친생자로 보아야 한다. 이렇게 보는 것이야말로 헌법에 규정된 국민의 행복추구권, 사생활의 비밀과 자유, 가족생활의 보장 원칙에 부합하고, 가족관계에 관한 민법 규정과도 조화를 이루며, 법이 추구하고자 하는 기본적인 가치와 사회 일반의 보편적인 법감정 및 법의식에도 맞는다. 나아가 이와 같은 남편과 아내의 합치된 의사 및 시술에 대한 동의를 사후적으로 번복하는 것은 허용될 수 없다. 이는 인간의 존엄과 가치에 대한 헌법적 결단과 친자관계에 관한 민법의 기본질서 및 선량한 풍속에 반하는 것이기 때문이다.

[2] [다수의견] 민법 제844조 제1항(이하 '친생추정 규정'이라 한다)의 문언과 체계, 민법이 혼인 중 출생한 자녀의 법적 지위에 관하여 친생추정 규정을 두고 있는 기본적인 입법 취지와 연혁, 헌법이 보장하고 있는 혼인과 가족제도, 사생활의 비밀과 자유, 부부와 자녀의 법적 지위와 관련된 이익의 구체적인 비교 형량 등을 종합하면, 혼인 중 아내가 임신하여 출산한 자녀가 남편과 혈연관계가 없다는 점이 밝혀졌더라도 친생추정이 미치지 않는다고 볼 수 없다.

[대법관 권순일, 대법관 노정희, 대법관 김상환의 **별개의견**] 남편과 자녀 사이에 혈연관계가 없음이 과학적으로 증명되고 그들 사이에 사회적 친자관계가 형성되지 않았거나 파탄된 경우에는 친생추정의 예외로서 친생부인의 소에 의하지 아니하고도 친자관계를 부정할 수 있다고 할 것이나, 혈연관계가 없음이 과학적으로 증명되었더라도 사회적 친자관계가 형성되어 있는 경우에는 함부로 친생추정 예외의 법리로써 친자관계를 부정할 수 없다고 봄이 타당하다. 이때 사회적 친자관계란 부와 자 사이에 부자로서의 정서적 유대가 형성되어 있고, 부가 부로서의 역할을 수행할 의사를 가지고 자를 보호·

교양하는 등 생활의 실태가 형성되어 있는 상태를 의미한다고 볼 수 있다. 그리고 이를 판단할 때에는 부부의 혼인계속 여부, 과거 가족공동체로 볼 수 있는 생활관계가 형성되어 있었는지 여부나 그 기간, 부자 사이에 정서적 유대관계의 형성 여부, 친자관계의 파탄 원인과 그에 관한 당사자의 책임 유무, 자녀의 연령, 사회적 친자관계의 회복 가능성, 친자관계의 파탄을 인정하는 것이 자녀의 인격형성과 정서에 미치는 영향 등 가족관계를 둘러싼 여러 사정을 두루 고려하여야 한다.

【원고, 상고인】 송○○
【피고, 피상고인】 송□□ 외 1인
【원심판결】 서울가법 2016. 9. 21. 선고 2015르1490 판결

【주   문】

상고를 모두 기각한다.

【이   유】

상고이유를 판단한다.

1. 피고 1에 대한 상고이유에 관한 판단

가. 아내가 혼인 중 인공수정으로 임신하여 출산한 자녀의 친자관계
(1) 인공수정 자녀에 대한 친생추정 규정 적용 여부

피고 1에 대한 이 사건 청구의 쟁점은 아내가 혼인 중 남편이 아닌 제3자의 정자를 제공받아 자연적인 방법이 아닌 인공수정으로 임신한 자녀(이하 '인공수정 자녀'라 한다)를 출산한 경우 출생한 자녀의 친자관계를 어떠한 기준으로 인정해야 하는가이다(인공수정에는 다양한 형태가 있다. 여기에서는 위와 같은 '제3자 정자제공형 인공수정' 이외의 사안은 다루지 않는다). 현행 민법에는 인공수정 자녀의 친자관계 성립에 관해서는 명시적인 규정이 없다. 1958. 2. 22. 민법 제정 당시에는 아내가 인공수정으로 자녀를 임신할 수 있다는 가능성을 상정하지 못하였기 때문에 이에 관한 규정을 둘 수 없었다.

그러나 친생자와 관련된 민법 규정, 특히 친생추정 규정의 문언과 체계, 민법이 혼인 중 출생한 자녀의 법적 지위에 관하여 친생추정 규정을 두고 있는 기본적인 입법 취지와 연혁, 헌법이 보장하고 있는 혼인과 가족제도 등에 비추어 보면, 아내가 혼인 중

남편이 아닌 제3자의 정자를 제공받아 인공수정으로 자녀를 출산한 경우에도 친생추정 규정을 적용하여 인공수정으로 출생한 자녀가 남편의 자녀로 추정된다고 보는 것이 타당하다. 상세한 이유는 다음과 같다.

(가) 먼저 친생추정 규정의 의미에 관하여 본다.

민법은 이와 같이 친생추정 규정과 이에 대한 번복방법인 친생부인의 소 규정을 엄격하게 정하고 있고, 친생부인을 할 수 없게 된 경우 자녀의 법적 지위가 종국적으로 확정된다. 따라서 혼인 중 출생한 자녀의 부자관계는 민법 규정에 따라 일률적으로 정해지는 것이고 그 혈연관계를 개별적·구체적으로 심사하여 정해지는 것이 아니다. 즉, 민법은 혼인관계에서 출생한 자녀라는 사실에 근거하여 규범적으로 친자관계라는 가족관계를 형성하고 그와 같이 형성된 가족관계에 강한 법적 보호를 부여한다. 이처럼 일반적·제도적 측면에서 자녀의 복리를 보호하면서도 친생추정 규정에 따라 형성된 신분관계를 부인하고자 하는 사람에게는 합리적인 방법과 기간을 정하여 신분관계에서 벗어날 수 있도록 함으로써 친자관계 확정을 둘러싸고 대립하는 이익을 조정하는 것이 민법의 기본적 태도이다.

(나) 친생추정 규정을 인공수정 자녀에 대해서도 동일하게 적용해야 하는 이유에 관하여 본다.

헌법 제36조 제1항은 "혼인과 가족생활은 개인의 존엄과 양성의 평등을 기초로 성립되고 유지되어야 하며, 국가는 이를 보장한다."라고 정하여 개인의 자율적 의사와 양성의 평등에 기초한 혼인과 이를 바탕으로 형성되는 가족생활을 보호하고 있다. 친생추정 규정은 이러한 헌법 원칙을 바탕으로 부부가 정상적인 혼인생활을 하고 있는 경우 이를 기초로 형성되는 가족관계에 안정된 법적 지위를 부여하여 가정의 평화를 유지하는 데에 기여한다. 인공수정 자녀가 출생하게 된 배경이 된 혼인관계, 그리고 혼인 중 인공수정 자녀가 출생함에 따라 발생하게 되는 친자관계 등의 가족관계도 이처럼 존중받아야 할 개인과 가족의 자율적 결정권에 기초하여 형성된 것이므로 혼인 중 출생한 다른 자녀와 차별을 두어서는 안 된다. 혼인을 바탕으로 형성된 가족생활에 대한 보호의 필요성은 혼인 중 출생한 자녀가 인공수정 자녀라는 이유로 달라지지 않는다. 임신하게 된 구체적 경위에 따라 혼인 중 출생한 자녀에 대한 법적 지위가 달라진다고 볼 법적 근거가 없다. 정상적인 혼인관계를 유지하고 있는 상태에서 출생한 인공수정 자녀에 대해서 성적 교섭에 의해 출생한 자가 아니라는 이유로 친생추정 규정의 적용을 배제할 합리적인 이유도 없다.

친생추정 규정은 혼인 중 출생한 자녀에 대해서 출생과 동시에 안정된 법적 지위를 부여하여 법적 보호의 공백을 없애고자 한 것이다. 이것은 혼인 중 인공수정으로 출생한 자녀에 대해서도 마찬가지이다.

성적 교섭이나 생물학적 혈연관계만을 친자관계 성립의 근거로 삼거나 이를 이유로 인공수정 자녀가 남편의 자녀로 추정될 수 없다고 보는 것은 혼인 중 출생한 인공수정 자녀에 대해서 아버지를 정할 수 없는 상태를 초래한다. 이는 인공수정 자녀의 법적 지위를 불안하게 함으로써 민법이 친생추정 규정을 두게 된 제도의 취지와 정면으로 배치되어 부당하다. 인공수정 자녀에 대해서 친생추정 규정을 적용하지 않고 생물학적 혈연관계만을 우선시할 경우에는 더욱 부당한 결과를 초래한다. 정자를 제공한 제3자가 익명인 경우에는 정자제공자를 특정하기 어렵다. 정자제공자는 자신의 정자로 태어날 아이에 대해서 아버지로서 책임져야 한다는 것을 예상할 수 없어 아버지 역할을 기대하기 어려울 뿐만 아니라, 익명으로 정자를 제공한 것 외에 자녀의 임신과 출생에 대해서 아버지로서의 신분을 귀속시킬 만한 별다른 역할을 하지 않는다. 따라서 혈연관계가 있다는 점만으로 정자제공자를 곧바로 법률상 아버지로 취급하거나 그에게 법률상 아버지로서의 책임을 묻는 것은 타당하지 않다. 이처럼 인공수정 자녀에 대해서 친생추정 규정에 따라 부자관계를 정하지 않으면 사실상 부자관계를 정할 수 없게 되거나 민법이 예상하지 않은 부자관계를 성립하도록 하는 등 부당한 결과를 가져온다.

요컨대, 친생추정 규정은 혼인 중 출생한 자녀에 대해서 적용되는데, 친생추정 규정의 문언과 입법 취지, 혼인과 가족생활에 대한 헌법적 보장 등에 비추어 혼인 중 출생한 인공수정 자녀도 혼인 중 출생한 자녀에 포함된다고 보아야 한다.

(다) 자녀의 복리는 친자관계의 성립과 유지에서 가장 우선적으로 고려해야 할 사항이므로, 인공수정 자녀에 대해서 친생추정 규정이 적용되는지를 따질 때에도 자녀의 복리에 중점을 두어야 한다. 자녀의 복리는 단순히 자녀에게 보호·교양의 보장이라는 친자관계의 실질을 제공하는 것에 국한하지 않고 이에 상응하는 법적인 친자관계를 형성해 줌으로써 부모의 역할을 할 수 있도록 해야 하고, 이에 따라 부모가 자녀의 발전을 위한 지원을 충분히 할 수 있도록 제도적으로 보장해 주어야 한다. 자녀의 복리를 지속적으로 책임지는 부모에게 자녀와의 신분관계를 귀속시키는 것이 자녀의 복리에 도움이 된다. 인공수정 자녀에 대해서 친생자관계가 생기지 않는다고 보는 것은 인공수정 자녀를 양육해 왔던 혼인 부부에게 커다란 충격일 뿐만 아니라 이를 바탕으로 가족관계를 형성해 온 자녀에게도 회복하기 어려운 위험이라고 할 수 있다.

(라) 인공수정 자녀의 출생 과정과 이를 둘러싼 가족관계의 실제 모습에 비추어 보더라도 인공수정 자녀에 대해서 친생추정 규정을 적용하는 것에 사회적 타당성을 인정할 수 있다.

(2) 인공수정 자녀에 대한 친생부인 허용 여부

(가) (중략)

친생부인의 소는 자연적인 성적 교섭으로 임신·출산한 자녀에 대해서 성적 교섭 과정이 없다는 것과 이에 따라 생물학적 혈연관계가 없다는 것을 요건으로 제기할 수 있다. 인공수정 자녀에 대해서도 위와 같은 요건으로 친생부인의 소를 제기할 수 있다고 한다면 친생자관계는 생물학적인 혈연으로 결정된다는 것을 전제로 하는 것으로서 인공수정을 통한 친자관계의 형성을 부정하는 결과가 된다. 이는 민법이 친생추정 규정과 친생부인의 소 규정을 두어 혈연 이외의 다른 요소도 고려하여 친생자관계를 정하고자 한 취지나 목적에 합치되지 않는다.

(나) 정상적으로 혼인생활을 하고 있는 부부 사이에서 인공수정 자녀가 출생하는 경우 남편은 동의의 방법으로 자녀의 임신과 출산에 참여하게 되는데, 이것이 친생추정 규정이 적용되는 근거라고 할 수 있다. 남편이 인공수정에 동의하였다가 나중에 이를 번복하고 친생부인의 소를 제기하는 것은 허용되지 않는다. 나아가 인공수정 동의와 관련된 현행법상 제도의 미비, 인공수정이 이루어지는 의료 현실, 민법 제852조에서 친생자임을 승인한 자의 친생부인을 제한하고 있는 취지 등에 비추어 이러한 동의가 명백히 밝혀지지 않았던 사정이 있다고 해서 곧바로 친자관계가 부정된다거나 친생부인의 소를 제기할 수 있다고 볼 것은 아니다.

부부가 정상적인 혼인생활을 하고 있는 경우 출생한 인공수정 자녀에 대해서는 남편의 동의가 있었을 개연성이 높다. 따라서 혼인 중 출생한 인공수정 자녀에 대해서는 다른 명확한 사정에 관한 증명이 없는 한 남편의 동의가 있었던 것으로 볼 수 있다.

동의서 작성이나 그 보존 여부가 명백하지 않더라도 인공수정 자녀의 출생 이후 남편이 인공수정 자녀라는 사실을 알면서 출생신고를 하는 등 인공수정 자녀를 자신의 친자로 공시하는 행위를 하거나, 인공수정 자녀의 출생 이후 상당 기간 동안 실질적인 친자관계를 유지하면서 인공수정 자녀를 자신의 자녀로 알리는 등 사회적으로 보아 친자관계를 공시·용인해 왔다고 볼 수 있는 경우에는 동의가 있는 경우와 마찬가지로 취급하여야 한다.

민법 제852조는 자의 출생 후에 친생자임을 승인한 자는 다시 친생부인의 소를 제기하지 못한다고 정하면서 친생부인의 기회를 제한하고 있다. 이와 같이 친생부인의 소를 제기할 수 있는 자가 자녀에 대해서 친생자임을 승인하면 이후 친자관계는 확정되고 이로써 친자관계라는 신분관계가 신속하게 안정화되며 이를 통하여 자녀의 복리에 부합하는 결과를 가져온다. 남편이 인공수정 자녀에 대해서 출생신고를 하거나 인공수정 자녀의 출생 이후 상당 기간 동안 실질적인 친자관계를 유지해 오는 것과 같이 친자관계를 공시·용인하는 행위를 한 경우 이는 인공수정 자녀의 출생 전 과정을 알고 있다고 볼 수 있는 남편이 그러한 사실을 전제하면서 인공수정 자녀를 자신의 자녀로 승인하는 행위로 평가할 수 있다. 그 후 남편이 친생부인을 주장하는 것은 민법 제852조의 취지에 반할 뿐만 아니라 선행행위와 모순되는 행위로서 신의성실의 원칙에 비추어 허용되지 않는다고 보아야 한다.

나. 사실관계

원심판결 이유와 기록에 따르면 다음 사실을 알 수 있다.

(1) 원고는 소외인과 1985. 8. 2. 혼인신고를 마친 부부였다. 원고는 소외인과 결혼 후인 1992년경 ○○○병원에서 무정자증 진단을 받았다. 이에 소외인은 원고의 동의를 얻어 제3자로부터 정자를 제공받아 시험관시술을 통한 인공수정 방법으로 임신한 다음 (일자 1 생략) 위 병원에서 피고 1을 출산하였다.

(2) 피고 1의 출생기록에 붙어 있는 피고 1의 출생 직후 사진 중 인적사항이 기재된 부분의 오른쪽 상단에 체외수정(In Vitro Fertilization)의 약자인 'IVF'가 쓰여 있다.

(3) 원고는 1993. 3. 29. 피고 1의 출생에 대해서 아무런 문제도 제기하지 않은 채 자신과 소외인의 자녀로 피고 1의 출생신고를 마쳤다.

(4) 원고와 소외인은 부부갈등으로 인해 2013. 6. 28. 서울동부지방법원에 협의이혼의사 확인신청서를 제출하였다. 피고 1은 원고와 혈연관계가 없음을 알지 못한 채 살아오다가 위 협의이혼의사 확인신청 무렵 원고와 소외인이 다투는 과정에서 원고가 피고 1은 자신의 친자가 아니라고 말하는 것을 듣고 이를 알게 되었다.

(5) 원고와 소외인은 혼인 이후 이 사건 소 제기 무렵까지 피고 1과 함께 동거해 왔다. 이때까지 원고가 피고 1과의 친자관계에 대해서 별다른 이의를 제기하였다고 볼만한 사정은 없다.

(6) 이 사건 제1심법원과 원심법원은 피고 1이 ○○○병원에서 제3자의 정자 제공에 의한 시험관시술을 통해 출생하였는지, 이때 원고가 동의를 하였는지 등을 확인하기 위해 위 병원에 사실조회를 하였으나, 위 병원은 의료기록 보존기간이 지나 진료기록이

없다고 회신하였다.

(7) 원고가 협의이혼의사 확인신청을 한 이후인 2013. 7. 28. 피고 1 등과 대화한 내용을 녹음한 녹취록(을 제4호증)에 따르면, 원고는 피고 1에 대한 인공수정 당시 자신이 무정자증이라는 것을 알고 있었고 위 병원에서 피고 1을 낳기로 동의하였으며, 그에 따라 피고 1에 대해서는 딸로 대하며 피고 1의 결혼 시까지 책임지겠다는 의사를 밝혀 왔음을 알 수 있다.

다. 피고 1에 대한 친생자관계 존부

(1) 위와 같은 사실관계를 위에서 본 법리에 비추어 살펴보면, 소외인이 원고와 혼인 중 인공수정으로 출생한 자녀인 피고 1은 친생추정 규정에 따라 원고의 친생자로 추정된다고 보아야 한다. 뿐만 아니라 원고는 피고 1을 자신의 자녀로 승인하였으므로, 원고가 피고 1에 대해서 친생부인을 구할 수 없다고 보아야 한다. 그 이유는 다음과 같다.

(가) 원고는 소외인과 혼인 후 병원 검사를 통하여 무정자증 진단을 받아 자연적인 성적 교섭으로는 자녀를 출산할 수 없음을 인식한 상태에서 소외인이 제3자의 정자를 제공받아 피고 1을 임신·출산하는 데에 동의하였다. 의료기록 보존기간이 지나 원고가 어떠한 형태로 동의한 것인지를 구체적으로 확인할 수 없지만, 원고가 결혼 후 장기간 자녀를 갖지 못한 상태에서 무정자증 진단을 받은 후 얼마 되지 않은 시점에서 소외인이 제3자의 정자를 제공받아 피고 1을 임신·출산하는 데에 동의하였다. 원고의 동의는 단순한 의료시술에 대한 동의가 아니라 피고 1과 친자관계를 설정하려는 의사로 동의한 것으로 볼 수 있다.

(나) 원고는 피고 1이 출생한 (일자 1 생략)부터 9일 후인 △△일 피고 1의 출생에 대해서 아무런 문제를 제기하지 않은 채 원고와 소외인의 자녀로 피고 1의 출생신고를 마쳤다. 원고는 자신이 무정자증으로 자녀를 출산할 수 없다는 것과 자신의 동의로 소외인이 제3자의 정자를 제공받아 피고 1을 임신·출산하였다는 것을 명확하게 인식한 상태에서 피고 1에 관한 출생신고를 하였다. 이를 통하여 원고가 피고 1과 친자관계를 형성하려는 의미에서 동의를 한 것으로 볼 수 있을 뿐만 아니라 원고는 피고 1을 자신의 자녀로 승인하고 출생신고를 통하여 사회적으로도 공시하였다.

(다) 원고는 피고 1이 출생한 이후 2013년경 소외인과 협의이혼을 신청하기까지 약 20년이 넘는 동안 피고 1과 동거하면서 실질적인 친자관계를 형성해 왔고 이와 모순되는 모습을 보인 적이 없다. 협의이혼을 신청한 직후까지도 피고 1에 대해서 아버지의 역할을 다하겠다는 의사를 보이기도 하였다. 이처럼 원고는 피고 1이 자신의 자녀로

출생신고되어 있는 상태에서 장기간 피고 1을 보호·교양하는 등으로 실질적인 친자관계를 형성함으로써 피고 1을 자신의 친생자로 승인하였다고 평가할 수 있다.

(2) 같은 취지에서 원고가 친생추정 규정에 따라 친생추정을 받는 피고 1을 상대로 민법 제865조에서 정하는 친생자관계부존재확인의 소로써 친생자관계의 부존재확인을 구하는 것은 부적법하다는 원심판단은 위에서 본 법리에 기초한 것으로 정당하다. 원심판단에 상고이유 주장과 같이 친생추정에 관한 법리를 오해하는 등의 잘못이 없다.

2. 피고 2에 대한 상고이유에 관한 판단

가. 혈연관계가 없다는 점이 친생추정이 미치지 않는 사유가 될 수 있는지 여부

민법 제844조 제1항에 따른 친생추정을 번복하기 위해서는 부부의 한쪽이 민법 제846조, 제847조에서 정하는 친생부인의 소를 제기하여 확정판결을 받아야 한다. 부부의 한쪽이 친생부인의 소가 아닌 민법 제865조에서 정하는 친생자관계존부확인의 소를 통해서 친생자관계의 부존재확인을 구하는 것은 부적법하다(대법원 1984. 9. 25. 선고 84므84 판결, 대법원 2000. 8. 22. 선고 2000므292 판결 등 참조).

위에서 본 친생추정 규정의 문언과 체계, 민법이 혼인 중 출생한 자녀의 법적 지위에 관하여 친생추정 규정을 두고 있는 기본적인 입법 취지와 연혁, 헌법이 보장하고 있는 혼인과 가족제도, 사생활의 비밀과 자유, 부부와 자녀의 법적 지위와 관련된 이익의 구체적인 비교 형량 등을 종합하면, 혼인 중 아내가 임신하여 출산한 자녀가 남편과 혈연관계가 없다는 점이 밝혀졌더라도 친생추정이 미치지 않는다고 볼 수 없다. 상세한 이유는 다음과 같다.

(1) 혈연관계의 유무를 기준으로 친생추정 규정이 미치는 범위를 정하는 것은 민법 규정의 문언에 배치될 뿐만 아니라 친생추정 규정을 사실상 사문화하는 것으로 친생추정 규정을 친자관계의 설정과 관련된 기본 규정으로 삼고 있는 민법의 취지와 체계에 반한다. (중략)

(2) 혈연관계의 유무를 기준으로 친생추정 규정의 효력이 미치는 범위를 정하게 되면 필연적으로 가족관계의 당사자가 아닌 제3자가 부부관계나 가족관계 등 가정 내부의 내밀한 영역에 깊숙이 관여하게 되는 결과를 피할 수 없다. 친생추정을 받는 자녀에 대해서 친생추정이 미치지 않게 하거나 이에 대한 공적인 확인을 받기 위해서는 결국 법원의 판단을 받아야 하는데, 그러한 경우 법원을 포함한 국가기관이 친자관계에 깊숙이 관여하게 된다. 혼인과 이를 바탕으로 한 가족관계는 헌법상 국가로부터 보장받

아야 하는데도 이와 같은 관여를 넓게 허용하게 되면 오히려 국가가 보장해야 할 혼인
과 가족관계를 국가나 제3자가 침해하는 결과를 가져올 수 있어 헌법 취지에도 반한다.

헌법 제36조 제1항은 혼인과 가족생활은 개인의 존엄을 존중하는 가운데 성립되
고 유지되어야 함을 분명히 하고 있다. 혼인과 가족생활은 인간생활의 가장 본원적이고
사적인 영역이다. 혼인과 가족생활에서 개인이 독립적 인격체로서 존중되어야 하고, 혼
인과 가족생활을 어떻게 꾸려나갈 것인지에 관한 개인과 가족의 자율적 결정권은 존중
되어야 한다. 국가는 개인의 존엄과 양성평등을 기초로 형성된 가족생활을 존중하고 인
격적·애정적 인간관계에 기초한 가족관계에 개입하지 않는 것이 바람직하다(헌법재판
소 2000. 4. 27. 선고 98헌가16, 98헌마429 전원재판부 결정, 헌법재판소 2005. 2. 3. 선고 2001
헌가9, 10, 11, 12, 13, 14, 15, 2004헌가5 전원재판부 결정 등 참조). <u>혼인과 가족관계가 다른
사람의 기본권이나 공공의 이익을 침해하지 않는 한 혼인과 가족생활에 대한 국가기관
의 개입은 자제하여야 한다.</u>

(3) <u>법리적으로 보아도 혈연관계의 유무는 친생추정을 번복할 수 있는 사유에는
해당할 수 있지만 친생추정이 미치지 않는 범위를 정하는 사유가 될 수 없다.</u>

민법은 친생추정 규정을 두면서도 남편에게 친생부인의 사유가 있음을 안 날부터
2년 내에 친생부인의 소를 제기할 수 있도록 하고 있으므로 남편이 친생부인의 사유를
알지 못하는 한 친생부인의 소의 제소기간은 진행하지 않는다. 이는 진실한 혈연관계에
대한 인식을 바탕으로 법률적인 친자관계를 진실에 부합시키고자 하는 남편에게 친생
추정을 부인할 수 있는 실질적인 기회를 부여한 것이다. 친생부인의 소가 적법하게 제
기되면 부모와 출생한 자녀 사이에 생물학적 혈연관계가 존재하는지가 증명의 대상이
되는 주요사실을 구성한다. 결국 혈연관계가 없음을 알게 되면 친생부인의 소를 제기할
수 있는 제소기간이 진행하고, 실제로 생물학적 혈연관계가 없다는 점은 친생부인의 소
로써 친생추정을 번복할 수 있게 하는 사유이다.

이처럼 혈연관계 유무나 그에 대한 인식은 친생부인의 소를 이유 있게 하는 근거
또는 제소기간의 기산점 기준으로서 친생부인의 소를 통해 친생추정을 번복할 수 있도
록 하는 사유이다. 이것이 친생추정이 처음부터 미치지 않도록 하는 사유로서 친생부인
의 소를 제기할 필요조차 없도록 하는 요소가 될 수는 없다. 혈연관계가 없다는 점을
친생추정이 미치지 않는 전제사실로 보는 것은 원고적격과 제소기간의 제한을 두고 있
는 친생부인의 소의 존재를 무의미하게 만드는 것으로 현행 민법의 해석상 받아들이기
어렵다. 친생부인권을 실질적으로 행사할 수 있는 기회를 부여받았는데도 제소기간이

지나도록 이를 행사하지 않아 더 이상 이를 다툴 수 없게 된 경우 그러한 상태가 남편이 가정생활과 신분관계에서 누려야 할 인격권, 행복추구권, 개인의 존엄과 양성의 평등에 기초한 혼인과 가족생활에 대한 기본권을 침해한다고 볼 수 없다(헌법재판소 2015. 3. 26. 선고 2012헌바357 전원재판부 결정 등 참조). 민법 규정에 반하는 해석을 동원하면서까지 남편에게 친생부인의 기회를 다시 부여하여야 할 만큼 특별한 필요성을 인정하기도 어렵다.

나. 사실관계

원심이 인정한 사실관계는 다음과 같다.

(1) 소외인은 혼외 관계를 통해 피고 2를 임신하여 (일자 2 생략) 피고 2를 출산하였다. 원고는 1997. 8. 6. 원고와 소외인의 자녀로 피고 2의 출생신고를 마쳤다.

(2) 원고는 늦어도 피고 2가 초등학교 5학년 무렵이던 2008년경에는 병원 검사를 통하여 피고 2가 자신의 친자가 아니라는 사실을 이미 알고 있었던 것으로 보인다.

(3) 그런데도 원고는 이 사건 소를 제기할 무렵까지 오랜 기간 피고 2가 친생자로 출생신고된 사실에 관하여 문제 삼지 않은 채 피고 2와 동거하면서 아버지로서 피고 2를 보호·교양해 왔다.

(4) 원고는 2013년경 소외인과 협의이혼 과정에서 '미성년자인 피고 2의 친권과 양육권을 포기하며, 피고 2의 양육비로 고등학교를 졸업할 때까지 월 50만 원씩을 지급'하기로 하는 내용의 각서를 공증하였다.

(5) 피고 2는 원고와 혈연관계가 없음을 알지 못한 채 살아오다가 위 협의이혼의사 확인신청 무렵 원고와 소외인이 다투는 과정에서 원고가 피고 2는 자신의 친자가 아니라고 말하는 것을 듣고 이를 알게 되었다.

(6) 원고와 소외인은 이혼소송에까지 이르러 결국 2015. 10. 30. 이혼하기로 하는 내용으로 조정이 성립하였다.

다. 피고 2에 대한 친생자관계 존부

(1) 원심은 다음과 같은 이유로 피고 2에 대한 원고의 소가 부적법하다고 판단하였다.

유전자형 배치의 경우에도 친생자 추정의 효력은 미치지 않는다고 보아야 하고, 원고와 피고 2 사이에는 친생자관계가 존재하지 않음이 분명하다. 다만 적어도 협의이혼의사 확인신청 이전에 입양의 실질적 요건이 모두 갖추어져 원고와 피고 2 사이에는 양자관계가 유효하게 성립되었다. 원고와 피고 2 사이에 파양에 의하여 양자관계를 해소할 필요가 있는 등 특별한 사정이 없다. 따라서 원고의 피고 2에 대한 친생자관계의 부존재확인을 구하는 이 사건 소는 확인의 이익이 없다.

(2) 그러나 위에서 본 법리에 따르면, 소외인이 원고와 혼인 중에 피고 2를 임신하여 출산한 이상 피고 2는 민법 제844조 제1항에 따라 원고의 친생자로 추정되고, 사후적으로 유전자형이 배치된다는 사정이 밝혀진 경우에도 여전히 친생추정이 미친다. 따라서 원고가 친생추정을 받는 피고 2에 대하여 친생부인 사유가 있음을 안 날부터 2년 내에 친생부인의 소를 제기하여 친생자임을 부인하는 판결을 받지 않은 이상 친생자관계존부확인의 소로써 친생자관계의 부존재확인을 구하는 것은 부적법하다.

원심판단에 부적절한 부분이 있지만, 원고의 항소를 배척하고 피고 2에 대한 원고의 소를 각하한 제1심판결을 유지한 원심의 결론은 정당하다. 원심판단에 상고이유 주장과 같이 관련 법리를 오해하거나 논리와 경험의 법칙에 반하여 자유심증주의의 한계를 벗어나는 등으로 판결에 영향을 미친 잘못이 없다.

3. 결론

원고의 상고는 이유 없어 이를 모두 기각하고 상고비용은 패소자가 부담하기로 하여, 주문과 같이 판결한다. 이 판결에는 대법관 권순일, 대법관 노정희, 대법관 김상환의 별개의견과 대법관 민유숙의 별개의견(피고 1 부분)과 반대의견(피고 2 부분)이 있는 외에는 관여 법관의 의견이 일치하였고, 다수의견에 대한 대법관 김재형의 보충의견이 있다.

4. 대법관 권순일, 대법관 노정희, 대법관 김상환의 별개의견

가. 피고 1에 대한 상고이유에 관하여

(1) 다수의견은 아내가 혼인 중 남편이 아닌 제3자의 정자를 제공받아 인공수정으로 임신한 자녀를 출산한 경우 출생한 자녀의 친자관계를 정할 때에 현행 민법상 이에 관한 규정이 없는 이상 민법의 친생추정 규정을 적용하여 출생한 인공수정 자녀가 남편의 자녀로 추정된다고 보는 것이 타당하다고 한다. 그러나 혼인 중 인공수정으로 출생한 자녀를 남편의 자녀로 보아야 한다는 결론에는 다수의견과 견해를 같이하지만 이에 이르는 이유를 달리하므로 이 점을 밝혀 둔다.

민법은 부모와 자녀의 친생자관계는 부모와 출생한 자녀 사이에 생물학적 혈연관계가 존재하는 것을 전제로 한다. 그리하여 모자관계는 여성의 혼인 여부를 불문하고 임신과 출산이라는 자연적 사실에 의하여 외부적으로 명확히 알 수 있기 때문에 민법에 이에 관한 규정을 둘 필요가 없지만, 부자관계는 혈연관계를 확인하는 것이 사실상 불가능에 가까웠기 때문에 민법은 아내가 혼인 중에 임신한 자녀는 남편의 자녀로 추정한다는 친생추정 규정을 둔 것이다. 이러한 친생추정 규정은 무엇보다도 혼인관계에 있는 아내가 남편의 자녀를 임신하는 것이 자연스럽게 기대된다는 사회적 배경 하에서 혼인 중 출생한 자녀는 남편과 혈연관계가 있을 가능성이 크다는 개연성에 근거한다.

　　그러나 최근 과학기술의 발전으로 인공수정을 비롯한 보조생식에 관한 의학기술이 급격하게 진전됨에 따라 가족법 분야에서도 친생자에 관한 민법 규정의 전제가 되는 사회적·문화적 배경 자체가 변화되었고 이에 따라 기존의 민법 규정과 종래의 법리로는 해결할 수 없는 윤리적 문제와 법적 과제에 새롭게 직면하게 되었다. 종전에는 난임 또는 불임으로 자녀를 가질 수 없었던 사람들이 보조생식 기술의 도움을 받아 부모가 될 수 있는 기회를 가지게 되었고 이를 통하여 출생한 자녀의 친자관계를 어떻게 규율할 것인가 하는 것이 그 대표적인 예이다. 과거에는 이른바 '운명의 문제'이던 것이 오늘날에는 '선택의 문제'로 바뀌었고 이에 따른 윤리적·사회적 책임의 공론화가 시급한 실정이다. 유전자검사 기술의 발달로 친생추정 규정 적용의 전제가 되는 부자관계에서 혈연관계의 불확실성이라는 사정 역시 더 이상 존재할 수 없게 되었다. 다수의견처럼 부자관계를 확정하는 데 모자관계와 달리 친생추정이나 인지 등과 같은 별도의 법적 요건이 필요하다고 볼 것이 아니다. 이제는 인공수정을 통한 자녀의 출생을 희망한 남편과 아내의 '의사'에 대한 법적 평가와 그 책임 한계를 진지하게 논의할 시점이다.

　　(2) 새롭게 발생한 사회현상에 대한 법적 규율은 법률의 제정·개정이라는 입법에 의하는 것이 원칙이다. 그러나 새로운 사회현상에서 비롯된 법적 분쟁이 현실로 발생하고 있음에도 불구하고 그 재판에 적용할 법률의 입법이 아직 이루어지지 않았다 하여 헌법으로부터 사법권을 부여받은 법원이 재판을 거부할 수는 없다. 그러므로 법원으로서는 이러한 문제 상황에 대하여 합리적인 입법자라면 마땅히 준거규범으로 삼았을 법 원칙을 찾아내고 이를 선언하는 역할과 기능을 수행하지 않으면 안 된다. 이러한 법관의 법형성은 변화하는 사회 현실의 필요에도 불구하고 입법권의 불행사로 인하여 '법의 공백'이 발생하였을 때에 사회 현실과 법질서 사이의 간격을 메우기 위한 노력으로서 마땅히 사법권에 포함된다고 보아야 한다. 이러한 법관의 법인식 작업은 법률의 유추적용 또는 유추해석과는 구별된다. 법률의 유추적용은 입법에도 불구하고 입법자가 의도하지 않았던 규율의 공백이 있는 사안에 대하여 법규범의 체계, 입법 의도와 목적 등에

비추어 정당하다고 평가되는 한도 내에서 그와 유사한 사안에 관한 법규범을 적용하는 것을 말한다(대법원 2018. 3. 22. 선고 2012다74236 전원합의체 판결의 다수의견에 대한 대법관 김재형의 보충의견 참조). 보조생식 기술을 통한 인공수정 자녀의 출생이라는 사안만 하더라도 이 사건처럼 남편이 아닌 제3자의 정자를 사용한 정자 제공 시술을 시행하는 경우는 물론 아내가 아닌 제3자의 난자를 제공받거나 또는 대리모계약을 통하여 자녀를 출산하는 경우 등 다양한 유형이 존재한다. 이를 법질서 전체의 관점에서 허용할 것인가, 허용한다면 가족법의 관점에서 그 친자관계의 성립을 어떻게 규율할 것인가 하는 문제는 입법에 의하여 해결할 문제이지 다수의견의 주장과 같이 기존의 친생추정 규정 등을 적용하여 해결할 성질의 것은 아니다. 법원으로서는 문제가 된 사태의 해결을 위하여 이에 관련되는 헌법 규정 및 다른 법령과의 관계, 법이 추구하고자 하는 기본적인 가치와 사회 일반의 보편적인 법의식 등을 종합적으로 고려하여 이 사건을 해결하는 데 가장 적합한 분쟁해결기준, 즉 '구체적이고 역사적인 법'을 형성하는 과정을 거쳐 사법권을 행사하여야 한다.

비교법적으로 보아도 이 문제에 관하여는 별도로 법률을 제정하여 해결하고 있는 입법례가 다수 있다. 우리나라에서도 몇 차례에 걸쳐 입법 노력이 있었음에도 불구하고 그 성과를 거두지는 못하고 있다. 다수의견도 지적하듯이 1958년 민법 제정 당시에는 아내가 인공수정으로 자녀를 임신·출산한다는 것은 상정할 수 없었기 때문에 이에 관한 규정을 둘 필요가 없었음은 물론이다.

(3) 부모와 자녀의 친자관계는 혼인관계와 더불어 인간생활의 가장 본원적이고 사적인 영역에 속하면서도 동시에 우리 공동체를 형성하는 토대로서 민법상 가족관계의 기초가 된다. 헌법은 제10조에서 "모든 국민은 인간으로서의 존엄과 가치를 가지며, 행복을 추구할 권리를 가진다.", 제17조에서 "모든 국민은 사생활의 비밀과 자유를 침해받지 아니한다.", 제36조 제1항에서 "혼인과 가족생활은 개인의 존엄과 양성의 평등을 기초로 성립되고 유지되어야 하며 국가는 이를 보장한다."라고 선언한다. 따라서 부모가 자녀를 가지려고 노력하는 것은 행복추구권과 가족관계의 형성에 관한 자율적 결정권을 행사하는 것이므로 다른 사람의 기본권이나 공공의 이익을 침해하지 않는 한 최대한 존중되어야 하고 그 비밀 역시 보장되어야 한다.

민법은 부모와 자녀의 친생자관계는 부모와 출생한 자녀 사이에 혈연관계가 있어야 한다는 전제하에 친자관계와 진실한 혈연관계를 부합시킬 수 있도록 친생부인의 소나 친생자관계존부확인의 소 등과 같은 절차를 마련하고 있다. 그럼에도 다른 한편으로 자녀의 복리 및 친자관계의 신속한 확정이라는 법익이 우선되어야 한다고 보이는 때에는 사회적 관점에서 보아 이미 형성된 친자관계의 성립을 함부로 부정할 수 없도록 하고 있다. 친생부인의 소 규정에 원고적격과 제소기간 등의 제한을 둔 것이 그 예이다. 이와 같이 민법은 혼인관계에서 출생한 자녀라는 사실에 근거하여 규범적으로 우선 친자관계라는 가족관계를 형성하고 그와 같이 형성된 가족관계에 강한 법적 보호를 부여하고 있는데, 다수의견이 적절히 지적하고 있는 것처럼, 이는 입법자의 재량에 맡겨져 있는 것으로서 입법적 결단에 해당하고 나아가 법이 추구하고자 하는 기본적인 가치와 사회 일반의 보편적인 법의식을 반영한 것이라고 보아야 한다. 가족관계를 규율하는 민법이 추구하고자 하는 이러한 가치 및 이를 통하여 알 수 있는 사회 일반의 법감정 또는 법의식은 보조생식술의 시행을 통하여 출생한 인공수정 자녀의 친자관계 성립을 규율하는 기준을 정하는 데에도 마땅히 존중되어야 한다.

인공수정 자녀의 출생 과정에서 남편과 아내가 진정한 의사의 합치로 보조생식술의 시행에 동의하였다면, 이는 개인적으로나 사회적으로 출생할 자녀의 부모가 될 의사로써 자녀에 대한 부모로서의 책임을 인수한다는 의미를 가진다. 이때 남편은 단순히 아내의 인공수정 시술에 대해서 동의를 하는 것이 아니다. 남편은 아내와 평등한 입장에서 부부의 합치된 의사로 인공수정 시술 과정에 참여하고 이로써 출생한 자녀와 친자관계를 성립시키려는 의사를 실현하였다고 보는 것이 현실에 맞는다.

위에서 살펴보았듯이, 혼인 중인 남편과 아내가 인공수정 자녀의 출생에 관하여 의사가 합치되어 이를 토대로 제3자의 정자를 제공받아 인공수정이라는 보조생식 시술에 동의함으로써 자녀가 출생하였다면 그 자녀는 그 부부의 친생자로 보아야 한다. 이렇게 보는 것이야말로 헌법에 규정된 국민의 행복추구권, 사생활의 비밀과 자유, 가족생활의 보장 원칙에 부합하고, 가족관계에 관한 민법 규정과도 조화를 이루며, 법이 추구하고자 하는 기본적인 가치와 사회 일반의 보편적인 법감정 및 법의식에도 맞는다. 나아가 이와 같은 남편과 아내의 합치된 의사 및 시술에 대한 동의를 사후적으로 번복하는 것은 허용될 수 없다. 이는 인간의 존엄과 가치에 대한 헌법적 결단과 친자관계에 관한 민법의 기본질서 및 선량한 풍속에 반하는 것이기 때문이다.

(4) 원심은 이 부분 원고의 소를 각하한 제1심판결에 대한 원고의 항소를 받아들이지 않으면서, 그 이유로 다음과 같은 사정을 들었다. 소외인은 배우자였던 원고의 동의를 얻어 제3자로부터 정자를 제공받아 인공수정으로 피고 1을 임신·출산하였으므로 피고 1은 민법 제844조 제1항에 따라 원고의 친생자로 추정된다. 원고가 친생추정을

받는 피고 1을 상대로 민법 제865조에서 정하는 친생자관계부존재확인의 소에 의해 그 친생자관계의 부존재확인을 구하는 것은 부적법하다.

다수의견이 자세히 설시한 바와 같이 원심판결 이유와 기록에 의하여 알 수 있는 사실관계에 의하면, 원고는 피고 1과 친자관계를 성립시키려는 의사, 즉 피고 1의 부모가 될 의사로 아내였던 소외인과 합의하였고 이를 토대로 인공수정을 통하여 피고 1이 출생하였음을 알 수 있다. 따라서 피고 1은 원고의 친생자에 해당하므로 원고가 피고 1을 상대로 제기한 친생자관계부존재 확인의 소는 이유 없어 기각되어야 한다. 그런데 원고만이 상고한 이 사건에서 불이익변경금지의 원칙상 이 부분 소를 부적법하다고 판단한 원심판결보다 원고에게 불이익하게 청구를 기각하는 판결을 할 수는 없으므로, 결국 원고의 피고 1에 대한 상고를 받아들이지 않는다.

나. 피고 2에 대한 상고이유에 관하여

(1) 종래 대법원은 친생추정 규정의 적용 범위에 관하여, 대법원 1983. 7. 12. 선고 82므59 전원합의체 판결에서 "제844조는 부부가 동거하여 처가 부(夫)의 자를 포태할 수 있는 상태에서 자를 포태한 경우에 적용되는 것이고, 부부의 한쪽이 장기간에 걸쳐 해외에 나가 있거나 사실상의 이혼으로 부부가 별거하고 있는 경우 등 동서(同棲)의 결여로 처가 부(夫)의 자를 포태할 수 없는 것이 외관상 명백한 사정이 있는 경우에는 그 추정이 미치지 않는다."라고 판시한 이래, 다수의 판결을 통하여 일정한 요건하에서 '친생추정의 예외'를 인정하는 입장(이하 '친생추정 규정의 적용 범위에 관한 제한설'이라고 한다)을 일관되게 유지해 왔다(대법원 1988. 4. 25. 선고 87므73 판결, 대법원 1988. 5. 10. 선고 88므85 판결, 대법원 1992. 7. 24. 선고 91므566 판결, 대법원 2000. 1. 28. 선고 99므1817 판결, 대법원 2000. 8. 22. 선고 2000므292 판결 등 참조).

그런데 이 사건에서 다수의견은 "혼인 중 아내가 임신하여 출산한 자녀가 남편과 혈연관계가 없다는 점이 밝혀졌다고 하더라도 친생추정이 미친다."라고 판시하면서 그 "상세한 이유"를 밝히고 있다. 이를 살펴보면, 첫째로 혈연관계의 유무를 기준으로 친생추정 규정이 미치는 범위를 정하는 것은 민법 규정의 문언에 배치될 뿐만 아니라 친생추정 규정을 사실상 사문화하는 것이고, 둘째로 혈연관계의 유무를 기준으로 친생추정 규정의 효력이 미치는 범위를 정하게 되면 필연적으로 가족관계의 당사자가 아닌 제3자가 부부관계나 가족관계 등 가정 내부의 내밀한 영역에 깊숙이 관여하게 되는 결과를 피할 수 없으며, 셋째로 법리적으로 보아도 혈연관계의 유무는 친생추정을 번복할 수 있는 사유에는 해당할 수 있지만 친생추정이 미치지 않는 범위를 정하는 사유가 될 수 없다는 것이다.

다수의견의 입장을 그 이유에 비추어 살펴보면, 혈연관계가 없음이 확인된 경우에도 친생추정의 예외는 인정될 수 없다고 판시함으로써 판례가 취하고 있는 '친생추정 규정의 적용 범위에 관한 제한설'을 사실상 변경하자는 취지로 보이기도 하고, 다른 한편으로는 이 사건은 어차피 친생추정의 예외에 관한 종래의 판례가 적용될 사안이 아니라는 이유로 이에 관한 견해를 밝히지 않음으로써 판례를 유지하는 취지로 볼 수도 있다. 이 점에 대하여 불필요한 법적 혼란이 야기되지 않도록 할 필요가 있음에도 다수의견은 그 입장이 분명하지 않다. 이에 혼인 중 아내가 임신하여 출산한 자녀가 남편과 혈연관계가 없음이 밝혀졌다는 사정만으로 친생추정이 미치지 않는다고 볼 수 없다는 점에 대하여는 다수의견과 견해를 같이하지만, 친생추정 규정의 적용 범위에 관한 제한 여부와 그 판단 기준에 대하여 별개의견으로 견해를 밝혀두고자 한다.

(2) 위 대법원 82므59 전원합의체 판결은 친생추정 규정의 적용 범위에 관한 종전의 무제한설을 제한설로 변경한 것으로, 위 판결은 그 이유에 대하여 "제844조는 제846조 이하의 친생부인의 소에 관한 규정과 더불어 부부가 정상적인 혼인생활을 영위하고 있는 경우를 전제로 가정의 평화를 위하여 마련한 것이라 할 것이어서 그 전제사실을 갖추지 아니한 경우에까지 이를 적용하여 요건이 엄격한 친생부인의 소에 의하게 하는 것은 도리어 제도의 취지에 반하여 진실한 혈연관계에 어긋나는 부자관계의 성립을 촉진시키는 등 부당한 결과를 가져올 수 있기 때문"이라고 밝히고 있다. 이는 친생부인의 소의 원고적격자를 '남편'으로 한정하고 제소기간을 '자녀의 출생을 안 날로부터 1년'으로 규정한 구 민법(2005. 3. 31. 법률 제7427호로 개정되기 전의 것) 적용 당시 혈연관계를 과학적으로 증명한다는 것이 사실상 어려웠던 시대적 배경하에서, 가족법이 보호하고자 하는 가정의 평화라는 법익과 혈연진실주의 사이에 조화로운 해석을 꾀한 것이다. 헌법재판소 역시 친생추정 규정의 적용 범위의 문제를 '법률적인 친자관계를 진실에 부합시키고자 하는 모·자·생부·부의 이익'과 '친자관계의 신속한 확정을 통하여 법적 안정을 찾고자 하는 자의 이익'을 어떻게 그 사회 실정과 전통적 관념에 맞게 조화시킬 것인가에 관한 문제로 이해한다. 그리하여 이 문제는 원칙적으로 입법자의 재량에 맡겨져 있지만, 그 친생추정의 기준이 지나치게 불합리하거나 그로부터 벗어날 수 있는 방법이 지나치게 제한적이어서 진실한 혈연관계에 반하는 친자관계를 강요하는 것이라면 이는 입법형성의 한계를 넘는 것으로서 위헌이라는 입장이다(헌법재판소 2015. 4. 30. 선고 2013헌마623 전원재판부 결정 참조).

그런데 오늘날의 시대 상황은 1983년 최초로 친생추정의 예외를 인정한 위 대법원 82므59 전원합의체 판결 당시와 비교해 볼 때 사회적·기술적·법률적 배경이 크게 변화하였으므로, 친생추정의 예외 인정의 기준으로 외관설을 채택한 기존의 판례는 전면적으로 재검토될 필요가 있다.

먼저 이혼 및 재혼이 급격히 증가하였고, 이혼 및 재혼에 대한 사회적 인식도 많이 변화하였다. 이에 따라 관련 법령과 제도도 변경되어 여성의 재혼을 일정 기간 금지하던 민법 규정이 폐지되는 한편, 혼인관계의 파탄부터 이혼의 효력이 발생할 때까지의 기간은 길어져 여성이 남편이 아닌 남자의 자를 임신하여 출산할 가능성이 증가하였다. 부부의 일방이 장기간 원격지나 해외에서 거주하거나 부부가 모두 서로 다른 외국에 거주하면서 혼인생활을 영위하는 경우도 적지 않다. 무엇보다도 유전자검사 기술의 발달로 과학적 친자감정이 어렵지 않게 되었다. 과학적 친자감정으로 혈연관계가 없다는 점을 직접 증명할 수 있게 된 오늘날의 상황에서 '동거의 결여'라는 외관 또는 형식에 의하여 혈연관계 부존재를 간접 증명하도록 한 후 이에 의하여 친생추정 규정의 적용을 제한할 필요성은 거의 사라지게 되었다고 보아도 과언이 아니다.

또한 2005년 민법 개정으로 친생부인의 소의 원고적격자가 '남편'에서 '부부'로, 제소기간이 '자녀의 출생을 안 날로부터 1년 내'에서 '친생부인의 사유가 있음을 안 날부터 2년 내'로 변경되었다. 부부가 혈연관계 존부에 대한 인식을 바탕으로 혈연관계가 없는 친자관계의 유지 여부를 진지하게 숙려할 상당한 기간이 부여된 것이다. 그럼에도 불구하고 부부가 그 기간 동안 아무런 이의를 제기하지 않았다면 기존에 추정된 친자관계를 법률상 친자관계로 받아들이거나 자신의 친생부인권을 행사하지 않겠다는 묵시적 의사를 형성한 것으로 볼 수 있다. 이러한 경우에는 법률상 친자관계를 혈연관계에 부합시키고자 친생추정을 부인할 수 있는 부부의 이익을 제한할 필요가 있다(헌법재판소 2015. 3. 26. 선고 2012헌바357 전원재판부 결정 등 참조). 따라서 더 이상 부부가 자녀와 사이의 혈연관계 부존재만을 이유로, 더욱이 혈연관계에 관한 간접 증명 방법인 '동거의 결여'라는 외관 또는 형식을 증명하는 방법으로 친생자관계존부확인의 소에 의하여 친자관계를 부정할 수는 없다고 보아야 한다.

(3) 다른 한편, 헌법 제10조, 제17조, 제36조 제1항에 의하여 모든 국민은 행복추구권과 가족관계의 형성에 관한 자율적 결정권을 가지고 있고, 이러한 권리는 다른 사람의 기본권이나 공공의 이익을 침해하지 않는 한 최대한 존중되어야 함은 이미 앞에서 살펴보았다. 또한 우리 사회에서 법률상 친자관계 내지 가족관계가 일반적으로 혈연

관계에 기초하고 있다고 하더라도, 법률상 친자관계 내지 가족관계가 혈연관계만으로 구성되거나 혈연관계와 반드시 일치하는 것은 아니다. 우리 민법상 양자 제도는 친생자 제도와 구분되기는 하지만, 일찍이 가(家)나 양친을 위한 양자 제도에서 자녀를 위한 양자 제도로 변화하였고, 양부모와 혈연관계가 없는 양자도 입양된 때부터 양부모의 친생자와 같은 지위를 가진다(제882조의2 제1항). 2005년 민법 개정으로 도입된 친양자 제도에 따른 친양자는 부부의 혼인 중 출생자로 보고(제908조의3 제1항), 가족관계등록부에도 양부모의 친생자로 표시되며 양부모의 성과 본을 따른다. 친생추정 규정의 적용을 받는 친자관계는 친생부인의 소에 의하여만 해소될 수 있으므로, 이는 필연적으로 혈연관계가 없는 법률상 친자관계의 형성과 유지를 상정하고 있다. 앞서 본 바와 같이 보조생식 기술을 이용하여 제3자의 정자를 제공받아 자녀를 출산하는 경우에도 생물학적 혈연관계와는 다른 사회적 친자관계가 형성된다. 이와 같이 법률상 친자관계 내지 가족관계는 여전히 생물학적 혈연관계에서 출발하고 있다고 할 수 있으나, 생물학적 혈연관계와 무관한 사회적 친자관계 내지 가족관계도 이미 우리 사회의 전통 속에 존재하고 오늘날의 사회 제도 안에서 보다 다양한 방식으로 수용·인정되고 있다.

나아가 오늘날 국민의 고양된 권리의식 및 양성평등의 관념과 함께 가족의 형태도 매우 다양해진 사회 현실을 고려할 때 자녀에 대한 신분법적 규율은 무엇보다 자의 복리향상에 그 목적을 두어야 하고, 친자관계 당사자의 자율적 결정을 가능한 한 존중하여야 한다는 헌법적 요청에도 귀를 기울여야 한다(대법원 2019. 1. 31.자 2018스566 결정, 헌법재판소 2005. 2. 3. 선고 2001헌가9, 10, 11, 12, 13, 14, 15, 2004헌가5 전원재판부 결정, 위 헌법재판소 2012헌바357 전원재판부 결정 등 참조). 이와 같은 친자법의 이념과 자녀의 신분관계의 조속한 확정 및 법적 안정이라는 친생추정 및 친생부인 규정의 취지에 비추어 보면, 친생추정의 예외 인정의 필요성은 자녀의 복리 관점에서 검토되어야 한다. 앞서 살펴본 바와 같이 친자관계는 혈연 자체뿐만 아니라 부모, 자식으로서의 사회생활상 실질에도 중요한 가치가 있으므로 법률상 친자 사이에 사회생활상 친자관계가 형성되고 성숙되었다면 그 사회생활상 친자관계에 대한 신뢰를 당사자 일방이나 제3자가 함부로 복멸할 수 없도록 제한할 필요를 부정할 수 없다(위 헌법재판소 2012헌바357 전원재판부 결정 참조). 한편 그와 달리 남편과 자녀 사이에 혈연관계가 없음이 과학적으로 증명된 데에서 나아가 그들 사이에 사회적 친자관계가 아예 형성되지 않았거나 그 사회적 친자관계가 돌이킬 수 없을 정도로 파탄되어 친생추정 제도에 의하여 보호하고자 하는 이익이 존재하지 않는 경우도 있다. 더욱이 민법은 친생추정 규정으로 형성되는

법률상 친자관계의 직접적인 당사자인 자녀나 생부의 친생부인권을 인정하는 규정을
두지 않고 있다. 모의 친생부인권이 인정되지만 자녀의 이해관계와 반드시 일치한다고
볼 수도 없다. 모와 법률상 부가 자녀를 양육하지 아니함은 물론 자녀에 대한 무관심으
로 친생부인의 소를 제기하지 않고 있거나 제소기간을 도과해 버린 반면 생부가 자녀
를 양육하는 등 실질적으로 친자관계를 형성해 왔거나 그러한 관계를 형성할 수 있는
개연성이 높은 때에는 다른 특별한 사정이 없는 한 진실한 혈연관계를 추구하고자 하
는 이해당사자의 인격권, 행복추구권을 제한할 정당한 이유를 찾기 어렵다. 이와 같은
경우에는 친생추정 규정의 적용을 제한하는 것이 친생추정 제도가 보장하고자 하는 자
녀의 복리에 보다 부합하는 결과가 될 수 있다.

따라서 '아내가 남편의 자녀를 임신할 수 없는 외관상 명백한 사정'이 있는지의 여
부만을 기준으로 친생추정의 예외를 인정해 온 종래의 제한설은 그대로 유지되기 어렵
게 되었다고 보아야 한다. 그리고 앞서 본 헌법적 요청을 고려하면, <u>남편과 자녀 사이
에 혈연관계가 없음이 과학적으로 증명되고 그들 사이에 사회적 친자관계가 형성되지
않았거나 파탄된 경우에는 친생추정의 예외로서 친생부인의 소에 의하지 아니하고도
그 친자관계를 부정할 수 있다고 할 것이나, 혈연관계가 없음이 과학적으로 증명되었더
라도 사회적 친자관계가 형성되어 있는 경우에는 함부로 친생추정 예외의 법리로써 친
자관계를 부정할 수 없다고 봄이 타당하다. 이때 사회적 친자관계란 부와 자 사이에 부
자로서의 정서적 유대가 형성되어 있고, 부가 부로서의 역할을 수행할 의사를 가지고
자를 보호·교양하는 등 생활의 실태가 형성되어 있는 상태를 의미한다고 볼 수 있다.
그리고 이를 판단할 때에는 부부의 혼인계속 여부, 과거 가족공동체로 볼 수 있는 생활
관계가 형성되어 있었는지 여부나 그 기간, 부자 사이에 정서적 유대관계의 형성 여부,
친자관계의 파탄 원인과 그에 관한 당사자의 책임 유무, 자녀의 연령, 사회적 친자관계
의 회복 가능성, 친자관계의 파탄을 인정하는 것이 자녀의 인격형성과 정서에 미치는
영향 등 가족관계를 둘러싼 여러 사정을 두루 고려하여야 한다.</u>

(4) 다수의견이 설시한 바와 같이 원심판결 이유와 기록에 의하여 알 수 있는 사
실관계를 위에서 본 법리에 비추어 살펴본다. 이 사건에서 원고는 피고 2의 출생 이후
오랜 기간 동안 자신이 위 피고와 생물학적 혈연관계가 없음을 알면서도 친자관계를
유지하여 왔다. 피고 2는 원고와 혈연관계가 없다는 사정을 알고도 원고와 친자관계를
유지하고자 하는 의사를 가지고 있으며 현재까지 자신의 생부가 누구인지 알고 있지
않다. 피고 2는 그동안 원고가 자신과 혈연관계가 없음을 알지 못한 채 살아오다가 원

고와 소외인이 이혼하는 과정에서 원고가 피고 2는 친자가 아니라고 말하는 것을 듣고
이를 알게 되었으나 그 이후에도 여전히 원고를 자신의 아버지로 생각하며 원고가 자
신의 아버지로 남아 주기를 바라면서 이 사건 청구를 다투고 있다.

사정이 이와 같다면, 원고와 피고 2 사이에 사회적 친자관계가 소멸되었다고 보기
어렵고 친생추정 규정을 통해서 보호하여야 할 자의 이익이 존재하지 않는다고 볼 수
없다. 따라서 피고 2는 여전히 민법 제844조 제1항에 의하여 원고의 친생자로 추정되
고, 원고가 친생추정을 받는 피고 2에 대하여 친생자관계존부확인의 소에 의하여 그 친
생자관계의 부존재확인을 구하는 것은 허용되지 않는다.

원심의 판단에 적절하지 않은 부분이 있지만 원고의 항소를 배척하고 이 부분 원
고의 소를 각하한 제1심판결을 유지한 원심의 결론은 정당하다. 원심의 판단에 상고이
유 주장과 같이 관련 법리를 오해하거나 논리와 경험의 법칙에 반하여 자유심증주의의
한계를 벗어나는 등으로 판결에 영향을 미친 잘못이 없다.

다. 결론

이상과 같이 사건의 결론에 관하여는 다수의견과 견해를 같이하지만 그 이유는 다
르므로 별개의견으로 이를 밝혀둔다.

[40] 공작물책임의 법경제학적 분석
– 어린이용 구역 미분리 수영장 사건

― 대법원 2019. 11. 28. 선고 2017다14895 판결 ―

【판시사항】

민법 제758조 제1항에서 정한 '공작물의 설치·보존상의 하자'의 의미 및 그 존부를 판단하는 기준과 방법

【판결요지】

[1] 민법 제758조 제1항의 '공작물의 설치·보존상의 하자'란 공작물이 그 용도에 따라 통상 갖추어야 할 안전성을 갖추지 못한 상태에 있음을 말하고, 위와 같은 안전성의 구비 여부를 판단할 때에는 공작물을 설치·보존하는 자가 그 공작물의 위험성에 비례하여 사회통념상 일반적으로 요구되는 정도로 위험방지조치를 다하였는지 여부를 기준으로 판단하여야 한다. 이 경우 하자 여부를 판단할 때에는 위험의 현실화 가능성의 정도, 위험이 현실화하여 사고가 발생하였을 때 침해되는 법익의 중대성과 피해의 정도, 사고 방지를 위한 사전조치에 드는 비용이나 위험방지조치를 함으로써 희생되는 이익 등을 종합적으로 고려하여야 한다.

이러한 법리는 '불합리한 손해의 위험'을 최소화하기 위한 조치로서 위험으로 인한 손해를 위험을 회피하기 위한 부담과 비교할 것을 요구한다는 측면에서 법경제학에서의 비용·편익 분석임과 동시에 균형접근법에 해당한다. 법관이 법을 만들어나가는 속성을 지닌 불법행위법에서 법관이 수행해야 할 균형 설정의 역할이 중요함에도 불구하고, 이러한 균형 설정은 구체적 사안과의 관련성 속에서 비로소 실질적인 내용을 가지는 것이므로, 미리 세세한 기준을 작성하여 제시하기는 어려운 것이 현실이다. 이때는 이른바 'Hand Rule'을 참고하여, 사고 방지를 위한 사전조치를 하는 데 드는 비용(B)과 사고가 발생할 확률(P) 및 사고가 발생할 경우 피해의 정도(L)를 살펴, '$B < P \cdot L$'인 경우에는 공작물의 위험성에 비하여 사회통념상 요구되는 위험방지조치를 다하지 않은 것으로 보아 공작물의 점유자에게 불법행위책임을 인정하는 접근 방식도 고려할 수 있다.

[2] 코스로프(course rope)만으로 구분되어 성인용 구역과 어린이용 구역이 함께

설치된 지방공기업 甲 공단 운영의 수영장에서 만 6세의 어린이가 성인용 구역에 빠져 의식을 잃은 채 발견되는 사고가 발생한 사안에서, 하나의 수영조에 성인용 구역과 어린이용 구역이 함께 있는 경우 수영조가 분리되어 있는 경우보다 어린이가 물에 빠지는 사고가 발생할 가능성이 더 높은 점, 수영장 시설에서 성인용 구역과 어린이용 구역을 분리하지 아니함으로 인하여 어린이가 물에 빠지는 사고가 발생할 가능성과 그와 같은 사고로 인하여 예상되는 피해의 정도를 성인용 구역과 어린이용 구역을 분리하여 설치하는 데 추가로 소요되는 비용 내지 이미 설치된 기존시설을 위와 같이 분리하는 데 소요되는 비용과 비교하면 전자가 훨씬 더 클 것임을 충분히 예상할 수 있는 점 등을 고려하면, 위 수영장에는 성인용 구역과 어린이용 구역을 동일한 수영조에 두었다는 점과 수심 표시를 제대로 하지 않은 점 등의 하자가 있고, 이러한 하자 때문에 위 사고가 발생하였다고 볼 수 있는 이상 甲 공단에 손해배상책임이 있다고 한 사례.

【원고, 상고인】 정○○ 외 3인
【피고, 피상고인】 서울특별시성동구도시관리공단
【원심판결】 서울고법 2017. 2. 8. 선고 2015나24241 판결

【주　　문】

원심판결을 파기하고, 사건을 서울고등법원에 환송한다.

【이　　유】

상고이유를 판단한다.

1. 사건의 경위

가. 피고는 서울특별시 성동구청장이 지정하는 체육시설의 관리 및 운영 등을 목적으로 하여 지방공기업법에 따라 설립된 법인으로, 서울 성동구 (주소 생략) 소재 '○○○ 야외 수영장'(이하 '이 사건 수영장'이라 한다)을 관리·운영하고 있다. 피고는 매년 하절기에 이 사건 수영장을 개장하는데, 2013년도에는 6. 22.부터 8. 25.까지 평일은 10:00~18:00, 주말과 공휴일은 10:00~19:00 일반인들이 유료(성인 4,000원, 어린이 2,000원)로 이 사건 수영장을 이용할 수 있도록 하였다.

나. 이 사건 수영장의 수영조는 바닥면적이 882㎡(=42m×21m)인데, 그중 절반은

1.2m 깊이의 성인용 구역(이하 '성인용 구역'이라 한다)이고, 나머지 절반은 0.8m 깊이의 어린이용 구역(이하 '어린이용 구역'이라 한다)이다. 수영조의 성인용 구역과 어린이용 구역은 수면 위에 떠있는 코스로프(course rope)로 구분되어 있고, 코스로프의 양쪽 끝 부분에는 감시탑이 하나씩 세워져 있다. 이 사건 수영조는 수심을 나타내기 위해 어린이용 구역의 테두리 부분에 "0.8m", 성인용 구역의 테두리 부분에 "1.2m"라고 표시되어 있고, 그 앞에는 130cm 높이의 '키 재기 판'이 하나씩 세워져 있다. 이 사건 수영장 입구 등 3곳에는 안전수칙 표지판이 설치되어 있고, 그중 한 곳의 안전수칙 표지판에는 '초등학교 미만의 어린이의 경우 반드시 보호자가 동행하여 수영장에 들어가야 한다.'는 내용이 표시되어 있다.

다. 피고는 2013. 6.경 인명구조자격증 소지자들을 수상안전요원으로 채용하여 위 각 감시탑에 1명씩, 본부석(수영조로부터 3~4m 가량 떨어져 수영장 전체를 바라볼 수 있는 위치에 설치되어 있음) 쪽에 1명, 성인용 구역의 옆 부분에 1명, 미끄럼틀 부분에 2명을 각 배치하였다. 피고는 매시 45~50분경 휴식시간임을 알리는 안내방송 후 이용객들 모두를 수영조 밖으로 나오게 하였고, 매시 정각에 1~2분의 안내방송 후 안전요원의 호루라기 소리에 따라 이용객들이 수영조에 들어가도록 하였는데, 그 안내방송에는 "초등학교 이하 영·유아를 동반하신 부모님께서는 아이가 혼자 수영하지 않도록 하여 주시기 바랍니다."라는 내용이 들어 있다.

라. 원고 4는 2013. 7. 6. 15:30경 어머니인 원고 2와 누나인 원고 3, 그리고 이모 소외인과 함께 이 사건 수영장에 입장하였다. 원고 4는 당시 만 6세 7개월 남짓 되었고, 키는 113cm 정도였다.

마. 원고 4는 원고 2, 원고 3과 함께 어린이용 구역에서 물놀이를 하다가 16:45경 수영조 밖으로 나와 쉰 다음, 17:00경 다시 물놀이를 하기 위해 혼자서 수영조 쪽으로 뛰어갔다. 성명불상의 이용객은 17:05경 튜브 없이 성인용 구역에 빠져 의식을 잃은 원고 4를 발견하여 원고 4를 안고 수영조 밖으로 나왔고, 이를 본 다른 이용객이 곧바로 원고 4에게 심폐소생술을 실시하였다. 이후 원고 4는 17:22경 대학병원 응급실로 이송되었다. 원고 4는 이로 인하여 무산소성 뇌손상을 입어 사지마비, 양안실명 등의 상태에 이르렀다(이하 '이 사건 사고'라 한다).

2. 원심의 판단

원심은 안전관리의무 위반 및 사용자책임을 배척한 제1심판결 이유를 원용하면서 원고들의 추가적 주장, 즉 이 사건 수영장에 설치·보존상의 하자가 있고, 이로 인하여 이 사건 사고가 발생하였다는 원고들의 주장을 다음과 같은 이유로 배척하였다.

가. 이 사건 수영장의 성인용 구역 앞에 '어린이 진입금지 표지판'이 설치되지 않았다 하더라도 그와 유사한 효과를 가질 수 있는 조치, 즉 수영장 테두리 부분에 수심 표시를 하였으며, 안전수칙 표지판 및 키 재기 판을 설치한 점 등에 비추어 보면, 위와 같은 사실만으로 이 사건 수영장이 사회통념상 그 용도에 따라 통상 갖추어야 할 안전성을 갖추지 못하였다고 보기 어렵다.

나. 어린이용 구역(0.8m)과 성인용 구역(1.2m)의 높이 차이는 40cm 정도로 아주 큰 차이는 아니고, 성인용 구역과 어린이용 구역을 반드시 물리적으로 구분하여 설치하여야 한다는 관련 규정도 없는 점 등에 비추어 구분 설치를 하지 않은 것이 이 사건 수영장의 설치·보존상의 하자라고 볼 수 없다.

다. 이 사건 수영장에 어린이용 구역과 성인용 구역을 같은 수영조에 설치하면서도 수면 위에 코스로프로 성인용 구역과 어린이용 구역을 구분하고 그 경계 부근 바닥에 성인용 구역 쪽으로 길이 약 5m의 경사로만 두었을 뿐 어린이들이 어린이용 구역에서 성인용 구역으로 쉽게 넘나들거나 경사로에 미끄러지는 것을 방지하기 위한 적절한 안전시설을 설치하지 않았다 하더라도, 원고 4가 어린이용 구역에 들어갔다가 성인용 구역으로 넘어가게 되어 이 사건 사고가 발생하였다는 점을 인정할 증거가 없는 이상 이를 전제로 한 원고들의 주장은 받아들일 수 없다.

라. 이 사건 수영장은 순수 성인용으로 설치된 것이 아니라 성인용 구역과 어린이용 구역이 같은 수영조에 설치되었고, 체육시설의 설치·이용에 관한 법률 시행규칙(이하 '체육시설법 시행규칙'이라 한다) 제8조 [별표 4]에 의한 수심 기준은 어린이용 수영조에는 해당되지 않는 점, 성인용 구역과 어린이용 구역을 같은 수영조에 설치하는 것을 금지하는 규정도 없는 점 등에 비추어 같은 수영조에 성인용 구역과 수심 0.8m의 어린이용 구역을 두었다는 사정만으로 이 사건 수영장에 위 별표의 기준을 위반한 설치·보존상의 하자가 있다고 볼 수 없다.

마. 이 사건 수영조의 벽면에 체육시설법 시행규칙 제8조 [별표 4]에서 요구하는 수심 표시가 되어 있지 않았다 하더라도 원고 4가 입수한 곳이 어린이용 구역인지, 성인용 구역인지 여부, 입수 시 상태 및 사고 경위 등을 구체적으로 알 수 없는 이 사건에서 이 사건 수영조의 벽면에 수심 표시가 되어 있지 않다는 것과 이 사건 사고 발생과 사이에 상당인과관계가 있다고 보기도 어렵다.

3. 대법원의 판단

가. 민법 제758조 제1항은 "공작물의 설치 또는 보존상의 하자로 인하여 타인에게 손해를 가한 때에는 공작물점유자가 손해를 배상할 책임이 있다. 그러나 점유자가 손해의 방지에 필요한 주의를 해태하지 아니한 때에는 그 소유자가 손해를 배상할 책임이 있다."라고 규정하고 있다. 위 규정의 입법 취지는 공작물의 관리자는 위험의 방지에 필요한 주의를 다하여야 하고, 만일에 위험이 현실화하여 손해가 발생한 경우에는 그들에게 배상책임을 부담시키는 것이 공평하다는 데 있다. 따라서 '공작물의 설치·보존상의 하자'란 공작물이 그 용도에 따라 통상 갖추어야 할 안전성을 갖추지 못한 상태에 있음을 말하고, 위와 같은 안전성의 구비 여부를 판단할 때에는 그 공작물을 설치·보존하는 자가 그 공작물의 위험성에 비례하여 사회통념상 일반적으로 요구되는 정도로 위험방지조치를 다하였는지 여부를 기준으로 판단하여야 한다(대법원 2018. 7. 12. 선고 2015다68348 판결 등 참조). 하자의 존재에 관한 증명책임은 피해자에게 있으나, 일단 하자가 있음이 인정되고 그 하자가 사고의 공동원인이 되는 이상, 그 사고가 위와 같은 하자가 없었더라도 불가피한 것이었다는 점이 공작물의 소유자나 점유자에 의하여 증명되지 않는다면 그 손해는 공작물의 설치 또는 보존의 하자에 의하여 발생한 것으로 해석함이 타당하다(대법원 2005. 4. 29. 선고 2004다66476 판결, 대법원 2015. 8. 27. 선고 2012다42284 판결 등 참조).

이 경우 하자 여부를 판단할 때에는 위험의 현실화 가능성의 정도, 위험이 현실화하여 사고가 발생하였을 때 침해되는 법익의 중대성과 피해의 정도, 사고 방지를 위한 사전조치에 드는 비용이나 위험방지조치를 함으로써 희생되는 이익 등을 종합적으로 고려하여야 한다(대법원 1995. 8. 25. 선고 94다47803 판결 참조).

이러한 법리는 '불합리한 손해의 위험'을 최소화하기 위한 조치로서 위험으로 인한 손해를 위험을 회피하기 위한 부담과 비교할 것을 요구한다는 측면에서 법경제학에서의 비용·편익 분석임과 동시에 균형접근법에 해당한다. 법관이 법을 만들어나가는 속성을 지닌 불법행위법에서 법관이 수행해야 할 균형 설정의 역할이 중요함에도 불구하고, 이러한 균형 설정은 구체적 사안과의 관련성 속에서 비로소 실질적인 내용을 가지는 것이므로, 미리 세세한 기준을 작성하여 제시하기는 어려운 것이 현실이다. 이때는 이른바 'Hand Rule'을 참고하여, 사고 방지를 위한 사전조치를 하는 데 드는 비용(B)과 사고가 발생할 확률(P) 및 사고가 발생할 경우 피해의 정도(L)를 살펴, 'B < P · L'인 경우에는

공작물의 위험성에 비하여 사회통념상 요구되는 위험방지조치를 다하지 않은 것으로 보아 공작물의 점유자에게 불법행위책임을 인정하는 접근 방식도 고려할 수 있다.

나. 이러한 법리에 비추어 원심의 판단을 살펴본다.

(1) 먼저, 체육시설 관련 법령에서 성인용 구역과 어린이용 구역을 같은 수영조에 설치하는 것을 금지하는 규정이 없다는 이유로, 설치·보존상의 하자를 당연히 부정할 수는 없다. 이 사건 수영장의 시설이 체육시설의 설치·이용에 관한 법률상 시설 기준 등 안전 관련 법령을 위반하였다면 특별한 사정이 없는 한 이는 불법행위법상으로도 공작물 설치·보존상의 하자나 업무상 주의의무 위반을 인정하는 근거가 될 수 있음은 물론이지만(대법원 2010. 2. 11. 선고 2008다61615 판결 등 참조), 그러한 법령 위반이 없다고 하여 공작물이 그 용도에 따라 통상 갖추어야 할 안전성을 갖추어 불법행위법상 공작물 설치·보존상의 하자 등이 없다고 단정할 수 있는 것은 아니다(대법원 2007. 6. 28. 선고 2007다10139 판결 참조).

체육시설법 시행규칙 제8조 [별표 4] 제2호 (자)목에서도, 운동시설인 수영장 물의 깊이는 0.9m 이상 2.7m 이하로 하고, 수영조의 벽면에 일정한 거리 및 수심 표시를 하여야 하며, 다만 어린이용 수영조에 대해서는 이 기준에 따르지 않을 수 있다고 정하고 있고, 임의시설 중 편의시설로서 물 미끄럼대, 유아 및 어린이용 수영조를 설치할 수 있다고 정하고 있을 뿐, 체육시설 법령 어디에도 운동시설인 수영장과 편의시설인 어린이용 수영조를 함께 설치할 수 있다고 규정하고 있지 않다. 오히려 관련 규정의 내용 및 체계를 살펴보면, 운동시설인 수영장과 편의시설인 물 미끄럼대, 유아 및 어린이용 수영조는 구분하여 설치하는 것을 전제로 하고 있음을 알 수 있다.

하나의 수영조에 깊이를 달리하는 성인용 구역과 어린이용 구역이 함께 있는 경우 성인용 수영조와 어린이용 수영조가 분리되어 있는 수영장에 비해서 어린이가 보다 쉽게 성인용 구역에 접근할 수 있게 되고, 이로 인하여 성인용 구역에 어린이가 혼자 들어가 물에 빠지는 사고가 발생할 가능성은 더욱 높아지게 된다. 어린이는 성인에 비해 사리분별능력이나 주의능력이 미약하여 수심을 잘 살피지 않고 들뜬 마음에 사고 발생의 위험성을 깊이 인식하지 못한 채 성인용 구역에 혼자 들어가는 등 충동적으로 행동하기 쉽기 때문이다. 이러한 점을 감안하면 성인용 수영조와 어린이용 수영조를 물리적으로 분리함으로써 성인용 수영조에 어린이 혼자 들어감으로 인하여 발생할 사고 위험을 차단할 필요가 있다.

(2) 최근 질병관리본부에서 발표한 자료에 따르면, 2010년~2016년까지 물에 빠지

는 사고로 응급실에 내원한 환자들의 사고 발생장소 중 수영장 시설에서의 사고 발생 확률은 12세 이하 어린이의 경우 32.5%, 성인의 경우 12.9%로 어린이 사고의 비중이 성인 사고의 2.5배 이상이다(2018. 7. 19. 발표). 2012년~2017년까지 물에 빠지는 사고로 응급실에 내원한 전체 환자 958명 중 9세 이하의 어린이는 287명으로 전체 환자 수의 30%에 해당하여 다른 연령대에 비하여 높은 비중을 차지한다(2019. 6. 20. 발표). 이러한 자료에 의하면, 수영장을 관리·운영하는 자는 수영장에서의 물놀이 사고, 특히 어린이가 물에 빠지는 사고가 발생하지 않도록 적절한 안전기준을 갖추고 위험방지조치를 취하는 데에 최대한의 노력을 기울여야 함은 물론이다.

위와 같은 사정을 기초로 살펴볼 때, 수영장 시설에서 성인용 구역과 어린이용 구역을 분리하지 아니함으로 인하여 어린이가 물에 빠지는 사고가 발생할 가능성과 그와 같은 사고로 인하여 예상되는 피해의 정도를 성인용 구역과 어린이용 구역을 분리하여 설치하는 데 추가로 소요되는 비용 내지 이미 설치된 기존시설을 위와 같이 분리하는 데 소요되는 비용과 비교하면, 전자가 훨씬 더 클 것임을 충분히 예상할 수 있다. 이러한 관점에서도 이 사건 수영장에는 설치·보존상의 하자가 있다고 볼 수 있어, 수영장 관리자로서 위와 같은 조치를 취하지 아니한 피고에게 공작물 관리자로서의 책임이 없다고 할 수는 없다.

(3) 다음으로, 원심은 이 사건 수영조의 벽면에 수심 표시가 되어 있지 않았더라도 원고 4가 수영조에 들어간 곳이 어느 지점인지를 비롯하여 사고 경위 등을 구체적으로 알 수 없는 이상 그러한 잘못과 이 사건 사고 발생과 사이에 상당인과관계가 있다고 보기도 어렵다고 보았다. 그러나 이 부분 역시 수긍하기 어렵다. 원심판결 이유에 의하더라도, 이 사건 수영장에는 체육시설업의 시설 기준을 위반한 하자가 있다는 것인데, 수심 표시를 수영조의 벽면에 제대로 하지 않은 잘못 등을 인정하면서도 수영장에서 키 113cm 정도의 어린이가 1.2m 깊이의 성인용 구역에서 물에 빠진 사고를 심리하면서 위와 같은 하자가 없었더라도 그러한 사고가 발생하는 것은 불가피한 것이었다는 점이 밝혀지지 않았는데도, 하자와 이 사건 사고 사이에 상당인과관계가 없다고 판단한 것은 옳지 않다.

결국 이 사건 수영장은 성인용 구역과 어린이용 구역을 동일한 수영조에 두었다는 점과 수심 표시를 제대로 하지 않은 점 등의 하자가 있고, 이러한 하자로 인하여 이 사건 사고가 발생하였다고 볼 수 있는 이상 피고에게 책임이 없다고 볼 수 없다.

(4) 한편 이 사건에서 원고 4에 대하여 보호감독의무를 부담하는 원고 2 등의 주

의의무 위반이 이 사건 사고의 발생에 공동원인이 되었더라도 이것이 피고에게 이 사건 수영장의 설치·보존상의 하자로 인한 책임을 인정하는 데 장애가 되지는 않는다(대법원 2010. 4. 29. 선고 2009다101343 판결 등 참조).

　　다. 그런데도 원심은 피고의 공작물책임에 관한 원고들의 주장을 배척하였으니, 이러한 원심판단에는 이 사건 수영장의 설치·보존상 하자에 관하여 필요한 심리를 다하지 않은 채 논리와 경험의 법칙에 반하여 자유심증주의의 한계를 벗어나거나 공작물책임에 관한 법리를 오해하여 판결에 영향을 미친 잘못이 있다. 이를 지적하는 상고이유 주장은 이유 있다.

4. 결론

　　그러므로 나머지 상고이유에 관한 판단을 생략한 채, 원심판결을 파기하고 사건을 다시 심리·판단하도록 원심법원에 환송하기로 하여, 관여 대법관의 일치된 의견으로 주문과 같이 판결한다.

[41] 법령해석의 기본 원칙 - 상근근로자의 판단 기준

― 대법원 2020. 6. 4. 선고 2020두32012 판결 ―

【판시사항】

공무원보수규정이 초임호봉 획정에 반영되는 임용 전 경력으로 규정한 '상근으로 근무한 민간직업상담원 경력'에서 '상근'의 의미가 소위 '풀타임(Full-time)'(1일 8시간, 1주 40시간) 근무에 한정되는지 여부(소극)

【판결요지】

[1] 공무원보수규정 제8조 제2항 [별표 16] '일반직 공무원 등의 경력환산율표' 2. 나. 7) "직업안정법 제4조의4 제1항에 따라 상근으로 근무한 민간직업상담원 경력"(이하 '이 사건 규정'이라 한다)에서 '상근'이란 해당 사업장의 취업규칙 등에서 정한 바에 따라 근무일마다 출근하여 일정한 시간을 규칙적으로 근무한 경우를 의미하는 것이고, 1일 8시간, 1주 40시간을 근무하는 소위 '풀타임(Full-time)'만을 의미하는 것은 아니라고 보아야 한다.

[2] 이 사건 규정에서 '상근'이란 해당 사업장의 취업규칙 등에서 정한 바에 따라 근무일마다 출근하여 일정한 시간을 규칙적으로 근무한 경우를 의미하는 것이고, 1일 8시간, 1주 40시간을 근무하는 소위 '풀타임(Full-time)'만을 의미하는 것은 아니라고 보아야 하므로, 원고들은 '단시간근로 직업상담원'으로 근무한 경력 기간 동안에 매주 관공서의 통상적인 근무일인 주 5일 동안, 매일 규칙적으로 1일 5시간씩(휴게시간 제외) 근무하였으므로 '상근'으로 근무한 것이라고 보아야 한다는 이유로, 이와 달리 판단한 원심판결을 파기한 사례

【원고, 상고인】 김○○외 1인
【피고, 피상고인】 서울지방고용노동청장
【원심판결】 서울고등법원 2019. 12. 20. 선고 2019누53411 판결

【주   문】

원심판결을 파기하고, 사건을 서울고등법원에 환송한다.

【이   유】

상고이유를 판단한다.

1. 사건의 개요와 쟁점

가. 원심판결 이유에 의하면, 다음과 같은 사정들을 알 수 있다.

(1) 원고 김○○는 2011. 3. 28.부터 2018. 1. 28.까지 서울지방고용노동청에서, 원고 김△△는 2010. 3. 29.부터 2018. 1. 22.까지 서울지방고용노동청 서울관악지청에서 각각 주 25시간 '단시간근로 직업상담원'으로 근무한 경력이 있다.

(2) 원고 김○○는 2018. 1. 29. 서울지방고용노동청의 시간선택제 채용 공무원(직업상담서기보)로 임용되었고, 원고 김△△는 같은 날 서울지방고용노동청 서울서부지청의 시간선택제 채용 공무원(행정주사보)로 임용되어 근무하고 있다.

(3) 피고는 2018. 5. 11. 시간선택제 신규 공무원들에 대한 호봉경력평가 심의회를 개최하여 원고들에 대한 초임 호봉을 4호봉으로 획정하면서 원고들의 임용 전 경력 중 '단시간근로 직업상담원' 근무 경력을 호봉 획정에 반영하지 않았다.

(4) 원고들은 2018. 6. 26. 피고에게 '단시간근로 직업상담원' 근무 경력을 합산하여 원고들의 초임 호봉을 재획정 해달라고 신청하였다. 이에 대하여 피고는, 공무원보수규정 제8조 제2항 [별표 16] '일반직 공무원 등의 경력환산율표' 2. 나. 7)(이하 '이 사건 규정'이라고 한다)에서 정한 '상근'이란 '주 5일 주 40시간 풀타임으로 근무하는 형태'만을 의미하고, 원고들의 '단시간근로 직업상담원' 경력은 '상근'에 해당하지 않는다는 이유로, 2018. 7. 6. 원고들에 대하여 호봉 재획정을 거부하는 결정을 통보하였다(이하 '이 사건 처분'이라고 한다).

(5) 원고들은 2018. 7. 18. 소청심사를 청구하였으나, 인사혁신처 소청심사위원회는 2018. 9. 18. 원고들의 청구를 기각하였다.

나. 이 사건의 쟁점은, 원고들의 '단시간근로 직업상담원' 근무 경력이 이 사건 규정에서 정한 '상근'에 해당하는지 여부이다.

2. 관련 규정과 법리

가. 법은 원칙적으로 불특정 다수인에 대하여 동일한 구속력을 갖는 사회의 보편 타당한 규범이므로 이를 해석할 때에는 법의 표준적 의미를 밝혀 객관적 타당성이 있 도록 하여야 하고, 가급적 모든 사람이 수긍할 수 있는 일관성을 유지함으로써 법적 안 정성이 손상되지 않도록 하여야 한다. 한편 법률은 보편적이고 전형적인 사안을 염두에 두고 규정되기 마련이므로 사회현실에서 일어나는 다양한 사안에서 그 법률을 적용할 때에는 구체적 사안에 맞는 가장 타당한 해결방안이 될 수 있도록 해석할 것도 요구된 다. 요컨대 법해석의 목표는 어디까지나 법적 안정성을 저해하지 않는 범위 내에서 구 체적 타당성을 찾는 데 두어야 한다. 그러기 위해서는 가능한 한 법률에 사용된 문언의 통상적인 의미에 충실하게 해석하는 것을 원칙으로 하면서, 법률의 입법 취지와 목적, 입법 연혁, 법질서 전체와의 조화, 다른 법령과의 관계 등을 고려하는 체계적·논리적 해석방법을 추가적으로 동원함으로써, 위와 같은 법해석의 요청에 부응하는 타당한 해 석을 하여야 한다(대법원 2013. 1. 17. 선고 2011다83431 전원합의체 판결 참조).

나. (1) 국가공무원법 제47조 제1항은 공무원 호봉 및 승급에 관한 사항을 대통령 령으로 정하도록 규정하고 있다. 그 위임에 따른 공무원보수규정(2012. 1. 6. 대통령령 제 23497호로 개정된 것)은 제8조 제2항 제1문에서 공무원의 초임호봉은 별표 15에 따라 획 정한다고 규정하고, [별표 15] '공무원의 초임호봉표' 제1호에서 별표 16에 따라 경력을 계급별로 산정하여 초임호봉을 획정한다고 규정한 다음, [별표 16] '일반직공무원 등의 경력환산율표' 중 이 사건 규정[2. 나. 7)]에서 '직업안정법 제4조의4 제1항에 따라 상근 으로 근무한 민간직업상담원 경력'의 경우 동일분야 경력은 100% 인정하고, 비동일분 야 경력은 80%는 인정한다고 규정하면서도, '상근'의 의미에 관하여 구체적으로 규정하 고 있지는 않다.

(2) 직업안정법 제4조의4 제1항, 제2항은 고용노동부장관이 직업안정기관에 직업 소개, 직업지도 및 고용정보 제공 등의 업무를 담당하는 공무원이 아닌 직업상담원(이 하 '민간직업상담원'이라고 한다)을 배치할 수 있고, 민간직업상담원의 배치기준과 그 밖에 필요한 사항은 고용노동부령으로 정하도록 규정하고 있다. 그 위임에 따른 직업안정법 시행규칙 제1조의2 제1항, 제2항은 고용노동부장관이 민간직업상담원을 배치할 때에는 직업안정기관이 위치한 지역의 인구, 근로자 수 및 사업장 수 등을 고려하여야 하고, 민간직업상담원의 자격, 선발 절차, 채용, 그 밖에 인사관리에 필요한 사항은 고용노동

부장관이 정하도록 규정하고 있다.

그 위임에 따라 고용노동부장관은 구 「직업상담원규정」(2010. 1. 20. 노동부훈령 제 729호로 일부 개정된 것, 이하 같다)에 의하여 지방노동관서에 배치하는 민간직업상담원의 직무, 자격, 선발 절차, 채용, 그 밖에 인사관리에 필요한 사항을 규율하였다. 그런데 공공부문의 단시간일자리 창출을 선도하고 출산·육아에 부담을 가진 경력단절여성 등에 양질의 단시간일자리 제공을 위하여 구 「단시간근로 직업상담원규정」(2010. 3. 1. 노동부 훈령 제733호로 제정된 것, 이하 같다)에 의하여 '단시간근로 직업상담원' 제도를 도입하였다. 구 「단시간근로 직업상담원규정」 제2조, 제3조는 공무원이 아닌 직업상담원을 '단시간근로 직업상담원'과 '통상근로 직업상담원'으로 구분한 다음, '단시간근로 직업상담원'이란 근로기준법 제2조의 단시간근로자로서 공무원이 아닌 근로자를 말하고 이에 관해서는 다른 법령에서 정한 것을 제외하고는 구 「단시간근로 직업상담원규정」에 따르며, '통상근로 직업상담원'이란 구 「직업상담원규정」 제2조의 직업상담원을 말한다고 규정하여 이에 관해서는 구 「직업상담원규정」에 따르도록 규정하였다.

한편, 이 사건 처분이 있은 후, '단시간근로 직업상담원'과 '통상근로 직업상담원'은 동일한 신분으로 같은 직무를 수행하고 있음에도 별도의 규정으로 운영되고 있는 문제점을 해소하기 위하여 2018. 10. 11. 고용노동부 훈령 제251호로 구 「단시간근로 직업상담원규정」이 폐지되었고, 양자를 통합하여 규율하기 위하여 구 「직업상담원규정」이 2019. 1. 30. 고용노동부 훈령 제267호로 전부 개정되어 현행 「직업상담원 운영규정」이 되었다. 현행 「직업상담원 운영규정」은 제2조에서 '통상근로 직업상담원'이란 직업상담원 중 소정근로시간이 1일 8시간, 1주 40시간으로 채용된 사람을 말하고, '단시간근로 직업상담원'이란 직업상담원 중 소정근로시간이 1일 5시간, 1주 25시간으로 채용된 사람을 말한다고 정의하고 있다.

(3) 근로기준법 제2조 제9호, 제18조는 '단시간근로자'란 1주 동안의 소정근로시간이 그 사업장에서 같은 종류의 업무에 종사하는 통상 근로자의 1주 동안의 소정근로시간에 비하여 짧은 근로자를 말한다고 정의한 다음, 단시간근로자의 근로조건은 그 사업장의 같은 종류의 업무에 종사하는 통상 근로자의 근로시간을 기준으로 산정한 비율에 따라 결정되어야 하고, 이를 결정할 때에 기준이 되는 사항이나 그 밖에 필요한 사항은 대통령령으로 정하며, 4주 동안(4주 미만으로 근로하는 경우에는 그 기간)을 평균하여 1주 동안의 소정근로시간이 15시간 미만인 근로자에 대하여는 제55조(유급휴일의 보장)와 제60조(연차 유급휴가의 보장)를 적용하지 아니한다고 규정하고 있다.

다. 앞서 본 법리에 비추어 관련 규정들의 내용과 체계 등을 살펴보면, 이 사건 규정에서 '상근'이란 해당 사업장의 취업규칙 등에서 정한 바에 따라 근무일마다 출근하여 일정한 시간을 규칙적으로 근무한 경우를 의미하는 것이고, 1일 8시간, 1주 40시간을 근무하는 소위 '풀타임(Full-time)'만을 의미하는 것은 아니라고 보아야 한다. 그 구체적인 이유는 다음과 같다.

(1) 공무원보수규정이 '상근'의 의미를 구체적으로 규정하지 않았으므로, 이 사건 규정에서 '상근'의 의미는 '상근'이란 용어의 통상적인 의미에 충실하게 해석하는 것을 원칙으로 하면서, 이 사건 규정의 제·개정 연혁과 입법 취지, 다른 법령과의 관계 등을 고려하여 타당한 해석을 도출할 수밖에 없다.

(2) '상근'이란 용어의 사전적 의미는 '날마다 일정한 시간에 출근하여 정해진 시간 동안 근무함 또는 그런 근무'를 뜻한다. 즉, '항상성'과 '규칙성'에 핵심이 있는 개념이지, 1일에 적어도 몇 시간 이상 근무하여야 한다는 '최소근무시간'과는 직접 관련이 없다. 국민건강보험법 제6조 제2항 제4호의 위임에 따른 국민건강보험법 시행령 제9조 제1호는 국민건강보험 직장가입자에서 제외되는 사람으로서 "비상근 근로자 또는 1개월 동안의 소정근로시간이 60시간 미만인 단시간근로자"를 규정하고 있는데, 여기에서도 '상근 여부'와 '소정근로시간'은 별개의 기준임을 전제로 하고 있다.

(3) 구 「단시간근로 직업상담원규정」은 직업안정법의 하위 규정으로서 민간직업상담원의 인사관리에 필요한 사항을 정하기 위하여 만든 것일 뿐, 민간직업상담원을 공무원으로 채용하는 경우의 초임호봉 획정 시의 경력인정을 염두에 두고 만든 규정이 아니다. 구 「단시간근로 직업상담원규정」은 근로기준법상 단시간근로자와 통상 근로자의 구분을 그대로 따라 민간직업상담원을 '단시간근로 직업상담원'과 '통상근로 직업상담원'으로 구분하였으나, 1일 근무시간이 다르다는 점을 제외하고는 양자의 자격·신분·직무에서 차이가 없었다. 근로기준법은 사업장별로 '단시간근로자'의 근로조건에 관하여 통상 근로자와는 달리 규율할 수 있는 여지를 일정 범위 내에서 허용하고 있을 뿐이고, '단시간근로자'가 '상근 근로자'에 해당하지 않는다고 규정한 것이 아니다. 따라서 구 「단시간근로 직업상담원규정」이 양자를 구분한 것은 '단시간근로 직업상담원'의 휴일·휴가 등 근로조건에 관하여 '통상근로 직업상담원'과 달리 규율하기 위한 것이었을 뿐, '단시간근로 직업상담원'의 경력을 공무원 초임호봉 획정 시의 경력인정에서 제외하려는 의도였다고 보이지 않는다. 현행 「직업상담원 운영규정」은 '단시간근로 직업상담원'을 좀 더 구체적으로 '직업상담원 중 소정근로시간이 1일 5시간, 1주 25시간으로 채

용된 사람'을 말한다고 정의하고 있으나, 마찬가지 이유에서 「직업상담원 운영규정」에서 정한 '단시간근로 직업상담원'에 해당한다는 사정만으로 이 사건 규정에서 정한 '상근으로 근무한 민간직업상담원'에서 제외되는 효과가 발생한다고 볼 수 없다.

　(4) 공무원보수규정이 2012. 1. 6. 대통령령 제23497호로 개정되면서 '유사경력 인정 기준을 개선'하기 위하여 이 사건 규정을 포함하여 별표 16, 별표 17, 별표 19의 여러 군데에 '상근으로 근무한'이라는 문언이 추가되었다. 당시 정부에서 밝힌 개정이유는, 종전에는 공무원 임용 전 비정규직 경력에 대해서는 유사경력 중 일부 경력에 대해서만 제한적으로 인정하였으나, 민간의 우수인력을 공직에 적극 유치하기 위하여 동일 분야의 민간 경력에 대해서 최대 100%를 인정하고, 비정규직에 대한 차별을 시정하는 차원에서 정규직 외에 '비정규직 중 상근으로 근무한 유사경력'을 인정하여 호봉 획정 및 재획정에 반영하기 위한 것이었다. 이처럼 이 사건 규정에 '상근으로 근무한'이라는 문언이 추가된 개정이유는 공무원 임용 전 비정규직 근무 경력을 공무원 호봉 획정에서 적극적으로 인정하여 주려는 것이었지, '상근으로 근무한'이라는 문언을 통해 그 인정범위를 제한하려는 의도가 아니었다. 따라서 공무원보수규정 별표 16 등에서 '상근'의 의미를 엄격하게 해석하여 그 인정범위를 제한하려는 시도는 2012년 공무원보수규정의 개정취지에 근본적으로 배치되므로, 시행령 제정자가 명시적으로 정책변경을 하여 공무원보수규정을 이와 다른 내용으로 개정하였다는 등의 특별한 사정이 없는 한, 원칙적으로 허용될 수 없다.

　(5) 한편, 원심판결 이유에 의하면, 2012년 공무원보수규정의 개정으로 유사경력 호봉인정 범위 및 비율이 확대됨에 따라 행정안전부의 '공무원 봉급업무 처리기준'도 개정된 내용을 설명하기 위하여 행정안전부 인사실 성과급여기획과에서 2012. 5.경 작성하여 배포한 자료인 「공무원 봉급업무 처리기준」 주요 개정내용'에서는 '상근'을 "해당 기관의 정규직원과 동일한 근무시간을 적용받으며 Full－time으로 근무한 경우"라고 서술하였고(갑 제8호증 7쪽), 그에 따라 고용노동부 운영지원과에서 2012. 10.경 마련한 「유사경력 호봉인정 세부인정기준」에서는 '상근'의 개념을 "해당 기관의 정규직원과 동일한 근무시간을 적용받으며, 근로기준법상 최저 임금 이상의 정기적인 보수를 지급받고 풀타임(Full－time)으로 근무"하는 것이라고 서술하였음(을 제9호증 8쪽)을 알 수 있다. 그러나 이러한 서술은 일부 관련 부서에서 법령상 아무런 근거 없이 '상근'의 개념에 관하여 독자적인 법령해석의견을 제시한 것에 불과한데다가, 앞서 살펴본 2012년 공무원보수규정의 개정취지에 배치되므로 받아들일 수 없다.

3. 이 사건에 관한 판단

가. 앞서 본 바와 같이, 구 「단시간근로 직업상담원규정」은 구 「직업상담원규정」과 마찬가지로 직업안정법 제4조의4 제2항의 위임에 따른 것이므로, 구 「단시간근로 직업상담원규정」에서 정한 '단시간근로 직업상담원'은 직업안정법 제4조의4 제1항에 따른 '민간직업상담원'의 하나이다.

원고들이 '단시간근로 직업상담원'으로 근무한 경력 기간 동안에 원고들에게 적용된 구 「단시간근로 직업상담원규정」 제28조는 근로일은 매주 월요일부터 금요일까지로 하고, 매주 토요일은 무급휴무일로 하며(제1항), 근로시간은 10:00부터 16:00까지로 하고(제2항), 휴게시간은 근로기준법에 따르되, 업무량을 감안하여 근로시간 중 별도로 지정된 범위로 한다고 규정하였다.

앞서 본 사실관계를 이러한 규정 내용에 비추어 보면, 원고들은 '단시간근로 직업상담원'으로 근무한 경력 기간 동안에 매주 관공서의 통상적인 근무일인 주 5일 동안, 매일 규칙적으로 1일 5시간씩(휴게시간 제외) 근무하였으므로 '상근'으로 근무한 것이라고 보아야 하고, 따라서 이 사건 규정에 따라 원고들의 '단시간근로 직업상담원' 근무 경력을 공무원 초임호봉 획정에 반영하여야 한다.

나. 그런데도 원심은, 그 판시와 같은 사정들만을 이유로, 이 사건 규정에서 '상근'이란 '주 5일 주 40시간 풀타임으로 근무하는 형태'만을 의미한다는 전제에서, 원고들의 '단시간근로 직업상담원' 근무 경력은 '상근'에 해당하지 않아 초임호봉 획정에 반영할 경력에 해당하지 않는다고 판단하였다. 이러한 원심 판단에는 이 사건 규정의 '상근'의 의미에 관한 법리를 오해하여 판결에 영향을 미친 잘못이 있다.

4. 결론

그러므로 원심판결을 파기하고, 사건을 다시 심리·판단하게 하기 위하여 원심법원에 환송하기로 하여, 관여 대법관의 일치된 의견으로 주문과 같이 판결한다.

제2장

민사법

제1절 민법

[42] 파산관재인에 대한 임금·퇴직금의 지연손해금 청구 사건

― 대법원 2014. 11. 20. 선고 2013다64908 전원합의체 판결 ―

【판시사항】

파산선고 전에 생긴 근로자의 임금·퇴직금 및 재해보상금에 대하여 파산관재인이 파산선고 후 변제할 의무의 이행을 지체함으로써 생긴 지연손해금 채권이 채무자 회생 및 파산에 관한 법률 제473조 제4호 소정의 재단채권에 해당하는지 여부

【판결요지】

[다수의견] 채무자 회생 및 파산에 관한 법률(이하 '채무자회생법'이라 한다)이 '파산재단에 관하여 파산관재인이 한 행위로 인하여 생긴 청구권'을 재단채권으로 규정하고 있는 취지는 파산관재인이 파산재단의 관리처분권에 기초하여 직무를 행하면서 생긴 상대방의 청구권을 수시로 변제하도록 하여 이해관계인을 보호함으로써 공정하고 원활하게 파산절차를 진행하기 위한 것이므로, '파산재단에 관하여 파산관재인이 한 행위'에는 파산관재인이 직무를 행하는 과정에서 한 법률행위뿐만 아니라 직무와 관련하여 행한 불법행위가 포함되고, 나아가 파산관재인이 직무와 관련하여 부담하는 채무의 불이행도 포함된다.

그렇다면 파산관재인은 직무상 재단채권인 근로자의 임금·퇴직금 및 재해보상금(이하 '임금 등'이라 한다)을 수시로 변제할 의무가 있다고 할 것이므로, 파산관재인이 파

산선고 후에 위와 같은 의무의 이행을 지체하여 생긴 근로자의 손해배상청구권은 채무자회생법 제473조 제4호 소정의 '파산재단에 관하여 파산관재인이 한 행위로 인하여 생긴 청구권'에 해당하여 재단채권이다.

[**대법관 권순일의 별개의견**] 파산절차에서 근로자의 임금 등의 법적 성질에 관한 근로기준법 제38조, 근로자퇴직급여 보장법 제12조, 구 파산법(2000. 1. 12. 법률 제6111호로 개정되기 전의 것) 제32조, 구 파산법(2005. 3. 31. 법률 제7428호 채무자 회생 및 파산에 관한 법률 부칙 제2조로 폐지) 제38조 제10호의 입법경위와 취지 및 재단채권에 관하여는 파산관재인이 파산절차에 의하지 아니하고 수시로 변제할 의무가 있는 점(채무자회생법 제475조), 지연손해금은 주된 채권인 원본의 존재를 전제로 그에 대응하여 일정한 비율로 발생하는 종된 권리라는 점 등을 종합하여 살펴보면, 근로자의 임금 등에 대한 지연손해금 채권은 파산선고 전후에 발생한 것인지를 불문하고 채무자회생법 제473조 제10호 소정의 '채무자의 근로자의 임금·퇴직금 및 재해보상금'에 해당하여 재단채권으로서의 성질을 가진다.

【원고(선정당사자), 피상고인】 장○○
【피고, 상고인】 주식회사 ○○의 소송수계인 채무자 주식회사 ○○의 파산관재인 이 ○○
【원심판결】 광주고법 2013. 7. 10. 선고 2012나6621 판결

【주   문】

상고를 기각한다.

【이   유】

상고이유를 판단한다.

1. 상고이유 제1점에 대하여

「채무자 회생 및 파산에 관한 법률」(이하 '채무자회생법'이라 한다) 제3편이 규정하고 있는 파산절차는 채무자가 모든 재산으로 총 채권자에 대한 채무를 변제할 수 없어 지급불능 상태에 있는 등으로 채무자에게 파산원인이 존재할 때 총 채권자에게 공평한 만족을 얻게 하는 절차로서, 채무자에게 파산이 선고되면 채무자가 파산선고 당시에 가

진 모든 재산이 파산재단에 속하고 파산재단을 관리 및 처분하는 권한은 파산관재인에게 전속하게 되며, 채무자에 대하여 파산선고 전의 원인으로 생긴 재산상의 청구권을 가진 파산채권자는 파산절차에 의하지 아니하고는 채권을 행사할 수 없는 등 채무자의 임의적인 변제와 채권자의 개별적인 채권행사가 원칙적으로 금지되고, 법원이 선임한 파산관재인이 채무자의 재산을 공정하게 환가하여 배당을 한다(채무자회생법 제1조, 제382조 제1항, 제384조, 제423조, 제424조, 제505조 등 참조). 그리고 채무자에 대한 재산상 청구권이 파산선고 전에 채무불이행 상태에 있는 경우 그로 인한 손해배상 및 위약금 청구권 중 파산선고 전에 발생한 청구권은 파산채권에 해당하나 파산선고 후에 발생한 청구권은 다른 파산채권보다 변제순위가 뒤지는 후순위파산채권이 된다(제446조 제1항 제2호).

그러나 채무자회생법은 공정하고 원활한 파산절차의 진행과 근로자의 생활안정 등 여러 가지 정책적인 이유에서 제473조의 일반재단채권과 그 밖의 특별규정에 의한 특별재단채권을 규정하여, 재단채권에 관하여는 파산관재인이 파산절차에 의하지 아니하고 수시로 변제하고, 파산채권보다 먼저 변제하도록 규정하고 있는데(제475조, 제476조), "채무자의 근로자의 임금·퇴직금 및 재해보상금(이하 '임금 등'이라 한다)"은 그 발생시기가 파산선고 전후인지를 불문하고 재단채권에 해당하고(제473조 제10호), '파산재단에 관하여 파산관재인이 한 행위로 인하여 생긴 청구권'도 재단채권에 해당한다(같은 조 제4호).

채무자회생법이 '파산재단에 관하여 파산관재인이 한 행위로 인하여 생긴 청구권'을 재단채권으로 규정하고 있는 취지는 파산관재인이 파산재단의 관리처분권에 기초하여 그 직무를 행하면서 생긴 상대방의 청구권을 수시로 변제하도록 하여 이해관계인을 보호함으로써 공정하고 원활하게 파산절차를 진행하기 위한 것이므로, '파산재단에 관하여 파산관재인이 한 행위'에는 파산관재인이 직무를 행하는 과정에서 한 법률행위뿐만 아니라 직무와 관련하여 행한 불법행위가 포함되고, 나아가 파산관재인이 직무와 관련하여 부담하는 채무의 불이행도 포함된다고 봄이 타당하다.

그렇다면 파산관재인은 직무상 재단채권인 근로자의 임금 등을 수시로 변제할 의무가 있다고 할 것이므로, 파산관재인이 파산선고 후에 위와 같은 의무의 이행을 지체하여 생긴 근로자의 손해배상청구권은 채무자회생법 제473조 제4호 소정의 '파산재단에 관하여 파산관재인이 한 행위로 인하여 생긴 청구권'에 해당하여 재단채권이라고 할 것이다(대법원 2011. 6. 24. 선고 2009다38551 판결 등 참조).

원심판결의 이유에 의하면, 원심은 주식회사 에코그라드레저개발(이하 '에코그라드레저개발'이라 한다)의 파산선고가 있기 전에 생긴 원고(선정당사자)와 선정자들(이하 '원고 등'이라 한다)의 임금 및 퇴직금 채권이 재단채권에 해당하고, 이에 대하여 파산선고 후인 2012. 10. 26.부터 피고가 재단채권인 원고 등의 임금 및 퇴직금을 변제할 의무의 이행을 지체하여 생긴 지연손해금 채권을 재단채권이라고 판단하였다.

앞서 본 법리에 비추어 살펴보면, 원심의 위와 같은 판단은 정당하고, 거기에 상고 이유 주장과 같이 재단채권 또는 후순위파산채권에 관한 법리를 오해한 위법이 없다.

3. 결론

그러므로 상고를 기각하고 상고비용은 패소자가 부담하도록 하여, 주문과 같이 판결한다. 이 판결에는 상고이유 제1점(파산선고 전에 생긴 임금·퇴직금에 대하여 파산선고 후 발생한 지연손해금 채권이 재단채권에 해당하는지 여부의 점)에 관하여 대법관 권순일의 별개의견과 대법관 신영철, 대법관 민일영, 대법관 김창석, 대법관 조희대의 반대의견이 있는 외에는 관여 법관의 의견이 일치되었고, 다수의견에 대한 대법관 이상훈, 대법관 김용덕, 대법관 고영한, 대법관 김소영의 보충의견, 반대의견에 대한 대법관 조희대의 보충의견이 있다.

4. 상고이유 제1점과 관련한 **대법관 권순일의 별개의견**은 다음과 같다.

다수의견은 근로자의 임금 등에 대하여 파산선고 후에 발생한 지연손해금 채권을 채무자회생법 제473조 제4호 소정의 '파산재단에 관하여 파산관재인이 한 행위로 인하여 생긴 청구권'에 해당하여 재단채권이라고 한다. 그러나 다음과 같은 이유에서 다수의견을 그대로 받아들일 수 없다.

노동법상 근로자의 임금·재해보상금 기타 근로관계로 인한 채권, 퇴직금에는 일정한 범위 내에서 우선변제권이 부여되어 있고, 그중에서도 최종 3월분의 임금, 최종 3년간의 퇴직금, 재해보상금에 대해서는 최우선성이 부여되어 있다(근로기준법 제38조, 근로자퇴직급여 보장법 제12조). 파산절차에서는 이러한 채권은 2000. 4. 12. 이전에는 '우선권 있는 파산채권'으로 취급되었으나[구 파산법(2000. 1. 12. 법률 제6111호로 개정되기 전의 것) 제32조], 그 이후에는 구 파산법의 개정으로 임금 등 채권의 발생시기가 파산선고 전후인지 여부를 불문하고, 최종 3월분 또는 최종 3년분 등의 구분 없이 그 전액이 재단채권으로 규정되었으며(구 파산법 제38조 제10호), 이는 채무자회생법이 시행된 이후에도 그대로 유지되고 있다(채무자회생법 제473조 제10호).

　파산절차에서 근로자의 임금 등의 법적 성질에 관한 위 각 규정의 입법경위와 그 취지 및 재단채권에 관하여는 파산관재인이 파산절차에 의하지 아니하고 수시로 변제할 의무가 있는 점(채무자회생법 제475조), 지연손해금은 주된 채권인 원본의 존재를 전제로 그에 대응하여 일정한 비율로 발생하는 종된 권리라는 점(대법원 2008. 3. 14. 선고 2006다2940 판결 등 참조) 등을 종합하여 살펴보면, 근로자의 임금 등에 대한 지연손해금 채권은 파산선고 전후에 발생한 것인지를 불문하고 채무자회생법 제473조 제10호 소정의 '채무자의 근로자의 임금·퇴직금 및 재해보상금'에 해당하여 재단채권으로서의 성질을 가진다고 보아야 할 것이다.

　이와는 달리 근로자의 임금 등에 대한 지연손해금 채권의 법적 성질에 관하여 다수의견과 같이 해석하게 되면 파산선고 전에 발생한 부분은 파산채권의 신고 등 파산절차에 의해 채권을 행사해야 하고, 파산선고 후에 발생한 부분은 주된 채권인 근로자의 임금 등과 함께 파산관재인에게 직접 그 이행을 청구해야 하는 등 그 발생시기에 따라 별도의 권리행사 방법을 택할 수밖에 없게 되는데, 파산절차의 원활한 진행과 공평의 이념, 근로자의 생활보호라는 정책목적의 달성 등 관련 법익을 비교형량하여 볼 때 이러한 해석론을 취함으로써 총 채권자에 대한 공평한 만족의 실현이라는 이익을 추가로 달성할 수 있다 할지라도 그 증가된 이익만큼 근로자의 생활보호나 파산절차의 원활한 진행이라는 보호법익이 훼손될 수 있고, 다수의견의 해석이 그 손실을 상회할 만큼의 이익이 있다고 보기는 어렵다고 생각된다.

　위와 같은 이유로 근로자의 임금 등에 대하여 파산선고 후 발생한 지연손해금 채권이 재단채권이라는 다수의견의 결론에는 찬성하지만 그 논거에 관하여는 견해를 달리하므로 별개의견으로 이를 밝혀 둔다.

[43] 기간제 민간조리원과 조리직렬 군무원 차별대우 사건

— 대법원 2014. 11. 27. 선고 2011두5391 판결 —

【판시사항】

[1] 기간제 및 단시간 근로자 보호 등에 관한 법률 제8조 제1항이 비교대상 근로자로 들고 있는 '기간의 정함이 없는 근로계약을 체결한 근로자'가 '사법상 근로계약'을 체결한 근로자로 한정되는지 여부(소극)

[2] 기간제 및 단시간 근로자 보호 등에 관한 법률 제8조 제1항에 따라 비교대상 근로자로 선정된 근로자의 업무가 기간제 근로자의 업무와 동종 또는 유사한 업무에 해당하는지 판단하는 기준

[3] 구 기간제 및 단시간 근로자 보호 등에 관한 법률 제2조 제3호에서 정한 합리적인 이유가 없는 경우의 의미 및 합리적인 이유가 있는지 판단하는 방법

【판결요지】

[1] 공무원은 인사와 복무, 보수 등에서 국가공무원법 및 공무원보수규정 등 관련 법령의 적용을 받기는 하나 기본적으로 임금을 목적으로 근로를 제공하는 근로자에 해당한다. 그리고 기간제 및 단시간 근로자 보호 등에 관한 법률(이하 '기간제법'이라고 한다) 제3조 제3항은 국가 또는 지방자치단체의 기관에 대하여도 이 법이 적용됨을 명시적으로 규정하여 공공부문에서 근무하는 비공무원인 기간제 근로자와 공무원 사이의 비교 가능성을 열어 두고 있다. 이러한 사정들과 함께 기간제 근로자에 대한 불합리한 차별을 시정하고 기간제 근로자의 근로조건 보호를 강화함으로써 노동시장의 건전한 발전에 이바지함을 목적으로 하는 기간제법의 입법 취지를 종합하여 보면, 기간제법 제8조 제1항이 비교대상 근로자로 들고 있는 '기간의 정함이 없는 근로계약을 체결한 근로자'를 '사법상 근로계약'을 체결한 근로자로 한정하여 해석할 것은 아니다.

[2] 기간제 및 단시간 근로자 보호 등에 관한 법률 제8조 제1항에 의하면, 비교대상 근로자는 차별적 처우를 주장하는 기간제 근로자와 동종 또는 유사한 업무에 종사할 것을 요한다. 비교대상 근로자로 선정된 근로자의 업무가 기간제 근로자의 업무와 동종 또는 유사한 업무에 해당하는지 여부는 취업규칙이나 근로계약 등에 명시된 업무

내용이 아니라 근로자가 실제 수행하여 온 업무를 기준으로 판단하되, 이들이 수행하는 업무가 서로 완전히 일치하지 아니하고 업무의 범위 또는 책임과 권한 등에서 다소 차이가 있다고 하더라도 주된 업무의 내용에 본질적인 차이가 없다면 특별한 사정이 없는 이상 이들은 동종 또는 유사한 업무에 종사한다고 보아야 한다.

[3] 구 기간제 및 단시간 근로자 보호 등에 관한 법률(2013. 3. 22. 법률 제11667호로 개정되기 전의 것) 제2조 제3호는 차별적 처우를 "임금 그 밖의 근로조건 등에서 합리적인 이유 없이 불리하게 처우하는 것"으로 정의하고 있다. 여기서 합리적인 이유가 없는 경우란 기간제 근로자를 달리 처우할 필요성이 인정되지 아니하거나, 달리 처우할 필요성이 인정되는 경우에도 방법·정도 등이 적정하지 아니한 경우를 의미한다. 그리고 합리적인 이유가 있는지 여부는 개별 사안에서 문제 된 불리한 처우의 내용 및 사용자가 불리한 처우의 사유로 삼은 사정을 기준으로 기간제 근로자의 고용형태, 업무의 내용과 범위·권한·책임, 임금 그 밖의 근로조건 등의 결정요소 등을 종합적으로 고려하여 판단하여야 한다.

【원고, 상고인】 대한민국
【피고, 피상고인】 중앙노동위원회위원장
【원심판결】 서울고법 2011. 1. 27. 선고 2010누21794 판결

【주   문】

상고를 기각한다.

【이   유】

상고이유를 판단한다.

1. 상고이유 제1점에 대하여

'기간제 및 단시간 근로자 보호 등에 관한 법률'(이하 '기간제법'이라고 한다) 제8조 제1항은 "사용자는 기간제 근로자임을 이유로 당해 사업 또는 사업장에서 동종 또는 유사한 업무에 종사하는 기간의 정함이 없는 근로계약을 체결한 근로자에 비하여 차별적 처우를 하여서는 아니 된다"고 정하여, 기간제 근로자에 대하여 차별적 처우가 있었는지를 판단하기 위한 비교대상 근로자로 '당해 사업 또는 사업장에서 동종 또는 유사

한 업무에 종사하는 기간의 정함이 없는 근로계약을 체결한 근로자'를 들고 있다.

그런데 공무원은 인사와 복무, 보수 등에서 국가공무원법 및 공무원보수규정 등 관련 법령의 적용을 받기는 하나 기본적으로 임금을 목적으로 근로를 제공하는 근로자에 해당한다(대법원 2002. 11. 8. 선고 2001두3051 판결 참조). 그리고 기간제법 제3조 제3항은 국가 또는 지방자치단체의 기관에 대하여도 이 법이 적용됨을 명시적으로 규정하여 공공부문에서 근무하는 비공무원인 기간제 근로자와 공무원 사이의 비교 가능성을 열어 두고 있다. 이러한 사정들과 함께 기간제 근로자에 대한 불합리한 차별을 시정하고 기간제 근로자의 근로조건 보호를 강화함으로써 노동시장의 건전한 발전에 이바지함을 목적으로 하는 기간제법의 입법 취지를 종합하여 보면, 기간제법 제8조 제1항이 비교대상 근로자로 들고 있는 '기간의 정함이 없는 근로계약을 체결한 근로자'를 '사법상 근로계약'을 체결한 근로자로 한정하여 해석할 것은 아니다.

원심이 같은 취지에서 조리직렬 기능군무원은 그 근무관계가 사법상 근로계약이 아닌 임용이라는 행정처분을 통해 형성되었기 때문에 민간조리원인 피고보조참가인(이하 '참가인'이라고 한다)의 비교대상 근로자가 될 수 없다는 원고의 주장을 배척한 조치는 정당하고, 거기에 상고이유로 주장하는 법리오해 등의 잘못이 없다.

2. 상고이유 제2점에 대하여

기간제법 제8조 제1항에 의하면, 비교대상 근로자는 차별적 처우를 주장하는 기간제 근로자와 동종 또는 유사한 업무에 종사할 것을 요한다.

비교대상 근로자로 선정된 근로자의 업무가 기간제 근로자의 업무와 동종 또는 유사한 업무에 해당하는지 여부는 취업규칙이나 근로계약 등에 명시된 업무내용이 아니라 근로자가 실제 수행하여 온 업무를 기준으로 판단하되, 이들이 수행하는 업무가 서로 완전히 일치하지 아니하고 업무의 범위 또는 책임과 권한 등에서 다소 차이가 있다고 하더라도 주된 업무의 내용에 본질적인 차이가 없다면 특별한 사정이 없는 이상 이들은 동종 또는 유사한 업무에 종사한다고 보아야 할 것이다.

원심은 참가인과 조리직렬 기능군무원 모두 조리업무를 주된 업무로 하고, 조리직렬 기능군무원의 경우 참가인과 달리 행정업무를 수행하고 교육과 훈련에 참가하기는 하나 이는 부수적인 정도에 불과하여, 이들의 주된 업무의 내용에 본질적인 차이가 없어 이들은 동종 또는 유사한 업무에 종사한다고 판단하였다.

앞서 본 법리와 원심판결 이유를 기록에 비추어 살펴보면, 원심의 위와 같은 판단은 정당하고, 거기에 상고이유로 주장하는 법리오해 등의 잘못이 없다.

3. 상고이유 제3점에 대하여

구 기간제법(2013. 3. 22. 법률 제11667호로 개정되기 전의 것) 제2조 제3호는 차별적 처우를 "임금 그 밖의 근로조건 등에서 합리적인 이유 없이 불리하게 처우하는 것"으로 정의하고 있다.

여기서 합리적인 이유가 없는 경우라 함은 기간제 근로자를 달리 처우할 필요성이 인정되지 아니하거나, 달리 처우할 필요성이 인정되는 경우에도 그 방법·정도 등이 적정하지 아니한 경우를 의미한다고 할 수 있다. 그리고 합리적인 이유가 있는지 여부는 개별 사안에서 문제 된 불리한 처우의 내용 및 사용자가 불리한 처우의 사유로 삼은 사정을 기준으로 기간제 근로자의 고용형태, 업무의 내용과 범위·권한·책임, 임금 그 밖의 근로조건 등의 결정요소 등을 종합적으로 고려하여 판단하여야 한다.

원심은 원고가 조리직렬 기능군무원에게 이 사건 가족수당과 정액급식비, 교통보조비를 지급하면서 민간조리원인 참가인에게는 이들 수당을 지급하지 아니한 것이 불리한 처우에 해당한다고 판단하였다. 원심은 나아가 이 사건 가족수당은 업무와 관계없이 부양가족이 존재한다는 사정만으로 지급되고, 이 사건 정액급식비와 교통보조비도 업무와 관계없이 실비변상차원에서 지급되는 것으로, 원고가 민간조리원에게 이들 수당에 상응하는 수당을 지급하는 근로계약을 체결하는 것이 법적으로 허용되지 아니한다고 볼 자료가 없고 이들 수당을 장기근속 유도와 직접 연관시키기 어렵다는 이유로, 참가인에게 이들 수당을 지급하지 아니한 데에 합리적인 이유가 없다고 판단하였다.

앞서 본 법리와 원심판결 이유를 기록에 비추어 살펴보면, 원심의 위와 같은 판단은 정당하고, 거기에 상고이유로 주장하는 법리오해 등의 잘못이 없다.

4. 결론

그러므로 상고를 기각하고 상고비용은 패소자가 부담하도록 하여, 관여 대법관의 일치된 의견으로 주문과 같이 판결한다.

[44] 미등기 무주부동산 권리보전조치가 불법행위인지 여부

— 대법원 2014. 12. 11. 선고 2011다38219 판결 —

【판시사항】

지적공부에 소유자 기재가 없는 미등기 토지에 관하여 국가가 국가 명의의 소유권보존등기를 마치자, 토지를 사정받은 甲의 상속인들이 국가를 상대로 불법행위에 따른 손해배상을 구한 사안에서, 국가가 토지의 진정한 소유자가 따로 있음을 알았다는 등의 특별한 사정이 없는 한 토지의 사정명의인 또는 상속인에 대한 관계에서 불법행위가 성립하지 않는다고 한 사례

【판결요지】

지적공부에 소유자 기재가 없는 미등기 토지에 관하여 국가가 국유재산에 관한 권리보전조치의 일환으로 국가 명의의 소유권보존등기를 마치자, 토지를 사정받은 甲의 상속인들이 국가를 상대로 불법행위에 따른 손해배상을 구한 사안에서, 미등기 부동산에 대한 국가의 권리보전조치의 경위와 내용, 토지조사부에 소유자로 등재된 자의 지위에 관한 판례변경 경위 및 광복 이후 농지개혁과 6·25동란 등을 거치면서 토지소유권에 관하여도 극심한 변동이 있었던 점 등을 감안하여 보면, 국가가 지적공부에 소유자 기재가 없는 미등기 토지에 관하여 국가 명의로 소유권보존등기를 하는 권리보전조치를 취한 것은 위법한 행위라고 볼 수 없고, 국가가 권리보전조치를 하는 과정에서 토지의 진정한 소유자가 따로 있음을 알고 있음에도 소유권보존등기를 마쳤다는 등의 특별한 사정이 없는 한 토지의 사정명의인 또는 상속인에 대한 관계에서 불법행위가 성립하지 않는다고 한 사례.

【원고, 피상고인 겸 상고인】 원고 1 외 7인
【피고, 상고인 겸 피상고인】 대한민국
【원심판결】 서울고법 2011. 4. 14. 선고 2010나47706 판결

【주   문】

원심판결 중 피고 패소 부분을 파기하고, 이 부분 사건을 서울고등법원에 환송한다. 원고들의 상고를 모두 기각한다.

【이   유】

상고이유를 판단한다.

1. 가. 민법 제252조는 무주의 부동산은 국유로 한다고 정하고 있고, 구 국유재산법(1994. 1. 5. 법률 제4698호로 개정되기 전의 것) 제8조는 총괄청 또는 관리청은 대통령령이 정하는 바에 의하여 무주의 부동산을 국유재산으로 취득한다고 정하고 구 국유재산법 시행령(1994. 4. 12. 대통령령 제14209호로 개정되기 전의 것) 제4조 제1항은 총괄청 또는 관리청은 무주의 부동산을 국유재산으로 취득하고자 할 때에는 '1. 부동산의 표시', '2. 공고 후 6월이 경과할 때까지 당해 부동산에 대하여 정당한 권리를 주장하는 자의 신고가 없는 경우에는 이를 국유재산으로 취득한다는 뜻'을 공고하여야 한다고 정하고 있다.

나. 기록에 의하면, 국가인 피고는 1985년 이후 국유재산 사무의 총괄청인 기획재정부의 주관으로 전국에 산재해 있는 미등기의 무주부동산에 관하여 국가 명의로 소유권보존등기를 하는 권리보전조치를 추진하였는데, 기획재정부는 그 대상재산을 국유재산대장, 등기부, 지적공부 등을 상호 대조하여 선정하되, 지적공부의 소유자란에 '미상', '불명'으로 기재되어 있거나 공란으로 되어 있는 미등기의 재산을 일응 무주부동산으로 취급하여 실태 및 현지조사, 소관청 분류 및 이관, 토지대장의 등록·변경 및 관련 공부 정리 등의 절차를 거쳐 권리보전조치를 진행한 사실을 알 수 있다.

다. 진정한 소유자가 있는 토지에 관하여 그 소유자가 행방불명되어 생사 여부를 알 수 없다 하더라도 그가 사망하고 상속인도 없다는 점이 입증되거나 그 토지에 대하여 민법 제1053조 내지 제1058조에 의한 국가귀속절차가 이루어지지 아니한 이상 그 토지가 바로 무주부동산이 되어 국가 소유로 귀속되는 것은 아니다. 또한 무주부동산이 아닌 한 국유재산법 제8조에 의한 무주부동산의 처리절차를 밟아 국유재산으로 등록되었다 하여 국가 소유로 되는 것도 아니다(대법원 1999. 2. 23. 선고 98다59132 판결, 대법원 2011. 12. 13. 선고 2011도8873 판결 등 참조).

한편 6·25동란으로 인하여 지적공부가 멸실된 토지의 진정한 소유권자를 가리는 소송에서 대법원은 종래에는 토지 사정 당시 작성된 토지조사부의 소유자란에 소유자로 등재된 사실만으로는 토지사정을 거쳐 그 소유권이 확정된 것이라고 단정할 수 없다는 입장을 취하였으나(대법원 1982. 5. 11. 선고 81다188 판결, 대법원 1982. 6. 10. 선고 81다92 판결 등 참조), 1986년에 판례를 변경하여 토지조사부에 소유자로 등재되어 있는 자는 반증이 없는 이상 토지소유자로 사정받고 그 사정이 확정된 것으로 추정하여야 한다는 입장을 취하였다(대법원 1986. 6. 10. 선고 84다카1773 전원합의체 판결 참조). 그리고 소유권보존등기의 추정력은 그 보존등기 명의인 이외의 자가 당해 토지를 사정받은 것으로 밝혀지면 깨어지는 것이며 상속인이 존재하는 부동산은 무주부동산이 아니라고 할 것이나(대법원 1997. 5. 23. 선고 95다46654, 46661 판결 등 참조), 사정 이후에 사정명의인이 그 토지를 다른 사람에게 처분한 사실이 인정된다면 사정명의인 또는 그 상속인들에게는 소유권보전등기 명의자를 상대로 하여 그 등기의 말소를 청구할 권원이 없게 되는 것이다(대법원 2008. 12. 24. 선고 2007다79718 판결, 대법원 2012. 6. 14. 선고 2012다10355 판결 등 참조).

라. 국가배상책임은 공무원의 직무집행이 법령에 위반한 것임을 요건으로 하는데, 공무원의 직무집행이 법령이 정한 요건과 절차에 따라 이루어진 것이라면 특별한 사정이 없는 한 이는 법령에 위반한 것이라고 볼 수 없는 것이다(대법원 2000. 11. 10. 선고 2000다26807 판결 등 참조). 그런데 위에서 살펴본, 미등기부동산에 대한 피고의 권리보전조치의 경위와 내용, 토지조사부에 소유자로 등재된 자의 지위에 관한 판례변경 경위 및 광복 이후 농지개혁과 6·25동란 등을 거치면서 토지소유권에 관하여도 극심한 변동이 있었던 점 등을 감안하여 보면, 피고가 지적공부에 소유자 기재가 없는 미등기의 토지에 대하여 국가 명의로 소유권보존등기를 하는 권리보전조치를 취한 것이 위법한 행위라고 볼 수는 없는 것이며, 피고가 그 권리보전조치를 하는 과정에서 그 토지의 진정한 소유자가 따로 있음을 알고 있음에도 불구하고 국가 명의로 소유권보존등기를 경료하였다는 등의 특별한 사정이 없는 한 그 토지의 사정명의인 또는 그 상속인에 대한 관계에서 무슨 불법행위가 된다고 할 수는 없는 것이다.

2. 원심은 그 판시와 같은 사실을 인정한 다음, 이 사건 토지에 관하여 소외인이 사정을 받아 그 상속인들이 존재함에도 불구하고 피고 명의로 소유권보존등기를 경료한 행위에 대하여, 피고가 국유재산법령이 정한 무주부동산 취득절차를 거쳤는지 여부

에 관한 증거가 없을 뿐만 아니라, 설령 그러한 절차를 거쳤다고 하더라도 사정명의인 내지 그 상속인의 존재 여부를 조사하지 아니한 채 지적공부에 소유자 기재가 없다고 하여 바로 무주부동산 취득절차를 취하였다는 이유로 피고에게 원고들의 소유권 상실로 인한 손해를 배상할 책임이 있다고 판단하였다.

그러나 앞서 본 법리에 비추어 원심판결 이유와 기록을 살펴보면, 피고는 지적공부에 소유자 기재가 없는 미등기의 이 사건 토지에 관하여 앞서 본 바와 같은 국유재산에 관한 권리보전조치의 일환으로 국가 명의로 소유권보존등기를 경료한 것인바, 피고가 이 사건 토지에 관하여 진정한 소유자가 따로 있음을 알았다는 등의 특별한 사정이 없는 이상 원고들에 대한 관계에서 불법행위가 된다고 할 수 없다.

그럼에도 원심이 이와 달리 이 사건 토지에 관하여 피고 명의로 소유권보존등기를 경료한 행위가 원고들에 대한 불법행위가 된다는 전제에서 피고에게 원고들의 소유권 상실로 인한 손해를 배상할 책임이 있다고 판단한 데에는 국가배상책임의 성립요건에 관한 법리를 오해하여 판결에 영향을 미친 잘못이 있다. 이 점을 지적하는 피고의 상고이유의 주장은 이유 있다.

4. 결론

그러므로 원심판결 중 피고 패소 부분을 파기하고 이 부분 사건을 다시 심리·판단하게 하기 위하여 원심법원에 환송하며, 원고들의 상고를 모두 기각하기로 하여, 관여 대법관의 일치된 의견으로 주문과 같이 판결한다.

[45] 예탁금제 골프회원권의 법적 성질

― 대법원 2015. 1. 29. 선고 2013다100750 판결 ―

【판시사항】

[1] 이른바 '예탁금제 골프회원권'을 가진 자의 개별적인 권리로서의 시설이용권 또는 예탁금반환청구권이 소멸시효의 대상이 인지 여부(적극) / 시설이용권의 소멸시효 기산점(= 회원의 시설이용이 불가능하게 된 시점) / 시설이용권이 시효로 소멸한 경우 예탁금제 골프회원권의 존속 여부(소극) / 예탁금반환청구권의 소멸시효 기산점

[2] 예탁금제 골프회원권에서 골프장 운영에 관한 회칙에 따라 회원이 탈퇴할 때 회원증을 반납할 의무를 부담하는 경우, 예탁금 반환의무와 회원증 반납의무가 동시이행관계에 있는지 여부(적극) 및 이때 예탁금 반환의무의 이행지체책임 발생시기(= 탈퇴 의사표시와 반환청구를 받은 때)

[3] 예탁금제 골프회원권의 회원 지위를 부인당하여 회원권을 활용할 수 없게 됨으로써 재산상 손해를 입은 사안에서, 통상손해에 해당한다고 보기 어려운 회원권 시세 또는 입회금에 해당하는 금액에 대한 시중은행의 정기예금 이자율에 의한 금액을 손해액으로 산정한 원심판결에 법리오해의 잘못이 있다고 한 사례

【판결요지】

[1] 이른바 예탁금제 골프회원권을 가진 자는 회칙이 정하는 바에 따라 골프장 시설을 우선적으로 이용할 수 있는 권리인 시설이용권과 회원자격을 보증하는 소정의 입회금을 예탁한 후 회원을 탈퇴할 때 그 원금을 반환받을 수 있는 권리인 예탁금반환청구권과 같은 개별적인 권리를 가지는데, 그중 개별적인 권리로서의 시설이용권이나 예탁금반환청구권은 채권으로서 소멸시효의 대상이 된다.

나아가 골프장 시설업자가 회원들이 골프장 시설을 이용할 수 있는 상태로 유지하고 있는 경우에는 골프장 시설업자가 회원에게 시설이용권에 상응하는 시설유지의무를 이행한 것으로 보아야 하므로 골프클럽의 회원이 개인적인 사정으로 골프장 시설을 이용하지 않는 상태가 지속된다는 사정만으로는 골프장 시설이용권의 소멸시효가 진행된다고 볼 수 없다. 그러나 골프장 시설업자가 제명 또는 기존 사업자가 발행한 회원권의

승계거부 등을 이유로 회원의 자격을 부정하고 회원 자격에 기한 골프장 시설이용을 거부하거나 골프장 시설을 폐쇄하여 회원의 골프장 이용이 불가능하게 된 때부터는 골프장 시설업자의 골프장 시설이용의무의 이행상태는 소멸하고 골프클럽 회원의 권리행사가 방해받게 되므로 그 시점부터 회원의 골프장 시설이용권은 소멸시효가 진행하고, 위 시설이용권이 시효로 소멸하면 포괄적인 권리로서의 예탁금제 골프회원권 또한 더 이상 존속할 수 없다.

한편 예탁금반환청구권은 골프장 시설이용권과 발생 또는 행사요건이나 권리 내용이 달라서 원칙적으로는 시설이용권에 대한 소멸시효 진행사유가 예탁금반환청구권의 소멸시효 진행사유가 된다고 볼 수 없다. 예탁금반환청구권은 회칙상 이를 행사할 수 있는 기간이 경과하지 않으면 이를 행사할 수 없고 이를 행사할 것인지 여부 또한 전적으로 회원 의사에 달린 것이므로, 임의 탈퇴에 필요한 일정한 거치기간이 경과한 후 탈퇴 의사표시를 하면서 예탁금반환청구를 하기 전에는 그 권리가 현실적으로 발생하지 않아 소멸시효도 진행되지 아니한다고 보아야 한다.

[2] 회원 가입 시에 일정한 금액을 예탁하였다가 탈퇴의 경우 예탁금을 반환받을 수 있는 이른바 예탁금제 골프회원권에 있어서, 골프장 운영에 관한 회칙에 따라 탈퇴의 경우 회원도 회원증을 반납할 의무를 부담하는 때에는 이중지급의 위험을 방지하기 위하여 공평의 관념과 신의칙상 골프장 시설업자의 회원에 대한 예탁금 반환의무와 회원의 회원증 반납의무 사이에 동시이행관계가 인정된다. 그러나 이는 민법 제536조에 정하는 쌍무계약상의 채권채무관계나 그와 유사한 대가관계가 있어서 그러는 것이 아니므로 골프장 시설업자의 예탁금 반환의무에 관하여는 탈퇴 의사표시와 반환청구를 받은 때부터 이행지체의 책임을 진다.

[3] 예탁금제 골프회원권의 회원 지위를 부인당하여 회원권을 활용할 수 없게 됨으로써 재산상 손해를 입은 사안에서, 골프장 시설업자의 채무불이행과 상당인과관계가 있는 손해는 회원으로서의 지위를 부인당한 기간 동안 골프클럽의 회원들이 회원의 지위에서 골프장 시설을 이용한 평균횟수, 회원의 지위에서 지불하는 골프장 시설에 대한 1회 이용료의 액수 및 비회원의 지위에서 지불하는 1회 이용료와 차액, 회원 모집 당시의 약관이나 회칙상 회원으로서 우선적인 이용이 보장되는 최대 횟수, 골프장 시설업자가 회원 지위를 부정한 전체 기간 등 모든 간접사실들을 합리적으로 평가하여 산정하여야 함에도, 이와 달리 통상손해에 해당한다고 보기 어려운 회원권 시세 또는 입회금에 해당하는 금액에 대한 시중은행의 정기예금 이자율에 의한 금액을 손해액으로

산정한 원심판결에 법리오해의 잘못이 있다고 한 사례.

【원고, 피상고인】　원고 1 외 9인
【피고, 상고인】　○○○개발 주식회사
【원심판결】　서울고법 2013. 11. 8. 선고 2012나67070 판결

【주　　문】

　　원심판결의 피고 패소 부분 중 손해배상 부분을 파기하고, 이 부분 사건을 서울고 등법원에 환송한다. 나머지 상고를 각 기각한다.

【이　　유】

　　상고이유를 판단한다.

4. 상고이유 제4점에 대하여

　　가. 이른바 예탁금제 골프회원권은 회원의 골프장 시설업자에 대한 회원가입계약 상의 지위 내지 회원가입계약에 의한 채권적 법률관계를 총체적으로 가리키는 것이고, 이러한 예탁금제 골프회원권을 가진 자는 회칙이 정하는 바에 따라 골프장 시설을 우 선적으로 이용할 수 있는 권리인 시설이용권과 회원자격을 보증하는 소정의 입회금을 예탁한 후 회원을 탈퇴할 때 그 원금을 반환받을 수 있는 권리인 예탁금반환청구권과 같은 개별적인 권리를 가지는데, 그중 개별적인 권리로서의 시설이용권이나 예탁금반 환청구권은 채권으로서 소멸시효의 대상이 된다.
　　나아가 골프장 시설업자가 회원들이 골프장 시설을 이용할 수 있는 상태로 유지하 고 있는 경우에는 골프장 시설업자가 회원에게 시설이용권에 상응하는 시설유지의무를 이행한 것으로 보아야 하므로 골프클럽의 회원이 개인적인 사정으로 골프장 시설을 이 용하지 않는 상태가 지속된다는 사정만으로는 골프장 시설이용권의 소멸시효가 진행된 다고 볼 수 없지만, 골프장 시설업자가 제명 또는 기존 사업자가 발행한 회원권의 승계 거부 등을 이유로 회원의 자격을 부정하고 회원 자격에 기한 골프장 시설이용을 거부 하거나 골프장 시설을 폐쇄하여 회원의 골프장 이용이 불가능하게 된 때부터는 골프장 시설업자의 골프장 시설이용의무의 이행상태는 소멸하고 골프클럽 회원의 권리행사가 방해받게 되므로 그 시점부터 회원의 골프장 시설이용권은 소멸시효가 진행하고, 위 시

설이용권이 시효로 소멸하면 포괄적인 권리로서의 예탁금제 골프회원권 또한 더 이상 존속할 수 없다고 봄이 상당하다.

한편 예탁금반환청구권은 골프장 시설이용권과 발생 또는 행사요건이나 권리 내용이 달라서 원칙적으로는 시설이용권에 대한 소멸시효 진행사유가 예탁금반환청구권의 소멸시효 진행사유가 된다고 볼 수 없다. 예탁금반환청구권은 회칙상 이를 행사할 수 있는 기간(이 사건 회원권과 같은 경우에는 입회 후 5년)이 경과하지 않으면 이를 행사할 수 없고 이를 행사할 것인지 여부 또한 전적으로 회원 의사에 달린 것이므로, 임의 탈퇴에 필요한 일정한 거치기간이 경과한 후 탈퇴 의사표시를 하면서 예탁금반환청구를 하기 전에는 그 권리가 현실적으로 발생하지 않아 소멸시효도 진행되지 아니한다고 보아야 한다.

나. 원심은 그 판시와 같은 이유로, 원고들이 탈퇴 의사표시 및 입회금 반환청구를 하기 이전에 입회금 반환청구권의 소멸시효가 진행할 여지가 없고, 나아가 피고가 이 사건 회원권에 관한 원고들의 회원 자격을 부인하고 원고들의 구체적인 권리 행사를 방해하자 원고들이 회원지위의 확인을 구하는 이 사건 전소를 제기하여 이 사건 회원권(시설이용권을 말하는 것으로 보인다) 자체에 관한 소멸시효가 중단되었고 위 전소 판결이 확정된 때부터 새로이 10년의 시효가 진행된다는 이유로 피고의 소멸시효 완성의 주장을 배척하였다.

앞서 본 법리에 비추어 기록을 살펴보면, 원심의 이러한 판단은 정당하고, 거기에 상고이유의 주장과 같이 소멸시효의 진행 및 중단에 관한 법리를 오해하는 등의 잘못이 없다.

5. 상고이유 제5점에 대하여

회원 가입 시에 일정한 금액을 예탁하였다가 탈퇴의 경우 그 예탁금을 반환받을 수 있는 이른바 예탁금제 골프회원권에 있어서, 그 골프장 운영에 관한 회칙에 따라 탈퇴의 경우 회원도 회원증을 반납할 의무를 부담하는 때에는 이중지급의 위험을 방지하기 위하여 공평의 관념과 신의칙상 골프장 시설업자의 회원에 대한 예탁금 반환의무와 회원의 회원증 반납의무 사이에 동시이행관계가 인정된다. 그러나 이는 민법 제536조에 정하는 쌍무계약상의 채권채무관계나 그와 유사한 대가관계가 있어서 그러는 것이 아니므로 골프장 시설업자의 예탁금 반환의무에 관하여는 탈퇴 의사표시와 그 반환청구를 받은 때부터 이행지체의 책임을 진다고 할 것이다(대법원 1999. 7. 9. 선고 98다

47542, 47559 판결, 대법원 2007. 9. 20. 선고 2005다63337 판결 참조).

이러한 법리에 비추어 기록을 살펴보면, 원심이 피고의 입회금 반환의무와 원고들의 회원증 반납의무가 동시이행관계에 있으나 이는 이중지급의 위험을 방지하기 위함에 그 목적이 있는 것이라고 하여 피고가 원고들로부터 탈퇴 의사표시 및 입회금 반환청구를 받은 때부터 이행지체의 책임을 진다고 판단한 것은 정당하고, 거기에 상고이유의 주장과 같이 동시이행항변권과 이행지체책임에 관한 법리를 오해하는 등의 잘못이 없다.

6. 상고이유 제6점에 대하여

나. 손해배상액의 산정에 관하여 본다.

(1) 채무불이행으로 인한 손해배상청구소송에서 재산적 손해의 발생사실은 인정되나 구체적인 손해의 액수를 증명하는 것이 사안의 성질상 곤란한 경우, 법원은 증거조사 결과와 변론 전체의 취지에 의하여 밝혀진 당사자들 사이의 관계, 채무불이행과 그로 인한 재산적 손해가 발생하게 된 경위, 손해의 성격, 손해가 발생한 이후의 여러 정황 등 관련된 모든 간접사실들을 종합하여 손해의 액수를 판단할 수 있다(대법원 2004. 6. 24. 선고 2002다6951, 6968 판결 등 참조). 다만 이러한 법리는 자유심증주의 아래에서 손해의 발생사실은 증명되었으나 사안의 성질상 손해액에 대한 증명이 곤란한 경우 증명도·심증도를 경감함으로써 손해의 공평·타당한 분담을 지도원리로 하는 손해배상제도의 이상과 기능을 실현하고자 함에 그 취지가 있는 것이지 법관에게 손해액의 산정에 관한 자유재량을 부여한 것은 아니다. 따라서 법원이 위와 같은 방법으로 구체적 손해액을 판단함에 있어서는 손해액 산정의 근거가 되는 간접사실들의 탐색에 최선의 노력을 다해야 하고 그와 같이 탐색해 낸 간접사실들을 합리적으로 평가하여 객관적으로 수긍할 수 있는 손해액을 산정해야 한다(대법원 2010. 10. 14. 선고 2010다40505 판결 등 참조).

(2) 원심은 그 판시와 같은 이유로, 원고들이 피고로부터 회원지위를 부인당함으로써 이 사건 회원권을 전혀 활용할 수 없게 되어 입은 재산상 손해액은 일응 이 사건 회원권의 사용료 내지 사용가치를 기준으로 파악할 수 있다고 전제한 다음, 이 사건 회원권과 유사한 골프회원권의 임대사례를 확인할 수 없다는 이유로 부동산평가에서 시산임료를 구하는 방법 중의 하나인 '적산법(積算法)'을 준용하되, 갑 제35호증(감정평가서)의 기재에 따라 이 사건 회원권의 시세 또는 그 시세를 알 수 없는 경우 입회금에

대하여 시중은행의 정기예금 이자율을 곱하여 산정한 금액을 기준으로 그 손해액을 산정하였다.

(3) 그런데 원심판결 이유와 기록에 의하면 다음과 같은 사정을 알 수 있다.

① 이 사건 골프클럽의 회칙에 의하면, 이 사건 골프클럽의 회원권에 기초한 회원으로서의 지위는 이른바 예탁금 회원제로 운영되는 골프장의 회원권에 해당하는 계약상 권리·의무관계이고, 그 내용으로서 회원은 회칙에 따라 골프장 시설을 우선하여 유리한 조건으로 이용할 수 있는 권리, 회칙에서 정한 일정한 거치기간이 지난 후에 탈퇴에 수반하여 입회 시에 예탁한 입회금을 반환받을 권리 등을 가짐과 아울러 회원으로서의 각종 의무를 부담하게 됨을 알 수 있다.

② 원고들이 손해배상을 구하는 회원으로서의 지위를 부인당한 기간 동안 탈퇴를 하지 않은 이 사건에서, 원고들의 회원으로서의 권리는 골프장 시설을 우선하여 이용할 수 있는 권리가 그 기본적인 부분을 구성하고, 이에 따라 피고는 회원인 원고들로 하여금 회칙에 따라 골프장 시설을 이용하도록 할 의무를 부담한다. 따라서 원고들이 피고로부터 회원으로서의 지위를 부인당함으로써 발생한 재산적 손해는 위와 같이 회원으로서 회칙에 따라 골프장 시설을 이용할 수 있는 권리를 행사하지 못함으로 인하여 발생한 손해라고 보아야 한다.

③ 원심은 피고의 채무불이행으로 인한 손해를 원고들이 증거로 제출한 갑 제35호증(감정평가서)에 따라 원고들이 '회원권 시세 또는 입회금에 해당하는 금액에 대한 시중은행의 정기예금 이자율에 해당하는 금액 상당액'으로 파악하였으나, 갑 제35호증(감정평가서)의 기재에 의하면, 감정인은 회원으로서의 시설이용권을 행사하지 못함으로 인한 손해는 파악하기가 불가능하다는 이유로 감정대상에서 제외하였음을 알 수 있으므로, 원심이 파악하여 산정한 손해액이 원고들의 회원권의 기본적인 부분을 구성하는 골프장 시설에 대한 사용이익의 상실을 포착하여 그로 인한 손해를 반영하고 있다고는 할 수 없다.

나아가 피고의 채무불이행으로 인하여 원심이 파악한 대로 원고들이 회원권의 시세에 해당하는 금액에 대한 정기예금 이자 상당의 기대수익을 얻지 못하는 손해를 입었더라도, 이러한 손해는 골프장 시설을 우선적으로 이용할 수 있는 권리를 행사하지 못하는 데 따른 사용이익의 상실로 인한 손해가 아니라 회원권의 경제적 가치와 등가인 금전을 운용할 수 있는 활용기회의 상실에 따른 손해로서, 예탁금 회원제인 회원권의 소비임치로서의 법률적 성격을 함께 고려하여 보면, 이는 통상손해가 아닌 특별한 사정으로 인한 손해로 봄이 타당하다.

④ 그 밖에 원고들이 피고로부터 회원으로서의 지위를 부인당함으로써 그 보유한 회원권의 매도 등 처분의 기회를 상실하였거나 그 대가를 제대로 지급받지 못하는 손해가 생겼다 하더라도, 이러한 손해 역시 골프장 시설이용권이 그 기본적인 부분을 구성하는 회원권 자체를 행사하지 못함으로 인하여 발생한 통상의 손해로 볼 수는 없다.

⑤ 결국 이 사건의 경우 피고의 채무불이행으로 인하여 그 행사를 방해받은 권리의 내용과 성질, 채무불이행의 정도와 기간 등에 비추어 보면, 피고의 채무불이행으로 원고들에게 재산적 손해가 발생한 사실은 인정되나 구체적인 손해의 액수를 증명하는 것이 사안의 성질상 곤란한 경우에 해당한다고 보인다. 사정이 이러하다면 앞서 본 법리에 비추어 피고의 채무불이행과 상당인과관계가 있는 손해의 수액은, 원고들이 회원으로서의 지위를 부인당한 기간 동안 이 사건 골프클럽의 회원들이 회원의 지위에서 골프장 시설을 이용한 평균횟수, 회원의 지위에서 지불하는 골프장 시설에 대한 1회 이용료의 액수 및 비회원의 지위에서 지불하는 1회 이용료와의 차액, 동신레저의 회원 모집 당시의 약관이나 회칙상 회원으로서 우선적인 이용이 보장되는 최대 횟수, 피고가 원고들의 회원 지위를 부정한 전체 기간 등을 비롯하여 증거조사의 결과와 변론 전체의 취지에 의하여 밝혀진 모든 간접사실들을 합리적으로 평가하여 산정함이 타당하다.

(4) 그럼에도 이와 달리 원심은, 원고들이 회원으로서의 지위를 부인당함으로써 회원권을 활용할 수 없게 되어 발생한 재산적 손해를 잘못 파악하여 위와 같은 방식으로 손해액을 산정하지 아니하고, 통상손해에 해당한다고 보기 어려운 회원권 시세 또는 입회금에 해당하는 금액에 대한 시중은행의 정기예금 이자율에 의한 금액을 피고가 배상할 손해액으로 산정하였다. 따라서 이러한 원심의 판단에는 채무불이행으로 인한 손해배상액의 산정에 관한 법리를 오해하여 판결에 영향을 미친 잘못이 있다. 이를 지적하는 상고이유의 주장은 이유 있다.

7. 결론

그러므로 원심판결의 피고 패소 부분 중 손해배상 부분을 파기하고 이 부분 사건을 다시 심리·판단하게 하기 위하여 원심법원에 환송하기로 하며 피고의 나머지 상고를 각 기각하기로 하여, 관여 대법관의 일치된 의견으로 주문과 같이 판결한다.

[46] 가맹사업자의 가맹희망자에 대한 정보제공의무

― 대법원 2015. 4. 9. 선고 2014다84824, 84831 판결 ―

【판시사항】

유아 대상 교육프로그램 가맹본부(브랜드명: 아이슐레)가 가맹희망자에게 관련 법령에 따라 학원으로 등록하여 운영하여야 함을 고지하지 아니한 경우, 중요한 정보를 누락하였다고 보아 손해배상책임을 인정한 사례

【판결요지】

구 가맹사업거래의 공정화에 관한 법률(2013. 8. 13. 법률 제12094호로 개정되기 전의 것, 이하 '가맹사업법'이라고 한다) 제4조, 제9조 제1항, 제41조 제1항의 내용을 종합하면, 가맹사업법 제9조 제1항의 중요사항을 누락한 경우라 함은 가맹계약의 체결과 유지 등 가맹희망자의 의사결정에 중대한 영향을 줄 수 있는 사실 또는 가맹희망자가 일정한 사정에 관하여 고지를 받았더라면 가맹계약을 체결하지 않았을 것임이 경험칙상 명백한 경우 그와 같은 사정 등을 가맹계약을 체결하기 위하여 상담하거나 협의하는 단계에서 가맹희망자에게 고지하지 아니한 경우를 의미한다. 그리고 이러한 행위는 가맹사업법 제9조 제1항에 따른 정보제공의무 내지 고지의무를 위반한 것으로서, 가맹본부는 가맹희망자에 대하여 가맹사업법 제37조 제3항, 독점규제 및 공정거래에 관한 법률 제56조 제1항에 의한 손해배상책임을 부담한다.

【원고(반소피고), 피상고인】 원고(반소피고) 1 외 1인
【피고(반소원고), 상고인】 주식회사 ○○○○글로벌
【피고, 상고인】 피고 2 외 1인
【원심판결】 서울고법 2014. 11. 13. 선고 2013나80216, 80223 판결

【주　　문】

상고를 모두 기각한다.

【이   유】

상고이유를 판단한다.

1. 상고이유 제1점, 제2점에 관하여

가. 구 가맹사업거래의 공정화에 관한 법률(2013. 8. 13. 법률 제12094호로 개정되기 전의 것, 이하 '가맹사업법'이라고 한다) 제9조 제1항은 "가맹본부는 가맹희망자에게 정보를 제공함에 있어서 허위 또는 과장된 정보를 제공하거나 중요사항을 누락하여서는 아니 된다."고 규정하고, 같은 법 제41조 제1항은 "제9조 제1항의 규정에 위반하여 허위·과장된 정보를 제공하거나 중요사항을 누락한 자는 5년 이하의 징역 또는 1억 5천만원 이하의 벌금에 처한다."고 규정하고 있으며, 같은 법 제4조는 "가맹사업당사자는 가맹사업을 영위함에 있어서 각자의 업무를 신의에 따라 성실하게 수행하여야 한다."고 규정하고 있다.

이러한 가맹사업법의 관련 규정의 내용을 종합하면, 가맹사업법 제9조 제1항의 중요사항을 누락한 경우라 함은 가맹계약의 체결과 유지 등 가맹희망자의 의사결정에 중대한 영향을 줄 수 있는 사실 또는 가맹희망자가 일정한 사정에 관하여 고지를 받았더라면 가맹계약을 체결하지 않았을 것임이 경험칙상 명백한 경우 그와 같은 사정 등을 가맹계약을 체결하기 위하여 상담하거나 협의하는 단계에서 이를 가맹희망자에게 고지하지 아니한 경우를 의미한다.

그리고 이러한 행위는 가맹사업법 제9조 제1항에 따른 정보제공의무 내지 고지의무를 위반한 것으로서, 가맹본부는 가맹희망자에 대하여 가맹사업법 제37조 제3항, 독점규제 및 공정거래에 관한 법률 제56조 제1항에 의한 손해배상책임을 부담한다.

나. 원심은 그 판시와 같은 사정을 인정한 다음, 학원의 설립·운영 및 과외교습에 관한 법률(이하 '학원법'이라고 한다)상 등록절차 없이 평생교육시설로 신고하는 등의 방법으로 개설된 유아 대상 교육기관들은 2007. 3. 23. 개정된 학원법 시행령에 의하여 소정의 유예기간이 경과한 후에는 학원으로 등록하여 운영하여야 함에도 불구하고 피고(반소원고, 이하 '피고'라고 한다)들은 유아 대상 교육기관인 이 사건 교육원을 평생교육원으로 신고하고 원고(반소피고, 이하 '원고'라고 한다)들로 하여금 수익사업을 하지 않는 비영리법인에 대한 고유번호증 또는 면세법인사업자에 대한 사업자등록증을 받아 이 사건 교육원을 운영하게 한다는 사정 및 이러한 운영방식은 현행 관련 법령 및 교육청

방침에 위배되는 것이어서 발각될 경우 행정적 제재나 형사처벌을 받을 수 있다는 사정 등을 고의로 고지하지 아니하였고, 이로써 원고들은 이 사건 교육원이 적법하게 운영될 것이라고 믿고 이 사건 가맹계약을 체결하였다고 판단하면서, 그 판시와 같이 피고들에 대하여 손해배상책임을 인정하였다.

다. 앞서 본 법리에 비추어 기록을 살펴보면, 원심의 위와 같은 판단은 정당하고, 거기에 상고이유 주장과 같이 논리와 경험의 법칙에 반하여 사실을 인정하거나 가맹사업법 제9조 제1항에서의 '중요사항의 누락', 학원법에서의 '학원' 등의 의미에 관한 법리를 오해한 잘못이 없다.

3. 결론

그러므로 상고를 모두 기각하고 상고비용은 패소자들이 부담하도록 하여, 관여 대법관의 일치된 의견으로 주문과 같이 판결한다.

[47] 임대차보증금 반환채무 인수의 법적 성질

— 대법원 2015. 5. 29. 선고 2012다84370 판결 —

【판시사항】

부동산 매수인이 매매목적물에 관한 임대차보증금 반환채무 등을 인수하면서 채무액을 매매대금에서 공제하기로 약정한 경우, 그 채무인수의 법적 성질(＝면책적 채무인수가 아니라 이행인수)

【판결요지】

[1] 부동산의 매수인이 매매목적물에 관한 임대차보증금 반환채무 등을 인수하는 한편 그 채무액을 매매대금에서 공제하기로 약정한 경우, 그 인수는 특별한 사정이 없는 이상 매도인을 면책시키는 면책적 채무인수가 아니라 이행인수로 보아야 하고, 면책적 채무인수로 보기 위해서는 이에 대한 채권자 즉 임차인의 승낙이 있어야 한다.

[2] 임대차보증금 반환채무의 면책적 인수에 대한 임차인의 승낙은 반드시 명시적 의사표시에 의하여야 하는 것은 아니고 묵시적 의사표시에 의하여서도 가능하다. 그러나 임차인이 채무자인 임대인을 면책시키는 것은 그의 채권을 처분하는 행위이므로, 만약 임대차보증금 반환채권의 회수가능성 등이 의문시되는 상황이라면 임차인의 어떠한 행위를 임대차보증금 반환채무의 면책적 인수에 대한 묵시적 승낙의 의사표시에 해당한다고 쉽게 단정하여서는 아니 된다.

【원고, 상고인】 학교법인 ○○학원
【피고, 피상고인】 피고 1 외 2인
【원심판결】 서울고법 2012. 8. 31. 선고 2011나79144 판결

【주   문】

원심판결을 파기하고, 사건을 서울고등법원에 환송한다.

【이   유】

상고이유를 판단한다.

1. 부동산의 매수인이 매매목적물에 관한 임대차보증금 반환채무 등을 인수하는 한편 그 채무액을 매매대금에서 공제하기로 약정한 경우, 그 인수는 특별한 사정이 없는 이상 매도인을 면책시키는 면책적 채무인수가 아니라 이행인수로 보아야 하고, 면책적 채무인수로 보기 위해서는 이에 대한 채권자 즉 임차인의 승낙이 있어야 한다(대법원 2001. 4. 27. 선고 2000다69026 판결, 대법원 2008. 9. 11. 선고 2008다39663 판결 등 참조). 채무자인 매도인이나 제3자인 매수인은 임차인에게 임대차보증금 반환채무에 대한 매도인의 면책에 관한 승낙 여부를 최고할 수 있으며, 임차인이 상당한 기간 내에 확답을 발송하지 아니한 경우에는 이를 거절한 것으로 본다(민법 제455조). 한편 임차인의 승낙은 반드시 명시적 의사표시에 의하여야 하는 것은 아니고 묵시적 의사표시에 의하여서도 가능하다. 그러나 임차인이 채무자인 임대인을 면책시키는 것은 그의 채권을 처분하는 행위이므로, 만약 임대보증금 반환채권의 회수가능성 등이 의문시되는 상황이라면 임차인의 어떠한 행위를 임대차보증금 반환채무의 면책적 인수에 대한 묵시적 승낙의 의사표시에 해당한다고 쉽게 단정하여서는 아니 된다.

2. 가. 원심은 채용 증거를 종합하여, 원고는 피고들로부터 2005. 9. 5. 피고들이 공유하는 이 사건 건물 중 지하 1층, 지상 1층 내지 4층을 보증금 10억 원에 임차하고 2006. 1. 25. 이 사건 건물 중 지상 5층을 보증금 1억 원에 임차하면서, 계약 체결일 무렵 피고들에게 위 각 보증금을 지급하고 위 각 임차목적물을 사용한 사실, 원고는 2007. 12. 5. 피고들과 사이에 보증금의 액수를 그대로 유지하면서 기간을 각 2008. 1. 1.부터 2009. 12. 31.까지로 정하여 위 각 임차목적물을 다시 임차하는 것으로 계약(이하 '이 사건 각 임대차계약'이라고 한다)을 한 사실, 피고들은 2008. 2. 13. ○○씨엔씨 주식회사(이하 '○○씨엔씨'라고 한다)에게 이 사건 건물과 그 부지를 매도하면서, 잔금 지급일인 2008. 5. 13. ○○씨엔씨와 사이에 이 사건 각 임대차계약에 따른 임대차보증금 반환채무를 ○○씨엔씨가 인수하기로 약정하여 위 임대차보증금 11억 원을 공제한 매매대금을 수령하고 같은 날 ○○씨엔씨에게 이 사건 건물에 관하여 소유권이전등기를 마쳐 준 사실, 원고는 2008. 6.부터 2010. 8.까지 ○○씨엔씨에게만 매월 임대료를 지

급하고, ○○씨엔씨로부터 2009. 2. 9. 및 2009. 9. 17. 임대인 지위를 피고들로부터 승계하였다는 통지를 받고도 어떠한 이의를 제기하지 아니한 사실, 원고는 2009. 12. 28. ○○씨엔씨로부터 이 사건 건물을 신탁받은 주식회사 □□부동산신탁(이하 '□□신탁'이라고 한다)이 원고를 상대로 제기한 건물인도 소송에서 '이 사건 건물이 2008. 5. 13. ○○씨엔씨에게, 다시 같은 날 □□신탁에게 각 양수되었으므로, □□신탁이 최종적으로 위 건물 부분의 임대인 지위를 승계하였다'고 답변서에 기재하고, 2010. 6.경 ○○씨엔씨에게 '2010. 7. 30.까지 임차 부분을 인도할 것이니 임대차보증금을 반환하여 달라'는 취지의 통지를 한 사실 등을 인정한 다음, 이러한 사실을 종합하면, 이 사건 건물의 매수인인 ○○씨엔씨는 이 사건 각 임대차계약 기간을 전후하여 원고에 대한 임대차보증금 반환채무를 이행할 충분한 자력이 있었으므로, ○○씨엔씨가 매도인인 피고들로부터 이 사건 각 임대차계약의 임대인의 지위를 승계하기로 함에 있어, 임차인인 원고도 ○○씨엔씨가 위 임대차보증금 반환채무를 면책적으로 인수하거나 임대인의 지위를 인수하는 것에 관하여 적어도 묵시적으로나마 동의 또는 승낙을 하였다고 추인할 수 있으므로, 피고들이 여전히 임대인의 지위에 있음을 전제로 하는 원고의 임대차보증금 반환청구를 받아들일 수 없다고 판단하였다.

나. 그러나 원심의 위와 같은 판단은 다음과 같은 이유로 수긍하기 어렵다.

(1) 기록에 의하면, 원고가 2008. 2. 29.경 ○○씨엔씨로부터 이 사건 건물을 매수하였다는 취지의 통지를 받은 뒤, 원고의 직원 소외인은 피고 1을 찾아갔다가 그로부터 매수인인 ○○씨엔씨가 임대차보증금을 반환할 것이라는 답변을 들었지만 믿지 못하여 피고 1에게 임대차보증금의 반환책임을 인정하는 각서와 매매계약서 등 임대차보증금 반환채무의 귀속관계에 관한 문서를 요구하였으나 피고 1은 이에 응하지 아니한 사실, ○○씨엔씨는 이 사건 건물 부지 일대에 부동산 개발사업을 추진하기 위하여 금융기관으로부터 765억 원을 대출받아 이 사건 건물 등을 매수하는 데에 대부분 사용하고 그 대출금에 대한 담보로 □□신탁과 사이에 부동산담보신탁계약을 체결하고 2008. 5. 13. □□신탁에게 신탁을 원인으로 하여 이 사건 건물에 관하여 소유권이전등기를 마쳐 준 사실, 원고는 ○○씨엔씨가 어떤 회사인지, 이 사건 임대차보증금을 반환할 자력이 있는지 여부를 알지 못하였고 ○○씨엔씨로부터 이 사건 임대차보증금 반환채무를 인수하였다는 취지의 통지를 받지도 못한 사실, 원고는 피고들이 이 사건 임대차보증금 반환채무의 귀속관계에 관한 문서를 보내지 아니하자 2008. 11. 18.경 피고 1에게 임차인과 사전협의 없이 일방적으로 소유권을 양도한 것은 계약 위반이라는 취지로 항의하면

서 '2008. 11. 25.까지 보증금 및 임대료 등에 관한 계약내용을 알려 달라'는 취지의 통지를 하고, 2008. 12. 1.경 소유권 변경에 따른 임대보증금 등 법적 책임에 대하여 답변하지 않는 것을 항의하면서 '2008. 12. 10.까지 원고의 임대보증금 및 임대료에 대한 서면통지를 요청한다'는 취지의 통지를 한 사실, 피고 1은 2008. 12. 9.경 원고에게 '임차인들의 보증금 전액을 공제한 나머지만을 매매대금으로 받았으므로 모든 권리와 의무는 ○○씨엔씨에게 승계된 것으로 안다'는 취지의 답변서를 보낸 사실, 원고는 ○○씨엔씨에 대하여도 매매계약서 등을 보내줄 것을 요청하던 중, 2009. 2. 9.경 ○○씨엔씨로부터 '○○씨엔씨가 임대인 지위를 승계하였다'는 취지의 통지를 받았는데 당시 첨부된 매매계약서 사본에는 매도인인 피고들이 임대차보증금을 반환하는 것으로 기재되어 있었던 사실, 이후 원고는 피고들이나 ○○씨엔씨로부터 임대차보증금 반환채무의 귀속관계에 관한 어떤 문서도 받지 못한 사실을 알 수 있다.

(2) 원심이 인정한 사실관계와 위 사실을 앞서 본 법리에 비추어 살펴본다.

첫째, 원고는 ○○씨엔씨에게 이 사건 건물의 소유권이 이전되자 이 사건 임대차보증금을 반환받지 못할 것을 우려하여 피고들로부터 그 반환책임을 인정하는 각서를 받으려고 하였으나 피고들은 ○○씨엔씨가 임대차보증금을 반환하기로 하였다는 답변만 계속하였고, 피고들이나 ○○씨엔씨는 이 사건 임대차보증금 반환채무의 인수에 대하여 원고로부터 승낙을 받으려는 조치를 전혀 취하지 아니하였다.

둘째, ○○씨엔씨는 금융기관으로부터 받은 대출금으로 이 사건 건물 등을 매수하는 방법으로 부동산 개발사업을 추진하여 피고들로부터 이 사건 건물에 관한 소유권이전등기를 넘겨받은 당일 ㅁㅁ신탁과 사이에 부동산담보신탁계약을 체결하고 그 소유권이전등기를 마쳐 주었으므로, 원고가 그 소유권이전등기 당시 ○○씨엔씨로부터 이 사건 임대차보증금 반환채권을 회수할 가능성이 확실하였다고 보기 어렵다.

셋째, 원고는 2009. 2.경까지도 피고들과 ○○씨엔씨 사이의 매매계약서 등을 통하여 임대차보증금 반환채무의 귀속관계를 확인하려고 하였고, 그 결과 ○○씨엔씨로부터 받은 매매계약서 사본에는 피고 1의 말과는 다르게 피고들이 임대차보증금 반환채무를 부담하는 것으로 되어 있었으며, 이후 피고들이나 ○○씨엔씨로부터 다른 문서를 받지 못하였으므로, 원고는 이 사건 건물의 매도에도 불구하고 피고들이 임대차보증금의 반환책임을 부담하는 것으로 인식하고 있었다고 볼 여지가 충분하다.

넷째, ○○씨엔씨가 이 사건 건물의 소유권을 취득한 바로 뒤인 2008. 6.경부터 임대차계약기간 만료일까지 원고가 ○○씨엔씨에게 매월 임대료를 지급하기는 하였지만, 원고로서는 이 사건 임차목적물을 사용하는 이상 임대료를 지급하는 것이 당연하고 원고가 피고 1의 요구에 따라 ○○씨엔씨에게 임대료를 지급하게 되었다고 주장하는 점 등을 고려하면 원고가 ○○씨엔씨에게 임대료를 지급하였다는 사정을 ○○씨엔씨가 임대차보증금 반환채무를 면책적으로 인수하는 데에 원고가 동의하였다는 징표로 삼아서는 아니 된다.

다섯째, 원고가 □□신탁이 제기한 임차목적물에 대한 인도소송에서 피고들과 ○○씨엔씨를 거쳐 □□신탁이 임대인 지위를 승계하였다고 주장하거나 2010. 6.경 ○○씨엔씨에게 2010. 7. 30.까지 임차 부분을 인도할 것이니 임대차보증금을 반환하여 달라는 취지의 통지를 하였다고 하더라도, 이는 원고가 자신에 대하여 인도소송을 제기한 □□신탁으로부터라도 임대차보증금을 반환받기 위하여 한 것으로서 임차인이 통상 취할 수 있는 조치 이상의 의미를 가진다고 보기 어렵다.

여섯째, 원고가 2009. 2. 9.경 및 2009. 9. 17.경 ○○씨엔씨로부터 임대인 지위를 피고들로부터 승계하였다는 취지의 통지를 받고도 어떠한 이의를 제기하지 아니하였다고 하더라도, 위 각 통지에서 ○○씨엔씨가 원고에 대한 임대차보증금 반환채무를 면책적으로 인수하였음을 명시하지 아니한 이상, 원고의 위와 같은 태도를 두고 ○○씨엔씨가 임대차보증금 반환채무를 면책적으로 인수하는 것을 원고가 묵시적으로 승낙한 사정으로까지 보기는 어렵다.

그 밖에 원심이 거시한 나머지 사정을 모두 살펴보아도 ○○씨엔씨가 피고들로부터 원고에 대한 임대차보증금 반환채무를 면책적으로 인수하는 것을 원고가 묵시적으로 승낙하거나 동의한 것으로 보기에 부족하다.

그런데도 원심은 앞서 본 판시와 같은 사정만으로 매수인인 ○○씨엔씨가 매도인인 피고들로부터 원고에 대한 임대차보증금 반환채무를 면책적으로 인수하는 것에 대하여 원고가 이를 적어도 묵시적으로나마 동의 또는 승낙을 하였다고 추인할 수 있다고 판단하여 원고의 피고들에 대한 임대차보증금 반환청구를 기각하였다. 이러한 원심판결에는 임대차보증금 반환채무의 면책적 인수에 관한 법리를 오해함으로써 판결에 영향을 미친 잘못이 있다. 이 점을 지적하는 원고의 상고이유의 주장은 이유 있다.

3. 결론

그러므로 원심판결을 파기하고, 사건을 다시 심리·판단하게 하기 위하여 원심법원에 환송하기로 하여, 관여 대법관의 일치된 의견으로 주문과 같이 판결한다.

[48] 부동산담보신탁계약의 법률관계

— 대법원 2017. 6. 22. 선고 2014다225809 전원합의체 판결 —

【판시사항】

　　토지구획정리사업의 시행인가를 받은 甲 토지구획정리조합이 사업비를 조달하기 위하여 시행사인 乙 주식회사와 금전 차용계약 및 추가차용계약을 체결하고, 乙 회사 및 시공사인 丙 주식회사와 위 대여금채권과 관련하여 합의서 및 추가합의서를 작성한 다음, 위 합의서 및 추가합의서에 따라 두 차례에 걸쳐 신탁회사인 丁 주식회사와 위 사업의 일부 체비지에 관하여 부동산담보신탁계약을 체결하여 乙 회사를 우선수익자로 하는 우선수익권증서를 발급받아 주었고, 乙 회사는 위 담보신탁계약의 위탁자인 甲 조합과 수탁자인 丁 회사의 동의를 받아 우선수익권에 丙 회사를 1순위 질권자로 하는 질권을 설정하였는데, 戊가 乙 회사에 대한 채권을 청구채권으로 하여 乙 회사의 甲 조합에 대한 대여금 등 채권 중 청구채권 금액에 이르기까지의 금액을 압류 및 전부하는 전부명령을 받아 그 전부명령이 확정된 사안에서, 우선수익권이 대여금채권의 전부에 수반하여 전부채권자에게 이전되었다고 볼 수 없고, 대여금채권과 우선수익권의 귀속주체가 달라졌다고 하여 우선수익권이나 이를 목적으로 한 권리질권이 소멸한다고 볼 수도 없다고 판단한 다수의견에 대하여 반대의견을 개진한 사례

【판결요지】

　　[다수의견] 위와 같은 사안에서, 합의서 및 추가합의서와 위 담보신탁계약, 우선수익권에 대한 질권 설정계약의 내용 및 위 각 계약의 체결 경위와 위 담보신탁계약의 특약사항의 규정 내용, 위탁자와 수탁자가 우선수익권에 대한 질권 설정계약에 동의한 사실관계 등에 비추어 보면, 위 담보신탁계약의 당사자들과 丙 회사는 위탁자가 대출원리금을 전액 상환하지 아니할 경우 우선수익권에 대한 질권자인 丙 회사가 대여금채권의 귀속 주체와 상관없이 우선수익권을 행사할 수 있는 것으로 약정하였다고 봄이 타당하고, 우선수익권은 경제적으로 금전채권에 대한 담보로 기능할 뿐 금전채권과는 독립한 신탁계약상의 별개의 권리이므로, 乙 회사의 甲 조합에 대한 대여금채권이 전부명령에 따라 전부채권자인 戊에게 전부되었다고 하더라도 그러한 사정만으로 담보신탁계약에

따른 乙 회사의 우선수익권이 대여금채권의 전부에 수반하여 전부채권자에게 이전되었다고 볼 수 없고, 대여금채권과 우선수익권의 귀속주체가 달라졌다고 하여 곧바로 乙 회사의 우선수익권이나 이를 목적으로 한 丙 회사의 권리질권이 소멸한다고 볼 수도 없다.

[대법관 권순일의 반대의견] 위 우선수익권은 채무자인 甲 조합의 채무불이행 시 수탁자에게 신탁부동산의 처분을 요청할 수 있는 권리 및 신탁부동산을 처분한 대금에서 우선수익자인 乙 회사의 대여금채권을 甲 조합의 수익채권에 우선하여 변제받을 수 있는 권리를 그 내용으로 한다. 그러므로 위 우선수익권은 담보물권은 아니지만 신탁계약에 의하여 자신의 대여금채권에 대한 우선변제를 요구할 수 있는 권리이므로 대여금채권과 분리하여 우선수익권에 대해서만 질권을 설정하는 것은 원칙적으로 허용되지 않는다.

구 신탁법(2011. 7. 25. 법률 제10924호로 전부 개정되기 전의 것, 이하 같다) 제55조는 "신탁행위로 정한 사유가 발생한 때 또는 신탁의 목적을 달성하였거나 달성할 수 없게 된 때에는 신탁은 종료한다."라고 규정하고 있다. 뿐만 아니라, 위 담보신탁계약에서도 신탁기간의 만료를 신탁종료 사유의 하나로 들면서, 신탁기간은 신탁계약 체결일로부터 '우선수익자의 채권 소멸 시까지'로 정하고 있다. 戊가 받은 전부명령이 확정됨으로써 우선수익자인 乙 회사의 위탁자인 甲 조합에 대한 대여금채권이 소멸한 이상, 위 담보신탁계약은 신탁기간의 만료로 인하여 종료되었을 뿐만 아니라 구 신탁법 제55조에 의한 법정종료사유도 발생하였다. 따라서 乙 회사는 더 이상 수탁자에 대하여 위 담보신탁계약에 기한 우선수익자로서의 권리를 행사할 수 없고, 丙 회사 역시 우선수익권에 대한 질권자로서의 권리를 행사할 수 없다.

【원고, 상고인】 ○○건설 주식회사
【피고, 피상고인】 ○○지구토지구획정리사업조합
【피고보조참가인】 주식회사 ○○○건설 외 1인
【원심판결】 서울고법 2014. 8. 28. 선고 2013나46582 판결

【주 문】

피고보조참가인 2의 보조참가신청을 허가한다. 원심판결 중 제2 예비적 청구의 우선수익권 질권 침해 관련 손해배상청구 부분을 파기하고, 이 부분 사건을 서울고등법원

에 환송한다. 나머지 상고를 기각한다.

【이 유】

2. 상고이유를 판단한다.

가. 주위적 청구에 대한 상고이유에 관하여

(1) 원심은 증거에 의하여 다음과 같은 사실을 인정하였다.

(가) 피고는 인천 중구 운남동 688 일원의 484,620㎡를 사업구역으로 하는 토지구획정리사업(이하 '이 사건 사업'이라고 한다)을 목적으로 2002. 7. 13. 설립되어 사업시행인가를 받은 토지구획정리조합이다. 참가인 회사는 2004. 9. 17. 피고와 이 사건 사업과 관련된 행정용역업무, 제반 용역업체 총괄관리업무 등을 대행하기로 하는 내용의 시행대행계약을 체결한 건설회사(시행사)이며, 원고는 2005. 3. 31. 참가인 회사로부터 위 시행지구 위에 신축되는 △△△△ 아파트(이하 '이 사건 아파트'라고 한다)의 신축을 도급받은 건설회사(시공사)이다.

(나) 피고는 이 사건 사업에 필요한 사업비를 조달하기 위하여 2007. 12. 26. 참가인 회사로부터 95억 원을 차용하기로 하는 이 사건 차용계약을 참가인 회사와 체결하고, 2007. 12. 27. 참가인 회사 및 원고와 이 사건 차용계약과 관련하여 피고가 제공하는 담보물의 관리와 처분을 위한 참가인 회사 및 원고의 역할 등을 정하기 위하여 이 사건 합의서를 작성하였다. 그 주요 내용은 ① 피고는 주식회사 한국토지신탁(이하 '한국토지신탁'이라고 한다)과 사이에 담보물인 인천 중구 운남동 운남지구 내 체비지 37필지에 관하여 부동산담보신탁계약을 체결하고, 우선수익자를 참가인 회사로 하여 수익권증서를 발급하며, ② 참가인 회사는 수익권증서상 우선수익권에 원고를 1순위 질권자로 하는 질권을 설정하여 원고에게 수익권증서를 제출한다는 것이다(합의서 제3조 제2항).

(다) 이에 따라 피고는 2007. 12. 28. 한국토지신탁과 사이에 체비지 37필지를 신탁하는 부동산담보신탁계약을 체결하고, 한국토지신탁은 참가인 회사를 우선수익자로 하는 우선수익권증서를 발행·교부하였다. 그런데 피고는 이 사건 합의서에 정한 변제기인 2008. 8. 말까지 차용금 95억 원을 상환하지 못하였다.

(라) 피고는 2008. 12. 16. 참가인 회사로부터 125억 원을 추가로 차용하기로 하는 이 사건 추가차용계약(위 95억 원을 더한 합계 220억 원이 '이 사건 대여금'이다)을 참가인 회사와 체결하고, 2009. 1. 7. 참가인 회사 및 원고와 이 사건 대여금채권과 관련하여 피

고가 제공하는 담보물의 관리와 처분을 위한 참가인 회사 및 원고의 역할을 정하기 위하여 이 사건 추가합의서를 작성하였다. 그 주요 내용은 ① 피고는 이 사건 대여금의 변제를 담보하기 위하여 인천 중구 운남동 운남지구 내 체비지 41필지 및 조합원으로부터 징수할 청산금 합계 70억 원을 담보로 제공하고(추가합의서 제3조 제1항), ② 위 41필지에 관하여 부동산담보신탁계약을 체결하고 우선수익자를 참가인 회사로 하여 수익권증서를 발급하며, 참가인 회사는 수익권증서상 우선수익권에 원고를 1순위 질권자로 하는 질권을 설정하여 원고에게 수익권증서를 제출한다는 것이다(추가합의서 제3조 제2항).

(마) 이에 따라 피고는 2009. 1. 7. 한국토지신탁과 사이에 기존에 체결한 부동산담보신탁계약의 변경계약과 추가 부동산담보신탁계약(이하 이를 합쳐 '이 사건 담보신탁계약'이라고 한다)을 체결하고, 한국토지신탁은 참가인 회사를 우선수익자로 하는 우선수익권증서를 발행·교부하였다.

(바) 피고는 참가인 회사로부터 이 사건 추가차용계약에 따라 125억 원을 차용하였으나 이 사건 추가합의서에서 정한 변제기인 2009. 9.경까지 위 차용금을 변제하지 못하였다. 그리고 참가인 회사는 2010. 2. 12. 당좌거래가 정지되었다.

(사) 한편 참가인 2는 2010. 10. 11. 참가인 회사에 대한 약 269억 원의 채권을 청구채권으로 하여 참가인 회사의 피고에 대한 약 257억 원의 대여금 및 이에 대한 이자 등의 채권 중 청구채권 금액에 이르기까지의 금액을 압류 및 전부하는 이 사건 전부명령을 받았고, 위 전부명령은 2010. 10. 14. 피고에게, 2010. 10. 25. 참가인 회사에게 각 송달되어 2010. 11. 2. 확정되었다.

(2) 원심은 위에서 인정한 사실관계를 토대로, (중략) 원고 및 참가인 회사와 피고가 명시적 또는 묵시적으로 이 사건 대여금채권을 원고와 참가인 회사의 불가분채권으로 하기로 약정하였다고 보기 어렵다고 판단하여 원고의 주위적 청구를 배척하였다.

(3) (중략) 원심의 위와 같은 판단에 상고이유의 주장과 같이 논리와 경험의 법칙에 반하여 사실을 오인하거나, 채권자의 결정, 묵시적 합의에 의한 불가분채권관계에 관한 법리를 오해한 잘못이 없다.

다. 제2 예비적 청구에 대한 상고이유에 관하여

(1) 우선수익권 질권 등 침해의 점에 관하여 본다.

위탁자가 금전채권을 담보하기 위하여 그 금전채권자를 우선수익자로, 위탁자를 수익자로 하여 위탁자 소유의 부동산을 신탁법에 따라 수탁자에게 이전하면서 채무불이행 시에는 신탁부동산을 처분하여 우선수익자의 채권 변제 등에 충당하고 나머지를 위탁자에게 반환하기로 하는 내용의 담보신탁을 해 둔 경우, 특별한 사정이 없는 한 우선수익권은 경제적으로 금전채권에 대한 담보로 기능할 뿐 금전채권과는 독립한 신탁계약상의 별개의 권리가 된다. 따라서 이러한 우선수익권과 별도로 금전채권이 제3자에게 양도 또는 전부되었다고 하더라도 그러한 사정만으로 우선수익권이 금전채권에 수반하여 제3자에게 이전되는 것은 아니고, 금전채권과 우선수익권의 귀속이 달라졌다는 이유만으로 우선수익권이 소멸하는 것도 아니다.

원심은 증거에 의하여, ① 이 사건 대여금의 변제를 담보하기 위하여 피고가 2007. 12. 28. 및 2009. 1. 7. 두 차례에 걸쳐 한국토지신탁과 체비지 41필지에 관하여 이 사건 담보신탁계약을 체결하고 참가인 회사를 우선수익자로 하는 우선수익권증서를 발급받아 준 사실, ② 피고는 참가인 회사가 위 우선수익권에 대하여 원고를 1순위 질권자로 하는 질권을 설정하는 데에 동의하고, 수탁자인 한국토지신탁도 참가인 회사와 원고 사이의 위 질권 설정계약에 동의한 사실, ③ 참가인 2는 2010. 10. 11. 참가인 회사에 대한 약 269억 원의 채권을 청구채권으로 하여 참가인 회사의 피고에 대한 약 257억 원의 대여금 및 이에 대한 이자 등의 채권 중 청구채권 금액에 이르기까지의 금액을 압류 및 전부하는 이 사건 전부명령을 받았고, 위 전부명령이 2010. 11. 2. 확정된 사실 등을 인정하였다.

한편 기록에 의하면, 이 사건 담보신탁계약의 특약사항 제13조 제2항에서는 '이 사건 합의서 및 추가합의서에서 정한 기한 내에 위탁자(피고)가 대출원리금을 전액 상환하지 아니할 경우 우선수익권에 관한 질권자(원고)가 신탁재산의 환가를 요청할 수 있다'고 정하였고, 제7조 제5항에서는 '신탁재산을 처분하는 경우 처분대금은 위탁자(피고)와 우선수익자(참가인 회사), 질권자(원고) 간에 이 사건 추가합의서에 따라 수납하기로 하며, 처분대금 완납 시 위 합의서에서 정한 계좌로 입금을 완료하여야 한다'라고 정하면서, 같은 조 제6항에서는 '신탁재산의 처분대금 완납 사실 확인 후 질권자는 신탁해지에 동의하기로 한다'라고 정한 사실을 알 수 있다. 앞에서 본 이 사건 합의서 및 추가합의서와 이 사건 담보신탁계약, 우선수익권에 대한 질권 설정계약의 내용 및 위 각 계약의 체결 경위와 위 담보신탁계약의 특약사항의 규정 내용, 위탁자와 수탁자가 우선수익권에 대한 질권 설정계약에 동의한 사실관계 등에 비추어 보면, 이 사건 담보신탁계약의 당사자들과 원고는, 위탁자가 대출원리금을 전액 상환하지 아니할 경우 우선수익권에 대한 질권자인 원고가 이 사건 대여금채권의 귀속 주체와 상관없이 우선수익권을 행사할 수 있는 것으로 약정하였다고 봄이 타당하다.

위와 같은 사정을 앞서 본 법리에 비추어 살펴보면, 참가인 회사의 피고에 대한 이 사건 대여금채권이 이 사건 전부명령에 따라 전부채권자인 참가인 2에게 전부되었다고 하더라도, 그러한 사정만으로 이 사건 담보신탁계약에 따른 참가인 회사의 우선수익권이 이 사건 대여금채권의 전부에 수반하여 전부채권자에게 이전되었다고 볼 수 없다. 또한 이 사건 대여금채권과 우선수익권의 귀속주체가 달라졌다고 하여 곧바로 참가인 회사의 우선수익권이나 이를 목적으로 한 원고의 권리질권이 소멸한다고 볼 수도 없다.

그런데도 원심은, 위 전부명령 확정에 따라 참가인 회사의 우선수익권은 소멸하였고 위 우선수익권을 목적으로 하는 원고의 권리질권 역시 그 목적물의 소멸로 인하여 소멸하였으므로 피고가 부동산담보신탁계약의 목적물인 체비지를 임의매각하고 그 매각대금을 약정된 계좌에 입금하지 아니하더라도 원고에 대하여 담보권의 침해 내지 담보가치의 훼손이 발생할 수 없다고 판단하였다. 이러한 원심의 판단에는 이 사건 담보신탁계약 등에 의하여 형성된 법률관계와 전부명령에 따른 법률효과에 관한 법리 등을 오해하여 판결에 영향을 미친 잘못이 있다.

3. 결론

그러므로 원심판결 중 제2 예비적 청구의 우선수익권 질권 침해 관련 손해배상청구 부분을 파기하고, 이 부분 사건을 다시 심리·판단하도록 원심법원에 환송하며, 나머지 상고를 기각하기로 하여, 주문과 같이 판결한다. 이 판결 중 주위적 청구 부분에는 대법관 조희대의 반대의견이, 제2 예비적 청구의 우선수익권 질권 침해 관련 손해배상청구 부분에는 대법관 권순일의 반대의견이 있는 외에는 관여 법관의 의견이 일치되었다.

5. 제2 예비적 청구의 우선수익권 질권 침해 관련 손해배상청구 부분에 대한 대법관 권순일의 반대의견

가. 신탁법상의 신탁은 위탁자가 수탁자에게 특정한 재산권을 이전하거나 기타의 처분을 하여 수탁자로 하여금 신탁 목적을 위하여 그 재산권을 관리·처분하게 하는 것이다. 이는 위탁자가 금전채권을 담보하기 위하여 금전채권자를 우선수익자로, 위탁자를 수익자로 하여 위탁자 소유의 부동산을 신탁법에 따라 수탁자에게 이전하면서 채무불이행 시에는 신탁부동산을 처분하여 우선수익자의 채권 변제 등에 충당하고 나머지

를 위탁자에게 반환하기로 하는 내용의 담보신탁을 체결한 경우에도 마찬가지이다(대법원 2017. 5. 18. 선고 2012두22485 전원합의체 판결 참조).

신탁행위로 정한 바에 따라 수익자로 지정된 사람은 당연히 수익권을 취득한다(신탁법 제56조 제1항). 수익자는 신탁재산으로부터 이익을 향수하는 사람이므로, 신탁재산에 속한 재산의 인도와 그 밖에 신탁재산에 기한 급부를 요구하는 청구권(이하 '수익채권'이라 한다)이 수익권의 주된 내용을 이룬다. 그러나 수익자는 수익채권 외에도 신탁법상 수익자의 지위에서 여러 가지 권능을 가지며, 수익권의 구체적인 내용은 특별한 사정이 없는 한 계약자유의 원칙에 따라 신탁계약에서 다양한 내용으로 정할 수 있다.

우선수익권은 구 신탁법이나 신탁법에서 규정한 법률 용어는 아니나, 거래계에서는 통상 부동산담보신탁계약에서 우선수익자로 지정된 채권자가 채무자의 채무불이행 시에 신탁재산을 처분한 대금에서 자신의 채권을 위탁자인 채무자나 그 밖의 다른 채권자들에 우선하여 변제받을 수 있는 권리를 지칭한다. 이러한 우선수익권의 법적 성질에 관하여 학계에서는 담보신탁은 형식은 신탁이지만 그 실질은 담보이므로 담보물권의 법리가 함께 적용되며 우선수익권을 변칙담보물권으로 이해하는 견해와 물권법정주의와의 관계에서 법률에 명문의 규정이 없는 이상 채권자는 담보신탁을 통하여 담보권을 얻는 것이 아니라 신탁이라는 법적 형식을 통하여 도산 절연 및 담보적 기능이라는 경제적 효과를 달성하게 되는 것일 뿐이므로 그 우선수익권은 우선 변제적 효과를 채권자에게 귀속시킬 수 있는 신탁계약상의 권리로 이해하는 견해 등이 대립되고 있다. 판례는 후자의 입장을 취하고 있다(대법원 2014. 2. 27. 선고 2011다59797 판결, 대법원 2016. 5. 25. 자 2014마1427 결정 등 참조).

한편 구 신탁법(2011. 7. 25. 법률 제10924호로 전부 개정되기 전의 것)은 수익권의 양도나 질권 설정에 관한 규정을 두고 있지 않았으나, 신탁법은 제64조 제1항에서 수익권의 양도성에 관하여 "수익자는 수익권을 양도할 수 있다. 다만 수익권의 성질이 양도를 허용하지 아니하는 경우에는 그러하지 아니하다."고 규정하고, 제66조 제1항에서 수익권에 대한 질권에 관하여 "수익자는 수익권을 질권의 목적으로 할 수 있다. 다만 수익권의 성질이 질권의 설정을 허용하지 아니하는 경우에는 그러하지 아니하다."고 규정하고 있다. 이러한 법리는 구 신탁법 시행 당시에 체결된 신탁계약상의 수익권에 대하여도 특별한 사정이 없는 한 그대로 적용된다고 할 것이다(대법원 2012. 11. 29. 선고 2011다84335 판결 참조).

나. 원심은 그 판시 증거를 종합하여, 피고가 2007. 12. 28. 및 2009. 1. 7. 두 차례

에 걸쳐 한국토지신탁과 사이에 체비지 41필지에 관하여 이 사건 담보신탁계약을 체결하고 참가인 회사를 우선수익자로 하는 수익권증서를 발급받은 사실 및 피고는 참가인 회사가 위 우선수익권에 대하여 원고를 1순위 질권자로 하는 질권을 설정하는 데에 동의한 사실을 인정하였다.

그런 다음 원심은, 부동산담보신탁제도는 채무자인 위탁자가 채권자를 수익자로, 부동산신탁전문회사를 수탁자로 하여 그 수탁자에게 담보의 목적으로 부동산을 소유권을 이전하고, 채무자가 채무를 이행하지 아니할 때 임의매각의 방법으로 담보를 실행하여 그 매각대금을 수익자인 채권자에게 우선 지급하고 잔액이 있으면 채무자에게 반환하게 하는 제도로서, 신탁계약으로서의 성질과 비전형 담보물권의 성질을 겸유하는데, 민법상 담보물권은 피담보채권에 부종하며(민법 제369조), 이와 같은 강한 부종성은 부동산담보신탁계약에 기하여 채권자인 수익자가 취득하는 수익권에도 적용된다고 전제한 후, 앞서 본 바와 같이 참가인 2가 2010. 10. 11. 참가인 회사의 피고에 대한 대여금채권에 대하여 전부명령을 받아 그 전부명령이 확정된 이상 참가인 회사의 우선수익권은 그 피담보채권인 대여금채권의 소멸로 인하여 부종성에 따라 소멸하였고, 위 우선수익권을 목적으로 하는 원고의 권리질권 역시 그 목적물의 소멸로 인하여 소멸되었다고 판단하였다. 또한 원심은 참가인 회사의 우선수익권은 담보물권과는 그 성격에 차이가 있으므로 위와 같이 전부명령이 있었다고 하더라도 우선수익권이 위 대여금채권의 이전에 당연히 수반하여 전부채권자인 참가인 2에게 이전된다고 볼 수도 없다고 판단하였다.

다. 기록에 의하면, 이 사건 담보신탁계약의 법률관계는 다음과 같다.

(1) 이 사건 담보신탁계약의 목적은 신탁부동산의 소유권 관리와 위탁자가 부담하는 채무 내지 책임의 이행을 보장하기 위하여 수탁자가 신탁부동산을 보전·관리하고 위탁자의 채무불이행 시에 이를 환가·정산하는 것이다(제1조). 그리고 이 사건 담보신탁계약상 신탁기간은 신탁계약 체결일로부터 우선수익자의 채권 소멸 시까지(단 신탁계약 체결일로부터 30년 이내)로 하되, 위탁자는 신탁종료 전에 수탁자와 협의하여 그 기간을 연장할 수 있다(제2조, 별첨 2의1).

(2) 수익자는 신탁원본 우선수익자, 신탁원본 수익자 및 신탁수익 수익자로 구분하되, 신탁원본 우선수익자는 참가인 회사, 신탁원본 및 신탁수익 수익자는 피고로 하며, 위탁자는 수탁자의 승낙을 얻어 수익자를 추가 지정하거나 변경할 수 있다(제3조, 별첨 2의2). 우선수익자의 수익권의 범위는 우선수익자와 그 채무자 간의 여신거래로 발

생하여 증감 변동하는 우선수익자의 원금, 이자 및 지연손해금 등에 한하고(제7조 제1
항), 우선수익자는 수탁자가 발행하는 수익권증서에 기재된 금액을 최고한도로 하여 이
한도 내에서 수익을 얻을 권리가 있다(같은 제2항). 신탁원본에 대한 우선수익자의 수익
권은 위탁자의 수익권보다 우선하고(같은 제3항), 우선수익자가 갖는 수익권의 유효기간
은 이 신탁계약에 의한 우선수익자의 채권발생일로부터 본 계약 종료일까지로 하며(같
은 제4항), 우선수익자는 수탁자의 사전 동의 없이는 신탁기간 중 우선수익자의 지위를
타인에게 양도 또는 명의변경하거나 수익권에 대하여 질권의 설정 등 기타 처분행위를
할 수 없다(같은 제5항).

　　(3) 수탁자는 신탁기간 종료 전이라도 우선수익자와 채무자 간에 체결한 여신거래
계약 위반 시 우선수익자의 요청에 의하여 신탁부동산을 처분할 수 있다(제18조 제1항
제1호). 수탁자가 신탁부동산을 처분한 경우, 수탁자는 그 처분대금에서 신탁계약과 관
련된 비용과 보수, 신탁부동산에 대한 소액임대차 보증금 등 선순위 채권 등에 이어
'우선수익자의 채권'을 5순위로 지급하고, 순차 변제하고 잔여액이 있을 경우 그 잔여분
을 6순위로 수익자(수익자가 없으면 위탁자)에게 지급한다(제22조 제1항).

　　(4) 이 사건 신탁은 신탁기간 만료, 신탁기간 중 위탁자가 우선수익자에게 채무를
변제하고 신탁계약을 해지하는 때, 위탁자가 수익권증서를 교부받은 후 우선수익자와
여신거래를 하지 아니하고 그 수익권증서를 반환하여 신탁계약을 해지하는 때 및 위탁
자나 수탁자에 의한 신탁해지, 신탁부동산의 처분 등에 의하여 종료한다(제25조).

　　라. 앞서 본 법리에 비추어 이 사건 사실관계 및 담보신탁계약의 내용 등을 살펴본다.

　　(1) 이 사건 우선수익권은 채무자인 피고의 채무불이행 시 수탁자에게 신탁부동산
의 처분을 요청할 수 있는 권리 및 신탁부동산을 처분한 대금에서 우선수익자인 참가
인 회사의 대여금채권을 피고의 수익채권에 우선하여 변제받을 수 있는 권리를 그 내
용으로 한다. 그러므로 이 사건 우선수익권은 담보물권은 아니지만 신탁계약에 의하여
자신의 대여금채권에 대한 우선변제를 요구할 수 있는 권리이므로 그 대여금채권과 분
리하여 우선수익권에 대해서만 질권을 설정하는 것은 원칙적으로 허용되지 아니한다고
보아야 한다. (원고로서는 우선수익권에 대한 질권 설정 계약 시 대여금채권에 대하여도 함께
질권을 설정하였어야 한다. 이 사건에서 우선수익권 질권자인 원고 스스로도 이 사건 예비적 청
구로서 위탁자인 피고를 상대로 굳이 우선수익권에 대한 질권 침해를 이유로 손해배상을 구하고
있을 뿐, 곧바로 수탁자를 상대로 수익채권의 지급을 구하지는 않고 있다.)

　　(2) 구 신탁법 제55조는 "신탁행위로 정한 사유가 발생한 때 또는 신탁의 목적을

달성하였거나 달성할 수 없게 된 때에는 신탁은 종료한다."고 규정하고 있다. 뿐만 아니라, 이 사건 담보신탁계약에서도 신탁기간의 만료를 신탁종료 사유의 하나로 들면서, 신탁기간은 신탁계약 체결일로부터 '우선수익자의 채권 소멸 시까지'로 정하고 있다. 앞서 본 사실관계에 의하면, 이 사건 전부명령이 확정됨으로써 우선수익자인 참가인 회사의 위탁자인 피고에 대한 이 사건 대여금채권이 소멸한 이상, 이 사건 담보신탁계약은 신탁기간의 만료로 인하여 종료되었을 뿐만 아니라 구 신탁법 제55조에 의한 법정종료 사유도 발생하였다 할 것이다. 따라서 참가인 회사는 더 이상 수탁자에 대하여 이 사건 담보신탁계약에 기한 우선수익자로서의 권리를 행사할 수 없고, 원고 역시 우선수익권에 대한 질권자로서의 권리를 행사할 수 없다고 보아야 한다.

(3) 이와 달리, 원심이 참가인 회사의 우선수익권은 그 피담보채권인 대여금채권의 소멸로 인하여 부종성에 따라 소멸하였고, 우선수익권을 목적으로 하는 원고의 권리질권 역시 그 목적물의 소멸로 인하여 존재하지 않게 되었다고 판단한 부분은 잘못이다. 그러나 참가인 회사나 원고가 이 사건 담보신탁계약에 기한 우선수익권이나 그 권리질권을 더 이상 행사할 수 없게 된 이상, 피고가 이 사건 담보신탁계약의 목적물인 체비지 또는 체비지가 환지된 후의 토지들을 임의로 매도하거나 담보 제공을 하는 등의 행위를 하였다고 하더라도 그로 인하여 원고의 담보권의 침해 내지 담보가치의 훼손이 발생할 수 없다는 이유로 원고의 이 부분 주장을 배척한 결론은 정당하므로, 원심의 판단에 판결에 영향을 미친 잘못은 없다.

마. 이상과 같은 이유로 이 사건 제2 예비적 청구의 우선수익권 질권 침해 관련 손해배상청구 부분에 관한 다수의견에 반대한다.

[49] 부동산담보신탁계약의 해지와 우선수익자의 지위

― 대법원 2018. 4. 12. 선고 2016다223357 판결 ―

【판시사항】

[1] 부동산담보신탁계약에서 우선수익권의 의미와 법적 성질(= 신탁계약상 권리)

[2] 甲 주식회사가 乙 주식회사에 대한 채무를 담보하기 위해 신탁회사인 丙 주식회사와 甲 회사 소유의 아파트에 관하여 우선수익자를 乙 회사로 하는 부동산담보신탁계약을 체결하였는데, 그 후 甲 회사가 乙 회사의 동의를 받아 신탁계약을 해지하고 甲 회사 명의로 아파트에 관한 소유권이전등기를 마친 다음, 같은 날 乙 회사와 대물변제계약을 체결하여 乙 회사에 아파트에 관한 소유권이전등기를 마쳐주자, 甲 회사의 채권자인 국가가 대물변제계약이 사해행위에 해당한다며 乙 회사를 상대로 사해행위취소를 구한 사안에서, 신탁계약이 해지로 종료하여 신탁계약상 乙 회사가 더 이상 우선수익자로서 수익권을 행사할 수 없는데도 대물변제계약이 사해행위에 해당하지 않는다고 판단한 원심판결에 법리오해 등 잘못이 있다고 한 사례

【판결요지】

[1] 신탁행위로 정한 바에 따라 수익자로 지정된 사람은 당연히 수익권을 취득한다 (신탁법 제56조 제1항). 신탁재산에 속한 재산의 인도와 그 밖에 신탁재산에 기한 급부를 요구하는 청구권이 수익권의 주된 내용을 이루지만, 수익자는 그 외에도 신탁법상 수익자의 지위에서 여러 가지 권능을 가지며, 수익권의 구체적인 내용은 특별한 사정이 없는 한 계약자유의 원칙에 따라 신탁계약에서 다양한 내용으로 정할 수 있다. 우선수익권은 구 신탁법이나 신탁법에서 규정한 법률 용어는 아니나, 거래 관행상 통상 부동산담보신탁계약에서 우선수익자로 지정된 채권자가 채무자의 채무불이행 시에 신탁재산 처분을 요청하고 처분대금에서 자신의 채권을 위탁자인 채무자나 그 밖의 다른 채권자들에 우선하여 변제받을 수 있는 권리를 말한다. 우선수익권은 수익급부의 순위가 다른 수익자에 앞선다는 점을 제외하면 그 법적 성질은 일반적인 수익권과 다르지 않다. 채권자는 담보신탁을 통하여 담보물권을 얻는 것이 아니라 신탁이라는 법적 형식을 통하여 도산 절연 및 담보적 기능이라는 경제적 효과를 달성하게 되는 것일 뿐이므로, 그 우

선수익권은 우선 변제적 효과를 채권자에게 귀속시킬 수 있는 신탁계약상 권리이다.

[2] 甲 주식회사가 乙 주식회사에 대한 채무를 담보하기 위해 신탁회사인 丙 주식회사와 甲 회사 소유의 아파트에 관하여 우선수익자를 乙 회사로 하는 부동산담보신탁계약을 체결하였는데, 그 후 甲 회사가 乙 회사의 동의를 받아 신탁계약을 해지하고 甲 회사 명의로 아파트에 관한 소유권이전등기를 마친 다음, 같은 날 乙 회사와 대물변제계약을 체결하여 乙 회사에 아파트에 관한 소유권이전등기를 마쳐주자, 甲 회사의 채권자인 국가가 대물변제계약이 사해행위에 해당한다며 乙 회사를 상대로 사해행위취소를 구한 사안에서, 대물변제계약의 이행을 위하여 작성한 분양계약서에 매도인이 丙 회사가 아닌 甲 회사로 기재되어 있는 점, 乙 회사에 아파트에 관한 소유권이전등기를 마쳐준 것도 丙 회사가 아닌 甲 회사인 점 등에 비추어 대물변제계약이 신탁계약에서 정한 처분·환가의 일환으로 체결된 것이라고 보기 어렵고, 오히려 신탁계약이 해지로 종료하여 '우선수익자가 갖는 수익권의 유효기간은 신탁계약에 따른 우선수익자의 채권 발생일부터 신탁계약 종료일까지로 한다'는 내용의 신탁계약 조항에 따라 乙 회사가 더 이상 우선수익자로서 수익권을 행사할 수 없는데도, 이와 달리 보아 대물변제계약이 사해행위에 해당하지 않는다고 판단한 원심판결에 부동산담보신탁계약의 해지 및 종료 사유와 우선수익권의 법적 성질 등에 관한 법리오해 등 잘못이 있다고 한 사례.

【원고, 상고인】 대한민국
【피고, 피상고인】 ○○○○○ 주식회사 외 2인
【원심판결】 서울고법 2016. 4. 8. 선고 2014나2022961 판결

【주   문】

원심판결을 파기하고, 사건을 서울고등법원에 환송한다.

【이   유】

상고이유를 판단한다.

1. 상고이유 제1점에 관하여

가. 사건 경위
원심판결 이유와 원심이 채택한 증거에 의하면, 다음과 같은 사실을 알 수 있다.

(1) 디엠산업개발 주식회사(이하 '디엠산업개발'이라고 한다)와 그 대표이사 피고 2 및 그 아들 피고 3은 서울 송파구 (주소 생략) 일대에 아파트(이하 '이 사건 아파트'라고 한다)를 신축·분양하는 사업을 공동으로 시행하기로 하였다. 디엠산업개발은 2006. 4. 5. 주식회사 하나은행(이하 '하나은행'이라고 한다)으로부터 그 사업 자금으로 80억 원을 대출받았다(이하 '이 사건 대출'이라고 한다).

(2) 디엠산업개발은 원고를 상대로 서울중앙지방법원 2007가합69075호로 부당이득반환 청구소송을 제기하여 '원고는 디엠산업개발에 2,884,870,000원과 이에 대한 지연손해금을 지급하라.'는 가집행 선고부 판결을 받고, 2009. 3. 4. 그에 기해 원고로부터 3,862,008,450원을 지급받았다. 그러나 항소심법원은 제1심판결을 취소하고 디엠산업개발의 청구를 기각하는 판결을 선고하였고(서울고등법원 2010. 4. 14. 선고 2008나86449 판결), 이에 대한 상고가 기각되어(대법원 2010. 12. 9. 선고 2010다40499 판결) 항소심판결이 확정되었다. 이에 따라 원고가 디엠산업개발을 상대로 부당이득반환 청구소송을 제기하여 제1심에서 '디엠산업개발은 원고에게 3,862,008,450원과 이에 대한 지연손해금을 지급하라'는 판결을 선고받았고, 2011. 5. 3. 그 판결이 확정되었다.

(3) 피고 덕명디앤씨 주식회사(대표이사 피고 2, 이하 '피고 회사'라고 한다)는 2010. 7. 5. 하나은행에 이 사건 대출금 채무 중 503,216,166원을 대위변제하면서, 같은 날 디엠산업개발과 사이에 ① 피고 회사가 디엠산업개발에 위 돈을 이자 연 5%, 변제기 2012. 7. 5.로 정해 대여하고(이하 '이 사건 대여금'이라고 한다), ② 이를 담보하기 위하여 디엠산업개발이 이 사건 아파트에 관하여 피고 회사를 우선수익자로 하는 담보신탁계약을 체결하기로 하는 내용의 금전대차계약을 체결하였다.

(4) 디엠산업개발과 피고 2, 피고 3은 2010. 8. 5. 아시아신탁 주식회사(이하 '아시아신탁'이라고 한다)와 이 사건 아파트 중 ○○○동 △△△호(이하 '△△△호'라고 한다) 등 13세대에 관하여 1순위 우선수익자를 하나은행, 2순위 우선수익자를 피고 회사(수익한도금액 각 88억 7,770만 원, 26억 원. 단 △△△호에 관해서는 피고 회사만 우선수익권을 가지는 것으로 하였다)로 하는 부동산담보신탁계약을 체결하고(이하 '제1신탁계약'이라고 한다), 그 다음 날 아시아신탁에 신탁등기를 마쳐주었다. 디엠산업개발은 2011. 9. 28. 제1신탁계약 중 △△△호에 관한 부분을 일시 해지하였다가, 2011. 9. 30. △△△호에 관하여 피고 회사를 우선수익자(수익한도금액 26억 원)로 하는 부동산담보신탁계약을 다시 체결하였다(이하 '제2신탁계약'이라고 한다). 제1, 2신탁계약의 내용은 실질적으로 같은데 그 주요 내용은 아래와 같다.

(가) 이 신탁은 신탁부동산의 소유권 관리와 위탁자(디엠산업개발)가 부담하는 채무이행을 보장하기 위하여 수탁자(아시아신탁)가 △△△호를 보전·관리하고 채무불이행 시 환가·정산하며(제1조), 이와 더불어 잔금을 모두 납부한 수분양자에 대해서는 우선수익자의 요청이 있는 경우 수탁자가 신탁재산 소유권을 수분양자에게 직접 이전하여 수분양자의 권리를 보호하는 데 그 목적이 있다(특약사항 제1조).

(나) 신탁기간은 신탁등기일로부터 5년이지만, 기간 만료 전에 우선수익자의 요청 등에 의하여 신탁부동산을 처분한 경우에는 양수인이 소유권이전등기를 마친 때에 신탁이 종료한 것으로 본다(제2조).

(다) 우선수익자는 수익권증서에 기재된 수익한도금액의 한도 내에서 수익을 얻을 권리가 있고, 신탁 원본에 대한 우선수익자의 수익권은 수익자의 수익권보다 우선한다(제7조 제2항, 제3항). 우선수익자가 갖는 수익권의 유효기간은 이 신탁계약에 따른 우선수익자의 채권발생일부터 신탁계약 종료일까지로 한다(같은 조 제4항).

(라) 신탁기간 종료 전이라도 채무자(디엠산업개발)가 우선수익자와 체결한 여신거래 약정을 위반하는 경우 우선수익자의 요청 등에 의하여 신탁부동산을 처분할 수 있다(제18조 제1항). 이 경우 우선수익자 전원의 합의로 매수인을 지정하여 요청하는 경우에는 수의계약에 의하여 처분할 수 있다(특약사항 제7조 제1항).

(마) 위탁자는 원칙적으로 신탁을 해지할 수 없고, 수탁자가 신탁 해지를 승낙하고 위탁자가 해지로 인한 수탁자의 손해를 부담한 경우 해지할 수 있으나(제24조 제1항), 그 경우에도 우선수익자의 서면 동의가 있어야 한다(특약사항 제12조).

(바) 신탁계약은 신탁기간 종료, 제24조 제1항에 의한 신탁 해지, 제18조 제1항에 의한 신탁부동산 처분 등으로 종료한다(제25조 제1항). 신탁기간 만료 또는 신탁 해지로 신탁계약이 종료하는 경우에는 위탁자는 수탁자에게 수익권증서를 반환하고 수탁자는 위탁자에게 신탁부동산을 현상대로 인도한다(같은 조 제2항).

(5) 디엠산업개발은 2012. 7. 23. 우선수익자인 피고 회사의 동의서를 첨부하여 아시아신탁에 제2신탁계약의 해지를 요청하였다. 위 동의서와 해지요청서에는 모두 '신탁계약 특약 제12조에 따라 △△△호에 대하여 해지를 요청합니다.'라는 내용이 기재되어 있다. 디엠산업개발은 2012. 7. 30. △△△호에 관하여 신탁재산 귀속을 원인으로 소유권이전등기를 마쳤다. 디엠산업개발은 같은 날 피고 회사에 이 사건 대여금 변제에 갈음하여 △△△호를 대물변제하기로 약정하고 피고 회사와 △△△호에 관한 분양계약을 체결한 다음(이하 위 대물변제계약과 분양계약을 합쳐서 '이 사건 대물변제계약'이라고 한

다), 피고 회사에 △△△호에 관하여 소유권이전등기를 마쳐주었다.

나. 원심판단

원고는 앞서 본 디엠산업개발에 대한 부당이득반환채권을 보전하기 위하여, 이 사건 대물변제계약이 사해행위에 해당한다고 주장하면서 그 취소 및 원상회복을 청구하였다. 이에 대하여 원심은 다음과 같은 이유로 원고의 이 부분 청구를 받아들이지 않았다.

(1) 이 사건 대물변제계약 체결 당시 △△△호에는 2건의 근저당권이 설정되어 있었는데, 그 피담보채권액은 합계 463,001,024원이다. 한편 피고 회사는 제2신탁계약의 우선수익자로서 △△△호 처분대금 중 선순위인 위 각 근저당권의 피담보채권액을 뺀 나머지 금액에 대하여 그 수익한도금액 26억 원의 범위에서 일반채권자에 우선하여 자신의 채권을 회수할 수 있었는데, 당시 피고 회사의 디엠산업개발에 대한 이 사건 대여금 채권의 원리금은 553,537,782원이었다.

(2) 그런데 이 사건 대물변제계약 체결 당시 △△△호의 시가는 7억 6,000만 원으로, 위 각 근저당권의 피담보채권액과 피고 회사의 우선수익권으로 담보되는 이 사건 대여금 채권액의 합계 1,016,538,806원에 미치지 못한다. 그렇다면 △△△호는 애초에 디엠산업개발의 일반 채권자들의 공동담보가 아니었으므로, 디엠산업개발이 △△△호를 피고 회사에 대물변제로 제공하였더라도 이를 사해행위라고 할 수 없다.

(3) △△△호에 관하여, 피고 회사가 이 사건 대물변제계약에 기해 소유권이전등기를 하기 전에 잠시 디엠산업개발이 신탁재산 귀속을 원인으로 소유권이전등기를 하기는 하였으나, 이는 제2신탁계약에 따른 정산·환가의 일환으로 이루어진 것이어서 이로써 피고 회사의 우선수익권이 상실되었다고 할 수 없다.

다. 대법원의 판단

(1) 신탁법상 신탁은 위탁자가 수탁자에게 특정한 재산권을 이전하거나 기타의 처분을 하여 수탁자로 하여금 신탁 목적을 위하여 그 재산권을 관리·처분하게 하는 것이다. 이는 위탁자가 금전채권을 담보하기 위하여 금전채권자를 우선수익자로, 위탁자를 수익자로 하여 위탁자 소유 부동산을 신탁법에 따라 수탁자에게 이전하면서 채무불이행 시에는 신탁부동산을 처분하여 우선수익자의 채권 변제 등에 충당하고 나머지를 위탁자에게 반환하기로 하는 내용의 담보신탁을 체결한 경우에도 마찬가지이다(대법원 2017. 5. 18. 선고 2012두22485 전원합의체 판결 참조).

신탁행위로 정한 바에 따라 수익자로 지정된 사람은 당연히 수익권을 취득한다(신탁법 제56조 제1항). 신탁재산에 속한 재산의 인도와 그 밖에 신탁재산에 기한 급부를 요구하는 청구권이 수익권의 주된 내용을 이루지만, 수익자는 그 외에도 신탁법상 수익자의 지위에서 여러 가지 권능을 가지며, 수익권의 구체적인 내용은 특별한 사정이 없는 한 계약자유의 원칙에 따라 신탁계약에서 다양한 내용으로 정할 수 있다. 우선수익권은 구 신탁법이나 신탁법에서 규정한 법률 용어는 아니나, 거래 관행상 통상 부동산담보신탁계약에서 우선수익자로 지정된 채권자가 채무자의 채무불이행 시에 신탁재산 처분을 요청하고 그 처분대금에서 자신의 채권을 위탁자인 채무자나 그 밖의 다른 채권자들에 우선하여 변제받을 수 있는 권리를 말한다. 우선수익권은 수익급부의 순위가 다른 수익자에 앞선다는 점을 제외하면 그 법적 성질은 일반적인 수익권과 다르지 않다. 채권자는 담보신탁을 통하여 담보물권을 얻는 것이 아니라 신탁이라는 법적 형식을 통하여 도산 절연 및 담보적 기능이라는 경제적 효과를 달성하게 되는 것일 뿐이므로, 그 우선수익권은 우선 변제적 효과를 채권자에게 귀속시킬 수 있는 신탁계약상 권리이다(대법원 2017. 6. 22. 선고 2014다225809 전원합의체 판결 등 참조).

(2) 기록에 의하면, 앞서 본 사건 경위에 더하여 다음과 같은 사실을 알 수 있다. 즉 제1신탁계약의 신탁부동산으로서 수탁자인 아시아신탁이 신탁계약 제18조에 따라 처분한 이 사건 아파트 ○○○동 □□□호의 경우, ① 디엠산업개발은 우선수익자들의 '환가처분 요청서'(신탁계약 제18조, 특약사항 제7조에 따라 신탁재산 처분을 요청한다는 내용이다)를 첨부하여 아시아신탁에 '신탁재산 처분요청'을 하고, ② 이에 따른 처분절차의 일환으로 아시아신탁이 매수인과 위 부동산에 관한 매매계약을 체결한 다음 매수인에게 직접 소유권이전등기를 마쳐주었으며, ③ 그 매매계약서에는 매매대금 납부계좌로 아시아신탁의 은행 계좌가 기재되어 있다. 그러나 제2신탁계약의 신탁부동산인 △△△호의 경우, ① 디엠산업개발은 2012. 7. 23. 우선수익자인 피고 회사의 동의서를 첨부하여 아시아신탁에 신탁 해지를 요청하였고(위 동의서와 '해지요청서'에는 모두 '신탁계약 특약 제12조에 따라 해지를 요청합니다.'라는 내용이 기재되어 있다), ② 이에 따라 디엠산업개발이 2012. 7. 30. △△△호에 관하여 신탁재산 귀속을 원인으로 소유권이전등기를 마쳤으며, ③ 이 사건 대물변제계약 이행을 위하여 작성된 분양계약서에는 매도인이 아시아신탁이 아닌 디엠산업개발로 기재되어 있고, ④ 피고 회사에 △△△호에 관한 소유권이전등기를 마쳐준 것도 아시아신탁이 아닌 디엠산업개발이다. 또한 디엠산업개발이 이 사건 대물변제계약에 의하여 △△△호의 소유권을 피고 회사에 이전할 때에 수탁자인 아시아신탁은 어떠한 명목으로든 피고 회사로부터 분양대금을 수령하거나 그

정산에 관여한 적도 없다.

사정이 이와 같다면, 이 사건 대물변제계약은 제2신탁계약 제18조 제1항 등에 정한 처분·환가의 일환으로 체결된 것이라고 보기 어렵다. 오히려 제2신탁계약은 신탁계약 제24조 제1항, 제25조 제1항, 특약사항 제12조에 따라 2012. 7. 23.자 신탁계약의 해지로 말미암아 종료되었고, 이에 따라 피고 회사는 신탁계약 제7조 제4항에 따라 더 이상 우선수익자로서 수익권을 행사할 수 없게 되었다고 보아야 한다.

(3) 그런데도 원심은 그 판시와 같은 이유만으로 이 사건 대물변제계약이 제2신탁계약에 따른 정산·환가의 일환에 해당함을 전제로 이 사건 대물변제계약은 사해행위에 해당하지 않는다고 판단하였다. 이러한 원심판단에는 부동산담보신탁계약의 해지 및 그 종료 사유와 우선수익권의 법적 성질 등에 관한 법리를 오해하여 필요한 심리를 다하지 아니함으로써 판결에 영향을 미친 잘못이 있다. 이를 지적하는 이 부분 상고이유 주장은 이유 있다.

2. 상고이유 제2, 3점 중 이 사건 대출금 관련 채권에 대한 부분에 관하여

가. 민사소송법 제202조가 선언하고 있는 자유심증주의는 형식적, 법률적인 증거규칙으로부터의 해방을 뜻할 뿐 법관의 자의적인 판단을 용인한다는 것이 아니므로 적법한 증거조사절차를 거쳐 증거능력 있는 적법한 증거에 의하여 사회정의와 형평의 이념에 입각하여 논리와 경험의 법칙에 따라 사실 주장의 진실 여부를 판단하여야 할 것이며 비록 사실의 인정이 사실심의 전권에 속한다고 하더라도 이와 같은 제약에서 벗어날 수 없다(대법원 2006. 11. 24. 선고 2006다35766 판결 등 참조).

나. 원심은 디엠산업개발이 이 사건 대출금을 사업비로 집행하거나 위 대출금에 대한 이자를 납부한 다음, 실제 지출한 사업비와 이자를 내부적인 계산기준에 따라 그때그때 디엠산업개발의 회계장부 중 공동사업자인 피고 2, 피고 3에 대한 미수금 채권 계정에 계상하였다고 판단하였다. 그리고 그 근거로 ① 이 사건 아파트 신축·분양 사업과 관련한 기존의 PF 대출금과 관련하여서도 유사한 방식으로 회계처리가 이루어진 점, ② 디엠산업개발의 제4기와 제6기 재무제표에 대한 각 감사보고서에 '이 사건 아파트 신축공사는 디엠산업개발과 특수관계자가 공동으로 사업을 수행하고 있고, 디엠산업개발이 비용을 지출한 후 안분하여 대금을 청구하고 있습니다.'라고 기재되어 있는 점, ③ 디엠산업개발의 8기 말부터 10기 말까지의 대차대조표상 단기차입금 중 이 사건 대출금 부분은 증감이 없는 반면 피고 2, 피고 3에 대한 미수금 채권은 계속 증가하

였는데, 이는 이 사건 대출금을 사업비로 지출하면서 그때그때 위 피고들에 대한 미수금 계정에 계상한 결과로 보이는 점 등을 들었다.

나아가 원심은 위와 같은 사실과 디엠산업개발의 제4기부터 제13기까지의 재무제표에 대한 각 감사보고서는, 회계법인이 국내 회계감사기준에 따라 디엠산업개발을 감사한 다음 그 재무제표가 중대하게 왜곡되지 않았다는 사실을 검증한 것이어서 디엠산업개발의 채권·채무관계를 사실대로 기재한 것으로 볼 수 있음을 전제로 하여, 원고가 이 사건에서 디엠산업개발을 대위하여 피고 2, 피고 3에게 지급을 청구하는 각 채권은 위 피고들의 디엠산업개발에 대한 채권과 차례로 상계되어 모두 소멸하였다고 판단하였다.

다. 기록에 의하면 다음과 같은 사실을 알 수 있다.

(1) 디엠산업개발의 제4기와 제6기 재무제표에 대한 감사보고서는 각 이 사건 대출이 이루어지기 전인 2003. 9. 30.과 2005. 9. 30. 현재 위 회사 재무제표 등을 감사한 결과이고, 그 이후에 작성된 감사보고서에서는 위 ②항에 기재된 것과 같은 내용을 찾아볼 수 없다.

(2) 디엠산업개발의 8기 말(2007. 9. 30.)부터 10기 말(2009. 9. 30.)까지 대차대조표상 피고 2에 대한 미수금 채권이 증가한 것은 주로 디엠산업개발의 소득세 대납, 단기대여금의 미수금 전환 및 피고 2가 약 25억 5,000만 원에 달하는 디엠산업개발의 예금을 인출한 것 등에 기인하는 것으로 보인다. 또 위 기간 디엠산업개발의 피고 3에 대한 미수금과 단기대여금 등 총 채권액은 큰 변동이 없고 일시적으로 감소하기도 하였다. 한편 이 사건 아파트는 2004. 10.경 완공되어 사용승인까지 마쳤으므로, 금융비용 등을 제외하면 이 사건 대출이 이루어진 후 그와 관련하여 지출된 사업비는 많지 않아 보인다.

(3) 피고 2, 피고 3은, 디엠산업개발이 이 사건 대출금을 사업비로 집행하거나 그에 대한 이자를 납부한 후 '내부적인 계산기준'에 따라 이를 안분하여 위 피고들에 대한 미수금 계정에 계상하였다고 주장하면서도, 그 '내부적인 계산기준'이 무엇인지에 관해 별다른 주장·증명을 하지 않았다.

(4) 디엠산업개발의 제12기, 제13기 재무제표에 대한 감사보고서에는 "본 감사인은 감사범위 제한 때문에 채권·채무에 대한 조회절차를 수행할 수 없었으며, 회계감사기준에서 요구하는 감사 절차를 취하지 못하였습니다. 본 감사인은 위에 기술한 사항의 유의성 때문에 상기 재무제표에 관한 의견을 표명하지 아니합니다."라는 외부감사인의 의견이 각 기재되어 있고, 달리 위 각 재무제표의 정확성을 담보할 자료가 없다.

라. 이러한 사실관계를 앞서 본 법리에 비추어 살펴본다.

원심이 인정한 것과 같은 미수금 계상 방식은 이 사건 대출이 이루어진 후에 작성된 재무제표에 대한 감사보고서에 의해 뒷받침되는 방식이 아니다. 관련 회계장부 기재에 의하면 이 사건 대출이 이루어진 후 2009. 9. 30.경까지 원심이 인정한 것과 같은 방식으로 미수금 계상이 이루어진 결과 디엠산업개발의 재무제표상 피고 2, 피고 3에 대한 미수금 채권이 증가하였다고 보기 어렵고, 이는 이 사건 아파트 준공 시점 등 사업 진행 경과나 피고들 스스로 이 사건 대출금은 이미 집행한 사업비 관련 채무를 대환한 것이라고 주장하기도 한 점 등에 비추어 보더라도 마찬가지이다. 무엇보다 원심이 2011. 9. 30. 당시의 수동채권액을 확정하는 근거로 삼은 디엠산업개발의 재무제표 중 일부는 그 정확성이 담보되지도 않는다.

그런데도 원심은 이와 다른 전제에서 디엠산업개발이 이 사건 대출금으로 사업비를 지출한 후 그중 피고 2, 피고 3의 부담비율에 해당하는 금액을 그때그때 위 피고들에 대한 미수금 채권으로 회계장부에 계상하였고, 디엠산업개발의 재무제표 등에 의하면 위 채권은 모두 상계로 소멸하였다고 판단하였다. 이러한 원심판단에는 논리나 경험의 법칙에 반하여 자유심증주의의 한계를 벗어났거나, 필요한 심리를 다하지 아니한 잘못이 있다. 이를 지적하는 원고의 상고이유 주장은 이유 있다.

3. 결론

그러므로 나머지 상고이유에 관한 판단을 생략한 채, 원심판결을 파기하고 사건을 다시 심리·판단하도록 원심법원에 환송하기로 하여, 관여 대법관의 일치된 의견으로 주문과 같이 판결한다.

[50] 가맹계약의 해석방법
– 소위 '피자헛 어드민피(Administration Fee)' 사건

― 대법원 2018. 6. 15. 선고 2017다248803, 248810 판결 ―

【판시사항】

[1] 가맹사업거래의 공정화에 관한 법률 제2조 제10호에서 정한 정보공개서에 가맹점사업자에 불리한 내용이 기재되어 있고 그것이 공정거래위원회에 등록되어 공개되었다거나 가맹계약 체결 전 가맹점사업자에게 제공되었다고 하여 그 자체가 가맹계약의 일부가 된다거나 별도의 합의 없이 가맹계약 내용에 당연히 편입된다고 볼 수 있는지 여부(소극)

[2] 가맹계약에 관하여 가맹본부와 가맹점사업자 사이에 가맹점사업자에게 불리한 내용의 묵시적 합의가 성립되었는지 판단하는 기준

[3] 가맹점사업자인 甲 등이 가맹본부인 乙 유한회사를 상대로 乙 회사가 가맹계약상 근거를 찾을 수 없는 'SCM Adm'(Administration Fee)이라는 항목으로 甲 등에게 매장 매출액의 일정 비율에 해당하는 금액을 청구하여 지급받은 것은 부당이득에 해당한다며 그 금액 상당의 반환을 구한 사안에서, 위 부당이득반환채권은 상법 제64조에 따라 5년간 행사하지 않으면 소멸시효가 완성된다고 한 사례

【판결요지】

[1] 가맹사업거래의 공정화에 관한 법률(이하 '가맹사업법'이라 한다) 제2조 제10호, 제6조의2, 제6조의3, 제6조의4, 제7조, 제9조 제1항, 제11조 제1항, 구 가맹사업법 (2017. 4. 18. 법률 제14812호로 개정되기 전의 것) 제11조 제1항, 제2항, 가맹사업법 시행령 제5조의2 제1항의 규정 내용, 그에 따라 가맹본부가 정보공개서와 가맹계약서에 각 기재할 내용에 더하여, 가맹사업법의 입법 목적과 가맹본부로 하여금 가맹계약 체결 전에 가맹희망자에게 계약 체결에 필요한 가맹본부와 가맹사업 등에 관한 충분한 정보를 제공하도록 함으로써 가맹사업의 구조적 특성에 기인하는 가맹본부와 가맹점사업자 사이의 정보의 비대칭성으로 인해 발생할 수 있는 부작용을 예방하고 상대적으로 불리한 지위에 있는 가맹점사업자의 권익을 보호하려는 정보공개서 제도의 취지 등을 종합하

여 보면, 정보공개서에 가맹점사업자에 불리한 내용이 기재되어 있고 그것이 공정거래위원회에 등록되어 공개되었다거나 가맹계약 체결 전 가맹점사업자에게 제공되었다고 하여 그 자체가 가맹계약의 일부가 된다거나 별도의 합의 없이 가맹계약 내용에 당연히 편입된다고 볼 수 없다.

[2] 가맹계약에 관하여 가맹본부와 가맹점사업자 사이에 가맹점사업자에게 불리한 내용의 묵시적 합의가 성립된 사실을 인정하려면 가맹본부와 가맹점사업자의 사회·경제적 지위, 가맹계약 체결 경위와 전체적인 내용, 가맹점사업자에게 그와 같은 묵시적 합의 체결의 의사를 표시할 수 있을 정도로 충분한 정보가 제공되었는지 여부, 가맹본부가 법적 불확실성이나 과징금 부과 등의 불이익을 무릅쓰면서까지 합의 내용을 가맹계약서에 명시하지 않을 특별한 사정이 있는지 여부, 그와 같은 계약 내용으로 인하여 가맹점사업자가 입는 불이익의 정도, 거래 관행 등을 종합적으로 고려하여 신중하게 판단하여야 한다. 그리하여 가맹점사업자가 상대적으로 취약한 정보력과 교섭력, 재정 상태, 거래 단절 우려 등으로 인하여 그 의사와 관계없이 가맹본부의 요구에 일방적으로 따른 것이 의사의 합치로 인정됨으로써 가맹사업의 공정한 거래질서를 확립하고 가맹본부와 가맹점사업자가 대등한 지위에서 상호보완적으로 균형 있게 발전하도록 함으로써 소비자 복지의 증진과 국민경제의 건전한 발전에 이바지함을 목적으로 하는 가맹사업거래의 공정화에 관한 법률의 입법 취지가 훼손되지 않도록 하여야 한다.

[3] 가맹점사업자인 甲 등이 가맹본부인 乙 유한회사를 상대로 乙 회사가 가맹계약상 근거를 찾을 수 없는 'SCM Adm'(Administration Fee)이라는 항목으로 甲 등에게 매장 매출액의 일정 비율에 해당하는 금액을 청구하여 지급받은 것은 부당이득에 해당한다며 그 금액 상당의 반환을 구한 사안에서, 甲 등이 청구하는 부당이득반환채권은 甲 등과 乙 회사 모두에게 상행위가 되는 가맹계약에 기초하여 발생한 것일 뿐만 아니라, 乙 회사가 정형화된 방식으로 가맹계약을 체결하고 가맹사업을 운영해 온 탓에 수백 명에 달하는 가맹점사업자들에게 甲 등에게 부담하는 것과 같은 내용의 부당이득반환채무를 부담하는 점 등 채권 발생의 경위나 원인 등에 비추어 볼 때 그로 인한 거래관계를 신속하게 해결할 필요가 있으므로, 위 부당이득반환채권은 상법 제64조에 따라 5년간 행사하지 않으면 소멸시효가 완성된다고 한 사례.

【원고, 상고인】 별지1 원고 명단 기재와 같다.
【원고, 상고인 겸 피상고인】 별지2 원고 명단 기재와 같다.

【피고, 피상고인 겸 상고인】 한국피자헛 유한회사
【원심판결】 서울고법 2017. 6. 9. 선고 2016나2045364, 2045371 판결

【주　　문】

상고를 모두 기각한다.

【이　　유】

상고이유를 판단한다.

1. 사건 경위

원심판결 이유와 적법하게 채택된 증거에 의하면 다음과 같은 사실을 알 수 있다.

가. 피고는 가맹점사업자에게 피고가 보유한 '피자헛(Pizza Hut)'의 상표, 상호, 영업시스템 등 영업표지를 사용하여 일정한 품질기준이나 영업방식에 따라 피자 등을 판매하는 가맹점을 운영할 수 있는 권리를 부여하는 가맹사업거래의 공정화에 관한 법률(이하 '가맹사업법'이라고 한다)에 정한 가맹본부이다. 원고들은 피고로부터 위와 같은 가맹점 운영권을 부여받아 피자헛 가맹점(이하 '이 사건 각 가맹점'이라고 한다)을 운영하고 있는 위 법에 정한 가맹점사업자들이다.

나. 원고들은 이 사건 각 가맹점을 운영하기 위하여 원심판결 별지2 기재와 같이 피고와 가맹계약을 체결하였고, 일부 원고들은 그 후 가맹계약을 갱신하였다(이하 '이 사건 각 가맹계약'이라고 한다). 가맹계약의 주요 내용은 피고가 피자헛 가맹점 운영을 위한 시스템, 시스템 재산, 표장을 사용할 수 있는 권리를 원고들에게 허여하고, 원고들은 피고에게 최초가맹비(미화 45,500달러, 미화 22,400달러 등 매장형태에 따라 다르다), 고정수수료(로열티, 매장 매출액의 6%), 광고비(매장 매출액의 5%) 등을 지급한다는 내용이다.

다. 피고는 매월 각 가맹점에 ① 고정수수료, ② 광고비, ③ 원재료비, ④ 콜센터 비용, ⑤ 기타 비용(각종 수수료, 전산망 사용료 및 관련 프로그램 유지보수료, 고객만족도 점검을 위한 수수료, 외부감사비용, 각종 교육료와 프로모션 수수료 등) 등의 내역을 기재한 대금청구서를 작성·발송하였고, 원고들을 비롯한 가맹점사업자들은 매월 이를 피고에게 납부하였다. 피고는 2003년경부터 각 가맹점에 발송하는 대금청구서에 'SCM Adm'(Administration Fee, 이하 '어드민피'라고 한다)이라는 항목으로 각 매장 매출액의 0.34%~0.8%(시기별로 다르다)에 해당하는 금액을 청구하였고, 원고들을 비롯한 가맹점사업자들은 매월 피고

에게 이를 납부하였다.

라. 피고는 2012. 4. 20.경부터 신규로 가맹계약을 체결하는 가맹희망자들이나 기존 가맹점사업자들로부터 "어드민피는 피고가 가맹점과 공유하는 구매대행, 마케팅, CER 운영, 전산지원, 고객 상담실 운영 등에 소요되는 제반 비용의 일부를 의미한다. 어드민피는 매출 기준 0.8%로 정한다(단 0.8% 기준율은 향후 물가상승률 등 제반 여건을 감안하여 양자 협의를 통하여 조정이 가능하다). 연체시 이자율은 연 18% 또는 법이 허용하는 최고 이율 중 낮은 것으로 한다."라는 내용이 포함된 합의서를 작성·교부받았다(이하 '이 사건 합의서'라고 한다). 원고들 중 일부도 피고에게 이를 작성·교부하였다.

마. 원고들은, 피고가 원고들에게 이 사건 각 가맹계약에서 근거를 찾을 수 없는 어드민피를 청구하여 원고들로부터 이를 지급받은 것은 부당이득에 해당한다고 주장하면서, 원고들이 피고에게 지급한 어드민피 상당 부당이득반환을 청구하는 이 사건 소를 제기하였다.

2. 피고의 상고이유에 대한 판단

가. 상고이유 제1점에 관하여

(1) 당사자 사이에 약정 내용과 그 해석을 둘러싸고 이견이 있어 처분문서에 나타난 당사자의 의사해석이 문제 되는 경우에는 문언 내용, 그와 같은 약정이 이루어지게 된 동기와 경위, 약정으로 달성하려고 하는 목적과 진정한 의사, 거래 관행 등을 종합적으로 고찰하여 논리와 경험의 법칙, 그리고 상식과 거래 통념에 따라 약정 내용을 합리적으로 해석하여야 한다(대법원 2002. 6. 28. 선고 2002다23482 판결 등 참조).

가맹사업법은 정보공개서를 가맹본부의 일반현황, 가맹사업 현황, 가맹본부와 그 임원에 관한 일정 사항, 가맹사업자의 부담, 영업활동에 관한 조건과 제한, 가맹본부의 경영 및 영업활동 등에 대한 지원과 교육·훈련에 대한 설명 등에 관하여 대통령령으로 정하는 사항을 수록한 문서라고 정의하면서(제2조 제10호), 가맹본부는 가맹희망자에게 제공할 정보공개서를 공정거래위원회에 등록하여야 하고, 공정거래위원회는 원칙적으로 이를 공개하여야 한다고 정하고 있다(제6조의2). 가맹사업법에 따르면, 공정거래위원회는 정보공개서에 거짓이 있거나 필요한 내용을 적지 아니하는 등의 경우 정보공개서 등록을 거부하거나 그 내용 변경을 요구할 수 있고, 거짓이나 그 밖의 부정한 방법으로 정보공개서가 등록되는 등의 경우 그 등록을 취소할 수 있다(제6조의3, 제6조의4). 가맹본부는 가맹희망자에게 등록된 정보공개서를 제공하여야 하고, 그 제공일부터 14일(가

맹희망자가 정보공개서에 대하여 변호사 또는 가맹거래사의 자문을 받은 경우에는 7일)이 지나
지 아니한 경우에는 가맹희망자로부터 가맹금을 수령하거나 가맹희망자와 가맹계약을
체결할 수 없다(제7조). 가맹본부는 가맹희망자나 가맹점사업자에게 정보를 제공함에
있어 사실과 다르게 정보를 제공하거나 사실을 부풀려 정보를 제공하는 행위, 계약 체
결·유지에 중대한 영향을 미치는 사실을 은폐하거나 축소하는 방법으로 정보를 제공
하는 행위를 하여서는 아니 된다(제9조 제1항).

　　가맹사업법은, 가맹본부는 가맹희망자가 가맹계약 내용을 미리 이해할 수 있도록
가맹금 등의 지급에 관한 사항 등이 적힌 가맹계약서를 가맹희망자에게 제공한 날부터
14일이 지나지 아니한 경우 가맹금을 수령하거나 가맹계약을 체결할 수 없도록 정하고
있고, 구 가맹사업법(2017. 4. 18. 법률 제14812호로 개정되기 전의 것) 역시 가맹본부는 위
와 같은 가맹계약서를 가맹계약 체결일 또는 가맹금 최초 수령일 전에 가맹희망자에게
제공하도록 규정하였다(각 제11조 제1항, 제2항). 가맹사업법 시행령 제5조의2 제1항은,
가맹본부는 정보공개서를 등록하려는 경우 신규등록 신청서를 공정거래위원회에 제출
하여야 한다고 규정하면서, 바로 전 3개 사업연도의 대차대조표와 손익계산서, 바로 전
사업연도 말 현재 운영 중인 직영점 및 가맹점 목록 등과 함께 가맹계약서 양식 사본을
첨부하도록 하고 있다.

　　위와 같은 법령 규정의 내용, 그에 따라 가맹본부가 정보공개서와 가맹계약서에
각 기재할 내용에 더하여, 가맹사업법의 입법 목적과 가맹본부로 하여금 가맹계약 체결
전에 가맹희망자에게 계약 체결에 필요한 가맹본부와 가맹사업 등에 관한 충분한 정보
를 제공하도록 함으로써 가맹사업의 구조적 특성에 기인하는 가맹본부와 가맹점사업자
사이의 정보의 비대칭성으로 인해 발생할 수 있는 부작용을 예방하고 상대적으로 불리
한 지위에 있는 가맹점사업자의 권익을 보호하려는 정보공개서 제도의 취지 등을 종합
하여 보면, 정보공개서에 가맹점사업자에 불리한 내용이 기재되어 있고 그것이 공정거
래위원회에 등록되어 공개되었다거나 가맹계약 체결 전 가맹점사업자에게 제공되었다
고 하여 그 자체가 가맹계약의 일부가 된다거나 별도의 합의 없이 가맹계약 내용에 당
연히 편입된다고 볼 수 없다.

　　(2) 원심은, 이 사건 각 가맹계약 제2.3조는 '최초가맹비와 고정수수료에는 피고의
특정 의무나 서비스 이행에 대한 대가가 포함되지 않는다'는 취지에 불과하므로, 피고
가 위 조항만을 근거로 원고들에게 어드민피 지급을 구할 수는 없다고 판단하였다. 나
아가 원심은 어드민피 부과에 관한 내용이 기재되어 있는 정보공개서가 이 사건 각 가

맹계약의 내용이 되었다고 볼 수 없으므로, 이를 어드민피 부과 근거로 보기 어렵다는 취지로 판단하였다. 앞서 본 법리와 기록에 비추어 보면 원심의 위와 같은 판단에 당사자의 의사해석과 합의 성립 등에 관한 법리를 오해하거나, 논리와 경험의 법칙에 반하여 자유심증주의의 한계를 벗어나는 등의 잘못이 없다.

나. 상고이유 제2점에 관하여

(1) 일반적으로 계약이 성립하기 위하여는 청약과 승낙이라는 서로 대립하는 의사표시가 합치하여야 하지만, 그러한 의사표시가 명시적이어야 할 필요는 없고 묵시적으로도 이루어질 수 있다(대법원 2011. 9. 29. 선고 2011다30765 판결 등 참조).

가맹계약의 경우 가맹본부는 가맹사업에 관한 시스템을 개발·구축하고 가맹점 운영에 관한 축적된 경험을 가지고 있어 정보력이나 교섭력 면에서 가맹점사업자에 비해 상당한 우위에 있는 경우가 많다. 또 통상적으로 가맹계약은 가맹본부가 미리 마련해둔 약관 형태의 가맹계약서를 이용하여 체결되므로, 가맹본부에게는 그 과정에서 위와 같은 정보력과 교섭력을 이용하여 가맹계약 내용을 미리 준비하고 자신에게 유리한 내용을 가맹계약서에 명시함으로써 그와 관련된 불확실성을 미리 제거할 충분한 기회도 있다. 한편 가맹사업법은 가맹본부로 하여금 가맹희망자에게 가맹계약 체결 전에 영업표지의 사용권 부여에 관한 사항, 가맹금 등의 지급에 관한 사항 등 계약의 주요 내용이 적힌 가맹계약서를 교부하도록 하고 있고(제11조 제1항, 제2항), 이를 위반한 가맹본부에 대해서는 공정거래위원회가 위반행위 시정에 필요한 조치를 명하거나 과징금을 부과할 수 있다고 규정하고 있다(제33조 제1항, 제35조 제1항).

이러한 사정 등을 종합하면, 가맹계약에 관하여 가맹본부와 가맹점사업자 사이에 가맹점사업자에게 불리한 내용의 묵시적 합의가 성립된 사실을 인정하려면 가맹본부와 가맹점사업자의 사회·경제적 지위, 가맹계약 체결 경위와 전체적인 내용, 가맹점사업자에게 그와 같은 묵시적 합의 체결의 의사를 표시할 수 있을 정도로 충분한 정보가 제공되었는지 여부, 가맹본부가 법적 불확실성이나 과징금 부과 등의 불이익을 무릅쓰면서까지 합의 내용을 가맹계약서에 명시하지 않을 특별한 사정이 있는지 여부, 그와 같은 계약 내용으로 인하여 가맹점사업자가 입는 불이익의 정도, 거래 관행 등을 종합적으로 고려하여 신중하게 판단하여야 한다. 그리하여 가맹점사업자가 상대적으로 취약한 정보력과 교섭력, 재정 상태, 거래 단절 우려 등으로 인하여 그 의사와 관계없이 가맹본부의 요구에 일방적으로 따른 것이 의사의 합치로 인정됨으로써 가맹사업의 공정한 거래질서를 확립하고 가맹본부와 가맹점사업자가 대등한 지위에서 상호보완적으로 균형 있게 발전하도록 함으로써 소비자 복지의 증진과 국민경제의 건전한 발전에 이바지함을 목적으로 하는 가맹사업법의 입법 취지가 훼손되지 않도록 하여야 한다.

(2) 원심은 ① 피고가 대금청구서를 통해 이 사건 각 가맹계약서에 명시적으로 정하지 않은 어드민피 등 각종 수수료나 비용 등을 청구하였고, 원고들을 비롯한 가맹점사업자들이 별다른 이의를 제기하지 않고 이를 지급해 온 사실, ② 피고가 2008. 8. 29. 가맹점사업자에게 월 매출액의 0.55%에 해당하는 가맹점 서비스 수수료가 부과된다는 내용이 포함된 정보공개서를 공정거래위원회에 등록한 사실, ③ 피고가 2005년, 2007년, 2012년 내부전산망에 어드민피 요율 책정 또는 변경 사실을 공지하였고, 가맹희망자들에게 배부한 사업설명회나 오리엔테이션 자료에도 그에 관하여 기재한 사실, ④ 피고가 2012. 4. 19. 개최된 일부 가맹점사업자들로 구성된 프랜차이즈 협의회와 모임에서 참석자들에게 어드민피 인상을 통보한 사실 등을 인정하면서도, 다음과 같은 사정에 비추어 보면 원고들과 피고 사이에 어드민피 지급에 관한 묵시적 합의가 성립되었다고 볼 수 없다고 판단하였다.

(가) 정보공개서에는 '가맹점 서비스 수수료'가 어떤 서비스에 대한 대가인지 명확하게 기재되어 있지 않고, 사업설명회나 오리엔테이션 자료에도 어드민피가 구체적으로 어떠한 비용인지나 그 산정 방식에 관한 설명이 없다. 어드민피를 구성하는 비용 항목, 요율 산정 근거 등에 관하여 원고들을 포함한 가맹점사업자들이 알고 있었다거나, 피고가 그에 관해 임의로 결정하는 것을 가맹점사업자들이 용인하였다고 볼 사정도 없다.

(나) 피고가 가맹점사업자들을 대표하는 자와 실질적인 협의를 거쳤다고 볼 자료도 없다.

(다) 피고가 작성한 대금청구서에 어드민피가 기재되어 있기는 하다. 하지만 피고는 가맹점 운영을 위해 제공한 개별 서비스에 대한 비용들을 매우 상세하게 구분하여 대금청구서를 작성하였는데, 원고들이 그와 같은 비용 항목을 포함하여 영어로 기재된 수많은 대금 항목들 중 하나로 'SCM Adm'이라고 기재된 어드민피가 정보공개서나 오리엔테이션 자료 등에 기재되어 있던 '가맹점 서비스 수수료'라는 것을 알기는 어려웠을 것으로 보인다. 원고들로서는 어드민피를 수십 개에 이르는 기타 비용 항목 중 하나로 인식했을 가능성도 있어 보인다.

(라) 이 사건 각 가맹계약서 제23.1조는 계약서가 계약의 주된 내용에 관한 당사자들 간의 합의를 모두 포함하는 것이라는 취지로 규정하고 있다. 이에 비추어 보면 계약의 주된 내용에 관하여 당사자 간에 새로운 합의가 이루어지는 경우에는 가맹계약서를

수정하거나 별도의 합의서가 작성될 것으로 기대된다.

(3) 앞서 본 법리와 기록에 비추어 살펴보면 원심의 위와 같은 판단에 상고이유 주장과 같이 묵시적 합의 성립에 관한 법리를 오해하거나, 필요한 심리를 다하지 아니한 채 논리와 경험의 법칙에 반하여 자유심증주의의 한계를 벗어나는 등의 잘못이 없다.

4. 결론

그러므로 상고를 모두 기각하고, 상고비용은 상고인 각자가 부담하도록 하여, 관여 대법관의 일치된 의견으로 주문과 같이 판결한다.

[51] 부당해고와 해고예고수당 반환청구 사건

— 대법원 2018. 9. 13. 선고 2017다16778 판결 —

【판시사항】

사용자가 근로자를 해고하면서 30일 전에 예고를 하지 아니한 경우, 해고가 유효한지와 관계없이 근로자에게 해고예고수당을 지급하여야 하는지 여부(적극) 및 해고가 부당해고에 해당하여 효력이 없는 경우, 근로자가 해고예고수당 상당액을 부당이득으로 반환하여야 하는지 여부(소극)

【판결요지】

근로기준법 제26조 본문에 따라 사용자가 근로자를 해고하면서 30일 전에 예고를 하지 아니하였을 때 근로자에게 지급하는 해고예고수당은 해고가 유효한지와 관계없이 지급되어야 하는 돈이고, 해고가 부당해고에 해당하여 효력이 없다고 하더라도 근로자가 해고예고수당을 지급받을 법률상 원인이 없다고 볼 수 없다.

【원고, 상고인】 ○○○○입주자대표회의
【피고, 피상고인】 장○○
【원심판결】 광주지법 2017. 4. 6. 선고 2016나4927 판결

【주　　문】

상고를 기각한다.

【이　　유】

상고이유를 판단한다.

2. 근로기준법 제26조 본문에 따라 사용자가 근로자를 해고하면서 30일 전에 예고를 하지 아니하였을 때 근로자에게 지급하는 해고예고수당은 해고가 유효한지 여부와 관계없이 지급되어야 하는 돈이고, 그 해고가 부당해고에 해당하여 효력이 없다고

하더라도 근로자가 해고예고수당을 지급받을 법률상 원인이 없다고 볼 수 없다. 그 근거는 다음과 같다.

① 근로기준법 제26조 본문은 "사용자는 근로자를 해고(경영상 이유에 의한 해고를 포함한다)하려면 적어도 30일 전에 예고를 하여야 하고, 30일 전에 예고를 하지 아니하였을 때에는 30일분 이상의 통상임금을 지급하여야 한다."라고 규정하고 있을 뿐이고, 위 규정상 해고가 유효한 경우에만 해고예고 의무나 해고예고수당 지급 의무가 성립한다고 해석할 근거가 없다.

② 근로기준법 제26조에서 규정하는 해고예고제도는 근로자로 하여금 해고에 대비하여 새로운 직장을 구할 수 있는 시간적·경제적 여유를 주려는 것으로(대법원 2010. 4. 15. 선고 2009도13833 판결 참조), 해고의 효력 자체와는 관계가 없는 제도이다. 해고가 무효인 경우에도 해고가 유효한 경우에 비해 해고예고제도를 통해 근로자에게 위와 같은 시간적·경제적 여유를 보장할 필요성이 작다고 할 수 없다.

③ 사용자가 근로자를 해고하면서 해고예고를 하지 않고 해고예고수당도 지급하지 않은 경우, 그 후 해고가 무효로 판정되어 근로자가 복직을 하고 미지급 임금을 지급받더라도 그것만으로는 해고예고제도를 통하여 해고 과정에서 근로자를 보호하고자 하는 근로기준법 제26조의 입법 목적이 충분히 달성된다고 보기 어렵다. 해고예고 여부나 해고예고수당 지급 여부가 해고의 사법상(私法上) 효력에 영향을 미치지 않는다는 점(대법원 1994. 3. 22. 선고 93다28553 판결 참조)을 고려하면, 해고예고제도 자체를 통해 근로자를 보호할 필요성은 더욱 커진다.

3. 원심판결 이유와 기록에 의하면, 원고가 2015. 5. 20.자로 근로자인 피고를 징계해고하고 2015. 5. 27. 피고에게 해고예고수당으로 2,714,790원을 지급한 사실, 그 후 전남지방노동위원회가 위 해고는 부당해고에 해당한다는 판정을 한 사실, 원고가 위 판정 취지에 따라 2015. 8. 11. 피고를 복직시키고 그 무렵 피고에게 해고 시부터 복직 시까지의 임금을 지급한 사실을 알 수 있다.

이러한 사실관계를 앞서 본 법리에 비추어 살펴보면, 위 해고예고수당은 원고가 피고를 해고하면서 근로기준법 제26조에 정한 해고예고의무를 이행하지 않은 결과 해고가 적법한지나 유효한지와 관계없이 피고에게 지급하여야 하는 돈이다. 따라서 원고가 피고를 해고한 것이 무효라고 하더라도, 피고가 원고로부터 법률상 원인 없이 해고예고수당을 지급받았다고 할 수 없다. 같은 취지인 원심판단에 부당이득이나 해고예고

수당 등에 관한 법리를 오해하는 등의 잘못이 없다.

　4. 그러므로 상고를 기각하고 상고비용은 패소자가 부담하도록 하여, 관여 대법관의 일치된 의견으로 주문과 같이 판결한다.

[52] 부동산 담보제공행위의 사해행위 해당 여부

— 대법원 2018. 12. 28. 선고 2018다272261 판결 —

【판시사항】

채무자가 제3자로부터 자금을 차용하여 부동산을 매수하고 해당 부동산을 차용금 채무에 대한 담보로 제공하거나, 채무자가 제3자로부터 부동산을 매수하여 매매대금을 지급하기 전에 소유권이전등기를 마치고 해당 부동산을 매매대금채무에 대한 담보로 제공한 경우와 같이 기존 채권자들의 공동담보가 감소되었다고 볼 수 없는 경우, 채무자의 담보제공행위가 사해행위인지 여부(소극) 및 이때 부동산매수행위와 담보제공행위가 단기간 내에 순차로 이루어진 경우, 담보제공행위만을 분리하여 사해행위에 해당한다고 할 수 있는지 여부(원칙적 소극)

【판결요지】

채무초과 상태에 있는 채무자가 그 소유의 부동산을 채권자 중의 어느 한 사람에게 채권담보로 제공하는 행위는 특별한 사정이 없는 한 다른 채권자들에 대한 관계에서 사해행위에 해당한다. 그러나 채무자의 재산처분행위가 사해행위가 되려면 그 행위로 채무자의 총재산이 감소되어 채권의 공동담보가 부족한 상태를 유발 또는 심화시켜야 하는 것이므로, 채무자가 제3자로부터 자금을 차용하여 부동산을 매수하고 해당 부동산을 차용금채무에 대한 담보로 제공하거나, 채무자가 제3자로부터 부동산을 매수하여 매매대금을 지급하기 전에 소유권이전등기를 마치고 해당 부동산을 매매대금채무에 대한 담보로 제공한 경우와 같이 기존 채권자들의 공동담보가 감소되었다고 볼 수 없는 경우에는 담보제공행위를 사해행위라고 할 수 없다. 나아가 위와 같은 부동산매수행위와 담보제공행위가 한꺼번에 이루어지지 않고 단기간 내에 순차로 이루어졌다고 하더라도 다른 특별한 사정이 없는 한 일련의 행위 전후를 통하여 기존 채권자들의 공동담보에 증감이 있었다고 평가할 것도 아니므로, 담보제공행위만을 분리하여 사해행위에 해당한다고 할 수 없다.

【원고, 피상고인】   원고

【피고, 상고인】 피고

【원심판결】 대구지법 2018. 9. 5. 선고 2018나302917 판결

【주   문】

원심판결을 파기하고, 사건을 대구지방법원에 환송한다.

【이   유】

상고이유를 판단한다.

1. 채무초과 상태에 있는 채무자가 그 소유의 부동산을 채권자 중의 어느 한 사람에게 채권담보로 제공하는 행위는 특별한 사정이 없는 한 다른 채권자들에 대한 관계에서 사해행위에 해당한다(대법원 1997. 9. 9. 선고 97다10864 판결 등 참조). 그러나 채무자의 재산처분행위가 사해행위가 되려면 그 행위로 채무자의 총재산이 감소되어 채권의 공동담보가 부족한 상태를 유발 또는 심화시켜야 하는 것이므로, 채무자가 제3자로부터 자금을 차용하여 부동산을 매수하고 해당 부동산을 차용금채무에 대한 담보로 제공하거나, 채무자가 제3자로부터 부동산을 매수하여 매매대금을 지급하기 전에 소유권이전등기를 마치고 해당 부동산을 매매대금채무에 대한 담보로 제공한 경우와 같이 기존 채권자들의 공동담보가 감소되었다고 볼 수 없는 경우에는 그 담보제공행위를 사해행위라고 할 수 없다. 나아가 위와 같은 부동산매수행위와 담보제공행위가 한꺼번에 이루어지지 않고 단기간 내에 순차로 이루어졌다고 하더라도 다른 특별한 사정이 없는 한 그 일련의 행위 전후를 통하여 기존 채권자들의 공동담보에 증감이 있었다고 평가할 것도 아니므로, 그 담보제공행위만을 분리하여 사해행위에 해당한다고 할 수 없다(대법원 2009. 4. 23. 선고 2008다95663 판결, 대법원 2017. 9. 21. 선고 2017다237186 판결 등 참조).

2. 원심은 그 판시와 같은 이유를 들어 주식회사 디케이씨(이하 '디케이씨'라고 한다)가 무자력 상태에서 피고에게 집행가치 있는 거의 유일한 재산인 이 사건 부동산에 근저당권을 설정하여 준 것은 일반 채권자들을 위한 공동담보를 감소시키는 행위로서 채권자인 원고에 대하여 사해행위가 성립한다고 판단하였다.

3. 그러나 원심의 위와 같은 판단은 다음과 같은 이유로 수긍할 수 없다.

가. 원심판결 이유와 기록에 의하면 다음의 사실을 알 수 있다.

(1) 주식회사 생각을짓는건설(이하 '소외 회사'라 한다)은 2016. 3. 24. 디케이씨와 사이에 소외 회사 소유의 영천시 (주소 1 생략) 공장용지 3,097㎡ 지상에 공장건물을 신축하여 디케이씨에 분양하기로 하는 계약을 체결하였다.

(2) 위 분양계약에 의하면, 디케이씨는 소외 회사로부터 위 공장용지를 포함한 영천시 (주소 2 생략) 도로 1,153㎡ 중 1,153분의 260.6 지분, (주소 3 생략) 도로 1,446㎡ 중 2,514분의 375 지분, (주소 4 생략) 도로 961㎡ 중 2,514분의 375 지분, (주소 5 생략) 도로 98㎡ 중 2,514분의 375 지분, (주소 6 생략) 도로 8㎡ 중 2,514분의 375 지분과 신축 공장건물(300평)을 대금 18억 5,000만 원에 매수하되, 계약 체결 시 계약금 1억 원을 지급하고, 중도금과 잔금은 상호 협의하여 지급하기로 하였다.

(3) 소외 회사는 위 공장용지 지상에 일반철골구조 패널지붕 1층 923.6㎡ 공장건물(이하 위 공장용지를 포함한 위 각 토지들을 통칭하여 '이 사건 각 토지'라고 하고, 이 사건 각 토지와 위 공장건물을 통칭하여 '이 사건 각 부동산'이라고 한다)을 신축하였고, 디케이씨는 위 분양계약에 따른 매매대금을 지급하지 아니한 채 2016. 8. 9. 위 공장건물에 관하여 소유권보존등기를 마쳤고, 같은 날 이 사건 각 토지에 관하여 소유권이전등기를 마쳤다.

(4) 디케이씨는 2016. 8. 9. 이 사건 각 부동산을 공동담보로 하여 주식회사 대구은행에 채권최고액 10억 2,000만 원의 1순위 근저당권설정등기를 마쳐주고 위 은행으로부터 8억 1,600만 원을 대출받아 이를 위 매매대금의 일부로 지급하였다.

(5) 디케이씨는 2016. 8. 9. 소외 회사와 사이에 미지급 매매대금 잔액 9억 5,000만 원 및 소외 회사가 부담한 취등록세 8,200만 원의 합계 10억 3,200만 원을 소외 회사로부터 차용하기로 하되, 위 채무를 담보하기 위하여 이 사건 공장용지 및 건물에 관하여 채권최고액을 13억 원으로 하는 근저당권설정계약(이하 '이 사건 근저당권설정계약'이라고 한다)을 체결하고, 소외 회사의 대표이사 소외인의 처인 피고에게 대구지방법원 영천등기소 2016. 8. 16. 접수 제25292호로 근저당권설정등기를 마쳐주었다.

(6) 원고는 디케이씨에게 2016. 3. 8. 14,597,000원 상당의, 2016. 4. 14. 594,000원 상당의 각 우레탄몰드를 판매하였다. 원고는 디케이씨를 상대로 물품대금 청구의 소를 제기하여 2016. 10. 6. "디케이씨는 원고에게 11,191,000원 및 이에 대한 지연손해금을 지급하라"는 이행권고결정을 받았고, 위 이행권고결정은 2016. 10. 27. 확정되었다.

나. 앞에서 본 법리에 비추어 위 사실관계를 살펴보면, 디케이씨는 소외 회사와 분양계약을 체결하여 이 사건 각 부동산을 매수하고 그 매매대금을 지급하기 전에 위 각

부동산에 관하여 소유권이전등기 또는 소유권보존등기를 마친 다음, 같은 날 소외 회사와 매매대금 등 지급 채무를 담보하기 위하여 이 사건 공장용지 및 건물에 관하여 이 사건 근저당권설정계약을 체결하고, 그로부터 7일 만에 피고에게 근저당권설정등기를 마쳐주었음을 알 수 있다. 위와 같은 일련의 행위 전후를 통하여 기존 채권자들의 공동담보가 감소되었다고 볼 수 없고, 이러한 경우 디케이씨의 피고에 대한 근저당권설정행위만을 분리하여 그것이 사해행위에 해당한다고 보아서는 안 된다.

그런데도 원심은 그 판시와 같은 이유만으로 디케이씨가 피고에게 근저당권을 설정하여 준 것이 사해행위에 해당한다고 판단하였으니, 원심판결에는 사해행위에 관한 법리를 오해하여 판결 결과에 영향을 미친 잘못이 있다.

4. 결론

그러므로 원심판결을 파기하고 사건을 다시 심리·판단하도록 원심법원에 환송하기로 하여, 관여 대법관의 일치된 의견으로 주문과 같이 판결한다.

[53] 해군 자유게시판 게시글 삭제와 국가배상책임 성립 여부

— 대법원 2020. 6. 4. 선고 2015다233807 판결 —

【판시사항】

[1] 국가기관이 관리·운영하는 홈페이지에 게시된 글을 국가기관이 임의로 삭제하는 것이 허용되는지 여부(원칙적 소극)

[2] 해군 홈페이지 자유게시판에 게시된 제주해군기지 건설에 항의하는 글을 삭제한 조치가 국군의 정치적 중립성을 유지할 목적으로 마련된 '해군 인터넷 홈페이지 운영규정'의 삭제사유인 '정치적 목적이나 성향이 있는 경우'에 해당하여 정당하다고 보아, 위 삭제 조치가 표현의 자유를 침해하는 위법한 직무집행에 해당한다고 판단한 원심을 파기한 사례

【판결요지】

[1] 일반적으로 국가기관이 자신이 관리·운영하는 홈페이지에 게시된 글에 대하여 정부의 정책에 찬성하는 내용인지, 반대하는 내용인지에 따라 선별적으로 삭제 여부를 결정하는 것은 특별한 사정이 없는 한 국민의 기본권인 표현의 자유와 자유민주적 기본질서에 배치되므로 허용되지 않는다.

[2] 원고들이 2011. 6. 8. 해군홈페이지 자유게시판에 게시한 항의글은 '해군 인터넷 홈페이지 운영규정(=이 사건 운영규정)'에서 정한 삭제사유에 해당하지 않으므로, 해군본부가 임의로 해군홈페이지 자유게시판에서 원고들의 항의글을 삭제한 조치(=이 사건 삭제 조치)는 위법한 직무수행에 해당하며 이를 통해 원고들의 표현의 자유와 행복추구권이 침해되었다고 주장하면서, 해군본부가 속한 법인격주체인 피고 대한민국을 상대로 국가배상청구를 한 사안에서, ① 제주해군기지 건설사업에 관한 국방부장관의 실시계획 승인처분에 주민들이 주장하는 절차상·실체상 하자는 없는 것으로 판단하여 주민들의 청구를 기각하는 판결이 선고·확정되었던 점(대법원 2012. 7. 5. 선고 2011두19239 전원합의체 판결), ② 원고들의 항의글은 정부정책에 대한 정치적 반대의사의 표시인데 국군의 정치적 중립성에 비추어 해군 홈페이지가 정치적 논쟁의 장이 되는 것은 바람직하지 않은 점, ③ 제주해군기지 건설사업의 결정권자는 국방부장관이므로 결

정권이 없는 해군본부에 항의를 하는 것은 적절하지 않은 점, ④ 해군 홈페이지 자유게시판은 평소 주로 해군 입대나 복지 관련 정보를 문의하는 글, 일반인이 자신의 해군 복무 경험을 기술하는 글, 해군 복무 중인 가족의 안전을 기원하는 글이 게시되었는데, 여러 명이 같은 취지의 정치적 항의글을 100여 건 게시한 행위는 이용자들의 인터넷 게시판 이용을 방해하는 부정적 효과가 있을 뿐만 아니라, 해군 홈페이지 자유게시판의 존재목적·기능에 관한 해군본부의 기대에서 벗어나는 것인 점, ⑤ 여러 명이 같은 취지의 정치적 항의글을 100여 건 게시한 행위는 해군본부에 대한 '인터넷 공간에서의 항의 시위'로서의 성격이 있는데, 그들이 해군 홈페이지 자유게시판에 집단적으로 항의글 100여 건을 게시함으로써 자신들의 반대의견을 표출하는 항의 시위의 1차적 목적은 달성되었고, 현행법상 국가기관으로 하여금 인터넷 공간에서의 항의 시위의 '결과물'인 100여 건의 게시글을 영구히 또는 일정기간 보존하여야 할 의무를 부과하는 규정은 없으며, 이 사건 삭제 조치는 인터넷 공간에서의 항의 시위의 '결과물'을 삭제한 것일 뿐, 자유게시판에 반대의견을 표출하는 행위 자체를 금지하거나 제재하는 것이 아닌 점, ⑥ 해군본부는 이 사건 삭제 조치를 하면서 해군홈페이지 자유게시판에 이 사건 삭제 조치를 하는 이유를 밝히는 입장문을 게시하는 등 이 사건 삭제 조치는 공개적으로 이루어진 조치로서 국가기관이 인터넷 공간에서 반대의견 표명을 억압하거나 일반 국민의 여론을 호도·조작하려는 시도라고 보기 어려운 점을 고려하면, 이 사건 삭제 조치가 객관적 정당성을 상실한 위법한 직무집행에 해당한다고 보기는 어렵다고 판단하여 이와 달리 판단한 원심을 파기환송한 사례

【원고, 피상고인】 박○○외 2인
【피고, 상고인】 대한민국
【원심판결】 서울중앙지방법원 2015. 8. 12. 선고 2014나63734 판결

【주 문】

원심판결을 파기하고, 사건을 서울중앙지방법원에 환송한다.

【이 유】

상고이유를 판단한다.

1. 사건의 개요와 쟁점

가. 원심판결의 이유와 원심이 적법하게 채택한 증거 등에 의하면, 다음과 같은 사정들을 알 수 있다.

(1) 제주해군기지 건설사업(이하 '이 사건 사업'이라고 한다)은 제주남방해역과 해상교통로에 대한 효율적인 감시와 보호활동을 위하여 제주특별자치도 서귀포시 강정마을 일대에 기동전단 전력수용을 위한 부두와 지휘·지원시설을 건설하는 내용의 공익사업이다. 1995. 12.경 국방부가 수립한 '1997~2001 국방사업계획'에 포함되었고, 국방부장관이 2009. 1. 21. 「국방·군사시설사업에 관한 법률」 제4조에 따라 실시계획 승인처분을 하였으며, 2012. 2. 29. 국가정책조정회의(의장은 국무총리이다)에서 정부적 차원에서 추진하기로 정책결정이 이루어졌다. 인근주민들 450명이 2009. 4. 20. 이 사건 사업의 실시계획 승인처분에 대해 항고소송을 제기하였으나, 최종적으로 실시계획 승인처분에 주민들이 주장하는 절차상·실체상 하자는 없는 것으로 판단하여 주민들의 청구를 기각하는 판결이 선고·확정되었다(대법원 2012. 7. 5. 선고 2011두19239 전원합의체 판결 및 그 환송 후 원심인 서울고등법원 2012. 12. 13. 선고 2012누21170 판결 참조).

(2) 민주당은 2011. 6. 8. 정부에 대하여 합리적인 갈등해소 방안이 마련될 때까지 이 사건 사업을 일시 중단하라는 성명서를 발표하였고, 여러 사람과 단체들이 이 사건 사업의 중단을 촉구하는 기자회견을 열었다.

(3) 원고 박○○는 위 기자회견에 참석하였으며, 2011. 6. 9. 자신의 트위터(twitter)에 해군홈페이지 자유게시판에 이 사건 사업에 대한 항의글, 공사 중단 요청글을 남겨달라는 내용의 글을 게시하였다. 이에 원고들을 포함하여 원고 박○○의 의견에 동조하는 여러 사람들이 같은 날 해군홈페이지 자유게시판에 이 사건 사업에 반대한다는 취지의 항의글을 100여 건 게시하였다.

(4) 해군본부는 해군의 정책과 활동을 홍보하고 해군 관련 정보를 공개하려는 목적에서 해군홈페이지를 개설·운영하고 있다. 해군홈페이지에는 홈페이지를 방문한 일반인이 자유롭게 글을 게시할 수 있는 자유게시판이 있는데, 하루 평균 약 4건의 글이 게시되고 있다. 주로 해군 입대나 복지 관련 정보를 문의하는 글이 게시되어 해군본부에서 답변글을 게시하기도 하며, 그 밖에 일반인이 자신의 해군 복무 경험을 기술하는 글, 해군 복무 중인 가족의 안전을 기원하는 글이 게시되고 있다.

(5) 해군본부는 2011. 6. 9. 해군홈페이지 자유게시판에 이 사건 사업에 반대하는

취지의 항의글 100여 건이 집단적으로 게시되자, 원고들이 게시한 항의글을 포함하여 100여 건의 항의글을 자유게시판에서 삭제하는 조치를 취하고(이하 '이 사건 삭제 조치'라고 한다), 자유게시판에 '이 사건 사업은 국가안보를 위해 필요하며 적법하게 추진되고 있는 국책사업으로서 일부 시민단체가 반대한다는 이유만으로 중단할 수 없으며, 이 사건 사업에 반대하는 막연하고 일방적인 주장이 포함된 100여 건의 게시글을 삭제조치 한다'는 입장문을 게시하였다.

(6) 해군본부가 작성한 '해군 인터넷 홈페이지 운영규정' 제9조 제2호는 홈페이지에 게시된 이용자의 게시물은 삭제하지 않는 것을 원칙으로 하나, 홈페이지 관리책임자는 홈페이지의 건전한 운영을 위하여 이용자가 게시한 자료가 '국가안전을 해할 수 있거나 보안 관련 규정에 위배되는 경우', '정치적 목적이나 성향이 있는 경우', '특정기관, 단체, 부서를 근거 없이 비난하는 경우', '동일인 또는 동일인이라고 인정되는 자가 똑같은 내용을 주 2회 이상 게시하거나 유사한 내용을 1일 2회 이상 게시하는 경우', '기타 오류, 장난성의 내용 등 기타 본 호의 규정에 비추어 삭제가 필요하다고 판단되는 경우'에는 삭제할 수 있고, 필요 시 그 사유를 해당 게시판에 공지하거나 게시자(전화번호나 전자우편주소가 명확할 경우)에게 통보할 수 있다고 규정하고 있다(이하 '이 사건 운영규정'이라고 한다).

해군홈페이지 자유게시판에는 "건전한 토론문화의 정착을 위해 특정 개인·단체에 대한 비방·욕설 등 명예훼손, 음란·저속한 표현, 상업적 광고, 유언비어나 선동하는 글, 동일내용 중복게시, 특정 개인의 정보유출, 반정부선동, 이적행위, 특정 종교 찬양 및 비방 등 게시판의 취지에 어긋나는 글을 올리는 경우 사전 예고 없이 삭제될 수 있음을 알려드립니다."라는 안내 문구가 게시되어 있다(이하 '이 사건 게시판 운영원칙'이라고 한다).

(7) 원고들은, 원고들이 2011. 6. 8. 해군홈페이지 자유게시판에 게시한 항의글은 이 사건 운영규정에서 정한 삭제사유에 해당하지 않으므로, 해군본부가 임의로 해군홈페이지 자유게시판에서 원고들의 항의글을 삭제한 조치는 위법한 직무수행에 해당하며 이를 통해 원고들의 표현의 자유와 행복추구권이 침해되었다고 주장하면서, 해군본부가 속한 법인격주체인 피고 대한민국을 상대로 이 사건 국가배상청구를 하였다.

나. 이 사건의 주된 쟁점은 이 사건 삭제 조치가 객관적 정당성을 상실한 위법한 직무집행인지 여부이다.

2. 대법원의 판단

가. 정부의 정책에 대하여 정치적인 반대의사를 표시하는 것은 헌법이 보장하는 정치적 자유의 가장 핵심적인 부분이다. 자신의 정치적 생각을 집회와 시위를 통해 설파하거나 서명운동 등을 통해 자신과 의견이 같은 세력을 규합해 나가는 것은 국가의 안전에 대한 위협이 아니라, 우리 헌법의 근본이념인 '자유민주적 기본질서'의 핵심적인 보장 영역에 속한다. 정부에 대한 비판에 대하여 합리적인 홍보와 설득으로 대처하는 것이 아니라, 비판 자체를 원천적으로 배제하려는 공권력의 행사는 대한민국 헌법이 예정하고 있는 자유민주적 기본질서에 부합하지 아니하므로 그 정당성을 인정할 수 없다(헌법재판소 2013. 3. 21. 선고 2010헌바70 등 결정 참조).

그러나 공무원의 행위를 원인으로 한 국가배상책임을 인정하려면 '공무원이 직무를 집행하면서 고의 또는 과실로 법령을 위반하여 타인에게 손해를 입힌 때'라고 하는 국가배상법 제2조 제1항의 요건이 충족되어야 한다. 여기서 '법령을 위반하여'라고 함은 엄격하게 형식적 의미의 법령에 명시적으로 공무원의 행위의무가 정하여져 있음에도 이를 위반하는 경우만을 의미하는 것은 아니고, 인권존중·권력남용금지·신의성실과 같이 공무원으로서 마땅히 지켜야 할 준칙이나 규범을 지키지 아니하고 위반한 경우를 비롯하여 널리 그 행위가 객관적인 정당성을 결여하고 있는 경우를 포함한다(대법원 2015. 8. 27. 선고 2012다204587 판결 등 참조).

나. 이러한 법리에 비추어 살펴본다. 일반적으로 국가기관이 자신이 관리·운영하는 홈페이지에 게시된 글에 대하여 정부의 정책에 찬성하는 내용인지, 반대하는 내용인지에 따라 선별적으로 삭제 여부를 결정하는 것은 특별한 사정이 없는 한 국민의 기본권인 표현의 자유와 자유민주적 기본질서에 배치되므로 허용되지 않는다. 그러나 이 사건 삭제 조치의 경우에는 객관적 정당성을 상실한 위법한 직무집행에 해당한다고 보기 어렵다. 구체적인 이유는 다음과 같다.

(1) 헌법 제5조 제2항에서 "국군은 국가의 안전보장과 국토방위의 신성한 의무를 수행함을 사명으로 하며, 그 정치적 중립성은 준수된다."라고 명시함으로써 군인은 국가공동체와 국민의 생명을 지키는 것을 사명으로 하고 있으며, 이를 수행하기 위해서는 필연적으로 군인의 정치적 중립성 유지가 요청된다. 우리의 헌정사에서 다시는 군의 정치개입을 되풀이하지 않겠다는 의지의 표현으로, 국군은 정치에 개입하거나 특정 정당을 지원하는 등 정치적 활동을 해서는 안 되며, 정치권도 국군에 영향력을 행사하려고

시도해서는 안 된다. 이처럼 정당이나 정치적 세력으로부터 영향력 배제와 중립은 효과적인 국방정책을 실현하기 위한 필수적인 요건이기도 하다(헌법재판소 2016. 2. 25. 선고 2013헌바111 결정 참조).

해군본부는 국방부장관의 명을 받아 해군을 지휘·감독하기 위하여 설치된 군부대이다(국군조직법 제10조, 제14조 참조). 비록 인터넷 공간이라고 하더라도 해군본부에서 관리·운영하는 공간에서 정치적 찬반논쟁이 벌어지는 것은 헌법이 강조한 국군의 정치적 중립성 요청에 배치된다. 이 사건 운영규정이 '정치적 목적이나 성향이 있는 경우'를 게시글 삭제사유로 규정한 것은 국군의 정치적 중립성 요청을 구체화한 것으로, 해군홈페이지 자유게시판이 정치적 논쟁의 장이 되어서는 안 된다는 점을 분명히 한 것으로 볼 수 있다.

(2) 원고들을 포함한 여러 사람들이 2011. 6. 9. 해군홈페이지 자유게시판에 이 사건 사업에 반대한다는 취지의 항의글을 100여 건 게시한 행위는 정부정책에 대한 반대의사 표시이므로 이 사건 운영규정에서 정한 게시글 삭제사유인 '정치적 목적이나 성향이 있는 경우'에 해당한다. 따라서 이 사건 삭제 조치는 이 사건 운영규정에 따른 조치이다.

이 사건 사업 시행 여부를 결정할 수 있는 권한은 국방부장관에게 있으며, 해군본부의 장인 해군참모총장은 국방부 소속 기관장으로서 이 사건 사업의 시행자가 되었다(「국방·군사시설사업에 관한 법률」 제3조 제2호, 제4조 참조). 또한 이 사건 사업은 2012. 2. 29. 국가정책조정회의에서 정부적 차원에서 추진하기로 정책결정이 이루어졌다. 따라서 이 사건 사업의 시행에 대해 항의를 하더라도 결정권자인 국방부장관이나 국무총리 또는 대한민국 정부를 대표하는 대통령에게 하는 것이 적절하지, 국방부 소속 기관으로서 결정권이 없는 해군본부나 그 기관장인 해군참모총장에게 하는 것은 적절하지 않다.

(3) 통상 인터넷 홈페이지 게시판은 새로운 글이 게시되면 과거의 글은 목록에서 후순위로 밀려 눈에 띄기 어려운 특성이 있다. 홈페이지 이용자들은 게시판의 첫 화면에 게시되어 있는 최신 글을 위주로 읽으며, 화면을 넘겨가면서 여러 쪽 뒤에 게시되어 있는 과거의 글을 일일이 찾아 읽지 않는 것이 보통이다. 따라서 게시판에 동일한 내용의 글을 반복적으로 게시하면 이용자들이 다른 게시글을 읽는 것을 방해하는 효과가 발생한다.

이 사건 운영규정과 이 사건 게시판 운영원칙이 '동일인 또는 동일인이라고 인정되는 자가 똑같은 내용을 주 2회 이상 게시하거나 유사한 내용을 1일 2회 이상 게시하는 경우' 또는 '동일내용 중복게시'를 해군홈페이지 자유게시판 게시글 삭제사유로 예시하고 있는 것도 이러한 방해 효과를 차단하기 위한 것이라고 보인다.

평소 하루에 약 4건의 글이 게시되는 해군홈페이지 자유게시판에 2011. 6. 9. 하루만에 이 사건 사업에 반대하는 취지의 항의글 100여 건을 게시한 행위는 그 주장에 동의하지 않거나 관심이 없는 이용자들이 다른 게시글을 읽는 것을 방해하는 부정적 효과가 있을 뿐만 아니라, 해군홈페이지 자유게시판의 존재목적·기능에 관한 해군본부의 기대에서 벗어나는 것이다. 따라서 해군본부가 집단적 항의글이 이 사건 운영규정과 이 사건 게시판 운영원칙에서 정한 삭제사유에 해당한다고 판단한 것이 사회통념상 합리성이 없다고 단정하기 어렵다.

(4) 원고 박○○의 의견에 동조하는 여러 사람들이 해군홈페이지 자유게시판에 이 사건 사업에 반대하는 취지의 항의글 100여 건을 게시한 행위는 해군본부에 대한 '인터넷 공간에서의 항의 시위'로서의 성격이 있다. 그들이 해군홈페이지 자유게시판에 집단적으로 항의글 100여 건을 게시함으로써 자신들의 반대의견을 표출하는 항의 시위의 1차적 목적은 달성되었다. 현행법상 국가기관으로 하여금 인터넷 공간에서의 항의 시위의 '결과물'인 100여 건의 게시글을 영구히 또는 일정기간 보존하여야 할 의무를 부과하는 규정은 없다.

이 사건 삭제 조치는 인터넷 공간에서의 항의 시위의 '결과물'을 삭제한 것일 뿐, 자유게시판에 반대의견을 표출하는 행위 자체를 금지하거나 제재하는 것이 아니다. 또한 해군본부는 이 사건 삭제 조치를 하면서 해군홈페이지 자유게시판에 이 사건 삭제 조치를 하는 이유를 밝히는 입장문을 게시하였다. 이 사건 삭제 조치는 공개적으로 이루어진 조치로서 국가기관이 인터넷 공간에서 반대의견 표명을 억압하거나 일반 국민의 여론을 호도·조작하려는 시도라고 보기 어렵다.

다. 그런데도 원심은, 그 판시와 같은 사정을 들어 100여 건의 항의글에는 이 사건 운영규정과 이 사건 게시판 운영원칙에서 정한 삭제사유가 없으며, 이 사건 삭제 조치가 원고들의 표현의 자유를 침해하는 위법한 직무집행에 해당한다고 판단하였다. 이러한 원심 판단에는 국가배상법 제2조에서 정한 국가배상책임과 국가기관 홈페이지 자유게시판 이용관계 등에 관한 법리를 오해하여 판결에 영향을 미친 잘못이 있다. 이 점을 지적하는 상고이유 주장은 이유 있다.

3. 결론

그러므로 나머지 상고이유에 대한 판단을 생략한 채 원심판결을 파기하고, 사건을 다시 심리·판단하게 하기 위하여 원심법원에 환송하기로 하여, 관여 대법관의 일치된 의견으로 주문과 같이 판결한다.

제2절 회사법

[54] 경영권 방어를 목적으로 한 신주인수권부사채 발행의 효력

― 대법원 2015. 12. 10. 선고 2015다202919 판결 ―

【판시사항】

[1] 회사가 상법 제418조 제2항에서 정한 사유가 없음에도 경영권 분쟁이 현실화된 상황에서 경영진의 경영권이나 지배권 방어라는 목적을 달성하기 위하여 제3자에게 신주를 배정하는 경우, 주주의 신주인수권을 침해하는지 여부(적극) 및 이러한 법리는 신주인수권부사채를 제3자에게 발행하는 경우에도 마찬가지로 적용되는지 여부(적극)

[2] 신주 발행에 법령이나 정관을 위반한 위법이 있고 그것이 주식회사의 본질 또는 회사법의 기본원칙에 반하거나 기존 주주들의 이익과 회사의 경영권 내지 지배권에 중대한 영향을 미치는 경우, 신주 발행의 효력(원칙적 무효) / 신주인수권부사채 발행의 경우, 신주발행무효의 소에 관한 상법 제429조가 유추적용되는지 여부(적극) 및 신주발행의 무효원인에 관한 법리가 마찬가지로 적용되는지 여부(적극)

【판결요지】

[1] 상법 제418조 제1항, 제2항은 회사가 신주를 발행하는 경우 원칙적으로 기존 주주에게 배정하고 정관에 정한 경우에만 제3자에게 신주배정을 할 수 있게 하면서 사유도 신기술의 도입이나 재무구조의 개선 등 경영상 목적을 달성하기 위하여 필요한 경우에 한정함으로써 기존 주주의 신주인수권을 보호하고 있다. 따라서 회사가 위와 같은 사유가 없음에도 경영권 분쟁이 현실화된 상황에서 경영진의 경영권이나 지배권 방어라는 목적을 달성하기 위하여 제3자에게 신주를 배정하는 것은 상법 제418조 제2항을 위반하여 주주의 신주인수권을 침해하는 것이다. 그리고 이러한 법리는 신주인수권부사채를 제3자에게 발행하는 경우에도 마찬가지로 적용된다(상법 제516조의2 제4항 후문, 제418조 제2항 단서).

[2] 신주 발행을 사후에 무효로 하는 것은 거래의 안전을 해할 우려가 크기 때문

에 신주발행무효의 소에서 무효원인은 엄격하게 해석하여야 하나, 신주 발행에 법령이나 정관을 위반한 위법이 있고 그것이 주식회사의 본질 또는 회사법의 기본원칙에 반하거나 기존 주주들의 이익과 회사의 경영권 내지 지배권에 중대한 영향을 미치는 경우에는 원칙적으로 신주의 발행은 무효이다. 신주인수권부사채는 미리 확정된 가액으로 일정한 수의 신주 인수를 청구할 수 있는 신주인수권이 부여된 사채로서 신주인수권부사채 발행의 경우에도 주식회사의 물적 기초와 기존 주주들의 이해관계에 영향을 미친다는 점에서 사실상 신주를 발행하는 것과 유사하므로, 신주발행무효의 소에 관한 상법 제429조가 유추적용되고, 신주발행의 무효원인에 관한 법리 또한 마찬가지로 적용된다.

【원고, 상고인】 원고
【피고, 피상고인】 ○○○○○공업 주식회사
【원심판결】 서울고법 2014. 12. 19. 선고 2014나2013141 판결

【주   문】

상고를 기각한다.

【이   유】

상고이유를 판단한다.

1. 상고이유 제1 내지 3, 5점에 관하여

가. 상법 제418조 제1항, 제2항의 규정은 회사가 신주를 발행하는 경우 원칙적으로 기존 주주에게 이를 배정하고 정관에 정한 경우에만 제3자에게 신주배정을 할 수 있게 하면서 그 사유도 신기술의 도입이나 재무구조의 개선 등 경영상 목적을 달성하기 위하여 필요한 경우에 한정함으로써 기존 주주의 신주인수권을 보호하고 있다. 따라서 회사가 위와 같은 사유가 없음에도 경영권 분쟁이 현실화된 상황에서 경영진의 경영권이나 지배권 방어라는 목적을 달성하기 위하여 제3자에게 신주를 배정하는 것은 상법 제418조 제2항을 위반하여 주주의 신주인수권을 침해하는 것이다(대법원 2009. 1. 30. 선고 2008다50776 판결 참조). 그리고 이러한 법리는 신주인수권부사채를 제3자에게 발행하는 경우에도 마찬가지로 적용된다(상법 제516조의2 제4항 후문, 제418조 제2항 단서).

424 제 2 편 법학이론과 판례

나. 한편 신주 발행을 사후에 무효로 하는 것은 거래의 안전을 해할 우려가 크기 때문에 신주발행무효의 소에서 그 무효원인은 엄격하게 해석하여야 할 것이나, 신주 발행에 법령이나 정관을 위반한 위법이 있고 그것이 주식회사의 본질 또는 회사법의 기본원칙에 반하거나 기존 주주들의 이익과 회사의 경영권 내지 지배권에 중대한 영향을 미치는 경우에는 원칙적으로 그 신주의 발행은 무효라고 보아야 한다(위 2008다50776 판결 참조). 신주인수권부사채는 미리 확정된 가액으로 일정한 수의 신주 인수를 청구할 수 있는 신주인수권이 부여된 사채로서 이러한 신주인수권부사채 발행의 경우에도 주식회사의 물적 기초와 기존 주주들의 이해관계에 영향을 미친다는 점에서 사실상 신주를 발행하는 것과 유사하므로, 신주발행무효의 소에 관한 상법 제429조가 유추적용되고, 신주발행의 무효원인에 관한 위와 같은 법리 또한 마찬가지로 적용된다고 봄이 상당하다.

다. 원심은 그 판시와 같은 이유로 이 사건 신주인수권부사채는 피고의 정관에서 정한 긴급한 자금조달의 필요성이 있어 그러한 자금조달을 위하여 발행된 것으로서 피고의 경영권 분쟁이 임박하거나 현실화된 상황에서 경영진의 경영권이나 지배권 방어라는 목적을 달성하기 위하여 발행된 것이라고 보기 어려우므로, 법령과 피고의 정관에 따라 적법하게 발행된 것이고, 나아가 현저하게 불공정하게 발행되었다고 볼 수도 없다고 판단하여, 이 사건 신주인수권부사채의 발행이 무효라는 원고의 주장을 배척하였다.

앞서 본 법리에 비추어 기록을 살펴보면, 원심의 이러한 판단은 정당하고, 거기에 상고이유의 주장과 같이 신주의 제3자 배정을 위한 긴급한 자금조달의 필요성 및 경영권 분쟁상황의 요건과 신주의 제3자 배정의 효력 및 사채 발행의 현저한 불공정성 내지 그 무효사유에 관한 법리를 오해하거나 필요한 심리를 다하지 아니하는 등의 잘못이 없다.

3. 결론

그러므로 상고를 기각하고 상고비용은 패소자가 부담하기로 하여 관여 대법관의 일치된 의견으로 주문과 같이 판결한다.

[55] 채무자회생법상 회생계획인가의 요건
– 골프장시설 담보신탁 사건

— 대법원 2016. 5. 25.자 2014마1427 결정 —

【판시사항】

[1] 체육시설의 설치·이용에 관한 법률 제27조의 규정 취지 및 내용 / 체육시설업자에 대한 회생절차에서 체육시설업자가 발행하는 신주 등을 인수할 제3자를 선정하고 신주 등의 인수대금으로 채무를 변제하는 내용의 회생계획에 입회금 반환채권 등 회원이 가지는 회생채권을 변경하는 사항을 정한 경우, 회생계획이 체육시설의 설치·이용에 관한 법률 제27조에 반하는지 여부(소극)

[2] 회생계획인가의 요건으로 채무자 회생 및 파산에 관한 법률 제243조 제1항 제2호 전단에서 정한 회생계획의 '공정·형평'의 의미 / 회생계획에서 같은 법 제217조 제1항 제1호 내지 제5호가 규정하는 5종류의 권리 내부에서 더 세분하여 차등을 둘 수 있는지 여부(원칙적 적극) 및 같은 성질의 회생채권이나 회생담보권에 대하여 합리적인 이유 없이 권리에 대한 감면 비율이나 변제기를 달리할 수 있는지 여부(소극)

【결정요지】

[1] 체육시설의 설치·이용에 관한 법률(이하 '체육시설법'이라고 한다) 제27조의 규정 취지가 영업주체의 변동에도 불구하고 사업의 인허가와 관련하여 형성된 공법상의 관리체계를 유지시키고 체육시설업자와 이용관계를 맺은 다수 회원들의 이익을 보호하는 데 있는 점 등에 비추어 보면, 체육시설법 제27조는 제1항 또는 제2항에 해당하는 사유로 체육시설업자의 영업 또는 체육시설업의 시설 기준에 따른 필수시설이 타인에게 이전된 경우, 영업양수인 또는 필수시설의 인수인 등이 체육시설업과 관련하여 형성된 공법상의 권리·의무와 함께 체육시설업자와 회원 간에 영업양도 등의 사유가 있기 전에 체결된 사법상의 약정을 승계한다는 내용을 규정한 것이다.

그런데 체육시설업자에 대한 회생절차에서 채무자인 체육시설업자가 발행하는 신주 등을 인수할 제3자를 선정하고 제3자가 지급하는 신주 등의 인수대금으로 채무를 변제하는 내용의 회생계획은 채무자가 체육시설업자의 지위를 그대로 유지하고 체육시설업자의 주주만이 변경되는 것을 정하고 있으므로, 체육시설법 제27조 제1항의 '영업양도에 따라 영업을 양수한 자'나 체육시설법 제27조 제2항의 '그 밖에 체육시설법 제27조 제2항 제1호부터 제3호까지의 규정에 준하는 절차에 따라 체육시설업의 시설 기준에 따른 필수시설을 인수한 자'가 있을 수 없고, 이러한 경우 회생계획에 입회금 반환채권이나 시설이용권 등 회원이 가지는 회생채권을 변경하는 사항을 정하였다고 하여 회생계획이 체육시설법 제27조에 반한다고 볼 수 없다.

　　[2] 회생절차에서 법원은 회생계획이 채무자 회생 및 파산에 관한 법률(이하 '채무자회생법'이라고 한다) 제243조 제1항 각 호가 정하고 있는 요건을 구비하고 있는 경우에 한하여 회생계획인가의 결정을 할 수 있는바, 채무자회생법이 회생계획인가의 요건을 엄격하게 규정하고 있는 취지는 회생절차에서는 우선순위가 다른 채권자들끼리의 결의에 의하여 권리변경이 이루어지므로 회생계획의 내용이 각 이해관계인 사이에 공정·형평하게 이루어질 수 있도록 함과 동시에 회생절차의 목적인 채무자 또는 사업의 효율적인 회생을 달성할 수 있도록 하려는 것이다.

　　따라서 법원이 회생계획의 인가를 하기 위하여는 채무자회생법 제243조 제1항 제2호 전단에 따라 회생계획이 공정하고 형평에 맞아야 하는데, 여기서 말하는 '공정·형평'이란 구체적으로는 채무자회생법 제217조 제1항이 정하는 권리의 순위를 고려하여 이종(異種)의 권리자들 사이에는 회생계획의 조건에 공정하고 형평에 맞는 차등을 두어야 하고, 채무자회생법 제218조 제1항이 정하는 바에 따라 동종(同種)의 권리자들 사이에는 회생계획의 조건을 평등하게 하여야 한다는 것을 의미한다. 여기서의 평등은 형식적 의미의 평등이 아니라 공정·형평의 관념에 반하지 아니하는 실질적인 평등을 가리키는 것이므로, 회생계획에서 모든 권리를 반드시 채무자회생법 제217조 제1항 제1호 내지 제5호가 규정하는 5종류의 권리로 나누어 각 종류의 권리를 획일적으로 평등하게 취급하여야만 하는 것은 아니고, 5종류의 권리 내부에서도 회생채권이나 회생담보권의 성질의 차이, 채무자의 회생을 포함한 회생계획의 수행가능성 등 제반 사정에 따른 합리적인 이유를 고려하여 이를 더 세분하여 차등을 두더라도 공정·형평의 관념에 반하지 아니하는 경우에는 합리적인 범위 내에서 차등을 둘 수 있으며, 다만 같은 성질의 회생채권이나 회생담보권에 대하여 합리적인 이유 없이 권리에 대한 감면 비율이나 변제기를 달리하는 것과 같은 차별은 허용되지 아니한다.

【재항고인】 별지 1 재항고인들 명단 기재와 같다.

【**원심결정**】 서울고법 2014. 7. 30.자 2013라1505 결정

【주 문】

재항고를 모두 기각한다.

【이 유】

재항고이유를 살펴본다.

1. 별지 2 목록 기재 재항고인들의 재항고이유에 관하여

가. 체육시설의 설치·이용에 관한 법률(이하 '체육시설법'이라고 한다) 제27조 위반과
관련한 재항고이유 주장에 관하여

체육시설법 제27조 제1항은 "체육시설업자가 사망하거나 그 영업을 양도한 때 또
는 법인인 체육시설업자가 합병한 때에는 그 상속인, 영업을 양수한 자 또는 합병 후
존속하는 법인이나 합병에 따라 설립되는 법인은 그 체육시설업의 등록 또는 신고에
따른 권리·의무(제17조에 따라 회원을 모집한 경우에는 그 체육시설업자와 회원 간에 약정한
사항을 포함한다)를 승계한다."라고 규정하고, 같은 조 제2항은 '「민사집행법」에 따른 경
매(제1호), 「채무자 회생 및 파산에 관한 법률」에 의한 환가(제2호), 「국세징수법」·「관
세법」 또는 「지방세기본법」에 따른 압류 재산의 매각(제3호), 그 밖에 제1호부터 제3호
까지의 규정에 준하는 절차(제4호)에 따라 문화체육관광부령으로 정하는 체육시설업의
시설 기준에 따른 필수시설을 인수한 자에게는 제1항을 준용한다'고 규정하고 있다. 위
와 같은 체육시설법 제27조의 규정 취지가 영업주체의 변동에도 불구하고 사업의 인허
가와 관련하여 형성된 공법상의 관리체계를 유지시키고 체육시설업자와 이용관계를 맺
은 다수 회원들의 이익을 보호하는 데 있는 점(대법원 2015. 12. 23. 선고 2013다85417 판
결 참조) 등에 비추어 보면, 체육시설법 제27조는 제1항 또는 제2항에 해당하는 사유로
체육시설업자의 영업 또는 체육시설업의 시설 기준에 따른 필수시설이 타인에게 이전
된 경우, 영업양수인 또는 위 필수시설의 인수인 등이 체육시설업과 관련하여 형성된
공법상의 권리·의무와 함께 체육시설업자와 회원 간에 위와 같은 영업양도 등의 사유
가 있기 전에 체결된 사법상의 약정을 승계한다는 내용을 규정한 것이다.

그런데 체육시설업자에 대한 회생절차에서 채무자인 체육시설업자가 발행하는 신
주 등을 인수할 제3자를 선정하고 그 제3자가 지급하는 신주 등의 인수대금으로 채무

를 변제하는 내용의 회생계획은 채무자가 체육시설업자의 지위를 그대로 유지하고 체육시설업자의 주주만이 변경되는 것을 정하고 있으므로, 체육시설법 제27조 제1항의 '영업양도에 따라 영업을 양수한 자'나 체육시설법 제27조 제2항의 '그 밖에 체육시설법 제27조 제2항 제1호부터 제3호까지의 규정에 준하는 절차에 따라 체육시설업의 시설 기준에 따른 필수시설을 인수한 자'가 있을 수 없고, 이러한 경우 회생계획에 입회금 반환채권이나 시설이용권 등 회원이 가지는 회생채권을 변경하는 사항을 정하였다고 하여 그 회생계획이 체육시설법 제27조에 반한다고 볼 수 없다.

원심은, 이 사건 회생계획이 회원들의 입회금 반환채권 등을 포함한 회생채권과 회생담보권을 일부 현금변제, 출자전환 등의 방식으로 권리변경을 한 후, 투자자인 골프존카운티 컨소시엄이 납입하는 신주 및 전환사채 인수대금을 변제재원으로 하여 권리변경된 회생채권과 회생담보권을 일시에 변제하고, 골프존카운티 컨소시엄이 회생채무자인 태양시티건설 주식회사(이하 '채무자 회사'라고 한다)의 주식 86.04%와 전환사채를 인수하는 것을 내용으로 하는바, 여기에는 채무자 회사로부터 체육시설업을 양수하거나 체육시설업의 시설 기준에 따른 필수시설을 인수하여 회원들에 대한 권리·의무를 승계하는 제3자가 존재하지 않으므로, 회생계획에 의하여 권리변경된 회원들의 입회금 반환채권의 변제자금 조달을 위하여 제3자 배정 신주발행 등을 예정한 것이 체육시설법 제27조 제1항의 '영업양도' 또는 체육시설법 제27조 제2항 제4호의 '그 밖에 체육시설법 제27조 제2항 제1호부터 제3호까지의 규정에 준하는 절차'에 해당한다고 보기 어려워, 이 사건 회생계획이 체육시설법 제27조에 반하지 않는다고 판단하였다.

앞서 본 법리와 기록에 의하여 살펴보면, 원심의 판단은 정당한 것으로 수긍할 수 있고, 거기에 재판에 영향을 미친 헌법·법률·명령 또는 규칙의 위반이 없다.

나. 평등의 원칙 위반과 관련한 재항고이유 주장에 관하여

(1) 회생절차에 있어서 법원은 회생계획이 채무자 회생 및 파산에 관한 법률(이하 '채무자회생법'이라고 한다) 제243조 제1항 각 호가 정하고 있는 요건을 구비하고 있는 경우에 한하여 회생계획인가의 결정을 할 수 있는바, 채무자회생법이 이와 같이 회생계획인가의 요건을 엄격하게 규정하고 있는 취지는 회생절차에 있어서는 우선순위가 다른 채권자들끼리의 결의에 의하여 권리변경이 이루어지므로 회생계획의 내용이 각 이해관계인 사이에 공정·형평하게 이루어질 수 있도록 함과 동시에 회생절차의 목적인 채무자 또는 그 사업의 효율적인 회생을 달성할 수 있도록 하려는 것이다.

따라서 법원이 회생계획의 인가를 하기 위하여는 채무자회생법 제243조 제1항 제

2호 전단에 따라 회생계획이 공정하고 형평에 맞아야 하는바, 여기서 말하는 공정·형평이란 구체적으로는 채무자회생법 제217조 제1항이 정하는 권리의 순위를 고려하여 이종(異種)의 권리자들 사이에는 회생계획의 조건에 공정하고 형평에 맞는 차등을 두어야 하고, 채무자회생법 제218조 제1항이 정하는 바에 따라 동종(同種)의 권리자들 사이에는 회생계획의 조건을 평등하게 하여야 한다는 것을 의미한다. 여기서의 평등은 형식적 의미의 평등이 아니라 공정·형평의 관념에 반하지 아니하는 실질적인 평등을 가리키는 것이므로, 회생계획에 있어서 모든 권리를 반드시 채무자회생법 제217조 제1항 제1호 내지 제5호가 규정하는 5종류의 권리로 나누어 각 종류의 권리를 획일적으로 평등하게 취급하여야만 하는 것은 아니고, 5종류의 권리 내부에 있어서도 회생채권이나 회생담보권의 성질의 차이, 채무자의 회생을 포함한 회생계획의 수행가능성 등 제반 사정에 따른 합리적인 이유를 고려하여 이를 더 세분하여 차등을 두더라도 공정·형평의 관념에 반하지 아니하는 경우에는 합리적인 범위 내에서 차등을 둘 수 있는 것이며, 다만 같은 성질의 회생채권이나 회생담보권에 대하여 합리적인 이유 없이 권리에 대한 감면의 비율이나 변제기를 달리하는 것과 같은 차별은 허용되지 아니한다(대법원 1998. 8. 28.자 98그11 결정, 대법원 2000. 1. 5.자 99그35 결정 등 참조).

(2) 기록에 의하면, 이 사건 회생계획은 회원들의 권리에 관하여는 입회금 반환채권 원금 및 개시 전 이자의 17%를 현금으로 변제하는 외에는 모두 소멸하는 내용을 정한 반면에, 담보신탁계약의 우선수익자인 새마을금고중앙회(이하 '새마을금고'라고 한다)와 주식회사 부산상호저축은행(이하 '부산저축은행'이라고 한다)의 우선수익권으로 담보되는 신탁 관련 대여금 채권(이하 '신탁 관련 대여금 채권'이라고 한다)에 관하여는 원금의 67.13%를 현금으로 변제하는 외에 나머지 미변제 원금채무의 변제에 갈음하여 출자전환 신주를 배정하도록 정하고 있는 사실을 알 수 있다.

그런데 기록에 의하면, 새마을금고와 부산저축은행은 채무자 회사의 골프코스를 포함한 골프장시설 등을 신탁재산으로 한 부동산담보신탁계약의 우선수익자인바, 신탁재산인 골프장시설 등은 대내외적으로 채무자 회사 소유의 재산이 아니라 담보신탁계약의 수탁자 소유의 재산이므로(대법원 2003. 5. 30. 선고 2003다18685 판결 등 참조), 새마을금고나 부산저축은행이 위탁자인 채무자 회사에 대한 신탁 관련 대여금 채권으로 채무자 회사의 재산으로부터 다른 일반 채권자에 우선하여 변제받을 권리가 있다고 볼 수 없다. 한편 채무자 회사에 대하여 입회금 반환채권 등을 가지는 회원들도 체육시설법 제27조에서 규정한 영업양도 등의 사유가 발생한 경우 자신들에 대한 의무를 승계한 인수인의 자산으로부터 입회금 등을 반환받을 수 있는 것이어서, 채무자 회사의 재산으로부터 다른 일반 채권자에 우선하여 변제받을 권리가 있다고 볼 수 없다. 그러므로 담보신탁계약의 우선수익자인 새마을금고 및 부산저축은행의 신탁 관련 대여금 채권이나 회원들의 입회금 반환채권 등은 모두 채무자회생법 제217조 제1항 제2호 소정의 '일반의 우선권 있는 회생채권'이 아니라 같은 항 제3호 소정의 '일반 회생채권'에 해당하고, 원칙적으로는 동일한 종류의 권리로서 같은 순위로 취급되어야 한다.

　　(3) 기록에 의하면, 새마을금고나 부산저축은행은 골프장시설 등에 관한 담보신탁계약의 우선수익자로서 채무자 회사에 대한 신탁 관련 대여금 채권이 전액 변제되지 않는 이상 언제든지 수탁자에게 골프장 영업에 필수적인 골프장시설에 대한 처분을 요청할 수 있는바, 새마을금고 등이 회생계획에서 정해진 변제조건대로 변제받는다고 하더라도 신탁 관련 대여금 채권이 전액 변제되지 않으면 수탁자에 대하여 가지는 신탁재산인 골프장시설 등에 대한 처분요청권한을 포함한 담보신탁계약의 수익권에는 아무런 영향을 미칠 수 없으므로(대법원 2001. 7. 13. 선고 2001다9267 판결 등 참조), 골프장 영업을 전제로 한 이 사건 회생계획의 수행을 위해서는 새마을금고나 부산저축은행 등으로부터 신탁계약상의 권리포기 또는 신탁계약의 해지에 대한 동의 등을 받는 것이 반드시 필요하고, 이를 위하여 담보신탁계약의 우선수익자인 새마을금고 등의 요구를 받아들여 이 사건 회생계획의 내용과 같이 새마을금고 등의 신탁 관련 회생채권을 회원들의 회생채권보다 우월하게 변제조건을 정한 것이 반드시 부당하다고 볼 수는 없다.

　　물론 체육시설법이 영업양수인 등에게 종전 체육시설업자와 회원 사이의 사법상의 약정을 승계하도록 하는 등 체육시설업자와 이용관계를 맺은 다수의 회원들의 권리를 특별하게 보호하고 있는 입법 취지 등에 비추어 볼 때, 회생계획에 회원들의 회원지위와 관련된 권리에 관한 변제조건을 정함에 있어 합리적인 이유 없이 회원권의 특수성을 전혀 고려하지 않음으로써 체육시설법의 입법 취지를 몰각시키는 사정이 있다면, 특별한 사정이 없는 한 이는 평등의 원칙에 위배된다고 볼 수 있다.

　　그러나 이 사건 회생계획에서 회원들의 회생채권에 관하여 담보신탁계약의 우선수익자인 새마을금고 등의 신탁 관련 회생채권에 비하여 열등한 변제조건을 정한 데에는 앞서 본 바와 같은 합리적인 이유가 있다. 또한 기록에 의하면, 이 사건 회생계획은 금융기관 등 일반 대여금 채권자의 회생채권에 관하여는 원금 및 개시 전 이자의 6.81%만을 현금으로 변제하고 확정 보증채권자의 회생채권에 관하여는 원금 및 개시 전 이자의 0.47748%만을 현금으로 변제하는 등의 내용을 정하고 있는 반면에 회원들의 권리에 관하여는 입회금 반환채권 원금 및 개시 전 이자의 17%를 현금으로 변제하는 내용을 정하고 있는바, 위와 같이 회원들의 회생채권에 관하여 일반 대여금 채권자 등 다른 회생채권자들의 회생채권에 비하여는 우월한 변제조건을 정하였다면, 회원들의 권리에 대하여 다른 일반 회생채권과 차별화된 변제조건을 정하지 않았거나 그 차별성의 정도가 현저하게 미흡하여 회원권의 특수성을 고려하지 않았다고 볼 것은 아니다(상거래채권의 경우 개별 채권의 액수나 전체 회생채권에서 차지하는 비중 등을 고려할 때, 회원들의 입회금 반환채권과 같은 비율로 현금으로 변제하는 등의 변제조건을 정한 것에 합리적인 이유가 있는 것으로 보인다). 여기에 채무자 회사의 현황, 회원권의 규모, 인수합병(M&A)에 이르게 된 경과 등 기록상 나타난 제반 사정을 함께 고려해 보면, 이 사건 회생계획에서 회원들의 권리에 관한 변제조건을 정함에 있어 합리적인 이유 없이 위와 같은 회원들의 지위나 그 권리의 성질 등을 전혀 고려하지 않음으로써 형평을 해하는 차등을 두었다고 볼 수 없다.

그렇다면 담보신탁계약의 우선수익자인 새마을금고 등의 신탁 관련 회생채권과 회원들의 회생채권 사이에 차등을 둘 만한 합리적인 이유가 있고 그 차등의 정도가 합리적인 범위를 벗어나 공정·형평의 관념에 반하여 평등의 원칙에 위배된다고 보기 어렵다.

(4) 같은 취지의 원심의 판단은 정당한 것으로 수긍할 수 있고, 거기에 재판에 영향을 미친 헌법·법률·명령 또는 규칙의 위반이 없다.

3. 결론

그러므로 재항고를 모두 기각하기로 하여, 관여 대법관의 일치된 의견으로 주문과 같이 결정한다.

[56] 주식회사 대표이사의 대표권 남용행위

― 대법원 2016. 8. 24. 선고 2016다222453 판결 ―

【판시사항】

주식회사 대표이사의 대표권 남용행위가 회사의 행위로서 유효한지 여부(원칙적 적극) 및 이때 행위의 상대방이 악의인 경우, 회사는 신의칙을 근거로 행위의 효과를 부인할 수 있는지 여부(적극)

【판결요지】

주식회사의 대표이사가 대표권의 범위 내에서 한 행위는 설사 대표이사가 회사의 영리 목적과 관계없이 자기 또는 제3자의 이익을 도모할 목적으로 권한을 남용한 것이라도 일응 회사의 행위로서 유효하다. 그러나 행위의 상대방이 그와 같은 정을 알았던 경우에는 그로 인하여 취득한 권리를 회사에 대하여 주장하는 것이 신의칙에 반하므로 회사는 상대방의 악의를 입증하여 행위의 효과를 부인할 수 있다.

【원고, 상고인】 신용보증기금
【피고, 피상고인】 피고
【원심판결】 대구고법 2016. 4. 20. 선고 2015나21753 판결

【주   문】

원심판결을 파기하고, 사건을 대구고등법원에 환송한다.

【이   유】

상고이유를 판단한다.

1. 원심은, 글로스텍 주식회사(이하 '이 사건 회사'라고 한다)와 피고 사이에 2013. 3. 26. 체결된 이 사건 약정은 위 회사의 대표이사 소외인이 대표권을 남용하여 체결한 것이어서 무효라는 원고의 주장에 대하여, 그 판시와 같은 이유를 들어 소외인이 자신이

나 피고의 개인적인 이익을 도모할 의사로 이 사건 약정을 체결하였다고 인정할 증거가 부족하고, 설령 소외인에게 그러한 의사가 있었다고 할지라도 상대방인 피고가 이를 알았거나 알지 못한 점에 중대한 과실이 있었음을 인정할 증거도 부족하다고 보아 원고의 위 주장을 배척하였다.

2. 그러나 원심판결은 다음과 같은 이유로 수긍할 수 없다.

가. 원심판결 이유와 기록에 의하면 다음과 같은 사실을 알 수 있다.

(1) 소외인은 2009. 9.경 주권상장법인인 이 사건 회사의 대표이사였던 피고로부터 이 사건 회사의 경영권을 양수하기로 약정하였고, 이에 따라 2010년경 피고가 대표이사 직에서 사임하고 소외인이 대표이사로 취임하였다.

(2) 소외인은 이 사건 회사를 대표하여 2010. 10. 21. 피고를 상대로 대구지방법원 2010가합11044호로 「자본시장과 금융투자업에 관한 법률」(이하 '자본시장법'이라고 한다) 제172조에 따른 단기매매차익의 반환 등을 구하는 소송을 제기하였다(이하 '단기매매차익금반환 소송'이라고 한다). 제1심법원은 2012. 8. 14. 이 사건 회사가 청구한 단기매매차익금 443,171,837원과 이 사건 회사가 피고의 소득세 등을 대납해 주었다며 청구한 구상금 33,239,893원 합계 476,411,730원을 전액 인용하는 판결을 선고하였고, 이에 피고가 항소하였다.

(3) 한편 원고는 이 사건 회사의 연대보증하에 한국금속공업 주식회사(이하 '소외 회사'라고 한다)와 사이에 신용보증계약을 체결하였고 소외 회사는 원고로부터 발급받은 신용보증서에 기하여 대출을 받았는데, 소외 회사가 대출금채무의 기한의 이익을 상실함에 따라 원고는 2013. 3. 27. 우리은행에 505,132,465원을, 2013. 4. 10. 하나은행에 814,285,553원을 각각 대위변제하였다.

(4) 원고가 우리은행에 대위변제하기 전날인 2013. 3. 26. 소외인은 이 사건 회사를 대표하여 피고와 사이에 이 사건 약정을 체결하였는데, 그 주요 내용은 '소외인과 피고 사이에 2009년 체결된 경영권 양도계약에 의하여 피고가 이 사건 회사에 변제하여야 할 단기매매차익금을 소외인이 대신 변제할 의무가 있다는 것을 이 사건 회사가 인정하고, 향후 단기매매차익금반환 소송이 종결되어 금액이 확정되면 소외인이 피고 대신 이 사건 회사에 이를 변제하되 만약 소외인이 이를 변제하지 아니하면 이 사건 회사가 책임을 진다. 위와 같은 사항이 이행되면 피고의 소외인에 대한 경영권 양도대금 채권은 소멸하고 향후 어떠한 민·형사상 이의도 제기하지 않는다'는 것이다.

(5) 단기매매차익금반환 소송의 항소심법원은 2013. 3. 28. 피고의 항소를 기각하였고, 피고가 이에 불복하여 상고하였으나 2013. 7. 5. 상고가 기각되어 확정되었다.

(6) 원고는 2013. 7. 12. 소외 회사와 그 연대보증인인 이 사건 회사를 상대로 서울서부지방법원 2013가단225492호로 구상금 소송을 제기하여 2013. 11. 22. 승소판결을 받았고, 2014. 8. 25. 위 사건의 집행력 있는 판결정본에 기하여 이 사건 회사가 피고에 대하여 가지는 단기매매차익금 소송에 따른 채권에 대하여 압류 및 추심명령을 받아 이 사건 소송을 제기하였다.

나. 위 사실관계를 기초로 원심의 판단을 살펴본다.

먼저, 이 사건 회사가 피고를 상대로 제기한 단기매매차익금반환 소송은 자본시장법 제172조에 따른 것이다. 자본시장법상 단기매매차익 반환제도는 주권상장법인 등의 내부자가 6월 이내의 단기간에 그 법인의 주식 등을 매매하는 경우 미공개 내부정보를 이용하였을 개연성이 크다는 점에서, 거래 자체는 허용하되 그 대신 내부자가 실제로 미공개 내부정보를 이용하였는지 여부나 내부자에게 미공개 내부정보를 이용하여 이득을 취하려는 의사가 있었는지 여부를 묻지 않고 내부자로 하여금 그 거래로 얻은 이익을 법인에 반환하도록 함으로써 내부자가 미공개 내부정보를 이용하여 법인의 주식 등을 거래하는 행위를 간접적으로 규제하는 제도이다(대법원 2011. 3. 10. 선고 2010다84420 판결 등 참조). 그런데 소외인이 이 사건 회사를 대표하여 피고를 상대로 단기매매차익금 반환 소송을 제기하고 또 제1심에서 승소하고도 그 항소심판결 선고 직전에 피고와 사이에 이 사건 회사에 아무런 이득 없이 일방적으로 그 반환채무를 면제하는 취지의 약정을 한 것은 상법 제382조의3이 규정하고 있는 이사의 충실의무에 위배되는 행위이다.

다음으로, 주식회사 대표이사의 대표권 남용 여부에 관하여 본다. 주식회사의 대표이사가 그 대표권의 범위 내에서 한 행위는 설사 대표이사가 회사의 영리 목적과 관계없이 자기 또는 제3자의 이익을 도모할 목적으로 그 권한을 남용한 것이라 할지라도 일응 회사의 행위로서 유효하다. 그러나 그 행위의 상대방이 그와 같은 정을 알았던 경우에는 그로 인하여 취득한 권리를 회사에 대하여 주장하는 것이 신의칙에 반하므로 회사는 상대방의 악의를 입증하여 그 행위의 효과를 부인할 수 있다고 함이 상당하다(대법원 1987. 10. 13. 선고 86다카1522 판결 등 참조). 그런데 이 사건 약정의 내용은 이 사건 회사의 대표이사인 소외인이 개인 자격에서 피고에게 부담하는 경영권 양수대금 채무를 면하는 대신 피고는 회사에 대한 판결금 채무를 면제받는다는 것이므로, 그 내용 자체에 의하더라도 회사에 손실을 주고 대표이사 자기 또는 제3자에게 이익이 되는 행위임이 분명하다. 그리고 피고는 이 사건 회사의 전 대표이사로서 이 사건 단기매매차익금반환 소송의 피고이자 이 사건 약정의 당사자의 지위에서 위와 같은 대표권 남용행위에 가담한 지위에 있으므로 신의칙상 이 사건 약정이 유효하다는 주장은 허용되지 아니한다고 보아야 한다.

다. 그렇다면 그 판시와 같은 이유를 들어 원고의 위 주장을 배척한 원심판결에는 대표권 남용 등에 관한 법리를 오해한 잘못이 있고, 정의와 형평의 관념에도 반한다. 이를 지적하는 상고이유 주장은 이유 있다.

3. 그러므로 나머지 상고이유에 관한 판단을 생략한 채 원심판결을 파기하고, 사건을 다시 심리·판단하도록 하기 위하여 원심법원에 환송하기로 하여, 관여 대법관의 일치된 의견으로 주문과 같이 판결한다.

[57] 주주명부에 등재되지 않은 자의 주주 지위

— 대법원 2017. 3. 23. 선고 2015다248342 전원합의체 판결 —

【판시사항】

주식을 양수하였으나 아직 주주명부에 명의개서를 하지 아니한 경우 또는 주식을 인수하거나 양수하려는 자가 타인의 명의를 빌려 회사의 주식을 인수하거나 양수하고 타인의 명의로 주주명부 기재를 마친 경우, 주주명부상 주주만이 의결권 등 주주권을 행사할 수 있는지 여부(원칙적 적극) 및 이 경우 회사가 주주명부상 주주의 주주권 행사를 부인하거나 주주명부에 기재를 마치지 아니한 자의 주주권 행사를 인정할 수 있는지 여부(원칙적 소극) / 주주명부에 기재를 마치지 않은 자가 회사에 대한 관계에서 주주권을 행사할 수 있는 경우

【판결요지】

[다수의견]

(가) 상법이 주주명부제도를 둔 이유는, 주식의 발행 및 양도에 따라 주주의 구성이 계속 변화하는 단체법적 법률관계의 특성상 회사가 다수의 주주와 관련된 법률관계를 외부적으로 용이하게 식별할 수 있는 형식적이고도 획일적인 기준에 의하여 처리할 수 있도록 하여 이와 관련된 사무처리의 효율성과 법적 안정성을 도모하기 위함이다. 이는 회사가 주주에 대한 실질적인 권리관계를 따로 조사하지 않고 주주명부의 기재에 따라 주주권을 행사할 수 있는 자를 획일적으로 확정하려는 것으로서, 주주권의 행사가 회사와 주주를 둘러싼 다수의 이해관계인 사이의 법률관계에 중대한 영향을 줄 수 있음을 고려한 것이며, 단지 해당 주주의 회사에 대한 권리행사 사무의 처리에 관한 회사의 편의만을 위한 것이라고 볼 수 없다.

(나) 회사에 대하여 주주권을 행사할 자가 주주명부의 기재에 의하여 확정되어야 한다는 법리는 주식양도의 경우뿐만 아니라 주식발행의 경우에도 마찬가지로 적용된다. 주식양도의 경우와 달리 주식발행의 경우에는 주식발행 회사가 관여하게 되므로 주주명부에의 기재를 주주권 행사의 대항요건으로 규정하고 있지는 않으나, 그럼에도 상법은 주식을 발행한 때에는 주주명부에 주주의 성명과 주소 등을 기재하여 본점에

비치하도록 하고(제352조 제1항, 제396조 제1항), 주주에 대한 회사의 통지 또는 최고는 주주명부에 기재한 주소 또는 그 자로부터 회사에 통지한 주소로 하면 되도록(제353조 제1항) 규정하고 있다. 이와 같은 상법 규정의 취지는, 주식을 발행하는 단계에서나 주식이 양도되는 단계에서나 회사에 대한 관계에서 주주권을 행사할 자를 주주명부의 기재에 따라 획일적으로 확정하기 위한 것으로 보아야 한다.

(다) 주식을 양수하였으나 아직 주주명부에 명의개서를 하지 아니하여 주주명부에는 양도인이 주주로 기재되어 있는 경우뿐만 아니라, 주식을 인수하거나 양수하려는 자가 타인의 명의를 빌려 회사의 주식을 인수하거나 양수하고 타인의 명의로 주주명부에의 기재까지 마치는 경우에도, 회사에 대한 관계에서는 주주명부상 주주만이 주주로서 의결권 등 주주권을 적법하게 행사할 수 있다.

이는 주주명부에 주주로 기재되어 있는 자는 특별한 사정이 없는 한 회사에 대한 관계에서 주식에 관한 의결권 등 주주권을 적법하게 행사할 수 있고, 회사의 주식을 양수하였더라도 주주명부에 기재를 마치지 아니하면 주식의 양수를 회사에 대항할 수 없다는 법리에 비추어 볼 때 자연스러운 결과이다.

또한 언제든 주주명부에 주주로 기재해 줄 것을 청구하여 주주권을 행사할 수 있는 자가 자기의 명의가 아닌 타인의 명의로 주주명부에 기재를 마치는 것은 적어도 주주명부상 주주가 회사에 대한 관계에서 주주권을 행사하더라도 이를 허용하거나 받아들이려는 의사였다고 봄이 합리적이다.

그렇기 때문에 주주명부상 주주가 주식을 인수하거나 양수한 사람의 의사에 반하여 주주권을 행사한다 하더라도, 이는 주주명부상 주주에게 주주권을 행사하는 것을 허용함에 따른 결과이므로 주주권의 행사가 신의칙에 반한다고 볼 수 없다.

(라) 주주명부상의 주주만이 회사에 대한 관계에서 주주권을 행사할 수 있다는 법리는 주주에 대하여만 아니라 회사에 대하여도 마찬가지로 적용되므로, 회사는 특별한 사정이 없는 한 주주명부에 기재된 자의 주주권 행사를 부인하거나 주주명부에 기재되지 아니한 자의 주주권 행사를 인정할 수 없다.

상법은 주식발행의 경우 주식인수인이 성명과 주소를 기재하고 기명날인 또는 서명한 서면에 의하여 주식을 인수한 후 그 인수가액을 납입하도록 하면서, 회사로 하여금 주주명부에 주주의 성명과 주소, 각 주주가 가진 주식의 수와 종류 등을 기재하고 이를 회사의 본점에 비치하여 주주와 회사채권자가 열람할 수 있도록 하고 있다(제352조 제1항, 제396조). 이는 회사가 발행한 주식에 관하여 주주권을 행사할 자를 확정하여 주주명부에 주주로 기재하여 비치·열람하도록 함으로써 해당 주주는 물론이고 회사 스스로도 이에 구속을 받도록 하기 위한 것이다.

주식양도의 경우에는 주식발행의 경우와는 달리 회사 스스로가 아니라 취득자의 청구에 따라 주주명부의 기재를 변경하는 것이기는 하나, 회사가 주식발행 시 작성하여 비치한 주주명부에의 기재가 회사에 대한 구속력이 있음을 전제로 하여 주주명부에의 명의개서에 대항력을 인정함으로써 주식양도에 있어서도 일관되게 회사에 대한 구속력을 인정하려는 것이므로, 상법 제337조 제1항에서 말하는 대항력은 그 문언에 불구하고 회사도 주주명부에의 기재에 구속되어, 주주명부에 기재된 자의 주주권 행사를 부인하거나 주주명부에 기재되지 아니한 자의 주주권 행사를 인정할 수 없다는 의미를 포함하는 것으로 해석함이 타당하다.

(마) 따라서 특별한 사정이 없는 한, 주주명부에 적법하게 주주로 기재되어 있는 자는 회사에 대한 관계에서 주식에 관한 의결권 등 주주권을 행사할 수 있고, 회사 역시 주주명부상 주주 외에 실제 주식을 인수하거나 양수하고자 하였던 자가 따로 존재한다는 사실을 알았든 몰랐든 간에 주주명부상 주주의 주주권 행사를 부인할 수 없으며, 주주명부에 기재를 마치지 아니한 자의 주주권 행사를 인정할 수도 없다.

주주명부에 기재를 마치지 않고도 회사에 대한 관계에서 주주권을 행사할 수 있는 경우는 주주명부에의 기재 또는 명의개서청구가 부당하게 지연되거나 거절되었다는 등의 극히 예외적인 사정이 인정되는 경우에 한한다.

자본시장과 금융투자업에 관한 법률(이하 '자본시장법'이라 한다)에 따라 예탁결제원에 예탁된 상장주식 등에 관하여 작성된 실질주주명부에의 기재는 주주명부에의 기재와 같은 효력을 가지므로(자본시장법 제316조 제2항), 이 경우 실질주주명부상 주주는 주주명부상 주주와 동일하게 주주권을 행사할 수 있다.

[대법관 박병대, 대법관 김소영, **대법관 권순일**, 대법관 김재형의 **별개의견**]

(가) 회사의 설립 시에는 다른 특별한 사정이 없는 한 주식인수계약서에 발기인 또는 주식청약인으로 서명 날인한 명의인이 회사의 성립과 더불어 주주의 지위를 취득하는 것이고, 배후에 자금을 제공한 자가 따로 있다고 하더라도 그것은 원칙적으로 명의인과 자금을 제공한 자 사이의 내부관계에 불과할 뿐 회사에 대하여 주주로서의 지위를 주장할 수는 없다.

(나) 상법은 가설인이나 타인의 명의로 주식을 인수한 경우에 주금납입책임을 부과하고 있지만, 누가 주주인지에 관해서는 명확한 규정을 두고 있지 않다. 이 문제는

주식인수를 한 당사자가 누구인지를 확정하는 문제이다. 먼저 가설인의 명의로 주식을 인수하거나 타인의 승낙 없이 그 명의로 주식을 인수한 경우에는 명의의 사용자가 형사책임을 질 수 있음은 별론으로 하더라도(상법 제634조) 주식인수계약의 당사자로서 그에 따른 출자를 이행하였다면 주주의 지위를 취득한다고 보아야 한다. 가설인이나 주식인수계약의 명의자가 되는 것에 승낙조차 하지 않은 사람이 주식인수계약의 당사자가 될 수는 없기 때문이다. 이것이 당사자들의 의사에 합치할 뿐만 아니라 상법 제332조 제1항의 문언과 입법 취지에도 부합한다. 다음으로 타인의 승낙을 얻어 그 명의로 주식을 인수한 경우에는 주식인수계약의 당사자가 누구인지에 따라 결정하면 된다. 이에 관해서는 원칙적으로 계약당사자를 확정하는 문제에 관한 법리를 적용하되, 주식인수계약의 특성을 반영하여야 한다. 통상은 명의자가 주식인수계약의 당사자가 되는 경우가 많지만, 무조건 명의자가 누구인지만으로 주주를 결정할 것도 아니다.

(다) 주식 양도의 효력 내지 주주권의 귀속 문제와는 별도로 상법은 주식의 유통성으로 인해 주주가 계속 변동되는 단체적 법률관계의 특성을 고려하여 주주들과 회사 간의 권리관계를 획일적이고 안정적으로 처리할 수 있도록 명의개서제도를 마련하여 두고 있다. 즉 주식의 양수에 의하여 기명주식을 취득한 자가 회사에 대하여 주주의 권리를 행사하려면 자기의 성명과 주소를 주주명부에 기재하지 않으면 안 된다(상법 제337조 제1항). 명의개서에 의하여 주식양수인은 회사에 대하여 적법하게 주주의 지위를 취득한 것으로 추정되므로 회사에 대하여 자신이 권리자라는 사실을 따로 증명하지 않고도 의결권 등 주주로서의 권리를 적법하게 행사할 수 있다. 회사로서도 주주명부에 주주로 기재된 자를 주주로 보고 배당금청구권, 의결권, 신주인수권 등 주주로서의 권리를 인정하면 설사 주주명부상의 주주가 진정한 주주가 아니더라도 그 책임을 지지 아니한다. 그러나 상법은 주주명부의 기재를 회사에 대한 대항요건으로 규정하고 있을 뿐 주식 인수의 효력발생요건으로 정하고 있지 아니하므로 명의개서가 이루어졌다고 하여 무권리자가 주주로 되는 설권적 효력이 생기는 것은 아니다.

(라) 상장회사의 발행 주식을 취득하려는 자는 증권회사에 자신의 명의로 매매거래계좌를 설정하고 증권 매매거래를 위탁하게 된다. 매매거래계좌의 개설은 금융거래를 위한 것이어서 '금융실명거래 및 비밀보장에 관한 법률'이 적용되므로 실명확인 절차를 거쳐야 하고, 매매거래의 위탁은 실명으로 하여야 한다. 증권회사가 증권시장에서 거래소를 통하여 매수한 주식은 계좌명의인의 매매거래계좌에 입고되는데, 위와 같이 입고된 주식은 위탁자인 고객에게 귀속되므로(상법 제103조), 그 주식에 대해서는 계좌명의인

이 주주가 된다. 계좌명의인에게 자금을 제공한 자가 따로 있다고 하더라도 그것은 원칙적으로 명의인과 자금을 제공한 자 사이의 약정에 관한 문제에 불과할 따름이다.

【원고, 상고인】 원고
【피고, 피상고인】 ○○산업 주식회사
【피고보조참가인】 피고보조참가인
【원심판결】 서울고법 2015. 11. 13. 선고 2014나2051549 판결

【주　　문】

　　원심판결을 파기하고, 사건을 서울고등법원에 환송한다.

【이　　유】

　　상고이유를 판단한다.

　　1. (1) 상법에 따르면, ① 발기설립의 방법으로 회사를 설립하는 경우, 발기인의 성명·주민등록번호 및 주소를 정관에 적고 각 발기인이 기명날인 또는 서명하며, 발기인은 서면에 의하여 주식을 인수하되, 지체 없이 인수가액의 전액을 납입하여야 하고(제289조 제1항 제8호, 제293조, 제295조 제1항), ② 모집설립의 방법으로 회사를 설립하는 경우, 주식인수의 청약을 하고자 하는 자는 주식청약서에 인수할 주식의 종류 및 수와 주소를 기재하고 기명날인 또는 서명하며, 발기인이 배정한 주식의 수에 따라서 인수가액을 납입할 의무를 부담하고(제302조 제1항, 제303조), ③ 신주발행 시 주식인수의 경우 모집설립 시 주식인수에 관한 규정을 준용한다(제425조 제1항). 주식을 발행한 때에는 주주명부에 주주의 성명과 주소, 각 주주가 가진 주식의 종류와 수 등을 기재하여야 한다(제352조 제1항).

　　한편 주식의 양도는 주권이 발행된 경우에는 주권을 교부하여야 하고(제336조 제1항), 주권이 발행되지 않은 경우에는 지명채권 양도에 관한 일반원칙에 따라 당사자의 의사표시만으로 주식양도의 효력이 발생하나(대법원 1995. 5. 23. 선고 94다36421 판결), 주식의 이전은 취득자의 성명과 주소를 주주명부에 기재하지 아니하면 회사에 대항하지 못한다(제337조 제1항).

　　또 ① 주주에 대한 회사의 통지 또는 최고는 주주명부에 기재한 주소 또는 그 자

로부터 회사에 통지한 주소로 하면 되고(제353조 제1항), ② 회사는 의결권을 행사하거나 배당을 받을 자 기타 주주로서 권리를 행사할 자를 정하기 위하여 일정한 기간을 정하여 주주명부의 기재변경을 정지하거나 일정한 날에 주주명부에 기재된 주주를 그 권리를 행사할 주주로 볼 수 있으며(제354조 제1항), ③ 신주인수권이나 준비금의 자본전입에 따른 무상신주의 배정, 중간배당을 함에 있어서도 회사는 일정한 날을 정하여 그 날에 주주명부에 기재된 주주에게 권리를 귀속시킬 수 있다(제418조 제3항, 제461조 제3항, 제462조의3 제1항).

(2) 상법이 주주명부제도를 둔 이유는, 주식의 발행 및 양도에 따라 주주의 구성이 계속 변화하는 단체법적 법률관계의 특성상 회사가 다수의 주주와 관련된 법률관계를 외부적으로 용이하게 식별할 수 있는 형식적이고도 획일적인 기준에 의하여 처리할 수 있도록 하여 이와 관련된 사무처리의 효율성과 법적 안정성을 도모하기 위함이다. 이는 회사가 주주에 대한 실질적인 권리관계를 따로 조사하지 않고 주주명부의 기재에 따라 주주권을 행사할 수 있는 자를 획일적으로 확정하려는 것으로서, 주주권의 행사가 회사와 주주를 둘러싼 다수의 이해관계인 사이의 법률관계에 중대한 영향을 줄 수 있음을 고려한 것이며, 단지 해당 주주의 회사에 대한 권리행사 사무의 처리에 관한 회사의 편의만을 위한 것이라고 볼 수 없다.

상법은 주권이 발행된 주식의 양도는 주권의 교부에 의하여야 하고, 주권의 점유자는 이를 적법한 소지인으로 추정하며(제336조), 주권에 관하여 수표법상의 선의취득 규정을 준용하고 있다(제359조). 그럼에도 불구하고 앞서 본 바와 같이 주주명부에 명의개서를 한 경우에 회사와의 관계에서 대항력을 인정하고, 주주명부상 주주의 주소로 통지를 허용하며, 회사가 정한 일정한 날에 주주명부에 기재된 주주에게 신주인수권 등의 권리를 귀속시킬 수 있도록 하고 있다. 이는 주식의 소유권 귀속에 관한 회사 이외의 주체들 사이의 권리관계와 주주의 회사에 대한 주주권 행사국면을 구분하여, 후자에 대하여는 주주명부상 기재 또는 명의개서에 특별한 효력을 인정하는 태도라고 할 것이다.

상장주식 등의 경우 그 주식은 대량적·반복적 거래를 통해 지속적으로 양도되는 특성이 있으므로, 「자본시장과 금융투자업에 관한 법률」(이하 '자본시장법'이라고 한다)이 실질주주명부를 두어 이를 주주명부로 보고 그에 기재된 자로 하여금 주주권을 행사하도록 한 것도 같은 취지이다.

(3) 회사에 대하여 주주권을 행사할 자가 주주명부의 기재에 의하여 확정되어야 한다는 법리는 주식양도의 경우뿐만 아니라 주식발행의 경우에도 마찬가지로 적용된다.

주식양도의 경우와 달리 주식발행의 경우에는 주식발행 회사가 관여하게 되므로 주주명부에의 기재를 주주권 행사의 대항요건으로 규정하고 있지는 않으나, 그럼에도 상법은 주식을 발행한 때에는 주주명부에 주주의 성명과 주소 등을 기재하여 본점에 비치하도록 하고(제352조 제1항, 제396조 제1항), 주주에 대한 회사의 통지 또는 최고는 주주명부에 기재한 주소 또는 그 자로부터 회사에 통지한 주소로 하면 되도록(제353조 제1항) 규정하고 있다. 이와 같은 상법 규정의 취지는, 주식을 발행하는 단계에서나 주식이 양도되는 단계에서나 회사에 대한 관계에서 주주권을 행사할 자를 주주명부의 기재에 따라 획일적으로 확정하기 위한 것이라고 보아야 한다. 다수의 주주와 관련된 단체법적 법률관계를 형식적이고도 획일적인 기준에 의하여 처리해야 할 필요는 주식을 발행하는 경우라고 하여 다르지 않고, 주주명부상의 기재를 주식의 발행 단계에서 이루어진 것인지 아니면 주식의 양도 단계에서 이루어진 것인지를 구별하여 그에 따라 달리 취급하는 것은 다수의 주주와 관련된 단체법적 법률관계를 혼란에 빠뜨릴 우려가 있다. 회사가 주주명부상 주주를 주식인수인과 주식양수인으로 구별하여, 주식인수인의 경우에는 그 배후의 실질적인 권리관계를 조사하여 실제 주식의 소유자를 주주권의 행사자로 인정하는 것이 가능하고, 주식양수인의 경우에는 그렇지 않다고 하면, 회사와 주주 간의 관계뿐만 아니라 이를 둘러싼 법률관계 전체가 매우 불안정해지기 때문이다. 상법은 회사에 대한 관계에서 주주권을 행사할 자를 일률적으로 정하기 위해 주주명부를 폐쇄하는 경우나 기준일을 설정하는 경우, 회사가 정한 일정한 날에 주주명부에 기재된 주주에게 신주인수권, 무상신주, 중간배당 등의 권리를 일률적으로 귀속시키는 경우에도, 주주명부상의 기재가 주식의 발행단계에서 이루어진 것인지 주식의 양도단계에서 이루어진 것인지를 전혀 구별하지 않고 있다(제354조 제1항, 제418조 제3항, 제461조 제3항, 제462조의3 제1항).

결국, 주식발행의 경우에도 주주명부에 주주로 기재가 마쳐진 이상 회사에 대한 관계에서는 주주명부상 주주만이 주주권을 행사할 수 있다고 보아야 한다.

(4) 주식을 양수하였으나 아직 주주명부에 명의개서를 하지 아니하여 주주명부에는 양도인이 주주로 기재되어 있는 경우뿐만 아니라, 주식을 인수하거나 양수하려는 자가 타인의 명의를 빌려 회사의 주식을 인수하거나 양수하고 그 타인의 명의로 주주명부에의 기재까지 마치는 경우에도, 회사에 대한 관계에서는 주주명부상 주주만이 주주로서 의결권 등 주주권을 적법하게 행사할 수 있다.

이는 주주명부에 주주로 기재되어 있는 자는 특별한 사정이 없는 한 회사에 대한 관계에서 그 주식에 관한 의결권 등 주주권을 적법하게 행사할 수 있고(대법원 1985. 3. 26. 선고 84다카2082 판결, 대법원 2010. 3. 11. 선고 2007다51505 판결 참조), 회사의 주식을 양수하였더라도 주주명부에 기재를 마치지 아니하면 그 주식의 양수를 회사에 대항할 수 없다(대법원 1991. 5. 28. 선고 90다6774 판결 참조)는 법리에 비추어 볼 때 자연스러운 결과이다.

또한 언제든 주주명부에 주주로 기재해 줄 것을 청구하여 주주권을 행사할 수 있는 자가 자기의 명의가 아닌 타인의 명의로 주주명부에 기재를 마치는 것은 적어도 주주명부상 주주가 회사에 대한 관계에서 주주권을 행사하더라도 이를 허용하거나 받아들이려는 의사였다고 봄이 합리적이다.

그렇기 때문에 주주명부상 주주가 그 주식을 인수하거나 양수한 사람의 의사에 반하여 주주권을 행사한다 하더라도, 이는 주주명부상 주주에게 주주권을 행사하는 것을 허용함에 따른 결과이므로 그 주주권의 행사가 신의칙에 반한다고 볼 수 없다.

(5) 주주명부상의 주주만이 회사에 대한 관계에서 주주권을 행사할 수 있다는 법리는 주주에 대하여만 아니라 회사에 대하여도 마찬가지로 적용되므로, 회사는 특별한 사정이 없는 한 주주명부에 기재된 자의 주주권 행사를 부인하거나 주주명부에 기재되지 아니한 자의 주주권 행사를 인정할 수 없다.

상법은 주식발행의 경우 주식인수인이 성명과 주소를 기재하고 기명날인 또는 서명한 서면에 의하여 주식을 인수한 후 그 인수가액을 납입하도록 하면서, 회사로 하여금 주주명부에 주주의 성명과 주소, 각 주주가 가진 주식의 수와 종류 등을 기재하고 이를 회사의 본점에 비치하여 주주와 회사채권자가 열람할 수 있도록 하고 있다(제352조 제1항, 제396조). 이는 회사가 발행한 주식에 관하여 주주권을 행사할 자를 확정하여 주주명부에 주주로 기재하여 비치·열람하도록 함으로써 해당 주주는 물론이고 회사 스스로도 이에 구속을 받도록 하기 위한 것이다. 회사가 상법의 규정에 따라 스스로 작성하여 비치한 주주명부의 기재에 구속됨은 당연한 논리적 귀결이며, 주주명부에 기재되지 않은 타인의 주주권 행사를 인정하는 것이야말로 회사 스스로의 행위를 부정하는 모순을 초래하게 되어 부당하다. 주식양도의 경우에는 주식발행의 경우와는 달리 회사 스스로가 아니라 취득자의 청구에 따라 주주명부의 기재를 변경하는 것이기는 하나, 회사가 주식발행시 작성하여 비치한 주주명부에의 기재가 회사에 대한 구속력이 있음을 전제로 하여 주주명부에의 명의개서에 대항력을 인정함으로써 주식양도에 있어서도 일관되게 회사에 대한 구속력을 인정하려는 것이므로, 상법 제337조 제1항에서 말하는 대항력은 그 문언에 불구하고 회사도 주주명부에의 기재에 구속되어, 주주명부에 기재된 자의 주주권 행사를 부인하거나 주주명부에 기재되지 아니한 자의 주주권 행사를 인정할 수 없다는 의미를 포함하는 것으로 해석함이 타당하다.

주주권에 터 잡아 회사에 대하여 의결권 등의 권리를 행사하는 것은 단체법적 규율에 따른 것이므로, 동일한 주식에 기초하여 경합하는 주체들 중 누군가가 권리를 행사하면 다른 사람은 권리를 행사할 수 없는 관계에 있다. 그럼에도 만일 회사가 이러한 속성이 있는 주주권을 행사할 주체를 정함에 있어 주식의 소유권 귀속에 관한 법률관계를 내세워 임의로 선택할 수 있다고 한다면, 주주권을 행사할 자를 획일적으로 확정하고자 하는 상법상 주주명부제도의 존재이유 자체를 부정하는 것이고, 주주 사이에 주주권의 행사요건을 달리 해석함으로써 주주평등의 원칙에도 어긋난다. 또 회사가 주주명부상 주주와 주주명부에 기재를 마치지 아니한 주식인수인이나 양수인 중 누구에게 권리행사를 인정할 것인가에 대하여 선택권을 가지게 되는 불합리한 점이 있을 뿐만 아니라, 주주명부상 주주에게는 실질적인 권리가 없다는 이유로, 주주명부에 기재를 마치지 아니한 주식인수인이나 양수인에게는 주주명부에 기재를 마치지 않았다는 이유로, 양자의 권리행사를 모두 거절할 수도 있게 되어 권리행사의 공백이 생길 수 있다. 그리고 회사의 잘못된 판단으로 정당한 권리자가 아닌 자에게 권리행사를 인정하면 주주총회결의 취소사유가 발생하는 등 다수의 주주와 회사를 둘러싼 법률관계 전체를 불안정하게 하여, 여러 이해관계인 및 그 주주총회결의에 의하여 거래를 한 상대방에게 예측하지 못한 불이익을 발생시킬 위험이 있다. 무엇보다 다수의 주주를 상대로 사무를 처리하여야 하는 회사가 일일이 주주명부상 주주의 배후에서 주식을 인수하거나 양수하고자 하였던 자를 조사하여 주주명부상 주주의 주주권 행사를 배제하고 주식인수인 또는 양수인의 주주권 행사를 인정하는 것은 사실상 불가능하고 바람직하지도 않다.

(6) 따라서 특별한 사정이 없는 한, 주주명부에 적법하게 주주로 기재되어 있는 자는 회사에 대한 관계에서 그 주식에 관한 의결권 등 주주권을 행사할 수 있고, 회사 역시 주주명부상 주주 외에 실제 주식을 인수하거나 양수하고자 하였던 자가 따로 존재한다는 사실을 알았든 몰랐든 간에 주주명부상 주주의 주주권 행사를 부인할 수 없으며, 주주명부에 기재를 마치지 아니한 자의 주주권 행사를 인정할 수도 없다.

주주명부에 기재를 마치지 않고도 회사에 대한 관계에서 주주권을 행사할 수 있는 경우는 주주명부에의 기재 또는 명의개서청구가 부당하게 지연되거나 거절되었다는 등의 극히 예외적인 사정이 인정되는 경우에 한한다.

자본시장법에 따라 예탁결제원에 예탁된 상장주식 등에 관하여 작성된 실질주주명부에의 기재는 주주명부에의 기재와 같은 효력을 가지므로(자본시장법 제316조 제2항), 이 경우 실질주주명부상 주주는 주주명부상 주주와 동일하게 주주권을 행사할 수 있다.

(7) 이와 달리 ① 타인의 명의를 빌려 회사의 주식을 인수하고 그 대금을 납입한 경우에 그 타인의 명의로 주주명부에 기재까지 마쳐도 실질상의 주주인 명의차용인만이 회사에 대한 관계에서 주주권을 행사할 수 있는 주주에 해당한다는 취지로 본 대법원 1975. 9. 23. 선고 74다804 판결, 대법원 1977. 10. 11. 선고 76다1448 판결, 대법원 1980. 9. 19.자 80마396 결정, 대법원 1980. 12. 9. 선고 79다1989 판결, 대법원 1985. 12. 10. 선고 84다카319 판결, 대법원 1998. 4. 10. 선고 97다50619 판결, 대법원 2011. 5. 26. 선고 2010다22552 판결, 대법원 2011. 5. 26. 선고 2010다27519 판결 등, ② 회사는 주식인수 및 양수계약에 따라 주식의 인수대금 또는 양수대금을 모두 납입하였으나 주식의 인수 및 양수에 관하여 상법상의 형식적 절차를 이행하지 아니한 자의 주주로서의 지위를 부인할 수 없다고 한 대법원 1980. 4. 22. 선고 79다2087 판결 등, ③ 회사가 명의개서를 하지 아니한 실질상의 주주를 주주로 인정하는 것은 무방하다고 한 대법원 1989. 10. 24. 선고 89다카14714 판결, 대법원 2001. 5. 15. 선고 2001다12973 판결, 대법원 2005. 2. 17. 선고 2004다61198 판결, 대법원 2006. 7. 13. 선고 2004다70307 판결 등, ④ 회사가 주주명부상 주주가 형식주주에 불과하다는 것을 알았거나 중대한 과실로 알지 못하였고 또한 이를 용이하게 증명하여 의결권 행사를 거절할 수 있었음에도 의결권 행사를 용인하거나 의결권을 행사하게 한 경우에 그 의결권 행사가 위법하게 된다는 취지로 판시한 대법원 1998. 9. 8. 선고 96다45818 판결, 대법원 1998. 9. 8. 선고 96다48671 판결 등을 비롯하여 이와 같은 취지의 판결들은 이 판결의 견해에 배치되는 범위 내에서 모두 변경하기로 한다.

2. (1) 주주는 회사를 상대로 주주총회결의취소와 무효확인 및 부존재확인의 소를 제기할 수 있다(상법 제376조, 제380조). 이는 회사의 경영감독을 위해 주주에게 인정된 권리로서 주주권의 일부를 이루는 것이다.

(2) 원심판결의 이유 및 적법하게 채택된 증거들에 의하면, 원고는 키움증권 주식회사에 개설된 원고 명의의 증권계좌 등을 이용하여 피고가 발행한 주식을 장내매수한 후 실질주주명부에의 기재까지 마친 사실을 알 수 있다.

앞에서 본 법리에 의하면, 주식을 인수하거나 양수하려는 자가 타인의 명의를 빌

려 회사의 주식을 인수하거나 양수하면서 그 타인의 명의로 주주명부에 기재까지 마치
는 경우, 주주명부상 주주 외에 실제 주식을 인수하거나 양수하고자 하였던 자가 따로
존재한다는 사실이 증명되었다고 하더라도 회사에 대한 관계에서는 주주명부상 주주만
이 주주권을 행사할 수 있으므로, 주주명부상 주주는 회사를 상대로 주주총회결의취소
와 무효확인 및 부존재확인의 소를 제기할 수 있고, 회사 역시 특별한 사정이 없는 한
주주명부상 주주의 이러한 주주권 행사를 부인하지 못한다.

위와 같은 사실관계를 이러한 법리에 따라 살펴보면, 설령 소외인이 원고의 승낙
을 얻어 원고 명의로 피고 발행의 주식을 매수하고 실제로 그 주식대금을 모두 부담한
것이라고 하더라도, 실질주주명부상 주주인 원고는 피고에 대한 관계에서 주주권을 행
사할 권한을 가지므로 피고를 상대로 이 사건 주주총회결의의 무효확인 및 부존재확인
또는 취소의 소를 구할 자격이나 이익이 있다.

(3) 그럼에도 원심은 원고 명의 주식의 취득자금을 실제로 부담한 자는 소외인이
고, 원고가 제출한 증거만으로는 원고에게 독자적으로 피고에 대한 주주권을 행사할 권
한이 있다고 보기 어렵다고 판단하였다. 이러한 원심의 판단에는 주식의 취득자금을 제
공받아 주식을 매수한 후 실질주주명부에의 기재까지 마친 실질주주명부상 주주의 회
사에 대한 주주권 행사에 관한 법리를 오해하여 판결에 영향을 미친 잘못이 있다.

3. 그러므로 나머지 상고이유에 대한 판단을 생략한 채 원심판결을 파기하고, 사
건을 다시 심리·판단하도록 원심법원에 환송하기로 하여 주문과 같이 판결한다. 이 판
결에 대하여는 대법관 박병대, 대법관 김소영, 대법관 권순일, 대법관 김재형의 별개의
견이 있는 외에는 관여 법관의 의견이 일치되었고, 별개의견에 대한 대법관 박병대, 대
법관 김소영의 보충의견이 있다.

4. 대법관 박병대, 대법관 김소영, 대법관 권순일, 대법관 김재형의 별개의견은 다
음과 같다.

(1) ① 회사는 상행위 기타 영리를 목적으로 하여 설립된 법인이다(상법 제169조).
회사의 종류 중에서도 주식회사는 사원인 주주가 출자한 자본금을 기초로 성립하는 물
적 회사로서 주식은 자본금의 구성단위이면서 동시에 주주가 출자자로서 회사에 대하
여 가지는 지분을 의미한다. 주주는 회사설립 시 또는 신주발행 시 주식을 인수함으로
써 이를 원시적으로 취득하거나, 합병·상속에 의한 포괄승계나 주식의 양수에 의한 개

별적 승계에 의하여 주식을 취득함으로써 그 지위를 가지게 된다.

② 회사의 설립 시 각 발기인은 서면에 의하여 주식을 인수하여야 하고(상법 제293조), 발기인이 회사의 설립 시에 발행하는 주식의 총수를 인수한 때에는 인수가액의 전액을 납입하여야 한다(상법 제295조 제1항). 모집설립을 하는 때에는 주식인수의 청약을 하고자 하는 자가 주식청약서에 의하여 주식인수의 청약을 하고 인수가액을 납입하여야 한다(상법 제302조 제1항, 제305조 제1항). 따라서 회사의 설립 시에는 다른 특별한 사정이 없는 한 주식인수계약서에 발기인 또는 주식청약인으로 서명 날인한 명의인이 회사의 성립과 더불어 주주의 지위를 취득하는 것이고, 그 배후에 자금을 제공한 자가 따로 있다고 하더라도 그것은 원칙적으로 명의인과 자금을 제공한 자 사이의 내부관계에 불과할 뿐 회사에 대하여 주주로서의 지위를 주장할 수는 없다.

③ 가설인의 명의로 주식을 인수하거나 타인의 승낙 없이 그 명의로 주식을 인수한 자는 주식인수인으로서의 책임이 있고(상법 제332조 제1항), 타인의 승낙을 얻어 그 명의로 주식을 인수한 자는 그 타인과 연대하여 납입할 책임이 있다(상법 제332조 제2항).

상법은 가설인이나 타인의 명의로 주식을 인수한 경우에 이처럼 납입책임을 부과하고 있지만, 누가 주주인지에 관해서는 명확한 규정을 두고 있지 않다. 이 문제는 주식인수를 한 당사자가 누구인지를 확정하는 문제이다. 먼저 가설인의 명의로 주식을 인수하거나 타인의 승낙 없이 그 명의로 주식을 인수한 경우에는 그 명의의 사용자가 형사책임을 질 수 있음은 별론으로 하더라도(상법 제634조) 주식인수계약의 당사자로서 그에 따른 출자를 이행하였다면 주주의 지위를 취득한다고 보아야 한다. 가설인이나 주식인수계약의 명의자가 되는 것에 승낙조차 하지 않은 사람이 주식인수계약의 당사자가 될 수는 없기 때문이다. 이것이 당사자들의 의사에 합치할 뿐만 아니라 상법 제332조 제1항의 문언과 입법 취지에도 부합한다. 다음으로 타인의 승낙을 얻어 그 명의로 주식을 인수한 경우에는 주식인수계약의 당사자가 누구인지에 따라 결정하면 된다. 이에 관해서는 원칙적으로 계약당사자를 확정하는 문제에 관한 법리를 적용하되, 주식인수계약의 특성을 반영하여야 할 것이다. 통상은 명의자가 주식인수계약의 당사자가 되는 경우가 많지만, 무조건 명의자가 누구인지만으로 주주를 결정할 것도 아니다.

④ 주주의 지위는 인적회사의 사원의 지위와는 달리 주식의 양도에 의하여 자유로이 이전할 수 있다. 주식의 양도는 주권이 발행된 경우에는 주권을 교부하여야 하고(상법 제336조 제1항), 주권이 발행되기 전이라도 당사자 간에는 의사표시만으로 유효하게 주식을 양도할 수 있다. 다만 주식을 회사성립 후 또는 신주의 납입기일 후 6월이 경과

하기 전에 회사가 주권을 발행하지 않아서 주권 없이 양도를 한 때에는 회사에 대하여 그 효력을 주장할 수 없을 뿐이다(상법 제335조 제2항). 회사성립 후 또는 신주의 납입기일 후 6월이 경과하여도 주권을 발행하지 않아서 주권 없이 주식을 양도한 때에는 당사자 사이의 의사표시만으로 양도의 효력이 발생한다(대법원 1995. 5. 23. 선고 94다36421 판결 등 참조).

주식 양도의 효력 내지 주주권의 귀속 문제와는 별도로 상법은 주식의 유통성으로 인해 주주가 계속 변동되는 단체적 법률관계의 특성을 고려하여 주주들과 회사 간의 권리관계를 획일적이고 안정적으로 처리할 수 있도록 명의개서제도를 마련하여 두고 있다. 즉 주식의 양수에 의하여 기명주식을 취득한 자가 회사에 대하여 주주의 권리를 행사하려면 자기의 성명과 주소를 주주명부에 기재하지 않으면 안 된다(상법 제337조 제1항). 명의개서에 의하여 주식양수인은 회사에 대하여 적법하게 주주의 지위를 취득한 것으로 추정되므로 회사에 대하여 자신이 권리자라는 사실을 따로 증명하지 않고도 의결권 등 주주로서의 권리를 적법하게 행사할 수 있다(대법원 1985. 3. 26. 선고 84다카2082 판결, 대법원 2010. 3. 11. 선고 2007다51505 판결 등 참조). 회사로서도 주주명부에 주주로 기재된 자를 주주로 보고 배당금청구권, 의결권, 신주인수권 등 주주로서의 권리를 인정하면 설사 주주명부상의 주주가 진정한 주주가 아니더라도 그 책임을 지지 아니한다(대법원 1996. 12. 23. 선고 96다32768, 32775, 32782 판결 등 참조). 그러나 상법은 주주명부의 기재를 회사에 대한 대항요건으로 규정하고 있을 뿐 주식 인수의 효력발생요건으로 정하고 있지 아니하므로 명의개서가 이루어졌다고 하여 무권리자가 주주로 되는 설권적 효력이 생기는 것은 아니다.

⑤ 증권시장에 상장된 주식의 유통은 자본시장법에 의하여 설치된 한국예탁결제원이 운영하는 주권대체결제제도에 따라 이루어진다. 즉 증권시장에서의 매매거래에 따른 증권인도 및 대금지급 업무는 결제기관으로서 예탁결제원이 수행하며, 예탁결제원이 아닌 자는 증권 등을 예탁받아 그 증권 등의 수수를 갈음하여 계좌 간의 대체로 결제하는 업무를 영위하여서는 아니 된다(자본시장법 제297조, 제298조).

먼저 상장회사의 발행 주식을 취득하려는 자는 증권회사에 자신의 명의로 매매거래계좌를 설정하고 증권 매매거래를 위탁하게 된다. 매매거래계좌의 개설은 금융거래를 위한 것이어서 「금융실명거래 및 비밀보장에 관한 법률」(이하 '금융실명거래법'이라고 한다)이 적용되므로 실명확인 절차를 거쳐야 하고, 매매거래의 위탁은 실명으로 하여야 한다. 증권회사가 증권시장에서 거래소를 통하여 매수한 주식은 계좌명의인의 매매거래계좌에 입고되는데, 위와 같이 입고된 주식은 위탁자인 고객에게 귀속되므로(상법 제 103조), 그 주식에 대해서는 계좌명의인이 주주가 된다(대법원 2009. 3. 19. 선고 2008다 45828 전원합의체 판결 등 참조). 계좌명의인에게 자금을 제공한 자가 따로 있다고 하더라도 그것은 원칙적으로 명의인과 자금을 제공한 자 사이의 약정에 관한 문제에 불과할 따름이다.

다음으로 상장회사의 발행 주식을 취득한 투자자는 증권회사에 주식을 예탁하고, 증권회사는 예탁 받은 주식을 다시 예탁결제원에 예탁하게 되는데, 투자자와 예탁자는 각각 투자자계좌부와 예탁자계좌부에 기재된 증권 등의 종류·종목 및 수량에 따라 예탁증권 등에 대한 공유지분을 가지는 것으로 추정되고(자본시장법 제312조 제1항), 예탁증권 등 중 주식의 공유자(이하 '실질주주'라고 한다)는 주주로서의 권리 행사에 있어서는 그 공유지분에 상당하는 주식을 가지는 것으로 본다(자본시장법 제315조 제1항). 그리고 예탁결제원은 주주명부폐쇄기준일의 실질주주에 관하여 주주의 성명 및 주소 등을 주권의 발행인 등에게 통지하고, 그 통지를 받은 발행회사 등은 통지받은 사항에 관하여 실질주주명부를 작성·비치하여야 하는데(자본시장법 제315조 제5항, 제316조 제1항), 실질주주명부의 기재는 주주명부의 기재와 같은 효력을 가진다(자본시장법 제316조 제2항).

(2) 원심판결의 이유 및 적법하게 채택된 증거들에 의하면 다음과 같은 사실을 알 수 있다.

① 원고는 증권회사에 자신의 명의로 매매거래계좌를 설정하고 증권 매매거래를 위탁하여 유가증권시장에서 증권상장법인인 피고 회사의 주식을 장내매수하여 원고 명의 계좌에 입고하도록 하였다. 원고는 위 주식의 매수대금을 결제하기 위하여 자신의 명의로 은행에 개설되어 있는 예금계좌의 돈을 위 매매거래계좌로 이체하였는데, 위 은행 예금계좌에 들어 있던 돈은 주로 소외인 등이 원고에게 송금한 것이었다.

② 원고가 피고 회사의 주주로서 이 사건 주주총회결의 취소의 소를 제기한 데 대하여, 원심은 피고 회사의 주주명부상 주주가 원고로 기재되어 있다 하더라도 원고는 형식상 주주에 불과할 뿐 실제로 위 주식 매수대금을 제공한 위 소외인 등이 실질적인 주주라는 이유를 들어 이 사건 소를 각하하였다.

(3) 원심의 판단을 앞에서 본 법리에 비추어 살펴본다.

① 유가증권시장에서 위탁매매 및 장내매수 등의 거래를 통하여 피고 회사의 주식을 매수한 사람은 원고이다. 원고는 금융실명거래법에 따라 실명확인 절차를 거쳐 증권회사에 매매거래계좌를 개설하고 증권회사로 하여금 유가증권시장에서 상장증권인 피

고 회사의 주식을 장내매수하도록 위탁하였으며 이에 따라 증권회사가 매수한 주식은 원고 명의의 매매거래계좌에 입고되었다. 위와 같이 입고된 주식은 매매를 위탁한 원고에게 귀속되므로, 그 주식에 대해서는 원고가 주주가 된다.

② 원고가 위 주식 매수대금으로 사용한 돈은 원고 명의의 매매거래계좌에 들어 있는 돈이었고, 그 돈은 원고 명의의 은행 예금계좌에서 이체된 것이므로, 결국 그 돈은 원고의 것이었다. 즉 금융실명거래법에 따라 금융기관이 실명확인 절차를 거쳐 예금 명의자를 예금주로 하여 예금계약을 체결한 이상 예금반환청구권은 명의자인 예금주에게 있는 것이다. 만약 예금명의자가 아닌 출연자 등을 예금계약의 당사자라고 볼 수 있으려면, 금융기관과 출연자 등과 사이에서 실명확인 절차를 거쳐 서면으로 이루어진 예금명의자와의 예금계약을 부정하여 예금명의자의 예금반환청구권을 배제하고, 출연자 등과 예금계약을 체결하여 출연자 등에게 예금반환청구권을 귀속시키겠다는 명확한 의사의 합치가 있는 극히 예외적인 경우에 해당하여야 한다(위 대법원 2008다45828 전원합의체 판결 등 참조). 따라서 이 사건에서 위 소외인 등이 원고 명의의 예금계좌에 송금한 것이 그들 사이에 소비대차 계약에 따른 것인지, 투자계약에 따른 것인지 아니면 예금주 명의를 차용하기로 하는 약정에 의한 것인지 등에 관계없이 원고 명의의 예금계좌에 들어 있는 돈은 예금주인 원고의 것이라고 보아야 한다.

③ 피고 회사의 주주명부에도 원고가 주주로 기재되어 있다. 따라서 원고는 주주명부의 자격수여적 효력에 의하여 주주로 추정되므로 특별한 사정이 없는 한 주주총회에서의 의결권 등 주주로서의 권리를 행사할 수 있음은 물론이다.

④ 결국 이 사건에서 원고는 피고를 상대로 주주로서 이 사건 주주총회결의의 무효확인 및 부존재확인 또는 취소의 소를 구할 자격이나 이익이 있다. 그럼에도 원심은 원고가 주식의 취득자금을 실제로 부담하였다고 할 수 있는 소외인에게 그 명의만을 대여한 형식상 주주에 불과하다고 판단하였는데, 이러한 원심의 판단에는 주식의 귀속에 관한 법리를 오해하여 판결에 영향을 미친 잘못이 있다.

(4) 이상과 같이 이 사건에 관한 다수의견의 결론에는 찬성하지만 그 이유는 다르므로, 별개의견으로 이를 밝혀 둔다.

[58] 주주총회 선임 후 임용계약을 체결하지 않은 이사 · 감사의 지위

― 대법원 2017. 3. 23. 선고 2016다251215 전원합의체 판결 ―

【판시사항】

주식회사의 이사 또는 감사의 지위를 취득하기 위한 요건(＝주주총회의 선임결의와 피선임자의 승낙) 및 이때 피선임자가 대표이사와 별도의 임용계약을 체결하여야 하는지 여부(소극)

【판결요지】

이사 · 감사의 지위가 주주총회의 선임결의와 별도로 대표이사와 사이에 임용계약이 체결되어야만 비로소 인정된다고 보는 것은, 이사 · 감사의 선임을 주주총회의 전속적 권한으로 규정하여 주주들의 단체적 의사결정 사항으로 정한 상법의 취지에 배치된다. 또한 상법상 대표이사는 회사를 대표하며, 회사의 영업에 관한 재판상 또는 재판 외의 모든 행위를 할 권한이 있으나(제389조 제3항, 제209조 제1항), 이사 · 감사의 선임이 여기에 속하지 아니함은 법문상 분명하다. 그러므로 이사 · 감사의 지위는 주주총회의 선임결의가 있고 선임된 사람의 동의가 있으면 취득된다고 보는 것이 옳다.

결론적으로 주주총회에서 이사나 감사를 선임하는 경우, 선임결의와 피선임자의 승낙만 있으면, 피선임자는 대표이사와 별도의 임용계약을 체결하였는지와 관계없이 이사나 감사의 지위를 취득한다.

【원고, 상고인 겸 피상고인】 원고

【피고, 피상고인 겸 상고인】 ○○산업 주식회사

【원심판결】 서울고법 2016. 8. 18. 선고 2015나2071120 판결

【주   문】

원심판결을 모두 파기하고, 사건을 서울고등법원에 환송한다.

【이 유】

원고의 상고이유를 판단한다.

1. 회사는 상행위 기타 영리를 목적으로 하여 설립된 법인으로서 독자적인 권리능력을 가지나, 사회적 실체로서 그 의사를 결정하고 업무를 집행하며 결정된 의사를 대외적으로 표시하기 위해서는 기관이 있어야 한다. 회사의 종류 중에서도 합명회사와 같은 인적 회사에서는 원칙적으로 각 사원이 업무집행권과 대표권을 가지며 업무집행자와 대표자를 별도로 둔다 하더라도 사원 중에서 선임되어야 하므로 기관자격과 사원자격이 일치하는 데 반하여, 물적 회사인 주식회사에서는 회사의 출자자이자 소유자인 주주로 구성되는 주주총회 외에는 회사의 기관이 되는 데 주주로서의 자격을 필요로 하지 아니하는 것이 특색이다.

주식회사의 기관 중에서도 주주총회는 주주들이 회사의 기본 조직과 경영에 관한 중요 사항에 관하여 회사의 의사를 결정하는 필요적 기관이다. 상법은 제361조에서 주주총회의 권한에 관하여 "주주총회는 본법 또는 정관에 정하는 사항에 한하여 결의할 수 있다."라고 규정하고 있는데, 상법에 정한 주주총회의 결의사항에 대해서는 정관이나 주주총회의 결의에 의하더라도 다른 기관이나 제3자에게 위임하지 못한다고 보아야 한다. 또한 상법은 제382조 제1항, 제409조 제1항에서 이사·감사의 선임에 관하여 '이사·감사는 주주총회에서 선임한다'고 규정하고 있는데, 위 조항의 취지는 원칙적으로 소유와 경영이 분리되는 주식회사의 특수성을 고려하여 주주가 회사의 경영에 관여하는 유일한 통로인 주주총회에 이사·감사의 선임 권한을 전속적으로 부여하기 위한 데에 있다.

그럼에도 불구하고 이사·감사의 지위가 주주총회의 선임결의와 별도로 대표이사와 사이에 임용계약이 체결되어야만 비로소 인정된다고 보는 것은, 이사·감사의 선임을 주주총회의 전속적 권한으로 규정하여 주주들의 단체적 의사결정 사항으로 정한 상법의 취지에 배치된다. 또한 상법상 대표이사는 회사를 대표하며, 회사의 영업에 관한 재판상 또는 재판 외의 모든 행위를 할 권한이 있으나(제389조 제3항, 제209조 제1항), 이사·감사의 선임이 여기에 속하지 아니함은 법문상 분명하다. 그러므로 이사·감사의 지위는 주주총회의 선임결의가 있고 선임된 사람의 동의가 있으면 취득된다고 보는 것이 옳다.

상법상 이사는 이사회의 구성원으로서 회사의 업무집행에 관한 의사결정에 참여할 권한을 가진다(제393조 제1항). 상법은 회사와 이사의 관계에 민법의 위임에 관한 규정을 준용하고(제382조 제2항), 이사에 대하여 법령과 정관의 규정에 따라 회사를 위하여 그 직무를 충실하게 수행하여야 할 의무를 부과하는 한편(제382조의3), 이사의 보수는 정관에 그 액을 정하지 아니한 때에는 주주총회의 결의로 이를 정한다고 규정하고 있는데(제388조), 위 각 규정의 내용 및 취지에 비추어 보아도 이사의 지위는 단체법적 성질을 가지는 것으로서 이사로 선임된 사람과 대표이사 사이에 체결되는 계약에 기초한 것은 아니다. 또한 주주총회에서 새로운 이사를 선임하는 결의는 주주들이 경영진을 교체하는 의미를 가지는 경우가 종종 있는데, 이사선임결의에도 불구하고 퇴임하는 대표이사가 임용계약의 청약을 하지 아니한 이상 이사로서의 지위를 취득하지 못한다고 보게 되면 주주로서는 효과적인 구제책이 없다는 문제점이 있다.

한편 감사는 이사의 직무의 집행을 감사하는 주식회사의 필요적 상설기관이며(제412조 제1항), 회사와 감사의 관계에 대해서는 이사에 관한 상법 규정이 다수 준용된다(제415조, 제382조 제2항, 제388조). 이사의 선임과 달리 특히 감사의 선임에 대하여 상법은 제409조 제2항에서 "의결권 없는 주식을 제외한 발행주식총수의 100분의 3을 초과하는 수의 주식을 가진 주주는 그 초과하는 주식에 관하여는 의결권을 행사하지 못한다."라고 규정하고 있다. 따라서 감사선임결의에도 불구하고 대표이사가 임용계약의 청약을 하지 아니하여 감사로서의 지위를 취득하지 못한다고 하면 위 조항에서 감사 선임에 관하여 대주주의 의결권을 제한한 취지가 몰각되어 부당하다. 이사의 직무집행에 대한 감사를 임무로 하는 감사의 취임 여부를 감사의 대상인 대표이사에게 맡기는 것이 단체법의 성격에 비추어 보아도 적절하지 아니함은 말할 것도 없다.

결론적으로, 주주총회에서 이사나 감사를 선임하는 경우, 그 선임결의와 피선임자의 승낙만 있으면, 피선임자는 대표이사와 별도의 임용계약을 체결하였는지 여부와 관계없이 이사나 감사의 지위를 취득한다고 보아야 한다.

이와 달리, 이사나 감사의 선임에 관한 주주총회의 결의는 피선임자를 회사의 기관인 이사나 감사로 한다는 취지의 회사 내부의 결정에 불과한 것이므로, 주주총회에서 이사나 감사 선임결의가 있었다고 하여 바로 피선임자가 이사나 감사의 지위를 취득하게 되는 것은 아니고, 주주총회의 선임결의에 따라 회사의 대표기관이 임용계약의 청약을 하고 피선임자가 이에 승낙을 함으로써 비로소 피선임자가 이사나 감사의 지위에 취임하여 그 직무를 수행할 수 있게 된다는 취지의 대법원 1995. 2. 28. 선고 94다

31440 판결, 대법원 2005. 11. 8.자 2005마541 결정 및 대법원 2009. 1. 15. 선고 2008
도9410 판결은 이와 저촉되는 한도에서 변경한다.

2. 원심이 확정한 사실에 의하면, 피고는 2014. 12. 1. 개최된 주주총회(이하 '이 사
건 주주총회'라고 한다)에서 소외인을 사내이사로, 원고를 감사로 선임하기로 하는 결의
를 하였고, 소외인과 원고는 2015. 4. 1. 피고에게 서면으로 이 사건 주주총회결의에 따
른 이사 또는 감사 임용계약의 체결을 요구한 사실을 알 수 있다. 앞에서 본 법리를 이
러한 사실관계에 적용하면, 이 사건 주주총회에서 소외인과 원고를 피고의 사내이사 또
는 감사로 선임하는 결의가 있었고, 소외인과 원고가 피고에게 이 사건 주주총회결의에
따른 사내이사 또는 감사 임용계약의 체결을 요구함으로써 피고의 사내이사 또는 감사
로 선임되는 데에 승낙하였음이 분명한 이상, 소외인과 원고는 피고의 대표이사와 별도
의 임용계약을 체결하였는지 여부와 상관없이 피고의 사내이사나 감사의 지위를 취득
한 것이다.

그럼에도 원심이 이 사건 주주총회에서 원고를 감사로 선임하는 결의만 있었을 뿐
원고와 피고 사이에 아직 임용계약이 체결되었다고 볼 수 없으므로, 원고가 피고의 감
사로서의 지위를 취득하였다고 볼 수 없다고 판단한 데에는 주식회사의 감사의 지위
취득 요건에 관한 법리를 오해하여 판결에 영향을 미친 잘못이 있다. 이 점을 지적하는
원고의 상고이유 주장은 이유 있다.

3. 그러므로 이 사건 제2예비적 청구에 관한 피고의 상고이유를 판단할 필요 없이
원심판결을 모두 파기하고, 사건을 다시 심리·판단하게 하기 위하여 원심법원에 환송
하기로 하여, 관여 법관의 일치된 의견으로 주문과 같이 판결한다.

[59] 주식매수청구권 행사로 성립된 주식매매계약의 해제

— 대법원 2017. 4. 26. 선고 2015다6517, 6524, 6531 판결 —

【판시사항】

상법 제374조의2에 규정한 영업양도 등에 대한 반대주주의 주식매수청구권 행사로 성립한 주식매매계약에 관하여 회사와 주주가 모두 이행을 완료하지 아니한 상태에서 회사에 대하여 회생절차가 개시된 경우, 관리인이 채무자 회생 및 파산에 관한 법률 제119조 제1항에 따라 주식매매계약을 해제하거나 회사의 채무를 이행하고 주주의 채무이행을 청구할 수 있는지 여부(적극) 및 주식매수청구권 행사 후 회사의 귀책사유로 주식대금 지급채무의 일부가 미이행된 경우에도, 관리인이 계약 전부를 해제할 수 있는지 여부(원칙적 적극)

【판결요지】

채무자 회생 및 파산에 관한 법률(이하 '채무자회생법'이라고 한다) 제119조 제1항, 제121조 제2항의 규정들은 쌍방의 채무가 법률적·경제적으로 상호 관련성을 가지고 원칙적으로 서로 담보의 기능을 하고 있는 쌍무계약에 관하여 쌍방 당사자가 아직 이행을 완료하지 아니한 상태에서 당사자인 일방의 채무자에 대하여 회생절차가 개시된 경우, 관리인에게 계약을 해제할 것인가 또는 상대방 채무의 이행을 청구할 것인가의 선택권을 부여함으로써 회생절차의 원활한 진행을 도모함과 아울러, 관리인이 계약의 해제를 선택한 경우 이에 따른 원상회복의무도 이행하도록 함으로써 양 당사자 사이에 형평을 유지하기 위한 취지에서 만들어진 쌍무계약의 통칙이다.

따라서 상법 제374조의2에서 규정하고 있는 영업양도 등에 대한 반대주주의 주식매수청구권 행사로 성립한 주식매매계약에 관하여 채무자회생법 제119조 제1항의 적용을 제외하는 취지의 규정이 없는 이상, 쌍무계약인 위 주식매매계약에 관하여 회사와 주주가 모두 이행을 완료하지 아니한 상태에서 회사에 대하여 회생절차가 개시되었다면, 관리인은 채무자회생법 제119조 제1항에 따라 주식매매계약을 해제하거나 회사의 채무를 이행하고 주주의 채무이행을 청구할 수 있다.

또한 채무자회생법 제119조 제1항의 '그 이행을 완료하지 아니한 때'에는 채무의 일부를 이행하지 아니한 것도 포함되고 이행을 완료하지 아니한 이유는 묻지 아니하므로, 주식매수청구권 행사 후 회사의 귀책사유로 주식대금 지급채무의 일부가 미이행되었다고 하더라도, 일부 미이행된 부분이 상대방의 채무와 서로 대등한 대가관계에 있다고 보기 어려운 경우가 아닌 이상 관리인은 일부 미이행된 부분뿐만 아니라 계약의 전부를 해제할 수 있다.

【원고(반소원고), 상고인】　MIFAFF－삼호그린녹색성장투자조합5호의 업무집행조합원 삼호그린인베스트먼트주식회사

【피고, 피상고인】　○○밸런스 주식회사

【독립당사자참가인(반소피고), 피상고인】　회생채무자 주식회사 진셍케이의 관리인 소외 1의 소송수계인 파산자 주식회사 진셍케이의 파산관재인 소외 2

【원심판결】　서울고법 2014. 12. 12. 선고 2014나4196, 4202, 54566 판결

【주　　문】

　　피고에 대한 상고를 각하한다. 독립당사자참가인(반소피고)에 대한 상고를 기각한다.

【이　　유】

2. 참가인에 대한 상고에 관하여(상고이유 제1, 3, 4점)

　　가. 채무자 회생 및 파산에 관한 법률(이하 '채무자회생법'이라고 한다) 제119조 제1항은 "쌍무계약에 관하여 채무자와 그 상대방이 모두 회생절차개시 당시에 아직 그 이행을 완료하지 아니한 때에는 관리인은 계약을 해제 또는 해지하거나 채무자의 채무를 이행하고 상대방의 채무이행을 청구할 수 있다."라고 규정하고, 같은 법 제121조 제2항은 "제1항의 규정에 의한 해제 또는 해지의 경우 채무자가 받은 반대급부가 채무자의 재산 중에 현존하는 때에는 상대방은 그 반환을 청구할 수 있으며, 현존하지 아니하는 때에는 상대방은 그 가액의 상환에 관하여 공익채권자로서 그 권리를 행사할 수 있다."라고 규정하고 있다.

　　이러한 규정들은 쌍방의 채무가 법률적·경제적으로 상호 관련성을 가지고 원칙적으로 서로 담보의 기능을 하고 있는 쌍무계약에 관하여 쌍방 당사자가 아직 그 이행을

완료하지 아니한 상태에서 그 당사자인 일방의 채무자에 대하여 회생절차가 개시된 경우, 관리인에게 그 계약을 해제할 것인가 또는 상대방 채무의 이행을 청구할 것인가의 선택권을 부여함으로써 회생절차의 원활한 진행을 도모함과 아울러, 관리인이 계약의 해제를 선택한 경우 이에 따른 원상회복의무도 이행하도록 함으로써 양 당사자 사이에 형평을 유지하기 위한 취지에서 만들어진 쌍무계약의 통칙이다(대법원 2000. 4. 11. 선고 99다60559 판결, 대법원 2001. 10. 9. 선고 2001다24174, 24181 판결, 대법원 2014. 9. 4. 선고 2013다204140 판결 등 참조).

따라서 상법 제374조의2에서 규정하고 있는 영업양도 등에 대한 반대주주의 주식매수청구권 행사로 성립한 주식매매계약에 관하여 채무자회생법 제119조 제1항의 적용을 제외하는 취지의 규정이 없는 이상, 쌍무계약인 위 주식매매계약에 관하여 회사와 주주가 모두 그 이행을 완료하지 아니한 상태에서 회사에 대하여 회생절차가 개시되었다면, 관리인은 채무자회생법 제119조 제1항에 따라 위 주식매매계약을 해제하거나 회사의 채무를 이행하고 주주의 채무이행을 청구할 수 있다.

또한 채무자회생법 제119조 제1항의 '그 이행을 완료하지 아니한 때'에는 채무의 일부를 이행하지 아니한 것도 포함되고 그 이행을 완료하지 아니한 이유는 묻지 아니하므로(대법원 2003. 5. 16. 선고 2000다54659 판결 참조), 주식매수청구권 행사 후 회사의 귀책사유로 주식대금 지급채무의 일부가 미이행되었다고 하더라도, 일부 미이행된 부분이 상대방의 채무와 서로 대등한 대가관계에 있다고 보기 어려운 경우가 아닌 이상 관리인은 일부 미이행된 부분뿐만 아니라 계약의 전부를 해제할 수 있다.

한편 회생계획인가의 결정이 있은 후 회생절차가 폐지되는 경우 그동안의 회생계획의 수행이나 법률의 규정에 의하여 생긴 효력에 영향을 미치지 아니하므로(채무자회생법 제288조 제4항), 회생절차가 폐지되기 전에 관리인이 채무자회생법 제119조 제1항에 따라 계약을 해제하였다면 이후 회생계획폐지의 결정이 확정되어 채무자회생법 제6조 제1항에 의한 직권 파산선고에 의하여 파산절차로 이행되었다고 하더라도 위 해제의 효력에는 아무런 영향을 미치지 아니한다.

나. 원심판결 이유 및 원심이 적법하게 채택한 증거들에 의하면, ① 주식회사 진생케이(이하 '진생케이'라고 한다)가 2012. 10. 30. 주주총회에서 영업양도 안건을 의결하였는데, 그 주주인 삼호그린이 영업양도에 반대하여 2012. 11. 9. 이 사건 주식에 관하여 주식매수청구권을 행사한 사실, ② 이후 진생케이와 삼호그린은 이 사건 주식에 대한 매수가액을 24억 원으로 정하되, 그중 20억 원은 2012. 12. 27.까지 현금으로 지급하고,

4억 원은 그 지급에 갈음하여 진셍케이가 피고에 대하여 가지는 이 사건 채권을 양도하는 내용의 이 사건 주식매매계약을 체결한 사실, ③ 이에 따라 진셍케이는 피고에게 이 사건 채권의 양도사실을 통지하여 2012. 12. 28. 피고에게 그 통지가 도달한 사실, ④ 이후 진셍케이가 회생절차개시신청을 하여 2013. 2. 4. 서울중앙지방법원 2013회합4호로 회생절차가 개시되었는데, 진셍케이의 관리인이 이 사건 주식매매계약의 해제에 대하여 회생법원의 허가를 받은 후 삼호그린에게 계약해제의 통지를 하여 2013. 3. 26. 삼호그린에게 그 통지가 도달한 사실, ⑤ 한편 중소기업창업 지원법 제20조 제1항에 의하여 결성된 중소기업창업투자조합인 삼호그린은 같은 법 제22조 및 조합규약 제29조 제2항에 따라 이 사건 주식의 주권을 신탁업자인 중소기업은행에 위탁하여 둔 상태였는데, 이 사건 주식에 관한 주식매수청구 당시는 물론 그 이후로도 주권 교부의무의 이행이나 그 이행제공을 위해 아무런 조치를 취한 바 없는 사실, ⑥ 진셍케이에 대하여 2013. 7. 16. 회생계획인가가 있은 후 회생절차폐지의 결정이 확정되어 채무자회생법 제6조 제1항에 의한 직권 파산선고에 의하여 파산절차로 이행된 사실을 알 수 있다.

이러한 사실관계를 앞에서 본 법리에 비추어보면, 삼호그린의 주식매수청구권 행사로 이 사건 주식에 관한 매매계약이 성립하였고, 진셍케이에 대한 회생절차개시 당시에 서로 대등한 대가관계에 있는 위 각 계약상 채무의 전부 또는 일부가 이행되지 아니한 상태에 있었으므로, 진셍케이의 귀책사유의 유무를 불문하고 진셍케이의 관리인은 채무자회생법 제119조 제1항에 따라 쌍방미이행 쌍무계약에 해당하는 이 사건 주식매매계약을 해제할 수 있다. 따라서 이 사건 주식매매계약은 진셍케이의 관리인의 계약해제 통지로 2013. 3. 26. 적법하게 해제되었다고 할 것이고, 진셍케이에 대한 회생계획인가 후 회생절차폐지의 결정이 확정되었다고 하더라도 위 해제의 효력에는 아무런 영향을 미치지 아니한다.

다. 원심이 진셍케이의 관리인이 채무자회생법 제119조 제1항의 쌍방미이행 쌍무계약에 해당하는 이 사건 주식매매계약을 해제할 수 있다고 판단한 것은 정당하고, 거기에 상고이유 주장과 같이 미이행 쌍무계약의 해제권 제한과 채무의 이행 여부, 계약의 일부 무효에 관한 법리를 오해하는 등의 잘못이 없다.

3. 결론

그러므로 피고에 대한 상고를 각하하고, 참가인에 대한 상고는 기각하며, 상고비용은 패소자가 부담하도록 하여, 관여 대법관의 일치된 의견으로 주문과 같이 판결한다.

제3절 자본시장법

[60] 증권회사 직원의 투자권유와 투자자보호의무

— 대법원 2015. 1. 29. 선고 2013다217498 판결 —

【판시사항】

금융투자업자가 고객에게 다른 금융투자업자가 취급하는 금융투자상품 등을 소개한 것이 자본시장과 금융투자업에 관한 법률 제9조 제4항에서 정한 '투자권유'를 한 것으로 평가되는 경우 / 이 경우 해당 금융투자업자가 고객에게 해당 금융투자상품에 관한 적합성 원칙의 준수 및 설명의무를 부담하는지 여부(적극)

【판결요지】

자본시장과 금융투자업에 관한 법률(이하 '자본시장법'이라고 한다) 제9조 제4항, 제46조 제3항, 제47조 제1항, 제3항의 내용과 취지 등에 비추어 보면, 금융투자업자가 과거 거래 등을 통하여 자신을 신뢰하고 있는 고객에게 다른 금융투자업자가 취급하는 금융투자상품 등을 단순히 소개하는 정도를 넘어 계약 체결을 권유함과 아울러 그 상품 등에 관하여 구체적으로 설명하는 등 적극적으로 관여하고, 나아가 그러한 설명 등을 들은 고객이 해당 금융투자업자에 대한 신뢰를 바탕으로 다른 금융투자업자와 계약 체결에 나아가거나 투자 여부 결정에 그 권유와 설명을 중요한 판단요소로 삼았다면, 해당 금융투자업자는 자본시장법 제9조 제4항에서 규정하는 '투자권유'를 하였다고 평가할 수 있고 그와 같이 평가되는 경우 해당 금융투자업자는 직접 고객과 사이에 금융투자상품 등에 관한 계약을 체결하는 것이 아니라 하더라도 고객에 대하여 해당 금융투자상품에 관한 적합성 원칙의 준수 및 설명의무를 부담한다.

【원고, 피상고인】 원고 1 외 1인
【피고, 상고인】 ○○증권 주식회사
【원심판결】 서울고법 2013. 11. 7. 선고 2013나2009367 판결

【주　문】

상고를 모두 기각한다. 상고비용은 피고가 부담한다.

【이　유】

상고이유를 판단한다.

1. 피고가 금융투자업자로서 적합성 원칙 등의 의무를 부담하는지에 관한 상고이유에 대하여

가. 자본시장과 금융투자업에 관한 법률(이하 '자본시장법'이라고 한다)은 제46조 제3항에서 "금융투자업자는 일반투자자에게 투자권유를 하는 경우에는 일반투자자의 투자목적·재산상황 및 투자경험 등에 비추어 그 일반투자자에게 적합하지 아니하다고 인정되는 투자권유를 하여서는 아니 된다."고 규정하고, 제47조 제1항에서 "금융투자업자는 일반투자자를 상대로 투자권유를 하는 경우에는 금융투자상품의 내용, 투자에 따르는 위험, 그 밖에 대통령령으로 정하는 사항을 일반투자자가 이해할 수 있도록 설명하여야 한다.", 같은 조 제3항에서 "금융투자업자는 제1항에 따른 설명을 함에 있어서 투자자의 합리적인 투자판단 또는 해당 금융투자상품의 가치에 중대한 영향을 미칠 수 있는 사항(이하 "중요사항"이라고 한다)을 거짓 또는 왜곡(불확실한 사항에 대하여 단정적 판단을 제공하거나 확실하다고 오인하게 할 소지가 있는 내용을 알리는 행위를 말한다)하여 설명하거나 중요사항을 누락하여서는 아니 된다."고 규정하고 있으며, 제9조 제4항에서 "이 법에서 '투자권유'란 특정 투자자를 상대로 금융투자상품의 매매 또는 투자자문계약·투자일임계약·신탁계약(관리형 신탁계약 및 투자성 없는 신탁계약을 제외한다)의 체결을 권유하는 것을 말한다."고 규정하고 있다.

이처럼 자본시장법은 금융투자업자에 비하여 전문성 및 정보가 부족한 투자자를 보호하기 위하여 금융투자업자로 하여금 일반투자자를 상대로 투자권유를 하는 경우에 적합성 원칙 및 설명의무를 준수하도록 규정하고 있는데, 그 의무준수의 주체를 '금융투자업자'로만 정하고 있을 뿐 금융투자업자가 고객과 사이에 자신이 직접 취급하는 상품 등에 관한 계약을 체결하기 위하여 투자를 권유하는 경우로 한정하고 있지 않다.

위와 같은 자본시장법의 규정 내용과 취지 등에 비추어 보면, 금융투자업자가 과거 거래 등을 통하여 자신을 신뢰하고 있는 고객에게 다른 금융투자업자가 취급하는 금융투자상품 등을 단순히 소개하는 정도를 넘어 계약 체결을 권유함과 아울러 그 상품 등에 관하여 구체적으로 설명하는 등 적극적으로 관여하고, 나아가 그러한 설명 등을 들은 고객이 해당 금융투자업자에 대한 신뢰를 바탕으로 다른 금융투자업자와 계약 체결에 나아가거나 투자 여부 결정에 있어서 그 권유와 설명을 중요한 판단요소로 삼았다면, 해당 금융투자업자는 자본시장법 제9조 제4항에서 규정하는 '투자권유'를 하였다고 평가할 수 있고 그와 같이 평가되는 경우 해당 금융투자업자는 직접 고객과 사이에 금융투자상품 등에 관한 계약을 체결하는 것이 아니라 하더라도 고객에 대하여 해당 금융투자상품에 관한 적합성 원칙의 준수 및 설명의무를 부담한다고 보아야 한다.

나. 원심은, ① 피고 부천지점에 근무하는 소외인이 먼저 원고 1(원고 2는 원고 1의 매형으로 원고 1이 원고 2를 대리하여 이 사건 투자일임계약을 체결하였다)에게 이 사건 투자일임계약을 소개하면서 세이프에셋투자자문 주식회사(이하 '세이프에셋'이라고 한다)가 작성한 일임투자제안서 등을 제시하고 상품 내용 및 그동안의 운용결과 등에 대하여 비교적 상세하게 설명한 점, ② 원고 1은 소외인의 설명을 듣고 비로소 이 사건 투자일임계약에 대하여 알게 되어 투자하려는 의사를 가지게 된 것으로 보이는 점, ③ 원고 1은 세이프에셋에 전화로 위 투자상품에 관하여 문의하기는 하였으나, 그 전에 이미 소외인으로부터 상품에 관한 대부분의 설명을 들었고 이에 근거하여 투자의사결정을 하게 된 것으로 보이는 점, ④ 원고 1이 이 사건 투자일임계약을 체결할 의사를 밝히자, 소외인은 원고 1과 사이에 원고들 명의의 각 투자성향진단결과 확인서 및 각 투자일임계약서를 작성하기도 하였으므로, 일반투자자인 원고 1로서는 소외인이 투자일임에 관한 상품을 판매하거나 세이프에셋과의 투자일임계약을 중개하는 역할을 하는 것으로 판단할 수 있는 점, ⑤ 피고가 이 사건 투자일임계약의 체결로 운용수익 내지 판매수수료를 취득하지는 않았으나, 피고에 개설된 계좌를 통하여 옵션거래가 이루어졌기 때문에 피고는 세이프에셋의 각 거래행위마다 거래수수료를 취득하였던 점 등의 사정을 종합하면, 소외인은 원고들에게 단순히 이 사건 투자일임계약을 소개하는 정도를 넘어 적극적으로 원고들에게 이 사건 투자일임계약의 체결을 권유한 것으로 보아야 하고 따라서 피고는 이 사건 투자일임계약의 당사자가 아니더라도 이 사건 투자일임계약의 권유에 대하여 금융투자업자로서의 적합성 원칙 및 설명의무를 부담한다는 취지로 판단하였다.

다. 앞서 본 법리 및 기록에 비추어 살펴보면 원심의 판단은 정당하고, 거기에 자본시장법상 투자권유에 관한 법리를 오해하거나 논리와 경험의 법칙에 반하여 자유심증주의의 한계를 벗어나는 등의 잘못이 없다.

5. 결론

그러므로 상고를 모두 기각하고 상고비용은 패소자가 부담하기로 하여, 관여 대법관의 일치된 의견으로 주문과 같이 판결한다.

[61] 주가연계증권(ELS) 시세고정 사건

— 대법원 2015. 6. 11. 선고 2014도11280 판결 —

【판시사항】

자본시장과 금융투자업에 관한 법률 제176조 제3항에 정한 '증권 등의 시세를 고정시킬 목적'의 의미 및 시세고정목적이 있는지 판단하는 기준

【판결요지】

자본시장과 금융투자업에 관한 법률 제176조 제3항에 정한 '증권 등의 시세를 고정시킬 목적'이란 본래 정상적인 수요·공급에 따라 자유경쟁시장에서 형성될 증권 등의 시세에 시장요인에 의하지 아니한 다른 요인으로 인위적인 조작을 가하여 시세를 형성 및 고정시키거나 이미 형성된 시세를 고정시킬 목적을 말하는 것으로서, 다른 목적이 동시에 존재하는지 및 그중 어느 목적이 주된 것인지는 문제 되지 않고, 목적에 대한 인식은 미필적 인식으로 충분하며, 시세고정목적이 있는지는 증권 등의 성격과 발행된 증권 등의 총수, 가격 및 거래량의 동향, 전후의 거래상황, 거래의 경제적 합리성과 공정성, 시장관여율의 정도, 지속적인 종가관리 등 거래의 동기와 태양 등의 간접사실을 종합적으로 고려하여 판단하여야 한다.

【상 고 인】 피고인
【원심판결】 서울중앙지법 2014. 8. 22. 선고 2013노1066 판결

【주 문】

상고를 기각한다.

【이 유】

상고이유를 판단한다.

1. 자본시장과 금융투자업에 관한 법률(이하 '자본시장법'이라고 한다) 제176조 제3

항에 정한 '증권 등의 시세를 고정시킬 목적'이라 함은 본래 정상적인 수요·공급에 따라 자유경쟁시장에서 형성될 증권 등의 시세에 시장요인에 의하지 아니한 다른 요인으로 인위적인 조작을 가하여 시세를 형성 및 고정시키거나 이미 형성된 시세를 고정시킬 목적을 말하는 것으로서, 다른 목적이 동시에 존재하는지 및 그중 어느 목적이 주된 것인지는 문제 되지 않고, 목적에 대한 인식은 미필적 인식으로 충분하며, 시세고정목적이 있는지 여부는 그 증권 등의 성격과 발행된 증권 등의 총수, 가격 및 거래량의 동향, 전후의 거래상황, 거래의 경제적 합리성과 공정성, 시장관여율의 정도, 지속적인 종가관리 등 거래의 동기와 태양 등의 간접사실을 종합적으로 고려하여 이를 판단하여야 한다(대법원 2004. 10. 28. 선고 2002도3131 판결, 대법원 2006. 5. 11. 선고 2003도4320 판결 등 참조).

2. 원심판결 이유와 원심 및 제1심이 적법하게 채택하여 조사한 증거들에 의하면 다음의 사실을 알 수 있다.

가. 주가연계증권(ELS)과 델타헤지

(1) 주가연계증권(Equity−Linked Securities, 이하 'ELS'라고 한다)은 투자수익이 특정 주식의 가격이나 주가지수의 변동에 연계되어 결정되는 파생결합증권으로, 주식을 기초자산으로 하는 ELS는 그 발행사가 ELS의 발행대금으로 기초자산인 주식을 매수하여 '델타헤지'라는 금융기법에 따라 그 주식을 계속적으로 매수·매도함으로써 기초자산의 가격변동으로 인한 위험을 회피함과 아울러 투자자들에 대한 상환자금을 마련하고, 상환기준일에 기초자산인 주식의 가격이 상환기준가격 이상이 되면 투자자들에게 원금에 약정수익을 더하여 상환하고 상환기준가격에 미달하게 되면 투자자들에게 원금에 손실률을 곱한 금액을 상환하는 구조를 갖고 있다.

(2) 기초자산의 가격변동에 따른 파생상품의 가격변동 비율을 델타값이라고 하고, 기초자산 가격변동에 따른 파생상품 가격변동을 상쇄시키기 위하여 델타값이 커지면 기초자산을 매수하고 델타값이 작아지면 기초자산을 매도하는 방법으로 기초자산의 보유량을 조절하는 헤지방법을 델타헤지라고 하는데, ELS에서는 앞서 본 바와 같은 수익구조로 인하여 상환기준일 부근에 기초자산의 가격이 상환기준가격에 근접하게 되면 델타값이 급격하게 커지고, 상환기준일의 종류 등에 따른 정도의 차이는 있으나 상환기준일이 지남으로써 델타값이 급격하게 감소하는 특징을 갖는다.

또한 이론적으로는 기초자산의 가격변동에 따른 델타값의 변화에 맞추어 계속하여 기초자산의 보유량을 조절하여야 하나, 실제 거래에서는 통상 일정한 시간(매일 1~2회)마다 델타값을 계산하여 기초자산의 보유량을 조절하면서 당일 장 마감 시각을 기준으로 델타값에 따라 보유하여야 하는 기초자산의 수량과 실제 보유하는 기초자산의 수량을 비교하는 방법으로 헤지가 적절하게 수행되고 있는지를 관리하고 있어, 델타헤지 업무를 수행하는 트레이더에게는 일정 범위의 재량이 인정되고 있다.

나. 이 사건 ELS의 발행과 피고인의 델타헤지 업무 수행

(1) 공소외 1 주식회사(이하 '공소외 1 회사'라고 한다)는 2008. 4. 18. 제357회 ELS (이하 '이 사건 ELS'라고 한다)를 발행하여 판매하였다.

이 사건 ELS는 상장증권인 공소외 2 주식회사 주식(이하 '공소외 2 회사 주식'이라고 한다)과 공소외 3 주식회사 주식(이하 '공소외 3 회사 주식'이라고 한다)을 기초자산으로 하고 만기를 2년 뒤로 한 ELS로서, 발행일 다음 날 기초자산의 종가를 최초기준가격으로 하여 매 6개월마다 도래하는 조기상환기준일에 2개 기초자산의 종가가 모두 상환기준가격(최초기준가격 대비 1차 조기상환의 경우 85%, 2차 조기상환의 경우 80%, 3차 조기상환의 경우 75%) 이상이면 투자자들에게 원금에 연 24%의 약정수익을 더한 금액을 상환하여 상품을 만기 전에 종료하고, 조기상환조건이 성취되지 못한 채로 진행하여 만기가 도래한 경우 만기상환기준일에 2개 기초자산의 종가가 모두 상환기준가격(최초기준가격의 70%) 이상이거나 그렇지 않은 경우 투자기간 중 2개 기초자산이 모두 하한가격(최초기준가격의 50%) 미만으로 하락한 적이 없다면 역시 투자자들에게 원금에 연 24%의 약정수익을 더한 금액을 상환하지만 위 조건의 어느 하나에도 해당되지 않으면 원금에 2개 기초자산 중 하락폭이 큰 종목의 하락률을 곱한 금액만을 투자자에게 상환하는 원금비보장형 ELS이었다.

(2) 피고인은 이 사건 ELS를 포함하여 공소외 1 회사가 발행한 총 123개 ELS의 전체 기초자산을 기초자산별로 통합하여 헤지업무를 수행하였고, 공소외 3 회사 주식에 관하여는 이 사건 ELS 등 그 주식을 기초자산으로 하는 9개 ELS를 통합하여 헤지업무를 수행하였다.

다. 공소외 3 회사 주식의 주가변동과 피고인의 공소외 3 회사 주식 매매

(1) 공소외 3 회사 주식의 주가는 2008. 7.경 세계금융위기로 하락세로 들어서 1차 조기상환기준일에 상환조건이 성취되지 않은 채 2008. 10. 27. 장중 43,950원까지 하락하였다가 상승세로 반전하였고 이후 지속적으로 상승하여 이 사건 ELS의 2차 조기상환기준일(이하 '이 사건 기준일'이라고 한다)인 2009. 4. 15.에 근접하여서는 상환기준가

격인 96,000원 부근에 이르렀다.

피고인은 위와 같은 공소외 3 회사 주식의 주가변동에 따른 델타값의 변화에 맞추어 공소외 3 회사 주식의 매수와 매도를 반복하였고, 이 사건 기준일에 가까워서는 증가하는 델타값에 맞추어 공소외 3 회사 주식을 매수하여 그 보유량을 늘렸다.

(2) 이 사건 기준일 당일 공소외 3 회사 주식의 주가는 96,500원으로 시작하여 장 초반 95,000원대까지 일시 하락하였다가 상승세로 반전하여 09:40경 이후 상환기준가격인 96,000원 이상으로 진입하였고, 10:50경 99,300원을 정점으로 다시 하락하였으나 이후 14:30경까지 13:20 부근에서 약 10분 정도 96,000원보다 약간 낮은 가격에 있었던 외에는 대부분의 시간 동안 상환기준가격인 96,000원을 상회하고 있었다.

이와 같은 상황에서 피고인은 장 초반에 공소외 3 회사 주식의 주가가 일시 하락세를 보일 때 공소외 3 회사 주식 500주를 매수하였고, 상승세로 반전된 후 직전가격 대비 100원 내지 900원 높은 97,400원 내지 98,000원에 5,000주를 매도하였으며, 09:55경 총 64회에 걸쳐 직전가격 대비 2,700원 내지 8,700원 높은 103,000원 내지 106,000원에 100,000주의 매도주문을 하였으나 주문가격이 너무 높아 매매가 체결되지 않았다.

피고인은 이후 공소외 3 회사 주식에 관하여 아무런 주문을 하지 않고 있다가 14:30경부터 14:50경까지 20분 동안 총 62회에 걸쳐 합계 60,500주를 대부분 직전가격 대비 저가 또는 동일가로 매도하였고, 피고인의 매도로 인하여 14:30경 97,000원대 수준이었던 공소외 3 회사 주식의 주가는 14:50경 95,900원으로 하락하였다.

(3) 피고인은 이 사건 기준일 종가 결정을 위한 단일가매매 시간대(14:50~15:00, 10분 동안 매도주문과 매수주문을 모두 접수한 후 15:00에 가격우선 및 시간우선의 원칙에 따라 가장 낮은 가격의 매도주문과 가장 높은 가격의 매수주문부터 순차적으로 물량을 맞추어 최종적으로 가장 많은 수량을 매매할 수 있는 하나의 가격으로 매매거래가 이루어지는데, 한국거래소는 실시간으로 그때까지 이루어진 매도주문과 매수주문을 기초로 산출된 예상체결가격과 예상체결수량을 알려주고 있다)에도 계속하여 공소외 3 회사 주식에 관하여 대량의 매도주문을 하였는데, 주문가격은 모두 상환기준가격인 96,000원을 하회하는 것이었다.

즉, 피고인은 14:52:00경 95,500원에 7,000주의 매도주문을 하였고(주문 전 예상체결가격 96,000원, 예상체결수량 11,668주, 주문 후 예상체결가격 95,500원, 예상체결수량 18,108주), 14:58:50경 95,900원에 50,000주의 매도주문을 하였으며(주문 전 예상체결가격 97,400원, 예상체결수량 33,653주, 주문 후 예상체결가격 95,900원, 예상체결수량 57,524주),

14:59:48경 95,800원에 10,000주의 매도주문을 하였고(주문 전 예상체결가격 95,900원, 예상체결수량 72,901주, 주문 후 예상체결가격 95,900원, 예상체결수량 72,901주), 14:59:50경 95,800원에 10,000주의 매도주문을 하였으며(주문 전 예상체결가격 96,000원, 예상체결수량 86,287주, 주문 후 예상체결가격 95,900원, 예상체결수량 93,220주), 14:59:55경 95,800원에 10,000주의 매도주문을 하였다(주문 전 예상체결가격 95,900원, 예상체결수량 93,225주, 주문 후 예상체결가격 95,900원, 주문 후 예상체결수량 93,225주).

피고인은 위와 같이 매도주문을 하여 장이 마감된 15:00:00 최종적으로 상환기준가격에 100원 미달하는 95,900원의 가격에 공소외 3 회사 주식 78,763주를 매도하였고, 이로써 이 사건 기준일 당시 공소외 2 회사 주식의 주가가 상환기준가격을 훨씬 상회하였음에도 이 사건 ELS의 조기상환조건이 충족되지 못하게 되었는데, 위 공소외 3 회사 주식의 매도량은 단일가매매 시간대에 체결된 공소외 3 회사 주식 전체 거래량의 81.1%에 달하는 것이었고 호가관여율은 24.3%에 이르는 것이었다.

라. 이 사건 기준일을 전후한 기타 정황사실

(1) 공소외 1 회사는 이 사건 ELS를 발행한 2008. 4. 이후 그 기초자산인 공소외 2 회사 주식과 공소외 3 회사 주식의 운용에서 손실을 보고 있었고 2009. 4.에 이르러서야 수익이 발생하기 시작하였으나 2009. 6.까지의 기간 동안 공소외 2 회사 주식에서 24억 9,900만 원, 공소외 3 회사 주식에서 61억 2,700만 원의 매매 및 평가 손실을 입었으며, ELS의 부채평가액을 헤지하기 위한 변동성스왑계약에서도 손실이 발생하여 2008. 1.부터 2009. 3.까지의 기간 동안 그 누적손실이 145억 1,300만 원에 이르렀다.

(2) 한편 이 사건 기준일이 지나고 이 사건 ELS의 조기상환조건이 성취되지 않은 데 대하여 민원이 제기되자, 공소외 1 회사의 공소외 4 경영지원본부 대표는 '부도덕한 매매를 했다'는 등의 언급을 하면서 피고인과 그의 상관인 공소외 5 상무보를 질책하였고, 금융감독원에 민원을 제기한 공소외 6에 대하여는 파생상품 운영본부장 공소외 7의 요청으로 다른 임원 2명이 출연하여 원금에 이 사건 기준일에 조기상환조건이 충족되었을 때의 약정수익을 더한 금액을 지급해 주었다.

(3) 이 사건 ELS는 2009. 10. 14. 3차 조기상환기준일에 그 기초자산인 공소외 2 회사 주식과 공소외 3 회사 주식의 주가가 모두 상환기준가격 이상이 되어 위 무렵 원금에 약정수익을 더한 금액을 투자자들에게 반환하고 종료되었다.

3. 위 사실관계를 앞서 본 법리에 비추어 피고인이 시장에 인위적인 조작을 가하

여 공소외 3 회사 주식의 시세를 형성 내지 고정시킬 목적으로 위와 같은 매매거래를 하였는지 여부에 관하여 본다.

가. ELS의 발행사는 델타헤지에 의한 기초자산의 매매로 투자자들에 대한 상환자금을 마련하게 되는데 이 사건 ELS의 경우 그 기초자산인 공소외 2 회사 주식과 공소외 3 회사 주식의 헤지거래에서 큰 손실을 보고 있다가 이 사건 기준일에 이르러서야 수익이 발생하기 시작하였으므로, 피고인으로서는 위 기초자산들을 차회 조기상환기준일 내지 만기상환기준일까지 운용하여 그동안의 손실을 만회할 기회를 얻기 위하여 이 사건 기준일에 조기상환을 무산시킬 유인이 있었다고 볼 수 있다.

나. 피고인은 이 사건 기준일에 가까워질 무렵 증가하는 델타값에 따라 공소외 3 회사 주식을 매수하여 그 보유량을 늘렸으나, 이 사건 기준일이 지남으로써 델타값이 감소될 것이 예정되어 있었으므로 이 사건 기준일에 이르러는 공소외 3 회사 주식을 상당량 매도할 필요가 있었음에도 불구하고, 이 사건 기준일 오전 상승세에 5,000주를 매도한 외에는 현실성 없이 높은 가격으로 100,000주의 매도주문만을 한 채 14:30경까지 공소외 3 회사 주식의 보유량을 그대로 유지하고 있었다.

한편 이 사건 기준일에 공소외 3 회사 주식의 주가는 09:40경 이후 14:30경까지 비교적 안정적으로 상환기준가격인 96,000원을 상회하고 있었고 공소외 2 회사 주식의 주가는 상환기준가격을 훨씬 상회하고 있었으므로 이 사건 기준일에 이 사건 ELS의 조기상환조건이 성취될 가능성이 상당히 높았었는데, 피고인은 위와 같이 공소외 3 회사 주식의 보유량을 유지하고 있다가 단일가매매 시간대 직전 20분 동안 60,500주를 직전 가격 대비 저가 및 동일가로 매도함으로써 14:30경 97,000원대에 있던 공소외 3 회사 주식의 주가를 단일가매매 시간대 시작 시점에 상환기준가격인 96,000원까지 하락시켰고, 단일가매매 시간대에 들어서는, 한국거래소의 거래시스템에 의하여 실시간으로 예상체결가격과 예상체결수량을 확인할 수 있는 상태에서, 14:52:00경 당시 예상체결가격보다 500원 낮은 95,500원에 7,000주의 매도주문을 하여 예상체결가격이 95,500원으로 하락하고 예상체결수량이 매도주문량에 가깝게 증가하는 것을 보고 당시의 시장상황을 확인한 다음, 장 마감 1분 10초 전인 14:58:50경 예상체결가격이 97,400원인 상황에서 이보다 1,500원이나 낮은 95,900원에 무려 50,000주의 매도주문을 하여 예상체결가격을 상환기준가격 아래인 95,900원으로 하락시켰으며, 이후 단일가매매 시간대의 거래방식을 고려하여 96,000원 이상의 매수주문이 유입되더라도 공소외 3 회사 주식의 주가가 상승하는 것을 원천적으로 차단할 생각으로 장 마감 12초 내지 5초 전인 14:59:48

경, 14:59:50경 및 14:59:55경 각 95,800원에 10,000주씩 합계 30,000주의 매도주문을 하여, 결국 추가매수세의 유입에도 불구하고 이 사건 기준일에 공소외 3 회사 주식의 종가가 상환기준가격인 96,000원보다 100원 낮은 95,900원에서 결정되도록 하였다.

다. 이상과 같은 거래의 동기와 태양 및 그 밖에 앞서 본 이 사건 ELS에 관하여 제기된 민원에 대한 공소외 1 회사의 대처 내용 등에 비추어 보면, 피고인은 이 사건 기준일에 공소외 3 회사 주식의 종가를 이 사건 ELS의 상환기준가격인 96,000원 미만으로 인위적으로 형성 및 고정시킬 목적으로 앞서 본 바와 같은 방식으로 장 마감 직전에 단일가매매 시간대 전체 공소외 3 회사 주식 거래량의 80%가 넘는 87,000주에 대하여 상환기준가격보다 낮은 가격으로 집중적인 매도주문을 함으로써 자본시장법 제176조 제3항에 정한 시세고정행위를 하였다고 봄이 상당하고, 비록 델타헤지를 위하여 위와 같은 수량의 공소외 3 회사 주식을 매도할 필요가 있었다고 하더라도 그러한 사정의 존재가 피고인에 대한 시세고정목적의 인정에 방해가 되지는 않는다.

따라서 같은 취지에서 피고인에게 이 사건 공소사실을 유죄로 인정한 원심의 판단에 자본시장법 제176조 제3항의 시세고정행위에 관한 법리를 오해하거나 논리와 경험의 법칙에 반하여 자유심증주의의 한계를 벗어난 잘못이 없다.

4. 그러므로 상고를 기각하기로 하여, 관여 대법관의 일치된 의견으로 주문과 같이 판결한다.

[62] 자산운용회사와 판매회사의 투자자보호의무

— 대법원 2015. 11. 12. 선고 2014다15996 판결 —

【판시사항】

[1] 투자신탁의 자산운용회사는 제3자가 제공한 운용자산에 관한 정보의 진위를 비롯한 투자신탁의 수익구조 및 위험요인에 관한 사항을 합리적으로 조사하여 올바른 정보를 판매회사와 투자자에게 제공하여야 하는지 여부(적극) 및 합리적인 조사를 거친 뒤에도 정보가 불명확하거나 불충분한 경우, 판매회사와 투자자에게 그러한 사정을 분명히 알려야 할 투자자보호의무를 부담하는지 여부(적극)

[2] 투자신탁의 판매회사가 자산운용회사에서 제공받은 투자설명서나 운용제안서 등의 내용이 진실한지를 독립적으로 확인하여 투자자에게 알릴 의무가 있는지 여부(원칙적 소극) 및 판매회사가 투자신탁의 설정을 사실상 주도한 경우, 투자신탁의 수익구조와 위험요인을 합리적으로 조사하여 올바른 정보를 투자자에게 제공하여야 할 투자자보호의무를 부담하는지 여부(적극)

[3] 투자신탁의 자산운용회사가 간접투자재산을 운용할 때 부담하는 선관주의의무의 내용 및 선관주의의무를 위반하여 투자자에게 손해를 가하는 경우 투자자에 대하여 손해배상책임을 지는지 여부(적극)

【판결요지】

[1] 구 간접투자자산 운용업법(2007. 8. 3. 법률 제8635호 자본시장과 금융투자업에 관한 법률 부칙 제2조로 폐지) 제4조 제2항, 제56조 제1항, 제4항에 의하면, 자산운용회사는 투자신탁을 설정하고 투자신탁재산을 운용하는 자로서 투자신탁에 관하여 제1차적으로 정보를 생산하고 유통시켜야 할 지위에 있고, 투자자도 자산운용회사의 전문적인 지식과 경험을 신뢰하여 자산운용회사가 제공하는 투자정보가 올바른 것이라고 믿고 그에 의존하여 투자판단을 한다. 따라서 자산운용회사는 투자신탁재산의 운용대상이 되는 자산과 관련된 제3자가 제공한 운용자산에 관한 정보를 신뢰하여 이를 그대로 판매회사나 투자자에게 제공하는 데에 그쳐서는 아니 되고, 정보의 진위를 비롯한 투자신탁의 수익구조 및 위험요인에 관한 사항을 합리적으로 조사한 다음 올바른 정보를 판매회사

와 투자자에게 제공하여야 하며, 만약 합리적인 조사를 거친 뒤에도 투자신탁의 수익구조와 위험요인에 관한 정보가 불명확하거나 불충분한 경우에는 판매회사나 투자자에게 그러한 사정을 분명하게 알려야 할 투자자보호의무를 부담한다.

　[2] 판매회사는 특별한 사정이 없는 한 자산운용회사에서 제공받은 투자설명서나 운용제안서 등의 내용을 명확히 이해한 후 이를 투자자가 정확하고 균형 있게 이해할 수 있도록 설명하면 되고, 내용이 진실한지를 독립적으로 확인하여 이를 투자자에게 알릴 의무가 있다고 할 수는 없다. 그러나 판매회사가 투자신탁재산의 수익구조나 위험요인과 관련한 주요 내용을 실질적으로 결정하는 등으로 투자신탁의 설정을 사실상 주도하였다고 볼 만한 특별한 사정이 있는 경우에는 판매회사 역시 자산운용회사와 마찬가지로 투자신탁의 수익구조와 위험요인을 합리적으로 조사하여 올바른 정보를 투자자에게 제공하여야 할 투자자보호의무를 부담한다.

　[3] 구 간접투자자산 운용업법(2007. 8. 3. 법률 제8635호 자본시장과 금융투자업에 관한 법률 부칙 제2조로 폐지) 제19조 제1항은 "자산운용회사가 법령, 투자신탁의 약관 또는 투자회사의 정관 및 제56조의 규정에 의한 투자설명서에 위배되는 행위를 하거나 그 업무를 소홀히 하여 간접투자자에게 손해를 발생시킨 때에는 그 손해를 배상할 책임이 있다."고 규정하고 있고, 제86조 제1항은 "투자신탁의 자산운용회사 및 투자회사는 선량한 관리자의 주의로써 간접투자재산을 관리하여야 하며, 간접투자자의 이익을 보호하여야 한다."고 규정하고 있는바, 자산운용회사는 간접투자재산을 운용할 때 가능한 범위 내에서 수집된 정보를 바탕으로 간접투자자의 이익에 합치된다는 믿음을 가지고 신중하게 간접투자재산의 운용에 관한 지시를 하여 선량한 관리자로서의 책임을 다할 의무가 있고, 만약 자산운용회사가 이를 위반하여 투자자에게 손해를 가하는 경우 투자자에 대하여 손해배상책임을 진다.

【원고, 상고인】　○○생명보험 주식회사 외 2인
【피고, 피상고인】　○○자산운용 주식회사 외 1인
【원심판결】　서울고법 2014. 1. 10. 선고 2013나29235 판결

【주　　문】

　원심판결을 모두 파기하고, 사건을 서울고등법원에 환송한다.

【이   유】

상고이유를 판단한다.

1. 상고이유 제1점 중 잘못된 투자정보 제공을 이유로 한 피고들의 투자자보호의무 위반 관련 부분에 관하여

가. 구 간접투자자산 운용업법(2007. 8. 3. 법률 제8635호로 제정된 자본시장과 금융투자업에 관한 법률 부칙 제2조에 의하여 폐지. 이하 '구 간접투자법'이라고 한다) 제4조 제2항, 제56조 제1항, 제4항에 의하면, 자산운용회사는 투자신탁을 설정하고 투자신탁재산을 운용하는 자로서 투자신탁에 관하여 제1차적으로 정보를 생산하고 유통시켜야 할 지위에 있고, 투자자도 자산운용회사의 전문적인 지식과 경험을 신뢰하여 자산운용회사가 제공하는 투자정보가 올바른 것이라고 믿고 그에 의존하여 투자판단을 한다. 따라서 자산운용회사는 투자신탁재산의 운용대상이 되는 자산과 관련된 제3자가 제공한 운용자산에 관한 정보를 신뢰하여 이를 그대로 판매회사나 투자자에게 제공하는 데에 그쳐서는 아니 되고, 그 정보의 진위를 비롯한 투자신탁의 수익구조 및 위험요인에 관한 사항을 합리적으로 조사한 다음 올바른 정보를 판매회사와 투자자에게 제공하여야 하며, 만약 합리적인 조사를 거친 뒤에도 투자신탁의 수익구조와 위험요인에 관한 정보가 불명확하거나 불충분한 경우에는 판매회사나 투자자에게 그러한 사정을 분명하게 알려야 할 투자자보호의무를 부담한다.

판매회사는 특별한 사정이 없는 한 자산운용회사로부터 제공받은 투자설명서나 운용제안서 등의 내용을 명확히 이해한 후 이를 투자자가 정확하고 균형 있게 이해할 수 있도록 설명하면 되고, 그 내용이 진실한지를 독립적으로 확인하여 이를 투자자에게 알릴 의무가 있다고 할 수는 없다. 그러나 판매회사가 투자신탁재산의 수익구조나 위험요인과 관련한 주요 내용을 실질적으로 결정하는 등으로 투자신탁의 설정을 사실상 주도하였다고 볼 만한 특별한 사정이 있는 경우에는 판매회사 역시 자산운용회사와 마찬가지로 투자신탁의 수익구조와 위험요인을 합리적으로 조사하여 올바른 정보를 투자자에게 제공하여야 할 투자자보호의무를 부담한다.

나. 원심판결 이유에 의하면, 원심은 그 판시와 같은 사실을 인정한 다음, ① 이 사건 선박의 센터 탱크는 IMO Ⅱ Type이고, 사이드 탱크는 IMO Ⅲ Type인데 센터 탱크의 비중이 80% 이상을 차지하고, 이 사건 제안서나 수정제안서에는 이 사건 선박

의 IMO Type에 관하여 명확한 언급이 없을 뿐만 아니라 IMO Ⅱ Type 및 IMO Ⅲ Type, IMO Ⅱ/Ⅲ Type 선박에 관한 자료를 바탕으로 분석한 용선료나 선박대금에 관한 전망이 기재되어 있는 점에 비추어 이 사건 제안서와 수정제안서의 내용이나 소외 1이 2006. 8. 10. 소외 2에게 보낸 이메일의 내용만으로는 피고들이 원고들에게 IMO Ⅱ/Ⅲ Type인 이 사건 선박을 IMO Ⅱ Type이라고 설명하거나 오해를 유발할 수 있는 표시를 하였다고 보기 어렵고, ② 주식회사 한진해운(이하 '한진해운'이라고 한다)과 주식회사 브리지마린(이하 '브리지마린'이라고 한다)이 이 사건 정기용선계약을 변경하여 2차 정기용선계약을 체결하고도 피고들에게 이를 알리지 않았을 뿐만 아니라 이 사건 정기용선계약이 여전히 유효함을 전제로 한 추가계약조항을 제출하기도 한 사정 등에 비추어 피고들이 이 사건 펀드 설정 당시 이미 2차 정기용선계약의 체결로 이 사건 정기용선계약의 효력이 상실되었음을 알지 못한 데에 과실이 있다고 보기 어려우며, ③ 이 사건 수정제안서나 소외 1이 소외 2에게 보낸 이메일에서 이 사건 정기용선계약 체결 2년 후 브리지마린의 용선계약 체결 가능성과 용선료 취득 전망에 관하여 긍정적으로 설명한 것은 장래의 선박 경기에 대한 예측에 근거한 것이어서 원고들로서는 경제상황의 변화 등에 따라 다른 결과가 나타날 가능성이 있음을 충분히 예상할 수 있었으므로, 피고들이 브리지마린의 용선계약 체결 가능성, 용선료 취득 전망에 대하여 오해를 일으키는 설명을 하였다고 볼 수 없고, ④ 피고들은 이 사건 펀드 설정 당시 수집 가능했던 객관적인 정보를 바탕으로 이 사건 선박 매도가격과 그 하락 위험을 분석하여 그 결과를 근거와 함께 이 사건 제안서와 수정제안서에 기재하여 원고들에게 제공하였으므로 이에 관하여 잘못된 정보를 제공하였다고 보기 어렵다고 판단하여, 피고들이 이 사건 펀드와 관련하여 잘못된 정보를 제공하여 투자자보호의무를 위반하였다는 원고들의 주장을 배척하였다.

다. 원심판결 이유를 앞서 본 법리와 기록에 비추어 살펴보면, 피고들이 이 사건 선박의 IMO Type 및 브리지마린의 용선계약 체결 가능성과 용선료 취득 전망, 이 사건 선박 매도가격이나 그 하락 위험과 관련하여 잘못된 정보를 제공하여 투자자보호의무를 위반하였다는 원고들의 주장을 배척한 원심의 판단은 정당하다.

라. 그러나 피고들이 이 사건 정기용선계약의 내용을 확인하지 아니하여 원고들에게 잘못된 정보를 제공한 데에 과실이 있다고 보기 어렵다고 판단한 부분은 다음과 같은 이유로 수긍하기 어렵다.

(1) 원심판결 이유에 의하면 다음과 같은 사실을 알 수 있다.

(가) 브리지마린의 대표이사인 소외 3은 2006. 4.경 피고 에스케이증권 주식회사(이하 '피고 에스케이증권'이라고 한다)의 직원인 소외 1과 협의하여 브리지마린이 선박을 구매하되 그에 관하여 신용이 양호한 해운회사와 정기용선계약을 체결한 후 그 용선료채권과 선박의 가치를 담보로 하여 선박구매자금을 조달하는 내용의 선박펀드를 조성하기로 하였다.

(나) 브리지마린은 2006. 6.경 중고 석유화학제품 운반선인 이 사건 선박에 관하여 매매계약을 체결한 후 한진해운과 용선기간 2년인 정기용선계약을 체결하기로 하고 소외 1에게 펀드 조성을 의뢰하였으나, 소외 1은 2년의 정기용선계약으로는 용선기간이 짧아 투자유치가 어렵다고 하였다. 이에 브리지마린은 2006. 7. 4. 한진해운과 이 사건 선박에 관하여 용선기간은 최초 2년으로 하되 이후 1년씩 총 4차례에 걸쳐 계약을 갱신할 수 있도록 정하고, 용선료는 최초 2년은 1일 미화(이하 생략함) 10,500달러, 이후 계약이 갱신될 경우 1일 11,000달러로 하는 내용의 이 사건 정기용선계약을 체결하였다.

(다) 피고 산은자산운용 주식회사(이하 '피고 산은자산운용'이라고 한다)는 2006. 7.경 피고 에스케이증권으로부터 투자금을 브리지마린에 이 사건 선박의 구매자금으로 제공한 후 그 용선료채권 등을 상환재원으로 하는 선박펀드를 조성하자는 취지의 투자계획서를 받아 검토한 후 자산운용회사로 참여할 것을 결정하였다.

(라) 한편 소외 3은 2006. 7. 20.경 한진해운의 직원인 소외 4에게 이 사건 선박을 브리지마린이 설립한 외국 법인인 갤럭시마리타임에 재용선하여 달라고 요청하였다. 이에 따라 한진해운은 2006. 7. 25. 갤럭시마리타임과 이 사건 선박에 관하여 용선기간은 6개월로 하되 6개월 연장 가능, 용선료는 1일 11,000달러로 하는 재용선계약을 체결하였고, 같은 날 브리지마린과도 위 계약의 내용을 반영하여 이 사건 정기용선계약의 용선기간을 최초 6개월로 확정하고 이후 6개월 연장하는 것으로 변경한 2차 정기용선계약을 체결하였다.

(마) 그럼에도 브리지마린이나 한진해운은 이 사건 펀드 설정 과정에서 변경된 2차 정기용선계약의 내용을 피고들에게 알리지 않았고, 소외 3은 이 사건 정기용선계약에 관한 추가약정서를 허위로 작성한 후 이를 피고들에게 제출하여 적극적으로 2차 정기용선계약의 내용을 감추었다.

(바) 피고 산은자산운용은 2006. 8.경 한진해운에 이 사건 정기용선계약의 내용을 따로 확인하지 아니한 채 용선기간이 최초 2년은 확정되었고 이후 이 사건 펀드의 만

기가 도래하기까지 1년마다 갱신되는 것을 전제로 이 사건 펀드의 수익과 위험을 분석하여 이 사건 제안서를 작성하였다. 피고 에스케이증권은 피고 산은자산운용으로부터 이 사건 제안서를 받아 이를 그대로 또는 일부 수정·보완하여 원고들에게 교부하면서 투자를 권유하였다.

(사) 피고 산은자산운용은 2006. 8. 28. 중소기업은행과 이 사건 신탁약정을 체결하였고, 같은 날 이 사건 펀드에 원고 케이디비생명보험 주식회사는 70억 원을, 원고 에르고다음다이렉트손해보험 주식회사는 40억 원을, 원고 별정우체국연금관리단은 20억 원을 각 투자하였다.

(아) 이 사건 펀드는, ① 자산운용회사인 피고 산은자산운용이 수탁회사인 중소기업은행과 신탁계약을 체결하여 이 사건 펀드를 설정하고, 판매회사인 피고 에스케이증권을 통해 이 사건 펀드의 수익증권을 판매하여 모집한 투자금 130억 원을 중소기업은행에 납입하고, ② 브리지마린은 이 사건 선박에 관하여 한진해운과 정기용선계약을 체결한 후 그 용선료채권과 이 사건 선박의 매각대금채권 등을 농업협동조합중앙회에 신탁하여 권면액 130억 원, 이자율 연 8.95%인 제1종 수익권을 취득하며, ③ 중소기업은행은 브리지마린에 130억 원을 지급하여 위 수익권을 양수하면 브리지마린은 그 돈으로 이 사건 선박을 구입하여 한진해운에 용선하고, ④ 이 사건 펀드는 위 수익권을 기초로 이 사건 펀드 운용 기간(5년)의 용선료 수입으로 투자자인 원고들에게 매년 투자원금 중 일부와 이자를 지급하고, 만기가 도래하면 이 사건 선박을 매각하여 그 매각대금으로 나머지 원금을 상환하는 구조로 되어 있다.

(자) 이 사건 선박은 브리지마린 등에 의하여 운용되다가 2011. 7. 27. 매각되었고, 피고 산은자산운용은 그 무렵까지 이 사건 선박의 용선료 수입 및 매각대금에서 원고 케이디비생명보험 주식회사에 4,834,621,404원을, 원고 에르고다음다이렉트손해보험 주식회사에 2,747,679,174원을, 원고 별정우체국연금관리단에 1,379,833,272원을 각 상환하였다.

(2) 이러한 사실관계를 앞서 본 법리에 비추어 본다.

(가) 이 사건 펀드는 브리지마린이 이 사건 선박에 관하여 한진해운과 체결한 정기용선계약에서 얻는 용선료 수입 등을 재원으로 하여 투자금을 상환하는 구조로 되어 있으므로, 용선계약의 내용 특히 용선계약의 상대방 및 용선기간 등은 브리지마린이 안정적으로 용선료를 지급받을 수 있는지와 관련하여 원고들의 투자판단에 영향을 주는 중요사항이라고 할 것이다. 더욱이 피고 산은자산운용은 이 사건 정기용선계약이 체결

된 이후에야 이 사건 펀드의 설정에 관여하여 계약 체결 경위에 관하여 잘 알지 못하였고, 이 사건 펀드는 이 사건 정기용선계약이 체결된 후 상당한 기간이 지나서 설정되었기 때문에 그 사이 계약 내용이 변경될 여지도 있었다.

따라서 피고 산은자산운용으로서는 브리지마린이 작성한 이 사건 정기용선계약서의 내용을 단순히 신뢰하는 데에 그치지 아니하고 독립적으로 한진해운에 용선기간 등 계약 내용을 확인한 후 그에 관하여 올바른 정보가 담긴 운용제안서를 작성하여 이를 피고 에스케이증권과 투자자인 원고들에게 제공하였어야 하였다. 그럼에도 피고 산은자산운용은 이러한 조사를 하지 아니하였고, 그 결과 2차 정기용선계약의 체결로 용선기간이 변경된 사실을 알지 못하여 원고들에게 사실과 다른 정보를 제공하였다. 피고 산은자산운용의 이러한 행위는 투자자보호의무를 게을리한 것이라고 할 것이고, 이는 피고 에스케이증권이 이 사건 펀드의 설정을 사실상 주도하였다고 하여 달리 볼 것은 아니다.

(나) 피고 에스케이증권은 브리지마린과 이 사건 선박의 매수자금 마련을 위한 펀드를 설정하기로 합의한 후 용선기간을 비롯한 이 사건 펀드의 구조를 미리 정하여 피고 산은자산운용에 자산운용회사로 참여할 것을 권유하는 등 이 사건 펀드의 설정을 사실상 주도하였으므로, 비록 판매회사의 지위에 있었더라도 독립적이고 객관적인 방법으로 한진해운에 확인하는 등으로 브리지마린과 한진해운 사이에 체결된 정기용선계약의 내용을 조사하여 올바른 정보를 원고들에게 제공할 필요가 있었다. 그럼에도 피고 에스케이증권은 브리지마린이 제출한 계약서의 내용을 그대로 믿고 이를 직접 조사하지 아니하여 원고들에게 중요사항인 용선계약의 상대방 및 용선기간에 관하여 사실과 다른 정보를 제공함으로써 원고들에 대한 투자자보호의무를 위반하였다고 할 것이다.

(다) 비록 소외 3이 이 사건 정기용선계약에 관한 추가약정서를 피고들에게 제출하여 2차 정기용선계약이 체결된 사실을 적극적으로 은폐하려고 하였더라도 피고들이 독립적으로 한진해운에 계약 내용을 확인하는 등의 조사를 하지 아니한 이상 그러한 사정만으로 달리 볼 것은 아니다.

(3) 이와 달리 원심은 그 판시와 같은 이유만으로 피고들이 이 사건 펀드 설정 당시 이 사건 정기용선계약의 내용을 확인하지 아니하여 잘못된 정보를 제공한 데에 과실이 없다고 판단하였으니, 이러한 원심판결에는 자산운용회사와 판매회사의 투자자보호의무에 관한 법리를 오해하여 판결에 영향을 미친 잘못이 있다. 이 점을 지적하는 상고이유 주장은 이유 있다.

2. 상고이유 제1점 중 피고 산은자산운용의 선관주의의무 위반 관련 부분에 관하여

가. 구 간접투자법 제19조 제1항은 "자산운용회사가 법령, 투자신탁의 약관 또는 투자회사의 정관 및 제56조의 규정에 의한 투자설명서에 위배되는 행위를 하거나 그 업무를 소홀히 하여 간접투자자에게 손해를 발생시킨 때에는 그 손해를 배상할 책임이 있다."고 규정하고 있고, 제86조 제1항은 "투자신탁의 자산운용회사 및 투자회사는 선량한 관리자의 주의로써 간접투자재산을 관리하여야 하며, 간접투자자의 이익을 보호하여야 한다."고 규정하고 있는바, 자산운용회사는 간접투자재산을 운용함에 있어 가능한 범위 내에서 수집된 정보를 바탕으로 간접투자자의 이익에 합치된다는 믿음을 가지고 신중하게 간접투자재산의 운용에 관한 지시를 하여 선량한 관리자로서의 책임을 다할 의무가 있다고 할 것이고, 만약 자산운용회사가 이를 위반하여 투자자에게 손해를 가하는 경우 투자자에 대하여 손해배상책임을 진다(대법원 2013. 11. 28. 선고 2011다 96130 판결 참조).

나. 원심은 그 판시와 같은 이유로, ① 피고 산은자산운용이 한진해운 등에 이 사건 정기용선계약의 내용이 변경되었는지를 직접 확인하지 아니한 것이 잘못이라고 단정하기 어렵고, ② 이 사건 선박의 용선료가 이 사건 정기용선계약에서 정한 대로 정상적으로 입금되는 상황에서 피고 산은자산운용이 용선료 입금자를 확인하여 이 사건 선박의 운항주체를 확인할 의무가 있다고 하기 어려우며, ③ 피고 산은자산운용은 이 사건 펀드의 용선료채권을 담보할 권리의 취득을 위하여 적절히 대처하였고, 적극적으로 이 사건 선박을 운항하여 용선료채권을 확보하기 위하여 노력하였으므로 용선료채권의 담보확보를 위한 노력이나 이 사건 선박의 관리를 게을리하였다고 할 수 없다고 보아, 피고 산은자산운용이 이 사건 펀드의 운용 과정에서 선관주의의무를 위반하였다는 원고들의 주장을 배척하였다.

다. 그러나 원심의 판단은 다음과 같은 이유로 수긍하기 어렵다.

(1) 원심판결 이유에 의하면, 소외 3은 이 사건 정기용선계약에서 정한 최초 2년의 용선기간이 경과할 무렵인 2008. 8.경 브리지마린이 한진해운과 이 사건 정기용선계약을 용선기간은 이 사건 펀드의 만기까지 남은 3년 동안 확정하고, 용선료는 최초 6개월은 1일 7,500달러, 나머지 2년 6개월은 1일 10,000달러로 변경하는 것으로 이 사건 재정기용선계약서를 위조한 후 이를 피고 산은자산운용에 제출하면서 이 사건 신탁약정

의 일부 조건을 변경해 달라고 요구한 사실, 피고 산은자산운용은 2008. 9. 10. 원고들의 동의를 얻어 이 사건 신탁약정을 일부 변경하였는데 그 과정에서 한진해운에 정기용선계약의 내용을 확인하는 등의 조치를 하지 아니한 사실을 알 수 있다.

(2) 이러한 사실관계를 앞서 본 법리에 비추어 살펴본다.

이 사건 정기용선계약의 내용 중 용선계약의 상대방이나 용선기간 및 용선료에 관한 사항은 이 사건 펀드의 수익 및 위험에 영향을 주는 중요사항이므로, 이 사건 펀드의 자산운용회사인 피고 산은자산운용은 계약 내용이 브리지마린에 유리하게 변경되었는지와 상관없이 정기용선계약의 변경 여부 및 변경된 계약의 내용을 정확히 조사·확인하여 이를 판매회사나 원고들에게 알릴 의무가 있다고 할 것이다. 그런데도 피고 산은자산운용은 소외 3이 위와 같이 위조한 이 사건 재정기용선계약서의 내용만을 신뢰한 채이를 한진해운에 확인하는 등의 조치를 하지 아니하여 위 계약서가 위조된 사실과 이사건 정기용선계약 내용이 변경된 사실을 알아내지 못하였는바, 이는 원고들에 대하여 자산운용회사로서의 선량한 관리자의 주의의무를 위반한 것이라고 봄이 상당하다.

그럼에도 원심은 소외 3이 위조한 이 사건 재정기용선계약서의 내용이 브리지마린에 유리하게 변경된 것은 아니었다는 등의 이유로 피고 산은자산운용이 정기용선계약의 변경 여부를 직접 확인할 의무가 있다고 보기 어렵다고 하였으니, 이러한 원심판결에는 자산운용회사의 선관주의의무에 관한 법리를 오해하여 판결에 영향을 미친 잘못이 있다. 이 점을 지적하는 상고이유 주장은 이유 있다.

3. 결론

그러므로 나머지 상고이유에 관한 판단을 생략한 채 원심판결을 모두 파기하고, 사건을 다시 심리·판단하게 하기 위하여 원심법원에 환송하기로 하여, 관여 대법관의 일치된 의견으로 주문과 같이 판결한다.

[63] 회계법인의 부실감사와 손해배상책임

— 대법원 2016. 12. 15. 선고 2015다243163 판결 —

【판시사항】

[1] 구 자본시장과 금융투자업에 관한 법률 제170조 제1항, 구 주식회사의 외부감사에 관한 법률 제17조 제2항에 따른 감사인의 손해배상책임이 과실로 중요한 사항에 관하여 기재하지 아니하거나 거짓으로 기재한 경우에도 인정되는지 여부(적극)

[2] 구 자본시장과 금융투자업에 관한 법률 제170조 제1항, 구 주식회사의 외부감사에 관한 법률 제17조 제2항에 따라 투자자 등이 감사인에게 감사보고서의 거짓 기재 등으로 인한 손해배상을 청구하기 위한 요건 / 주식거래에서 투자자는 사업보고서의 재무제표와 이에 대한 감사인의 감사보고서가 정당하게 작성되어 공표된 것으로 믿고 주가가 그에 바탕을 두고 형성되었다는 생각 아래 주식을 거래한 것으로 보아야 하는지 여부(적극)

[3] 구 자본시장과 금융투자업에 관한 법률 제162조 제1항에 근거한 사업보고서 등의 거짓 기재로 인한 손해배상책임이나 같은 법 제170조 제1항, 구 주식회사의 외부감사에 관한 법률 제17조 제2항에 근거한 감사보고서의 거짓 기재로 인한 손해배상책임의 경우, 사업보고서 등의 제출인 등이나 감사인이 손해의 전부 또는 일부와 거짓 기재 사이에 인과관계가 없다는 점을 증명하여 책임의 전부 또는 일부를 면할 수 있는지 여부(적극) 및 이때 인과관계 부존재를 증명하는 방법과 정도

[4] 사업보고서 등이나 감사보고서의 거짓 기재 사실이 밝혀진 후 허위정보로 부양된 부분이 모두 제거되어 정상적인 주가가 형성된 경우, 정상주가 형성일 이후의 주가 변동과 거짓 기재 사이에 인과관계가 있는지 여부(원칙적 소극) / 이때 정상주가 형성일 이후에 주식을 매도하였거나 변론종결일까지 계속 보유 중인 경우, 손해액을 산정하는 방법

【판결요지】

[1] 구 자본시장과 금융투자업에 관한 법률(2014. 1. 28. 법률 제12383호로 개정되기 전의 것) 제170조 제1항, 구 주식회사의 외부감사에 관한 법률(2013. 12. 30. 법률 제

12148호로 개정되기 전의 것) 제17조 제2항에 따른 감사인의 손해배상책임은 감사인이 고의로 중요한 사항에 관하여 감사보고서에 기재하지 아니하거나 거짓으로 기재한 경우뿐만 아니라 과실로 중요한 사항에 관하여 기재하지 아니하거나 거짓으로 기재한 경우에도 인정된다.

[2] 구 자본시장과 금융투자업에 관한 법률(2014. 1. 28. 법률 제12383호로 개정되기 전의 것) 제170조 제1항, 구 주식회사의 외부감사에 관한 법률(2013. 12. 30. 법률 제12148호로 개정되기 전의 것) 제17조 제2항에 의하여 투자자 또는 제3자가 감사인에 대하여 감사보고서의 거짓 기재 등으로 인한 손해배상을 청구하기 위하여는 감사보고서를 믿고 이용하였어야 한다. 그런데 주식거래에서 대상 기업의 재무상태는 주가를 형성하는 가장 중요한 요인 중의 하나이고, 대상 기업의 사업보고서의 재무제표에 대한 외부감사인의 회계감사를 거쳐 작성된 감사보고서는 대상 기업의 재무상태를 드러내는 가장 객관적인 자료로서 투자자에게 제공·공표되어 주가형성에 결정적인 영향을 미치는 것이어서, 주식투자를 하는 투자자로서는 대상 기업의 재무상태를 가장 잘 나타내는 사업보고서의 재무제표와 이에 대한 감사보고서가 정당하게 작성되어 공표된 것으로 믿고 주가가 당연히 그에 바탕을 두고 형성되었으리라는 생각 아래 대상 기업의 주식을 거래한 것으로 보아야 한다.

[3] 구 자본시장과 금융투자업에 관한 법률(2014. 1. 28. 법률 제12383호로 개정되기 전의 것, 이하 '구 자본시장법'이라고 한다) 제162조 제1항에 근거한 사업보고서 등의 거짓 기재로 인한 손해배상책임이나 구 자본시장법 제170조 제1항, 구 주식회사의 외부감사에 관한 법률(2013. 12. 30. 법률 제12148호로 개정되기 전의 것) 제17조 제2항에 근거한 감사보고서의 거짓 기재로 인한 손해배상책임의 경우, 손해액은 구 자본시장법 제162조 제3항, 제170조 제2항에 따라 산정된 금액으로 추정되고, 사업보고서 등의 제출인 등이나 감사인은 구 자본시장법 제162조 제4항, 제170조 제3항에 따라 손해의 전부 또는 일부와 사업보고서 등이나 감사보고서의 거짓 기재 사이에 인과관계가 없다는 점을 증명하여 책임의 전부 또는 일부를 면할 수 있다. 그리고 손해 인과관계 부존재의 증명은 직접적으로 문제 된 사업보고서 등이나 감사보고서의 거짓 기재가 손해 발생에 아무런 영향을 미치지 아니하였다는 사실이나 부분적 영향을 미쳤다는 사실을 증명하는 방법 또는 간접적으로 문제 된 사업보고서 등이나 감사보고서의 거짓 기재 이외의 다른 요인에 의하여 손해의 전부 또는 일부가 발생하였다는 사실을 증명하는 방법으로 가능하다.

이 경우 특정한 사건이 발생하기 이전의 자료를 기초로 하여 특정한 사건이 발생하지 아니하였다고 가정하였을 경우 예상할 수 있는 기대수익률을 추정하고 기대수익률과 시장에서 관측된 실제수익률의 차이인 초과수익률의 추정치를 이용하여 특정한 사건이 주가에 미친 영향이 통계적으로 의미가 있는 수준인지를 분석하는 사건연구(event study) 방법을 사용할 수도 있으나, 투자자 보호의 측면에서 손해액 추정조항을 둔 구 자본시장법 제162조 제3항, 제170조 제2항의 입법 취지에 비추어 볼 때 예컨대 거짓 기재가 포함된 사업보고서 등이나 감사보고서가 공시된 이후 매수한 주식의 가격이 하락하여 손실이 발생하였는데 사업보고서 등이나 감사보고서의 공시 이후의 주식 가격 형성이나 사업보고서 등이나 감사보고서의 거짓 기재가 공표된 이후의 주식 가격 하락이 문제 된 사업보고서 등이나 감사보고서의 거짓 기재 때문인지가 불분명하다는 정도의 증명만으로는 손해액의 추정이 깨진다고 볼 수 없다.

　　[4] 일반적으로 사업보고서 등이나 감사보고서의 거짓 기재 사실이 밝혀진 이후 그로 인한 충격이 가라앉고 허위정보로 인하여 부양된 부분이 모두 제거되어 일단 정상적인 주가가 형성되면 정상주가 형성일 이후의 주가변동은 특별한 사정이 없는 한 사업보고서 등이나 감사보고서의 거짓 기재와 인과관계가 없으므로, 정상주가 형성일 이후에 주식을 매도하였거나 변론종결일까지 계속 보유 중인 사실이 확인되는 경우 구 자본시장과 금융투자업에 관한 법률(2014. 1. 28. 법률 제12383호로 개정되기 전의 것, 이하 '구 자본시장법'이라고 한다) 제162조 제3항, 제170조 제2항이 정하는 손해액 중 정상주가와 실제 처분가격(또는 변론종결일의 시장가격)의 차액 부분에 대하여는 구 자본시장법 제162조 제4항, 제170조 제3항의 손해 인과관계 부존재의 증명이 있다고 보아야 하고, 이 경우 손해액은 계산상 매수가격에서 정상주가 형성일의 주가를 공제한 금액이 된다.

【원고, 피상고인】　주식회사 ○○은행 외 10인

【피고, 상고인】　○○ 주식회사 외 6인

【원심판결】　서울고법 2015. 9. 11. 선고 2014나2040433 판결

【주　　문】

　　상고를 모두 기각한다.

【이 유】

상고이유를 판단한다.

2. 피고 회계법인의 상고이유 제3점에 관하여

가. 구 자본시장법 제170조 제1항, 구 외부감사법 제17조 제2항에 따른 감사인의 손해배상책임은 감사인이 고의로 중요한 사항에 관하여 감사보고서에 기재하지 아니하거나 거짓으로 기재한 경우뿐만 아니라 과실로 중요한 사항에 관하여 기재하지 아니하거나 거짓으로 기재한 경우에도 인정된다.

나. 원심은 그 판시와 같이, 피고 회계법인이 과실로 피고 회사의 제9기, 제10기 재무제표에 대한 감사보고서에 거짓 기재를 한 데 대하여 구 자본시장법 제170조 제1항, 구 외부감사법 제17조 제2항의 손해배상책임을 인정하였다.

원심판결 이유를 앞서 본 법리와 적법하게 채택된 증거들에 비추어 살펴보면, 원심의 위와 같은 판단에 구 자본시장법 제170조 제1항, 구 외부감사법 제17조 제2항의 적용 범위에 관한 법리를 오해한 잘못이 없다.

3. 피고 회계법인의 상고이유 제4점에 관하여

가. 구 자본시장법 제170조 제1항, 구 외부감사법 제17조 제2항에 의하여 투자자 또는 제3자가 감사인에 대하여 감사보고서의 거짓 기재 등으로 인한 손해배상을 청구하기 위하여는 그 감사보고서를 믿고 이용하였어야 하는 것이다. 그런데 주식거래에서 대상 기업의 재무상태는 주가를 형성하는 가장 중요한 요인 중의 하나이고, 대상 기업의 사업보고서의 재무제표에 대한 외부감사인의 회계감사를 거쳐 작성된 감사보고서는 대상 기업의 재무상태를 드러내는 가장 객관적인 자료로서 투자자에게 제공·공표되어 그 주가형성에 결정적인 영향을 미치는 것이어서, 주식투자를 하는 투자자로서는 그 대상 기업의 재무상태를 가장 잘 나타내는 사업보고서의 재무제표와 이에 대한 감사보고서가 정당하게 작성되어 공표된 것으로 믿고 주가가 당연히 그에 바탕을 두고 형성되었으리라는 생각 아래 대상 기업의 주식을 거래한 것으로 보아야 한다(대법원 1997. 9. 12. 선고 96다41991 판결, 대법원 2007. 10. 25. 선고 2006다16758, 16765 판결 등 참조).

나. 원심은 그 판시와 같이, 피고 회계법인이 작성한 감사보고서의 거짓 기재와 원고들이 피고 회사의 주식을 매수한 것 사이에 거래 인과관계가 존재함은 사실상 추정

되고, 피고 회계법인이 내세우는 사정이나 그 제출한 증거만으로는 위와 같은 추정을 깨뜨리기에 부족하다고 판단하였다.

원심판결 이유를 앞서 본 법리와 적법하게 채택된 증거들에 비추어 살펴보면, 원심의 위와 같은 판단에 구 자본시장법 제170조 제1항, 구 외부감사법 제17조 제2항에 따른 손해배상책임에 있어서의 거래 인과관계에 관한 법리를 오해하거나 논리와 경험의 법칙에 반하여 자유심증주의의 한계를 벗어난 잘못이 없다.

4. 피고 회계법인의 상고이유 제5점 및 나머지 피고들의 상고이유 제1점에 관하여

가. 구 자본시장법 제162조 제1항에 근거한 사업보고서 등의 거짓 기재로 인한 손해배상책임이나 구 자본시장법 제170조 제1항, 구 외부감사법 제17조 제2항에 근거한 감사보고서의 거짓 기재로 인한 손해배상책임의 경우, 손해액은 구 자본시장법 제162조 제3항, 제170조 제2항에 따라 산정된 금액으로 추정되고, 사업보고서 등의 제출인 등이나 감사인은 구 자본시장법 제162조 제4항, 제170조 제3항에 따라 손해의 전부 또는 일부와 사업보고서 등이나 감사보고서의 거짓 기재 사이에 인과관계가 없다는 점을 증명하여 책임의 전부 또는 일부를 면할 수 있다. 그리고 이러한 손해 인과관계 부존재의 증명은 직접적으로 문제 된 사업보고서 등이나 감사보고서의 거짓 기재가 손해 발생에 아무런 영향을 미치지 아니하였다는 사실이나 부분적 영향을 미쳤다는 사실을 증명하는 방법 또는 간접적으로 문제 된 사업보고서 등이나 감사보고서의 거짓 기재 이외의 다른 요인에 의하여 손해의 전부 또는 일부가 발생하였다는 사실을 증명하는 방법으로 가능하다(대법원 2015. 1. 29. 선고 2014다207283 판결, 대법원 2016. 10. 27. 선고 2015다218099 판결 등 참조).

이 경우 특정한 사건이 발생하기 이전의 자료를 기초로 하여 그 특정한 사건이 발생하지 아니하였다고 가정하였을 경우 예상할 수 있는 기대수익률을 추정하고 그 기대수익률과 시장에서 관측된 실제수익률의 차이인 초과수익률의 추정치를 이용하여 그 특정한 사건이 주가에 미친 영향이 통계적으로 의미가 있는 수준인지를 분석하는 사건연구(event study) 방법을 사용할 수도 있으나, 투자자 보호의 측면에서 손해액 추정조항을 둔 구 자본시장법 제162조 제3항, 제170조 제2항의 입법 취지에 비추어 볼 때 예컨대 거짓 기재가 포함된 사업보고서 등이나 감사보고서가 공시된 이후 매수한 주식의 가격이 하락하여 손실이 발생하였는데 그와 같은 사업보고서 등이나 감사보고서의 공시 이후의 주식 가격 형성이나 사업보고서 등이나 감사보고서의 거짓 기재가 공표된

이후의 주식 가격 하락이 문제 된 사업보고서 등이나 감사보고서의 거짓 기재 때문인
지 여부가 불분명하다는 정도의 증명만으로는 그 손해액의 추정이 깨진다고 볼 수 없
다(대법원 2015. 1. 29. 선고 2014다207283 판결, 대법원 2016. 10. 27. 선고 2015다218099 판
결 등 참조).

　　한편 일반적으로 사업보고서 등이나 감사보고서의 거짓 기재 사실이 밝혀진 이후
그로 인한 충격이 가라앉고 그와 같은 허위정보로 인하여 부양된 부분이 모두 제거되
어 일단 정상적인 주가가 형성되면 그와 같은 정상주가 형성일 이후의 주가변동은 특
별한 사정이 없는 한 사업보고서 등이나 감사보고서의 거짓 기재와 인과관계가 없다고
할 것이므로, 그 정상주가 형성일 이후에 해당 주식을 매도하였거나 변론종결일까지 계
속 보유 중인 사실이 확인되는 경우 구 자본시장법 제162조 제3항, 제170조 제2항이
정하는 손해액 중 정상주가와 실제 처분가격(또는 변론종결일의 시장가격)과의 차액 부분
에 대하여는 구 자본시장법 제162조 제4항, 제170조 제3항의 손해 인과관계 부존재의
증명이 있다고 보아야 할 것이고, 이 경우 손해액은 계산상 매수가격에서 정상주가 형
성일의 주가를 공제한 금액이 될 것이다(대법원 2007. 10. 25. 선고 2006다16758, 16765 판
결, 대법원 2016. 10. 27. 선고 2015다218099 판결 등 참조).

　　나. 원심은, 피고 회사와 그 이사·감사인 피고 2, 피고 3, 피고 4, 피고 5, 피고 6
에게는 구 자본시장법 제162조 제1항의 책임을, 피고 회계법인에게는 구 자본시장법
제170조 제1항, 구 외부감사법 제17조 제2항의 책임을 인정하고 구 자본시장법 제162
조 제3항, 제170조 제2항에 따라 원고들의 손해액을 추정한 다음, 그 판시와 같은 이유
로, 피고 회사와 삼성중공업 주식회사의 주식양수도계획이 보도·공시된 데 따른 주가
상승 부분과 분식회계 사실이 알려진 후 이른바 '투매'로 인한 주가 하락 부분은 피고
회사의 사업보고서 등 및 피고 회계법인의 감사보고서의 거짓 기재와 관련이 없으므로
손해액 산정에서 제외되어야 한다는 피고들의 손해 인과관계 부존재 주장을 배척하였
다. 아울러 원심은, 사업보고서 등이나 감사보고서의 거짓 기재로 인한 효과가 제거된
피고 회사 주식의 정상주가는 2012. 7. 30. 종가인 8,670원이라고 판단하면서, 2012. 7.
11. 종가인 10,900원이 정상주가이므로 이를 기준으로 원고들의 손해액을 산정하여야
한다는 피고 회계법인의 주장도 배척하였다.

　　원심판결 이유를 앞서 본 법리와 적법하게 채택된 증거들에 비추어 살펴보면, 원
심의 위와 같은 판단에 구 자본시장법 제162조 제4항, 제170조 제3항에 따른 손해 인
과관계 부존재 증명에 관한 법리를 오해하거나 논리와 경험의 법칙에 반하여 자유심증

주의의 한계를 벗어난 잘못이 없다.

6. 결론

그러므로 상고를 모두 기각하고 상고비용은 패소자들이 부담하도록 하여, 관여 대법관의 일치된 의견으로 주문과 같이 판결한다.

[64] 증권관련 집단소송 허가 사건

— 대법원 2018. 7. 5.자 2017마5883 결정 —

【판시사항】

증권관련 집단소송법 제10조 제4항에 따라 법원이 대표당사자로 선임한 자가 대표당사자로서 요건을 갖추지 못한 사실이 밝혀지거나, 소송허가 절차에서 대표당사자들이 총원 범위 변경 신청을 하였고 대표당사자들 가운데 일부가 변경 신청된 총원 범위에 포함되지 않게 된 경우, 법원이 취하여야 할 조치

【결정요지】

증권관련집단소송의 소의 제기 및 허가 절차에 관한 증권관련 집단소송법(이하 '법'이라고 한다)의 각 규정 및 내용과 함께, 특히 ① 법 제2조 제1호에 의하면 대표당사자는 복수일 필요가 없고 1인의 대표당사자만 있어도 증권관련집단소송을 수행할 수 있는 점, ② 법 제10조 제4항에 의하면 법원이 법 제7조 제1항에 따라 소를 제기하는 자와 법 제10조 제1항 제4호에 따라 대표당사자가 되기를 원하여 신청서를 제출한 구성원 중 법에 정한 요건을 갖춘 자를 대표당사자로 선임할 수 있는 점, ③ 법 제15조 제3항에 의하면 법원은 총원의 범위를 조정하여 증권관련집단소송을 허가할 수 있는 점 등을 종합하여 살펴보면, 법 제10조 제4항에 따라 법원이 대표당사자로 선임한 자가 대표당사자로서 요건을 갖추지 못한 사실이 밝혀지거나, 소송허가 절차에서 대표당사자들이 총원 범위 변경 신청을 하였고 대표당사자들 가운데 일부가 변경 신청된 총원 범위에 포함되지 않게 된 경우, 법원은 대표당사자의 요건을 갖추지 못한 자를 제외하고 증권관련집단소송의 소를 제기한 자 및 대표당사자가 되기를 원하여 신청서를 제출한 구성원 중 법에 정한 요건을 갖춘 자로서 대표당사자를 구성할 수 있는지 여부 및 증권관련집단소송의 소송허가 신청이 법 제3조(적용 범위)와 제12조(소송허가 요건)의 요건을 갖추었는지 여부를 심리하여, 소송허가 신청이 위와 같은 요건을 갖추었다면 증권관련집단소송을 허가하여야 한다.

【대표당사자, 재항고인】 재항고인 1 외 4인

【피고, 상대방】 ○○증권 주식회사 외 1인

【원심결정】 서울고법 2017. 8. 4.자 2016라21279 결정

【주   문】

원심결정 중 피고(상대방) ○○○증권 주식회사에 대한 부분을 파기하고, 이 부분 사건을 서울고등법원에 환송한다. 나머지 재항고를 기각한다.

【이   유】

재항고이유를 판단한다.

1. 원심의 판단

가. 원심이 인정한 사실관계는 다음과 같다.

(1) 피고(상대방) 주식회사 동양[이하 '피고 (주)동양'이라고 한다]은 동양○○○ 주식회사 등 59개 계열사로 구성된 동양그룹 계열사로서 건설사업 등을 영위하는 회사이다. 피고(상대방) ○○○증권 주식회사(변경 전 상호: ○○증권 주식회사, 이하 '피고 ○○○증권'이라고 한다)는 자본시장과 금융투자업에 관한 법률(이하 '자본시장법'이라고 한다)에 규정된 투자중개업 등을 목적으로 하는 금융투자업자로서, 동양그룹 계열사였다가 2014. 6.경 ○○○파이낸셜 홀딩스(○○○ Financial Holdings)의 계열회사로 편입되었다. 피고 ○○○증권은 피고 (주)동양의 회사채 모집 주선단의 일원으로서 일반투자자들에 대한 청약 권유, 청약 집계 및 청약 관계 서류 총괄 등 모집 주선 사무를 주관하였다.

(2) 재항고인들을 비롯한 1,254인(이하 '이 사건 소 제기자들'이라고 한다)은 2014. 6. 13. 피고 등을 상대로 아래와 같이 주장하면서 증권관련 집단소송법(이하 '법'이라고 한다) 제7조 제1항에 따라 이 사건 증권관련집단소송의 소를 제기하고 소송허가 신청을 하였다. 그 소장과 소송허가신청서의 "원고 겸 대표당사자가 되기 위하여 소를 제기한 자"란에는 각 "재항고인 1 외 1,253"이라고 기재되어 있고, 총원의 범위란에는 각 "2012. 3. 30.부터 2013. 8. 28.까지 피고 (주)동양이 발행한 회사채(제256 내지 258회, 제260 내지 268회)를 취득한 자로서 해당 회사채의 전부 또는 일부를 '피고 (주)동양이 회생절차 개시 신청을 한 날'인 2013. 9. 30. 현재 보유하고 있는 자"라고 기재되어 있으며, 각 서면의 말미에 이 사건 소 제기자들 1,254인의 이름과 주소 등이 기재된 원고목록이 첨부되어 있다.

(가) 재항고인들은 피고 (주)동양이 일반 공모 방식으로 발행한 제256 내지 258회, 제260 내지 268회 회사채(이하 '이 사건 회사채'라고 한다)를 취득하여 보유하고 있는 사람들이다.

(나) 이 사건 회사채의 증권신고서 및 투자설명서 등에는 중요사항에 관하여 거짓의 기재 또는 표시가 있거나 중요사항이 기재 또는 표시되지 않았고, 이 사건 소 제기자들은 그로 인하여 손해를 입었다. 따라서 피고 ㅇㅇㅇ증권은 이 사건 회사채 발행·판매에 관하여 증권모집 주선인이자 투자설명서 교부자로서 자본시장법 제125조에 따라 손해배상책임을 부담한다.

(다) 피고 ㅇㅇㅇ증권은 이 사건 회사채 거래와 관련하여 자본시장법 제178조 제1항을 위반하였으므로, 자본시장법 제179조에 따라 이 사건 소 제기자들이 위 회사채 거래와 관련하여 입은 손해를 배상할 책임이 있다.

(3) 제1심법원은 2015. 1. 20. 법 제10조 제4항에 따라 재항고인들을 대표당사자로 선임하여 사건을 심리한 후, 2016. 9. 29. 증권관련집단소송 불허가 결정을 하였다.

(4) 재항고인들은 제1심결정에 대하여 즉시항고하였다. 재항고인들은 2016. 12. 13. 원심법원에 총원의 범위를 "2012. 10. 29.부터 2013. 8. 28.까지 발행시장에서 피고 (주)동양이 발행한 회사채(제262회 내지 제268회)를 취득한 자로서 해당 회사채의 전부 또는 일부를 '피고 (주)동양이 회생절차 개시 신청을 한 날'인 2013. 9. 30. 현재 보유하고 있는 자" 등으로 축소하는 내용의 총원의 범위 변경신청서(이하 '이 사건 변경신청서'라고 한다)를 제출하였다.

나. 원심은 2017. 8. 4. 재항고인들의 즉시항고를 모두 기각하였다. 그 이유는 다음과 같다.

대표당사자는 구성원 중 해당 증권관련집단소송으로 얻을 수 있는 경제적 이익이 가장 큰 자 등 총원의 이익을 공정하고 적절하게 대표할 수 있는 구성원이어야 한다. 그런데 대표당사자들은 원심에서 총원의 범위 변경을 신청하면서, 피고 (주)동양의 회사채 발행회차의 범위를 당초 소송허가신청서에 기재된 '256회 내지 258회, 260회 내지 268회'에서 '262회 내지 268회'로 축소하여 기재하였다. 대표당사자들 중 재항고인 3은 제256회 회사채를, 재항고인 4는 제261회 회사채를 각 취득하여 보유하고 있을 뿐 제262회 내지 268회 회사채는 보유하고 있지 않으므로, 이 사건 손해의 보전에 관하여 공통의 이해관계를 가지는 피해자 중 한 명인 '구성원'에 해당되지 않음이 명백하여, 법 제11조 제1항에서 정한 대표당사자의 자격이 결여되어 있다.

따라서 구성원이 될 수 없는 2인을 대표당사자로 포함하고 있는 이 사건 증권관련 집단소송은 법 제11조의 요건을 충족하지 못하므로, 이 사건 소송허가 신청은 법 제12조의 소송허가 요건 충족 여부에 관하여 더 나아가 살펴볼 것 없이 받아들일 수 없다.

2. 대법원의 판단

가. '증권관련집단소송'이란 증권의 매매 또는 그 밖의 거래과정에서 다수인에게 피해가 발생한 경우 그중의 1인 또는 수인이 대표당사자가 되어 수행하는 손해배상청구소송을 말하고, '대표당사자'란 손해의 보전에 관하여 공통의 이해관계를 가지는 피해자 전원을 뜻하는 '총원'을 위하여 법원의 허가를 받아 증권관련집단소송 절차를 수행하는 1인 또는 수인의 구성원을 말한다(법 제2조 제1호, 제2호, 제4호). 대표당사자가 되기 위하여 증권관련집단소송의 소를 제기하는 자는 소장과 소송허가신청서를 법원에 제출하여야 하고(법 제7조 제1항), 법원은 그 소를 제기하는 자와 대표당사자가 되기를 원하여 신청서를 제출한 구성원 중 법에 정한 요건을 갖춘 자를 대표당사자로 선임한다(법 제10조 제1항, 제4항). 대표당사자는 구성원 중 해당 증권관련집단소송으로 얻을 수 있는 경제적 이익이 가장 큰 자 등 총원의 이익을 공정하고 적절하게 대표할 수 있는 구성원이어야 한다(법 제11조 제1항). 법원은 법 제3조(적용 범위)와 제11조(대표당사자 및 소송대리인의 요건) 및 제12조(소송허가 요건)의 요건에 적합한 경우에만 증권관련집단소송을 허가하고, 상당하다고 인정할 때에는 결정으로 총원의 범위를 조정하여 허가할 수 있다(법 제15조 제1항, 제3항). 그리고 구성원은 증권관련집단소송 계속 중에 법원의 허가를 받아 대표당사자가 될 수 있다(법 제21조 제1항).

이와 같은 증권관련집단소송의 소의 제기 및 허가 절차에 관한 법의 각 규정 및 내용과 함께, 특히 ① 법 제2조 제1호에 의하면 대표당사자는 복수일 필요가 없고 1인의 대표당사자만 있어도 증권관련집단소송을 수행할 수 있는 점, ② 법 제10조 제4항에 의하면 법원이 법 제7조 제1항에 따라 소를 제기하는 자와 법 제10조 제1항 제4호에 따라 대표당사자가 되기를 원하여 신청서를 제출한 구성원 중 법에 정한 요건을 갖춘 자를 대표당사자로 선임할 수 있는 점, ③ 법 제15조 제3항에 의하면 법원은 총원의 범위를 조정하여 증권관련집단소송을 허가할 수 있는 점 등을 종합하여 살펴보면, 법 제10조 제4항에 따라 법원이 대표당사자로 선임한 자가 대표당사자로서 요건을 갖추지 못한 사실이 밝혀지거나, 소송허가 절차에서 대표당사자들이 총원 범위 변경 신청을 하였고 대표당사자들 가운데 일부가 변경 신청된 총원 범위에 포함되지 않게 된 경우, 법원은 대표당사자의 요건을 갖추지 못한 자를 제외하고 증권관련집단소송의 소를 제기한 자 및 대표당사자가 되기를 원하여 신청서를 제출한 구성원 중 법에 정한 요건을 갖춘 자로서 대표당사자를 구성할 수 있는지 여부 및 그 증권관련집단소송의 소송허가 신청이 법 제3조(적용 범위)와 제12조(소송허가 요건)의 요건을 갖추었는지 여부를 심리하여, 소송허가 신청이 위와 같은 요건을 갖추었다면 증권관련집단소송을 허가하여야 한다.

나. 앞서 본 사실관계를 위와 같은 법리에 비추어 살펴보면, 설령 이 사건 변경신청서에 기재된 변경된 총원 범위에 의하면 제1심법원이 선임한 이 사건 대표당사자들 중 재항고인 3, 재항고인 4가 그 구성원에 해당하지 않게 되었다고 하더라도 다른 대표당사자들인 재항고인 1, 재항고인 2, 재항고인 5 등이 그 구성원으로 남아 있는 이상 원심으로서는 그러한 사유만으로 이 사건 증권관련집단소송을 불허할 수는 없다. 그런데도 원심은 그 판시와 같은 이유만으로 이 사건 증권관련집단소송을 허가할 수 없다고 판단하였다. 이러한 원심판단에는 증권관련집단소송의 허가 요건에 관한 법리를 오해하여 재판에 영향을 미친 잘못이 있다. 이를 지적하는 재항고이유 주장은 이유 있다.

3. 결론

그러므로 나머지 재항고 이유에 관한 판단을 생략한 채, 원심결정 중 피고 ○○○ 증권 주식회사에 관한 부분을 파기하고 이 부분 사건을 다시 심리·판단하도록 원심법원에 환송하며, 나머지 재항고를 기각하기로 하여, 관여 대법관의 일치된 의견으로 주문과 같이 결정한다.

제3장

법치행정과 사법심사

[65] 주민의견 청취 없이 변경한 도시관리계획의 효력

— 대법원 2015. 1. 29. 선고 2012두11164 판결 —

【판시사항】

구 국토의 계획 및 이용에 관한 법령에서 관할 행정청이 도시관리계획을 입안할 때 도시관리계획안의 내용을 주민에게 공고·열람하도록 한 취지 / 도지사가 시장 또는 군수로부터 신청받은 당초의 도시관리계획안을 변경하고자 하는 경우 그 내용을 시장 또는 군수에게 송부하여 주민의 의견을 청취하는 절차를 거쳐야 하는지 여부

【판결요지】

구 국토의 계획 및 이용에 관한 법률(2009. 3. 25. 법률 제9552호로 개정되기 전의 것, 이하 '법'이라 한다) 제28조 제1항, 제2항, 제3항, 제4항, 구 국토의 계획 및 이용에 관한 법률 시행령(2010. 4. 20. 대통령령 제22128호로 개정되기 전의 것, 이하 '시행령'이라 한다) 제22조 제5항이 관할 행정청으로 하여금 도시관리계획을 입안할 때 해당 도시관리계획안의 내용을 주민에게 공고·열람하도록 한 것은 다수 이해관계자의 이익을 합리적으로 조정하여 국민의 권리에 대한 부당한 침해를 방지하고 행정의 민주화와 신뢰를 확보하기 위하여 국민의 의사를 그 과정에 반영시키는 데 그 취지가 있다.

이러한 주민의견청취 절차의 의의와 필요성은 시장 또는 군수가 도시관리계획을 입안하는 과정에서뿐만 아니라 도시관리계획안이 도지사에게 신청된 이후에 내용이 관계 행정기관의 협의 및 도시계획위원회의 심의 등을 거치면서 변경되는 경우에도 마찬가지이고, 도지사가 도시관리계획의 결정 과정에서 신청받은 도시관리계획안의

중요한 사항을 변경하는 것은 그 범위에서 시장 또는 군수에 의하여 신청된 도시관리계획안을 배제하고 도지사가 직접 도시관리계획안을 입안하는 것과 다르지 않다. 그러므로 도지사가 관계 행정기관의 협의 등을 반영하여 신청받은 당초의 도시관리계획안을 변경하고자 하는 경우 내용이 해당 시 또는 군의 도시계획조례가 정하는 중요한 사항인 때에는 다른 특별한 사정이 없는 한 법 제28조 제2항, 시행령 제22조 제5항을 준용하여 그 내용을 관계 시장 또는 군수에게 송부하여 주민의 의견을 청취하는 절차를 거쳐야 한다.

【원고, 피상고인】 원고 1 외 11인

【피고, 상고인】 ○○○지사

【피고보조참가인】 △△시장

【원심판결】 서울고법 2012. 4. 20. 선고 2011누17228 판결

【주　문】

상고를 기각한다.

【이　유】

상고이유를 판단한다.

구 국토의 계획 및 이용에 관한 법률(2009. 3. 25. 법률 제9552호로 개정되기 전의 것, 이하 '법'이라고만 한다) 제28조 제1항은 시장 또는 군수가 도시관리계획을 입안할 때에는 위 조항 단서의 대통령령으로 정하는 경미한 사항인 경우 등에 해당하지 않는 한 주민의 의견을 들어야 하며, 그 의견이 타당하다고 인정되면 도시관리계획안에 반영하여야 한다고 규정하고, 제2항, 제3항은 도시관리계획의 결정권자인 도지사가 직접 수립하는 사업의 계획으로서 도시관리계획으로 결정하여야 할 사항이 포함되어 있는 등의 경우로서 법 제24조 제6항에 따라 해당 도시관리계획을 직접 입안하는 때에도 주민의 의견청취 기한을 밝혀 도시관리계획안을 관계 시장 또는 군수 등에게 송부하여 시장 또는 군수가 그 기한까지 그 도시관리계획안에 대한 주민의 의견을 듣고 그 결과를 도지사에게 제출하도록 규정함으로써 주민의 의견을 듣는 절차를 의무화하고 있다. 그리고 법 제28조 제4항 등의 위임에 따라 구 국토의 계획 및 이용에 관한 법률 시행령(2010. 4. 20. 대통령령 제22128호로 개정되기 전의 것, 이하 '시행령'이라고 한다) 제22조 제5항은 시

·도지사, 시장 또는 군수는 공고된 도시관리계획안의 내용에 관하여 제출된 의견을 도시관리계획안에 반영하고자 하는 경우 그 내용이 해당 시 또는 군의 도시계획조례가 정하는 중요한 사항인 때에는 그 내용을 다시 공고·열람하게 하여 주민의 의견을 들어야 한다고 규정하고 있다.

이와 같이 법령이 관할 행정청으로 하여금 도시관리계획을 입안할 때 해당 도시관리계획안의 내용을 주민에게 공고·열람하도록 한 것은 다수 이해관계자의 이익을 합리적으로 조정하여 국민의 권리에 대한 부당한 침해를 방지하고 행정의 민주화와 신뢰를 확보하기 위하여 국민의 의사를 그 과정에 반영시키는 데 그 취지가 있다(대법원 1988. 5. 24. 선고 87누388 판결, 대법원 2000. 3. 23. 선고 98두2768 판결 참조). 이러한 주민 의견청취 절차의 의의와 필요성은 시장 또는 군수가 도시관리계획을 입안하는 과정에서뿐만 아니라 도시관리계획안이 도지사에게 신청된 이후에 그 내용이 관계 행정기관의 협의 및 도시계획위원회의 심의 등을 거치면서 변경되는 경우에도 마찬가지라고 할 것이고, 도지사가 도시관리계획의 결정 과정에서 신청받은 도시관리계획안의 중요한 사항을 변경하는 것은 그 범위에서 시장 또는 군수에 의하여 신청된 도시관리계획안을 배제하고 도지사가 직접 도시관리계획안을 입안하는 것과 다르지 아니하다. 그러므로 도지사가 관계 행정기관의 협의 등을 반영하여 신청받은 당초의 도시관리계획안을 변경하고자 하는 경우 그 내용이 해당 시 또는 군의 도시계획조례가 정하는 중요한 사항인 때에는 다른 특별한 사정이 없는 한 법 제28조 제2항, 시행령 제22조 제5항을 준용하여 그 내용을 관계 시장 또는 군수에게 송부하여 주민의 의견을 청취하는 절차를 거쳐야 한다고 봄이 타당하다.

원심판결 이유에 의하면, 원심은, 피고보조참가인이 주민의견청취를 위하여 4차례의 공고·열람 과정을 거쳐 2008. 11. 6. 피고에게 이 사건 도시관리계획결정을 신청한 사실, 그 신청 이후 관계 행정기관의 협의와 ○○도 도시계획위원회의 심의 등을 거치면서 위 도시관리계획안이 원고들 소유 토지를 추가로 도로, 주차장, 근린공원 및 공공청사 부지에 편입하는 내용으로 변경된 사실을 인정한 다음, 피고가 피고보조참가인에 의하여 공고·열람된 도시관리계획안의 내용과 다르게 도시관리계획을 결정하는 것은 변경된 부분에 관하여 주민의견청취 절차를 생략하게 되는 결과가 되므로, 이를 새로운 입안으로 보아 다시 주민의견청취 절차를 거쳐야 함에도 이러한 절차를 거치지 않은 이 사건 도시관리계획결정과 이에 기초한 지형도면 고시는 위법하다고 판단하였다.

앞서 본 법리와 기록에 비추어 살펴보면 원심의 이러한 판단은 정당하고, 거기에 상고이유의 주장과 같은 도시관리계획의 수립과정에서의 주민의견청취 절차에 관한 법리 등을 오해한 잘못이 없다.

그러므로 상고를 기각하고 상고비용은 패소자가 부담하기로 하여, 관여 대법관의 일치된 의견으로 주문과 같이 판결한다.

[66] 기존 장해상태 악화 후 청구한 장해보상연금의 지급범위

─ 대법원 2015. 4. 16. 선고 2012두26142 전원합의체 판결 ─

【판시사항】

업무상 재해로 신체장해를 입은 사람이 장해급여를 청구하지 않아 기존의 장해에 대해서 전혀 보상을 받지 못하고 있다가 기존의 장해상태가 악화되어 장해등급이 변경된 후 비로소 장해보상연금을 청구한 경우, 기존의 장해등급에 따른 장해보상일시금의 지급일수에 해당하는 기간만큼의 장해보상연금을 부지급할 수 있는지 여부(소극) 및 기존의 장해등급에 대한 장해급여청구를 하지 않고 있던 중 청구권이 시효 소멸된 경우에도 마찬가지인지 여부(적극)

【판결요지】

[다수의견] 산업재해보상보험법 시행령 제58조 제3항 제1호의 취지는 업무상 재해로 요양급여 및 장해보상일시금을 받은 사람이 재요양 후 장해상태가 악화되어 변경된 장해등급에 해당하는 장해보상연금을 전액 받게 된다면 이미 보상받은 장해급여 부분에 대해서까지 중복하여 장해급여를 받는 결과가 되므로, 이러한 불합리한 결과가 발생하는 것을 막기 위함이다.

따라서 업무상 재해로 신체장해를 입은 사람이 당시에 판정된 장해등급에 따른 장해급여를 청구하지 아니하여 기존의 장해에 대해서 전혀 보상을 받지 못하고 있다가 기존의 장해상태가 악화되어 장해등급이 변경된 후 비로소 변경된 장해등급에 따라 장해보상연금을 청구한 경우에는, 그와 같은 중복지급의 불합리한 결과는 발생하지 아니하므로, 근로복지공단은 재요양 후 치유된 날이 속하는 달의 다음 달부터 변경된 장해등급에 해당하는 장해보상연금의 지급일수에 따라 장해보상연금을 지급하여야 하고, 위 조항을 근거로 삼아 근로자에게 지급한 적이 없는 기존의 장해등급에 따른 장해보상일시금의 지급일수에 해당하는 기간만큼의 장해보상연금을 부지급하여서는 아니 된다. 그리고 이러한 이치는 기존의 장해등급에 대한 장해급여청구를 하지 않고 있던 중 청구권이 시효 소멸된 경우에도 마찬가지로 적용된다. 중복지급의 가능성이 없는 것은 이때에도 동일하며, '이미 지급한 장해보상일시금의 지급일수'라고 표현한 위 조항의 문언에도 부합하기 때문이다.

【원고, 피상고인】 원고

【피고, 상고인】 근로복지공단

【원심판결】 부산고법 2012. 10. 24. 선고 2012누1792 판결

【주   문】

상고를 기각한다.

【이   유】

상고이유를 판단한다.

1. 근로자가 업무상의 재해로 부상을 당하거나 질병에 걸린 경우에 근로자는 산업재해보상보험법(이하 '법'이라고만 한다)이 정하는 바에 따라 그 치유를 위하여 요양급여를 지급받고 이와 더불어 요양으로 취업하지 못한 기간에 대하여는 휴업급여를, 치유된 후에도 신체 등에 장해가 있는 경우에는 장해급여 등의 보험급여를 받게 된다(법 제36조). 근로자가 요양급여를 받아 치유된 후에도 그 요양의 대상이 되었던 업무상의 부상 또는 질병이 재발하거나 치유 당시보다 상태가 악화되어 이를 치유하기 위한 적극적인 치료가 필요한 때에는 재요양을 받을 수 있고(법 제51조 제1항), 재요양을 받고 치유된 후 장해상태가 종전에 비하여 악화된 경우에는 그 악화된 장해상태에 해당하는 장해등급에 따라 장해급여를 지급받는데, 재요양 후의 장해급여의 산정 및 지급방법은 대통령령으로 정한다(제60조 제2항).

이에 따라 산업재해보상보험법 시행령(이하 '시행령'이라고만 한다)은 장해급여의 수급자를 장해보상연금을 받던 사람과 장해보상일시금을 받은 사람으로 구분하고, 다시 그 수급자가 재요양 후의 장해급여를 장해보상연금으로 청구한 경우와 장해보상일시금으로 청구한 경우로 나누어 그 산정 및 지급 방법을 규정하고 있는데, 장해보상일시금을 받은 사람이 재요양 후의 장해상태가 종전에 비하여 악화되어 장해보상연금을 청구한 경우에는 '재요양 후 치유된 날이 속하는 달의 다음 달부터 변경된 장해등급에 해당하는 장해보상연금을 지급하되, 이미 지급한 장해보상일시금의 지급일수에 해당하는 기간만큼의 장해보상연금'은 이를 부지급하도록 규정하고 있다(시행령 제58조 제3항 제1

호, 이하 '이 사건 조항'이라고 한다).

이 사건 조항의 취지는 업무상의 재해로 요양급여 및 장해보상일시금을 받은 사람이 재요양 후 장해상태가 악화되어 변경된 장해등급에 해당하는 장해보상연금을 전액 받게 된다면 이미 보상받은 장해급여 부분에 대해서까지 중복하여 장해급여를 받는 결과가 되므로, 이러한 불합리한 결과가 발생하는 것을 막기 위함이다.

따라서 업무상 재해로 인하여 신체장해를 입은 사람이 그 당시에 판정된 장해등급에 따른 장해급여를 청구하지 아니하여 기존의 장해에 대해서 전혀 보상을 받지 못하고 있다가 기존의 장해상태가 악화되어 장해등급이 변경된 후 비로소 변경된 장해등급에 따라 장해보상연금을 청구한 경우에는, 그와 같은 중복지급의 불합리한 결과는 발생하지 아니하므로, 피고로서는 재요양 후 치유된 날이 속하는 달의 다음 달부터 변경된 장해등급에 해당하는 장해보상연금의 지급일수에 따라 장해보상연금을 지급하여야 할 것이고, 이 사건 조항을 근거로 삼아 근로자에게 지급한 적이 없는 기존의 장해등급에 따른 장해보상일시금의 지급일수에 해당하는 기간만큼의 장해보상연금을 부지급하여서는 아니 된다. 그리고 이러한 이치는 기존의 장해등급에 대한 장해급여청구를 하지 않고 있던 중 그 청구권이 시효 소멸된 경우에도 마찬가지로 적용된다고 보아야 한다. 중복지급의 가능성이 없는 것은 이때에도 동일하며, '이미 지급한 장해보상일시금의 지급일수'라고 표현한 이 사건 조항의 문언에도 부합하기 때문이다.

2. 원심은 그 채택 증거를 종합하여, 원고가 1982. 7. 15. 주식회사 국보 소속 정비기사로 근무하던 중 다른 근로자에게 다리를 밟혀 우슬관절 활액낭염, 건초염 진단을 받고 신경외과의원, 정형외과의원 등에서 우슬관절부 대퇴골수 치료를 받은 사실, 원고는 치료 후에도 우측 고관절 및 슬관절 부위에 통증이 계속되자 1983. 12. 26. 고신대학교 복음병원에서 양측 대퇴골두 무혈성 괴사 진단을 받고, 1984. 1. 6. 우측 고관절 인공관절 치환술을 받았으며 경과가 호전되어 1984. 2. 4. 퇴원 후 1984. 3. 말경까지 치료를 받은 사실, 그 후 원고는 피고에게 대퇴골두 무혈성 괴사를 상병으로 요양신청을 하여 1985. 10. 14. 승인을 받았고, 2003. 10. 10. 피고에게 장해급여 신청을 하였으며, 피고는 2003. 10. 23. 원고의 우측 다리 장해등급이 제8급 제7호에 해당하나, 치료 종결일인 1984. 3. 말경부터 3년의 소멸시효가 완성되었다는 사유로 장해급여를 부지급하는 처분을 한 사실, 원고는 2009. 4. 22. 피고로부터 좌측 고관절부 무혈성 괴사 및 골관절염에 대하여 인공관절 치환술이 필요하다는 이유로 재요양을 승인받아 좌측 고

관절 인공관절 치환술을 받고 2010. 4. 14. 치료를 종결한 후 2010. 4. 23. 피고에게 장해급여 신청을 하였는데, 이에 대하여 피고는 2010. 5. 4. 원고의 좌측 다리의 장해등급은 제8급 제7호에 해당하고 기존 우측 다리의 장해등급 제8급 제7호와 조정하면 원고의 장해상태는 조정 제6급에 해당하나, 산업재해보상보험법 시행령 제58조 제3항에 따라 시효 소멸한 기존 우측 다리의 장해등급 제8급에 대한 장해보상일시금 지급일수에 해당하는 기간만큼 장해보상연금을 부지급해야 하므로, 재요양 후 치료종결일이 속하는 달의 다음 달인 2010. 5. 1.부터 1,102일의 기간만큼을 제외한 2013. 5. 7.부터 장해등급 제6급에 해당하는 장해보상연금을 지급한다는 내용의 이 사건 처분을 한 사실을 인정한 다음, 그 판시와 같은 이유를 들어 기존 장해등급에 따른 장해급여 청구권이 시효로 소멸한 경우에는 이 사건 조항을 적용할 수 없으므로 이 사건 처분은 위법하다고 판단하였다.

이러한 원심의 판단은 앞서 본 법리에 따른 것으로서 정당하고, 거기에 재요양 후의 장해급여의 산정 및 지급 방법 등에 관한 법리를 오해한 잘못이 없다.

3. 그러므로 상고를 기각하고, 상고비용은 패소자가 부담하기로 하여 주문과 같이 판결한다. 이 판결에는 대법관 민일영, 대법관 이상훈, 대법관 김용덕의 반대의견이 있는 외에는 관여 법관의 의견이 일치하였다.

[67] 헌법불합치결정 후 제소된 사건과 개선입법의 소급적용

― 대법원 2015. 5. 29. 선고 2014두35447 판결 ―

【판시사항】

어느 법률 또는 법률조항에 대한 적용중지의 효력을 갖는 헌법불합치결정에 따라 개선입법이 이루어졌을 때, 헌법불합치결정 이후에 제소된 일반사건에 관하여 개선입법이 소급하여 적용될 수 있는 경우

【판결요지】

위헌으로 결정된 법률 또는 법률의 조항은 형벌에 관한 것이 아닌 한 그 결정이 있는 날로부터 효력을 상실하고(헌법재판소법 제47조 제2항), 어떠한 법률조항에 대하여 헌법재판소가 헌법불합치결정을 하여 입법자에게 법률조항을 합헌적으로 개정 또는 폐지하는 임무를 입법자의 형성 재량에 맡긴 이상, 개선입법의 소급적용 여부와 소급적용의 범위는 원칙적으로 입법자의 재량에 달린 것이다. 따라서 어느 법률 또는 법률조항에 대한 적용중지의 효력을 갖는 헌법불합치결정에 따라 개선입법이 이루어진 경우 헌법불합치결정 이후에 제소된 일반사건에 관하여 개선입법이 소급하여 적용될 수 있는지 여부는, 그와 같은 입법형성권 행사의 결과로 만들어진 개정법률의 내용에 따라 결정되어야 하므로, 개정법률에 소급적용에 관한 명시적인 규정이 있는 경우에는 그에 따라야 하고, 개정법률에 그에 관한 경과규정이 없는 경우에는 다른 특별한 사정이 없는 한 헌법불합치결정 전의 구법이 적용되어야 할 사안에 관하여 개정법률을 소급하여 적용할 수 없는 것이 원칙이다.

【원고, 상고인】 원고
【피고, 피상고인】 국방부장관
【원심판결】 서울고법 2013. 12. 18. 선고 2013누45340 판결

【주 문】

상고를 기각한다. 상고비용은 원고가 부담한다.

【이　유】

상고이유를 판단한다.

2. 상고이유 제2점에 관하여

가. 위헌으로 결정된 법률 또는 법률의 조항은 형벌에 관한 것이 아닌 한 그 결정이 있는 날로부터 효력을 상실하고(헌법재판소법 제47조 제2항), 어떠한 법률조항에 대하여 헌법재판소가 헌법불합치결정을 하여 입법자에게 그 법률조항을 합헌적으로 개정 또는 폐지하는 임무를 입법자의 형성 재량에 맡긴 이상, 그 개선입법의 소급적용 여부와 소급적용의 범위는 원칙적으로 입법자의 재량에 달린 것이다(대법원 2006. 3. 9. 선고 2003다52647 판결 등 참조). 따라서 어느 법률 또는 법률조항에 대한 적용중지의 효력을 갖는 헌법불합치결정에 따라 개선입법이 이루어진 경우 헌법불합치결정 이후에 제소된 일반사건에 관하여 개선입법이 소급하여 적용될 수 있는지 여부는, 그와 같은 입법형성권 행사의 결과로 만들어진 개정법률의 내용에 따라 결정되어야 할 것이므로, 개정법률에 소급적용에 관한 명시적인 규정이 있는 경우에는 그에 따라야 하고, 개정법률에 그에 관한 경과규정이 없는 경우에는 다른 특별한 사정이 없는 한 헌법불합치결정 전의 구법이 적용되어야 할 사안에 관하여 그 개정법률을 소급하여 적용할 수 없는 것이 원칙이다.

나. 원심판결 이유에 의하면, 원심은, (1) 헌법재판소가 2010. 6. 24. 구 군인연금법(2000. 12. 30. 법률 제6327호로 개정되고, 2011. 5. 19. 법률 제10649호로 개정되기 전의 것) 제23조 제1항(이하 '구법 조항'이라고 한다)에 대하여 "공무상 질병 또는 부상으로 퇴직 이후에 폐질상태가 확정된 군인에 대해서 상이연금 지급에 관한 규정을 두지 아니한 것은 헌법에 합치되지 않는다."고 하면서 "구법 조항을 2011. 6. 30.을 시한으로 입법자가 개정할 때까지 계속 적용한다."는 내용의 헌법불합치결정(이하 '이 사건 헌법불합치결정'이라고 한다)을 한 사실을 인정한 다음, (2) 이 사건 헌법불합치결정에 따른 개선입법인 구 군인연금법(2011. 5. 19. 법률 제10649호로 개정되고, 2013. 3. 22. 법률 제11632호로 개정되기 전의 것) 제23조 제1항(이하 '개정 군인연금법 조항'이라고 한다)은 군인이 공무상 질병 또는 부상으로 인하여 폐질상태로 되어 퇴직한 때뿐만 아니라 퇴직 후에 그 질병 또는 부상으로 인하여 폐질상태로 된 때에도 그때부터 사망할 때까지 상이연금을 지급한다고 규정하면서 그 부칙(2011. 5. 19.)에서 "이 법은 공포한 날부터 시행한다."라고

규정하고 있을 뿐 소급적용에 관하여 아무런 규정을 두고 있지 않았는데, 이 사건 소는 구법 조항에 대한 헌법불합치결정 후인 2013. 3. 4. 제기되었으므로, 원고에게는 이 사건 헌법불합치결정의 소급효가 미치지 아니하여 개정 군인연금법 조항이 적용될 수 없다는 취지로 판단하였다.

한편 이 사건 헌법불합치결정 중 구법 조항에 대한 계속적용 명령 부분의 효력은 기존의 상이연금 지급대상자에 대하여 상이연금을 계속 지급할 수 있는 근거 규정이라는 점에 미치는 데 그치고, '군인이 퇴직 후 공무상 질병 또는 부상으로 인하여 폐질상태로 된 경우'에 대하여 상이연금의 지급을 배제하는 근거 규정이라는 점까지는 미치지 아니하므로, 위 헌법불합치결정에 의하여 구법 조항 가운데 해석상 '군인이 퇴직 후 공무상 질병 등으로 인하여 폐질상태로 된 경우'를 상이연금 지급대상에서 제외한 부분은 개선입법 시행 전까지 적용중지 상태에 있었다고 보아야 한다(대법원 2011. 9. 29. 선고 2008두18885 판결 참조). 따라서 원고가 퇴직 후 헌법불합치결정이 있기 전에 폐질상태로 되어 상이연금 지급대상임을 다투는 이 사건은 적용중지의 효력이 있는 헌법불합치결정 이후에 제소된 일반사건에 해당한다.

다. 이 사건 헌법불합치결정에 따라 구법 조항의 위헌성을 제거한 개선입법인 개정 군인연금법의 규정 내용과 그 취지를 앞서 본 법리에 비추어 살펴보면, 헌법불합치결정 후 제기된 일반사건인 이 사건에 개정 군인연금법 조항이 소급하여 적용되지 않는다는 원심의 위와 같은 판단은 옳고, 거기에 헌법불합치결정의 소급효가 미치는 범위에 관한 법리를 오해한 잘못이 없다.

3. 결론

그러므로 상고를 기각하고, 상고비용은 패소자가 부담하도록 하여, 관여 대법관의 일치된 의견으로 주문과 같이 판결한다.

[68] 고용·산재보험료 부존재확인의 소의 법적 성질

― 대법원 2016. 10. 13. 선고 2016다221658 판결 ―

【판시사항】

고용·산재보험료 납부의무 부존재확인의 소의 법적 성질(＝공법상 당사자소송) / 고용·산재보험료 납부의무 부존재확인의 소는 근로복지공단을 피고로 하여 제기하여야 하는지 여부(적극)

【판결요지】

고용보험 및 산업재해보상보험의 보험료징수 등에 관한 법률 제4조, 제16조의2, 제17조, 제19조, 제23조의 각 규정에 의하면, 사업주가 당연가입자가 되는 고용보험 및 산재보험에서 보험료 납부의무 부존재확인의 소는 공법상의 법률관계 자체를 다투는 소송으로서 공법상 당사자소송이다.

고용보험 및 산업재해보상보험의 보험료징수 등에 관한 법률 제4조는 고용보험법 및 산업재해보상보험법에 따른 보험사업에 관하여 이 법에서 정한 사항은 고용노동부장관으로부터 위탁을 받아 근로복지공단이 수행하되, 보험료의 체납관리 등의 징수업무는 국민건강보험공단이 고용노동부장관으로부터 위탁을 받아 수행한다고 규정하고 있다. 따라서 고용·산재보험료의 귀속주체, 즉 사업주가 각 보험료 납부의무를 부담하는 상대방은 근로복지공단이고, 국민건강보험공단은 단지 각 보험료의 징수업무를 수행하는 데에 불과하므로, 고용·산재보험료 납부의무 부존재확인의 소는 근로복지공단을 피고로 하여 제기하여야 한다.

【원고, 상고인】 원고
【피고, 피상고인】 국민건강보험공단
【원심판결】 인천지법 2016. 4. 28. 선고 2015나59177 판결

【주   문】

원심판결을 파기하고, 사건을 서울고등법원에 이송한다.

【이   유】

1. 사건의 경위

(1) 원고는 2012. 9. 13. 인천광역시 남구 (주소 생략)에 근린생활시설 및 다세대주택을 신축하는 공사(이하 '이 사건 공사' 또는 '이 사건 사업장'이라고 한다)를 소외인에게 도급을 주었다. 그런데 소외인은 2012. 12. 26. 「고용보험 및 산업재해보상보험의 보험료징수 등에 관한 법률」(이하 '고용산재보험료징수법'이라고 한다)에 따라 이 사건 사업장에 관한 사업주를 원고로 기재한 원고 명의의 고용보험·산재보험관계성립신고서를 근로복지공단에 작성·제출하였다.

(2) 원고는 2014. 1. 2.부터 같은 해 7. 10.까지 이 사건 사업장에 관한 고용보험료와 산재보험료 중 일부인 1,100만 원을 납부하였고, 피고는 원고에게 나머지 고용보험료 2,222,700원과 산재보험료 5,999,600원을 2014. 7. 10.까지 납부할 것을 독촉하였다.

(3) 원고는, 이 사건 사업장의 사업주는 이 사건 공사의 수급인인 소외인임에도 그가 원고 명의의 보험관계성립신고서를 위조하여 제출하였고, 근로복지공단은 본인확인절차를 거치지도 않았으며, 위와 같이 위조된 신고서에 기한 보험료 부과는 무효이므로, 이미 납부한 보험료는 부당이득으로서 반환을 구하고 피고가 납부를 독촉하는 보험료채무는 그 부존재확인을 구하는 이 사건 소를 인천지방법원에 제기하였다.

2. 소송의 경과

(1) 제1심에서, 피고는 고용산재보험료징수법 제4조에 의하면, 고용보험 및 산업재해보상보험 사업은 고용노동부장관의 위탁을 받아 근로복지공단이 수행하는 사업이고, 다만 피고는 보험료 등의 고지 및 수납업무 등의 징수업무만을 위탁받아 수행할 뿐이므로, 결국 이 사건 소는 피고적격이 없는 자를 상대로 한 것이어서 부적법하여 각하되어야 한다고 주장하였다.

이에 대하여 인천지방법원은 이 사건 소를 부당이득반환을 구하는 민사소송으로서 이행의 소라고 전제하여 당사자적격에 관한 피고의 본안전항변을 배척한 다음, 이 사건 공사의 수급인이 소외인이라고 하여 곧바로 그를 이 사건 사업장의 사업주로 볼 수 없을뿐더러 원고 명의의 보험관계성립신고서가 원고의 승낙 없이 작성·제출되었다고 볼 증거가 부족하다는 이유로 원고의 청구를 기각하였다.

(2) 항소심에서, 원고는 채무부존재확인청구에 대하여 '피고가 원고에 대하여 한 이 사건 공사에 관한 고용·산재보험료 부과처분은 무효임을 확인한다'는 처분무효확인청구를 예비적 청구로 추가하는 청구취지 및 청구원인 변경을 신청하였다.

이에 대하여 인천지방법원 합의부는 '민사소송절차에서 청구의 객관적 병합은 같은 종류의 소송절차를 따르는 경우에만 허용되는 것이어서, 민사소송절차를 따르는 이 사건에서 행정소송의 대상이 되는 처분무효확인청구를 병합할 수는 없다'는 이유로 청구취지 변경을 불허한 다음, 제1심과 같은 이유로 원고의 청구를 배척하고 항소를 기각하였다.

3. 대법원의 판단

(1) 직권으로 본다.

<u>고용산재보험료징수법 제4조, 제16조의2, 제17조, 제19조, 제23조의 각 규정에 의하면, 사업주가 당연가입자가 되는 고용보험 및 산재보험에서 보험료 납부의무 부존재확인의 소는 공법상의 법률관계 그 자체를 다투는 소송으로서 공법상 당사자소송이라 할 것이므로</u>(대법원 2000. 9. 8. 선고 99두2765 판결 참조), 행정소송법 제3조 제2호, 제39조에 의하여 근로복지공단이 피고적격을 가진다. 그럼에도 불구하고 제1심인 인천지방법원 단독판사가 이 사건 소를 부당이득반환을 구하는 이행의 소로서 민사소송으로만 보아 보험료 납부의무의 부존재확인을 구하는 부분에 대하여 판단을 누락한 것은 잘못이다.

이 사건 소는 행정소송인 공법상 당사자소송과 행정소송법 제10조 제2항, 제44조 제2항에 규정된 관련청구소송으로서 부당이득반환을 구하는 민사소송이 병합하여 제기된 경우에 해당하므로, 인천지방법원 합의부는 항소심으로서 민사소송법 제34조 제1항, 법원조직법 제28조 제1호에 의하여 이 사건을 관할법원인 서울고등법원에 이송했어야 옳다. 따라서 원심판결에는 행정사건의 관할에 관한 법리를 오해하여 판결에 영향을 미친 잘못이 있다.

(2) 상고이유를 판단한다.

첫째로, 법원의 석명의무에 관하여 본다.

<u>고용산재보험료징수법 제4조는 고용보험법 및 산업재해보상보험법에 따른 보험사업에 관하여 이 법에서 정한 사항은 고용노동부장관으로부터 위탁을 받아 근로복지공단이 수행하되, 보험료의 체납관리 등의 징수업무는 피고가 고용노동부장관으로부터</u>

위탁을 받아 수행한다고 규정하고 있다. 따라서 고용·산재보험료의 귀속주체, 즉 사업주가 위 각 보험료 납부의무를 부담하는 상대방은 근로복지공단이라고 할 것이고, 피고는 단지 위 각 보험료의 징수업무를 수행하는 데에 불과하므로, 고용·산재보험료 납부의무의 부존재확인의 소는 근로복지공단을 피고로 하여 제기하여야 한다. 그리고 행정소송법상 당사자소송에서 원고가 피고를 잘못 지정한 때에는 법원은 원고의 신청에 의하여 결정으로써 피고의 경정을 허가할 수 있는 것이므로(행정소송법 제44조 제1항, 제14조), 원고가 피고를 잘못 지정한 것으로 보이는 경우 법원으로서는 마땅히 석명권을 행사하여 원고로 하여금 정당한 피고로 경정하게 하여 소송을 진행하도록 하여야 한다(대법원 2006. 11. 9. 선고 2006다23503 판결 등 참조).

이러한 법리에 비추어 보면, 이 사건 보험료 납부의무의 부존재확인 청구의 피고는 그 보험료의 귀속주체인 근로복지공단이 되어야 하므로 제1심법원으로서는 마땅히 석명권을 행사하여 원고로 하여금 정당한 피고로 경정하도록 한 다음 소송을 진행하였어야 한다. 그럼에도 불구하고 원심이 제1심판결의 잘못을 바로잡지 아니한 것은 잘못이다.

둘째로, 보험료 부과처분 무효확인청구를 추가하는 청구취지 변경이 허용되는지 여부를 본다.

건설업에서의 고용·산재보험료와 같이 신고납부 방식으로 징수되는 고용·산재보험료에 있어서는 근로복지공단의 보험료 부과처분 없이 납부의무자의 신고행위에 의하여 보험료 납부의무가 확정되므로 원심에서 추가된 청구취지에서 말하는 피고의 부과처분은 보험료 부과처분이 아닌 보험료 징수처분을 의미하는 것으로 보인다. 그런데 최초 제기된 이 사건 소가 당사자소송과 관련청구소송이 병합된 소송임은 앞서 본 바와 같으므로 여기에 항고소송인 보험료 징수처분의 무효확인을 구하는 청구를 추가하는 것은 행정소송법 제44조 제2항, 제10조에 따라 허용된다고 보아야 한다. 그럼에도 불구하고 원심이 이와 달리 원고의 이러한 청구취지 변경을 판결로써 불허한 것은 잘못이다.

셋째로, 고용산재보험료징수법상 '사업주'의 의미에 관하여 본다.

고용보험법 제8조, 제9조, 산업재해보상보험법 제6조, 제7조 및 고용산재보험료징수법 제5조 제1항, 제3항, 제13조 제1항에 의하면, 근로자를 사용하는 사업 또는 사업장의 사업주는 원칙적으로 고용보험 및 산재보험의 보험가입자가 되어 고용보험료 및 산재보험료의 납부의무를 부담한다. 건물을 신축하는 건축주가 자신이 직접 공사를 하지 아니하고 공사 전부를 수급인에게 도급을 준 경우에는 근로자를 사용하여 공사를 수행한 자는 수급인이므로 원칙적으로 수급인이 위 공사에 관한 고용보험법 및 산업재해보상보험법상 사업주로서 위 각 보험료를 납부할 의무를 부담하고, 건축주가 근로자를 사용하여 공사의 전부 또는 일부를 직접 한 경우에는 그 부분에 한하여 건축주가 고용보험법 및 산업재해보상보험법상 사업주가 되어 이에 해당하는 보험료의 납부의무를 부담한다.

위와 같은 법리에 비추어 보면, 제1심으로서는 원고 명의의 보험관계성립신고서가 위조된 것인지 여부 및 건축주인 원고가 근로자를 사용하여 직접 공사를 시행한 부분이 있는지 등에 관하여 추가로 심리하여, 이 사건 사업장의 사업주가 누구인지를 확정한 다음, 이를 전제로 이 사건 보험료 납부의무자가 누구인지를 판단하였어야 한다. 원심이 이러한 점을 간과하고 만연히 소외인이 이 사건 사업장의 사업주임을 인정할 증거가 없다는 이유로 원고의 주장을 배척한 제1심판결을 유지한 것 역시 잘못이다.

4. 결론

그러므로 원심판결을 파기하고, 이 사건을 관할법원인 서울고등법원으로 이송하기로 하여 관여 대법관의 일치된 의견으로 주문과 같이 판결한다.

[69] 학교안전공제제도와 공제급여수급권의 법적 성질

— 대법원 2016. 10. 19. 선고 2016다208389 전원합의체 판결 —

【판시사항】

학교안전사고 예방 및 보상에 관한 법률 제36조 내지 제40조가 각각의 급여 유형별로 공제급여의 지급기준 등에 관하여 필요한 사항을 대통령령으로 정하도록 위임한 것이 같은 법 제43조에 규정된 지급제한 사유 외의 다른 사유로 공제급여를 제한할 수 있도록 하는 것까지 위임한 취지인지 여부(소극) / 기왕증과 과실상계에 의한 지급제한 사유를 규정한 학교안전사고 예방 및 보상에 관한 법률 시행령 제19조의2 제1항, 제2항, 제3항의 효력(무효)

【판결요지】

[다수의견] 학교안전사고 예방 및 보상에 관한 법률(이하 '학교안전법'이라고 한다) 및 학교안전사고 예방 및 보상에 관한 법률 시행령(이하 '학교안전법 시행령'이라고 한다)의 규정 형식과 내용, 체계 및 학교안전법의 입법 취지와 기본 이념, 그에 따른 공제급여의 성격 등을 종합하면, 학교안전법 제36조 내지 제40조가 각각의 급여 유형별로 공제급여의 지급기준 등에 관하여 필요한 사항을 대통령령으로 정하도록 위임한 것은, 법률에 공제급여의 지급금액 산정 방식이나 지급방식 등을 일일이 규정하는 것이 입법기술적으로 쉽지 않은 점을 고려하고, 사회경제적 환경의 변화 등에 맞추어 적절하게 대처할 수 있도록 함으로써 공제급여 제도의 탄력적인 운용이 가능하도록 하기 위한 것으로서, 그 위임은 공제급여를 지급할 세부적인 기준과 급여액 계산방식을 시행령에 규정할 수 있도록 한 것일 뿐이고, 거기에서 나아가 학교안전법 제43조에 규정된 지급제한 사유 이외의 다른 사유로 공제급여를 제한할 수 있도록 하는 것까지 위임한 취지는 아니다.

학교안전법 시행령 제19조의2 제1항, 제2항, 제3항(이하 이를 통틀어 '시행령 조항'이라고 한다)에 의하면, 학교안전사고에 의한 공제급여의 피공제자에게 질병, 부상 또는 신체장애에 의한 기왕증이 있었던 경우에는 그 치료에 필요한 비용은 각 공제급여의 지급금액을 결정할 때 제외할 수 있고, 학교안전사고에 가공한 피공제자의 과실은 다섯

가지 종류의 공제급여 중 요양급여와 장의비를 제외한 나머지, 즉 장해급여, 간병급여 및 유족급여를 산정할 때에는 과실상계에 의하여 지급금액을 제한할 수 있게 된다. 그러나 학교안전법의 입법 취지와 공제급여의 성격 및 학교안전법 제36조 내지 제40조의 위임의 취지, 그리고 모법인 학교안전법에서 공제급여의 지급제한 사유를 제43조에서 한정적으로 열거하여 규정한 점 등에 비추어 볼 때, 만약 기왕증과 과실상계에 의한 지급제한 사유를 규정한 시행령 조항이 학교안전법 제36조 내지 제40조에 의하여 위임된 사항을 규정한 것이라면 이는 위임의 범위를 넘는 것이고, 그 밖에 달리 학교안전법 시행령에서 지급제한 사유를 추가하여 정할 수 있도록 모법에서 위임한 규정을 찾아볼 수 없으므로, 결국 시행령 조항은 법률의 위임 없이 피공제자의 권리를 제한하는 것으로서 무효이다.

  [대법관 권순일의 별개의견] 학교안전공제제도는 학생, 교직원 등에게 발생하는 학교안전사고라는 사회적 위험을 보험방식에 의하여 대처하는 사회보험제도이므로 위 제도에 따른 공제급여 수급권은 이른바 '사회보장수급권'의 하나로서 학교안전법이라는 법률에 의하여 구체적으로 형성되는 공법상의 권리라고 보는 것이 옳다. 따라서 피공제자 및 그 유족들이 가지는 공제급여 수급권은 국가배상법에 따른 손해배상청구권이나 민법상의 채무불이행 또는 불법행위로 인한 손해배상청구권 등과 같은 사법(私法)상의 권리와는 성질을 달리하는 것이다. 비록 학교안전공제회의 급여결정은 항고소송의 대상이 되는 행정처분이라고 할 수는 없지만, 공제급여 수급권이 공법상의 권리인 이상 그에 관한 소송의 법적 성질은 민사소송이 아니라 행정소송법 제3조 제2호에서 정하고 있는 공법상의 당사자소송이다.

【원고, 피상고인】 원고 1 외 3인
【피고, 상고인】 부산광역시학교안전공제회
【원심판결】 부산고법 2016. 1. 28. 선고 2015나50842 판결

【주   문】

  상고를 기각한다. 상고비용은 피고가 부담한다.

【이   유】

  상고이유를 판단한다.

2. 상고이유 제2점에 관하여

가. 학교안전사고를 예방하고, 학생·교직원 및 교육활동참여자가 학교안전사고로 인하여 입은 피해를 신속·적정하게 보상하기 위한 학교안전사고보상공제 사업의 실시에 관하여 필요한 사항을 규정함을 목적으로 하는 학교안전법은 교육감, 학교장 등에게 학교안전사고의 예방에 관한 책무를 부과하고, 학교안전사고가 발생한 경우 교육감, 학교장 등이 그 사고 발생에 책임이 있는지를 묻지 않고 피해를 입은 학생·교직원 등의 피공제자에 대하여 공제급여를 지급함으로써 학교안전사고로부터 학생·교직원 등의 생명과 신체를 보호하며, 부득이 피해를 입은 경우 그 피해를 신속하고 적정하게 보상하여 실질적인 학교 안전망을 구축하는 것을 그 입법 취지로 한다. 위와 같은 학교안전법에 의한 공제제도는, 종래 시·도 교육청별로 민법상 비영리 사단법인의 형태로 설립·운영되던 상호부조 조직인 학교안전공제회가 학교안전법의 시행으로 해산되고, 그 권리·의무를 학교안전법상의 공제회가 포괄승계하도록 함과 아울러 국가 및 지방자치단체의 지원을 받을 수 있도록 함으로써 기본 구조가 갖추어지게 되었다. 이와 같은 제도의 입법 취지와 연혁 등에 비추어, 학교안전법에 의한 공제제도는 상호부조 및 사회보장적 차원에서 학교안전사고로 인하여 피공제자가 입은 피해를 직접 전보하기 위하여 특별법으로 창설한 것으로서 일반 불법행위로 인한 손해배상 제도와는 그 취지나 목적이 다르다고 보아야 한다. 따라서 법률에 특별한 규정이 없는 한 학교안전법에 의한 공제급여의 지급책임에는 과실책임의 원칙이나 과실상계의 이론이 당연히 적용된다고 할 수 없고, 또한 민사상 손해배상 사건에서 기왕증이 손해의 확대 등에 기여한 경우에 공평의 견지에서 과실상계의 법리를 유추적용하여 손해배상책임의 범위를 제한하는 법리도 법률에 특별한 규정이 없는 이상 학교안전법에 따른 공제급여에는 적용되지 않는다고 할 것이다(위 대법원 2011다111961 판결 등 참조).

한편 헌법 제75조에 의하면 대통령령은 법률에서 구체적으로 범위를 정하여 위임받은 사항과 법률을 집행하기 위하여 필요한 사항에 관하여 발하는 것이므로, 이는 모법인 법률이 위임한 사항이나 법률이 규정한 범위 내에서 법률을 현실적으로 집행하는 데 필요한 세부적인 사항만을 규정할 수 있을 뿐, 법률의 위임 없이 법률이 규정한 개인의 권리·의무에 관한 내용을 변경·보충하거나 법률에 없는 권리제한 사유를 추가로 규정할 수는 없다(대법원 1995. 1. 24. 선고 93다37342 전원합의체 판결 등 참조). 그리고 대통령령으로 정할 사항에 관한 법률의 위임은 구체적으로 범위가 정해져 있어야 하므로,

그 위임 규정의 내용과 취지 등으로부터 위임의 목적·내용·범위와 그 위임에 따른 행정입법에서 준수하여야 할 목표·기준 등의 요소가 미리 파악될 수 있도록 규정되어야 하며, 이러한 위임이 있는지 여부는 위임 규정의 형식과 내용 외에 해당 법률의 전반적인 체계와 취지·목적 등도 아울러 고려하여 판단하여야 한다(대법원 2000. 10. 19. 선고 98두6265 전원합의체 판결 등 참조).

　나. 학교안전법은 학교안전공제회가 지급하는 공제급여를 요양급여, 장해급여, 간병급여, 유족급여 및 장의비로 나누어(제34조) 각 공제급여의 종류별로 제36조 내지 제40조의 규정에 따라 공제급여액을 결정한다고 하고(제35조), 각 공제급여액의 지급기준 등을 규정하면서(제36조 내지 제40조), 요양급여, 간병급여, 유족급여, 장의비에 관하여는 "지급기준 등에 관하여 필요한 사항은 대통령령으로 정한다."고 하고(제36조 제5항, 제38조 제2항, 제39조 제2항, 제40조 제2항), 장해급여에 관하여는 "장해정도의 판정기준·장해급여액의 산정 및 지급방법 등에 관하여 필요한 사항은 대통령령으로 정한다."고 하여(제37조 제2항), 대통령령에 각 위임하는 규정을 두고 있다. 그리고 그 위임에 따라 학교안전법 시행령(이하 '시행령'이라고만 한다)은 각 급여의 항목별 지급기준과 지급금액의 산정요소에 관하여 세부적인 사항을 규정하고 있다(제14조 내지 제19조).

　한편 학교안전법은 공제급여의 지급제한 사유를 제43조에서 일괄 규정하면서, 학교안전사고가 아닌 원인으로 피공제자가 자해·자살한 경우, 정당한 사유 없이 요양기관의 지시를 따르지 아니하여 부상 등의 상태가 악화되거나 요양기관의 치료를 방해한 것이 명백한 경우, 수급권자가 「자동차손해배상 보장법」의 규정에 따른 손해배상을 받은 경우 및 피공제자의 귀책사유로 인한 공제료 체납의 경우를 열거하고 있고, 그 밖에는 지급제한 사유를 정한 규정은 없다.

　위와 같은 <u>학교안전법 및 그 시행령의 규정 형식과 내용, 체계 및 학교안전법의 입법 취지와 기본이념, 그에 따른 공제급여의 성격 등을 종합하면, 학교안전법 제36조 내지 제40조가 각각의 급여 유형별로 공제급여의 지급기준 등에 관하여 필요한 사항을 대통령령으로 정하도록 위임한 것은, 법률에 공제급여의 지급금액 산정 방식이나 지급 방식 등을 일일이 규정하는 것이 입법기술적으로 쉽지 않은 점을 고려하고, 사회경제적 환경의 변화 등에 맞추어 적절하게 대처할 수 있도록 함으로써 공제급여 제도의 탄력적인 운용이 가능하도록 하기 위한 것으로서, 그 위임은 공제급여를 지급할 세부적인 기준과 급여액 계산방식을 시행령에 규정할 수 있도록 한 것일 뿐이고, 거기에서 나아가 학교안전법 제43조에 규정된 지급제한 사유 이외의 다른 사유로 공제급여를 제한할</u>

수 있도록 하는 것까지 위임한 취지는 아니라고 보아야 한다.

다. 그런데 시행령 제19조의2는 제1항에서 "공제회는 학교안전법 제35조에 따라 공제급여액을 결정할 때 피공제자에게 이미 존재하던 질병, 부상 또는 신체장애 등이 학교안전사고로 인하여 악화된 경우에는 이미 존재하던 질병, 부상 또는 신체장애 등의 치료에 필요한 비용을 제외하고 공제급여를 지급할 수 있다."고 규정하고, 제2항에서 "공제회는 학교안전법 제37조부터 제39조까지의 규정에 따른 장해급여, 간병급여 및 유족급여를 산정할 때에는 피공제자에게 과실이 있으면 이를 상계할 수 있다."고 규정하며, 제3항에서 "제2항에 따른 과실상계 대상 및 기준 등 필요한 사항은 교육부령으로 정한다."고 규정하고 있다(이하 시행령 제19조의2 제1항 내지 제3항을 통틀어 '이 사건 시행령 조항'이라고 한다).

결국 이 사건 시행령 조항에 의하면, 학교안전사고에 의한 공제급여의 피공제자에게 질병, 부상 또는 신체장애에 의한 기왕증이 있었던 경우에는 그 치료에 필요한 비용은 각 공제급여의 지급금액을 결정할 때 제외할 수 있고, 학교안전사고에 가공한 피공제자의 과실은 다섯 가지 종류의 공제급여 중 요양급여와 장의비를 제외한 나머지, 즉 장해급여, 간병급여 및 유족급여를 산정할 때에는 과실상계에 의하여 그 지급금액을 제한할 수 있게 된다. 그러나 앞서 본 학교안전법의 입법 취지와 공제급여의 성격 및 학교안전법 제36조 내지 제40조의 위임의 취지, 그리고 모법인 학교안전법에서 공제급여의 지급제한 사유를 제43조에서 한정적으로 열거하여 규정한 점 등에 비추어 볼 때, 만약 기왕증과 과실상계에 의한 지급제한 사유를 규정한 이 사건 시행령 조항이 학교안전법 제36조 내지 제40조에 의하여 위임된 사항을 규정한 것이라면 이는 그 위임의 범위를 넘는 것이고, 그 밖에 달리 시행령에서 그와 같은 지급제한 사유를 추가하여 정할 수 있도록 모법에서 위임한 규정을 찾아볼 수 없으므로, 결국 이 사건 시행령 조항은 법률의 위임 없이 피공제자의 권리를 제한하는 것으로서 무효라고 보아야 한다.

라. 같은 취지에서 원심이 이 사건 시행령 조항을 무효로 보고 그에 근거한 피고의 기왕증 감액 및 과실상계 주장을 배척한 것은 정당하다. 거기에 상고이유 주장과 같이 이 사건 시행령 조항의 효력에 관한 법리를 오해한 위법이 없다.

3. 결론

그러므로 상고를 기각하고, 상고비용은 피고가 부담하도록 하여 주문과 같이 판결한다. 이 판결에는 이 사건 소송 절차의 심리방식 및 이 사건 시행령 조항의 무효 여부에 관한 대법관 권순일의 별개의견, 이 사건 시행령 조항 중 기왕증에 의한 지급제한 사유를 규정한 시행령 제19조의2 제1항 부분이 무효인지에 관한 대법관 조희대의 반대 의견, 이 사건 시행령 조항의 무효 여부에 관한 대법관 이기택, 대법관 김재형의 반대 의견이 있는 외에는 관여 법관의 의견이 일치하였고, 다수의견에 대한 대법관 박병대, 대법관 박보영의 보충의견이 있다.

4. 이 사건 소송 절차의 심리방식 및 이 사건 시행령 조항의 무효 여부에 관한 대법관 권순일의 별개의견

가. 먼저 공제회를 상대로 학교안전법에 정한 공제급여의 지급을 구하는 소송의 법적 성질에 관하여 본다.

(1) 학교안전법은, 학교안전사고를 예방하고 학생·교직원 및 교육활동참여자가 학교안전사고로 인하여 입은 피해를 신속·적정하게 보상하기 위한 학교안전사고보상 공제 사업의 실시에 관하여 필요한 사항을 규정함을 목적으로 한다(제1조). 이 법에 의하여, 교육감은 학교안전공제 사업을 실시하기 위하여 해당 시·도에 공제회를 설립하고(제11조 제1항, 제15조 제1항), 공제회의 임원 임명, 기금운용계획 승인, 사업 또는 재산상황 검사의 지도·감독 등 권한을 가진다(제20조, 제25조, 제55조). 이 법 제2조 제1호에 규정된 학교의 학교장은 학교안전공제의 가입자가 되고 탈퇴가 허용되지 않으며(제12조 본문), 학교안전공제에 가입한 학교의 학생, 교직원 및 교육활동참여자 등은 학교안전공제의 피공제자가 된다(제14조 제1항). 공제회가 지급하는 공제급여의 종류는 요양급여, 장해급여, 간병급여, 유족급여, 장의비 등이 있고(제34조), 공제급여를 지급받고자 하는 자는 교육부령이 정하는 절차와 방식에 따라 공제회에 공제급여의 지급을 청구하여야 하며(제41조 제1항), 그 청구를 받은 공제회는 공제급여의 지급 여부와 공제급여액을 결정하여야 하고(제41조 제2항 본문, 제35조 제1항), 그에 따라 공제급여의 지급이 이루어진다(제41조 제4항). 수급권자의 공제급여를 받을 권리는 이를 양도 또는 압류할 수 없다(제47조 제2항).

(2) 위 각 규정에서 보는 바와 같은 학교안전공제 사업의 목적, 사업주체 및 공제급여의 내용과 지급절차 등과 더불어 아래에서 살펴보는 사정들을 종합하여 보면, 학교안전공제제도는 학생, 교직원 등에게 발생하는 학교안전사고라는 사회적 위험을 보험방식에 의하여 대처하는 사회보험제도이므로 위 제도에 따른 공제급여 수급권은 이른바 '사회보장수급권'의 하나로서 학교안전법이라는 법률에 의하여 구체적으로 형성되는

공법상의 권리라고 보는 것이 옳다. 따라서 피공제자 및 그 유족들이 가지는 공제급여 수급권은 국가배상법에 따른 손해배상청구권이나 민법상의 채무불이행 또는 불법행위로 인한 손해배상청구권 등과 같은 사법(私法)상의 권리와는 그 성질을 달리 하는 것이다. 비록 학교안전공제회의 급여결정은 항고소송의 대상이 되는 행정처분이라고 할 수는 없지만(대법원 2012. 12. 13. 선고 2010두20874 판결 참조), 공제급여 수급권이 공법상의 권리인 이상 그에 관한 소송의 법적 성질은 민사소송이 아니라 행정소송법 제3조 제2호에서 정하고 있는 공법상의 당사자소송이라고 보아야 한다.

첫째로, 학교안전공제 사업의 실시 주체는 교육감이고(제11조 제1항), 학교안전공제회와 학교안전공제중앙회의 설립 주체는 각기 교육감과 교육부장관이 된다(제15조 제1항, 제28조). 그리고 공제회 및 공제중앙회의 임원·직원과 심사위원회 및 재심위원회의 위원은 형법상 뇌물죄의 적용에 있어서 공무원으로 의제된다(제70조). 학교안전법에 규정된 학교의 학교장 역시 교원의 지위에서 법에 의하여 가입이 의제될 뿐 사인(私人)의 지위에서 공제에 가입되는 것은 아니다. 또한 공제료 납부의무를 이행하지 아니한 공제가입자에 대하여 공제료 납부명령 등 그 위반행위의 시정에 필요한 조치를 취할 수 있는 사람도 교육부장관 또는 교육감이다(제49조 제6항).

둘째로, 학교안전공제 사업의 재원은 국가·지방자치단체의 재정에서 부담한다(제51조 제1항, 제2항, 제52조 제2항). 공제가입자가 공제료를 납부하는 경우에도(제49조 제1항), 그 재원이 되는 '학교의 예산'은 국가의 일반회계나 지방자치단체의 교육비 특별회계로부터 받은 전입금, 국가나 지방자치단체의 보조금 및 지원금 등을 수입으로 하는 교육비 특별회계에 의하여 마련된 것이다.

셋째로, 학교안전공제의 피공제자 및 그 유족들은 학교안전사고로 인하여 발생한 피해에 대하여 그 책임이 있는 국가·지방자치단체 그 밖에 책임이 있는 개인을 상대로 국가배상법에 따른 손해배상청구권이나 민법상 채무불이행 또는 불법행위로 인한 손해배상청구권 등을 행사하는 데 아무런 제약이 없다. 다만 수급권자가 학교안전사고로 인하여 발생한 피해에 대하여 공제급여를 받은 경우에는 그 보상 또는 배상의 책임이 있는 국가·지방자치단체·공제가입자 또는 피공제자는 그 공제급여 금액의 범위 안에서 다른 법령에 따른 보상 또는 배상의 책임을 면하고, 수급권자가 다른 법령에 따라 공제급여에 상당하는 보상 또는 배상을 받은 경우 공제회는 그 보상 또는 배상의 범위 안에서 그 공제급여를 지급하지 아니할 수 있을 뿐이다(제45조 제1항, 제2항).

끝으로, 대법원 판례에 의하더라도, 학교안전법에 따른 공제제도는 '사회보장적 차원에서' 학교안전사고로 인하여 피공제자가 입은 피해를 직접 전보하는 성질을 가지고 있는 것으로서 불법행위로 인한 손해를 배상하는 제도와 그 취지나 목적을 달리하는 관계로, 법률에 특별한 규정이 없는 한 과실책임의 원칙이나 과실상계의 이론이 적용되지 않는다는 것이다(대법원 2012. 12. 13. 선고 2011다111961 판결 등 참조). 이는 학교안전법에 의하여 피공제자나 그 유족들이 가지는 공제급여 수급권은 사법(私法)상의 권리가 아니라 공법상의 권리임을 인정하는 취지라고 보아야 한다.

나. 다음으로 이 사건 시행령 조항이 모법인 학교안전법의 위임이 없어 무효인지에 관하여 본다.

(1) 피공제자나 그 유족들의 공제급여 수급권은 앞서 본 바와 같이 학교안전법이 특별히 인정한 사회보장수급권에 해당하므로, 공제회가 수급권자에게 지급할 구체적인 공제급여의 내용이나 범위, 그 방법 등은 국가와 지방자치단체의 재정부담 능력과 전체적인 사회보장의 수준, 학교안전사고와 그로 인한 피해에 대한 평가기준 등을 종합적으로 고려하여 국회가 광범위하게 재량을 가지고 법률로써 정할 수 있는 입법정책의 영역에 속하고(대법원 2008. 11. 13. 선고 2007두13302 판결 등 참조), 법률에서 직접 공제급여의 내용이나 범위, 그 방법 등을 정하지 아니하고, 일정한 사항에 대하여 대통령령 등 하위법령에 위임하여 구체적인 내용을 정하도록 하는 것도 허용된다.

그리고 사회보장적 급여의 성격을 가지는 권리의 내용을 형성하는 규정에 대해서는 위임의 구체성·명확성의 요구가 상대적으로 완화된다고 할 것이나(헌법재판소 2016. 2. 25. 선고 2015헌바191 전원재판부 결정 참조), 이러한 경우에도 하위법령의 내용이 모법 자체로부터 그 위임된 내용의 대강을 예측할 수 있는 범위 내에 속한 것이어야 하고, 이러한 예측가능성 유무는 당해 특정조항 하나만을 가지고 판단할 것은 아니고 법률의 입법 취지 등을 고려하여 관련 법조항 전체를 유기적·체계적으로 종합하여 판단하여야 한다.

(2) 학교안전법에 정한 공제급여의 종류로는 요양급여, 장해급여, 간병급여, 유족급여, 장의비 등이 있다. 그런데 학교안전법은 '요양급여의 지급기준 등에 관하여 필요한 사항', '장해정도의 판정기준·장해급여액의 산정 및 지급방법 등에 관하여 필요한 사항', '간병급여의 지급기준 등에 관하여 필요한 사항', '유족급여의 지급기준 등에 관하여 필요한 사항', '장의비의 지급기준 등에 관하여 필요한 사항'(제36조 제5항, 제37조 제2항, 제38조 제2항, 제39조 제2항, 제40조 제2항) 등을 대통령령으로 정하도록 하고 있다.

그리고 학교안전법은 공제급여의 제한사유로서 '피공제자가 자해·자살한 경우(다만, 학교안전사고가 원인이 되어 자해·자살한 경우는 제외)', '학교안전사고로 인하여 피해를 입은 피공제자 또는 그 보호자 등이 정당한 사유 없이 요양기관의 지시를 따르지 아니하여 피공제자의 부상·질병 또는 장해의 상태가 악화되었거나 요양기관의 치료를 방해한 것이 명백한 경우', '학교안전사고와 관련하여 학교안전법 제36조 내지 제40조의 규정에 따른 공제급여를 받을 권리가 있는 자가 「자동차손해배상 보장법」의 규정에 따른 손해배상을 받은 경우'에는 공제급여의 전부 또는 일부를 지급하지 아니할 수 있다고 규정하고 있다(제43조 제1항 제1, 2, 3호).

(3) 앞서 본 법리에 비추어 위 각 규정의 내용, 학교안전법상 공제급여의 법적 성질 등과 더불어 아래와 같은 사정을 종합하여 보면, 이 사건 시행령 조항은 모법의 위임범위를 일탈한 것으로서 무효라고 보아야 한다.

첫째, 위임근거 규정인 학교안전법 제36조 내지 제40조는, 각 공제급여의 '지급기준 등에 관하여 필요한 사항'을 대통령령에 위임하여 그 위임 사항이 반드시 '지급기준에 관하여 필요한 사항'에 국한된다고 보기는 어려우나, '공제급여의 지급 제한·정지'에 관한 학교안전법 제43조는 당해 조항에서 정한 사유 이외에 공제급여의 지급을 제한·정지할 수 있는 사유를 대통령령에 위임하고 있지 아니하므로, 이 사건 시행령 조항이 피공제자의 기왕증 또는 과실 등을 공제급여의 제한 사유로 정한 것은 학교안전법이 예정하지 아니한 것으로서, 모법 자체로부터 그 위임된 내용의 대강을 예측할 수 있는 범위 내에 속한다고 보기 어렵다.

둘째, 학교안전공제제도는 학교안전사고라는 사회적 위험에 대처하기 위한 사회보험제도로서 위 제도에 따른 공제급여 수급권이 사회보장수급권임을 고려하면, 법률이 명시적으로 정하지 아니한 기왕증 또는 과실 등의 사유를 들어 공제급여 수급권을 제한하는 것은, 학교안전사고로 인하여 입은 피해를 신속·적정하게 보상하기 위한 학교안전공제제도의 목적에 어긋날 뿐만 아니라 사회보장수급권은 법령에 근거가 있는 경우에도 그 목적에 필요한 최소한의 범위 내에서만 제한할 수 있도록 규정한 사회보장기본법 제13조의 취지에 부합한다고 보기도 어렵다.

다. 앞서 본 바와 같이 공제회를 상대로 학교안전법에 정한 공제급여의 지급을 구하는 소송의 법적 성질은 민사소송이 아니라 행정소송법 제3조 제2호에서 정하고 있는 공법상의 당사자소송이라고 보아야 하므로, 이 사건 소는 행정소송법상의 당사자소송으로 제기하여야 할 사건을 민사소송으로 잘못 제기한 경우에 해당한다.

다만 이 사건 제1심법원인 부산지방법원 본원 합의부는 이 사건 소송이 행정소송법상의 당사자소송일 경우의 관할도 동시에 가지고 있으므로, 이 사건에서 관할위반의 문제는 발생하지 아니한다. 또한, 원심은 이 사건 소송을 행정소송의 절차에 따라 심리하였어야 함에도 민사소송의 절차에 따라 심리하기는 하였으나, 심리에 있어 직권조사 등의 규정을 적용하지 않은 채 사실관계를 확정하여 판결에 영향을 주었다는 등의 사정은 찾아볼 수 없으므로, 위와 같은 절차상의 잘못이 원심판결을 파기할 사유에 해당한다고 보기는 어렵다.

한편 원심이 이 사건 시행령 조항을 무효로 보고 그에 근거한 피고의 기왕증 감액 및 과실상계 주장을 배척한 것은 그 결론에 있어 정당하고, 거기에 상고이유 주장과 같이 이 사건 시행령 조항의 효력에 관한 법리를 오해한 위법이 없다.

이상과 같이 이 사건 상고를 기각하는 다수의견의 결론에는 찬성하지만 그 이유는 달리하므로, 별개의견으로 이를 밝혀 둔다.

[70] 농지전용 불허가와 행정청의 재량권 일탈 · 남용

— 대법원 2017. 10. 12. 선고 2017두48956 판결 —

【판시사항】

국토의 계획 및 이용에 관한 법률 제56조에 따른 개발행위허가와 농지법 제34조에 따른 농지전용허가 · 협의의 요건에 해당하는지 여부가 행정청의 재량판단의 영역에 속하는지 여부(적극) / 국토의 계획 및 이용에 관한 법률이 정한 용도지역 안에서 토지의 형질변경행위 · 농지전용행위를 수반하는 건축허가 역시 재량행위에 해당하는지 여부(적극) / 그에 대한 사법심사의 대상, 판단 기준 및 이때 재량권 일탈 · 남용에 관한 주장 · 증명책임의 소재(＝행정행위의 효력을 다투는 사람)

【판결요지】

국토의 계획 및 이용에 관한 법률(이하 '국토계획법'이라고 한다) 제56조에 따른 개발행위허가와 농지법 제34조에 따른 농지전용허가 · 협의는 금지요건 · 허가기준 등이 불확정개념으로 규정된 부분이 많아 그 요건 · 기준에 부합하는지의 판단에 관하여 행정청에 재량권이 부여되어 있으므로, 그 요건에 해당하는지 여부는 행정청의 재량판단의 영역에 속한다. 나아가 국토계획법이 정한 용도지역 안에서 토지의 형질변경행위 · 농지전용행위를 수반하는 건축허가는 건축법 제11조 제1항에 의한 건축허가와 위와 같은 개발행위허가 및 농지전용허가의 성질을 아울러 갖게 되므로 이 역시 재량행위에 해당하고, 그에 대한 사법심사는 행정청의 공익판단에 관한 재량의 여지를 감안하여 원칙적으로 재량권의 일탈이나 남용이 있는지 여부만을 대상으로 하는데, 판단 기준은 사실오인과 비례 · 평등의 원칙 위반 여부 등이 된다. 이러한 재량권 일탈 · 남용에 관하여는 행정행위의 효력을 다투는 사람이 주장 · 증명책임을 부담한다.

【원고, 피상고인】 원고
【피고, 상고인】 ○○군수
【원심판결】 대구고법 2017. 5. 26. 선고 2016누6079 판결

【주 문】

원심판결을 파기하고, 사건을 대구고등법원에 환송한다.

【이 유】

상고이유를 판단한다.

1. 원심판결 이유 및 기록에 의하면, 다음과 같은 사실들을 알 수 있다.

가. 원고는 경북 ○○군 (주소 1 생략) 전 27,816㎡, (주소 2 생략) 전 6,103㎡(이하 위 각 토지를 '이 사건 토지'라고 한다) 중 2,163㎡ 지상에 건축면적 428.4㎡인 지상 1층 제1종 근린생활시설(소매점)을 신축하기 위하여 2016. 1. 28. 피고에게 개발행위허가와 농지전용허가가 포함된 건축허가 신청(이하 '이 사건 신청'이라고 한다)을 하였다.

나. 소외 1은 이 사건 토지 중 2,163㎡ 지상에 건축면적 466.39㎡인 지상 1층 제1종 근린생활시설(소매점)을, 소외 2는 이 사건 토지 중 2,162㎡ 지상에 건축면적 428.4㎡인 동종 시설을, 소외 3은 위 (주소 1 생략) 전 27,816㎡의 일부인 2,163㎡ 지상에 건축면적 428.4㎡인 동종 시설을 각각 신축하기 위하여 2016. 1. 28. 동시에 건축허가신청을 하였다. 한편 원고와 소외 1은 주소지가 같고, 소외 2와 소외 3 역시 주소지가 같으며, 원고, 소외 1, 소외 2, 소외 3(이하 '원고 등 4인'이라고 한다)은 모두 위 (주소 1 생략) 토지 소유자 소외 4, 위 (주소 2 생략) 토지 소유자 소외 5로부터 각기 토지사용 승낙을 받았다.

다. 피고는 2016. 2. 15. 원고에 대하여, '관련부서와 협의한 결과, 이 사건 토지는 ○○○○일반산업단지 개발계획에 포함되어 있어 건축물 공사 진행 또는 완료 후에 산업단지 개발이 시행될 경우 건축물 철거 등으로 재산상의 손실이 발생할 수 있으므로, 산업단지 조성의 원활한 추진을 위하여 건축을 허가할 수 없다'는 등의 이유를 들어 이 사건 신청을 불허가하였다(이하 '이 사건 처분'이라고 한다).

라. 피고는 이 사건 소송과정에서, 이 사건 신청이 인용될 경우 인근 부지에 관한 또 다른 건축허가신청 및 그에 따른 신축 건물의 난립을 규제할 수단이 없어지게 되고, 이 사건 처분으로 인하여 얻어지는 공공복리가 원고가 입게 되는 불이익을 정당화할 만큼 강하다는 취지의 주장을 한 바 있다.

마. 이 사건 토지는 도시지역 중 보전녹지지역, 자연녹지지역인 용도지역에 속하고, 여기에 건축을 하려면 절토·성토·정지·포장 등 작업이 필요하다. 또한 이 사건

토지는 넓은 평야지대에 위치한 밭으로서 대체로 전·답·과수원 등 넓은 농지로 둘러 싸여 있는 모습이고, 주변에 민가는 드문 편이나 그 오른편에는 국도 33호선이 지나가 고 있다. 이 사건 토지를 포함한 위 산업단지 예정부지 역시 대체로 녹지로 둘러싸인 농지 등으로 보이고 민가 역시 많지 않다.

2. 가. 국토의 계획 및 이용에 관한 법률(이하 '국토계획법'이라고 한다) 제56조에 따른 개발행위허가와 농지법 제34조에 따른 농지전용허가·협의는 그 금지요건·허가기준 등이 불확정개념으로 규정된 부분이 많아 그 요건·기준에 부합하는지의 판단에 관하여 행정청에 재량권이 부여되어 있으므로, 그 요건에 해당하는지 여부는 행정청의 재량판단의 영역에 속한다. 나아가 국토계획법이 정한 용도지역 안에서 토지의 형질변경행위·농지전용행위를 수반하는 건축허가는 건축법 제11조 제1항에 의한 건축허가와 위와 같은 개발행위허가 및 농지전용허가의 성질을 아울러 갖게 되므로 이 역시 재량행위에 해당하고, 그에 대한 사법심사는 행정청의 공익판단에 관한 재량의 여지를 감안하여 원칙적으로 재량권의 일탈이나 남용이 있는지 여부만을 대상으로 하는데, 그 판단기준은 사실오인과 비례·평등의 원칙 위반 여부 등이 된다(대법원 2016. 10. 27. 선고 2015두41579 판결, 대법원 2017. 6. 19. 선고 2016두30866 판결 등 참조). 이러한 재량권 일탈·남용에 관하여는 그 행정행위의 효력을 다투는 사람이 주장·증명책임을 부담한다 (위 2015두41579 판결 등 참조).

한편 국토계획법 제76조 제1항, 제36조의 위임에 따른 국토계획법 시행령 제71조 제1항 제14호 [별표 15] 2.의 나.에 의하면, '보전녹지지역'에서 도시·군계획조례로 건축이 허용되는 '제1종 근린생활시설'은 해당 용도에 쓰이는 바닥면적의 합계가 500㎡ 미만이어야 한다.

나. 위 사실관계를 관련 법령의 내용과 위 법리에 비추어 살펴본다.

(1) 이 사건 신청 대상 토지는 농지로서 국토계획법에 따른 보전녹지지역 안에 있으므로, 국토계획법에 따른 토지의 형질변경행위 및 농지법에 따른 농지의 전용행위를 수반하는 이 사건 건축허가는 피고의 재량행위에 해당한다. 그런데 국토계획법령은 개발행위허가기준 중 하나로 "주변지역의 토지이용실태 또는 토지이용계획, 건축물의 높이, 토지의 경사도, 수목의 상태, 물의 배수, 하천·호수·습지의 배수 등 주변 환경이나 경관과 조화를 이루는지 여부"를 규정하고 있다(국토계획법 제58조 제1항 제4호, 국토계획법 시행령 제56조 제1항 [별표 1의2]). 농지법 제34조, 농지법 시행령 제33조 제1항 제5호

는 농지전용허가의 심사기준으로서 "해당 농지의 전용이 인근 농지의 농업경영과 농어촌생활환경의 유지에 피해가 없을 것"을 들고 있다. 따라서 피고는 이 사건 신청 대상 토지의 위치 및 주변 상황, 그 신청 경위 등 제반 사정을 고려하여 개발행위허가·농지전용허가 기준을 충족하는지 여부를 판단하여야 하고, 이러한 판단 과정에서 공익적 요소를 함께 고려할 수밖에 없으므로 결국 행정청에 재량판단의 여지가 있게 된다.

(2) 이 사건에서 건축허가가 있게 되면 국토계획법에 따른 개발행위허가와 농지법에 따른 농지전용허가 등이 의제되므로 건축허가 신청을 받은 피고의 담당 부서로서는 이에 관하여 관련부서와의 협의가 필요한데, 이러한 협의는 결국 이 사건 신청이 위와 같은 허가기준 등을 충족하는지에 관한 것이고, 피고는 이 사건 처분서에서 '관련부서와 협의한 결과'에 따라 거부처분에 이르게 되었음을 밝힌 바 있다. 나아가 피고는 이 사건 소송 중에, 이 사건 신청을 받아들일 경우 주변 신축 건물의 난립 등 문제가 있으므로 그 신청을 거부할 중대한 공익이 인정된다는 취지의 주장을 함으로써 그 거부처분의 취지를 분명히 하였다. 따라서 피고가 단순히 이 사건 토지가 산업단지 조성예정지에 포함되어 있다는 점만을 그 처분사유로 제시한 것으로는 볼 수 없고, 원고가 개발행위·농지전용행위 허가기준 등을 갖추지 못하였음도 그 처분사유에 포함된 것으로 볼 수 있다.

(3) ① 원고 등 4인이 이 사건 토지 소유자도 아니면서 소유자로부터 토지사용승낙을 받아 이 사건 토지 중 일부씩에 관하여 총 4건의 1종 근린생활시설(소매점) 건축허가신청을 동시에 하였는데, 주변에 민가가 드문 보전녹지지역의 넓은 농지에 소매점 건축허가를 일괄 신청한 점에 비추어 보면 이 사건 신청 취지의 진정성에 의심을 불러일으킨다. ② 이 사건 토지 위에 원고 등 4인이 각각 건축하려는 위 각 소매점 건축면적을 합하면 1,751.59㎡로 상당히 큰 건축물 군(群)을 형성하게 되므로 주변지역의 토지이용 실태나 계획 등에 비추어 앞서 본 개발행위허가기준이나 농지전용허가 심사기준을 충족하는지 여부가 의심스럽다. 그리고 이러한 큰 건축물이 들어서게 되면 인근 농지의 농업 경영에 피해를 초래하고 주변 지역의 난개발을 막기도 어려울 것이다. ③ 피고가 산업단지 조성을 추진하고 있다는 점 역시 재량판단의 한 공익적 요소로 고려할 수 있는 반면, 원고 등 4인은 이 사건 토지의 소유자도 아니므로, 그 건축불허가로 인하여 재산권 침해의 불이익이 크게 발생한다고 보기도 어렵다. ④ 보전녹지지역에서 도시·군계획조례로 건축이 허용되는 제1종 근린생활시설은 그 해당 용도에 쓰이는 바닥면적의 합계가 500㎡ 미만이어야 하는데, 위 각 건축물의 건축면적은 모두 466.39㎡

이거나 428.4㎡로서 원고 등 4인의 건축허가신청은 이러한 국토계획법령상 규제를 염두에 둔 것으로 보인다. 원고 등 4인의 건축허가신청 경위와 토지사용승낙 관계 등에 비추어 보면 하나의 건축부지 위에 건축될 건축물을 이처럼 4개로 나누어 건축허가 신청을 하는 것은 법령을 잠탈하려는 의도가 있는 것은 아닌지 의문이 들고, 그 신청을 인용할 경우 국토계획 및 건축 행정에 대한 공적 신뢰에도 영향을 끼칠 수 있어 신중해야 한다. ⑤ 종전에 건축허가가 있었던 인근 토지는 산업단지 조성계획 대상 토지가 아니었다. 그리고 이처럼 인근 토지에 건축허가가 있었다는 이유만으로 그 주변 토지에 관한 건축허가를 모두 인용해야 한다면 난개발을 막을 방법이 없게 되어 결국 개발행위허가 제도 자체를 유명무실하게 만들 우려가 있다.

이러한 점들을 모두 종합하여 보면 이 사건 신청이 개발행위허가·농지전용행위허가 기준 등을 갖추지 못하였다고 본 피고의 판단에 비례·평등원칙 위반 등 재량권 일탈·남용이 있다고 보기 어렵다.

(4) 그럼에도 원심은 이와 달리, 이 사건 토지에 관한 산업단지계획 수립 및 추진 여부가 불확실하고, 피고가 이 사건 처분으로 달성하려는 공익보다 원고의 재산권 침해 등 불이익이 더 크다는 등의 이유를 들어, 이 사건 처분에 재량권 일탈·남용의 위법이 있다고 판단하였다.

따라서 이러한 원심의 판단에는 재량권 일탈·남용에 관한 법리를 오해하여 판결에 영향을 미친 잘못이 있다. 이를 지적하는 상고이유는 이유 있다.

3. 그러므로 나머지 상고이유에 관한 판단을 생략한 채 원심판결을 파기하고, 사건을 다시 심리·판단하게 하기 위하여 원심법원에 환송하기로 하여, 관여 대법관의 일치된 의견으로 주문과 같이 판결한다.

[71] 한국형 헬기 국가연구개발사업의 법률관계

― 대법원 2017. 11. 9. 선고 2015다215526 판결 ―

【판시사항】

국책사업인 '한국형 헬기 개발사업'(Korean Helicopter Program)에 개발주관사업자 중 하나로 참여하여 국가 산하 중앙행정기관인 방위사업청과 '한국형헬기 민군겸용 핵심구성품 개발협약'을 체결한 甲 주식회사가 협약을 이행하는 과정에서 환율변동 및 물가상승 등 외부적 요인 때문에 협약금액을 초과하는 비용이 발생하였다고 주장하면서 국가를 상대로 초과비용의 지급을 구하는 민사소송을 제기한 사안에서, 위 협약의 법률관계는 공법관계에 해당하므로 이에 관한 분쟁은 행정소송으로 제기하여야 한다고 한 사례

【판결요지】

국책사업인 '한국형 헬기 개발사업'(Korean Helicopter Program, 이하 'KHP사업'이라 한다)에 개발주관사업자 중 하나로 참여하여 국가 산하 중앙행정기관인 방위사업청과 '한국형헬기 민군겸용 핵심구성품 개발협약'을 체결한 甲 주식회사가 협약을 이행하는 과정에서 환율변동 및 물가상승 등 외부적 요인 때문에 협약금액을 초과하는 비용이 발생하였다고 주장하면서 국가를 상대로 초과비용의 지급을 구하는 민사소송을 제기한 사안에서, 과학기술기본법 제11조, 구 국가연구개발사업의 관리 등에 관한 규정(2010. 8. 11. 대통령령 제22328호로 전부 개정되기 전의 것, 이하 '국가연구개발사업규정'이라 한다) 제2조 제1호, 제7호, 제7조 제1항, 제10조, 제15조, 제20조, 항공우주산업개발 촉진법 제4조 제1항 제2호, 제2항, 제3항 등의 입법 취지와 규정 내용, 위 협약에서 국가는 甲 회사에 '대가'를 지급한다고 규정하고 있으나 이는 국가연구개발사업규정에 근거하여 국가가 甲 회사에 연구경비로 지급하는 출연금을 지칭하는 데 다름 아닌 점, 위 협약에 정한 협약금액은 정부의 연구개발비 출연금과 참여기업의 투자금 등으로 구성되는데 위 협약 특수조건에 의하여 참여기업이 물가상승 등을 이유로 국가에 협약금액의 증액을 내용으로 하는 협약변경을 구하는 것은 실질적으로는 KHP사업에 대한 정부출연금의 증액을 요구하는 것으로 이에 대하여는 국가의 승인을 얻도록 되어 있는 점, 위 협약은 정부와 민간이 공동으로 한국형헬기 민·군 겸용 핵심구성품을 개발하여 기술에

대한 권리는 방위사업이라는 점을 감안하여 국가에 귀속시키되 장차 기술사용권을 甲 회사에 이전하여 군용 헬기를 제작·납품하게 하거나 또는 민간 헬기의 독자적 생산기반을 확보하려는 데 있는 점, KHP사업의 참여기업인 甲 회사로서도 민·군 겸용 핵심 구성품 개발사업에 참여하여 기술력을 확보함으로써 향후 군용 헬기 양산 또는 민간 헬기 생산에서 유리한 지위를 확보할 수 있게 된다는 점 등을 종합하면, 국가연구개발 사업규정에 근거하여 국가 산하 중앙행정기관의 장과 참여기업인 甲 회사가 체결한 위 협약의 법률관계는 공법관계에 해당하므로 이에 관한 분쟁은 행정소송으로 제기하여야 한다고 한 사례.

【원고, 피상고인 겸 상고인】 한국항공우주산업 주식회사
【피고, 상고인 겸 피상고인】 대한민국
【원심판결】 서울고법 2015. 4. 1. 선고 2014나2002868 판결

【주   문】

원심판결을 파기하고, 제1심판결을 취소한다. 사건을 서울행정법원에 이송한다.

【이   유】

1. 사건의 경위

원심이 인정한 사실관계에 의하면 이 사건의 경위는 다음과 같다.

가. 피고는 군이 운용 중이던 노후화된 외국산 헬기를 국산화하여 전력화함과 아울러 군용 헬기는 물론 민수 헬기에도 사용할 수 있는 민·군 겸용 구성품을 개발하여 장차 민간에서 사용하는 헬기를 독자적으로 생산할 수 있는 기반을 마련하고자, 한국형 기동헬기를 국내 연구개발을 통하여 획득하는 것을 목표로 2005년경부터 '한국형 헬기 개발사업'(Korean Helicopter Program, 이하 'KHP사업'이라고 한다)을 산업자원부와 방위사업청의 주관하에 국책사업으로 추진하기로 결정하였다.

나. 이 사건 KHP사업에 관하여 원고, 국방과학연구소 및 한국항공우주연구원 등이 공동으로 개발주관사업자로 참여하였는데, 원고는 분담된 체계 및 구성품 개발업무 수행, 체계규격서 작성, 체계개발동의서 작성, 개발시험평가 수행 및 운용시험평가 지원을 통하여 체계개발을 종합적으로 주관하고 체계결합을 책임지는 역할을, 국방과학

연구소 및 한국항공우주연구원은 이를 지원하고 민·군 겸용 핵심구성품 및 군용 핵심구성품 일부를 책임지는 역할을 각기 담당하기로 하였다.

다. 이에 피고 산하 방위사업청(이하 '피고'라고만 한다)은 2006. 6. 7. 원고와 사이에 '한국형헬기 민군겸용 핵심구성품 개발' 협약(이하 '이 사건 협약'이라고 한다)을 체결하였다. 그 주요 내용은 헬기기술자립화사업으로서 기어박스 등 12개 부품 및 기술을 개발하는 것이고, 협약금액은 ○○○원(정부출연 ○○○원, 업체투자 ○○○원)이며, 협약기간은 2006. 6. 1.부터 2012. 6. 30.까지, 납품일자는 2008. 10. 30.부터 2012. 6. 30.까지로 되어 있다.

2. 원심의 판단

가. 원고는 이 사건 협약에 대해서는 「국가를 당사자로 하는 계약에 관한 법률」(이하 '국가계약법'이라고 한다)이 적용되므로 국가계약법 제19조, 이 사건 협약 특수조건 제9조 제1항에 의하여 원고가 이 사건 협약을 이행하는 과정에서 환율변동 및 물가상승 등 외부적인 요인에 의하여 협약금액을 초과하는 비용이 발생하였다면 그 초과비용을 피고가 지급할 의무가 있다고 주장하였다. 이에 대하여 피고는 이 사건 협약은 국가계약법이 적용되는 사법상 계약이 아니라, 항공우주산업법 제4조 제1항 제2호, 같은 조 제3항 및 국가연구개발사업규정 제2조 제1호, 제9조 제1항에 근거한 '협약'으로서 공법상 법률관계에 해당하고, 또한 원고가 주장하는 이 사건 협약 특수조건 제9조 제1항에 근거한 정산금 지급 청구권은 피고(사업단)의 승인이라는 별도의 행정행위가 있어야만 인정되는 것으로서 위와 같은 정산금의 지급을 구하는 이 사건 소는 행정소송에 해당하므로, 민사소송으로 제기된 이 사건 소는 부적법하다는 본안전 항변을 하였다.

나. 이에 대하여 원심은, 이 사건 협약은 피고 산하 산업자원부로부터 출연금 예산을 지원받아 이루어져 형식적으로는 국가연구개발사업규정 등에 근거한 '협약'의 형태로 체결되었지만, 실질적으로는 원고가 피고에게 한국형헬기의 민·군 겸용 핵심구성품을 연구·개발하여 납품하고, 피고가 원고에게 그 대가를 지급하는 내용으로, 피고가 우월한 공권력의 주체로서가 아니라 사경제의 주체로 원고와 대등한 입장에서 합의에 따라 체결한 사법상 계약의 성격을 지니고 있을 뿐만 아니라, 이 사건 협약 특수조건 제44조에서 협약 당사자 사이에 분쟁이 발생하여 소송에 의할 경우 그 관할법원을 서울중앙지방법원으로 한다고 명시하고 있으므로, 이 사건 협약에 관한 법률상의 분쟁은 민사소송의 대상이 된다는 이유로 피고의 본안전 항변을 배척하였다.

3. 대법원의 판단

가. (1) 과학기술기본법은 제11조에서 중앙행정기관의 장은 기본계획에 따라 맡은 분야의 국가연구개발사업과 그 시책을 세워 추진하여야 한다고 규정하고 있고, 과학기술기본법의 위임에 따라 국가연구개발사업의 기획 등에 필요한 사항을 규정한 구 「국가연구개발사업의 관리 등에 관한 규정」(2010. 8. 11. 대통령령 제22328호로 전부 개정되기 전의 것, 이하 '국가연구개발사업규정'이라고 한다)은, 국가연구개발사업이란 중앙행정기관이 법령에 근거하여 연구개발과제를 특정하여 그 연구개발비의 전부 또는 일부를 출연하거나 공공기금 등으로 지원하는 과학기술 분야의 연구개발사업을 말하고, 출연금이란 국가연구개발사업의 목적을 달성하기 위하여 국가 등이 반대급부 없이 예산이나 기금 등에서 연구수행기관에 지급하는 연구경비를 말한다고 규정하고 있다(제2조 제1호, 제7호). 국가연구개발사업규정에 의하면, 중앙행정기관의 장은 연구개발과제에 대하여 주관연구기관의 장과 연구개발계획서, 참여기업에 관한 사항, 연구개발비의 지급방법 등에 관한 사항이 포함된 협약을 체결하여야 하고(제7조 제1항), 중앙행정기관의 장은 연구개발비의 전부 또는 일부를 출연할 수 있으며, 국가연구개발사업에 참여기업이 있는 경우 중앙행정기관과 참여기업의 연구개발비 출연·부담 기준에 의하고(제10조), 국가연구개발사업의 수행결과로 얻어지는 지식재산권 등 무형적 결과물은 협약에서 정하는 바에 따라 주관연구기관 또는 참여기관의 소유로 하거나 주관연구기관과 참여기관의 공동소유로 할 수 있고, 국가 안보상 필요한 경우 등에는 국가의 소유로 할 수 있으며(제15조), 중앙행정기관의 장은 연구기관 또는 참여기업에 대하여 협약의 규정을 위반한 경우에는 국가연구개발사업에의 참여를 제한할 수 있다(제20조).

한편 항공우주산업개발 촉진법(이하 '항공우주산업법'이라고 한다)은 제4조 제1항 제2호에서 정부는 기동용회전익항공기·공격용회전익항공기의 개발에 관한 사업 등에 관한 시책을 추진하여야 한다고 규정하고 있고, 제4조 제2항에서 정부는 이를 위하여 국·공립연구기관, 국방과학연구소, 항공우주산업 및 관련 기술과 관련된 기관·단체 또는 사업자 등으로 하여금 사업을 실시하게 할 수 있다고 규정하고 있으며, 제4조 제3항에서 정부는 항공우주산업의 육성을 위한 사업을 실시하는 자에 대하여 그 사업에 소요되는 비용의 전부 또는 일부를 출연할 수 있다고 규정하고 있다.

그리고 이 사건 협약 특수조건에 의하면, 이 사건 협약의 목적은 KHP사업 공동규정(산업자원부 및 방위사업청 공동훈령) 등에 의거하여 원고가 그 하도급업체들과 함께 한국형헬기 민·군 겸용 핵심구성품을 연구·개발하여 납품하는 데 있으며, 피고는 원고에게 그 대가를 지급한다는 것이고(제2조), 원고는 협약체결 시 협약이행의 보증으로 협약금액의 100분의 10 이상의 금액을 국가계약법 시행령 제37조 제2항의 규정에 의한 증권 또는 보증서로 납부하여야 하는데, 협약보증금의 반환, 국고귀속 등에 대해서는 국가계약법상의 계약보증금 반환, 국고귀속 등의 조항을 준용하고(제7조), 협약체결 시의 협약금액 이외의 초과비용은 인정하지 않는데, 다만 협약목적물 및 개발계획의 변경에 따른 초과비용이나 개발계획서상의 물가상승, 환율변동, 기술변경, 소요변경 등의 차이에 의한 초과비용 등은 피고와 협의하여 사업비 증가에 따른 협약변경을 할 수 있으나 피고(사업단)의 승인분에 한하고(제9조), 원고와 피고 간에 분쟁이 발생하여 30일 이내에 협약당사자 간의 합의가 이루어지지 아니한 때에는 소송에 의하여 해결하되 그 관할법원은 서울중앙지방법원으로 한다는 것이다(제44조).

(2) 위 각 법령의 입법 취지 및 규정 내용과 함께 이 사건 협약 제2조에서 피고는 원고에게 '그 대가'를 지급한다고 규정하고 있으나 이는 국가연구개발사업규정에 근거하여 피고가 원고에게 연구경비로 지급하는 출연금을 지칭하는 데 다름 아니라는 점, 이 사건 협약에 정한 협약금액은 정부의 연구개발비 출연금과 참여기업의 투자금 등으로 구성되어 있는데 이 사건 협약 특수조건 제9조 제1항에 의하여 참여기업이 물가상승 등을 이유로 피고에게 협약금액의 증액을 내용으로 하는 협약변경을 구하는 것은 실질적으로는 이 사건 KHP사업에 대한 정부출연금의 증액을 요구하는 것으로서 이에 대하여는 피고의 승인을 얻도록 되어 있는 점, 이 사건 협약은 정부와 민간이 공동으로 한국형헬기 민·군 겸용 핵심구성품을 개발하여 그 기술에 대한 권리는 방위사업이라는 점을 감안하여 국가에 귀속시키되 장차 그 기술사용권을 원고에게 이전하여 군용헬기를 제작·납품하게 하거나 또는 민간 헬기의 독자적 생산기반을 확보하려는 데 있는 점, 이 사건 KHP사업의 참여기업인 원고로서도 민·군 겸용 핵심구성품 개발사업에 참여하여 기술력을 확보함으로써 향후 군용 헬기 양산 또는 민간 헬기 생산에서 유리한 지위를 확보할 수 있게 된다는 점 등을 종합하여 살펴보면, 국가연구개발사업규정에 근거하여 피고 산하 중앙행정기관의 장과 참여기업인 원고 사이에 체결된 이 사건 협약의 법률관계는 공법관계라고 보아야 하고(대법원 1997. 5. 30. 선고 95다28960 판결, 대법원 2014. 12. 11. 선고 2012두28704 판결, 대법원 2015. 12. 24. 선고 2015두264 판결 등 참조), 이 사건 협약 특수조건 제7조에서 협약보증금의 반환, 국고귀속 등에 대하여, 제15조에서 지체상금에 대하여 각기 국가계약법의 관련 조항을 준용하도록 정하고 있다거

나 나아가 제44조에서 원고와 피고 간의 분쟁에 관하여 관할법원을 서울중앙지방법원으로 정하였다고 하여 달리 볼 것은 아니다.

나. 한편 민사소송법 제31조는 전속관할이 정하여진 소에는 합의관할에 관한 민사소송법 제29조, 변론관할에 관한 민사소송법 제30조가 적용되지 아니한다고 규정하고 있고, 민사소송법 제34조 제1항은 법원은 소송의 전부 또는 일부에 대하여 관할권이 없다고 인정하는 경우에는 결정으로 이를 관할법원에 이송한다고 규정하고 있다. 그리고 행정소송법 제7조는 "민사소송법 제34조 제1항의 규정은 원고의 고의 또는 중대한 과실 없이 행정소송이 심급을 달리하는 법원에 잘못 제기된 경우에도 적용한다."라고 규정하고 있다. 그리고 관할 위반의 소를 부적법하다고 하여 각하하는 것보다 관할법원에 이송하는 것이 당사자의 권리구제나 소송경제의 측면에서 바람직함은 물론이다. 따라서 원고가 고의 또는 중대한 과실 없이 행정소송으로 제기하여야 할 사건을 민사소송으로 잘못 제기한 경우, 수소법원으로서는 만약 그 행정소송에 대한 관할도 동시에 가지고 있다면 이를 행정소송으로 심리·판단하여야 하고(대법원 1996. 2. 15. 선고 94다31235 전원합의체 판결 참조), 그 행정소송에 대한 관할을 가지고 있지 아니하다면 당해 소송이 이미 행정소송으로서의 전심절차 및 제소기간을 도과하였거나 행정소송의 대상이 되는 처분 등이 존재하지도 아니한 상태에 있는 등 행정소송으로서의 소송요건을 결하고 있음이 명백하여 행정소송으로 제기되었더라도 어차피 부적법하게 되는 경우가 아닌 이상 이를 부적법한 소라고 하여 각하할 것이 아니라 관할법원에 이송하여야 한다(대법원 2008. 6. 12. 선고 2008다16707 판결, 대법원 2009. 9. 17. 선고 2007다2428 전원합의체 판결 등 참조).

다. 그럼에도 이와 달리 제1심과 원심은, 이 사건 협약이 사법(私法)상 계약이고 분쟁이 발생하여 소송에 의할 경우 그 관할법원을 서울중앙지방법원으로 정하였다는 이유로 이 사건 협약에 관한 분쟁은 민사소송에 해당한다고 판단한 후 본안판단으로 나아갔으니, 이러한 제1심과 원심의 판단에는 이 사건 협약의 법률관계 및 쟁송 방식에 관한 법리와 전속관할에 관한 규정을 위반한 잘못이 있다. 이 점을 지적하는 상고이유의 주장은 이유 있다.

4. 결론

그러므로 원심판결을 파기하고, 직권으로 제1심판결을 취소하여 사건을 관할법원으로 이송하기로 하여 관여 대법관의 일치된 의견으로 주문과 같이 판결한다.

[72] 진료실적이 의과대학 임상교수의 평가기준이 될 수 있는지 여부

— 대법원 2018. 7. 12. 선고 2017두65821 판결 —

【판시사항】

[1] 교원소청심사위원회가 한 결정의 취소를 구하는 소송에서 결정의 적부를 판단하는 기준 시점 및 판단대상

[2] 교원소청심사위원회 결정의 기속력의 범위 및 불리한 처분을 받은 사립학교 교원의 소청심사청구에 대하여 교원소청심사위원회가 그 사유 자체가 인정되지 않는다는 이유로 처분을 취소하는 결정을 하고, 그에 대하여 학교법인 등이 제기한 행정소송 절차에서 심리한 결과 처분사유 중 일부 사유는 인정된다고 판단되는 경우, 법원이 교원소청심사위원회의 결정을 취소해야 하는지 여부(적극)

[3] 불리한 처분을 받은 사립학교 교원의 소청심사청구에 대하여 교원소청심사위원회가 학교법인 등이 교원에 대하여 불리한 처분을 한 근거인 내부규칙이 위법하여 효력이 없다는 이유로 학교법인 등의 처분을 취소하는 결정을 하고, 그에 대하여 학교법인 등이 제기한 행정소송 절차에서 심리한 결과 내부규칙은 적법하지만 교원이 내부규칙을 위반하였다고 볼 증거가 없다고 판단한 경우, 법원이 교원소청심사위원회의 결정을 취소할 필요 없이 학교법인 등의 청구를 기각할 수 있는지 여부(적극)

【판결요지】

[1] 교원소청심사위원회가 한 결정의 취소를 구하는 소송에서 그 결정의 적부는 결정이 이루어진 시점을 기준으로 판단하여야 하지만, 그렇다고 하여 소청심사 단계에서 이미 주장된 사유만을 행정소송의 판단대상으로 삼을 것은 아니다. 따라서 소청심사 결정 후에 생긴 사유가 아닌 이상 소청심사 단계에서 주장하지 아니한 사유도 행정소송에서 주장할 수 있고, 법원도 이에 대하여 심리·판단할 수 있다.

[2] 교원소청심사위원회의 결정은 학교법인 등에 대하여 기속력을 가지고 이는 그 결정의 주문에 포함된 사항뿐 아니라 그 전제가 된 요건사실의 인정과 판단, 즉 불리한 처분 등의 구체적 위법사유에 관한 판단에까지 미친다. 따라서 교원소청심사위원회가

사립학교 교원의 소청심사청구를 인용하여 불리한 처분 등을 취소한 데 대하여 행정소송이 제기되지 아니하거나 그에 대하여 학교법인 등이 제기한 행정소송에서 법원이 교원소청심사위원회 결정의 취소를 구하는 청구를 기각하여 그 결정이 그대로 확정되면, 결정의 주문과 그 전제가 되는 이유에 관한 판단만이 학교법인 등을 기속하게 되고, 설령 판결 이유에서 교원소청심사위원회의 결정과 달리 판단된 부분이 있더라도 이는 기속력을 가질 수 없다. 그러므로 사립학교 교원이 어떠한 불리한 처분을 받아 교원소청심사위원회에 소청심사청구를 하였고, 이에 대하여 교원소청심사위원회가 그 사유 자체가 인정되지 않는다는 이유로 양정의 당부에 대해서는 나아가 판단하지 않은 채 처분을 취소하는 결정을 한 경우, 그에 대하여 학교법인 등이 제기한 행정소송 절차에서 심리한 결과 처분사유 중 일부 사유는 인정된다고 판단되면 법원으로서는 교원소청심사위원회의 결정을 취소하여야 한다. 법원이 교원소청심사위원회 결정의 결론이 타당하다고 하여 학교법인 등의 청구를 기각하게 되면 결국 행정소송의 대상이 된 교원소청심사위원회의 결정이 유효한 것으로 확정되어 학교법인 등이 이에 기속되므로, 그 결정의 잘못을 바로잡을 길이 없게 되고 학교법인 등도 해당 교원에 대하여 적절한 재처분을 할 수 없게 되기 때문이다.

[3] 교원소청심사위원회가 학교법인 등이 교원에 대하여 불리한 처분을 한 근거인 내부규칙이 위법하여 효력이 없다는 이유로 학교법인 등의 처분을 취소하는 결정을 하였고 그에 대하여 학교법인 등이 제기한 행정소송 절차에서 심리한 결과 내부규칙은 적법하지만 교원이 그 내부규칙을 위반하였다고 볼 증거가 없다고 판단한 경우에는, 비록 교원소청심사위원회가 내린 결정의 전제가 되는 이유와 판결 이유가 다르다고 하더라도 법원은 교원소청심사위원회의 결정을 취소할 필요 없이 학교법인 등의 청구를 기각할 수 있다고 보아야 한다. 왜냐하면 교원의 내부규칙 위반사실이 인정되지 않는 이상 학교법인 등이 해당 교원에 대하여 다시 불리한 처분을 하지 못하게 되더라도 이것이 교원소청심사위원회 결정의 기속력으로 인한 부당한 결과라고 볼 수 없기 때문이다.

그리고 행정소송의 대상이 된 교원소청심사위원회의 결정이 유효한 것으로 확정되어 학교법인 등이 이에 기속되더라도 그 기속력은 당해 사건에 관하여 미칠 뿐 다른 사건에 미치지 않으므로, 학교법인 등은 다른 사건에서 문제가 된 내부규칙을 적용할 수 있기 때문에 법원으로서는 이를 이유로 취소할 필요도 없다.

【원고, 상고인】 ○○대학교 총장

【피고, 피상고인】 교원소청심사위원회

【원심판결】 서울고법 2017. 10. 10. 선고 2017누51602 판결

【주   문】

상고를 기각한다. 상고비용은 보조참가로 인한 부분을 포함하여 원고가 부담한다.

【이   유】

상고이유를 판단한다.

1. 사건의 경위

가. (1) 피고보조참가인(이하 '참가인'이라고 한다)은 ○○대학교 의과대학 교수로서 1995년부터 ○○대학교 △△병원 정형외과에 겸임·겸무명령을 받아 임상 전임교수로 근무하였다. (2) ○○대학교 의료원 겸임·겸무 시행세칙(2015. 2. 5. 개정된 것, 이하 '이 사건 시행세칙'이라고 한다)에 의하면, 의료원장은 병원장으로부터 겸임·겸무 해지 심사를 요청받은 경우 의료원 교원인사위원회의 심의를 거쳐 해지 여부를 결정하여야 하는데, 진료부서 교원의 경우 '최근 3년간 진료실적 평균 취득점수가 50점에 미달하거나, 소속병원 진료과 전체 교원 평균 취득점수의 50%에 미달하는 자'(제5조 제1항 제1호), '병원의 명예와 경영에 심대한 악영향을 끼친 자'(제5조 제1항 제2호) 등을 겸임·겸무 해지 심사대상으로 규정하고 있다. 진료실적 평가기준에 의하면, 진료실적은 100점 만점으로 평가하되, 세부기준으로 '순매출(50점), 순매출 증가율(15점), 환자수(20점), 타병원과 매출비교(15점)'를 들고 있다(제4조 및 별표 제1호). (3) ○○대학교 △△병원장은 2016. 1. 11. 참가인에 대한 겸임·겸무 해지를 위한 심사를 요청하였고, 원고는 2016. 2. 25. 참가인에게 임상 전임교원 겸임·겸무를 2016. 2. 29.자로 해지한다고 통보하였다. 그 이유의 요지는 다음과 같다. ① 이 사건 시행세칙 제5조 제1항 제1호: 최근 1년간(2015. 1. 1. ~ 2015. 12. 31.)의 진료실적은 32점이고, 최근 2년간(2014. 1. 1. ~ 2015. 12. 31.)의 진료실적은 32.8점이며, 2회에 걸쳐 진료실적 향상의 기회를 부여하였음에도 불구하고, 오히려 2015년 후반기 진료 실적은 28점으로 진료실적 향상을 위한 자구노력이 없었다. ② 이 사건 시행세칙 제5조 제1항 제2호: 환자들로부터 제기된 민원(2007년 ~ 2014년)과 진료 및 임상교육 등에서의 비윤리적 행위 등으로 병원의 명예와 경영

에 심대한 악영향을 끼쳤다.

나. 참가인은 2016. 3. 22. 피고에게 해지 취소를 구하는 소청심사를 청구하였다. 이에 대하여 피고는 2016. 6. 1. '이 사건 시행세칙 제5조 제1항 제1호, 제2호는 교원의 지위를 불합리하게 제한하는 것이고, 이에 따른 이 사건 해지는 합리적 기준과 수단에 근거하여 이루어지지 못한 것으로, 이로 인하여 발생하는 참가인의 불이익이 중대하다고 할 것이므로 해지의 정당성을 인정하기 어렵다'는 이유로 이 사건 해지를 취소하는 결정(이하 '이 사건 결정'이라고 한다)을 하였다. 이에 대하여 원고는 이 사건 결정의 취소를 구하는 이 사건 소를 제기하였다.

다. (1) 제1심은, 이 사건 시행세칙 제5조 제1항 제1호는 임상 전임교원에 대한 겸임·겸무 해지를 심사하면서 병원의 영리활동을 위한 의사의 환자 유치와 매출액 증대 역할에만 초점을 맞추어 오로지 이에 관련된 지표만을 기준으로 교원의 경쟁력을 평가하고 있으나, 의과대학 부속병원의 임상교수는 환자 진료라는 의사의 지위와 함께 이를 통하여 임상연구 및 의과대학 학생들의 임상교육을 수행함으로써 국민보건 향상에 이바지하는 역할과 책무를 부담하는 점 등에 비추어 볼 때 위 시행세칙 조항은 그 목적의 정당성조차 인정할 수 없으므로 비례의 원칙에 위반되어 위법하다고 판단하였다. 이어서 이 사건 시행세칙 제5조 제1항 제2호는 대학 부속병원의 교육기능과 진료기능 등이 현저하게 침해되는 등의 사태를 미연에 방지하기 위한 것으로서 그 목적이 정당하고 수단으로서도 적합하여 적법하다고 보아야 함에도 피고가 위 제2호 역시 위법하다는 잘못된 전제 아래 그에 해당하는 해지사유의 당부에 관하여는 아무런 판단을 하지 아니하고 이 사건 결정을 하였으므로 이 사건 결정은 위법하다고 판단하였다. 그리고 이를 이유로 이 사건 결정을 취소하였다. (2) 원심 역시 제1심과 마찬가지로 이 사건 시행세칙 제5조 제1항 제1호는 위법하고 위 제2호는 적법하다고 판단하였다. 그러나 심리한 결과, 참가인에게 이 사건 시행세칙 제5조 제1항 제2호에 해당하는 해지사유를 인정할 증거가 없는 이상 피고가 이 사건 해지의 정당성을 인정하기 어렵다고 본 결론은 정당하므로 결국 이 사건 결정은 위법하지 않다고 판단하였다. 그리고 이를 이유로 제1심판결을 취소하고, 원고의 청구를 기각하였다.

2. 상고이유 제2점에 관하여

교원소청심사위원회가 한 결정의 취소를 구하는 소송에서 그 결정의 적부는 결정이 이루어진 시점을 기준으로 판단하여야 하지만, 그렇다고 하여 소청심사 단계에서 이미 주장된 사유만을 행정소송의 판단대상으로 삼을 것은 아니다. 따라서 소청심사 결정 후에 생긴 사유가 아닌 이상 소청심사 단계에서 주장하지 아니한 사유도 행정소송에서 주장할 수 있고, 법원도 이에 대하여 심리·판단할 수 있다(대법원 1990. 8. 10. 선고 89누 8217 판결 참조).

원심이 제1심과 마찬가지로 이 사건 시행세칙 제5조 제1항 제1호는 의과대학 임상교수의 평가기준으로서 정당성을 결여하여 위법하고, 위 시행세칙 제5조 제1항 제2호는 그 목적이 정당하고 수단이 적합하여 적법하다고 판단한 다음, 나아가 피고가 소청심사에서 판단하지 않은 시행세칙 제5조 제1항 제2호 해지사유의 존재 여부까지 심리하여 그 결정의 위법성을 판단한 것은 정당하고, 거기에 행정소송의 심판대상, 법원의 심판범위에 관한 법리를 오해한 잘못이 없다.

3. 상고이유 제1점에 관하여

교원소청심사위원회의 결정은 학교법인 등에 대하여 기속력을 가지고 이는 그 결정의 주문에 포함된 사항뿐 아니라 그 전제가 된 요건사실의 인정과 판단, 즉 불리한 처분 등의 구체적 위법사유에 관한 판단에까지 미친다(대법원 2005. 12. 9. 선고 2003두 7705 판결 등 참조). 따라서 교원소청심사위원회가 사립학교 교원의 소청심사청구를 인용하여 불리한 처분 등을 취소한 데 대하여 행정소송이 제기되지 아니하거나 그에 대하여 학교법인 등이 제기한 행정소송에서 법원이 교원소청심사위원회 결정의 취소를 구하는 청구를 기각하여 그 결정이 그대로 확정되면, 결정의 주문과 그 전제가 되는 이유에 관한 판단만이 학교법인 등을 기속하게 되고, 설령 판결 이유에서 교원소청심사위원회의 결정과 달리 판단된 부분이 있더라도 이는 기속력을 가질 수 없다. 그러므로 사립학교 교원이 어떠한 불리한 처분을 받아 교원소청심사위원회에 소청심사청구를 하였고, 이에 대하여 교원소청심사위원회가 그 사유 자체가 인정되지 않는다는 이유로 양정의 당부에 대해서는 나아가 판단하지 않은 채 처분을 취소하는 결정을 한 경우, 그에 대하여 학교법인 등이 제기한 행정소송 절차에서 심리한 결과 처분사유 중 일부 사유는 인정된다고 판단되면 법원으로서는 교원소청심사위원회의 결정을 취소하여야 한다. 법원이 교원소청심사위원회 결정의 결론이 타당하다고 하여 학교법인 등의 청구를 기각하게 되면 결국 행정소송의 대상이 된 교원소청심사위원회의 결정이 유효한 것으로 확정되어 학교법인 등이 이에 기속되므로, 그 결정의 잘못을 바로잡을 길이 없게 되고 학교법인 등도 해당 교원에 대하여 적절한 재처분을 할 수 없게 되기 때문이다(대법원

2013. 7. 25. 선고 2012두12297 판결 참조).

그러나 교원소청심사위원회가 학교법인 등이 교원에 대하여 불리한 처분을 한 근거인 내부규칙이 위법하여 그 효력이 없다는 이유로 학교법인 등의 처분을 취소하는 결정을 하였고 그에 대하여 학교법인 등이 제기한 행정소송 절차에서 심리한 결과 그 내부규칙은 적법하지만 교원이 그 내부규칙을 위반하였다고 볼 증거가 없다고 판단한 경우에는, 비록 교원소청심사위원회가 내린 결정의 전제가 되는 이유와 판결 이유가 다르다 하더라도 법원은 교원소청심사위원회의 결정을 취소할 필요 없이 학교법인 등의 청구를 기각할 수 있다고 보아야 한다. 왜냐하면 교원의 내부규칙 위반사실이 인정되지 않는 이상 학교법인 등이 해당 교원에 대하여 다시 불리한 처분을 하지 못하게 되더라도 이것이 교원소청심사위원회 결정의 기속력으로 인한 부당한 결과라고 볼 수 없기 때문이다.

그리고 행정소송의 대상이 된 교원소청심사위원회의 결정이 유효한 것으로 확정되어 학교법인 등이 이에 기속되더라도 그 기속력은 당해 사건에 관하여 미칠 뿐 다른 사건에 미치지 않으므로, 학교법인 등은 다른 사건에서 문제가 된 내부규칙을 적용할 수 있기 때문에 법원으로서는 이를 이유로 취소할 필요도 없다.

결국 원심의 위와 같은 판단은 정당하고, 거기에 상고이유 주장과 같이 취소판결의 기속력 등에 관한 법리를 오해한 잘못이 없다.

4. 결론

그러므로 상고를 기각하고, 상고비용은 패소자가 부담하기로 하여, 관여 대법관의 일치된 의견으로 주문과 같이 판결한다.

[73] 입법 미비와 특허권 존속기간 연장신청

― 대법원 2018. 10. 4. 선고 2014두37702 판결 ―

【판시사항】

구 특허법 제53조 제2항, 제3항에 따라 특허권의 존속기간을 연장할 수 있는 특허발명에 제조품목허가 외에 수입품목허가를 받아야 하는 의약품 발명이 포함되는지 여부(적극)

【판결요지】

(가) 구 특허법(1990. 1. 13. 법률 제4207호로 전부 개정되기 전의 것) 제53조 제2항, 제3항(이하 두 조항을 '위임조항'이라 한다)의 위임에 따른 구 특허법 시행령(1990. 8. 28. 대통령령 제13078호로 전부 개정되기 전의 것, 이하 같다) 제9조의2 제1항 제1호는 특허권 존속기간 연장신청의 대상으로 제조품목허가를 받아야 하는 의약품 발명에 관하여 규정하고 있을 뿐, 수입품목허가를 받아야 하는 의약품의 발명에 관하여 명시적 규정을 두고 있지 않다.

(나) 특허권의 존속기간 연장제도의 취지를 감안해 보면, 제조품목허가를 받아야 하는 의약품과 수입품목허가를 받아야 하는 의약품은 모두 활성·안전성 등의 시험을 거쳐 허가 등을 받는 과정에서 그 특허발명을 실시하지 못한다는 점에서 차이가 없고, 위임조항은 허가 또는 등록을 위하여 필요한 활성·안전성 등의 시험에 장기간이 소요되는 경우에 특허권의 존속기간을 연장할 수 있다고 하고 있을 뿐, 수입품목허가를 받아야 하는 의약품을 존속기간 연장대상에서 제외하지 않고 있다.

구 특허법 시행령 제9조의2 제1항 제1호 시행 이후인 1995. 1. 1. 발효된 '세계무역기구 설립을 위한 마라케쉬 협정 부속서 1다 무역관련 지적재산권에 관한 협정'(이하 '지적재산권 협정'이라 한다) 제27조 제1항은 "발명지, 기술분야, 제품의 수입 또는 국내 생산 여부에 따른 차별 없이 특허가 허여되고 특허권이 향유된다."라고 규정하고 있는데, 구 특허법 시행령 제9조의2 제1항 제1호와 같이 수입품목허가를 받아야 하는 의약품에 대해 존속기간 연장을 일체 허용하지 않으면 제품의 수입 또는 국내 생산 여부에 따른 차별에 해당될 수 있다.

2000. 6. 23. 개정된 구 특허법 시행령(대통령령 제16852호로 개정된 것, 이하 '2000년 특허법 시행령'이라 한다)이 존속기간 연장등록의 대상에 의약품 수입품목허가를 받아야 하는 발명을 포함시킨 제7조 제1호에 관하여 소급적용을 금지하는 별도의 경과규정을 두고 있지 않아 지적재산권 협정 제27조 제1항의 발효 이전에 출원되어 수입품목허가를 받은 특허발명의 경우에도 위 시행령 시행일인 2000. 7. 1. 이후에 연장등록출원을 하면 연장대상에 포함시켰다.

(다) 위임조항의 입법 취지 등에 위임조항 시행 이후 발효된 지적재산권 협정의 내용 및 2000년 특허법 시행령의 개정 내용 등을 종합하면, 위임조항에 의하여 존속기간을 연장할 수 있는 특허발명에는 제조품목허가뿐만 아니라 수입품목허가를 받아야 하는 의약품 발명도 포함되는 것으로 해석할 수 있고, 구 특허법 시행령 제9조의2 제1항 제1호가 의약품 수입품목허가에 관한 약사법 제34조 제1항을 규정하지 않은 것은 입법의 미비로 볼 수 있다.

【원고, 피상고인】 □ □ □ □
【피고, 상고인】 특허청장
【피고보조참가인, 상고인】 ○ ○ ○ ○ 주식회사
【피고보조참가인의 소송절차수계신청인】 △ △ △ △ 주식회사
【원심판결】 서울고법 2014. 5. 16. 선고 2013누48417 판결

【주   문】

상고를 모두 기각한다.

【이   유】

피고 및 피고보조참가인(이하 '참가인'이라고 한다)의 상고이유를 함께 판단한다.

1. 이 사건 처분의 경위

원심판결의 이유 및 기록에 의하면 아래와 같은 사정을 알 수 있다.

가. 원고는 2003. 9. 15. 식품의약품안전청장에게 전문의약품 '엑셀론패취 5(리바스티그민)'(이하 '이 사건 의약품'이라고 한다)에 대한 수입품목허가를 위한 임상시험계획승인을 신청하여 2004. 1. 14. 그 승인을 받고, 이 사건 의약품의 안전성, 내약성 등의 평가

를 위하여 임상시험을 진행하여 2007. 9. 14.경 식품의약품안전청장으로부터 안전성·유효성 심사, 기준 및 시험방법 심사에 대한 결과를 통지받았으며, 2007. 11. 20. 이 사건 의약품에 대한 수입품목허가(이하 '이 사건 허가'라고 한다)를 받았다.

나. 원고는 2012. 4. 23. 피고에게 이 사건 허가를 이유로 구 특허법(1986. 12. 31. 법률 제3891호로 개정되어 1987. 7. 1. 시행되고, 1990. 1. 13. 법률 제4207호로 전부 개정되기 전의 것, 이하 '1987년 특허법'이라고 한다) 제53조, 같은 법 시행령(1987. 7. 1. 대통령령 제12199호로 개정되어 1990. 8. 28. 대통령령 제13078호로 전부 개정되기 전의 것, 이하 '1987년 특허법 시행령'이라고 한다) 제9조의3에 근거하여 명칭을 "페닐 카르바메이트의 경피투여용 약학적 조성물"로 하는 이 사건 의약품에 관한 이 사건 특허발명(특허등록번호 생략) 중 청구항 제1항을 연장대상 특허청구범위로 하고 연장기간을 1,278일로 하는 특허권 존속기간 연장승인을 신청하였다(이하 '이 사건 연장신청'이라고 한다).

다. 피고는 2013. 4. 28. 1987년 특허법 및 시행령, 구 '특허권의 존속기간의 연장제도 운용에 관한 규정'(2009. 8. 24. 특허청고시 제2009-18호로 개정되어 2012. 8. 22. 특허청고시 제2012-15호로 폐지되기 전의 것, 이하 '이 사건 고시'라고 한다)에 근거하여 아래와 같은 사유를 들어 "1987년 특허법 시행령 제9조의2에 따른 요건을 만족하지 못하였다."라고 하면서 이 사건 연장신청을 불승인하였다(이하 '이 사건 처분'이라고 한다).

① 1987년 특허법 제53조 제2항의 "허가 등을 위하여 필요한 활성·안전성 등의 시험에 장기간이 소요되는 경우"에 해당하지 않는다.

② 동일한 유효성분에 대하여 '최초 허가'를 이미 받았으므로 1987년 특허법 시행령 제9조의2 제1항 제1호의 "특허발명을 실시하기 위하여 허가가 필요한 경우"에 해당하지 않는다(이 사건 고시 제3조 제3항).

③ 수입품목허가의 경우 1987년 특허법 시행령이 정한 연장대상에 해당하지 않는다.

④ 특허권이 효력을 상실한 이후의 연장신청이므로 반려대상이다(이 사건 고시 제2조 제3항).

⑤ 1987년 특허법 시행령의 연장승인신청 기간을 도과하였다.

2. 특허권 존속기간 연장승인대상과 관련한 상고이유에 관하여

가. 1987년 특허법 제53조는 특허청장으로 하여금 특허발명을 실시하기 위하여 다른 법령에 의하여 허가를 받거나 등록을 하여야 하고 그 허가 또는 등록을 위하여 필요한 활성·안전성 등의 시험에 장기간이 소요되는 경우에 특허권의 존속기간을 연장할

수 있도록 함으로써(제2항), 약사법 등에 의한 허가 등을 받기 위하여 실시할 수 없었던 특허발명에 대하여 특허권의 존속기간을 연장해 주는 제도를 마련하면서, 존속기간을 연장할 수 있는 특허발명의 대상·요건 기타 필요한 사항은 대통령령으로 정하도록 하였다(제3항)(이하 1987년 특허법 제53조 제2항, 제3항을 '이 사건 위임조항'이라고 한다).

그 위임에 따라 1987년 특허법 시행령 제9조의2 제1항은 '특허권의 존속기간을 연장할 수 있는 발명은 다음 각호의 1에 해당하는 것에 한한다'고 하면서, 제1호에서 "특허발명을 실시하기 위하여 약사법 제26조 제1항의 규정에 의하여 품목허가를 받아야 하는 의약품의 발명"을, 제2호에서 "특허발명을 실시하기 위하여 농약관리법 제8조 제1항 및 제9조 제1항의 규정에 의하여 등록을 받아야 하는 농약 또는 농약원제의 발명"을 규정하였다(이하 1987년 특허법 시행령 제9조의2 제1항 제1호를 '이 사건 조항'이라고 한다).

이 사건 조항 시행 당시의 구 약사법(1991. 12. 31. 법률 제4486호로 개정되기 전의 것, 이하 '구 약사법'이라고 한다)에 따라 특허발명을 실시하기 위해서 받아야 하는 품목허가에는 '제조품목허가'(제26조 제1항)와 '수입품목허가'(제34조 제1항, 제3항)가 있었다. <u>이 사건 조항은 특허권 존속기간 연장신청의 대상으로 제조품목허가를 받아야 하는 의약품 발명에 관하여 규정하고 있을 뿐, 수입품목허가를 받아야 하는 의약품의 발명에 관하여 명시적 규정을 두고 있지 않다.</u>

나. 이 사건 위임조항의 해석상 의약품 제조품목허가뿐만 아니라 수입품목허가를 받아야 하는 의약품 발명도 존속기간 연장승인의 대상에 해당하는 것으로 볼 수 있는지 살핀다.

(1) 행정법규의 해석에서 문언의 통상적인 의미를 벗어나지 않는 한 그 입법 취지와 목적 등을 고려한 목적론적 해석이 배제되는 것은 아니므로(대법원 2007. 9. 20. 선고 2006두11590 판결 등 참조), 특허권 존속기간 연장승인대상의 의미를 해석할 때도 입법의 취지, 목적 및 개선입법의 내용 등을 참작하여 그에 부합되도록 새기는 것이 타당하다.

(2) 의약품 등의 발명을 실시하기 위해서는 국민의 보건위생을 증진하고 안전성 및 유효성을 확보하기 위해 약사법 등에 따라 허가 등을 받아야 하는데, 특허권자는 이러한 허가 등을 받는 과정에서 그 특허발명을 실시하지 못하는 불이익을 받게 된다. 따라서 특허법은 위와 같은 불이익을 구제하고 의약품 등의 발명을 보호·장려하기 위해 약사법 등에 의한 허가 등을 받기 위하여 특허발명을 실시할 수 없었던 기간만큼 특허권의 존속기간을 연장해주는 제도를 마련하였다(대법원 2017. 11. 29. 선고 2017후844, 851, 868, 875 판결 등 참조). 이러한 <u>존속기간 연장제도의 취지를 감안해 보면, 제조품목</u>

허가를 받아야 하는 의약품과 수입품목허가를 받아야 하는 의약품은 모두 활성·안전성 등의 시험을 거쳐 허가 등을 받는 과정에서 그 특허발명을 실시하지 못한다는 점에서 차이가 없고, 이 사건 위임조항은 허가 또는 등록을 위하여 필요한 활성·안전성 등의 시험에 장기간이 소요되는 경우에 특허권의 존속기간을 연장할 수 있다고 하고 있을 뿐, 수입품목허가를 받아야 하는 의약품을 존속기간 연장대상에서 제외하지 않고 있다.

(3) 이 사건 조항 시행 이후인 1995. 1. 1. 발효된 '세계무역기구 설립을 위한 마라케쉬 협정 부속서 1다 무역관련 지적재산권에 관한 협정'(이하 '지적재산권 협정'이라고 한다) 제27조 제1항은 "발명지, 기술분야, 제품의 수입 또는 국내 생산 여부에 따른 차별 없이 특허가 허여되고 특허권이 향유된다."라고 규정하고 있는데, 이 사건 조항과 같이 수입품목허가를 받아야 하는 의약품에 대해 존속기간 연장을 일체 허용하지 않으면 제품의 수입 또는 국내 생산 여부에 따른 차별에 해당될 수 있다.

결국 지적재산권 협정 발효 후인 2000. 6. 23. 개정된 구 특허법 시행령(대통령령 제16852호로 개정된 것, 이하 '2000년 특허법 시행령'이라고 한다) 제7조 제1호는 '약사법 제34조 제1항'을 추가하여 존속기간 연장등록의 대상에 의약품 수입품목허가를 받아야 하는 발명을 포함시킴으로써 위 지적재산권 협정 규정에 반하는 수입의약품에 대한 차별을 제거하였다.

(4) 2000년 특허법 시행령은 그 제7조 제1호에 관하여 소급적용을 금지하는 별도의 경과규정을 두고 있지 않아 지적재산권 협정 제27조 제1항의 발효 이전에 출원되어 수입품목허가를 받은 특허발명의 경우에도 위 시행령 시행일인 2000. 7. 1. 이후에 연장등록출원을 하면 연장대상에 포함시켰다.

2000년 특허법 시행령 개정 당시에는 1999년 최초의 연장등록출원이 이루어진 이래 연장등록출원 사례만 존재하였고, 그 개정 이후로도 2005년경까지 연장승인 사례는 1건도 존재하지 않았다. 한편 피고가 2006. 3. 15. '존속기간 연장승인신청에 대한 산업재산권운영협의회'를 열어 연장등록출원제도뿐 아니라 연장승인신청제도에서도 의약품 수입품목허가 발명을 그 연장대상에 포함시키기로 결정한 이후, 피고는 1999년경부터 원심 변론종결 시까지 접수된 수입의약품에 대한 30여 건의 연장승인신청에 대해 이 사건 처분을 제외하고는 모두 승인해왔다.

다. 위와 같은 이 사건 위임조항의 입법 취지 등에 이 사건 위임조항 시행 이후 발효된 지적재산권 협정의 내용 및 2000년 특허법 시행령의 개정 내용 등을 종합하여 보면, 이 사건 위임조항에 의하여 존속기간을 연장할 수 있는 특허발명에는 제조품목허가 뿐만 아니라 수입품목허가를 받아야 하는 의약품 발명도 포함되는 것으로 해석할 수 있고, 이 사건 조항이 의약품 수입품목허가에 관한 약사법 제34조 제1항을 규정하지 않은 것은 입법의 미비로 볼 수 있다.

그렇다면 이 사건 처분사유 중 수입품목허가의 경우 1987년 특허법 시행령이 정한 연장대상에 해당하지 않는다는 부분은 이 사건 위임조항의 내용에 반하여 이루어진 것으로서 위법하다.

따라서 원심판결의 이유에 다소 적절하지 않은 부분이 있으나, 이 사건 처분이 위법하다고 판단한 원심의 결론은 옳고 거기에 상고이유로 주장하는 바와 같이 헌법상 평등원칙과 권력분립원칙, 위임입법의 한계 및 재판의 전제성 등에 관한 법리를 오해하고, 필요한 심리를 다하지 아니하는 등의 사유로 판결에 영향을 미친 위법이 없다.

10. 결론

그러므로 상고를 모두 기각하고 상고비용 중 보조참가로 인한 부분은 참가인이, 나머지는 피고가 각 부담하며, 소송절차수계신청인의 소송절차수계신청은 이를 기각하고 그 비용은 소송절차수계신청인이 부담하도록 하여, 관여 법관의 일치된 의견으로 주문과 같이 판결한다.

[74] 의제된 인허가의 행정처분성

― 대법원 2018. 11. 29. 선고 2016두38792 판결 ―

【판시사항】

주택건설사업계획 승인처분에 따라 의제된 인허가에 하자가 있어 이해관계인이 위법함을 다투고자 하는 경우, 취소를 구할 대상(＝의제된 인허가) 및 의제된 인허가가 주택건설사업계획 승인처분과 별도로 항고소송의 대상이 되는 처분에 해당하는지 여부(적극)

구 주택법 제17조 제1항에 따른 인허가 의제가 해당 주택건설 사업대상 토지(주택단지)에 국한하여 허용되는지 여부(소극) 및 주택건설사업계획의 승인으로 주택건설 사업구역 밖의 토지에 설치될 도시·군계획시설 등에 대하여 지구단위계획결정 등 인허가가 의제되기 위한 요건

【판결요지】

구 주택법(2016. 1. 19. 법률 제13805호로 전부 개정되기 전의 것) 제17조 제1항에 따르면, 주택건설사업계획 승인권자가 관계 행정청의 장과 미리 협의한 사항에 한하여 승인처분을 할 때에 인허가 등이 의제될 뿐이고, 각호에 열거된 모든 인허가 등에 관하여 일괄하여 사전협의를 거칠 것을 주택건설사업계획 승인처분의 요건으로 규정하고 있지 않다. 따라서 인허가 의제 대상이 되는 처분에 어떤 하자가 있더라도, 그로써 해당 인허가 의제의 효과가 발생하지 않을 여지가 있게 될 뿐이고, 그러한 사정이 주택건설사업계획 승인처분 자체의 위법사유가 될 수는 없다. 또한 의제된 인허가는 통상적인 인허가와 동일한 효력을 가지므로, 적어도 '부분 인허가 의제'가 허용되는 경우에는 그 효력을 제거하기 위한 법적 수단으로 의제된 인허가의 취소나 철회가 허용될 수 있고, 이러한 직권 취소·철회가 가능한 이상 그 의제된 인허가에 대한 쟁송취소 역시 허용된다.

따라서 주택건설사업계획 승인처분에 따라 의제된 인허가가 위법함을 다투고자 하는 이해관계인은, 주택건설사업계획 승인처분의 취소를 구할 것이 아니라 의제된 인허가의 취소를 구하여야 하며, 의제된 인허가는 주택건설사업계획 승인처분과 별도로 항고소송의 대상이 되는 처분에 해당한다.

구 주택법(2016. 1. 19. 법률 제13805호로 전부 개정되기 전의 것) 제17조 제1항의 인허가 의제 규정에는 인허가 의제가 가능한 공간적 범위를 제한하는 내용을 포함하고 있지 않으므로, 인허가 의제가 해당 주택건설 사업대상 토지(주택단지)에 국한하여 허용된다고 볼 수는 없다. 다만 주택건설사업을 시행하는 데 필요한 각종 인허가 절차를 간소화함으로써 주택의 건설·공급을 활성화하려는 인허가 의제 규정의 입법 취지를 고려할 때, 주택건설 사업구역 밖의 토지에 설치될 도시·군계획시설 등에 대하여 지구단위계획결정 등 인허가 의제가 되려면, 그 시설 등이 해당 주택건설사업계획과 '실질적인 관련성'이 있어야 하고 주택건설사업의 시행을 위하여 '부수적으로 필요한' 것이어야 한다.

【원고, 상고인】 원고
【피고, 피상고인】 ○○시장
【피고보조참가인】 △△임대주택조합
【원심판결】 부산고법 2016. 4. 20. 선고 (창원)2015누11656 판결

【주   문】

상고를 기각한다.

【이   유】

상고이유를 판단한다.

2. 이 사건 지구단위계획결정에 관하여

가. 직권으로 이 사건 지구단위계획결정이 취소소송의 대상이 될 수 있는지에 관하여 본다.

(1) 항고소송의 대상이 되는 '처분 등'이란 행정청이 행하는 구체적 사실에 관한 법집행으로서의 공권력의 행사 또는 그 거부와 그 밖에 이에 준하는 행정작용을 말한다(행정소송법 제2조 제1항 제1호). 행정청의 어떤 행위가 항고소송의 대상이 되는 처분 등에 해당하는지는 일반적·추상적으로 결정할 수 없고, 관련 법령의 내용과 취지, 그 행위의 주체·내용·형식·절차, 그 행위와 상대방 등 이해관계인이 입는 불이익과의 실질적 견련성, 그리고 법치행정의 원리와 그 행위에 관한 행정청과 이해관계인의 태도

등을 참작하여 개별적으로 결정하여야 한다(대법원 2010. 11. 18. 선고 2008두167 전원합의체 판결 등 참조).

(2) 구 주택법 제17조 제1항에 의하면, 주택건설사업계획 승인권자가 관계 행정청의 장과 미리 협의한 사항에 한하여 그 승인처분을 할 때에 인허가 등이 의제될 뿐이고, 그 각호에 열거된 모든 인허가 등에 관하여 일괄하여 사전협의를 거칠 것을 주택건설사업계획 승인처분의 요건으로 규정하고 있지 않다. 따라서 인허가 의제 대상이 되는 처분에 어떤 하자가 있다고 하더라도, 그로써 해당 인허가 의제의 효과가 발생하지 않을 여지가 있게 될 뿐이고, 그러한 사정이 주택건설사업계획 승인처분 자체의 위법사유가 될 수는 없다(대법원 2017. 9. 12. 선고 2017두45131 판결 참조). 또한 의제된 인허가는 통상적인 인허가와 동일한 효력을 가지므로, 적어도 '부분 인허가 의제'가 허용되는 경우에는 그 효력을 제거하기 위한 법적 수단으로 의제된 인허가의 취소나 철회가 허용될 수 있고(대법원 2018. 7. 12. 선고 2017두48734 판결 참조), 이러한 직권 취소·철회가 가능한 이상 그 의제된 인허가에 대한 쟁송취소 역시 허용된다.

따라서 주택건설사업계획 승인처분에 따라 의제된 인허가가 위법함을 다투고자 하는 이해관계인은, 주택건설사업계획 승인처분의 취소를 구할 것이 아니라 의제된 인허가의 취소를 구하여야 하며, 의제된 인허가는 주택건설사업계획 승인처분과 별도로 항고소송의 대상이 되는 처분에 해당한다.

(3) 기록에 의하면, 다음과 같은 사정을 알 수 있다.

① 피고는 2014. 8. 25. 피고 보조참가인(이하 '참가인'이라고 한다)과 주식회사 서희건설이 공동사업주체로서 이 사건 임대주택단지에 임대아파트 9개동 686세대를 건축하는 내용의 주택건설사업계획을 승인·고시하면서, 관계 행정청과의 협의 절차를 거쳐 이 사건 지구단위계획결정이 의제 처리되었음을 함께 고시하였다.

② 나아가 피고는 2014. 9. 25. 이 사건 지구단위계획결정에 관한 지형도면 고시를 하였고, 원고는 2014. 12. 17. 이 사건 소를 제기하였다.

(4) 이러한 사정들을 앞서 본 법리에 비추어 살펴보면, 이 사건 지구단위계획결정은 지형도면을 고시한 날인 2014. 9. 25.부터 그 효력이 발생하였고[「국토의 계획 및 이용에 관한 법률」(이하 '국토계획법'이라고 한다) 제31조 제1항 참조], 원고는 그날부터 90일 이내인 2014. 12. 17. 이 사건 소를 제기하였으므로, 이 사건 소 중 이 사건 지구단위계획결정의 취소를 구하는 부분은 적법하다.

(5) 그런데도 원심은 이와 달리, 이 사건 사업계획 승인처분에 부수하여 의제된 이

사건 지구단위계획결정에 위법이 있는지를 다투려면 이 사건 사업계획 승인처분에 대한 취소소송에서 이 사건 지구단위계획결정의 하자를 이 사건 사업계획 승인처분의 위법사유로 주장하여야 하고, 이 사건 지구단위계획결정은 별도로 취소소송의 대상이 되지 못한다고 판단하였다. 이러한 원심판단에는 의제된 인허가의 처분성에 관한 법리를 오해한 잘못이 있다(원심이 원용한 대법원 2001. 1. 16. 선고 99두10988 판결은 주된 인허가 발급이 거부되어 거부처분 취소소송이 제기된 사안에 대한 것으로, 주된 인허가와 함께 관련 인허가가 의제되어 불이익을 받은 이해관계인이 의제된 인허가에 대한 취소소송을 제기한 이 사건의 사안에 원용하기에는 적절하지 않음을 지적하여 둔다).

나. (생략)

다. 주택건설 사업구역 밖의 토지에 대하여 지구단위계획결정 의제가 허용되는지에 관하여 본다.

(1) 구 주택법 제17조 제1항의 인허가 의제 규정에는 인허가 의제가 가능한 공간적 범위를 제한하는 내용을 포함하고 있지 않으므로, 인허가 의제가 해당 주택건설 사업대상 토지(주택단지)에 국한하여 허용된다고 볼 수는 없다. 다만 주택건설사업을 시행하는 데 필요한 각종 인허가 절차를 간소화함으로써 주택의 건설·공급을 활성화하려는 인허가 의제 규정의 입법 취지를 고려할 때, 주택건설 사업구역 밖의 토지에 설치될 도시·군계획시설 등에 대하여 지구단위계획결정 등 인허가 의제가 되려면, 그 시설 등이 해당 주택건설사업계획과 '실질적인 관련성'이 있어야 하고 그 주택건설사업의 시행을 위하여 '부수적으로 필요한' 것이어야 한다.

(2) 원심은, 이 사건 임대주택단지를 원활하게 진·출입하도록 이 사건 임대주택단지에 접하는 토지 3,593㎡에 이 사건 진입도로(폭 20m의 중로 1 – 25호선)를 설치하려는 내용의 이 사건 지구단위계획결정과 이 사건 임대주택단지 건설사업계획 사이의 실질적 관련성이 인정되고, 이 사건 진입도로 부지 면적이 이 사건 임대주택단지 면적 33,361㎡의 10.77%에 불과하다는 등의 이유를 들어, 이 사건 임대주택단지 밖의 진입도로 부지에 관하여 이 사건 지구단위계획결정을 의제한 조치를 위법하다고 볼 수는 없다고 판단하였다.

(3) 위 법리에 비추어 살펴보면, 이러한 원심의 판단은 정당하고, 거기에 상고이유 주장과 같이 구 주택법 제17조 제1항 제5호에 따른 도시·군관리계획결정 의제에 관한 법리 등을 오해한 잘못이 없다.

라. 소결

그러므로 원심이 이 부분 소를 부적법하다고 보아 같은 취지의 1심판결을 유지한 점에서는 잘못이 있다. 그러나 결국 본안에 관한 원고 주장을 받아들일 수 없고 원고만 상고한 이 사건에서, 불이익변경금지의 원칙상 이 부분 원심판결을 파기하고 원고에게 그보다 불리한 판결을 선고할 수는 없다. 따라서 이 부분 원심판결을 유지할 수밖에 없다.

4. 결론

그러므로 상고를 기각하고, 상고비용은 패소자가 부담하기로 하여, 관여 대법관의 일치된 의견으로 주문과 같이 판결한다.

[75] 민·군겸용기술개발사업 특허권 분쟁의 재판관할

— 대법원 2019. 4. 10.자 2017마6337 결정 —

【판시사항】

[1] 민사소송법 제24조 제2항, 제3항 및 법원조직법 제28조의4 제2호와 같이 특허권 등에 관한 지식재산권에 관한 소의 관할에 대하여 별도의 규정을 둔 취지

[2] 甲 연구소가 구 민·군겸용기술사업촉진법에서 정한 민·군겸용기술개발사업의 하나로 乙 주식회사와 후·박막공정을 이용한 저 자가방전 초소형 전지 개발을 위한 민·군겸용기술개발과제 협약(응용연구단계)을 체결한 후, 乙 회사를 상대로 위 협약에 기한 특허권 지분의 귀속의무 불이행을 원인으로 하는 손해배상을 구한 사안에서, 위 소송에 대한 심리·판단은 특허권 등의 지식재산권에 관한 전문적인 지식이나 기술에 대한 이해가 필요한 소송으로 민사소송법 제24조 제2항이 규정하는 특허권 등의 지식재산권에 관한 소로 보아야 하므로, 2015. 12. 1. 법률 제13522호로 개정된 법원조직법 시행일 전에 소가 제기되어 시행일 이후에 제1심판결이 선고된 위 사건에 대한 항소사건은 특허법원의 전속관할에 속한다고 한 사례

【결정요지】

[1] 2015. 12. 1. 법률 제13521호로 개정된 민사소송법 제24조 제2항, 제3항은 특허권, 실용신안권, 디자인권, 상표권, 품종보호권 등의 지식재산권에 관한 소를 제기하는 경우에는 제2조부터 제23조까지의 규정에 따른 관할법원 소재지를 관할하는 고등법원이 있는 곳의 지방법원(서울고등법원이 있는 곳의 경우 서울중앙지방법원)의 전속관할로 하되, 그 지방법원이 서울중앙지방법원이 아닌 경우 서울중앙지방법원에도 소를 제기할 수 있다고 규정하고 있다. 위 개정 규정은 부칙(2015. 12. 1.) 제1조, 제2조에 의하여 그 시행일인 2016. 1. 1. 이후 최초로 소장이 접수된 사건부터 적용된다.

한편 2015. 12. 1. 법률 제13522호로 개정된 법원조직법 제28조의4 제2호는 특허법원이 특허권 등의 지식재산권에 관한 민사사건의 항소사건을 심판한다고 규정하고 있고, 제28조 및 제32조 제2항은 이러한 특허법원의 권한에 속하는 사건을 고등법원 및 지방법원 합의부의 심판대상에서 제외한다고 규정하고 있다. 위 개정 규정은 부칙(2015. 12. 1.) 제1

조, 제2조에 의하여 그 시행일인 2016. 1. 1. 전에 소송 계속 중인 특허권 등의 지식재산권에 관한 민사사건에 대하여 위 시행일 이후에 제1심판결이 선고된 경우에도 적용된다.

이와 같이 특허권 등에 관한 지식재산권에 관한 소의 관할에 대하여 별도의 규정을 둔 이유는 통상적으로 그 심리·판단에 전문적인 지식이나 기술 등에 대한 이해가 필요하므로, 심리에 적합한 체계와 숙련된 경험을 갖춘 전문 재판부에 사건을 집중시킴으로써 충실한 심리와 신속한 재판뿐만 아니라 지식재산권의 적정한 보호에 이바지할 수 있기 때문이다.

[2] 甲 연구소가 구 민·군겸용기술사업촉진법(2004. 9. 23. 법률 제7217호로 개정되기 전의 것)에서 정한 민·군겸용기술개발사업의 하나로 乙 주식회사와 후·박막공정을 이용한 저 자가방전 초소형 전지 개발을 위한 민·군겸용기술개발과제 협약(응용연구단계)을 체결한 후, 乙 회사를 상대로 위 협약에 기한 특허권 지분의 귀속의무 불이행을 원인으로 하는 손해배상을 구한 사안에서, 위 협약에 따른 특허권 지분의 귀속의무 불이행에 따른 손해배상청구권의 존부 및 범위는 민사법률관계에 해당하므로 이를 소송물로 다투는 소송은 민사소송에 해당하는 것으로 보아야 하고, 위 소송에 대한 심리·판단은 특허권 등의 지식재산권에 관한 전문적인 지식이나 기술에 대한 이해가 필요한 소송으로 민사소송법 제24조 제2항이 규정하는 특허권 등의 지식재산권에 관한 소로 보아야 하므로, 2015. 12. 1. 법률 제13522호로 개정된 법원조직법 시행일 전에 소가 제기되어 시행일 이후에 제1심판결이 선고된 위 사건에 대한 항소사건은 특허법원의 전속관할에 속한다고 한 사례.

【재항고인】 국방과학연구소
【원심결정】 서울고법 2017. 11. 23.자 2017나2044122 결정

【주   문】

재항고를 기각한다. 재항고 비용은 재항고인이 부담한다.

【이   유】

재항고이유를 판단한다.

1. 가. 기록에 의하면 아래와 같은 사실을 알 수 있다.
원고(재항고인, 이하 '원고'라고 한다)는 구 민·군겸용기술사업촉진법(2004. 9. 23. 법률 제

7217호로 개정되기 전의 것)에 정한 민·군겸용기술개발사업의 하나로 2003. 10. 24. 피고(상 대방, 이하 '피고'라고 한다)와 후·박막공정을 이용한 저 자가방전 초소형 전지 개발을 위 한 민·군겸용기술개발과제 협약(응용연구단계)을 체결하였다(이하 '이 사건 협약'이라고 한다).

이 사건 협약에 따르면, 피고가 민간연구기관이므로 응용연구기술에 관한 특허권 중 정부출연금 지분은 원고의 소유로 귀속되고(제9조 제2항), 위 특허권은 원고와 피고 가 공동으로 출원·등록하되 필요한 비용은 피고가 부담해야 하며(제9조 제3항), 피고는 정부출연금 지분에 해당하는 기술료를 납부하고 원고에게 그 지분의 양도를 요청할 수 있고, 원고는 특별한 사유가 없는 한 무상으로 그 지분을 양도해야 한다(제9조 제4항).

이 사건 협약에 기한 응용연구는 2016. 11. 30.경 완료되었고, 피고는 이 사건 협 약의 응용연구 과정에서 개발된 기술에 관하여 제1심 판시 제1 내지 4 특허권(이하 '이 사건 특허권'이라 한다)을 출원하여 등록받았다.

나. 이 사건 협약을 통해 개발하는 '저 자가방전 초소형 전지'에 관한 기술은 공공 분야뿐만 아니라 민간 분야에서도 널리 활용될 수 있는 성질의 것이다. 그리고 이 사건 협약 중에는 공법적 법률관계에 관한 규정들이 일부 포함되어 있으나, 그러한 규정들이 이 사건 협약에 따른 응용연구성과로서의 특허권 지분의 귀속과 그 가액을 심리·판단 하는 데 직접 관련된 것은 아니다. 또한 이 사건 소는 이 사건 협약의 이행을 구하는 것이 아니라 특허권 지분의 귀속의무 불이행에 대한 손해배상을 청구하는 것이어서 이 사건 협약에 포함된 공법적 법률관계에 영향을 받는다고 볼 수 없고, 공권력 행사 등과 직접적인 관련성을 찾아보기도 어렵다.

따라서 이 사건 협약에 따른 특허권 지분의 귀속의무 불이행에 따른 손해배상청구 권의 존부 및 그 범위는 민사법률관계에 해당하므로 이를 소송물로 다투는 소송은 민 사소송에 해당하는 것으로 보아야 한다.

2. 가. 2015. 12. 1. 법률 제13521호로 개정된 민사소송법 제24조 제2항, 제3항은 특허권, 실용신안권, 디자인권, 상표권, 품종보호권 등의 지식재산권에 관한 소를 제기 하는 경우에는 제2조부터 제23조까지의 규정에 따른 관할법원 소재지를 관할하는 고등 법원이 있는 곳의 지방법원(서울고등법원이 있는 곳의 경우 서울중앙지방법원)의 전속관할 로 하되, 그 지방법원이 서울중앙지방법원이 아닌 경우 서울중앙지방법원에도 소를 제 기할 수 있다고 규정하고 있다. 위 개정 규정은 부칙(2015. 12. 1.) 제1조, 제2조에 의하 여 그 시행일인 2016. 1. 1. 이후 최초로 소장이 접수된 사건부터 적용된다.

한편 2015. 12. 1. 법률 제13522호로 개정된 법원조직법 제28조의4 제2호는 특허법원이 특허권 등의 지식재산권에 관한 민사사건의 항소사건을 심판한다고 규정하고 있고, 제28조 및 제32조 제2항은 이러한 특허법원의 권한에 속하는 사건을 고등법원 및 지방법원 합의부의 심판대상에서 제외한다고 규정하고 있다. 위 개정 규정은 부칙(2015. 12. 1.) 제1조, 제2조에 의하여 그 시행일인 2016. 1. 1. 전에 소송 계속 중인 특허권 등의 지식재산권에 관한 민사사건에 대하여 위 시행일 이후에 제1심판결이 선고된 경우에도 적용된다(대법원 2017. 12. 22. 선고 2017다259988 판결 등 참조).

이와 같이 특허권 등에 관한 지식재산권에 관한 소의 관할에 대하여 별도의 규정을 둔 이유는 통상적으로 그 심리·판단에 전문적인 지식이나 기술 등에 대한 이해가 필요하므로, 심리에 적합한 체계와 숙련된 경험을 갖춘 전문 재판부에 사건을 집중시킴으로써 충실한 심리와 신속한 재판뿐만 아니라 지식재산권의 적정한 보호에 이바지할 수 있기 때문이다.

나. 원고가 피고를 상대로 이 사건 협약에 기한 특허권 지분의 귀속의무 불이행을 원인으로 하는 손해배상을 청구하고 있으므로, 그 청구원인의 당부를 판단하기 위해서는 이 사건 특허권에 대한 원고의 지분 유무와 함께 이 사건 특허권에 대한 원고의 지분비율을 정할 필요가 있다. 원고의 지분비율을 정하기 위해서는 원고의 출연금의 비율뿐만 아니라 피고가 자신의 명의로 등록받은 이 사건 특허권의 가치, 이 사건 협약 체결 전부터 피고의 후·박막공정을 이용한 '저 자가방전 초소형 전지'에 대한 기술개발 정도와 그러한 기술이 피고가 등록한 특허권들에 어느 정도 반영되었는지 여부 및 존속기간이 설정된 특허권의 특성 등을 종합적으로 고려해야 한다.

이 사건 소송은 그 심리·판단에 특허권 등의 지식재산권에 관한 전문적인 지식이나 기술에 대한 이해가 필요한 소송으로 민사소송법 제24조 제2항이 규정하는 특허권 등의 지식재산권에 관한 소로 보아야 하고, 2014. 6. 16. 제1심법원에 소가 제기되어 위 개정 법원조직법 시행일 이후인 2017. 7. 12. 제1심판결이 선고되었으므로 이에 대한 항소사건은 특허법원의 전속관할에 속한다.

3. 원심이 같은 취지에서 이 사건 소송이 특허법원의 관할에 속한다고 판단한 것은 정당하고, 거기에 재항고이유와 같이 재판의 결과에 영향을 미친 법률 위반 등의 잘못이 없다. 그러므로 재항고를 기각하기로 하여 관여 대법관의 일치된 의견으로 주문과 같이 결정한다.

[76] 전력지원체계 연구개발확인서 발급거부의 행정처분성

— 대법원 2020. 1. 16. 선고 2019다264700 판결 —

【판시사항】

국방전력발전업무훈령에 따른 연구개발확인서 발급 및 그 거부의 법적 성질(＝행정처분)

【판결요지】

항고소송의 대상인 '처분'이란 "행정청이 행하는 구체적 사실에 관한 법집행으로서의 공권력의 행사 또는 그 거부와 그 밖에 이에 준하는 행정작용"(행정소송법 제2조 제1항 제1호)을 말한다. 행정청의 행위가 항고소송의 대상이 될 수 있는지는 추상적·일반적으로 결정할 수 없고, 구체적인 경우에 관련 법령의 내용과 취지, 그 행위의 주체·내용·형식·절차, 그 행위와 상대방 등 이해관계인이 입는 불이익 사이의 실질적 견련성, 법치행정의 원리와 그 행위에 관련된 행정청이나 이해관계인의 태도 등을 고려하여 개별적으로 결정하여야 한다. 또한 어떠한 처분에 법령상 근거가 있는지, 행정절차법에서 정한 처분절차를 준수하였는지는 본안에서 당해 처분이 적법한가를 판단하는 단계에서 고려할 요소이지, 소송요건 심사단계에서 고려할 요소가 아니다.

국방전력발전업무훈령 제113조의5 제1항에 의한 연구개발확인서 발급은 개발업체가 '업체투자연구개발' 방식 또는 '정부·업체공동투자연구개발' 방식으로 전력지원체계 연구개발사업을 성공적으로 수행하여 군사용 적합판정을 받고 국방규격이 제·개정된 경우에 사업관리기관이 개발업체에게 해당 품목의 양산과 관련하여 경쟁입찰에 부치지 않고 수의계약의 방식으로 국방조달계약을 체결할 수 있는 지위(경쟁입찰의 예외사유)가 있음을 인정해 주는 '확인적 행정행위'로서 공권력의 행사인 '처분'에 해당하고, 연구개발확인서 발급 거부는 신청에 따른 처분 발급을 거부하는 '거부처분'에 해당한다.

【원고, 상고인】 ○○산업 주식회사
【피고, 피상고인】 대한민국
【원심판결】 대전고법 2019. 8. 22. 선고 2019나10352 판결

【주   문】

원심판결을 파기하고, 사건을 대전고등법원에 환송한다.

【이   유】

직권으로 판단한다.

1. 사건의 경위

원심판결 이유와 기록에 의하면, 다음과 같은 사정들을 알 수 있다.

가. ○○본부 △△△△△△사업단은 2013년 무렵 ① 2013년부터 2016년까지 총 9억 4,400만 원을 투입하여 9.5t 트럭에 현대화된 취사장비를 적재하여 일체형으로 운용할 수 있는 '기동형 취사장비' 시제품 1대를 생산하여, 운용시험평가 등을 거쳐(이하 '연구개발'이라고 한다) ② 2016년부터 2021년까지 전방 전투부대에 189대(대당 예상획득단가 약 3억 2,800만 원, 예상 소요예산 총 620억 원)를 보급한다(이하 '양산'이라고 한다)는 내용의 사업계획을 수립하였다.

나. 국군중앙계약관은 2013. 11. 7. 사업관리기관인 ○○본부 △△△△△△사업단이 작성한 '제안요청서'를 첨부하여 위 사업계획 중 ① 연구개발 부분에 관하여 용역계약 경쟁입찰 공고를 하였고, 입찰에 응한 각 업체들의 제안서를 평가하여, 원고를 개발업체로 선정하였다. 국군중앙계약관은 2013. 12. 18. 원고와 이 사건 용역계약을 체결하였는데, 그에 따르면 관련 연구개발은 '정부투자연구개발' 방식으로 진행되며, 계약금액 1원(원고가 연구개발에 소요되는 전체 비용 중에서 1원을 ○○본부 △△△△△△사업단으로부터 지급받고, 나머지 비용은 원고가 스스로 부담함을 의미한다), 계약기간은 2013. 12. 18.부터 2016. 11. 30.까지이다.

다. 이 사건 용역계약에 따라 원고는 2016. 8.경 기동형 취사장비 시제품을 개발하였고, 전력지원체계 시험평가를 거쳐 2016. 10. 14. 군사용 적합판정을 받았으며, 2016. 11. 15. 기동형 취사장비에 관한 국방규격(표준화)이 제정되었고, 2016. 12. 2. ○○참모총장으로부터 최종적으로 '기동형 취사장비의 정부투자연구개발사업이 종결되었음'을 통보받았다.

라. 이후 원고는 ○○본부 △△△△△△사업단에 구 국방전력발전업무훈령(2012. 2. 3. 국방부훈령 제1388호로 개정되어 2014. 5. 26. 국방부훈령 제1664호로 개정되기 전의 것, 이하 같다) 제114조의2 제1항에 의하여 이 사건 용역계약에 따라 개발된 기동형 취사장

비에 관하여 연구개발확인서를 발급해 줄 것을 신청하였다. 이에 ○○본부 △△△△△△사업단장은 2018. 5. 18. '연구개발확인서의 발급은 행정처분에 해당하고, 기동형 취사장비에 관한 국방규격 제정 당시에 시행된 현행 국방전력발전업무훈령 제113조의5 제1항에 의하여 정부투자연구개발 방식으로 개발된 품목에 관해서는 연구개발확인서를 발급할 수 없다'는 이유로 이 사건 거부회신을 하였다.

　마. 원고는 2018. 6. 12. ○○본부 △△△△△△사업단장이 속한 법인격주체인 피고를 상대로 '피고는 원고에게 이 사건 용역계약에 따라 구 국방전력발전업무훈령 제114조의2 제1항에 의한 연구개발확인서의 발급절차를 이행하라'고 청구하는 이 사건 소를 대전지방법원에 제기하였다.

2. 당사자의 주장, 제1심과 원심의 판단

　가. 원고는 이 사건 용역계약의 특수조건 제3조에 의하면 ○○본부 △△△△△△사업단이 작성한 제안요청서가 계약의 일부로서 효력을 가지는데, 제안요청서에 '적용규정'으로 구 국방전력발전업무훈령이 명시됨으로써 이 사건 용역계약의 내용에 편입되었고, 따라서 피고는 구 국방전력발전업무훈령 제114조의2 제1항에 따라 원고에게 연구개발확인서 발급절차를 이행할 의무가 있다고 주장하였다. 이에 대하여 피고는 구 국방전력발전업무훈령이 이 사건 용역계약의 내용으로 편입되었다고 볼 수 없고, 설령 그렇다고 가정하더라도 이 사건 용역계약은 '정부투자연구개발' 방식으로 진행되었으므로 구 국방전력발전업무훈령 제114조의2 제1항에 의해서도 연구개발확인서 발급이 불가능하다고 주장하였다.

　나. 이 사건 제1심(대전지방법원 민사부)은 쌍방 당사자 사이에 구 국방전력발전업무훈령 제114조의2를 이 사건 용역계약의 내용으로 편입하기로 한다는 의사의 합치가 있었다고 보기 어렵다는 이유에서 원고의 청구를 기각하는 판결을 선고하였다. 이 사건 원심(대전고등법원 민사부)도 같은 이유에서 원고의 항소를 기각하는 판결을 선고하였다.

3. 대법원의 판단

가. 관련 법리

　(1) 항고소송의 대상인 '처분'이란 "행정청이 행하는 구체적 사실에 관한 법집행으로서의 공권력의 행사 또는 그 거부와 그 밖에 이에 준하는 행정작용"(행정소송법 제2조 제1항 제1호)을 말한다. 행정청의 행위가 항고소송의 대상이 될 수 있는지는 추상적·일반적

으로 결정할 수 없고, 구체적인 경우에 관련 법령의 내용과 취지, 그 행위의 주체·내용·형식·절차, 그 행위와 상대방 등 이해관계인이 입는 불이익 사이의 실질적 견련성, 법치행정의 원리와 그 행위에 관련된 행정청이나 이해관계인의 태도 등을 고려하여 개별적으로 결정하여야 한다(대법원 2010. 11. 18. 선고 2008두167 전원합의체 판결 참조). 또한 어떠한 처분에 법령상 근거가 있는지, 행정절차법에서 정한 처분절차를 준수하였는지는 본안에서 당해 처분이 적법한가를 판단하는 단계에서 고려할 요소이지, 소송요건 심사단계에서 고려할 요소가 아니다(대법원 2016. 8. 30. 선고 2015두60617 판결 참조).

(2) 항고소송에서 처분의 위법 여부는 특별한 사정이 없는 한 그 처분 당시를 기준으로 판단하여야 한다. 이는 신청에 따른 처분의 경우에도 마찬가지이다(대법원 2017. 4. 7. 선고 2014두37122 판결 등 참조). 새로 개정된 법령의 경과규정에서 달리 정함이 없는 한, 처분 당시에 시행되는 개정 법령과 그에서 정한 기준에 의하여 신청에 따른 처분의 발급 여부를 결정하는 것이 원칙이고, 그러한 개정 법령의 적용과 관련하여서는 개정 전 법령의 존속에 대한 국민의 신뢰가 개정 법령의 적용에 관한 공익상의 요구보다 더 보호가치가 있다고 인정되는 경우에 그러한 국민의 신뢰를 보호하기 위하여 그 적용이 제한될 수 있는 여지가 있을 따름이다(대법원 2005. 7. 29. 선고 2003두3550 판결 등 참조).

(3) 행정소송법상 항고소송으로 제기하여야 할 사건을 민사소송으로 잘못 제기한 경우에 수소법원이 그 항고소송에 대한 관할도 동시에 가지고 있다면, 전심절차를 거치지 않았거나 제소기간을 도과하는 등 항고소송으로서의 소송요건을 갖추지 못했음이 명백하여 항고소송으로 제기되었더라도 어차피 부적법하게 되는 경우가 아닌 이상, 원고로 하여금 항고소송으로 소 변경을 하도록 석명권을 행사하여 행정소송법이 정하는 절차에 따라 심리·판단하여야 한다(대법원 1999. 11. 26. 선고 97다42250 판결 등 참조).

나. 이 사건 거부회신 당시에 적용되던 관계 법령과 규정들은 전력지원체계 연구개발확인서 발급에 관하여 다음과 같이 규정하고 있다.

(1) 방위사업법에 의하면, '군수품'이란 국방부 및 그 직할부대·직할기관과 육·해·공군이 사용·관리하기 위하여 획득하는 물품으로서 무기체계 및 전력지원체계로 구분하며, '전력지원체계'란 무기체계 외의 장비·부품·시설·소프트웨어 그 밖의 물품 등 제반요소를 말한다(제3조 제2호, 제4호). 방위사업청장은 국방부장관의 지침에 의하여 군수품의 조달계획을 수립하고 이에 따라 군수품을 조달한다(제25조 제1항). 군수품은 국방예산의 효율적인 집행을 위하여 방위사업청에서 일괄적으로 조달한다. 다만 대통령

령이 정하는 바에 따라 각군에서 직접 조달하거나 조달청에 요청하여 구매할 수 있다(제25조 제2항). 방위사업청장은 군수품을 효율적으로 획득하기 위하여 군수품의 표준화에 대한 계획을 수립하여야 하며(제26조 제1항), 수립된 계획에 따라 표준품목을 지정 또는 해제하고, 군수품의 규격을 제정·개정 또는 폐지하며, 군수품의 물리적 또는 기능적 특성을 식별하여 관리하여야 하고(제26조 제2항), 이에 관하여 필요한 사항은 대통령령으로 정한다(제26조 제3항).

(2) 그 위임에 따른 방위사업법 시행령에 의하면, 방위사업청장은 군수품의 표준품목을 지정하고자 할 때에는 '각군의 구매요구조건의 적정성 및 표준품목 지정의 필요성', '해당 군수품의 경제성', '전력화지원요소의 충족성', '민·군 분야의 활용도', '사용 중인 군수품과의 연계성'을 고려하여야 하며, 이 경우 구매에 의하여 획득하는 전력지원체계에 대하여는 각군의 의견을 받아 표준품목을 지정하되, 연구개발에 의하여 획득하는 전력지원체계의 품목에 대하여는 국방부 또는 각군이 요구하는 바에 따라 표준품목을 지정하여야 한다(제30조 제2항). 이에 따라 표준품목의 지정대상이 되는 전력지원체계의 연구개발에 관하여 필요한 사항은 국방부장관이 정한다(방위사업법 시행규칙 제14조).

(3) 방위사업법, 같은 법 시행령, 같은 법 시행규칙에서 위임한 사항과 그 시행을 위하여 필요한 사항, 무기체계와 전력지원체계의 소요·획득·운영유지를 포함하는 전력증강과 관련된 업무의 기본절차를 규정하고 지침을 제공함을 목적으로 국방부장관이 정한 '국방전력발전업무훈령'에 의하면, 전력지원체계 연구개발은 정부가 연구개발비를 부담하는 정부투자연구개발, 업체가 연구개발비를 부담하는 업체투자연구개발, 국방부(또는 타 정부부처)와 산·학·연이 연구개발비를 공동으로 부담하는 정부·업체공동투자연구개발, 국방부와 타 정부부처가 공동으로 비용을 분담하는 정부공동협력사업, 민·군기술협력 출연금으로 개발하는 민·군기술협력사업으로 구분한다(제109조 제1항).

전력지원체계 연구개발사업은 사업관리기관의 제안요청서 작성, 입찰공고, 제안서 접수 및 평가, 연구개발계약 체결, 설계검토, 체계개발, 시험평가, 군사용 적합판정, 규격화·목록화, 연구개발확인서 발급 등의 단계를 거쳐 추진된다(제112조 제2항).

사업관리기관은 업체투자연구개발품목 및 정부·업체공동투자연구개발품목이 군사용 적합판정을 받고 규격이 제·개정된 경우에는 지체 없이 연구개발확인서를 발급한다. 다만 정부투자연구개발사업의 경우 사업종결 여부는 사업관리기관의 공문에 의한다(제113조의5 제1항). 사업관리기관은 연구개발확인서를 발급하면 개발업체, 소요군, 방위사업청, 국방기술품질원, 국방과학연구소에 통보하여야 한다(제113조의5 제2항). 업체투자 및 정부·업체공동투자연구개발의 경우 계약기관의 장은 국가를 당사자로 하는 계약에 관한 법률 시행령에 따라 연구개발확인서를 발급받은 업체와 수의계약으로 조달할 수 있고, 수의계약 가능기간은 개발 완료 후 5년으로 하며, 수의계약 가능 최장기간은 연구개발확인서 발급일로부터 15년을 초과할 수 없다(제114조의3 제1항, 제2항).

　　정부·업체공동투자연구개발 및 업체투자연구개발 업체의 매매과정에서 '현재 기존업체(양도업체)가 연구개발확인서를 발급받아 수의계약 중인 품목'이나 '국방전력발전업무훈령 등 관련 규정에 따라 연구개발확인서가 발급되어 향후 수의계약의 자격을 부여받을 것이 예상되는 사업'에 관하여 기존 개발업체에 의해 수행되던 사업을 타 업체로 전환하고자 하는 경우에는, 기존 개발업체가 국방부(군수관리관)에 개별적 사업권의 양도승인 신청을 하여 양도승인을 받음으로써 개별적 사업권의 지정승계를 할 수 있다(제115조).

　　(4) 한편 국가를 당사자로 하는 계약에 관한 법률에 의하면, 중앙관서의 장이나 계약담당공무원이 국가를 당사자로 하는 계약을 체결하려면 일반경쟁에 부치는 것이 원칙이며, 다만 계약의 목적, 성질, 규모 등을 고려하여 필요하다고 인정되면 대통령령으로 정하는 바에 따라 참가자의 자격을 제한하거나 참가자를 지명(指名)하여 경쟁에 부치거나 수의계약(隨意契約)을 할 수 있다(제7조 제1항). 그 위임에 따른 국가를 당사자로 하는 계약에 관한 법률 시행령에 의하면, 방위사업청장이 군용규격물자를 연구개발한 업체로부터 군용규격물자를 제조·구매하는 경우에는 수의계약에 의할 수 있다[제26조 제1항 제1호 (다)목].

　　다. 앞서 본 법리에 비추어 관련 규정들의 내용과 체계를 살펴본다.

　　(1) 국방전력발전업무훈령 제113조의5 제1항에 의한 연구개발확인서 발급은 개발업체가 '업체투자연구개발' 방식 또는 '정부·업체공동투자연구개발' 방식으로 전력지원체계 연구개발사업을 성공적으로 수행하여 군사용 적합판정을 받고 국방규격이 제·개정된 경우에 사업관리기관이 개발업체에게 해당 품목의 양산과 관련하여 경쟁입찰에 부치지 않고 수의계약의 방식으로 국방조달계약을 체결할 수 있는 지위(경쟁입찰의 예외사유)가 있음을 인정해 주는 '확인적 행정행위'로서 공권력의 행사인 '처분'에 해당하고, 연구개발확인서 발급 거부는 신청에 따른 처분 발급을 거부하는 '거부처분'에 해당한다.

　　(2) 한편 어떤 군수품을 조달할지 여부나 그 수량과 시기는 국방예산의 배정이나 각군에서 요청하는 군수품 소요의 우선순위에 따라 탄력적으로 결정될 수 있어야 하므로, 관계 법령이나 규정에서 특별히 달리 정하지 않은 이상, 군수품 조달에 관해서는

방위사업청장이나 각군에게 광범위한 재량이 있다. 국방전력발전업무훈령이 업체투자 연구개발 방식이나 정부·업체공동투자연구개발 방식으로 연구개발이 완료되어 군사용 적합판정을 받고 국방규격이 제·개정된 품목에 관해서도 반드시 양산하여야 한다거나 또는 수의계약을 체결하여야 한다고 규정하고 있지 않은 것도 이 때문이다. 따라서 개발업체가 전력지원체계 연구개발사업을 성공적으로 수행하였다고 하더라도 언제나 해당 품목에 관하여 수의계약 체결을 요구할 권리가 있는 것은 아니다.

(3) 그렇다고 하더라도, 사업관리기관에 의한 연구개발확인서 발급 여부 결정은 수의계약 체결 여부를 결정하기 전에 행해지는 별개의 확인적 행정행위이므로, 개발업체가 국방전력발전업무훈령 제113조의5 제1항에서 정한 발급 요건을 충족한다면 연구개발확인서를 발급하여야 하며, 관련 국방예산을 배정받지 못했다거나 또는 해당 품목이 군수품 양산 우선순위에서 밀려 곧바로 수의계약을 체결하지는 않을 예정이라는 이유만으로 연구개발확인서 발급조차 거부하여서는 안 된다.

라. 앞서 본 사실관계를 이러한 법리에 비추어 살펴본다.

(1) 이 사건 거부회신은 '기동형 취사장비'의 개발업체인 원고의 연구개발확인서 발급 신청에 대한 거부처분에 해당하므로, 원고는 처분청이 속한 법인격 주체인 피고를 상대로 연구개발확인서 발급의무의 이행을 구하는 민사소송이나 공법상 당사자소송을 제기할 것이 아니라, 처분청인 ○○본부 △△△△△△사업단장을 상대로 거부처분의 취소나 무효확인을 구하는 항고소송을 제기하였어야 한다.

(2) 이 사건 제1심법원인 대전지방법원 합의부와 원심법원인 대전고등법원 합의부는 이 사건 소가 행정소송법상 항고소송일 경우의 제1심, 항소심 재판의 관할도 동시에 가지고 있으므로 관할위반의 문제는 발생하지 아니한다. 또한 원고는 2018. 5. 18. 이 사건 거부회신을 받은 후 2018. 6. 12. 이 사건 소를 제기하였으므로 취소소송의 제소기간을 준수하였고, 취소소송의 그 밖의 소송요건을 갖추지 못했다고 볼 만한 사정도 없다. 따라서 원심으로서는 원고로 하여금 행정소송법상 취소소송으로 소 변경을 하도록 석명권을 행사하여 행정소송법이 정하는 절차에 따라 이 사건 거부회신이 적법한 거부처분인지 여부를 심리·판단하였어야 한다.

(3) 그런데도 원심은, 이 사건 거부회신이 항고소송의 대상인 거부처분에 해당한다는 점을 간과한 채, 이 사건 소가 이 사건 용역계약에 따른 의무 이행을 청구하는 민사소송에 해당한다는 전제에서, 본안판단으로 나아가 구 국방전력발전업무훈령 제114조의2가 이 사건 용역계약의 내용으로 편입되지 않았기 때문에 피고에게 연구개발확인

서 발급의무가 없다고 본 제1심의 판단을 그대로 유지하여 원고의 항소를 기각하였다. 이러한 원심판단에는 항고소송의 대상인 처분과 쟁송 방식에 관한 법리 등을 오해하여 필요한 심리를 다하지 아니함으로써 판결에 영향을 미친 잘못이 있다.

4. 결론

그러므로 상고이유에 대한 판단을 생략한 채 원심판결을 파기하고, 사건을 다시 심리·판단하게 하기 위하여 원심법원에 환송하기로 하여, 관여 대법관의 일치된 의견으로 주문과 같이 판결한다.

[77] 산재보험료 납부 기준이 되는 사업종류 변경결정의 법적 성질

— 대법원 2020. 4. 9. 선고 2019두61137 판결 —

【판시사항】

[1] 항고소송 대상인 '처분'의 의미

[2] 근로복지공단의 사업종류 변경결정이 항고소송의 대상이 되는 행정처분에 해당하는지 여부(적극)

【판결요지】

[1] 항고소송의 대상인 '처분'이란 "행정청이 행하는 구체적 사실에 관한 법집행으로서의 공권력의 행사 또는 그 거부와 그 밖에 이에 준하는 행정작용"을 말한다. 행정청의 행위가 항고소송의 대상이 될 수 있는지는 추상적 · 일반적으로 결정할 수 없고, 구체적인 경우에 관련 법령의 내용과 취지, 그 행위의 주체 · 내용 · 형식 · 절차, 그 행위와 상대방 등 이해관계인이 입는 불이익 사이의 실질적 견련성, 법치행정의 원리와 그 행위에 관련된 행정청이나 이해관계인의 태도 등을 고려하여 개별적으로 결정하여야 한다. 어떠한 처분에 법령상 근거가 있는지, 행정절차법에서 정한 처분 절차를 준수하였는지는 본안에서 당해 처분이 적법한가를 판단하는 단계에서 고려할 요소이지, 소송요건 심사단계에서 고려할 요소가 아니다. 행정청의 행위가 '처분'에 해당하는지가 불분명한 경우에는 그에 대한 불복방법 선택에 중대한 이해관계를 가지는 상대방의 인식가능성과 예측가능성을 중요하게 고려하여 규범적으로 판단하여야 한다.

[2] 근로복지공단이 사업주에 대하여 하는 '개별 사업장의 사업종류 변경결정'은 행정청이 행하는 구체적 사실에 관한 법집행으로서의 공권력의 행사인 '처분'에 해당한다고 보아, 이와 달리 판단한 원심판결을 파기한 사례

【원고, 상고인】 ○○철강 주식회사
【피고, 피상고인】 근로복지공단
【원심판결】 부산고등법원 2019. 11. 22. 선고 2018누23725 판결

【주　　문】

원심판결 중 피고 근로복지공단에 대한 부분을 파기하고, 이 부분 사건을 부산고
등법원에 환송한다.

【이　　유】

상고이유를 판단한다.

1. 사건의 개요

원심판결 이유에 의하면, 다음과 같은 사정들을 알 수 있다.

가. 원고는 1992. 1. 13.경 피고 근로복지공단(이하 '피고'라고 한다)에게 시흥시 시
흥공단에 있는 철판코일 가공 공장(이하 '이 사건 사업장'이라고 한다)에 관하여 사업종류
를 '도·소매 및 소비자용품 수리업'으로 하여 산재보험관계 성립신고를 하고, 그에 따
라 산재보험료를 납부하여 왔다.

나. 피고는 2018. 1. 15. 원고에 대하여 이 사건 사업장의 사업종류를 2014. 1. 1.
기준으로 '도·소매 및 소비자용품 수리업'(산재보험료율 9/1,000)에서 '각종 금속의 용접
또는 용단을 행하는 사업'(산재보험료율 19/1,000)으로 변경한다고 결정하고 이를 통지하
였다(이하 '이 사건 사업종류 변경결정'이라고 한다).

다. 이 사건 사업종류 변경결정에 따른 후속조치로서, 원심공동피고 국민건강보험
공단은 원고에 대하여 2018. 1. 22. 2014. 1. 1.부터 2016. 12. 31.까지의 기간에 대한
산재보험료 93,675,300원을, 2018. 2. 21. 위 기간에 대한 산재보험료로 59,912,370
원을 각 추가로 납부하라고 고지하였다(이하 두 차례의 납부고지를 통틀어 '이 사건 추가보
험료 부과처분'이라고 한다).

라. 원고는 피고를 상대로 이 사건 사업종류 변경결정의 취소를 구하고, 원심공동
피고 국민건강보험공단을 상대로 이 사건 추가보험료 부과처분의 취소를 구하는 내용
의 이 사건 소를 제기하였다.

2. 원심의 판단과 이 사건의 쟁점

가. (1) 원심은 피고의 이 사건 사업종류 변경결정만으로는 원고의 권리·의무에
직접적인 변동이나 불이익이 발생한다고 볼 수 없고, 이 사건 사업종류 변경결정에 따

라 원심공동피고 국민건강보험공단이 이 사건 추가보험료 부과처분을 함으로써 비로소 원고에게 현실적인 불이익이 발생하며, 원고는 원심공동피고 국민건강보험공단을 상대로 이 사건 추가보험료 부과처분의 취소를 청구하는 것만으로도 충분한 권리구제를 받는 것이 가능하다는 등의 이유로, 이 사건 사업종류 변경결정은 항고소송의 대상이 되는 행정처분에 해당하지 않는다고 판단하여, 이 사건 소 중 피고에 대한 이 사건 사업종류 변경결정 취소청구 부분을 각하하였다.

(2) 원심은 이 사건 사업장의 사업종류가 '도·소매 및 소비자용품 수리업'에 해당한다고 판단하여 원고의 원심공동피고 국민건강보험공단에 대한 이 사건 추가보험료 부과처분 취소청구를 인용하였다.

나. 이 사건의 쟁점은 피고의 이 사건 사업종류 변경결정이 항고소송의 대상이 되는 행정처분에 해당하는지 여부이다.

3. 대법원의 판단

가. 관련 법리

항고소송의 대상인 '처분'이란 "행정청이 행하는 구체적 사실에 관한 법집행으로서의 공권력의 행사 또는 그 거부와 그 밖에 이에 준하는 행정작용"을 말한다(행정소송법 제2조 제1항 제1호). 행정청의 행위가 항고소송의 대상이 될 수 있는지는 추상적·일반적으로 결정할 수 없고, 구체적인 경우에 관련 법령의 내용과 취지, 그 행위의 주체·내용·형식·절차, 그 행위와 상대방 등 이해관계인이 입는 불이익 사이의 실질적 견련성, 법치행정의 원리와 그 행위에 관련된 행정청이나 이해관계인의 태도 등을 고려하여 개별적으로 결정하여야 한다(대법원 2010. 11. 18. 선고 2008두167 전원합의체 판결 참조). 어떠한 처분에 법령상 근거가 있는지, 행정절차법에서 정한 처분 절차를 준수하였는지는 본안에서 당해 처분이 적법한가를 판단하는 단계에서 고려할 요소이지, 소송요건 심사단계에서 고려할 요소가 아니다(대법원 2016. 8. 30. 선고 2015두60617 판결 참조). 행정청의 행위가 '처분'에 해당하는지가 불분명한 경우에는 그에 대한 불복방법 선택에 중대한 이해관계를 가지는 상대방의 인식가능성과 예측가능성을 중요하게 고려하여 규범적으로 판단하여야 한다(대법원 2018. 10. 25. 선고 2016두33537 판결 참조).

나. 관계 법령과 규정들은 산재보험 사업종류 변경에 관하여 다음과 같이 규정하고 있다.

(1) 「고용보험 및 산업재해보상보험의 보험료징수 등에 관한 법률」(이하 '고용산재

보험료징수법'이라고 한다)에 의하면, 사업주가 부담하여야 하는 산재보험료는 그 사업주가 경영하는 사업에 종사하는 근로자의 개인별 보수총액에 산재보험료율을 곱한 금액을 합산하는 방식으로 산정한다(제13조 제5항). 산재보험료율은 매년 6월 30일 현재 과거 3년 동안의 보수총액에 대한 산재보험급여총액의 비율을 기초로 하여, 재해 발생의 위험성과 경제활동의 동질성 등을 기초로 분류한 사업 종류별로 구분하여 고용노동부장관이 정하여 고시하되, 사업 종류별 보험료율의 구성과 산정방법은 시행규칙 별표 1로 정하고 있다(제14조 제3항, 같은 법 시행규칙 제12조).

고용노동부장관은 매년 '사업종류별 산재보험료율'을 고시하면서, 한국표준산업분류(통계청 고시)를 기초로 재해 발생의 위험성, 경제활동의 동질성, 사업장의 주된 제품·서비스의 내용, 작업공정과 내용을 고려하여 사업종류를 세분한 '사업종류예시표'를 함께 고시하고 있는데, 여기에 사업세목별 업종코드와 해설이 포함되어 있다.

(2) 고용산재보험료징수법에 의하면, 사업주는 보험관계가 성립한 날부터 14일 이내에 보험관계 성립신고를 하여야 하고(제11조 제1항), 사업의 종류가 변경되면 그 변경된 날부터 14일 이내에 근로복지공단에 신고하여야 한다(제12조 제1항, 같은 법 시행령 제9조 제3호). 근로복지공단은 사업주가 신고를 하지 아니하거나 그 신고가 사실과 다른 때에는 사업주에게 미리 알리고 그 사실을 조사하여 사업종류를 변경하고 그에 따라 보험료를 산정하여야 한다(제16조의9 제2항, 제3항, 제16조의6 제1항, 제19조의2). 산재보험료는 근로복지공단이 매월 부과하고, 국민건강보험공단이 징수한다(제16조의2). 국민건강보험공단은 사업주가 이미 납부한 보험료가 근로복지공단이 산정한 보험료보다 더 많은 경우에는 그 초과액을 사업주에게 반환하고, 부족한 경우에는 그 부족액을 사업주로부터 징수하여야 한다(제16조의9 제3항).

(3) 근로복지공단이 고용산재보험료징수 법령 등에서 위임된 사항과 그 시행을 위하여 필요한 사항을 규정할 목적으로 제정한 「적용 및 부과업무 처리 규정」에 의하면, 사업주의 사업종류 변경신고가 있거나 사업종류 변경이 필요하다고 판단되는 경우에는 근로복지공단의 지사장이 그 사실을 조사하여 사업종류를 변경할 수 있다(제21조). 이때에는 원칙적으로 사업주에게 조사사유, 조사자료, 조사자 등 조사에 필요한 사항을 미리 문서로 알려야 하고(제22조 제1항), 우선 '직원간 회의체'의 심의를 거친 다음 사업주에게 심의결과를 문서로 알리고 의견을 청취하여야 한다(제22조 제2항 제1호, 제3항). 그 후 '사업종류 변경심의회'의 심의를 거쳐 사업종류 변경을 결정하여야 한다(제22조 제2항 제2호). 사업종류 변경 및 고용산재보험료징수법 제16조의9 제2항에 따른 보험료

산정을 마치면 사업주에게 처리결과를 문서로 알려야 한다(제22조 제7항).

다. 앞서 본 법리에 비추어 관련 규정들의 내용과 체계 등을 살펴보면, 근로복지공단이 사업주에 대하여 하는 '개별 사업장의 사업종류 변경결정'은 행정청이 행하는 구체적 사실에 관한 법집행으로서의 공권력의 행사인 '처분'에 해당한다고 보아야 한다. 그 구체적인 이유는 다음과 같다.

(1) 사업종류별 산재보험료율은 고용노동부장관이 매년 정하여 고시하므로, 개별 사업장의 사업종류가 구체적으로 결정되면 그에 따라 해당 사업장에 적용할 산재보험료율이 자동적으로 정해진다. 고용산재보험료징수법은 개별 사업장의 사업종류 결정의 절차와 방법, 결정기준에 관하여 구체적으로 규정하거나 하위법령에 명시적으로 위임하지는 않았으나, 고용산재보험료징수법의 사업종류 변경신고에 관한 규정들과 근로복지공단의 사실조사에 관한 규정들은 개별 사업장의 구체적인 특성을 고려하여 사업종류가 결정되고 그에 따라 산재보험료율이 결정되어야 함을 전제로 하고 있다. 따라서 근로복지공단이 개별 사업장의 사업종류를 결정하는 것은 고용산재보험료징수법을 집행하는 과정에서 이루어지는 행정작용이다.

고용노동부장관의 고시에 의하면, 개별 사업장의 사업종류 결정은 그 사업장의 재해발생의 위험성, 경제활동의 동질성, 주된 제품·서비스의 내용, 작업공정과 내용, 한국표준산업분류에 따른 사업내용 분류, 동종 또는 유사한 다른 사업장에 적용되는 사업종류 등을 확인한 후, 매년 고용노동부장관이 고시한 '사업종류예시표'를 참고하여 사업세목을 확정하는 방식으로 이루어진다. 1차적으로 사업주의 보험관계 성립신고나 변경신고를 참고하지만, 사업주가 신고를 게을리하거나 그 신고 내용에 의문이 있는 경우에는 산재보험료를 산정하는 행정청인 근로복지공단이 직접 사실을 조사하여 결정하여야 한다. 이러한 사업종류 결정의 주체, 내용과 결정기준을 고려하면, 개별 사업장의 사업종류 결정은 구체적 사실에 관한 법집행으로서 공권력을 행사하는 '확인적 행정행위'라고 보아야 한다.

(2) 개별 사업장의 사업종류가 사업주에게 불리한 내용으로 변경되면 산재보험료율이 인상되고, 사업주가 납부하여야 하는 산재보험료가 증가한다. 따라서 근로복지공단의 사업종류 변경결정은 사업주의 권리·의무에도 직접 영향을 미친다고 보아야 한다. 근로복지공단이 개별 사업장의 사업종류를 변경결정하고 산재보험료를 산정하면, 그에 따라 국민건강보험공단이 이미 지난 기간에 대한 부족액을 추가로 징수하거나 장래의 기간에 대하여 매월 보험료를 부과하는 별도의 처분을 할 것이 예정되어 있기는

하다. 그러나 개별 사업장의 사업종류를 변경하고 산재보험료를 산정하는 판단작용을 하는 행정청은 근로복지공단이며, 국민건강보험공단은 근로복지공단으로부터 그 자료를 넘겨받아 사업주에 대해서 산재보험료를 납부고지하고 징수하는 역할을 수행한다. 따라서 근로복지공단의 사업종류 변경결정의 당부에 관하여 국민건강보험공단으로 하여금 소송행위를 하도록 하기보다는, 그 결정의 행위주체인 근로복지공단으로 하여금 소송당사자가 되도록 하는 것이 합리적이다.

어떤 처분을 위법하다고 판단하여 취소하는 확정판결은 소송상 피고가 되는 처분청뿐만 아니라 그 밖의 관계행정청까지 기속한다(행정소송법 제30조 제1항). 처분청과 관계행정청은 취소판결의 기속력에 따라 그 판결에서 확인된 위법사유를 배제한 상태에서 다시 처분을 하거나 그밖에 위법한 결과를 제거하는 조치를 할 의무가 있다(대법원 2015. 10. 29. 선고 2013두27517 판결 등 참조). 근로복지공단의 사업종류 변경결정을 취소하는 판결이 확정되면, 그 사업종류 변경결정을 기초로 이루어진 국민건강보험공단의 각각의 산재보험료 부과처분은 그 법적·사실적 기초를 상실하게 되므로, 국민건강보험공단은 직권으로 각각의 산재보험료 부과처분을 취소하거나 변경하고, 사업주가 이미 납부한 보험료 중 정당한 액수를 초과하는 금액은 반환하는 등의 조치를 할 의무가 있다.

따라서 사업주로 하여금 국민건강보험공단을 상대로 개개의 산재보험료 부과처분을 다투도록 하는 것보다는, 분쟁의 핵심쟁점인 사업종류 변경결정의 당부에 관해서 그 판단작용을 한 행정청인 근로복지공단을 상대로 다투도록 하는 것이 소송관계를 간명하게 하는 방법일 뿐만 아니라, 분쟁을 조기에 근본적으로 해결하는 방법이기도 하다. 바로 이러한 취지에서 이미 대법원은, 근로복지공단이 사업주의 사업종류 변경 신청을 거부하는 행위가 항고소송의 대상인 '거부처분'에 해당한다고 판시한 바 있다(대법원 2008. 5. 8. 선고 2007두10488 판결).

(3) 앞서 본 바와 같이 피고의 내부규정은 행정절차법이 규정한 것보다 더욱 상세한 내용으로 사전통지 및 의견청취절차를 규정하고, 그 처리결과까지 문서로 통보하도록 규정하고 있다. 또한 기록에 의하면, 피고는 이러한 내부규정에 따른 사전통지 및 의견청취절차를 거친 후 원고에게 그 처리결과인 이 사건 사업종류 변경결정을 알리는 통지서(갑 제4호증)를 작성하여 교부하였는데, 거기에는 사업종류변경 결정의 내용과 이유, 근거 법령이 기재되어 있을 뿐만 아니라, "동 결정에 이의가 있을 경우에는 처분이 있음을 안 날로부터 90일 이내에 행정심판법 제28조에 따른 행정심판 또는 행정소송법에 따른 행정소송을 제기할 수 있음을 알려드립니다."라는 불복방법 안내문구가 기재되

어 있음을 알 수 있다. 이러한 피고의 내부규정과 실제 사업종류 변경결정 과정을 살펴보면, 피고 스스로도 사업종류 변경결정을 행정절차법과 행정소송법이 적용되는 처분으로 인식하고 있음을 알 수 있고, 그 상대방 사업주로서도 피고의 사업종류 변경결정을 항고소송의 대상인 처분으로 인식하였을 수밖에 없다. 이와 같이 불복방법을 안내한 피고가 이 사건 소가 제기되자 '처분성'이 인정되지 않는다는 본안전항변을 하는 것은 신의성실원칙(행정절차법 제4조)에도 어긋난다.

원심이 원용한 대법원 1989. 5. 23. 선고 87누634 판결, 대법원 1995. 7. 28. 선고 94누8853 판결은 산재보험적용 사업종류 변경결정을 항고소송의 대상인 처분이 아니라고 판단하였으나, 이는 구법 하에서의 사안에 관한 것으로서, 2003. 12. 31. 법률 제7047호로 고용산재보험료징수법이 제정·시행되고 관련 규정이 정비된 이후로는 그대로 원용하기에 적절하지 않다.

(4) 한편, 근로복지공단의 사업종류 변경결정에 따라 국민건강보험공단이 사업주에 대하여 하는 각각의 산재보험료 부과처분도 항고소송의 대상인 처분에 해당하므로, 사업주는 각각의 산재보험료 부과처분을 별도의 항고소송으로 다툴 수 있다. 그런데 근로복지공단이 사업종류 변경결정을 하면서 개별 사업주에 대하여 사전통지 및 의견청취, 이유제시 및 불복방법 고지가 포함된 처분서를 작성하여 교부하는 등 실질적으로 행정절차법에서 정한 처분절차를 준수함으로써 사업주에게 방어권행사 및 불복의 기회가 보장된 경우에는, 그 사업종류 변경결정은 그 내용·형식·절차의 측면에서 단순히 조기의 권리구제를 가능하게 하기 위하여 행정소송법상 처분으로 인정되는 소위 '쟁송법적 처분'이 아니라, 개별·구체적 사안에 대한 규율로서 외부에 대하여 직접적 법적 효과를 갖는 행정청의 의사표시인 소위 '실체법적 처분'에 해당하는 것으로 보아야 한다. 이 경우 사업주가 행정심판법 및 행정소송법에서 정한 기간 내에 불복하지 않아 불가쟁력이 발생한 때에는 그 사업종류 변경결정이 중대·명백한 하자가 있어 당연무효가 아닌 한, 사업주는 그 사업종류 변경결정에 기초하여 이루어진 각각의 산재보험료 부과처분에 대한 쟁송절차에서는 선행처분인 사업종류 변경결정의 위법성을 주장할 수 없다고 봄이 타당하다. 이 경우 근로복지공단의 사업종류 변경결정을 항고소송의 대상인 처분으로 인정하여 행정소송법에 따른 불복기회를 보장하는 것은 '행정법관계의 조기 확정'이라는 단기의 제소기간 제도의 취지에도 부합한다.

다만 근로복지공단이 사업종류 변경결정을 하면서 실질적으로 행정절차법에서 정한 처분절차를 준수하지 않아 사업주에게 방어권행사 및 불복의 기회가 보장되지 않은 경우에는 이를 항고소송의 대상인 처분으로 인정하는 것은 사업주에게 조기의 권리구제기회를 보장하기 위한 것일 뿐이므로, 이 경우에는 사업주가 사업종류 변경결정에 대해 제소기간 내에 취소소송을 제기하지 않았다고 하더라도 후행처분인 각각의 산재보험료 부과처분에 대한 쟁송절차에서 비로소 선행처분인 사업종류 변경결정의 위법성을 다투는 것이 허용되어야 한다.

라. 그런데도 원심은, 이 사건 사업종류 변경결정이 항고소송의 대상인 처분에 해당하지 않는다고 판단하였다. 이러한 원심 판단에는 항고소송의 대상인 처분에 관한 법리를 오해하여 판결에 영향을 미친 잘못이 있다.

4. 결론

그러므로 원심판결 중 피고에 대한 부분을 파기하고, 이 부분 사건을 다시 심리·판단하게 하기 위하여 원심법원에 환송하기로 하여, 관여 대법관의 일치된 의견으로 주문과 같이 판결한다.

[78] 요양급여비용 부당이득징수처분의 법적 성질

— 대법원 2020. 6. 4. 선고 2015두39996 판결 —

【판시사항】

[1] 구 국민건강보험법 제52조 제1항에서 정한 부당이득징수의 법적 성질(= 재량행위) / 국민건강보험공단이 위 규정에 의하여 의료기관의 개설명의인을 상대로 요양급여비용 전액을 징수하는 것이 재량권을 일탈·남용한 때에 해당하는지 여부(= 원칙적 적극)

[2] 의료인이 비의료인에게 의료기관 개설명의를 대여한 사안에서, 국민건강보험공단이 개설명의를 대여한 의료인에게 요양급여비용 전액에 대하여 부당이득징수처분을 한 것은 비례원칙을 위반하여 재량권을 일탈·남용한 경우에 해당한다고 판단한 사례

【판결요지】

[1] 구 국민건강보험법 제52조 제1항은 '사위 기타 부당한 방법으로 보험급여비용을 받은 요양기관에 대하여 그 급여비용에 상당하는 금액의 전부 또는 일부를 징수한다'라고 규정하고 있는데, 위 규정에 따른 급여비용 상당액의 부당이득징수처분은 재량행위로 보아야 한다. 따라서 요양기관이 실시한 요양급여 내용과 요양급여 비용의 액수, 의료기관 개설·운영 과정에서의 개설명의인의 역할과 불법성의 정도, 의료기관 운영성과의 귀속 여부와 개설명의인이 얻은 이익의 정도, 그 밖에 조사에 대한 협조 여부 등의 사정을 고려하지 않고 의료기관의 개설명의인을 상대로 요양급여비용 전액을 징수하는 것은 다른 특별한 사정이 없는 한 비례의 원칙에 위배된 것으로 재량권을 일탈·남용한 때에 해당한다.

[2] 의료인이 비의료인에게 의료기관 개설명의를 대여하면서 의료인은 개설자에게 자신의 명의를 제공하였을 뿐 의료기관의 개설과 운영에 관여하지 않고 단지 개설자로부터 근로 제공의 대가를 지급받은 사안에서, 국민건강보험공단이 의료기관에게 지급한 요양급여비용 전액을 개설명의를 대여한 의료인에 대하여 부당이득징수처분을 한 것은 비례원칙을 위반한 경우로서 재량권의 일탈·남용에 해당한다고 보아, 이와 달리 판단한 원심을 파기한 사례

【원고, 상고인】 오○○
【피고, 피상고인】 국민건강보험공단
【원심판결】 서울고등법원 2015. 2. 17. 선고 2014누60636 판결

【주   문】

원심판결을 파기하고, 사건을 서울고등법원에 환송한다.

【이   유】

상고이유를 판단한다.

2. 상고이유 제2, 3점에 대하여

가. 구 국민건강보험법(2011. 12. 31. 법률 제11141호로 전부 개정되기 전의 것, 이하 '구 국민건강보험법'이라고 한다)에 의하면, 요양기관은 가입자 등에게 요양급여를 실시하고 국민건강보험공단(이하 '공단'이라고 한다)에 요양급여비용의 지급을 청구하며, 공단은 요양급여비용을 요양기관에 지급한다(제39조, 제43조). 공단은 사위 기타 부당한 방법으로 보험급여비용을 받은 요양기관에 대하여 그 급여비용에 상당하는 금액의 전부 또는 일부를 징수하고(제52조 제1항), 이를 납부하지 아니하는 때에는 국세체납처분의 예에 의하여 징수할 수 있다(제70조 제1항, 제3항).

그리고 구 국민건강보험법 제40조 제1항 제1호에 의하면, 요양급여는 '의료법에 의하여 개설된 의료기관'에서 행하여야 하는데, 구 의료법(2007. 4. 11. 법률 제8366호로 전부 개정되기 전의 것, 이하 '구 의료법'이라고 한다) 제30조 제2항, 제53조 제1항 제2호, 제66조 제3호, 제69조에 의하면, 의료기관 개설자격은 의사 등으로 한정되고, 의료기관의 개설자격이 없는 자가 의료기관을 개설하는 것은 엄격히 금지된다.

위 각 규정의 내용과 체재 등에 비추어 보면, 의료기관을 개설할 수 없는 자가 개설한 의료기관은 국민건강보험법상 요양기관이 될 수 없지만, 이러한 의료기관이라 하더라도 요양기관으로서 요양급여를 실시하고 그 급여비용을 청구한 이상 구 국민건강보험법 제52조 제1항에서 정한 부당이득징수 처분의 상대방인 요양기관에 해당한다고 보아야 하고, 이러한 의료기관이 요양급여비용을 청구하는 것은 '사위 기타 부당한 방법'에 해당한다.

나. 원심은, 비의료인 정○○가 개설한 이 사건 병원에 지급된 요양급여비용은 부당이득징수처분의 대상이 된다고 판단하였다. 이러한 원심 판단에 구 국민건강보험법

상 부당이득징수에 관한 법리를 오해한 잘못이 없다.

3. 상고이유 제4, 5점에 대하여

가. 어느 행정행위가 기속행위인지 재량행위인지는 당해 처분의 근거가 되는 규정의 체재·형식과 그 문언, 당해 행위가 속하는 행정 분야의 주된 목적과 특성, 당해 행위 자체의 개별적 성질과 유형 등을 모두 고려하여 개별적으로 판단하여야 한다. 재량행위에 대한 사법심사는 행정청의 재량에 기초한 공익 판단의 여지를 감안하여 법원이 독자적인 결론을 내리지 않고 해당 행위에 재량권 일탈·남용이 있는지 여부만을 심사하게 되고, 사실오인과 비례·평등의 원칙 위반 여부 등이 그 판단기준이 된다(대법원 2018. 10. 4. 선고 2014두37702 판결 등 참조).

처분의 근거 법령이 행정청에 처분의 요건과 효과 판단에 일정한 재량을 부여하였는데도, 행정청이 자신에게 재량권이 없다고 오인한 나머지 처분으로 달성하려는 공익과 그로써 처분상대방이 입게 되는 불이익의 내용과 정도를 전혀 비교형량하지 않은 채 처분을 하였다면, 이는 재량권 불행사로서 그 자체로 재량권 일탈·남용으로 해당 처분을 취소하여야 할 위법사유가 된다(대법원 2016. 8. 29. 선고 2014두45956 판결, 대법원 2019. 7. 11. 선고 2017두38874 판결 등 참조).

비례의 원칙은 법치국가 원리에서 당연히 파생되는 헌법상의 기본원리로서, 모든 국가작용에 적용된다(헌법재판소 1992. 12. 24. 선고 92헌가8 결정 참조). 행정목적을 달성하기 위한 수단은 그 목적달성에 유효·적절하고, 또한 가능한 한 최소침해를 가져오는 것이어야 하며, 아울러 그 수단의 도입으로 인한 침해가 의도하는 공익을 능가하여서는 안 된다(대법원 1997. 9. 26. 선고 96누10096 판결 참조). 특히 처분상대방의 의무위반을 이유로 한 제재처분의 경우 의무위반의 내용과 제재처분의 양정(量定) 사이에 엄밀하게는 아니더라도 전체적으로 보아 비례 관계가 인정되어야 하며, 의무위반의 내용에 비하여 제재처분이 과중하여 사회통념상 현저하게 타당성을 잃은 경우에는 재량권 일탈·남용에 해당하여 위법하다고 보아야 한다(대법원 2019. 9. 9. 선고 2018두48298 판결 등 참조).

나. 구 국민건강보험법 제52조 제1항은 '공단은 사위 기타 부당한 방법으로 보험급여를 받은 자 또는 보험급여비용을 받은 요양기관에 대하여 그 급여 또는 급여비용에 상당하는 금액의 전부 또는 일부를 징수한다.'고 규정하여 그 문언상 일부 징수가 가능함을 명시하고 있다. 위 조항은 요양기관이 부당한 방법으로 급여비용을 지급청구하는 것을 방지함으로써 바람직한 급여체계의 유지를 통한 건강보험 및 의료급여 재정의 건

전성을 확보하려는 데 입법 취지가 있다(헌법재판소 2011. 6. 30. 선고 2010헌바375 결정 참조). 그러나 요양기관으로서는 부당이득징수로 인하여 이미 실시한 요양급여에 대하여 그 비용을 상환 받지 못하는 결과가 되므로 그 침익적 성격이 크다.

　한편, 구 의료법 제30조 제2항이 금지하는 '비의료인의 의료기관 개설행위'는 비의료인이 의료기관의 시설 및 인력의 충원·관리, 개설신고, 의료업의 시행, 필요한 자금의 조달, 운영성과의 귀속 등을 주도적으로 처리하는 것을 의미한다(대법원 2018. 11. 29. 선고 2018도10779 판결 참조). 즉, 의료인인 개설명의인은 개설자에게 자신의 명의를 제공할 뿐 의료기관의 개설과 운영에 관여하지 않으며, 그에게 고용되어 근로 제공의 대가를 받을 뿐 의료기관 운영에 따른 손익이 그대로 귀속되지도 않는다. 이 점을 반영하여 구 의료법은 제30조 제2항 위반행위의 주체인 비의료인 개설자는 5년 이하의 징역 또는 2천만 원 이하의 벌금에 처하도록 규정한 반면, 의료인인 개설명의인은 제69조에서 '의료기관의 개설자가 될 수 없는 자에게 고용되어 의료행위를 한 자'로서 300만 원 이하의 벌금에 처하도록 규정하고 있다.

　이상에서 살펴 본 위 각 법 규정의 내용, 체재와 입법 취지, 부당이득 징수의 법적 성질 등을 고려할 때, 구 국민건강보험법 제52조 제1항이 정한 부당이득징수는 재량행위라고 보는 것이 옳다. 그리고 요양기관이 실시한 요양급여 내용과 요양급여 비용의 액수, 의료기관 개설·운영 과정에서의 개설명의인의 역할과 불법성의 정도, 의료기관 운영성과의 귀속 여부와 개설명의인이 얻은 이익의 정도, 그 밖에 조사에 대한 협조 여부 등의 사정을 고려하지 않고 의료기관의 개설명의인을 상대로 요양급여비용 전액을 징수하는 것은 다른 특별한 사정이 없는 한 비례의 원칙에 위배된 것으로 재량권을 일탈·남용한 때에 해당한다고 볼 수 있다.

　다. 그런데도 원심은, 위와 같은 사정들을 심리하지 않은 채, 개설명의인에 대하여 요양급여비용 전액을 징수한 이 사건 각 처분이 비례의 원칙이나 과잉금지의 원칙에 위배되지 않는다고 판단하였다. 이러한 원심 판단에는 비례의 원칙, 재량권 일탈·남용 등에 관한 법리를 오해하여 판결에 영향을 미친 잘못이 있다. 이 점을 지적하는 원고의 상고이유 주장은 이유 있다.

4. 결론

　그러므로 원심판결을 파기하고, 사건을 다시 심리·판단하도록 원심법원에 환송하기로 하여, 관여 대법관의 일치된 의견으로 주문과 같이 판결한다.

제4장

형사법

[79] 특별사면으로 형 선고의 효력이 상실된 유죄의 확정판결이 재심청구의 대상이 되는지 여부

― 대법원 2015. 5. 21. 선고 2011도1932 전원합의체 판결 ―

【판시사항】

[1] 재심청구를 받은 군사법원이 재판권이 없음에도 재심개시결정을 한 후에 비로소 사건을 일반법원으로 이송한 경우, 사건을 이송받은 일반법원은 군사법원의 재심개시결정을 유효한 것으로 보아 후속 절차를 진행할 수 있는지 여부(적극)

[2] 특별사면으로 형 선고의 효력이 상실된 유죄의 확정판결이 형사소송법 제420조의 '유죄의 확정판결'에 해당하여 재심청구의 대상이 될 수 있는지 여부(적극)

[3] 면소판결 사유인 형사소송법 제326조 제2호에서 말하는 '사면'의 의미(=일반사면) / 재심대상판결 확정 후에 형 선고의 효력을 상실케 하는 특별사면이 있었던 경우, 재심개시결정이 확정되어 재심심판절차를 진행하는 법원은 면소판결이 아니라 실체에 관한 유·무죄 등의 판단을 해야 하는지 여부(적극)

【판결요지】

[1] [다수의견] 재심심판절차는 물론 재심사유의 존부를 심사하여 다시 심판할 것인지를 결정하는 재심개시절차 역시 재판권 없이는 심리와 재판을 할 수 없는 것이므로, 재심청구를 받은 군사법원으로서는 먼저 재판권 유무를 심사하여 군사법원에 재판권이 없다고 판단되면 재심개시절차로 나아가지 말고 곧바로 사건을 군사법원법 제2조 제3항에 따라 같은 심급의 일반법원으로 이송하여야 한다.

이와 달리 군사법원이 재판권이 없음에도 재심개시결정을 한 후에 비로소 사건을 일반법원으로 이송한다면 이는 위법한 재판권의 행사이다. 다만 군사법원법 제2조 제3 항 후문이 "이 경우 이송 전에 한 소송행위는 이송 후에도 그 효력에 영향이 없다."고 규정하고 있으므로, 사건을 이송받은 일반법원으로서는 다시 처음부터 재심개시절차를 진행할 필요는 없고 군사법원의 재심개시결정을 유효한 것으로 보아 후속 절차를 진행할 수 있다.

[2] 유죄판결 확정 후에 형 선고의 효력을 상실케 하는 특별사면이 있었다고 하더라도, 형 선고의 법률적 효과만 장래를 향하여 소멸될 뿐이고 확정된 유죄판결에서 이루어진 사실인정과 그에 따른 유죄 판단까지 없어지는 것은 아니므로, 유죄판결은 형 선고의 효력만 상실된 채로 여전히 존재하는 것으로 보아야 하고, 한편 형사소송법 제 420조 각 호의 재심사유가 있는 피고인으로서는 재심을 통하여 특별사면에도 불구하고 여전히 남아 있는 불이익, 즉 유죄의 선고는 물론 형 선고가 있었다는 기왕의 경력 자체 등을 제거할 필요가 있다.

그리고 형사소송법 제420조가 유죄의 확정판결에 대하여 선고를 받은 자의 이익을 위하여 재심을 청구할 수 있다고 규정하고 있는 것은 유죄의 확정판결에 중대한 사실인정의 오류가 있는 경우 이를 바로잡아 무고하고 죄 없는 피고인의 인권침해를 구제하기 위한 것인데, 만일 특별사면으로 형 선고의 효력이 상실된 유죄판결이 재심청구의 대상이 될 수 없다고 한다면, 이는 특별사면이 있었다는 사정만으로 재심청구권을 박탈하여 명예를 회복하고 형사보상을 받을 기회 등을 원천적으로 봉쇄하는 것과 다를 바 없어서 재심제도의 취지에 반하게 된다.

따라서 특별사면으로 형 선고의 효력이 상실된 유죄의 확정판결도 형사소송법 제 420조의 '유죄의 확정판결'에 해당하여 재심청구의 대상이 될 수 있다.

[3] 면소판결 사유인 형사소송법 제326조 제2호의 '사면이 있는 때'에서 말하는 '사면'이란 일반사면을 의미할 뿐, 형을 선고받아 확정된 자를 상대로 이루어지는 특별사면은 여기에 해당하지 않으므로, 재심대상판결 확정 후에 형 선고의 효력을 상실케 하는 특별사면이 있었다고 하더라도, 재심개시결정이 확정되어 재심심판절차를 진행하는 법원은 그 심급에 따라 다시 심판하여 실체에 관한 유·무죄 등의 판단을 해야지, 특별사면이 있음을 들어 면소판결을 하여서는 아니 된다.

【피 고 인】 피고인
【상 고 인】 검사
【원심판결】 서울고법 2011. 1. 20. 선고 2010재노42 판결

【주   문】

상고를 기각한다.

【이   유】

상고이유를 판단한다.

1. 이 사건 재심 경위 및 검사의 상고이유

가. 육군본부보통군법회의는 1973. 4. 28. 피고인에 대한 73보군형 제94호 업무상
횡령 등 사건에서 공소사실을 모두 유죄로 인정하고 징역 15년 및 벌금 2,000만 원을
선고하였다(이하 '제1심 판결'이라 한다).

나. 피고인과 검찰관은 제1심판결에 대하여 육군고등군법회의 73년고군형항 제
306호로 항소를 제기하였고, 육군고등군법회의는 1973. 7. 30. 제1심판결을 파기하고
공소사실 중 일부 업무상횡령, 경제의 안정과 성장에 관한 긴급명령 위반, 일부 총포화
약류단속법 위반의 점을 유죄로 인정하여 피고인에 대하여 징역 15년 및 벌금 1,100만
원을 선고하고 나머지 공소사실에 대하여는 무죄를 선고하였다.

다. 관할관은 1973. 8. 8. 피고인에 대한 위 징역 15년을 징역 12년으로 감형하여
확인하였고, 피고인과 검찰관이 모두 상고하지 아니하여 그 무렵 위 항소심 판결(이하
'재심대상판결'이라 한다)이 그대로 확정되었다.

라. 피고인은 위 형의 집행정지로 석방되어 있던 중 1980. 2. 29. 형 선고의 효력
을 상실하게 하는 특별사면을 받았다.

마. 피고인은 2010. 4. 5. 위 재심대상판결에 대하여 고등군사법원에 재심을 청구
하였고, 고등군사법원은 피고인이 이미 군에서 제적되어 재심심판절차에 관하여는 재
판권이 없으나, 재심사유의 존부만을 판단하는 재심개시절차에 관하여는 재판권이 있
다고 전제한 다음, 수사관들이 불법체포와 고문 등 직무상 범죄를 저질렀음이 증명되어
군사법원법 제469조 제7호의 재심사유가 있다는 이유로, 재심대상판결 중 유죄 부분에
대하여 재심개시결정을 하고, 군사법원법 제2조 제3항에 따라 사건을 이 사건 원심인

서울고등법원으로 이송하였다.

　바. 원심은, 제1심에서 유죄의 증거로 든 피고인과 공소외인 등에 대한 군사법경찰관 작성의 피의자신문조서나 진술조서 및 압수된 총기 등은 위법수집증거로서 증거능력이 없고, 재심대상이 된 유죄 부분의 공소사실(이하 '이 사건 공소사실'이라 한다) 중 업무상횡령과 경제의 안정과 성장에 관한 긴급명령 위반의 점은 이를 인정할 증거가 부족하며, 총포화약류단속법 위반의 점은 자백 이외에 달리 이를 보강할 증거가 없다는 이유로 제1심판결 중 이 사건 공소사실 부분을 파기하고 피고인에 대하여 무죄를 선고하였다.

　사. 검사의 상고이유는 다음과 같다.

　이 사건 재심대상판결은 특별사면으로 형 선고의 효력이 상실되어 재심청구의 대상이 될 수 없으므로, 재심개시결정이 확정되었다고 하더라도 재심절차로 진행할 심판의 대상이 없어 아무런 재판을 할 수 없음에도, 원심이 심판의 대상이 있는 것으로 보고 실체 심리로 나아가 무죄판결을 선고한 것은 특별사면과 재심청구의 대상 등에 관한 법리를 오해한 것으로 위법하다. 설령 위 재심대상판결이 재심청구의 대상이 된다고 하더라도, 원심판결에는 논리와 경험의 법칙에 반하여 자유심증주의의 한계를 벗어나거나 자백의 보강법칙에 관한 법리를 오해한 위법이 있다.

2. 이 사건 재심의 재판권 등에 관한 직권 판단

　가. 헌법 제27조 제1항은 "모든 국민은 헌법과 법률이 정한 법관에 의하여 법률에 의한 재판을 받을 권리를 가진다."고 규정하여, 모든 국민이 헌법과 법률이 정한 자격과 절차에 따라 임명된 법관에 의하여 합헌적인 법률이 정한 내용과 절차에 따라 재판을 받을 수 있는 권리를 보장하고 있다. 또한 헌법 제27조 제2항은 "군인 또는 군무원이 아닌 국민은 대한민국의 영역 안에서는 중대한 군사상 기밀·초병·초소·유독음식물공급·포로·군용물에 관한 죄 중 법률이 정한 경우와 비상계엄이 선포된 경우를 제외하고는 군사법원의 재판을 받지 아니한다."고 규정하여, 군인 또는 군무원이 아닌 국민(이하 '일반 국민'이라 한다)은 헌법 제27조 제2항이 규정한 경우 이외에는 군사법원의 재판을 받지 아니할 권리가 있음을 선언하고 있다.

　따라서 군사법원은 일반 국민에 대하여 헌법 제27조 제2항이 규정한 경우가 아니면 재판권이 없고, 비록 군사법원법 제472조 본문이 재심청구는 원판결을 한 대법원 또는 군사법원이 관할한다고 규정하고 있으나 관할은 재판권을 전제로 하는 것이므로, 군사법원의 판결이 확정된 후 군에서 제적되어 군사법원에 재판권이 없는 경우에는 재심 사건이라도 그 관할은 원판결을 한 군사법원이 아니라 같은 심급의 일반법원에 있다(대법원 1985. 9. 24. 선고 84도2972 전원합의체 판결 등 참조).

그리고 재심심판절차는 물론 재심사유의 존부를 심사하여 다시 심판할 것인지를 결정하는 재심개시절차 역시 재판권 없이는 심리와 재판을 할 수 없는 것이므로, 재심청구를 받은 군사법원으로서는 먼저 재판권 유무를 심사하여 군사법원에 재판권이 없다고 판단되면 재심개시절차로 나아가지 말고 곧바로 사건을 군사법원법 제2조 제3항에 따라 같은 심급의 일반법원으로 이송하여야 한다.

이와 달리 군사법원이 재판권이 없음에도 재심개시결정을 한 후에 비로소 사건을 일반법원으로 이송한다면 이는 위법한 재판권의 행사라고 할 것이다. 다만 군사법원법 제2조 제3항 후문이 "이 경우 이송 전에 한 소송행위는 이송 후에도 그 효력에 영향이 없다."고 규정하고 있으므로, 사건을 이송받은 일반법원으로서는 다시 처음부터 재심개시절차를 진행할 필요는 없고 군사법원의 재심개시결정을 유효한 것으로 보아 그 후속절차를 진행할 수 있다.

나. 이 사건에 관하여 보건대, 고등군사법원이 앞서 본 바와 같이 재심심판절차에 관하여는 피고인이 이미 군에서 제적되어 재판권이 없다고 보면서도 그 사전절차인 재심개시절차에 관하여는 재판권이 있다고 보고 재심개시결정을 한 것은 위법하다고 할 것이나, 사건을 이송받은 원심이 위 재심개시결정을 토대로 재심심판절차로 나아가 판단한 것은 위에서 본 법리에 따른 것으로 위법하다고 할 수 없다.

3. 상고이유에 관한 판단

가. 이 사건 재심대상판결이 재심청구의 대상이 될 수 있는지에 관하여 본다.

(1) 유죄판결 확정 후에 형 선고의 효력을 상실케 하는 특별사면이 있었다고 하더라도, 형 선고의 법률적 효과만 장래를 향하여 소멸될 뿐이고 확정된 유죄판결에서 이루어진 사실인정과 그에 따른 유죄 판단까지 없어지는 것은 아니므로, 위 유죄판결은 형 선고의 효력만 상실된 채로 여전히 존재하는 것으로 보아야 하고, 한편 형사소송법 제420조 각 호의 재심사유가 있는 피고인으로서는 재심을 통하여 특별사면에도 불구하고 여전히 남아 있는 불이익, 즉 유죄의 선고는 물론 형 선고가 있었다는 기왕의 경력 자체 등을 제거할 필요가 있다.

그리고 형사소송법 제420조가 유죄의 확정판결에 대하여 그 선고를 받은 자의 이익을 위하여 재심을 청구할 수 있다고 규정하고 있는 것은 유죄의 확정판결에 중대한 사실인정의 오류가 있는 경우 이를 바로잡아 무고하고 죄 없는 피고인의 인권침해를 구제하기 위한 것인데, 만일 특별사면으로 형 선고의 효력이 상실된 유죄판결이 재심청구의 대상이 될 수 없다고 한다면, 이는 특별사면이 있었다는 사정만으로 재심청구권을 박탈하여 명예를 회복하고 형사보상을 받을 기회 등을 원천적으로 봉쇄하는 것과 다를 바 없어서 재심제도의 취지에 반하게 된다.

따라서 특별사면으로 형 선고의 효력이 상실된 유죄의 확정판결도 형사소송법 제420조의 '유죄의 확정판결'에 해당하여 재심청구의 대상이 될 수 있다고 해석함이 타당하다.

이와 달리 유죄의 확정판결 후 형 선고의 효력을 상실케 하는 특별사면이 있었다면 이미 재심청구의 대상이 존재하지 않아 그러한 판결을 대상으로 하는 재심청구는 부적법하다고 판시한 대법원 1997. 7. 22. 선고 96도2153 판결과 대법원 2010. 2. 26. 자 2010모24 결정 등은 이 판결과 배치되는 범위에서 이를 변경한다.

한편 면소판결 사유인 형사소송법 제326조 제2호의 '사면이 있는 때'에서 말하는 '사면'이란 일반사면을 의미할 뿐(대법원 2000. 2. 11. 선고 99도2983 판결 참조), 형을 선고받아 확정된 자를 상대로 이루어지는 특별사면은 여기에 해당하지 않으므로, 재심대상판결 확정 후에 형 선고의 효력을 상실케 하는 특별사면이 있었다고 하더라도, 재심개시결정이 확정되어 재심심판절차를 진행하는 법원은 그 심급에 따라 다시 심판하여 실체에 관한 유·무죄 등의 판단을 해야지, 위 특별사면이 있음을 들어 면소판결을 하여서는 아니 된다.

(2) 이 사건에 관하여 보건대, 원심이 특별사면으로 형 선고의 효력이 상실된 이 사건 재심대상판결도 재심청구의 대상이 된다고 보고 이 사건 공소사실에 대하여 실체 심리로 나아가 판단한 것은 위 법리에 따른 것으로 정당하고, 거기에 상고이유 주장과 같이 특별사면과 재심청구의 대상 등에 관한 법리를 오해하는 등의 잘못이 없다.

나. 자유심증주의의 한계를 벗어나거나 자백의 보강법칙에 관한 법리오해가 있는지에 관하여 본다.

원심판결 이유를 기록에 비추어 살펴보면, 원심이 검사가 제출한 증거 중 일부는 위법수집증거로 증거능력이 없고 이 사건 공소사실은 나머지 증거만으로 인정하기 부족하거나 자백 외에 보강증거가 없다는 등 그 판시와 같은 이유를 들어 피고인에 대하여 무죄를 선고한 것은 정당하고, 거기에 상고이유 주장과 같이 논리와 경험의 법칙에 반하여 자유심증주의의 한계를 벗어나거나 자백의 보강법칙에 관한 법리를 오해하는 등의 잘못이 없다.

4. 결론

그러므로 상고를 기각하기로 하여 주문과 같이 판결한다. 이 판결에는 재판권 없는 군사법원의 재심개시결정을 전제로 재심심판절차를 진행할 수 있다는 점에 대한 대법관 김창석의 반대의견이 있는 외에는 관여 법관의 의견이 일치하였다.

[80] 전자정보 압수·수색 절차의 위법성 판단기준

— 대법원 2015. 7. 16.자 2011모1839 전원합의체 결정 —

【판시사항】

전자정보에 대한 압수·수색이 저장매체 또는 복제본을 수사기관 사무실 등 외부로 반출하는 방식으로 허용되는 경우 / 위법한 압수 여부를 판단하는 기준

【결정요지】

[1] 수사기관의 전자정보에 대한 압수·수색은 원칙적으로 영장 발부의 사유로 된 범죄 혐의사실과 관련된 부분만을 문서 출력물로 수집하거나 수사기관이 휴대한 저장매체에 해당 파일을 복제하는 방식으로 이루어져야 하고, 저장매체 자체를 직접 반출하거나 저장매체에 들어 있는 전자파일 전부를 하드카피나 이미징 등 형태(이하 '복제본'이라 한다)로 수사기관 사무실 등 외부로 반출하는 방식으로 압수·수색하는 것은 현장의 사정이나 전자정보의 대량성으로 관련 정보 획득에 긴 시간이 소요되거나 전문 인력에 의한 기술적 조치가 필요한 경우 등 범위를 정하여 출력 또는 복제하는 방법이 불가능하거나 압수의 목적을 달성하기에 현저히 곤란하다고 인정되는 때에 한하여 예외적으로 허용될 수 있을 뿐이다.

이처럼 저장매체 자체 또는 적법하게 획득한 복제본을 탐색하여 혐의사실과 관련된 전자정보를 문서로 출력하거나 파일로 복제하는 일련의 과정 역시 전체적으로 하나의 영장에 기한 압수·수색의 일환에 해당하므로, 그러한 경우의 문서출력 또는 파일복제의 대상 역시 저장매체 소재지에서의 압수·수색과 마찬가지로 혐의사실과 관련된 부분으로 한정되어야 함은 헌법 제12조 제1항, 제3항과 형사소송법 제114조, 제215조의 적법절차 및 영장주의 원칙이나 비례의 원칙에 비추어 당연하다. 따라서 수사기관 사무실 등으로 반출된 저장매체 또는 복제본에서 혐의사실 관련성에 대한 구분 없이 임의로 저장된 전자정보를 문서로 출력하거나 파일로 복제하는 행위는 원칙적으로 영장주의 원칙에 반하는 위법한 압수가 된다.

[2] 저장매체에 대한 압수·수색 과정에서 범위를 정하여 출력 또는 복제하는 방법이 불가능하거나 압수의 목적을 달성하기에 현저히 곤란한 예외적인 사정이 인정되

어 전자정보가 담긴 저장매체 또는 하드카피나 이미징 등 형태를 수사기관 사무실 등으로 옮겨 복제·탐색·출력하는 경우에도, 그와 같은 일련의 과정에서 형사소송법 제219조, 제121조에서 규정하는 피압수·수색 당사자(이하 '피압수자'라 한다)나 변호인에게 참여의 기회를 보장하고 혐의사실과 무관한 전자정보의 임의적인 복제 등을 막기 위한 적절한 조치를 취하는 등 영장주의 원칙과 적법절차를 준수하여야 한다. 만약 그러한 조치가 취해지지 않았다면 피압수자 측이 참여하지 아니한다는 의사를 명시적으로 표시하였거나 절차 위반행위가 이루어진 과정의 성질과 내용 등에 비추어 피압수자 측에 절차 참여를 보장한 취지가 실질적으로 침해되었다고 볼 수 없을 정도에 해당한다는 등의 특별한 사정이 없는 이상 압수·수색이 적법하다고 평가할 수 없고, 비록 수사기관이 저장매체 또는 복제본에서 혐의사실과 관련된 전자정보만을 복제·출력하였다 하더라도 달리 볼 것은 아니다.

[3] [다수의견] 전자정보에 대한 압수·수색 과정에서 이루어진 현장에서의 저장매체 압수·이미징·탐색·복제 및 출력행위 등 수사기관의 처분은 하나의 영장에 의한 압수·수색 과정에서 이루어진다. 그러한 일련의 행위가 모두 진행되어 압수·수색이 종료된 이후에는 특정단계의 처분만을 취소하더라도 그 이후의 압수·수색을 저지한다는 것을 상정할 수 없고 수사기관에게 압수·수색의 결과물을 보유하도록 할 것인지가 문제 될 뿐이다. 그러므로 이 경우에는 준항고인이 전체 압수·수색 과정을 단계적·개별적으로 구분하여 각 단계의 개별 처분의 취소를 구하더라도 준항고법원은 특별한 사정이 없는 한 구분된 개별 처분의 위법이나 취소 여부를 판단할 것이 아니라 당해 압수·수색 과정 전체를 하나의 절차로 파악하여 그 과정에서 나타난 위법이 압수·수색 절차 전체를 위법하게 할 정도로 중대한지 여부에 따라 전체적으로 압수·수색 처분을 취소할 것인지를 가려야 한다. 여기서 위법의 중대성은 위반한 절차조항의 취지, 전체과정 중에서 위반행위가 발생한 과정의 중요도, 위반사항에 의한 법익침해 가능성의 경중 등을 종합하여 판단하여야 한다.

[대법관 권순일의 반대의견] 일련의 과정을 거쳐 단계적으로 이루어지는 압수·수색 과정에 여러 개의 처분이 있을 경우 전체를 하나의 절차로 파악하여 위법 여부를 판단하여야 한다는 다수의견의 해석론은 형사소송법 제417조에서 곧바로 도출되는 것이라고 보기 어려울 뿐만 아니라 형사소송절차의 실제에서도 검사는 적법한 압수처분에 기하여 수집된 증거를 사용할 수 있는 것이므로, 압수처분 이후에 이루어진 다른 압수처분에 어떠한 잘못이 있다고 해서 적법하게 수집된 증거의 효력까지 소급하여 부정할

것은 아니다.

　[4] [다수의견] 검사가 압수·수색영장을 발부받아 甲 주식회사 빌딩 내 乙의 사무실을 압수·수색하였는데, 저장매체에 범죄혐의와 관련된 정보(이하 '유관정보'라 한다)와 범죄혐의와 무관한 정보(이하 '무관정보'라 한다)가 혼재된 것으로 판단하여 甲 회사의 동의를 받아 저장매체를 수사기관 사무실로 반출한 다음 乙 측의 참여하에 저장매체에 저장된 전자정보파일 전부를 '이미징'의 방법으로 다른 저장매체로 복제(이하 '제1 처분'이라 한다)하고, 乙 측의 참여 없이 이미징한 복제본을 외장 하드디스크에 재복제(이하 '제2 처분'이라 한다)하였으며, 乙 측의 참여 없이 하드디스크에서 유관정보를 탐색하는 과정에서 甲 회사의 별건 범죄혐의와 관련된 전자정보 등 무관정보도 함께 출력(이하 '제3 처분'이라 한다)한 사안에서, 제1 처분은 위법하다고 볼 수 없으나, 제2·3 처분은 제1 처분 후 피압수·수색 당사자에게 계속적인 참여권을 보장하는 등의 조치가 이루어지지 아니한 채 유관정보는 물론 무관정보까지 재복제·출력한 것으로서 영장이 허용한 범위를 벗어나고 적법절차를 위반한 위법한 처분이며, 제2·3 처분에 해당하는 전자정보의 복제·출력 과정은 증거물을 획득하는 행위로서 압수·수색의 목적에 해당하는 중요한 과정인 점 등 위법의 중대성에 비추어 위 영장에 기한 압수·수색이 전체적으로 취소되어야 한다고 한 사례.

　[제1 처분에 관한 대법관 권순일의 반대의견] 위 사안에서, 검사가 당사자를 참여시키지도 아니한 채 이미징한 복제본을 자신이 소지한 외장 하드디스크에 재복제한 제2 처분 및 하드디스크에서 영장 기재 범죄사실과 무관한 정보까지 함께 출력한 제3 처분 등은 압수·수색에 관한 실체적·절차적 요건을 갖추지 못한 것으로서 위법하여 취소되어야 하지만, 그렇다고 적법하게 이루어진 제1 처분까지 소급하여 모두 위법하게 되는 것은 아니므로 취소의 대상이 되지 않는다고 한 사례.

　[5] 전자정보에 대한 압수·수색에 있어 저장매체 자체를 외부로 반출하거나 하드카피·이미징 등의 형태로 복제본을 만들어 외부에서 저장매체나 복제본에 대하여 압수·수색이 허용되는 예외적인 경우에도 혐의사실과 관련된 전자정보 이외에 이와 무관한 전자정보를 탐색·복제·출력하는 것은 원칙적으로 위법한 압수·수색에 해당하므로 허용될 수 없다. 그러나 전자정보에 대한 압수·수색이 종료되기 전에 혐의사실과 관련된 전자정보를 적법하게 탐색하는 과정에서 별도의 범죄혐의와 관련된 전자정보를 우연히 발견한 경우라면, 수사기관은 더 이상의 추가 탐색을 중단하고 법원에서 별도의 범죄혐의에 대한 압수·수색영장을 발부받은 경우에 한하여 그러한 정보에 대하여도

적법하게 압수·수색을 할 수 있다.

　　나아가 이러한 경우에도 별도의 압수·수색 절차는 최초의 압수·수색 절차와 구별되는 별개의 절차이고, 별도 범죄혐의와 관련된 전자정보는 최초의 압수·수색영장에 의한 압수·수색의 대상이 아니어서 저장매체의 원래 소재지에서 별도의 압수·수색영장에 기해 압수·수색을 진행하는 경우와 마찬가지로 피압수·수색 당사자는 최초의 압수·수색 이전부터 해당 전자정보를 관리하고 있던 자라 할 것이므로, 특별한 사정이 없는 한 피압수자에게 형사소송법 제219조, 제121조, 제129조에 따라 참여권을 보장하고 압수한 전자정보 목록을 교부하는 등 피압수자의 이익을 보호하기 위한 적절한 조치가 이루어져야 한다.

　　[6] 검사가 압수·수색영장(이하 '제1 영장'이라 한다)을 발부받아 甲 주식회사 빌딩 내 乙의 사무실을 압수·수색하였는데, 저장매체에 범죄혐의와 관련된 정보와 범죄혐의와 무관한 정보가 혼재된 것으로 판단하여 甲 회사의 동의를 받아 저장매체를 수사기관 사무실로 반출한 다음 乙 측의 참여하에 저장매체에 저장된 전자정보파일 전부를 '이미징'의 방법으로 다른 저장매체로 복제하고, 乙 측의 참여 없이 이미징한 복제본을 외장 하드디스크에 재복제하였으며, 乙 측의 참여 없이 하드디스크에서 유관정보를 탐색하던 중 우연히 乙 등의 별건 범죄혐의와 관련된 전자정보(이하 '별건 정보'라 한다)를 발견하고 문서로 출력하였고, 그 후 乙 측에 참여권 등을 보장하지 않은 채 다른 검사가 별건 정보를 소명자료로 제출하면서 압수·수색영장(이하 '제2 영장'이라 한다)을 발부받아 외장 하드디스크에서 별건 정보를 탐색·출력한 사안에서, 제2 영장 청구 당시 압수할 물건으로 삼은 정보는 제1 영장의 피압수·수색 당사자에게 참여의 기회를 부여하지 않은 채 임의로 재복제한 외장 하드디스크에 저장된 정보로서 그 자체가 위법한 압수물이어서 별건 정보에 대한 영장청구 요건을 충족하지 못하였고, 나아가 제2 영장에 기한 압수·수색 당시 乙 측에 압수·수색 과정에 참여할 기회를 보장하지 않았으므로, 제2 영장에 기한 압수·수색은 전체적으로 위법하다고 한 사례.

【준항고인】 준항고인 1 외 1인
【재항고인】 검사
【원심결정】 수원지법 2011. 10. 31.자 2011보2 결정

【주   문】

재항고를 기각한다.

【이   유】

재항고이유를 판단한다.

1. 2011. 4. 25.자 압수ㆍ수색영장에 기한 압수ㆍ수색 부분에 대하여

가. (1) 오늘날 기업 또는 개인의 업무는 컴퓨터나 서버 등 정보처리시스템 없이 유지되기 어려우며, 전자정보가 저장된 저장매체는 대부분 대용량이어서 압수ㆍ수색영장 발부의 사유로 된 범죄혐의와 관련이 없는 개인의 일상생활이나 기업경영에 관한 정보가 광범위하게 포함되어 있다. 이러한 전자정보에 대한 압수ㆍ수색은 사생활의 비밀과 자유, 정보에 대한 자기결정권, 재산권 등을 침해할 우려가 크므로 포괄적으로 이루어져서는 아니 되고 비례의 원칙에 따라 필요한 최소한의 범위 내에서 이루어져야 한다.

따라서 수사기관의 전자정보에 대한 압수ㆍ수색은 원칙적으로 영장 발부의 사유로 된 범죄 혐의사실과 관련된 부분만을 문서 출력물로 수집하거나 수사기관이 휴대한 저장매체에 해당 파일을 복제하는 방식으로 이루어져야 하고, 저장매체 자체를 직접 반출하거나 그 저장매체에 들어 있는 전자파일 전부를 하드카피나 이미징 등 형태(이하 '복제본'이라 한다)로 수사기관 사무실 등 외부로 반출하는 방식으로 압수ㆍ수색하는 것은 현장의 사정이나 전자정보의 대량성으로 인하여 관련 정보 획득에 긴 시간이 소요되거나 전문 인력에 의한 기술적 조치가 필요한 경우 등 범위를 정하여 출력 또는 복제하는 방법이 불가능하거나 압수의 목적을 달성하기에 현저히 곤란하다고 인정되는 때에 한하여 예외적으로 허용될 수 있을 뿐이다.

이처럼 저장매체 자체 또는 적법하게 획득한 복제본을 탐색하여 혐의사실과 관련된 전자정보를 문서로 출력하거나 파일로 복제하는 일련의 과정 역시 전체적으로 하나의 영장에 기한 압수ㆍ수색의 일환에 해당한다 할 것이므로, 그러한 경우의 문서출력 또는 파일복제의 대상 역시 저장매체 소재지에서의 압수ㆍ수색과 마찬가지로 혐의사실과 관련된 부분으로 한정되어야 함은 헌법 제12조 제1항, 제3항과 형사소송법 제114조, 제215조의 적법절차 및 영장주의 원칙이나 앞서 본 비례의 원칙에 비추어 당연하다. 따라서 수사기관 사무실 등으로 반출된 저장매체 또는 복제본에서 혐의사실 관련성에 대한 구분 없이 임의로 저장된 전자정보를 문서로 출력하거나 파일로 복제하는 행위는 원칙적으로 영장주의 원칙에 반하는 위법한 압수가 된다.

(2) 전자정보는 복제가 용이하여 전자정보가 수록된 저장매체 또는 복제본이 압수·수색 과정에서 외부로 반출되면 압수·수색이 종료한 후에도 복제본이 남아있을 가능성을 배제할 수 없고, 그 경우 혐의사실과 무관한 전자정보가 수사기관에 의해 다른 범죄의 수사의 단서 내지 증거로 위법하게 사용되는 등 새로운 법익침해를 초래할 가능성이 있으므로, 혐의사실 관련성에 대한 구분 없이 이루어지는 복제·탐색·출력을 막는 절차적 조치가 중요성을 가지게 된다.

따라서 저장매체에 대한 압수·수색 과정에서 범위를 정하여 출력 또는 복제하는 방법이 불가능하거나 압수의 목적을 달성하기에 현저히 곤란한 예외적인 사정이 인정되어 전자정보가 담긴 저장매체 또는 복제본을 수사기관 사무실 등으로 옮겨 이를 복제·탐색·출력하는 경우에도, 그와 같은 일련의 과정에서 형사소송법 제219조, 제121조에서 규정하는 피압수·수색 당사자(이하 '피압수자'라 한다)나 그 변호인에게 참여의 기회를 보장하고 혐의사실과 무관한 전자정보의 임의적인 복제 등을 막기 위한 적절한 조치를 취하는 등 영장주의 원칙과 적법절차를 준수하여야 한다. 만약 그러한 조치가 취해지지 않았다면 피압수자 측이 참여하지 아니한다는 의사를 명시적으로 표시하였거나 절차 위반행위가 이루어진 과정의 성질과 내용 등에 비추어 피압수자 측에 절차 참여를 보장한 취지가 실질적으로 침해되었다고 볼 수 없을 정도에 해당한다는 등의 특별한 사정이 없는 이상 압수·수색이 적법하다고 평가할 수 없고(대법원 2011. 5. 26.자 2009모1190 결정 등 참조), 비록 수사기관이 저장매체 또는 복제본에서 혐의사실과 관련된 전자정보만을 복제·출력하였다 하더라도 달리 볼 것은 아니다.

(3) 전자정보에 대한 압수·수색 과정에서 이루어진 현장에서의 저장매체 압수·이미징·탐색·복제 및 출력행위 등 수사기관의 처분은 하나의 영장에 의한 압수·수색 과정에서 이루어지는 것이다. 그러한 일련의 행위가 모두 진행되어 압수·수색이 종료된 이후에는 특정단계의 처분만을 취소하더라도 그 이후의 압수·수색을 저지한다는 것을 상정할 수 없고 수사기관으로 하여금 압수·수색의 결과물을 보유하도록 할 것인지가 문제 될 뿐이다. 그러므로 이 경우에는 준항고인이 전체 압수·수색 과정을 단계적·개별적으로 구분하여 각 단계의 개별 처분의 취소를 구하더라도 준항고법원으로서는 특별한 사정이 없는 한 그 구분된 개별 처분의 위법이나 취소 여부를 판단할 것이 아니라 당해 압수·수색 과정 전체를 하나의 절차로 파악하여 그 과정에서 나타난 위법

이 압수·수색 절차 전체를 위법하게 할 정도로 중대한지 여부에 따라 전체적으로 그 압수·수색 처분을 취소할 것인지를 가려야 할 것이다. 여기서 위법의 중대성은 위반한 절차조항의 취지, 전체과정 중에서 위반행위가 발생한 과정의 중요도, 그 위반사항에 의한 법익침해 가능성의 경중 등을 종합하여 판단하여야 한다.

나. (1) 원심은, 수원지방검찰청 강력부 검사가 2011. 4. 25. 준항고인 1의 배임 혐의와 관련된 압수·수색영장(이하 '제1 영장'이라 한다)을 발부받아 압수·수색을 진행함에 있어 준항고인 1 측의 참여가 이루어지지 않은 가운데 제1 영장의 혐의사실과 무관한 전자정보에 대하여까지 무차별적으로 복제·출력하였다는 등의 이유로 이 부분 각 압수처분을 취소하였다.

(2) 원심결정 이유 및 기록에 의하면, 제1 영장에는 압수의 방법으로 "컴퓨터 전자장치에 저장된 정보 중 범죄사실과 직접 관련된 전자정보와 직접 관련되지 않은 전자정보가 혼재된 전자정보장치는 피의자나 그 소유자, 소지자 또는 간수자가 동의하지 않는 한 그 전부를 사본하거나 이미징하여 압수할 수 없고, 이 경우 범죄사실과 관련된 전자정보는 피압수자 또는 형사소송법 제123조에 정한 참여인의 확인을 받아 수사기관이 휴대한 저장장치에 하드카피·이미징하거나, 문서로 출력할 수 있는 경우 그 출력물을 수집하는 방법으로 압수함. 다만, 해당 컴퓨터 저장장치가 몰수 대상물이거나 하드카피·이미징 또는 문서의 출력을 할 수 없거나 상당히 곤란한 경우에는 컴퓨터 저장장치 자체를 압수할 수 있고, 이 경우에는 수사에 필요한 상당한 기간이 경과한 후 지체없이 반환하여야 함."이라고 기재되어 있는 사실, 강력부 검사는 2011. 4. 25. 수원지방법원으로부터 제1 영장을 발부받은 당일 준항고인 2(이하 '준항고인 2'라 한다) 빌딩 내 준항고인 1의 사무실에 임하여 압수·수색을 개시하였는데, 그곳에서의 압수 당시 제1 영장에 기재된 바와 같이 이 사건 저장매체에 혐의사실과 관련된 정보와 관련되지 않은 전자정보가 혼재된 것으로 판단하여 준항고인 2의 동의를 받아 이 사건 저장매체 자체를 봉인하여 영장 기재 집행 장소에서 자신의 사무실로 반출한 사실, 강력부 검사는 2011. 4. 26.경 이 사건 저장매체를 대검찰청 디지털포렌식센터에 인계하여 그곳에서 저장매체에 저장되어 있는 전자정보파일 전부를 '이미징'의 방법으로 다른 저장매체로 복제(이하 '제1 처분'이라 한다)하도록 하였는데, 준항고인 1 측은 검사의 통보에 따라 2011. 4. 27. 위 저장매체의 봉인이 해제되고 위 전자정보파일이 대검찰청 디지털포렌식센터의 원격디지털공조시스템에 복제되는 과정을 참관하다가 임의로 그곳에서 퇴거하였던 사실, 강력부 검사는 제1 처분이 완료된 후 이 사건 저장매체를 준항고인 2에게

반환한 다음, 위와 같이 이미징한 복제본을 2011. 5. 3.부터 같은 달 6일까지 자신이 소지한 외장 하드디스크에 재복제(이하 '제2 처분'이라 한다)하고, 같은 달 9일부터 같은 달 20일까지 외장 하드디스크를 통하여 제1 영장 기재 범죄혐의와 관련된 전자정보를 탐색하였는데, 그 과정에서 준항고인 2의 약사법 위반·조세범처벌법 위반 혐의와 관련된 전자정보 등 제1 영장에 기재된 혐의사실과 무관한 정보들도 함께 출력(이하 '제3 처분'이라 한다)하였던 사실, 제2·3 처분 당시에는 준항고인 1 측이 그 절차에 참여할 기회를 부여받지 못하였고, 실제로 참여하지도 않았던 사실 등을 알 수 있다.

위와 같은 사실관계를 앞서 본 법리에 비추어 보면, 강력부 검사가 이 사건 저장매체에 저장되어 있는 전자정보를 압수·수색함에 있어 저장매체 자체를 자신의 사무실로 반출한 조치는 제1 영장이 예외적으로 허용한 부득이한 사유의 발생에 따른 것이고, 제1 처분 또한 준항고인들에게 저장매체 원본을 가능한 한 조속히 반환하기 위한 목적에서 이루어진 조치로서 준항고인들이 묵시적으로나마 이에 동의하였다고 볼 수 있을 뿐만 아니라 그 복제 과정에도 참여하였다고 평가할 수 있으므로 제1 처분은 위법하다고 볼 수 없다.

그러나 제2·3 처분은 제1 처분 후 피압수자에게 계속적인 참여권을 보장하는 등의 조치가 이루어지지 아니한 채 제1 영장 기재 혐의사실과 관련된 정보는 물론 그와 무관한 정보까지 재복제·출력한 것으로서 영장이 허용한 범위를 벗어나고 적법절차를 위반한 위법한 처분이라 하지 않을 수 없다.

(3) 기록에 의하면 제1 영장에 기한 압수·수색이 이미 종료되었음을 알 수 있으므로, 원심이 제1 영장에 기한 압수·수색의 적법성을 전체적으로 판단하지 아니하고 이를 단계별로 구분하여 취소한 것은 앞서 본 법리에 비추어 적절하다고 할 수 없다.

그러나 제2·3 처분에 해당하는 전자정보의 복제·출력 과정은 증거물을 획득하는 행위로서 압수·수색의 목적에 해당하는 중요한 과정인 점, 이 과정에서 혐의사실과 무관한 정보가 수사기관에 남겨지게 되면 피압수자의 다른 법익이 침해될 가능성이 한층 커지게 되므로 피압수자에게 참여권을 보장하는 것이 그러한 위험을 방지하기 위한 핵심절차인데도 그 과정에 참여권을 보장하지 않은 점, 더구나 혐의사실과 무관한 정보까지 출력한 점 등 위법의 중대성에 비추어 볼 때, 비록 제1 처분까지의 압수·수색 과정이 적법하다고 하더라도 전체적으로 제1 영장에 기한 압수·수색은 취소되어야 할 것인바, 그 단계별 처분을 모두 취소한 원심의 판단은 결국 준항고인들이 신청한 범위 내에서 제1 영장에 기한 압수·수색을 전체적으로 취소한 것과 동일한 결과이어서 정당한 것으로 수긍할 수 있다. 따라서 원심의 판단에 압수·수색 방법의 적법성이나 영장주의의 적용 범위에 관한 법리를 오해한 위법이 있다는 재항고인의 주장은 이유 없다.

2. 2011. 5. 26.자 압수 · 수색영장에 기한 압수 · 수색 부분에 대하여

가. 전자정보에 대한 압수·수색에 있어 그 저장매체 자체를 외부로 반출하거나 하드카피·이미징 등의 형태로 복제본을 만들어 외부에서 그 저장매체나 복제본에 대하여 압수·수색이 허용되는 예외적인 경우에도 혐의사실과 관련된 전자정보 이외에 이와 무관한 전자정보를 탐색·복제·출력하는 것은 원칙적으로 위법한 압수·수색에 해당하므로 허용될 수 없다. 그러나 전자정보에 대한 압수·수색이 종료되기 전에 혐의사실과 관련된 전자정보를 적법하게 탐색하는 과정에서 별도의 범죄혐의와 관련된 전자정보를 우연히 발견한 경우라면, 수사기관으로서는 더 이상의 추가 탐색을 중단하고 법원으로부터 별도의 범죄혐의에 대한 압수·수색영장을 발부받은 경우에 한하여 그러한 정보에 대하여도 적법하게 압수·수색을 할 수 있다고 할 것이다.

나아가 이러한 경우에도 별도의 압수·수색 절차는 최초의 압수·수색 절차와 구별되는 별개의 절차이고, 별도 범죄혐의와 관련된 전자정보는 최초의 압수·수색영장에 의한 압수·수색의 대상이 아니어서 저장매체의 원래 소재지에서 별도의 압수·수색영장에 기해 압수·수색을 진행하는 경우와 마찬가지로 피압수자는 최초의 압수·수색 이전부터 해당 전자정보를 관리하고 있던 자라 할 것이므로, 특별한 사정이 없는 한 그 피압수자에게 형사소송법 제219조, 제121조, 제129조에 따라 참여권을 보장하고 압수한 전자정보 목록을 교부하는 등 피압수자의 이익을 보호하기 위한 적절한 조치가 이루어져야 할 것이다.

나. 원심결정 이유와 기록에 의하면, 강력부 검사는 앞서 본 바와 같이 자신이 임의로 이미징 복제본을 재복제해 둔 외장 하드디스크에서 제1 영장 기재 혐의사실인 준항고인 1의 배임 혐의와 관련된 전자정보를 탐색하던 중 우연히 준항고인 1 등의 약사법 위반·조세범처벌법 위반 혐의에 관련된 전자정보(이하 '별건 정보'라 한다)를 발견하고 이를 문서로 출력하였던 사실, 강력부 검사는 이 사실을 수원지방검찰청 특별수사부에 통보하여 특별수사부 검사가 2011. 5. 26.경 별건 정보를 소명자료로 제출하면서 다시 압수·수색영장을 청구하여 수원지방법원으로부터 별도의 압수·수색영장(이하 '제2 영장'이라 한다)을 발부받아 외장 하드디스크에서 별건 정보를 탐색·출력하는 방식으로 압수·수색을 한 사실, 이때 특별수사부 검사는 준항고인 측에 압수·수색 과정에 참여

할 수 있는 기회를 부여하지 않았을 뿐만 아니라 압수한 전자정보 목록을 교부하지도 않은 사실 등을 알 수 있다.

위와 같은 사실관계를 앞서 본 법리에 비추어 살펴보면, 제1 영장에서 예외적으로나마 저장매체 자체의 반출이나 그 전자정보 전부의 복제가 허용되어 있으나, 제2 영장청구 당시 압수할 물건으로 삼은 정보는 제1 영장의 피압수자에게 참여의 기회를 부여하지 않은 상태에서 임의로 재복제한 외장 하드디스크에 저장된 정보로서 그 자체가 위법한 압수물이어서 앞서 본 별건 정보에 대한 영장청구 요건을 충족하지 못한 것이므로, 비록 제2 영장이 발부되었다고 하더라도 그 압수·수색은 영장주의의 원칙에 반하는 것으로서 위법하다고 하지 않을 수 없다.

나아가 제2 영장에 기한 압수·수색 당시 준항고인 1 등에게 압수·수색 과정에 참여할 기회를 전혀 보장하지 않았으므로 이 점에 비추어 보더라도 제2 영장에 기한 압수·수색은 전체적으로 위법하다고 평가함이 상당하다.

원심의 이유설시 중 제2 영장에 기한 압수·수색이 종료되었음에도 불구하고 일련의 과정을 구성하는 개별적인 행위를 단계별로 구분하여 그 적법 여부를 판단한 부분은 앞서 본 법리에 비추어 적절하다고 할 수 없으나, 준항고인들이 구하는 제2 영장에 기한 처분을 모두 취소한 원심의 판단은 결국 제2 영장에 기한 압수·수색 처분 전체를 취소한 것과 동일한 결과이어서 정당하고, 거기에 재항고이유에서 주장하는 바와 같은 영장주의의 적용 범위 등에 관한 법리를 오해하는 등의 위법이 있다고 할 수 없다.

3. 결론

그러므로 재항고를 기각하기로 하여 주문과 같이 결정한다. 이 결정에는 제1 처분에 관한 대법관 김용덕의 별개의견과 제1·2·3 처분에 관한 대법관 김창석, 대법관 박상옥의 반대의견 및 제1 처분에 관한 대법관 권순일의 반대의견이 있는 외에는 관여법관의 의견이 일치되었고, 제1·2·3 처분에 관하여 다수의견에 대한 대법관 이인복, 대법관 이상훈, 대법관 김소영의 보충의견과 반대의견에 대한 대법관 김창석의 보충의견이 있다.

6. 제1 처분에 관한 대법관 권순일의 반대의견은 다음과 같다.

가. 다수의견은, 제1 영장에 기한 제1 처분은 적법하지만 제2·3 처분에 중대한 위법이 있는 만큼 제1 영장에 기한 압수·수색은 전체적으로 위법하다고 평가함이 상당하

고, 따라서 제1·2·3 처분을 모두 취소한 원심의 결론은 정당하다고 하나, 다음과 같은 이유로 제1 처분까지 취소한 다수의견에 동의할 수 없다.

나. 형사소송법 제417조에서 규정하는 수사기관의 압수에 관한 처분의 취소를 구하는 준항고는 항고소송적 성질을 가지는 접견불허가처분에 대한 준항고 등과는 달리 수사기관에 의한 증거수집 과정의 절차적 적법성을 확보하고 이를 사법적으로 통제하기 위한 것이다. 따라서 준항고법원은 구체적인 사안에서 수사기관의 압수에 관한 처분을 취소할 것인지 여부 및 취소한다면 그 취소의 범위를 어떻게 정할 것인지를 수사기관의 증거수집 과정에 있어서 영장주의 등 절차적 적법성을 확보하고 국민의 기본권을 보장하여야 할 필요와 실체적 진실 규명의 요청을 비교 형량하여 형사법적 관점에서 독자적으로 판단하여야 한다.

수사기관이 수사상 행하는 처분인 압수·수색 등은 피의자나 대상자의 동의 등에 기하여 임의적으로 행해질 수도 있고, 그 의사에 반하여 또는 그 의사를 묻지 아니하고 강제적으로 행해질 수도 있는데, 강제적으로 행하여질 때에는 헌법 제12조 제3항, 형사소송법 제215조에 규정한 영장주의 원칙에 의하여 법관으로부터 영장을 발부받아 하여야 함은 당연하다. 피의자 등 관계자가 압수·수색에 동의하여 그 처분에 착수한 후에 동의를 철회하고 후속처분의 중지를 요구한 경우에는 영장주의의 취지에 비추어 영장을 발부받은 후에 후속처분을 행하여야 할 것이지만, 그렇다고 하여 임의제출 등에 의하여 이미 적법하게 행하여진 압수처분까지 소급하여 그 효력을 부인할 것은 아니다.

수사기관의 압수·수색은 압수할 물건을 찾기 위하여 사람의 신체, 물건 또는 주거 기타의 장소 등에서 대상을 찾는 행위로부터 시작하여 대상 물건의 점유를 취득하여 이를 반출·영치하는 일련의 과정으로 이루어지는데, 만약 압수할 물건이 저장매체인 경우에는 원칙적으로 기억된 정보의 범위를 정하여 출력하거나 복제하여 제출받아야 하고, 이러한 방법이 불가능하거나 압수의 목적을 달성하기에 현저히 곤란하다고 인정되는 때에 한하여 저장매체 등을 압수할 수 있다(형사소송법 제106조 제3항, 제219조). 압수한 저장매체 등으로부터 해당 사건과 관계가 있다고 인정되는 정보를 출력·복제하는 과정 또한 그 저장매체에 영장 기재 범죄사실과 관계가 있는 정보 외에 이와 무관한 다른 정보가 포함되어 있는지 여부, 저장매체에 저장되어 있는 정보의 양과 종류 및 그 속성, 피의자 등 관계자가 저장매체에 저장되어 있는 정보를 삭제하였거나 암호화하였는지 여부, 피압수자 측이 압수·수색에 협조적인지 여부 및 피압수자 측이 압수·수색 과정에 참여하였는지 여부 등 여러 사정에 따라 매우 다양한 방법으로 행하여진다. 이와 같이 수사기관이 압수·수색을 하는 과정에서 형사소송법 등에서 정한 제반 절차조항을 모두 따르지 못하는 경우가 실무상 적지 아니하고, 오히려 수사기관이 그 과정에서 행한 제반 처분이 적법한지 여부에 관하여 사후적으로 다툼이 발생할 가능성이 매우 크다. 그러므로 피의자 등 관계자가 수사기관이 행한 압수·수색에 관한 처분의 취소를 구하는 경우에 준항고법원으로서는 당해 처분이 과연 해당 사건과 관계가 있다고 인정할 수 있는지 여부('실체적 요건'이라 한다) 및 압수·수색 과정에 당사자나 그 변호인 등이 참여하였는지 여부 등('절차적 요건'이라 한다)을 종합적으로 살펴서 그 취소 여부를 결정하여야 한다.

다수의견은 일련의 행위가 모두 진행되어 압수·수색이 종료된 이후에는 특정단계의 처분만을 취소하더라도 그 이후의 압수·수색을 저지한다는 것을 상정할 수 없고 수사기관으로 하여금 압수·수색의 결과물을 보유하도록 할 것인지가 문제 될 뿐이므로, 준항고인이 일련의 과정을 단계적·개별적으로 구분하여 각 단계의 개별 처분의 취소를 구하더라도 준항고법원으로서는 그 구분된 개별 처분의 위법·취소 여부를 판단할 것이 아니라 일련의 압수·수색 과정 전체를 하나의 절차로 파악하여 전체적으로 압수·수색 처분을 취소할 것인지를 가려야 한다고 한다. 그러나 형사소송법 제417조는 "검사 또는 사법경찰관의 … 압수에 관한 처분 … 에 대하여 불복이 있으면 … 법원에 그 처분의 취소 또는 변경을 청구할 수 있다."고 규정하고 있을 뿐이므로, 일련의 과정을 거쳐 단계적으로 이루어지는 압수·수색 과정에 여러 개의 처분이 있을 경우 전체를 하나의 절차로 파악하여 위법 여부를 판단하여야 한다는 다수의견의 해석론은 형사소송법 제417조에서 곧바로 도출되는 것이라고 보기 어려울 뿐만 아니라 형사소송절차의 실제에서도 검사는 적법한 압수처분에 기하여 수집된 증거를 사용할 수 있는 것이므로, 그 압수처분 이후에 이루어진 다른 압수처분에 어떠한 잘못이 있다고 해서 적법하게 수집된 증거의 효력까지 소급하여 부정할 것은 아니라고 본다. 이 점은 피의자 등 관계자의 동의 아래 임의제출 등으로 적법하게 압수처분이 이루어진 뒤에 그 동의를 철회하고 후속처분의 중지를 요구받았다 하여 이미 이루어진 압수처분의 효력이 부정될 수 없는 것과 마찬가지이다.

다. 이 사건에 돌아와 보건대, 검사가 제1 영장을 발부받아 이 사건 저장매체 자체를 관계자의 동의하에 압수하여 반출한 처분 자체는 준항고인들도 적법한 것으로 인정하고 있고, 검사는 그 저장매체를 '이미징' 방법으로 복제한 후에 준항고인들에게 반환하였음을 알 수 있다. 그리고 검사가 이 사건 저장매체를 이미징 방법으로 복제한 처분이 위법하다고 볼 수 없음은 다수의견도 인정하고 있다. 그럼에도 불구하고 다수의견이 그 이후에 이루어진 압수·수색에 어떠한 잘못이 있다는 이유로 적법하게 이루어진 이미징 복제 처분까지 취소하는 것은 아마도 검사로 하여금 이미징 복제본을 보유하지 못하도록 하기 위한 것으로 보인다. 그러나 검사가 보유하고 있는 이미징 복제본은 그곳에 저장되어 있는 전자정보 중에서 영장 기재 범죄사실과 관련 있는 정보를 탐색하고 이를 출력 또는 복제하는 과정이 모두 종료됨으로써 보전의 필요성이 없어진 때, 즉 압수·수색이 전체로서 종료된 때에는 삭제·폐기되어야 한다. 그런데 이 사건에서 제1영장에 기한 압수·수색이 모두 종료되어 검사가 이미징 복제본을 보전할 필요성은 이미 상실되었으므로, 이 사건 저장매체를 이미징의 방법으로 복제한 단계의 처분이 별도로 취소되지 않더라도 이미징 복제본은 당연히 삭제·폐기되어야 하고, 따라서 이미징 복제본을 삭제·폐기하도록 하기 위하여 다수의견과 같이 취소의 범위를 확대할 현실적인 이유는 없다고 본다.

결국, 검사가 당사자를 참여시키지도 아니한 채 위 복제본을 자신이 소지한 외장 하드디스크에 재복제한 처분 및 그 하드디스크로부터 제1 영장 기재 범죄사실과 무관한 정보까지 함께 출력한 처분 등은 압수·수색에 관한 실체적·절차적 요건을 갖추지 못한 것으로서 위법하므로 취소되어야 마땅하지만, 그렇다고 하여 적법하게 이루어진 선행처분까지 소급하여 모두 위법하게 되는 것은 아니므로 취소의 대상이 된다고 볼 수 없다.

따라서 원심결정 중 검사가 이 사건 저장매체를 이미징 방법으로 복제한 처분까지 취소한 부분은 파기되어야 한다.

이상과 같은 이유로 위 부분에 대하여 다수의견에 반대하는 취지를 밝힌다.

[81] 간통죄 위헌결정과 재심사유

― 대법원 2016. 11. 10.자 2015모1475 결정 ―

【판시사항】

　형벌조항에 관한 헌법재판소의 합헌결정 전에 범행이 있고 합헌결정 후에 유죄판결이 선고되어 확정된 다음 헌법재판소의 위헌결정이 선고된 경우, 그 유죄의 확정판결에 헌법재판소법 제47조 제4항의 재심이유가 있는지 여부(적극)

【결정요지】

　헌법재판소법 제47조 제4항에 따라 재심을 청구할 수 있는 '위헌으로 결정된 법률 또는 법률의 조항에 근거한 유죄의 확정판결'이란 헌법재판소의 위헌결정으로 인하여 같은 조 제3항의 규정에 의하여 소급하여 효력을 상실하는 법률 또는 법률의 조항을 적용한 유죄의 확정판결을 의미한다. 따라서 위헌으로 결정된 법률 또는 법률의 조항이 같은 조 제3항 단서에 의하여 종전의 합헌결정이 있는 날의 다음 날로 소급하여 효력을 상실하는 경우 합헌결정이 있는 날의 다음 날 이후에 유죄판결이 선고되어 확정되었다면, 비록 범죄행위가 그 이전에 행하여졌더라도 그 판결은 위헌결정으로 인하여 소급하여 효력을 상실한 법률 또는 법률의 조항을 적용한 것으로서 '위헌으로 결정된 법률 또는 법률의 조항에 근거한 유죄의 확정판결'에 해당하므로 이에 대하여 재심을 청구할 수 있다.

【재항고인】 재항고인
【원심결정】 서울중앙지법 2015. 5. 8.자 2015재노22 결정

【주　　문】

　원심결정을 파기하고, 사건을 서울중앙지방법원에 환송한다.

【이　　유】

　재항고이유를 판단한다.

1. 헌법재판소법 제47조는 제2항에서 "위헌으로 결정된 법률 또는 법률의 조항은 그 결정이 있는 날부터 효력을 상실한다."라고 규정하면서, 제3항에서 "제2항에도 불구하고 형벌에 관한 법률 또는 법률의 조항은 소급하여 그 효력을 상실한다. 다만, 해당 법률 또는 법률의 조항에 대하여 종전에 합헌으로 결정한 사건이 있는 경우에는 그 결정이 있는 날의 다음 날로 소급하여 효력을 상실한다."라고 규정하고, 제4항에서 "제3항의 경우에 위헌으로 결정된 법률 또는 법률의 조항에 근거한 유죄의 확정판결에 대하여는 재심을 청구할 수 있다."라고 규정하고 있다.

헌법재판소법 제47조 제4항에 따라 재심을 청구할 수 있는 '위헌으로 결정된 법률 또는 법률의 조항에 근거한 유죄의 확정판결'이란 헌법재판소의 위헌결정으로 인하여 같은 조 제3항의 규정에 의하여 소급하여 효력을 상실하는 법률 또는 법률의 조항을 적용한 유죄의 확정판결을 의미한다. 따라서 위헌으로 결정된 법률 또는 법률의 조항이 같은 조 제3항 단서에 의하여 종전의 합헌결정이 있는 날의 다음 날로 소급하여 효력을 상실하는 경우 그 합헌결정이 있는 날의 다음 날 이후에 유죄 판결이 선고되어 확정되었다면, 비록 범죄행위가 그 이전에 행하여졌다 하더라도 그 판결은 위헌결정으로 인하여 소급하여 효력을 상실한 법률 또는 법률의 조항을 적용한 것으로서 '위헌으로 결정된 법률 또는 법률의 조항에 근거한 유죄의 확정판결'에 해당하므로 이에 대하여 재심을 청구할 수 있다고 보아야 한다.

2. 기록에 의하면 다음과 같은 사실을 알 수 있다.

가. 재항고인은 2004년 8월 및 11월경 각 간통하였다는 공소사실로 기소되어 제1심법원에서 2008. 2. 19. 징역 6월에 집행유예 2년을 선고받고 항소하였다. 항소심법원은 2009. 5. 20. 제1심판결을 파기하고, 징역 4월에 집행유예 2년을 선고하였고(이하 '재심대상판결'이라고 한다), 재항고인이 상고하였으나 2009. 8. 20. 상고가 기각되어 재심대상판결이 확정되었다.

나. 헌법재판소는 2008. 10. 30. 구 형법(2016. 1. 6. 법률 제13719호로 개정되기 전의 것, 이하 같다) 제241조가 헌법에 위반되지 아니한다고 결정하였다가(이하 '종전 합헌결정'이라고 한다), 2015. 2. 26. 구 형법 제241조가 헌법에 위반된다고 결정하였다(이하 '이 사건 위헌결정'이라고 한다).

3. 위와 같은 사실관계를 앞에서 본 법리에 비추어 보면, 구 형법 제241조는 이

사건 위헌결정에 따라 헌법재판소법 제47조 제3항 단서에 의하여 종전 합헌결정이 있
었던 날의 다음 날인 2008. 10. 31.로 소급하여 효력을 상실하였다. 그 후인 2009. 5.
20. 선고된 재심대상판결은 이 사건 위헌결정으로 인하여 소급하여 효력을 상실한 구
형법 제241조가 적용된 판결로서 헌법재판소법 제47조 제4항에서 정한 '위헌으로 결정
된 법률의 조항에 근거한 유죄의 확정판결'에 해당한다. 따라서 재심대상판결에는 위
규정에서 정한 재심이유가 있다고 보아야 한다.

그럼에도 이와 달리 원심은, 헌법재판소법 제47조 제4항에 의하여 재심을 청구할
수 있는 유죄의 확정판결은 그 범행이 종전 합헌결정이 있는 날의 다음 날 이후에 이루
어진 경우에 한한다는 전제 아래, 재항고인의 각 범행이 종전 합헌결정 다음 날 이전에
이루어졌다는 이유로 재심대상판결에 위 규정에서 정한 재심이유가 존재하지 아니한다
고 판단하였다.

따라서 이러한 원심결정에는 헌법재판소법 제47조 제4항에서 정한 재심이유에 관
한 법리를 오해하여 재판에 영향을 미친 잘못이 있다. 이를 지적하는 재항고이유 주장
은 이유 있다.

4. 그러므로 원심결정을 파기하고, 사건을 다시 심리·판단하도록 원심법원에 환
송하기로 하여, 관여 대법관의 일치된 의견으로 주문과 같이 결정한다.

[82] 불처분결정 후 기소된 가정폭력범죄와 이중처벌금지 원칙

— 대법원 2017. 8. 23. 선고 2016도5423 판결 —

【판시사항】

[1] 헌법 제13조 제1항에 규정된 이중처벌금지의 원칙 내지 일사부재리의 원칙의 의미 / 가정폭력범죄의 처벌 등에 관한 특례법 제37조 제1항 제1호의 불처분결정이 확정된 후에 검사가 동일한 범죄사실에 대하여 다시 공소를 제기하였거나 법원이 이에 대하여 유죄판결을 선고한 경우, 이중처벌금지의 원칙 내지 일사부재리의 원칙에 위배되는지 여부(소극)

[2] 기소편의주의에 따른 검사의 소추재량이 내재적 한계를 가지는지 여부(적극) / 검사의 공소권 행사를 공소권의 남용으로 보아 공소제기의 효력을 부인할 수 있는 경우

【판결요지】

[1] 헌법은 제13조 제1항에서 "모든 국민은 … 동일한 범죄에 대하여 거듭 처벌받지 아니한다."라고 규정하여 이른바 이중처벌금지의 원칙 내지 일사부재리의 원칙을 선언하고 있다. 이는 한번 판결이 확정되면 그 후 동일한 사건에 대해서는 다시 심판하는 것이 허용되지 않는다는 원칙을 말한다. 여기에서 '처벌'이란 원칙적으로 범죄에 대한 국가의 형벌권 실행으로서의 과벌을 의미하고, 국가가 행하는 일체의 제재나 불이익처분이 모두 여기에 포함되는 것은 아니다.

그런데 가정폭력범죄의 처벌 등에 관한 특례법(이하 '가정폭력처벌법'이라고 한다)에 규정된 가정보호사건의 조사·심리는 검사의 관여 없이 가정법원이 직권으로 진행하는 형사처벌의 특례에 따른 절차로서, 검사는 친고죄에서의 고소 등 공소제기의 요건이 갖추어지지 아니한 경우에도 가정보호사건으로 처리할 수 있고(가정폭력처벌법 제9조), 법원은 보호처분을 받은 가정폭력행위자가 보호처분을 이행하지 아니하거나 집행에 따르지 아니하면 직권으로 또는 청구에 의하여 보호처분을 취소할 수 있는 등(가정폭력처벌법 제46조) 당사자주의와 대심적 구조를 전제로 하는 형사소송절차와는 내용과 성질을 달리하여 형사소송절차와 동일하다고 보기 어려우므로, 가정폭력처벌법에 따른 보호처분의 결정 또는 불처분결정에 확정된 형사판결에 준하는 효력을 인정할 수 없다.

　가정폭력처벌법에 따른 보호처분의 결정이 확정된 경우에는 원칙적으로 가정폭력 행위자에 대하여 같은 범죄사실로 다시 공소를 제기할 수 없으나(가정폭력처벌법 제16조), 보호처분은 확정판결이 아니고 따라서 기판력도 없으므로, 보호처분을 받은 사건과 동일한 사건에 대하여 다시 공소제기가 되었다면 이에 대해서는 면소판결을 할 것이 아니라 공소제기의 절차가 법률의 규정에 위배하여 무효인 때에 해당한 경우이므로 형사소송법 제327조 제2호의 규정에 의하여 공소기각의 판결을 하여야 한다. 그러나 가정폭력처벌법은 불처분결정에 대해서는 그와 같은 규정을 두고 있지 않을 뿐만 아니라, 가정폭력범죄에 대한 공소시효에 관하여 불처분결정이 확정된 때에는 그때부터 공소시효가 진행된다고 규정하고 있으므로(가정폭력처벌법 제17조 제1항), 가정폭력처벌법은 불처분결정이 확정된 가정폭력범죄라 하더라도 일정한 경우 공소가 제기될 수 있음을 전제로 하고 있다.

　따라서 가정폭력처벌법 제37조 제1항 제1호의 불처분결정이 확정된 후에 검사가 동일한 범죄사실에 대하여 다시 공소를 제기하였다거나 법원이 이에 대하여 유죄판결을 선고하였더라도 이중처벌금지의 원칙 내지 일사부재리의 원칙에 위배된다고 할 수 없다.

　[2] 검사는 범죄의 구성요건에 해당하여 형사적 제재를 함이 상당하다고 판단되는 경우에는 공소를 제기할 수 있고 또 형법 제51조의 사항을 참작하여 공소를 제기하지 아니할 수 있는 재량이 있다(형사소송법 제246조, 제247조). 위와 같은 검사의 소추재량은 공익의 대표자인 검사로 하여금 객관적 입장에서 공소의 제기 및 유지 활동을 하게 하는 것이 형사소추의 적정성 및 합리성을 기할 수 있다고 보기 때문이므로 스스로 내재적인 한계를 가지는 것이고, 따라서 검사가 자의적으로 공소권을 행사하여 피고인에게 실질적인 불이익을 가함으로써 소추재량을 현저히 일탈하였다고 판단되는 경우에는 이를 공소권의 남용으로 보아 공소제기의 효력을 부인할 수 있다.

【피 고 인】　피고인
【상 고 인】　피고인
【원심판결】　서울중앙지법 2016. 4. 7. 선고 2016노40 판결

【주　　문】

　상고를 기각한다.

【이   유】

1. 사건의 경위

가. 피고인과 고소인 공소외인은 1997. 6. 25. 혼인신고를 한 부부로서, 슬하에 두 명의 자녀를 두고 있다. 고소인은 2012. 10. 2. 서울수서경찰서에 피고인을 가정폭력 혐의로 고소하였다(이하 '제1차 고소'라고 한다). 고소의 내용은 피고인이 ① 1997년 혼수 문제로 인한 갈등으로 고소인을 폭행하였고, ② 1999년 발로 고소인의 허리 등을 차서 폭행하였고, ③ 미국에서 거주할 당시인 2001년과 2002년 9월에 각 폭행을 하였고, ④ 2008년 7월 어깨에 상해를 입을 정도로 폭행을 하였고, ⑤ 2010년부터 2012년까지 미국에서 거주할 당시 여러 차례 폭행하였고, ⑥ 2012. 10. 2. 서울 강남구 (주소 생략)아파트에서 부부싸움을 하다가 피고인이 고소인을 밀쳐 넘어뜨리고 고소인의 머리를 눌러 마룻바닥에 이마를 부딪치게 하여 2주간의 치료를 요하는 두피부 등의 다발성 좌상을 가하였다는 것이다.

검사는 2012. 11. 13. 위 사건을 가정보호사건으로 처리하여 서울가정법원에 송치하였다(서울가정법원 2012버584호). 서울가정법원은 2013. 2. 21. 심리기일에서 피고인이 가정폭력을 인정하고 고소인이 '가정을 회복시키고 싶은 마음이 있다'고 진술하자 심리를 종결하고 「가정폭력범죄의 처벌 등에 관한 특례법」(이하 '가정폭력처벌법'이라고 한다) 제37조 제1항 제1호에 정한 '보호처분을 할 수 없거나 할 필요가 없다고 인정하는 경우'에 해당함을 이유로 피고인에 대하여 '처분을 하지 아니한다는 결정'(이하 '불처분결정'이라고만 한다)을 하였다. 이에 대하여 검사와 고소인이 항고하지 않아 위 불처분결정은 확정되었다(이하 '종전 가정보호사건'이라고 한다).

나. 고소인은 2014. 7. 16. 피고인을 상대로 서울가정법원에 이혼 및 위자료 등 청구의 소(서울가정법원 2014드합4316호)를 제기한 데 이어, 2015. 6. 16. 피고인을 상대로 형법 및 정보통신망 이용촉진 및 정보보호 등에 관한 법률 위반 등의 죄로 경찰에 고소하였다(이하 '제2차 고소'라고 한다). 고소의 내용은 이 사건 제1차 고소의 ③, ④, ⑥항 및 피고인이 고소인에게 휴대폰으로 욕설하는 내용의 문자를 보냈다는 것이다. 그 외에도 고소인은 경찰에서 '피고인이 2012년 10월 중순경 고소인의 머리채를 잡는 등 폭행을 가하였다'는 사실을 추가로 진술하였다.

검사는 2015. 7. 16. 검찰주사를 통하여 고소인으로부터 '피고인이 종전 가정보호사건 이후에도 수시로 폭력을 행사하였으나 증거를 수집하지 못하여 고소장에 이를 기재하지 못하였는데, 이혼소송에서 자녀 양육비를 보장받기 위하여 부득이 재차 고소를 하게 되었고, 다시는 가정보호사건으로 처리되지 않기를 바란다'는 취지의 진술을 청취한 데 이어, 같은 해 7. 21. 종전 가정보호사건의 기록을 검토하여 제1차 고소 당시 고소인은 피고인에 대하여 처벌을 원하지 않는다는 의사표시를 하지는 않은 사실 등을 확인하였으며, 같은 해 10. 15. 피고인에 대한 피의자신문을 한 후, 같은 해 10. 16. 위 ⑥ 항 기재 범죄사실(이하 '이 사건 범죄사실'이라고 한다)에 대하여 약식명령을 청구하였다.

다. 피고인은 2015. 11. 16. 위 약식명령에 대하여 정식재판의 청구를 하였다. 피고인은 제1심에서 공소사실은 인정하면서도 피고인에 대한 공소제기는 일사부재리의 원칙에 반하는 것이라고 진술하였다. 제1심은 피고인을 벌금 700,000원에 처하는 판결을 선고하였고, 원심은 피고인의 항소를 기각하였다. 한편 피고인과 피해자 사이의 이혼 등의 소송은 2015. 11. 13. 조정이 성립되어 종결되었다.

2. 상고이유의 요지

가. 상고이유 제1점

이 사건 범죄사실에 대해서 이미 가정폭력처벌법 제37조 제1항에 따른 불처분결정이 있었음에도 불구하고 동일한 범죄사실에 대하여 다시 공소를 제기하는 것은 헌법 제13조 제1항에 규정된 일사부재리의 원칙에 반하여 허용되지 않는다.

나. 상고이유 제2점

가정폭력처벌법 제37조 제1항에 따른 불처분결정에 기판력이 없다고 하더라도 이 사건 제2차 고소는 이혼소송에서 통상의 재산분할 비율을 훨씬 뛰어넘는 유리한 결과를 얻기 위하여 피고인을 압박할 의도로 재차 고소한 것이므로, 이를 기초로 행하여진 공소의 제기 및 원심의 유죄판결은 사법판단의 기저가 되는 정의의 관점에서 보아 명백히 잘못된 것이다.

3. 상고이유 제1점에 관하여 본다.

헌법은 제13조 제1항에서 "모든 국민은 … 동일한 범죄에 대하여 거듭 처벌받지 아니한다."라고 규정하여 이른바 이중처벌금지의 원칙 내지 일사부재리의 원칙을 선언하고 있다. 이는 한번 판결이 확정되면 그 후 동일한 사건에 대해서는 다시 심판하는 것이 허용되지 않는다는 원칙을 말한다. 여기에서 '처벌'이라고 함은 원칙적으로 범죄에 대한 국가의 형벌권 실행으로서의 과벌을 의미하는 것이고, 국가가 행하는 일체의 제재나 불이익처분이 모두 여기에 포함되는 것은 아니다(대법원 1992. 2. 11. 선고 91도2536 판결 등 참조).

그런데 가정폭력처벌법에 규정된 가정보호사건의 조사·심리는 검사의 관여 없이 가정법원이 직권으로 진행하는 형사처벌의 특례에 따른 절차로서, 검사는 친고죄에서의 고소 등 공소제기의 요건이 갖추어지지 아니한 경우에도 가정보호사건으로 처리할 수 있고(가정폭력처벌법 제9조), 법원은 보호처분을 받은 가정폭력행위자가 보호처분을 이행하지 아니하거나 집행에 따르지 아니하면 직권으로 또는 청구에 의하여 그 보호처분을 취소할 수 있는 등(가정폭력처벌법 제46조) 당사자주의와 대심적 구조를 전제로 하는 형사소송절차와는 그 내용과 성질을 달리하여 형사소송절차와 동일하다고 보기 어려우므로, 가정폭력처벌법에 따른 보호처분의 결정 또는 불처분결정에 확정된 형사판결에 준하는 효력을 인정할 수 없다.

가정폭력처벌법에 따른 보호처분의 결정이 확정된 경우에는 원칙적으로 그 가정폭력행위자에 대하여 같은 범죄사실로 다시 공소를 제기할 수 없으나(가정폭력처벌법 제16조), 그 보호처분은 확정판결이 아니고 따라서 기판력도 없으므로, 보호처분을 받은 사건과 동일한 사건에 대하여 다시 공소제기가 되었다면 이에 대해서는 면소판결을 할 것이 아니라 공소제기의 절차가 법률의 규정에 위배하여 무효인 때에 해당한 경우이므로 형사소송법 제327조 제2호의 규정에 의하여 공소기각의 판결을 하여야 한다(대법원 1985. 5. 28. 선고 85도21 판결 참조). 그러나 가정폭력처벌법은 불처분결정에 대해서는 그와 같은 규정을 두고 있지 않을 뿐만 아니라, 가정폭력범죄에 대한 공소시효에 관하여 불처분결정이 확정된 때에는 그때부터 공소시효가 진행된다고 규정하고 있으므로(가정폭력처벌법 제17조 제1항), 가정폭력처벌법은 불처분결정이 확정된 가정폭력범죄라 하더라도 일정한 경우 공소가 제기될 수 있음을 전제로 하고 있다.

따라서 가정폭력처벌법 제37조 제1항 제1호의 불처분결정이 확정된 후에 검사가 동일한 범죄사실에 대하여 다시 공소를 제기하였다거나 법원이 이에 대하여 유죄판결을 선고하였다고 하더라도 이중처벌금지의 원칙 내지 일사부재리의 원칙에 위배된다고 할 수 없으므로, 위 상고이유 주장은 받아들이지 않는다.

4. 상고이유 제2점에 관하여 본다.

검사는 범죄의 구성요건에 해당하여 형사적 제재를 함이 상당하다고 판단되는 경우에는 공소를 제기할 수 있고 또 형법 제51조의 사항을 참작하여 공소를 제기하지 아니할 수 있는 재량이 있다(형사소송법 제246조, 제247조). 위와 같은 검사의 소추재량은 공익의 대표자인 검사로 하여금 객관적 입장에서 공소의 제기 및 유지 활동을 하게 하는 것이 형사소추의 적정성 및 합리성을 기할 수 있다고 보기 때문이므로 그 스스로 내재적인 한계를 가지는 것이고, 따라서 검사가 자의적으로 공소권을 행사하여 피고인에게 실질적인 불이익을 가함으로써 소추재량을 현저히 일탈하였다고 판단되는 경우에는 이를 공소권의 남용으로 보아 그 공소제기의 효력을 부인할 수 있다(대법원 1996. 2. 13. 선고 94도2658 판결, 대법원 2001. 10. 9. 선고 2001도3106 판결, 대법원 2004. 4. 27. 선고 2004도482 판결 등 참조).

이 사건에서 피고인의 주장과 같이, 종전 가정보호사건의 확정된 불처분결정의 효력을 뒤집을 특별한 사정이 없음에도 불구하고 이 사건 공소제기가 단지 고소인의 개인적 감정에 영합하거나 이혼소송에서 유리한 결과를 얻게 할 의도만으로 이루어진 것이라면 이러한 조치는 공소권의 남용으로서 위법한 것으로 볼 수 있다. 그러나 기록에 나타난 이 사건 공소제기에 이르게 된 경위, 이 사건 범죄사실의 내용 및 피고인과 고소인의 관계 등을 비롯한 제반 사정에 비추어 보면, 이 사건 공소는 검사가 이 사건 제2차 고소의 범죄 혐의에 대한 수사 결과와 종전 가정보호사건의 기록 검토 결과 등에 근거하여 이 사건 범죄사실에 대하여 국가 형벌권의 실행이 필요하다고 판단하여 제기한 것임을 알 수 있다.

따라서 이 사건 공소의 제기 및 원심의 판단이 사법판단의 기저가 되는 정의의 관점에서 보아 명백히 잘못된 것이라는 피고인의 상고이유 주장은 받아들이지 않는다.

5. 결론

그러므로 상고를 기각하기로 하여 관여 대법관의 일치된 의견으로 주문과 같이 판결한다.

[83] 배임수재죄의 성립요건

— 대법원 2017. 12. 7. 선고 2017도12129 판결 —

【판시사항】

구 형법 제357조 제1항 배임수재죄의 성립요건 / 타인의 사무를 처리하는 자가 그 임무에 관하여 부정한 청탁을 받고 자신이 아니라 다른 사람으로 하여금 재물 또는 재산상 이익을 취득하게 한 때에도 위 죄가 성립할 수 있는 경우

【판결요지】

[1] 구 형법(2016. 5. 29. 법률 제14178호로 개정되기 전의 것) 제357조 제1항의 배임수재죄는 타인의 사무를 처리하는 자가 그 임무에 관하여 부정한 청탁을 받고 재물 또는 재산상 이익을 취득한 때에 성립한다. 배임수재죄의 행위주체가 재물 또는 재산상 이익을 취득하였는지는 증거에 의하여 인정된 사실에 대한 규범적 평가의 문제이다. 타인의 사무를 처리하는 자가 그 임무에 관하여 부정한 청탁을 받고 자신이 아니라 다른 사람으로 하여금 재물 또는 재산상 이익을 취득하게 한 경우에 특별한 사정이 있으면 사회통념상 자신이 받은 것과 같이 평가할 수 있다.

또한 다른 사람이 재물 또는 재산상 이익을 취득한 때에도 그 다른 사람이 부정한 청탁을 받은 자의 사자 또는 대리인으로서 재물 또는 재산상 이익을 취득한 경우나 그 밖에 평소 부정한 청탁을 받은 자가 그 다른 사람의 생활비 등을 부담하고 있었다거나 혹은 그 다른 사람에 대하여 채무를 부담하고 있었다는 등의 사정이 있어 그 다른 사람이 재물 또는 재산상 이익을 받음으로써 부정한 청탁을 받은 자가 그만큼 지출을 면하게 되는 경우 등 사회통념상 그 다른 사람이 재물 또는 재산상 이익을 받은 것을 부정한 청탁을 받은 자가 직접 받은 것과 같이 평가할 수 있는 관계가 있다면 위 죄가 성립할 수 있다.

[2] 백화점 및 면세점의 입점업체 선정 업무를 총괄하는 피고인이 입점업체들로부터 추가 입점이나 매장 이동 등 입점 관련 편의를 제공해 달라는 청탁을 받고 그 대가로 매장 수익금 등을 지급받는 방법으로 돈을 수수하였다고 하여 구 형법(2016. 5. 29. 법률 제14178호로 개정되기 전의 것)상 배임수재로 기소된 사안에서, 피고인이 입점업체

대표 甲으로부터 부정한 청탁을 받고 그 대가로 자신이 받아온 수익금을 딸에게 주도록 甲에게 지시하였다면 이는 피고인 자신이 수익금을 취득한 것과 같다고 평가하여야 하고, 피고인이 입점업체인 乙 주식회사 대표이사 丙으로부터 부정한 청탁을 받고 그 대가를 피고인이 아들 명의로 설립하여 자신이 지배하는 丁 주식회사 계좌로 돈을 입금하도록 한 이상 사회통념상 피고인이 직접 받은 것과 동일하게 보아야 하는데도, 이와 달리 보아 이 부분 공소사실을 무죄로 판단한 원심판결에 배임수재죄에서 '재물 또는 재산상 이익을 취득한 자'의 의미에 관한 법리오해의 잘못이 있다고 한 사례.

【상 고 인】 피고인 및 검사

【원심판결】 서울고법 2017. 7. 19. 선고 2017노437 판결

【주   문】

원심판결 중 유죄 부분 및 공소외 1 주식회사를 통한 공소외 2 주식회사로부터의 배임수재 부분을 파기하고, 이 부분 사건을 서울고등법원에 환송한다. 검사의 나머지 상고를 기각한다.

【이   유】

상고이유를 판단한다.

1. ○○백화점 입점 관련 배임수재죄에 대한 상고이유에 관하여

가. 공소사실의 요지

피고인은 공소외 3 주식회사의 사장 및 총괄부사장으로 근무하면서 ○○백화점의 입점업체 선정 업무를 총괄해 오던 중, 2007. 1.경 공소외 4로부터 회전초밥 가게인 '△△△△' 매장을 ○○백화점에 추가 입점시켜 주고 기존 △△△△ 매장에 관한 입점계약을 갱신하도록 해 주는 등 ○○백화점 입점 관련 편의를 제공해 달라는 청탁과 함께 △△△△ □□점 매장의 수익금 지급을 약속받고, 계속하여 공소외 4로부터 같은 취지의 청탁을 받아 2008. 4.경 ◇◇◇점, 2011. 1.경 ☆☆점 및 ▽▽점 매장의 수익금 지급을 약속받았다.

이에 피고인은 공소외 4로부터 2007. 2.경부터 2016. 5.경까지 범죄일람표 1 기재와 같이 1~2개월마다 1회씩 □□점 매장 수익금을 직접 또는 딸 공소외 5를 통해 건

네받는 방법으로 합계 6억 2,301만 원을, 2008. 4.경부터 2016. 5.경까지 범죄일람표 2 기재와 같이 1~3개월마다 1회씩 ◇◇◇점, ▽▽점, ☆☆점 매장 수익금을 직접 건네받는 방법으로 합계 5억 3,366만 원을 받았다. 이로써 피고인은 타인의 사무를 처리하는 자로서 그 임무에 관하여 부정한 청탁을 받고 11억 5,667만 원을 수수하였다.

나. 원심의 판단

(1) 범죄일람표 1 순번 1 내지 8번 및 범죄일람표 2 부분

원심은, 피고인이 공소외 4로부터 직접 받은 것으로 기소된 이 부분 공소사실에 대해서 제1심판결과 같이 유죄를 인정하였다. 원심은, 피고인이 2007. 2.경부터 공소외 4로부터 △△△△ 관련 ㅁㅁ점 수익금을 받아온 사실이 인정된다고 판단하였다. 또한 원심은, 피고인이 ○○그룹 총괄회장인 공소외 6으로부터 △△△△ ◇◇◇점, ▽▽점, ☆☆점 등의 소유권이나 운영권을 받았고 공소외 4는 그 경영을 위탁받은 사람에 불과할 뿐이므로 자신이 그 수익금을 받은 것은 배임수재죄가 되지 않는다는 피고인의 변소를 배척하였다. 다만 원심은 검사가 제출한 증거만으로는 피고인이 공소외 4로부터 받은 액수가 공소사실 기재와 같다는 점을 인정하기에 부족하다는 이유로 제1심판결을 파기하고 '액수 미상의 돈'을 수수한 것으로 유죄를 인정하였다.

(2) 범죄일람표 1 순번 9 내지 57번 부분

원심은, 피고인이 딸인 공소외 5를 통해 받은 것으로 기소된 이 부분 공소사실에 대해서는 무죄로 판단한 제1심판결을 유지하였다. 원심은 다음과 같은 사정에 비추어 볼 때 공소외 5가 받은 것을 피고인이 받은 것으로 평가할 만큼 경제적 이해관계를 같이한다고 인정하기 어렵다고 판단하였다. 즉 ① 공소외 5는 결혼하여 가정을 이루고 피고인과는 독립하여 생활하고 있다. ② 공소외 5와 그 남편은 각기 경제활동을 통해 상당한 소득을 얻고 있고, 이 부분 공소사실 관련 행위로 받은 재산 외에도 상당한 재산을 보유하고 있다. ③ 위와 같은 재산 형성이 공소외 5와 그 남편의 노력 없이 전적으로 피고인의 도움으로 이루어졌다고 볼 증거도 없다.

라. 검사의 위 나. (2) 관련 상고이유에 대한 판단

(1) 구 형법(2016. 5. 29. 법률 제14178호로 개정되기 전의 것) 제357조 제1항의 배임수재죄는 타인의 사무를 처리하는 자가 그 임무에 관하여 부정한 청탁을 받고 재물 또는 재산상 이익을 취득한 때에 성립한다. 배임수재죄의 행위주체가 재물 또는 재산상 이익을 취득하였는지는 증거에 의하여 인정된 사실에 대한 규범적 평가의 문제이다. 타인의 사무를 처리하는 자가 그 임무에 관하여 부정한 청탁을 받고 자신이 아니라 다른

사람으로 하여금 재물 또는 재산상 이익을 취득하게 한 경우에 특별한 사정이 있으면 사회통념상 자신이 받은 것과 같이 평가할 수 있다.

또한 다른 사람이 재물 또는 재산상 이익을 취득한 때에도 그 다른 사람이 부정한 청탁을 받은 자의 사자 또는 대리인으로서 재물 또는 재산상 이익을 취득한 경우나 그 밖에 평소 부정한 청탁을 받은 자가 그 다른 사람의 생활비 등을 부담하고 있었다거나 혹은 그 다른 사람에 대하여 채무를 부담하고 있었다는 등의 사정이 있어 그 다른 사람이 재물 또는 재산상 이익을 받음으로써 부정한 청탁을 받은 자가 그만큼 지출을 면하게 되는 경우 등 사회통념상 그 다른 사람이 재물 또는 재산상 이익을 받은 것을 부정한 청탁을 받은 자가 직접 받은 것과 같이 평가할 수 있는 관계가 있다면 위 죄가 성립될 수 있다(대법원 2006. 12. 22. 선고 2004도2581 판결 등 참조).

(2) 원심판결 이유 및 원심이 적법하게 채택한 증거에 의하면 다음과 같은 사실을 알 수 있다. ① 공소외 4는 피고인에게 줄 돈을 쉽게 만들기 위해 입점 당시부터 법인 명의로 운영하던 □□점 매장 명의를 2007. 1.경 개인(사위 공소외 7) 명의로 변경한 후 2007. 2.경부터 2007. 12.경까지 그 수익금을 피고인에게 직접 현금으로 건네주었다. ② 공소외 4는 2008년 초경 피고인으로부터 "딸 공소외 5가 생활비가 조금 딸리는 것 같으니 공소외 5한테 해 줘라"는 요구를 받고, 이때부터 2016. 5.경까지 공소외 5에게 수익금을 현금으로 건네주었다. ③ 피고인은 아들 공소외 8 명의로 설립하여 자신이 실질적인 사주로서 지배·운영하는 공소외 1 주식회사(이하 '공소외 1 회사'라고 한다)의 대표이사 공소외 9에게 "딸아이들이 요즘에 돈이 없어 어려워 하니 신경을 써 달라"라고 말하며, 위 회사의 임원으로 등재되어 있으나 제대로 출근하지 않고 그 직무를 수행하지도 않는 공소외 5에게 급여를 지급할 것을 지시하여 공소외 5에게 1,101,067,910원을 지급하게 하였다는 배임 등 공소사실에 대하여 이 사건 제1심 및 원심에서 유죄판결을 받았다.

위 사실관계로부터 알 수 있는 수익금 수수의 경위와 명목, 그에 관한 피고인과 공소외 4의 의사 및 피고인과 공소외 5의 가족관계 등을 앞서 본 법리에 비추어 살펴보면, 피고인이 공소외 4로부터 부정한 청탁을 받고 자신이 받아온 수익금을 딸인 공소외 5에게 주도록 공소외 4에게 지시하였다면 이는 피고인 자신이 수익금을 취득한 것과 같다고 평가하는 것이 옳다. 원심판결이 들고 있는 사정, 즉 공소외 5가 결혼하여 독립한 가정을 이루고 있다거나 이 사건 공소사실 관련 행위로 받은 재산 외에 그녀 명의로 상당한 재산을 보유하고 있다는 등의 사정은 이러한 판단을 달리할 만한 사정이 되지 않는다.

(3) 그럼에도 불구하고 원심은 그 판시와 같은 이유만으로 위 나. (2) 부분 공소사실을 무죄로 판단하였으니, 원심의 판단에는 배임수재죄에서 '재물 또는 재산상 이익을 취득한 자'의 의미에 관한 법리를 오해하여 판결에 영향을 미친 잘못이 있다. 이를 지적하는 검사의 상고이유 주장은 이유 있다.

4. 결론

그러므로 검사의 나머지 상고이유에 대한 판단을 생략한 채 원심판결 중 유죄 부분 및 공소외 1 회사를 통한 공소외 2 회사로부터의 배임수재 부분을 파기하고, 이 부분 사건을 다시 심리·판단하게 하기 위하여 원심법원에 환송하며, 검사의 나머지 상고를 기각하기로 하여 관여 대법관의 일치된 의견으로 주문과 같이 판결한다.

[84] 변론종결 후 항소이유서가 제출된 경우 법원의 조치

— 대법원 2018. 4. 12. 선고 2017도13748 판결 —

【판시사항】

변론종결 후 적법한 항소이유서 제출기간 내에 항소이유서가 제출되었음에도 변론을 재개하지 않고 그대로 판결을 선고한 원심 조치의 위법 여부

【판결요지】

[1] 형사소송법 제361조의3, 제364조의 각 규정에 의하면 항소심의 구조는 피고인 또는 변호인이 법정기간 내에 제출한 항소이유서에 의하여 심판하는 것이고, 이미 항소이유서를 제출하였더라도 항소이유를 추가·변경·철회할 수 있으므로, 항소이유서 제출기간의 경과를 기다리지 않고는 항소사건을 심판할 수 없다. 따라서 항소이유서 제출기간 내에 변론이 종결되었는데 그 후 위 제출기간 내에 항소이유서가 제출되었다면, 특별한 사정이 없는 한 항소심법원으로서는 변론을 재개하여 항소이유의 주장에 대해서도 심리를 해 보아야 한다.

[2] 피고인이 제1심판결에 대하여 항소를 제기하여 원심으로부터 소송기록 접수통지서가 2017. 7. 4. 피고인에게, 2017. 7. 6. 피고인의 사선변호인에게 각 송달되었고, 피고인 및 사선변호인이 2017. 7. 19. 열린 제1회 공판기일에서 항소이유를 사실오인 및 양형부당이라고 주장하며 추후 항소이유서를 제출할 예정이라고 진술하였는데, 원심이 변론을 종결하고 선고기일을 2017. 8. 9.로 지정한 다음 피고인의 사선변호인이 2017. 7. 21. 사실오인 및 양형부당의 사유를 구체적으로 기재한 항소이유서를 제출하면서 선고기일 연기를 요청하였음에도 변론을 재개하지 아니한 채 지정된 선고기일에 판결을 선고한 사안에서, 사선변호인의 항소이유서 제출기간은 소송기록 접수통지서가 송달된 2017. 7. 6.로부터 20일 이내인 2017. 7. 26.까지인데, 피고인과 사선변호인이 2017. 7. 19. 제1회 공판기일에서 구두로 항소이유는 사실오인 및 양형부당이라고 진술할 당시는 형사소송법 제361조의5에 규정된 항소이유를 구체적으로 기재한 항소이유서가 제출되지 않은 상태였으므로, 형사소송법 제361조의3, 제364조의 각 규정에서 예정하고 있는 것처럼 항소이유서에 의하여 심판대상이 특정되었다거나 그에 대한 심리가

이루어졌다고 보기 어렵고, 더욱이 이러한 상태에서 변론이 종결된 후 항소이유서 제출 기간 내인 2017. 7. 21. 적법한 항소이유서가 제출된 이상 원심으로서는 특별한 사정이 없는 한 변론을 재개하여 항소이유서에 기재된 내용에 대하여 심리를 해 보았어야 함에도, 이와 달리 항소이유서 제출 후 공판기일을 열어 피고인에게 변론할 기회를 부여하는 등의 절차를 거치지 아니한 채 그대로 판결을 선고한 원심의 조치에 항소이유서 제출기간 및 변론재개에 관한 법리오해의 위법이 있다고 한 사례.

【상 고 인】 피고인
【원심판결】 의정부지법 2017. 8. 9. 선고 2017노1723 판결

【주   문】

원심판결을 파기하고, 사건을 의정부지방법원에 환송한다.

【이   유】

상고이유를 판단한다.

형사소송법 제361조의3, 제364조의 각 규정에 의하면 항소심의 구조는 피고인 또는 변호인이 법정기간 내에 제출한 항소이유서에 의하여 심판하는 것이고, 이미 항소이유서를 제출하였더라도 항소이유를 추가·변경·철회할 수 있으므로, 항소이유서 제출기간의 경과를 기다리지 않고는 항소사건을 심판할 수 없다(대법원 2004. 6. 25. 선고 2004도2611 판결, 대법원 2007. 1. 25. 선고 2006도8591 판결 참조). 따라서 항소이유서 제출기간 내에 변론이 종결되었는데 그 후 위 제출기간 내에 항소이유서가 제출되었다면, 특별한 사정이 없는 한 항소심법원으로서는 변론을 재개하여 항소이유의 주장에 대해서도 심리를 해 보아야 한다(대법원 2015. 4. 9. 선고 2015도1466 판결).

기록에 의하면, ① 피고인이 제1심판결에 대하여 항소를 제기하자 원심은 소송기록 접수통지서의 송달을 실시하였고, 그 통지서가 2017. 7. 4. 피고인에게, 2017. 7. 6. 피고인의 사선변호인에게 각 송달된 사실, ② 피고인 및 사선변호인은 2017. 7. 19. 열린 제1회 공판기일에서 항소이유를 사실오인 및 양형부당이라고 주장하며 추후 항소이유서를 제출할 예정이라고 진술하였는데, 원심은 변론을 종결하고 선고기일을 2017. 8. 9.로 지정한 사실, ③ 피고인의 사선변호인은 2017. 7. 21. 제1심판결에 대한 사실오인 및 양형부당의 사유를 구체적으로 기재한 항소이유서를 제출하면서 선고기일 연기를

요청하였고, 2017. 8. 8. 감정결과의 증거능력 등을 다투는 법리오해 주장을 추가한 항소이유보충서를 제출하였음에도 원심은 변론을 재개하지 아니한 채 2017. 8. 9. 판결을 선고한 사실 등을 알 수 있다.

앞서 본 법리에 비추어 원심판결에 판결에 영향을 미친 위법이 있는지 본다.

이 사건에서 사선변호인의 항소이유서 제출기간은 소송기록 접수통지서가 송달된 2017. 7. 6.로부터 20일 이내인 2017. 7. 26.까지이다. 피고인과 사선변호인이 2017. 7. 19. 제1회 공판기일에서 구두로 항소이유는 사실오인 및 양형부당이라고 진술을 하였으나, 당시는 형사소송법 제361조의5에 규정된 항소이유를 구체적으로 기재한 항소이유서가 제출되지 않은 상태였으므로, 형사소송법 제361조의3, 제364조의 각 규정에서 예정하고 있는 것처럼 항소이유서에 의하여 심판대상이 특정되었다거나 그에 대한 심리가 이루어졌다고 보기 어렵다. 더욱이 이러한 상태에서 변론이 종결된 후 항소이유서 제출기간 내인 2017. 7. 21. 적법한 항소이유서가 제출된 이상 원심으로서는 특별한 사정이 없는 한 변론을 재개하여 항소이유서에 기재된 내용에 대하여 심리를 해 보았어야 한다.

그럼에도 원심이 항소이유서 제출 후 공판기일을 열어 피고인에게 변론할 기회를 부여하는 등의 절차를 거치지 아니한 채 그대로 판결을 선고함으로써 항소이유서 제출기간 만료 시까지 항소이유서를 제출하고 이에 관하여 변론을 한 후 심판을 받을 수 있는 기회를 피고인으로부터 박탈하고 말았으니, 이러한 원심의 조치에는 항소이유서 제출기간 및 변론재개에 관한 법리를 오해하여 판결에 영향을 미친 위법이 있다. 이 점을 지적하는 취지의 상고이유 주장은 이유 있다.

그러므로 나머지 상고이유에 대한 판단을 생략한 채 원심판결을 파기하고, 사건을 다시 심리·판단하도록 원심법원에 환송하기로 하여, 관여 대법관의 일치된 의견으로 주문과 같이 판결한다.

[85] 준강간죄의 불능미수죄

— 대법원 2019. 3. 28. 선고 2018도16002 전원합의체 판결 —

【판시사항】

피고인이 피해자가 심신상실 또는 항거불능의 상태에 있다고 인식하고 그러한 상태를 이용하여 간음할 의사로 피해자를 간음하였으나 피해자가 실제로는 심신상실 또는 항거불능의 상태에 있지 않은 경우, 준강간죄의 불능미수가 성립한다고 판단한 다수의견에 대하여 반대의견을 제시한 사건

【판결요지】

[다수의견] 형법 제300조는 준강간죄의 미수범을 처벌한다. 또한 형법 제27조는 "실행의 수단 또는 대상의 착오로 인하여 결과의 발생이 불가능하더라도 위험성이 있는 때에는 처벌한다. 단, 형을 감경 또는 면제할 수 있다."라고 규정하여 불능미수범을 처벌하고 있다.

따라서 피고인이 피해자가 심신상실 또는 항거불능의 상태에 있다고 인식하고 그러한 상태를 이용하여 간음할 의사로 피해자를 간음하였으나 피해자가 실제로는 심신상실 또는 항거불능의 상태에 있지 않은 경우에는, 실행의 수단 또는 대상의 착오로 인하여 준강간죄에서 규정하고 있는 구성요건적 결과의 발생이 처음부터 불가능하였고 실제로 그러한 결과가 발생하였다고 할 수 없다. 피고인이 준강간의 실행에 착수하였으나 범죄가 기수에 이르지 못하였으므로 준강간죄의 미수범이 성립한다. 피고인이 행위 당시에 인식한 사정을 놓고 일반인이 객관적으로 판단하여 보았을 때 준강간의 결과가 발생할 위험성이 있었으므로 준강간죄의 불능미수가 성립한다.

[대법관 권순일, 대법관 안철상, 대법관 김상환의 반대의견] ① 형법 제13조(범의)는 "죄의 성립요소인 사실을 인식하지 못한 행위는 벌하지 아니한다."라고 규정하고 있다. 여기에서 '죄의 성립요소인 사실'이란 형법에 규정된 범죄유형인 구성요건에서 외부적 표지인 객관적 구성요건요소, 즉 행위주체·객체·행위·결과 등을 말한다. 이와 달리 행위자의 내면에 속하는 심리적·정신적 상태를 주관적 구성요건요소라고 하는데, 고의가 대표적인 예이다. 형법 제13조는 고의범이 성립하려면 행위자는 객관적 구성요건요

소인 행위주체·객체·행위·결과 등에 관한 인식을 갖고 있어야 한다고 규정하고 있으므로, 구성요건 중에 특별한 행위양태(예컨대 강간죄에서의 '폭행·협박'이나 준강간죄에서의 '심신상실 또는 항거불능의 상태를 이용' 등)를 필요로 하는 경우에는 이러한 사정의 존재까지도 행위자가 인식하여야 한다.

② 형법 제27조(불능범)는 "실행의 수단 또는 대상의 착오로 인하여 결과의 발생이 불가능하더라도 위험성이 있는 때에는 처벌한다. 단, 형을 감경 또는 면제할 수 있다."라고 규정하고 있다. 이 조항 표제에서 말하는 '불능범'이란 범죄행위의 성질상 결과 발생 또는 법익침해의 가능성이 절대로 있을 수 없는 경우를 말한다. 여기에서 '실행의 수단의 착오'란 실행에 착수하였으나 행위자가 선택한 실행수단의 성질상 그 수단으로는 의욕한 결과 발생을 현실적으로 일으킬 수 없음에도 무지나 오인으로 인하여 당해 구성요건적 행위의 기수가능성을 상정한 경우를 의미한다. 그리고 대상의 착오란 행위자가 선택한 행위객체의 성질상 그 행위객체가 흠결되어 있거나 침해될 수 없는 상태에 놓여 있어 의욕한 결과 발생을 현실적으로 일으킬 수 없음에도 무지나 오인으로 인하여 당해 구성요건적 행위의 기수가능성을 상정한 경우를 의미한다. 한편 형법 제27조에서 '결과 발생이 불가능'하다는 것은 범죄기수의 불가능뿐만 아니라 범죄실현의 불가능을 포함하는 개념이다. 행위가 종료된 사후적 시점에서 판단하게 되면 형법에 규정된 모든 형태의 미수범은 결과가 발생하지 않은 사태라고 볼 수 있으므로, 만약 '결과불발생', 즉 결과가 현실적으로 발생하지 않았다는 것과 '결과발생불가능', 즉 범죄실현이 불가능하다는 것을 구분하지 않는다면 장애미수범과 불능미수범은 구별되지 않는다. 다시 말하면, 형법 제27조의 '결과 발생의 불가능'은 사실관계의 확정단계에서 밝혀지는 '결과불발생'과는 엄격히 구별되는 개념이다.

이 조항의 표제는 '불능범'으로 되어 있지만, 그 내용은 가벌적 불능범, 즉 '불능미수'에 관한 것이다. 불능미수란 행위의 성질상 어떠한 경우에도 구성요건이 실현될 가능성이 없지만 '위험성' 때문에 미수범으로 처벌하는 경우를 말한다. 판례는 불능미수의 판단 기준으로서 위험성의 판단은 피고인이 행위 당시에 인식한 사정을 놓고 이것이 객관적으로 일반인의 판단으로 보아 결과 발생의 가능성이 있느냐를 따져야 한다는 입장을 취하고 있다.

형법 제27조의 입법 취지는, 행위자가 의도한 대로 구성요건을 실현하는 것이 객관적으로 보아 애당초 가능하지 않았기 때문에 원칙적으로 미수범으로도 처벌의 대상이 되지 않을 것이지만 규범적 관점에서 보아 위험성 요건을 충족하는 예외적인 경우에는 미수범으로 보아 형사처벌을 가능하게 하자는 데 있다. 그렇기 때문에 형법 제27조에서 말하는 결과 발생의 불가능 여부는 실행의 수단이나 대상을 착오한 행위자가 아니라 그 행위 자체의 의미를 통찰력이 있는 일반인의 기준에서 보아 어떠한 조건하에서도 결과 발생의 개연성이 존재하지 않는지를 기준으로 판단하여야 한다. 따라서 일정한 조건하에서는 결과 발생의 개연성이 존재하지만 특별히 그 행위 당시의 사정으로 인해 결과 발생이 이루어지지 못한 경우는 불능미수가 아니라 장애미수가 될 뿐이다.

③ 강간죄나 준강간죄는 구성요건결과의 발생을 요건으로 하는 결과범이자 보호법익의 현실적 침해를 요하는 침해범이다. 그러므로 강간죄나 준강간죄에서 구성요건결과가 발생하였는지 여부는 간음이 이루어졌는지, 즉 그 보호법익인 개인의 성적 자기결정권이 침해되었는지를 기준으로 판단하여야 한다.

다수의견은 준강간죄의 행위의 객체를 '심신상실 또는 항거불능의 상태에 있는 사람'이라고 보고 있다. 그러나 형법 제299조는 "사람의 심신상실 또는 항거불능의 상태를 이용하여 간음 또는 추행을 한 자는 제297조, 제297조의2 및 제298조의 예에 의한다."라고 규정함으로써 '심신상실 또는 항거불능의 상태를 이용'하여 '사람'을 '간음 또는 추행'하는 것을 처벌하고 있다. 즉 심신상실 또는 항거불능의 상태를 이용하는 것은 범행 방법으로서 구성요건의 특별한 행위양태에 해당하고, 구성요건행위의 객체는 사람이다. 이러한 점은 "폭행 또는 협박으로 사람을 강간한 자는 3년 이상의 유기징역에 처한다."라고 정한 형법 제297조의 규정과 비교하여 보면 보다 분명하게 드러난다. 형법 제297조의 '폭행 또는 협박으로'에 대응하는 부분이 형법 제299조의 '사람의 심신상실 또는 항거불능의 상태를 이용하여'라는 부분이다. 구성요건행위이자 구성요건결과인 간음이 피해자가 저항할 수 없는 상태에 놓였을 때 이루어진다는 점은 강간죄나 준강간죄 모두 마찬가지이다. 다만 강간죄의 경우에는 '폭행 또는 협박으로' 항거를 불가능하게 하는 데 반하여, 준강간죄의 경우에는 이미 존재하고 있는 '항거불능의 상태를 이용'한다는 점이 다를 뿐이다. 다수의견의 견해는 형벌조항의 문언의 범위를 벗어나는 해석이다.

④ 결론적으로, 다수의견은 구성요건해당성 또는 구성요건의 충족의 문제와 형법 제27조에서 말하는 결과 발생의 불가능의 의미를 혼동하고 있다. 만약 다수의견처럼 보게 되면, 피고인의 행위가 검사가 공소 제기한 범죄의 구성요건을 충족하지 못하면 그 결과의 발생이 불가능한 때에 해당한다는 것과 다름없고, 검사가 공소장에 기재한 적용법조에서 규정하고 있는 범죄의 구성요건요소가 되는 사실을 증명하지 못한 때에

도 불능미수범으로 처벌할 수 있다는 결론에 이르게 된다. 이러한 해석론은 근대형법의 기본원칙인 죄형법정주의를 전면적으로 형해화하는 결과를 초래하는 것이어서 도저히 받아들일 수 없다.

【상 고 인】 피고인
【원심판결】 고등군사법원 2018. 9. 13. 선고 2018노88 판결

【주   문】

상고를 기각한다.

【이   유】

상고이유를 판단한다.

1. 사건의 경위

가. 군검사는 피고인을 다음과 같은 강간의 공소사실로 기소하였다.

피고인은 2017. 4. 17. 22:30경 자신의 집에서 피고인의 처, 피해자와 함께 술을 마시다가 다음 날 01:00경 피고인의 처가 먼저 잠이 들고 02:00경 피해자도 안방으로 들어가자 피해자를 따라 들어간 뒤, 누워 있는 피해자의 옆에서 피해자의 가슴을 만지고 팬티 속으로 손을 넣어 음부를 만지다가, 몸을 비틀고 소리를 내어 상황을 벗어나려는 피해자의 입을 막고 바지와 팬티를 벗긴 후 1회 간음하여 강간하였다.

나. 제1심은 예비적 죄명으로 준강간을, 예비적 공소사실로 다음과 같은 내용을 추가하는 군검사의 공소장변경을 허가하였다.

피고인은 위 가.항 기재 일시, 장소에서 술에 취하여 누워 있는 피해자를 위와 같은 방법으로 1회 간음하였다. 이로써 피고인은 피해자의 항거불능 상태를 이용하여 피해자를 강간하였다.

다. 제1심은 군검사가 제출한 증거들만으로는 항거를 불가능하게 하거나 현저히 곤란하게 할 정도의 폭행 또는 협박이 있었을 것이라고 쉽사리 단정할 수 없다는 등의 이유로 주위적 공소사실인 강간 부분을 이유에서 무죄로 판단하고, 예비적 공소사실인 준강간 부분을 유죄로 판단하였다. 이에 대하여 피고인만 항소하였다.

라. 원심은 예비적 죄명으로 준강간미수를, 예비적 공소사실로 다음과 같은 내용을

추가하는 군검사의 공소장변경을 허가하였다.

피고인은 위 가.항 기재 일시, 장소에서 피해자가 실제로는 반항이 불가능할 정도로 술에 취하지 아니하여 항거불능의 상태에 있는 피해자를 강간할 수 없음에도 불구하고, 피해자가 술에 만취하여 항거불능의 상태에 있다고 오인하여 누워 있는 피해자를 위와 같은 방법으로 1회 간음하였다. 이로써 피고인은 피해자의 항거불능 상태를 이용하여 피해자를 강간하려 하다가 미수에 그쳤다.

마. 원심은 군검사가 제출한 증거들만으로 피해자가 이 사건 당시 심신상실 또는 항거불능의 상태에 있었다고 인정하기에 부족하다는 이유로 제1심에서 유죄가 인정된 준강간 부분을 이유에서 무죄로 판단하고, 예비적 공소사실로 추가한 준강간의 불능미수 부분을 유죄로 판단하였다. 다만 예비적 공소사실 중 '몸을 비틀고 소리를 내어 상황을 벗어나려는 피해자의 입을 막고' 부분은 착오 기재라는 이유로 범죄사실에서 삭제하였다.

바. 피고인만 유죄 부분에 대하여 상고하였다. 피고인은 상고이유로 다음과 같이 주장한다. 1) 준강간의 고의가 없었다. 2) 피해자가 실제로는 심신상실 또는 항거불능의 상태에 있지 않아 성적 자기결정권의 침해가 없는 성관계를 하였으므로 준강간의 결과 발생 가능성이나 법익침해의 위험성이 없어 준강간죄의 불능미수가 성립하지 않는다. 이에 대하여 차례로 판단한다.

3. 준강간죄의 불능미수가 성립하지 않는다는 상고이유에 관하여

가. 형법 제300조는 준강간죄의 미수범을 처벌한다. 또한 형법 제27조는 "실행의 수단 또는 대상의 착오로 인하여 결과의 발생이 불가능하더라도 위험성이 있는 때에는 처벌한다. 단, 형을 감경 또는 면제할 수 있다."라고 규정하여 불능미수범을 처벌하고 있다.

따라서 피고인이 피해자가 심신상실 또는 항거불능의 상태에 있다고 인식하고 그러한 상태를 이용하여 간음할 의사로 피해자를 간음하였으나 피해자가 실제로는 심신상실 또는 항거불능의 상태에 있지 않은 경우에는, 실행의 수단 또는 대상의 착오로 인하여 준강간죄에서 규정하고 있는 구성요건적 결과의 발생이 처음부터 불가능하였고 실제로 그러한 결과가 발생하였다고 할 수 없다. 피고인이 준강간의 실행에 착수하였으나 범죄가 기수에 이르지 못하였으므로 준강간죄의 미수범이 성립한다. 피고인이 행위 당시에 인식한 사정을 놓고 일반인이 객관적으로 판단하여 보았을 때 준강간의 결과가 발생할 위험성이 있었으므로 준강간죄의 불능미수가 성립한다(대법원 2005. 12. 8. 선고 2005도8105 판결, 대법원 2015. 8. 13. 선고 2015도7343 판결 등 참조).

　나. 구체적인 이유는 다음과 같다.

　1) 형법 제27조에서 규정하고 있는 불능미수는 행위자에게 범죄의사가 있고 실행의 착수라고 볼 수 있는 행위가 있지만 실행의 수단이나 대상의 착오로 처음부터 구성요건이 충족될 가능성이 없는 경우이다. 다만 결과적으로 구성요건의 충족은 불가능하지만, 그 행위의 위험성이 있으면 불능미수로 처벌한다. 불능미수는 행위자가 실제로 존재하지 않는 사실을 존재한다고 오인하였다는 측면에서 존재하는 사실을 인식하지 못한 사실의 착오와 다르다.

　2) 형법은 제25조 제1항에서 "범죄의 실행에 착수하여 행위를 종료하지 못하였거나 결과가 발생하지 아니한 때에는 미수범으로 처벌한다."라고 하여 장애미수를 규정하고, 제26조에서 "범인이 자의로 실행에 착수한 행위를 중지하거나 그 행위로 인한 결과의 발생을 방지한 때에는 형을 감경 또는 면제한다."라고 하여 중지미수를 규정하고 있다. 장애미수 또는 중지미수는 범죄의 실행에 착수할 당시 실행행위를 놓고 판단하였을 때 행위자가 의도한 범죄의 기수가 성립할 가능성이 있었으므로 처음부터 기수가 될 가능성이 객관적으로 배제되는 불능미수와 구별된다.

　3) 형법 제27조에서 정한 '실행의 수단 또는 대상의 착오'는 행위자가 시도한 행위방법 또는 행위객체로는 결과의 발생이 처음부터 불가능하다는 것을 의미한다. 그리고 '결과 발생의 불가능'은 실행의 수단 또는 대상의 원시적 불가능성으로 인하여 범죄가 기수에 이를 수 없는 것을 의미한다고 보아야 한다.

　한편 불능범과 구별되는 불능미수의 성립요건인 '위험성'은 피고인이 행위 당시에 인식한 사정을 놓고 일반인이 객관적으로 판단하여 결과 발생의 가능성이 있는지 여부를 따져야 한다(대법원 1978. 3. 28. 선고 77도4049 판결, 대법원 2005. 12. 8. 선고 2005도8105 판결 등 참조).

　4) 형법 제299조에서 정한 준강간죄는 사람의 심신상실 또는 항거불능의 상태를 이용하여 간음함으로써 성립하는 범죄로서, 정신적·신체적 사정으로 인하여 성적인 자기방어를 할 수 없는 사람의 성적 자기결정권을 보호법익으로 한다(대법원 2000. 5. 26. 선고 98도3257 판결 등 참조). 심신상실 또는 항거불능의 상태는 피해자인 사람에게 존재하여야 하므로 준강간죄에서 행위의 대상은 '심신상실 또는 항거불능의 상태에 있는 사람'이다. 그리고 구성요건에 해당하는 행위는 그러한 '심신상실 또는 항거불능의 상태를

이용하여 간음'하는 것이다. 심신상실 또는 항거불능의 상태에 있는 사람에 대하여 그 사람의 그러한 상태를 이용하여 간음행위를 하면 구성요건이 충족되어 준강간죄가 기수에 이른다.

피고인이 피해자가 심신상실 또는 항거불능의 상태에 있다고 인식하고 그러한 상태를 이용하여 간음할 의사를 가지고 간음하였으나, 실행의 착수 당시부터 피해자가 실제로는 심신상실 또는 항거불능의 상태에 있지 않았다면, 실행의 수단 또는 대상의 착오로 준강간죄의 기수에 이를 가능성이 처음부터 없다고 볼 수 있다. 이 경우 피고인이 행위 당시에 인식한 사정을 놓고 일반인이 객관적으로 판단하여 보았을 때 정신적 · 신체적 사정으로 인하여 성적인 자기방어를 할 수 없는 사람의 성적 자기결정권을 침해하여 준강간의 결과가 발생할 위험성이 있었다면 불능미수가 성립한다.

다. 원심판결 이유를 위에서 본 법리에 비추어 살펴보면, 이 사건은 피고인이 준강간의 고의로 피해자를 간음하였으나, 피해자가 실제로는 심신상실 또는 항거불능의 상태에 있지 않아 실행의 수단 또는 대상의 착오로 인하여 준강간의 결과 발생이 불가능한 경우에 해당하고, 피고인이 인식한 사정을 놓고 일반인이 객관적으로 판단하여 보았을 때 결과 발생의 가능성이 있으므로 위험성이 인정된다. 원심판결 이유에 일부 적절하지 않은 부분이 있으나 준강간죄의 불능미수를 유죄로 인정한 원심의 결론은 정당하다. 원심판단에 상고이유 주장과 같이 준강간죄의 불능미수에 관한 법리를 오해한 잘못이 없다.

4. 결론

그러므로 상고를 기각하기로 하여 주문과 같이 판결한다. 이 판결에는 준강간죄의 불능미수 성립 여부에 관한 대법관 권순일, 대법관 안철상, 대법관 김상환의 반대의견이 있는 외에는 관여 법관의 의견이 일치하였고, 다수의견에 대한 대법관 박상옥, 대법관 박정화, 대법관 김선수의 보충의견과 대법관 민유숙, 대법관 노정희의 보충의견이 있다.

5. 대법관 권순일, 대법관 안철상, 대법관 김상환의 반대의견

가. 1) 형법 제13조(범의)는 "죄의 성립요소인 사실을 인식하지 못한 행위는 벌하지 아니한다."라고 규정하고 있다. 여기에서 '죄의 성립요소인 사실'이라 함은 형법에 규정된 범죄유형인 구성요건에서 외부적 표지인 객관적 구성요건요소, 즉 행위주체 · 객

체·행위·결과 등을 말한다. 이와 달리 행위자의 내면에 속하는 심리적·정신적 상태를 주관적 구성요건요소라고 하는데, 고의가 그 대표적인 예이다. 형법 제13조는 고의범이 성립하려면 행위자는 객관적 구성요건요소인 행위주체·객체·행위·결과 등에 관한 인식을 갖고 있어야 한다고 규정하고 있으므로, 구성요건 중에 특별한 행위양태(예컨대 강간죄에서의 '폭행·협박'이나 준강간죄에서의 '심신상실 또는 항거불능의 상태를 이용' 등)를 필요로 하는 경우에는 이러한 사정의 존재까지도 행위자가 인식하여야 한다.

  2) 형법은 제2편 제32장에서 '강간과 추행의 죄'를 규정하고 있다. 이 장에 규정된 죄는 모두 개인의 성적 자유 또는 성적 자기결정권을 침해하는 것을 내용으로 하는 범죄이고, 그 기본적 구성요건은 강간죄(제297조)와 강제추행죄(제298조)이다. 강간죄는 폭행 또는 협박으로 사람을 강간함으로써 성립하는 범죄이다. 강간이란 폭행 또는 협박에 의하여 상대방의 반항을 불가능하게 하거나 현저히 곤란하게 하여 그 사람을 간음하는 것을 말한다. 간음이란 넓게는 위법한 성적 욕구 충족행위를 말하지만, 여기에서는 남자 성기와 여자 성기의 삽입을 의미한다. 강간죄에서 구성요건행위는 강간으로 그 특별한 행위양태는 '폭행 또는 협박'이고, 객체는 사람이며, 구성요건적 결과는 간음이다. 준강간죄(제299조)는 사람의 심신상실 또는 항거불능의 상태를 이용하여 간음함으로써 성립하는 범죄이고, 미성년자 등에 대한 간음죄(제302조)는 미성년자 또는 심신미약자에 대하여 위계 또는 위력으로써 간음함으로써 성립하는 범죄이며, 미성년자에 대한 간음죄(제305조)는 13세 미만의 사람에 대하여 간음함으로써 성립하는 범죄이다. 준강간죄는 그 특별한 행위양태가 '사람의 심신상실 또는 항거불능의 상태를 이용'하는 것이라는 점에서, 미성년자 등에 대한 간음죄(제302조)는 객체가 미성년자 또는 심신미약자이고 그 특별한 행위양태가 '위계 또는 위력'을 사용하는 것이라는 점에서, 미성년자에 대한 간음죄(제305조)는 객체가 13세 미만의 사람이고 그 범행수단으로 폭행이나 협박, 위계나 위력을 사용하지 않아도 성립한다는 점에서 형법 제32장의 죄의 기본적 구성요건인 강간죄와 그 객관적 구성요건요소를 달리한다. 그러나 그 보호법익이 어느 것이나 성적 자기결정권의 침해라는 점, 즉 간음이라는 구성요건결과의 발생을 필요로 한다는 점은 강간죄와 같다.

  나. 형법 제27조(불능범)는 "실행의 수단 또는 대상의 착오로 인하여 결과의 발생이 불가능하더라도 위험성이 있는 때에는 처벌한다. 단, 형을 감경 또는 면제할 수 있다."라고 규정하고 있다. 이 조항 표제에서 말하는 '불능범'이란 범죄행위의 성질상 결과 발생 또는 법익침해의 가능성이 절대로 있을 수 없는 경우를 말한다(대법원 1998. 10.

23. 선고 98도2313 판결, 대법원 2007. 7. 26. 선고 2007도3687 판결 등 참조). 여기에서 '실행의 수단의 착오'라 함은 실행에 착수하였으나 행위자가 선택한 실행수단의 성질상 그 수단으로는 의욕한 결과 발생을 현실적으로 일으킬 수 없음에도 무지나 오인으로 인하여 당해 구성요건적 행위의 기수가능성을 상정한 경우를 의미한다. 그리고 대상의 착오란 행위자가 선택한 행위객체의 성질상 그 행위객체가 흠결되어 있거나 침해될 수 없는 상태에 놓여 있어 의욕한 결과 발생을 현실적으로 일으킬 수 없음에도 무지나 오인으로 인하여 당해 구성요건적 행위의 기수가능성을 상정한 경우를 의미한다. 한편 형법 제27조에서 '결과 발생이 불가능'하다는 것은 범죄기수의 불가능뿐만 아니라 범죄실현의 불가능을 포함하는 개념이다. 행위가 종료된 사후적 시점에서 판단하게 되면 형법에 규정된 모든 형태의 미수범은 결과가 발생하지 않은 사태라고 볼 수 있으므로, 만약 '결과불발생', 즉 결과가 현실적으로 발생하지 않았다는 것과 '결과발생불가능', 즉 범죄실현이 불가능하다는 것을 구분하지 않는다면 장애미수범과 불능미수범은 구별되지 않는다. 다시 말하면, 형법 제27조의 '결과 발생의 불가능'은 사실관계의 확정단계에서 밝혀지는 '결과불발생'과는 엄격히 구별되는 개념이다.

이 조항의 표제는 '불능범'으로 되어 있지만, 그 내용은 가벌적 불능범, 즉 '불능미수'에 관한 것이다. 불능미수란 행위의 성질상 어떠한 경우에도 구성요건이 실현될 가능성이 없지만 '위험성' 때문에 미수범으로 처벌하는 경우를 말한다. 판례는 불능미수의 판단 기준으로서 위험성의 판단은 피고인이 행위 당시에 인식한 사정을 놓고 이것이 객관적으로 일반인의 판단으로 보아 결과 발생의 가능성이 있느냐를 따져야 한다는 입장을 취하고 있다(대법원 1978. 3. 28. 선고 77도4049 판결, 대법원 2005. 12. 8. 선고 2005도8105 판결 등 참조). 이러한 입장에서 대법원은 ① '초우뿌리' 또는 '부자' 달인 물을 피해자에게 마시게 하여 살해하려고 한 사건에서 피고인의 행위는 실행의 수단의 착오로 인하여 결과의 발생이 불가능한 때에 해당하지만 위험성이 있으므로 살인미수로 처벌한 것은 정당하다고 하였고(위 대법원 2007도3687 판결 참조), ② 야간주거침입절도 후 준강제추행 미수로 공소가 제기된 사건에서 피고인이 피해자의 주거에 침입할 당시 피해자는 이미 사망한 상태였기 때문에 피고인의 행위는 대상의 착오로 인하여 결과의 발생이 불가능한 때에 해당하지만 위험성이 있기 때문에 원심이 피고인을 주거침입 후 준강제추행의 불능미수의 유죄로 인정한 것은 정당하다고 판단하였다(대법원 2013. 7. 11. 선고 2013도5355 판결 참조).

형법 제27조의 입법 취지는, 행위자가 의도한 대로 구성요건을 실현하는 것이 객관적으로 보아 애당초 가능하지 않았기 때문에 원칙적으로 미수범으로도 처벌의 대상이 되지 않을 것이지만 규범적 관점에서 보아 위험성 요건을 충족하는 예외적인 경우에는 미수범으로 보아 형사처벌을 가능하게 하자는 데 있다. 그렇기 때문에 형법 제27조에서 말하는 결과 발생의 불가능 여부는 실행의 수단이나 대상을 착오한 행위자가 아니라 그 행위 자체의 의미를 통찰력이 있는 일반인의 기준에서 보아 어떠한 조건하에서도 결과 발생의 개연성이 존재하지 않는지를 기준으로 판단하여야 한다. 따라서 일정한 조건하에서는 결과 발생의 개연성이 존재하지만 특별히 그 행위 당시의 사정으로 인해 결과 발생이 이루어지지 못한 경우는 불능미수가 아니라 장애미수가 될 뿐이다.

다. 1) 먼저 이 사건의 경위를 살펴본다. 이 사건 최초 공소사실의 요지는 '피고인은 2017. 4. 18. 02:00경 자신의 집 안방에서 누워 있는 피해자의 옆에서 피해자의 가슴을 만지고 피해자의 입을 막고 바지와 팬티를 벗긴 후 1회 간음하여 강간하였다'는 것이다. 이에 대하여 피고인은 제1심 공판기일에 공소사실 기재 범행 당시 피해자가 술에 취한 것은 사실이지만 피해자의 동의하에 성관계를 한 것이라고 범행을 부인하였다. 이에 군검사는 '위 일시 장소에서 술에 취하여 누워 있는 피해자의 옆에서 피해자의 가슴을 만지고 바지와 팬티를 벗긴 후 1회 간음함으로써 피해자의 항거불능의 상태를 이용하여 강간하였다'는 예비적 공소사실을 추가하였다. 제1심은 주위적 공소사실에 대하여는 폭행 또는 협박의 점에 대하여 범죄사실의 증명이 없다고 보아 이유에서 무죄로 판단하고 예비적 공소사실인 준강간죄를 유죄로 인정하였다.

제1심판결에 대하여 피고인만이 항소하였고, 변호인은 항소이유서를 제출하여 피고인이 피해자의 항거불능의 상태를 이용하였다는 점에 대한 범죄의 증명이 없다고 다투었다. 그러자 군검사는 제1심에서 유죄가 인정된 준강간죄에 대하여 준강간미수죄의 적용법조인 형법 제300조, 제299조, 제297조를 예비적으로 추가하였다. 피고인의 주장과 같이 피해자가 항거불능의 상태에 있지 않았다 하더라도 피고인에게는 준강간의 고의가 있었으므로 준강간미수죄(불능미수)의 성립이 가능하다는 것이다. 원심은 군검사의 주장을 받아들여 피해자가 이 사건 당시 심신상실 또는 항거불능의 상태에 있었다고 인정할 증거가 부족하여 그 범죄사실의 증명이 없는 경우에 해당하지만, 피고인이 준강간의 고의를 가지고 있었던 이상 준강간죄의 불능미수에 해당한다고 판단하였다.

2) 피고인은 형법 제2편 제32장에 규정된 '강간과 추행의 죄' 중에서 강간죄 및 준강간죄로 기소되었다. 강간죄나 준강간죄는 구성요건결과의 발생을 요건으로 하는 결과범이자 보호법익의 현실적 침해를 요하는 침해범이다. 그러므로 강간죄나 준강간죄

에서 구성요건결과가 발생하였는지 여부는 간음이 이루어졌는지, 즉 그 보호법익인 개인의 성적 자기결정권이 침해되었는지 여부를 기준으로 판단하여야 한다. 이 사건에서 제1심 및 원심 모두 강간죄 및 준강간죄의 구성요건결과인 간음이 행하여졌다는 사실을 인정하고 있다. 다만 제1심은 구성요건행위인 강간의 특별한 행위양태인 '폭행 또는 협박'을 하였다는 점에 대한 증거가 없다고 판단하였고, 원심은 준강간의 특별한 행위양태인 '심신상실 또는 항거불능의 상태를 이용하여' 간음하였다는 점에 대한 증거가 없다고 판단하였을 따름이다. 그리고 간음으로 인하여 피해자의 성적 자기결정권이 침해되었다는 점에 대해서는 의문이 없다. 그렇다면 이 사건이 과연 형법 제27조에서 말하는 '결과의 발생이 불가능'한 경우, 즉 '범죄행위의 성질상 결과 발생 또는 법익침해의 가능성이 절대로 있을 수 없는 경우'(앞의 대법원 2007도3687 판결 참조)에 해당하는가? 그렇지 않다고 보아야 한다. 이 사건은 미수범의 영역에서 논의할 문제가 아니다.

　　다수의견은 피고인이 피해자가 심신상실 또는 항거불능의 상태에 있다고 인식하고 그러한 상태를 이용하여 간음할 의사로 피해자를 간음하였으나 피해자가 실제로는 심신상실 또는 항거불능의 상태에 있지 않은 경우에는, 실행의 수단 또는 대상의 착오로 인하여 준강간의 결과 발생이 불가능하였고 실제로 준강간죄의 구성요건에 해당하는 결과는 발생하지 않았지만 피고인이 행위 당시에 인식한 사정을 놓고 객관적으로 일반인의 판단으로 보았을 때 준강간의 결과가 발생할 위험성이 있었으므로 준강간죄의 불능미수가 성립한다고 한다. 그러나 준강간죄의 행위객체는 사람이므로, 이 사건에서 애당초 구성요건실현의 대상이 될 수 없다는 의미에서의 대상의 착오는 존재하지 않는다. 나아가 피고인이 피해자를 간음의 대상으로 삼은 데에 객체의 동일성에 관한 착오도 없었다. 다수의견은 피고인에게 '실행의 수단의 착오'도 있었던 것처럼 설시하고 있으나, 이 사건에서 어떠한 점에서 실행의 수단의 착오가 있다는 것인지 설명이 없다. 다수의견에서 이 사건이 실행의 수단 또는 대상의 착오로 인하여 준강간의 결과 발생, 즉 간음으로 인한 피해자의 성적 자기결정권 침해가 불가능한 경우에 해당한다고 본 것은 잘못이다.

　　다수의견은 준강간죄의 행위의 객체를 '심신상실 또는 항거불능의 상태에 있는 사람'이라고 보고 있다. 그러나 형법 제299조는 "사람의 심신상실 또는 항거불능의 상태를 이용하여 간음 또는 추행을 한 자는 제297조, 제297조의2 및 제298조의 예에 의한다."라고 규정함으로써 '심신상실 또는 항거불능의 상태를 이용'하여 '사람'을 '간음 또는 추행'하는 것을 처벌하고 있다. 즉 심신상실 또는 항거불능의 상태를 이용하는 것은 범행 방법으로서 구성요건의 특별한 행위양태에 해당하고, 구성요건행위의 객체는 사람이다. 이러한 점은 "폭행 또는 협박으로 사람을 강간한 자는 3년 이상의 유기징역에 처한다."라고 정한 형법 제297조의 규정과 비교하여 보면 보다 분명하게 드러난다. 형법 제297조의 '폭행 또는 협박으로'에 대응하는 부분이 형법 제299조의 '사람의 심신상실 또는 항거불능의 상태를 이용하여'라는 부분이다. 구성요건행위이자 구성요건결과인 간음이 피해자가 저항할 수 없는 상태에 놓였을 때 이루어진다는 점은 강간죄나 준강간죄 모두 마찬가지이다. 다만 강간죄의 경우에는 '폭행 또는 협박으로' 항거를 불가능하게 하는 데 반하여, 준강간죄의 경우에는 이미 존재하고 있는 '항거불능의 상태를 이용'한다는 점이 다를 뿐이다. 다수의견의 견해는 형벌조항의 문언의 범위를 벗어나는 해석이다.

　다수의견은 피고인이 범행을 시도할 당시 피해자가 심신상실 또는 항거불능의 상태가 아니었음이 사후적으로 판명된 이상 피고인으로서는 피해자의 심신상실 또는 항거불능의 상태를 이용하는 것이 불가능하였던 것이고, 그리하여 준강간죄 결과의 발생은 처음부터 불가능하였던 것이라고 본다. 그러나 과연 이 사건이 형법 제27조에서 규정하는 것처럼 '결과의 발생이 불가능'한 경우, 즉 범죄행위의 성질상 결과 발생 또는 법익침해의 가능성이 절대로 있을 수 없는 경우에 해당하는가? 다수의견의 고민과 법리구성은 경청할 만한 것이지만 이에 대해서 선뜻 긍정의 답변을 할 수 없다. 앞에서 살펴본 것처럼, 형법 제27조에서 말하는 '결과 발생의 불가능'은 범죄기수의 불가능뿐만 아니라 범죄실현의 불가능을 포함하는 개념으로서 결과가 현실적으로 발생하지 않았다는 '결과불발생'의 개념과는 다르기 때문이다. 이 사건에서 제1심은 준강간죄를 유죄로 인정하였다. 원심은 준강간죄를 유죄로 인정할 증거가 부족하다고 보았다. 군검사는 준강간죄가 무죄로 판단될 경우에 대비하여 적어도 준강간의 불능미수죄는 된다고 예비적으로 적용법조를 추가하였다. 형법 제27조의 입법 취지가 이런 경우를 위한 것이 아님은 이미 살펴보았다. 이 사건은 군검사가 적용을 구하는 준강간죄의 구성요건요소에 해당하는 특별한 행위양태에 대한 증거가 충분한지 여부가 문제되는 사안일 따름이다.

　3) 결론적으로, 다수의견은 구성요건해당성 또는 구성요건의 충족의 문제와 형법 제27조에서 말하는 결과 발생의 불가능의 의미를 혼동하고 있다. 만약 다수의견처럼 보게 되면, 피고인의 행위가 검사가 공소 제기한 범죄의 구성요건을 충족하지 못하면 그 결과의 발생이 불가능한 때에 해당한다는 것과 다름없고, 이 사건처럼 검사가 공소장에 기재한 적용법조에서 규정하고 있는 범죄의 구성요건요소가 되는 사실을 증명하

지 못한 때에도 불능미수범으로 처벌할 수 있다는 결론에 이르게 된다. 이러한 해석론
은 근대형법의 기본원칙인 죄형법정주의를 전면적으로 형해화하는 결과를 초래하는 것
이어서 도저히 받아들일 수 없다.

　라. 그런데도 원심은 이와 달리 그 판시와 같은 사정만을 근거로 이 부분 예비적
공소사실인 준강간미수가 인정된다고 판단하였다. 이러한 원심판결에는 형법 제27조의
불능미수에 관한 법리를 오해하여 판결에 영향을 미친 잘못이 있다.

　이상과 같은 이유로 다수의견에 반대하는 취지를 밝힌다.

[86] 부모 중 일방만 동의한 미성년자 항소취하의 효력

― 대법원 2019. 7. 10. 선고 2019도4221 판결 ―

【판시사항】

　　피고인과 국선변호인이 모두 법정기간 내에 항소이유서를 제출하지 아니하였으나 국선변호인이 항소이유서를 제출하지 아니한 데 대하여 피고인에게 귀책사유가 없는 경우, 항소법원이 취하여야 할 조치

【판결요지】

　　[1] 피고인을 위하여 선정된 국선변호인이 항소이유서 제출기간 내에 항소이유서를 제출하지 아니하면 이는 피고인을 위하여 요구되는 충분한 조력을 제공하지 아니한 것으로 보아야 하고, 이런 경우에 피고인에게 책임을 돌릴 만한 아무런 사유가 없음에도 항소법원이 형사소송법 제361조의4 제1항 본문에 따라 피고인의 항소를 기각한다면, 이는 피고인에게 국선변호인으로부터 충분한 조력을 받을 권리를 보장하고 이를 위한 국가의 의무를 규정하고 있는 헌법의 취지에 반하는 조치이다. 따라서 피고인과 국선변호인이 모두 법정기간 내에 항소이유서를 제출하지 아니하였더라도, 국선변호인이 항소이유서를 제출하지 아니한 데 대하여 피고인에게 귀책사유가 있음이 특별히 밝혀지지 않는 한, 항소법원은 종전 국선변호인의 선정을 취소하고 새로운 국선변호인을 선정하여 다시 소송기록접수통지를 함으로써 새로운 변호인으로 하여금 그 통지를 받은 때로부터 형사소송법 제361조의3 제1항의 기간 내에 피고인을 위하여 항소이유서를 제출하도록 하여야 한다. 그리고 이러한 법리는 항소법원이 종전 국선변호인의 선정을 취소하고 새로운 국선변호인을 선정하여 소송기록접수통지를 하기 이전에 피고인 스스로 변호인을 선임한 경우 그 사선변호인에 대하여도 마찬가지로 적용되어야 한다.

　　[2] 미성년자인 피고인이 제1심판결에 불복하여 항소하였다가 항소취하서를 제출하며 항소이유서를 제출하지 아니하였고, 피고인의 법정대리인 중 어머니가 항소취하에 동의하는 취지의 서면을 제출하였으나 아버지는 항소취하 동의서를 제출하지 아니하였는데, 원심이 국선변호인을 선정하여 소송기록접수통지를 하였음에도 국선변호인이 항소이유서 제출기간 만료일까지 항소이유서를 제출하지 아니하자 피고인의 어머니

가 사선변호인을 선임한 사안에서, 피고인이 항소취하서를 제출하였으나 법정대리인인 피고인 아버지의 동의가 없었으므로 항소취하는 효력이 없고, 따라서 국선변호인은 항소이유서 제출기간 내에 항소이유서를 제출하여야 함에도 법정기간 내에 항소이유서를 제출하지 아니하였으므로, 미성년자로서 필요적으로 변호인의 조력을 받아야 하는 피고인이 위와 같이 법정대리인의 동의 없이 항소취하서를 제출하였다는 사정만으로 국선변호인이 항소이유서 제출기간 내에 항소이유서를 제출하지 않은 것에 대하여 피고인에게 귀책사유가 있다고 볼 수 없는데도, 이와 달리 보아 국선변호인의 선정을 취소하고 사선변호인에게 다시 소송기록접수통지를 하여 사선변호인으로 하여금 그 통지를 받은 때로부터 형사소송법 제361조의3 제1항의 기간 내에 피고인을 위하여 항소이유서를 제출할 수 있도록 기회를 주지 아니한 채 곧바로 피고인의 항소를 기각한 원심판결에 국선변호인의 조력을 받을 권리에 관한 헌법 및 형사소송법의 법리를 오해한 잘못이 있다고 한 사례.

【상 고 인】 피고인
【원심판결】 서울고법 2019. 3. 22. 선고 2018노3529 판결

【주　　문】

　　원심판결을 파기하고, 사건을 서울고등법원에 환송한다.

【이　　유】

　　상고이유를 판단한다.
　　피고인을 위하여 선정된 국선변호인이 항소이유서 제출기간 내에 항소이유서를 제출하지 아니하면 이는 피고인을 위하여 요구되는 충분한 조력을 제공하지 아니한 것으로 보아야 하고, 이런 경우에 피고인에게 책임을 돌릴 만한 아무런 사유가 없음에도 불구하고 항소법원이 형사소송법 제361조의4 제1항 본문에 따라 피고인의 항소를 기각한다면, 이는 피고인에게 국선변호인으로부터 충분한 조력을 받을 권리를 보장하고 이를 위한 국가의 의무를 규정하고 있는 헌법의 취지에 반하는 조치이다. 따라서 피고인과 국선변호인이 모두 법정기간 내에 항소이유서를 제출하지 아니하였다고 하더라도, 국선변호인이 항소이유서를 제출하지 아니한 데 대하여 피고인에게 귀책사유가 있음이 특별히 밝혀지지 않는 한, 항소법원은 종전 국선변호인의 선정을 취소하고 새로운 국선

변호인을 선정하여 다시 소송기록접수통지를 함으로써 새로운 변호인으로 하여금 그 통지를 받은 때로부터 형사소송법 제361조의3 제1항의 기간 내에 피고인을 위하여 항소이유서를 제출하도록 하여야 한다(대법원 2012. 2. 16.자 2009모1044 전원합의체 결정 참조). 그리고 이러한 법리는 항소법원이 종전 국선변호인의 선정을 취소하고 새로운 국선변호인을 선정하여 소송기록접수통지를 하기 이전에 피고인 스스로 변호인을 선임한 경우 그 사선변호인에 대하여도 마찬가지로 적용되어야 한다.

기록에 의하면, ① 미성년자인 피고인과 검사는 제1심판결에 불복하여 항소한 사실, ② 피고인은 2018. 12. 27. 소송기록접수통지를 받고 2019. 1. 2. 항소취하서를 제출하였으며 항소이유서 제출기간 만료일까지 항소이유서를 제출하지 아니한 사실, ③ 피고인의 법정대리인 중 어머니가 2019. 1. 7. 피고인의 항소취하에 동의하는 취지의 서면을 제출하였으나, 아버지는 항소취하 동의서를 제출하지 아니한 사실, ④ 원심은 국선변호인을 선정하고 2019. 1. 18. 국선변호인에게 소송기록접수통지를 하였으나, 국선변호인은 항소이유서 제출기간 만료일인 2019. 2. 7.까지 항소이유서를 제출하지 아니한 사실, ⑤ 피고인의 어머니는 2019. 2. 8. 피고인을 위하여 사선변호인을 선임하였는데, 원심은 종전 국선변호인의 선정을 취소하면서도 사선변호인에게 소송기록접수통지를 하지 아니한 사실, ⑥ 사선변호인은 2019. 2. 25. 피고인을 위하여 항소이유서를 제출한 사실을 알 수 있다.

원심은, 위와 같은 진행경과에 비추어 보면 국선변호인이 항소이유서를 제출하지 않은 것은 항소취하서와 동의서를 제출한 피고인과 어머니에게 일부 책임이 있으므로 사선변호인에게 다시 소송기록접수통지를 할 필요가 없고, 결국 사선변호인이 제출한 항소이유서는 법정기간을 준수하지 못한 것이라는 이유로 피고인의 항소를 기각하였다.

원심의 판단을 살펴본다. 형사소송법 제350조 및 형사소송규칙 제153조 제1항에 의하면 법정대리인이 있는 피고인이 상소를 취하할 때는 법정대리인의 동의를 얻어야 하고 법정대리인은 그와 같이 동의하는 취지의 서면을 제출하여야 한다. 미성년자인 피고인이 항소취하서를 제출하였으나 법정대리인인 피고인 아버지의 동의가 없었으므로 피고인의 항소취하는 효력이 없다. 따라서 국선변호인은 항소이유서 제출기간 내에 항소이유서를 제출하여야 함에도 법정기간 내에 항소이유서를 제출하지 아니하였다. 미성년자로서 필요적으로 변호인의 조력을 받아야 하는 피고인이 위와 같이 법정대리인의 동의 없이 항소취하서를 제출하였다는 사정만으로 국선변호인이 항소이유서 제출기간 내에 항소이유서를 제출하지 않은 것에 대하여 피고인에게 귀책사유가 있다고 볼 수는 없다. 그렇다면 원심으로서는 앞서 본 법리에 따라 국선변호인의 선정을 취소하고 사선변호인에게 다시 소송기록접수통지를 하여 사선변호인으로 하여금 그 통지를 받은 때로부터 형사소송법 제361조의3 제1항의 기간 내에 피고인을 위하여 항소이유서를 제출할 수 있도록 기회를 주었어야 한다.

그럼에도 원심은 국선변호인이 항소이유서를 제출하지 아니한 데 대하여 피고인에게 일부 귀책사유가 있다는 이유로 위와 같은 조치를 취하지 아니한 채 곧바로 피고인의 항소를 기각하였다. 이러한 원심판결은 국선변호인의 조력을 받을 권리에 관한 헌법 및 형사소송법의 법리를 오해한 잘못이 있다. 이를 지적하는 피고인의 상고이유는 이유 있다.

그러므로 원심판결을 파기하고, 사건을 다시 심리·판단하게 하기 위하여 원심법원에 환송하기로 하여, 관여 대법관의 일치된 의견으로 주문과 같이 판결한다.

[87] 문화재수리기술 자격증 대여와 사기죄 성립 여부

― 대법원 2019. 12. 27. 선고 2015도10570 판결 ―

【판시사항】

문화재수리기술 자격증을 대여받아 문화재 수리공사를 도급받은 다음 공사를 정상적으로 완료하고 공사대금을 지급받은 사건에서, 공사대금을 지급받은 것은 사기죄로 처벌할 수 없다고 판단한 사례

【판결요지】

사기죄의 보호법익은 재산권이므로, 기망행위에 의하여 국가적 또는 공공적 법익이 침해되었다는 사정만으로 사기죄가 성립한다고 할 수 없다. 따라서 공사도급계약 당시 관련 영업 또는 업무를 규제하는 행정법규나 입찰 참가자격, 계약절차 등에 관한 규정을 위반한 사정이 있는 때에는 그러한 사정만으로 공사도급계약을 체결한 행위가 기망행위에 해당한다고 단정해서는 안 되고, 그 위반으로 말미암아 계약 내용대로 이행되더라도 공사의 완성이 불가능하였다고 평가할 수 있을 만큼 그 위법이 공사의 내용에 본질적인 것인지 여부를 심리·판단하여야 한다.

【상 고 인】 검사
【원심판결】 청주지법 2015. 6. 12. 선고 2014노1137 판결

【주   문】

상고를 모두 기각한다.

【이   유】

상고이유를 판단한다.

1. 이 사건 공소사실 중 사기의 점의 요지는 다음과 같다.
피고인 1은 종합문화재수리업자로 등록된 원심공동피고인 3 주식회사(이하 '원심공

동피고인 3 회사'라 한다)의 대표이사이고, 피고인 2는 원심공동피고인 3 회사 소속 문화
재수리기술자이다. 그런데 원심공동피고인 3 회사가 보유하고 있는 문화재수리기술자
4명 중 일부, 문화재수리기능자 6명은 자격증을 대여한 것일 뿐 상시 근무한 것은 아니
므로 피고인 1은 원심공동피고인 3 회사를 거짓 또는 부정한 방법으로 문화재수리업자
로 등록을 하고 문화재수리업을 영위한 것이다. 또한 피고인 1은 원심공동피고인 3 회
사가 문화재수리공사를 낙찰받는 경우 피고인 2로 하여금 원심공동피고인 3 회사 명의
로 문화재수리공사를 시행하게 할 계획이어서 실제로는 문화재수리를 직접 수행할 의
사와 능력이 없었다. 그럼에도 피고인 1은 2012. 8. 17. 피해자 충주시와 'ㅇㅇㅇㅇㅇ
주변 정비공사' 도급계약을 체결하면서, 마치 원심공동피고인 3 회사가 문화재수리기술
자 4명 등을 상시 보유하고 있는 종합문화재수리업자이고, 원심공동피고인 3 회사에서
위 공사를 직접 시행할 것처럼 피해자를 기망하여 피해자에게 '문화재기술자보유현황',
'문화재기술자 자격증 사본', '문화재기술자 및 기능자에 대한 급여지급 및 원천징수 내
역' 등을 제출한 것을 비롯하여 2013. 10. 25.경까지 13회에 걸쳐 원심판결문 별지 범
죄일람표 기재 각 계약(이하 '이 사건 각 계약'이라 한다)을 체결하였다. 이로써 피고인들
은 공모하여 피해자 충주시 등으로부터 합계 1,475,368,000원을 공사대금으로 지급받
아 이를 편취하였다.

2. 원심은 다음과 같은 이유를 들어 위 공소사실을 유죄로 판단한 제1심판결을 파
기하고 무죄로 판단하였다.

첫째, 공사도급계약에서 당사자 사이에 특약이 있거나 일의 성질상 수급인 자신이
하지 않으면 채무의 본지에 따른 이행이 될 수 없다는 등의 특별한 사정이 없는 한 반
드시 수급인 자신이 직접 일을 완성하여야 하는 것은 아니고, 이행보조자 또는 이행대
행자를 사용하더라도 공사도급계약에서 정한 대로 공사를 이행하는 한 계약을 불이행
하였다고 볼 수 없다. 이 사건에서 문화재수리업계의 오래된 고질적 관행인 명의대여나
현장전도금의 지급, 사실상 하도급 등의 행위를 문화재수리 등에 관한 법률 위반죄, 위
계에 의한 공무집행방해죄로 처벌하는 것은 별론으로 하고, 원심공동피고인 3 회사가
피고인 2를 통하여 이 사건 각 계약에서 정한 내용과 기한에 맞추어 그 공사를 제대로
이행하는 한, 이를 계약을 불이행한 것이라고 볼 수 없고, 나아가 이를 사기죄의 성립
요건인 기망행위라고 보기 어렵다.

둘째, 문화재수리 등에 관한 법률(이하 '문화재수리법'이라고 한다)에서 종합문화재수

리업자의 자격요건을 정하고 문화재수리계약을 체결할 때 '문화재기술자보유현황' 등을 제출받는 것은 실제 문화재수리를 할 수 있는 능력이 있는지를 판단하는 간명하고 객관적인 기준을 설정하여 계약절차를 명확하게 하고 입찰절차의 공정성 등을 준수하기 위한 방편으로서 공익적 목적을 입법 취지로 하는 단속법규가 규정하고 있는 절차이자 방식이다. 이러한 단속법규 위반행위에 대해서는 행정상 제재나 형사책임을 묻는 것은 당연하지만, 사기죄의 규율 대상이나 단속법규의 입법 취지에 비추어 볼 때 이러한 모든 경우에 공사를 수행할 의사나 능력이 없음에도 발주자를 기망하여 공사계약을 체결하고 공사대금을 편취하였다고 볼 수 없다.

셋째, 이 사건 각 계약 당시까지 확인되는 여러 공사실적에 의하여 문화재수리공사를 수행할 능력이 인정되는 문화재수리기술자인 피고인 2가 공사를 시행할 예정이었고, 실제로도 그가 시행한 이 사건 문화재수리공사가 모두 완료되었으며 별다른 하자나 문제점은 발견되지 않은 이 사건에서, 달리 피고인들에게 문화재수리공사를 수행할 의사나 능력이 없었다는 사실을 증명할 증거들이 없다.

3. 사기죄는 타인을 기망하여 착오에 빠뜨리고 그 처분행위를 유발하여 재물을 교부받거나 재산상 이익을 얻음으로써 성립하는 범죄로서 그 본질은 기망행위에 의한 재물이나 재산상 이익의 취득에 있다(대법원 2014. 2. 27. 선고 2011도48 판결 등 참조). 그리고 사기죄는 보호법익인 재산권이 침해되었을 때 성립하는 범죄이므로, 사기죄의 기망행위라고 하려면 불법영득의 의사 내지 편취의 범의를 가지고 상대방을 기망한 것이어야 한다. 사기죄의 주관적 구성요건인 불법영득의 의사 내지 편취의 범의는 피고인이 자백하지 않는 이상 범행 전후 피고인의 재력, 환경, 범행의 내용, 거래의 이행과정 등과 같은 객관적인 사정 등을 종합하여 판단할 수밖에 없다. 특히 공사도급계약에서 편취에 의한 사기죄의 성립 여부는 계약 당시를 기준으로 피고인에게 공사를 완성할 의사나 능력이 없음에도 피해자에게 공사를 완성할 것처럼 거짓말을 하여 피해자로부터 공사대금 등을 편취할 고의가 있었는지 여부에 의하여 판단하여야 한다. 이때 법원으로서는 공사도급계약의 내용, 그 체결 경위 및 계약의 이행과정이나 그 결과 등을 종합하여 판단하여야 한다(대법원 2008. 2. 28. 선고 2007도10416 판결, 대법원 2008. 4. 24. 선고 2007도9802 판결 등 참조).

한편 사기죄의 보호법익은 재산권이므로, 기망행위에 의하여 국가적 또는 공공적 법익이 침해되었다는 사정만으로 사기죄가 성립한다고 할 수 없다. 따라서 공사도급계약 당시 관련 영업 또는 업무를 규제하는 행정법규나 입찰 참가자격, 계약절차 등에 관한 규정을 위반한 사정이 있는 때에는 그러한 사정만으로 공사도급계약을 체결한 행위가 기망행위에 해당한다고 단정해서는 안 되고, 그 위반으로 말미암아 계약 내용대로 이행되더라도 공사의 완성이 불가능하였다고 평가할 수 있을 만큼 그 위법이 공사의 내용에 본질적인 것인지 여부를 심리·판단하여야 한다.

4. 이러한 법리에 비추어 원심의 판단을 살펴본다. 원심은 피고인 1이 부정한 방법으로 문화재수리업 등록을 한 행위, 자격증을 대여받아 사용한 행위 등은 문화재수리법 위반죄에, 계약담당 공무원들의 직무집행을 방해한 행위는 위계에 의한 공무집행방해죄에 해당하지만, 사기죄에 대하여는 이 사건 각 계약 체결 당시 피고인들에게 공사를 수행할 의사나 능력이 없었다고 보기 어렵다는 이유로 무죄를 선고하였다. 원심이 유죄로 인정한 각 죄는 모두 국가적 또는 공공적 법익을 보호법익으로 하는 범죄이고 이러한 행위가 곧바로 사기죄의 보호법익인 재산권을 침해하는 행위가 아님은 분명하다. 또한 이 사건 각 계약이 체결되었다고 하여 곧바로 공사대금이 지급되는 것도 아니다. 원심은 피고인들이 이 사건 각 계약에서 정한 내용과 기한에 맞추어 공사를 진행하여 이를 모두 완료하였고 그 완성된 공사에 별다른 하자나 문제점 등이 발견되지도 않은 이상 그 공사대금을 지급한 행위가 사기죄에서의 재물의 편취에 해당한다고 보기 어렵다고 판단하였다.

이러한 원심의 판단에 상고이유 주장과 같이 채증법칙을 위반하거나 사기죄에 관한 법리를 오해하여 판결에 영향을 미친 위법이 없다.

5. 그러므로 상고를 모두 기각하기로 하여 관여 대법관의 일치된 의견으로 주문과 같이 판결한다.

제3편

판사와 사실심

[88] 콩나물이 식품위생법상 식품인지 여부

― 서울형사지방법원 1986. 8. 16. 선고 86노2246 판결 ―

【판시사항】

콩나물이 식품위생법 제2조 소정의 '식품'에 해당하는지 여부

【판결요지】

콩나물은 두류의 종실을 흡수, 발아시킨 것으로서 식품위생법 제2조 소정의 식품에 해당한다.

【피고인, 항소인】 ○○○ 외 18인
【원심판결】 서울형사지법 85고단8219 판결

【주   문】

원심판결을 파기한다.

피고인 1 내지 16을 각 징역 ○○에, 피고인 17 내지 19를 각 벌금 ○○에 처한다.

【이   유】

1. 항소이유의 요지

변호인은, (1) 식품위생법 제2조 제1항은 "식품이라 함은 의약으로서 섭취하는 것을 제외한 모든 음식물을 말한다"고 규정하고 있는바, 음식물이란 사람이 먹고 마시는 것으로서 조리되어 바로 먹고 마실 수 있는 상태에 있는 것을 말하며 바로 먹고 마실 수 있는 상태 이전의 것, 즉 조리되기 이전의 것은 음식물 자체가 아니고 음식물을 만드는 원료 내지 재료로 보아야 할 것이고(현재 국민일반의 식생활관습상 생채인 콩나물을 그대로 음식하는 습관은 없다), 따라서 (2) 식품위생법 제6조에 근거하여 1867. 12. 23. 보사부령 제206호로 공포되고 1977. 2. 14. 보사부 고시 제7호로 발표된 "식품등의 규격 및 기준"에도 콩나물은 식품으로 분류되어 있지 아니할 뿐만 아니라, (3) 콩나물은

콩의 원래의 속성에 따라 발아성장된 것으로서 외부의 물리적, 화학적 가공행위가 없어
도 자연적으로 성장하는 것이므로 이는 농산물이라 할 것이며 이점은 콩나물(두채)과
유사한 종류인 "마늘, 고추, 양파, 당근, 우엉, 무우, 배추, 양배추" 등이 농산물검사법
및 동법시행령에 농산물의 일종인 채소류로 규정되어 있다는 점으로 미루어 보아도 명
백하다 할 것이어서, 결국 이 사건 공소제기된 콩나물은 식품위생법 소정의 식품이라고
볼 수 없다 할 것임에도 불구하고 원심은 피고인들을 유죄로 의율처단하였으니 원심판
결에는 식품위생법에 관한 법리를 오해하여 법령적용을 그르침으로써 판결에 영향을
미친 위법이 있다고 주장한다.

2. 항소이유에 대한 판단

식품위생법 제1조는 "이 법은 식품으로 인한 위생상의 위해의 방지와 식품영양의
질적 향상을 도모함으로써 국민보건의 향상과 증진에 기여함을 목적으로 한다."고 규정
하고, 동법 제2조 제1항 은 "이 법에서 식품이라 함은 모든 음식물을 말한다. 다만 의
약으로서 섭취하는 것은 예외로 한다"라고 규정하고 있는바, "콩나물"이 과연 식품위생
법 소정의 "식품"에 해당하는지의 여부는 (1) 우리 사회의 보편적인 음식물 관념 내지
일반적인 식생활 상황과 (2) 콩나물의 생산판매에 대한 위생감시의 필요 여부 등의 점
을 고려하여 신중히 판단되어야 할 것이다(대법원 1979. 4. 24. 선고 79도33 판결 참조).

살펴건대, 두류(콩)의 가공식품은 강학상 1) 된장, 간장 2) 두유, 두부 3) 콩나물
등으로 분류되며(그중 두유 이외에는 우리나라 독자의 가공식품으로 평가되어진다), 그중 콩
나물(두아)은 두류의 종실을 흡수, 발아시킨 것으로서 그 최적생산조건은 생장온도는
섭씨 25도, 수침시간은 6시간, 주수회수는 1일 4회 정도로 알려지고 있다.

또한 콩나물은 "두부"와 마찬가지로 소위 "콩나물공장"에서 대량으로 생산, 판매
하고 있는 것이 우리사회의 현실정일 뿐만 아니라 일반 국민들은 콩나물을 소위 "무공
해식품"으로 생각하여 일상의 식생활에 필수적인 "부식품"으로 선호하고 있다는 점 등
에 비추어 볼 때 국민보건상 콩나물의 생산 및 판매를 위생감시행정의 체제하에 둘 필
요성이 있다 할 것이며, 가사 콩나물을 조리하지 아니하고 그대로 음식하는 습관이 없
다고 할지라도 이 점은 식품위생법 제6조에 근거하여 보사부고시로 발표된 "식품등의
규격 및 기준"에 식품으로 열거되어 있는 "국수"나 "인스탄트면류"를 물에 삶는 등의
조리과정을 거치지 아니하고 그대로 음식 하는 일이 별로 없다는 점에 비추어 볼 때 콩
나물을 식품으로 인정하는데 방해가 되지 아니한다 할 것이다(더욱 1981. 3. 27. 보사부

고시 제81 – 20호로 발표된 "식품 등의 규격 및 기준"은 콩나물을 자연식품으로 규정하여 수은함
량을 규제하고 있다). 결국 논지는 이유 없다.

[89] 정당한 복직요구의 거부와 불법행위책임

― 서울민사지방법원 1987. 10. 21. 선고 87가합2136 판결 ―

【판시사항】

해고무효확인판결이 확정된 근로자의 복직 요청을 정당한 이유 없이 거절하는 행위는 근로자의 인격권을 침해하는 불법행위에 해당하므로, 회사는 근로자에게 그로 인한 정신적 고통을 배상할 의무가 있다고 판단한 사례

【판결요지】

징계해고가 부당하다는 해고무효확인판결이 확정된 이상 해고조치는 처음부터 그 효력이 없어 근로계약은 유효하게 존속하므로, 원고는 당연히 피고회사의 정식사원으로서의 모든 권리, 의무를 가진다. 그럼에도 피고회사는 해고무효확인판결의 확정에도 불구하고 수차례에 걸친 원고의 복직 요청을 거절하고, 정식직원으로서의 학자금 보조제도 적용 요청, 의료보험 혜택 요청을 거절하였는바, 이러한 일련의 행위는 근로계약의 효력을 부인하는 단순한 채무불이행의 단계를 넘어서서 원고를 다른 근로자들에 비하여 부당한 차별대우를 함으로써 원고가 하나의 인격으로서 갖고 있는 명예감정을 손상케 하는 불법행위를 구성한다고 할 것이다. 따라서 피고는 이로 인하여 원고가 입은 정신적 고통을 위자할 의무가 있다.

【원　　고】박○○
【피　　고】○○ 주식회사

【주　　문】

피고는 원고에게 3,000,000원 및 이에 대한 1987. 4. 30.부터 1987. 10. 21.까지는 연 5푼, 그 다음날부터 완제일까지는 연 2할 5푼의 각 비율에 의한 금원을 지급하라.

【이   유】

1. 해고무효확인 등 판결의 확정

(증거)를 종합하면, 원고는 피고회사의 기아반에서 선삭공호로 근무하다가 원고가 개인의 영리를 목적으로 회사의 승인 없이 알로에 분재를 피고 회사에 반입하여 통제구역인 기아 테스트실에 숨겨놓고 상행위를 하였고, 그 다음날 작업장을 무단이탈 하였다는 등의 사유로 1982. 4. 13. 징계해고 되었는데, 원고가 위 해고에 불복하여 1982년 일자불상경 피고회사를 상대로 수원지방법원 인천지원 사건 82가합713호로 해고무효확인 및 해고기간동안의 임금을 지급하라는 소송을 제기하여 1983. 5. 27. 원고 승소의 판결을 선고받고, 피고가 항소하여 1984. 2. 29. 서울고등법원 83나3070호로 "피고가 원고에 대하여 1982. 4. 13에 한 징계해고 처분은 무효임을 확인한다. 피고는 원고에게 1982. 4. 14.부터 원고를 원직에 복직시킬 때까지 매일 금 12,110원의 비율에 의한 금원을 지급하라"라는 내용의 원고승소판결이 선고되어, 동 판결은 1984. 11. 13. 대법원 사건 84다카633호로 상고허가 신청이 기각되어 동 판결이 확정된 사실을 인정할 수 있고 달리 반증이 없다.

3. 원고의 위자료 청구부분에 관하여 판단한다.

원고가 1975. 12. 4. 피고회사의 기아반 선반공으로 입사하여 근무하던 중 앞서 본 바와 같이 1982. 4. 13. 피고회사로부터 징계해고를 당하자, 원고가 이 징계해고는 무효라는 이유로 피고회사를 상대로 1982년경 해고무효확인 및 임금지급 청구소송을 제기하여 원고 승소판결을 선고받고, 위 판결은 상고허가신청 기각결정으로 확정된 사실은 앞서본 바와 같고, 따라서 위 해고조치는 처음부터 그 효력이 없으므로 원고와 피고회사간의 근로계약은 유효하게 존속하여, 원고는 당연히 피고회사의 정식사원으로서의 모든 권리, 의무를 가진다고 할 것인바, (증거)를 종합하면, 원고가 피고에게 1984. 11. 24., 1985. 7. 22., 1985. 10. 28. 등 여러 차례에 걸쳐 원고가 징계해고 당시 근무하던 기아반에서 근무할 수 있도록 조치하여 줄 것을 요청하였으나 피고는 위 기아반의 인원이 그동안 신규채용 또는 타부서로부터의 전보 등으로 증원되었고, 위 해고무효등 판결이 확정된 이후에도 소외 정승일 외 10명이나 새로 뽑은 일이 있으며, 앞으로도 공장을 증축하여 우선 공작기계 50대가 신규 도입될 계획임에도 불구하고, 위 기아반이 기계장비나 작업공정이 개선되어 오히려 소요인원을 줄여가야 한다는 이유를 들어 그때마다 원고의 요청을 거절한 사실, 피고회사는 1985년부터 근로자의 중고생 자녀 2명에 한하여 학자금 보조명목으로 학비의 50퍼센트를, 1987년부터는 그 100퍼센트를 지급하는 제도를 두고 있으므로 원고가 피고에게 위 제도에 따른 학자금 보조를 신청하였으나 피고회사는 원고를 정식사원과 같은 대우를 해 줄 수 없다 하여 이를 거절한 사실, 원고가 피고회사에 대하여 모든 근로자들에게 해당되는 의료보험의 혜택을 받을 수 있도록 협조하여 줄 것을 요청하였으나 이러한 요청 역시 거절한 사실, 1986. 1. 7. 에는 피고회사의 노동조합에 대하여 원고는 1982. 4. 13. 징계해고 이후 별도의 인사조치가 없으므로 회사의 종업원이 아니라고 통고하여, 피고의 노동조합원으로서의 활동을 방해한 사실들을 각 인정할 수 있는바, 위에서 인정한 피고의 일련의 행위는, 피고가 한 원고에 대한 해고처분이 위 확정판결에 의하여 무효로 선언되어 원·피고사이의 근로계약이 유효하게 존속됨에도 불구하고 근로계약의 효력을 부인하는 단순한 채무불이행의 단계를 넘어서서 원고를 다른 근로자들에 비하여 부당한 차별대우를 함으로써 원고가 하나의 인격으로서 갖고 있는 명예감정을 손상케 하는 불법행위를 구성한다고 할 것이어서 피고는 이로 인하여 원고가 입은 정신적 고통을 위자할 의무가 있다 할 것이다.

그러므로 피고회사가 원고를 징계해고 하게 된 경위 및 결과, 피고가 받은 재산상 및 신분상의 불이익 등 이사건 변론에 나타난 제반사정을 참작하여 보면, 피고가 원고에게 지급하여야할 위자료는 금 3,000,000원으로 정함이 상당하다고 하겠다.

[90] 검사의 피의사실공표와 손해배상책임

— 서울고등법원 1997. 1. 17. 선고 96나4659 판결 —

【판시사항】

수사검사가 공판청구 전에 언론사 기자들에게 피의사실을 요약·정리한 자료를 배포하고 수사경위를 발표함으로써 언론에 보도되게 한 사안에서, 피의사실을 공표한 검사와 진위를 확인하지 않은 채 혐의사실이 진실인 것처럼 단정적으로 보도한 언론사의 손해배상책임을 인정한 사례

【판결요지】

헌법 제27조 제4항은 형사피고인의 무죄추정의 원칙을 선언하고 있고, 형법 제126조는 "검찰, 경찰 기타 범죄 수사에 관한 직무를 행하는 자 또는 이를 감독하거나 보조하는 자가 그 직무를 행함에 당하여 지득한 피의사실을 공판 청구 전에 공표한 때에는 3년 이하의 징역 또는 5년 이하의 자격정지에 처한다"고 규정하고 있으며, 형사소송법 제198조는 "검사, 사법경찰관리 기타 직무상 수사에 관계있는 자는 비밀을 엄수하며 피의자 또는 다른 사람의 인권을 존중하고 수사에 방해가 되는 일이 없도록 하여야 한다"고 규정하고 있는 점 등에 비추어 볼 때, 검사 등 범죄수사에 종사하는 자가 직무상 알게 된 피의사실을 공판청구 전에 공표한 때에는 그 위법성을 조각할 만한 사유, 예컨대 수사활동 상의 필요나 시민생활의 안전 등 공공의 이익을 위하여 공소 제기 이전이라도 피의사실을 신속히 공표하지 않으면 안 될 정당한 사유가 있었다는 점에 대한 주장·입증이 없는 한 피의사실 공표행위로 말미암아 피의자를 비롯하여 수사에 관련된 사람들의 명예가 훼손되거나 그들의 사생활이 침해를 받는 경우 이로 인한 손해를 배상할 책임이 있다.

【원고, 항소인】 ○○○
【피고, 피항소인】 1. 대한민국 2. 주식회사 ○○일보사 3. 주식회사 □□일보사
【원심판결】 서울지방법원 1995. 12. 12. 선고 94가합63176, 63183(병합) 판결

【주   문】

1. 원판결 중 아래에서 지급을 명하는 부분에 해당하는 피고 대한민국, 피고 주식회사 ○○일보사에 대한 원고패소부분을 각 취소한다.

2. 피고 대한민국, 피고 주식회사 ○○일보사는 각자 원고에게 금 15,000,000원 및 이에 대한 지연손해금을 지급하라.

3. 원고의 위 피고들에 대한 나머지 항소와 피고 주식회사 □□일보사에 대한 항소를 각 기각한다.

【이   유】

1. 기초사실

가. 소외 주식회사 ○○(이하 소외 회사라고 한다)은 음, 식료품을 포함한 각종 상품을 판매하는 종합소매업 운영을 포함한 가맹점 구성 및 운영지도 등을 목적으로 하여 1988. 5.경 설립되어, 미국에서 세븐－일레븐이라는 상호로 전국적인 지점망을 구축하고 유통업을 하고 있는 유통체인업체인 소외 사우스랜드사와 편의점 운영 및 관리에 관한 경영기법 및 노우하우(상표 사용 포함)를 들여오는 기술도입계약을 체결하고, 국내에서 세븐일레븐(SEVEN－ELEVEN)이라는 상호로 24시간 영업 편의점을 체인점 형식으로 운영하는 회사이다.

나. 소외 박○○(원심 공동원고)은 1988. 8. 1.에, 원고는 같은 해 9. 12.에 소외 회사에 각 입사하여, 위 박○○은 위 회사의 재무관리부 과장으로, 원고는 위 회사의 물품구매, 판매, 광고, 기획업무 등을 사실상 책임지는 직책인 상품기획부 차장으로 각 재직하던 중, 위 회사의 대표이사인 문○○으로부터 1991. 1. 11. 서울지방검찰청에 '원고와 위 박○○ 등이 위 회사의 사업계획서 등 기밀서류를 보관 관리하고 있음을 기화로 이를 복사하여 소외 주식회사 △△의 대표이사인 채○○, 주식회사 □□의 과장직에 있는 유○○ 등에게 건네 주는 등 회사 기밀누설 및 배임 등의 죄를 범하였다'는 내용의 고소를 당하였다.

다. 서울지방검찰청 검사 □□□은 같은 해 1. 12. 위 고소 사건을 배당받아 같은 해 1. 15. 고소인인 위 문○○을, 같은 해 1. 16. 위 문○○에게 위 혐의사실을 제보한 위 회사 상품기획부 물류과장인 조○○을 소환 조사하는 등 수사를 개시하여 같은 해

1. 22. 원고와 위 박○○을 소환하여 피의자신문을 한 다음, 같은 날 서울형사지방법원으로부터 구속영장을 발부받아 원고를 구속하였는데, 그 구속영장에 기재된 사건명은 절도, 업무상 배임 등이었고, 피의사실의 요지는 별지 1 기재와 같다.

라. (1) 원고가 구속된 다음날인 같은 해 1. 23. 피고 주식회사 □□일보사(이하 피고 □□일보사라고 한다) 발행의 일간신문(조간) □□일보 제23면에 '회사기물유출 간부 구속'이라는 세로 6단 크기의 제목, '경쟁사에 자사 유통조직 등 알려'라는 중간제목, '코리아세븐 30대 차장'이라는 소제목하에 별지 2 기재와 같은 내용의 기사가 세로 4단 크기로 게재되었고,

(2) 같은 날 피고 주식회사 ○○일보사(이하 피고 ○○일보사라 한다)가 발행하는 일간신문(석간)인 ○○일보 제18면에 세로 4단 크기로 '회사기밀 유출 직원 구속'이라는 제목과 '"능력부족"질책 받자 사업계획 빼돌려'라는 소제목하에 별지 3 기재와 같은 기사가 세로 2단 크기로 게재되었으며, 또한 피고 ○○일보사가 발생하는 일간신문인 같은 날짜 ○○경제신문 제18면에도 '유통 노하우 유출 구속', '30대 간부 판촉 조직표 경쟁사에 빼돌려'라는 제목하에 별지 4 기재와 같은 내용의 2단 기사가 게재되었다.

마. (1) 원고는 같은 해 2. 8. 절도 및 업무상 배임 등 죄로 서울형사지방법원에 공소가 제기되어 위 법원 91고단786 절도 등 사건의 공판절차가 진행되던 중, 같은 해 12. 6. 검사의 공소장변경으로 위 공소사실 중 업무상 배임의 점에 대한 공소는 취소되었고 절도의 점에 대하여는 그 공소사실이 별지 5 기재와 같이 변경되었으며, 위 법원은 같은 해 12. 19. 위와 같이 변경된 공소사실을 유죄로 인정하고 원고에 대하여 벌금 1,000,000원을 선고하였다.

(2) 그러나 원고의 항소로 위 사건이 위 법원 92노637호로 항소심에 계류 중, 위 법원은 1993. 1. 28. 위 공소사실을 유죄로 인정할 증거가 없다는 이유로 원고에 대하여 무죄를 선고하였고, 이에 대하여 검사가 상고하였으나 같은 해 5. 11. 대법원에서 그 상고가 기각됨으로서 위 무죄판결이 확정되었다.

2. 피의사실공표로 인한 손해배상책임

가. 원고는, 검사 □□□은 원고에 대한 위 고소 사건을 수사함에 있어서 그 혐의사실을 공판청구 전에 언론에 공표하는 등 피의사실공표죄를 범하였고 이로 인하여 그 혐의사실이 위와 같이 일간신문에 보도됨으로써 원고는 그 명예가 훼손되는 등 정신적 손해를 입었으므로, 피고 대한민국은 공무원인 검사 □□□이 그 직무를 집행함에 있어서 위와

같이 법령에 위반한 행위를 함으로써 원고가 입은 손해를 배상할 책임이 있다고 주장한다.

나. 그러므로 살피건대 우리나라 헌법 제27조 제4항은 형사피고인의 무죄추정의 원칙을 선언하고 있고, 형법 제126조는 "검찰, 경찰 기타 범죄 수사에 관한 직무를 행하는 자 또는 이를 감독하거나 보조하는 자가 그 직무를 행함에 당하여 지득한 피의사실을 공판 청구 전에 공표한 때에는 3년 이하의 징역 또는 5년 이하의 자격정지에 처한다"고 규정하고 있으며, 형사소송법 제198조는 "검사, 사법경찰관리 기타 직무상 수사에 관계 있는 자는 비밀을 엄수하며 피의자 또는 다른 사람의 인권을 존중하고 수사에 방해가 되는 일이 없도록 하여야 한다"고 규정하고 있는 점 등에 비추어 볼 때, 검사 등 범죄수사에 종사하는 자가 직무상 알게 된 피의사실을 공판청구 전에 공표한 때에는 그 위법성을 조각할 만한 사유, 예컨대 수사활동상의 필요나 시민생활의 안전 등 공공의 이익을 위하여 공소의 제기 이전이라도 피의사실을 신속히 공표하지 않으면 안 될 정당한 사유가 있었다는 점에 대한 주장 입증이 없는 한 위 피의사실 공표행위로 말미암아 피의자를 비롯하여 수사에 관련된 사람들의 명예가 훼손되거나 그들의 사생활이 침해를 받는 경우 이로 인한 손해를 배상할 책임이 있다고 할 것이다.

다. 그런데, (증거)를 종합하면, 검사 ㅁㅁㅁ은 원고를 구속한 날인 1991. 1. 22. 서울지방검찰청 형사4부 검사실에서 피고 ㅁㅁ일보사 사회부 소속 기자인 김○○ 등이 있는 자리에서 원고와 위 박○○ 등에 대한 피의사실을 요약 정리한 자료를 배포하면서 위 문○○의 고소로 이 사건 관계자들을 조사한 결과 원고 등이 경쟁업체에 스카우트되기 위하여 소외 회사의 영업비밀을 유출하였음이 밝혀졌다고 수사경위를 발표한 사실, 위 김○○는 서울형사지방법원 영장계에서 원고에 대한 구속영장사본을 열람하여 원고에 대한 혐의사실을 지득하고 담당 검사를 찾아 가 그로부터 위와 같은 수사내용의 설명을 듣는 등의 취재활동을 거쳐 이를 토대로 신문기사를 작성하여 앞서 본 바와 같은 기사가 ㅁㅁ일보에 게재되기에 이른 사실, 피고 ○○일보사 사회부 소속 기자인 홍○○은 같은 해 1. 23. 아침에 ㅁㅁ일보에 게재된 위 기사를 읽고 원고에 대한 구속영장사본을 열람한 다음 그 혐의사실이 진실이라고 믿어 앞서 본 바와 같은 기사를 작성하여 ○○일보에 게재하였으나, 그 취재과정에서 원고와 공범으로 보도된 위 박○○(불구속 상태였음)이나 또는 원고가 영업비밀을 유출한 상대방으로 보도된 △△나 ㅁㅁ 등이 담당 직원들에게 그 기사 내용의 진위 여부를 확인하여 보지는 않았던 사실 등을 인정할 수 있는바, 위 인정사실에 의하면 검사 ㅁㅁㅁ은 그 직무상 알게 된 원고에 대한 피의사실을 법령에 위배하여 공판 청구 전에 공표함으로써 그 피의사실의 내용이 언론에 보도되게 하였다고 할 것이고, 한편 조선일보 및 중앙일보에 게재된 이 사건 신문기사(이하 이 사건 각 기사라고 한다)가 보도됨으로서 원고의 명예가 훼손당하여 정신적 고통을 입었을 것임은 경험칙상 분명하므로, 피고 대한민국은 공무원인 위 ㅁㅁㅁ의 직무상 불법행위로 인하여 원고가 입은 정신적 손해를 배상할 책임이 있다고 할 것이다.

3. 언론에 의한 명예훼손과 위법성조각사유

가. 원고는, 피고 ㅁㅁ일보사 및 피고 ㅇㅇ일보사는 이 사건 각 기사의 내용이 모두 진실이 아님에도 불구하고 위 피고들이 발행하는 위 각 신문에 위와 같은 내용을 게재 배포함으로써 원고의 명예를 훼손하였으므로, 위 피고들은 이로 인하여 원고가 입은 손해를 배상할 의무가 있다고 주장하고, 이에 대하여 위 피고들은 위 각 기사는 그 목적이 오로지 공공의 이익에 관한 것으로서 적시된 기사내용이 사실에 부합하고, 가사 진실에 부합하지 아니한 점이 있다고 하더라도 위 피고들로서는 위 기사 내용이 진실인 것으로 믿었을 뿐만 아니라 그렇게 믿은데에 상당한 이유가 있어 위법성이 없으므로 원고에 대하여 불법행위가 성립할 여지가 없다고 주장한다.

나. 그러므로 살피건대 신문 등 언론매체가 보도로 인하여 개인의 명예를 훼손하는 행위를 한 경우에도 그것이 공공의 이해에 관한 사항으로서 그 목적이 오로지 공공의 이익을 위한 것일 때에는 그 기사 등 보도내용의 진실성이 증명되거나 그 증명이 없더라도 행위자가 그것을 진실이라고 믿을 만한 상당한 이유가 있는 경우에는 위법성이 없다고 할 것인바(대법원 1996. 5. 28. 선고 94다33828 판결 참조), 이 사건 각 기사로 인하여 원고가 명예를 훼손당하는 손해를 입었음은 앞서 본 바와 같으나, 위 각 기사의 내용 자체는 유통업체인 회사의 간부가 소속 회사의 영업기밀을 경쟁업체에 제공하였다는 것으로 경쟁업체간의 과당 스카우트 행위로 말미암아 생길 수 있는 사회적 비리에 대한 사회 일반의 경각심을 높이도록 계몽한다는 점에서 일응 공공의 이익을 위하여 보도된 것이라고 할 것이므로, 나아가 위 각 기사의 내용이 과연 진실한 것인지, 가사 진실성에 대한 증명이 없더라도 위 피고들이 그것을 진실이라고 믿을 만한 상당한 이유가 있었는지에 관하여 보기로 한다.

다. (1) (생략) 이 사건 각 기사의 내용 중 원고가 소외 회사의 비밀서류나 기업비밀을 다른 기업에 유출하였다는 부분은 진실성에 대한 증명이 없는 경우에 해당한다고 할 것이다.

(2) 그런데 피고 ㅁㅁ일보사가 게재한 기사의 요지는 검사가 원고에게 위와 같은

범죄의 혐의가 있다고 판단하여 원고를 구속하였고 그 혐의 사실에 대하여 수사할 방침이라는 것이고, 그것이 진실에 부합하는 내용임은 앞에서 이미 본 바와 같으므로 위 피고의 위와 같은 보도행위는 위법성이 없어 불법행위를 구성한다고 할 수 없을 것이나, 피고 ○○일보사의 기사의 요지는 위와 같은 내용 외에도 검찰의 수사결과 원고의 혐의 내용이 사실로 밝혀진 것처럼 단정적으로 서술하는 내용을 포함하고 있고, 위 피고 소속 기자인 위 홍○○은 □□일보에 게재된 기사를 참조하고 구속영장사본을 열람한 외에는 원고나 위 박○○ 또는 그 밖의 관련 당사자들에게 접촉을 시도하여 그 진위 여부를 확인하려는 등의 노력도 하지 않은 채 단정적으로 위와 같은 기사를 작성하였음은 이미 앞서 본 바와 같으므로, 일간신문이 신속성을 요구한다는 점을 감안하더라도 위 피고가 위 기사의 취재 과정에서 그 기사의 내용이 진실이라고 믿은 데에 상당한 이유가 있었다고 보기도 어렵다고 할 것이어서, 결국 위 피고는 위 기사의 내용으로 원고가 입은 손해를 배상할 책임이 있다고 할 것이다.

4. 손해배상책임의 범위

그런데, 원고가 입은 정신적 손해는 피고 대한민국 소속 공무원의 직무상 잘못과 피고 ○○일보사의 피용자의 사무집행상의 과실이 경합하여 발생한 것임은 이미 앞서 본 바와 같으므로 위 피고들은 부진정연대채무자로서 원고에게 위자료를 지급할 의무가 있다고 할 것인데, 나아가 그 위자료의 액수에 관하여 보건대 앞서 본 사실관계 및 이 사건 변론에 나타난 원고의 연령, 학력, 직업, 가족관계 등을 종합하여 보면 그 액수는 금 15,000,000원으로 정함이 상당하다.

5. 결론

그렇다면 피고 대한민국과 피고 ○○일보사는 각자 원고에게 금 15,000,000원 및 이에 대하여 (중략) 지연손해금을 지급할 의무가 있다고 할 것이므로, 원고의 위 피고들에 대한 청구는 위 인정 범위 내에서 이유 있고 위 피고들에 대한 나머지 청구와 피고 □□일보사에 대한 청구는 각 이유 없어 이를 기각할 것인바, 원판결은 이와 결론을 일부 달리하여 부당하므로 원판결 중 위에서 지급을 명한 부분에 해당하는 원고의 피고 대한민국과 피고 ○○일보사에 대한 원고패소부분을 각 취소하여 그 지급을 명하고 원고의 위 피고들에 대한 나머지 항소와 피고 □□일보사에 대한 항소를 각 기각하기로 하여, 주문과 같이 판결한다.

[91] 공익근무요원의 생계곤란이 병역법상 '정당 사유'에 해당하는지 여부

― 인천지방법원 2002. 11. 8. 선고 2002고단5505 판결 ―

【판시사항】

공익근무요원이 숙식을 해결하지 못하여 부득이하게 복무를 이탈한 것이 병역법 제89조의2의 '정당한 사유 없이' 복무를 이탈한 때에 해당하지 않는다고 본 사례

【판결요지】

병역법 제89조의2는 공익근무요원이 정당한 사유 없이 통산 8일 이상의 기간 복무를 이탈한 때에는 징역형으로 처벌하도록 규정하고 있다. 현행 제도에 의하더라도 소속기관장은 출·퇴근 근무가 곤란하거나 업무수행의 특수성 등에 따라 필요한 경우에는 합숙근무를 하게 할 수 있고, 전가족이 거주지를 이동하여 출·퇴근 근무가 불가능하다고 인정하는 때에는 그 사유를 지방병무청장에게 통보하여 복무기관을 새로 지정할 수 있도록 하고 있음(법 제32조 제4항) 등을 감안할 때, 지방병무청장은 소집된 공익근무요원을 복무기관에 배정하기에 앞서 주거의 유무, 합숙근무의 희망 여부 등 개인적 사정을 조사하여 복무에 필요한 최소한의 주거조차 없는 사람에 대해서는 합숙근무가 가능한 복무기관을 지정하고, 일단 복무기관이 지정된 이후에도 공익근무요원이 부득이한 사정으로 주거가 없어 숙식을 해결할 수 없는 경우에는 합숙근무가 가능한 복무기관으로 재배정하는 등의 조치를 취할 의무가 있다고 보는 것이 합리적이다. 병역법 제89조의2가 "정당한 사유 없이" 복무를 이탈한 때에 한하여 형벌을 부과하고 있는 것은 경제적으로 무능력한 공익근무요원들이 정상적인 복무를 하기 위하여 필요한 제도적인 보완조치가 마련되어 있음에도 불구하고 복무를 이탈한 경우에만 형사처벌을 할 수 있다는 취지로 해석함이 상당하다.

【주   문】

피고인은 무죄

【이   유】

1. 공소의 제기

가. 공소사실

피고인은 1999. 8. 23.부터 공익근무요원으로 소집되어 인천지하철공사 박촌역에서 질서계도원으로 근무하는 자로서 2002. 3. 25. 인천지방법원에서 병역법위반죄로 징역 8월에 집행유예 2년을 선고받아 현재 그 유예기간 중에 있는 자인바, 2002. 4. 6.부터 2002. 5. 9.까지의 기간 중 통산 8일간 정당한 사유 없이 복무를 이탈하였다.

나. 적용법조

병역법 제89조의2(공익근무요원 등의 복무이탈) 다음 각 호의 1에 해당하는 사람은 3년 이하의 징역에 처한다. 이 경우 복무기간의 산입은 제30조 제2항의 규정을 준용한다.

(1) 공익근무요원으로서 정당한 사유 없이 통산 8일 이상의 기간 복무를 이탈하거나 해당 분야에 복무하지 아니한 사람 또는 정당한 근무명령에 따르지 아니하여 통산 4회 이상 경고처분된 사람

2. 피고인의 변소

가. 피고인은 현역병으로 복무하기를 희망하였으나 고졸 학력이 되지 않는다는 사유로 보충역 처분을 받았고, 공익근무요원으로 성실히 근무하여 오던 중 가정 형편상 도저히 숙식을 해결할 수 없어 합숙근무를 신청하였음에도 그 신청이 받아들여지지 않아 부득이 복무이탈을 하게 되었는바, 이와 같은 사정을 고려하지 않은 채 피고인을 병역법위반으로 처벌하는 것은 사회적 신분 또는 경제적 지위에 기한 불합리한 차별이다.

나. 병역법 제89조의2는 공익근무요원의 복무이탈에 징역형만을 정하고 있으므로, 집행유예기간 중에 있는 피고인이 보충역 복무를 면할 수 있도록 1년 6월 이상의 실형을 선고해 주기를 바란다.

3. 판단

가. 사실관계

증거에 의하면 다음과 같은 사실이 인정된다.

피고인은 아버지 윤○과 어머니 박○○ 사이에서 1978. 12. 26. 출생한 대한민국 남자이다. 피고인은 어린 시절 어머니가 가출하여 아버지와 둘이서 생활해 오면서 중학

교를 마치고 ○○고등학교 운항과에 입학하였으나 가정 형편이 어려워 1995년경 고등학교 2년을 중퇴하였다. 피고인은 1997. 9. 8. 징병검사를 받아 같은 해 10. 2. 신체등위 3급을 판정받았으나 그의 학력이 고졸 미만이라는 사유로 보충역처분을 받았다. 피고인은 아버지와 함께 보증금 300만 원짜리 월세집에서 살았으나, 가정형편이 더욱 어려워지자 아버지가 근무하는 주방기구 제조회사의 경비실 겸 숙소로 거주를 옮기고 그곳에서 신문배달 등을 하면서 숙식을 해결하였다. 피고인은 1999. 8. 23. 공익근무요원으로 소집되어 인천지하철공사 박촌역에서 질서계도 업무에 종사하게 되자 그곳에서 출·퇴근 근무를 하기가 어렵다는 등의 사정을 들어 위 회사 숙소를 떠나 친구집 또는 고시원 등지에서 생활해 오던 중, 숙식을 해결하기 위하여 일자리를 찾는다는 이유로 2000. 6. 27. 복무를 이탈하였고 이로 인하여 2002. 3. 25. 이 법원에서 병역법위반죄로 징역 8월에 집행유예 2년의 형을 선고받았다. 그 후 피고인은 같은 해 4. 12. 재복무를 시작하여 소속기관장으로부터 성실히 근무를 한다는 평가를 받았으나 자신은 공익근무요원에게 지급되는 여비, 급식비 등으로는 숙소를 마련할 수 없기 때문에 일자리를 찾아야 한다는 이유로 같은 해 4. 26.부터 복무를 이탈하였다.

나. 공익근무제도가 헌법상 평등의 원칙에 반하는지 여부

(1) 공익근무제도 개관

병역법상 징병검사에서 신체등위가 1급 내지 4급인 사람은 학력·연령 등 자질을 감안하여 현역병입영대상자·보충역 또는 제2국민역의 병역처분을 받도록 되어 있는데, 현재 현역병의 복무기간은 육군 2년, 해군 및 공군 2년 6월로 정해져 있고, 행정관서요원인 공익근무요원의 복무기간은 2년 4월로 정해져 있다(법 제14조, 제18조, 제30조, 시행령 제56조). 행정관서요원인 공익근무요원은 출·퇴근 근무하며 소속기관장의 지휘·감독을 받는데, 다만 출·퇴근 근무가 곤란하거나 업무수행의 특수성 등에 따라 필요한 경우에는 합숙근무를 하게 할 수 있다(법 제31조 제4항). 복무기관의 장은 행정관서요원에게 현역병의 봉급에 상당하는 보수 및 직무수행에 필요한 여비, 급식비 등 실비를 지급하여야 하며, 합숙근무를 하는 경우에는 그에 따른 숙식과 일상용품을 제공하여야 한다(법 제31조 제5항, 시행령 제61조). 행정관서요원은 복무와 관련하여 영리를 추구하거나 복무기관의 장의 허가 없이 다른 직무를 겸하는 행위를 하여서는 아니된다(시행령 제62조 제3호). 공익근무요원이 정당한 사유 없이 복무를 이탈한 때에는 그 이탈일수의 5배의 기간을 연장하여 복무하게 한다(법 제33조 제1항).

(2) 공익근무요원으로 근무하게 하는 것이 불합리한 차별에 해당하는가.

병역법상 공익근무제도는 국민개병주의의 원칙에 입각한 예외 없는 병역의무의 부과 및 잉여병력자원의 효율적인 활용 등의 목적을 달성하기 위하여 마련된 제도이다. 공익근무요원으로 소집된 자는 국가기관·지방자치단체·공공단체 및 사회복지시설의 공익목적에 필요한 경비·감시·보호·봉사 또는 행정업무 등의 지원업무 등에 복무함으로써 병역의무를 마친 것으로 인정된다. 병역법이 국방상의 필요를 고려하여 병무청장으로 하여금 병역의무대상자의 신체등위는 물론 학력·연령 등 자질을 감안하여 현역·보충역 등의 병역처분을 하도록 규정하고 있는 것이 합리적임은 물론이다. 문제는 병역의무대상자가 신체등위는 현역병 판정을 받을 수 있음에도 불구하고 고졸 학력에 미달한다는 사유로 보충역처분을 받은 경우 공익근무요원으로 복무하는 데 필요한 경제적 부담을 보충역 개인에게 부담시키는 것이 불합리한 차별에 해당하는지 여부이다. 국방의 의무가 국민이 마땅히 하여야 할 신성한 의무인 만큼 병역의무대상자가 현역이든 보충역이든 병역법에 정한 병역의무를 사명감과 긍지를 가지고 이행하는 데 불합리한 차별이 있어서는 안될 것이다. 병역법이 입영하지 아니하고 출·퇴근 근무를 하는 공익근무요원에 대하여도 현역병의 봉급에 상당하는 보수 및 직무수행에 필요한 여비·급식비 등을 지급하도록 규정하고 있는 것도 이러한 사정을 적극 고려한 측면이 있다. 그러나 현역병 입영대상자는 직접적인 병력형성을 위하여 군부대 복무가 필수적이라는 점에서 그 복무내용이 보충역과는 질적으로 상위할 뿐만 아니라 보충역 중에는 공익근무요원으로서 출·퇴근 근무를 희망하는 경우가 대다수를 차지하는 것이 현실이고 그밖에 국가의 재정형편 등을 감안할 때 보충역에게 공익근무요원으로 근무하는 기간 동안 숙식을 제공하지 않는다고 하여 이를 실질적 평등의 원칙에 위배되는 것이라고 볼 수는 없다. 다만, 병역법상 행정관서요원인 공익근무요원은 다른 직무를 겸하는 것이 원칙적으로 금지되어 있는 점, 이들에게 지급되는 보수, 여비 및 급식비 등이 현실적으로 숙식을 해결하는 데 크게 부족한 것이 현실이라는 점 등을 고려할 때, 경제적 사정 기타 가정형편으로 인간다운 생활을 하는 데 필요한 최소한의 주거공간조차 가지지 못한 공익근무요원에게 복무기간 동안 숙식 일체를 스스로 해결할 것을 요구하고, 만일 이를 감당할 수 없어서 부득이 복무를 이탈하는 경우에도 무조건 일률적으로 형사처벌의 제재를 가한다면 이는 사회적 신분과 경제적 지위에 따른 불합리한 차별로서 헌법상 보장된 평등권을 침해하는 결과가 될 수도 있을 것이나, 이 문제는 뒤에서 보는 바와 같이 현행 제도를 합리적으로 운용함으로써 해결할 수 있을 것으로 판단된다.

(3) 병역법 제89조의2에 정한 "정당한 사유"

병역법 제89조의2는 공익근무요원이 정당한 사유 없이 복무를 이탈한 때에는 징역형으로 처벌하도록 규정하고 있다. 병역법시행령 제59조가 행정관서요원에게 연가, 청원휴가, 병가, 공가, 특별휴가 등의 허가를 인정하고 있음에도 불구하고, 위 법조항이 재차 복무이탈의 위법성조각사유로 "정당한 사유"를 규정하고 있는 것은 병역법위반에 대한 엄정한 처벌의 필요성에 상응하여 공익근무제도를 현실로 운용함에 있어서 입법 당시 예상하지 못한 사정이 발생하였을 때에 이를 합리적으로 규율하기 위한 것이라고 할 것이다. 현행 제도에 의하더라도 소속기관장은 출·퇴근 근무가 곤란하거나 업무수행의 특수성 등에 따라 필요한 경우에는 합숙근무를 하게 할 수 있고, 전가족이 거주지를 이동하여 출·퇴근 근무가 불가능하다고 인정하는 때에는 그 사유를 지방병무청장에게 통보하여 복무기관을 새로 지정할 수 있도록 하고 있음(법 제32조 제4항) 등을 감안할 때, 지방병무청장은 소집된 공익근무요원을 복무기관에 배정하기에 앞서 주거의 유무, 합숙근무의 희망 여부 등 개인적 사정을 조사하여 복무에 필요한 최소한의 주거조차 없는 사람에 대해서는 합숙근무가 가능한 복무기관을 지정하고, 일단 복무기관이 지정된 이후에도 공익근무요원이 부득이한 사정으로 주거가 없어 숙식을 해결할 수 없는 경우에는 합숙근무가 가능한 복무기관으로 재배정하는 등의 조치를 취할 의무가 있다고 보는 것이 합리적이다. 병역법 제89조의2가 "정당한 사유 없이" 복무를 이탈한 때에 한하여 형벌을 부과하고 있는 것도 경제적으로 무능력한 공익근무요원들이 정상적인 복무를 하기 위하여 필요한 제도적인 보완조치가 마련되어 있음에도 불구하고 복무를 이탈한 경우에만 형사처벌을 할 수 있다는 취지로 해석함이 상당하다 할 것이다.

(4) 결론

앞의 사실관계에 의하면, 피고인은 공익근무요원으로 복무하면서 숙식을 해결하지 못하여 복무를 이탈한 것이라고 인정된다. 그렇다면 이는 일응 비난가능성을 결여하여 위 법조항에 정한 정당한 사유에 해당하고, 이와는 달리 피고인의 위 복무이탈행위에 대하여 비난가능성이 있다고 볼만한 다른 사정을 인정할 아무런 증거가 없으므로, 결국 이 사건 공소사실은 형사소송법 제325조에 정한 범죄로 되지 아니하거나 범죄사실의 증명이 없는 때에 해당하여 피고인에 대하여 무죄를 선고한다.

이상의 이유로 주문과 같이 판결한다.

[92] 학교용지부담금 사건 위헌법률심판 제청

― 인천지방법원 2003. 9. 17.자 2003아35 결정 ―

【판시사항】

300세대 규모 이상 공동주택의 수분양자에게만 학교용지부담금을 부과시킨 학교
용지확보에관한특례법 조항에 대하여 위헌심판제청 결정을 한 사안

【결정요지】

학교용지부담금의 납부의무자를 주택건설촉진법 등에 의하여 시행하는 사업 중
300세대 규모 이상의 주택건설용 토지를 조성·개발하는 사업지역에서 공동주택 등을
분양받는 사람 등으로 정하고 있는 학교용지확보에관한특례법 조항은 그 입법목적을 달
성하기 위한 수단으로서 상당성을 갖추고 있다고 보기 어려울 뿐만 아니라, 이를 부과·
징수함에 있어서도 합리적인 기준에 의하고 있다고 볼 수 없으므로 헌법에 위반된다.

【신 청 인】 곽○○ 외 149명
【피신청인】 1. 인천광역시 서구청장 2. 인천광역시 부평구청장

【주   문】

학교용지확보에관한특례법(2000. 1. 28. 법률 제6219호로 개정되어 2002. 12. 5. 법률
제6744호로 개정되기 전의 것) 제2조 제2호, 제3호, 제5조 제1항의 위헌 여부에 관한 심
판을 제청한다.

【이   유】

1. 위헌심판제청의 전제가 되는 사건의 개요

가. 피신청인 인천광역시 서구청장으로부터 주택건설촉진법에 의한 주택건설사업
계획승인을 받아, 일주건설 주식회사는 인천 서구 검암2지구 위에 검암 2차 풍림아파
트(718세대)를, 풍림산업 주식회사는 같은 지구 위에 검암 3차 풍림아파트(341세대)를,

신명종합건설 주식회사는 같은 지구 위에 검암 2차 신명아파트(325세대)를 각 건축하고, 피신청인 인천광역시 부평구청장으로부터 주택건설촉진법에 의한 주택건설사업계획승인을 받아 대한주택공사는 인천 부평구 삼산1택지개발지구 위에 삼산주공아파트(2098세대)를 건축하여 각 분양하였는데, 신청인들은 위 아파트들 중 별지 2 신청인별 부담금 내역 기재 각 지상의 아파트를 분양받았다.

　　나. 피신청인들은, 위 개발사업시행자들이 학교용지확보에관한특례법 시행령 제5조의2 제1항의 규정에 따라 2002. 5. 26.(검암 2차 풍림아파트), 같은 해 6. 26.(검암 3차 풍림아파트), 같은 해 8. 1.(검암 2차 신명아파트) 및 같은 달 5.(삼산주공아파트) 신청인들이 포함된 분양계약자 내역을 피신청인들에게 제출하자, 별지 2 신청인별 부담금 내역 기재 각 일자에 신청인들에게 특례법 제5조 제1항에 용지부담금을 부과하였다. 한편 신청인들이 분양받은 검암 2지구 풍림 2, 3차 아파트 단지보다 먼저 같은 지구에서 분양된 풍림 1차 아파트의 경우 280여 세대로서 300세대에 미달한다는 이유로 부담금이 부과되지 않았다.

　　다. 이에 신청인들은 피신청인들올 상대로 이 법원 2002구합3878호로 위 부담금 부과처분의 취소를 구하는 소송을 제기함과 아울러 특례법 제2조 제2호 및 제5조 제1항에 관하여 위헌법률심판제청신청을 하였다.

2. 위헌심판제청의 대상인 법률규정 및 연혁

가. 대상 법률규정

【학교용지확보에관한특례법(2000, 1. 28. 법률 제6219호로 개정되어 2002. 12. 5. 법률 6744호로 개정되기 전의 것)】

제2조(정의) 이 법에서 사용하는 용어의 정의는 다음과 같다.

2. "개발사업"이라 함은 주택건설촉진법·택지개발촉진법 및 산업입지및개발에관한법률에 의하여 시행하는 사업 중 300세대 규모 이상의 주택건설용 토지를 조성·개발하는 사업을 말한다.

3. "학교용지부담금"이라 함은 제2호에 해당하는 개발사업에 대하여 특별시장·광역시장 또는 도지사(이하 "시·도지사"라 한다)가 주택건설용 토지 또는 주택을 분양받는 자에게 학교용지확보를 위하여 징수하는 경비(이하 "부담금"이라 한다)를 말한다.

제5조(부담금의 부과·징수) ① 시·도지사는 학교용지의 확보를 위하여 개발사업지

역에서 단독주택건축을 위한 토지(공익사업을위한토지등의취득및보상에관한법률에 의한 이주용 택지로 분양받은 토지를 제외한다) 또는 공동주택(임대주택을 제외한다) 등을 분양받는 자에게 부담금을 부과·징수할 수 있다.

3. 위헌심판 제청의 이유

가. 재판의 전제성

이 사건 각 법률조항이 헌법에 위반되는지 여부는 앞서 든 재판의 전제가 되고, 위 각 조항은 아래에서 살피는 바와 같이 헌법상의 평등원칙, 비례성원칙 및 과잉금지의 원칙에 위반된다는 의심이 든다.

나. 위헌심판 제청사유

특례법에 의하여 부과, 징수되는 학교용지부담금은 택지개발사업 등 대규모 개발사업의 시행으로 인하여 학교설립 수요가 급증함에 따라 개발지역에 입주하는 사람들로부터 학교용지 매입비의 일부를 징수하여 지방자치단체의 용지비 재원으로 활용하도록 하기 위한 것으로 이른바 특별부담금에 해당한다. 조세가 국민이 국가공동체의 일원으로서 국가의 일반적 과제 수행에 필요한 재정수요를 각자의 경제적 능력에 따라 반대급부 없이 염출하는 것임에 반하여, 특별부담금은 특정한 경제·정책적 목적이나 국가의 특수한 과제의 수행을 위하여 부과·징수되고 일반예산과는 별도로 관리, 지출되는 것으로 조세의 납부의무자인 일반 국민 중 일부가 추가적으로 부담하는 또 하나의 공과금이기 때문에 그 부과, 징수에 있어서는 이러한 부담금의 부과를 통하여 수행하고자 하는 특정한 사회적·경제적 과제에 대하여 일반납세자나 사회의 다른 집단보다 특별하고 긴밀한 관계(특별한 수익이나 원인의 제공 등)가 있음으로서 그러한 목적의 실현을 위하여 집단적인 책임을 지울만한 지위에 있는 특정집단에 국한하여 부과되어야 한다.

그런데 이 사건 위헌심판제청의 대상이 된 특례법 제2조 제2호, 제3호, 제5조 제1항은 학교용지부담금의 납부의무자를 주택건설촉진법, 택지개발촉진법 및 산업입지및개발에관한법률에 의하여 시행하는 사업 중 300세대 규모 이상의 주택건설용 토지를 조성·개발하는 사업지역에서 단독주택 건축을 위한 토지 또는 공동주택 등을 분양받는 사람으로 정하고 있다. 이는 대도시권광역교통관리에관한특별법이 택지개발촉진법에 의한 택지개발사업, 도시개발법에 의한 도시개발사업, 주택건설촉진법에 의한 아파트지구개발사업·대지조성사업 및 주택건설사업, 도시및주거환경정비법에 의한 주택재개발사업과 주택재건축사업 등을 시행하는 사업자에게 광역교통시설의 건설 및 개량을

위한 광역교통시설 부담금을 부과하고 납부의무자가 이를 분양가격에 포함시켜 최종소
비자에게 전가하는 것과는 달리 일정 규모 이상의 개발사업지역에서 택지나 주택을 분
양받는 사람을 직접 부과대상으로 규정하고 있는 것이 특징이다. 이러한 점에서 학교용
지부담금은 교육재정을 마련하기 위한 조세유사적 성격을 강하게 가지므로 이를 부과
함에 있어서는 헌법상 평등원칙이나 비례성원칙과 같은 기본권제한 입법의 한계를 준
수하지 않으면 안 된다.

　　먼저 위 특례법 조항은 부담금의 부과대상이 되는 개발사업의 범위를 주택건설촉
진법·택지개발촉진법 및 산업입지및개발에관한법률에 의하여 시행하는 사업으로 국한
하고 있다. 그러나 이러한 개발사업들 외에 건축·도시개발·도시재개발법 등에 의한 개
발사업의 경우는 물론 나아가 임대주택법에 의한 임대주택건설사업의 경우에도 그 학교
용지를 확보할 필요성에 어떠한 차이가 있다고 보기는 어렵다(합리적인 사유로 부담금을
감면하는 것은 별론으로 한다). 2002. 12. 5. 법률 제6744호로 개정된 특례법 제12조 제2호
는 이러한 문제점을 시정하기 위하여 부담금의 부과대상을 확대하고 있지만, 이로 인하
여 위헌심판제청의 대상이 된 위 특례법 조항의 문제점이 해소되는 것은 아니다.

　　다음으로 위 특례법 조항은 부담금의 부과대상을 세대수를 기준으로 정하고 있다.
이는 부담금이 학교용지를 확보하여야 하는 원인을 제공한 데 대하여 부과하는 원인자
부담금의 성격을 가진다는 점에서 일견 타당한 것처럼 보인다. 그러나 택지개발사업지
구 안에서 각기 동일한 면적의 건축용지를 매수한 주택건설사업자가 분양 면적이 적은
공동주택을 건축하여 300세대 이상 분양하는 경우에는 부담금 부과대상이 되는 데 반
하여 분양면적이 큰 공동주택을 건축함으로써 분양세대수가 300세대에 미치지 않는 경
우에는 부담금 부과대상이 되지 않는 결과가 발생한다는 점을 고려하여 보면, 이는 사
회경제적으로 보다 약자의 지위에 있다고 할 수 있는 소형주택 수요자에게 보다 큰 부
담을 부과한다는 점에서 정의관념에 맞지 않을 뿐만 아니라 주택사업시행자의 입장에
서도 주택 공급을 계획함에 있어서 이를 소비자의 수요에 부응하기보다 부담금 부과대
상에 해당하는지 여부를 우선적으로 고려하게 함으로써 주택시장의 왜곡이라는 바람직
하지 못한 결과를 가져올 우려가 있다. 결론적으로 위 특례법 제2조 제2호에 정한 '300
세대 규모 이상' 여부는 주택건설촉진법 제38조 제4항, 공동주택관리령 제7조 제1항 제
1호와 같이 주택관리업자 등에 의한 의무관리대상이 되는 공동주택의 범위 등을 정하
는 데는 유용한 기준이 될 수 있어도 부담금 부과대상 여부를 결정하는 합리적인 기준
이 된다고 보기는 어렵다.

끝으로 위 특례법 조항이 정한 납부의무자가 특별부담금의 부과를 정당화할 만큼 동질성 있는 집단이라고 볼 수 있는지도 의문이다. 학교용지부담금을 광역시설 교통부담금과 같이 간접적인 방법으로 최종소비자에게 부담시키는 경우에는 개발 사업지역 전체의 주거환경을 향상시킴으로써 그 부담금 부과로 인하여 입주자 전체의 생활편의가 증진되는 이익이 있다고 쉽게 인정할 수 있는 반면, 입주자 개별로는 학교용지를 확보하는 데 이해관계를 같이한다고 도저히 볼 수 없기 때문이다.

이상에서 살펴본 것처럼 위 특례법 조항에 규정된 학교용지부담금은 그 입법목적을 달성하기 위한 수단으로서 상당성을 갖추고 있다고 보기 어려울 뿐만 아니라, 이를 부과·징수함에 있어서도 합리적인 기준에 의하고 있다고 볼 수 없으므로 헌법에 위반된다고 판단된다.

3. 결론

그렇다면 이 사건 제청대상규정은 그 위헌 여부가 본안사건 재판의 전제가 될 뿐만 아니라 이를 위헌이라고 인정할 만한 상당한 이유가 있다고 여겨지므로, 주문과 같이 결정한다.

[93] 교원임용시험 지역사범대 가산점제도 위헌 판결[*]

— 인천지방법원 2003. 10. 29. 선고 2003구합1411 판결 —

【판시사항】

교사 임용시험에서 지역사범대 가산점 제도가 위헌, 위법이라고 판단한 사례

【판결요지】

교원 임용시험의 합격자를 결정하는 기준으로 적용한 지역사범대 가산점 제도는 헌법상의 평등권 및 공무담임권을 침해하여 위헌일 뿐만 아니라 교육공무원의 임용에 관하여 능력주의와 기회균등의 원칙을 선언하고 있는 교육공무원법 제10조에도 위반하여 위법하다.

【원   고】 권○○
【피   고】 인천광역시 교육감

【주   문】

피고가 2003. 2. 5. 원고에 대하여 한 2003학년도 인천광역시 공립중등학교 교사 임용후보자 선정경쟁시험 불합격처분을 취소한다.

【이   유】

1. 처분의 경위

가. 원고는 중등학교 2급 정교사 자격 소지자로서 2002. 12. 8. 피고가 실시한 2003학년도 인천광역시 공립중등학교 교사 임용후보자 선정경쟁시험(이하 '이 사건 임용시험'이라 한다) 공통사회 교과에 응시하였다.

나. 그런데 피고는 2003. 2. 5. 원고의 점수가 위 교과 모집인원 43명 중 최저 점

<small>* '지역사범대 가산점제도' 뿐 아니라 '복수·부전공 가산점제도'에 관하여도 이 판결과 같은 취지에서 위헌이라고 판단한 「서울행정법원 2004. 7. 22. 선고 2004구합7061 판결」이 있다.</small>

수인 133점에 1.33점 미달한다는 이유로 원고에 대하여 불합격처분(이하 '이 사건 불합격처분'이라 한다)을 하였다.

4. 이 사건 불합격처분의 적법 여부

가. 인정사실

(1) 원고는 2002. 2. 5. 서울특별시 소재 고려대학교 사범대학을 졸업하여 중등학교 2급 정교사 자격을 취득한 후 같은 해 12. 8. 이 사건 임용시험 공통사회 교과에 응시하였다.

(2) 피고는 이 사건 임용시험과 관련하여 2002. 11. 9. '2003학년도 인천광역시 공립중등학교 교사 임용후보자 선정경쟁시험 시행요강(이하 '이 사건 시험요강'이라고 한다)'을 공고하였는데 그 내용은 다음과 같다.

(가) 전형방법

이 사건 임용시험은 1차 시험과 2차 시험의 두 단계로 나누어 실시되는데, 1차 시험은 교육학(4지 선택형 60문항, 배점 30점)과 전공(주관식, 배점 70점) 2과목에 대한 필기시험으로 치러지고, 1차 시험 합격자에 한해 실기시험(체육·음악·미술 교과, 배점 50점), 논술시험(배점 25점), 면접시험(배점 25점, 수업실기평가 교과는 배점 15점), 수업실기능력시험(국어·영어·수학·일본어·중국어 교과, 배점 10점) 등으로 구성된 2차 시험이 치러진다.

(나) 가산점

① 인천광역시 소재 사범계대학 졸업(예정)자로서 교원경력이 없는 자 또는 인천광역시 교육감 추천에 의해 입학한 한국교원대학교 졸업(예정)자로서 교원경력이 없는 자: 2점(요강 제13항 1호)

② 복수전공 교원자격증 소지자와 부전공 교원자격증 소지자: 1 내지 3점(요강 제13항 3 내지 5호)

③ 체육 교과 관련 경기입상자: 5점(요강 제13항 2호), 응시 교과 관련 자격증 소지자: 2점(요강 제13항 6호), 정보화 관련 자격증 소지자: 1, 2점(요강 제13항 7, 8호), 영어능력검정시험 일정 수준의 점수 취득자: 1 내지 5점(요강 제13항 9 내지 16호)

(다) 대학 성적의 반영

① 사범계대학 가산점 부여 대상자: 4년간의 성적 총점의 석차서열을 등급별로 반영(대학 성적은 기본점수 15.5점에 10등급으로 구분, 등급격차 0.5점)

② 사범계대학 가산점 미부여 대상자: 1차 시험 성적의 과목별 총 응시자 대 석차 서열을 등급별로 반영

(라) 합격자의 결정

① 1차 시험 합격자는 필기시험 점수에 가산점, 대학 성적을 합산한 점수의 고득점자 순으로 한다.

② 최종 합격자는 1차 시험 성적(가산점, 대학 성적 포함)과 2차 시험 성적을 합산한 점수의 고득점자 순으로 한다.

(3) 이 사건 임용시험 공통사회 교과의 모집인원은 43명이었는데, 총 633명이 지원하고 그 중 371명이 응시한 결과 2003. 1. 11. 원고를 포함한 54명이 1차 시험에 합격하였다.

(4) 그 후 원고는 2003. 1. 21. 실시된 2차 시험에 응시하였는데, 같은 해 2. 5. 합격 점수인 133점에 1.33점 미달하는 131.67점을 받아 최종 순위 49위로 불합격처분을 받았다. 원고는 이 사건 임용시험에서 지역사범대 가산점을 받지 못하였다. 그러나 이 사건 임용시험 공통사회 교과에 최종 합격한 43명과 불합격자 가운데 최종 순위가 원고에 앞서는 5명을 합한 48명 중 17명은 위 가산점을 받았는데, 그 중 6명의 점수는 위 가산점을 제외하면 원고의 점수에 미달하므로, 만약 피고가 지역사범대 가산점을 부여하지 않았더라면 원고의 점수는 최종 합격권 안에 들어가게 된다(공통사회 교과의 2차 시험 응시자 중 11명의 점수가 합격 점수를 전후한 2점 이내에 분포되어 있다).

(5) 원고는 2001. 12. 9.에도 피고가 실시한 2002년도 인천광역시 공립중등학교교사 임용후보자 선정경쟁시험 공통사회 교과에 응시하였으나 지역사범대 가산점을 받지 못하였고 2002. 1. 12. 1차 시험에서 합격 점수에 1.5점이 미달하여 불합격처분을 받은 바 있다.

(6) 한편 공립중등학교 교사 임용후보자 선정경쟁시험과 지역사범대 출신자 가산점 제도의 시행 현황은 다음과 같다.

(가) 당초 우리나라 중등교원양성의 중심기관은 국공립 사범대학이었다. 그러나 이들 사범계대학 출신자만으로는 해마다 급증하는 교원수요를 충족시킬 수 없게 되자, 정부는 1955년 이래 일반대학 교직과정 이수자에게 사범계대학 졸업자와 같은 자격을 부여하였고, 1965년경부터는 사립 사범대학의 설립을 대량으로 인가하여 중등교원 양성에 있어 개방화, 다양화의 길을 걷게 되었다.

(나) 1980년대에 이르러 교원수급에 있어 공급과잉의 불균형이 초래되면서 구 교

육공무원법에 의한 우선채용제도의 혜택을 받는 국립사범대학 졸업자들조차 그 전부가 졸업하는 연도에 국·공립 중등교원으로 채용되지 못하고 미발령 대기자가 적체되는 현상이 발생하였다. 그리하여 1987년도부터는 국·공립 사범대학 출신자로 충원하고 남은 자리에 한하여 실시하던 순위고사마저 사실상 실시되지 아니함으로써 사립 사범 대학교 졸업자와 일반대학 졸업자 중 교직과정 이수자들이 교육공무원으로 채용되는 길이 차단되기에 이르렀다.

(다) 이러한 상황에서 헌법재판소가 1990. 10. 8. 구 교육공무원법(1981. 11. 23. 법률 제3458호 전문개정) 제11조 제1항은 "합리적 근거없이 국·공립학교 교사로 채용되고자 하는 교사자격자를 그 출신학교의 설립주체 또는 학과에 따라 차별하고 국·공립 사범대학 출신 이외의 교사자격자가 가지는 직업선택의 자유를 제한하고 있어 헌법 제11조 제1항 및 제15조에 위반된다"는 이유로 위헌결정을 하였다(89헌마89 결정). 이에 따라 정부는 교사자격증을 소지한 사람은 국공립 사범대 출신인지 여부를 가리지 않고 누구나 임용시험을 거쳐 그 성적에 따라 교사로 채용하는 임용시험제도를 도입하였고, 이와 더불어 1990. 12. 26. 교육공무원임용후보자선정경쟁시험규칙(문교부령 제589호)을 개정하여 지역사범대 졸업자에 대한 가산점제도를 시행하게 되었다.

(라) 임용시험제도가 도입된 이후에도 매년 교사로 임용되지 못하는 인원이 적체되었고 이에 따라 그 경쟁률도 점점 높아져 중등교원 임용시험의 응시자 대비 합격률은 1996년 15.8%, 1997년 11.4%, 1998년 11.2%, 1999년 8.9%로 낮아지고 있으며, 제주도 등 교원의 수요가 많지 않은 일부 지역에서는 과목에 따라 길게는 5년에 이르기까지 신규 채용을 하지 않는 일이 발생하고 있다.

(마) 한편, 2003학년도 공립중등학교 교사 임용후보자 선정경쟁시험에서 각 시도 교육감이 부여한 지역사범대 가산점은 서울특별시, 부산광역시, 대구광역시, 광주광역시, 경기도, 강원도, 충청남도, 전라남도, 전라북도, 경상남도, 제주도가 각 5점, 충청북도가 3점, 경상북도가 2.5점, 울산광역시가 2점, 대전광역시가 1차 시험 만점의 2% 정도였다.

나. 판단

(1) 판단의 범위

이 사건의 주요 쟁점은 피고가 공립중등학교 교사 임용시험을 실시하면서 지역사범대 출신자 및 복수·부전공 교원자격증 소지자 등에게 가산점을 부여한 것이 헌법 및 법률에 위반되어 무효냐 하는 것이다. 그런데 위 지역사범대 출신자 가산점제도 및 복수·부전공 가산점제도는 피고가 2002. 11. 9. 공고한 '2003학년도 인천광역시 공립 중등학교교사 임용후보자 선정 경쟁시험 시행요강' 중 제13항 1호, 3 내지 5호에 따른 것이고, 이는 구 교육공무원임용후보자선정경쟁시험규칙 제8조 제3항 제1호, 제3호, 지역별대학지정에관한기준 제1호 등을 근거로 한 것이다. 위 각 가산점제도 가운데 지역사범대 가산점은 다시 ① 비사범계 대학 출신자를 사범계 출신자에 대하여 차별하는 것이 타당한지 여부, ② 응시지역 소재 사범계 대학 출신자에게만 가산점을 부여하여 타지역 사범계 출신자를 차별하는 것(이하 '지역가산점제도'라고만 한다)이 옳은지 여부 등으로 나누어 살펴볼 수 있는데, 이하에서는 지역가산점제도의 위헌 및 위법 여부에 논의를 국한하여 검토하기로 한다.

(2) 지역가산점제도의 위헌성

(가) 평등권 침해 여부

헌법 제11조 제1항은 "모든 국민은 법 앞에 평등하다. 누구든지 성별·종교 또는 사회적 신분에 의하여 정치적·경제적·사회적·문화적 생활의 모든 영역에 있어서 차별을 받지 아니한다."라고 규정하고 있다. 그런데 지역가산점 제도는 응시지역 소재 사범계대학 출신자에게만 가산점을 부여함으로써 타지역 출신자가 교육공무원으로 채용될 수 있는 기회를 반사적으로 제한하고 있으므로 결국 교육공무원이 되고자 하는 자를 그 출신학교의 소재지에 따라 차별하는 결과를 초래하고 있다. 그러므로 지역가산점제도가 헌법상의 평등원칙에 위반되지 않는다고 하려면 우선 이 제도가 정책수단으로서의 적합성과 합리성을 갖추고 있다고 볼 수 있어야 하고 나아가 차별취급의 목적과 수단 사이에 엄격한 비례관계가 존재하지 않으면 안 될 것이다.

피고는 지역가산점제도에 의하여 달성하려는 목적으로서 ① 지역 실정에 맞는 교육을 통한 교육자치의 실현, ② 지역 출신 우수 교원의 확보, ③ 지역 사범대의 보호·육성 등을 들고 있다. 그러나 지역가산점제도가 이러한 입법목적을 달성하기 위한 합리적인 제도라고 보기에는 다음과 같은 문제점이 있다.

첫째로, 국토가 좁고 지역별로 문화적 차이가 그다지 크지 않은 우리나라의 교육현실에서 반드시 해당 지역 출신자가 그 지역 실정에 더욱 적합한 교육을 실시할 위치에 있다고 선뜻 단정하기는 어렵다. 또한 '응시지역 소재 사범계 대학' 출신자가 그 지역 출신자의 범위와 반드시 일치하는 것도 아니다. 더욱이 지역가산점제도는 해당 지역 국·공립중등학교 교사를 그 지역 소재 사범대 출신자로 다수 채우게 되는 요인으로 작용하는데, 이는 우리나라의 교육이념인 민주교육의 목표를 달성하는 데 필요한 교육의 다양성을 저해하게 되는 점을 간과할 수 없다(위 헌법재판소 89헌마89 결정 참조).

둘째로, 지역가산점제도가 과연 해당 지역에 우수한 교사를 확보하여 그 지역 학생들로 하여금 균등하게 양질의 교육을 받을 수 있게 한다는 당초의 취지를 달성하는 효과가 있는지도 의문이다. 우수한 교사를 확보하여 지역의 학생들에게 양질의 교육을 제공하는 것은 국가 및 지방자치단체의 책무임이 분명하다. 이러한 책무는 교육시장이라는 관점에서 보면 교육서비스의 수요자인 학생과 학부모에게는 보다 우수한 교사에 의한 학습을 받고 싶은 욕구를 충족시켜 주고 다른 한편 교육서비스의 공급자인 교원에게는 능력에 따라 균등하게 임용될 수 있는 기회를 보장하는 교육제도에 의하여 효율적으로 달성될 수 있다고 할 것이다. 그러나 현재 전국에 걸쳐 시행되고 있는 지역가산점제도는 각 시도 교육위원회별로 교육시장의 진입장벽을 설치하여 자유로운 경쟁의 원리를 제약함으로써 타지역 출신 우수 교사의 임용을 제한하는 부작용을 초래하고 있는 실정이다.

셋째로, 지역가산점제도가 지역사범대를 보호·육성하는 합리적인 정책수단이라고 보기도 어렵다. 지역사범대를 보호·육성하기 위해서는 무엇보다도 우수한 인재의 유치, 유능한 교수진의 확보, 내실 있는 교과과정 등을 통하여 그 졸업자들을 경쟁력 있는 교육전문인으로 양성하는 것이 필수적이다. 그런데 지역가산점제도 아래에서 교원희망자들은 입학하려는 사범대학의 선택 기준으로 임용되기를 희망하는 시·도 소재지 위치 여부를 우선적으로 고려하게 되는 데, 이는 지역사범대의 입장에서 보아도 우수한 인재를 유치하는 데 제약이 된다. 지역사범대의 보호·육성이라는 정책목표는 우수한 인재를 유치하기 위한 각종 유인책을 마련하거나 지역사범대 상호간의 경쟁을 촉진함으로써 효율적으로 달성될 수 있는 것이지 그 졸업자들에게 소재지 지역의 교원으로 임용되는 데 우대를 받는다는 사실에 안주하도록 하거나 또는 대부분의 지역에서 학생에 의한 학교선택의 길이 막혀 있는 중등교육의 현실을 고려할 때 해당 지역 교육 수요자들의 정당한 요구를 희생함으로써 실현할 성질의 것은 아니다.

이상과 같은 점을 고려하여 볼 때, 지역가산점제도는 국·공립학교 교사로 채용되고자 하는 교사자격자를 그 출신학교의 소재지에 따라 불합리하게 차별하는 제도일 뿐만 아니라 아래에서 보는 것처럼 그들의 공무담임권 등 기본권마저 침해한다는 점에서 그에 의하여 달성하려고 하는 목적과 수단 사이에 균형을 잃고 있어 비례의 원칙에도 어긋난다.

　　(나) 공무담임권 침해 여부

　　헌법 제25조는 "모든 국민은 법률이 정하는 바에 의하여 공무담임권을 가진다."라고 규정하고 있다. 선거직 공직과는 달리 직업공무원에게는 정치적 중립성과 더불어 효율적으로 업무를 수행할 수 있는 능력이 요구되므로, 직업공무원으로의 공직취임권에 관하여 규율함에 있어서는 임용희망자의 능력·전문성·적성·품성을 기준으로 하는 이른바 능력주의 또는 성과주의를 바탕으로 하여야 한다. 따라서 공직자 선발에 관하여 능력주의에 바탕한 선발기준을 마련하지 아니하고 해당 공직이 요구하는 직무수행능력과는 무관한 요소, 예컨대 성별·종교·사회적 신분·출신지역 등을 기준으로 삼는 것은 국민의 공직취임권을 침해하는 것이 된다(헌법재판소 1999. 12. 23. 98헌마363 결정).

　　그런데 공립 중등학교 교사는 국가공무원의 신분을 가지며, 지역가산점제도는 타지역 사범계 출신의 공무담임권을 그만큼 제한하는 효과가 있으므로, 이 제도가 헌법적 정당성을 인정받으려면 헌법 제37조 제2항에 따른 기본권 제한의 요건을 갖추지 않으면 안 된다.

　　그러나 응시 지역 사범계 출신자가 타지역 출신에 비하여 교사로서의 능력이 우수하다고 볼 만한 근거가 없음은 앞에서 살펴본 바와 같을 뿐만 아니라 지역가산점제도를 규정하고 있는 이 사건 시험요강은 구 교육공무원임용후보자선정경쟁시험규칙 제8조 제3항 제1호, 제3호에 근거한 것일 뿐 교육공무원법을 비롯한 교육 관계 법률에 명시적 근거가 없으므로 이러한 점에서도 위 기본권 제한의 요건을 갖추지 못하였음이 분명하다.

　　(3) 지역가산점제도가 교육공무원법 제10조에 위반되는지 여부

　　교육공무원법 제10조는 제1항에서 "교육공무원의 임용은 그 자격·재교육성적·근무성적 기타 능력의 실증에 의하여 행한다."고 규정하고, 제2항에서 "교육공무원의 임용에 있어서는 교원으로서의 자격을 갖추고 임용을 원하는 모든 자에 대하여 능력에 따라 균등한 임용의 기회가 보장되어야 한다."고 규정함으로써 이른바 '능력주의'와 '기회균등'의 원칙을 선언하고 있다.

　　위 법 제11조 제2항은 "…공개전형에 있어서 담당할 직무수행에 필요한 연령 기타 필요한 자격요건과 공개전형의 실시에 관하여 필요한 사항은 대통령령으로 정한다."라고 규정하고 있고, 이를 근거로 교육공무원임용령 제11조 제3항은 "…공개전형의 실시에 관하여 필요한 사항은 교육인적자원부령으로 정한다"라고 규정하고 있지만, 위 각 규정의 형식이나 문언의 내용에 비추어 볼 때 위 임용령 제11조 제3항이 교육인적자원

부령에 위임하고 있는 것은 공개전형의 시험과목이나 배점, 시험실시의 공고절차 등 공개전형을 시행함에 있어 필요한 세부적이고 절차적인 사항에 한정될 뿐이고, 이를 벗어나 교육공무원법이 규정하고 있는 능력주의와 기회균등의 원칙을 제한하는 규정을 두는 것까지 위임하였다고 볼 수는 없다(대법원 2003. 7. 25. 선고 2003다23342 판결 참조).

따라서 이 사건 지역가산점제도의 근거가 되는 구 교육공무원임용후보자선정경쟁시험규칙 제8조 제3항 제1호는 모법의 위임범위를 벗어난 것으로서 위 법 제10조에 위반하여 무효라고 할 것이다.

(4) 소결

결론적으로, 피고가 이 사건 임용시험의 합격자를 결정하는 기준으로 적용한 지역가산점제도는 헌법상의 평등권 및 공무담임권을 침해하여 위헌일 뿐만 아니라 교육공무원의 임용에 관하여 능력주의와 기회균등의 원칙을 선언하고 있는 교육공무원법 제10조에도 위반하여 위법하므로, 이에 근거한 이 사건 불합격처분 역시 나머지 주장에 대하여 나아가 살펴볼 것 없이 위법하다.

5. 결론

그렇다면 원고의 이 사건 청구는 이유 있어 이를 인용하기로 하여, 주문과 같이 판결한다.

[94] 사회복지법인 부설 요양기관에 대한 방문당 수가제 차별적용 사건

― 서울행정법원 2004. 11. 11. 선고 2003구합24021 판결 ―

【판시사항】

진료행위별 수가제를 적용하는 다른 요양기관과 달리 사회복지법인 부설 요양기관의 외래진료에 대하여 '방문당 수가제'를 적용하도록 규정한 보건복지부고시가 불합리한 차별로서 위헌이라고 판단한 사례

【판결요지】

사회복지법인 부설 요양기관이 외래에서 진료를 행하는 경우 초·재진을 불문하고 당일 이루어진 모든 요양급여행위에 대하여 '방문당 수가제'를 적용하도록 한 보건복지부고시(건강보험요양급여행위및그상대가치점수)는 진료행위별 수가제를 적용하는 다른 요양기관에 비하여 불합리하게 차별하는 제도일 뿐만 아니라 그에 의하여 달성하려고 하는 목적과 수단 사이에 균형을 잃고 있어서 비례의 원칙에도 위배되므로 헌법에 위반된다.

【원　　고】　사회복지법인 ○○노인복지회 외 1인
【피　　고】　건강보험심사평가원

【주　　문】

피고가 원고 사회복지법인 ○○노인복지회에 대하여 한 2003. 2. 7.자 2003년 1월분 요양급여비용심사청구 반려처분과 원고 사회복지법인 ○○재단에 대하여 한 2003. 2. 18.자 2003년 1월분(금강산내과, 금강산치과) 요양급여비용심사청구 반려처분 및 2003. 2. 21.자 2003년 1월분(금강산한의원) 요양급여비용심사청구 반려처분을 모두 취소한다.

【이   유】

1. 처분의 경위

가. 원고들은 노인무료급식사업 등 노인복지사업을 수행할 목적으로 사회복지사업법 및 노인복지법에 근거하여 설립된 사회복지법인들로서, 목적사업의 수행에 필요한 경비조달을 목적으로 사회복지사업법 제28조, 구 의료법(2001. 1. 16. 법률 제6372호로 개정되기 전의 것) 제30조 제2항 제4호에 근거하여 그 산하에 의료기관을 개설·운영하고 있다.

원고 사회복지법인 ○○노인복지회(이하, '원고 ○○노인복지회'라 한다)는 그 산하에 강서참사랑의원을, 원고 사회복지법인 ○○재단(이하, '원고 ○○재단'이라 한다)은 그 산하에 금강산내과의원, 금강산치과의원 및 금강산한의원을 개설·운영하고 있다.

나. 2000. 7. 1. 국민건강보험법이 시행된 이후 의료보험수가제도는 요양기관이 한 요양급여행위(의료행위) 및 약제·치료재료 등의 내용과 양에 따라 요양급여비용(진료비)이 정해지는 '진료행위별 수가제'를 원칙으로 하면서 이와 더불어 보건소·보건의료원 및 보건지소 등 보건기관의 진료수가에 대해서는 1회 방문에 따른 행위로 정하는 '방문당 수가제'를, 일부 질병에 대해서는 모든 요양급여행위를 하나로 묶어 미리 책정된 일정액의 수가를 지급하는 '질병군별 포괄수가제'를 채용하고 있었다.

그런데 보건복지부장관은 2002. 11. 15. 보건복지부고시 제2002-78호로 '건강보험요양급여행위및그상대가치점수'를 개정고시(이하 '이 사건 개정고시'라 한다)하고 2003. 1. 1.부터 시행하였는데, 이에 의하면 사회복지법인이 개설한 의원·치과·한의원 등의 외래에서 진료를 행하는 경우 초·재진을 불문하고 진찰·처방·투약 및 조제·각종 검사, 이학요법·처지 및 수술 등 당일 이루어진 모든 요양급여행위에 대하여 그 상대가치점수를 의원 및 한의원은 156.13, 치과의원은 247.21로 정함으로써 결과적으로 의원 및 한의원은 1일당 8,650원, 치과의원은 1일당 13,700원을 지급받도록 하는 방문당 수가제를 적용하도록 되어 있다.

다. 원고 ○○노인복지회는 2003. 2. 3. 피고에게 강서참사랑의원의 2003년 1월분 요양급여비용 심사청구를 하면서 종전의 진료행위별 수가제를 적용하여 산정한 28,599,350원의 요양급여비용을 청구하였으나, 피고는 위 심사청구는 이 사건 개정고시에 따른 것이 아니라는 이유로 2003. 2. 7. 반려처분을 하였다.

원고 ○○재단은 2003. 2. 6. 피고에게 금강산내과의원의 2003년 1월분 요양급여비

용 심사청구를 하면서 역시 종전의 진료행위별 수가제를 적용하여 산정한 36,602,530
원의 요양급여비용을 청구하였는데, 피고는 위와 같은 이유로 2003. 2. 18. 반려처분을
하였고, 위 원고가 2003. 2. 18. 한 금강산치과의원 및 금강산한의원의 2003년 1월분
요양급여비용(금강산치과의원 22,979,360원, 금강산한의원 9,396,920원) 심사청구에 대하여
도 같은 이유로 2003. 2. 18.과 2003. 2. 21. 각 반려처분을 하였다(이하, 피고의 원고들에
대한 위 2003. 2. 7.자, 2003. 2. 18.자, 2003. 2. 21.자 반려처분을 통틀어 '이 사건 각 처분'이라
한다).

3. 처분의 적법 여부

라. 판단

(1) 우리나라 건강보험제도상 의료수가제도의 개요

국민건강보험법은 건강보험사업에 소요되는 재원을 확보하는 방법으로서 법률에
정해진 납부의무자로부터 보험료를 징수하는 이른바 사회보험방식을 채택하고 있으며
(법 제62조 내지 제75조), 의료수가 즉 요양급여비용의 지급에 관해서는 요양급여를 시행
한 의료기관에 대하여 그 대가를 지급하는 것이라는 사적 측면을 고려하여 공단 이사
장과 의약계 대표자 사이에 1년 단위로 계약에 의하여 정하는 것을 원칙으로 정하는
한편(법 제42조 제1항), 보험재정의 상태와 국민의 부담규모 등 공익적 측면을 고려하여
계약기간 만료 전 3월 이내에 계약이 체결되지 아니하면 보건복지부장관이 정하는 금
액을 요양급여비용으로 하되 이를 위 계약으로 정한 요양급여비용으로 간주하도록 규
정하고 있다(제42조 제3항).

그런데 앞서 본 바와 같이 요양급여비용에 관한 계약의 내용과 필요한 사항은 대
통령령에 위임되어 있고(법 제42조 제7항), 이와 같은 위임을 받은 법시행령은 계약의
내용을 상대가치점수의 점수 단가를 정하는 것으로 한정하고 상대가치점수의 산정 자
체는 보건복지부장관의 고시에 재위임하고 있는바(법시행령 제24조 제1항, 제2항), 이러한
위임에 근거하여 보건복지부고시 '건강보험요양급여행위및그상대가치점수'는 '제1편 행
위및그상대가치점수'에서 ① 요양기관이 요양급여를 실시하고 행위에 대한 비용을 산
정할 때에는 제2부 각 장에 분류된 분류항목의 상대가치점수에 점수당 단가를 곱한 금
액으로 산정하는 방식을 원칙으로 하되(제1편 제1부 일반원칙, Ⅰ. 일반기준, 이른바 '진료행
위별 수가제'), ② 보건소·보건지소 및 보건진료소 등의 진료수가에 대해서는 방문당으
로 하고 1회 방문당 수가에는 초·재진을 불문하고 진찰, 처방, 각종 검사, 처치·수술

등의 비용을 포함하는 방식을 규정하고 있으며(제1편 제2부 제12장 보건기관의 진료수가, 이른바 '방문당 수가제'), '제2편 질병군및그상대가치점수'에서 ③ 요양기관이 법령에 정하는 포괄적인 행위가 적용되는 질병군에 대한 입원진료를 하고자 신청하는 경우에는 행위 및 약제·치료재료 등을 포함하여 질병군 상대가치점수를 정하는 방식(제2편 제1부 일반원칙, 이른바 '질병군별 포괄수가제')을 규정하고 있다.

(2) 이 사건 개정고시의 배경 내지 경과

(가) 2000. 7. 1. 국민건강보험법이 시행됨으로써 국민건강보험공단을 단일 보험자로 하는 의료보험체계가 형성된 이후, 사회복지법인 부설 요양기관의 수는 1996년경 62개소로부터 2000. 12. 현재 287개소로 약 4.6배 증가한 반면에(2000. 12. 말 현재 전국적으로 요양기관의 수는 개인 37,298개소, 법인 1,291개소, 국립 50개소, 공립 51개소 합계 38,690개소에 달하고, 사회복지법인 부설 요양기관은 종합전문병원 1개소, 종합병원 1개소, 병원 32개소, 의원 177개소, 치과의원 8개소, 한방병원 3개소, 한방의원 65개소로서 전체 요양기관의 0.74%에 해당한다), 전국 의원의 평균 연간 진료비는 251,730,000원, 건당 진료비는 25,530원, 건당 요양일수는 4.59일, 의사 1인당 환자수는 55명, 60세 이상 수진자 구성비는 14%임에 반하여 사회복지법인 부설 요양기관의 진료비는 연간 406,210,000원, 건당 진료비는 34,313원, 건당 요양일수 8.30일, 의사 1인당 환자수는 130명, 60세 이상 수진자 구성비는 82%에 달하는 것으로 나타났다.

이러한 배경 하에서 대한의사협회는 2000. 11. 23. 보건복지부장관에 대하여 사회복지법인 부설 요양기관들이 환자 본인부담금을 감면하여 주는 등 환자유치행위를 하는 사례가 빈번하여 지역 의료기관들이 어려움을 겪고 있다는 이유로 그 처벌 및 규제를 요구하는 질의를 하였다. 이에 대하여 보건복지부장관은 2001. 1. 12. 본인부담금 감면행위는 의료법 제25조(무면허의료행위 등 금지) 제3항에 위반된 행위일 뿐만 아니라 국민건강보험법 제41조(비용의 일부 부담), 법시행령 제21조(요양기관에서 제외되는 의료기관 등) 제1항 제3호에 위배되는 행위라고 해석하고 본인부담금을 받지 않는 의료기관에 대해서는 그 부분만큼을 보험자 지급액에서 감액하여 지급하거나 또는 수가 조정이 필요하다고 판단되므로 그 구체적인 실천방안을 마련할 것을 국민건강보험공단 및 피고에게 지시하기에 이르렀다.

피고가 2001. 2. 작성한 '사회복지법인 부속요양기관 관리방안 검토' 보고서에 의하면, 사회복지법인 부설 요양기관이 다른 요양기관과 비교하여 건당 진료비, 건당 내원일수 및 진료일수가 높은 것은 진료내용이 주로 노인환자에 대한 투약과 물리치료

등일 뿐만 아니라 일부 요양기관의 본인부담금 감면조치로 말미암아 환자들이 비용의
식을 결여하고 있기 때문인데 이로 인하여 결과적으로 과잉진료 및 의료의 질 저하 현
상 등이 발생하고 있으므로, 이를 방지하기 위해서는 심사업무만으로는 한계가 있으므
로 법률적·제도적 접근방안을 강구하여야 한다는 의견이 제시되어 있다. 한편 피고는
그 무렵부터 자료 조사에 착수하여 2001. 6.경 '사회복지법인 부설 요양기관 요양급여
적정성평가보고서'를 발표하였는데, 이에 의하면 ① 60세 이상 수진자의 외래진료건수
가 전국 종합병원, 병·의원은 1998년 36,551건이었던 것이 2000년에는 54,144건으로
48% 증가하였음에 비하여 사회복지법인 부설 의원·한의원은 1998년 865건에서 2000
년에는 2,595건으로 300% 증가하였고(2000년 현재 60세 이상 노인인구가 전체 인구의 10%
인데 진료건수는 전체 외래건수의 19%, 진료비는 1조8천억 원으로 전체의 23%를 차지하고 있
다), ② 특히 사회복지법인 부설 한의원은 60세 이상 수진자에 대하여 요통·견비통·역
절풍·마목 등 퇴행성 질환에 대한 진료를 주로 실시하였으며, ③ 조사대상 사회복지법
인 부설 요양기관 237개소 가운데 95% 가량이 본인부담금을 감면하고 있었고(환자에게
교통편의 또는 급식을 제공한 요양기관은 각기 17개소로 7%), ④ 사회복지법인 부설 요양기
관의 수익금을 법인 고유목적사업을 수행하는 데 경비로 사용하는 경우 세법상 손비로
인정받아 세금감면의 혜택을 받고 있으며, ⑤ 지방자치단체로부터 시설을 무상사용하
는 요양기관의 수도 68개소가 있는 것으로 밝혀졌다.

   (나) 이러한 조사결과를 토대로 보건복지부장관은 2001. 12. 5. '양·한방 동시진료
시 요양급여비용 인정기준 통보'라는 지침을 발하여 2002. 1. 1.부터 시행하였다. 이는
양·한방 협진은 환자의 상태에 따른 적정진료를 위하여 바람직한 측면이 있는 것이 사
실이나 사회복지법인이 같은 장소에 양방의원과 한방의원을 동시에 개설하여 노인환자
를 진료하는 경우 중복진료의 폐해가 우려되기 때문에 동일 대표자가 개설한 동일 소
재지의 양·한방 병(의)원 및 양·한방과를 개설·운영하는 요양병원에서 동일인이 같은
날 동일 상병에 대하여 양·한방 동시에 동일 유형의 진료를 받은 경우 우선적으로 주
된 치료가 이루어진 양(한)방 요양기관의 요양급여비용을 산정하고 동시에 이루어진 한
(양)방 요양기관의 반복 진료비용은 전액 본인에게 부담시킨다는 것이었다.

   그 외에도 보건복지부장관은 ① 2001. 7. 1. 의사·치과의사·한의사 1인당 1일 진
찰회수가 75건을 초과할 경우에는 진찰료를 초과건수에 따라 감액하여 차등 지급하도
록 보건복지부고시를 개정하였고, ② 2001. 10. 4. 본인부담금 면제를 표방하는 사회복
지법인의 정관은 이를 불승인하고 기존 사회복지법인의 정관도 변경하도록 행정지시를

하였으며, ③ 2001. 10. 31.에는 보건복지부고시 제2001 – 56호 '의료수가의기준및일반기준'을 발하여 같은 해 11. 1.부터 시행함으로써 사회복지법인 부설 요양기관 가운데 의원급 의료기관에게 지급하는 의료급여법상의 외래수가를 내원 1일당 8,380원으로 정하는 내용의 방문당 수가제를 실시하기에 이르렀다.

그 결과 피고가 2002. 7. 4. 작성한 '사회복지법인 부설 요양기관 평가 전·후 진료 실태분석보고'에 의하면, 사회복지법인 부설 요양기관의 수는 2001년 들어 증가세가 둔화되기 시작하여 2001. 9. 이후 감소추세에 있고, 사회복지법인 부설 의원의 의사 1인당 환자수 및 월평균진료비도 2000년 5·6·7월에는 130명 및 42,170,000원이었던 것이 2001년 10·11·12월에는 86명 및 26,920,000원으로 각 34%, 36% 감소한 반면 전국 의원의 월평균진료비는 같은 기간 동안 23,030,000원에서 26,960,000원으로 17% 증가한 것으로 나타났고, 이에 피고는 사회복지법인 부설 요양기관이 1일 환자수 및 진료일수 등 측면에서 의료의 질 적정성이 확보되었고 양·한방 중복진료 및 불요불급한 진료를 억제함으로써 연간 200억 원 정도의 비용이 절감되는 효과가 발생하였다고 평가하였다.

(다) 보건복지부장관은 2002. 11. 1. 건강보험정책심의위원회를 개최하여 '건강보험요양급여행위및그상대가치점수' 개정안을 의결하였는데, 그 주요 내용은 진찰료·입원료·조제료 등 기본행위료의 상대가치점수를 조정하는 것과 사회복지법인 부설 요양기관에 대하여 방문당 정액수가제도를 도입하는 것이었다. 이에 따라 앞에서 본 바와 같이 이 사건 개정고시가 2003. 1. 1.부터 시행되기에 이르렀다.

한편 구 의료법(2002. 3. 30. 법률 제6686호로 개정되기 전의 것) 제25조 제3항은 "누구든지 영리를 목적으로 환자를 의료기관 또는 의료인에게 소개·알선 기타 유인하거나 이를 사주하는 행위를 할 수 없다"고 규정하고, 제67조는 이에 위반한 때에는 3년 이하의 징역 또는 1천만 원 이하의 벌금에 처하며, 제53조는 의료인이 이 법에 위반한 때에는 1년의 범위 내에서 면허자격을 정지할 수 있도록 규정하고 있었다. 그런데 개정된 의료법 제25조 제3항(2003. 3. 31. 시행)은 "누구든지 국민건강보험법 또는 의료급여법의 규정에 의한 본인부담금을 면제 또는 할인하는 행위, 금품 등을 제공하거나 불특정 다수인에게 교통편의를 제공하는 행위 등 영리를 목적으로 환자를 의료기관 또는 의료인에게 소개·알선·유인하는 행위 및 이를 사주하는 행위를 하여서는 아니된다"고 규정하여 사회복지법인 부설 요양기관의 본인부담금 감면행위, 금품제공 및 교통편의 제공 등이 행정상 제재는 물론 형사처벌 대상임을 분명히 하였다.

피고가 2004. 3. 사회복지법인 부설 요양기관의 실태를 조사한 결과, 사회복지법인 부설 요양기관의 수는 이 사건 개정고시가 시행되기 이전에는 292개소였던 것이 2003. 12. 현재 188개로 35% 가량 급감하였고, 이 사건 개정고시 시행 이후 위 요양기관들의 인력·장비·시설 등 의료자원이 급격히 감소하여(모든 조사대상기관에서 경영수지 악화를 이유로 방사선실·임상병리검사실 등을 폐쇄하였고, 물리치료사가 상근하는 경우에만 요양비용을 지급함으로 말미암아 물리치료사의 수도 조사대상 11개 기관 23명 중 11명이 감소한 것으로 나타났다) 과소진료 등 의료의 질 저하가 우려되기 때문에 위 요양기관들에 대한 외래진료비 정액수가의 조정을 검토할 필요가 있는 것으로 나타났다.

(3) 사회복지법인 부설 요양기관에 대한 방문당 수가제의 위헌 여부

이 사건의 쟁점은 이 사건 개정고시 중 사회복지법인이 개설한 의원·치과·한의원 등의 외래에서 진료를 행하는 경우 초·재진을 불문하고 진찰·처방·투약 및 조제·각종 검사, 이학요법·처지 및 수술 등 당일 이루어진 모든 요양급여행위에 대하여 그 상대가치점수를 의원 및 한의원은 156.13, 치과의원은 247.21로 정함으로써 방문당 수가제를 규정한 것이 헌법에 위반되어 무효인지 여부이다.

원고들은 이 사건 개정고시 중 사회복지법인 부설 요양기관에 대한 부분은 일반 요양기관의 요양급여행위에 대하여 진료행위별 수가제를 적용하고 있는 것과 비교하여 볼 때 아무런 합리적인 이유가 없이 부당하게 차별하고 있는 것일 뿐만 아니라 사회복지법인 부설 요양기관의 수진자 대부분을 차지하는 노인환자의 수진권을 부당하게 침해하는 것이므로 헌법상 평등의 원칙에 반한다고 주장한다.

살피건대, 이 사건 개정고시는 원고들이 주장하는 바와 같이 헌법상 평등의 원칙(헌법 제11조)에 위반되는지 여부가 문제되지만 이와 더불어 그 내용이 의료수가의 산정기준에 관한 것이어서 사회복지법인 부설 의료기관의 직업의 자유(헌법 제15조), 재산권(헌법 제23조) 등도 제한하는 것이라고 할 것이다. 따라서 이 사건 개정고시에 의하여 국민의 기본권을 제한할 필요가 있다 하더라도 국민의 자유와 권리를 덜 제한하는 다른 방법으로 그와 같은 목적을 달성할 수 있다든지, 위와 같은 제한으로 인하여 국민이 입게 되는 불이익이 그와 같은 제한에 의하여 달성할 수 있는 공익보다 클 경우에는 이와 같은 제한은 비록 자유와 권리의 본질적인 내용을 침해하는 것이 아니더라도 헌법에 위반되는 것임을 면할 수 없는 것이다(대법원 1994. 3. 18. 선고 92누1728 판결 참조).

보건복지부장관이 이 사건 개정고시를 발하게 된 것은 앞서 본 바와 같이 우리 사회가 노인인구가 증가하면서 사회복지법인 부설 요양기관의 수진자 대부분을 차지하는

노인환자 외래진료건수가 급증하여 건강보험재정부담이 증가하였고 그 진료내용도 진찰·투약 및 물리치료 위주로 증상완화를 목적으로 하는 단순·반복적인 것이어서 요양급여의 적정성 및 비용효과성 측면에서 비효율적이라는 데에 있고, 이는 주로 위 요양기관들이 본인부담금 감면조치 등을 통하여 저소득층 노인환자들을 유인하고 이들에게 과잉진료를 하였다고 판단하였기 때문이라고 보인다. 그러나 보건복지부장관이 이와 같은 사회복지법인 부설 요양기관의 운영실태를 시정하기 위한 방안으로서 이들에 대하여 일률적으로 방문당 수가제를 적용하도록 한 것은 그 규제 목적을 달성하기 위한 합리적이고 적절한 제도라고 보기에는 다음과 같은 문제점이 있다.

첫째로, 의료수가를 결정함에 있어서 요양급여의 상대적 가치평가는 의료행위 자체에 내재된 성격에 의하여 주로 결정될 사항으로서 의학의 발달과 의료기술의 진화에 의하여 항상 변화하는 것이고, 각종 질병의 다양성과 이에 대처하는 의약기술의 무한한 변화·발전으로 인하여 현실적으로 실행되는 요양급여행위의 종류는 극히 다양하기 때문에 요양급여행위별로 그 상대가치를 정하는 작업은 전문가에 의한 많은 노력과 시간이 소요되는 작업이 될 수밖에 없는 관계로 국민건강보험법시행령 제24조 제1항은 요양급여의 상대적 가치평가를 전체 의약계 대표자들에게 맡기지 아니하고 당해 전문가에 의한 객관적이고 공정한 평가를 통하여 결정하도록 하고 있는 것인바(위 헌법재판소 2001헌마543 결정 참조), 이러한 요양급여 상대가치의 본질에 비추어 볼 때 보건복지부장관이 사회복지법인 부설 요양기관의 위법행위 또는 과잉진료 등을 시정할 목적으로 이들 요양기관이 한 모든 요양급여행위의 상대가치점수를 획일적으로 정함으로써 방문당 수가제를 적용하도록 한 것은 그 목적 달성을 위한 적정한 수단이라고 보기 어렵다.

둘째로, 앞서 본 바와 같이 현행 의료법은 요양기관이 본인부담금을 감면하는 행위, 금품을 제공하거나 교통편의를 제공하는 행위 등을 엄하게 처벌하고 있을 뿐만 아니라(구 의료법상으로도 이러한 행위는 환자를 유인하는 것으로서 형사처벌대상이라고 해석된다) 의료인이 이러한 행위를 한 때에는 면허자격을 정지하도록 규정하고 있다. 더욱이 국민건강보험법 제40조 제1항, 제85조 제1항, 법시행령 제21조 제1항 등에 의하면, ① 요양기관이 사위 기타 부당한 방법으로 보험자·가입자 및 피부양자에게 요양급여비용을 부담하게 한 때에는 1년의 범위 내에서 요양기관에 대하여 업무정지를 명할 수 있고, ② 요양기관이 본인부담액을 받지 아니하거나 경감하여 받는 등의 방법으로 환자를 유인하거나 이와 관련하여 과잉진료행위를 하거나 부당하게 많은 진료비를 요구하는 행위로 업무정지처분을 받은 의료기관에 대해서는 법령이 정하는 바에 따라 국민건강보험법상 요양기관에서 제외할 수 있도록 규정되어 있는바, 이상과 같이 법적·행정적 제재수단이 이 사건 개정고시를 발하기 이전에 이미 충분히 갖추어져 있는 상태임을 감안하여 볼 때 앞에서 본 규제 목적을 달성하기 위하여 추가로 의료인 및 의료기관의 기본권을 제한하는 조치가 더 요구된다고 보기는 어렵다고 할 것이다

실제로도 보건복지부는 앞서 본 바와 같이 2001년경부터 요양기관의 요양급여행위에 대하여 진찰회수에 따른 차등수가제를 적용하고, 양·한방 동시진료시 중복진료를 방지할 목적으로 요양급여비용인정기준 지침을 시행하였으며, 사회복지법인 부설 요양기관에 대하여 본인부담금 감면행위를 하지 않도록 행정지도를 하는 등의 조치를 취하였고, 그 결과 보건복지부가 위 법적·행정적 제재수단을 제대로 시행하지 않은 상태에서도 피고는 2002. 7.경 사회복지법인 부설 요양기관이 행하는 의료의 질 적정성이 확보되었고 양·한방 중복진료 및 불요불급한 진료가 억제되었다고 평가한 적이 있음을 알 수 있으므로, 보건복지부가 다른 모든 정책수단을 사용해 보았지만 그 성과를 거두지 못하여 이 사건 방문당 수가제를 채택하게 된 것이라는 피고의 주장은 이를 받아들이기 어렵다.

셋째로, 이 사건 개정고시는 노인의 복건복지증진에 기여함을 목적으로 설립된 사회복지법인 부설 요양기관의 정당한 의료행위에 대해서까지도 획일적으로 적용되므로 위 요양기관이 제공하는 의료의 질에 관계없이 일반 의료기관에 비하여 불리한 요양급여비용을 지급받게 되고 그 결과 이들 요양기관을 이용하는 저소득층 노인환자의 수진권을 제약하는 측면이 있는바, 이는 "국가는 노인과 청소년의 복지향상을 위한 정책을 실시할 의무를 진다"고 규정한 헌법 제34조 제4항, "신체장애자 및 질병·노령 기타의 사유로 생활능력이 없는 국민은 법률이 정하는 바에 의하여 국가의 보호를 받는다"고 규정한 헌법 제34조 제5항의 정신에도 위반된다고 할 것이다. 피고가 제시하고 있는 자료에 의하더라도 이 사건 개정고시가 시행된 이후 사회복지법인 부설 요양기관의 수는 전국 188개소로 위 고시 시행 이전에 비하여 35% 가량 감소하였을 뿐만 아니라 위 요양기관들의 의료자원이 급격히 감소하여 과소진료 등 노인진료의 질 저하가 우려된다는 것인바, 이는 바로 사회복지법인 부설 요양기관의 모든 요양급여행위에 대하여 방문당 수가제를 획일적으로 적용할 경우 사회적으로 부작용을 가져 올 가능성이 있음을 보여주는 것이다.

피고는 사회복지법인 부설 요양기관의 인적·물적 의료자원의 질적 수준이 일반 요양기관에 비하여 낮기 때문에 이를 요양급여비용을 산정하는 데 있어서도 반영할 필

요가 있다고 주장하지만, 이는 사회복지법인 부설 요양기관으로 하여금 스스로 의료서비스의 질을 향상시키도록 할 유인(誘因)을 원천적으로 제거하는 것일 뿐만 아니라 피고 스스로 인정하듯이 사회복지법인 부설 요양기관을 이용할 것인지 아니면 일반 요양기관을 이용할 것인지 여부는 전적으로 환자의 선택에 맡겨져 있는 것이므로 보건복지부가 의료법상 본인부담금 감면 등 금지조항을 엄격히 집행한다면 저소득층 노인환자라고 하여 굳이 의료서비스의 질이 낮은 의료기관을 선호할 아무런 이유가 없을 것이므로, 피고의 위 주장은 정당한 것으로 받아들일 수 없다.

이상의 논의를 종합하여 볼 때, 이 사건 개정고시 중 사회복지법인 부설 요양기관에 대한 방문당 수가제 부분은 위 요양기관들을 다른 요양기관에 비하여 불합리하게 차별하는 제도일 뿐만 아니라 그에 의하여 달성하려고 하는 목적과 수단 사이에 균형을 잃고 있어서 비례의 원칙에도 위배되므로, 결국 헌법에 위반된다고 할 것이다.

(4) 소결

따라서 이 사건 개정고시 중 사회복지법인 부설 요양기관에 대한 부분은 무효이므로, 이에 근거한 이 사건 각 처분은 위법함을 면할 수 없다.

4. 결론

그렇다면 원고들의 이 사건 청구는 이유 있으므로 이를 인용하기로 하여, 주문과 같이 판결한다.

[95] 대학교 시간강사의 근로자성

— 서울행정법원 2004. 11. 18. 선고 2003구합36642, 2004구합5126(병합) 판결 —

【판시사항】

대학교 시간강사가 근로기준법상 근로자인지 여부

【판결요지】

대학교의 시간강사는 임금을 목적으로 종속적인 관계에서 대학교에 근로를 제공하였다 할 것이므로 근로기준법 소정의 근로자에 해당한다.

【원   고】 학교법인 ○○○신학원 외 54인
【피   고】 근로복지공단

【주   문】

원고들의 청구를 기각한다.

【이   유】

1. 처분의 경위

가. 원고들은 별지 2. 대학교별 처분내역서 기재 각 사립대학교를 설립·운영하는 학교법인들로서 피고에게 1999년도부터 2003년도까지의 산업재해보상보험료 및 임금채권부담금(이하 '산재보험료등'이라고 한다)을 신고·납부함에 있어 같은 기간 원고들의 대학교에서 강의를 하고 있는 시간강사의 강사료를 근로자들의 임금총액에서 제외하고 산재보험료등을 신고·납부하였다.

나. 피고는 원고들이 운영하는 각 사립대학교에서 강의를 하고 있는 시간강사들이 산업재해보상보험법 및 근로기준법 소정의 근로자라는 이유로, 별지 2. 대학교별 처분내역서 기재 처분일에 원고들에게 같은 대학교별 처분내역서 기재와 같은 산재보험료

등과 가산금을 부과하는 이 사건 각 처분을 하였다.

3. 처분의 적법 여부

다. 판단

산업재해보상보험법(2003. 12. 31. 법률 제7049호로 개정되기 전의 것) 제4조 제2호, 제5조, 제7조, 제57조, 근로기준법 제14조, 제18조 등의 관계 규정을 종합하면, 산업재해보상보험에 가입한 사업주는 근로기준법 소정의 근로자에 대한 관계에서만 보험가입자로서의 보험료납부의무가 있고(대법원 1997. 6. 27. 선고 96누19581 판결 등 참조), 근로기준법상의 근로자에 해당하는지 여부는 그 계약이 민법상의 고용계약이든 또는 도급계약이든 그 형식에 관계없이 실질에 있어서 근로자가 사업 또는 사업장에 임금을 목적으로 종속적인 관계에서 사용자에게 근로를 제공하였는지 여부에 따라 판단하여야 하는 것이며, 이를 판단함에 있어서는 업무의 내용이 사용자에 의하여 정하여지고 취업규칙·복무규정·인사규정 등의 적용을 받으며 업무 수행 과정에 있어서도 사용자로부터 구체적이고 직접적인 지휘·감독을 받는지 여부, 사용자에 의하여 근무 시간과 근무 장소가 지정되고 이에 구속을 받는지 여부, 근로자 스스로가 제3자를 고용하여 업무를 대행케 하는 등 업무의 대체성 유무, 비품·원자재·작업 도구 등의 소유관계, 보수가 근로 자체의 대상적(對償的) 성격을 갖고 있는지 여부와 기본급이나 고정급이 정하여져 있는지 여부 및 근로소득세의 원천징수 여부 등 보수에 관한 사항, 근로제공관계의 계속성과 사용자에의 전속성의 유무와 정도, 사회보장제도에 관한 법령 등 다른 법령에 의하여 근로자로서의 지위를 인정하여야 하는지 여부, 양 당사자의 경제·사회적 조건 등을 종합적으로 고려하여 판단하여야 할 것이다(대법원 2001. 2. 9. 선고 2000다57498 판결 등 참조).

이 사건에서 보면, 이 사건 대학교들에서 강의를 담당한 시간강사는 취업규칙의 성격을 갖는 '시간강사에 관한 규정'에 따라 총장 등에 의하여 시간강사로 위촉되어 대학교측이 지정한 강의실에서 지정된 강의시간표에 따라 대학교측이 개설한 교과목의 강의를 담당하였고, 대학교측의 학사관리에 관한 규정 및 학사일정에 따라 강의계획서를 제출하고 강의에 수반되는 수강생들의 출·결석 관리, 과제물 부과와 평가, 시험문제의 출제, 시험감독, 채점 및 평가 등 학사관리업무를 수행하였으며, 시간강사가 제3자를 고용하여 위와 같은 업무를 수행하는 것은 규정상 또는 사실상 불가능하였고, 위와 같은 업무를 수행하면서 업무수행에 불성실하거나 대학교의 제반 규정을 위반하고,

교수로서의 품위를 유지하지 못하는 경우 등에는 전임교원에 대한 해임 또는 파면처분과 동일한 의미를 갖는 징계처분인 해촉(해임)을 받도록 되어 있으며, 위와 같은 업무수행의 대가로 강사료를 지급 받았다.

시간강사들은 그 과정에서 교과목의 개설이나 강의시간 등에 관하여 협의를 하기는 하였으나 그것은 뒤에서 보는 바와 같이 복수의 대학교에 출강할 수밖에 없는 시간강사들의 편의를 도모하기 위한 일부 교무행정 담당자들의 은혜적인 조치였다고 보이고, 대학교측이 시간강사의 강의 내용이나 방식, 수강생들에 대한 평가 내용이나 방식 등에 구체적으로 관여하지는 않았지만 이는 '강의'라는 고도로 전문적이고 재량적인 정신적 근로의 특성에서 당연히 파생되는 결과일 뿐이라고 봄이 상당하다. 대학교측이 근로자임이 분명한 전임강사의 강의 내용이나 방식 등에 대해서도 구체적인 지휘·감독을 하지 않고 있는 점을 보아도 그러하다.

한편 시간강사는 위에서 본 바와 같이 전임강사와 같은 정규 근로자에게 발견할 수 있는 근로자로서의 징표, 즉 정해진 기본급이나 고정급을 지급 받고, 근로제공관계가 계속적이며, 특정 사용자에게 전속되어 있는 등의 특징을 결여하고 있으나, 이러한 특징의 흠결은 시간강사뿐만 아니라 최근에 급격하게 증가하고 있는 시간제 근로자(이른바 파트타임 근로자)에게 일반적으로 나타나는 현상으로, 시간제 근로자의 경우 실제 근로를 제공한 근로시간에 따라 일정한 비율의 임금만을 지급 받을 뿐 정규 근로자에게 지급되는 기본급 또는 고정급이나 제반 수당을 지급 받을 수 없을 뿐만 아니라 근로제공관계가 단속적인 경우가 보통이다. 특히 시간강사가 학기 단위로 위촉되는 것은 대학교육이 학기제를 취하고 있다는 사정을 배경으로 하여 대학교측이 시간강사에 대한 신뢰관계를 형성하지 못한 상황에서 특정 시간강사와 1년 단위의 장기간의 근로제공관계를 형성하는 것을 피하려 하기 때문이라고 보아야 할 것이다. 나아가 위 인정사실에서 본 바와 같이 시간강사의 강사료는 시간당 불과 3만 원 내외에서 책정되고, 특정 대학교에서 담당할 수 있는 강의시간 수가 매우 제한되어 있어 특정 대학교에 전속되는 경우 지급 받게 되는 강사료 소득만을 가지고 생활을 영위할 수 없으므로 시간강사들은 복수의 대학교에 출강함으로써 강사료 소득을 증가시켜 정상적인 생활을 영위하고자 노력하는 것이 불가피하고, 이러한 사정을 잘 아는 대학교측은 시간강사가 타 대학교나 타 기관에 출강하는 것을 제한할 수 없는 결과 시간강사들은 특정 대학교에 전속되어 있지 않게 된 것이라고 보인다. 시간강사가 특정 대학교에 전속하지 않는다는 사정은 역설적으로 시간강사의 근로 여건이 열악하다는 사정을 반증하는 것일 뿐이지 시간강사의 근로자로서의 징표를 흐리게 하는 것은 아니다.

또한 대학교가 시간강사의 근로소득세를 원천징수하는지 여부는 이 사건에서 밝혀지지 않았으나, 근로소득세는 납부의무자가 근로자임을 전제로 근로소득을 과세표준으로 하여 납부하는 것이지 근로소득세를 납부하기 때문에 근로자로 인정되는 것은 아니라고 해석하여야 하고 따라서 가사 이 사건 대학교들이 시간강사에 대한 근로소득세를 원천징수하지 않았다 하여 시간강사들의 근로자성을 부인할 수는 없다고 할 것이다.

마지막으로 대학교와 시간강사들 사이의 노무제공관계를 그 성격상 근로관계와 구별되는 도급관계나 위임관계로 볼 여지도 있으나, 도급관계는 '일의 완성'을 직접적인 목적으로 하는 데 반하여 시간강사의 노무제공은 '일의 완성'이 아니라 '강의라는 형태의 정신적 근로를 일정한 시간 제공하는 것' 자체를 목적으로 하고, 시간강사의 정신적 근로를 제공받음으로써 대학교가 추구하는 '학생의 교육'을 완성하는 것은 대학교 나아가 대학교를 설립·운영하는 학교법인의 권한에 속하는 것이라고 해석하여야 한다. 또한 위임관계는 소송사건의 해결이나 병의 치료, 재산의 관리, 부동산의 매매 등과 같은 일정한 '사무의 처리'를 목적으로 하는 것으로 위임자와 수임자 사이의 신뢰관계를 기초로 하는 데 반하여, 시간강사는 이러한 신뢰관계나 특정한 사무의 처리를 목적으로 함이 없이 강의라는 정신적 노무를 제공하고 그 대가로 강사료를 지급 받을 뿐이라는 점에서 서로 다르다고 보아야 할 것이다.

따라서 이 사건 대학교들의 시간강사는 종속적 지위에서 이 사건 대학교들 나아가 이를 설립·운영하는 원고들에게 근로를 제공하였다 할 것이므로 근로기준법 소정의 근로자에 해당하고, 이와 같은 전제에서 원고들에게 이 사건 산재보험료등과 가산금을 부과한 이 사건 처분은 적법하다.

4. 결론

그렇다면 원고들의 청구는 이유 없어 이를 기각하기로 하여, 주문과 같이 판결한다.

[96] 신주인수권부사채 변칙증여 사건

— 서울행정법원 2004. 11. 25. 선고 2003구합15591 판결 —

【판시사항】

비상장주식의 장외거래가격을 객관적 교환가치를 반영하는 가격으로 보아 상증세
법상 주식의 '시가'로 인정한 사례

【판결요지】

[1] 증권거래소에 상장되지 않은 비상장주식의 장외거래라 하더라도 반드시 시가
를 산정하기 어렵다고는 볼 수 없고, 객관적인 교환가치가 적정하게 반영된 정상적인
거래의 실례가 있으면 그 거래가격을 시가로 보아 주식의 가액을 평가하여야 한다. 어
떠한 거래가 그 거래대상의 객관적인 교환가치를 적정하게 반영하는 일반적이고 정상
적인 거래인지 여부는 ① 거래당사자들이 각기 경제적 이익의 극대화를 추구하는 대등
한 관계에 있는지, ② 거래당사자들이 거래 관련 사실에 관하여 합리적인 지식을 가지
고 있으며 강요에 의하지 아니하고 자유로운 상태에서 거래를 하였는지 등 거래를 둘
러싼 제반 사정을 종합적으로 검토하여 결정하여야 할 것이고, 만약 가족·친지 등 특
수관계에 있지 아니한 거래당사자들 사이에 다수의 거래가 이루어졌다면 이러한 거래
가 일반적이고 정상적인 거래에 해당되지 않는다는 입증책임은 이를 주장하는 측에게
있다고 보아야 한다.

[2] 이 사건 주식은 이 사건 사채 발행일을 전후하여 상당 기간 장외에서 다수의
사람들 사이에 계속 거래가 이루어졌던 점, 그 거래가격도 일정 범위 내에서 안정되어
있었고 그 후에도 그 거래가격이 지속적으로 상승하였던 점, 일반적으로 주식가치는 그
기업의 자산가치나 수익가치는 물론 시장을 둘러싼 정치·경제상황 등이 복합적으로
반영되어 형성되는 것이므로 기업의 자산가치와 주식가격이 항상 일치하는 것은 아닌
점, 이 사건 주식의 경우 발행회사인 ㅁㅁ에스디에스가 ㅁㅁ그룹 계열회사로서 인터넷
등 정보통신업종에 속한다는 점이 투자자들에게 투자유인으로 작용하였고 이로 인하여
기업의 자산가치나 수익가치와는 별개로 높은 시세가 형성되었고 그 등락 폭이 컸다고

하더라도 이는 주식시장의 특성에 기인한 것으로 볼 수 있는 점 등을 종합하여 보면, 이 사건 주식의 장외거래가격은 일반적이고 정상적인 거래에 의하여 형성된 객관적인 교환가치를 반영한 가격으로서 이 사건 주식의 시가로 봄이 상당하다.

【원   고】 이○○ 외 5인
【피   고】 1. 용산세무서장 2. 송파세무서장

【주   문】

원고들의 청구를 각 기각한다.

【이   유】

1. 처분의 경위

가. □□에스디에스 주식회사(이하 '□□에스디에스'라고 한다)는 시스템 통합구축 서비스의 판매업, 컴퓨터 및 통신기기를 이용한 정보처리 기타 컴퓨터 운영·통신업 등을 목적으로 하는 법인으로서, 1998. 12. 31. 현재 발행주식의 총수는 보통주 12,000,000주, 자본금 600억 원이고, 주주로는 □□전자 주식회사, □□물산 주식회사, □□전기 주식회사, 우리사주조합, 원고 이○○, 이□□, 이△△, 이◇◇ 및 실질주주 4,401인 등 4,409인이 있는데, 이들 주주별 주식분포상황은 별지 2 '□□에스디에스지분율변동표' 기재와 같다.

나. □□에스디에스는 1999. 2. 26. '제20회 무기명식 이권부 무보증 사모(私募) 신주인수권부 사채'(이하 '이 사건 사채'라 한다)를 발행하였는데, 그 내용은 다음과 같다.

(1) 사채의 권면총액: 230억 원(총 3,216,780주 상당)

(2) 자금조달의 목적: 시설자금

(3) 사채의 이율: 연 8%

(4) 이자지급방법: 매 3개월마다 당해 기간 이자 후급

(5) 원금상환방법: 만기 일시 상환

(6) 신주인수권 행사에 관한 사항

(가) 신주인수권 행사 비율: 100%

(나) 신주인수권 행사 가격: 7,150원

(다) 신주인수권 행사에 따라 발행할 주식의 종류: 기명식 보통주식

(라) 신주인수권 행사기간: 사채발행 후 1년이 경과하는 날로부터 상환기일 전일

(마) 신주의 납입방법: 현금 및 대용납입

(바) 본 사채는 신주인수권을 분리할 수 있다.

ㅁㅁ에스디에스는 같은 날 △△증권을 주간사로 하여 총액인수계약을 체결하여 이 사건 사채를 일괄매각하였고, △△증권은 이를 총액인수한 후 사채권과 신주인수권증권을 분리하여 같은 날 사채권은 ㅁㅁ증권에게 사채유통수익률 10%를 적용하여 21,820,000,000원에, 신주인수권증권은 원고들에게 1,180,000,000원에 각 매각하였으며, ㅁㅁ증권은 다시 위와 같이 매수한 사채권을 원고들에게 수수료 없이 같은 금액으로 전량 매각하였다. 이에 따라 원고들은 결국 별지 2 'ㅁㅁ에스디에스지분율변동표' 기재와 같이 이 사건 사채를 전량 인수·취득하게 되었다.

다. 피고들은, 이 사건 사채 발행 당시 ㅁㅁ에스디에스의 주식(이하 '이 사건 주식'이라고 한다)이 장외에서 1주당 55,000원에 거래되었으므로 그 거래가격(이하 '이 사건 거래가격'이라 한다)을 '시가'로 보아야 할 것이고, 한편 원고들이 이 사건 사채를 신주인수권 행사가격 7,150원에 인수·취득한 것은 이 사건 주식의 시가와 신주인수권 행사가격의 차액인 1주당 47,850원 상당의 금액을 그들과 특수관계에 있는 ㅁㅁ전자 등으로부터 증여받은 것이라고 보고, 구 상속세및증여세법(1998. 12. 28. 법률 제5582호로 개정되고 1999. 12. 28. 법률 제6048호로 개정되기 전의 것, 이하 '상증법'이라고 줄여 쓴다) 제42조 제2항, 같은법시행령(1998. 12. 31. 대통령령 제15971호로 개정되고 1999. 12. 31. 대통령령 제16660호로 개정되기 전의 것, 이하 같다) 제31조의5를 적용하여 원고들에게 별지 1. '부과처분목록' 당초부과처분란 기재와 같이 각 증여세부과처분(가산세 포함)을 하였다(이하, 이를 '당초 처분'이라 한다).

라. 한편 국세심판원은 2003. 2. 27. 원고들이 이 사건 사채의 신주인수권을 행사하여 교부받은 주식의 가액은 이 사건 사채 발행 당시의 발행주식총수 12,000,000주에 이 사건 거래가격을 곱한 금액에 신주인수권의 행사에 따라 추가로 발행될 3,216,780주에 발행가격 7,150원을 곱한 금액을 더하여 이를 총주식수로 나눈 금액으로 정하여 과세표준과 세액을 경정하여야 한다는 결정을 하였다. 이에 따라 피고들은 당초 처분을 경정하여 별지 1. 부과처분목록 감액경정처분란 기재와 같이 감액경정처분(가산세 포함)을 하였다(이하, 당초 처분 중 감액되지 않고 남은 부분을 '이 사건 처분'이라 한다).

2. 이 사건 처분의 적법 여부

가. 원고들의 주장

(1) 구 상증법 제42조 제2항(이하, '이 사건 법률조항'이라고 한다)은 특수관계자로부터 "대통령령이 정하는 거래를 통하여 재산을 무상으로 이전받은 경우"를 증여로 본다고 규정하면서도, 과연 어떠한 유형의 거래를 증여로 의제하는지에 관하여 아무런 기준을 제시하지 않은 채 구체적인 거래의 유형을 대통령령에 백지위임하고 있는바, 이는 헌법상 조세법률주의 및 포괄위임입법금지의 원칙에 위배된다.

(2) 이 사건 법률조항에 근거한 법시행령 제31조의5 제1항(이하, '이 사건 시행령조항'이라고 한다)은 재산의 무상이전이 아닌 저가양도의 경우에도 이를 증여로 의제하고 있는바, 이는 모법의 위임한계를 벗어난 것이어서 위법하다.

(3) 이 사건 주식이 인터넷 등을 통하여 장외에서 1주당 55,000원에 거래된 사례가 있다고 하더라도 이는 폐쇄된 비공개시장에서 제한된 범위 내의 사람들 사이에서 제한된 수량을 대상으로 이루어진 거래로서, 증권거래소에 상장되거나 증권업협회에 등록된 주식과 같이 일반공개시장에서 불특정 다수인들 사이에서 계속적으로 자유로이 거래되는 것과는 그 성질이 다르므로, 그 거래실례가격을 이 사건 주식의 객관적인 교환가치가 적정하게 반영된 정상적인 시가로 보기 어렵다. 더욱이 비상장주식의 장외거래에 대해서는 공정거래를 담보할 목적으로 규정된 증권거래법상의 각종 규제가 적용되지 않기 때문에 장외시장에서는 시세조종 등 불법행위가 만연할 위험이 클 뿐만 아니라 실제로도 이 사건 거래가격은 장외주식거래 인터넷 사이트 운영자였던 양○○, 추○○ 등이 통정매매·가장매매·시세조종 등 불법행위를 함으로써 형성된 가격이므로 이를 이 사건 주식의 객관적인 교환가격이라고 볼 수 없다.

따라서 이 사건 주식은 그 시가를 산정하기 어려운 경우에 해당하므로 상증법시행령 제54조에 정한 보충적 평가방법에 의하여 그 가액을 평가하여야 하고, 그에 따를 경우 1주당 가액이 6,490원(순자산가치 6,980원)에 불과하여 결국 과세할 증여가액이 없으므로 이 사건 처분은 위법하다.

(4) 이 사건 거래가격이 비상장주식 장외거래 인터넷 사이트에 게재되어 있다 하더라도 금융거래 조사권한이 없는 원고들로서는 그 거래가격이 실제로 거래가 이루어진 가격인지 여부를 확인할 방법이 없으므로, 원고들이 증여세 신고나 납부를 이행하지 않았다고 하더라도 이는 그 의무해태를 탓할 수 없는 정당한 사유가 있는 경우에 해당

하고, 따라서 가산세를 부과한 것은 위법하다.

다. 판단

(1) 이 사건 법률조항의 위헌 여부

구 상증법은 실질적으로는 증여와 다름이 없지만 형식적으로는 법률상 증여에 해당하지 않는 방법 등으로 재산을 이전함으로써 조세를 회피하는 것을 방지하고 실질과세의 목적을 달성하기 위하여 이른바 증여의제 규정을 두고 있다. 즉, 구 상증법 제32조에서 "특수관계에 있는 자로부터 경제적 가치를 계산할 수 있는 유형·무형의 재산(금전으로 환가할 수 있는 경제적 이익 및 법률상 또는 사실상의 권리를 포함한다.)을 직접적이거나 간접적으로 무상이전을 받은 경우에는 그 무상으로 이전된 재산에 대하여 증여세를 부과한다"고 규정한 것이 바로 그것이다. 구 상증법은 제33조에서 제41조의2까지 증여의제의 유형을 구체적으로 열거하고 있는데, 이를 살펴보면 ① 신탁의 이익을 받을 권리의 증여의제(제33조), ② 보험금의 증여의제(제34조), ③ 저가·고가양도시의 증여의제(제35조), ④ 채무면제 등의 증여의제(제36조), ⑤ 토지무상사용권리의 증여의제(제37조), ⑥ 합병시의 증여의제(제38조), ⑦ 증자·감자시의 증여의제(제39조), ⑧ 전환사채 이익에 대한 증여의제(제40조), ⑨ 특정법인과의 거래를 통한 이익에 대한 증여의제(제41조), ⑩ 명의신탁재산의 증여의제(제41조의2) 등이 있다.

그런데 구 상증법 제42조는 위에서 열거한 증여의제 유형에 해당되지 아니하는 그 밖의 이익에 대하여 과세할 목적으로 "① 제33조 내지 제41조의2에 준하는 것으로서 제3자를 통한 간접적인 방법으로 재산(금전으로 환가할 수 있는 경제적 이익 및 법률상 또는 사실상의 권리를 포함한다.)이 사실상 무상으로 이전된 경우에는 당해 재산을 이전받은 자가 그 이전받은 때에 제3자를 통하여 당해 재산을 이전한 자로부터 대통령령이 정하는 재산가액을 증여받은 것으로 본다. ② 제1항 및 제33조 내지 제41조의2의 경우 외에 특수관계에 있는 자간의 거래로서 대통령령이 정하는 거래를 통하여 재산을 무상으로 이전받은 경우에는 당해 재산을 이전받은 자가 그 이전받은 때에 그 특수관계에 있는 자로부터 대통령령이 정하는 재산가액을 증여받은 것으로 본다. ③ 제2항의 규정에 의한 특수관계에 있는 자 및 재산가액의 계산에 관하여 필요한 사항은 대통령령으로 정한다."라고 하는 '기타의 증여의제' 규정을 따로 두고 있다.

1998. 12. 28. 최종 개정된 이 사건 법률조항은 새로운 유형의 조세회피수단이 출현할 것에 대비하여 만든 것으로, 위 법률조항만을 따로 떼어놓고 보면 원고들이 주장하는 것처럼 "특수관계에 있는 자간의 거래로서 대통령령이 정하는 거래"라는 표현은

어떠한 유형의 거래를 증여의제 과세대상으로 규정하는지 명확한 기준을 제시하지 못하고 이를 포괄적으로 하위법규인 대통령령에 위임한 것으로 보일 소지가 있다.

그러나 조세법의 규율대상인 경제현상은 복잡다양하고 끊임없이 변화하는 것이므로 경제현실에 걸맞은 공정한 과세를 할 수 있게 하고 탈법적인 조세회피행위에 대처하기 위해서는 납세의무의 중요한 사항 내지 본질적인 내용에 관련된 것이라고 하더라도 그 중 경제현실의 변화나 전문적인 기술의 발달 등에 곧바로 대응하여야 하는 세부적인 사항에 관하여는 국회가 제정하는 형식적 법률보다 더 탄력성이 있는 대통령령 등 하위법규에 이를 위임할 필요가 있는 것이며(헌법재판소 1995. 11. 30. 94헌바40, 95헌바13 결정), 한편 헌법 제75조에서 "구체적으로 범위를 정하여"라고 함은 법률에 대통령령 등 하위법규에 규정될 내용 및 범위의 기본사항은 될 수 있는 대로 구체적이고도 명확하게 규정되어 있어서 누구라도 당해 법률 그 자체로부터 대통령령 등에 규정될 내용의 대강을 예측할 수 있어야 한다는 것을 뜻하고, 이러한 예측가능성의 유무는 당해 특정 조항 내지는 특정 부분만을 가지고 판단할 것이 아니라 관련 법조항 전체를 유기적·체계적으로 종합 판단하여야 하며, 각 대상 법률의 성질에 따라 구체적·개별적으로 검토하여야 하는 것이므로(헌법재판소 1996. 3. 28. 94헌바42 결정), 이 사건에서도 이 사건 법률조항의 위헌 여부는 관련 조항 전체와의 관계에서 종합적으로 검토되어야 할 것이다.

이러한 관점에서 이 사건 법률 조항을 비롯한 관련 조항들의 체제, 문언 및 규정형식 등을 살펴보면, 위 법률조항에 규정된 '기타의 증여의제' 과세대상에 해당하려면 ① 특수관계에 있는 자로부터 경제적 가치를 계산할 수 있는 유형·무형의 재산을 무상으로 이전받은 경우일 것, ② 법 제33조 내지 제41조의2 및 제42조 제1항에 준하는 경우일 것, ③ 대통령령으로 정하는 거래일 것 등의 요건을 갖추어야 한다고 해석함이 상당하고, 위와 같은 이 사건 법률조항의 해석으로부터 납세자의 입장에서 증여의제 과세대상이 되는 거래의 대강을 합리적으로 예측하는 것이 불가능하다고 할 수는 없다. 따라서 이 사건 법률조항이 조세법률주의나 포괄위임금지의 원칙에 위반된다는 원고들의 주장은 이유 없다.

(2) 이 사건 시행령조항이 모법에 위배되어 무효인지 여부

이 사건 법률조항은 '기타의 증여의제'에 있어서 증여받은 것으로 보는 재산가액을 대통령령으로 정하도록 위임하고 있다. 이에 근거하여 마련된 이 사건 시행령조항은 주식으로 전환·인수 또는 교환할 수 있는 권리가 부여된 사채인 전환사채·신주인수권부

사채·교환사채 기타 이와 유사한 사채(이하 '신종사채'라 한다)를 발행하는 법인으로부터 ① 주주가 아닌 자로서 특수관계에 있는 자가 신종사채를 직접 인수·취득(증권거래법에 의한 당해 신종사채의 인수회사로부터 인수·취득하는 경우를 포함한다)하거나 ② 주주로서 특수관계에 있는 자가 그 소유주식 수에 비례하여 배정받을 수 있는 신종사채의 수를 초과하여 인수·취득하는 경우에 시행령 제30조 제1항 내지 제3항의 규정을 준용하여 계산한 금액을 증여받은 것으로 보도록 규정하고 있다. 이는 이른바 '신종사채 등에 의한 증여의제'의 경우에 증여가액 계산방법을 구 상증법 제40조에 규정된 '전환사채이익에 대한 증여의제'에 준하도록 함으로써 신종사채를 주식으로 전환·인수 및 교환하여 교부받을 주식의 가액과 신종사채의 취득가액의 차액만큼을 증여받은 것으로 본다는 취지이다.

그런데 이 사건 법률조항은 앞에서 본 것처럼 구 상증법 제33조 내지 제41조의2에 준하는 것으로서 대통령령이 정하는 특수관계자간의 거래를 통하여 재산이 사실상 무상으로 이전된 경우를 증여의제 과세대상으로 규정한 것인 만큼, 이 사건 시행령조항이 그 이전받은 재산 가액의 계산을 다른 증여의제 과세대상의 경우에 준하도록 규정한 것인 이상, 결국 이 사건 시행령조항이 모법인 이 사건 법률조항의 위임범위를 벗어난 것이라고 할 수는 없다.

따라서 이 사건 시행령조항이 모법에 위배되어 무효라는 원고들의 주장은 이유 없다.

(3) 이 사건 주식의 시가

(가) 평가의 원칙

상증법 제60조 제1항은 증여세가 부과되는 재산의 가액은 증여일(평가기준일) 현재의 시가에 의한다고 규정하고, 그 제2항은 시가는 불특정 다수인 사이에 자유로이 거래가 이루어지는 경우에 통상 성립된다고 인정되는 가액으로 한다고 규정하고 있으며, 그 제3항은 시가를 산정하기 어려운 경우에는 당해 재산의 종류·규모·거래상황 등을 감안하여 제61조 내지 제65조에 규정된 방법에 의하여 평가한 가액에 의한다고 규정하고 있다.

상증법 제60조 제2항에 규정된 '시가'라 함은 정상적인 거래에 의하여 형성된 객관적인 교환가격을 말하는 것이므로, 증여재산이 증권거래소에 상장되지 않은 비상장주식이라도 증여일에 근접하여 거래가 이루어졌고 그 거래가 일반적이고 정상적인 방법에 의하여 이루어진 것이어서 그 거래가격이 객관적 교환가치를 적절히 반영하고 있다고 판단되는 경우라면 그 거래가격을 증여 당시의 시가로 하여 증여재산가액을 산정할

수 있는 것이고, 비록 거래 실례가 있다 하여도 그 거래가액을 증여재산의 객관적 교환
가치를 적정하게 반영하는 정상적인 거래로 인하여 형성된 가격이라고 할 수 없고 증
여의 대상이 비상장주식이라면 그 시가를 산정하기 어려운 것으로 보아 상증법 제63조
제1항 제1호 (다)목의 보충적 평가방법에 따라 그 가액을 산정하여야 하는 것이다(대법
원 2004. 5. 13. 선고 2004두2271 판결 참조).

  (나) 인정사실

  ① ㅁㅁ에스디에스는 이 사건 사채를 발행하기에 앞서 ㅇㅇ회계법인에 1999. 1.
1. 현재 이 사건 주식의 가액을 평가하여 줄 것을 의뢰하였고 이에 따라 ㅇㅇ회계법인
은 1999. 2. 22. ㅁㅁ에스디에스에 주식평가보고서(을 제8호증)를 제출하였다. 위 주식
평가보고서에 의하면, 상증법 제63조 제1항 제1호 (다)목, 구 상증법시행령(1999. 12.
31. 대통령령 제16660호로 개정되기 전의 것) 제54조 내지 56조에 규정된 보충적 평가방법
을 적용하여 이 사건 주식의 가액을 평가하면 1999. 1. 1. 현재 이 사건 주식의 1주당
가액 및 지배주주 소유 주식의 1주당 가액은 각기 6,490원 및 7,139원(보통주식의 1주당
가액에 110/100을 가중한 것임)이라는 것이다. 위 상증법시행령에 규정된 보충적 평가방
법은 비상장주식의 1주당 가액＝[{당해 법인의 순자산가액/발행주식총수("순자산가치")＋1
주당 최근 3년간의 순손익액의 가중평균액/금융시장에서 형성되는 평균이자율을 참작하여 재정
경제부령이 정하는 율("순손익가치")}÷2]의 산식에 의한다.

  ② 서울지방국세청은 2000. 4. 26. 참여민주사회시민연대 회원인 윤ㅇㅇ 등으로부
터 원고들에 대한 증여세 탈세제보를 받고 그 무렵 원고들이 이 사건 사채를 인수하게
된 경위 및 이 사건 주식의 장외거래 실태 등에 대한 조사에 착수하였다. 서울지방국세
청은 특히 이 사건 사채가 발행된 1999. 2. 26. 현재 이 사건 주식의 시가를 조사하기
위하여 경제신문에 실린 기사를 찾아보거나 유니텔 등 컴퓨터통신망을 통하여 제공되
는 비상장주식의 가격에 관한 정보를 검색함으로써 1999년 2월을 전후하여 이 사건 주
식 및 대형통신업체를 비롯한 비상장주식의 장외거래가 급등하였고 이 사건 주식의 주
가도 58,000원까지 상승하였다는 정보를 수집하였다. 이에 서울지방국세청은 실제로
ㅁㅁ에스디에스 주식을 거래한 것으로 확인된 서ㅇㅇ, 추ㅇㅇ, 양ㅇㅇ 등을 면담하거
나 신원이 밝혀진 거래당사자 및 상대방의 동의를 얻어 그들의 증권계좌 및 대금결제
계좌에 대한 금융정보를 추적하는 방법으로 이 사건 주식의 장외거래 사례를 수집하기
시작하였고, 그 결과 이 사건 주식이 1998. 7.경부터 1999. 12.경까지 거래당사자 134
명 사이에 2,572회에 걸쳐 501,997주가 거래된 사실 및 1998. 11. 20.부터 2000. 1. 15.

까지의 기간 동안 적어도 별지 3. '□□에스디에스 장외거래현황표' 기재와 같이 불특정 다수인 사이에 309회에 걸쳐 총 58,056주의 거래가 이루어진 사실 등을 밝혀냈다.

③ 소외 양○○은 1998. 4.경까지 □□에스디에스에서 근무하다가 퇴사하고 1998. 11.경 우리나라 최초로 컴퓨터통신을 이용한 비상장주식 매매 및 호가정보 제공업체인 '피스톡'(PSTOCK)을 개설하여 유니텔과 천리안 등을 통하여 서비스를 제공하였다. 양○○은 1999. 5.경 주식장외거래 인터넷사이트인 '제이스톡'(www.jstock.co.kr)이 개설되자 1999. 6.경 피스톡을 인터넷 환경으로 전환하여(www.pstock.co.kr) 하이텔, 나우누리, 네츠고 등과 한국경제신문, 매일경제신문 등에 비상장주식 일일가격표 및 시황 등을 제공하였다(피스톡은 1999. 12. 23. 주식회사 피비아이로 전환되었음).

한편 피스톡에 게재된 '비상장주식 일일가격표'에 의하면, 이 사건 주식의 장외거래가격은 1999. 2. 1. 현재 사자 58,000원, 팔자 62,000원, 기준가 60,000원이었고, 1999. 2. 18. 현재 사자 57,000원, 팔자 60,000원, 기준가 58,500원이었다. 매일경제신문은 1999. 2. 22.자 기사에서 '□□에스디에스의 상장 가능성과 대형 통신업체의 코스닥 등록 허용을 앞두고 비상장주식의 거래가 크게 늘면서 가격도 급등하고 있다. □□에스디에스는 연초 32,000원 수준이던 주가가 19일 현재 58,500원까지 상승했다'고 보도하였다. 주식장외거래 인터넷사이트에 의하면, 1998. 12. 20.부터 1999. 4. 30.까지의 기간 동안 이 사건 주식의 장외거래가격 추세는 별지 4 '□□에스디에스 주식장외거래 호가표' 기재와 같다.

④ 이 법원이 한 금융거래정보제출명령 결과에 의하면, 1999. 2. 11.부터 같은 해 3. 15.까지의 기간 동안 위 장외거래현황표에 기재된 거래당사자들의 이 사건 주식 거래 현황은 서울지방국세청의 위 조사결과와 일치하는 것으로 나타났다. 위 거래당사자들 가운데 그 거래경위가 밝혀진 부분은 다음과 같다.

○ 추○○: 추○○은 □□에스디에스 직원으로 근무하면서 우리사주로 받은 주식 100주가 자신의 증권계좌에 입고된 것을 계기로 이 사건 주식을 거래하기 시작하였다. 그는 주로 □□그룹 임직원만이 접속할 수 있는 '싱글'(Single)이라는 내부전산망을 통하여 신원이 확실한 □□그룹 직원들과 사이에 비교적 소량의 주식을 단기 매매하여 양도차익을 얻거나 또는 자신의 계좌를 통하여 다른 사람들 사이의 주식 매매를 중개하는 방법으로 중개수수료를 취득하였고, 때로는 경제신문에 게재된 주식장외거래 광고를 통하여 □□그룹 직원이 아닌 사람들과도 이 사건 주식 거래를 하였다. 그는 1999. 4.경 □□에스디에스를 퇴사하

였고(서류상으로는 1999. 5. 6.자로 되어 있음), 그 후 1999. 12.경 양○○이 설립한 위 피비아이에 임원으로 취임하였다.

○ 김○○: 김○○은 1993. 3.경 주식회사 ◇◇◇에 입사하여 1998. 5.경까지 근무하였다. 그는 ◇◇◇에 근무할 당시 다른 ㅁㅁ그룹 직원들과 마찬가지로 주로 싱글을 이용하여 이 사건 주식의 거래를 하였다. 그가 싱글을 이용한 이유는 위 추승범과 마찬가지로 ㅁㅁ그룹의 내부전산망은 그 임직원만이 접속할 수 있어서 거래상대방을 신뢰할 수 있었기 때문이었다. 거래는 주로 싱글의 '알뜰시장코너'에서 '사자·팔자' 주문을 낸 사람에게 이메일 또는 전화를 통하여 거래가격을 흥정하고 조건이 맞으면 대금을 송금한 후에 주식을 이체받는 방법으로 이루어졌다. 그는 ◇◇◇을 퇴사한 이후에는 주로 유니텔에 있는 '사자·팔자' 코너를 이용하여 이 사건 주식 거래를 하였다.

○ 안○○: 안○○은 1999. 2. 26. 이 사건 주식 303주를 1주당 55,000원에 김○○으로부터 매수하여 현재까지 보유하고 있다. 그는 유니텔을 통하여 매도인을 알게 되었고 주식매수대금은 폰뱅킹으로 결제하였다. 그는 ㅁㅁ에스디에스가 유니텔의 운영자(그 후 유니텔 주식회사, ㅁㅁ네트웍스 등으로 순차 바뀌었음)로서 ㅁㅁ그룹 소속사이고 향후 인터넷 분야가 발전하면 주가가 상승할 것으로 믿고 이 사건 주식을 매수하였다.

(다) 판단

증권거래소에 상장되지 않은 비상장주식의 장외거래라 하더라도 반드시 시가를 산정하기 어렵다고는 볼 수 없고, 객관적인 교환가치가 적정하게 반영된 정상적인 거래의 실례가 있으면 그 거래가격을 시가로 보아 주식의 가액을 평가하여야 한다는 것이 대법원의 확립된 판례이므로(대법원 1997. 9. 26. 97누8502 판결, 대법원 1989. 6. 13. 선고 88누3765 판결 등 참조), 이와는 달리 비상장주식의 장외거래에서 형성된 거래실례가격은 언제나 정상적인 시가로 보기 어렵다는 취지의 원고들 주장은 받아들일 수 없다.

이 사건의 쟁점은 이 사건 사채 발행 당시인 1999. 2. 26.에 근접하여 이루어진 이 사건 주식의 장외거래가 과연 그 거래대상인 이 사건 주식의 객관적인 교환가치를 적정하게 반영하는 일반적이고 정상적인 거래에 해당하는지 여부이다.

살피건대, 어떠한 거래가 그 거래대상의 객관적인 교환가치를 적정하게 반영하는 일반적이고 정상적인 거래인지 여부는 ① 거래당사자들이 각기 경제적 이익의 극대화를 추구하는 대등한 관계에 있는지, ② 거래당사자들이 거래 관련 사실에 관하여 합리적인 지식을 가지고 있으며 강요에 의하지 아니하고 자유로운 상태에서 거래를 하였는지 등 거래를 둘러싼 제반 사정을 종합적으로 검토하여 결정하여야 할 것이고, 만약 가족·친지 등 특수관계에 있지 아니한 거래당사자들 사이에 다수의 거래가 이루어졌다면 이러한 거래가 일반적이고 정상적인 거래에 해당되지 않는다는 입증책임은 이를 주장하는 측에게 있다고 보아야 할 것이다.

위 인정과 같이, 이 사건 주식은 이 사건 사채 발행일을 전후하여 상당 기간 장외에서 다수의 사람들 사이에 계속 거래가 이루어졌던 점, 그 거래가격도 위 사채발행일에 근접한 1999. 2. 10.경부터 같은 해 3. 15.경까지의 기간 동안 1주당 53,000원 내지 60,000원 범위 내에서 안정되어 있었고 그 후에도 그 거래가격이 지속적으로 상승하였던 점, 일반적으로 주식가치는 그 기업의 자산가치나 수익가치는 물론 시장을 둘러싼 정치·경제상황 등이 복합적으로 반영되어 형성되는 것이므로 기업의 자산가치와 주식가격이 항상 일치하는 것은 아니라는 점, 이 사건 주식의 경우 발행회사인 ㅁㅁ에스디에스가 ㅁㅁ그룹 계열회사로서 인터넷 등 정보통신업종에 속한다는 점이 투자자들에게 투자유인으로 작용하였고 이로 인하여 기업의 자산가치나 수익가치와는 별개로 높은 시세가 형성되었고 그 등락 폭이 컸다고 하더라도 이는 주식시장의 특성에 기인한 것으로 볼 수 있다는 점 등을 종합하여 보면, 이 사건 거래가격은 일반적이고 정상적인 거래에 의하여 형성된 객관적인 교환가치를 반영한 가격으로서 이 사건 주식의 시가로 봄이 상당하다.

한편, 원고들은 이 사건 주식의 장외거래와 관련하여 위 양ㅇㅇ, 추ㅇㅇ, 김ㅇㅇ 등이 그 시세를 변동시킬 목적으로 통정매매, 가장매매 등 시세조종행위를 하였고 이로 인하여 이 사건 거래가격이 부당하게 높게 형성된 것이라고 주장하나, 갑 제8호증의 1, 2, 갑 제9호증, 갑 제25호증의 1 내지 5의 각 기재만으로는 이를 인정하기에 부족하고 이 법원이 앞에서 배척한 증거 외에는 달리 이를 인정할 아무런 자료가 없으므로, 위 주장은 이유 없다.

(4) 가산세와 정당한 사유

세법상 가산세는 과세권의 행사 및 조세채권의 실현을 용이하게 하기 위하여 납세자가 정당한 이유 없이 법에 규정된 신고·납세 등 각종 의무를 위반한 경우에 개별세법이 정하는 바에 따라 부과되는 행정상의 제재로서 납세자의 고의·과실은 고려되지 않는 반면, 다만 납세의무자가 그 의무를 알지 못한 것이 무리가 아니었다거나 그 의무의 이행을 당사자에게 기대하는 것이 무리라고 하는 사정이 있을 때 등 그 의무해태를 탓할 수 없는 정당한 사유가 있는 경우에는 이를 부과할 수 없는 것이다(대법원 2003. 1. 10. 선고 2001두7886 판결 참조).

앞서 본 바와 같이 이 사건 사채 발행 당시 이 사건 주식은 장외에서 비교적 널리 거래되고 있었을 뿐만 아니라 그 거래가격에 관한 정보를 경제신문이나 유니텔과 같은 컴퓨터통신망을 통하여 비교적 쉽게 얻을 수 있었음을 알 수 있으므로, 가사 원고들이 이 사건 사채를 인수 취득할 당시 그 거래가격을 알지 못하였다고 하더라도 원고들에게 증여세 신고·납세의무를 게을리한 것을 탓할 수 없는 정당한 사유가 있다고 보기는 어렵다.

따라서 이 점에 관한 원고들의 주장도 역시 이유 없다.

3. 결론

그렇다면 원고들의 이 사건 청구는 모두 이유 없으므로 이를 기각하기로 하여, 주문과 같이 판결한다.

[97] 학원 교습시간 제한 조례의 무효

— 서울행정법원 2005. 4. 7. 선고 2004구합36557 판결 —

【판시사항】

학원의 교습시간을 제한한 지방지차단체 조례는 주민의 직업선택의 자유, 특히 직업수행의 자유를 제한하는 것이어서 법률의 위임이 있어야 함에도 법률의 위임 없이 제정되어 무효라고 판단한 사례

【판결요지】

학원의 교습시간(05:00부터 22:00까지)을 제한하는 것을 내용으로 하고 있는 서울특별시 학원의 설립·운영 및 과외교습에 관한 조례(이하 '이 사건 조례'라고 한다) 제5조는 주민의 직업선택의 자유 특히 직업수행의 자유를 제한하는 것으로서 지방자치법 제15조 단서 소정의 주민의 권리의무에 관한 사항을 규율하는 조례에 해당하고, 따라서 지방자치단체가 이러한 조례를 제정함에 있어서는 법률의 위임을 필요로 한다. 그런데 학원의 설립·운영 및 과외교습에 관한 법률은 학원 설립·운영의 등록, 시설기준, 수강료 등에 관한 규정을 두어(제6조, 제8조, 제15조) 교육감으로 하여금 학원의 건전한 발전을 위하여 지도·감독을 하도록 규정하고 있고, 법시행령은 학원의 단위시설별 기준, 교습과정별 일시수용능력인원 등을 조례로 정하도록 위임하고 있으나(법시행령 제9조 제2항, 제10조 제3항), 학원의 교습시간 제한에 대해서는 아무런 위임규정을 두고 있지 않다. 따라서 이 사건 조례 제5조는 지방자치법 제15조에 위반한 것으로서 무효이므로 이에 근거하여 이루어진 이 사건 행정처분은 위법하다.

【원　　고】 주식회사 ○○
【피　　고】 서울특별시 강동교육청교육장

【주　　문】

피고가 2004. 11. 5. 원고에게 한 시정명령을 취소한다.

【이   유】

1. 처분의 경위

원고는 초·중등학교 학생을 대상으로 서울 강동구 명일동 47-6에서 '○○아카데미 보습학원'이라는 상호로 과외교습학원을 하는 자이다. 피고는 2004. 10. 1. 학원의 운영실태를 점검한 결과, 원고가 서울특별시 학원의 설립·운영 및 과외교습에 관한 조례(이하 '이 사건 조례'라고 한다) 제5조에 규정된 학원의 교습시간(05:00부터 22:00까지)을 준수하지 아니한 사실을 적발하고 2004. 11. 5. 원고에게 이 사건 조례 제10조를 근거로 시정명령을 하였다(이하 '이 사건 행정처분'이라 한다).

2. 처분의 적법 여부

가. 원고의 주장

지방자치단체가 학원의 교습시간을 제한하는 것은 이른바 '주민의 권리제한 또는 의무부과에 관한 사항'으로서 이를 조례로 정할 때에는 법률의 위임이 있어야 하는 것이다. 그런데 서울특별시는 학원의 설립·운영 및 과외교습에 관한 법률 등 관계 법령에 아무런 근거가 없음에도 불구하고 이 사건 조례 제5조를 정하여 학원운영시간을 부당하게 제한하는 한편 자율학습이라는 명목으로 방과 후 보충수업을 사실상 강제하고 있다. 그 결과 이른바 변태적인 고액과외가 양산되고 있을 뿐만 아니라 그 비용을 감당하기 어려운 대다수의 서민층 학생들은 사교육을 제공받을 기회를 박탈당하고 있는 실정이다. 이 사건 조례 제5조는 법치주의의 원칙에 반하는 것으로서 무효이고 따라서 이에 근거하여 이루어진 이 사건 행정처분은 위법하므로 취소되어야 한다.

다. 판단

지방자치법 제15조는 원칙적으로 헌법 제117조 제1항의 규정과 같이 지방자치단체의 자치입법권을 보장하면서, 국민의 권리제한·의무부과에 관한 사항을 규정하는 조례의 중대성에 비추어 입법정책적 고려에서 법률의 위임을 요구한다고 규정하고 있는바, 이는 기본권 제한에 대하여 법률유보원칙을 선언한 헌법 제37조 제2항의 취지에 부합하는 것으로서 위헌성이 있다고 할 수 없는 것이다(대법원 1995. 5. 12. 선고 94추28 판결 참조).

한편, 이 사건 조례 제5조는 학원의 교습시간을 제한하는 것을 내용으로 하고 있으므로 주민의 직업선택의 자유 특히 직업수행의 자유를 제한하는 것으로서 지방자치법 제15조 단서 소정의 주민의 권리의무에 관한 사항을 규율하는 조례에 해당하고, 따라서 지방자치단체가 이러한 조례를 제정함에 있어서는 법률의 위임을 필요로 함이 분명하다.

그런데 학원의 설립·운영 및 과외교습에 관한 법률은 학원 설립·운영의 등록, 시설기준, 수강료 등에 관한 규정을 두어(제6조, 제8조, 제15조) 교육감으로 하여금 학원의 건전한 발전을 위하여 지도·감독을 하도록 규정하고 있고, 법시행령은 학원의 단위시설별 기준, 교습과정별 일시수용능력인원 등을 조례로 정하도록 위임하고 있으나(법시행령 제9조 제2항, 제10조 제3항), 이 사건에서 문제가 되고 있는 학원의 교습시간 제한에 대해서는 아무런 위임규정을 두고 있지 않다.

따라서 이 사건 조례 제5조는 지방자치법 제15조에 위반한 것으로서 무효이므로 이에 근거하여 이루어진 이 사건 행정처분은 위법하다고 할 것이다.

3. 결론

그렇다면 원고의 청구는 이유 있으므로 이를 인용하기로 하여, 주문과 같이 판결한다.

[98] 덤핑방지관세 부과 규칙의 행정처분성

— 서울행정법원 2005. 9. 1. 선고 2004구합5911 판결 —

【판시사항】

재정경제부령인 덤핑방지관세 부과 규칙이 항고소송의 대상이 되는 행정처분에 해당한다고 판단한 사안

【판결요지】

[1] 행정입법이나 조례가 집행행위의 개입 없이도 그 자체로서 직접 국민의 구체적인 권리의무나 법적 이익에 영향을 미치는 등의 법률상 효과를 발생하는 경우 그 조례 등은 항고소송의 대상이 되는 행정처분에 해당한다(대법원 1996. 9. 20. 선고 95누8003 판결 참조),

[2] 원고들이 공급하는 물품에 대하여 2003. 11. 7.부터 2006. 11. 6.까지 8.22%의 덤핑방지관세율을 부과하는 것 등을 내용으로 한 재정경제부령 제330호 '관세법 제51조의 규정에 의한 인도네시아·중국산 정보용지 및 백상지에 대한 덤핑방지관세 부과에 관한 규칙'은 항고소송의 대상이 되는 행정처분에 해당한다고 봄이 상당하다.

【원   고】 피티 인다 키아트 펄프앤드페이퍼 외 2인
【피   고】 재정경제부장관

【주   문】

원고들의 청구를 모두 기각한다.

【이   유】

1. 기초사실

가. 원고들은 각 인도네시아법에 의하여 설립된 외국회사로서 우리나라에 정보용지 및 백상지를 수출하고 있다. 한편 무역위원회는 '불공정무역행위 조사 및 산업피해

구제에 관한 법률'에 의하여 설치된 산업자원부 산하 기관으로서 관세법 제51조 내지 제56조의 규정에 의한 덤핑방지관세의 부과를 위한 산업피해의 조사개시결정, 덤핑사실의 조사, 덤핑으로 인한 산업피해의 조사·판정, 덤핑방지조치의 건의 등을 그 소관 업무의 하나로 하고 있고, 피고는 무역위원회의 건의에 따라 재정경제부령으로 덤핑방지관세의 부과 여부 및 그 내용을 결정할 수 있다.

나. 우리나라 제지 생산·판매업체인 동아제지(주), 삼일공사(주), 신호제지(주), 한국제지(주), 한솔제지(주) 등은 2002. 9. 30. 무역위원회에 대하여 인도네시아 및 중국으로부터 정보용지 및 백상지가 정상가격 이하로 수입되어 국내산업이 실질적인 피해를 받거나 받을 우려가 있으므로 관세법의 관련 규정에 따라 위 물품에 대한 덤핑방지관세부과에 필요한 조사를 하여 줄 것을 신청하였다.

다. 무역위원회는 2002. 11. 14. 조사대상물품을 인도네시아·중국산 정보용지 및 백상지로서 롤상의 것과 쉬트상의 것 및 기타의 것으로 1㎡당 중량이 40g 이상 150g 이하인 것, 조사대상공급자를 원고 피티 인다키아트 펄프앤드페이퍼(이하 '인다키아트'라 한다), 원고 피티 핀도델리 펄프앤드페이퍼 밀즈(이하 '핀도델리'라 한다), 원고 피티 파브릭 케르타스 트지비 키미아 티비케이(이하 '트지비키미아'라 한다), 에이프릴 파인 페이퍼 트레이딩(April Fine Paper Trading Pte. Ltd. 이하 '에이프릴'이라 한다) 등 인도네시아 4개 업체 및 중국 4개 업체로 하여 덤핑사실과 실질적인 피해 등의 사실에 관한 조사개시결정을 하였다.

라. 무역위원회의 위 인도네시아 4개 업체에 대한 조사는 다음과 같이 진행되었다. (이하 생략)

마. 무역위원회는 이 사건 덤핑 및 산업피해 조사와 관련하여 조사신청회사들과 원고들 사이에 쟁점이 되었던 문제에 관하여 다음과 같은 평가를 전제로 최종판정을 하였다.

○ 원고 핀도델리 및 인다키아트가 현장실사과정에서 관계회사인 CMI를 통한 재판매자료의 정확성과 완전성을 입증할 재무제표, 장부 등 관련 자료를 제출하지 않아 무역위원회는 이용가능한 자료를 사용하여 개별정상가격을 산정하고, 위 원고들이 제출하고 실사과정에 검증된 자료를 기초로 개별덤핑가격을 산정함. 원고 트지비키미아는 일체 자료를 제출하지 아니하여 이용가능한 자료를 사용하여 개별정상가격 및 개별덤핑가격을 산정함.

○ 원고들 3사가 특수관계에 있으므로 3사의 개별정상가격을 각 종이생산비율로

가중평균한 단일정상가격을 산정하고, 3사의 개별덤핑가격을 한국 수출물량 비율로 가중평균한 단일덤핑가격을 산정함.

○ 인도네시아 내수판매회사인 CMI는 원고들의 관계회사로 경제적으로 하나의 실체이므로 인도네시아 내수판매가 한국 수출보다 한 단계 더 많은 것은 아님. CMI의 판매 관련 비용을 이용가능한 자료를 사용·산출하여 정상가격에 포함시킴.

　바. 위와 같은 전제에서 무역위원회는 2003. 9. 24. 조상대상물품의 덤핑수입으로 인하여 동종 물품을 생산하는 국내산업에 실질적인 피해가 있다고 판정하고, 이에 따라 국내산업의 피해를 구제하기 위하여 원고들이 공급하는 물품에 대하여 각 8.22%, 에이프릴이 공급하는 물품에 대하여 2.80%, 중국 4개 업체가 공급하는 물품에 대하여 5.50% 내지 8.99%의 덤핑방지관세를 향후 3년간 부과할 것을 피고에게 건의하기로 결정하였다. 피고는 위 건의를 그대로 받아들여 2003. 11. 7. 원고들이 공급하는 물품에 대하여 2003. 11. 7.부터 2006. 11. 6.까지 8.22%의 덤핑방지관세율을 부과하는 것 등을 내용으로 한 재정경제부령 제330호 '관세법 제51조의 규정에 의한 인도네시아·중국산 정보용지 및 백상지에 대한 덤핑방지관세 부과에 관한 규칙'(이하 위 규칙 중 원고들에 해당하는 부분을 '이 사건 규칙'이라 한다)을 제정·공포하고 같은 날 관보에 게재하였다.

　사. 우리나라는 1994. 12. 16. 국회의 비준동의를 얻어 1994년 국제무역기구 설립을 위한 마라케쉬협정(Marrakesh Agreement Establishing the World Trade Organization, WTO 협정)을 수락하고 1994. 12. 31. 위 협정을 공포하였다. 1994년 관세 및 무역에 관한 일반협정(General Agreement on Tariffs and Trade, GATT 1994) 제6조의 이행에 관한 협정(이하 'WTO 반덤핑협정'이라 한다)은 위 협정의 부속문서 중 하나이다.

2. 본안전 항변에 대한 판단

가. 피고의 주장

　이 사건 규칙은 일반적·추상적인 법령으로 규칙 시행만으로는 원고들의 구체적인 권리의무에 직접적인 변동을 초래하는 것이 아니므로 행정소송의 대상이 되는 처분으로 볼 수 없고, 가사 이 사건 규칙이 행정처분에 해당한다고 하더라도 원고들로서는 이 사건 규칙의 무효 확인보다는 위 규칙에 따라 수출물품에 대하여 관세가 부과되는 경우 이를 다투는 것이 더 발본색원적인 수단이므로 이 사건 소가 분쟁해결을 위한 직접적이고도 유효·적절한 수단이라 할 수 없어 그 확인의 이익이 없다. 따라서 이 사건 소는 부적법하다.

　나. 판단

　먼저 이 사건 규칙이 항고소송의 대상이 되는 행정처분에 해당하는지 여부에 대하여 보건대, 행정입법이나 조례가 집행행위의 개입 없이도 그 자체로서 직접 국민의 구체적인 권리의무나 법적 이익에 영향을 미치는 등의 법률상 효과를 발생하는 경우 그 조례 등은 항고소송의 대상이 되는 행정처분에 해당한다고 할 것인바(대법원 1996. 9. 20. 선고 95누8003 판결 참조), 관세법 제53조 제1항은 재정경제부장관은 덤핑방지관세의 부과 여부를 결정하기 위한 조사가 종결되기 전이라도 그 물품과 공급자 또는 공급국 및 기간을 정하여 잠정적으로 추계된 덤핑차액에 상당하는 금액 이하의 잠정덤핑방지관세를 추가하여 부과할 것을 명하거나 담보의 제공을 명하는 조치(잠정조치)를 할 수 있다고 규정하고 있고, 관세법 제54조 제1항, 제2항은 당해 물품의 수출자 또는 재정경제부장관은 덤핑으로 인한 피해가 제거될 정도의 가격수정이나 덤핑수출의 중지에 관한 약속을 제의할 수 있고, 위 약속이 수락된 경우 재정경제부장관은 잠정조치 또는 덤핑방지관세의 부과 없이 조사가 중지 또는 종결되도록 하여야 한다고 규정하는 등 관세법은 조사대상공급자에게 덤핑방지관세의 부과 절차상 잠정조치의 대상 또는 협상 상대방으로서의 법적 지위를 부여하고 있는 점 및 관세법 제50조 제1항 소정의 관세율표에 의한 기본세율 및 잠정세율과는 달리 덤핑방지관세는 덤핑으로 인하여 국내산업에 실질적인 피해가 있다고 인정되는 경우에 그 물품과 공급자 또는 공급국을 지정하여 당해 물품에 대하여 부과되는 것이기 때문에 그 물품의 우리나라에 대한 수출에 직접적인 영향을 미친다는 점 등을 종합하여 보면 이 사건 규칙은 항고소송의 대상이 되는 행정처분에 해당한다고 봄이 상당하다.

　또한 원고들로서는 이 사건 규칙에 대하여 항고소송을 제기함으로써 위 규칙이 유효함을 전제로 하여 향후 조사대상물품을 수입하는 수입자들에게 부과될 관세부과처분과 관련된 모든 분쟁을 일거에 해결할 수 있을 것이므로, 이 사건 소는 분쟁해결을 위한 직접적이고 유효·적절한 수단이라고 할 것이다.

　따라서 피고의 본안전 항변은 이유 없다.

3. 이 사건 규칙의 적법 여부에 관한 원고들의 주장

　원고들은 아래와 같은 사유로 이 사건 규칙이 위법하다고 주장하면서, 주위적으로 이 사건 규칙의 무효확인을, 예비적으로 위법한 이 사건 규칙의 취소를 구한다. (이하 생략)

6. 결론

그렇다면 원고들의 주위적 및 예비적 청구는 모두 이유 없으므로 이를 기각하기로 하여, 주문과 같이 판결한다.

[99] 대만 항공항로 운수권 배분 사건

― 서울행정법원 2005. 9. 8. 선고 2004구합35622 판결 ―

【판시사항】

○○항공이 외교관계 단절 전 대만 항공항로 노선면허에 따른 기득권을 주장하며 건설교통부장관의 □□□□항공에 대하여 한 신규 노선면허처분의 취소를 구한 사안

【판결요지】

행정처분이 유효하게 성립하여 발효하였다 하더라도 당해 행정처분을 존속시킬 수 없는 일정한 사유, 예컨대 당해 행정처분의 대상이 되는 사람이 사망하거나 목적물이 소멸한 경우, 종기의 도래 또는 해제조건의 성취, 목적의 달성 및 당해 행정처분의 근거법규가 폐지되거나 새로운 법규가 제정됨으로써 당해 행정처분의 효력이 부인되는 경우 등의 사유가 발생한 때에는 당해 행정처분은 행정청의 의사와 관계없이 장래에 향하여 실효되었다고 보아야 한다.

그런데 우리나라 정부는 1992. 8. 24. 중국과 국교를 수립하면서 대만과의 외교관계를 단절하였고 이에 대하여 대만 정부는 항공운수협정의 효력을 종지하고 항공운항을 정지시키는 등 단항조치를 취한 점, 이에 따라 원고의 이 사건 정기항공운송사업은 단항조치 이후 이 사건 처분 당시까지 약 12년간 중단되었던 점, 우리나라와 대만 사이에 2004. 9. 민간항공운수협정이 체결되었으나 위 협정은 위 항공운수협정과의 관계에 관하여 아무런 규정을 두고 있지 않은 점 등을 종합하여 보면, 이 사건 노선면허는 이 사건 처분 당시에는 그 목적사업의 장기간 실현 불능 및 항공시장의 여건 변화 등의 사유로 인하여 실효되었다고 봄이 상당하다.

【원　　　고】 주식회사 ○○항공
【피　　　고】 건설교통부장관
【참 가 인】 □□□□항공 주식회사

【주   문】

원고의 청구를 기각한다.

【청구취지】

피고가 참가인에 대하여, 2004. 11. 9. 한 한국－대만 정기화물노선에 관한 국제선 정기항공운송사업 운수권(주 1회) 배분처분, 2004. 11. 22. 한 서울－타이베이 정기여객노선에 관한 주 7회 운항의 국제선 정기항공운송사업 노선면허처분 겸 사업계획인가처분, 2005. 3. 24. 한 서울－타이베이 정기여객노선에 관한 주 9회 운항의 사업계획변경인가처분을 각 취소한다.

【이   유】

1. 기초사실 및 처분의 경위 등

가. 1952. 3. 1. 잠정항공운수협정

(1) 우리나라 정부는 중화민국(이하 '대만'이라고 한다) 정부와 사이에, 1952. 3. 1. 양국의 항공기 운항에 관하여 장래 항공협정의 체결을 전제로 하여 한국－대만 노선에서의 항공사 지정과 운항에 관한 잠정항공운수협정을 체결하였다(이하 '잠정항공운수협정'이라고 한다).

(2) 이에 따라 피고는 1969. 9.경 당시 유일한 국내항공사였던 원고를 한국－대만 운항에 관한 항공사로 지정하였고, 원고는 1969. 9. 4. 피고로부터 서울－오사카－타이베이－홍콩－사이판－방콕 노선에 관한 정기항공운송사업면허(이하 '노선면허'라고 한다)를 취득하여 1969. 10. 1.부터 위 노선에서 주 3회의 여객 운항을 시작하였다.

(3) 그 후 원고는 피고로부터 1979. 3. 23. 서울－타이베이－방콕 노선면허(구분: 여객)를, 1979. 3. 29. 서울－타이베이 노선면허(구분: 화물)를, 1981. 12. 31. 서울－타이베이－홍콩 노선면허(구분: 여객)를, 1986. 9. 25. 서울－타이베이－제주－서울 노선면허(구분: 여객)를, 1986. 10. 23. 서울－타이베이 노선면허(구분: 여객)와 서울－제주－타이베이 노선면허(구분: 여객)를 각 취득하여 운항하였다.

나. 1986. 11. 14. 항공운수협정의 체결

(1) 우리나라 정부는 대만 정부와 사이에 1986. 11. 14. 양국의 항공기 정기편 운

항에 관하여 항공운수협정을 체결하였는데(이하 '구 항공운수협정'이라고 한다), 그 주요 내용은 ① 각 체약당사국은 특정 노선상의 합의된 업무를 운영할 목적으로 타방 체약당사국에 대하여 서면으로 1개의 항공사를 지정하는 권리를 가지고, ② 여객노선은 우리나라 내 제 지점 — 중간지점 — 타이베이·가오슝 — 홍콩 — 방콕 — 동남아시아 내 1개 지점 및 왕복으로 정하여 이원권(以遠權, 항공협정에 따라 인정되는 권리로서 항공협정을 맺은 상대국 내의 지점에서 다시 제3국으로 여객이나 화물을 운송할 수 있는 권리)을 교환하고, 운항횟수는 총 주 14회까지 운항이 가능하며, ③ 화물노선은 우리나라 내 제 지점 — 타이베이·가오슝 — 동남아시아 내 1개 지점 — 유럽 내 1개 지점 및 왕복으로, 운항횟수는 주 2회까지 운항이 가능한 것으로 정하였고, ④ 항공운수협정의 종료는 각 체약당사국은 언제든지 타방 체약당사국에 이 협정의 종료의사를 서면으로 통보할 수 있으며, 이 경우 종료통보가 기간만료 전에 합의에 의하여 철회되지 아니하는 한 타방 체약당사국에 의한 종료통보의 접수일자로부터 1년 후에 종료하고, ⑤ 이 협정은 서명일자에 발효하며 1952년 3월 1일에 체결된 잠정항공운수협정 및 동 개정사항들을 대체한다는 것이었다.

(2) 피고는 위 구 항공운수협정에 의거하여 그 무렵 원고를 취항 항공사로 지정하였고, 원고는 1988. 3. 25. 제주−부산−오사카−타이베이 노선면허(구분: 여객)를 취득하여 결국 한국−대만 노선에 여객 주 14회, 화물 주 2회를 운항하게 되었다.

다. 1990. 9. 4. 구 항공운수협정의 개정과 참가인의 노선면허 취득

(1) 우리나라 정부는 대만 정부와 사이에 1990. 9. 4. 구 항공운수협정의 일부 내용을 개정하였는데(이하 구 항공운수협정과 일부 개정된 항공운수협정을 합하여 '항공운수협정'이라고 한다), 그 주요 내용은 ① 복수 지정항공사제를 도입하고, ② 운수권의 단위를 종전의 운항횟수에서 기종계수{항공사가 기본기종(A300/B767기종 등: 기종계수 1.0)보다 큰 기종을 선택하면 계수 1.2가 적용되어 운항횟수를 줄여야 된다}로 변경하면서 종전의 운항횟수인 주 16회(여객 주 14회, 화물 주 2회)를 기종계수 주 21.0단위(기본기종의 운항을 전제로 하면 5회 증가된 것인데, 그 증가분 기종계수 주 5.0단위 중 3.0단위는 1990년 11월부터, 2.0단위는 1991년 7월부터 시행하기로 하였다)로 증가하며 ③ 노선은 한국 내 제 지점 — 중간 1개 지점 — 대만 내 제 지점 — 홍콩·방콕·동남아시아 1개 지점 — 동남아시아 1개 지점 — 유럽 내 1개 지점 및 왕복으로 이원권도 교환하여 운항하는 것 등이었다.

(2) 참가인은 1988. 2. 17. 설립되었는데, 피고는 1990. 11.경 참가인에게 대만 노선에 관하여 증가된 기종계수 주 5.0단위 중 주 4.0단위에 관하여 노선면허를 부여하고

사업계획을 인가하는 처분을 함으로써 그 때부터 대만 노선에 복수항공사의 취항이 이루어졌다.

(3) 그리하여 원고는 여객의 경우 주 14회{A300기종(기종계수 1.0단위): 서울－타이베이－홍콩－방콕 주 7회, 서울－제주－타이베이－서울 주 1회, 서울－타이베이－제주－서울 주 3회, 제주－부산－오사카－타이베이 주 3회, 총 기종계수 주 14.0단위}, 화물의 경우 주 2회 {B747기종(기종계수 1.2단위), 총 기종계수 주 2.4단위}를 운항하게 되었고, 참가인은 여객 주 4회{B767기종(기종계수 1.0단위), 총 기종계수 주 4.0단위}를 운항하게 되었다.

라. 중국과의 국교 수교 및 대만 노선의 운항 중단 등

(1) 우리나라 정부는 1992. 8. 24.자로 중화인민공화국(이하 '중국'이라고 한다)과 국교를 수립하면서 대만과는 외교관계를 단절하였다{이에 따라 대만의 명칭도 중화민국 (Republic Of China)에서 차이니즈 타이베이(Chinese Taipei)로 변경되었다}. 그러자 대만의 교통부 민용항공국장은 1992. 9. 1. 원고와 참가인에게 항공운수협정을 1992. 9. 15.자로 종지(終止)하고 대만－한국 노선의 항공운항을 정항(停航)한다고 통보하였다(이하 '단항조치'라고 한다).

(2) 원고는 단항조치로 인하여 대만노선에 대하여 운항을 할 수 없게 되자 1992. 9. 7. 한국－대만을 노선으로 하는 종전의 노선면허에 의한 사업계획을 '비운항'으로 변경하는 사업계획변경인가 신청을 하였고, 피고는 1992. 9. 14. 원고에게 기간을 1992. 9. 15.부터 같은 해 10. 24.까지로 정하여 그 인가처분을 하였다.

마. 단교 이후 항공운송시장의 여건 변화 등

(1) 단교 이후 우리나라 정부는 대만과의 단교 이전에 양국 사이에 체결된 각종 조약의 효력 여부에 관하여 일부 적용상의 혼란이 발생하자 1993. 2. 12. "1964년에 체결된 우호조약을 제외한 항공운수협정, 해운협정 등 11개 조약에 대해서는 대만과의 비공식관계가 정립되어 새로운 협정에 의하여 대체될 때까지 잠정적으로 그 효력을 계속 인정한다"는 내용이 기재된 '한·대만간 체결조약의 효력에 관한 방침'을 각 해당 부처에 통보하였다. 또한 우리나라 정부와 대만은 1993. 7. 27. 비공식관계를 수립하고 민간대표부를 상호 설립하면서 항공운수협정과 해운협정 등 11개 조약을 새로운 협정으로 대체하되 대체협정이 완료될 때까지는 기존협정이 잠정적으로 유효하다는 데 견해를 같이 하였다.

(2) 한편 항공운송산업은 영공주권의 개념과 결부되어 전통적으로 규제가 강한 분야이지만 미국 주도의 항공자유화정책(Open Sky Policy)으로 말미암아 세계 항공시장의

자유화가 촉진되었고 격심한 경쟁에서 살아남기 위하여 항공사간 좌석교환, 편명공유 등 전략적 제휴가 확산되었다. 또한 국내 항공시장은 1988년부터 1997년까지 10년 사이에 세계 항공시장의 증가율 연평균 8.0%에 비하여 2배 이상의 성장률을 나타내는 등 우리나라는 세계 10위권의 항공수송국가로 성장하였다.

(3) 원고는 우리나라가 1992. 8. 24. 중국과 국교를 수립하기 전에는 중국 노선에 소규모의 부정기적 운항을 하였다가 국교수립 이후 정기적 운항을 하게 됨에 따라 1994년 4개 노선에 주 14회 취항을 하였고 그 후 1998년에는 13개 노선에 주 37회로 취항하는 등 중국과의 운항횟수가 증가하였고, 1992년의 여객숫자는 34,005명에 불과한 것이 1996년에는 495,612명, 2000년에는 917,947명, 2004년에는 2,233,713명으로 증가함과 아울러 이에 따른 영업이익도 증대되었다.

(4) 또한 참가인은 단항조치 이전에는 대만노선을 기종계수 4.0 수준으로 취항한 반면 원고는 그 당시까지 기종계수 16.4 수준으로 취항하는 등 규모 면에서 상당한 차이가 있었으나, 그 후 참가인은 중국노선 여객공급수와 관련하여 1992년 39,324명, 1996년 391,741명, 2000년 832,957명 및 2004년 2,257,909명에 달하는 등 상당한 규모로 발전하였다.

(5) 한편 피고는 단항조치 이후인 1993. 2. 19., 1994. 4. 4., 1994. 11. 11., 1995. 7. 21. 및 1995. 9. 18. 원고에 대하여 각 노선면허를 부여하면서 그 노선별 면허사항에 서울－타이베이 노선을 삭제하지 아니한 채 그대로 기재하였다. 원고는 1992년 이후에도 타이베이 등에 종전의 영업소 등을 유지하였으며, 1999년 9월 대만에서 발생한 대지진으로 인한 자연재해와 관련하여 이재민을 위하여 구호물자를 마련하여 이를 수송한 바 있다.

바. 국제항공정책방향 등 운수권 배분에 관한 지침

(1) 피고는 복수 항공사체제를 시행함에 따라 서비스 수준의 향상, 실질 요금인하, 취항 노선과 운항횟수의 증가 등 복수 항공사체제의 시행으로 인한 순기능이 있는 반면, 국내항공사간의 국제항공노선 배분을 둘러싼 경쟁으로 인하여 국적항공사의 건전한 육성을 위한 국제항공노선 배분기준 설정의 필요성이 제기되자, 국제항공노선 배분과 관련하여 1990. 10. 15. '정기항공운송사업자 지도·육성 지침(교통부 예규 제188호)'을, 1994. 8. 27. '국적항공사 경쟁력강화 지침(건설교통부 예규 제194호)'을 각 제정하였고, 1999년 7월경 '국제항공 정책방향' 지침을 마련하였으며 그 내용에 따라 노선배분 등을 시행하였다.

(2) '국제항공 정책방향'의 주요 내용은 '개방화·자유화, 복수 항공사 정책 유지, 공정경쟁 환경 조성'을 목표로 하여 '배분기준의 기본원칙'으로 '항공사별 노선구조 및 특성을 고려하여 최적 노선망 구축 지원(노선별 항공사의 선호도, 시장개척기여도 등 존중, 양 항공사의 합의시 우선적 반영), 사고율이 낮은 항공사에 노선배분에 있어 인센티브를 부여함으로써 안전 위주 경영 유도, 항공사의 건전한 성장을 위하여 무리한 노선확장을 억제'하도록 하고, '구체적 배분기준'으로 '여객노선 중 신규노선의 경우 장거리 노선(미주, 구주, 아프리카 노선)은 원고에게, 단거리 노선(장거리 및 중거리 노선을 제외한 노선)은 참가인에게 우선 배려하고, 중거리 노선(중동, 서남아시아, 대양주 노선)의 경우에는 노선별 특성을 고려하여 적정하게 배분하며, 기존노선 증회분 배분의 경우 양 항공사간 운항횟수의 격차가 매우 큰 경우에는 공정경쟁 여건 조성을 위하여 증편분을 후발 항공사에 우선 배분하여 격차를 완화하고, 화물노선은 신규 취항 및 증편시 항공사의 화물운송능력, 해당 노선 시장개척기여도 등을 고려하여 적정배분한다'는 것이었다.

사. 한국-대만 간 전세기 운항 및 2004. 9. 1.자 항공운수협정

(1) 한편 원고와 참가인은 단항조치로 인하여 대만노선에 취항하지 못하고 있던 중 2002년 월드컵 기간 중 우리나라 정부의 대만 항공사에 대한 전세기 운항허가를 계기로 2002년 12월경부터 대만노선에 관하여 각 주 3회의 정기적인 전세기 운항을 할 수 있게 되었고 그 후 점차 증가하여 2003. 9. 1.부터 2004. 8. 31.까지는 각 주 7회의 운항을 하게 되었다.

(2) 주타이베이 대한민국대표부는 2004. 9. 1. 주한 타이베이대표부와 항공운수협정을 체결하였는데(이하 '민간항공운수협정'이라고 한다), 그 주요 내용은 ① 공급단위는 운항횟수로, ② 운항횟수는 여객·화물노선을 구분하여 여객노선은 서울-타이베이 여객노선 주 18회(4,500석 이내), 기타 노선은 자유화하고, 화물노선은 한국-대만 간 최소한 주 2회 이상으로 운항하는 것으로 정하였고, ③ 지정항공사의 수는 제한하지 않도록 하였으며, ④ 1986. 11. 14.자 항공운수협정과는 달리 이원권을 교환하지 아니하고, ⑤ 노선은 우리나라 내 제 지점 - 대만 내 제 지점 - 제3국 제 지점으로 단순화하였다.

아. 원고의 사업계획변경인가 신청과 그에 대한 반려처분

(1) 피고는 2004. 9. 2. 원고에게 민간항공운수협정에 따라 한국-대만 노선의 취항이 가능해지자 운수권의 배분에 대한 의견서를 제출하도록 하였다. 이에 원고는 같은 해 9. 3. 피고에게 민간항공운수협정의 체결로 그 동안 효력이 중단되었던 원고의 한국-대만 노선면허가 회복되었고 그에 따라 한국-대만 노선을 복항하기 위하여 여객에

관하여 주 14회를 운항하겠으며 화물에 대하여는 별도로 신청하겠다는 내용으로 사업계획변경인가 신청을 하였다. 또한 원고는 같은 해 9. 8. 피고에게 운수권의 배분에 관한 의견을 제출하였는데 그 내용은 "원고가 한국－대만 노선에 대하여 이미 유효한 노선면허를 보유하고 있으므로 별도의 운수권의 배분 절차 없이 사업계획변경 신청을 인가하여 주기를 바란다"고 하면서 "운수권의 배분절차를 밟고자 한다면 여객 노선의 주 18회의 운수권 중 주 14회 및 화물노선의 주 2회 운수권을 원고에게 배분하여 달라"는 것이었다.

(2) 이에 대하여 피고는 2004. 9. 24. 원고에게 한국－대만 노선에 관하여 원고 등과 노선배분을 협의하면서 노선의 배분을 검토하고 있는 중이라는 사유로 위 사업계획변경인가 신청을 반려하는 처분을 하였다.

자. 운수권 배분 및 노선면허처분 등

(1) 그 후 피고는 2004. 11. 9. '국제항공노선 운수권 배분'이라는 공문으로 원고와 참가인에 대하여 각기 서울－타이베이의 여객 국제선 정기항공운송사업 운수권을 주 9회씩, 한국－대만 화물 국제선 정기항공운송사업 운수권을 주 1회씩으로 하는 운수권 배분처분을 하였다.

(2) 그리하여 원고는 2004. 11. 16. 피고에게 정기항공운송사업 노선개설 면허를 신청하였고, 피고는 2004. 11. 30. 원고에게 서울－타이베이(왕복) 노선으로 주 9회의 운항횟수를 내용으로 한 노선면허처분 겸 사업계획인가처분을 하였다. 한편 피고는 2004. 11. 22. 참가인에게 그 신청에 따라 서울－타이베이(왕복) 정기여객노선으로 주 7회의 운항횟수를 내용으로 한 노선면허처분 겸 사업계획인가처분을 하였다가, 2005. 3. 24. 이를 주 9회 운항하는 내용으로 사업계획변경인가처분을 하였다(이하, 피고가 참가인에 대하여 한 화물 주 1회의 운수권 배분처분, 여객 주 7회의 노선면허처분 및 사업계획인가처분 및 여객 주 9회의 사업계획변경인가처분 등을 합하여 '이 사건 처분'이라고 한다).

2. 당사자들의 주장

가. 원고

(1) 단항조치 당시 원고는 피고로부터 한국－대만 노선에 관하여 '우리나라와 대만 내 제 지점 중 원고가 원하는 지점을 선택하여 기종계수 17.0단위의 범위 내에서 왕복운항할 수 있는 권리'인 운수권 또는 그 배타적 사용권 및 '정기적으로 항공기를 사용하여 위 운수권의 범위 내에서 유상으로 여객 또는 화물을 운송하는 사업을 할 수 있는

권리'인 정기항공운송사업권(노선면허권)을 보유하고 있었다. 그런데 민간항공운수협정에 의하여 서울－타이베이 여객노선에 관하여 주 18회, 화물노선에 관하여 주 2회 이상의 운항이 허용되지 않는 현재 상황에서, 피고가 참가인에게 서울－타이베이 여객노선에 관하여 주 9회, 화물노선에 관하여 주 1회의 운수권을 배분하여 주고 그에 따라 노선면허 및 사업계획인가를 한 이 사건 처분은 원고가 한국－대만노선에 관하여 가지고 있는 기득권을 침해한 것이다.

(2) 이 사건 처분은 참가인에게는 수익적 효과를 가지지만 원고에게는 침익적 효과를 가진다는 점에서 제3자효가 있는 행정행위라고 할 것이므로, 피고의 재량권은 일정한 한계를 가진다. 피고로서는 운수권 배분 및 노선면허처분을 함에 있어서 공평하고 합리적인 기준과 원칙에 입각하여 공정하게 재량권을 행사하여야 함에도 불구하고, 피고는 한국－대만 노선에 관하여 운항중지 경위 및 운항중지 당시의 운항현황 등을 전혀 고려하지 아니한 채 후발사 육성이라는 미명하에 참가인에게 특혜를 주었으므로 이 사건 처분은 재량권을 일탈·남용한 경우에 해당하여 위법하다.

(3) 피고는 단항조치 이후에도 원고가 한국－대만 노선에 관하여 노선면허를 보유하고 있음을 전제로 하여 종전 사업계획을 비운항으로 변경하는 사업계획변경인가처분을 하였을 뿐만 아니라 원고에 대한 노선별 면허사항에서도 서울－타이베이 노선을 삭제하지 아니한 채 그대로 기재한 점, 이로 인하여 원고는 서울－타이베이 노선에 관하여 정기항공운송사업을 재개할 수 있다는 기대(신뢰)를 갖게 되어 대만에 사무소를 계속 두는 등 운항재개에 필요한 인적·물적 시설을 계속 유지하였던 점 등 제반 사정에 비추어 보면 이 사건 처분은 신뢰보호의 원칙에 어긋나는 것으로서 위법하다.

4. 판단

가. 첫 번째 주장에 대하여

(1) 운수권 배분의 법적 성질

(가) 항공법은 제112조 제1항에서 "정기항공운송사업을 경영하고자 하는 자는 노선별로 건설교통부장관의 면허를 받아야 한다"고 규정하고, 제113조에서 그 면허기준을, 제114조에서 면허의 결격사유를 규정하고 있을 뿐, 운수권의 배분 또는 노선배분에 관하여 아무런 규정을 두고 있지 않다.

(나) 1944년의 시카고조약(국제민간항공협약, Convention on International Civil Aviation) 제6조는 "정기국제항공업무는 체약국의 특별한 허가 또는 인가를 받고 그 허가 또는

인가의 조건에 따르는 경우를 제외하고 그 체약국의 영역의 상공을 비행하거나 그 영역에 비행할 수 없다"고 규정하여 원칙적으로 영공주권을 선언하고 있고, 1946년 위 조약을 기초로 한 버뮤다협정의 부속서에서 항공노선과 운수권의 내용, 항공사의 지정, 공항의 사용요금, 항공연료 등에 대한 면세, 감항증명 등의 상호 인정 등이 포함되었으며, 그 후 각국은 대체로 버뮤다협정을 기준으로 하여 개별적으로 항공협정을 체결하고 있는 실정이다. 그런데 일반적으로 국제항공노선의 경우에는 사업계획을 수립하고 항공교통의 안전을 확보하기 위하여 필요한 조치를 취하는 데 상당한 시간과 비용·노력이 소요되고, 특히 정부간에 체결된 항공운수협정에 지정항공사가 항공업무를 개시하기 전에 이행하여야 할 사항에 관한 조건이 규정되어 있는 경우에는 이를 충족하지 못하면 사실상 취항이 불가능하기 때문에, 통상 ① 정부간 항공협정체결 → ② 운수권 배분(항공사 지정) → ③ 조건의 이행 → ④ 노선면허 → ⑤ 취항 등과 같은 일련의 과정을 거쳐 국제항공운송이 이루어지고 있다.

(다) 1986. 11. 14. 체결된 구 항공운수협정 제2조는 '운수권'(Traffic Rights)이라는 제목하에 "각 체약당사국은 타방 체약당사국의 지정항공사가 부속서에 명시되어 있는 노선에서의 국제항공업무를 개설하여 운항할 수 있도록 이 협정에 명시된 제 권리를 타방 체약당사국에게 부여한다"고 규정하고, 제3조 제1항에서 "각 체약당사국은 특정 노선상의 합의된 업무를 운영할 목적으로 타방 체약당사국에 대하여 서면으로 1개의 항공사를 지정하는 권리를 갖는다. 동 지정의 접수 즉시 타방 체약당사국은 이 조 제2항의 규정에 따를 것을 조건으로 하여 동 지정항공사에 대하여 부당하게 지체함이 없이 적절한 운항허가를 부여하여야 한다"고, 제3조 제2항에서 "그러나 이 조 제1항에 언급된 합의된 항공업무를 개시하기 위한 허가를 받기 전, 당해 지정항공사에 대하여는 타방 체약당사국의 항공당국이 (정기국제항공업무의 운영에 관하여) 정상적으로 적용되는 관련 법규에 따라 규정된 제 조건을 이행할 자격이 있음을 동 항공당국에 입증하도록 요구할 수 있다"고 각 규정하고 있으며, 한편 1990. 9. 4.자로 개정된 항공운수협정은 복수 지정항공사제를 규정하고 있다. 또한 1990. 10. 15.자 '정기항공운송사업자 지도·육성 지침' 제2조 제9호는 "'운항횟수 배분'이라 함은 기히 복수취항을 하고 있거나 제5조의 규정에 의한 복수취항을 허용할 경우에 교통부장관이 증회된 운항횟수를 정기항공운송사업자에게 나누어 주는 것을 말한다"고 규정하고, 제4조에서 신규노선의 배분기준, 제5조에서 복수취항 허용기준, 제6조에서 운항횟수 배분기준에 관하여 규정하고 있으며, 부칙 제2조에서 취항지역, 신규노선 배분, 복수취항 허용, 운항횟수 배분 등에

관한 사항은 세계 항공 동향, 국내 항공여건 등 항공환경의 변화를 감안하여 교통부장
관이 필요하다고 인정하는 경우 3년 내지 5년의 주기로 수정·보완할 수 있다고 규정하
고 있다.

(라) 위와 같은 항공법 및 항공운수협정의 관련 규정, 국제항공운송조약 및 국제정
기항공운송사업 노선면허의 처리에 관한 업무관행 등을 종합적으로 고려하여 보면, 피
고가 항공사에 대하여 하는 운수권 배분이라 함은 우리나라 정부가 외국 정부와 체결
한 협약에 따라 확보된 노선에 대하여 복수취항을 허용하는 경우에 장차 노선면허를
받을 수 있는 항공사를 운항횟수를 정하여 사전에 지정하는 행위로서 그 처분의 근거
가 비록 법규가 아닌 행정규칙에 규정되어 있지만 이로 인하여 당해 항공사로서는 지
정항공사로서의 지위를 취득하여 외국 항공당국과 항공업무를 개시하기 위한 후속절차
를 밟을 수 있는 지위에 놓이게 되므로, 이러한 운수권 배분처분은 항공사의 구체적인
권리의무에 직접 영향을 미치는 것으로 항고소송의 대상이 되는 행정처분에 해당한다
고 할 것이나(대법원 2004. 11. 26. 선고 2003두10251, 2003두10268 판결 참조), 다만 이는
노선면허를 받기 위한 중간적인 단계에 있는 것으로서 그에 기초하여 노선면허가 이루
어진 경우에는 노선면허에 흡수되어 노선면허처분의 취소를 구하는 외에 독립적으로
운수권 배분의 취소를 구할 소의 이익은 상실된다고 봄이 상당하다.

(2) 노선면허의 법적 성질 및 정기항공운송사업자의 법적 지위

(가) 항공법 제112조에 의한 노선면허는 특정 항공사로 하여금 당해 노선에 취항
하여 항공운송사업을 영위할 수 있도록 하는 내용의 권리를 설정하는 행위로서 강학상
'특허'에 해당하므로, 행정청으로서는 항공사에 대하여 노선면허를 함에 있어 항공법 제
113조에 정한 요건, 항공운송시장의 여건 및 항공운송정책방향 등 여러 요소들을 고려
하여 합목적적으로 결정할 수 있는 재량이 있음은 물론이다.

(나) 그런데 앞에서 본 '정기항공운송사업자 지도·육성 지침', '국적항공사 경쟁력
강화 지침' 및 '국제항공 정책방향' 등의 내용을 살펴보면 피고는 국적항공사의 경쟁력
강화, 해외 항공시장의 개척 등의 정책목표를 달성하기 위하여 복수항공사정책을 유지
하는 범위 내에서 경업자들에 대한 관계에서 균형 있고 공정한 노선배분을 하여야 한
다고 규정하고 있음을 알 수 있으므로, 운수권 배분 또는 노선면허 등을 받은 정기항공
운송사업자는 당해 노선에 관하여 경업관계에 있는 다른 항공사에 대한 운수권 배분
또는 노선면허 등에 대하여 그 처분의 상대방이 아닐지라도 당해 행정처분의 취소를
구할 법률상의 이익이 있다고 할 것이다(대법원 2002. 10. 25. 선고 2001두4450 판결 참조).

(3) 구체적 검토

(가) 이 사건에서 단항조치가 있을 때까지 원고는 피고로부터 한국－대만 노선에 관하여 운수권을 배분받은 사실은 없더라도 위 노선에 관하여 정기항공운송사업자의 지위에 있음은 앞서 본 바와 같다. 그러나 이러한 원고의 기득권이 과연 이 사건 처분 당시까지 존속되고 있다고 볼 수 있는지는 의문이다.

(나) 즉 행정처분이 유효하게 성립하여 발효하였다 하더라도 당해 행정처분을 존속시킬 수 없는 일정한 사유, 예컨대 당해 행정처분의 대상이 되는 사람이 사망하거나 목적물이 소멸한 경우, 종기의 도래 또는 해제조건의 성취, 목적의 달성 및 당해 행정처분의 근거법규가 폐지되거나 새로운 법규가 제정됨으로써 당해 행정처분의 효력이 부인되는 경우 등의 사유가 발생한 때에는 당해 행정처분은 행정청의 의사와 관계없이 장래에 향하여 실효되었다고 보아야 할 것이다.

그런데 이 사건에서 우리나라 정부는 1992. 8. 24.자로 중국과 국교를 수립하면서 대만과의 외교관계를 단절하였고 이에 대하여 대만 정부는 항공운수협정의 효력을 종지하고 항공운항을 정지시키는 등 단항조치를 취한 점, 이에 따라 원고의 이 사건 정기항공운송사업은 단항조치 이후 이 사건 처분 당시까지 약 12년간 중단되었던 점 및 우리나라와 대만 사이에 2004. 9. 민간항공운수협정이 체결되었으나 위 협정은 위 항공운수협정과의 관계에 관하여 아무런 규정을 두고 있지 않은 점 등을 종합하여 보면, 이 사건 노선면허는 이 사건 처분 당시에는 그 목적사업의 장기간 실현 불능 및 항공시장의 여건 변화 등의 사유로 인하여 실효되었다고 봄이 상당하다.

따라서 이 사건 처분으로 인하여 원고의 기득권이 침해되었다는 원고의 위 주장은 이유 없다.

(다) 가사 이 사건 노선면허가 실효되지 않았고 그 결과 이 사건 처분으로 인하여 원고의 기득권이 침해되었다 하더라도 원고가 주장하는 것처럼 그 자체로서 이 사건 처분이 위법하게 된다고 보기는 어렵다.

즉 행정행위를 한 처분청은 비록 그 처분 당시에 별다른 하자가 없었고, 또 그 처분 후에 이를 철회할 별도의 법적 근거가 없다 하더라도 원래의 처분을 존속시킬 필요가 없게 된 사정변경이 생겼거나 또는 중대한 공익상의 필요가 발생한 경우에는 그 효력을 상실케 하는 별개의 행정행위로 이를 철회할 수 있다고 할 것이나, 수익적 행정처분을 취소 또는 철회하는 경우에는 이미 부여된 그 국민의 기득권을 침해하는 것이 되므로, 비록 취소 등의 사유가 있다고 하더라도 그 취소권 등의 행사는 기득권의 침해를 정당화할 만한 중대한 공익상의 필요 또는 제3자의 이익보호의 필요가 있는 때에 한하여 상대방이 받는 불이익과 비교·교량하여 결정하여야 하고, 그 처분으로 인하여 공익상의 필요보다 상대방이 받게 되는 불이익 등이 막대한 경우에는 재량권의 한계를 일탈한 것으로서 그 자체가 위법한 것인바(위 2003두10251, 10268 판결, 대법원 2004. 7. 22. 선고 2003두7606 판결 등 참조), 이 사건에서 피고로서는 위와 같은 법리에 따라 종전 노선면허를 그대로 존속시킬 필요가 없게 되는 사정변경이 생겼다거나 또는 원고의 기득권 침해를 정당화할 수 있는 중대한 공익상의 필요가 있는 때에는 그 기득권과 상충되는 새로운 행정처분을 할 수도 있는 것이므로, 결국 위와 같은 사정은 이 사건 처분이 재량권을 일탈·남용한 경우에 해당하는지 여부의 문제에 귀착된다고 할 것이기 때문이다.

나. 두 번째 주장에 대하여

(1) 재량권 일탈·남용 여부의 판단기준

운수권 배분 및 노선면허처분, 사업계획(변경)인가처분 등은 각 항공사의 노선 및 운송능력, 노선개척에 기여한 정도, 노선의 시장상황 및 노선배분시의 활용도, 공정경쟁 여건 조성 등을 고려한 항공정책적 판단이 필요한 분야로서 이에 관한 행정처분은 항공행정을 통한 공익실현과 아울러 합목적성을 추구하기 위하여 구체적 타당성에 적합한 기준에 의하여야 할 것이므로 그 범위 내에서는 행정청의 재량에 속한다고 할 것이고, 그에 관한 행정청의 판단이 평등 또는 신뢰원칙위배 등에 해당하지 아니하는 이상 재량권의 일탈·남용에 해당한다고 할 수는 없는 것이다(대법원 2004. 11. 26. 선고 2003두3123 판결 참조).

(2) 판단

이 사건에 관하여 보건대, 우리나라가 중국과 국교를 수립하면서 대만과 외교관계가 단절되는 어려움을 겪었으나 이로 인하여 원고를 포함한 국적항공사들은 새롭게 중국시장을 개척할 수 있게 됨으로써 국내 항공산업이 크게 발전하게 되었던 점, 원고와 참가인 등은 단항통보 이후에 한국-대만 노선에 취항하지 못하고 있다가 2002년 12월경부터 전세기 운항을 할 수 있게 되었는데 이 사건 처분 직전인 2004년 8월경에는 각기 주 7회의 전세기 운항을 하고 있었던 점, 피고는 1999년 7월경 국제항공정책방향이라는 지침을 마련하여 국제항공정책방향을 개방화·자유화, 복수항공사정책 유지 및 공정경쟁환경 조성 등으로 설정하고 이에 맞추어 국제항공노선 배분기준을 규정하였는데 이 사건 처분은 위 배분기준에 따른 것이라는 점 및 피고가 이 사건 처분의 근거 법규가 되는 민간항공운수협정을 종전의 항공운수협정과는 다른 별개의 협정으로 본 데에 어떠한 잘못이 있다고 보기 어려운 점 등을 종합하여 보면 이 사건 처분이 곧바로 평등 또는 신뢰원칙에 위배된 재량권의 행사에 해당한다고 볼 수 없고 달리 이를 인정할 증거가 없으므로, 이 점에 관한 원고의 주장은 이유 없다.

다. 세 번째 주장에 대하여

(1) 신뢰보호의 원칙 위반 여부에 대한 판단기준

일반적으로 행정상의 법률관계에 있어서 행정청의 행위에 대하여 신뢰보호의 원칙이 적용되기 위해서는, 첫째 행정청이 개인에 대하여 신뢰의 대상이 되는 공적인 견해표명을 하여야 하고, 둘째 행정청의 견해표명이 정당하다고 신뢰한 데에 대하여 그 개인에게 귀책사유가 없어야 하며, 셋째 그 개인이 그 견해표명을 신뢰하여 어떠한 행위를 하였어야 하고, 넷째 행정청이 위 견해표명에 반하는 처분을 함으로써 그 견해표명을 신뢰한 개인의 이익이 침해되는 결과가 초래되어야 하며, 이러한 요건을 충족할 때에는 행정청의 처분은 신뢰보호의 원칙에 반하는 행위로서 위법하게 된다고 할 것이다(대법원 1996. 2. 23. 선고 95누3787 판결, 대법원 1996. 1. 23. 선고 95누13746 판결, 대법원 1995. 6. 16. 선고 94누12159 판결 등 참조).

(2) 판단

이 사건에서, 피고가 원고에 대한 노선면허에 서울─타이베이 노선을 삭제하지 아니한 채 그대로 두었다 하더라도 이를 가리켜 향후 원고가 정기항공운송사업계획(변경)인가 신청을 하면 피고가 이를 받아주겠다는 내용의 공적인 견해를 표명하였다고 볼 수 없을 뿐만 아니라, 원고가 단항통보 이후에도 대만에 영업소를 그대로 유지하였다거나 대만에 자연재해가 발생하였을 때에 이재민을 위하여 구호물자를 지원하였다는 등의 사정은 장래에 취항이 가능해질 때를 대비한 홍보활동의 일환이거나 또는 인도적인 지원활동이라고 볼 수 있을지언정 원고가 피고의 공적인 견해를 신뢰하여 이와 같은 조치를 행하였다고 볼 수는 없으므로, 결국 원고의 위 주장 역시 이유 없다.

3. 결론

그렇다면 원고의 청구는 이유 없으므로 이를 기각하기로 하여, 주문과 같이 판결한다.

[100] 파주출판단지 토지 조성원가 정보공개 사건

— 서울행정법원 2005. 11. 3. 선고 2005구합12398 판결 —

【판시사항】

한국토지공사가 개발·공급하는 토지의 조성원가에 관하여 정보공개의무가 있음을 인정한 사례

【판결요지】

한국토지공사가 토지개발사업을 통하여 얻는 이익은 대부분 토지의 공급가액에서 그 취득가액과 사업비용을 공제한 것인데, 토지의 취득가액은 시장가격과 '정당한 보상'의 원칙에 의하여 결정되어야 할 것이고, 사업비용은 대체적으로 건설시장과 노동시장에서의 가격구조에 의하여 결정된다고 보는 것이 합리적이다. 개발사업을 통하여 한국토지공사가 얻는 이익은 주로 개발대상 토지의 형질변경, 지목변경, 토지의 분할 또는 합병 등과 같이 자연환경이나 사회·경제적 환경을 변화시킴으로써 발생하는 것이므로 이는 궁극적으로 국민 전체에 귀속되어야 할 성질의 것이라고 보아야 할 것이다.

결국 한국토지공사가 조성원가 산출내역을 비공개함으로써 업무추진상 편의를 거두는 이익과 다른 한편 이에 관한 정보를 공개함으로써 조성원가 산출과정의 투명성을 확보하고 나아가 정부투자기관이 내부적으로 빠질 수 있는 행정편의주의와 형식주의 및 권한남용으로 인한 폐해를 방지하는 효과를 거둘 수 있는 이익 등을 비교형량하여 보면, 조성원가 산출내역에 관한 정보공개로 인하여 한국토지공사의 정당한 이익을 현저히 해할 우려가 있다고 볼 수는 없다.

【원   고】 파주출판문화정보산업단지 사업협동조합
【피   고】 한국토지공사

【주   문】

피고가 2004. 5. 18. 원고에 대하여 한 별지 목록 제1·2항 기재 정보에 관한 공개 거부처분을 취소한다.

【이   유】

1. 처분의 경위

가. 원고는 출판문화산업단지를 건설함으로써 조합원의 경제적 지위 향상을 기하고 국민경제의 균형 있는 발전을 도모하기 위하여 생산·가공·수주·판매·보관·운송 기타 서비스 등 공동사업과 단지 및 공동시설의 조성과 관리운영 등의 사업을 목적으로 설립된 법인이다. 피고는 토지를 취득·관리·개발 및 공급하게 함으로써 토지자원의 효율적인 이용을 촉진하고 국토의 종합적인 이용·개발을 도모하여 건전한 국민경제의 발전에 이바지하게 함을 목적으로 한국토지공사법에 의하여 설립된 법인으로서 정부투자기관이다.

나. 원고는 1998. 8. 31. 피고로부터 파주시 교하읍 문발리 소재 피고가 조성하는 파주출판문화정보산업단지 내 18필지의 토지 총 170,477㎡를 30,817,470,000원에 매수하는 내용의 산업시설용지 공급계약을 체결하였다. 이 사건 공급계약 가운데 공급 금액 및 면적에 관한 주요 내용은 다음과 같다.

다. 원고는 2004. 4. 27. 피고에게 구 공공기관의 정보공개에 관한 법률(2004. 1. 29. 법률 제7127호로 전문개정되기 전의 것, 이하 '법'이라 한다) 제8조 제1항에 의하여 별지 목록 기재 정보의 공개를 청구하였다. 이에 대하여 피고는 같은 해 5. 18. 별지 목록 제1·2항 기재 정보는 법 제7조 제1항 제7호 소정의 정보에 해당한다는 이유로 비공개결정을, 제3항 기재 정보는 부분공개결정을 하고 이를 원고에게 통지하였다.

2. 당사자들의 주장

가. 피고

토지 조성원가의 산출내역은 피고의 영업상 비밀에 관한 사항으로서 이를 공개할 경우 토지의 보상가격, 토지의 매매가격 등에 큰 영향을 미쳐 공기업인 피고의 정당한 이익을 현저히 해할 우려가 있다.

나. 원고

첫째, 토지 조성원가의 산출내역은 공기업인 피고의 영업상 비밀에 관한 사항에 해당하지 않는다.

둘째, 이 사건 산업시설용지 공급계약에 의하면 공급금액은 산업단지 준공인가 후에 총사업비를 기준으로 정산하도록 규정되어 있으므로, 피고는 토지 조성원가의 산출내용을 공개할 계약상 의무가 있다.

3. 관계 법령

(중략)

4. 판단

원고가 공개를 청구하는 별지 목록 기재 정보가 가사 피고 법인의 '영업상 비밀에 관한 사항'에 해당한다 하더라도, 위 정보를 공개할 경우 피고 법인의 정당한 이익을 현저히 해할 우려가 있다는 주장은 다음과 같은 점에서 이를 선뜻 받아들이기 어렵다.

피고는 조성원가 산출내역이 공개되면 토지의 매입 및 공급 가격을 결정하는 데 큰 어려움을 겪을 것이라고 주장한다. 피고가 정부투자기관으로서 토지개발사업을 시행하여 결산상 큰 이익이 발생하였다는 사실이 공개될 경우, 피고로서는 지주들로부터 토지 매입가격이나 용지 보상가격을 올려 달라는 민원을 많이 받게 될 것이고 토지 수분양자로부터는 공급가격을 낮추어 달라는 요구를 받게 될 것이므로, 피고가 토지개발사업을 신속·원활하게 시행하는 데 불편을 겪으리라는 것은 쉽게 예상할 수 있다.

그러나 한국토지공사법, '공익사업을 위한 토지 등의 취득 및 보상에 관한 법률' 등 관계 법령을 살펴보면, 피고는 토지의 취득·관리·개발 및 공급업무를 수행함에 있어서 사경제주체로서 매매, 협의취득 등 사법상 계약에 의할 수 있고, 공익사업의 경우에는 수용·사용 등 공권력의 행사에 의하여 토지를 취득할 수 있으며, 건설교통부장관이 승인한 공급기준에 따라 토지의 공급가격을 정할 수 있도록 되어 있다. 피고 법인의 이익은 대부분 토지의 공급가액에서 그 취득가액과 사업비용을 공제한 것인데, 토지의 취득가액은 시장가격과 '정당한 보상'의 원칙에 의하여 결정되어야 할 것이고, 사업비용은 대체적으로 건설시장과 노동시장에서의 가격구조에 의하여 결정된다고 보는 것이 합리적이다. 개발사업을 통하여 피고 법인이 얻는 이익은 주로 개발대상 토지의 형질변경, 지목변경, 토지의 분할 또는 합병 등과 같이 자연환경이나 사회·경제적 환경을 변화시킴으로써 발생하는 것이므로 이는 궁극적으로 국민 전체에 귀속되어야 할 성질의 것이라고 보아야 할 것이다.

결국 피고가 조성원가 산출내역을 비공개함으로써 업무추진상 편의를 거두는 이익과 다른 한편 이에 관한 정보를 공개함으로써 조성원가 산출과정의 투명성을 확보하고 나아가 정부투자기관이 내부적으로 빠질 수 있는 행정편의주의와 형식주의 및 권한

남용으로 인한 폐해를 방지하는 효과를 거둘 수 있는 이익 등을 비교형량하여 보면, 이 사건 정보공개로 인하여 피고 법인의 정당한 이익을 현저히 해할 우려가 있다고 볼 수는 없다.

따라서 피고가 내세우는 사유는 법 제7조 제1항 제7호 소정의 비공개사유에 해당한다고 보기 어렵고, 달리 정보의 공개를 거부할 만한 사유를 찾아 볼 수 없으므로, 이 사건 비공개처분은 위법하다.

5. 결론

그렇다면 이 사건 처분의 취소를 구하는 원고의 청구는 이유 있으므로 이를 인용하기로 하여, 주문과 같이 판결한다.

[101] 익사 위기 친구를 구조하다 사망한 사람을 의사상자로 인정한 사건

— 서울행정법원 2005. 11. 24. 선고 2005구합22401 판결 —

【판시사항】

익사 위기에 처한 친구를 구조하려다 사망한 자를 의사상자 예우법에 의한 의사자로 인정한 사례

【판결요지】

[1] 의사상자 예우법 제2조에 따르면 의사자로 인정되기 위해서는 '직무외의 행위'로서 타인의 생명, 신체 등의 급박한 위해를 구제하는 '구제행위'가 있어야 하고 행위자의 사망의 결과가 그러한 구제행위로 인한 것이어야 한다. 구제행위에 해당되는지 여부는 행위자의 주관적 구제의사 외에도 그 당시 행위자가 처한 상황적 조건과 그러한 행위로 행위자가 감수하여야 하는 위험의 종류와 정도, 구제행위의 구체적 태양과 적절성, 구제대상인 타인이 처한 위해의 긴급성 및 위험성의 정도, 그리고 타인의 자력(自力)에 의한 위해의 극복가능성 등을 종합적으로 고찰하여, 객관적 재난상황에서 사회통념상 안전하고 조화로운 사회생활을 영위하기 위하여 일반적으로 요구 내지 기대되는 안전배려 내지 상호협력의 수준을 넘어서는 자기희생적 위험인수행위로 평가될 수 있어야 한다.

[2] 사고 지점은 물살이 비교적 빠르고 수심이 깊어 물에 빠져 다치거나 사망할 위험이 있는 곳이고, 그러한 위험 때문에 함께 구조행위에 나선 다른 두 친구들은 중도에 구조를 포기하고 되돌아 나왔으나 망인은 자신의 생명·신체에 대한 위험을 무릅쓰고 급류에 휩싸여 익사위기에 처한 친구를 구조하려다 사망한 사안에서, 망인의 행위를 의사상자 예우법상의 '구제행위'에 해당하고, 물놀이를 함께 간 일행이라고 하여 구제행위를 '직무상의 행위'라 할 수는 없다고 본 사례

【원   고】 박○○
【피   고】 보건복지부장관

【주   문】

피고가 2004. 12. 20. 원고에 대하여 한 의사자불인정처분을 취소한다.

【이   유】

1. 처분의 경위

가. 원고의 동생인 망 박△△(1985. 7. 23.생, 이하 '망인'이라 한다)은 2004. 7. 31. 전남 곡성군 죽곡면 용정리 소재 보성강에서 물에 빠져 허우적대는 친구 황○○를 구하러 강으로 들어갔다가 급류에 휩쓸려 익사하였다(이하 '이 사건 사고'라 한다).

나. 원고는 2004. 8.경 광주광역시 북구청장을 통하여 피고에게 망인에 대한 의사자(義死者) 인정 신청을 하였으나 피고는 의사상자(義死傷者)심사위원회의 심사·결정을 거쳐, 2004. 12. 20. 의사상자 예우에 관한 법률(이하 '의사상자 예우법'이라 한다) 소정의 의사자 인정 요건을 충족하지 못하였다는 이유로 위 신청을 거부하는 이 사건 처분을 하였다.

2. 처분의 적법 여부

다. 인정사실

(1) 망인은 전남대학교 전자공학과 1년에 재학 중이던 자로, 물놀이를 하기 위하여 중학교 동창 또는 전남대학교 동급생인 최○○ 등 7명과 함께 2004. 7. 31. 14:00경 최○○의 조부가 살았던 전남 곡성군 죽곡면 용정리 소재 보성강가에 도착하였다.

(2) 망인 일행은 물놀이하기 적합한 곳을 찾기 위하여 상류 쪽으로 올라가기로 하여, 망인 등 5명은 강변을 따라 앞서서 가다가 14:43경 이 사건 사고 지점을 물놀이 장소로 정하고는 그곳에서 뒤쳐져 걸어오는 이○○, 김○○을, 그리고 강에서 헤엄쳐 오고 있는 황○○를 기다리고 있었다. 이때 황○○가 망인 등이 있는 곳으로 헤엄쳐 오다가 몸에 힘이 빠져 허우적대며 '살려 달라'고 외쳤다. 이에 망인이 먼저, 다음으로 박ㅁㅁ, 염○○이 황기하를 구하기 위하여 강물에 뛰어들어 황기하에게로 다가가다가 수심이 깊어지자 박ㅁㅁ, 염○○은 방향을 돌이켜 물 밖으로 나왔으나 망인은 계속 황기하에게로 헤엄쳐가다가 급류에 휩쓸리며 허우적댄 후 물속으로 가라앉았다.

(3) 황○○는 물살에 밀려 떠내려가다 바위를 붙잡고 나와 살아났고, 망인은 신고

를 받고 도착한 구조대에 의하여 물에 빠진지 약 15분 후에 발견되어 인근 곡성병원으로 옮겨졌으나 결국 소생하지 못한 채 같은 날 15:30경 사망하였다.

라. 판단

(1) 의사자 인정요건

의사상자 예우법 제2조에 따르면 의사자로 인정되기 위해서는 '직무외의 행위'로서 타인의 생명, 신체 등의 급박한 위해를 구제하는 '구제행위'가 있어야 하고 행위자의 사망의 결과가 그러한 구제행위로 인한 것이어야 한다.

먼저 구제행위에 해당되는지 여부는 행위자의 주관적 구제의사 외에도 그 당시 행위자가 처한 상황적 조건과 그러한 행위로 행위자가 감수하여야 하는 위험의 종류와 정도, 구제행위의 구체적 태양과 적절성, 구제대상인 타인이 처한 위해의 긴급성 및 위험성의 정도, 그리고 타인의 자력(自力)에 의한 위해의 극복가능성 등을 종합적으로 고찰하여, 객관적 재난상황에서 사회통념상 안전하고 조화로운 사회생활을 영위하기 위하여 일반적으로 요구 내지 기대되는 안전배려 내지 상호협력의 수준을 넘어서는 자기희생적 위험인수행위로 평가될 수 있어야 한다.

그리고 의사상자의 요건에서 제외되는 '직무의 이행으로 행하여진 것'이라 함은 타인의 생명, 신체 또는 재산의 보호의무를 직접 담당하는 경찰관, 소방관 등의 직무와 같이 그 위반이 바로 형법상의 직무유기에 해당하는 엄격한 의미에서의 직무상 의무의 이행으로 행하여진 경우에 한정된다고 제한적으로 해석할 수는 없고, 당해 구제행위를 한 자에게 법령이나 계약상 또는 조리상으로 타인의 생명, 신체 및 재산을 보호하고 그에 대한 위험발생을 방지하여야 할 일반적인 보호감독의무나 안전배려의무가 있다고 평가될 수 있는 경우도 포함된다고 해석함이 상당하나, 특별한 사정이 인정되지 아니하는 한 친구나 동료 또는 선후배끼리 함께 놀러갔다는 사실만으로 위난에 처한 상대방을 구제하여야 할 조리상의 의무가 있다고는 할 수 없다(대법원 2003. 6. 24. 선고 2003두1424 판결 참조).

(2) 망인이 의사자에 해당하는지 여부

위 인정과 같이, 이 사건 사고 지점은 물살이 비교적 빠르고 수심이 깊어 물에 빠져 다치거나 사망할 위험이 있는 곳이고, 이러한 위험 때문에 함께 구조행위에 나선 다른 두 친구들은 중도에 구조를 포기하고 되돌아 나왔으나 망인은 자신의 생명·신체에 대한 위험을 무릅쓰고 급류에 휩싸여 익사위기에 처한 친구 황기하를 구조하려다 사망하였으니 망인의 행위는 의사상자 예우법상의 '구제행위'에 해당한다 할 것이고, 망인이 황기하와 물놀이를 함께 간 일행이라고 하여 망인의 구제 행위를 직무상의 행위라 할 수는 없다.

(3) 소결

따라서 망인은 의사상자 예우법 소정의 '직무 외의 행위로서 타인의 생명의 급박한 위해를 구제하다가 사망한 자'에 해당한다고 할 것이므로 이와 다른 전제에서 한 이 사건 처분은 위법하다.

3. 결론

그렇다면 원고의 청구는 이유 있으므로 이를 인용하기로 하여, 주문과 같이 판결한다.

[102] 감기 항생제 처방률 정보공개 청구 사건

— 서울행정법원 2006. 1. 5. 선고 2005구합16833 판결 —

【판시사항】

감기 치료에 관한 항생제 사용량이 현저히 높거나 낮은 병원의 명단 등 공개를 거부한 보건복지부장관의 처분이 위법하다고 본 사례

【판결요지】

'지역별, 요양기관 종별, 의원급 표시과목별 급성상기도감염의 항생제 평가등급에서 1등급(상위 4%)과 9등급(하위 4%)에 속한 요양기관의 수, 명단 및 각 요양기관이 사용한 항생제 사용지표'에 관한 정보(이하 '이 사건 정보')를 비공개로 하는 데에 가사 요양기관이 법률상 보호받을 이익이 있다 하더라도 그 공개 여부는 국민의 알권리와 진료선택권이라는 공익과 비교·형량하여 결정하지 않으면 안 된다. 의료인은 전문적 의학지식과 기술을 토대로 환자와 질병의 특수성을 감안하여 적절한 진료방법을 선택할 재량을 가지며, 이러한 의료인의 전문성과 자율성은 가능한 한 존중되어야 한다. 그러나 의료행위는 사람의 신체와 생명을 대상으로 하는 것이므로 환자의 자기결정권 혹은 치료행위에 대한 선택의 기회를 보호하기 위하여 의료소비자들에게 충분한 의료정보를 제공하는 것이 보다 중요하다. 의료소비자들에게 사실에 기초한 정확한 의료정보를 제공하고 이를 통하여 의료시장에서 공정한 경쟁을 촉진할 수 있을 때에 공익을 증진시킬 수 있을 뿐만 아니라 의료계에 대한 국민의 이해와 신뢰도 더욱 깊어진다. 따라서 피고가 이 사건 정보에는 요양기관 개설자인 의사의 이름 등 개인에 관한 사항이 포함되어 있다거나 또는 요양기관의 경영·영업상의 비밀에 해당한다는 이유로 공개를 거부하는 것은 위법하다.

【원   고】 참여연대
【피   고】 보건복지부장관

【주   문】

피고가 2005. 4. 9. 원고에 대하여 한 별지 2 목록 기재 정보에 대한 공개거부처분을 취소한다.

【이   유】

1. 처분의 경위

가. 원고는 2005. 3. 29. 피고에 대하여, 공공기관의 정보공개에 관한 법률(이하 '정보공개법'이라 한다) 제10조 제1항에 의하여 별지 1 목록 기재 정보의 공개를 청구하였다.

나. 피고는 2005. 4. 9. 별지 1 목록 기재 정보 가운데 요양기관별, 의원급 표시과목별, 지역별 항생제 사용지표 및 급성상기도감염(upper respiratory infection, URI, 일명 '감기'로 통칭됨)에 관한 항생제 사용지표에 관한 정보(별지 1 목록 순번 1, 7항 기재 정보와 4항 기재 일부 정보)는 공개하되 나머지 정보는 공개하지 않기로 하는 부분공개결정을 하고 이를 원고에게 통지하였다.

다. 원고는 2005. 4. 18. 피고의 부분공개결정에 대하여 정보공개법 제18조 제1항에 의하여 이의신청을 하였으나, 피고는 2005. 5. 3. 이를 기각하는 결정을 하였다.

2. 당사자들의 주장

가. 원고

우리나라는 의료기관의 무분별한 항생제 처방 등 항생제의 오·남용으로 말미암아 국민들의 항생제 내성률이 다른 나라들에 비하여 매우 높은 실정이므로 그 실태를 파악하기 위하여 피고 산하 건강보험심사평가원에서 한 '약제급여 적정성 평가' 내용을 공개할 필요가 있다. 특히 원고가 이 사건 소로써 공개를 구하는 '지역별, 요양기관 종별, 의원급 표시과목별 급성상기도감염의 항생제 평가등급에서 1등급(상위 4%)과 9등급(하위 4%)에 속한 요양기관의 수, 명단 및 각 요양기관이 사용한 항생제 사용지표'에 관한 정보(이하 '이 사건 정보'라 한다)는 국민의 알권리와 진료선택권, 건강권 등을 위하여 적극적으로 공개되어야 한다.

나. 피고

이 사건 정보가 공개될 경우 당해 요양기관들에 대하여 의료에 대한 전문적 지식과 정보를 갖지 못한 일반 환자들은 자칫 이를 항생제 남용기관 또는 적정사용기관으로 오해를 하거나 의료인들을 불신하게 될 위험이 크다. 더욱이 이 사건 정보는 정보공개법이 비공개대상정보로 규정하고 있는 '개인의 사생활의 비밀 또는 자유를 침해할 우려가 있다고 인정되는 정보'(정보공개법 제9조 제1항 제6호) 또는 '경영·영업상 비밀에 관한 사항으로서 공개될 경우 법인 등의 정당한 이익을 현저히 해할 우려가 있다고 인정되는 정보'(정보공개법 제9조 제1항 제7호)에 해당하기 때문에 공개대상이 아니다.

4. 판단

가. 인정사실

(1) 피고 산하 건강보험심사평가원은 2001년부터 국민건강보험법 제56조 제2항, 법시행규칙 제21조에 의한 요양급여의 적정성 평가를 실시하고 있으며, 2002년 이후에는 약제사용의 오·남용 문제를 해결하기 위하여 항생제, 주사제, 약제비 등 3가지 항목에 대한 약제급여적정성평가를 실시하여 요양기관별, 진료과목별 및 상병별 지표를 산출하고 그 지표에 따라 해당 요양기관을 스테나인(Stanine) 기법에 의하여 1등급(4%) 내지 9등급(4%)으로 등급평가를 하고 있다.

(2) 피고와 건강보험심사평가원은 이 사건 소송 계속중인 2005. 10. 20. '2005년도 1분기 급성상기도감염에 대한 항생제 평가결과'를 발표하였는데, 그 내용은 다음과 같다.

1. 급성상기도감염은 대부분 바이러스가 원인으로 일부 세균감염이 강력히 의심되는 경우를 제외하고는 항생제가 그 치료효과가 없어 항생제 오·남용을 줄여야 하는 대표적 질환으로 알려져 있다.

2. 우리나라 의원의 급성상기도감염에 대한 2005년 1분기 항생제 처방률은 59.2%로 매우 높게 나타났고, 의료기관간 편차도 큰 것으로 분석되었다(표준편차 31.09). 요양기관종별로는 급성상기도감염 환자의 95% 이상을 차지하고 있는 의원에서 항생제 처방률이 가장 높으며, 의료기관간 편차도 항생제 처방률이 0.3%에 불과한 의원에서부터 99.3%에 이르는 의원까지 있는 것으로 나타났다. 의원의 표시과목별로는 이비인후과(73%)와 소아과(64.3%)가 처방률이 가장 높다.

3. 우리나라의 경우 폐렴 사슬알균(Streptococcus Pneumoniae)의 페니실린에 대한 내성률은 71.5%인데, 이는 네덜란드 0%, 영국 5.5%, 미국 32.6%와 비교할 때 매우 높은 수치이다.

(3) 건강보험심사평가원 급성호흡기감염증위원회는 2003년 4월경 '외래에서 진료

한 급성호흡기감염증 심사원칙(안)'을 작성·발표하였는데, 이에 따르면 급성상기도감염에 대해서는 원칙적으로 항생제 처방을 인정하지 아니하되, 다만 GABHS가 강력히 의심되는 상황, 예를 들어 고열, 인후삼출물, 경부림프절염 등의 세균감염 징후가 있을 때에 필요하고, 주사제는 경구 투여가 불가능하거나 응급증상 등 불가피한 사유가 있는 경우에 한하여 인정하는 것으로 되어 있다.

(4) 대한의사협회가 이 법원에 제출한 정보공개 반대의견의 요지는 다음과 같다.

1. 항생제 사용에 대한 결정은 의사가 질병과 환자 개개인의 상태에 따라 전문적인 의학적 소신과 지식을 바탕으로 최선의 노력을 다하여 하는 것이므로, 단순히 항생제 처방비율의 '높고 낮음'이 해당 요양기관의 신뢰성 여부를 결정하는 기준이 될 수는 없다.

2. 이 사건 정보가 공개될 경우 '항생제 처방률이 높은 의료기관은 곧 부도덕한 의료기관'이라는 인식을 국민들에게 주어 요양기관에 대한 불신을 야기할 위험이 크다.

나. 이 법원의 견해

정보공개법은 국민의 알권리를 보장하고 국정에 대한 국민의 참여와 국정운영의 투명성을 확보할 목적으로 공공기관이 보유·관리하는 정보는 특별히 법에서 비공개대상정보로 규정하고 있지 않는 한 원칙적으로 공개하도록 규정하고 있다. 더욱이 피고 산하 건강보험심사평가원이 이 사건 정보를 보유·관리하는 근거로 삼고 있는 국민건강보험법시행규칙 제21조 제1항도 그 정보를 공개하도록 명시적으로 규정하고 있다. 그럼에도 불구하고 피고는 이 사건 정보에는 요양기관 개설자인 의사의 이름 등 개인에 관한 사항이 포함되어 있다거나 또는 요양기관의 경영·영업상의 비밀에 해당한다는 이유로 그 공개를 거부하고 있는데, 이는 다음과 같은 점에서 수긍하기 어렵다.

첫째로, 이 사건 정보는 요양기관의 개설자인 의료인의 이름, 주민등록번호, 주소 등 개인에 관한 사항이 포함되어 있지 않다. 이 사건 정보에 포함되어 있는 요양기관의 명칭은 의료인이 소비자들에게 대하여 자신이 개설한 의료기관을 표시하는 것이므로 이를 공개한다 하더라도 의료인의 사생활의 비밀 또는 자유가 침해될 우려가 있다고 보기 어렵다. 둘째로, 이 사건 정보는 의료인이 보유하고 있는 자신의 기능이나 기술 혹은 진단 및 치료방법에 관한 것이 아니므로 이를 요양기관의 경영·영업상의 비밀에 해당한다고 볼 수 없다. 대한의사협회가 이 사건 정보의 공개에 반대하는 이유도 항생제 지표에 관한 정보가 공개될 경우 의료계에 대한 국민의 신뢰가 무너지고 이로 인하여 의료의 자율성과 전문성이 침해될 위험이 있다는 것이지 영업상의 비밀이 누출될 것을 염려하는 것은 아니다.

이 사건 정보를 비공개로 하는 데에 가사 요양기관이 법률상 보호받을 이익이 있다 하더라도 그 공개 여부는 국민의 알권리와 진료선택권이라는 공익과 비교·형량하여 결정하지 않으면 안 된다. 의료인은 전문적 의학지식과 기술을 토대로 환자와 질병의 특수성을 감안하여 적절한 진료방법을 선택할 재량을 가지며, 이러한 의료인의 전문성과 자율성은 가능한 한 존중되어야 한다. 그러나 의료행위는 사람의 신체와 생명을 대상으로 하는 것이므로 환자의 자기결정권 혹은 치료행위에 대한 선택의 기회를 보호하기 위하여 의료소비자들에게 충분한 의료정보를 제공하는 것이 보다 중요하다. 의료소비자들에게 사실에 기초한 정확한 의료정보를 제공하고 이를 통하여 의료시장에서 공정한 경쟁을 촉진할 수 있을 때에 공익을 증진시킬 수 있을 뿐만 아니라 의료계에 대한 국민의 이해와 신뢰도 더욱 깊어지리라고 본다.

5. 결론

그렇다면 피고가 이 사건 정보의 공개를 거부한 것은 위법하므로 이를 취소하기로 하여, 주문과 같이 판결한다.

[103] 남성 배우자 유족연금수급권 차별을 이유로 한
위헌법률심판 제청

— 서울행정법원 2006. 1. 12.자 2005아1596 결정 —

【판시사항】

국민연금 가입자의 사망 당시 유족인 배우자가 남편(夫)인 경우에는 60세 이상이거나 장애등급 2급 이상에 해당하지 않는 한 유족연금수급권이 없는 것으로 제한한 국민연금법 제63조 제1항 제1호에 대하여 위헌심판제청을 한 사안

【결정요지】

국민연금법 제63조 제1항 제1호(이하 '이 사건 법률조항')에 따르면, 국민연금의 가입자 또는 가입자이었던 자의 사망 당시 그에 의하여 생계를 유지하고 있던 배우자는 유족으로서 유족연금수급권을 가지는데, 다만 유족인 배우자가 남편(夫)인 경우에는 그가 60세 이상이거나 장애등급 2급 이상에 해당하지 않는 한 유족연금수급권이 없는 것으로 제한하고 있다. 이 사건 법률조항은 과거 우리 사회에서 가족의 생계를 유지하는 주된 책임이 남성에게 있다는 성의 역할에 관한 고정관념에 기초하여 사회보장급여의 수급권을 성별에 의하여 차별하는 것으로서 이는 합리적인 차별이라고 보기 어렵다. 이 사건 법률조항은 가입자의 사망 당시 그에 의하여 생계를 유지하고 있던 남편인 배우자의 유족연금수급권을 제한하는 것일 뿐만 아니라 가입자의 사망으로 인하여 사회·경제적 약자의 지위에 놓이게 될 염려가 있는 다른 유족들의 생활보장에 대한 기대를 침해하는 결과를 초래할 것이라는 점을 감안하면 이는 과잉금지의 원칙에 반하는 것이라고 봄이 상당하다.

【신 청 인】 문○○

【주   문】

신청인과 국민연금관리공단 사이의 이 법원 2005구합26380 유족연금거부처분취소 사건에 관하여 국민연금법 제63조 제1항 제1호 단서의 위헌 여부에 대한 심판을 제

청한다.

【이   유】

1. 위헌심판제청의 전제가 되는 사건의 개요

가. 신청인의 처인 망 용○○은 삼성생명보험 주식회사에서 근무하였고, 국민연금법상 사업장가입자인데 2004. 4. 4. 15:40경 출산 중 사인 미상으로 사망하였다.

나. 신청인은 2005. 8.경 국민연금관리공단에 유족연금의 지급을 청구하였으나, 국민연금관리공단은 같은 달 19. 신청인에 대하여 사망일시금 11,760,000원을 지급하면서 신청인이 국민연금법 제63조에서 규정한 유족의 범위에 포함되지 않는다는 이유로 유족연금의 지급을 거부하는 내용의 이 사건 처분을 하였다.

다. 신청인은 이 사건 처분에 불복하여 국민연금관리공단을 상대로 이 법원 2005구합26380호로 이 사건 처분의 취소를 구하는 행정소송을 제기하는 한편, 주문과 같은 위헌법률심판제청신청을 하였다.

2. 위헌심판제청의 대상인 법률규정 및 연혁

가. 대상 법률규정

국민연금법

제63조(유족의 범위 등) ① 유족연금을 지급받을 수 있는 유족은 가입자 또는 가입자이었던 자의 사망 당시 그에 의하여 생계를 유지하고 있던 다음의 자로 한다. 이 경우 가입자 또는 가입자이었던 자에 의하여 생계를 유지하고 있던 자에 관한 인정기준은 대통령령으로 정한다.

1. 배우자. 다만, 부(夫)의 경우에는 60세 이상이거나 장애등급 2급 이상에 해당하는 자에 한한다.

3. 위헌심판 제청의 이유

가. 재판의 전제성

국민연금법 제63조 제1항 제1호 단서(이하 '이 사건 법률조항'이라 한다)가 헌법에 위반되는지 여부는 앞서 든 재판의 전제가 되고, 위 조항은 아래에서 살피는 바와 같이 헌법상의 평등원칙에 위반된다고 판단된다.

나. 위헌심판 제청사유

국민연금제도는 국민의 노령·폐질 또는 사망에 대하여 연금급여를 실시함으로써 국민의 생활안정과 복지증진에 기여할 목적으로(국민연금법 제1조) 위와 같은 사유가 발생한 때에 그 부담을 국가적인 보험기술을 통하여 대량으로 분산시킴으로써 구제를 도모하는 사회보험제도의 일종이다. 국민연금법에 의한 급여의 종류는 노령연금, 장애연금, 유족연금과 연금수급요건을 충족시키지 못한 중도탈락자에게 연금보험료 해당액수를 반환하는 반환일시금이 있고, 국민연금의 재정은 가입자 및 사용자로부터 징수하는 연금보험료를 주된 재원으로 하므로, 국민연금법상의 연금수급권은 사회적 기본권의 하나인 사회보장수급권의 성격을 가짐과 동시에 재산권으로서의 성격을 가진다.

그런데 이 사건 법률조항에 따르면, 국민연금의 가입자 또는 가입자이었던 자의 사망 당시 그에 의하여 생계를 유지하고 있던 배우자는 유족으로서 유족연금수급권을 가지는데, 다만 유족인 배우자가 남편(夫)인 경우에는 그가 60세 이상이거나 장애등급 2급 이상에 해당하지 않는 한 유족연금수급권이 없는 것으로 제한하고 있어 문제이다.

먼저 이 사건 법률조항은 "모든 국민은 법 앞에 평등하다. 누구든지 성별·종교 또는 사회적 신분에 의하여 정치적·경제적·사회적·문화적 생활의 모든 영역에 있어서 차별을 받지 아니한다"고 규정한 헌법 제11조 제1항에 위반된다고 판단된다. 오늘날 우리 사회에서는 가족의 기능이나 가족 구성원의 역할분담에 대한 인식이 현저히 달라졌을 뿐만 아니라 가족의 형태도 매우 다변화되고 있는 것이 실정이다. 또한 우리 전래의 가족제도라 하더라도 헌법상 개인의 존엄과 양성평등에 반하는 제도는 더 이상 존치할 수 없다는 데에 사회적 합의가 이루어진 상태라고 할 수 있다. 이러한 시대상황을 감안하여 볼 때, 이 사건 법률조항은 과거 우리 사회에서 가족의 생계를 유지하는 주된 책임이 남성에게 있다는 성의 역할에 관한 고정관념에 기초하여 사회보장급여의 수급권을 성별에 의하여 차별하는 것으로서 이는 합리적인 차별이라고 보기 어렵다.

다음으로 이 사건 법률조항은 "모든 국민의 재산권은 보장된다"고 규정한 헌법 제23조 제1항에도 위반된다고 판단된다. 국민연금법상의 유족연금수급권은 가입자로부터 징수한 연금보험료를 주된 재원으로 하고 있고, 가족간의 유대와 부조의 전통이 강한 우리 가족관계의 특성상 배우자 등이 받는 유족연금은 가족공동체의 구성원인 다른 유족들을 위하여도 사용되는 것이 통상적이다. 이 사건 법률조항은 가입자의 사망 당시 그에 의하여 생계를 유지하고 있던 남편인 배우자의 유족연금수급권을 제한하는 것일 뿐만 아니라 가입자의 사망으로 인하여 사회·경제적 약자의 지위에 놓이게 될 염려가

있는 다른 유족들의 생활보장에 대한 기대를 침해하는 결과를 초래할 것이라는 점을
감안하면 이는 과잉금지의 원칙에 반하는 것이라고 봄이 상당하다.

4. 결론

그렇다면 이 사건 법률조항은 그 위헌 여부가 본안사건 재판의 전제가 될 뿐 아니
라 이를 위헌이라고 인정할 만한 상당한 이유가 있으므로, 주문과 같이 결정한다.

[104] 소수주주의 사외이사후보 추천권 행사 방법

― 대전지방법원 2006. 3. 14.자 2006카합242 결정 ―

【판시사항】

소수주주들이 주권상장법인의 사외이사 후보추천을 주주총회 의안으로 삼고자 할 때 상법상 주주제안권 또는 증권거래법상 사외이사후보추천권을 선택적으로 행사할 수 있고, 감사위원회 위원이 되는 사외이사의 선출방식에 관해 분리선출 방식과 일괄선출 방식이 모두 가능하나 어느 방식을 취할지에 대한 결정권한은 이사회에 있다고 본 사안

【결정요지】

[1] 상법 및 증권거래법상 주주제안권, 사외이사후보추천위원회제도 등의 입법경위 및 그 취지 등에 비추어 볼 때, 상법상 주주제안권과 증권거래법상 주주의 사외이사후보추천권은 그 행사요건과 내용 등을 달리하고 있으므로, 소수주주들로서는 주권상장법인의 사외이사후보추천을 총회의 의제 또는 의안으로 삼고자 하는 경우에 상법상의 주주제안권 또는 증권거래법상의 사외이사후보추천권을 선택적으로 행사할 수 있다고 해석함이 상당하다.

[2] 상법은 이사회 내 위원회의 위원 선임 및 해임에 대해서는 이사회에 그 권한이 있다고 규정하고 있으므로(상법 제393조의2 제2항 제3호) 상법상 주식회사의 감사위원회 위원의 선임은 이사회의 권한이라고 할 것이다. 그러나 증권거래법은 주권상장법인의 경우 감사위원회의 위원이 되는 사외이사의 선임에 관하여 상법상 감사의 선임에 관한 규정을 준용하여 대주주의 의결권을 3%로 제한한다고 규정하고 있을 뿐(증권거래법 제54조의6 제6항) 감사위원회 위원의 선임권한이 이사회에 있는지 아니면 주주총회에 있는지 명시적으로 밝히고 있지 않다. 이와 관련하여 종래 주권상장법인들의 주주총회 운영 실무는 ① 감사위원회 위원이 되는 사외이사를 다른 사외이사들과 분리하여 주주총회에서 뽑는 방식(분리선출 방식)과 ② 감사위원회 위원이 될 사외이사를 포함하여 이사후보 전체를 대상으로 이사선임결의를 하고 나서 선임된 이사 중에서 대주주 의결권 제한규정을 적용하여 감사위원을 뽑는 방식(일괄선출 방식)으로 나뉘어져 운영되고 있다. 그런데 분리선출 방식에 의할 경우, 소수주주가 자신이 추천한 후보를 이사로 선임

하는데 필요한 주식의 수가 증가되는 결과 집중투표에 의한 이사선임권의 약화를 가져
오게 되고, 나아가 "이사의 선임결의에 관하여 각 주주는 1주마다 선임할 이사의 수와
동일한 수의 의결권을 가진다."는 상법 제382조의2 제3항의 규정에도 부합하지 않는다
는 비판이 있을 수 있다. 반면 일괄선출 방식에 의할 경우, 대주주의 의결권 제한 없이
선임된 이사들 가운데서 감사위원회 위원이 되는 사외이사가 선임될 것이므로, 증권거
래법이 감사위원의 선임에 관하여 상법상 대주주 의결권 제한규정을 준용한 입법취지
가 몰각될 염려가 있어 문제이다. 결국 이 문제는 입법적으로 해결되어야 할 성질의 것
이지만, 현행 상법 및 증권거래법의 해석상 위 두 가지 방식이 주주총회의 결의 방법으
로 모두 가능하고 그 가운데 어느 방식을 취할 것인지에 대한 결정권한은 별도의 주주
제안이 없는 이상 이사회에 있다고 보아야 한다.

【채 권 자】 스틸 파트너스 투, 엘.피. 외 3인
【채 무 자】 주식회사 ▫▫▫▫

【주   문】

　　채권자들의 채무자에 대한 이 사건 신청을 모두 기각한다.

【신청취지】

　　채무자가 2006. 2. 14.에 소집한 2006. 3. 17. 오전 10시 정각부터 채무자 회사 인
력개발원 대강당에서 별지목록 기재 결의사항을 위한 정기주주총회에서 별지목록 기재
제2항 및 제3항의 사항에 관하여는 결의를 하여서는 아니 된다.

【이   유】

1. 사건의 경과

가. 당사자들의 지위

　　(1) 채무자 회사는 담배의 제조와 판매, 홍삼 및 홍삼제품의 제조와 판매 등을 목
적으로 하는 증권거래법상의 주권상장법인이다. 채무자 회사는 최근 사업연도 말인
2005. 12. 31. 현재 자산은 3,964,413,672,341원이고, 자본금은 954,959,000,000원이며,
발행주식(보통주식) 총수는 162,442,497주이다(위 발행주식은 자사주 이익소각으로 인해

2006. 3. 8. 현재 159,442,497주로 변경되었다).

(2) 채권자들은 현재 채무자 회사의 주주들인데, 2005. 9. 16. 당시에는 채권자들 중 채권자 스틸 파트너스 투, 엘.피.(이하 '채권자 1.'이라 한다)만이 발행주식 총수 146,883,932주 중 약 0.4%에 해당하는 583,650주를 보유하고 있다가, 2006. 2. 3.에 이르기까지 채권자 1.이 2,945,280주를, 채권자 아이칸 파트너스 엘피가 2,704,682주를, 채권자 아이칸 파트너스 마스터 펀드 엘피가 3,504,510주를, 채권자 하이리버 리미티드 파트너십이 1,554,670주를 각 보유하게 되었다(채권자들의 보유주식 합계 10,709,142주는 2006. 2. 3. 당시 발행주식 총수 162,442,497주 중 약 6.59%에 해당하고, 발행주식 총수가 159,442,497주로 변경된 2006. 3. 8. 현재에는 약 6.7%에 해당한다).

나. 채권자들의 주주제안

채무자 회사의 사외이사 김○○, 안○○ 등 2명은 2006. 3. 15.경에, 감사위원인 사외이사 이○○, 소○○, 김○○, 김○○ 등 4명은 2006. 3. 19.경에 각 임기가 만료될 예정이었다. 채권자들은 채무자 회사에 자신들이 추천하는 1인 이상의 이사를 선임시킬 목적으로 2006. 1. 26. 채권자 1. 소속의 워렌 지 리크텐스타인(Warren G. Lichtenstein)을 의장으로 하여 일명 '㈜ □□□□의 가치실현을 위한 위원회(□□□□ Full Value Committee)'를 조직하였다. 채권자들은 2006. 2. 3. 위 위원회의 이름으로 채무자 회사 및 그 대표이사 곽영균에게 아래와 같은 내용의 '주주제안서'를 보냈다.

상법 제363조의2에 따라, 본 위원회는 곽○○ 대표이사, 회사의 이사 및 회사의 사외이사후보추천위원회의 위원에게 회사의 2006년 정기주주총회에 아래 의안을 부의할 것을 요청한다.

의안. 회사의 사외이사 임명의 건

가. 사외이사 후보자

㈀ 워렌 지 리크텐스타인(Warren G. Lichtenstein)

㈁ 하워드 엠 로버(Howard M. Lorber)

㈂ 스티븐 울로스키(Steven Wolosky)

본 위원회는 회사의 사외이사후보추천위원회가 증권거래법 제191조의16 제3항 및 제54조의5 제3항에 의하여 사외이사를 추천할 때, 상기의 각 사람을 후보자 명단에 포함시키기를 요청한다.

나. 주주 제안의 이유

본 위원회는 회사가 모든 주주들을 위해 회사의 가치를 극대화하는 것을 돕고자

상기 후보들을 사외이사로 선임시키고자 하는 것이다.

다. 집중투표제

본 위원회는 정기주주총회에서 집중투표제를 통해 이사를 선출할 것을 제안한다.

다. 채무자 회사의 주주총회소집통지

(1) 채무자 회사는 2006. 2. 14. 별지목록 기재 제1항 내지 제4항을 목적사항으로 하여 신청취지 기재 일시 및 장소에서 제19기 정기주주총회(이하 '이 사건 주주총회'라고 한다)를 개최한다는 내용의 '주주총회소집통지·공고사항'을 금융감독위원회에 제출함과 아울러 'ktng.com'을 도메인네임으로 한 정보통신망에 같은 내용을 게재하였다. 이 사건 주주총회의 목적사항 중 사외이사의 선임에 관한 부분은, 별지목록 기재 제2항(이하 '제2호 안건'이라 한다) 및 같은 목록 기재 제3항(이하 '제3호 안건'이라 한다)으로 분리하여, 제2호 안건은 채권자들이 추천한 워렌 지 리크텐스타인 등 3인의 후보와 사외이사후보추천위원회가 추천한 안○○ 등 2인의 후보 중에서 2인의 사외이사를 선임한다는 것이고, 제3호 안건은 사외이사후보추천위원회가 추천한 김○○ 등 4인의 후보를 두고 4인의 감사위원회의 위원이 되는 사외이사를 선임한다는 것으로 되어 있다.

(2) 이에 채권자들은 2006. 2. 15. 채무자 회사의 대표이사 곽○○에게 위와 같은 사외이사 선임방식에 대해 항의하면서, 채권자들이 추천한 3명을 포함한 총 9명의 후보들 중에서 집중투표의 방법으로 경선을 통해 6인의 사외이사를 선임하도록 조치할 것을 요구하는 서신을 보냈다.

라. 채무자 회사의 정관

채무자 회사의 정관 중 이사의 선임과 관련된 주요 규정은 다음과 같다.

(1) 회사는 대표이사인 사장 1인과 14인 이내의 이사를 둔다. 다만 사장을 포함한 상임이사의 수는 6인 이내로 하되, 총 이사의 수의 2분의 1 미만으로 한다(제25조).

(2) 사외이사후보추천위원회는 3인 이상의 이사로 구성하며, 위원의 2분의 1 이상은 사외이사로 한다(제34조의5 제1항).

(3) 사외이사는 제34조의5의 규정에 의하여 사외이사후보추천위원회가 물색한 후보자와 증권거래법 제191조14 제1항의 권리를 행사할 수 있는 주주가 그 권리를 행사하여 제안한 후보자와 주주협의회가 제안한 후보자를 사외이사후보추천위원회에서 자격심사를 거쳐 추천한 자 중 주주총회에서 선임한다(제26조 제5항).

2. 주주제안권 행사의 적법 여부

가. 당사자들의 주장

채권자들은 채무자 회사에 대하여 그들이 추천한 3인의 사외이사후보를 이사로 선임할 것을 제안하였음에도 불구하고 채무자 회사가 이를 무시한 채 위와 같이 이 사건 주주총회 소집통지를 함으로써 채권자들의 주주제안권을 침해하였다고 주장함에 대하여, 채무자 회사는 위 사외이사후보 추천은 아래에서 살펴보는 것처럼 증권거래법상의 요건을 갖추지 못하여 위법하기 때문에 주주제안권 침해의 문제가 없다고 다툰다.

(1) 상법상 이사는 주주총회에서 선임하는 것으로만 규정하고 있을 뿐 그 추천적격에 관하여 특별한 제한이 없으나, 증권거래법은 자산총액이 2조 원 이상인 주권상장법인이 주주총회에서 사외이사를 선임하고자 하는 때에는 사외이사후보추천위원회의 추천을 받은 자 중에서 선임하도록 하되(증권거래법 제191조의16, 제54조의5 제3항), 다만 사외이사후보추천위원회가 사외이사후보를 추천함에 있어서는 6월 전부터 계속하여 자본금이 1천억 원 이상인 주권상장법인의 의결권 있는 발행주식 총수의 0.5% 이상에 해당하는 주식을 보유한 주주가 사외이사후보를 추천하는 경우에는 그 후보를 포함시키도록 규정하고 있다(증권거래법 제191조의16 제3항, 제54조의5 제3항 후문, 제191조의14 제1항).

(2) 그런데 위와 같은 증권거래법상의 사외이사후보추천제도는 증권거래법에 특유한 것으로서 주주의 사외이사후보추천권은 증권거래법에 규정된 요건을 갖춘 경우에만 인정되는 것이지 상법상 주주제안권 행사의 대상이 되는 것이라고 볼 수 없다.

(3) 그렇다면 최근 사업연도 말인 2005. 12. 31. 현재 자산총액이 2조 원 이상이고 자본금이 1천억 원 이상인 채무자 회사의 경우, 이 사건 주주총회 6개월 전인 2005. 9. 16. 당시 채권자들은 위와 같은 주식보유요건을 충족하지 못하였으므로 결국 채권자들의 이 사건 사외이사후보추천은 부적법하다.

나. 판단

(1) 증권거래법상 사외이사후보추천위원회제도의 입법경위 등

원래 주주제안권은 1997. 1. 13. 증권거래법 제191조의14의 규정에 의하여 신설되었다가 1998. 12. 28. 상법 개정 당시 상법 제363조의2의 규정에 의하여 상법에 도입된 것이다. 한편 증권거래법상의 사외이사후보추천위원회제도는 2000. 1. 21. 증권거래법 개정 당시 주권상장법인의 사외이사의 독립성을 확보할 목적으로 도입된 것으로, 그 주된 내용은 이사회에 비하여 보다 중립적인 사외이사후보추천위원회가 추천한 후보 중

에서 사외이사를 선임하여야 한다는 것이다(증권거래법 제191조의16 제3항, 제54조의5 제2항). 이 제도에 관해서는 2001. 3. 28. 증권거래법 개정 당시 증권거래법 제191조14의 규정에 의한 주주제안권의 행사요건을 갖춘 주주가 사외이사를 추천한 경우에는 사외이사후보추천위원회는 그 후보를 반드시 포함시키도록 개정이 이루어졌는데, 이는 주권상장법인의 소수주주권을 강화하기 위하여 그 주식보유비율을 낮추는 대신 소수주주권의 남용을 방지하기 위하여 '6개월간 계속보유'라는 요건을 추가한 것이다.

(2) 상법상 주주제안권의 내용

상법은 의결권 없는 주식을 제외한 발행주식 총수의 3% 이상에 해당하는 주식을 가진 주주는 이사에 대하여 회일의 6주 전에 서면으로 일정한 사항을 주주총회의 목적사항으로 할 것을 제안할 수 있고(의제제안권), 위 주주는 이사에 대하여 회일의 6주 전에 서면으로 회의의 목적으로 할 사항에 추가하여 당해 주주가 제출하는 의안의 요령을 주주총회의 통지와 공고에 기재할 것을 청구할 수 있다고(의안제안권) 규정하고 있다(상법 제363조의2 제1항, 제2항).

상법상 주주제안제도가 도입되기 이전에는 주주총회의 의제는 그 소집권자인 이사회가 결정하였고 주주는 총회의 의안을 상정 또는 제안할 기회를 가지지 못하였으나, 주주제안권이 인정됨으로써 소수주주는 총회의 소집을 청구하거나 직접 총회를 소집하지(상법 제366조) 않더라도 자기가 원하는 사항을 총회의 의제로 할 수 있게 됨으로써 주주총회의 활성화를 도모할 수 있게 되었다.

(3) 상법상 주주제안권과 증권거래법상 사외이사후보추천권의 관계

위에서 살펴본 상법 및 증권거래법상 주주제안권, 사외이사후보추천위원회제도 등의 입법경위 및 그 취지 등에 비추어 볼 때, 상법상 주주제안권과 증권거래법상 주주의 사외이사후보추천권은 그 행사요건과 내용 등을 달리하고 있으므로, 소수주주들로서는 주권상장법인의 사외이사후보추천을 총회의 의제 또는 의안으로 삼고자 하는 경우에 상법상의 주주제안권 또는 증권거래법상의 사외이사후보추천권을 선택적으로 행사할 수 있다고 해석함이 상당하다.

따라서 이와 전제를 달리하여 채권자들의 이 사건 주주제안권 행사가 부적법한 것으로서 무효라는 채무자 회사의 위 주장은 이유 없다.

3. 감사위원회의 위원이 되는 사외이사의 선임 방법

가. 채권자들의 주장

채권자들은 이 사건 주주제안권의 행사로써 3인의 사외이사후보를 추천함과 아울러 집중투표제를 통해 이사를 선출할 것을 제안하였으므로, 채무자 회사로서는 이 사건 주주총회에서 선임하는 6개의 이사직을 놓고 채권자들이 추천한 3명의 이사후보를 포함한 9명의 이사후보 중에서 집중투표의 방법으로 이사를 선임하여야 함에도 불구하고, 채무자 회사가 임의로 주주총회의 의안을 사외이사 선임의 제2호 안건과 감사위원회 위원이 되는 사외이사 선임의 제3호 안건으로 분리한 것은 주주의 의결권, 집중투표제의 방법에 의한 이사선임청구권을 침해한 것으로서 위법하다.

나. 판단

(1) 상법은 이사회 내 위원회의 위원 선임 및 해임에 대해서는 이사회에 그 권한이 있다고 규정하고 있으므로(상법 제393조의2 제2항 제3호) 상법상 주식회사의 감사위원회 위원의 선임은 이사회의 권한이라고 할 것이다. 그러나 증권거래법은 주권상장법인의 경우 감사위원회의 위원이 되는 사외이사의 선임에 관하여 상법상 감사의 선임에 관한 규정을 준용하여 대주주의 의결권을 3%로 제한한다고 규정하고 있을 뿐(증권거래법 제54조의6 제6항) 감사위원회 위원의 선임권한이 이사회에 있는지 아니면 주주총회에 있는지 명시적으로 밝히고 있지 않다.

(2) 이와 관련하여 종래 주권상장법인들의 주주총회 운영 실무는 ① 감사위원회 위원이 되는 사외이사를 다른 사외이사들과 분리하여 주주총회에서 뽑는 방식(이하 '분리선출 방식'이라 한다)과 ② 감사위원회 위원이 될 사외이사를 포함하여 이사후보 전체를 대상으로 이사선임결의를 하고 나서 선임된 이사 중에서 대주주 의결권 제한규정을 적용하여 감사위원을 뽑는 방식(이하 '일괄선출 방식'이라 한다)으로 나뉘어져 운영되고 있는 실정이다.

그런데 분리선출 방식에 의할 경우, 소수주주가 자신이 추천한 후보를 이사로 선임하는데 필요한 주식의 수가 증가되는 결과 집중투표에 의한 이사선임권의 약화를 가져오게 되고, 나아가 "이사의 선임결의에 관하여 각 주주는 1주마다 선임할 이사의 수와 동일한 수의 의결권을 가진다."는 상법 제382조의2 제3항의 규정에도 부합하지 않는다는 비판이 있을 수 있다. 반면 일괄선출 방식에 의할 경우, 대주주의 의결권 제한 없이 선임된 이사들 가운데서 감사위원회 위원이 되는 사외이사가 선임될 것이므로, 증권거래법이 감사위원의 선임에 관하여 상법상 대주주 의결권 제한규정을 준용한 입법 취지가 몰각될 염려가 있어 문제이다.

(3) 결국 이 문제는 입법적으로 해결되어야 할 성질의 것이지만, 이 법원은 다음과 같은 이유로 현행 상법 및 증권거래법의 해석상 위 두 가지 방식이 주주총회의 결의 방법으로 모두 가능하고 그 가운데 어느 방식을 취할 것인지에 대한 결정권한은 별도의 주주제안이 없는 이상 이사회에 있다는 입장을 취하고자 한다.

첫째로, 분리선출 방식에 의할 경우 소수주주의 집중투표에 의한 이사선임청구권이 약화된다고 하더라도 상법 및 증권거래법상 집중투표제는 정관에 의해 배제될 수 있는 성질의 것이라는 점(상법 제382조의2 제1항, 증권거래법 제191조의18 제1항), 소수주주들로서는 사외이사의 선임방법에 관하여 일괄선출 방식을 택하도록 제안할 수 있을 것이라는 점 등에 비추어 보면, 분리선출 방식이 소수주주의 의결권 또는 집중투표제의 취지를 현저하게 침해한다고 보기 어렵다.

둘째로, 일괄선출 방식에 의할 경우 제1단계의 사외이사 선임결의에서 대주주가 지지하는 후보들이 대부분 사외이사로 선임될 가능성이 큰 것은 사실이지만, 제2단계 감사위원회 위원의 선임결의에서 상법상의 대주주 의결권 제한규정을 적용하여 감사위원회 위원을 선임하는 이상 이를 법률에 위반된 것이라고 보기 어렵다.

(4) 위와 같은 사정들을 종합하여 보면, 채무자 회사가 분리선출 방식을 채택함으로써 채권자들의 의결권, 집중투표제의 방법에 의한 이사선임청구권을 침해하였다고 볼 수 없으므로, 채권자들의 위 주장은 이유 없다.

4. 결론

그렇다면 채권자들의 채무자에 대한 이 사건 가처분신청은 그 피보전권리에 대한 소명이 부족하므로 보전의 필요성에 대하여 더 나아가 살필 필요 없이 이유 없다고 할 것이어서 이를 모두 기각한다.

[105] 공공건설 임대아파트 분양전환가격 산출내역 정보공개 사건

— 대전고등법원 2007. 4. 12. 선고 2006누1331 판결 —

【판시사항】

공공건설 임대아파트 분양전환가격의 산출내역에 관하여 정보공개의무가 있음을 인정한 사례

【판결요지】

공공건설 임대아파트의 분양전환가격 산출내역에 관한 정보는 영업상의 비밀에 해당한다거나 그 정보가 공개될 경우 피고가 앞으로 임대주택사업을 추진하는 것이 곤란해지는 등 피고의 정당한 이익을 현저히 해할 우려가 있다고 보기 어렵다. 분양전환가격의 산출은 우선분양권이 있는 임차인들의 권리관계에 직접적으로 영향을 미치는 것으로 임차인들에게 알 권리를 충족시키고 그 산출과정에서 의혹이 있다면 이를 해소하도록 할 필요가 있으며 이를 통해 공공기관의 임대주택사업의 투명성을 확보할 수 있는 점, 피고는 공공기관으로 일반 영리기업과 달리 국민에 의한 감시를 감수하여야 하는 점 등을 고려하면 공공건설 임대아파트의 분양전환가격 산출내역에 관한 정보가 정보공개법 제9조 제1항 제7호 소정의 비공개대상 정보에 해당한다고 보기 어렵다.

【원　　고】 김○○
【피　　고】 대전광역시 도시개발공사

【주　　문】

피고의 항소를 기각한다.

【이　　유】

1. 이 사건 처분의 경위

가. 원고는 공공건설임대주택인 대전 유성구 대정동 드리움 1단지 아파트(임대의무

기간이 5년으로 2007년 3월경 만료 예정임. 이하 '이 사건 아파트'라고 한다) 102동 1103호에 입주하여 거주하고 있는 임차인으로서 이 사건 아파트의 입주자대표회의 회장인데, 분양전환가격의 산정근거를 알기 위해 2005. 12. 22. 이 사건 아파트의 임대사업자인 피고에게 별지 목록 기재 각 정보(이하 '이 사건 정보'라고 한다)의 공개를 요구하였다.

나. 이에 대하여 피고는 2005. 12. 27. 이 사건 정보는 피고의 경영 · 영업상의 비밀에 관한 사안으로서 공개될 경우 피고의 정당한 이익을 현저히 해할 우려가 있는 정보로서 '공공기관의 정보공개에 관한 법률(이하 '정보공개법'이라고 한다)' 제9조 제1항 제7호에 해당한다는 이유로 공개를 거부하는 이 사건 처분을 하였다.

2. 이 사건 처분의 적법 여부

가. 당사자의 주장

원고는 이 사건 정보가 정보공개법 소정의 비공개대상 정보에 해당하지 아니하므로 이 사건 처분은 위법하다고 주장한다.

이에 대하여 피고는 ① 이 사건 정보는 정보공개법 제9조 제1항 제1, 3, 5, 7호 소정의 비공개대상 정보에 해당하고, ② 임대주택법 시행규칙에서 분양전환가격의 산정기준을 자세히 밝히고 있을 뿐만 아니라 입주자 모집공고 당시 이미 그 산정기준을 공고하였으므로 분양전환가격의 산출내역을 알기 위해 이 사건 정보를 공개할 실익이 없으며, ③ 이 사건 정보 중 '대전유통지구의 택지수용가, 택지조성원가, 택지분양가에 관한 자료'는 대전유통단지의 개발사업에 관련된 정보일 뿐 이 사건 아파트의 임대사업과는 아무런 관련이 없는 정보로서 임차인인 원고에게 공개의 이익이 없고, 이 사건 아파트의 건설원가 중 택지비와 건축비에 관련된 정보는 공개하였다고 주장한다.

나. 판단

(1) 첫 번째 주장에 대하여

(가) 먼저, 피고가 정보공개법 제9조 제1항 제1, 3, 5호 소정 사유를 이 사건 처분사유로 주장할 수 있는지 여부에 관하여 살펴본다.

행정처분의 취소를 구하는 항고소송에 있어서, 처분청은 당초 처분의 근거로 삼은 사유와 기본적 사실관계가 동일성이 있다고 인정되는 한도 내에서만 다른 사유를 추가하거나 변경할 수 있고, 여기서 기본적 사실관계의 동일성 유무는 처분사유를 법률적으로 평가하기 이전의 구체적인 사실에 착안하여 그 기초인 사회적 사실관계가 기본적인 점에서 동일한지 여부에 따라 결정되며, 이와 같이 기본적 사실관계와 동일성이 인정되지 않는 별개의 사실을 들어 처분사유로 주장하는 것이 허용되지 않는다고 해석하는 이유는 행정처분의 상대방의 방어권을 보장함으로써 실질적 법치주의를 구현하고 행정처분의 상대방에 대한 신뢰를 보호하고자 함에 그 취지가 있고, 추가 또는 변경된 사유가 당초의 처분시 그 사유를 명기하지 않았을 뿐 처분시에 이미 존재하고 있었고 당사자도 그 사실을 알고 있었다 하여 당초의 처분사유와 동일성이 있는 것이라 할 수 없다고 할 것이다(대법원 2003. 12. 11. 선고 2001두8827 판결 참조).

이 사건의 경우 앞서 본 바와 같이 피고는 이 사건 정보의 공개를 거부하면서 그 거부이유로 정보공개법 제9조 제1항 제7호 사유만을 명시하였는데, 이와 같이 정보공개법 제9조 제1항 제7호를 적시한 전체적인 취지가 이 사건 정보는 정보공개법 제9조 제1항에서 규정하고 있는 비공개대상정보에 해당함을 전제로 그 예시로 위 제7호만을 기재한 것으로 볼 수는 없고, 한편 피고가 이 사건 소송 계속 중에 이 사건 처분사유로 추가한 정보공개법 제9조 제1항 제1호, 제3호, 제5호 사유는 당초 이 사건 처분사유로 삼은 같은 항 제7호의 사유와는 그 기본적 사실관계가 동일하다고 할 수 없으므로, 위와 같은 처분사유의 추가는 허용될 수 없다.

따라서 피고의 이 부분에 관한 주장은 더 나아가 살펴 볼 필요 없이 이유 없다.

(나) 다음으로, 이 사건 정보가 정보공개법 제9조 제1항 제7호 사유에 해당하는지 여부에 관하여 살펴본다.

원고가 공개를 구하는 이 사건 정보는 이 사건 아파트의 분양전환가격의 산출내역에 관한 자료로서, 생산방법·판매방법 기타 영업활동에 유용한 기술상 또는 경영상의 정보인 영업상의 비밀에 해당한다거나 이 사건 정보가 공개될 경우 피고가 앞으로 임대주택사업을 추진하는 것이 곤란해지는 등 피고의 정당한 이익을 현저히 해할 우려가 있다고 보기 어려울 뿐만 아니라, 분양전환가격의 산출은 우선분양권이 있는 임차인들의 권리관계에 직접적으로 영향을 미치는 것으로 임차인들에게 알 권리를 충족시키고 그 산출과정에서 의혹이 있다면 이를 해소하도록 할 필요가 있으며 이를 통해 공공기관의 임대주택사업의 투명성을 확보할 수 있는 점, 피고는 공공기관으로 일반 영리기업과 달리 국민에 의한 감시를 감수하여야 하는 점 등을 고려하면 이 사건 정보가 정보공개법 제9조 제1항 제7호 소정의 비공개대상 정보에 해당한다고 보기 어렵다.

따라서 피고의 이 부분 주장 역시 이유 없다.

(2) 두 번째 주장에 대하여

행정청이 이미 공개청구대상 정보를 공개하여 청구인이 그 정보를 알고 있는 경우에는 다시 그 공개를 구할 실익이 없다고 할 것이나, 을 제1호증의 기재에 의하여 인정되는 바와 같이 피고는 이 사건 아파트 입주자 모집공고 당시 분양전환가격의 산정기준에 관한 임대주택법 시행규칙의 규정내용과 최초 입주자 모집공고 당시의 주택가격만을 공고하였을 뿐이므로, 이러한 사정만으로는 원고가 이 사건 정보의 공개를 구할 실익이 없다고 할 수 없다.

한편 임대주택법 시행규칙 제3조의3 [별표1]에서는 이 사건 아파트와 같이 임대의 무기간이 5년인 경우 분양전환가격은 건설원가(＝최초 입주자 모집 당시의 주택가격＋자기자금이자 － 감가상각비)와 감정평가금액을 산술평균한 가액으로 하되, 임대주택의 건축비 및 택지비를 기준으로 분양전환 당시에 산정한 당해 주택의 가격에서 임대기간 중의 감가상각비를 공제한 금액을 초과할 수 없으며, 최초 입주자 모집 당시의 주택가격은 건축비 및 택지비를 기준으로 산정된다고 규정하고 있는바, 이렇듯 분양전환가격의 산정에 있어서는 최초 입주자 모집 당시의 주택가격(＝건축비＋택지비)이 중요한 기초가 된다.

그런데 앞서 본 바와 같이 피고가 이 사건 아파트의 입주자 모집공고를 하면서 최초 입주자 모집공고 당시의 주택가격을 공고하였으나, 이는 피고가 입주자 모집공고 당시에 일방적으로 정하여 제시한 것일 뿐, 구체적으로 어떤 근거 하에 어떤 계산과정을 거쳐서 산출된 것인지에 대하여는 밝힌 바 없고, 임대주택법 시행규칙 제3조의3 [별표1] 소정의 분양전환가격 산정기준도 '최초 입주자모집 당시의 주택가격, 건축비, 택지비' 등의 수치가 주어져 있음을 전제로 그 계산방식만을 규정한 것에 지나지 않아, 원고를 비롯한 임차인들로서는 분양계약의 체결 여부에 관한 의사를 결정하기 위하여 분양전환에 있어 가장 중요한 요소라고 할 수 있는 분양전환가격이 정확하게 산정되었는지에 대해 알 권리와 그 필요성이 있다고 할 것이다.

따라서 이 사건 정보가 공개의 실익이 없다는 취지의 피고의 주장은 어느 모로 보나 이유 없다.

(3) 세 번째 주장에 대하여

피고의 주장에 따르면 피고가 대전 유성구 대정동 일대를 대전유통단지로 개발하는 과정에서 당해 지역의 토지를 수용하여 그 일부를 택지로 조성한 후 그 지상에 이 사건 아파트를 건설하였다는 것인데, 이에 의하더라도 대전유통지구의 택지수용가 등에 관한 자료는 이 사건 아파트의 건설원가 중 택지비 산정의 근거자료에 해당한다고 할 것이므로, 원고에게 그 공개를 구할 이익이 없다고 볼 수 없다.

한편 …(증거)…에 의하면 피고가 당심 계속 중에 이 사건 아파트의 건설원가 중 택지비에 대한 자료로 감정평가서를, 건축비에 대한 자료로 '유통단지 공공임대주택 공급계획 및 가격결정(안)' 등을 공개한 사실은 인정되나, 원고가 위 서류들을 열람하는 것만으로는 이 사건 아파트의 건설원가 산정내역에 관한 정보를 얻기 어려울 뿐만 아니라 원고가 요구하는 정보에 대하여 피고가 구체적인 목록을 제시하고 있지 않은 이상 위와 같은 서류의 공개만으로 그 정보공개의무를 이행하였다고 볼 수도 없다.

따라서 피고의 이 부분 주장 역시 받아들이지 아니한다.

3. 결론

그렇다면 이 사건 정보의 공개를 거부한 피고의 이 사건 처분은 위법하므로 원고의 청구는 이유 있어 이를 인용하여야 할 것인바, 제1심 판결은 이와 결론을 같이하여 정당하므로 피고의 항소를 기각한다.

부록

ASLI 국제학술대회 기조연설[*]

Revisiting the "Rule of Law" Literature from a Korean Perspective: Advancements, Setbacks, and Challenges

Distinguished Guests, Renowned Professors, Ladies and Gentlemen,

It is my great pleasure to attend the 15th ASLI Conference. I feel privileged to have been invited as a keynote speaker of this auspicious event.

The theme of today's conference, "Law into the Future," is a timely and important topic. As we approach the third decade of the 21st century, the legal profession is faced with unprecedented challenges due to constant and astound-ing technological advancements, especially in the fields of machine-learning and biotechnology.

To mention just a few salient issues, many have emphasized the ethical is-sues arising from rapid technological development, including many challenges to the dignity and value of human life. Others have called for legal measures to address climate change and environmental pollution, two of the biggest issues threatening humanity's very existence.

There are now several hot issues involving the legal recognition of individual orientations and identities, and the related balancing of civil rights against more traditional opinions. Of equal importance is the issue of privacy within "big data," the questions of how we could prevent governments and multinational corpo-rations from exploiting sensitive individual information.

---

[*] Keynote Address at the 15th Asian Law Institute (ASLI) Conference, Seoul, Korea (May 11, 2018).

I hope we, leaders of the legal profession, can continue to ponder these questions, and many more, in this conference.

As a citizen of Korea, I feel that the location of today's conference is partic－ularly appropriate. The modern Korean lifestyle is dynamic and fiercely fast－paced. Consequently, I feel that laws and legal systems should play a pri－mary role in easing uncertainty, relieving pressure, and bringing stability to individuals whose daily lives are becoming increasingly complex due to rapid changes. I also feel that law should ensure that individuals' rights are protected and their concerns and interests are addressed, equally and justly, in the course of the disruptive social, economic, and political developments in their com－munities.

The key goals we should strive for are stability and predictability, replacing uncertainty whenever possible. In other words, our societies need to be governed by "the rule of law."

This is an ancient concept and may seem a mere cliché, but I firmly believe that it is still of primary importance, occupying a central place in how nations and communities should be governed and regulated. This speaks to every aspect of legal interpretation and enforcement.

Thus, I believe there is a need to revisit the topic, "the Rule of Law in Asia," utilizing some examples of the theoretical problems involved in its definition, and a few contemporary issues here in Korea that exemplify them.

Over the past twenty years or so, this subject has been extensively discussed at various symposia and conferences held in Asia, including the 2011 "Asia－Pacific Rule of Law Conference" held in Malaysia by the World Justice Project, and the 2017 ASLI Conference held in the Philippines.

Indeed, there has been a great deal of controversy about what "the rule of law" requires. When we reflect upon the history of argument over it, we most－prominently see that it has been pointed out that the concept of "rule of law" has been too vague and abstract.

On the other hand, I have found that the narrowest base－definition is the one given long ago by Professor A.V. Dicey, who declared that "the rule of law used to be a proud tradition that distinguished governance in England from the so-called civil law systems." Attractive as it is in the abstract, there are few who would accept his version today.

However, the three pillars of Dicey's definition – "the absolute supremacy or predominance of the regular law as opposed to the influence of arbitrary power," and "equality before the law," and "the independence of the courts that secure individuals their rights" – are still being accepted as core universal elements

Many scholars agree that the rule of law is one of the most crucial ideals of our political morality, and it refers to the ascendancy of law as such, and of the institutions of the legal systems involved in governance.

Some legal philosophers further insist, as a matter of analytic clarity, that it must be distinguished from our conceptions of democracy, human rights, and social justice. They confine its focus to formal and procedural aspects of govern-ment institutions, without regard to the content of the policies they implement.

But we find that this point is controversial. Even the formal or procedural line of thinkers do not deny that there are the values underlying the rule of law that could help close the gap left between positive law, on the one hand, and our values of morality and justice on the other.

Even in academia, it seems that some more substantive accounts are gaining momentum, resulting in the integration of the rule of law with the other domi-nant foundational values of liberal political systems.

I am not in a position to join the fray over the controversy. Instead I want to just be content to quote this 2011passage from the former Chief Justice of South Africa: "Without substantive content, there would be no answer to the criticism sometimes voiced, that the rule of law is an empty vessel into which any law could be poured."

I would like to note that the World Justice Project's definition of "rule of law" is comprised of four distinct components: accountability, just laws, open government, and both accessible and impartial dispute resolution.

The first component underlines that the government, as well as private actors, are accountable under the law. Next, under the "just laws" component, that the laws are clear, publicized, stable and just; are applied evenly; and protect fundamental rights, including the security of persons and property, and also in－cluding certain other core human rights. Thirdly, that the processes by which the laws are enacted, administered and enforced are accessible, fair and efficient under the "open government" component. The final component underpins that justice is delivered in a timely fashion, by competent, ethical, and independent representatives and neutrals who are accessible, have adequate resources, and reflect the makeup of the communities they serve.

Among the recent literature on the rule of law in Asia, what attracts my at－tention is there are many articles which emphasize the positive effects the rule of law can generate, such as sustainable economic development, facilitation of trade and so－on.

It seems to me that those views focus on the procedural aspect of the rule of law, and that this view does indeed assist to promote the rule of law across the region.

Recently, the literature on the rule of law and economic growth has become one of the more dynamic areas of theoretical and empirical work in political science, economics, and legal theory. However, some scholars are critical of this view since it has been found that the correlation among different components of the rule of law are not tight among developing countries, and that some inferences about the effects of property－rights protection on economic devel－opment may not be warranted.

I would also like to note that even today, some scholars argue that the concepts of "confidence in the benevolence of enlightened rulers" should not be ignored in the context of so－called "Asian values," "Asian traditions," or "Asian cultures." They point－out that establishing "rule by law" in Asia is more urgent, considering that violence and corruption threaten the stability of governance itself.

It is true that the rule of law can never be entirely separate from the people who make up our government and our society, although it is more of an ideal that we strive to achieve, but sometimes fail to live up to.

At present, however, despite the different situations and environments of countries across the region, I believe that the rule of law is being accepted as a universal principle as well as an indispensable mechanism for upholding de—mocracy among peoples and their countries in Asia. It now seems that the focus is shifting to develop institutions and procedures to try to make the rule of law a more substantive reality.

On that note, I would like to take a moment to remind all of us of a pas—sage in the Preamble to the Universal Declaration of Human Rights adopted by the United Nations General Assembly on December 10, 1948: "Whereas it is essential, if man is not to be compelled to have recourse, as a last resort, to re—bellion against tyranny and oppression, that human rights should be protected by the rule of law."

That said, I would like to move on to talk about some issues related to the "rule of law" in Korea, and particular cases that might serve as illustrative examples.

First, if the rule of law as a constitutional principle aims to protect human rights and to uphold democracy, it matters that the separation of powers and ju—dicial review should be able to constrain unauthorized actions by those in power.

Regarding judicial review, the relationship between the Republic of Korea's Supreme Court and Constitutional Court has always been a thorny issue. This area of our constitution was last amended in 1987, as a result of the successful democracy movements in the mid—1980s.

Paragraph 1 of Article 101 of the constitution provides that "judicial power shall be vested in courts composed of judges," and Paragraph 2 provides that "the courts shall be composed of the Supreme Court, which is the highest court of the Nation, and other courts at specified levels." Yet it later includes separate provisions on the establishment of the Constitutional Court in Chapter VI and the National Election Commission in Chapter VII.

According to Article 111, the Constitutional Court is comprised of nine Justices, among which three are selected by the National Assembly, three des—ignated by the Chief Justice of the Supreme Court, and three appointed by the President. This Constitutional Court is granted exclusive jurisdiction over such matters as ruling about the constitutionality of a statute upon the request of the courts, impeachment, and dissolution of political parties.

Although whether the Constitutional Court is one of the institutions of the judiciary or a special tribunal established by the constitution is frequently dis—cussed in academia, the Constitutional Court cannot interfere with the judgments of the courts.

The Constitutional Court has been active in declaring significant numbers of provisions of statutes implemented under previous authoritative governments as unconstitutional. Those efforts contributed to the democratization of this nation, as well as the protection of civil and human rights in many sectors of society.

The recent decision of the Constitutional Court on the impeachment of the former President of our nation, removing her from office, certainly marks as a milestone in the modern history of Korea.

Meanwhile, the Supreme Court, as the highest court, has ultimate judicial authority to interpret statutes, as well as the final authority to review admin—istrative acts including review of secondary legislation.

It is true that there exist tensions and conflicts surrounding the Constitutional Court's authority to decide on the constitutionality of statutes and the Supreme Court's power to interpret the statutes so as to be consistent with the Constitution. As a matter of fact, both powers may be inseparable, since they are two sides of the same coin.

Therefore, I believe that it would be desirable for the Constitutional Court to not decide on the constitutionality of a statute based on the Abstention Doctrine, until the Supreme Court clarifies the meaning of the statutory provision at issue.

It is not uncommon, however, that the Constitutional Court renders rulings based on its own statutory interpretations; and these are deemed as just advisory opinions by the Supreme Court.

This is precisely the reason that the need for consolidation of the two courts is being raised whenever discussions are sparked on further amendments to the constitution. If a consolidated court that retains existing authorities of both were to be established, then this might generate serious concerns over the "politicization of the judiciary," or that the judiciary might become a branch of government inappropriately superior to the other two branches. Criticisms may as well ensue that granting excessive power to judicial officers who are not elected by the people undermines the political legitimacy of the entire system.

The second issue involves the rule of law on the international level.

One of the most noteworthy achievements of the 21st century is having es−tablished an international court to prosecute crimes against humanity, if justice cannot be sought for such crimes through an individual country's judicial system.

These days, applying international laws to human−rights cases in our domestic courts draws a high degree of public attention, particularly with regard to the application of the International Covenant on Civil and Political Rights that was adopted by the UN General Assembly in 1976, and the Optional Protocol to it that entered into force in two decades later.

In November of 2006, in the Yoon Yeo−Bum v. Republic of Korea case and the Choi Myeong−Jin v. Republic of Korea case, the United Nations Human Rights Committee determined that conscientious objection to military service warranted protection under Article 18 of that Covenant, on the grounds that it constituted an expression of religious or ethical beliefs.

However, a year later the Supreme Court of Korea determined that a reli−gious conscientious objection to military service did not constitute "justifiable grounds" as defined under Article 88 of the Military Service Act, inasmuch as Article 18 of that Covenant did not expressly specify the right of conscientious objection as a fundamental human right.

Additionally, in 2011 the Constitutional Court rendered a ruling that the provision of the Military Service Act regarding the punishment of conscientious objectors was not unconstitutional.

However, in 2005 the National Human Rights Commission of Korea had already affirmed that the right of conscientious objection fell within the ambit of "freedom of conscience" under Article 19 of the Korean Constitution and Article 18 of the International Covenant on Civil and Political Rights.

Accordingly, the Commission recommended the introduction of a "sub—stitutional service system for conscientious military service objectors" in order to seek the balance between the obligation of military service and the right of conscientious objection.

The Korean government announced the introduction of its plan in 2007, and the bill for the revision of the Military Service Act was submitted to the National Assembly in 2011. It followed similar international precedents. Taiwan had al—ready enacted legislation for an "alternative civilian service program" in 2000, and in 2011 the European Court of Human Rights (ECtHR) changed its former view, determining that conscientious objection to military service warranted protection under Article 9 of the European Convention on Human Rights, in the Bayatyan v. Armenia case.

However, the Korean plan came to naught due to strong public sentiment that it was too early to adopt a substitutional service system when bearing in mind the military standoff between the two Koreas and the need to protect our national security.

Public opinion remains divided over recognizing the right of conscientious objection. Who will take up this crucial issue and resolve the controversy? Is it going to be the Supreme Court, the Constitutional Court or the National Assembly?

Thinking of the recent summit meeting between the President of South Korea Moon Jae—in and the leader of North Korea Kim Jeong—un, if the two Koreas succeed in replacing the current "truce regime" with an effective "peace regime" and an official resolution of the Korean War, will it sway the public sentiment to the advantage of the objectors? This is a question waiting to be answered, as one among many such.

Thirdly, despite widespread societal efforts toward promoting and protecting human rights, courts are on the receiving end of criticism for having neglected to protect the rights and interests of sexual orientation and gender minorities, mi－grant workers, and victims of sexual harassment and sexual assault. In particular, the Supreme Court has been strongly criticized for not being able to break away from conventional views and Korea's male－dominated culture.

Against such background, in a 2006 case pertaining to the request for name changes and family register correction, the Supreme Court held that transgender people should be able to legally change their gender consistent with their gender identity in view of Article 10 of the Constitution, which provides that "all citizens shall be assured of human worth and dignity, and the right to pursue happiness." The ruling caused quite a stir in this country at the time.

Furthermore, calls are growing in Korea for same－sex marriages to be legalized in line with the recent U.S. Supreme Court decision that legalized them, followed by Taiwan becoming the first Asian country to officially permit them. Korean lower courts have rendered rulings that rejected the legalization of same－sex marriage, but those cases have yet to be appealed to the Supreme Court.

In 2015, the Supreme Court of Korea rendered an en banc decision over a case involving undocumented migrant workers' rights to form a trade union. The majority opinion determined that such migrant workers were entitled to form trade unions in Korea regardless of their visa－status, because those workers can be included in the scope of "workers" as defined under the Labor Standards Act and the Trade Union and Labor Relations Adjustment Act.

The recent sexual harassment scandals and the "hashtag－MeToo movement" have shed light on the need for stronger measures to protect the rights of sexual harassment and sexual assault victims.

In the recent judgment on April 12, 2018, involving the revocation of the decision of the Appeals Commission for Educators, the Supreme Court determined that a victim's testimony should not be easily rejected. The cited grounds were that: (i) sexual harassment victims constantly fear "secondary victimization," also known as "victim−blaming behavior or practice," meaning that upon having reported the incident, they may be subjected to unfavorable treatment or suffer emotional distress; and (ii) a victim remains silent and stays in contact with the offender, assuming if the offender is a boss or holds a higher position in relation to the victim, or raises the issue together with other victims after a considerable time has passed, or tends to become passive when giving testimony.

The Supreme Court Decision emphasized that sexual harassment cases ought to be resolved with greater gender sensitivity.

My observation is that the aforementioned recent decisions of the Supreme Court reflect its overall efforts to expand the rule of law in this country.

On a broader note, I will claim that the importance of the rule of law cannot be over−emphasized across the Asian regions.

There may be setbacks and frustrations in the course of pursuing our com−mon goals of establishing the rule of law to enhance the quality of life, safeguard human rights, and build a just society for ourselves and our next generations. However, we cannot be content with the status quo: there is simply too much at stake.

In closing, I sincerely hope that our discussions in this Conference on the rule of law will act as a platform for exploring various issues related to this year's theme: "Law into the Future."

Thank you.

J20 국제회의 연설[*]

Judicial Reform in Korea: Achievements and Challenges

Ⅰ. Introduction

It is interesting that the judicial reform has become a household word in Korea, drawing keen interest from the general public. I think that it reflects the social atmosphere, that is, the explosion of expectations demanding high-quality judicial service as well as the increased participation of citizens in the admin-istration of justice. Therefore, our judiciary was able to secure the momentum for carrying out its judicial reform measures. Up until now, the Korean judiciary has put emphasis on the following policy goals.

(i) Improving litigation procedures. The judiciary has tried to address admin-istrative problems so that courts could improve efficiency in case management and e-litigation nationwide by harnessing modern technology. As for judicial proceedings, the judiciary has made significant changes particularly in criminal procedures including mandatory hearings for issuance of arrest and detention warrants, the establishment of a Sentencing Commission and the adoption of sentencing guidelines. The Civil Procedure Act was also amended so that the traditional "piecemeal" method could be replaced with "continuous and intensive" hearings in civil proceedings.

(ii) Increasing citizens' participation in the judicial process. The "trial by jury"

---

* Speech at J20 Conference, Buenos Aires, Argentina (October 10, 2018).

system was introduced in criminal proceedings. This has produced a heightened sense of fairness in the administration of justice.

The Korean judiciary, however, has been faced with totally different sorts of challenges in recent years. I will review the progress made during the decades that preceded the current situation and briefly discuss the prospects for future judicial reform.

(iii) *Promoting judicial expertise*. The judiciary established a separate Patent Court and also an Administrative Court, thereby enabling judges to obtain and then utilize legal expertise in specialized disciplines.

Ⅱ. Three Decades of Judicial Reforms: 1990s, 2000s, and 2010s

A. Political and Social Background

In 1987, Constitutional Amendments were ratified in a national referendum as a result of the successful democratization movements of the 1980s. Judicial reform began to be discussed earnestly under the new full—blown democratic governments. Moreover, voices for judicial reform intensified when President Kim Young—sam took office in 1993 with the agenda of instituting what was referred to as the so—called "civilian government." At that time, there was strong public demand for "judicial democratization," which called for the elimination of non—democratic or authoritarian tenets within the judiciary as well as stronger guarantees of civil rights.

B. Judicial Reform Efforts

1. It should be noted that the Korean Judiciary itself initiated the first com—prehensive judicial reform when it created the Committee on Judicial System Development in 1993. The former Chief Justice Yun Kwan proposed that the whole judicial system should be revamped to keep abreast of the fast—changing Korean society. He emphasized that it was time to streamline the judicial proce—dures upon the occasion of the centennial anniversary of the modern Korean judicial system, which fell on March 25, 1995.

2. The Roh Moo—hyun administration, which took power in the 2002

Presidential Election and dubbed itself as the so—called "Participatory Govern—ment", vowed to launch judicial reforms as an important part of its agenda. It promised increased participation in government activities on the part of citizens and civic groups. President Roh and then Chief Justice Choi Jong—young agreed to cooperate in pushing judicial reform forward. This collaboration between the executive and the judicial branches of the government is significant. As a result, trial—by—jury processes were introduced in criminal proceedings. It also put into place the graduate—level law school system in Korea, replacing the previous legal education system.

3. In 2010, the National Assembly established its Special Committee on Judicial Reform. At that time, there were people who suspected it was a politi—cally motivated attempt to vent out the frustrations of politicians who disliked the so—called "liberal tendency" of the Lee Yong—hoon Court. It was because the Committee announced that it was considering the increase of numbers of justices of the Supreme Court. It was criticized as a "court—packing" maneuver. The judiciary succeeded in preventing hastily—designed reform measures from being implemented. However, it had to agree with the Committee to revamp the personnel system so that judges were thereafter recruited from legal practitioners of minimum ten years of working experience, instead of fresh passers of the national judicial exams.

III. New Challenges

A. In Korea, the Chief Justice has the authority over and responsibility for all judicial administrative matters. The Chief Justice relegates his or her authorities to Chief Judges of lower and local courts around the country. The Council of the Supreme Court Justices decides on important administrative matters, including judicial appointments, enactments and revisions of Supreme Court rules and regulations, and so on. The National Court Administration (NCA) established under the Supreme Court is responsible for implementing administrative matters. The NCA provides comprehensive administrative support to the courts nationwide. It includes, among others, assigning personnel throughout the court system, and handling judicial budgets and external affairs. The Minister of the NCA is appointed from among the Supreme Court Justices. There are judges who work full−time upon the request of the Chief Justice.

B. With the growth of the size and duties of the judiciary as an institution, the NCA has exercised its authority extensively, which has prompted some rea− sonable concerns within as well as outside the courts. There has been criticism that judges functioning as full−time administrators might cause at least an appearance of impropriety. Recently, voices have even charged that it might compromise the judicial independence of individual judges by meddling with the completion of judicial duties. There are also some judges who are skeptical of placing judges in the NCA on a full−time basis, since judicial officials including the Minister are prohibited from adjudicative functions while on administrative duty.

C. The incumbent Chief Justice Kim Myeongsu took office in September of 2017. He promised an overhaul of the administrative structure of the judiciary, which was well−received among most judges as well as much of the public. The Committee on Judicial Development was launched this April to present its recommendations for judicial reform. In September, Chief Justice Kim officially announced that he will push forward with a reform of judicial administration in accordance with the Committee's recent proposals.

As part of the judicial reform initiative, Chief Justice Kim plans to abolish the NCA, and instead establish two new entities: (i) the Judicial Administration Conference, mandated to make decisions on judicial administrative policies, and (ii) the Secretariat, mandated to implement and execute policies set by the Conference. The Judicial Administration Conference will be composed of both members of the judiciary and outside experts. Unlike the NCA, the Secretariat will operate its functions without participation of any judges.

Chief Justice Kim also vowed to overhaul the personnel system in the courts. He empathized with judges that the current judicial hierarchy is too rigid, and that judges should be free from pressure of any kind. The judiciary should be a community of judges relating on a more equal basis.

Against this backdrop, Chief Justice Kim has asked the Committee on Judicial Development to produce its reform proposal along with a concrete legislative roadmap by the end of this year. He intends to persuade the National Assembly to make revisions to the Court Organization Act and related statutes in the near future.

Ⅳ. Conclusion

It is quite unique that current judicial reform efforts target the hierarchical structure of the judiciary itself. But there has been some criticism that these efforts mainly address concerns of judges, not those of ordinary citizens. The ju─ diciary should not forget that citizens want to have more of a voice in judicial administrative matters, as well as in the judicial process itself. And there are also some worries about whether or not these reforms can progress well in current partisan legislature. However, I am quite optimistic that current judicial reform will succeed in the end. It is because the reform of the judicial administration, based on the spirit of equal justice within and outside the judiciary, will finally lead to more accountable court system.

찾아보기

저자약력

권순일

서울대학교 법과대학 졸업
사법연수원 수료
서울대학교 법학석사·법학박사
미국 Columbia Law School LL.M.
미국 UC Berkeley Law School V.S.
미국 Federal Judicial Center Fellow
서울형사지방법원·서울민사지방법원·춘천지방법원 판사
대구지방법원·인천지방법원·서울행정법원 부장판사
대법원 선임·수석재판연구관, 대전고등법원·서울고등법원 부장판사
현 대법관, 중앙선거관리위원회 위원장

공화국과 법치주의
－ 권순일 대법관 판결 100선

초판발행	2020년 8월 25일
지은이	권순일
펴낸이	안종만·안상준
편 집	김선민
기획/마케팅	조성호
표지디자인	박현정
제 작	우인도·고철민·조영환
펴낸곳	(주) **박영사**
	서울특별시 종로구 새문안로3길 36, 1601
	등록 1959. 3. 11. 제300-1959-1호(倫)
전 화	02)733-6771
f a x	02)736-4818
e-mail	pys@pybook.co.kr
homepage	www.pybook.co.kr
ISBN	979-11-303-3689-3 93360

copyright©권순일, 2020, Printed in Korea

정 가   42,000원